人力资源社会保障政策法规大全

（1951—2017）

第 2 册　人事人才

《人力资源社会保障政策法规大全》编写组　编

中国民主法制出版社

编写说明

本册是《人力资源社会保障政策法规大全(1951—2017)》的第2册,正文的第五部分,内容为人事人才。包括:公务员管理、事业单位人事管理、专业技术人员管理、职业能力建设、工资福利、人才服务和人事考试等7项业务。共收录法律、行政法规、规章、地方性法规、政策性文件及相关法规220件。

《人力资源社会保障政策法规大全》编写组

2018年11月

目　录

第五部分　人事人才

一、公务员管理

二、事业单位人事管理

三、专业技术人员管理

（一）职称评聘

四、职业能力建设

（一）技工院校管理

六、人才服务

七、人事考试

第五部分

人事人才

一、公务员管理

中华人民共和国公务员法

（2005年4月27日第十届全国人民代表大会常务委员会第十五次会议通过）

目　录

第一章　总　则

第一条　为了规范公务员的管理，保障公务员的合法权益，加强对公务员的监督，建设高素质的公务员队伍，促进勤政廉政，提高工作效能，根据宪法，制定本法。

第二条　本法所称公务员，是指依法履行公职、纳入国家行政编制、由国家财政负担工资福利的工作人员。

第三条　公务员的义务、权利和管理，适用本法。

法律对公务员中的领导成员的产生、任免、监督以及法官、检察官等的义务、权利和管理另有规定的，从其规定。

第四条　公务员制度坚持以马克思列宁主义、毛泽东思想、邓小平理论和“三个代表”重要思想为指导，贯彻社会主义初级阶段的基本路线，贯彻中国共产党的干部路线和方针，坚持党管干部原则。

第五条　公务员的管理，坚持公开、平等、竞争、择优的原则，依照法定的权限、条件、标准和程序进行。

第六条　公务员的管理，坚持监督约束与激励保障并重的原则。

第七条　公务员的任用，坚持任人唯贤、德才兼备的原则，注重工作实绩。

第八条　国家对公务员实行分类管理，提高管理效能和科学化水平。

第九条　公务员依法履行职务的行为，受法律保护。

第十条　中央公务员主管部门负责全国公务员的综合管理工作。县级以上地方各级公务员主管部门负责本辖区内公务员的综合管理工作。上级公务员主管部门指导下级公务员主管部门的公务员管理工作。各级公务员主管部门指导同级各机关的公务员管理工作。

第二章　公务员的条件、义务与权利

第十一条　公务员应当具备下列条件：

（一）具有中华人民共和国国籍；

（二）年满十八周岁；

（三）拥护中华人民共和国宪法；

（四）具有良好的品行；

（五）具有正常履行职责的身体条件；

（六）具有符合职位要求的文化程度和工作能力；

（七）法律规定的其他条件。

第十二条　公务员应当履行下列义务：

（一）模范遵守宪法和法律；

（二）按照规定的权限和程序认真履行职责，努力提高工作效率；

（三）全心全意为人民服务，接受人民监督；

（四）维护国家的安全、荣誉和利益；

（五）忠于职守，勤勉尽责，服从和执行上级依法作出的决定和命令；

（六）保守国家秘密和工作秘密；

（七）遵守纪律，恪守职业道德，模范遵守社会公德；

（八）清正廉洁，公道正派；

（九）法律规定的其他义务。

第十三条　公务员享有下列权利：

（一）获得履行职责应当具有的工作条件；

（二）非因法定事由、非经法定程序，不被免职、降职、辞退或者处分；

（三）获得工资报酬，享受福利、保险待遇；

（四）参加培训；

（五）对机关工作和领导人员提出批评和建议；

（六）提出申诉和控告；

（七）申请辞职；

（八）法律规定的其他权利。

第三章　职务与级别

第十四条　国家实行公务员职位分类制度。

公务员职位类别按照公务员职位的性质、特点和管理需要，划分为综合管理类、专业技术类和行政执法类等类别。国务院根据本法，对于具有职位特殊性，需要单独管理的，可以增设其他职位类别。各职位类别的适用范围由国家另行规定。

第十五条　国家根据公务员职位类别设置公务员职务序列。

第十六条　公务员职务分为领导职务和非领导职务。

领导职务层次分为：国家级正职、国家级副职、省部级正职、省部级副职、厅局级正职、厅局级副职、县处级正职、县处级副职、乡科级正职、乡科级副职。

非领导职务层次在厅局级以下设置。

第十七条　综合管理类的领导职务根据宪法、有关法律、职务层次和机构规格设置确定。

综合管理类的非领导职务分为：巡视员、副巡视员、调研员、副调研员、主任科员、副主任科员、科员、办事员。

综合管理类以外其他职位类别公务员的职务序列，根据本法由国家另行规定。

第十八条　各机关依照确定的职能、规格、编制限额、职数以及结构比例，设置本机关公务员的具体职位，并确定各职位的工作职责和任职资格条件。

第十九条　公务员的职务应当对应相应的级别。公务员职务与级别的对应关系，由国务院规定。

公务员的职务与级别是确定公务员工资及其他待遇的依据。

公务员的级别根据所任职务及其德才表现、工作实绩和资历确定。公务员在同一职务上，可以按照国家规定晋升级别。

第二十条　国家根据人民警察以及海关、驻外外交机构公务员的工作特点，设置与其职务相对应的衔级。

第四章　录　用

第二十一条　录用担任主任科员以下及其他相当职务层次的非领导职务公务员，采取公开考试、严格考察、平等竞争、择优录取的办法。

民族自治地方依照前款规定录用公务员时，依照法律和有关规定对少数民族报考者予以适当照顾。

第二十二条　中央机关及其直属机构公务员的录用，由中央公务员主管部门负责组织。地方各级机关公务员的录用，由省级公务员主管部门负责组织，必要时省级公务员主管部门可以授权设区的市级公务员主管部门组织。

第二十三条　报考公务员，除应当具备本法第十一条规定的条件外，还应当具备省级以上公务员主管部门规定的拟任职位所要求的资格条件。

第二十四条　下列人员不得录用为公务员：

（一）曾因犯罪受过刑事处罚的；

（二）曾被开除公职的；

（三）有法律规定不得录用为公务员的其他情形的。

第二十五条　录用公务员，必须在规定的编制限额内，并有相应的职位空缺。

第二十六条　录用公务员，应当发布招考公告。招考公告应当载明招考的职位、名额、报考资格条件、报考需要提交的申请材料以及其他报考须知事项。

招录机关应当采取措施，便利公民报考。

第二十七条　招录机关根据报考资格条件对报考申请进行审查。报考者提交的申请材料应当真实、准确。

第二十八条 公务员录用考试采取笔试和面试的方式进行，考试内容根据公务员应当具备的基本能力和不同职位类别分别设置。

第二十九条 招录机关根据考试成绩确定考察人选，并对其进行报考资格复审、考察和体检。

体检的项目和标准根据职位要求确定。具体办法由中央公务员主管部门会同国务院卫生行政部门规定。

第三十条 招录机关根据考试成绩、考察情况和体检结果，提出拟录用人员名单，并予以公示。

公示期满，中央一级招录机关将拟录用人员名单报中央公务员主管部门备案；地方各级招录机关将拟录用人员名单报省级或者设区的市级公务员主管部门审批。

第三十一条 录用特殊职位的公务员，经省级以上公务员主管部门批准，可以简化程序或者采用其他测评办法。

第三十二条 新录用的公务员试用期为一年。试用期满合格的，予以任职；不合格的，取消录用。

第五章 考 核

第三十三条 对公务员的考核，按照管理权限，全面考核公务员的德、能、勤、绩、廉，重点考核工作实绩。

第三十四条 公务员的考核分为平时考核和定期考核。定期考核以平时考核为基础。

第三十五条 对非领导成员公务员的定期考核采取年度考核的方式，先由个人按照职位职责和有关要求进行总结，主管领导在听取群众意见后，提出考核等次建议，由本机关负责人或者授权的考核委员会确定考核等次。

对领导成员的定期考核，由主管机关按照有关规定办理。

第三十六条 定期考核的结果分为优秀、称职、基本称职和不称职四个等次。

定期考核的结果应当以书面形式通知公务员本人。

第三十七条 定期考核的结果作为调整公务员职务、级别、工资以及公务员奖励、培训、辞退的依据。

第六章 职务任免

第三十八条 公务员职务实行选任制和委任制。

领导成员职务按照国家规定实行任期制。

第三十九条 选任制公务员在选举结果生效时即任当选职务；任期届满不再连任，或者任期内辞职、被罢免、被撤职的，其所任职务即终止。

第四十条 委任制公务员遇有试用期满考核合格、职务发生变化、不再担任公务员职务以及其他情形需要任免职务的，应当按照管理权限和规定的程序任免其职务。

第四十一条 公务员任职必须在规定的编制限额和职数内进行，并有相应的职位空缺。

第四十二条 公务员因工作需要在机关外兼职，应当经有关机关批准，并不得领取兼职报酬。

第七章 职务升降

第四十三条 公务员晋升职务，应当具备拟任职务所要求的思想政治素质、工作能力、文化程度和任职经历等方面的条件和资格。

公务员晋升职务，应当逐级晋升。特别优秀的或者工作特殊需要的，可以按照规定破格或者越一级晋升职务。

第四十四条 公务员晋升领导职务，按照下列程序办理：

（一）民主推荐，确定考察对象；

（二）组织考察，研究提出任职建议方案，并根据需要在一定范围内进行酝酿；

（三）按照管理权限讨论决定；

（四）按照规定履行任职手续。

公务员晋升非领导职务，参照前款规定的程序办理。

第四十五条 机关内设机构厅局级正职以下领导职务出现空缺时，可以在本机关或者本系统内通过竞争上岗的方式，产生任职人选。

厅局级正职以下领导职务或者副调研员以上及其他相当职务层次的非领导职务出现空缺，可以面向社会公开选拔，产生任职人选。

确定初任法官、初任检察官的任职人选，可以面向社会，从通过国家统一司法考试取得资格的人员中公开选拔。

第四十六条 公务员晋升领导职务的，应当按照有关规定实行任职前公示制度和任职试用期制度。

第四十七条 公务员在定期考核中被确定为不称职的，按照规定程序降低一个职务层次任职。

第八章 奖 励

第四十八条 对工作表现突出，有显著成绩和贡献，或者有其他突出事迹的公务员或者公务员集体，给予奖励。奖励坚持精神奖励与物质奖励相结合、以精神奖励为主的原则。

公务员集体的奖励适用于按照编制序列设置的机构或者为完成专项任务组成的工作集体。

第四十九条 公务员或者公务员集体有下列情形之一的，给予奖励：

（一）忠于职守，积极工作，成绩显著的；

（二）遵守纪律，廉洁奉公，作风正派，办事公道，模范作用突出的；

（三）在工作中有发明创造或者提出合理化建议，取得显著经济效益或者社会效益的；

（四）为增进民族团结、维护社会稳定做出突出贡献的；

（五）爱护公共财产，节约国家资财有突出成绩的；

（六）防止或者消除事故有功，使国家和人民群众利益免受或者减少损失的；

（七）在抢险、救灾等特定环境中奋不顾身，做出贡献的；

（八）同违法违纪行为作斗争有功绩的；

（九）在对外交往中为国家争得荣誉和利益的；

（十）有其他突出功绩的。

第五十条 奖励分为：嘉奖、记三等功、记二等功、记一等功、授予荣誉称号。

对受奖励的公务员或者公务员集体予以表彰，并给予一次性奖金或者其他待遇。

第五十一条 给予公务员或者公务员集体奖励，按照规定的权限和程序决定或者审批。

第五十二条 公务员或者公务员集体有下列情形之一的，撤销奖励：

（一）弄虚作假，骗取奖励的；

（二）申报奖励时隐瞒严重错误或者严重违反规定程序的；

（三）有法律、法规规定应当撤销奖励的其他情形的。

第九章　惩　戒

第五十三条 公务员必须遵守纪律，不得有下列行为：

（一）散布有损国家声誉的言论，组织或者参加旨在反对国家的集会、游行、示威等活动；

（二）组织或者参加非法组织，组织或者参加罢工；

（三）玩忽职守，贻误工作；

（四）拒绝执行上级依法作出的决定和命令；

（五）压制批评，打击报复；

（六）弄虚作假，误导、欺骗领导和公众；

（七）贪污、行贿、受贿，利用职务之便为自己或者他人谋取私利；

（八）违反财经纪律，浪费国家资财；

（九）滥用职权，侵害公民、法人或者其他组织的合法权益；

（十）泄露国家秘密或者工作秘密；

（十一）在对外交往中损害国家荣誉和利益；

（十二）参与或者支持色情、吸毒、赌博、迷信等活动；

（十三）违反职业道德、社会公德；

（十四）从事或者参与营利性活动，在企业或者其他营利性组织中兼任职务；

（十五）旷工或者因公外出、请假期满无正当理由逾期不归；

（十六）违反纪律的其他行为。

第五十四条 公务员执行公务时，认为上级的决定或者命令有错误的，可以向上级提出改正或者撤销该决定或者命令的意见；上级不改变该决定或者命令，或者要求立即执行的，公务员应当执行该决定或者命令，执行的后果由上级负责，公务员不承担责任；但是，公务员执行明显违法的决定或者命令的，应当依法承担相应的责任。

第五十五条 公务员因违法违纪应当承担纪律责任的，依照本法给予处分；违纪行为情节轻微，经批评教育后改正的，可以免予处分。

第五十六条 处分分为：警告、记过、记大过、降级、撤职、开除。

第五十七条 对公务员的处分，应当事实清楚、证据确凿、定性准确、处理恰当、程序合法、手续完备。

公务员违纪的，应当由处分决定机关决定对公务员违纪的情况进行调查，并将调查认定的事实及拟给予处分的依据告知公务员本人。公务员有权进行陈述和申辩。

处分决定机关认为对公务员应当给予处分的，应当在规定的期限内，按照管理权限和规定的程序作出处分决定。处分决定应当以书面形式通知公务员本人。

第五十八条 公务员在受处分期间不得晋升职务和级别，其中受记过、记大过、降级、撤职处分的，不得晋升工资档次。

受处分的期间为：警告，六个月；记过，十二个月；记大过，十八个月；降级、撤职，二十四个月。

受撤职处分的，按照规定降低级别。

第五十九条 公务员受开除以外的处分，在受处分期间有悔改表现，并且没有再发生违纪行为的，处分期满后，由处分决定机关解除处分并以书面形式通知本人。

解除处分后，晋升工资档次、级别和职务不再受原处分的影响。但是，解除降级、撤职处分的，不视为恢复原级别、原职务。

第十章 培 训

第六十条 机关根据公务员工作职责的要求和提高公务员素质的需要，对公务员进行分级分类培训。

国家建立专门的公务员培训机构。机关根据需要也可以委托其他培训机构承担公务员培训任务。

第六十一条 机关对新录用人员应当在试用期内进行初任培训；对晋升领导职务的公务员应当在任职前或者任职后一年内进行任职培训；对从事专项工作的公务员应当进行专门业务培训；对全体公务员应当进行更新知识、提高工作能力的在职培训，其中对担任专业技术职务的公务员，应当按照专业技术人员继续教育的要求，进行专业技术培训。

国家有计划地加强对后备领导人员的培训。

第六十二条 公务员的培训实行登记管理。

公务员参加培训的时间由公务员主管部门按照本法第六十一

条规定的培训要求予以确定。

公务员培训情况、学习成绩作为公务员考核的内容和任职、晋升的依据之一。

第十一章　交流与回避

第六十三条　国家实行公务员交流制度。

公务员可以在公务员队伍内部交流，也可以与国有企业事业单位、人民团体和群众团体中从事公务的人员交流。

交流的方式包括调任、转任和挂职锻炼。

第六十四条　国有企业事业单位、人民团体和群众团体中从事公务的人员可以调入机关担任领导职务或者副调研员以上及其他相当职务层次的非领导职务。调任人选应当具备本法第十一条规定的条件和拟任职位所要求的资格条件，并不得有本法第二十四条规定的情形。调任机关应当根据上述规定，对调任人选进行严格考察，并按照管理权限审批，必要时可以对调任人选进行考试。

第六十五条　公务员在不同职位之间转任应当具备拟任职位所要求的资格条件，在规定的编制限额和职数内进行。

对省部级正职以下的领导成员应当有计划、有重点地实行跨地区、跨部门转任。

对担任机关内设机构领导职务和工作性质特殊的非领导职务的公务员，应当有计划地在本机关内转任。

第六十六条　根据培养锻炼公务员的需要，可以选派公务员到下级机关或者上级机关、其他地区机关以及国有企业事业单位挂职锻炼。

公务员在挂职锻炼期间，不改变与原机关的人事关系。

第六十七条　公务员应当服从机关的交流决定。

公务员本人申请交流的，按照管理权限审批。

第六十八条　公务员之间有夫妻关系、直系血亲关系、三代以内旁系血亲关系以及近姻亲关系的，不得在同一机关担任双方直接隶属于同一领导人员的职务或者有直接上下级领导关系的职务，也不得在其中一方担任领导职务的机关从事组织、人事、纪检、监察、审计和财务工作。

因地域或者工作性质特殊，需要变通执行任职回避的，由省级以上公务员主管部门规定。

第六十九条 公务员担任乡级机关、县级机关及其有关部门主要领导职务的，应当实行地域回避，法律另有规定的除外。

第七十条 公务员执行公务时，有下列情形之一的，应当回避：

（一）涉及本人利害关系的；

（二）涉及与本人有本法第六十八条第一款所列亲属关系人员的利害关系的；

（三）其他可能影响公正执行公务的。

第七十一条 公务员有应当回避情形的，本人应当申请回避；利害关系人有权申请公务员回避。其他人员可以向机关提供公务员需要回避的情况。

机关根据公务员本人或者利害关系人的申请，经审查后作出是否回避的决定，也可以不经申请直接作出回避决定。

第七十二条 法律对公务员回避另有规定的，从其规定。

第十二章 工资福利保险

第七十三条 公务员实行国家统一的职务与级别相结合的工资制度。

公务员工资制度贯彻按劳分配的原则，体现工作职责、工作能力、工作实绩、资历等因素，保持不同职务、级别之间的合理工资差距。

国家建立公务员工资的正常增长机制。

第七十四条 公务员工资包括基本工资、津贴、补贴和奖金。

公务员按照国家规定享受地区附加津贴、艰苦边远地区津贴、岗位津贴等津贴。

公务员按照国家规定享受住房、医疗等补贴、补助。

公务员在定期考核中被确定为优秀、称职的，按照国家规定享受年终奖金。

公务员工资应当按时足额发放。

第七十五条 公务员的工资水平应当与国民经济发展相协调、与社会进步相适应。

国家实行工资调查制度，定期进行公务员和企业相当人员工资水平的调查比较，并将工资调查比较结果作为调整公务员工资水平的依据。

第七十六条 公务员按照国家规定享受福利待遇。国家根据经济社会发展水平提高公务员的福利待遇。

公务员实行国家规定的工时制度，按照国家规定享受休假。公务员在法定工作日之外加班的，应当给予相应的补休。

第七十七条 国家建立公务员保险制度，保障公务员在退休、患病、工伤、生育、失业等情况下获得帮助和补偿。

公务员因公致残的，享受国家规定的伤残待遇。公务员因公牺牲、因公死亡或者病故的，其亲属享受国家规定的抚恤和优待。

第七十八条 任何机关不得违反国家规定自行更改公务员工资、福利、保险政策，擅自提高或者降低公务员的工资、福利、保险待遇。任何机关不得扣减或者拖欠公务员的工资。

第七十九条 公务员工资、福利、保险、退休金以及录用、培训、奖励、辞退等所需经费，应当列入财政预算，予以保障。

第十三章 辞职辞退

第八十条 公务员辞去公职，应当向任免机关提出书面申请。任免机关应当自接到申请之日起三十日内予以审批，其中对领导成员辞去公职的申请，应当自接到申请之日起九十日内予以审批。

第八十一条 公务员有下列情形之一的，不得辞去公职：

（一）未满国家规定的最低服务年限的；

（二）在涉及国家秘密等特殊职位任职或者离开上述职位不满国家规定的脱密期限的；

（三）重要公务尚未处理完毕，且须由本人继续处理的；

（四）正在接受审计、纪律审查，或者涉嫌犯罪，司法程序尚未终结的；

（五）法律、行政法规规定的其他不得辞去公职的情形。

第八十二条 担任领导职务的公务员，因工作变动依照法律规定需要辞去现任职务的，应当履行辞职手续。

担任领导职务的公务员，因个人或者其他原因，可以自愿提出辞去领导职务。

领导成员因工作严重失误、失职造成重大损失或者恶劣社会影响的，或者对重大事故负有领导责任的，应当引咎辞去领导职务。

领导成员应当引咎辞职或者因其他原因不再适合担任现任领导职务，本人不提出辞职的，应当责令其辞去领导职务。

第八十三条 公务员有下列情形之一的，予以辞退：

（一）在年度考核中，连续两年被确定为不称职的；

（二）不胜任现职工作，又不接受其他安排的；

（三）因所在机关调整、撤销、合并或者缩减编制员额需要调整工作，本人拒绝合理安排的；

（四）不履行公务员义务，不遵守公务员纪律，经教育仍无转变，不适合继续在机关工作，又不宜给予开除处分的；

（五）旷工或者因公外出、请假期满无正当理由逾期不归连续超过十五天，或者一年内累计超过三十天的。

第八十四条 对有下列情形之一的公务员，不得辞退：

（一）因公致残，被确认丧失或者部分丧失工作能力的；

（二）患病或者负伤，在规定的医疗期内的；

（三）女性公务员在孕期、产假、哺乳期内的；

（四）法律、行政法规规定的其他不得辞退的情形。

第八十五条 辞退公务员，按照管理权限决定。辞退决定应当以书面形式通知被辞退的公务员。

被辞退的公务员，可以领取辞退费或者根据国家有关规定享受失业保险。

第八十六条 公务员辞职或者被辞退，离职前应当办理公务交接手续，必要时按照规定接受审计。

第十四章 退 休

第八十七条 公务员达到国家规定的退休年龄或者完全丧失工作能力的，应当退休。

第八十八条 公务员符合下列条件之一的，本人自愿提出申请，经任免机关批准，可以提前退休：

（一）工作年限满三十年的；

（二）距国家规定的退休年龄不足五年，且工作年限满二十年的；

（三）符合国家规定的可以提前退休的其他情形的。

第八十九条 公务员退休后，享受国家规定的退休金和其他待遇，国家为其生活和健康提供必要的服务和帮助，鼓励发挥个人专长，参与社会发展。

第十五章 申诉控告

第九十条 公务员对涉及本人的下列人事处理不服的，可以自知道该人事处理之日起三十日内向原处理机关申请复核；对复核结果不服的，可以自接到复核决定之日起十五日内，按照规定向同级公务员主管部门或者作出该人事处理的机关的上一级机关提出申诉；也可以不经复核，自知道该人事处理之日起三十日内直接提出申诉：

（一）处分；

（二）辞退或者取消录用；

（三）降职；

（四）定期考核定为不称职；

（五）免职；

（六）申请辞职、提前退休未予批准；

（七）未按规定确定或者扣减工资、福利、保险待遇；

（八）法律、法规规定可以申诉的其他情形。

对省级以下机关作出的申诉处理决定不服的，可以向作出处理决定的上一级机关提出再申诉。

行政机关公务员对处分不服向行政监察机关申诉的，按照《中华人民共和国行政监察法》的规定办理。

第九十一条　原处理机关应当自接到复核申请书后的三十日内作出复核决定。受理公务员申诉的机关应当自受理之日起六十日内作出处理决定；案情复杂的，可以适当延长，但是延长时间不得超过三十日。

复核、申诉期间不停止人事处理的执行。

第九十二条　公务员申诉的受理机关审查认定人事处理有错误的，原处理机关应当及时予以纠正。

第九十三条　公务员认为机关及其领导人员侵犯其合法权益的，可以依法向上级机关或者有关的专门机关提出控告。受理控告的机关应当按照规定及时处理。

第九十四条　公务员提出申诉、控告，不得捏造事实，诬告、陷害他人。

第十六章　职位聘任

第九十五条　机关根据工作需要，经省级以上公务员主管部门批准，可以对专业性较强的职位和辅助性职位实行聘任制。

前款所列职位涉及国家秘密的，不实行聘任制。

第九十六条　机关聘任公务员可以参照公务员考试录用的程序进行公开招聘，也可以从符合条件的人员中直接选聘。

机关聘任公务员应当在规定的编制限额和工资经费限额内进行。

第九十七条　机关聘任公务员，应当按照平等自愿、协商一致的原则，签订书面的聘任合同，确定机关与所聘公务员双方的权利、义务。聘任合同经双方协商一致可以变更或者解除。

聘任合同的签订、变更或者解除，应当报同级公务员主管部门备案。

第九十八条　聘任合同应当具备合同期限，职位及其职责要求，工资、福利、保险待遇，违约责任等条款。

聘任合同期限为一年至五年。聘任合同可以约定试用期，试用期为一个月至六个月。

聘任制公务员按照国家规定实行协议工资制，具体办法由中央公务员主管部门规定。

第九十九条　机关依据本法和聘任合同对所聘公务员进行管理。

第一百条　国家建立人事争议仲裁制度。

人事争议仲裁应当根据合法、公正、及时处理的原则，依法维护争议双方的合法权益。

人事争议仲裁委员会根据需要设立。人事争议仲裁委员会由公务员主管部门的代表、聘用机关的代表、聘任制公务员的代表以及法律专家组成。

聘任制公务员与所在机关之间因履行聘任合同发生争议的，

可以自争议发生之日起六十日内向人事争议仲裁委员会申请仲裁。当事人对仲裁裁决不服的，可以自接到仲裁裁决书之日起十五日内向人民法院提起诉讼。仲裁裁决生效后，一方当事人不履行的，另一方当事人可以申请人民法院执行。

第十七章　法律责任

第一百零一条　对有下列违反本法规定情形的，由县级以上领导机关或者公务员主管部门按照管理权限，区别不同情况，分别予以责令纠正或者宣布无效；对负有责任的领导人员和直接责任人员，根据情节轻重，给予批评教育或者处分；构成犯罪的，依法追究刑事责任：

（一）不按编制限额、职数或者任职资格条件进行公务员录用、调任、转任、聘任和晋升的；

（二）不按规定条件进行公务员奖惩、回避和办理退休的；

（三）不按规定程序进行公务员录用、调任、转任、聘任、晋升、竞争上岗、公开选拔以及考核、奖惩的；

（四）违反国家规定，更改公务员工资、福利、保险待遇标准的；

（五）在录用、竞争上岗、公开选拔中发生泄露试题、违反考场纪律以及其他严重影响公开、公正的；

（六）不按规定受理和处理公务员申诉、控告的；

（七）违反本法规定的其他情形的。

第一百零二条　公务员辞去公职或者退休的，原系领导成员的公务员在离职三年内，其他公务员在离职两年内，不得到与原工作业务直接相关的企业或者其他营利性组织任职，不得从事与原工作业务直接相关的营利性活动。

公务员辞去公职或者退休后有违反前款规定行为的，由其原所在机关的同级公务员主管部门责令限期改正；逾期不改正的，由县级以上工商行政管理部门没收该人员从业期间的违法所得，责令接收单位将该人员予以清退，并根据情节轻重，对接收单位处以被处罚人员违法所得一倍以上五倍以下的罚款。

第一百零三条 机关因错误的具体人事处理对公务员造成名誉损害的，应当赔礼道歉、恢复名誉、消除影响；造成经济损失的，应当依法给予赔偿。

第一百零四条 公务员主管部门的工作人员，违反本法规定，滥用职权、玩忽职守、徇私舞弊，构成犯罪的，依法追究刑事责任；尚不构成犯罪的，给予处分。

第十八章 附 则

第一百零五条 本法所称领导成员，是指机关的领导人员，不包括机关内设机构担任领导职务的人员。

第一百零六条 法律、法规授权的具有公共事务管理职能的事业单位中除工勤人员以外的工作人员，经批准参照本法进行管理。

第一百零七条 本法自2006年1月1日起施行。

全国人民代表大会常务委员会1957年10月23日批准、国务院1957年10月26日公布的《国务院关于国家行政机关工作人员的奖惩暂行规定》、1993年8月14日国务院公布的《国家公务员暂行条例》同时废止。

中共中央办公厅 国务院办公厅关于印发《专业技术类公务员管理规定（试行）》和《行政执法类公务员管理规定（试行）》的通知

（2016年7月8日　厅字〔2016〕21号）

各省、自治区、直辖市党委和人民政府，中央和国家机关各部委，中央军委办公厅，各人民团体：

《专业技术类公务员管理规定（试行）》和《行政执法类公务员管理规定（试行）》已经中央领导同志同意，现印发给你们，请结合实际认真贯彻执行。

专业技术类公务员管理规定（试行）

第一章　总　则

第一条　为了完善公务员职位分类，建立符合专业技术类公务员特点的管理制度，提高管理效能和科学化水平，建设高素质专业化公务员队伍，根据公务员法及有关法律、法规，制定本规定。

第二条　本规定所称专业技术类公务员，是指专门从事专业技术工作，为机关履行职责提供技术支持和保障的公务员，其职责具有强技术性、低替代性。

第三条　专业技术类公务员的管理，坚持党管干部原则，坚持德才兼备、以德为先，坚持注重实绩、业内认可，坚持分渠道发展、专业化建设，坚持监督约束与激励保障并重。

专业技术类公务员的管理，坚持公开、平等、竞争、择优的原则，依照法定的权限、条件、标准和程序进行。

第四条 中央公务员主管部门负责全国专业技术类公务员的综合管理工作。县级以上地方各级公务员主管部门负责本辖区内专业技术类公务员的综合管理工作。上级公务员主管部门指导下级公务员主管部门的专业技术类公务员管理工作。各级公务员主管部门指导同级机关的专业技术类公务员管理工作。

第二章 职位设置

第五条 专业技术类公务员职位根据工作性质、专业特点和管理需要，在以专业技术工作为主要职责的机关内设机构或者岗位设置。

专业技术类公务员职位设置范围由中央公务员主管部门确定。

第六条 机关依照职能、国家行政编制和中央公务员主管部门确定的职位设置范围等，制定本机关专业技术类公务员职位设置方案，并确定职位的具体工作职责和任职资格条件。

第七条 中央和国家机关及其直属机构专业技术类公务员职位设置方案，报中央公务员主管部门审批；省级以下机关及其直属机构专业技术类公务员职位设置方案，由省级公务员主管部门审批后报中央公务员主管部门备案。

第三章 职务与级别

第八条 专业技术类公务员按照专业技术类公务员职务序列进行管理。

专业技术类公务员职务，分为十一个层次。通用职务名称由高至低依次为：一级总监、二级总监、一级高级主管、二级高级主管、三级高级主管、四级高级主管、一级主管、二级主管、三级主管、四级主管、专业技术员。

具体职务名称由中央公务员主管部门以通用职务名称为基础确定。

第九条 专业技术类公务员职务与级别的对应关系是：

（一）一级总监：十三级至八级；

（二）二级总监：十五级至十级；

（三）一级高级主管：十七级至十一级；

（四）二级高级主管：十八级至十二级；

（五）三级高级主管：十九级至十三级；

（六）四级高级主管：二十级至十四级；

（七）一级主管：二十一级至十五级；

（八）二级主管：二十二级至十六级；

（九）三级主管：二十三级至十七级；

（十）四级主管：二十四级至十八级；

（十一）专业技术员：二十六级至十八级。

第十条 专业技术类公务员职务职数一般应当按照专业技术类公务员职位数量的一定比例核定，具体办法由中央公务员主管部门另行规定。

第四章 职务任免与升降

第十一条 专业技术类公务员职务任免与升降工作，由各级党委（党组）及其组织（人事）部门按照干部管理权限，依照法定的条件和程序进行。

第十二条 专业技术类公务员任职，应当具备相应的专业技术任职资格，符合拟任职务所要求的其他条件，按照专业技术类公务员职务序列，在规定的职位设置范围和职数内进行。

第十三条 专业技术任职资格由高至低依次为高级、中级、初级。高级包括正高级和副高级。

任一级、二级总监和一级高级主管，应当具备正高级专业技术任职资格；任二级、三级、四级高级主管，应当具备副高级以上专业技术任职资格；任一级、二级主管，应当具备中级以上专业技术任职资格；任三级、四级主管和专业技术员，应当具备初级以上专业技术任职资格。

专业技术任职资格评定办法由中央公务员主管部门另行规定。

第十四条 专业技术类公务员晋升职务，应当具备拟任职务所要求的思想政治素质、工作能力、文化程度、专业技术任职资格、任职年限和任职经历等方面的基本条件，并在规定任职年限内的年度考核结果均为称职以上等次。

晋升专业技术类公务员职务的任职年限，由中央公务员主管部门另行规定。

第十五条 专业技术类公务员在年度考核中被确定为不称职的，按照有关规定降低一个职务层次任职。

第十六条 专业技术类公务员转任其他职位类别职务或者专业技术任职资格被取消的，应当予以免职。

第十七条 试用期满考核合格并取得相应专业技术任职资格的新录用专业技术类公务员，应当按照规定在一级主管以下职务层次范围内任职定级。

第五章　管理与监督

第十八条 一级主管以下职务层次专业技术类公务员的录用，应当采取公开考试、严格考察、平等竞争、择优录取的办法。

考试内容根据专业技术类公务员应当具备的思想政治素质、专业能力和不同职位要求设置，重点考察报考者的专业技术基础知识和运用专业技术处理实际问题的能力。

因专业特殊难以形成竞争的专业技术类公务员职位，可以采用其他测评办法录用公务员。

第十九条 根据工作需要，机关可以按照公务员聘任有关规定，对部分专业技术类公务员职位实行聘任制。

第二十条 专业技术类公务员的考核，以职位职责和所承担的专业技术工作为基本依据，全面考核德、能、勤、绩、廉，重点考核工作实绩。考核结果作为专业技术任职资格评定的重要依据。

第二十一条 专业技术类公务员应当接受初任培训、专门业务培训、在职培训，培训内容侧重工作所必需的专业技术知识和技能等。

专业技术类公务员应当按照继续教育的要求和知识更新的需要，接受专业技术培训。

第二十二条 国有企业事业单位、人民团体和群众团体中从事专业技术工作、担任副高级专业技术职务两年以上或者已担任正高级专业技术职务的人员，可以按照公务员调任有关规定调入机关，并根据认定的专业技术任职资格担任四级高级主管以上职务。

第二十三条 专业技术类公务员转任，一般在专业技术类公务员职位范围内进行。因工作需要，也可以在不同职位类别之间进行。

专业技术类公务员在专业技术类公务员职位范围内转任的，一般转任相同专业的职位。因工作需要，也可以转任到相关、相近专业的职位。

对因工作需要转任其他职位类别公务员的，一般应当在专业技术类公务员职位工作满五年，并按照干部管理权限，综合考虑其任职经历、工作经历等条件，比照确定职务层次。

其他职位类别公务员转任专业技术类公务员职务的，应当具备拟转任职务所要求的专业技术任职资格等条件。

第二十四条 专业技术类公务员实行国家统一的职务与级别相结合的工资制度，按照国家有关规定执行体现工作职责特点的津贴补贴政策。

第二十五条 国家鼓励专业技术类公务员在工作中进行发明创造，对取得显著经济效益或者社会效益的给予奖励。

做出杰出贡献的，可以纳入国务院和地方政府特殊津贴的评定范围。

符合条件的专业技术类公务员，经批准可以参加中央和地方各级重大人才工程和科研项目评选。

第二十六条 专业技术类公务员在履行职责中有弄虚作假、玩忽职守、徇私舞弊等违纪违法行为的，依照有关规定给予批评教育、组织处理或者纪律处分；构成犯罪的，依法追究刑事责任。

第二十七条 对有下列情形的，由县级以上领导机关或者公务员主管部门按照管理权限，区别不同情况，分别予以责令纠正或者宣布无效；对负有责任的领导人员和直接责任人员，根据情节轻重，给予批评教育、组织处理或者纪律处分；构成犯罪的，依法追究刑事责任：

（一）擅自扩大专业技术类公务员职位设置范围的；

（二）超职数设置专业技术类公务员职务的；

（三）随意放宽任职资格条件或者改变专业技术任职资格评定标准的；

（四）违反规定的条件和程序进行录用、调任、转任和聘任的；

（五）违反国家规定，更改专业技术类公务员工资、福利、保险待遇标准的；

（六）违反本规定的其他行为。

第六章 附 则

第二十八条 担任领导职务的专业技术类公务员，法律、法规对其选拔任用、管理监督等另有规定的，按照有关规定执行。

第二十九条　专业技术类公务员的管理，本规定未作规定的，按照公务员法及其配套法规执行。

第三十条　参照公务员法管理的机关（单位）中从事专业技术工作的工作人员，经省级以上公务员主管部门批准，参照本规定进行管理。

第三十一条　本规定由中共中央组织部、人力资源社会保障部和国家公务员局负责解释。

第三十二条　本规定自2016年7月8日起施行。

行政执法类公务员管理规定（试行）

第一章　总　则

第一条　为了完善公务员职位分类，建立符合行政执法类公务员特点的管理制度，提高管理效能和科学化水平，建设高素质公务员队伍，根据公务员法及有关法律、法规，制定本规定。

第二条　本规定所称行政执法类公务员，是指依照法律、法规对行政相对人直接履行行政许可、行政处罚、行政强制、行政征收、行政收费、行政检查等执法职责的公务员，其职责具有执行性、强制性。

第三条　行政执法类公务员的管理，坚持党管干部原则，坚持德才兼备、以德为先，坚持注重实绩、群众公认，坚持监督约束与激励保障并重，注重提高执法效能。

行政执法类公务员的管理，坚持公开、平等、竞争、择优的原则，依照法定的权限、条件、标准和程序进行。

第四条　行政执法类公务员应当模范遵守宪法和法律，按照规定的权限和程序认真履行职责，坚持依法行政，做到严格规范公正文明执法。

第五条　中央公务员主管部门负责全国行政执法类公务员的综合管理工作。县级以上地方各级公务员主管部门负责本辖区内行政执法类公务员的综合管理工作。上级公务员主管部门指导下级公务员主管部门的行政执法类公务员管理工作。各级公务员主管部门指导同级机关的行政执法类公务员管理工作。

第二章　职位设置

第六条　行政执法类公务员职位根据工作性质、执法职能和管理需要，在以行政执法工作为主要职责的机关或者内设机构设置。

行政执法类公务员职位设置范围由中央公务员主管部门确定。

第七条　机关依照职能、国家行政编制和中央公务员主管部门确定的职位设置范围等，制定本机关行政执法类公务员职位设置方案，并确定职位的具体工作职责和任职资格条件。

第八条　中央和国家机关直属机构行政执法类公务员职位设置方案，报中央公务员主管部门审批；省级以下机关及其直属机构行政执法类公务员职位设置方案，由省级公务员主管部门审批后报中央公务员主管部门备案。

第三章　职务与级别

第九条　行政执法类公务员按照行政执法类公务员职务序列进行管理。

行政执法类公务员职务，分为十一个层次。通用职务名称由高至低依次为：督办、一级高级主办、二级高级主办、三级高级主办、四级高级主办、一级主办、二级主办、三级主办、四级主办、一级行政执法员、二级行政执法员。

具体职务名称由中央公务员主管部门以通用职务名称为基础确定。

第十条　行政执法类公务员职务与级别的对应关系是：

（一）督办：十五级至十级；

（二）一级高级主办：十七级至十一级；

（三）二级高级主办：十八级至十二级；

（四）三级高级主办：十九级至十三级；

（五）四级高级主办：二十级至十四级；

（六）一级主办：二十一级至十五级；

（七）二级主办：二十二级至十六级；

（八）三级主办：二十三级至十七级；

（九）四级主办：二十四级至十八级；

（十）一级行政执法员：二十六级至十八级；

（十一）二级行政执法员：二十七级至十九级。

第十一条 行政执法类公务员职务职数一般应当按照行政执法类公务员职位数量的一定比例核定，具体办法由中央公务员主管部门另行规定。

第四章 职务任免与升降

第十二条 行政执法类公务员职务任免与升降工作，由各级党委（党组）及其组织（人事）部门按照干部管理权限，依照法定的条件和程序进行。

第十三条 行政执法类公务员任职，应当按照行政执法类公务员职务序列，在规定的职位设置范围和职数内进行。

第十四条 行政执法类公务员晋升职务，应当具备拟任职务所要求的思想政治素质、工作能力、文化程度、任职年限和任职经历等方面的基本条件，并在规定任职年限内的年度考核结果均为称职以上等次。

晋升行政执法类公务员职务的任职年限，由中央公务员主管部门另行规定。

第十五条 行政执法类公务员在年度考核中被确定为不称职的，按照有关规定降低一个职务层次任职。

第十六条 行政执法类公务员转任其他职位类别职务的，应当予以免职。

第十七条 试用期满考核合格的新录用行政执法类公务员，应当按照规定在一级主办以下职务层次范围内任职定级。

第五章 管理与监督

第十八条 一级主办以下职务层次行政执法类公务员的录用，应当采取公开考试、严格考察、平等竞争、择优录取的办法。

考试内容根据行政执法类公务员应当具备的思想政治素质、法律知识、工作能力和不同职位要求分类分级设置。

第十九条 行政执法类公务员的考核，以职位职责和所承担的行政执法工作为基本依据，全面考核德、能、勤、绩、廉，重点考核履行行政执法职责、完成行政执法工作的情况，必要时可听取行政相对人的意见。

第二十条 行政执法类公务员应当接受初任培训、专门业务培训、在职培训，培训内容侧重职业道德、工作所必需的法律知识、执法技能和应对突发事件能力等。

第二十一条 行政执法类公务员交流的方式包括调任、转任、挂职锻炼。

行政执法类公务员在同一职位工作时间较长的，应当交流。

第二十二条 国有企业事业单位、人民团体和群众团体的工作人员，可以按照公务员调任有关规定调入机关，担任四级高级主办以上职务。

第二十三条 行政执法类公务员转任，一般在行政执法类公务员职位范围内进行。因工作需要，也可以在不同职位类别之间进行。

行政执法类公务员转任其他职位类别职务的，一般应当在行政执法类公务员职位工作满 5 年，并按照干部管理权限，综合考虑其任职经历、工作经历等条件，比照确定职务层次。

其他职位类别公务员转任行政执法类公务员职务的，应当具备拟转任职务所要求的条件。

第二十四条 行政执法类公务员执行国家规定的工资和津贴补贴政策。

第二十五条 机关应当加强对行政执法类公务员的监督，全面落实行政执法责任制。

行政执法类公务员在履行职责中有违纪违法行为以及违反机关的决定和命令的，依照有关规定给予批评教育、组织处理或者纪律处分；构成犯罪的，依法追究刑事责任。

第二十六条 行政执法类公务员在执行公务中有应当回避情形的，本人应当申请回避，行政相对人可以提出回避申请，主管领导可以提出回避要求，由所在机关作出回避决定。

第二十七条 对有下列情形的，由县级以上领导机关或者公务员主管部门按照管理权限，区别不同情况，分别予以责令纠正或者宣布无效；对负有责任的领导人员和直接责任人员，根据情节轻重，给予批评教育、组织处理或者纪律处分；构成犯罪的，依法追究刑事责任：

（一）擅自扩大行政执法类公务员职位设置范围的；

（二）超职数设置行政执法类公务员职务的；

（三）随意放宽任职资格条件的；

（四）违反规定的条件和程序进行录用、调任、转任的；

（五）违反国家规定，更改行政执法类公务员工资、福利、保险待遇标准的；

（六）违反本规定的其他行为。

第六章　附　则

第二十八条 担任领导职务的行政执法类公务员，法律、法规对其选拔任用、管理监督等另有规定的，按照有关规定执行。

第二十九条 行政执法类公务员的管理，本规定未作规定的，按照公务员法及其配套法规执行。

第三十条 参照公务员法管理的事业单位中从事行政执法工作的工作人员，经省级以上公务员主管部门批准，参照本规定进行管理。

第三十一条 本规定由中共中央组织部、人力资源社会保障部和国家公务员局负责解释。

第三十二条 本规定自2016年7月8日起施行。

中共中央办公厅 国务院办公厅关于印发《聘任制公务员管理规定（试行）》的通知

（2017 年 9 月 19 日　厅字〔2017〕40 号）

各省、自治区、直辖市党委和人民政府，中央和国家机关各部委，解放军各大单位、中央军委机关各部门，各人民团体：

《聘任制公务员管理规定（试行）》已经中央领导同志同意，现印发给你们，请你们结合实际认真遵照执行。

聘任制公务员管理规定（试行）

第一章　总　则

第一条　为了健全用人机制，满足机关吸引和使用优秀人才的需求，提高公务员队伍专业化水平，规范公务员聘任工作，保障机关和聘任制公务员合法权益，根据《中华人民共和国公务员法》等相关法律法规，制定本规定。

第二条　本规定所称聘任制公务员，是指以合同形式聘任、依法履行公职、纳入国家行政编制、由国家财政负担工资福利的工作人员。

涉及国家秘密的职位不实行聘任制。

第三条　聘任制公务员的管理，坚持党管干部、党管人才原则，坚持德才兼备、以德为先，坚持公开、平等、竞争、择优，坚持监督约束与激励保障并重，依照法定的权限、条件、标准和程序进行。

机关依据公务员法和聘任合同对所聘公务员进行管理。

第四条 中央公务员主管部门负责全国聘任制公务员的综合管理工作。县级以上地方各级公务员主管部门负责本辖区内聘任制公务员的综合管理工作。上级公务员主管部门指导下级公务员主管部门的聘任制公务员管理工作。各级公务员主管部门指导同级机关的聘任制公务员管理工作。

第二章 职位设置与招聘

第五条 机关聘任公务员，主要面向专业性较强的职位，确有特殊需要的，也可以面向辅助性职位。聘任为领导职务的，应当是专业性较强的职位。

专业性较强的职位，是指具有低替代性，要求具备经过专门学习才能掌握的专业知识、专业技能的职位。

辅助性职位，是指具有较强事务性，在机关工作中处于辅助地位的职位。

第六条 机关聘任公务员，应当根据工作需要，在规定的编制限额和工资经费限额内进行。

第七条 机关聘任公务员，应当制定职位设置与招聘工作方案。职位设置与招聘工作方案包括聘任事由、编制使用情况、拟聘职位及名额、资格条件、待遇、聘期、招聘方式、程序等内容。

中央和国家机关及其直属机构职位设置与招聘工作方案，报中央公务员主管部门审批。省级以下机关及其直属机构职位设置与招聘工作方案，按程序逐级审核后报省级公务员主管部门审批。

省级以上公务员主管部门或者经授权同意的设区的市级公务员主管部门具体负责招聘的组织实施。

第八条 应聘人员除应当具备公务员法规定的条件外，还应当具备省级以上公务员主管部门批准的拟聘任职位所要求的资格条件。

应聘人员不得应聘与聘任机关公务员有任职回避情形的职位。

第九条 机关聘任公务员，一般应当面向社会公开招聘。公开招聘按照以下程序进行：

（一）发布招聘公告。招聘公告应当载明聘任机关、聘任职位、职责、应聘资格条件、待遇、聘期，报名的方式方法、时间和地点，应聘需要提交的申请材料，考试测评内容、时间和地点以及其他应聘须知事项。

（二）报名与资格审查。应聘人员应当向机关提交真实、准确的申请材料。机关在规定时间内确认应聘人员是否具有应聘资格。

（三）考试测评。采取笔试、面试等方式进行，突出岗位特点，重点测查应聘人员的专业素养、业务能力和岗位匹配程度。

（四）考察与体检。机关根据考试测评成绩确定考察人选，并对其进行考察和体检。考察内容主要包括应聘人员的政治思想、道德品质、能力素质、学习和工作表现、工作业绩、遵纪守法、廉洁自律等方面的情况。

（五）公示。机关根据考试测评、考察情况和体检结果，择优提出拟聘任人员名单，并进行公示。公示期不少于五个工作日。

（六）审批或者备案。公示期满，对没有问题或者所反映问题不影响聘任的，中央和国家机关及其直属机构拟聘任人员名单报中央公务员主管部门备案，地方各级机关拟聘任人员名单报省级公务员主管部门或者经授权同意的设区的市级公务员主管部门审批。

（七）办理聘任手续。聘任机关与拟聘任人员签订聘任合同，办理相关手续。

公开招聘专业性较强的职位，经省级以上公务员主管部门批准，可以对上述程序进行调整或者适当简化。

第十条 对于工作急需、符合聘任职位条件的人选少、难以进行公开招聘的专业性较强的职位，经省级以上公务员主管部门批准，机关可以从符合条件的人员中直接选聘。直接选聘一般按照以下程序进行：

（一）提出拟聘任人选。机关根据平时掌握的情况或者通过相关单位、专业机构、同行专家等推荐，提出拟聘任人选。

（二）资格审查。根据招聘资格条件对应聘人员进行审查，重点审查政治品质、工作履历和工作业绩。

（三）考核测评。采取履历分析、面试比选、专家评审、业绩考核等方式，重点对拟聘任人选的专业素养、业务能力和岗位匹配程度进行考核、测评。

（四）考察与体检。

（五）公示。

（六）审批或者备案。

（七）办理聘任手续。

第十一条 机关不得聘任有下列情形之一的人员：

（一）曾因犯罪受过刑事处罚的；

（二）曾被开除公职或者因违纪违法被机关、事业单位解除聘任合同或者聘用合同的；

（三）涉嫌违纪违法正在接受专门机关审查尚未作出结论的；

（四）受纪律处分期间或者未满影响期限的；

（五）按照有关规定被列为失信联合惩戒对象的；

（六）法律法规规定的其他不得担任公务员情形的。

第三章 聘任合同

第十二条 机关聘任公务员，应当按照平等自愿、协商一致的原则，与所聘公务员签订书面的聘任合同，确定双方的权利和义务。

第十三条 聘任合同应当具备合同期限，职位及其职责要求，工作条件，工资、福利、保险待遇，解除聘任合同情形，违约责任等条款。

聘任机关与所聘公务员根据需要，可以在聘任合同中约定前款规定之外的保密管理、离职后从业限制等其他事项。

第十四条 聘任合同期限为一年至五年，由聘任机关根据工作任务和目标与拟聘任公务员协商确定。首次签订聘任合同的，可以约定试用期，试用期为一个月至六个月。

聘任为领导职务的，聘任合同期限为三年至五年，试用期为一年。

第十五条 聘任合同经双方协商一致，可以变更或者解除。变更或者解除聘任合同，应当采用书面形式。

第十六条 有下列情形之一的，聘任机关可以解除聘任合同：

（一）未经批准在其他单位兼职的；

（二）患病或者非因公负伤规定医疗期满后，不能从事原工作的；

（三）因订立合同所依据的客观情况发生重大变化，致使合同无法继续履行，经双方协商，未能就变更聘任合同内容达成协议的；

（四）法律法规规定或者聘任合同约定聘任机关可以解除聘任合同的其他情形。

聘任机关因前款第（二）、（三）项情形之一解除聘任合同的，应当提前三十日以书面形式通知聘任制公务员本人。

第十七条 有下列情形之一的，聘任机关应当解除聘任合同：

（一）经试用不符合聘任条件的；

（二）聘期内年度考核不称职的；

（三）不履行公务员义务，不遵守公务员纪律，经教育仍无转变，不适合继续在机关工作的；

（四）除本规定第十六条第一款第（二）项的情形外，其他因个人原因不能正常履行聘任合同约定工作职责的；

（五）旷工或者因公外出、请假期满无正当理由逾期不归连续超过十五天，或者一年内累计超过三十天的；

（六）有严重违纪违法行为或者被依法追究刑事责任的；

（七）法律法规规定或者聘任合同约定聘任机关应当解除聘任合同的其他情形。

第十八条 聘任制公务员在聘期内有公务员法规定不得辞退情形之一的，聘任机关不得解除聘任合同，但有本规定第十六条第一款第（一）项和第十七条第（一）、（三）、（五）、（六）、（七）项情形的除外。

第十九条 有下列情形之一的，聘任制公务员以书面形式通知机关后可以解除聘任合同：

（一）在试用期内的；

（二）聘任机关未按照聘任合同约定支付工资、未依法为聘任制公务员缴纳社会保险费等，或者未提供必要工作条件的；

（三）法律法规规定或者聘任合同约定聘任制公务员可以解除聘任合同的其他情形。

第二十条 聘任制公务员可以申请解除聘任合同，但有下列情形之一的除外：

（一）重要公务尚未处理完毕，且必须由本人继续处理的；

（二）正在接受审计、纪律审查，或者涉嫌犯罪，司法程序尚未终结的；

（三）法律法规规定或者聘任合同约定的其他不得解除聘任合同的情形。

聘任制公务员申请解除聘任合同，应当以书面形式向聘任机关提出。聘任机关应当在三十日内予以答复，未在规定时间内答复的视为同意解除聘任合同。未获批准前，聘任制公务员不得自行离职。

第二十一条 依照本规定第十六条第一款第（二）、（三）项解除聘任合同的，聘任机关应当向聘任制公务员支付经济补偿。经济补偿按照聘任制公务员在本机关工作的年限，每满一年支付一个月工资的标准执行。工作六个月以上不满一年的，支付一个月工资的经济补偿；不满六个月的，支付半个月工资的经济补偿。

依照本规定第十九条第（二）项解除聘任合同的，聘任机关应当按照合同约定支付工资，补缴社会保险费，并承担相应违约责任。

第二十二条 聘任合同期满或者聘任合同约定的终止条件出现，聘任合同即行终止。

聘任制公务员患病或者非因公负伤在规定的医疗期内的，女性在孕期、产假、哺乳期内的，聘任合同应当延续至相应的情形消失时终止，本人要求不延续的除外。

第二十三条 聘任合同解除或者终止，聘任机关应当出具解除或者终止聘任合同的书面证明，按规定办理人事档案、社会保险关系转移等相关手续；聘任制公务员应当按照要求进行公务交接，并履行法律法规规定和聘任合同约定的相关义务。

第二十四条 聘任合同的签订、变更、解除或者终止，应当报同级公务员主管部门备案。

第四章 日常管理

第二十五条 聘任制公务员试用期满合格后，聘任机关按照有关规定进行聘任制公务员登记，人事档案由聘任机关管理和保存。

第二十六条 聘任机关根据公务员考核有关规定，依据聘任合同全面考核聘任制公务员的德、能、勤、绩、廉，重点考核其完成聘任合同确定的工作任务情况。考核结果作为聘任制公务员获得工资、奖励等的依据。

聘任制公务员的考核坚持平时考核和定期考核相结合，定期考核一般按照年度进行，必要时可以采取聘期考核、绩效考核、目标责任考核等方式，考核结果应当向本人反馈。

第二十七条 聘任制公务员在聘期内一般不得变动职位。

聘任机关根据工作需要、考核结果和聘任制公务员本人意愿，经省级以上公务员主管部门批准，聘任合同期满后可以续聘。

对在专业性较强的职位上表现突出、做出显著成绩和贡献、工作长期需要的聘任制公务员，聘期满五年，年度考核结果均为称职以上或者聘期考核结果为优秀的，经省级以上公务员主管部门批准，可以转为委任制公务员。

第二十八条 聘任制公务员实行协议工资制，聘任制公务员工资一般按月支付，也可以实行年薪制等特殊工资政策。

聘任机关应当根据聘任职位，综合考虑市场同类人员和本单位其他公务员工资水平等因素，提出聘任职位所需的工资额度，报同级人力资源社会保障、财政部门核定。聘任制公务员的工资水平根据市场同类人员和本单位其他公务员工资水平调整情况进行调整。

第二十九条 聘任制公务员按照国家规定和聘任协议享受住房补贴、医疗补助等。

第三十条 聘任制公务员按照国家有关规定参加基本养老保险和职业年金、基本医疗保险、工伤保险、失业保险、生育保险。

第三十一条 聘任制公务员工资、福利、保险等待遇所需经费，通过政府预算安排。

第三十二条 国家鼓励聘任制公务员在工作中进行发明创造，对取得显著经济效益或者社会效益的给予奖励。

符合条件的聘任制公务员，经批准可以参加中央和地方各级重大人才工程和科研项目评选。

第三十三条 聘任制公务员与聘任机关之间因履行聘任合同发生争议的，可以依据有关规定申请人事争议仲裁。当事人对仲裁裁决不服的，可以按照有关规定向人民法院提起诉讼。仲裁裁决生效后，一方当事人不履行的，另一方当事人可以申请人民法院执行。

第五章 纪律监督

第三十四条 聘任制公务员必须遵守公务员法等相关法律法规规定和聘任合同约定的纪律要求。

聘任制公务员在履行职责中有弄虚作假、滥用职权、玩忽职守、徇私舞弊等违纪违法行为的，依照有关规定给予批评教育、组织处理或者纪律处分；构成犯罪的，依法追究刑事责任。

第三十五条 机关公开招聘和直接选聘公务员应当依法接受监督。组织招聘时，公务员主管部门和机关应当及时受理举报，并按照管理权限处理。

有下列情形之一的，省级以上公务员主管部门或者经授权同意的设区的市级公务员主管部门视情况分别予以责令纠正或者宣布无效；对负有领导责任和直接责任的人员，根据情节轻重，给予批评教育、组织处理或者纪律处分；构成犯罪的，依法追究刑事责任：

（一）不按规定的编制限额进行聘任的；

（二）不按规定的资格条件和程序聘任的；

（三）未经授权，擅自出台、变更聘任政策，造成不良影响的；

（四）聘任工作中徇私舞弊的。

第三十六条 从事聘任工作的人员有下列情形之一的，按照管理职能和权限，视情节轻重，给予批评教育、组织处理或者纪律处分；构成犯罪的，依法追究刑事责任：

（一）泄露试题或者其他招聘秘密信息的；

（二）弄虚作假进行聘任的；

（三）利用工作便利，协助应聘人员作弊的；

（四）因工作失职造成不良后果的；

（五）违反法律法规及本规定的其他行为的。

第三十七条 对违反招聘纪律的应聘人员，视情节轻重，分别给予批评教育，取消考试测评、考察与体检资格，不予聘任或者解除聘任合同等处理。

应聘人员在考试及相关环节中违纪违规行为的认定与处理，参照公务员考试录用违纪违规行为处理有关规定执行。

第三十八条 除本规定第十九条所列情形外，聘任制公务员提出解除聘任合同的，按照公务员从业限制有关规定，领导职务公务员在离职三年内，其他公务员在离职两年内，不得到与原工作业务直接相关的企业或者其他营利性组织任职，不得从事与原工作业务直接相关的营利性活动。

第六章　附　则

第三十九条 法律法规对领导职务聘任另有规定的，从其规定。

第四十条 参照公务员法管理机关（单位）聘任工勤人员以外的工作人员，参照本规定执行。

第四十一条 本规定由中共中央组织部、人力资源社会保障部及国家公务员局负责解释。

第四十二条 本规定自 2017 年 9 月 19 日起施行。2011 年 1 月 28 日中共中央组织部、人力资源社会保障部印发的《聘任制公务员管理试点办法》同时废止。

中共中央组织部等部门关于印发《关于规范公务员辞去公职后从业行为的意见》的通知

（2017 年 4 月 28 日　组通字〔2017〕22 号）

各省、自治区、直辖市党委组织部、政府人力资源社会保障厅（局）、工商行政管理局（市场监督管理部门）、公务员局，中央和国家机关各部委、各人民团体干部人事部门，新疆生产建设兵团党委组织部、人力资源社会保障局、公务员局：

现将《关于规范公务员辞去公职后从业行为的意见》印发给你们，请结合实际认真贯彻执行。

关于规范公务员辞去公职后从业行为的意见

为贯彻落实党中央关于全面从严治党、从严管理干部要求，加强对权力运行的制约和监督，防止出现公务员辞去公职后从业中的违纪违法现象，根据《中华人民共和国公务员法》《中国共产党纪律处分条例》等法律法规，对规范公务员辞去公职后从业行为提出如下意见。

一、本意见所规范的公务员辞去公职后从业行为，是指公务员根据本人意愿提出辞去公职，经批准依法解除公务员身份，到国有企事业以外的单位就业或自主创业。

二、各级机关中原系领导班子成员的公务员以及其他担任县处级以上职务的公务员，辞去公职后 3 年内，不得接受原任职务管辖地区和业务范围内的企业、中介机构或其他营利性组织的聘任，个人不得从事与原任职务管辖业务直接相关的营利性活动；其他公务员辞去公职后 2 年内，不得接受与原工作业务直接相关的企业、中介机构或其他营利性组织的聘任，个人不得从事与原工作业务直接相关的营利性活动。

“原任职务”或“原工作业务”，一般应包括辞去公职前 3 年内担任过的职务或从事过的工作业务。

三、公务员辞去公职后从业行为是否违反上述规定，由其原单位认定。省级以上具有行政审批、行业监管、执法监督等职能的机关，应当结合实际，逐步建立公务员辞去公职后从业行为限制清单。

四、公务员申请辞去公职时应当如实报告从业去向，签署承诺书，对遵守从业限制规定、保守国家秘密和工作秘密，以及在从业限制期限内主动报告从业变动情况等作出承诺。

五、公务员所在单位或上级组织（人事）部门在批准其辞去公职前要与本人谈话，了解其从业意向，提醒严格遵守从业限制规定，告知违规从业须承担的法律责任。对不符合从业限制规定的，要劝其调整从业意向；经劝说仍不调整的，不予批准其辞去公职申请。对经批准同意辞去公职的，在从业限制期限内，原单位每年至少与其联系一次，了解和核查从业情况，发现有违反规定的情形，应当及时向公务员主管部门报告。

六、公务员辞去公职后有违规从业行为的，由公务员主管部门会同原单位责令其限期解除与接收单位的聘任关系或终止违规经营性活动；逾期不改正的，公务员主管部门要会同有关部门，对其违规从业所得数额进行调查核定，由县级以上工商、市场监管等部门依法没收，责令接收单位将该人员清退，并根据情节轻重，对接收单位处以被处罚人员违规从业所得一倍以上五倍以下罚款。违规从业人员为中共党员的，依照有关党规党纪给予相应处分。对涉嫌犯罪的，移交司法机关依法处理。

公务员主管部门会同有关部门将辞去公职人员违规从业行为纳入个人信用记录。接收单位为企业的，工商、市场监管部门将其受行政处罚情况录入企业信用信息系统。

七、建立健全公务员辞去公职后从业备案和监督检查制度。经批准同意辞去公职的公务员，由原单位报公务员主管部门备案。公务员主管部门通过专项检查、接受信访举报、了解舆情报道等方式，对各单位落实公务员辞去公职后从业规定情况进行指导和监督检查。对未按照规定审批，或未履行提醒告知、备案、了解核实等职责，导致辞去公职人员违规从业的，对单位给予通报批评，对相关负责人进行提醒、函询和诫勉，视情节轻重给予组织处理或纪律处分。

八、要准确把握和执行政策，正确对待公务员依法辞去公职行为，支持人才的合理流动，充分尊重和保障辞去公职人员合法就业和创业的权益。

九、对参照公务员法管理机关（单位）工作人员，以及公务员交流到国有企事业单位未满从业限制期限，辞去公职后从业行为的规范，参照本意见执行。

十、本意见自 2017 年 4 月 28 日起施行，由中央组织部、人力资源社会保障部、工商总局、国家公务员局负责解释。

公务员录用规定（试行）

（2007年11月6日　人事部令第7号）

第一章　总　则

第一条　为了规范公务员录用工作，保证新录用公务员的基本素质，根据公务员法，制定本规定。

第二条　本规定适用于各级机关录用担任主任科员以下及其他相当职务层次的非领导职务公务员。

第三条　录用公务员，坚持公开、平等、竞争、择优的原则，按照德才兼备的标准，采取考试与考察相结合的方法进行。

第四条　录用公务员，必须在规定的编制限额内，并有相应的职位空缺。

第五条　录用公务员，应当按照下列程序进行：

（一）发布招考公告；

（二）报名与资格审查；

（三）考试；

（四）考察与体检；

（五）公示、审批或备案。

必要时，省级以上公务员主管部门可以对上述程序进行调整。

录用特殊职位的公务员，经省级以上公务员主管部门批准，可以简化程序。

第六条　民族自治地方录用公务员时，依照法律和有关规定对少数民族报考者予以适当照顾。具体办法由省级以上公务员主管部门确定。

第七条 公务员主管部门和招录机关应当采取措施，便利公民报考。

第二章 管理机构

第八条 中央公务员主管部门负责全国公务员录用的综合管理工作。具体包括：

（一）拟定公务员录用法规；

（二）制定公务员录用的规章、政策；

（三）指导和监督地方各级机关公务员的录用工作。

中央公务员主管部门负责组织中央机关及其直属机构公务员的录用。

第九条 省级公务员主管部门负责本辖区公务员录用的综合管理工作。具体包括：

（一）贯彻国家有关公务员录用的法律、法规、规章和政策；

（二）根据公务员法和本规定，制定本辖区内公务员录用实施办法；

（三）负责组织本辖区内各级机关公务员的录用；

（四）指导和监督设区的市级以下各级机关公务员录用工作；

（五）承办中央公务员主管部门委托的公务员录用有关工作。

必要时，省级公务员主管部门可以授权设区的市级公务员主管部门组织本辖区内公务员的录用。

第十条 设区的市级以下各级公务员主管部门按照省级公务员主管部门的规定，负责本辖区内公务员录用的有关工作。

第十一条 招录机关按照公务员主管部门的要求，承担本机关公务员录用的有关工作。

第三章　录用计划与招考公告

第十二条　招录机关根据职位空缺情况和职位要求，提出招考的职位、名额和报考资格条件，拟定录用计划。

第十三条　中央机关及其直属机构的录用计划，由中央公务员主管部门审定。

省级机关及其直属机构的录用计划，由省级公务员主管部门审定。设区的市级以下机关录用计划的申报程序和审批权限，由省级公务员主管部门规定。

第十四条　省级以上公务员主管部门依据有关法律、法规、规章和政策，制定招考工作方案。

设区的市级公务员主管部门经授权组织本辖区公务员录用时，其招考工作方案应当报经省级公务员主管部门审核同意。

第十五条　公务员主管部门依据招考工作方案，制定招考公告，面向社会发布。招考公告应当载明以下内容：

（一）招录机关、招考职位、名额和报考资格条件；

（二）报名方式方法、时间和地点；

（三）报考需要提交的申请材料；

（四）考试科目、时间和地点；

（五）其他须知事项。

第四章　报名与资格审查

第十六条　报考公务员，应当具备下列资格条件：

（一）具有中华人民共和国国籍；

（二）年龄为十八周岁以上，三十五周岁以下；

（三）拥护中华人民共和国宪法；

（四）具有良好的品行；

（五）具有正常履行职责的身体条件；

（六）具有符合职位要求的工作能力；

（七）具有大专以上文化程度；

（八）省级以上公务员主管部门规定的拟任职位所要求的资格条件；

（九）法律、法规规定的其他条件。

前款第（二）、（七）项所列条件，经省级以上公务员主管部门批准，可以适当调整。

公务员主管部门和招录机关不得设置与职位要求无关的报考资格条件。

第十七条　下列人员不得报考公务员：

（一）曾因犯罪受过刑事处罚的；

（二）曾被开除公职的；

（三）有法律规定不得录用为公务员的其他情形的。

第十八条　报考者不得报考与招录机关公务员有公务员法第六十八条所列情形的职位。

第十九条　报考者应当向招录机关提交报考申请材料，报考者提交的申请材料应当真实、准确。

招录机关根据报考资格条件对报考申请进行审查，在规定时间内确认报考者是否具有报考资格。

第五章　考　试

第二十条　公务员录用考试采取笔试和面试的方式进行，考试内容根据公务员应当具备的基本能力和不同职位类别分别设置。

第二十一条　笔试包括公共科目和专业科目。公共科目由中央公务员主管部门统一确定。专业科目由省级以上公务员主管部门根据需要设置。

第二十二条　笔试结束后，招录机关按照省级以上公务员主管部门的规定，根据笔试成绩由高到低确定面试人选。

面试由省级以上公务员主管部门组织实施，也可以委托招录机关或授权设区的市级公务员主管部门组织实施。

面试的内容和方法，由省级以上公务员主管部门规定。

面试应当组成面试考官小组。面试考官小组由具有面试考官资格的人员组成。面试考官资格的认定与管理，由省级以上公务员主管部门负责。

第二十三条 录用特殊职位的公务员，经省级以上公务员主管部门批准，可以采用其他测评办法。

第六章 考察与体检

第二十四条 招录机关按照省级以上公务员主管部门的规定，根据报考者的考试成绩由高到低的顺序确定考察人选，并对其进行报考资格复审和考察。

第二十五条 报考资格复审主要核实报考者是否符合规定的报考资格条件，确认其报名时提交的信息和材料是否真实、准确。

第二十六条 考察内容主要包括报考者的政治思想、道德品质、能力素质、学习和工作表现、遵纪守法、廉洁自律以及是否需要回避等方面的情况。

考察应当组成考察组，考察组由两人以上组成。考察组应当广泛听取意见，做到全面、客观、公正，并据实写出考察材料。

第二十七条 体检工作由设区的市级以上公务员主管部门负责组织，招录机关实施。

体检的项目和标准依照国家统一规定执行。

体检应当在设区的市级以上公务员主管部门指定的医疗机构进行。体检完毕，主检医生应当审核体检结果并签名，医疗机构加盖公章。

招录机关或者报考者对体检结果有疑问的，可以按照规定提出复检。必要时，设区的市级以上公务员主管部门可以要求体检对象复检。

第七章　公示、审批或备案

第二十八条　招录机关根据报考者的考试成绩、考察情况和体检结果，择优提出拟录用人员名单，向社会公示。

公示时间为七天。公示内容包括招录机关名称、拟录用人员姓名、性别、准考证号、毕业院校或者工作单位、监督电话以及省级以上公务员主管部门规定的其他事项。

公示期满，对没有问题或者反映问题不影响录用的，按照规定程序办理审批或备案手续；对有严重问题并查有实据的，不予录用；对反映有严重问题，但一时难以查实的，暂缓录用，待查实并做出结论后再决定是否录用。

第二十九条　中央机关及其直属机构拟录用人员名单报中央公务员主管部门备案；地方各级招录机关拟录用人员名单报省级或者设区的市级公务员主管部门审批。

第三十条　新录用的公务员试用期为一年。试用期内，由招录机关对新录用的公务员进行考察，并安排必要的培训。试用期满合格的，予以任职；试用期不合格的，取消录用。中央机关取消录用的，报中央公务员主管部门备案。地方各级机关取消录用的审批权限由省级公务员主管部门规定。

第八章　纪律与监督

第三十一条　公务员录用工作要接受监督。公务员主管部门和招录机关应当及时受理举报，并按管理权限处理。

第三十二条　从事录用工作的人员凡有公务员法第七十条所列情形的，应当实行回避。

第三十三条　有下列情形之一的，由省级以上公务员主管部门或设区的市级公务员主管部门，视情况分别予以责令纠正或者宣布无效；对负有领导责任和直接责任的人员，根据情节轻重，给予批评教育、调离录用工作岗位或者给予处分；构成犯罪的，依法追究刑事责任：

（一）不按规定的编制限额和职位要求进行录用的；

（二）不按规定的资格条件和程序录用的；

（三）未经授权，擅自出台、变更录用政策，造成不良影响的；

（四）录用工作中徇私舞弊，情节严重的。

第三十四条 从事录用工作的人员有下列情形之一的，由公务员主管部门或所在单位，视情节轻重，给予批评教育、调离录用工作岗位或者给予处分；构成犯罪的，依法追究刑事责任：

（一）泄露试题和其他考录秘密信息的；

（二）利用工作便利，伪造考试成绩或者其他招考工作的有关资料的；

（三）利用工作便利，协助报考者考试作弊的；

（四）因工作失职，导致招考工作重新进行的；

（五）违反录用工作纪律的其他行为。

第三十五条 对违反录用纪律的报考者，视情节轻重，分别给予批评教育，取消考试、考察和体检资格，不予录用或取消录用等处理。其中，有舞弊等严重违反录用纪律行为的，5 年内不得报考公务员。构成犯罪的，依法追究刑事责任。

第九章 附 则

第三十六条 参照公务员法管理的机关（单位）录用工勤人员以外的工作人员，参照本规定执行。

第三十七条 公务员录用所需经费，应当列入财政预算，予以保障。

第三十八条 本规定由中央公务员主管部门负责解释。

第三十九条 本规定自发布之日起施行。1994 年 6 月 7 日发布的《国家公务员录用暂行规定》（人录发〔1994〕1 号）和 1996 年 9 月 10 日发布的《公安机关人民警察录用办法》（人发〔1996〕84 号）同时废止。

公务员考试录用违纪违规行为处理办法

（2016年8月19日　人力资源和社会保障部令第30号）

第一条　为规范公务员考试录用违纪违规行为的认定与处理，严肃考试纪律，确保考试录用工作公平、公正，根据《中华人民共和国公务员法》等有关规定，制定本办法。

第二条　报考者和工作人员在公务员考试录用中违纪违规行为的认定与处理，适用本办法。

第三条　认定与处理违纪违规行为，应当事实清楚、证据确凿、程序规范、适用规定准确。

第四条　公务员主管部门、招录机关和考试机构及其他相关机构按照公务员考试录用法律法规等规定的职责权限，对报考者和工作人员违纪违规行为进行认定与处理。

第五条　报考者提供的涉及报考资格的申请材料或者信息不实的，由负责资格审查工作的招录机关或者公务员主管部门给予其取消本次报考资格的处理。

报考者有恶意注册报名信息，扰乱报名秩序或者伪造学历证明及其他有关材料骗取考试资格等严重违纪违规行为的，由中央一级招录机关或者设区的市级以上公务员主管部门给予其取消本次报考资格的处理，并记入公务员考试录用诚信档案库，记录期限为五年。

第六条　报考者在考试过程中有下列违纪违规行为之一的，由具体组织实施考试的考试机构、招录机关或者公务员主管部门给予其当次该科目（场次）考试成绩无效的处理：

（一）将规定以外的物品带入考场且未按要求放在指定位置，经提醒仍不改正的；

（二）未在指定座位参加考试，或者未经工作人员允许擅自离开座位或者考场，经提醒仍不改正的；

（三）经提醒仍不按规定填写（填涂）本人信息的；

（四）将试卷、答题纸、答题卡带出考场，或者故意损毁试卷、答题纸、答题卡的；

（五）在试卷、答题纸、答题卡规定以外位置标注本人信息或者其他特殊标记的；

（六）在考试开始信号发出前答题的，或者在考试结束信号发出后继续答题的；

（七）其他应给予当次该科目（场次）考试成绩无效处理的违纪违规行为。

第七条 报考者在考试过程中有下列严重违纪违规行为之一的，给予其取消本次考试资格的处理，并记入公务员考试录用诚信档案库，记录期限为五年：

（一）抄袭、协助抄袭的；

（二）持伪造证件参加考试的；

（三）使用禁止自带的通信设备或者具有计算、存储功能电子设备的；

（四）其他应给予取消本次考试资格处理的严重违纪违规行为。

报考中央机关及其直属机构公务员的，由中央公务员主管部门或者中央一级招录机关作出处理。报考地方各级机关公务员的，由省级公务员主管部门或者设区的市级公务员主管部门作出处理。

第八条 报考者在考试过程中有下列特别严重违纪违规行为之一的，由中央公务员主管部门或者省级公务员主管部门给予其取消本次考试资格的处理，并记入公务员考试录用诚信档案库，长期记录：

（一）串通作弊或者参与有组织作弊的；

（二）代替他人或者让他人代替自己参加考试的；

（三）其他情节特别严重、影响恶劣的违纪违规行为。

第九条 在阅卷过程中发现报考者之间同一科目作答内容雷同，并经阅卷专家组确认的，由具体组织实施考试的考试机构给予其该科目（场次）考试成绩无效的处理。省级以上考试机构确定作答内容雷同的具体方法和标准。

报考者之间同一科目作答内容雷同，并有其他相关证据证明其作弊行为成立的，视具体情形按照本办法第七条、第八条的规定处理。

第十条 报考者在体检过程中隐瞒影响录用的疾病或者病史的，由招录机关或者公务员主管部门给予其不予录用的处理。有串通工作人员作弊或者请他人顶替体检以及交换、替换化验样本等严重违纪违规行为的，由招录机关或者公务员主管部门给予其不予录用的处理，并由中央一级招录机关或者设区的市级以上公务员主管部门记入公务员考试录用诚信档案库，记录期限为五年。

第十一条 报考者在考察过程中有弄虚作假、隐瞒事实真相或者其他妨碍考察工作正常进行行为的，由负责组织考察的招录机关或者公务员主管部门给予其不予录用的处理。情节严重、影响恶劣的严重违纪违规行为，由中央一级招录机关或者设区的市级以上公务员主管部门记入公务员考试录用诚信档案库，记录期限为五年。

第十二条 报考者的违纪违规行为被当场发现的，工作人员应当予以制止或者终止其继续参加考试，并收集、保存相应证据材料，如实记录违纪违规事实和现场处理情况，由两名以上工作人员签字，报送负责组织考试录用的部门。

第十三条 对报考者违纪违规行为作出处理决定前，应当告知报考者拟作出的处理决定及相关事实、理由和依据，并告知报考者依法享有陈述和申辩的权利。作出处理决定的公务员主管部门、招录机关或者考试机构对报考者提出的事实、理由和证据，应当进行复核。

第十四条 对报考者违纪违规行为作出处理决定的，应当制作公务员考试录用违纪违规行为处理决定书，依法送达报考者。

第十五条 试用期间查明报考者有本办法所列违纪违规行为的，由中央一级招录机关或者设区的市级以上公务员主管部门取消录用并按照本办法的有关规定给予其相应的处理。

任职定级后查明有本办法所列违纪违规行为的，给予其辞退处理或者开除处分。

第十六条 报考者应当自觉维护考试录用工作秩序，服从工作人员管理，有下列行为之一的，责令离开考场；情节严重的，按照本办法第七条、第八条的规定处理；违反《中华人民共和国治安管理处罚法》的，交由公安机关依法处理；构成犯罪的，依法追究刑事责任：

（一）故意扰乱考点、考场等考试录用工作场所秩序的；

（二）拒绝、妨碍工作人员履行管理职责的；

（三）威胁、侮辱、诽谤、诬陷工作人员或者其他报考者的；

（四）其他扰乱考试录用管理秩序的行为。

第十七条 录用工作人员违反有关法律法规，或者有《公务员录用规定（试行）》第三十三条、第三十四条规定情形的，按照有关规定给予处分。其中，公务员组织、策划有组织作弊或者在有组织作弊中起主要作用的，给予开除处分。构成犯罪的，依法追究刑事责任。

第十八条 报考者对违纪违规行为处理决定不服的，可以依法申请行政复议或者提起行政诉讼。

录用工作人员因违纪违规行为受到处分不服的，可以依法申请复核或者提出申诉。

第十九条 参照公务员法管理的机关（单位）工作人员录

用中违纪违规行为的认定与处理适用本办法。

第二十条 公务员考试录用诚信档案库的管理办法由中央公务员主管部门制定。

第二十一条 本办法自2016年10月1日起施行。2009年11月9日人力资源社会保障部公布的《公务员录用考试违纪违规行为处理办法（试行）》（人力资源和社会保障部令第4号）同时废止。

公务员考试录用违纪违规行为处理决定书（样式）

(本书略)

人事部关于印发《干部调配工作规定》的通知

（1991年2月4日　人调发〔1991〕4号）

各省、自治区、直辖市及计划单列市人事（劳动人事）厅（局），国务院各部委、各直属机构人事（干部）部门：

为了加强干部队伍的管理，保证干部调配工作的顺利进行，我们制定了《干部调配工作规定》，现印发给你们执行。在执行中有什么问题，请及时告我部。

干部调配工作规定

第一章　总　则

第一条　为加强干部队伍管理，保证调配工作顺利进行，特制定本规定。

第二条　本规定适用于国家机关和事业、企业单位具有全民所有制身份的干部。

第二章　调配原则

第三条　干部调配工作必须坚持党的干部路线、方针和政策，为党和国家中心任务服务，适应改革开放的需要，促进国民经济和其他各项事业和发展。

第四条　干部调配必须按照国家规定的编制员额和干部人数计划进行，保证干部在地区、行业、部门之间的合理分布及部门内的合理配置。

第五条 干部调配应坚持以工作需要为主，注意发挥干部的专业特长，适当照顾干部的实际困难，鼓励和支持干部到基层单位、艰苦行业和边远贫困地区工作。

第六条 干部调配工作中应严格执行有关干部回避的规定。

第三章 调配范围和条件

第七条 各级人事部门可据下列原因之一，在国家机关和事业、企业单位之间调配干部：

（一）改善干部队伍结构进行的人员调整；

（二）满足国家重点建设、重大科研项目及国家重点加强部门的需要；

（三）充实基层单位，支援边远贫困地区和艰苦行业；

（四）补充国家机关和事业、企业单位人员空缺；

（五）安置因单位撤销、合并或缩减编制员额而富余的人员；

（六）调整现任工作与所具有的专业、特长不相适应的人员；

（七）解决干部夫妻两地分居或其他特殊困难；

（八）符合政策规定的易地安置；

（九）满足国家机关、事业、企业单位其他工作需要。

第八条 干部具有下列情况之一的，一般不得调动：

（一）见习期未满的；

（二）正在接受有关部门审查处理的。

第九条 干部因工作需要跨地区调动的，一般应夫妻同调。

第十条 干部跨地区调动，有关部门可根据其申请，按有关规定办理家属随调或随迁手续。

第十一条 具有全民所有制身份的干部调到非全民所有制单位，其全民所有制身份可以保留。

第四章　审批权限

第十二条　各级政府人事部门是干部调配工作的综合管理部门，负责同级党委和政府确定的管理范围内的国家干部的调配工作。

第十三条　国务院各部委、各直属机构之间的干部调动，由各有关部门审批。国务院各部委、各直属机关在京外直属单位之间跨地区调动干部，应与调入地区的县级以上政府人事部门协商办理。

第十四条　国务院各部委、各直属机构与各省、自治区、直辖市之间的干部调配，由各有关部门与其所涉及地区的县级以上政府人事部门协商办理。国务院各部委、各直属机构及其所属在京事业、企业单位从京外调入干部，报人事部审核批准。

第十五条　各省、自治区、直辖市之间的干部调配，由所涉及地区的县级以上政府人事部门负责审批办理。

第十六条　各省、自治区、直辖市范围内的干部调配，凡是由事业、企业单位调入到国家行政机关的，须由同级政府人事部门审批办理。

第五章　调配程序

第十七条　调动干部时，应先由调出、调入单位进行商洽，并征求被调干部的意见，然后按干部管理权限报其主管部门审核批准。

第十八条　干部个人要求调动的，应向本单位提出书面申请，并按干部管理权限报其主管部门审核批准。

第十九条　调出单位必须如实提供有关材料和证明；接收单位必须按有关规定对拟调干部进行认真审核。

第二十条　从事业、企业单位调入国家各级行政机关，应按照国家行政机关干部调配的有关规定办理。

第二十一条 干部调出单位接到调动通知后，应在规定的期限内办理调动手续。

第六章 调配纪律

第二十二条 各级政府人事部门要严格遵守组织原则和调配规定，对上级按有关政策下达的调配任务，应予完成。

第二十三条 国家机关、事业、企业单位有义务根据国家需要调出干部支援国家重点建设、边远贫困地区和重点加强部门；有责任接收同级政府人事部门按有关政策分配的干部。

第二十四条 从事调配工作的干部，必须坚持原则，公道正派，依法办事，严格遵守党和国家有关廉政建设的规定。违反调配纪律的，应严肃处理。

第二十五条 各级干部应自觉服从组织的调动和安排，凡接到调令的干部，须按规定的时间办理调动手续；无正当理由不服从调动，经批评教育无效的，要给予必要的行政处分；调动后无故逾期不报到的，应视为旷工，并按有关规定处理。

第七章 附 则

第二十六条 干部调配工作中，涉及职务、工资、福利待遇等问题时，分别按国家有关规定办理。

第二十七条 各省、自治区、直辖市和国务院各部委、各直属机构可根据本规定并结合本地区或本部门的实际情况，制定实施办法。

第二十八条 本规定由人事部负责解释。

第二十九条 本规定自颁布之日起施行。1980 年 5 月 5 日民政部发布的《干部调配工作暂行规定》同时废止。

人事部关于印发《人事部关于改进国务院各部门从北京外调(迁)入有关人员审批办法的暂行规定》的通知

（1994年3月25日　人调发〔1994〕3号）

国务院各部委、各直属机构：

现将《人事部关于改进国务院各部门从北京外调（迁）入有关人员审批办法的暂行规定》印发给你们，请结合本单位的具体情况贯彻执行。

为切实转变政府职能，加强宏观管理，更好地为经济建设服务，为用人单位服务，为各类人员服务，按照下放审批权限，简化办事手续，提高工作效率的精神，改进国务院各部委、各直属机构从北京外调（迁）入有关人员的审批办法。今后人事部主要负责制定政策、指标管理、监督检查、协调服务，具体审批工作由国务院各部委、各直属机构办理。各部委、各直属机构要认真执行本规定，严格控制调（迁）入北京的人口。在执行中有什么问题请告人事部。

人事部关于改进国务院各部门从北京外调(迁)入有关人员审批办法的暂行规定

为改进国务院各部门及其所属在北京单位从北京（以下简称京）外调（迁）入有关人员的审批工作，简化手续，提高办事效率，特制定本暂行规定。

第一条 国务院各部委、各直属机构及所属在京单位因工作需要从京外选调人员，解决干部夫妻两地分居从京外调入人员，解决老干部身边无子女从京外调入子女，离休干部回京安置，干部家属“农转非”以及接收应届中专以上非北京生源毕业生，由人事部归口管理。

上述人员调（迁）入京，由报人事部审批改为在人事部宏观管理下由国务院各部委、各直属机构审批。人事部负责政策制定、指标管理、监督检查和协调服务工作。

第二条 从京外调（迁）入人员按如下程序办理：

国务院各部委、各直属机构因工作需要从京外选调人员、接收应届中专以上非北京生源毕业生、解决老干部身边无子女从京外调入子女、离休干部回京安置须按年度向人事部申请指标。人事部根据其编制、人员结构、专业特点和实际需要，本着从严控制的精神，按年度分别下达指标。国务院各部委、各直属机构在指标控制数内根据国家政策审批这些人员调（迁）入京的报文，报人事部备案。

国务院各部委、各直属机构解决干部家属“农转非”须按年度向人事部申请指标。人事部在国家计委下达的“农转非”计划内，根据各单位符合“农转非”政策的人数及有关情况，向国务院各部委、各直属机构下达“农转非”指标。国务院各部委、各直属机构根据国家关于干部家属“农转非”政策和年度指标审批“农转非”报文，报人事部备案。

国务院各部委、各直属机构根据人事部关于解决干部夫妻两地分居政策和本部门调出北京干部的户口指标，审批干部在京外的配偶进京的报文，报人事部备案。

按照北京市有关户籍管理的规定，对各部门已审批的京外调（迁）入人员，由人事部统一出具调令或介绍信，到北京市公安局办理落户手续。

第三条 全国人大常委会办公厅、全国政协办公厅、最高人民法院、最高人民检察院从京外调（迁）入本《暂行规定》第一条所列各类人员也由人事部归口管理，并适用本《暂行规定》第二条。

第四条 从京外调（迁）入有关人员的条件、随调随迁人员等政策仍按《人事部关于国务院各部门从京外调入干部审批工作有关问题的通知》（人调发〔1991〕12号)、《人事部关于国务院各部委、各直属机构在京事业、企业单位接收应届中专以上毕业生问题的通知》（人调发〔1989〕9号）等规定执行。

第五条 各部门在办理审批工作中，应严格执行党和国家的有关政策和规定，对于弄虚作假、搞不正之风的行为，调动无效，并追究有关人员的责任，中止有关部门进京审批权限半年至一年。

第六条 本暂行规定自发出之日起执行，以前有关规定凡与本暂行规定不符的，以本暂行规定为准。

第七条 本暂行规定由人事部负责解释。

中共中央组织部 人力资源和社会保障部关于印发《公务员辞去公职规定（试行）》的通知

（2009年7月24日　人社部发〔2009〕69号）

各省、自治区、直辖市党委组织部、政府人力资源社会保障（人事）厅（局），中央和国家机关各部委、各直属机构、人事局：

现将《公务员辞去公职规定（试行）》印发给你们，请遵照执行。在实施中有何问题和建议，请及时报告中共中央组织部、人力资源社会保障部。

公务员辞去公职规定（试行）

第一条　为规范公务员辞去公职工作，保障机关与公务员的合法权益，根据公务员法，制定本规定。

第二条　本规定所称辞去公职，是指公务员依照法律、法规规定，申请终止与任免机关的任用关系。

公务员辞去公职后，不再具有公务员身份。

第三条　公务员辞去公职，应当依照法定的情形、权限和程序办理。

第四条　公务员有下列情形之一的，不得辞去公职：

（一）在涉及国家秘密等特殊职位任职或者离开上述职位不满国家规定的脱密期限的；

（二）重要公务尚未处理完毕，且须由本人继续处理的；

（三）正在接受审计、纪律审查，或者涉嫌犯罪，司法程序尚未终结的；

（四）法律、行政法规规定的其他不得辞去公职的情形。

第五条 公务员辞去公职按照下列程序办理：

（一）公务员向任免机关提出书面申请，填写《公务员辞去公职申请表》；

（二）任免机关组织人事部门审核；

（三）任免机关审批，作出同意辞去公职或者不同意辞去公职的批复，同意辞去公职的应当同时免去其他所任职务；

（四）任免机关将审批结果以书面形式通知公务员所在单位和申请辞去公职的公务员，并将同意辞去公职的批复送同级公务员主管部门备案。

《公务员辞去公职申请表》和同意辞去公职的批复等存入本人档案。

第六条 任免机关应当自接到公务员辞去公职申请之日起三十日内予以审批，其中对领导成员辞去公职的申请，应当自接到申请之日起九十日内予以审批。

第七条 经批准辞去公职的公务员，离职前应当办理公务交接手续，必要时按照规定接受审计。

对拒不办理公务交接手续的，按照有关规定给予处分，情节严重的，给予开除处分。

第八条 《公务员辞去公职批准通知书》应当直接送达公务员本人。直接送达本人有困难的，参照有关规定执行。

第九条 公务员申请辞去公职未予批准的，可以按照规定申请复核或者提出申诉。复核、申诉期间不停止该人事处理的执行。

第十条 公务员在辞去公职审批期间不得擅自离职。对擅自离职的，给予开除处分。

第十一条 公务员与所在机关因专项培训订立协议约定工作期限的，在未满约定工作期限内一般不得申请辞去公职。申请辞去公职的，应当向所在机关支付违约金或者履行相应义务。

违约金的数额不得超过机关提供的专项培训费用。机关要求辞去公职公务员支付的违约金不得超过约定工作期限尚未履行部门所应分摊的培训费用。

第十二条 公务员辞去公职后，自批准之日的次月起停发工资，社会保险按照有关规定执行。

第十三条 公务员辞去公职后，应当按照有关规定转递档案。在九十日内重新就业的，应当在就业单位报到后三十日内，按照干部人事档案转递的有关规定，将档案转至有关的组织人事部门保管；在九十日内未就业或者重新就业单位不具备条件保管条件的，按照流动人员人事档案管理的有关规定转递档案。

第十四条 公务员辞去公职后重新就业的，其辞去公职前在机关的工作年限合并计算。

第十五条 公务员辞去公职的，原系领导成员的公务员在离职三年内，其他公务员在离职两年内，不得到与原工作业务直接相关的企业或者其他营利性组织任职，不得从事与原工作业务直接相关的营利性活动。

公务员辞去公职后有违反前款规定行为的，由其原所在机关的同级公务员主管部门责令限期改正；逾期不改正的，由县级以上工商行政管理部门没收该人员从业期间的违法所得，责令接收单位将该人员予以清退，并根据情节轻重，对接收单位处以被处罚人员违法所得一倍以上五倍以下的罚款。

第十六条 违反本规定的，由县级以上领导机关或者公务员主管部门按照管理权限予以纠正，并追究相关人员责任。

第十七条 参照公务员法管理的工作人员辞去公职，参照本规定执行。

第十八条 本规定由中共中央组织部、人力资源社会保障部负责解释。

第十九条 本规定自发布之日起施行。

中共中央组织部 人力资源和社会保障部关于印发《公务员辞退规定（试行）》的通知

（2009 年 7 月 24 日 人社部发〔2009〕71 号）

各省、自治区、直辖市党委组织部、政府人力资源社会保障（人事）厅（局），中央和国家机关各部委、各直属机构、各人民团体干部人事部门，新疆生产建设兵团党委组织部、人事局：

现将《公务员辞退规定（试行）》印发给你们，请遵照执行。在实施中有何问题和建议，请及时报告中共中央组织部、人力资源社会保障部。

公务员辞退规定（试行）

第一条 为规范公务员辞退工作，保障机关与公务员的合法权益，建设高素质的公务员队伍，根据公务员法，制定本规定。

第二条 本规定所称辞退，是指机关依照法律、法规规定，解除与公务员的任用关系。公务员被辞退后，不再具有公务员身份。

第三条 辞退公务员，应当依照法定的情形、权限和程序办理。

第四条 公务员有下列情形之一的，予以辞退：

（一）在年度考核中，连续两年被确定为不称职的；

（二）不胜任现职工作，又不接受其他安排的；

（三）因所在机关调整、撤销、合并或者缩减编制员额需要调整工作，本人拒绝合理安排的；

（四）不履行公务员义务，不遵守公务员纪律，经教育仍无转变，不适合继续在机关工作，又不宜给予开除处分的；

（五）旷工或者因公外出、请假期满无正当理由逾期不归连续超过十五天，或者一年内累计超过三十天的。

第五条 对有下列情形之一的公务员，不得辞退：

（一）因公致残，被确认丧失或者部分丧失工作能力的；

（二）患病或者负伤，在规定的医疗期内的；

（三）女性公务员在孕期、产假、哺乳期内的；

（四）法律、行政法规规定的其他不得辞退的情形。

第六条 辞退公务员，按照下列程序办理：

（一）所在单位在核准事实的基础上，提出建议并填写《辞退公务员审批表》报任免机关。

（二）任免机关组织人事部门审核。

（三）任免机关审批。作出辞退决定的，以书面形式通知呈报单位和被辞退的公务员，同时抄送同级公务员主管部门备案。

县级以下机关辞退公务员，由县级公务员主管部门审核并报县级党委或者人民政府批准后作出决定。

（四）《辞退公务员审批表》和辞退决定等存入本人档案。

任免机关根据有关规定可以直接作出辞退决定。

第七条 被辞退公务员离职前应当办理公务交接手续，必要时按照规定接受审计。对拒不办理公务交接手续的，按照有关规定给予处分，情节严重的，给予开除处分。

第八条 《辞退公务员通知书》应当直接送达被辞退公务员本人。直接送达本人有困难的，参照有关规定执行。

第九条 公务员对辞退决定不服的，可以按照规定申请复核或者提出申诉。复核、申诉期间不停止辞退决定的执行。

第十条 公务员被辞退后，自批准之日的次月起停发工资。

第十一条 公务员被辞退后，应当按照有关规定转递档案。在九十日内重新就业的，应当在就业单位报到后三十日内，按照干部人事档案转递的有关规定，将档案转至有关的组织人事部门保管；在九十日内未就业或者重新就业单位不具备保管条件的，按照流动人员人事档案管理的有关规定转递档案。

第十二条 被辞退的公务员，可以领取辞退费或者根据国家有关规定享受失业保险，其他社会保险按照有关规定执行。

第十三条 领取辞退费的，机关在其档案转出后十五日内，将辞退费一次性向接收档案的人才服务机构拨付。

（一）公务员被辞退前连续工作满一年以上的，自被辞退的次月起，由有关的人才服务机构按月发放辞退费。

（二）辞退费发放标准为公务员被辞退前上月基本工资。

（三）辞退费发放期限根据被辞退公务员在机关的工作年限确定。工作年限不满两年的，按照三个月发放；满两年的，按照四个月发放；两年以上的，每增加一年增发一个月，但最长不得超过二十四个月。

第十四条 出现下列情形之一的，辞退费停发：

（一）领取期限已满；

（二）重新就业；

（三）应征服兵役；

（四）移居境外；

（五）被判刑或者被劳动教养；

（六）死亡。

未发放的辞退费，有关的人才服务机构应当返还被辞退公务员原所在机关。

第十五条 辞退公务员所需经费，应当列入财政预算，予以保障。

第十六条 公务员被辞退后重新就业的，其被辞退前在机关的工作年限合并计算。

第十七条 在辞退公务员时，有徇私舞弊、打击报复、弄虚作假等违法违纪行为的，按照有关规定予以处理。

第十八条 辞退参照公务员法管理的工作人员，参照本规定执行。

第十九条 本规定由中共中央组织部、人力资源社会保障部负责解释。

第二十条 本规定自发布之日起施行。

附件：辞退审批表

（附件本书略）

中共中央纪律检查委员会等部门关于公务员纪律惩戒有关问题的通知

（2010年8月23日　人社部发〔2010〕59号）

各省、自治区、直辖市纪委、党委组织部、政府人力资源社会保障厅（局）、公务员局，中央和国家机关各部委、各人民团体纪检监察、干部（人事）部门，新疆生产建设兵团纪委、党委组织部、人事局、监察局：

为进一步规范和完善公务员纪律惩戒制度，加强对公务员的管理和监督，根据公务员法、《行政机关公务员处分条例》等有关规定，现就公务员纪律惩戒有关问题通知如下：

一、处分的实施

（一）给予公务员降级处分，降低一个级别。如果本人级别为本职务对应最低级别的，不再降低级别，根据有关规定降低级别工资档次。

应给予降级处分的，如果本人级别工资为二十七级一档，可给予记大过处分。

（二）给予公务员撤职处分，撤销其现任所有职务，并在撤销职务的同时降低级别和工资。撤职时按降低一个以上（含一个）职务层次另行确定职务，一般不得确定为领导职务。处分期满解除后，职务晋升按有关规定办理。撤职后根据新任职务确定相应的级别，按照“每降低一个职务层次，相应降低两个级别”确定新的级别，最低降为二十七级。应给予撤职处分的，如果本人职务为办事员，可给予降级处分。

（三）公务员受撤职处分后新任职务的任职时间，从新任职务任命之日起开始计算，此前相同或以上职务层次的任职时间不得累计为今后晋升职务所需的任职年限。

（四）公务员同时受党纪处分和政纪处分的，按对其年度考核结果影响较重的处分确定年度考核等次。

（五）公务员在受处分期间可以交流或者辞职，但辞去公职的，不得具有公务员法第八十一条规定的情形。

（六）公务员受到开除以外的处分，未解除处分前达到退休年龄的，如符合国家规定的退休条件，应按规定办理退休手续，并享受相应的退休待遇。其中，受到降级、撤职处分的，根据降低后的职务和级别确定退休待遇。

二、处分的解除

（一）公务员处分期满，符合解除处分条件的，处分解除的时间应自处分期满之日起计算，并应在解除处分决定中注明时间。

（二）公务员处分期满，不符合解除处分条件的，经处分决定机关负责人同意，可以适当延长处分期，延长的时间最长不超过6个月。

（三）公务员在受处分期间，在公务员队伍内部交流或者交流到参照公务员法管理的机关（单位）的，处分期满后，由其现任职的有关机关按照任免权限解除处分，原处分决定机关应当出具受处分人员在交流前有关表现的证明材料。

（四）公务员在受处分期间退休的，如符合解除处分条件，处分期满自动解除处分，不再办理解除处分手续。

（五）公务员在受处分期间，其所在单位的隶属关系发生变化的，由隶属关系发生变化后的机关按照任免权限解除处分。

三、其他有关规定

（一）违法违纪的公务员在机关对其作出处分决定前，已经依法被罢免、免职、撤销职务或者已经辞去领导职务，依法应当给予处分的，应根据其违法违纪事实给予处分。其中，给予撤职处分的，按照撤职处分的有关规定降低职务和级别。

（二）县级以下机关给予公务员开除处分，应当按照管理权限报县级党委或者政府批准。

（三）有违法违纪行为应当受到处分的公务员，在处分决定机关作出处分决定前已经退休的，不再给予处分；但是，依法应当给予降级、撤职、开除处分的，应当按照规定相应降低或者取消其享受的待遇。

公务员退休后违法违纪的处理，参照前款规定执行。

（四）凡此前中央公务员主管部门的文件规定与本通知不一致的，以本通知为准。公务员受到纪律惩戒后的工资、退休费等待遇处理办法另行规定。

（五）参照公务员法管理的机关（单位）工作人员，参照本通知执行。

中共中央组织部等部门关于进一步规范公务员招考年龄设置的通知

（2010年11月13日　人社部发〔2010〕74号）

各省、自治区、直辖市党委组织部、政府人力资源社会保障厅（局）、公务员局，新疆生产建设兵团党委组织部、人事局：

公务员法和《公务员录用规定（试行）》颁布实施以来，各地认真贯彻落实有关公务员招考年龄设置规定，较好地保障了广大考生的切身利益。但也有个别地区在公务员招考过程中存在随意设置招考年龄的问题，限制了部分考生的报考权利。为进一步规范公务员招考年龄设置，现就有关事项通知如下：

一、各地在公务员招考工作中，要认真贯彻落实公务员法和《公务员录用规定（试行）》的有关规定，公务员招考年龄一般为“十八周岁以上，三十五周岁以下”，任何招录机关不得随意缩小公务员报考年龄范围。放宽年龄上限的，必须经省级以上公务员主管部门批准。

二、为广泛吸引高层次人才，对于应届硕士、博士研究生（非在职）人员报考公务员的，可以适当放宽年龄标准到四十周岁以内，具体办法由省级以上公务员主管部门研究确定。法律法规规定和省级以上公务员主管部门确定可以放宽年龄上限的其他人员，从其规定。

三、进一步规范公务员招考年龄的计算方法，计算截止日期为公务员招考报名工作第一日。

请各地按照本通知要求，对本地相关文件规定进行清理，凡与本通知精神不符的均应废止。

中共中央组织部 人力资源和社会保障部关于印发《新录用公务员试用期管理办法（试行）》的通知

（2011年5月25日 人社部发〔2011〕62号）

各省、自治区、直辖市党委组织部，政府人力资源社会保障厅（局）、公务员局，中央和国家机关各部委、各人民团体组织人事部门，新疆生产建设兵团党委组织部、人事局：

现将《新录用公务员试用期管理办法（试行）》印发给你们，请遵照执行。在实施中有何问题和建议，请及时报告中共中央组织部、人力资源社会保障部。

新录用公务员试用期管理办法（试行）

第一章 总 则

第一条 为了规范新录用公务员管理工作，根据公务员法和有关法律法规，制定本办法。

第二条 本办法所称新录用公务员，是指按照《公务员录用规定（试行）》被录用到机关工作，且在试用期内的人员。

新录用公务员试用期自报到之日起计算，试用期为一年。

第三条 新录用公务员应当履行公务员法规定的义务，享有公务员法规定的相应权利，其依法履行职务的行为，受法律保护。

第四条 对新录用公务员的管理，除本办法规定外，按照公务员法和有关法律法规执行。

第二章　培　养

第五条　招录机关应当加强对新录用公务员的培养教育，采取多种方式对新录用公务员进行政治素质、职业道德、履职能力、工作作风等方面的培养锻炼，使其尽快胜任录用职位工作。

第六条　招录机关应当按照职位要求明确新录用公务员的工作职责，帮助其尽快熟悉业务，提高实际工作能力。

第七条　招录机关应当在试用期内安排新录用公务员参加初任培训，根据需要安排专门业务培训和在职培训。新录用公务员应当按照公务员培训规定参加机关组织的培训。

第三章　考　核

第八条　新录用公务员试用期满，应当对其德、能、勤、绩、廉进行全面考核。考核应当在试用期满后三十日内进行，遇有不可抗力无法按期考核的，应当在相应情形消除之后的三十日内进行。

新录用公务员参加初任培训的情况，应作为试用期满考核的内容。

新录用公务员的平时考核和年度考核按照公务员考核有关规定进行。

第九条　新录用公务员试用期满考核结果分为合格和不合格两个等次。

第十条　确定为合格等次须具备下列条件：

（一）思想政治素质较好，能够贯彻落实党的路线、方针、政策，遵守国家法律法规；

（二）能够正常履行职责，完成本职工作；

（三）责任心强，工作积极，作风较好；

（四）道德品行较好，廉洁自律。

第十一条　新录用公务员具有下列情形之一的，应确定为不合格等次：

（一）思想政治素质较差的；

（二）无法正常履行职责，完成本职工作的；

（三）工作责任心或工作作风较差的；

（四）道德品行较差，存在不廉洁问题的。

第十二条　新录用公务员试用期满考核按下列程序进行：

（一）新录用公务员进行个人总结，并在一定范围内述职；

（二）所在部门或者单位对新录用公务员进行考核，并写出评语，提出考核结果建议；

（三）招录机关根据平时考核、年度考核、试用期满考核等情况，确定试用期满考核等次；

（四）将考核结果及时反馈新录用公务员。

第十三条　新录用公务员有下列情形的，试用期顺延，顺延期满后再行考核。

（一）因病、事假累计超过四十个工作日不在职的，试用期顺延至补足其不在职的工作日后考核，在报到后一年半仍未补足的，视为考核不合格。女性在孕期、产假、哺乳期内不在职的，试用期顺延至补足其不在职的工作日后考核。

（二）被立案审查尚未结案的，待结案后按照有关规定处理。

（三）受到记大过以下处分尚在处分期内的，试用期顺延至处分期满后考核。

（四）法律、法规规定影响试用期满考核正常进行的其他情形，按照法律法规规定执行。

第十四条　新录用公务员试用期满考核合格的，招录机关应当及时按照有关规定任职定级。任职定级时间从试用期满之日起计算。新录用公务员试用期满没有考核的，不得任职定级。

第四章　取消录用

第十五条　新录用公务员试用期满考核不合格的，取消录用。

第十六条　新录用公务员有下列情形之一的，应当取消录用：

（一）不履行或者不正确履行工作职责，工作严重失误或者给国家和人民群众的利益造成较大损失和不良影响的；

（二）在参加公务员录用考试的报名、考试、体检、考察等环节有严重违纪违规行为的；

（三）在参加国家法定考试中有严重违纪违规行为的；

（四）应当给予降级以上处分的；

（五）受到刑事处罚或者劳动教养的；

（六）有公务员法规定的应予以辞退情形的；

（七）法律、法规规定的其他情形。

已经办理录用审批或者备案手续的人员，非因不可抗力因素未按规定时间报到的，取消录用。

第十七条　新录用公务员有公务员法第八十一条第（二）（三）（四）（五）款规定情形的，不得提出取消录用申请。

第十八条　新录用公务员有公务员法第八十四条规定情形的，不得取消录用。

第十九条　中央机关取消录用，由中央机关审批并报中央公务员主管部门备案；中央机关省级以下直属机构取消录用，由省级直属机构审批并报所属中央机关备案；地方各级机关取消录用，按省级公务员主管部门规定的办法进行审批或者备案。

第二十条　新录用公务员取消录用的时间，从作出取消录用决定之日起计算。招录机关应当在作出取消录用决定之日起的三十日内以书面形式将取消录用决定通知被取消录用人员。

第二十一条　新录用公务员被取消录用后，自批准之日的次月起停发工资。

第二十二条 新录用公务员取消录用后，在九十日内重新就业的，应当在就业单位报到后三十日内，按照干部人事档案转递的有关规定，将档案转至有关的组织人事部门保管；在九十日内未就业或者重新就业单位不具备保管条件的，按照流动人员人事档案管理的有关规定转递档案。

第二十三条 新录用公务员取消录用后，社会保险待遇按照有关规定执行。

第二十四条 新录用公务员对取消录用决定不服的，可以依照有关规定申请复核或者提出申诉。复核或者申诉期间不停止取消录用决定的执行。

第五章 纪律约束

第二十五条 新录用公务员应当安排在录用职位工作，一般不调整岗位，不得借调到其他单位工作，不得参加规定以外的离职学习。

第二十六条 新录用公务员不得报考其他机关的公务员和到企事业单位应聘。

第二十七条 对违反本办法规定的情形和人员，按照公务员法第一百零一条相关规定处理。

第六章 附 则

第二十八条 参照公务员法管理的机关（单位）除工勤人员以外的新录用工作人员的试用期管理，参照本办法执行。

第二十九条 本办法由中共中央组织部、人力资源和社会保障部负责解释。

第三十条 本办法自发布之日起施行。

中共中央组织部等部门关于印发《公务员录用面试组织管理办法（试行）》的通知

（2015年11月18日　人社部发〔2015〕93号）

各省、自治区、直辖市党委组织部，政府人力资源社会保障厅（局）、公务员局，中央和国家机关各部委、各人民团体干部人事部门，新疆生产建设兵团党委组织部、人力资源社会保障局、公务员局：

现将《公务员录用面试组织管理办法（试行）》印发给你们，请认真执行。

公务员录用面试组织管理办法（试行）

第一章　总　则

第一条　为规范公务员录用面试工作，根据公务员法、《公务员录用规定（试行）》，制定本办法。

第二条　本办法适用于各级机关考试录用主任科员以下及其他相当职务层次的非领导职务公务员的面试工作。

第三条　面试工作坚持依法、公平、公正、科学、安全的原则。

第四条　面试由省级以上公务员主管部门组织实施，也可委托省级以上招录机关或授权设区的市级公务员主管部门组织实施。

根据职责分工，人事考试机构可承担面试考务等有关工作。

第五条 组织实施面试应当制定工作方案，明确面试方法、实施步骤与流程、考场设置要求、面试题本命制与管理以及面试工作人员职责等。

第二章 面试试题命制与管理

第六条 省级以上公务员主管部门组织命制或审定面试试题。根据职责分工，省级以上组织人事考试机构承担面试试题命制等有关工作。也可以委托专门机构承担面试试题命制等支持与服务工作。

经中央公务员主管部门委托，中央一级招录机关可以组织命制适合本单位（本系统）的面试试题。

第七条 命制面试试题应制定工作方案，科学设置面试测评要素、试卷结构、试题数量等。测评要素根据招录职位所需能力素质确定。

第八条 试题命制单位应按照命题规范开展试题命制、征集、评审和组配，编制面试题本。

面试题本一般包括面试试题、测评要素、评分参考等内容。

第九条 面试命题人员应当熟悉公务员录用制度和相关政策、命题规范和要求，掌握一定的人才测评理论与技术，具备相应题型的命题能力和水平。

第十条 命题场所应当符合保密工作条件要求。命题时应当使用专用设备，设备和命题素材应由专人保管。

第十一条 面试题本应当在具有国家秘密载体印制资质的单位印制。

第十二条 面试题本应按照统一的规格封装和配发，并严格按照规定的程序和要求进行传递、交接、保管、分发、使用。

第十三条 在面试题本传递、交接、保管、分发、使用过程中，发生失密、泄密以及其他重大异常情况的，应当立即采取有效措施控制事态发展，查清失泄密范围和原因，并向省级以上公务员主管部门报告。

第十四条 面试题本使用完毕，应当及时回收，保存至面试工作结束后，按照国家保密规定进行销毁。

第三章 面试考场管理

第十五条 面试考场应当设置在相对独立、安静、便利的地方，并符合安全管理要求。

面试考场根据需要设置面试室、候考室、备考室、考务办公室等，各区域实行封闭管理。

第十六条 面试期间，禁止在面试考场内使用各种电子、通信、计算、存储等设备，面试组织实施工作必需的相关设备除外。

面试考官、考生和相关面试工作人员应将手机等禁止使用和携带的设备交由指定的工作人员统一保管。

第十七条 面试室应当配备录像或录音设备，对面试过程全程记录。

第四章 面试考官管理

第十八条 面试考官应当具有良好的政治素质，有比较丰富的人事管理、人才测评等方面的经验或具有一定年限的机关工作经历，品行优良，公道正派，自觉遵守法律法规，严守工作纪律，恪守行为规范。

担任面试主考官的，除具备上述条件外，还应当能够讲普通话，口齿清晰，表达流畅。

第十九条 担任面试考官前一般应当参加省级以上公务员主管部门专门培训，培训时间不得少于 16 学时。培训后，经考试考核合格的颁发面试考官资格证书。

第二十条 省级以上公务员主管部门应当对面试考官参加培训情况、面试场次数量和行为表现以及廉洁自律情况等建档登记；对履职情况进行定期评估。评估结果不合格的，不得继续担任面试考官。

第五章　面试工作人员管理

第二十一条　根据面试工作需要，配备计分、计时、核分、引导、技术保障和安全保障等相关工作人员。每个面试室应当配备1名监督员。

第二十二条　面试工作人员应当具有良好的政治素质、思想品德和较高的业务能力，能够认真履行职责，遵守有关规定，做到廉洁自律。

第二十三条　面试工作人员应当接受必要的培训，熟悉面试工作要求和流程。

第六章　面试考生管理

第二十四条　面试前，应当对考生提交的有关材料和信息的真实性进行复核。凡有关材料和主要信息不实，影响报考资格审查结果的，按照有关规定取消其面试资格。

第二十五条　面试考生应遵守面试考场纪律，服从面试工作人员管理，诚信参加面试。

第二十六条　考生有权事先获知面试相关要求和注意事项，享有知情权和平等竞争的权利。

第七章　面试实施

第二十七条　面试前应当发布公告。面试公告应当载明面试人员名单、报考职位、面试时间、面试地点、联系方式以及其他须知事项。

第二十八条　面试方法以结构化面试和无领导小组讨论为主，也可以采取其他测评方法。

第二十九条　面试时，应当成立面试考官小组。面试考官小组一般由7名考官组成，其中设主考官1名。

第三十条 报考同一职位的考生原则上安排在同一考官小组、使用同一套面试题本进行面试。

第三十一条 面试前，应采取考官和考生抽签的办法确定面试室和面试次序。只有1个面试考官小组的，考官实行差额抽签确定。

第三十二条 公务员主管部门和招录机关应根据职位特点、面试方法和试题情况，合理确定面试时限，确保能够有效测查考生素质。

第三十三条 面试应当按照规定的程序进行。面试由主考官主持，面试考官按照面试题本要求，依据考生表现进行评分并签字确认。

第三十四条 主考官和面试监督员应对本面试室所有考官履行职责和执行考试纪律情况进行监督，并在评分表上签字确认。面试监督员未到面试现场的，不得进行面试。未经监督员签字认可的，面试成绩无效。

第三十五条 工作人员按照规定的计分方法计算考生的面试成绩，并按规定的时间和方式告知考生。

第八章　安全与保密

第三十六条 公务员主管部门和招录机关应当建立健全面试安全工作制度，加强面试相关材料和信息的管理，确保其安全准确。

第三十七条 面试题本及其相关材料按照国家规定的密级进行管理。

面试组织过程中形成的材料（含数据和音像资料等），由专人建档保管，保存至新录用人员试用期满。

第三十八条 考生个人信息应当受到保护。凡涉及考生个人隐私的信息，应当按有关规定严格控制知晓范围，不得面向社会公布。

第三十九条 面试命题人员、面试考官、面试工作人员、面试考生应当遵守保密规定和要求。

第九章 纪律与监督

第四十条 面试考官、面试工作人员和面试命题人员凡与面试考生有公务员法第七十条所列情形的，应当回避。

第四十一条 对于违反面试纪律的人员，由公务员主管部门、招录机关或其所在单位，按照管理权限和有关规定进行处理。

第四十二条 对未按本办法组织面试的，由省级以上公务员主管部门根据有关规定视情节轻重，予以责令纠正或宣布无效。对于宣布无效的，应当重新组织面试。

第四十三条 公务员主管部门和招录机关应当增加面试工作透明度，主动接受考生和社会监督，及时受理信访、举报。

第十章 附 则

第四十四条 参照公务员法管理的机关（单位）除工勤人员以外的工作人员的录用面试工作参照本办法进行。

第四十五条 省级公务员主管部门根据本办法制定本辖区内公务员录用面试工作实施细则。

第四十六条 本办法自发布之日起施行。

中共中央组织部等部门关于推进公务员职业道德建设工程的意见

（2016年6月21日　人社部发〔2016〕54号）

各省、自治区、直辖市党委组织部、政府人力资源社会保障厅（局）、公务员局，中央和国家机关各部委、各人民团体干部人事部门，新疆生产建设兵团党委组织部、人力资源社会保障局、公务员局：

为贯彻落实党的十八大以来中央关于加强公务员道德建设的新要求，进一步规范公务员职业行为，根据《中华人民共和国公务员法》及相关规定，现就推进公务员职业道德建设工程提出如下意见。

一、总体要求

（一）指导思想。公务员职业道德是公务员职业活动的行为准则和规范，是公务员政治信仰、工作宗旨、职业理念和道德品质的具体体现，对引导和规范其正确履职尽责具有重要作用。推进公务员职业道德建设，要高举中国特色社会主义伟大旗帜，以马克思列宁主义、毛泽东思想、邓小平理论、“三个代表”重要思想、科学发展观为指导，深入贯彻习近平总书记系列重要讲话精神，坚持好干部标准，弘扬社会主义核心价值观，把职业道德的培育贯穿公务员队伍建设全过程，把知与行、自律与他律、示范与引领有机结合起来，全面提升公务员的职业道德水平。

（二）基本原则。

——坚持职业道德建设与集中性和经常性学习教育相结合。按照中央关于集中性和经常性学习教育的要求，根据不同阶段、不同行业的实际，针对突出问题，开展形式多样的公务员职业道德建设活动。当前，要着力解决少数公务员信念动摇、精神懈怠、作风漂浮、不作为乱作为、服务意识不强等突出问题。

——坚持教育引导、行为规范、实践养成相统一。把教育引导作为塑造公务员道德习惯和提升公务员职业道德素养中的重要环节，发挥行为规范对公务员的约束作用，推动公务员职业道德实践养成，使公务员职业道德内化于心、外化于行，贯穿到日常工作和言行中，成为广大公务员的自觉自愿行动。

——坚持整体推进与分类指导相衔接。在整体推进公务员职业道德建设的同时，根据不同类别、不同层级、不同行业公务员的特点，加强分类指导，进一步提高公务员职业道德建设的针对性、有效性。

——坚持推进工作与完善制度相配套。认真贯彻落实中央关于从严管理干部的要求，把公务员职业道德建设与完善公务员制度结合起来，建立健全公务员职业道德建设的长效机制。

（三）主要目标。通过持续努力，建立健全导向鲜明、约束有力、简便管用的公务员职业道德行为规范，完善教育培养、从严管理、监督有力、奖惩分明的公务员职业道德建设体制机制，使广大公务员理想信念更加坚定，精神状态更加饱满，履职行为更加规范，工作作风更加务实，进一步树立公务员的良好形象，不断提高群众满意度，真正成为社会主义道德的示范者、诚信风尚的引领者、公平正义的维护者。

二、主要内容

公务员职业道德建设要突出政治性、示范性、约束性、可操作性，以“坚定信念、忠于国家、服务人民、恪尽职守、依法办事、公正廉洁”为主要内容。

“坚定信念”要求公务员坚定对马克思主义的信仰，坚定对社会主义和共产主义的信念，不断增强道路自信、理论自信、制度自信；坚持中国共产党的领导，坚持党的基本理论、基本路线、基本纲领、基本经验、基本要求不动摇；把牢政治方向，坚定政治立场，严守政治纪律和政治规矩，增强党性修养，做到对党和人民绝对忠诚。

“忠于国家”要求公务员弘扬爱国主义精神，坚决维护国家安全、荣誉和利益，维护党和政府形象、权威，维护国家统一和民族团结；保守国家秘密和工作秘密，同一切危害国家利益的言行作斗争。

“服务人民”要求公务员坚持以人为本、执政为民，全心全意为人民服务，永做人民公仆；坚持党的群众路线，密切联系群众，以人民忧乐为忧乐，以人民甘苦为甘苦；坚持人民利益至上，把实现好、维护好、发展好最广大人民根本利益作为工作的出发点和落脚点，切实维护群众切身利益。

“恪尽职守”要求公务员服务大局、奋发有为、甘于奉献，为党和人民的事业不懈奋斗；坚持原则、敢于担当、认真负责，面对矛盾敢于迎难而上，面对危机敢于挺身而出，面对失误敢于承担责任，面对歪风邪气敢于坚决斗争；精通业务知识，勤勉敬业、求真务实，兢兢业业做好本职工作。

“依法办事”要求公务员牢固树立社会主义法治理念，努力提高法治素养，模范遵守宪法和法律；严格依法履职，做到权由法定、权依法使，法定职责必须为、法无授权不可为；坚持依法决策，严格按照法定的权限、程序和方式执行公务。

“公正廉洁”要求公务员坚持秉公用权、公私分明，办事出于公心，努力维护和促进社会公平正义；严于律已、廉洁从政，坚守道德法纪防线；为人正派、诚实守信，尚俭戒奢、勤俭节约。

三、保障措施

（一）健全行为规范。根据公务员的职业性质和职责任务，建立健全适合自身特点的职业道德规范。明确公务员职业准入的道德标准，健全报考诚信约束机制，严把公务员入口关。凡是在考录、调任等工作的各个环节中，发现有违反政治纪律和政治规矩、违法乱纪、不遵守社会公德行为的，或者弄虚作假等不诚信记录的，不得进入公务员队伍。建立公务员职业道德行为规范，各地区各部门要结合实际制定公务员守则，从严规范公务员履职行为。探索建立公务员诚信档案，把公务员档案填写登记情况、个人事项报告查核情况、廉政记录情况、遵守规定和承诺践诺情况等，列入诚信记录范围。将诚信记录情况作为干部考核、使用、奖惩的重要依据。编制公务员诚信手册。健全公务员守信激励和失信惩戒机制。

（二）强化教育培训。深入开展公务员理想信念教育、宗旨教育、法制教育、党规党纪和廉政教育，引导各级公务员树立正确的世界观、人生观、价值观和权力观、地位观、利益观，增强政治意识、大局意识、核心意识、看齐意识。突出公务员职业道德的主要内容和公务员责任、义务、纪律的经常性培训。实施公务员职业道德教育计划，将职业道德教育纳入干部教育规划和年度计划，作为公务员初任、任职、在职培训的必修内容，纳入各级党校和行政学院、干部学院、社会主义学院等举办的培训班次，每人每年接受职业道德培训或者参与职业道德主题实践活动的时间总计不少于8学时。开展典型案例剖析、警示教育展览参观等活动，利用违反政治纪律和政治规矩、贪污受贿、失职渎职、滥用职权、吸毒、参与或者支持迷信等反面典型，开展警示教育。拓宽培训渠道，重视和发挥重要节庆日、纪念日蕴藏的丰富教育资源，注重利用革命历史、党风廉政、中华传统美德等现场教学基地，积极开设网络课堂。

（三）推动实践养成。设立公务员职业道德主题实践日，推进公务员职业道德建设持续深入开展。加强公务员忠诚建设，落实宪法宣誓制度，开展新录用、新任职公务员宣誓活动。深入推进争做人民满意的公务员活动，积极开展公务员“职业道德标兵”“为民服务示范岗”创建活动，大力营造国家有模范、行业有标兵、单位有榜样、身边有先进的良好氛围。弘扬“奉献、友爱、互助、进步”精神，倡导广大公务员结合本职工作特点，积极开展“为民志愿服务”进企业、进社区、进农村活动。推进公务员职业道德的文化养成，通过举办主题征文、演讲比赛、大讨论、诵读文化经典等活动，弘扬中华优秀传统文化和党的优良传统。重视发挥机关中党支部、工会、共青团、妇联等基层组织作用，推动公务员职业道德建设经常化。

（四）加强考核监督。加强公务员职业道德的考核评价，开展公务员平时考核、年度考核、任职考察等工作时，都要注重了解职业道德表现情况。个人述职要述德，民主测评要测德，考察谈话要问德，综合分析研判要分析评价公务员的职业道德素养和表现情况。要将公务员遵守职业道德情况列入民主生活会、组织生活会等重要内容，深入查找不足，切实加强整改。深入开展机关作风和行风评议监督工作，建立从同级党代会代表、人大代表、政协委员和各界群众代表中选聘公务员职业道德社会监督员制度，建立健全窗口单位和服务部门服务对象评价机制，探索建立投诉举报处理和问责制度。加强社会监督，推进党务、政务公开，畅通群众反映意见建议的渠道，密切关注网情舆情，主动回应群众关切。

（五）完善奖惩机制。强化公务员考德结果的运用，将职业道德考核情况作为公务员选拔任用、培养教育、管理监督的重要依据。对恪守职业道德、履职尽责、表现优秀的公务员，给予适当奖励。贯彻落实《中国共产党廉洁自律准则》《中国共产党纪律处分条例》等党纪党规，研究修订《行政机关公务员处分条例》，对存在违反职业道德、工作作风懈怠、工作态度恶劣、有严重失信行为等情况的公务员，按照有关规定给予批评教育、组织处理或者党纪、政纪处分。

四、组织领导

各地区各部门要充分认识推进公务员职业道德建设工程的重

要意义，切实把这项工作摆上重要位置，精心谋划、周密部署、加强督查，确保各项目标任务落实到位。

（一）建立工作机制。在各级党委、政府领导下，公务员主管部门积极会同有关部门成立公务员职业道德建设组织协调机构，定期沟通情况，强化督促检查，形成密切配合、各司其职的工作格局。各级公务员主管部门要认真履行好组织指导、协调推进的职责。各单位要制定实施方案，落实工作责任制，明确任务分工，完善工作措施，狠抓落实，久久为功，务求取得实效。

（二）坚持分类推进。各地区各部门要在坚持总体要求的基础上，紧密结合不同地区、不同层级、不同行业特点，运用不同载体，采取多种形式，提出公务员职业道德建设的具体措施和要求，切实增强针对性和实效性。各级领导机关和领导干部要率先垂范，带头践行公务员职业道德，把坚定理想信念、遵守政治纪律和政治规矩、廉洁自律、敢担当、作风正作为重点；基层公务员要把树立宗旨意识、群众观念，办事公道作为重点；窗口单位和服务部门公务员要把强化服务意识，改进服务态度，打造服务品牌作为重点；执法一线公务员要把增强法治观念，严格规范公正文明执法作为重点，全面推进公务员队伍的职业道德建设。

（三）加强宣传引导。加强对公务员职业道德建设的理论研讨。充分发挥报刊、广播、电视、网络等媒体作用，大力宣传公务员职业道德建设的新气象、新变化、新成就。选树一批模范践行公务员职业道德的先进典型，提炼先进典型的核心价值，加大宣传力度，扩大正面影响，发挥示范作用。引导社会理性关注公务员职业道德问题，明辨是非，弘扬正气，营造良好的社会氛围。

山东省人力资源和社会保障厅关于全省行政机关公务员处分或解除处分决定备案工作的通知

（2010 年 12 月 22 日　鲁人社字〔2011〕838 号）

各市人力资源社会保障局，省政府各部门、各直属机构：

为进一步建立完善公务员纪律惩戒制度，加强公务员队伍管理，根据《中华人民共和国公务员法》《行政机关公务员处分条例》等有关规定，现就行政机关公务员处分或解除处分决定备案工作有关问题通知如下：

一、备案内容

行政机关公务员处分或解除处分决定备案内容主要包括：受处分人的基本情况、处分或解除处分决定、处分决定执行情况、处分决定机关认定的违纪事实或处分期间表现、作出处分或解除处分决定的法律依据、其他需要说明的情况（见附件）。

二、备案机关

各级行政部门（单位）作出的处分或解除处分决定，向本级公务员主管部门备案，一案一备。

县级以上人民政府作出的处分或解除处分决定，向上一级公务员主管部门备案，一案一备。

每年 12 月底前，各级公务员主管部门要将本辖区公务员处分或解除处分的情况整理汇总，报送上一级公务员主管部门。

三、备案程序

（一）申请备案部门（单位）应在作出处分或解除处分决定后 30 日内予以备案。

（二）备案时需提交处分或解除处分决定书一式三份、处分或解除处分决定送达回证一份、处分或解除处分决定备案表一式三份。

（三）各级公务员主管部门应在收到备案材料之日起 15 个工作日内，对备案材料进行审核，提出备案审核意见。

（四）申请备案部门（单位）要认真履行备案程序，不符合备案要求的，应当按照审核意见予以纠正。

（五）备案部门应将备案材料及时立卷归档，按照有关规定严格管理。

四、有关事项

参照公务员法管理单位作出的处分或解除处分决定备案工作，参照本通知要求办理。

各地各部门在《行政机关公务员处分条例》实施后作出的处分或解除处分决定尚未备案的，须于 2012 年 3 月底前按照上述规定进行备案。

附件：山东省行政机关公务员处分决定备案表和山东省行政机关公务员解除处分决定备案表

（附件本书略）

中共山东省委组织部 省人力资源和社会保障厅关于我省各级机关新录用公务员取消录用有关问题的通知

（2012 年 6 月 26 日　鲁人社办发〔2012〕58 号）

各市党委组织部、人力资源社会保障局（公务员局），省直各部门：

根据《新录用公务员试用期管理办法（试行）》（人社部发〔2011〕62 号，以下简称《办法》）有关规定要求，我省各级机关新录用公务员（含参照公务员法管理单位工作人员，下同）凡有《办法》第十五条、十六条所列应取消录用情形的，按下列办法办理取消录用审批备案：

一、省直机关及直属单位取消录用的，由省直招录机关负责审批。

二、省垂直管理部门市级及以下机关取消录用的，由省主管机关负责审批。

三、设区的市级及以下机关取消录用的，由设区的市级公务员主管部门负责审批。

四、各级人民法院、人民检察院取消录用的，由省高级人民法院、省级人民检察院负责审批。

取消录用情况应当在作出取消录用决定之日起十五日内报省公务员主管部门备案。

附件：1. 新录用公务员试用期满考核表

2. 取消录用决定

3. 取消录用通知书

4. 新录用公务员取消录用审批（备案）表
（附件本书略）

中共山东省委组织部等部门关于规范驻济党政机关事业单位新招录招聘人员户口迁移工作的通知

（2017年10月11日　鲁人社发〔2017〕77号）

中共济南市委组织部，济南市人力资源和社会保障局（公务员局）、公安局，省直各部门（单位），各驻济高等院校：

为简化规范驻济党政机关事业单位新招录招聘人员户口迁移手续，营造良好的人才引进环境，根据户口登记管理的有关规定，现就做好驻济党政机关事业单位新招录招聘人员户口迁移工作有关问题通知如下：

一、人员范围

驻地在济南市（含济南市代管县）的党政机关事业单位新录用的公务员（含选调生、参照公务员法管理人员，下同）、新招聘的事业单位工作人员，其配偶、未婚子女可按自愿原则随迁落户。

二、落户程序

驻济党政机关事业单位新招录招聘人员到用人单位正式报到后，可持本人有效身份证件、户口簿、县级以上党委组织部、政府人力资源和社会保障局（公务员局）审批或备案的录用聘用材料、用人单位出具的户口迁移介绍信，以及随迁人员亲属关系证明等到拟落户地县（区、市）级公安机关申请。拟落户地应按照自有产权住房、使用权住房等合法稳定住所、单位集体户、人才服务中心集体户的顺序选择，并提交相关证明材料。

县（区、市）级公安机关应在5个工作日内完成材料审核以及户口的准迁、迁移，并通知拟落户地公安派出所。其中，录用聘用材料查看原件，留存加盖用人单位公章的复印件。

三、有关要求

新招录招聘人员的户口迁移，是党政机关事业单位引进人才的重要保障。济南市党委组织部、政府人力资源和社会保障局（公务员局）、公安局要本着为人才提供贴心、暖心、舒心服务的原则，按照本通知精神，认真抓好政策规定的贯彻落实，方便新招录招聘人员办理落户手续。省直各部门（单位）、各驻济高等院校要认真履行工作职责，切实做好新招录招聘人员户口迁移的管理服务工作。要严格标准条件，严肃工作纪律，对审批或备案的录用聘用材料复印件、户口迁移介绍信等加盖单位公章，对出具的相关材料负责，确保相关信息真实、准确、有效。对弄虚作假的，依法依规严肃追究责任。

附件：驻济党政机关事业单位招录招聘人员户口迁移介绍信（样本）

（附件本书略）

二、事业单位人事管理

事业单位人事管理条例

（2014年4月25日　国务院令第652号）

第一章　总　则

第一条　为了规范事业单位的人事管理，保障事业单位工作人员的合法权益，建设高素质的事业单位工作人员队伍，促进公共服务发展，制定本条例。

第二条　事业单位人事管理，坚持党管干部、党管人才原则，全面准确贯彻民主、公开、竞争、择优方针。

国家对事业单位工作人员实行分级分类管理。

第三条　中央事业单位人事综合管理部门负责全国事业单位人事综合管理工作。

县级以上地方各级事业单位人事综合管理部门负责本辖区事业单位人事综合管理工作。

事业单位主管部门具体负责所属事业单位人事管理工作。

第四条　事业单位应当建立健全人事管理制度。

事业单位制定或者修改人事管理制度，应当通过职工代表大会或者其他形式听取工作人员意见。

第二章　岗位设置

第五条　国家建立事业单位岗位管理制度，明确岗位类别和等级。

第六条　事业单位根据职责任务和工作需要，按照国家有关规定设置岗位。

岗位应当具有明确的名称、职责任务、工作标准和任职条件。

第七条 事业单位拟订岗位设置方案，应当报人事综合管理部门备案。

第三章 公开招聘和竞聘上岗

第八条 事业单位新聘用工作人员，应当面向社会公开招聘。但是，国家政策性安置、按照人事管理权限由上级任命、涉密岗位等人员除外。

第九条 事业单位公开招聘工作人员按照下列程序进行：

（一）制定公开招聘方案；

（二）公布招聘岗位、资格条件等招聘信息；

（三）审查应聘人员资格条件；

（四）考试、考察；

（五）体检；

（六）公示拟聘人员名单；

（七）订立聘用合同，办理聘用手续。

第十条 事业单位内部产生岗位人选，需要竞聘上岗的，按照下列程序进行：

（一）制定竞聘上岗方案；

（二）在本单位公布竞聘岗位、资格条件、聘期等信息；

（三）审查竞聘人员资格条件；

（四）考评；

（五）在本单位公示拟聘人员名单；

（六）办理聘任手续。

第十一条 事业单位工作人员可以按照国家有关规定进行交流。

第四章　聘用合同

第十二条　事业单位与工作人员订立的聘用合同，期限一般不低于3年。

第十三条　初次就业的工作人员与事业单位订立的聘用合同期限3年以上的，试用期为12个月。

第十四条　事业单位工作人员在本单位连续工作满10年且距法定退休年龄不足10年，提出订立聘用至退休的合同的，事业单位应当与其订立聘用至退休的合同。

第十五条　事业单位工作人员连续旷工超过15个工作日，或者1年内累计旷工超过30个工作日的，事业单位可以解除聘用合同。

第十六条　事业单位工作人员年度考核不合格且不同意调整工作岗位，或者连续2年年度考核不合格的，事业单位提前30日书面通知，可以解除聘用合同。

第十七条　事业单位工作人员提前30日书面通知事业单位，可以解除聘用合同。但是，双方对解除聘用合同另有约定的除外。

第十八条　事业单位工作人员受到开除处分的，解除聘用合同。

第十九条　自聘用合同依法解除、终止之日起，事业单位与被解除、终止聘用合同人员的人事关系终止。

第五章　考核和培训

第二十条　事业单位应当根据聘用合同规定的岗位职责任务，全面考核工作人员的表现，重点考核工作绩效。考核应当听取服务对象的意见和评价。

第二十一条　考核分为平时考核、年度考核和聘期考核。

年度考核的结果可以分为优秀、合格、基本合格和不合格等档次，聘期考核的结果可以分为合格和不合格等档次。

第二十二条 考核结果作为调整事业单位工作人员岗位、工资以及续订聘用合同的依据。

第二十三条 事业单位应当根据不同岗位的要求，编制工作人员培训计划，对工作人员进行分级分类培训。

工作人员应当按照所在单位的要求，参加岗前培训、在岗培训、转岗培训和为完成特定任务的专项培训。

第二十四条 培训经费按照国家有关规定列支。

第六章　奖励和处分

第二十五条 事业单位工作人员或者集体有下列情形之一的，给予奖励：

（一）长期服务基层，爱岗敬业，表现突出的；

（二）在执行国家重要任务、应对重大突发事件中表现突出的；

（三）在工作中有重大发明创造、技术革新的；

（四）在培养人才、传播先进文化中作出突出贡献的；

（五）有其他突出贡献的。

第二十六条 奖励坚持精神奖励与物质奖励相结合、以精神奖励为主的原则。

第二十七条 奖励分为嘉奖、记功、记大功、授予荣誉称号。

第二十八条 事业单位工作人员有下列行为之一的，给予处分：

（一）损害国家声誉和利益的；

（二）失职渎职的；

（三）利用工作之便谋取不正当利益的；

（四）挥霍、浪费国家资财的；

（五）严重违反职业道德、社会公德的；

（六）其他严重违反纪律的。

第二十九条 处分分为警告、记过、降低岗位等级或者撤职、开除。

受处分的期间为：警告，6个月；记过，12个月；降低岗位等级或者撤职，24个月。

第三十条 给予工作人员处分，应当事实清楚、证据确凿、定性准确、处理恰当、程序合法、手续完备。

第三十一条 工作人员受开除以外的处分，在受处分期间没有再发生违纪行为的，处分期满后，由处分决定单位解除处分并以书面形式通知本人。

第七章 工资福利和社会保险

第三十二条 国家建立激励与约束相结合的事业单位工资制度。

事业单位工作人员工资包括基本工资、绩效工资和津贴补贴。

事业单位工资分配应当结合不同行业事业单位特点，体现岗位职责、工作业绩、实际贡献等因素。

第三十三条 国家建立事业单位工作人员工资的正常增长机制。

事业单位工作人员的工资水平应当与国民经济发展相协调、与社会进步相适应。

第三十四条 事业单位工作人员享受国家规定的福利待遇。

事业单位执行国家规定的工时制度和休假制度。

第三十五条 事业单位及其工作人员依法参加社会保险，工作人员依法享受社会保险待遇。

第三十六条 事业单位工作人员符合国家规定退休条件的，应当退休。

第八章　人事争议处理

第三十七条　事业单位工作人员与所在单位发生人事争议的，依照《中华人民共和国劳动争议调解仲裁法》等有关规定处理。

第三十八条　事业单位工作人员对涉及本人的考核结果、处分决定等不服的，可以按照国家有关规定申请复核、提出申诉。

第三十九条　负有事业单位聘用、考核、奖励、处分、人事争议处理等职责的人员履行职责，有下列情形之一的，应当回避：

（一）与本人有利害关系的；

（二）与本人近亲属有利害关系的；

（三）其他可能影响公正履行职责的。

第四十条　对事业单位人事管理工作中的违法违纪行为，任何单位或者个人可以向事业单位人事综合管理部门、主管部门或者监察机关投诉、举报，有关部门和机关应当及时调查处理。

第九章　法律责任

第四十一条　事业单位违反本条例规定的，由县级以上事业单位人事综合管理部门或者主管部门责令限期改正；逾期不改正的，对直接负责的主管人员和其他直接责任人员依法给予处分。

第四十二条　对事业单位工作人员的人事处理违反本条例规定给当事人造成名誉损害的，应当赔礼道歉、恢复名誉、消除影响；造成经济损失的，依法给予赔偿。

第四十三条　事业单位人事综合管理部门和主管部门的工作人员在事业单位人事管理工作中滥用职权、玩忽职守、徇私舞弊的，依法给予处分；构成犯罪的，依法追究刑事责任。

第十章　附　则

第四十四条　本条例自2014年7月1日起施行。

中共中央 国务院关于分类推进事业单位改革的指导意见

（2011年3月23日　中发〔2011〕5号）

为全面贯彻落实党的十七大和十七届二中、三中、四中、五中全会精神，推动公益事业更好更快发展，不断满足人民群众日益增长的公益服务需求，现就分类推进事业单位改革提出如下意见。

一、改革的重要性和紧迫性

1. 事业单位是经济社会发展中提供公益服务的主要载体，是我国社会主义现代化建设的重要力量。改革开放特别是党的十六大以来，各地区各有关部门积极探索事业单位改革，不断创新事业单位体制机制，稳步推进教育、科技、文化、卫生等行业体制改革，积累了有益经验，取得了明显成效，为进一步推进改革奠定了基础。事业单位提供公益服务总量不断扩大，服务水平逐步提高，在促进经济社会发展、改善人民群众生活方面发挥了重要作用。

2. 当前，我国正处于全面建设小康社会的关键时期，加快发展社会事业，满足人民群众公益服务需求的任务更加艰巨。面对新形势新要求，我国社会事业发展相对滞后，一些事业单位功能定位不清，政事不分、事企不分，机制不活；公益服务供给总量不足，供给方式单一，资源配置不合理，质量和效率不高；支持公益服务的政策措施还不够完善，监督管理薄弱。这些问题影响了公益事业的健康发展，迫切需要通过分类推进事业单位改革加以解决。

3. 分类推进事业单位改革，是深入贯彻落实科学发展观、构建社会主义和谐社会的必然要求，是推进政府职能转变、建设服务型政府的重要举措，是提高事业单位公益服务水平、加快各项社会事业发展的客观需要。必须从改革开放和社会主义现代化建设全局的高度，充分认识分类推进事业单位改革的重大意义，切实增强责任感和紧迫感，坚定不移地把这项改革推向深入。

二、改革的指导思想、基本原则和总体目标

4. 指导思想。高举中国特色社会主义伟大旗帜，以邓小平理论和“三个代表”重要思想为指导，深入贯彻落实科学发展观，按照政事分开、事企分开和管办分离的要求，以促进公益事业发展为目的，以科学分类为基础，以深化体制机制改革为核心，总体设计、分类指导、因地制宜、先行试点、稳步推进，进一步增强事业单位活力，不断满足人民群众和经济社会发展对公益服务的需求。

5. 基本原则。坚持以人为本，把提高公益服务水平、满足人民群众需求作为出发点和落脚点；坚持分类指导，根据不同类别事业单位的特点，实施改革和管理；坚持开拓创新，破除影响公益事业发展的体制机制障碍，鼓励进行多种形式的探索和实践；坚持着眼发展，充分发挥政府主导、社会力量参与和市场机制的作用，实现公益服务提供主体多元化和提供方式多样化；坚持统筹兼顾，充分发挥中央和地方两个积极性，注意与行业体制改革、政府机构改革等相衔接，妥善处理改革发展稳定的关系。

6. 总体目标和阶段性目标。到 2020 年，建立起功能明确、治理完善、运行高效、监管有力的管理体制和运行机制，形成基本服务优先、供给水平适度、布局结构合理、服务公平公正的中国特色公益服务体系。今后 5 年，在清理规范基础上完成事业单位分类，承担行政职能事业单位和从事生产经营活动事业单位的改革基本完成，从事公益服务事业单位在人事管理、收入分配、社会保险、财税政策和机构编制等方面改革取得明显进展，管办分离、完善治理结构等改革取得较大突破，社会力量兴办公益事业的制度环境进一步优化，为实现改革的总体目标奠定坚实基础。

三、科学划分事业单位类别

7. 清理规范现有事业单位。对未按规定设立或原承担特定任务已完成的，予以撤销。对布局结构不合理、设置过于分散、工作任务严重不足或职责相同相近的，予以整合。

8. 划分现有事业单位类别。在清理规范基础上，按照社会功能将现有事业单位划分为承担行政职能、从事生产经营活动和从事公益服务三个类别。对承担行政职能的，逐步将其行政职能划归行政机构或转为行政机构；对从事生产经营活动的，逐步将其转为企业；对从事公益服务的，继续将其保留在事业单位序列、强化其公益属性。

今后不再批准设立承担行政职能的事业单位和从事生产经营活动的事业单位。

9. 细分从事公益服务的事业单位。根据职责任务、服务对象和资源配置方式等情况，将从事公益服务的事业单位细分为两类：承担义务教育、基础性科研、公共文化、公共卫生及基层的基本医疗服务等基本公益服务，不能或不宜由市场配置资源的，划入公益一类；承担高等教育、非营利医疗等公益服务，可部分由市场配置资源的，划入公益二类。具体由各地结合实际研究确定。

四、推进承担行政职能事业单位改革

10. 严格认定标准和范围。根据国家有关法律法规和中央有关政策规定，按照是否主要履行行政决策、行政执行、行政监督等职能，从严认定承担行政职能的事业单位。

11. 区分不同情况实施改革。结合行政管理体制改革和政府机构改革，特别是探索实行职能有机统一的大部门体制，推进承担行政职能事业单位改革。涉及机构编制调整的，不得突破政府机构限额和编制总额，主要通过行政管理体制和政府机构改革中调剂出来的空额逐步解决。对部分承担行政职能的事业单位，要认真梳理职能，将属于政府的职能划归相关行政机构；职能调整后，要重新明确事业单位职责、划定类别，工作任务不足的予以撤销或并入其他事业单位。对完全承担行政职能的事业单位，可调整为相关行政机关的内设机构，确需单独设置行政机构的，要按照精简效能的原则设置。已认定为承担行政职能、但尚未调整到位的事业单位，在过渡期内继续按照现行法律法规和政策规定履行职责，使用事业编制且只减不增，人事、财务、社会保险等依照国家现行政策规定实施管理。

五、推进从事生产经营活动事业单位改革

12. 推进转企改制。周密制定从事生产经营活动事业单位转企改制工作方案，按照有关规定进行资产清查、财务审计、资产评估，核实债权债务，界定和核实资产，由同级财政部门依法核定国家资本金。转制单位要按规定注销事业单位法人，核销事业编制，进行国有资产产权登记和工商登记，并依法与在职职工签订劳动合同，建立或接续社会保险关系。事业单位转企改制后，要按现代企业制度要求，深化内部改革，转变管理机制，并依照政企分开、政资分开的原则，逐步与原行政主管部门脱钩，其国有资产除国家另有规定外，由履行国有资产出资人职责的机构负责。

13. 完善过渡政策。为平稳推进转制工作，可给予过渡期，一般为 5 年。在过渡期内，对转制单位给予适当保留原有税收等优惠政策，原有正常事业费继续拨付。在离退休待遇方面，转制前已离退休人员，原国家规定的离退休费待遇标准不变，支付方式和待遇调整按国家有关规定执行；转制前参加工作、转制后退休的人员，基本养老金的计发和调整按照国家有关规定执行，保证离退休人员待遇水平平稳衔接。在医疗保障方面，离休人员继续执行现行办法，所需资金按原渠道解决；转制前已退休人员，转制后继续按规定享受职工基本医疗保险、补充医疗保障等待遇。有条件的转制单位，可按照有关规定为职工建立补充医疗保险和企业年金。要进一步做好离退休人员的服务管理工作。

六、推进从事公益服务事业单位改革

14. 明确改革目的。强化事业单位公益属性，进一步理顺体制、完善机制、健全制度，充分调动广大工作人员的积极性、主动性、创造性，真正激发事业单位生机与活力，不断提高公益服务水平和效率，促进公益事业大力发展，切实为人民群众提供更加优质高效的公益服务。

15. 改革管理体制。实行政事分开，理顺政府与事业单位的关系。行政主管部门要加快职能转变，创新管理方式，减少对事业单位的微观管理和直接管理，强化制定政策法规、行业规划、标准规范和监督指导等职责，进一步落实事业单位法人自主权。对面向社会提供公益服务的事业单位，积极探索管办分离的有效实现形式，逐步取消行政级别。对不同类型事业单位实行不同的机构编制管理，科学制定机构编制标准，合理控制总量，着力优化结构，建立动态调整机制，强化监督管理。

16. 建立健全法人治理结构。面向社会提供公益服务的事业单位，探索建立理事会、董事会、管委会等多种形式的治理结构，健全决策、执行和监督机制，提高运行效率，确保公益目标实现。不宜建立法人治理结构的事业单位，要继续完善现行管理模式。

17. 深化人事制度改革。以转换用人机制和搞活用人制度为核心，以健全聘用制度和岗位管理制度为重点，建立权责清晰、分类科学、机制灵活、监管有力的事业单位人事管理制度。加快推进职称制度改革。对不同类型事业单位实行分类人事管理，依据编制管理办法分类设岗，实行公开招聘、竞聘上岗、按岗聘用、合同管理。

18. 深化收入分配制度改革。以完善工资分配激励约束机制为核心，健全符合事业单位特点、体现岗位绩效和分级分类管理要求的工作人员收入分配制度。结合规范事业单位津贴补贴实施绩效工资，进一步做好义务教育学校、公共卫生与基层医疗卫生事业单位实施绩效工资工作；对其他事业单位按照分类指导、分步实施、因地制宜、稳慎推进的原则，实施绩效工资。各地区各部门要根据改革进程，探索对不同类型事业单位实行不同的绩效工资管理办法，分步实施到位。完善事业单位工资正常调整机制。

19. 推进社会保险制度改革。完善事业单位及其工作人员参加基本养老、基本医疗、失业、工伤等社会保险政策，逐步建立起独立于单位之外、资金来源多渠道、保障方式多层次、管理服务社会化的社会保险体系。事业单位工作人员基本养老保险实行社会统筹和个人共同负担，个人缴费全部记入个人账户。养老保险基金单独建账，实行省级统筹，基本养老金实行社会化发放。实行“老人老办法、新人新制度、中人逐步过渡”，对改革前参加工作、改革后退休的人员，妥善保证其养老待遇水平平稳过渡、合理衔接，保持国家规定的待遇水平不降低。建立事业单位工作人员职业年金制度。统筹考虑企业、事业单位、机关离退休人员养老待遇水平。

20. 加强对事业单位的监督。建立事业单位绩效考评制度，考评结果作为确定预算、负责人奖惩与收入分配等的重要依据。加强审计监督和舆论监督。面向社会提供公益服务的事业单位要建立信息披露制度，重要事项和年度报告要向社会公开，涉及人民群众切身利益的重大公益服务事项要进行社会公示和听证。

21. 全面加强事业单位党的建设。按照党章和有关规定，及时调整党的组织设置，理顺隶属关系，选好配强党组织领导班子，加强党员教育、管理、服务，做好思想政治工作，推进精神文明建设，领导工会、共青团等群众组织开展工作，充分发挥党组织在促进事业发展、完成本单位中心任务中的领导核心或政治核心作用，保证党的基本路线方针政策在事业单位的贯彻执行。

七、构建公益服务新格局

22. 大力发展公益服务。适应经济社会发展和人民群众需要，不断拓展公益服务领域，增加公益服务品种，扩大公益服务供给总量。发挥政府主导作用，引导社会力量广泛参与，引入市场竞争机制，充分调动各方面积极性，不断增强公益事业发展活力。通过改革，形成提供主体多元化、提供方式多样化的公益服务新格局，努力为人民群众提供广覆盖、多层次的公益服务。

23. 强化政府责任。按照逐步实现基本公共服务均等化的要求,优先发展直接关系人民群众基本需求和国家安全、社会稳定的公益服务,促进公益服务公平公正。加快发展农村、欠发达地区和民族地区公益事业,缩小城乡之间、地区之间公益服务水平差距,切实满足广大农民和城市低收入群体医疗、教育、文化等公益服务需求。优化公益服务资源配置,合理规划布局,科学设置事业单位,打破条块分割和行政区划界限,推进资源共享。创新公益服务提供方式,完善购买服务机制,提高服务质量和效率。

24. 鼓励社会力量兴办公益事业。完善相关政策放宽准入领域，推进公平准入，鼓励社会力量依法进入公益事业领域。对社会力量兴办公益事业的，在设立条件、资质认定、职业资格与职称评定、税收政策和政府购买服务等方面，与事业单位公平对待，并切实加强监管，引导其健康发展。完善和落实税收优惠政策，鼓励企业、社会团体和公民个人捐赠公益事业。大力倡导和发展志愿服务。

25. 充分发挥市场机制作用。完善扶持政策，充分发挥市场在公益事业领域资源配置中的积极作用，为社会资本投资创造良好环境，推动相关产业加快发展，满足人民群众多层次、多样化服务需求。

八、完善支持公益事业发展的财政政策

26. 加大财政对公益事业发展的支持力度。加快建立健全公共财政体系，调整支出结构，加大投入力度，着力构建财政支持公益事业发展长效机制。制定和完善支持社会力量兴办公益事业的财政政策，形成多渠道筹措资金发展公益事业的投入机制。对事业单位的财政资金使用情况进行绩效考评，严格资金管理，提高使用效益。

27. 改革和完善财政支持方式。按照国家政策和以事定费的原则，结合不同事业单位的具体特点和财力，对不同类型事业单位实行不同的财政支持办法，合理制定标准，实行动态调整，健全监管制度，充分发挥财政资金的效用。对公益一类，根据正常业务需要，财政给予经费保障；对公益二类，根据财务收支状况，财政给予经费补助，并通过政府购买服务等方式予以支持。

28. 推进预算管理、政府采购和国有资产管理改革。研究建立事业单位资产配置标准体系，促进资产管理与预算编制有机结合，强化事业单位政府采购预算管理与执行，规范政府采购操作执行行为。加强行政事业性收费管理，严格收费项目和标准审批。建立健全事业单位财务会计和国有资产管理制度，加强财务监督，确保财政资金和国有资产使用规范、安全和有效。

九、认真做好组织实施工作

29. 加强领导。分类推进事业单位改革事关经济社会发展全局，是一场广泛而深刻的变革，任务复杂艰巨。各地区各部门要高度重视，坚定信心，精心组织，攻坚克难，确保改革顺利推进。为加强对改革工作的领导，建立中央分类推进事业单位改革工作部际联席会议制度，负责交流改革情况、研究共性问题、提出工作建议等工作，具体工作由中央编办承担。教育、科技、文化、卫生、新闻出版等部门要按照现行的领导体制和政策规定，继续推动行业体制改革。中央和国家机关负责组织所属事业单位进行改革。中央编办、财政部、人力资源社会保障部等部门要各司其职，密切配合，指导做好相关工作。各省（区、市）党委和政府对本地区的改革负总责，要建立领导小组，健全工作机制，结合实际研究制定实施意见并抓好组织落实。

30. 稳步实施。坚持分类指导、分业推进、分级组织、分步实施的工作方针，注意把握节奏，加强统筹协调，做到条块结合、上下结合，条件成熟的可率先改革，暂不具备条件的允许过渡，不搞“一刀切”。要继续深化改革试点，不断总结试点经验，完善相关政策措施。严禁突击提拔干部、严禁超职数配备干部或违反规定提高干部职级待遇。切实加强新闻宣传和思想政治工作，正确引导社会舆论，营造良好改革氛围，确保社会和谐稳定，确保国有资产不流失，确保公益事业健康发展。

中共中央办公厅 国务院办公厅印发《关于进一步深化事业单位人事制度改革的意见》的通知

（2011年8月2日　中办发〔2011〕28号）

各省、自治区、直辖市党委和人民政府，中央和国家机关各部委，军委总政治部，各人民团体：

《关于进一步深化事业单位人事制度改革的意见》已经中央领导同志同意，现印发给你们，请认真贯彻执行。

关于进一步深化事业单位人事制度改革的意见

为贯彻落实党的十七大和十七届二中、三中、四中、五中全会精神，按照《中共中央、国务院关于分类推进事业单位改革的指导意见》（中发〔2011〕5号）和《2011-2020年深化干部人事制度改革规划纲要》要求，现就进一步深化事业单位人事制度改革提出如下意见。

一、深化事业单位人事制度改革的指导思想、基本原则和目标任务

1. 指导思想。深化事业单位人事制度改革，要以邓小平理论和“三个代表”重要思想为指导，深入贯彻落实科学发展观，根据完善社会主义市场经济体制和发展社会事业的需要，坚持科学化、民主化、制度化方向，全面推行聘用制度和岗位管理制度，创新管理体制，转换用人机制，整合人才资源，凝聚优秀人才，充分调动事业单位各类人才的积极性、主动性、创造性，为促进社会公益事业发展、全面建设小康社会、构建社会主义和谐社会提供人才保障。

2. 基本原则。贯彻落实党的干部路线方针政策，坚持党管干部和党管人才；坚持德才兼备、以德为先用人标准；坚持民主、公开、竞争、择优；坚持分类推进，充分体现不同类型、不同行业的特点；坚持责、权、利相结合，维护事业单位和工作人员的合法权益。

3. 目标任务。按照中央关于深化干部人事制度改革和分类推进事业单位改革的总体要求，以转换用人机制和搞活用人制度为核心，以健全聘用制度和岗位管理制度为重点，形成权责清晰、分类科学、机制灵活、监管有力，符合事业单位特点和人才成长规律的人事管理制度，实现由固定用人向合同用人转变，由身份管理向岗位管理转变。到 2015 年，全面建立聘用制度，完善岗位管理制度，普遍推行公开招聘制度和竞聘上岗制度，建立健全考核奖惩制度。到 2020 年，形成健全的管理体制、完善的用人机制和完备的政策法规体系。

二、分类推进事业单位人事制度改革

4. 根据事业单位分类实行不同的人事管理制度。从事公益服务事业单位，实行以聘用制度和岗位管理制度为主要内容的事业单位人事管理制度；承担行政职能事业单位，转为行政机构的，实行公务员制度；从事生产经营活动事业单位，转为企业的，实行劳动合同制度。

5. 对从事公益服务事业单位实行分类管理。公益一类事业单位，在审批编制内设岗，规范人事管理，搞活内部用人机制；公益二类事业单位，在备案编制内设岗，赋予单位灵活的人事管理权。积极探索完善不同类型公益类事业单位在聘用合同、岗位设置、公开招聘、竞聘上岗等方面的不同管理办法。

6. 做好事业单位转为行政机构的人员过渡工作。承担行政职能事业单位转为行政机构或者与有关部门职能和机构进行整合，人员需要过渡为公务员，必须根据公务员法有关规定，严格按照任职条件和规定程序录用、转任和调任人员，做好过渡工作。

7. 做好事业单位转企改制的人事劳动政策衔接工作。从事生产经营活动事业单位转为企业的，应当依法与在职职工签订劳动合同，做好聘用合同与劳动合同的转换工作。根据国家有关规定，做好转企改制单位职工社会保险关系建立或接续工作，办理档案接转手续。保证转制前已经离退休人员的原国家规定的离退休费待遇标准不变，支付方式和待遇调整按国家有关规定执行；转制前参加工作、转制后退休的人员，其待遇按照国家有关政策执行。

8. 实施鼓励社会力量兴办公益事业的人事政策。社会力量兴办公益事业的，公平享受政府在人才培养、吸引、评价、使用等方面的各项政策，公平参与政府开展的人才宣传、表彰、奖励等方面活动，政府支持人才创新创业的资金、项目、信息等公共资源向其公平开放。制定灵活多样的人才柔性流动政策，鼓励人才有序流动，有关部门和单位应按照国家有关规定，办理人事劳动关系衔接、社会保险关系转移、档案接转等手续。

三、着力推进事业单位用人机制转换

9. 全面推行聘用制度。加快完成聘用制度推行工作，事业单位与其工作人员应按照国家有关规定签订聘用合同。要把聘用合同作为事业单位人事管理的基本依据，通过聘用合同规范单位和工作人员的人事关系，建立起以合同管理为基础的用人机制。对关键岗位人员、骨干人员可按有关规定实行长期聘用，以保持队伍的相对稳定。加强聘用合同日常管理，着重规范聘用合同订立、变更、续订等重要环节。完善聘用制度相关政策规定，制定出台不同行业事业单位实行聘用制度的具体办法。

10. 全面实施岗位管理制度。事业单位专业技术人员、管理人员、工勤技能人员都要实行岗位管理。国家确定事业单位通用的岗位类别和等级，事业单位按照有关规定自主确定岗位，自主聘用人员，实现按需设岗、竞聘上岗、按岗聘用、合同管理。加大事业单位岗位设置实施工作力度，加强分类指导，尽快实现岗位管理制度全面入轨。探索不同类型事业单位岗位结构比例和最高等级的调整办法，不断优化岗位结构，形成动态管理机制。开展专业技术一级岗位设置实施工作。在事业单位管理岗位推行职员制度。建立健全以岗位职责任务为基础的培训制度，提高各类人员履行岗位职责的能力水平。

11. 全面实行公开招聘制度。事业单位新进人员，除国家政策性安置、按干部人事管理权限由上级任命及涉密岗位等确需使用其他方法选拔任用人员外，全面实行公开招聘。公开招聘要做到信息公开、过程公开、结果公开。要在公平、公正的基础上，逐步打破地域和身份界限，创造平等竞争的环境。要把加强宏观管理与落实单位用人自主权结合起来，坚持规范程序、分类指导、分级管理，探索符合不同行业、专业和岗位特点的招聘办法。逐步建立事业单位公开招聘信息服务网络。探索建立事业单位关键岗位和重大项目负责人全球招聘制度。到 2015 年，完善相关政策规定，实现事业单位公开招聘制度的规范化。通过公开招聘，扩大选人用人视野，匡正选人用人风气，严把人员进口关，提高新进人员素质。

12. 大力推行竞聘上岗制度。研究制定事业单位竞聘上岗规定。竞聘上岗要成为事业单位内部人员选拔聘用的主要方式。要坚持公开、公平、公正的原则，采取个人自荐或群众推荐及组织提名等方式产生人选，根据岗位不同特点，灵活运用笔试、面试、民主测评、专家评议等方法实行竞聘上岗。要以岗位职责任务和任职条件为标准，以品德、能力和业绩为依据，严格条件，规范程序，择优聘用。竞聘实行职业资格准入控制的岗位，必须符合准入控制的要求。通过竞聘上岗，促进优秀人才脱颖而出，逐步实现能上能下。

13. 健全考核奖惩制度。完善事业单位工作人员考核制度，建立健全以聘用合同和岗位职责为依据、以工作绩效为重点内容、以服务对象满意度为基础的考核办法，将考核结果作为调整人员岗位、工资以及解除、续订聘用合同的基本依据。研究制定事业单位工作人员考核规定。建立符合事业单位特点的奖惩制度，充分发挥奖惩在人事管理中的激励和约束作用。

14. 完善人员退出机制。畅通人员出口，拓展人员正常退出渠道。规范解除、终止聘用合同的条件、程序和经济补偿方面的规定。事业单位与其工作人员依法解除聘用合同，要按照国家有关规定做好社会保险关系建立或接续工作，办理档案接转手续。研究建立与聘用制度和岗位管理制度相适应的事业单位工作人员退休制度。

15. 完善权益保障机制。加强事业单位人事争议处理制度建设，健全人事争议处理机制，公平公正、及时有效地处理人事争议，维护单位和工作人员双方的合法权益。探索调解的有效方式，鼓励通过调解解决人事争议。加强事业单位人事争议仲裁工作，加大人事争议案件处理力度，做好人事争议仲裁与司法的衔接。建立健全事业单位工作人员申诉办法，制定申诉规则，规范复核、申诉的受理和办案程序。

16. 健全领导人员选拔任用和管理监督制度。坚持正确用人导向，突出行业和岗位特点，明确事业单位领导人员选拔任用的基本原则、标准条件。加大事业单位领导人员竞争性选拔力度，探索完善多种选拔方式。实行事业单位领导人员任期制，建立健全事业单位领导班子和领导人员任期目标责任制。结合事业单位特点，探索实行领导人员聘任制，进一步完善委任、选任等多种任用方式。以服务和促进公益事业科学发展为目标，研究确定体现不同行业特点的考核内容和指标体系。改进考核方式，扩大考核民主，坚持以年度考核为基础，加强任（聘）期考核，增强考核工作的系统性和完整性。要将考核结果作为加强领导班子建设和对领导人员选拔任用、培养教育、管理监督、激励约束的重要依据。建立健全事业单位内部民主决策和监督约束机制，加强对事业单位领导人员的日常管理监督。到2015年，初步形成比较完善的符合不同行业特点的事业单位领导人员管理制度和综合考核评价制度。

四、完善事业单位人事制度改革的配套政策措施

17. 完善人员流动政策。畅通人员流动渠道，破除阻碍人员流动的体制性障碍，建立与聘用制度相适应的人员流动政策和管理办法。健全人力资源市场机制，完善人力资源市场体系，为事业单位人事制度改革营造环境。逐步建立健全社会化人事档案管理系统，做好事业单位与机关、企业及其他组织间人员流动的政策衔接，促进不同类型单位、不同所有制单位之间的人员流动。

18. 加快推进职称制度改革。统筹专业技术职务聘任制度和职业资格制度，以品德、能力和业绩为导向，健全专业技术人才评价机制。进一步完善评价标准，创新评价方式，严格评价程序，实现事业单位专业技术人员职称评审与岗位聘用的有机结合。

19. 完善未聘人员安置政策。在推行聘用制度过程中，首次签订聘用合同时未被聘用的正式在册工作人员属未聘人员。未聘人员安置应坚持内部消化为主、多种渠道安置的原则，不能简单推向社会，在解决养老、医疗、失业等社会保险问题的基础上，逐步探索扩大社会安置的渠道和办法。

20. 加强人事监督管理和服务。事业单位人事综合管理部门要加大对事业单位贯彻落实人事政策法规的监督检查力度，建立制度化、经常化的执法监督检查机制，严肃查处事业单位人事管理违法违规案件。健全民主管理制度，充分发挥职工代表大会和工会的职能作用。发挥社会舆论和人民群众的监督作用。搭建服务平台，在公开招聘、业务培训等方面创新服务方式，提高为事业单位及其工作人员服务的水平。

21. 加强人事政策法规体系建设。制定事业单位人事管理条例，形成以人事管理条例为核心，以岗位设置、公开招聘、竞聘上岗、聘用合同、考核、培训、奖励、处分、申诉、工资福利、退休、人事争议处理、人事监管等各单项制度为主要内容的政策法规体系，实现事业单位人事管理的规范化、法制化。

五、加强领导，统筹规划，确保事业单位人事制度改革平稳推进

22. 提高认识，加强领导。各级党委和政府要高度重视事业单位人事制度改革，把这项工作摆上重要议事日程，履行好宏观指导、统筹协调的职责。要切实加强党对事业单位人事制度改革的领导，充分发挥事业单位党组织的核心作用，用事业凝聚人才，以人才推进事业。要加强宣传和思想政治工作，形成正确的舆论导向和良好的改革氛围，保障群众的知情权、参与权、选择权和监督权，引导他们积极支持和参与改革。

23. 统筹规划，分类推进。各级组织、人力资源社会保障部门要充分发挥职能作用，按照分类推进事业单位改革的总体要求，加强与相关职能部门协调配合，做好与机构编制、收入分配、社会保险、财政制度以及行业体制改革的配套衔接，统筹规划，周密部署，有计划、有步骤、分阶段、分行业推进事业单位人事制度改革。

24. 狠抓落实，稳步实施。各地区各部门要根据本意见，结合实际情况，制定具体实施办法，切实把各项改革任务落到实处。要注意处理好改革发展稳定的关系，把握好改革的节奏和进度，及时研究和妥善解决改革中遇到的新情况新问题，消除改革中的不安定因素，确保改革平稳有序推进。

国务院办公厅转发人事部《关于在事业单位试行人员聘用制度意见》的通知

（2002年7月6日　国办发〔2002〕35号）

各省、自治区、直辖市人民政府，国务院各部委、各直属机构：

人事部《关于在事业单位试行人员聘用制度的意见》已经国务院同意，现转发给你们，请认真贯彻执行。

在事业单位试行人员聘用制度，是用人制度的一项重要改革，是建立适应社会主义市场经济体制要求的事业单位人事制度的重要措施，对实施科教兴国战略和“人才强国”战略，调动事业单位各类人员的积极性和创造性，促进我国经济建设和各项社会事业的发展具有重要作用。各地区、各部门要高度重视，切实加强领导，积极稳妥地组织实施。要注意试行中可能出现的问题，及时研究解决，不断总结经验，确保事业单位人员聘用工作的顺利实施。

人事部《关于在事业单位试行人员聘用制度的意见》

随着我国社会主义市场经济体制的建立和加入世界贸易组织，迫切要求转换事业单位用人机制，建立充满生机和活力的用人制度。在事业单位试行人员聘用制度，是加快推进事业单位人事制度改革、提高队伍整体素质、增强事业单位活力的重要措施。为了规范事业单位人员聘用工作（简称人员聘用工作），保护单位和职工的合法权益，促进社会稳定，现就在事业单位试行人员聘用制度提出如下意见：

一、聘用制度的基本原则和实施范围

事业单位与职工应当按照国家有关法律、政策和本意见的要求，在平等自愿、协商一致的基础上，通过签订聘用合同，明确聘用单位和受聘人员与工作有关的权利和义务。人员聘用制度主要包括公开招聘、签订聘用合同、定期考核、解聘辞聘等制度。通过实行人员聘用制度，转换事业单位用人机制，实现事业单位人事管理由身份管理向岗位管理转变，由行政任用关系向平等协商的聘用关系转变，建立一套符合社会主义市场经济体制要求的事业单位人事管理制度。

建立和推行事业单位人员聘用制度，要贯彻党的干部路线，坚持党管干部原则；坚持尊重知识、尊重人才的方针，树立人才资源是第一资源的观念；坚持平等自愿、协商一致的原则；坚持公开、平等、竞争、择优的原则；坚持走群众路线，保证职工的参与权、知情权和监督权。

事业单位除按照国家公务员制度进行人事管理的以及转制为企业的以外，都要逐步试行人员聘用制度。对事业单位领导人员的任用，根据干部人事管理权限和规定的程序，可以采用招聘或者任命等形式。使用事业单位编制的社会团体录用专职工作人员，除按照国家公务员制度进行人事管理的以外，也要参照本意见逐步试行人员聘用制度。

二、全面推行公开招聘制度

为了规范用人行为，防止用人上的随意性和不正之风，事业单位凡出现空缺岗位，除涉密岗位确需使用其他方法选拔人员的以外，都要试行公开招聘。

事业单位要结合本单位的任务，按照科学合理、精简效能的原则设置岗位，并根据国家有关规定确定岗位的工资待遇；按照岗位的职责和聘用的条件，通过公开招聘、考试或者考核的方法择优聘用工作人员。受聘人员应当具有履行岗位职责的能力，能够坚持正常工作；应聘实行执业资格制度岗位的，必须持有相应的执业资格证书。

为了保证人员聘用工作的顺利平稳进行，聘用人员应当优先从本单位现有人员中选聘；面向社会招聘的，同等条件下本单位的应聘人员优先。机构编制部门核定人员编制的事业单位聘用人员，不得突破核定的编制数额。

三、严格人员聘用的程序

为了保证人员聘用工作公平、公正，提高工作效率，聘用单位要成立与人员聘用工作相适应的聘用工作组织，严格人员聘用程序。聘用工作组织由本单位人事部门负责人、纪律检查部门负责人和工会代表组成，根据需要也可以聘用有关专家参加。人员的聘用、考核、续聘、解聘等事项由聘用工作组织提出意见，报本单位负责人员集体决定。

人员聘用的基本程序是：

（一）公布空缺岗位及其职责、聘用条件、工资待遇等事项；

（二）应聘人员申请应聘；

（三）聘用工作组织对应聘人员的资格、条件进行初审；

（四）聘用工作组织对通过初审的应聘人员进行考试或者考核，根据结果择优提出拟聘人员名单；

（五）聘用单位负责人员集体讨论决定受聘人员；

（六）聘用单位法定代表人或者其委托的人与受聘人员签订聘用合同。

聘用合同期满，岗位需要、本人愿意、考核合格的，可以续签聘用合同。

人员聘用实行回避制度。受聘人员凡与聘用单位负责人员有夫妻关系、直系血亲关系、三代以内旁系血亲或者近姻亲关系的，不得被聘用从事该单位负责人员的秘书或者人事、财务、纪律检查岗位的工作，也不得在有直接上下级领导关系的岗位工作。聘用工作组织成员在办理人员聘用事项时，遇有与自己有上述亲属关系的，也应当回避。

四、规范聘用合同的内容

聘用合同由聘用单位的法定代表人或者其委托的人与受聘人员以书面形式订立。聘用合同必须具备下列条款：

（一）聘用合同期限；

（二）岗位及其职责要求；

（三）岗位纪律；

（四）岗位工作条件；

（五）工资待遇；

（六）聘用合同变更和终止的条件；

（七）违反聘用合同的责任。

经双方当事人协商一致，可以在聘用合同中约定试用期、培训和继续教育、知识产权保护、解聘提前通知时限等条款。

聘用合同分短期、中长期和以完成一定工作为期限的合同。对流动性强、技术含量低的岗位一般签订 3 年以下的短期合同；岗位或者职业需要、期限相对较长的合同为中长期合同；以完成一定工作为期限的合同，根据工作任务确定合同期限。合同期限最长不得超过应聘人员到达国家规定的退休年龄的年限。聘用单位与受聘人员经协商一致，可以订立上述任何一种期限的合同。

对在本单位工作已满 25 年或者在本单位连续工作已满 10 年且年龄距国家规定的退休年龄已不足 10 年的人员，提出订立聘用至退休的合同的，聘用单位应当与其订立聘用至该人员退休的合同。

聘用单位与受聘人员签订聘用合同，可以约定试用期。试用期一般不超过 3 个月；情况特殊的，可以延长，但最长不得超过 6 个月。被聘人员为大中专应届毕业生的，试用期可以延长至 12 个月。试用期包括在聘用合同期限内。

聘用单位与受聘人员订立聘用合同时，不得收取任何形式的抵押金、抵押物或者其他财物。

五、建立和完善考核制度

聘用单位对受聘人员的工作情况实行年度考核；必要时，还可以增加聘期考核。考核必须坚持客观、公正的原则，实行领导考核与群众评议相结合、考核工作实绩与考核工作态度相统一的方法。考核的内容应当与岗位的实际需要相符合。考核结果分为优秀、合格、基本合格、不合格4个等次。聘用工作组织在群众评议意见和受聘人员领导意见的基础上提出考核等次意见，报聘用单位负责人员集体决定。

考核结果是续聘、解聘或者调整岗位的依据。受聘人员年度考核或者聘期考核不合格的，聘用单位可以调整该受聘人员的岗位或者安排其离岗接受必要的培训后调整岗位。岗位变化后，应当相应改变该受聘人员的岗位工资待遇，并对其聘用合同作相应变更。受聘人员无正当理由不同意变更的，聘用单位有权单方面解除聘用合同。

六、规范解聘辞聘制度

聘用单位、受聘人员双方经协商一致，可以解除聘用合同。

受聘人员有下列情形之一的，聘用单位可以随时单方面解除聘用合同：

（一）连续旷工超过10个工作日或者1年内累计旷工超过20个工作日的；

（二）未经聘用单位同意，擅自出国或者出国逾期不归的；

（三）违反工作规定或者操作规程，发生责任事故，或者失职、渎职，造成严重后果的；

（四）严重扰乱工作秩序，致使聘用单位、其他单位工作不能正常进行的；

（五）被判处有期徒刑以上刑罚收监执行的，或者被劳动教养的。

对在试用期内被证明不符合本岗位要求又不同意单位调整其

工作岗位的，聘用单位也可以随时单方面解除聘用合同。

受聘人员有下列情形之一的，聘用单位可以单方面解除聘用合同，但是应当提前30日以书面形式通知拟被解聘的受聘人员：

（一）受聘人员患病或者非因工负伤，医疗期满后，不能从事原工作也不能从事由聘用单位安排的其他工作的；

（二）受聘人员年度考核或者聘期考核不合格，又不同意聘用单位调整其工作岗位的，或者虽同意调整工作岗位，但到新岗位后考核仍不合格的；

受聘人员有下列情形之一的，聘用单位不得解除聘用合同：

（一）受聘人员患病或者负伤，在规定的医疗期内的；

（二）女职工在孕期、产期和哺乳期内的；

（三）因工负伤，治疗终结后经劳动能力鉴定机构鉴定为一至四级丧失劳动能力的；

（四）患职业病以及现有医疗条件下难以治愈的严重疾病或者精神病的；

（五）受聘人员在接受纪律审查尚未作出结论的；

（六）属于国家规定的不得解除聘用合同的其他情形的。

有下列情形之一的，受聘人员可以随时单方面解除聘用合同：

（一）在试用期内的；

（二）考入普通高等院校的；

（三）被录用或者选调到国家机关工作的；

（四）依法服兵役的。

除上述情形外，受聘人员提出解除聘用合同未能与聘用单位协商一致的，受聘人员应当坚持正常工作，继续履行聘用合同；6个月后再次提出解除聘用合同仍未能与聘用单位协商一致的，即可单方面解除聘用合同。

受聘人员经聘用单位出资培训后解除聘用合同，对培训费用的补偿在聘用合同中有约定的，按照合同的约定补偿。受聘人员解除聘用合同后违反规定使用或者允许他人使用原所在聘用单位的知识产权、技术秘密的，依法承担法律责任。涉密岗位受聘人员的解聘或者工作调动，应当遵守国家有关涉密人员管理的规定。

有下列解除聘用合同情形之一的，聘用单位应当根据被解聘人员在本单位的实际工作年限向其支付经济补偿：

（一）聘用单位提出解除聘用合同，受聘人员同意解除的；

（二）受聘人员患病或者非因工负伤，医疗期满后，不能从事原工作也不能从事由聘用单位安排的其他工作，聘用单位单方面解除聘用合同的；

（三）受聘人员年度考核不合格或者聘期考核不合格，又不同意聘用单位调整其工作岗位的，或者虽同意调整工作岗位，但到新岗位后考核仍不合格，聘用单位单方面解除聘用合同的。

经济补偿以被解聘人员在该聘用单位每工作 1 年，支付其本人 1 个月的上年月平均工资为标准；月平均工资高于当地月平均工资 3 倍以上的，按当地月平均工资的 3 倍计算。聘用单位分立、合并、撤销的，应当妥善安置人员；不能安置受聘人员到相应单位就业而解除聘用合同的，应当按照上述规定给予补偿。

受聘人员与所在聘用单位的聘用关系解除后，聘用单位要按照国家有关规定及时为职工办理社会保险关系调转手续，做好各项社会保险的衔接工作。

七、认真做好人事争议的处理工作

为了保障人员聘用制度的实施，聘用合同订立后，聘用单位与受聘人员双方都应当严格遵守、全面履行合同的约定。受聘人员应当遵守职业道德和聘用单位的规章制度，认真负责地完成岗位工作任务；聘用单位应当保障受聘人员的工作条件，保障受聘人员享受按照国家有关规定和合同约定应当享受的待遇。

为妥善处理人员聘用工作中出现的各种问题，及时化解矛盾，维护聘用单位和受聘人员双方的合法权益，要建立和完善事业单位人事争议仲裁制度，及时公正合理地处理、裁决人员聘用中的争议问题。受聘人员与聘用单位在公开招聘、聘用程序、聘用合同期限、定期或者聘期考核、解聘辞聘、未聘安置等问题上发生争议的，当事人可以申请当地人事争议仲裁委员会仲裁。仲裁结果对争议双方具有约束力。

八、积极稳妥地做好未聘人员安置工作

事业单位未聘人员的安置和管理，是人员聘用工作的重点和难点，政策性强，必须予以高度重视。要将未聘人员尽量安置在本单位或者当地本行业、本系统内，同时要探索多种安置办法。城市和有条件的地区可以跨行业、跨系统调剂安置。各地区、各部门要制定切实可行的政策，为未聘人员创办经济实体或者进入企业提供优惠条件，引导鼓励未聘人员面向基层、农村和中小企业，使他们在新的领域发挥作用、施展才干。

九、加强对人员聘用工作的组织领导

试行人员聘用制度涉及广大事业单位职工的切身利益，政策性强，情况复杂，在工作中，要切实加强领导，坚持原则，防止滥用职权、打击报复、以权谋私等行为的发生，对违反规定的，要追究行政纪律责任。各级人事部门要加强指导协调和监督检查，要充分发挥各有关部门的职能作用，认真做好事业单位人员聘用制度的组织实施工作。

要贯彻积极、稳妥的方针，正确处理好改革、发展、稳定的关系，充分考虑群众对改革的承受能力，不搞“一刀切”。要因地制宜、周密部署、缜密实施。在实施过程中，一方面要保证单位工作的正常运转，做到工作不断档，国有资产不流失；另一方面，要做好深入细致的思想政治工作，引导事业单位广大职工支持并积极参与这项改革，保证事业单位人员聘用制度的顺利实施，更好地为经济建设和社会发展服务。

国务院办公厅关于印发《分类推进事业单位改革配套文件》的通知

（2011 年 7 月 24 日　国办发〔2011〕37 号）

各省、自治区、直辖市人民政府，国务院各部委、各直属机构：

为贯彻落实《中共中央、国务院关于分类推进事业单位改革的指导意见》（中发〔2011〕5 号）精神，切实做好分类推进事业单位改革工作，经国务院同意，现将《关于事业单位分类的意见》等 9 个配套文件印发给你们，请认真贯彻执行。

《国务院关于印发〈事业单位工作人员养老保险制度改革试点方案〉的通知》（国发〔2008〕10 号）继续在山西省、上海市、浙江省、广东省、重庆市进行试点，《事业单位职业年金试行办法》适用于上述 5 个试点省（市）。

关于加强事业单位党的建设和深化事业单位人事制度改革的配套文件，另行印发。

关于事业单位分类的意见

合理划分事业单位类别，是事业单位改革的基础和重要内容。根据《中共中央、国务院关于分类推进事业单位改革的指导意见》（中发〔2011〕5 号）精神，现就事业单位分类提出如下意见：

一、原则要求

坚持政事分开、事企分开，以社会功能为依据，合理划分现有事业单位类别；坚持根据职责和特点，细分从事公益服务事业单位；坚持实事求是，严格掌握标准，不以机构名称、经费来源、人员管理方式等作为分类依据；坚持分类指导，对不同类别事业单位实施不同的改革和管理办法。

二、类别划分

按照社会功能，将现有事业单位划分为承担行政职能、从事生产经营活动和从事公益服务三个类别。

（一）承担行政职能的事业单位。即承担行政决策、行政执行、行政监督等职能的事业单位。认定行政职能的主要依据是国家有关法律法规和中央有关政策规定。这类单位逐步将行政职能划归行政机构，或转为行政机构。今后，不再批准设立承担行政职能的事业单位。

（二）从事生产经营活动的事业单位。即所提供的产品或服务可以由市场配置资源、不承担公益服务职责的事业单位。这类单位要逐步转为企业或撤销。今后，不再批准设立从事生产经营活动的事业单位。

（三）从事公益服务的事业单位。即面向社会提供公益服务和为机关行使职能提供支持保障的事业单位。改革后，只有这类单位继续保留在事业单位序列。根据职责任务、服务对象和资源配置方式等情况，将从事公益服务的事业单位细分为两类。

公益一类事业单位。即承担义务教育、基础性科研、公共文化、公共卫生及基层的基本医疗服务等基本公益服务，不能或不宜由市场配置资源的事业单位。这类单位不得从事经营活动，其宗旨、业务范围和服务规范由国家确定。

公益二类事业单位。即承担高等教育、非营利医疗等公益服务，可部分由市场配置资源的事业单位。这类单位按照国家确定的公益目标和相关标准开展活动，在确保公益目标的前提下，可依据相关法律法规提供与主业相关的服务，收益的使用按国家有关规定执行。

在划分从事公益服务事业单位类型时，对完全符合某一类型条件的，直接确定其类型；对基本符合某一类型条件的，经过相应调整后确定其类型；对兼有不同类型特征的事业单位，可按主要职责任务和发展方向确定其类型。

三、工作程序

（一）清理规范现有事业单位。分类前，要对现有事业单位的机构编制、实有人数、经费来源等情况全面调查摸底。对未按规定设立或原承担特定任务已完成的事业单位，予以撤销；对布局结构不合理、设置过于分散、工作任务严重不足或职责相同相近的事业单位，予以整合，并相应核减编制。

（二）制定分类方案。各省（区、市）机构编制部门在听取行业管理部门和市（地）、县（市、区）党委、政府意见的基础上，商财政、人力资源社会保障、法制等部门，结合实际研究细化分类标准，拟订分类目录，制定分类方案，并征求中央机构编制部门意见后，报省级党委政府批准。

（三）组织实施分类。各省（区、市）直属事业单位的分类，由直属事业单位提出初步意见，省级机构编制部门商财政、人力资源社会保障等部门提出审核意见，按规定程序报批；省（区、市）部门所属事业单位的分类，由相关主管部门提出初步意见，机构编制部门商财政、人力资源社会保障等部门提出审核意见，按规定程序报批。各省（区、市）要将确定为承担行政职能事业单位的名单报中央机构编制部门备案。省级以下直属和部门所属事业单位的分类工作，由省级机构编制部门组织协调，分级实施。

中央各部门要按照本意见要求，研究提出所属事业单位分类的意见，经中央机构编制部门商财政、人力资源社会保障部门提出审核意见后，按规定程序报批。

关于承担行政职能事业单位改革的意见

根据《中共中央、国务院关于分类推进事业单位改革的指导意见》（中发〔2011〕5号）精神，现就承担行政职能事业单位改革提出如下意见：

一、原则要求

按照政事分开原则，准确界定事业单位职能，将事业单位承担的行政职能划归行政机构；按照深化行政管理体制改革的要求，结合探索实行职能有机统一的大部门体制，整合设置机构，促进政府组织结构优化；按照精简、统一、效能原则，严格认定标准和范围，严格控制机构编制；按照积极稳妥原则，循序渐进，分步实施改革。

二、主要任务

（一）明确事业单位承担行政职能的认定标准和依据。承担行政职能是指事业单位承担行政决策、行政执行、行政监督等职能，主要行使行政许可、行政处罚、行政强制、行政裁决等行政职权。认定事业单位承担行政职能的依据是国家有关法律法规和中央有关政策规定，不以机构名称、经费来源、人员管理方式等作为依据。

（二）规范和调整事业单位承担的行政职能。按照转变政府职能的要求，取消不该由政府管理的事项。能够通过市场机制自行调节或社会中介机构自行解决的事项，政府不再干预；能够通过法律手段或经济手段解决的问题不再使用行政手段；适宜事后监督的不再事前审批。

对承担行政职能的事业单位，逐步将其行政职能划归行政机构或转为行政机构。对部分承担行政职能的事业单位，将其行政职能剥离并划归行政机构；对职能调整的事业单位，要重新明确职责、划定类别，对职责任务不足的予以撤销或并入其他事业单位。对完全承担行政职能的事业单位，可调整为相关行政机关的内设机构，确需单独设置的，要在精简的基础上综合设置。已认定为承担行政职能、但尚未调整到位的事业单位，在过渡期内继续按照现行法律法规和政策规定履行职责，使用事业编制且只减不增，依照国家现行人事、财务、社会保险等政策规定实施管理。

（三）严格控制机构编制。改革中涉及行政机构编制调整的，要严格控制，不得突破政府机构限额，不得突破现有行政编制总额，主要通过行政管理体制和政府机构改革调剂出来的空额逐步解决。

三、组织实施

中央一级承担行政职能事业单位的改革，由有关部门提出意见并按规定程序报批后组织实施。地方承担行政职能事业单位改革的组织实施，由省级党委、政府负责。改革过程中，可积极探索承担行政职能事业单位改革的具体形式，涉及行政机构调整的，要按规定程序报批；过渡期内使用的事业编制，由省级机构编制部门严格管理。

关于创新事业单位机构编制管理的意见

根据《中共中央、国务院关于分类推进事业单位改革的指导意见》（中发〔2011〕5号）精神，现就创新事业单位机构编制管理提出如下意见：

一、原则要求

坚持解放思想，改革和完善机构编制管理制度，推进管理科学化、规范化和法制化；坚持分类指导，根据不同类型事业单位的特点和运行规律，实行差别化管理；坚持精简、统一、效能，实行总量控制、动态调整，加强监督管理；坚持与经济社会发展相适应，科学配置机构编制，促进公益事业健康发展。

二、分类管理事业单位机构编制

改革机构编制管理办法，创新机构编制管理方式。从事公益服务事业单位细分后，对公益一类事业单位继续实行机构编制审批制，完善管理制度，简化审批程序，切实管住管好。对公益二类事业单位，在制定和完善相关编制标准的前提下，逐步实行机构编制备案制，建立并规范备案程序。可先在中央部门所属高等院校、公立医院进行备案制试点，并逐步扩大试点范围。加快制定相关事业单位人员编制标准，明确核定编制数额、编制结构以及领导职数的主要依据和指标体系。

三、逐步取消事业单位行政级别

按照政事分开、管办分离的要求，对面向社会提供公益服务的事业单位，积极探索管办分离的有效实现形式。落实事业单位法人自主权，保证其依法决策、独立自主开展活动并承担责任，充分发挥事业单位的积极性。

面向社会提供公益服务的事业单位，要逐步取消行政级别，新设立的一律不予明确行政级别，其领导班子和相关人员的管理及待遇，按照有关规定执行。

四、建立机构编制动态调整机制

实行总量控制，根据经济社会发展和人民群众公益服务需求，统筹研究、合理规划一定时期内本地区事业单位机构编制总量。实行动态调整，按照逐步实现基本公共服务均等化的要求和公益服务供求变化状况，调整事业单位类型和机构编制，做到有减有增。优化资源配置，按照科学布局、高效便民的要求，打破条块分割和行政区划界限，推进结构调整、资源共享，合理设置事业单位。面向社会提供公益服务的事业单位原则上由地方管理，中央保留少量承担全局性、战略性、示范性公益服务的事业单位。

五、完善事业单位登记管理制度

事业单位应当进行法人登记。指导事业单位制定章程并依法核准，加强对事业单位履行章程情况的监管。改革和完善事业单位年度报告制度，建立相关信息公开制度。按照方便事业单位和节约效能原则，推进网上登记管理。转为行政机构和企业的事业单位，核销事业编制后要及时办理事业单位法人注销登记。

六、加强事业单位机构编制监督管理

加强事业单位机构编制执行情况的评估，建立评估制度，规范评估程序，并将评估结果作为调整机构编制的参考依据。机构编制部门按照管理权限和规定程序，定期或不定期对事业单位机构编制执行情况进行监督检查，对违反机构编制纪律的依法依规进行处理。

关于建立和完善事业单位法人治理结构的意见

根据《中共中央、国务院关于分类推进事业单位改革的指导意见》（中发〔2011〕5号）精神，现就建立和完善事业单位法人治理结构提出如下意见：

一、基本原则

坚持解放思想，着力创新事业单位管理体制和运行机制；坚持政事分开和管办分离，落实事业单位法人自主权；坚持强化事业单位的公益属性，加强对事业单位的监管；坚持从实际出发，试点先行；坚持正确的政治方向和党管干部的原则，加强和改善党对事业单位的领导。

二、总体要求

要把建立和完善以决策层及其领导下的管理层为主要构架的事业单位法人治理结构，作为转变政府职能、创新事业单位体制机制的重要内容和实现管办分离的重要途径。要明确事业单位决策层的决策地位，把行政主管部门对事业单位的具体管理职责交给决策层，进一步激发事业单位活力。要吸收事业单位外部人员参加决策层，扩大参与事业单位决策和监督的人员范围，进一步规范事业单位的行为，确保公益目标的实现。要明确决策层和管理层的职责权限和运行规则，进一步完善事业单位的激励约束机制，提高运行效率。

三、主要内容

面向社会提供公益服务的事业单位要探索建立和完善法人治理结构。不宜建立法人治理结构的事业单位，要继续完善现行管理模式。

（一）建立健全决策监督机构。决策监督机构的主要组织形式是理事会，也可探索董事会、管委会等多种形式。理事会作为事业单位的决策和监督机构，依照法律法规、国家有关政策和本单位章程开展工作，接受政府监管和社会监督。理事会负责本单位的发展规划、财务预决算、重大业务、章程拟订和修订等决策事项，按照有关规定履行人事管理方面的职责，并监督本单位的运行。理事会一般由政府有关部门、举办单位、事业单位、服务对象和其他有关方面的代表组成。直接关系人民群众切身利益的事业单位，本单位以外人员担任的理事要占多数。根据事业单位的规模、职责任务和服务对象等方面特点，兼顾代表性和效率，合理确定理事会的构成和规模。结合理事所代表的不同方面，采取相应的理事产生方式，代表政府部门或相关组织的理事一般由政府部门或相关组织委派，代表服务对象和其他利益相关方的理事原则上推选产生，事业单位行政负责人及其他有关职位的负责人可以确定为当然理事。要明确理事的权利义务，建立理事责任追究机制。也可探索单独设立监事会，负责监督事业单位财务和理事、管理层人员履行职责的情况。

（二）明确管理层权责。管理层作为理事会的执行机构，由事业单位行政负责人及其他主要管理人员组成。管理层对理事会负责，按照理事会决议独立自主履行日常业务管理、财务资产管理和一般工作人员管理等职责，定期向理事会报告工作。事业单位行政负责人由理事会任命或提名，并按照人事管理权限报有关部门备案或批准。事业单位其他主要管理人员的任命和提名，根据不同情况可以采取不同的方式。

（三）制定事业单位章程。事业单位章程是法人治理结构的制度载体和理事会、管理层的运行规则，也是有关部门对事业单位进行监管的重要依据。事业单位章程应当明确理事会和管理层的关系，包括理事会的职责、构成、会议制度，理事的产生方式和任期，管理层的职责和产生方式等。事业单位章程草案由理事会通过，并经举办单位同意后，报登记管理机关核准备案。

要研究制定事业单位法人治理准则，进一步规范事业单位法人治理结构建设。完善事业单位年度报告制度，加强对事业单位履行章程情况的监管。建立事业单位信息公开制度，强化社会对事业单位的监督。全面加强事业单位党的建设。

四、组织实施

建立和完善事业单位法人治理结构要试点先行，取得经验后再逐步推开。山西、上海、浙江、广东、重庆等先行试点的省（市）要加大试点范围和力度。其他省（区、市）可先选择部分事业单位作为试点。试点单位主要从涉及利益相关者较多、规模较大的事业单位中选择，并注意涵盖不同的行业领域。要注意做好与现行事业单位管理体制的衔接和平稳过渡。

机构编制部门要会同有关部门，在深入调研、充分论证和广泛征求意见的基础上拟定试点方案。要做好具体组织实施工作，及时跟踪指导，注意总结经验，确保事业单位法人治理结构建设顺利进行。

关于分类推进事业单位改革中财政有关政策的意见

分类推进事业单位改革是党中央、国务院从经济社会发展全局出发作出的重要部署，也是财政改革与制度创新的重要内容。为积极支持分类推进事业单位改革，促进公益事业发展，根据《中共中央 国务院关于分类推进事业单位改革的指导意见》（中发〔2011〕5号），现就财政有关政策提出如下意见：

一、加强财政政策调控，促进基本公共服务逐步实现均等化

1. 明确公共服务的范围，充分发挥省级人民政府的作用，建立健全基本财力保障制度，并根据公共服务的层次性，相对、动态地划分基本和非基本公共服务。完善财力与事权相匹配的财政体制，加快形成统一、规范、透明的财政转移支付制度。加强财政支出管理，逐步从“养人”向“办事”转变。

2. 着力构建财政支持公益事业发展的长效机制。按照创机制、保基本、多层次、可持续、重绩效、促均等的原则，促进不同地区基本公共服务均等化。加大公共财政对公益事业的投入力度，优先保障基本公共服务范畴的公益事业，向社会事业发展的薄弱环节倾斜，向欠发达和少数民族地区、基层倾斜。根据社会事业发展规律和公共服务的不同特点，立足我国基本国情，重点加大对“三农”教育、科技、公共就业服务、社会保障、医疗卫生、住房保障、公共文化、生态环境、节能减排、公共安全等方面的投入。逐步退出对一般竞争性领域的直接投入。

3. 充分发挥财税政策引导作用，落实支持社会力量兴办公益事业的财税政策。不断拓宽资金来源渠道，形成多渠道筹措资金发展公益事业的机制，丰富公益事业发展形式。

4. 健全机构编制管理与财政预算管理的综合约束机制，严格控制机构编制总量。各级财政对部门和单位超编人员不安排经费，上级财政对超过编制总量的人员也不安排相关转移支付资金。

二、完善财政投入政策，改进财政投入方式

5. 按照公共财政建设的基本原则，规范财政供给范围，调整和优化财政支出结构，保障公共服务和公共管理需要。根据不同公益事业单位的具体特点，采取经费保障、经费补助、购买服务等不同的投入和支持方式，促进公益事业发展。

6. 已认定为承担行政职能、但尚未调整到位的事业单位，其履行行政职能依法收取的费用以及通过向社会提供其他服务取得的收入，全部纳入财政预算管理，收支彻底脱钩，各项经费由同级财政预算予以安排。

7. 已认定为从事公益服务的事业单位，按照国家有关政策和以事定费的原则，结合不同类型事业单位的具体特点和财力可能，科学合理制定经费标准并予以动态调整。对公益一类事业单位，财政根据正常业务需要提供相应经费保障；对公益二类事业单位，财政根据单位业务特点和财务收支状况等，给予经费补助，并通过政府购买服务等方式予以支持。对事业单位利用国家资源、国有资产等提供特定公共服务取得的政府非税收入，要严格按照“收支两条线”规定的要求，上缴国库或财政专户。对事业单位向社会提供经营服务取得的收入，要全额纳入单位预算，统一核算、统一管理，主要用于公益事业发展。

8. 逐步建立健全与事业单位职能、责任目标相适应的经费使用绩效考评制度，提高财政资金使用效益。经费使用绩效考评结果既作为财政安排经费的依据，也是确定政府购买服务对象的依据之一。逐步建立绩效考评结果公开制度，提高绩效考评的透明度。

9. 已认定为从事生产经营活动的事业单位转制为企业后，财政部门不供给经费，其取得的收入依法纳税、自主安排使用。为了支持这类事业单位转企改制，在过渡期内，财政部门可以对其继续拨付原有的正常事业费，主要用于解决转制前已经离退休人员的社会保障问题。

10. 对社会力量举办的公益服务机构，要在税收政策、政府购买服务等方面同事业单位公平对待，政府可根据需要采取政府采购的方式，购买其公益服务产品和劳务。

三、全面落实税收优惠政策，支持事业单位改革和发展

11. 在分类推进事业单位改革过程中，要坚持按照依法治税、公平税负的原则，做好现行税收优惠政策的贯彻落实工作。国家税制因改革发生调整变化的，按税制改革后的统一政策执行。

12. 对承担行政职能的事业单位转为行政机构的税收优惠政策：

（1）在转为行政机构过程中，对新设行政机构接收原事业单位的土地、房屋，免征契税。转为行政机构后，涉及的土地、房屋权属变动，按照税法的规定依法纳税。

（2）在转为行政机构后，其自用的房产、土地暂免征收房产税、城镇土地使用税，对事业单位因转为行政机构而签订的产权转移书据免予贴花。

13. 对从事公益服务事业单位的税收优惠政策：

（1）改革后按照税收法律法规规定取得非营利组织免税优惠资格的事业单位，对其符合条件的非营利收入免征企业所得税；改革后不符合非营利组织免税优惠条件的，按照规定征收企业所得税。

（2）改革后仍由财政部门拨付事业经费的单位，其自用的房产、土地继续免征房产税、城镇土地使用税。

（3）符合有关规定的学校、幼儿园、养老院、医院占用耕地，免征耕地占用税。

（4）因改革重新办理法人登记的，其新启用的资金账簿记载的资金，凡原已贴花的部分不再贴花；对改革前签订但尚未履行完的各类应税合同，如仅改变执行主体、其余条款未作变动且改革前已贴花的，不再贴花；因实施改革签订的产权转移书据免予贴花。

（5）因改革重新办理法人登记的事业单位接收原事业单位土地、房屋权属，免征契税。此后，涉及的土地、房屋权属变动，按照税法的规定依法纳税。

14. 社会力量举办的公益服务机构，在现行税收制度框架内，享受相应税收优惠政策。

15. 企业和个人等社会力量对公益事业进行捐赠的，企业在年度利润总额12%以内的部分，个人在其申报应纳税所得额30%以内的部分准予在所得税前扣除。

四、加强事业单位改革后财务管理，规范财务行为

16. 按照分类推进事业单位改革的要求，根据改革后各类单位的职能性质及其行政和财务隶属关系，经主管部门审核并报同级财政部门批准，做好相关财务经费指标的划转、移交和接收，以及相应的财务处理等工作，并按改革后的单位性质实行分类管理。改革过程中要加强对事业单位的财务控制和监督，确保财政资金管理规范和安全、有效。

17. 已认定为承担行政职能的事业单位，改革后成建制转为行政机构的，在财务清算结束后，经主管部门审核并报同级财政部门批准，相应划转财务经费指标，无偿划转资产及未竣工基本建设项目，并按照国家有关行政单位财务、资产管理、基本建设财务管理规定进行管理。

18. 对改革后仍保留在事业单位序列的事业单位，各级财政部门要切实履行财政管理职能，在继续深化部门预算管理制度改革、国库集中收付制度改革、政府采购制度改革和“收支两条线”改革的基础上，进一步健全事业单位财务管理制度，强化预算约束，规范收支管理，加强财务监督检查。同时，逐步建立和完善预算管理与资产管理相结合，权属清晰、配置科学、使用合理、处置规范、监督公正的事业单位资产管理模式。各事业单位及其主管部门要进一步加强单位内部管理，建立和完善事业单位绩效考评制度，降低事业运行成本。要加强对事业单位经济活动的财务控制和监督，强化负债管理，防范财务风险。

19. 对改革后转为企业的单位，应当按照有关规定进行资产清查、财务审计、资产评估，核实债权债务，界定和核实资产，并由同级财政部门依法核定国家资本金。

20. 从事生产经营活动事业单位转制过程中的税收优惠政策、财务和资产管理具体办法，按照《关于分类推进事业单位改革中从事生产经营活动事业单位转制为企业的若干规定》执行。分类推进事业单位改革中国有资产管理的具体办法，按照《关于分类推进事业单位改革中加强国有资产管理的意见》执行。

关于分类推进事业单位改革中从事生产经营活动事业单位转制为企业的若干规定

为积极稳妥地推进从事生产经营活动事业单位转制为企业，确保事业单位改革顺利进行，根据《中共中央、国务院关于分类推进事业单位改革的指导意见》（中发〔2011〕5号），制定本规定。

一、财务、资产关系变更

1. 从事生产经营活动事业单位转制为企业（以下简称转制单位），应当制定转制方案，并按照规定程序报批后组织实施。

2. 转制单位与原主管部门脱钩的，由财政部门履行财务监管职责，其国有资产管理除国家另有规定外，由履行国有资产出资人职责的机构负责。

3. 转制单位财务隶属关系需要划转的，由划出方的主管部门报同级财政部门审核，并商划入方主管部门和财政部门同意后确定；涉及预算指标划转的，按照有关预算管理程序办理。

二、资产清查、资产评估、产权和工商登记

4. 转制单位的资产清查工作由主管部门或转制单位按照国家有关规定组织实施。其中，执行事业单位财务会计制度的转制单位，按照《行政事业单位资产清查暂行办法》（财办〔2006〕

52号）的有关规定执行；执行企业财务会计制度的转制单位，参照《国有企业清产核资办法》（国资委令第1号）、《国有企业清产核资工作规程》（国资评价〔2003〕73号）等有关规定执行。

5. 转制单位的资产清查工作要在转制方案批准后6个月内完成。资产清查结果报送主管部门和财政部门。

6. 财政部门或主管部门按照有关规定对资产清查结果进行审核批复。其中，对执行事业单位财务会计制度的转制单位，按照《行政事业单位资产核实暂行办法》（财办〔2007〕19号）的有关规定审核批复；对执行企业财务会计制度的转制单位，参照《关于印发国有企业清产核资资金核实工作规定的通知》（国资评价〔2003〕74号）的有关规定审核批复，其中涉及资产损失的，按照《企业资产损失财务处理暂行办法》（财企〔2003〕233号）确认。

7. 完成资产清查后，转制单位要按照企业财务会计制度对各项资产、负债重新分类建账，并由中介机构进行财务审计，由同级财政部门依法核定国家资本金。

8. 转制单位整体或部分改制为有限责任公司或者股份有限公司及进行产权转让等，按照《国有资产评估管理办法》（国务院令第91号）、《国有资产评估管理若干问题的规定》（财政部令第14号）等规定进行资产评估。资产评估结果报财政部门核准或备案。

9. 转制单位要按照有关规定及时办理企业国有资产产权登记和工商登记，并按照有关规定办理核销事业编制、注销事业单位法人等手续。

三、财政、税收政策

10. 转制单位完成转制后，在过渡期内，原有的正常事业费继续拨付，主要用于解决转制前已离退休人员的社会保障问题。原有的正常事业费是指财政部门核定的基本支出经费，不包括项目支出经费。

11. 在转制过渡期内，转制单位原事业编制内职工的住房公积金中由财政负担部分，转制后继续由财政部门拨付；转制前人员经费由财政负担的离退休人员的住房补贴资金尚未解决的，转制时由财政部门一次性拨付解决；转制前人员经费自理的离退休人员以及转制后离退休人员和在职职工住房补贴资金，由转制单位按照所在地市、县级人民政府有关企业住房分配货币化改革政策以及企业财务会计制度的规定，从本单位相应资金渠道列支。

12. 转制前被认定为非营利组织的转制单位，转制过渡期内可继续享受非营利组织的企业所得税优惠政策；转制前享受自用的房产、土地免征房产税、城镇土地使用税优惠政策的转制单位，转制过渡期内可继续享受此项政策；对转制单位在转制中资产评估增值涉及的企业所得税，以及资产划转或转让涉及的增值税、营业税、城建税等给予适当的优惠政策。上述政策，在转制过渡期内，如因税制改革而发生调整变化的，按照调整后的政策执行。

四、社会保障政策

13. 转制单位转制后按照企业办法参加社会保险。转制时在职人员按国家规定计算的连续工龄，视同缴费年限，不再补缴基本养老保险费。

14. 转制前已经离退休人员，原国家规定的离退休费待遇标准不变，转制后这类人员离退休费待遇支付和调整的具体办法，按照原劳动和社会保障部、原国家经济贸易委员会、科学技术部、财政部《关于国家经贸委管理的10个国家局所属科研机构转制后有关养老保险问题的通知》（劳社部发〔2000〕2号）和原劳动和社会保障部、原人事部、财政部、科学技术部、原建设部《关于转制科研机构和工程勘察设计单位转制前离退休人员待遇调整等问题的通知》（劳社部发〔2002〕5号）相关政策执行。

15. 转制前参加工作、转制后退休的人员，基本养老金的计发和调整，按照企业的办法执行。在转制过渡期内，按照企业办法计发的基本养老金，如低于按照原事业单位退休办法计发的退休金，其差额部分采取加发补贴的办法解决，所需费用从基本养老保险基金中支付，具体办法按照劳社部发〔2000〕2号文件的相关政策执行。

16. 离休人员的医疗保障继续执行现行办法，所需资金按照原渠道解决。转制前已退休人员，转制后继续按照规定享受基本医疗保险、补充医疗保险等医疗保障待遇。

17. 转制后具备条件的企业，可以按照有关规定为职工建立企业年金和补充医疗保险。企业年金和补充医疗保险的企业缴费，按照国家有关财务规定列支。

18. 转制单位应当按照劳动合同法的有关规定，自工商注册登记之日起与全部在职职工签订劳动合同。职工在事业单位的工作年限合并计算为转制后企业的工作年限。

五、附则

19. 工程勘察设计单位、科研机构、经营性文化事业单位等转制为企业的，继续执行相应的现行转制政策。

20. 本规定中的转制过渡期一般为5年，自转制单位依法取得《企业法人营业执照》或《公司法人营业执照》之日起计算。

关于分类推进事业单位改革中加强国有资产管理的意见

按照《中共中央、国务院关于分类推进事业单位改革的指导意见》（中发〔2011〕5号）的总体部署和要求，根据《事业单位国有资产管理暂行办法》（财政部令第36号）等有关规定，为加强事业单位改革过程中国有资产管理，维护国有资产的安全完整，促进国有资产的合理配置和有效使用，现提出如下意见：

一、总体要求

1. 事业单位国有资产是国有资产的重要组成部分，是事业单位履行公共服务职能，促进事业发展的重要物质基础。要坚持“权属清晰、分类管理、风险控制、安全完整”的原则，加强事业单位改革中的国有资产管理。权属清晰是前提，要明晰各级各类事业单位国有资产产权关系；分类管理是核心，要按照不同类别事业单位的特点和要求采取不同的管理方式；风险控制是手段，要严格执行有关财政法规制度，切实防止改革中资产流失；安全完整是目的，要保证事业单位国有资产安全运行和有效使用。

2. 财政部门是事业单位国有资产管理的职能部门，要切实履行对事业单位国有资产的管理职责，加强事业单位改革中的国有资产管理。

二、事业单位转为行政机构的国有资产管理

3. 成建制转为行政机构的事业单位，要按照事业单位改革的总体要求，在资产清查等相关基础工作完成后，经主管部门审核并报同级财政部门批准，无偿划转其全部资产。改革后，其资产依照《行政单位财务规则》（财政部令第9号）、《行政单位国有资产管理暂行办法》（财政部令第35号）等有关规定进行管理。

4. 承担部分行政职能的事业单位，在其相关职能、机构与有关部门和单位的职能和机构进行剥离、整合过程中，涉及资产划转的，在资产清查等相关基础工作完成后，由划出、划入双方分别报主管部门审核同意，并由划出单位主管部门报同级财政部门批准后办理资产无偿划转手续。划转后，其资产要区分不同性质，分别按照国家有关行政单位和事业单位国有资产管理的规定进行管理。

三、保留在事业单位序列的事业单位国有资产管理

5. 保留在事业单位序列的事业单位，要按照《事业单位财务规则》（财政部令第8号）、《事业单位国有资产管理暂行办

法》（财政部令第36号）的规定加强国有资产管理，进一步健全财政部门、主管部门和事业单位的国有资产管理体制，完善管理制度，逐步建立资产管理与预算管理相结合的机制。要加强事业单位对外投资、出租出借和自用资产管理，探索建立资产共享共用的机制，规范资产处置行为。实行国有资产报告制度，利用资产管理信息系统对资产实行动态监管。逐步形成权属清晰、配置科学、使用合理、处置规范、运行高效、监督严格的事业单位国有资产管理模式。

6. 中央级事业单位要按照财政部令第36号和财政部《中央级事业单位国有资产管理暂行办法》（财教〔2008〕13号）、《中央级事业单位国有资产使用管理暂行办法》（财教〔2009〕192号）、《中央级事业单位国有资产处置管理暂行办法》（财教〔2008〕495号）等有关规定，做好事业单位改革中国有资产管理工作。

7. 地方事业单位要按照财政部令第36号和同级财政部门的有关规定，切实做好改革中国有资产管理工作。

四、事业单位转为企业过程中的国有资产管理

8. 改革后转为企业的事业单位，其国有资产管理要按照《关于分类推进事业单位改革中从事生产经营活动事业单位转制为企业的若干规定》执行。

五、事业单位所办企业的国有资产管理

9. 事业单位要按照《中华人民共和国企业国有资产法》《企业财务通则》（财政部令第41号）等规定的要求，切实加强对所办企业的监督管理。

10. 转为行政机构的事业单位，其所办企业要通过划转、合并等方式，逐步与原单位脱钩，改革方案经主管部门审核并报同级财政部门批准后实施。脱钩后由履行出资人职责的机构实施监管。

11. 保留在事业单位序列的事业单位，要按照“事企分开”

的原则，与所办企业建立以资本为纽带的产权关系，加强和规范对所办企业的监管，确保国有资产保值增值。所办企业的改制上市、产权转让、资产重组等重大事项，由主管部门审核后报同级财政部门批准实施。

12. 转为企业的事业单位，原则上要与其所办企业进行资源整合，涉及改制上市、产权转让、资产重组等重大事项，由履行出资人职责的机构批准后实施。

六、事业单位改革中的资产处置

13. 建立国有资产公开处置机制，坚持公开、公平、公正原则，规范操作，公开交易。改革过程中涉及有偿转让的资产，需经同级财政部门或主管部门批准并按国家规定的程序进行资产评估后，通过拍卖等规范的产权交易方式公开处置。

14. 中央级事业单位资产处置按照财教〔2008〕495 号的规定办理，地方事业单位资产处置按照财政部令第 36 号和同级财政部门有关规定办理。

15. 事业单位国有资产处置收入属于国家所有，上缴同级财政，实行“收支两条线”管理。此项收入优先用于事业单位新增资产配置，实现资产配置管理和处置管理的有效衔接。

七、工作步骤

16. 执行事业单位财务会计制度的中央级事业单位，要按照财政部《行政事业单位资产清查暂行办法》（财办〔2006〕52 号）和《中央级事业单位国有资产管理暂行办法》（财教〔2008〕13 号）的规定提出资产清查立项申请，经主管部门审核同意后实施，主管部门应将相关材料报财政部备案。执行事业单位财务会计制度的地方事业单位，其资产清查立项申请按照地方财政部门有关规定执行。

17. 执行企业财务会计制度的事业单位，参照《国有企业清产核资办法》（国资委令第 1 号）、《国有企业清产核资工作规程》（国资评价〔2003〕73 号）的规定，拟订清产核资工作方案，提出立项申请，由主管部门审核后报同级财政部门审批。

18. 资产清查（清产核资）一般应以改革方案获得批准的前一个会计月末作为清查工作的基准日。资产清查（清产核资）范围以经批准的改革方案确定的范围为准。

19. 执行事业单位财务会计制度的事业单位，要按照财政部《行政事业单位资产核实暂行办法》（财办〔2007〕19号）的规定开展资产核实工作，资产核实结果由主管部门或同级财政部门按照规定权限予以批复。

20. 执行企业财务会计制度的事业单位，参照《关于印发国有企业清产核资资金核实工作规定的通知》（国资评价〔2003〕74号）的规定开展资金核实工作。涉及资产损失的确认，按照《企业资产损失财务处理暂行办法》（财企〔2003〕233号）执行，清产核资结果由主管部门审核后报同级财政部门予以批复。

21. 改革后保留在事业单位序列的事业单位，涉及单位名称、法定代表人等事项变动的，要按照《事业单位登记管理暂行条例》和国家财政财务管理等有关规定，到县级以上机构编制部门办理相关变更登记手续后，再到财政等部门办理财务资产等相关变更手续。涉及事业单位注销的，相应注销事业单位法人，并做好全部资产的移交、划转工作。

八、工作要求

22. 明确职责，强化监管。财政部门要切实履行对各级各类事业单位国有资产的管理职责，建立健全事业单位国有资产管理规章制度，加强对事业单位改革中国有资产管理工作的指导、协调和监督工作。主管部门要根据事业单位改革的总体要求，精心组织，加强领导，确保事业单位改革顺利进行。

23. 严格履行审批程序。各地区、各部门对改革中涉及事业单位国有资产的有关审批事项，要按照国家有关法律法规、地方相关规定以及本意见的规定要求，严格履行审批程序。

24. 规范资产清查（清产核资）行为。改革的事业单位应当成立以主管领导为组长的资产清查（清产核资）工作领导小组，抽调财务、审计等相关人员，组成专门工作机构，结合本单位实际情况，制定具体工作方案和实施细则，并做好相关业务培训等基础工作，确保资产清查（清产核资）工作合规进行。

25. 加强特殊资产管理。在改革和资产整合中，要按照国家有关规定做好涉密资产的保密工作，防止失密、泄密。要切实加强对专利权、商标权、著作权、非专利技术、商誉等无形资产的管理，防止国有资产流失。

26. 加强监督检查。财政部门、主管部门和事业单位要建立健全国有资产监督管理体系，防止改革过程中以私分、低价变卖、虚报损失等手段挤占、侵吞、转移国有资产。违反规定的，按照《财政违法行为处罚处分条例》等规定追究责任。

关于深化事业单位工作人员收入分配制度改革的意见

根据《中共中央、国务院关于分类推进事业单位改革的指导意见》（中发〔2011〕5号）的总体要求和部署，现就深化事业单位工作人员收入分配制度改革提出如下意见：

一、明确指导思想和基本原则

（一）指导思想

适应分类推进事业单位改革的总体要求，健全符合事业单位特点、体现岗位绩效和分级分类管理的工作人员收入分配制度，逐步建立起机制健全、关系合理、调控有力、秩序规范的管理运行体系，促进事业单位发展和体制机制创新，逐步实现事业单位工作人员收入分配的科学化和规范化。

（二）基本原则

坚持按劳分配与按生产要素分配相结合，探索事业单位知识、技术、管理等生产要素参与分配的有效途径，使工作人员收入与岗位职责、工作业绩、实际贡献紧密联系，鼓励人才创新创造；坚持改革工作人员收入分配制度与规范收入分配秩序相结合，严肃分配纪律，逐步建立公平公正、合理有序的收入分配格局；进一步明确地方和部门的工资管理职责，对不同类型的事业单位实行不同的工资管理办法，实行分级分类管理，促进形成不同地区、不同类型事业单位之间合理的工资分配关系；着眼社会收入分配全局，与深化事业单位改革进程相适应，统筹兼顾，妥善处理与相关群体的利益关系，稳慎推进改革。

二、结合清理规范事业单位津贴补贴实施绩效工资

（一）认真做好清理核查事业单位津贴补贴工作。全面清理核查国家统一规定的津贴补贴项目外自行发放的津贴补贴和奖金，摸清收入来源、支出去向、账户情况和实际发放水平，坚决取消不合法、不合规的项目。对清理核查后的津贴补贴进行适当归并，作为规范后的津贴补贴纳入绩效工资。

（二）合理确定绩效工资总量和水平。各地综合考虑经济发展、财力状况、物价消费水平、城镇单位在岗职工年平均工资水平、公务员规范后的津贴补贴水平等因素，合理确定本地绩效工资总体水平。根据合理调控事业单位收入水平差距的需要，确定当地事业单位本年度绩效工资水平控制线，各事业单位绩效工资水平原则上不得高于控制线。各级人力资源社会保障、财政部门综合考虑相关因素，核定本级政府直属及各部门所属事业单位的绩效工资总量，对不同类型事业单位探索实行不同的绩效工资总量管理办法。事业单位主管部门核定所属各事业单位的绩效工资总量。事业单位发放绩效工资不得突破核定的总量。

（三）加强事业单位绩效工资分配的指导。事业单位绩效工资分为基础性绩效工资和奖励性绩效工资两部分。基础性绩效工资主要体现地区经济发展水平、物价水平、岗位职责等因素，在绩效工资中所占比重原则上可相对大一些，一般按月发放。不同类型事业单位基础性绩效工资所占比重，可根据实际情况有所区别。奖励性绩效工资主要体现工作量和实际贡献等因素，根据绩效考核结果发放，采取灵活多样的分配方式和办法。绩效工资分配要向关键岗位、高层次人才、业务骨干和作出突出成绩的工作人员倾斜。事业单位制定绩效工资分配办法要充分发扬民主，广泛征求职工意见，由单位领导班子集体研究后，报主管部门批准，并在本单位公开。事业单位主要领导的绩效工资由主管部门确定，与所在单位工作人员的绩效工资水平保持合理关系。

（四）完善事业单位绩效考核。行业主管部门要结合本行业特点制定绩效考核指导意见，加强对事业单位内部考核的指导，引导事业单位不断提高社会公益服务水平。各事业单位要完善内部考核制度，把绩效考核与分配更好地结合起来，发挥绩效工资分配的激励导向作用。

（五）统筹考虑事业单位离退休人员待遇。在实施绩效工资的同时，对事业单位离退休人员发放补贴。其中：离休人员的补贴水平按中央纪委、中央组织部、监察部、财政部、人力资源社会保障部、审计署《关于解决离休人员待遇有关问题的通知》（中纪发〔2008〕40 号）精神执行；退休人员的补贴标准由县级以上人民政府人力资源社会保障、财政部门确定。绩效工资不作为计发离退休费的基数。

（六）加强事业单位实施绩效工资经费保障。事业单位实施绩效工资所需经费，按单位类型不同，分别由财政和事业单位负担。其中：由财政负担的经费，按现行财政体制和单位隶属关系，分别由中央财政和地方财政负担；由事业单位负担的经费，其经费来源渠道和支出办法应符合国家有关规定。

（七）认真做好事业单位实施绩效工资工作。按照国务院的统一部署，事业单位绩效工资分三步实施：第一步在义务教育学校实施，第二步在公共卫生与基层医疗卫生事业单位实施，第三步在其他事业单位实施。要认真总结义务教育学校和公共卫生与基层医疗卫生事业单位实施绩效工资的经验，按照分类指导、分步实施、因地制宜稳慎推进的原则，做好其他事业单位绩效工资的实施工作。要根据分类推进事业单位改革的要求，探索不同类型事业单位实行不同的绩效工资管理办法。各地区、各部门要根据实际情况，适时起步，分阶段推进，逐步到位，进度上不搞“一刀切”。要在国家确定的政策框架内，结合实际制定具体实施意见，探索行之有效的办法。要统筹兼顾，妥善处理实施过程中的问题，确保平稳顺利实施。规范公务员津贴补贴，要统筹考虑事业单位工作人员的工资待遇，与实施绩效工资工作结合起来。

三、完善工资收入分配政策

（一）健全事业单位工资水平正常调整机制。国家根据经济发展、财政状况、企业相当人员工资水平和物价变化等因素，相应调整事业单位工作人员的工资水平，实现工资水平调整的制度化、规范化。进一步加强统筹，使机关事业单位工资水平保持合理关系。优化工资收入结构，逐步提高基本工资所占比重。

（二）加强事业单位工作人员收入分配的宏观调控。完善工资分级管理体制，合理划分中央、地方和部门的管理权限，逐步形成统分结合、责权清晰、运转协调、监督有力的宏观调控机制。合理调控地区间、行业间事业单位的收入差距，逐步将差距控制在合理范围内。注重综合平衡，努力形成并保持事业单位工作人员与其他公职人员和其他社会群体的合理收入分配关系。

（三）规范特殊岗位津贴补贴管理。国家统一制定特殊岗位津贴补贴政策和规范管理办法，明确实行特殊岗位津贴补贴的基本条件，健全特殊岗位津贴补贴动态调整机制，规范审批程序。加强对特殊岗位津贴补贴执行情况的管理和监督，除国务院以及人力资源社会保障部、财政部外，任何地区、部门和单位不得自行建立特殊岗位津贴补贴项目、扩大实施范围和提高标准。

（四）完善高层次人才分配激励政策。中国科学院院士、中国工程院院士及为国家作出重大贡献的杰出人才，经国家批准可执行专业技术一级岗位工资标准。继续实行院士津贴和政府特殊津贴。对基础研究、战略高技术研究和重要公益领域的事业单位高层次人才，逐步建立特殊津贴。研究建立重要人才国家投保制度。对部分紧缺或者急需引进的高层次人才，按国家有关规定经批准可实行协议工资、项目工资等灵活多样的分配办法。

（五）制定事业单位主要领导收入分配激励约束政策。根据事业单位改革进程适时开展试点，在有条件的事业单位探索制定主要领导收入分配激励约束政策。结合考核合理确定收入水平，使事业单位主要领导的收入与单位的社会经济效益及长远发展相联系，与本单位职工的平均收入水平保持合理关系。

（六）进一步加强工资分配管理。制定事业单位工作人员兼职兼薪管理办法。完善事业单位收入中可用于工作人员收入分配的资金管理政策，加强工资收入支付管理。加强工资政策执行情况的监督检查，严肃收入分配纪律，加大对违反政策行为的查处力度。

事业单位职业年金试行办法

第一条 为建立多层次养老保险体系，提高事业单位工作人员退休后的生活水平，增强事业单位的吸引力，促进人才的合理流动，根据分类推进事业单位改革的总体部署和要求，特制定本办法。

第二条 本办法所称职业年金，是指事业单位及其工作人员在依法参加事业单位工作人员基本养老保险的基础上，建立的补充养老保险制度。

第三条 本办法适用于分类推进事业单位改革后从事公益服务的事业单位及其编制内工作人员。国家另有规定的，从其规定。

第四条 建立职业年金的事业单位应符合下列条件：

（一）依法参加事业单位基本养老保险并履行缴费义务；

（二）具有相应的经济负担能力；

（三）已建立民主协商机制。

第五条 建立职业年金，应当由单位与工会或职工代表通过民主协商确定，并制定职业年金方案。职业年金方案应当提交职工代表大会或职工大会讨论通过。享受经常性财政补助的事业单位职业年金方案，在提交职工代表大会或职工大会讨论前，须报经同级财政部门审核同意。

第六条 职业年金方案应当主要包括以下内容：

（一）参加人员范围；

（二）资金筹集与分配方式；

（三）职业年金个人账户管理方式；

（四）权益归属方式；

（五）基金管理方式；

（六）计发办法和支付方式；

（七）支付职业年金待遇的条件；

（八）中止和恢复缴费的条件与程序；

（九）修改和终止职业年金方案的条件与程序；

（十）组织管理和监督方式；

（十一）双方约定的其他事项。

第七条 地方所属事业单位职业年金方案应当报送所在地区县级以上人民政府人力资源社会保障行政部门备案。中央所属事业单位职业年金方案，应当报送人力资源社会保障部备案。人力资源社会保障行政部门自收到职业年金方案文本之日起 15 个工作日内应向事业单位出具备案的复函，未复函的视同无异议，职业年金方案即行生效。

第八条 职业年金所需费用由单位和工作人员个人共同负担。单位缴纳职业年金费用的比例最高不超过本单位上年度缴费工资基数的8%。职业年金单位缴费的列支渠道按照国家有关规定执行。个人缴费比例不超过上年度本人缴费工资基数的4%。

职业年金单位缴费工资基数为单位工作人员岗位工资和薪级工资之和，个人缴费工资基数为工作人员本人岗位工资和薪级工资之和。

第九条 职业年金基金由下列各项组成：

（一）单位缴费；

（二）个人缴费；

（三）职业年金基金投资运营收益。

第十条 职业年金基金实行完全积累，采用个人账户方式管理。

职业年金基金投资管理应当遵循谨慎、分散风险的原则，并按照国家有关规定实行专业化管理。职业年金基金的投资管理办法另行制定。

第十一条 单位缴费应当按照职业年金方案规定比例计算的数额计入职业年金个人账户，当期计入的最高额一般不得超过本单位工作人员平均分配额的3倍；工作人员个人缴费额计入本人职业年金个人账户。

职业年金基金投资运营收益，按净收益额计入职业年金个人账户。

第十二条 工作人员变动工作单位时，职业年金个人账户资金可以随同转移。工作人员升学、参军、失业期间或新就业单位没有实行职业年金或企业年金制度的，其职业年金个人账户可由原管理机构继续管理运营。新就业单位已建立企业年金制度的，原职业年金个人账户余额转入企业年金个人账户。

第十三条 领取职业年金应符合下列条件之一：

（一）工作人员在达到国家规定的退休条件并依法办理退休手续后，可以从本人职业年金个人账户中一次或分期领取职业年金；

（二）出境定居人员的职业年金个人账户资金，可根据本人要求一次性支付给本人；

（三）工作人员或退休人员死亡后，其职业年金个人账户余额由其指定的受益人或法定继承人一次性领取。

不符合上述条件之一的，不得从个人账户中提前提取资金。

第十四条 职业年金的税收政策由国务院财政税务主管部门另行制定。

第十五条 建立职业年金的事业单位，应当确定职业年金受托人（以下简称受托人），受托管理职业年金基金。受托人原则上应是符合国家规定的法人受托机构。规模较大的事业单位也可以由单位成立职业年金理事会作为受托人。

第十六条 成立职业年金理事会作为受托人的单位，职业年金理事会可由单位和工会会员代表组成，也可以聘请单位以外的专业人员参加，其中本单位工会会员代表应不少于三分之一。

职业年金理事会除管理本单位的职业年金事务之外，不得从事其他任何形式的经营性活动。

第十七条 确定受托人应当签订书面合同。合同一方为事业单位，另一方为受托人。

第十八条 受托人应当委托具有资格的职业年金账户管理机构作为账户管理人，负责管理职业年金账户；应当委托具有资格的投资运营机构作为投资管理人，负责职业年金基金的投资运营；应当选择具有资格的商业银行作为托管人，负责托管职业年金基金。

受托人与账户管理人、投资管理人和托管人确定委托关系，应当签订书面合同。

第十九条 职业年金基金必须与受托人、账户管理人、投资管理人和托管人的自有资产或其他资产分开管理，不得挪作其他用途。

第二十条 县级以上人民政府人力资源社会保障行政部门负

责对本办法的执行情况进行监督检查。对违反本办法规定的，由人力资源社会保障行政部门予以警告，责令改正。

第二十一条 因履行职业年金合同发生争议的，当事人可以依法提请仲裁或者诉讼；因订立或者履行职业年金方案发生争议的，按国家有关集体合同争议处理规定执行。

第二十二条 省级人民政府可结合本办法规定，制定具体实施办法，并报人力资源社会保障部、财政部备案。

第二十三条 本办法自印发之日起实施。

事业单位公开招聘人员暂行规定

（2005年11月16日　人事部令第6号）

第一章　总　则

第一条　为实现事业单位人事管理的科学化、制度化和规范化，规范事业单位招聘行为，提高人员素质，制定本规定。

第二条　事业单位招聘专业技术人员、管理人员和工勤人员，适用本规定。参照公务员制度进行管理和转为企业的事业单位除外。

事业单位新进人员除国家政策性安置、按干部人事管理权限由上级任命及涉密岗位等确需使用其他方法选拔任用人员外，都要实行公开招聘。

第三条　公开招聘要坚持德才兼备的用人标准，贯彻公开、平等、竞争、择优的原则。

第四条　公开招聘要坚持政府宏观管理与落实单位用人自主权相结合，统一规范、分类指导、分级管理。

第五条　公开招聘由用人单位根据招聘岗位的任职条件及要求，采取考试、考核的方法进行。

第六条　政府人事行政部门是政府所属事业单位进行公开招聘工作的主管机关。政府人事行政部门与事业单位的上级主管部门负责对事业单位公开招聘工作进行指导、监督和管理。

第七条　事业单位可以成立由本单位人事部门、纪检监察部门、职工代表及有关专家组成的招聘工作组织，负责招聘工作的具体实施。

第二章　招聘范围、条件及程序

第八条　事业单位招聘人员应当面向社会，凡符合条件的各类人员均可报名应聘。

第九条　应聘人员必须具备下列条件：

（一）具有中华人民共和国国籍；

（二）遵守宪法和法律；

（三）具有良好的品行；

（四）岗位所需的专业或技能条件；

（五）适应岗位要求的身体条件；

（六）岗位所需要的其他条件。

第十条　事业单位公开招聘人员，不得设置歧视性条件要求。

第十一条　公开招聘应按下列程序进行：

（一）制定招聘计划；

（二）发布招聘信息；

（三）受理应聘人员的申请，对资格条件进行审查；

（四）考试、考核；

（五）身体检查；

（六）根据考试、考核结果，确定拟聘人员；

（七）公示招聘结果；

（八）签订聘用合同，办理聘用手续。

第三章　招聘计划、信息发布与资格审查

第十二条　招聘计划由用人单位负责编制，主要包括以下内容：招聘的岗位及条件、招聘的时间、招聘人员的数量、采用的招聘方式等。

第十三条　国务院直属事业单位的年度招聘计划须报人事部备案；国务院各部委直属事业单位的招聘计划须报上级主管部门

核准并报人事部备案。

各省、自治区、直辖市人民政府直属事业单位的招聘计划须报省（区、市）政府人事行政部门备案；各省、自治区、直辖市政府部门直属事业单位的招聘计划须报上级主管部门核准并报同级政府人事行政部门备案。

地（市）、县（市）人民政府所属事业单位的招聘计划须报地区或设区的市政府人事行政部门核准。

第十四条 事业单位招聘人员应当公开发布招聘信息，招聘信息应当载明用人单位情况简介、招聘的岗位、招聘人员数量及待遇；应聘人员条件；招聘办法；考试、考核的时间（时限）、内容、范围；报名方法等需要说明的事项。

第十五条 用人单位或组织招聘的部门应对应聘人员的资格条件进行审查，确定符合条件的人员。

第四章 考试与考核

第十六条 考试内容应为招聘岗位所必需的专业知识、业务能力和工作技能。

第十七条 考试科目与方式根据行业、专业及岗位特点确定。

第十八条 考试可采取笔试、面试等多种方式。对于应聘工勤岗位的人员，可根据需要重点进行实际操作能力测试。

第十九条 考试由事业单位自行组织，也可以由政府人事行政部门、事业单位上级主管部门统一组织。

政府人事行政部门所属考试服务机构和人才服务机构可受事业单位、政府人事行政部门或事业单位上级主管部门委托，为事业单位公开招聘人员提供服务。

第二十条 急需引进的高层次、短缺专业人才，具有高级专业技术职务或博士学位的人员，可以采取直接考核的方式招聘。

第二十一条 对通过考试的应聘人员，用人单位应组织对其思想政治表现、道德品质、业务能力、工作实绩等情况进行考核，并对应聘人员资格条件进行复查。

第五章　聘　用

第二十二条　经用人单位负责人员集体研究，按照考试和考核结果择优确定拟聘人员。

第二十三条　对拟聘人员应在适当范围进行公示，公示期一般为七至十五日。

第二十四条　用人单位与拟聘人员签订聘用合同前，按照干部人事管理权限的规定报批或备案。

第二十五条　用人单位法定代表人或者其委托人与受聘人员签订聘用合同，确立人事关系。

第二十六条　事业单位公开招聘的人员按规定实行试用期制度。试用期包括在聘用合同期限内。

试用期满合格的，予以正式聘用；不合格的，取消聘用。

第六章　纪律与监督

第二十七条　事业单位公开招聘人员实行回避制度。

凡与聘用单位负责人员有夫妻关系、直系血亲关系、三代以内旁系血亲或者近姻亲关系的应聘人员，不得应聘该单位负责人员的秘书或者人事、财务、纪律检查岗位，以及有直接上下级领导关系的岗位。聘用单位负责人员和招聘工作人员在办理人员聘用事项时，涉及与本人有上述亲属关系或者其他可能影响招聘公正的，也应当回避。

第二十八条　招聘工作要做到信息公开、过程公开、结果公开，接受社会及有关部门的监督。

第二十九条　政府人事行政部门和事业单位的上级主管部门要认真履行监管职责，对事业单位招聘过程中违反干部人事纪律及本规定的行为要予以制止和纠正，保证招聘工作的公开、公平、公正。

第三十条 严格公开招聘纪律。对有下列违反本规定情形的，必须严肃处理。构成犯罪的，依法追究刑事责任。

（一）伪造、涂改证件、证明，或以其他不正当手段获取应聘资格的；

（二）应聘人员在考试考核过程中作弊的；

（三）招聘工作人员指使、纵容他人作弊，或在考试考核过程中参与作弊的；

（四）招聘工作人员故意泄露考试题目的；

（五）事业单位负责人员违反规定私自聘用人员的；

（六）政府人事行政部门、事业单位主管部门工作人员违反规定，影响招聘公平、公正进行的；

（七）违反本规定的其他情形的。

第三十一条 对违反公开招聘纪律的应聘人员，视情节轻重取消考试或聘用资格；对违反本规定招聘的受聘人员，一经查实，应当解除聘用合同，予以清退。

第三十二条 对违反公开招聘纪律的工作人员，视情节轻重调离招聘工作岗位或给予处分；对违反公开招聘纪律的其他相关人员，按照有关规定追究责任。

第七章 附 则

第三十三条 事业单位需要招聘外国国籍人员的，须报省级以上政府人事行政部门核准，并按照国家有关规定进行招聘。

第三十四条 省、自治区、直辖市政府人事行政部门可以根据本规定，制定本地区的公开招聘办法。

第三十五条 本规定自 2006 年 1 月 1 日起执行。

事业单位工作人员处分暂行规定

（2012年8月22日　人力资源和社会保障部 监察部令第18号）

第一章　总　则

第一条　为严肃事业单位纪律，规范事业单位工作人员行为，保证事业单位及其工作人员依法履行职责，制定本规定。

第二条　事业单位工作人员违法违纪，应当承担纪律责任的，依照本规定给予处分。

对法律、法规授权的具有公共事务管理职能的事业单位中经批准参照《中华人民共和国公务员法》管理的工作人员给予处分，参照《行政机关公务员处分条例》的有关规定办理。

对行政机关任命的事业单位工作人员，法律、法规授权的具有公共事务管理职能的事业单位中不参照《中华人民共和国公务员法》管理的工作人员，国家行政机关依法委托从事公共事务管理活动的事业单位工作人员给予处分，适用本规定；但监察机关对上述人员违法违纪行为进行调查处理的程序和作出处分决定的权限，以及作为监察对象的事业单位工作人员对处分决定不服向监察机关提出申诉的，依照《中华人民共和国行政监察法》及其实施条例办理。

第三条　给予事业单位工作人员处分，应当坚持公正、公平和教育与惩处相结合的原则。

给予事业单位工作人员处分，应当与其违法违纪行为的性质、情节、危害程度相适应。

给予事业单位工作人员处分，应当事实清楚、证据确凿、定性准确、处理恰当、程序合法、手续完备。

第四条 事业单位工作人员涉嫌犯罪的，应当移送司法机关依法追究刑事责任。

第二章 处分的种类和适用

第五条 处分的种类为：

（一）警告；

（二）记过；

（三）降低岗位等级或者撤职；

（四）开除。

其中，撤职处分适用于行政机关任命的事业单位工作人员。

第六条 受处分的期间为：

（一）警告，6个月；

（二）记过，12个月；

（三）降低岗位等级或者撤职，24个月。

第七条 事业单位工作人员受到警告处分的，在受处分期间，不得聘用到高于现聘岗位等级的岗位；在作出处分决定的当年，年度考核不能确定为优秀等次。

事业单位工作人员受到记过处分的，在受处分期间，不得聘用到高于现聘岗位等级的岗位，年度考核不得确定为合格及以上等次。

事业单位工作人员受到降低岗位等级处分的，自处分决定生效之日起降低一个以上岗位等级聘用，按照事业单位收入分配有关规定确定其工资待遇；在受处分期间，不得聘用到高于受处分后所聘岗位等级的岗位，年度考核不得确定为基本合格及以上等次。

行政机关任命的事业单位工作人员在受处分期间的任命、考核、工资待遇按照干部人事管理权限，参照本条第一款、第二款、第三款规定执行。

事业单位工作人员受到开除处分的，自处分决定生效之日起，终止其与事业单位的人事关系。

第八条 事业单位工作人员受到记过以上处分的，在受处分期间不得参加本专业（技术、技能）领域专业技术职务任职资格或者工勤技能人员技术等级考试（评审）。应当取消专业技术职务任职资格或者职业资格的，按照有关规定办理。

第九条 事业单位工作人员同时有两种以上需要给予处分的行为的，应当分别确定其处分。应当给予的处分种类不同的，执行其中最重的处分；应当给予开除以外多个相同种类处分的，执行该处分，但处分期应当按照一个处分期以上、两个处分期之和以下确定。

事业单位工作人员在受处分期间受到新的处分的，其处分期为原处分期尚未执行的期限与新处分期限之和，但是最长不得超过48个月。

第十条 事业单位工作人员两人以上共同违法违纪，需要给予处分的，按照各自应当承担的责任，分别给予相应的处分。

第十一条 有下列情形之一的，应当从重处分：

（一）在两人以上的共同违法违纪行为中起主要作用的；

（二）隐匿、伪造、销毁证据的；

（三）串供或者阻止他人揭发检举、提供证据材料的；

（四）包庇同案人员的；

（五）法律、法规、规章规定的其他从重情节。

第十二条 有下列情形之一的，应当从轻处分：

（一）主动交代违法违纪行为的；

（二）主动采取措施，有效避免或者挽回损失的；

（三）检举他人重大违法违纪行为，情况属实的。

第十三条 事业单位工作人员主动交代违法违纪行为，并主动采取措施有效避免或者挽回损失的，应当减轻处分或者免予处分。

事业单位工作人员违法违纪行为情节轻微，经过批评教育后改正的，可以免予处分。

第十四条 事业单位工作人员有本规定第十一条、第十二条规定情形之一的，应当在本规定第三章规定的处分幅度以内从重或者从轻给予处分。

事业单位工作人员有本规定第十三条第一款规定情形的，应当在本规定第三章规定的处分幅度以外，减轻一个处分的档次给予处分。应当给予警告处分，又有减轻处分的情形的，免予处分。

第十五条 事业单位有违法违纪行为，应当追究纪律责任的，依法对负有责任的领导人员和直接责任人员给予处分。

第三章 违法违纪行为及其适用的处分

第十六条 有下列行为之一的，给予记过处分；情节较重的，给予降低岗位等级或者撤职处分；情节严重的，给予开除处分：

（一）散布损害国家声誉的言论，组织或者参加旨在损害国家利益的集会、游行、示威等活动的；

（二）组织或者参加非法组织的；

（三）接受境外资助从事损害国家利益或者危害国家安全活动的；

（四）接受损害国家荣誉和利益的境外邀请、奖励，经批评教育拒不改正的；

（五）违反国家民族宗教法规和政策，造成不良后果的；

（六）非法出境、未经批准获取境外永久居留资格或者取得外国国籍的；

（七）携带含有依法禁止内容的书刊、音像制品、电子读物进入国（境）内的；

（八）其他违反政治纪律的行为。

有前款第（一）项至第（三）项规定的行为，但属于不明真相被裹挟参加、经批评教育后确有悔改表现的，可以减轻或者免予处分。

第十七条 有下列行为之一的，给予警告或者记过处分；情节较重的，给予降低岗位等级或者撤职处分；情节严重的，给予开除处分：

（一）在执行国家重要任务、应对公共突发事件中，不服从指挥、调遣或者消极对抗的；

（二）破坏正常工作秩序，给国家或者公共利益造成损失的；

（三）违章指挥、违规操作，致使人民生命财产遭受损失的；

（四）发生重大事故、灾害、事件，擅离职守或者不按规定报告、不采取措施处置或者处置不力的；

（五）在项目评估评审、产品认证、设备检测检验等工作中徇私舞弊，或者违反规定造成不良影响的；

（六）泄露国家秘密的；

（七）泄露因工作掌握的内幕信息，造成不良后果的；

（八）采取不正当手段为本人或者他人谋取岗位，或者在事业单位公开招聘等人事管理工作中有其他违反组织人事纪律行为的；

（九）其他违反工作纪律失职渎职的行为。

有前款第（六）项规定行为的，给予记过以上处分。

第十八条 有下列行为之一的，给予警告或者记过处分；情节较重的，给予降低岗位等级或者撤职处分；情节严重的，给予开除处分：

（一）贪污、索贿、受贿、行贿、介绍贿赂、挪用公款的；

（二）利用工作之便为本人或者他人谋取不正当利益的；

（三）在公务活动或者工作中接受礼金、各种有价证券、支付凭证的；

（四）利用知悉或者掌握的内幕信息谋取利益的；

（五）用公款旅游或者变相用公款旅游的；

（六）违反国家规定，从事、参与营利性活动或者兼任职务领取报酬的；

（七）其他违反廉洁从业纪律的行为。

有前款第（一）项规定行为的，给予记过以上处分。

第十九条 有下列行为之一的，给予警告或者记过处分；情节较重的，给予降低岗位等级或者撤职处分；情节严重的，给予开除处分：

（一）违反国家财政收入上缴有关规定的；

（二）违反规定使用、骗取财政资金或者社会保险基金的；

（三）擅自设定收费项目或者擅自改变收费项目的范围、标准和对象的；

（四）挥霍、浪费国家资财或者造成国有资产流失的；

（五）违反国有资产管理规定，擅自占有、使用、处置国有资产的；

（六）在招标投标和物资采购工作中违反有关规定，造成不良影响或者损失的；

（七）其他违反财经纪律的行为。

第二十条 有下列行为之一的，给予警告或者记过处分；情节较重的，给予降低岗位等级或者撤职处分；情节严重的，给予开除处分：

（一）利用专业技术或者技能实施违法违纪行为的；

（二）有抄袭、剽窃、侵吞他人学术成果，伪造、篡改数据文献，或者捏造事实等学术不端行为的；

（三）利用职业身份进行利诱、威胁或者误导，损害他人合法权益的；

（四）利用权威、地位或者掌控的资源，压制不同观点，限制学术自由，造成重大损失或者不良影响的；

（五）在申报岗位、项目、荣誉等过程中弄虚作假的；

（六）工作态度恶劣，造成不良社会影响的；

（七）其他严重违反职业道德的行为。

有前款第（一）项规定行为的，给予记过以上处分。

第二十一条 有下列行为之一的，给予警告或者记过处分；情节较重的，给予降低岗位等级或者撤职处分；情节严重的，给予开除处分：

（一）制造、传播违法违禁物品及信息的；

（二）组织、参与卖淫、嫖娼等色情活动的；

（三）吸食毒品或者组织、参与赌博活动的；

（四）违反规定超计划生育的；

（五）包养情人的；

（六）有虐待、遗弃家庭成员，或者拒不承担赡养、抚养、扶养义务等的；

（七）其他严重违反公共秩序、社会公德的行为。

有前款第（二）项、第（三）项、第（四）项、第（五）项规定行为的，给予降低岗位等级或者撤职以上处分。

第二十二条 事业单位工作人员被依法判处刑罚的，给予降低岗位等级或者撤职以上处分。其中，被依法判处有期徒刑以上刑罚的，给予开除处分。

行政机关任命的事业单位工作人员，被依法判处刑罚的，给予开除处分。

第四章 处分的权限和程序

第二十三条 对事业单位工作人员的处分，按照以下权限决定：

（一）警告、记过、降低岗位等级或者撤职处分，按照干部人事管理权限，由事业单位或者事业单位主管部门决定。其中，由事业单位决定的，应当报事业单位主管部门备案。

（二）开除处分由事业单位主管部门决定，并报同级事业单位人事综合管理部门备案。

对中央和地方直属事业单位工作人员的处分，按照干部人事管理权限，由本单位或者有关部门决定；其中，由本单位作出开除处分决定的，报同级事业单位人事综合管理部门备案。

第二十四条 对事业单位工作人员的处分，按照以下程序办理：

（一）对事业单位工作人员违法违纪行为初步调查后，需要进一步查证的，应当按照干部人事管理权限，经事业单位负责人批准或者有关部门同意后立案；

（二）对被调查的事业单位工作人员的违法违纪行为作进一步调查，收集、查证有关证据材料，并形成书面调查报告；

（三）将调查认定的事实及拟给予处分的依据告知被调查的事业单位工作人员，听取其陈述和申辩，并对其所提出的事实、理由和证据进行复核，记录在案。被调查的事业单位工作人员提出的事实、理由和证据成立的，应予采信；

（四）按照处分决定权限，作出对该事业单位工作人员给予处分、免予处分或者撤销案件的决定；

（五）处分决定单位印发处分决定；

（六）将处分决定以书面形式通知受处分事业单位工作人员本人和有关单位，并在一定范围内宣布；

（七）将处分决定存入受处分事业单位工作人员的档案。

处分决定自作出之日起生效。

第二十五条 事业单位工作人员涉嫌违法违纪，已经被立案调查，不宜继续履行职责的，可以按照干部人事管理权限，由事业单位或者有关部门暂停其职责。

被调查的事业单位工作人员在违法违纪案件立案调查期间，不得解除聘用合同、出国（境）或者办理退休手续。

第二十六条 对事业单位工作人员违法违纪案件进行调查，

应当由两名以上办案人员进行；接受调查的单位和个人应当如实提供情况。

以暴力、威胁、引诱、欺骗等非法方式收集的证据不得作为定案的根据。

第二十七条 参与事业单位工作人员违法违纪案件调查、处理的人员有下列情形之一的，应当提出回避申请；被调查的事业单位工作人员以及与案件有利害关系的公民、法人或者其他组织有权要求其回避：

（一）与被调查的事业单位工作人员有夫妻关系、直系血亲、三代以内旁系血亲关系或者近姻亲关系的；

（二）与被调查的案件有利害关系的；

（三）与被调查的事业单位工作人员有其他关系，可能影响案件公正处理的。

第二十八条 处分决定单位负责人的回避，按照干部人事管理权限决定；其他参与违法违纪案件调查、处理的人员的回避，由处分决定单位负责人决定。

处分决定单位发现参与违法违纪案件调查、处理的人员有应当回避情形的，可以直接决定该人员回避。

第二十九条 给予事业单位工作人员处分，应当自批准立案之日起 6 个月内作出决定；案情复杂或者遇有其他特殊情形的可以延长，但是办案期限最长不得超过 12 个月。

第三十条 处分决定应当包括下列内容：

（一）受处分事业单位工作人员的姓名、工作单位、原所聘岗位（所任职务）名称及等级等基本情况；

（二）经查证的违法违纪事实；

（三）处分的种类、受处分的期间和依据；

（四）不服处分决定的申诉途径和期限；

（五）处分决定单位的名称、印章和作出决定的日期。

第三十一条 事业单位工作人员受到开除处分后，事业单位应当及时办理档案和社会保险关系转移手续，具体办法按照有关规定执行。

第五章　处分的解除

第三十二条　事业单位工作人员受开除以外的处分，在受处分期间有悔改表现，并且没有再出现违法违纪情形的，处分期满，经原处分决定单位批准后解除处分。

事业单位工作人员在受处分期间终止或解除聘用合同的，处分期满后，自然解除处分。受处分事业单位工作人员要求原处分决定单位提供解除处分相关证明的，原处分决定单位应当予以提供。

第三十三条　事业单位工作人员在受处分期间有重大立功表现，按照有关规定给予个人记功以上奖励的，经批准后可以提前解除处分。

第三十四条　事业单位工作人员处分的解除或者提前解除，按照以下程序办理：

（一）按照干部人事管理权限，事业单位或者有关部门对受处分事业单位工作人员在受处分期间的表现情况，进行全面了解，并形成书面报告；

（二）按照处分决定权限，作出解除或者提前解除处分的决定；

（三）印发解除或者提前解除处分的决定；

（四）将解除或者提前解除处分的决定以书面形式通知本人，并在原宣布处分的范围内宣布；

（五）将解除或者提前解除处分的决定存入该工作人员的档案。

解除处分决定自作出之日起生效。

第三十五条　事业单位工作人员处分的解除或者提前解除按照本规定第二十七条、第二十八条的规定执行回避。

第三十六条 解除或者提前解除处分的决定应当包括原处分的种类和解除或者提前解除处分的依据，以及该工作人员在受处分期间的表现情况等内容。

第三十七条 处分解除后，考核、竞聘上岗和晋升工资按照国家有关规定执行，不再受原处分的影响。但是，受到降低岗位等级或者撤职处分的，不视为恢复受处分前的岗位等级和工资待遇。

第三十八条 解除处分的决定应当在处分期满后一个月内作出。

第六章 复核和申诉

第三十九条 受到处分的事业单位工作人员对处分决定不服的，可以自知道或者应当知道该处分决定之日起三十日内向原处分决定单位申请复核。对复核结果不服的，可以自接到复核决定之日起三十日内，按照规定向原处分决定单位的主管部门或者同级事业单位人事综合管理部门提出申诉。

受到处分的中央和地方直属事业单位工作人员的申诉，按照干部人事管理权限，由同级事业单位人事综合管理部门受理。

第四十条 原处分决定单位应当自接到复核申请后的三十日内作出复核决定。受理申诉的单位应当自受理之日起六十日内作出处理决定；案情复杂的，可以适当延长，但是延长期限最多不超过三十日。复核、申诉期间不停止处分的执行。事业单位工作人员不因提出复核、申诉而被加重处分。

第四十一条 有下列情形之一的，受理处分复核、申诉的单位应当撤销处分决定，重新作出决定或者责令原处分决定单位重新作出决定：

（一）处分所依据的事实不清、证据不足的；

（二）违反规定程序，影响案件公正处理的；

（三）超越职权或者滥用职权作出处分决定的。

第四十二条　有下列情形之一的，受理复核、申诉的单位应当变更处分决定或者责令原处分决定单位变更处分决定：

（一）适用法律、法规、规章错误的；

（二）对违法违纪行为的情节认定有误的；

（三）处分不当的。

第四十三条　事业单位工作人员的处分决定被变更，需要调整该工作人员的岗位等级或者工资待遇的，应当按照规定予以调整；事业单位工作人员的处分决定被撤销的，应当恢复该工作人员的岗位等级、工资待遇，按照原岗位等级安排相应的岗位，并在适当范围内为其恢复名誉。

被撤销处分或者被减轻处分的事业单位工作人员工资待遇受到损失的，应当予以补偿。

第七章　附　则

第四十四条　已经退休的事业单位工作人员有违法违纪行为应当受到处分的，不再作出处分决定。但是，应当给予降低岗位等级或者撤职以上处分的，相应降低或者取消其享受的待遇。

第四十五条　对事业单位工作人员处分工作中有滥用职权、玩忽职守、徇私舞弊、收受贿赂等违法违纪行为的工作人员，按照有关规定给予处分；涉嫌犯罪的，移送司法机关依法追究刑事责任。

第四十六条　对机关工勤人员给予处分，参照本规定执行。

第四十七条　教育、医疗卫生、科技、体育等部门，可以依据本规定，结合自身工作的实际情况，与国务院人力资源社会保障部门和国务院监察机关联合制定具体办法。

第四十八条　本规定自2012年9月1日起施行。

事业单位公开招聘违纪违规行为处理规定

（2017 年 10 月 9 日　人力资源和社会保障部令第 35 号）

第一章　总　则

第一条　为加强事业单位公开招聘工作管理，规范公开招聘违纪违规行为的认定与处理，保证招聘工作公开、公平、公正，根据《事业单位人事管理条例》等有关规定，制定本规定。

第二条　事业单位公开招聘中违纪违规行为的认定与处理，适用本规定。

第三条　认定与处理公开招聘违纪违规行为，应当事实清楚、证据确凿、程序规范、适用规定准确。

第四条　中央事业单位人事综合管理部门负责全国事业单位公开招聘工作的综合管理与监督。

各级事业单位人事综合管理部门、事业单位主管部门、招聘单位按照事业单位公开招聘管理权限，依据本规定对公开招聘违纪违规行为进行认定与处理。

第二章　应聘人员违纪违规行为处理

第五条　应聘人员在报名过程中有下列违纪违规行为之一的，取消其本次应聘资格：

（一）伪造、涂改证件、证明等报名材料，或者以其他不正当手段获取应聘资格的；

（二）提供的涉及报考资格的申请材料或者信息不实，且影响报名审核结果的；

（三）其他应当取消其本次应聘资格的违纪违规行为。

第六条 应聘人员在考试过程中有下列违纪违规行为之一的，给予其当次该科目考试成绩无效的处理：

（一）携带规定以外的物品进入考场且未按要求放在指定位置，经提醒仍不改正的；

（二）未在规定座位参加考试，或者未经考试工作人员允许擅自离开座位或者考场，经提醒仍不改正的；

（三）经提醒仍不按规定填写、填涂本人信息的；

（四）在试卷、答题纸、答题卡规定以外位置标注本人信息或者其他特殊标记的；

（五）在考试开始信号发出前答题，或者在考试结束信号发出后继续答题，经提醒仍不停止的；

（六）将试卷、答题卡、答题纸带出考场，或者故意损坏试卷、答题卡、答题纸及考试相关设施设备的；

（七）其他应当给予当次该科目考试成绩无效处理的违纪违规行为。

第七条 应聘人员在考试过程中有下列严重违纪违规行为之一的，给予其当次全部科目考试成绩无效的处理，并将其违纪违规行为记入事业单位公开招聘应聘人员诚信档案库，记录期限为五年：

（一）抄袭、协助他人抄袭的；

（二）互相传递试卷、答题纸、答题卡、草稿纸等的；

（三）持伪造证件参加考试的；

（四）使用禁止带入考场的通信工具、规定以外的电子用品的；

（五）本人离开考场后，在本场考试结束前，传播考试试题及答案的；

（六）其他应当给予当次全部科目考试成绩无效处理并记入事业单位公开招聘应聘人员诚信档案库的严重违纪违规行为。

第八条 应聘人员有下列特别严重违纪违规行为之一的，给予其当次全部科目考试成绩无效的处理，并将其违纪违规行为记入事业单位公开招聘应聘人员诚信档案库，长期记录：

（一）串通作弊或者参与有组织作弊的；

（二）代替他人或者让他人代替自己参加考试的；

（三）其他应当给予当次全部科目考试成绩无效处理并记入事业单位公开招聘应聘人员诚信档案库的特别严重的违纪违规行为。

第九条 应聘人员应当自觉维护招聘工作秩序，服从工作人员管理，有下列行为之一的，终止其继续参加考试，并责令离开现场；情节严重的，按照本规定第七条、第八条的规定处理；违反《中华人民共和国治安管理处罚法》的，交由公安机关依法处理；构成犯罪的，依法追究刑事责任：

（一）故意扰乱考点、考场以及其他招聘工作场所秩序的；

（二）拒绝、妨碍工作人员履行管理职责的；

（三）威胁、侮辱、诽谤、诬陷工作人员或者其他应聘人员的；

（四）其他扰乱招聘工作秩序的违纪违规行为。

第十条 在阅卷过程中发现应聘人员之间同一科目作答内容雷同，并经阅卷专家组确认的，给予其当次该科目考试成绩无效的处理。作答内容雷同的具体认定方法和标准，由中央事业单位人事综合管理部门确定。

应聘人员之间同一科目作答内容雷同，并有其他相关证据证明其违纪违规行为成立的，视具体情形按照本规定第七条、第八条处理。

第十一条 应聘人员在体检过程中弄虚作假或者隐瞒影响聘用的疾病、病史的，给予其不予聘用的处理。有请他人顶替体检以及交换、替换化验样本等严重违纪违规行为的，给予其不予聘用的处理，并将其违纪违规行为记入事业单位公开招聘应聘人员诚信档案库，记录期限为五年。

第十二条 应聘人员在考察过程中提供虚假材料、隐瞒事实真相或者有其他妨碍考察工作的行为，干扰、影响考察单位客观公正作出考察结论的，给予其不予聘用的处理；情节严重、影响恶劣的，将其违纪违规行为记入事业单位公开招聘应聘人员诚信档案库，记录期限为5年。

第十三条 应聘人员聘用后被查明有本规定所列违纪违规行为的，由招聘单位与其解除聘用合同、予以清退，其中符合第七条、第八条、第十一条、第十二条违纪违规行为的，记入事业单位公开招聘应聘人员诚信档案库。

第十四条 事业单位公开招聘应聘人员诚信档案库由中央事业单位人事综合管理部门统一建立，纳入全国信用信息共享平台，向招聘单位及社会提供查询，相关记录作为事业单位聘用人员的重要参考，管理办法另行制定。

第三章　招聘单位和招聘工作人员违纪违规行为处理

第十五条 招聘单位在公开招聘中有下列行为之一的，事业单位主管部门或者事业单位人事综合管理部门应当责令限期改正；逾期不改正的，对直接负责的主管人员和其他直接责任人员依法给予处分：

（一）未按规定权限和程序核准（备案）招聘方案，擅自组织公开招聘的；

（二）设置与岗位无关的指向性或者限制性条件的；

（三）未按规定发布招聘公告的；

（四）招聘公告发布后，擅自变更招聘程序、岗位条件、招聘人数、考试考察方式等的；

（五）未按招聘条件进行资格审查的；

（六）未按规定组织体检的；

（七）未按规定公示拟聘用人员名单的；

（八）其他应当责令改正的违纪违规行为。

第十六条 招聘工作人员有下列行为之一的，由相关部门给予处分，并停止其继续参加当年及下一年度招聘工作：

（一）擅自提前考试开始时间、推迟考试结束时间及缩短考试时间的；

（二）擅自为应聘人员调换考场或者座位的；

（三）未准确记录考场情况及违纪违规行为，并造成一定影响的；

（四）未执行回避制度的；

（五）其他一般违纪违规行为。

第十七条 招聘工作人员有下列行为之一的，由相关部门给予处分，并将其调离招聘工作岗位，不得再从事招聘工作；构成犯罪的，依法追究刑事责任：

（一）指使、纵容他人作弊，或者在考试、考察、体检过程中参与作弊的；

（二）在保密期限内，泄露考试试题、面试评分要素等应当保密的信息的；

（三）擅自更改考试评分标准或者不按评分标准进行评卷的；

（四）监管不严，导致考场出现大面积作弊现象的；

（五）玩忽职守，造成不良影响的；

（六）其他严重违纪违规行为。

第四章　处理程序

第十八条 应聘人员的违纪违规行为被当场发现的，招聘工作人员应当予以制止。对于被认定为违纪违规的，要收集、保存相应证据材料，如实记录违纪违规事实和现场处理情况，当场告知应聘人员记录内容，并要求本人签字；对于拒绝签字或者恶意损坏证据材料的，由两名招聘工作人员如实记录其拒签或者恶意损坏证据材料的情况。违纪违规记录经考点负责人签字认定后，报送组织实施公开招聘的部门。

第十九条 对应聘人员违纪违规行为作出处理决定前，应当告知应聘人员拟作出的处理决定及相关事实、理由和依据，并告知应聘人员依法享有陈述和申辩的权利。作出处理决定的部门对应聘人员提出的事实、理由和证据，应当进行复核。

对应聘人员违纪违规行为作出处理决定的，应当制作公开招聘违纪违规行为处理决定书，依法送达被处理的应聘人员。

第二十条 应聘人员对处理决定不服的，可以依法申请行政复议或者提起行政诉讼。

第二十一条 参与公开招聘的工作人员对因违纪违规行为受到处分不服的，可以依法申请复核或者提出申诉。

第五章 附 则

第二十二条 本规定自 2018 年 1 月 1 日起施行。

人事部关于印发《事业单位工作人员考核暂行规定》的通知

（1995年12月14日　人核培发〔1995〕153号）

各省、自治区、直辖市人事（人事劳动）厅（局），国务院各部委、各直属机构人事（干部）部门：

现将《事业单位工作人员考核暂行规定》印发给你们，请结合本地区、本部门的实际情况，认真贯彻执行。

各级行政机关工勤人员的年度考核，可参照此规定执行。

事业单位工作人员考核暂行规定

第一章　总　则

第一条　为了正确评价事业单位工作人员的德才表现和工作实绩，激励督促事业单位工作人员提高政治业务素质，认真履行职责，并为其晋升、聘任、奖惩、培训、辞退以及调整工资待遇提供依据，制定本规定。

第二条　考核要坚持客观公正、民主公开、注重实绩的原则。

第三条　考核的范围包括各级国家行政机关所属事业单位的各级各类职员、专业技术人员和工人。

第二章　考核的内容和标准

第四条　考核的内容包括德、能、勤、绩四个方面，重点考核工作实绩。

德，主要考核政治、思想表现和职业道德表现；

能，主要考核业务技术水平、管理能力的运用发挥，业务技术提高、知识更新情况；

勤，主要考核工作态度、勤奋敬业精神和遵守劳动纪律情况；

绩，主要考核履行职责情况、完成工作任务的数量、质量、效率，取得成果的水平以及社会效益和经济效益。

第五条 考核标准应以岗位职责及年度工作任务为基本依据，具体标准在政府人事部门与主管部门的指导下由各单位根据实际情况自行制定。

考核标准应明确具体，不同专业和不同职务、不同技术层次的工作人员在业务水平和工作业绩方面应有不同的要求。

第六条 考核结果分为优秀、合格、不合格三个等次。

对德、能、勤、绩表现较差，在年度考核中难以确定等次的人员，可先予以告诫，期限为三至六个月。告诫期满有明显改进的，可定为合格等次；仍表现不好的，定为不合格等次。

第七条 职员考核各等次的基本标准是：

优秀：正确贯彻执行党和国家的路线、方针、政策，模范遵守国家的法律、法规和各项规章制度，廉洁奉公，精通业务，工作勤奋，有改革创新精神，成绩突出。

合格：正确贯彻执行党和国家的路线、方针、政策，自觉遵守国家的法律、法规和各项规章制度，廉洁自律，熟悉业务，工作积极，能够完成工作任务。

不合格：政治、业务素质较低，组织纪律较差，难以适应工作要求，或工作责任心不强，不能完成工作任务，或在工作中造成严重失误。

第八条 专业技术人员考核各等次的基本标准是：

优秀：拥护党和国家的路线、方针、政策，模范遵守国家的法律、法规各项规章制度和职业道德，工作责任心强、勤奋敬业，专业技术能力强或提高快，工作有创新，在科研、教学、业务技术工作中成绩突出。

合格：拥护党和国家的路线、方针、政策、自觉遵守国家的法律、法规及各项规章制度和职业道德，工作负责，业务熟练，专业技术能力较强或提高较快，能够履行岗位职责、完成工作任务，无责任事故。

不合格：政治、业务素质较低，组织纪律较差，难以适应工作要求，或工作责任心不强，履行岗位职责差、不能完成工作任务，在工作中造成严重失误或责任事故。

第九条 工人考核各等次的基本标准是：

优秀：政治思想表现好，模范遵守法律、纪律和各项规章制度，精通业务，工作勤奋，责任心强，确保劳动安全，工作成绩突出。

合格：政治思想表现好，自觉遵守法律、纪律和各项规章制度，熟悉业务，工作积极，无责任事故，注重劳动安全，能够履行岗位职责、完成工作任务。

不合格；组织纪律较差，难以适应工作要求，履行岗位职责差，不能完成工作任务；或工作责任心不强，在工作中造成严重失误；或忽视劳动安全、违反工作和操作规程，发生严重事故。

第十条 年度考核要严格坚持标准，符合实际，被确定为优秀等次的人数，一般掌握在本单位工作人员总人数的百分之十。最多不超过百分之十五。

第三章 考核的方法和程序

第十一条 事业单位工作人员的考核，实行领导与群众相结合，平时与定期相结合、定性与定量相结合。

考核要注重实效，简便易行，宜于操作。

第十二条 考核由事业单位负责人负责。必要时，事业单位负责人可以授权同级副职或有关机构负责人负责考核。

第十三条 考核分为平时考核和年度考核。平时考核随时进行，由被考核人根据工作任务定期纪实，主管领导负责检查。年度考核一般每年年末或翌年年初进行。年度考核以平时考核为基础。

第十四条 年度考核的基本程序是：

（一）被考核人个人总结、述职。

（二）主管领导人在听取群众意见的基础上，根据平时考核和个人总结写出评语，提出考核等次意见。

（三）考核组织对主管领导人提出的考核意见，进行审核。

（四）事业单位负责人确定考核等次。

（五）将考核结果以书面形式通知被考核人。

考核事业单位担任各级领导职务的工作人员，必要时，可以进行民主评议或民意测验。

第十五条 事业单位负责人的年度考核参照第十四条规定的程序，由主管部门组织实施。

第十六条 事业单位工作人员对年度考核结果如有异议，可以在接到考核结果通知之日起十日内向考核组织申请复核，考核组织在十日内提出复核意见，经部门或单位负责人批准后以书面形式通知本人。其中，如复核结果仍被确定为不合格等次的人员对复核意见不服，可以向上一级主管单位人事机构提出申诉。

第十七条 年度考核工作结束后，考核结果存入本人档案。

第四章　考核结果的使用

第十八条 事业单位工作人员在年度考核中被确定为合格以上等次的，按照下列规定办理。

（一）按照有关规定晋升工资档次和发给奖金。

（二）职员连续三年考核被确定为合格以上等次的，具有晋升职务的资格；连续两年以上被确定为优秀等次的，具有优先晋升职务的资格。

（三）专业技术人员年度考核被确定为合格以上等次的，具有续聘的资格。

（四）工人连续两年考核被确定为优秀等次的，具有聘任技师的优先资格。

第十九条 年度考核被确定为不合格等次的，按照下列规定处理：

（一）当年考核被确定为不合格等次的，不发年终奖金，并予以批评教育。

（二）连续两年考核被确定为不合格等次的，根据不同情况，可予以降职、调整工作、低聘或解聘。

（三）连续两年考核被确定为不合格等次，又不服从组织安排或重新安排后年度考核仍不合格的，予以辞退。

第二十条 对年度考核实行告诫的人员，暂不兑现考核结果，待告诫期满，依据所定等次办理。

第二十一条 考核结果的使用，应与事业单位评选先进活动、开展奖励表彰工作紧密结合。

第五章 考核的组织管理

第二十二条 事业单位在年度考核时设立非常设性的考核委员会或考核小组，在单位负责人的领导下，负责年度考核工作。

第二十三条 考核组织由本单位负责人、人事机构和有关部门负责人及工作人员代表组成。

考核组织的日常事务由本单位人事机构承担。

第二十四条 考核组织的职责是：

（一）依据有关规定制定本单位年度考核实施办法；

（二）组织、指导、监督本单位年度考核工作；

（三）审核主管领导人写出的考核评语以及提出的考核等次意见；

（四）审核事业单位工作人员对考核结果不服的复核申请。

第二十五条 事业单位的负责人、主管领导人、考核委员会或考核小组成员，必须按规定要求，实事求是地进行考核。对考核过程中有徇私舞弊、打击报复、弄虚作假行为的，必须严肃处理。

第二十六条 建立事业单位年度考核工作审核备案制度。审核备案的方法是：年度考核基本结束时，各单位将考核工作总结报上一级主管单位人事机构进行审核。

第二十七条 政府人事部门负责综合管理、监督指导事业单位年度考核工作。

第六章 附 则

第二十八条 本规定由人事部负责解释。

第二十九条 本规定自发布之日起施行。

人事部关于印发《事业单位试行人员聘用制度有关问题的解释》的通知

（2003 年 12 月 10 日　国人部发〔2003〕61 号）

各省、自治区、直辖市人事厅（局），国务院各部委、各直属机构人事部门，新疆生产建设兵团人事局，副省级市人事局：

现将《事业单位试行人员聘用制度有关问题的解释》印发给你们，请认真贯彻执行。

事业单位试行人员聘用制度有关问题的解释

国务院办公厅转发人事部《关于在事业单位试行人员聘用制度的意见》（国办发〔2002〕35 号，以下简称《意见》）以后，各地在实施中遇到了一些需要解释的具体问题。为了更好地贯彻《意见》精神，规范事业单位人员聘用制度，现对实施中的有关问题解释如下：

一、聘用制度实施范围

1. 事业单位（含实行企业化管理的事业单位）除按照国家公务员制度进行人事管理的以及转制为企业的以外都要逐步试行人员聘用制度。

2. 试行人员聘用制度的事业单位中，原固定用人制度职工、合同制职工、新进事业单位的职工，包括工勤人员都要实行聘用制度。

3. 事业单位的党群组织专职工作人员，在已与单位明确了聘用关系的人员范围内，按照各自章程或法律规定产生、任用。

二、推行聘用制度首次签订聘用合同的有关问题

4. 事业单位首次实行人员聘用制度，可以按照竞争上岗，择优聘用的原则，优先从本单位现有人员中选聘符合岗位要求的人员签订聘用合同，也可以根据本单位的实际情况，在严格考核的前提下，采用单位与现有在职职工签订聘用合同的办法予以过渡。

5. 有下列情况之一的，单位应与职工签订聘用合同：

（1）现役军人的配偶；

（2）女职工在孕期、产期、哺乳期内的；

（3）残疾人员；

（4）患职业病或因工负伤，经劳动能力鉴定委员会鉴定为1—6级伤残的；

（5）国家政策有明确规定的。

6. 经指定的医疗单位确诊患有难以治愈的严重疾病、精神病的，暂缓签订聘用合同，缓签期延续至前述情况消失；或者只保留人事关系和工资关系，直至该人员办理退休（退职）手续。经劳动能力鉴定委员会鉴定完全丧失劳动能力的，按照国家有关规定办理退休（退职）手续。

7. 在首次签订聘用合同中，职工拒绝与单位签订合同的，单位给予其不少于3个月的择业期，择业期满后未调出的，应当劝其办理辞职手续，未调出又不辞职的，予以辞退。

三、公开招聘

8. 经费来源主要由财政拨款的事业单位，以及经费来源部分由财政支持的事业单位，公开招聘工作人员应在编制内进行。

9. 事业单位公开招聘必须在本地区发布招聘公告，采用公开方式对符合报名条件的应聘人员进行考试或考核，考试或考核结果及拟聘人员应进行公示。

四、聘用合同的期限

10. 聘用合同分为四种类型：3年（含）以下的合同为短期

合同，对流动性强、技术含量低的岗位一般签订短期合同；3 年（不含）以上的合同为中期合同；至职工退休的合同为长期合同；以完成一定工作为期限的合同为项目合同。

11. 试用期的规定只适用于单位新进的人员，试用期只能约定一次。试用期包括在聘用合同朗限内。原固定用人制度职工签订聘用合同，不再规定试用期。

12. “对在本单位工作已满 25 年或者在本单位连续工作已满 10 年且年龄距国家规定的退休年龄已不足 10 年的人员，提出订立聘用至退休的合同的，聘用单位应当与其订立聘用至该人员退休的合同”中，“对在本单位工作已满 25 年”的规定，可按在本单位及国有单位工作的工龄合计已满 25 年掌握。

符合上述条件，在竞争上岗中没有被聘用的人员，应当比照《意见》中规定的未聘人员安置政策，予以妥善安置，不得解除与单位的人事关系。

13. 军队转业干部、复员退伍军人等政策性安置人员可以签订中、长期合同，首次签订聘用合同不得约定试用期，聘用合同的期限不得低于 3 年。

五、解聘辞聘

14. 被人民法院判处拘役、有期徒刑缓刑的，单位可以解除聘用合同。

15. 受聘人员提出解除聘用合同未能与聘用单位协商一致的，受聘人员应当坚持正常工作，继续履行聘用合同；6 个月后再次提出解除聘用合同，仍未能与聘用单位协商一致，受聘人员即可单方面解除聘用合同。但对在涉及国家秘密岗位上工作，承担国家和地方重点项目的主要技术负责人和技术骨干不适用此项规定。

16.《意见》中事业单位职工医疗期的确定可暂时参照企业职工患病或非因工负伤医疗期的规定执行。

17. 在聘用合同中对培训费用没有约定的，受聘人员提出解除聘用合同后，单位不得收取培训费用；有约定的，按约定收取培训费，但不得超过培训的实际支出，并按培训结束后每服务一年递减 20%执行。

18. 事业单位与职工解除工作关系，适用辞职辞退的有关规定；实行聘用制度以后，事业单位与职工解除聘用合同，适用解聘辞聘的有关规定。

19. 聘用合同解除后，单位和个人应当在 3 个月内办理人事档案转移手续。单位不得以任何理由扣留无聘用关系职工的人事档案；个人不得无故不办理档案转移手续。

六、经济补偿

20.《意见》中关于解除聘用合同的经济补偿是按职工在本单位工作的工龄核定补偿标准,不是对其在本单位工作的工龄补偿。

21. 在已经试行事业单位养老等社会保险的地区，受聘人员与所在单位的聘用关系解除后，聘用单位要按照国家有关规定及时为职工办理社会保险关系调转手续。

22. 单位分立、合并、撤销的，上级主管部门应当制定人员安置方案，重点做好未聘人员的安置等有关工作。

七、其他问题

23. 下列聘用合同为无效合同：

（1）违反国家法律、法规的聘用合同；

（2）采取欺诈、威胁等不正当手段订立的聘用合同；

（3）权利义务显失公正，严重损害一方当事人合法权益的聘用合同；

（4）未经本人书面委托，由他人代签的聘用合同，本人提出异议的。无效合同由有管辖权的人事争议仲裁委员会确认。

24. 聘用工作组织是单位推行人员聘用工作的专门工作组织。《意见》对聘用工作组织的人员构成和工作职责作了专门规定。单位应按规定组建聘用工作组织，并按照规定的程序进行人员聘用工作，以保证聘用工作的客观、公正、公平。

中共中央组织部 人力资源和社会保障部关于印发《事业单位工作人员申诉规定》的通知

（2014年6月27日 人社部发〔2014〕45号）

各省、自治区、直辖市党委组织部、政府人力资源社会保障厅（局），中央和国家机关各部委、各人民团体组织人事部门，新疆生产建设兵团党委组织部、人力资源社会保障局，部分高等学校党委：

为贯彻实施《事业单位人事管理条例》，中央组织部、人力资源社会保障部共同研究制定了《事业单位工作人员申诉规定》，现印发给你们，请认真贯彻执行。

事业单位工作人员申诉规定

第一章 总 则

第一条 为保障事业单位工作人员合法权益，依法处理事业单位工作人员的申诉，促进事业单位及其主管部门依法行使职权，根据《事业单位人事管理条例》，制定本规定。

第二条 事业单位工作人员对涉及本人的人事处理不服的，可以依照本规定申请复核；对复核结果不服的，可以依照本规定提出申诉、再申诉。

法律法规对事业单位工作人员申诉另有规定的，从其规定。

各级党委管理的事业单位领导人员的申诉，依照干部人事管理权限，按照有关规定办理。

第三条 处理事业单位工作人员申诉，应当坚持合法、公正、公平、及时的原则，依照规定的权限、条件和程序进行。

第四条 事业单位工作人员提出申诉，应当以事实为依据，不得捏造事实，诬告、陷害他人。

第五条 复核、申诉、再申诉期间不停止人事处理的执行。

事业单位工作人员不因申请复核或者提出申诉、再申诉而被加重处理。

第六条 复核、申诉、再申诉应当由事业单位工作人员本人申请。本人丧失行为能力、部分丧失行为能力或者死亡的，可以由其近亲属或监护人代为申请。

第二章 管 辖

第七条 事业单位工作人员对人事处理不服申请复核的，由原处理单位管辖。

第八条 事业单位工作人员对中央和地方直属事业单位作出的复核决定不服提出的申诉，由同级事业单位人事综合管理部门管辖。

事业单位工作人员对中央和地方各部门所属事业单位作出的复核决定不服提出的申诉，由主管部门管辖。

事业单位工作人员对主管部门或者其他有关部门作出的复核决定不服提出的申诉，由同级事业单位人事综合管理部门管辖。

事业单位工作人员对乡镇党委和人民政府作出的复核决定不服提出的申诉，由县级事业单位人事综合管理部门管辖。

第九条 事业单位工作人员对主管部门作出的申诉处理决定不服提出的再申诉，由同级事业单位人事综合管理部门管辖。

事业单位工作人员对市级、县级事业单位人事综合管理部门作出的申诉处理决定不服提出的再申诉，由上一级事业单位人事综合管理部门管辖。

第十条 事业单位工作人员对中央垂直管理部门省级以下机关作出的复核决定不服提出的申诉，由上一级机关管辖；对申诉处理决定不服提出的再申诉，由作出申诉处理决定机关的同级事业单位人事综合管理部门或者上一级机关管辖。

第三章 申请与受理

第十一条 事业单位工作人员对涉及本人的下列人事处理不服，可以申请复核或者提出申诉、再申诉：

（一）处分；

（二）清退违规进人；

（三）撤销奖励；

（四）考核定为基本合格或者不合格；

（五）未按国家规定确定或者扣减工资福利待遇；

（六）法律、法规、规章规定可以提出申诉的其他人事处理。

第十二条 申请复核或者提出申诉、再申诉的时效期间为30日。复核的时效期间自申请人知道或者应当知道人事处理之日起计算；申诉、再申诉的时效期间自申请人收到复核决定、申诉处理决定之日起计算。

因不可抗力或者有其他正当理由，当事人不能在本条规定的时效期间内申请复核或者提出申诉、再申诉的，经受理机关批准可以延长期限。

第十三条 申请人申请复核和提出申诉、再申诉，应当提交申请书，同时提交原人事处理决定、复核决定或者申诉处理决定等材料的复印件。申请书可以通过当面提交、邮寄或者传真等方式提出。

申请人当面递交申请书的，受理单位应当场出具收件回执。

第十四条 申请书应当载明下列内容：

（一）申请人的姓名、出生年月、单位、岗位、政治面貌、联系方式、住址及其他基本情况；

（二）原处理单位的名称、地址、联系方式；

（三）复核、申诉、再申诉的事项、理由和要求；

（四）申请日期。

第十五条 受理单位应当对申请人提交的申请书是否符合受理条件进行审查，在接到申请书之日起 15 日内，作出受理或者不予受理的决定，并以书面形式通知申请人。不予受理的，应当说明理由。

第十六条 符合以下条件的复核、申诉、再申诉，应予受理：

（一）申请人符合本规定第六条的规定；

（二）复核、申诉、再申诉事项属于本规定第十一条规定的受理范围；

（三）在规定的期限内提出；

（四）属于受理单位管辖范围；

（五）材料齐备。

凡不符合上述条件之一的，不予受理。申请材料不齐备的，应当一次性告知申请人所需补正的全部材料，申请人按照要求补正全部材料的，应予受理。

第十七条 在处理决定作出前，申请人可以以书面形式提出撤回复核、申诉、再申诉的申请。

受理单位在接到申请人关于撤回复核、申诉、再申诉的书面申请后，可以决定终结处理工作。

终结复核决定应当以书面形式告知申请人；终结申诉处理决定应以书面形式告知申请人和原处理单位；终结再申诉处理决定应当以书面形式告知申请人、申诉受理单位和原处理单位。

第四章 审理与决定

第十八条 受理复核申请的单位应当自接到申请书之日起

30日内作出维持、撤销或者变更原人事处理的复核决定，并以书面形式通知申请人。

受理申诉、再申诉申请的单位应当自决定受理之日起60日内作出处理决定。案情复杂的，可以适当延长，但是延长期限不得超过30日。

第十九条 受理申诉、再申诉的单位应当组成申诉公正委员会审理案件。

申诉公正委员会由受理申诉、再申诉的单位相关工作人员组成，必要时可以吸收其他相关人员参加。申诉公正委员会组成人数应当是单数，不得少于3人。申诉公正委员会负责人一般由主管申诉、再申诉工作的单位负责人或者负责申诉、再申诉的工作机构负责人担任。

第二十条 受理申诉、再申诉的单位有权要求有关单位提交答辩材料，有权对申诉、再申诉事项进行相关调查。

调查应当由两名以上工作人员进行，接受调查的单位或者个人有配合调查的义务，应当如实提供情况和证据。

第二十一条 申诉公正委员会应当根据调查情况对下列事项进行审议：

（一）原人事处理认定的事实是否存在、清楚，证据是否确实充分；

（二）原人事处理适用的法律、法规、规章和有关规定是否正确；

（三）原人事处理的程序是否符合规定；

（四）原人事处理是否显失公正；

（五）被申诉单位有无超越或者滥用职权的情形；

（六）其他需要审议的事项。

在审理对复核决定、申诉处理决定不服的申诉、再申诉时，申诉公正委员会还应当对复核决定、申诉处理决定进行审议。

审理期间，申诉公正委员会应当允许申请人进行必要的陈述或者申辩。

第二十二条 申诉公正委员会应当按照客观公正和少数服从多数的原则，提出审理意见。

第二十三条 受理单位应当根据申诉公正委员会的审理意见，区别不同情况，作出下列申诉处理决定：

（一）原人事处理认定事实清楚，适用法律、法规、规章和有关规定正确，处理恰当、程序合法的，维持原人事处理；

（二）原人事处理认定事实不存在的，或者超越职权、滥用职权做出处理的，按照管理权限责令原处理单位撤销或者直接撤销原人事处理；

（三）原人事处理认定事实清楚，但认定情节有误，或者适用法律、法规、规章和有关规定有错误，或者处理明显不当的，按照管理权限责令原处理单位变更或者直接变更原人事处理；

（四）原人事处理认定事实不清，证据不足，或者违反规定程序和权限的，责令原处理单位重新处理。

再申诉处理决定应当参照前款规定作出。

事业单位工作人员对重新处理后作出的处理决定不服，可以提出申诉或者再申诉。

第二十四条 作出申诉处理决定后，应当制作申诉处理决定书。申诉处理决定书应当载明下列内容：

（一）申诉人的姓名、出生年月、单位、岗位及其他基本情况；

（二）原处理单位的名称、地址、联系方式、人事处理和复核决定所认定的事实、理由及适用的法律、法规、规章和有关规定；

（三）申诉的事项、理由及要求；

（四）申诉公正委员会认定的事实、理由及适用的法律、法规、规章和有关规定；

（五）申诉处理决定；

（六）作出决定的日期；

（七）其他需要载明的内容。

再申诉处理决定作出后，应当制作再申诉处理决定书。再申诉处理决定书除前款规定内容外，还应当载明申诉处理决定的内容和作出申诉处理决定的日期。

申诉、再申诉处理决定书应当加盖受理申诉、再申诉单位或者申诉公正委员会的印章。

第二十五条 复核决定应当及时送达申请人。

申诉处理决定书应当及时送达申请人和原处理单位。

再申诉处理决定书应当及时送达申请人、申诉受理单位和原处理单位。

第二十六条 复核决定、申诉处理决定书、再申诉处理决定书按照下列规定送达：

（一）直接送达申请人本人，受送达人在送达回证上签名或者盖章，签收日期为送达日期；

（二）申请人本人不在的，可以由其同住的具有完全民事行为能力的近亲属在送达回证上签名或者盖章，视为送达，签收日期为送达日期；

（三）申请人或者其同住的具有完全民事行为能力的近亲属拒绝接收或者拒绝签名、盖章的，送达人应当邀请有关基层组织的代表或者其他有关人员到场，见证现场情况，由送达人在送达回证上记明拒收事由和日期，由送达人、见证人签名或者盖章，将处理决定留在申请人的住所或者所在单位，视为送达。送达人、见证人签名或者盖章日期为送达日期；

（四）直接送达确有困难的，可以通过邮寄送达。以回执上注明的收件日期为送达日期；

（五）上述规定的方式无法送达的，可以在相关媒体上公告送达，并在案卷中记明原因和经过。自公告发布之日起，经过60日，即视为送达。

第二十七条　原处理单位应当将复核决定、申诉处理决定书、再申诉处理决定书存入申请人的个人档案。

第五章　执行与监督

第二十八条　处理决定应当在发生效力后30日内执行。

下列处理决定是发生效力的最终决定：

（一）已过规定期限没有提出申诉的复核决定；

（二）已过规定期限没有提出再申诉的申诉处理决定；

（三）中央和省级事业单位人事综合管理部门作出的申诉处理决定；

（四）再申诉处理决定。

第二十九条　除维持原人事处理外，原处理单位应当在申诉、再申诉决定执行期满后30日内将执行情况报申诉、再申诉受理单位备案。

原处理单位逾期不执行的，申请人可以向作出发生效力的决定的单位提出执行申请。接到执行申请的单位应当责令原处理单位执行。

第三十条　对事业单位工作人员处理错误的，应当及时予以纠正；造成名誉损害的，应当赔礼道歉、恢复名誉、消除影响；造成经济损失的，应当根据有关规定给予赔偿。

第三十一条　参与复核、申诉、再申诉审理的工作人员有下列情形之一的，应当提出回避申请：

（一）与申请人或者原处理单位主要负责人、承办人员有夫妻关系、直系血亲、三代以内旁系血亲关系或者近姻亲关系的；

（二）与原人事处理及案件有利害关系的；

（三）与申请人或者原处理单位主要负责人、承办人员有其他关系，可能影响案件公正处理的。

有前款规定的情形的，申请人、与原人事处理及案件有利害关系的公民、法人或者其他组织有权要求其回避。

复核案件审理工作人员的回避，由受理复核单位负责人决定。申诉或再申诉案件审理工作组织负责人的回避由受理单位负责人员集体决定；其他工作人员的回避，由申诉或再申诉案件审理工作组织负责人决定。回避决定作出前，相关人员应当暂停参与案件的调查和审理。

第三十二条 因下列情形之一侵害事业单位工作人员合法权益的，对相关责任人员和直接责任人员，应当根据有关规定，视情节轻重，给予批评教育、调离岗位或者处分；涉嫌犯罪的，移送司法机关处理；

（一）对申请复核或者提出申诉、再申诉的事业单位工作人员打击报复的；

（二）超越或者滥用职权的；

（三）适用法律、法规、规章错误或者违反规定程序的；

（四）在复核、申诉、再申诉工作中应当作为而不作为的；

（五）拒不执行发生效力的申诉、再申诉处理决定的；

（六）违反本规定的其他情形。

第三十三条 申请复核、提出申诉的事业单位工作人员弄虚作假、捏造事实、诬陷他人的，根据情节轻重，给予批评教育或者处分；涉嫌犯罪的，移送司法机关处理。

第六章　附　则

第三十四条 机关工勤人员申请复核或者提出申诉、再申诉，参照本规定执行。

第三十五条 本规定自2014年7月1日起施行。

人力资源和社会保障部 国家林业局 关于印发《关于国有林场岗位设置管理的的指导意见》的通知

（2015年6月9日 人社部发〔2015〕54号）

各省、自治区、直辖市人力资源和社会保障厅（局）、林业厅（局），新疆生产建设兵团人力资源和社会保障局、林业局：

根据《中共中央、国务院关于印发〈国有林场改革方案〉和〈国有林区改革指导意见〉的通知》（中发〔2015〕6号）、《关于进一步深化事业单位人事制度改革的意见》（中办发〔2011〕28号）、《事业单位人事管理条例》（国务院令第652号）及事业单位岗位设置管理有关政策规定，为做好国有林场岗位设置管理的组织实施工作，结合国有林场特点和改革发展的需要，我们制定了《关于国有林场岗位设置管理的指导意见》。现印发给你们，请遵照执行。

关于国有林场岗位设置管理的指导意见

根据《中共中央、国务院关于印发〈国有林场改革方案〉和〈国有林区改革指导意见〉的通知》（中发〔2015〕6号）、《关于进一步深化事业单位人事制度改革的意见》（中办发〔2011〕28号）、《事业单位人事管理条例》（国务院令第652号）及事业单位岗位设置管理有关政策规定，为做好国有林场岗位设置管理的组织实施工作，结合国有林场特点和改革发展的需要，提出以下指导意见。

一、岗位类别设置

1. 国有林场管理岗位指担负国有林场领导职责或管理任务的工作岗位。管理岗位的设置要适应增强国有林场运转效能、提高工作效率、提升管理水平的需要。

国有林场专业技术岗位指主要从事森林培育、保护和利用等专业技术工作，具有相应专业技术水平和能力要求的工作岗位。专业技术岗位的设置要符合国有林场工作特点和事业发展的需要。

国有林场工勤技能岗位指主要从事森林管护等林业技能操作和维护、后勤保障、服务等职责的工作岗位。工勤技能岗位的设置要适应森林资源管护以及提高操作维护技能，提升服务水平的要求，满足国有林场工作的实际需要。

森林管护是指营造林、森林经营和管护、森林消防和应急救援、林木种苗繁育、有害生物防治等。

2. 国有林场三类岗位的结构比例由政府人力资源行政部门和国有林场主管部门确定。

(1) 管理岗位一般不高于单位岗位总量的20%，专业技术岗位一般不低于单位岗位总量的40%，森林管护等林业技能岗位一般不低于单位岗位总量的35%，后勤保障、服务等一般性工勤技能岗位一般不高于单位岗位总量的5%。

(2) 代管乡镇、村的国有林场，加挂省级以上自然保护区或者国家级森林（湿地）公园牌子的国有林场，管理岗位一般不高于单位岗位总量的25%，可相应核减专业技术岗位、工勤技能岗位比例。

(3) 承担国家林木良种基地等科研实验任务的国有林场，专业技术岗位一般不低于单位岗位总量的45%，可相应核减管理岗位、工勤技能岗位比例。

3. 鼓励国有林场后勤服务社会化，已经实现社会化服务的一般性劳务工作，不再设置相应的工勤技能岗位。

二、岗位等级设置

4．国有林场专业技术高级、中级、初级岗位的结构比例，根据地区经济发展水平，以及国有林场的功能、规格、规模、隶属关系和专业技术水平确定，原则上不应低于1：4：5。

承担国家林木良种基地等科研实验任务以及加挂省级以上自然保护区或者国家级森林（湿地）公园牌子的国有林场，专业技术高中初的结构比例应当高于其他国有林场。

小型国有林场的专业技术岗位结构比例可实行集中调控、集中管理的办法。具体办法由省级政府人力资源行政部门和林业行政主管部门研究制定。

5．国有林场森林管护等林业技能岗位结构比例，一级、二级、三级岗位的总量占林业技能岗位总量的比例为50%左右；一级、二级岗位的总量占林业技能岗位总量的比例为12%左右。

后勤保障、服务等一般性工勤技能岗位，一级、二级、三级岗位的总量占一般性工勤技能岗位总量的比例为25%左右，一级、二级岗位的总量占一般性工勤技能岗位总量的比例为5%左右。

6．特设岗位是国有林场为适应聘用急需高层次专业技术人才等特殊需要，经批准设置的工作岗位，是国有林场的非常设岗位。特设岗位的等级根据国有林场发展需要，按照规定的程序确定。

特设岗位不受国有林场岗位总量、最高等级和结构比例限制，在完成工作任务或者相关人员转入常设岗位后，按照管理权限予以核销。

三、专业技术岗位名称及岗位等级

7．国有林场应根据其主体业务确定主体专业技术岗位，其他系列专业技术岗位的最高等级原则上应低于主体专业技术岗位。

8. 国有林场主体专业技术岗位中，正高级岗位名称暂定为高级工程师一级岗位、高级工程师二级岗位、高级工程师三级岗位、高级工程师四级岗位，分别对应一至四级专业技术岗位；副高级岗位名称暂定为高级工程师五级岗位、高级工程师六级岗位、高级工程师七级岗位，分别对应五至七级专业技术岗位；中级岗位名称为工程师一级岗位、工程师二级岗位、工程师三级岗位，分别对应八至十级专业技术岗位；初级岗位名称为助理工程师一级岗位、助理工程师二级岗位，分别对应十一级、十二级专业技术岗位；员级岗位名称为技术员岗位，对应十三级专业技术岗位。

9. 其他专业技术岗位名称和对应等级参照相关行业指导意见和标准执行，原则上沿用现专业技术名称。

10. 国有林场专业技术一级岗位属国家专设的特级岗位，其人员的确定按国家有关规定执行。

四、组织实施

11. 岗位设置管理工作是推进国有林场改革发展的重要保障，是国有林场人事制度改革的重要内容，是加强国有林场人才队伍建设的重要举措。要高度重视，加强领导，坚持以人为本，从实际出发，充分考虑国有林场地处偏远、工作艰苦的客观情况，维护职工的切身利益，积极稳妥地推进岗位设置管理实施工作。

12. 各级国有林场主管部门要紧密结合本地区经济社会发展水平和国有林场的实际情况，切实发挥职能作用，制定具体方案，组织好国有林场岗位设置管理的实施工作。各级国有林场主管部门要加强与政府人力资源行政部门的沟通协调，结合本地区国有林场工作的特点，认真贯彻执行本指导意见。

13. 各地区、各部门和国有林场在岗位设置和岗位聘用工作中，要严格执行有关政策规定，坚持原则，坚持走群众路线。对违反规定滥用职权、以权谋私的，要追究责任。对不按本指导意见进行岗位设置和岗位聘用的国有林场，政府人力资源行政部门、国有林场主管部门不予确认岗位等级、不予兑现工资、不予核拨经费。情节严重的，对相关领导和责任人予以通报批评，按照人事管理权限给予相应的纪律处分。

14. 岗位基本条件、岗位聘用程序及岗位设置核准备案等本指导意见未作规定的内容，按照《事业单位岗位设置管理试行办法》（国人部发〔2006〕70号）和《〈事业单位岗位设置管理试行办法〉实施意见》（国人部发〔2006〕87号）等政策文件执行。

中共中央组织部 人力资源和社会保障部关于进一步做好艰苦边远地区县乡事业单位公开招聘工作的通知

（2016年11月7日 人社部规〔2016〕3号）

各省、自治区、直辖市及新疆生产建设兵团党委组织部、政府人力资源社会保障厅（局）：

为鼓励和引导优秀人才到艰苦边远地区县乡事业单位干事创业，解决艰苦边远地区吸引留住人才难的问题，发挥好广大事业单位工作人员在打赢脱贫攻坚战、决胜全面建成小康社会中的重要作用，现就进一步做好艰苦边远地区县乡事业单位公开招聘工作通知如下。

一、实施范围

国家确定的集中连片特殊困难地区的县、国家扶贫开发工作重点县。

二、合理设置招聘条件

（一）招聘县乡事业单位管理人员和初级专业技术人员，年龄可以放宽到40周岁以下；招聘中、高级专业技术人员，可以根据工作需要进一步放宽。

（二）招聘乡镇事业单位工作人员，学历最低可以到高中、中专（含技工学校），但不突破行业职业准入对学历的要求。

（三）招聘乡镇事业单位管理人员，可以不作专业限制；招聘县乡事业单位专业技术人员，可以适当放宽专业要求。

（四）可以拿出一定数量岗位面向本县、本市或者周边县市户籍人员（或者生源）招聘，积极探索从优秀村干部中招聘乡镇事业单位工作人员。

三、改进招聘方式方法

（一）乡镇事业单位招聘大学本科以上毕业生，县级事业单位招聘中级以上专业技术职称或者硕士以上学位人员，以及行业、岗位、脱贫攻坚急需紧缺专业人才，可以根据实际情况，采取面试、组织考察等方式公开招聘。

（二）采取统一考试方式招聘的，可以根据工作需要，有区别地确定通用能力测试成绩权重，加大专业素质考试成绩的权重；可以根据应聘人员报名、专业分布等情况适当降低开考比例，或不设开考比例，划定成绩合格线。

（三）对“三支一扶”人员、大学生村官、西部志愿者等基层服务项目人员和退役士官士兵，可以按照有关规定进行专项招聘，并增加工作实绩在组织考察中的权重。

四、完善激励保障措施

（一）积极为事业单位工作人员搭建干事创业平台，适当提高艰苦边远地区县乡事业单位中、高级专业技术岗位设置比例。招聘高层次专业技术人员，可以采用特设岗位的办法，不受岗位结构比例限制。在岗位晋升、职称评审等方面，向县特别是乡镇事业单位倾斜，具体办法由省级组织、人力资源社会保障部门研究制定。

（二）落实乡镇工作补贴、艰苦边远地区津贴、高海拔地区折算工龄补贴、大中专毕业生到艰苦边远地区县乡工作提前转正定级并高定工资、带薪年休假制度等政策，采取有力措施改善工作、生活条件，帮助解决实际困难，加强人文关怀。

（三）拓宽县乡事业单位工作人员职业发展空间，积极选派业务骨干到上级单位或者发达地区挂职锻炼、跟班学习，注重选拔优秀乡镇站所负责人进入乡镇领导班子，大力表彰甘于奉献、实绩突出的事业单位工作人员，鼓励他们扎根基层、服务群众。

五、严密组织实施

（一）地方各级组织、人力资源社会保障部门要高度重视艰苦边远地区县乡事业单位公开招聘工作，在同级党委政府的领导下，发挥好职能作用，加强与相关部门协调配合，结合当地经济社会发展需要和队伍建设实际，综合施策，攻坚克难，着力形成“招得来、留得住、用得好”的体制机制，把各项工作落到实处。

（二）坚持事业单位公开招聘基本制度，坚持公开、公平、公正、择优，严格审核招聘方案，规范招聘程序，公示招聘结果。建立和完善省级公开招聘信息发布平台，便于应聘人员了解招聘政策和信息，便于群众监督。

（三）对放宽条件招聘的人员，用人单位可以视情况在聘用合同中约定3—5年最低服务期限，并明确违约责任和相关要求。在最低服务期限内，其他单位不得以借调、帮助工作等方式将其借出或调走。

（四）全面落实公开招聘各项纪律要求，采取有效措施，防止出现因人画像、人情招聘、暗箱操作等问题。对以权谋私、违规进人等违纪违法行为，坚决查处，严厉问责，公开通报。

其他条件特别艰苦、“招人难”“留人难”问题突出的县乡，可以参照本《通知》执行，具体范围由省级组织、人力资源社会保障部门研究确定，从严掌握。西藏和四川、云南、甘肃、青海四省藏区以及新疆南疆地区对事业单位公开招聘另有规定的，结合本《通知》一并执行。

人力资源和社会保障部关于支持和鼓励事业单位专业技术人员创新创业的指导意见

（2017 年 3 月 10 日　人社部规〔2017〕4 号）

各省、自治区、直辖市及新疆生产建设兵团人力资源社会保障厅（局），国务院各部委、各直属机构人事部门：

为贯彻落实党中央、国务院关于加快实施创新驱动发展战略、深化人才发展体制机制改革、大力推进大众创业万众创新和做好新形势下就业创业工作的总体部署和要求，发挥事业单位在科技创新和大众创业万众创新中的示范引导作用，激发高校、科研院所等事业单位（简称“事业单位”）专业技术人员科技创新活力和干事创业热情，促进人才在事业单位和企业间合理流动，营造有利于创新创业的政策和制度环境，按照简政放权、放管结合、优化服务的要求，现就支持和鼓励事业单位专业技术人员创新创业提出以下指导意见。

一、支持和鼓励事业单位选派专业技术人员到企业挂职或者参与项目合作

事业单位选派符合条件的专业技术人员到企业挂职或者参与项目合作，是强化科技同经济对接、创新成果同产业对接、创新项目同现实生产力对接的重要举措，有助于实现企业、高校、科研院所协同创新，强化对企业技术创新的源头支持。

事业单位专业技术人员到企业挂职或者参与项目合作期间，与原单位在岗人员同等享有参加职称评审、项目申报、岗位竞聘、培训、考核、奖励等方面权利。合作期满，应返回原单位，事业单位可以按照有关规定对业绩突出人员在岗位竞聘时予以倾斜；所从事工作确未结束的，三方协商一致可以续签协议。专业技术人员与企业协商一致，自愿流动到企业工作的，事业单位应当及时与其解除聘用合同并办理相关手续。

事业单位选派专业技术人员到企业挂职或者参与项目合作，应当根据实际情况，与专业技术人员变更聘用合同，约定岗位职责和考核、工资待遇等管理办法。事业单位、专业技术人员、企业应当约定工作期限、报酬、奖励等权利义务，以及依据专业技术人员服务形成的新技术、新材料、新品种以及成果转让、开发收益等进行权益分配等内容。

二、支持和鼓励事业单位专业技术人员兼职创新或者在职创办企业

支持和鼓励事业单位专业技术人员到与本单位业务领域相近企业、科研机构、高校、社会组织等兼职，或者利用与本人从事专业相关的创业项目在职创办企业，是鼓励事业单位专业技术人员合理利用时间，挖掘创新潜力的重要举措，有助于推动科技成果加快向现实生产力转化。

事业单位专业技术人员在兼职单位的工作业绩或者在职创办企业取得的成绩可以作为其职称评审、岗位竞聘、考核等的重要依据。专业技术人员自愿流动到兼职单位工作，或者在职创办企业期间提出解除聘用合同的，事业单位应当及时与其解除聘用合同并办理相关手续。

事业单位专业技术人员兼职或者在职创办企业，应该同时保证履行本单位岗位职责、完成本职工作。专业技术人员应当提出书面申请，并经单位同意；单位应当将专业技术人员兼职和在职创办企业情况在单位内部进行公示。事业单位应当与专业技术人员约定兼职期限、保密、知识产权保护等事项。创业项目涉及事业单位知识产权、科研成果的，事业单位、专业技术人员、相关企业可以订立协议，明确权益分配等内容。

三、支持和鼓励事业单位专业技术人员离岗创新创业

事业单位专业技术人员带着科研项目和成果离岗创办科技型企业或者到企业开展创新工作（简称离岗创业），是充分发挥市场在人才资源配置中的决定性作用，提高人才流动性，最大限度激发和释放创新创业活力的重要举措，有助于科技创新成果快速实现产业化，转化为现实生产力。

事业单位专业技术人员离岗创业期间依法继续在原单位参加社会保险，工资、医疗等待遇，由各地各部门根据国家和地方有关政策结合实际确定，达到国家规定退休条件的，应当及时办理退休手续。创业企业或所工作企业应当依法为离岗创业人员缴纳工伤保险费用，离岗创业人员发生工伤的，依法享受工伤保险待遇。离岗创业期间非因工死亡的，执行人事关系所在事业单位抚恤金和丧葬费规定。离岗创业人员离岗创业期间执行原单位职称评审、培训、考核、奖励等管理制度。离岗创业期间取得的业绩、成果等，可以作为其职称评审的重要依据；创业业绩突出，年度考核被确定为优秀档次的，不占原单位考核优秀比例。离岗创业期间违反事业单位工作人员管理相关规定的，按照事业单位人事管理条例等相关政策法规处理。

事业单位对离岗创业人员离岗创业期间空出的岗位，确因工作需要，经同级事业单位人事综合管理部门同意，可按国家有关规定用于聘用急需人才。离岗创业人员返回的，如无相应岗位空缺，可暂时突破岗位总量聘用，并逐步消化。离岗创业人员离岗创业期间，本人提出与原单位解除聘用合同的，原单位应当依法解除聘用合同；本人提出提前返回的，可以提前返回原单位。离岗创业期满无正当理由未按规定返回的，原单位应当与其解除聘用合同，终止人事关系，办理相关手续。

事业单位专业技术人员离岗创业，须提出书面申请，经单位同意，可在3年内保留人事关系。对离岗创办科技型企业的，按规定享受国家创业有关扶持政策。事业单位与离岗创业人员应当

订立离岗协议，约定离岗事项、离岗期限、基本待遇、保密、成果归属等内容，明确双方权利义务，同时相应变更聘用合同。离岗创业项目涉及原单位知识产权、科研成果的，事业单位、离岗创业人员、相关企业可以订立协议，明确收益分配等内容。

四、支持和鼓励事业单位设置创新型岗位

在事业单位设置创新型岗位，是促进事业单位全面参与国家创新体系建设的重要举措，有助于充分发挥高校、科研院所等事业单位人力资源和技术资源优势，加快推动科技创新。

事业单位可根据创新工作需要设置开展科技项目开发、科技成果推广和转化、科研社会服务等工作的岗位（简称“创新岗位”），并按规定调整岗位设置方案。通过调整岗位设置难以满足创新工作需求的，可按规定申请设置特设岗位，不受岗位总量和结构比例限制。创新岗位人选可以通过内部竞聘上岗或者面向社会公开招聘等方式产生，任职条件要求具有与履行岗位职责相符的科技研发、科技创新、科技成果推广能力和水平。事业单位根据创新工作实际，可探索在创新岗位实行灵活、弹性的工作时间，便于工作人员合理安排利用时间开展创新工作。事业单位绩效工资分配应当向在创新岗位做出突出成绩的工作人员倾斜。创新岗位工作人员依法取得的科技成果转化奖励收入，不纳入单位绩效工资；取得的技术项目开发、科技成果推广和转化、科研社会服务成果，应当作为职称评审、项目申报、岗位竞聘、考核、奖励的重要依据。事业单位应当与创新岗位工作人员订立或者变更聘用合同，聘用合同内容应当符合创新工作实际，明确合同期限、岗位职责要求、岗位工作条件、工资待遇、社会保险、合同变更、终止和解除的条件、违反合同的责任等条款，双方协商一致，可以约定知识产权保护等条款。

事业单位可以设立流动岗位，吸引有创新实践经验的企业管理人才、科技人才和海外高水平创新人才兼职。事业单位设置流动岗位，可按规定申请调整工资总额，用于发放流动岗位人员工作报酬。流动岗位人员通过公开招聘、人才项目引进等方式被事业单位正式聘用的，其在流动岗位工作业绩可以作为事业单位岗位聘用和职称评审的重要依据。事业单位应当与流动岗位人员订立协议，明确工作期限、工作内容、工作时间、工作要求、工作条件、工作报酬、保密、成果归属等内容。

五、组织实施

各级人力资源社会保障部门要树立大局意识，充分认识到支持和鼓励事业单位专业技术人员参与创新创业工作的重要意义，把这项工作摆到重要议事日程。要解放思想，大胆创新，结合本地区本部门实际，细化相关政策，研究具体措施，做到真正切实管用；要加强组织实施，指导事业单位主管部门和事业单位落实文件要求，建立健全内部管理制度，确保政策落到实处；要搞好跟踪服务，切实解决事业单位专业技术人员创新创业中的实际困难，解决他们的后顾之忧，为事业单位专业技术人员投身创新发展实践提供人事政策保障。同时，要通过完善聘用合同管理、强化考核等办法，加强规范管理；指导事业单位按规定定期将离岗创业人员情况按程序报主管部门并同级事业单位人事综合管理部门备案。要及时研究解决政策实施过程中碰到的新情况、新问题，重点问题及时向人力资源社会保障部报告。

人力资源和社会保障部关于事业单位公开招聘岗位条件设置有关问题的通知

（2017年10月16日　人社部规〔2017〕17号）

各省、自治区、直辖市及新疆生产建设兵团人力资源社会保障厅（局），中央和国家机关各部委、各直属机构人事部门：

为完善事业单位公开招聘制度，规范事业单位选人用人行为，现就事业单位公开招聘岗位条件设置有关问题通知如下：

一、用人单位要根据招聘岗位需求，科学合理地设置招聘岗位条件，不得设置指向性或与岗位无关的歧视性条件。

二、专业设置须与招聘岗位相匹配。原则上应从宽确定专业要求，同一岗位可设置一个或多个相近的适合岗位要求的专业，也可按专业大类设置专业条件。对没有专业要求的招聘岗位，可设置为专业不限。

三、专业名称要准确、规范，具体可参照当地省级组织、人力资源社会保障部门制定或确定的公开招聘事业单位工作人员或考录公务员专业参考目录，也可参照教育部门的专业目录，并在招聘公告中明确相应的专业参考目录。

四、资格审查工作由用人单位或主管部门负责，事业单位人事综合管理部门负责监督，审查过程中要严格把关，确保相关材料真实、准确、有效。负责资格审查的单位和人员要认真履职，严格按照有关政策规定和招聘公告确定的招聘条件进行资格审查，准确把握审查标准，统一审查尺度，不得随意放宽招聘岗位条件。实施网上报名的，可在资格复审阶段查看原件。对没有通过资格审查的人员，用人单位或主管部门有义务接受其询问并告知其原因。

五、资格审查工作中，要重视和加强与应聘人员的沟通，做好政策宣传解释工作，及时化解争议，增强招聘工作公信力。

六、招聘岗位条件一经面向社会公开发布，未经招聘公告核准备案部门同意不得擅自更改。经同意确需更改的，要提前发布变更或补充公告。

七、从事事业单位公开招聘的工作人员要强化政治意识、责任意识，严格遵守各项工作纪律，维护公开招聘制度的严肃性。对违纪违规、失职渎职的责任人员要依法依规予以问责追责，严肃处理。

八、各地、各部门要根据本《通知》要求，制定具体的公开招聘岗位条件设置办法。

中共山东省委 山东省人民政府关于推进事业单位改革的意见

（2004 年 5 月 18 日　鲁发〔2004〕15 号）

根据党的十六大、十六届三中全会精神和中央关于深化事业单位改革的要求，结合我省实际，现就推进事业单位改革提出如下意见。

一、改革的指导思想、目标任务和基本思路方法

（一）加快推进事业单位改革的必要性和重要性。事业单位队伍庞大、门类繁多，广泛分布在经济、政治、文化和社会生活的各个领域，在国民经济和社会发展中起着重要作用。改革开放以来，随着经济体制和行政管理体制改革的不断深化，我省事业单位改革已在不同层面上进行了一些积极的探索和试验，并取得了一些成果，但与社会主义市场经济的发展要求还很不适应。存在的主要问题是：政事职责划分不清，布局结构不够合理，社会化程度不高，用人和分配机制不活，自我发展能力不强。这些问题的存在不利于政府职能的转变，加重了财政负担，影响着专业技术人员队伍建设和其积极性、创造性的发挥，降低了事业单位的活力和产出效益。因此，加快推进事业单位改革，已成为我省实施人才强省战略、加快经济和社会发展步伐的客观要求，必须提上重要工作日程。

（二）指导思想和目标任务。以邓小平理论和“三个代表”重要思想为指导，认真贯彻落实党的十六大、十六届三中全会精神，按照适应社会主义市场经济发展的要求，本着有利于增强事业单位活力、提高其运行质量和自我发展能力，有利于专业技术人才队伍建设、充分调动和发挥各类人才的积极性、创造性，有利于优化资源配置和财政支出结构、提高国有资产和财政资金使用效益的原则，改革现行的事业单位管理体制、用人制度、分配制度及其他相关制度。通过改革，全面改善事业单位的运行机制，争取用3年左右的时间，逐步建立起政事职责分开、法人地位明确、单位自主运营、政府依法管理的新型管理体制；建立起单位自主用人、人员自主择业和能进能出、能上能下、有利于优秀人才脱颖而出、充满生机与活力的用人制度；建立起重实绩、重贡献、向优秀人才和关键岗位倾斜、形式多样、自主灵活的分配激励机制。

（三）基本思路方法。实施配套改革，坚持事业单位管理体制、用人制度、分配制度改革与社会保障、财政和国有资产管理等相关制度的改革统筹规划，配套进行。实行分类改革，根据职能任务、经费来源状况和今后发展方向，将现有事业单位区分为行政支持类、社会公益类、经营开发服务类3种类型，分别确定不同的改革重点，采取不同的改革措施和管理办法。坚持积极稳妥的方针，按照“先行试点—逐步推进—全面展开”的工作步骤，稳步推进事业单位改革。

二、改革的主要内容

（一）改革管理体制，建立适应各类事业单位特点的运行机制

1. 加强管理，规范精简行政支持类事业单位。行政支持类事业单位，系指依据法律法规授权或政府规章规定，从事具体行政执法、监督检查或为政府行政行为提供支持和保障的事业单位。行政支持类事业单位的改革，要结合深化行政管理体制改革和综合执法改革试点统筹考虑。改革的主要内容与基本要求为：

——按照政事分开和行政授权法定原则，遵循行政决策、行政执行、行政监督相协调以及行政审批职能与具体行政执行职能相对分开、监督处罚职能与技术检验职能相对分开的改革发展趋

向，依法界定和调整行政支持类事业单位的职能任务。现承担的无法律、法规授权的政策制定、审查审批职能要收归行政机关；执法与服务不分的要进行剥离，技术检测、检验、鉴定机构不再承担行政执法职能。

——本着精简、统一、效能的原则，整合行政支持类事业单位的机构编制。职能相近、交叉重复或职能单一、设置分散的，要予以归并重组；一个行政部门设置多个行政执法机构的，原则上合并为一个机构，实行综合执法。

——根据行政支持类事业单位职能特点，严格规范管理，其管理制度原则上参照国家机关办理。今后，行政支持类事业单位要依法设立，人员编制标准由省统一制定。

2. 完善机制，放权搞活社会公益类事业单位。社会公益类事业单位，系指政府为实现社会公共利益和国家长远利益而举办的、面向社会提供公益产品和公共服务的事业单位。社会公益类事业单位的改革，要适应政府职能转变及建立公共财政体制的需要，合理调整布局结构，优化资源配置，改革管理体制，完善运行机制，充分调动和发挥职工的积极性，增强单位的发展活力。改革的主要内容与基本要求为：

——按照“区域覆盖”和就近服务的原则，统筹规划、合理调整社会公益类事业单位的布局结构。职能任务相同、相近或在一个区域内重叠重复设置的，要打破部门、条块界限进行联合重组；设置过于零散、规模过小、服务对象单一的，要予以合并；任务不足、长期不出成果、产出效益差和长期未配备工作人员投入运行的，要予以撤销。今后，对需要财政拨款或财政补贴的事业单位，其机构编制规模要严格控制。

——按照转变政府职能和简政放权的原则，进一步扩大社会公益类事业单位在业务运营和用人、分配等方面的自主权，真正确立其独立事业法人的地位，探索建立科学的事业法人治理结构，不断完善内外部管理体制。今后政府部门对社会公益类事业单位的管理，主要是政策引导、依法监督、搞好服务，重点管好其领导班子或法定代表人，监管其国有资产的保值增值，不再干预其日常事务。

——按照有利于人才队伍建设和调动职工工作积极性的原则，改革社会公益类事业单位的用人和分配制度，全面推行人员聘用制度，搞活单位内部分配，逐步建立起单位自主用人、人员自主择业、能进能出、能上能下的用人机制和重实绩、重贡献，向优秀人才、关键岗位倾斜的分配激励机制。

——按照有利于提高财政投入使用效益的原则，改革社会公益类事业单位的经费拨付和管理办法。对经费主要靠财政拨款的公益类事业单位实行经费与人员编制挂钩包干、超支不补、结余留用的预算管理办法；对其他公益类事业单位，建立政府财政定额或定项补贴和按政府确定的公益服务价格收费相结合的运营成本补偿机制与经费管理方式，并鼓励和推动其进一步拓展服务领域，增强面向市场自我发展的能力，有条件的逐步向经费自理过渡。

——按照责、权、利相统一的原则，完善社会公益类事业单位的监督考核机制，结合事业单位登记管理和年度工作总结，对其运营状况、服务质量和产出效益（包括经济效益和社会效益）进行年度检验或考核评估，依据检验考核结果实施奖惩，并相应调整其机构编制和财政支持力度。

——遵循社会化的发展方向，鼓励支持社会力量和国（境）外资本，以出资创办、入股联办和民办公助、公办民助等形式，兴办必须由政府举办之外的各类社会公益事业，逐步形成社会公益事业举办主体的多元化，促进各项事业加快发展。

3. 改企转制，推动经营开发服务类事业单位进入市场。经营开发服务类事业单位，系指在计划经济体制下设立的依附某些行政部门从事应用科学技术研究、技术开发、勘察设计、市政公用、食宿接待以及经济鉴证类社会中介、机关事业单位后勤保障等开发服务活动的事业单位。这类单位，随着经济体制、行政管理体制改革的逐步深化和社会主义市场经济体制的建立，其公益事业属性已渐次消失，已经或正在融入市场，必须按照事企分开的原则，实施政企转制，使其成为市场竞争主体和独立核算、自主经营、自负盈亏的经济实体。这类单位的改企转制，可借鉴国有企业改制的政策办法，结合产权制度改革，打破所有制和地域、行业、隶属关系，采取股份制、股份合作制、合伙制、兼并或转让国有产权等方式进行。可以改为或进入国有企业、国有控股企业，也可以改为或进入非国有单位；可以成建制改企转制，也可以将相关单位合并重组并改企转制。支持职工个人或合伙优先购买本单位，允许其实行分期付款，一次性买断的可给予适当优惠。鼓励民营经济和非国有单位参与事业单位改企转制，可以出资购买，也可以入股控股。非独立建制的机关、事业单位的后勤服务机构也要进行剥离，实行机构、人员和管理制度三分开，独立运作，市场化经营，有条件的应同时进行改企转制。改企转制单位要依法进行工商企业或民办非企业单位注册登记，自改企转制基准日起执行相应的管理制度，其原事业单位性质和事业法人资格随之注销。

（二）改革用人制度，建立充满生机和活力的用人机制

1. 全面推行人员聘用制度。除依照国家公务员制度管理的外，所有事业单位都要与职工在平等自愿、协商一致的基础上，签订聘用合同，实行按需设岗、按岗聘用、公开竞争、合同管理。通过签订聘用合同，依法确定单位与职工个人的人事关系，明确双方的权利、义务和责任，落实单位的用人自主权和职工的自主择业权，维护单位和职工双方的合法权益，实现用人上的公开、公平、公正。聘用期限根据岗位特点确定。聘用人员时，应首先从本单位现有人员中择优聘用；新进人员，除按照国家政策规定必须安置的外，一律面向社会公开招聘。

2. 建立适合各类岗位特点的选人用人机制。在科学定编、

合理设岗以及明确岗位职责、权利和任职条件的基础上，建立公开、公平、公正的竞争机制，根据岗位特点实行不同的选人用人办法。改革事业单位领导人员单一的委任制，坚持党管干部原则，改进管理办法，对不同类型事业单位的领导人员，在选拔中引入竞争机制，按照干部管理权限和规定程序，实行直接聘任、招标聘任、推选聘任、委任等多种任用方式。单位内部管理人员一般实行竞争上岗、择优聘任，并积极探索试行职员制度。专业技术人员实行专业技术岗位聘任制，逐步实现专业技术职务聘任与岗位聘用的统一；不断完善专业技术职务资格考评制度，逐步形成政府宏观指导下的个人申请、社会化评价、单位自主聘任的机制；对责任重大、社会通用性强、事关公共利益、须具备一定专业技术才能胜任的岗位，依法逐步建立执业资格注册管理制度，实行执业准入控制。工勤人员面向社会公开招用，合同管理。

3. 加强聘用和聘后管理。制定具体的事业单位人员竞争聘用办法，规范竞争聘用的程序与聘用合同的内容，严格约定单位与受聘人员履行合同的义务和违反、解除合同的责任，明确合同变更、解除、终止的条件与发生合同争议的处理解决途径和办法，建立健全人事争议仲裁制度，保证事业单位人员竞争聘用制度的健康顺利推行。改进完善事业单位人员考核办法，认真做好聘期内的考核工作，把考核结果作为续聘、解聘、增资、晋级、奖惩的重要依据，保证聘用制度的施行效果。

（三）改革分配制度，建立自主灵活的分配激励机制

1. 建立事业单位工资总量宏观调节机制。行政支持类事业单位和面向社会公众提供公益产品与公共服务、不直接从服务对象收取服务费用的公益性事业单位，实行工资总量与人员编制挂钩、按编制定员和工资政策核定工资总量包干使用的办法。面向社会个体或特定群体提供公益产品和公共服务、按照政府确定的公益服务价格收取费用的公益性事业单位，允许其经工资主管机

关批准，按照新增效益的一定比例提取效益工资，实行工资总量动态包干。经费自理的事业单位还可在保证国有资产保值增值、工资总量增长比例低于单位经济效益增长比例、职工人均工资增长低于单位人均效益增长的前提下，实行工效挂钩。

2. 采取多种形式搞活内部分配。事业单位在包干工资总量内，可根据单位实际，改革内部分配办法。主要是搞活津贴分配，将职工基本工资中的津贴部分或者连同其他工资性补贴、新增效益工资等捆在一起，统筹考虑岗位、任务、业绩、效益等因素，建立本单位的岗位津贴、项目津贴、绩效津贴、课时津贴、特殊人才津贴等项目，适当拉开分配档次。其中经费自理或有条件的事业单位，经职工大会或职工代表会议通过、主管部门审核、工资主管机关批准，可试行内部工资制，将现行国家和省规定的工资、津贴、补贴全部作为档案工资，建立本单位的工资分配制度和办法。

3. 积极探索按生产要素分配的实现形式和具体办法。鼓励有条件的事业单位实行多元化分配，积极探索劳动、资本、技术和管理等生产要素按贡献参与收益分配的有效形式和办法。可结合产权制度改革，建立股份制公益性事业单位，按照股份制方式决定分配形式。允许在职务成果转化取得的收益中提取一定比例，用于奖励项目主要完成人和直接参与人及对成果转化有贡献的人员。允许事业单位高薪聘用优秀人才，实行一流人才、一流业绩、一流报酬。对有重大科技发明、贡献突出的人才，实行重奖。

三、相关制度改革和配套政策

（一）加快社会保障制度改革。建立健全事业单位养老保险、医疗保险、失业保险等社会保险制度，为全面推进事业单位人员聘用制度创造条件。事业单位要全员参加社会养老保险统筹，统筹前职工（不包括劳动合同制工人）按规定计算的连续工龄可视同缴费年限。具体办法由省劳动保障厅会同有关部门制定。

（二）妥善安置未聘人员。事业单位中未能竞聘上岗的人员，由单位和主管部门负责，在单位或行业系统内采取多种方式给予妥善安置。允许实行单位内部待聘制度，待聘期限不超过2年，并按规定参加社会保险，待聘期间工龄连续计算，工资福利待遇由单位自主确定，但不得低于当地最低工资标准。单位和主管部门要通过兴办新的产业、转岗培训、行业调剂等方式，为未聘人员提供不少于2次的竞聘机会。待聘期满仍未竞聘上岗或未找到其他出路的，与单位解除人事关系，进入人才或劳动力市场自谋职业，人事档案按有关规定实行代理，并可到当地失业登记机构登记失业，已参加失业保险的，按规定领取失业保险金。鼓励未聘人员辞去公职从事民营经济或自谋职业，享受国家有关国有企业下岗职工再就业和从事民营经济的优惠政策。辞职时按照有关规定发给一次性辞职补助金。允许职工辞职后按企业的办法缴纳基本养老保险费，到达退休年龄时，按企业的办法领取基本养老金。

（三）搞好改企转制单位职工的劳动关系转换和待遇衔接。事业单位改企转制的，其现有职工原则上由转制后的企业接收，并依法签订劳动合同，确立劳动关系。其中工作年限已满20年且距国家法定退休年龄不足10年、本人提出订立至退休合同的，单位应与其签订至退休的合同。同时，终止与原单位的人事关系，自改企转制基准日起，执行企业的有关制度，纳入当地企业职工养老保险社会统筹，建立企业职工基本养老保险个人账户，职工工龄连续计算，退休时按企业的办法计发基本养老金。其养老保险费的缴纳衔接按以下办法处理：转制前未启动事业单位基本养老保险社会统筹的，职工按规定计算的工龄可视同缴费年限，不再补缴养老保险费；转制前已启动事业单位养老保险社会统筹的，基本养老保险关系和个人账户档案移交企业养老保险机构，其中单位及其职工未参加或欠缴养老保险费的，按有关规定予以补缴，不补缴的不视同缴费年限。

对改企转制后不保留国有资本的单位的职工或改制时辞去公职的职工，由原单位参照《山东省劳动合同条例》等有关规定给予一次性经济补偿或补助。省属单位按改企转制基准目前本人12个月的平均月工资，工作年限每满1年补偿（补助）1个月的标准计发；市县所属单位的补偿（补助）标准由各地根据实际情况制定。

对改企转制时距法定退休年龄不足5年且工作年限满20年的职工，经本人申请，按管理权限批准，可以按照事业单位待遇办理内部退养。

已离退休的人员，改企转制后原离退休费待遇标准不变。其中属财政拨款或财政补贴事业单位的，所需费用由同级财政拨付，社会保险经办机构负责发放；属经费自理事业单位的，所需经费从企业职工基本养老保险统筹基金解决，由社会保险经办机构负责发放。今后国家和省统一调整离退休费时，仍按事业单位的办法调整离退休费。属财政拨款或财政补贴事业单位的，新增离退休费所需资金由财政负担，属经费自理事业单位的，依照企业办法调整增加的基本养老金部分由企业职工基本养老保险统筹基金负担，新增基本养老金与按事业单位标准增加的离退休费的差额部分，由转企后的单位视经济情况自筹资金解决。内部退养人员可按事业单位退休人员对待。

（四）改革经费管理办法。规范事业单位财政供给范围，按照事业单位的性质及社会公益程度实行分类管理。行政支持类事业单位原则上参照执行同级行政机关的经费供给和管理办法；经费主要靠财政拨款的公益性事业单位实行定额管理，严格按编制内人数和相应的标准安排经费，不得进行经营性收费或违反规定收取其他费用；其他事业单位，按照其承担的公益性任务多少核定经费，实行动态管理。事业单位转制为企业后仍承担政府下达任务的，可单独编报项目预算，申请专项经费。有条件的事业单位可实行经费总额包干。

（五）盘活国有资产资源。以事业单位改革为契机，按照深化国有资产管理体制改革的要求，核实资产价值，理顺产权关系，加强国有资产管理，实现国有资产的优化配置和保值增值。对非经营性国有资产，按照隶属关系，由国有资产管理部门委托事业单位主管部门进行监督管理。事业单位转为国有独资、国有控股或参股企业的，建立国有出资人制度，国有股权由相关国有资产运营机构持有，纳入其国有资产授权经营范围，进行资产保值增值责任制考核。事业单位改企转制的，要结合进行产权制度改革，支持其直接转制为民营或非国有控股企业。允许改企转制单位妥善处置国有资产，变现资金优先用于缴纳社会保险费和安置职工。转制时的资产评估、产权界定、资产核销、非经营性资产剥离、土地使用权处理等，参照国有企业转制的有关规定执行。

四、改革的组织领导和方法步骤

（一）加强领导，统筹规划。各级党委、政府要切实加强对事业单位改革的领导。省委、省政府成立省事业单位改革领导小组，负责全省事业单位改革的组织指导，重点搞好省属事业单位改革的组织协调。省直各部门和省属各事业单位要在本意见下达3个月内，研究制定出各自的改革工作规划，并提出具体的事业单位类型划分意见，报省机构编制主管机关核准后组织实施。

（二）搞好试点，循序推进。省直各部门、单位要在完成事业单位类型划分认定工作的基础上，本着先急后缓、先易后难的原则，选定一两个单位先行试点，取得经验，逐步推开。各市、县（市、区）要按照本意见的要求，抓紧组织力量，进行调查研究，制定各自的改革实施意见和配套政策，抓好改革试点。事业单位改革工作基础较好的市，要在前段工作的基础上，完善政策措施，加大改革力度，加快改革步伐。

（三）加强协作，精心实施。事业单位改革涉及面广，政策性强，情况复杂，任务艰巨，组织、人事、编制、财政、劳动保障、国有资产管理及其他有关部门，要按照党委、政府和事业单位改革领导机构的统一部署要求，根据各自的职责分工，各负其责，密切配合，积极主动、认真负责地做好事业单位改革的有关工作。教育、科技、文化、卫生、农业、建设等行业主管部门要加强对本行业、本系统事业单位改革的指导，特别要搞好各自的事业发展区域布局规划，为事业单位的布局结构调整提供帮助和服务。各部门、各事业单位要以积极认真的态度对待这项改革，按照规定及时研究提报改革方案，扎实细致地做好改革方案的组织实施工作，妥善解决改革中出现的矛盾和问题。要充分发挥党组织的战斗堡垒作用和党员的先锋模范作用，加强思想政治工作，搞好舆论宣传，引导干部职工积极支持和参与改革，确保事业单位改革顺利进行。

中共山东省委办公厅 山东省人民政府办公厅转发省人事厅《山东省事业单位实行人员聘用制度暂行办法》的通知

（2005年12月31日　鲁厅字〔2005〕43号）

各市党委和人民政府，省委各部委，省政府各部门，各人民团体，各高等院校：

省人事厅制定的《山东省事业单位实行人员聘用制度暂行办法》已经省委、省政府同意，现转发给你们，请结合实际，认真贯彻执行。

实行人员聘用制度是事业单位用人制度的一项重要改革，涉及事业单位广大职工的切身利益，政策性强，情况复杂。各地、各部门（单位）要高度重视，切实加强领导，精心组织实施。各用人单位要结合实际，认真研究制定聘用工作实施方案，积极稳妥地做好有关工作。实施过程中，要注意及时研究解决出现的问题，不断总结经验，确保事业单位人员聘用制度的顺利实施和平稳过渡。

事业单位已经试行人员聘用制度的，要按照本办法进行规范和完善；实行人员聘用制度的，应按照竞争上岗、择优聘用的原则，优先从本单位符合岗位要求的现有工作人员中选聘并签订聘用合同。签订聘用合同时，对现役军人配偶，孕期、产期、哺乳期内的女职工，残疾人员，患职业病或因工负伤经劳动能力鉴定委员会鉴定为一至六级伤残人员，以及国家政策有明确规定的人员，所在单位应与其签订聘用合同。经指定的医疗单位确诊患有难以治愈的严重疾病、精神病的，可暂缓签订聘用合同，缓签期延续至前述情况消失；或者只保留人事关系和工资关系，直至该人员办理退休（退职）手续。经劳动能力鉴定委员会鉴定完全丧失劳动能力的，按照国家有关规定办理退休（退职）手续。

在签订聘用合同时，职工拒绝与单位签订合同的，单位给予其不少于3个月的择业期。择业期满后仍未另行择业的，应当劝其办理辞职手续；未另行择业又不辞职的，予以辞退。

事业单位实行聘用制过程中，对未能竞聘上岗的人员，要严格按照《中共山东省委、山东省人民政府关于推进事业单位改革的意见》（鲁发〔2004〕15号）中的有关政策规定，采取多种方式给予妥善安置。

山东省事业单位实行人员聘用制度暂行办法

第一章　总　则

第一条　为建立适应社会主义市场经济体制要求的事业单位人事管理制度，规范事业单位人员聘用工作，保护单位和职工的合法权益，根据有关法律、法规和《国务院办公厅转发人事部关于在事业单位试行人员聘用制度意见的通知》（国办发〔2002〕35号）及《中共山东省委、山东省人民政府关于推进事业单位改革的意见》（鲁发〔2004〕15号），结合我省实际，制定本办法。

第二条　事业单位人员聘用制度是指事业单位与受聘人员签订聘用合同，确定聘用关系，明确双方权利和义务的人事管理制度。

第三条　本办法适用于我省除参照公务员制度管理以外的事业单位和与之建立聘用关系的人员。

第四条　实行事业单位人员聘用制，应当坚持单位自主用人、个人自主择业、政府依法监管和公开、平等、竞争、择优的原则，保证职工的参与权、知情权和监督权。

第二章　人员聘用的组织和程序

第五条　实行人员聘用制度的事业单位（以下简称聘用单位），应成立相应的聘用工作组织。聘用工作组织由本单位人事部门负责人、纪检监察部门负责人和工会代表组成，根据需要也可以聘请有关专家参加。人员的聘用、考核、续聘、解聘等事项由聘用工作组织提出意见，报本单位负责人员集体决定。

第六条　聘用单位聘用工作人员，应当在核定的编制和增人计划内，根据岗位设置规定，公平竞争，按岗聘用。

第七条　事业单位聘用工作人员应当首先从本单位现有人员中择优聘用；面向社会招聘的，同等条件下本单位的应聘人员优先。新进人员，除按国家政策规定必须安置的外，一律面向社会公开招聘。

第八条　人员聘用的基本程序：

（一）公布招聘岗位及职责、聘用条件、工资待遇等事项；

（二）应聘人员申请应聘；

（三）审查应聘人员的资格、条件；

（四）组织考试或者考核；

（五）根据考试、考核情况，聘用单位负责人员集体讨论决定拟聘用人员，并进行公示；

（六）拟聘用人员报经政府人事部门备案后，聘用单位法定代表人或者其委托人与受聘人员签订聘用合同；

（七）公布聘用结果。

第九条　人员聘用工作实行回避制度。受聘人员凡与聘用单位负责人员有夫妻关系、直系血亲关系、三代以内旁系血亲或者近姻亲关系的，不得被聘用从事该单位人事、纪检、财务、审计等岗位的工作，也不得在有直接上下级领导关系的岗位工作。聘用工作组织成员在办理人员聘用事项时，遇有与本人有上述亲属关系的，应当实行公务回避。

第三章 聘用合同的订立和履行

第十条 聘用单位与受聘人员建立聘用关系，应当依法订立聘用合同。聘用合同由聘用单位的法定代表人或者其委托人与受聘人员以书面形式订立，一式三份，当事人双方各执一份，一份存入个人档案。

第十一条 对事业单位领导人员的聘用，按照管理权限和规定程序，可采取公开招聘、直接聘任、推选聘任、委任等多种任用形式。

事业单位的党群组织专职工作人员，在已与单位明确了聘用关系的人员范围内，按照各自章程或法律规定产生、任用。

第十二条 聘用合同必须包括下列内容：

（一）聘用合同期限；

（二）岗位及其职责要求；

（三）岗位纪律；

（四）岗位工作条件；

（五）工资和保险福利待遇；

（六）聘用合同变更和终止的条件；

（七）违反聘用合同的责任；

（八）双方约定的其它事项。

经双方当事人协商一致，可以在聘用合同中约定培训和继续教育、知识产权保护、接受单位出资培训、解聘提前通知时限、解除聘用合同时的补偿、聘用合同争议的解决办法等条款。

第十三条 聘用合同分为四种类型：3 年（含 3 年）以下的合同为短期合同，对流动性强、技术含量低的岗位一般签订短期合同；3 年（不含 3 年）以上的合同为中期合同；至职工退休的合同为长期合同；以完成一定工作为期限的合同为项目合同。聘用单位与受聘人员经协商一致，可以订立上述任何一种期限的合同。

对工龄已满 25 年或者在本单位连续工作已满 10 年且年龄距国家规定的退休年龄不足 10 年的受聘人员，本人提出与单位签订聘用至退休合同的，聘用单位应当与其订立聘用至该人员退休的合同。

第十四条 聘用单位与受聘人员签订聘用合同可以约定试用期，试用期包括在聘用合同期限内。试用期一般不超过 3 个月；情况特殊的，可以延长，但较长不得超过 6 个月。被聘人员为大中专应届毕业生（含择业期限内）的，试用期可以延长至 12 个月。

聘用单位接收转业军官、复员退伍军人等政策性安置人员可以签订中、长期合同，签订聘用合同不约定试用期。聘用单位与本单位现有人员签订聘用合同，不再约定试用期。

第十五条 双方当事人应当按照有关规定，遵循公平、合理的原则，在聘用合同中约定违约金的数额，违反聘用合同应按合同约定支付违约金。

第十六条 属于下列情形之一的，聘用合同无效：

（一）违反国家法律、法规的聘用合同；

（二）采取欺诈、威胁等不正当手段订立的聘用合同；

（三）权利义务显失公正，严重损害一方当事人合法权益的聘用合同；

（四）未经本人书面委托，由他人代签的聘用合同，本人提出异议的。

无效的聘用合同由有管辖权的人事争议仲裁委员会认定。

第十七条 确认聘用合同部分无效的，如果不影响其余部分的效力，其余部分仍然有效。

第十八条 聘用单位与职工订立聘用合同时，不得收取任何形式的抵押金、抵押物或者其他财物。

第十九条 聘用合同订立后，双方都应当严格遵守，全面履行。受聘人员应当遵守聘用单位的规章制度和职业道德，认真负责地完成岗位工作任务；聘用单位应当保障受聘人员的工作条件，保障受聘人员依法享受劳动报酬、社会保险、福利待遇以及接受培训和继续教育的权利。

第二十条 聘用合同履行期间，聘用单位应当对受聘人员履行岗位职责、完成任务情况进行年度考核，必要时可以增加聘期考核。考核结果是续聘、解聘或者调整岗位的依据。

第四章 聘用合同的变更、终止、解除和违约责任

第二十一条 聘用合同依法订立后，任何一方不得擅自变更合同内容。聘用单位法定代表人发生变更的，原合同仍然有效，由新的法定代表人继续履行；聘用单位合并、分立的，聘用合同由合并、分立的聘用单位继续履行。聘用合同确需变更的，双方应协商一致，并按原签订程序变更合同或增加附加条款。双方未达成一致意见的，除法律法规或本办法另有规定以外，原合同继续有效。

第二十二条 聘用单位变更名称的，聘用合同的单位名称相应变更。

第二十三条 受聘人员年度考核或者聘期考核不合格的，聘用单位可以调整该受聘人员的岗位或者安排其离岗接受必要的培训后调整岗位。岗位变化后，应当相应调整该受聘人员的岗位工资待遇，并对其聘用合同作相应变更。

第二十四条 有下列情形之一的，聘用合同即行终止：

（一）聘用合同期满，或者合同约定终止的条件出现的；

（二）受聘人员达到法定退休年龄的；

（三）因工或非因工负伤以及患病，治疗终结后经当地人事部门指定的劳动能力鉴定机构鉴定为1至4级的，按照国家规定应退休（退职）的；

（四）受聘人员死亡或者被人民法院宣告死亡的；

（五）事业单位被撤销的。

第二十五条　聘用单位、受聘人员双方协商一致，可以解除聘用合同。

第二十六条　受聘人员有下列情形之一的，聘用单位可以随时单方面解除聘用合同：

（一）连续旷工超过 10 个工作日或者 1 年内累计旷工超过 20 个工作日的；

（二）未经聘用单位同意，擅自出国或者出国逾期不归的；

（三）违反工作规定或者操作规程，发生责任事故，或者失职、渎职造成严重后果的；

（四）严重扰乱工作秩序，致使聘用单位、其他单位工作不能正常进行的；

（五）被人民法院判处拘役以上刑罚处罚，或者被劳动教养的；

（六）在试用期间被证明不符合本岗位要求又不同意单位调整其工作岗位的。

第二十七条　受聘人员有下列情形之一的，聘用单位可以单方面解除聘用合同，但是应当提前 30 日以书面形式通知拟被解聘的受聘人员：

（一）受聘人员患病或者非因工负伤，医疗期满后，不能从事原工作也不能从事由聘用单位安排的其他工作的；

（二）受聘人员年度考核或者聘期考核不合格，又不同意聘用单位调整其工作岗位的，或者虽同意调整工作岗位，但到新岗位后考核仍不合格的。

第二十八条　受聘人员有下列情形之一的，聘用单位不得解除聘用合同：

（一）受聘人员患病或者负伤，在规定的医疗期内的；

（二）女职工在孕期、产期和哺乳期内的；

（三）因工负伤，治疗终结后经劳动能力鉴定机构鉴定为五级至六级的；

（四）患职业病以及经人事部门指定的医院诊断为现有医疗条件下难以治愈的严重疾病或者精神病的；

（五）受聘人员正在接受纪律审查尚未作出结论的；

（六）属于国家规定的不得解除聘用合同的其他情形的。

第二十九条 有下列情形之一的，受聘人员可以随时单方面解除聘用合同，并书面通知聘用单位：

（一）在试用期内的；

（二）考入普通高等院校的；

（三）被录用或者选调到国家机关工作的；

（四）依法服兵役的；

（五）遇有严重妨碍其本人履行聘用合同情形的。

除上述情形外，受聘人员提出解除聘用合同未能与聘用单位协商一致的，受聘人员应当坚持正常工作，继续履行聘用合同；6个月后再次提出解除聘用合同仍未能与聘用单位协商一致的，即可单方面解除聘用合同。法律、法规和规章另有规定的从其规定。

第三十条 受聘人员与所在单位的聘用关系解除后，聘用单位要按照有关规定及时为其办理社会保险关系调转手续，并向有关方面移交其人事档案。

第三十一条 聘用合同当事人违反国家有关规定或者聘用合同约定，应当依法承担责任。属于下列情形之一的应承担违约责任：

（一）聘用合同未到期，又不符合解除合同条件，由单方解除合同的；

（二）因聘用单位原因订立的无效或部分无效聘用合同的。

第三十二条 有下列解除聘用合同情形之一的，聘用单位应当根据有关规定向被解聘人员支付经济补偿：

（一）聘用单位提出解除聘用合同，受聘人员同意解除的；

（二）受聘人员患病或者非因工负伤，医疗期满后，不能从事原工作也不能从事由聘用单位安排的其他工作，聘用单位单方面解除聘用合同的；

（三）受聘人员年度考核或者聘期考核不合格的，又不同意聘用单位调整其工作岗位的，或者虽同意调整工作岗位，但到新岗位后考核仍不合格，聘用单位单方面解除聘用合同的；

（四）聘用单位因分立、合并、撤销，不能安置受聘人员到相应单位就业而解除聘用合同的。

第五章　组织实施与监督

第三十三条　县级以上政府人事部门对本行政区域内所属事业单位人员聘用工作负有组织、指导、协调、监督、检查的职责，依法保护聘用单位和职工的合法权益，查处违反人事法规、政策的行为，并对有关责任人提出处理意见，按照管理权限进行处理。

第三十四条　主管部门负责组织指导、督促所属事业单位人员聘用的实施工作。

第三十五条　受聘人员与聘用单位在公开招聘、聘用程序、聘用合同期限、定期或者聘期考核、解聘辞聘、未聘安置等问题上发生争议的，经当事双方或主管部门协调不能达成一致意见的，当事人可按照有关规定向当地人事争议仲裁机构申请仲裁，并可依法提起诉讼。

第六章　附　则

第三十六条　本办法由山东省人事厅负责解释。

第三十七条　本办法自发布之日起施行。

山东省人民政府办公厅关于进一步加强中小学教师队伍建设有关问题的意见

（2016年4月14日　鲁政办字〔2016〕56号）

各市人民政府，各县（市、区）人民政府，省政府各部门、各直属机构，各高等院校：

中小学教师是我省人才队伍的重要组成部分，是推进教育改革创新，实现教育现代化，办好人民满意教育的重要力量。为进一步加强中小学教师队伍建设，经省政府同意，现提出以下意见：

一、合理配置中小学教职工编制

1. 健全中小学教职工编制管理机制。按照“总量控制、统筹城乡、结构调整、有增有减”的原则，建立县域内中小学教职工编制总量控制、动态调整机制。县级机构编制部门会同财政、教育行政部门根据生源变化和教育教学改革需要，每3年核定一次教职工编制总量。教育行政部门每年在核定的编制总量内，按照班额、生源以及师资结构等情况具体分配到各学校，实行动态调整，并到机构编制和财政部门备案后实施。

2. 完善中小学教职工编制标准。中小学年级学生数达到标准班额数的，仍按照《山东省人民政府办公厅转发省编委办公室等3部门关于调整中小学教职工编制标准的意见的通知》（鲁政办发〔2011〕44号）规定的教职工与学生比例核定编制；年级学生数达不到标准班额数的，小学按照年级（教学班）配备2.4名、初中按照年级（教学班）配备3.7名教职工的标准核定编制。承担示范、实验、双语教学任务的中小学，举办民族教学班或有寄宿学生的中小学，安排教师脱产进修、现代化教学设备达到一定规模的中小学，承担教学点管理任务的乡镇中心小学，以及育龄女教师较多的中小学，可按不超过教职工总量5%的比例增加教师编制。严格控制学校专职管理人员、教学辅助人员和工勤人员占教职工的比例，高中一般不超过15%、初中一般不超过12%、小学一般不超过9%。

3. 重新核定中小学教职工编制。2016年上半年，各县（市、区）要按照鲁政办发〔2011〕44号文件规定程序，由县级教育行政部门提出中小学教职工编制方案，机构编制部门会同财政、教育行政部门组织重新核定中小学教职工编制。现有中小学教职工编制总量达不到新核定总量的，要加大编制统筹力度，在县域事业编制总量内调剂部分事业编制用于补充中小学教师；县域内难以调剂的，由设区市在事业编制总量内调剂解决。

二、科学优化中小学教师配置

4. 加快推进“县管校聘”管理机制改革。2016年全面推行中小学教师“县管校聘”管理改革，建立健全县管教职工编制、人员经费、岗位设置、交流轮岗，校管岗位聘用、绩效工资分配、考核奖惩的新机制。落实以县为主的农村义务教育学校管理体制，中小学教职工人员经费仍由乡镇承担的，2016年6月底前上调到县级承担。

5. 全面落实义务教育学校教师交流轮岗制度。自2016年起，各县（市、区）要按照教师交流轮岗有关要求，全面推行义务教育学校教师交流轮岗制度，对符合交流轮岗条件的，由县级教育行政部门有计划地组织交流轮岗。有条件的地方应当积极探索实施义务教育教师任期制度，明确在一所学校最长任职年限，期满后交流轮岗。

6. 优化教师交流管理工作机制。自2016年起，县域内中小学教师交流，不再申报用编进人计划，由县级教育行政部门根据中小学教师结构状况、教学实际需要等，于每年7月底前，研究提出教师交流方案，征得同级机构编制、人力资源社会保障部门同意后组织实施。教师交流工作完成后，教育行政部门应在10个工作日内向同级机构编制、人力资源社会保障部门备案。机构编制部门要及时更新完善编制实名制人员信息。人力资源社会保障部门要及时办理人员聘用备案、工资、社会保险等业务。

7. 实施农村学校特级教师岗位计划。以农村义务教育学区为单位，每个学区设立1个特级教师岗位，实行任期制。面向县域内中小学教师公开竞聘，聘期内享受特级教师补贴待遇。期满未能续聘、调离农村学区一线教学岗位或到达退休年龄的，不再享受相关待遇。农村学校特级教师岗位聘用教师纳入省级教师培训计划。

8. 合理调配学校富余人员。县级教育行政部门要按照核定的中小学教职工编制、岗位和教学工作量指导学校确定聘用人员。现有教职工超出编制员额的，管理、教学辅助和工勤人员超过规定比例的，应予以调配分流。

9. 创新乡镇义务教育管理模式。结合义务教育学区制度的建立，完善农村学校管理机制。乡镇设有一个学区的，可设学区主任1名；设有一个以上学区的，可以成立乡镇联合学区（简称联区），设联区主任1名。学区（联区）主任由乡镇驻地的初中校长担任，负责学区（联区）教育教学业务管理工作。乡镇学区（联区）可设教育指导员2—3名，由乡镇驻地的中小学相关人员兼任，协助学区（联区）主任工作。对现占用教师编制的乡镇教育管理人员，应当于2016年年底前完成调整分流。

三、健全完善中小学教师专业技术岗位管理制度

10. 健全中小学岗位管理机制。县级人力资源社会保障部门根据中小学岗位设置结构比例指导标准，对县域内中小学专业技术高、中、初级岗位，分别核定岗位设置总量，实行总量控制。县级教育行政部门在核定的岗位设置总量内，按照中小学教职工编制、人员结构、教育教学改革需要等情况具体分配到各学校，并经县级人力资源社会保障部门备案后实施。

11. 提高中小学高级和中级教师岗位设置比例。根据我省中小学教师队伍现状，适当调整完善中小学岗位设置结构比例指导标准。在现有标准基础上，中学高级和中级岗位比例设置上限分别提高5个百分点，小学高级和中级岗位比例设置上限分别提高7个百分点。县级教育行政部门在分配专业技术中高级岗位时，要向农村学校、薄弱学校倾斜。

12. 严格教师专业技术职务评聘管理。县级人力资源社会保障部门、教育行政部门要根据岗位空缺情况，确定年度教师专业技术职务评审计划，严格控制评聘数量，指导中小学严格按照标准条件和程序组织开展评聘工作，确保评聘质量。对因历史原因产生的超过专业技术岗位数额聘用的人员，要通过自然减员、交流轮岗、低聘或解聘等办法，逐步调整到规定的结构比例内，不得超过核准的岗位结构比例和岗位总量评聘人员。认真落实专业技术岗位兼职等有关规定，严禁学校专职管理人员、教学辅助人员占用专业技术岗位申报评审教师专业技术职务。

四、建立健全激励约束机制

13. 科学制定课时量标准。2016年年底前，县级教育行政部门要指导中小学制定和细化不同教师岗位课时量标准（包括兼职人员）。中小学教师课时量标准，要综合考虑课程的难度、备课时间长短、作业批改量、教学班级和学生数量等因素确定，不同学科每周最低课时量，小学一般不低于12—18节、初中不低于10—16节、高中不低于10—14节。班主任工作量按教师标准课时量的一半计入。走教、任教多学科教师课时量应予以适当照顾。教师兼职管理工作的，课时量不得低于标准的三分之二。

14. 强化课时量在中小学教师职称评聘和考核评价指标体系中的权重。完善中小学教师专业技术职务评聘办法，将完成课时量作为申报教师专业技术职务和竞聘专业技术岗位的必要条件。管理岗位兼职人员课时量低于标准三分之二的，不得申报评审教师专业技术职务，不得聘任教师专业技术岗位。将课时量标准纳入每个教师专业技术岗位目标任务，写入聘用合同，加强考核。对达不到约定课时量的，年度考核不能评为优秀档次，在续签聘用合同时要进行转岗或低聘。

15. 深入推进实施绩效工资制度。县级教育行政部门要加大中小学绩效工资实施工作指导和监督力度，深入推进中小学实施绩效工资工作。中小学要完善内部考核制度，并在考核基础上，自主确定奖励性绩效工资的分配方式和办法。奖励性绩效工资主要体现工作量和实际贡献等因素，进一步提高课时量在绩效工资分配中的权重，切实调动教师的教学积极性。

五、切实解决短缺学科教师问题

16. 加大短缺学科教师补充力度。县级教育行政部门要会同机构编制、人力资源社会保障部门按照国家课程改革和开齐开足课程的需要，全面梳理分析短缺学科教师队伍现状，综合考虑教职工编制、自然减员情况，科学制定短缺学科教师补充计划，用2年时间切实解决学科教师短缺问题。县级机构编制、财政、人力资源社会保障部门对中小学有空编需补充短缺学科教师的，要做到有编即补。

17. 拓宽短缺学科教师解决渠道。中小学新增教学辅助和工勤人员一般应通过政府购买服务方式解决，空出的编制主要用于补充教师。加强农村学校英语、音乐、美术、体育、科学、信息技术、综合实践、心理健康等紧缺薄弱学科教师培训，对学科富余教师进行转学科教学能力培训，对年富力强、学有余力的教师开展多学科教学能力培训。强化学区内教师资源统筹配置，学区内教师可统一安排使用，实行短缺学科教师走教，实现学区优质师资共享。

山东省人事厅关于印发《山东省事业单位公开招聘人员实施办法》的通知

（2006 年 9 月 30 日　鲁人发〔2006〕23 号）

各市人事局，省政府各部门、各直属事业单位，各高等院校：

现将《山东省事业单位公开招聘人员实施办法》印发给你们，请认真贯彻执行。

山东省事业单位公开招聘人员实施办法

第一章　总　则

第一条　为实现事业单位人事管理的科学化、制度化，规范事业单位人员招聘工作，提高人员素质，根据《事业单位公开招聘人员暂行规定》（中华人民共和国人事部令第 6 号）和《山东省事业单位实行人员聘用制度暂行办法》（鲁厅字〔2005〕43 号），制定本办法。

第二条　事业单位招聘专业技术人员、管理人员和工勤人员适用本办法。参照公务员法管理的事业单位除外。

事业单位新进人员，除国家政策性安置、按干部人事管理权限由上级任命及涉密岗位等确需使用其他方法选拔任用人员外，都要实行公开招聘。

第三条　公开招聘要坚持政府宏观管理与落实单位用人自主权相结合，统一规范、分类指导、分级管理。

第四条　公开招聘应当坚持德才兼备的用人标准，贯彻公开、平等、竞争、择优的原则，根据招聘岗位的任职条件及要求，采取考试、考核的方法进行。

第五条 各级政府人事行政部门是同级政府所属事业单位公开招聘工作的主管机关。政府人事行政部门与事业单位的上级主管部门负责对事业单位公开招聘工作进行指导、监督和管理。

第六条 事业单位可以成立由本单位人事、纪检监察部门和工会代表及有关专家组成的招聘工作组织，具体承担招聘工作的组织实施。

第二章 招聘范围、条件及程序

第七条 事业单位招聘人员应当面向社会，凡符合条件的人员均可报名应聘。

第八条 应聘人员必须具备下列条件：

（一）具有中华人民共和国国籍；

（二）遵守宪法和法律；

（三）具有良好的品行和职业道德；

（四）岗位所需的专业或技能条件；

（五）适应岗位要求的身体条件；

（六）岗位所需要的其他条件。

第九条 事业单位公开招聘人员，不得设置歧视性条件要求。

第十条 公开招聘应按下列程序进行：

（一）制定招聘方案；

（二）发布招聘信息；

（三）报名与资格审查；

（四）考试、考核；

（五）体检；

（六）确定拟聘用人员，并进行公示；

（七）拟聘用人员报政府人事行政部门备案；

（八）签订聘用合同，办理相关手续；

（九）公布聘用结果。

第十一条 对因涉密、专业特殊等不宜公开或难以形成竞争的岗位，经市级以上招聘主管机关同意，可简化程序组织招聘；对急需引进的高层次、短缺专业人才，具有高级专业技术职务或博士学位的人员，经招聘主管机关同意，可采取直接考核的方式招聘。

第三章 招聘方案与信息发布

第十二条 事业单位招聘人员应当在核定的编制和增人计划内，根据岗位需要制定招聘方案。

第十三条 招聘方案由招聘单位或其主管部门负责制定，主要包括以下内容：

（一）招聘单位编制数、空编数、拟招聘人数；

（二）拟招聘的岗位、专业及所需资格条件；

（三）招聘的组织方式和时间；

（四）考试的办法；

（五）招聘信息发布的渠道等。

第十四条 省政府直属事业单位的招聘方案，报省人事厅备案；省政府部门或单位所属事业单位的招聘方案，须经其主管部门（单位）核准后报省人事厅备案；省级垂直管理部门系统所属事业单位的招聘方案，由其省级主管部门统一制定，报省人事厅备案。

设区的市政府所属事业单位的招聘方案，报设区的市政府人事行政部门核准。

县以下政府所属事业单位的招聘方案，须经县政府人事行政部门同意后报设区的市政府人事行政部门核准。

第十五条 招聘方案经政府人事行政部门核准备案后，由招聘单位或其主管部门向社会公开发布招聘信息。

第十六条 招聘信息应包括以下内容：

（一）招聘单位的情况简介；

（二）招聘岗位、招聘人数及相关待遇；

（三）应聘人员条件；

（四）招聘办法；

（五）考试、考核的时间、内容、范围；

（六）报名方法等。

第十七条 招聘报名及资格审查工作在政府人事行政部门指导下，由招聘单位或其主管部门具体负责实施。

第四章 考试、考核与体检

第十八条 考试内容及科目应根据行业、专业及岗位特点确定，主要测试应聘人员所必需的公共基础知识和与岗位相适应的专业知识、业务能力和工作技能等。

第十九条 考试可采取笔试、面试、实际操作等多种方式组织。其中，招聘初级专业技术岗位和管理岗位人员，应采取笔试和面试相结合的方式；招聘工勤岗位人员，可根据需要重点进行实际操作能力测试。

第二十条 考试由政府人事行政部门会同招聘单位或其主管部门组织，也可经政府人事行政部门同意，由招聘单位或其主管部门自行组织。

政府人事行政部门所属考试服务机构和人才服务机构，应为事业单位公开招聘人员提供相关服务。

第二十一条 通过考试的拟聘用人员，由招聘单位或其主管部门组织进行考核，主要考核拟聘用人员思想政治表现、道德品质、业务能力、工作实绩等方面的情况，并对其资格条件进行复查。

第二十二条 拟聘用人员的体检应在县级以上综合性医院进行，由招聘单位或其主管部门负责组织。体检标准可参照公务员录用体检标准执行，国家另有规定的从其规定。

第五章　聘　用

第二十三条　经聘用单位负责人员集体研究，根据考试、考核、体检结果，按有关程序择优确定拟聘用人员。

第二十四条　对拟聘用人员应在适当范围内进行公示，公示期一般为七日至十五日。

第二十五条　公示合格的拟聘用人员，由聘用单位或其主管部门提出聘用意见，并填写《事业单位聘用人员情况汇总表》和《事业单位聘用人员登记表》，按照干部人事管理权限的规定报政府人事行政部门备案。符合聘用条件的，由政府人事行政部门发放《事业单位招聘人员通知书》。

第二十六条　经政府人事行政部门备案后，聘用单位法定代表人或其委托人与受聘人员签订聘用合同，确立人事关系，并按规定办理相关手续。聘用人员的人事档案可实行人事代理，由聘用单位委托政府人事行政部门所属的人才服务机构代理。

第二十七条　事业单位公开招聘的人员按规定实行试用期制度。试用期包括在聘用合同期限内。

试用期满合格的，予以正式聘用；不合格的，解除聘用合同。

第六章　纪律与监督

第二十八条　事业单位公开招聘人员实行回避制度。

凡与聘用单位负责人员有夫妻关系、直系血亲关系、三代以内旁系血亲或近姻亲关系的应聘人员，不得应聘该单位人事、纪检、财务、审计等岗位，也不得在有直接上下级领导关系的岗位工作。

聘用单位负责人员和招聘工作人员在办理人员聘用事项时，涉及与本人有上述亲属关系或其他可能影响招聘公正的，也应当回避。

第二十九条 招聘工作要做到信息公开、过程公开、结果公开，接受社会及有关部门的监督。

第三十条 政府人事行政部门和事业单位的上级主管部门要认真履行监管职责，对事业单位招聘过程中违反干部人事纪律及本办法的行为要予以制止和纠正。

第三十一条 对有下列违反本办法情形之一的，必须严肃处理。构成犯罪的，依法追究刑事责任。

（一）应聘人员伪造、涂改证件、证明，或以其他不正当手段获取应聘资格的；

（二）应聘人员在考试考核过程中作弊的；

（三）招聘工作人员指使、纵容他人作弊，或在考试考核过程中参与作弊的；

（四）招聘工作人员故意泄露考试题目的；

（五）招聘工作人员违反规定，影响招聘公平、公正进行的；

（六）事业单位负责人员违反规定私自聘用人员的；

（七）违反本办法的其他情形的。

第三十二条 对违反公开招聘纪律的应聘人员，视情节轻重取消考试或聘用资格。对违反本办法招聘的受聘人员，一经查实，应当解除聘用合同，予以清退。

第三十三条 对违反公开招聘纪律的工作人员，视情节轻重调离招聘工作岗位或给予处分；对违反公开招聘纪律的其他相关人员，按照有关规定追究责任。

第七章　附　则

第三十四条 各设区的市政府人事行政部门可以根据本办法，制定本市的公开招聘实施细则。

第三十五条 本办法自发布之日起实施，此前与本办法规定不一致的，按本办法执行。

附件：1. 事业单位聘用人员情况汇总表

2. 事业单位聘用人员登记表

3. 事业单位招聘人员通知书

（附件本书略）

中共山东省委组织部 省人事厅关于省属事业单位新进人员公开招聘工作的通知

（2007年4月27日　鲁人发〔2007〕22号）

省直各部门（单位），省属各高等院校：

为积极推进事业单位人事制度改革，提高新进人员的政治素质和业务水平，根据人事部《事业单位公开招聘人员暂行规定》和省委、省政府《关于推进事业单位改革的意见》（鲁发〔2004〕15号）、《山东省事业单位实行人员聘用制度暂行办法》（鲁厅字〔2005〕43号）的相关规定，现对省属事业单位新进人员实行公开招聘的相关事宜通知如下：

一、招聘工作的组织

事业单位招聘人员，要严格按照事业机构编制和人员计划管理的规定，向省人事厅申请增人计划。增人计划下达后，各招聘单位编制年度招聘方案，于每年4月底前报省委组织部、省人事厅备案。其中，属省直属事业单位和省属高等院校的，直接报送；属省直各部门所属事业单位的，经主管部门核准后报送；属省级垂直管理部门系统所属事业单位的，由其省级主管部门统一制定并报送。招聘单位或其主管部门按照招聘方案规定的程序，根据不同岗位和专业要求，分期分批组织实施，年内完成。

省委组织部、省人事厅是省属事业单位公开招聘工作的主管机关，和事业单位主管部门共同负责公开招聘工作的指导、监督和管理。招聘单位或其主管部门要成立由本单位人事、纪检监察部门和工会代表及有关专家组成的招聘工作组织，具体做好招聘工作的组织实施。

二、招聘的范围和条件

（一）招聘单位的范围

参加公开招聘的单位为省直属事业单位、省直各部门或各单位所属事业单位及省级垂直管理部门所属事业单位，参照公务员法管理的事业单位除外。

（二）招聘人员的范围和条件

事业单位新进专业技术人员、管理人员和工勤人员，除国家政策性安置、按干部人事管理权限由上级任命及涉密岗位外，都要实行公开招聘。公开招聘要坚持德才兼备的用人标准，贯彻公开、平等、竞争、择优的原则。应聘人员应具有中华人民共和国国籍，遵守宪法和法律，具有良好的品行和职业道德，符合岗位所需的专业技能、身体素质和其他条件。凡与聘用单位负责人员有夫妻关系、直系血亲关系、三代以内旁系血亲或近姻亲关系的，不得应聘该单位人事、纪检、财务、审计及有直接上下级领导关系的岗位。

在职人员应聘的，要征得所在单位同意，符合国家有关法律法规的规定。

1. 初级专业技术岗位和管理岗位

初级专业技术岗位和管理岗位的范围指十一至十三级专业技术岗位和七到十级管理岗位。应聘人员年龄应在40周岁以下，具有山东省常住户口。在职人员应聘的，其工作单位应在山东。全日制普通高校择业期内未就业的本科以上毕业生不受生源地限制。

2. 中级专业技术岗位和管理岗位

中级专业技术岗位和管理岗位指八至十级专业技术岗位和五至六级管理岗位。应聘八至十级专业技术岗位和五至六级管理岗位的，须具备岗位规定的任职资格和条件。

3. 高级专业技术岗位

高级专业技术岗位指一至七级专业技术岗位。应聘一至七级专业技术岗位的，须具备岗位规定的任职资格和条件。

4. 工勤岗位

工勤岗位指一至五级工勤技能岗位。应聘工勤岗位的，要具备相应的专业水平及操作技能，且具有招聘单位所在地常住户口。

三、招聘的方法步骤

事业单位公开招聘工作人员，要按照制定招聘方案、发布招聘信息、组织报名与资格审查、考试考核、公示拟聘人员、签订聘用合同等程序进行。

（一）招聘方案的制定

省属事业单位招聘工作人员，要在核定的编制员额和年度增人计划内，根据工作需要，制定年度进人招聘方案。招聘方案内容为：招聘单位编制数、空编数、拟招聘人数；拟招聘的岗位、专业及所需资格条件；招聘的组织方式和时间；考试的办法；招聘信息发布的渠道；招聘工作联系人及联系方式等。

事业单位的年度招聘方案，原则上按规定时间每年集中备案一次，因情况特殊招聘急需人才的，也可按增人计划随时编制招聘方案，经主管部门审核同意并报省委组织部、省人事厅备案后组织实施。

（二）招聘信息的发布

省人事厅汇总各单位的招聘方案，通过山东人事信息网、山东人事考试信息网、山东人才网、山东高校毕业生就业信息网和招聘单位的网站，发布招聘公告，公布招聘信息。招聘信息的内容为：招聘岗位、招聘人数及相关待遇；应聘人员条件；招聘办法；考试、考核的时间、内容、范围；面试人选比例；报名方法等。

招聘公告一般在报名前 15 天发布，公告时间不少于 7 天。

（三）报名与资格审查

报名与资格审查工作，在省人事厅的指导下，由招聘单位或其主管部门组织实施。

招聘初级专业技术岗位和管理岗位人员，采取网上报名，由各招聘单位对报名人员进行网上资格审查。招聘中、高级专业技术岗位、中级管理岗位和工勤岗位人员，到招聘单位指定的地点报名，进行资格审查。

应聘人员报名，要提交本人相关证明材料，主要包括：国家承认的学历证书、身份证、户口簿，专业资格证书等。属在职人员的，需提交单位同意报名的证明；全日制普通高校择业期内未就业毕业生报名的，需提交就业推荐书或毕业生就业报到证等。招聘单位经对报名人员的资格条件进行审查后，确定符合条件人员，并以适当形式对外公布。

（四）考试内容和方法

事业单位公开招聘人员原则上采取笔试、面试相结合的方式进行，笔试、面试成绩要对外公布。招聘考试的内容和形式，根据岗位需求和招聘对象的不同特点确定。

1. 笔试

（1）招聘初级专业技术岗位和管理岗位人员，笔试科目为公共基础知识或专业基础知识。笔试采取统一考试、统一阅卷的方式进行，由省人事厅统一组织。笔试成绩公布后，由招聘单位或其主管部门根据笔试成绩，按规定的比例确定进入面试人选。

（2）招聘中级专业技术岗位和管理岗位人员，采取专业知识笔试和面试相结合的方式进行，由招聘单位或其主管部门组织实施，笔试、面试内容为应聘岗位所需的专业知识。其中招聘五至六级管理岗位人员的，须报省委组织部备案同意后，按规定程序组织实施。笔试工作结束后，将应聘人员笔试成绩报省人事厅。

（3）招聘高级专业技术岗位人员，公开招聘方式由招聘单位或其主管部门根据岗位要求自行确定，可采取答辩、试讲、面谈交流等方式，也可采取直接考核的方式进行。对急需的高层次、短缺专业人才，具有高级专业技术职务或博士学位的人员，以及因涉密、专业特殊等不宜公开或难以形成竞争的岗位，经省人事厅批准，可采取直接考核或简化程序的方式组织招聘。

（4）招聘工勤岗位人员，原则上采取笔试和专业测试相结合的方式进行，也可根据岗位需要重点进行实际操作能力测试。笔试、专业测试及实际操作能力的测试，由招聘单位或其主管部门按招聘方案规定的程序组织实施。

2. 面试

面试由招聘单位或其主管部门根据岗位和专业要求自行组织。进入面试人选应根据笔试成绩由高分到低分，按照招聘人数与应聘人数原则上不低于1∶3的比例依次确定。笔试成绩不带入面试。进入考核体检范围人选，由招聘单位根据面试成绩确定。

面试可采用结构化面谈、情景模拟、专业测试及实际操作等方法，主要测评应聘人员的理论素养、思维能力、创新能力以及与岗位相适应的专业知识、业务能力和工作技能等方面内容。面试考官不少于7人，由熟悉相关专业知识、具有面试实践经验的人员担任，其中持有面试考官资格证书或者面试考官培训合格证书的人员不得少于3人。面试成绩原则上由考官当场评判、当场宣布。

（五）考核体检

考核、体检工作由招聘单位或其主管部门负责组织实施。根据面试考试成绩，按招聘岗位，由高分到低分以不低于招聘人数1.2倍的比例，确定进入考核体检范围人选；采取直接考核或按简化程序公开招聘的，按应聘的实际人数确定人选。考核可采取查阅档案、核对身份、个别谈话、召开座谈会等多种方式进行，考核主要内容应包括拟聘用人员思想政治表现、道德品质、业务能力、工作实绩等方面的情况。体检应在省级医院进行，体检可参照公务员录用体检通用标准执行，国家另有规定的从其规定。

考核、体检人员不合格的，可从其他进入同一岗位考核范围的人员中依次等额递补。

（六）签订聘用合同

招聘单位根据考试、考核、体检结果，按有关程序择优确定拟聘用人员，经7至15日公示无异议的，由聘用单位或其主管部门提出聘用意见，并填写《事业单位聘用人员登记表》和《事业单位聘用人员情况汇总表》，报省人事厅备案。符合聘用条件的，由省人事厅发放《事业单位招聘人员通知书》。聘用人员备案后，聘用单位法定代表人或其委托人与受聘人员签订聘用合同，确立人事关系，并按规定办理档案关系、工资、户籍迁移、毕业生派遣等相关手续。聘用人员按规定实行试用期制度，期满合格的正式聘用，不合格的解除聘用合同。

四、切实加强领导

对事业单位新进人员实行公开招聘，是事业单位选人用人机制的创新，也是事业单位改革的重要举措。这项工作政策性强，涉及面广，社会各界比较关注，各部门、各单位务必高度重视，切实加强组织领导。要认真执行国家和省关于事业单位公开招聘的政策规定，坚持标准条件，严格工作程序，认真审查把关，确保选人质量。要实行政务公开，无论是招聘岗位、招聘人数、报考条件，还是考试成绩、聘用结果，都要面向社会公开，做到信息公开、过程公开、结果公开，接受社会、群众及有关部门的监督。要严肃干部人事纪律，对在招聘过程中弄虚作假、营私舞弊的，严肃查处，坚决纠正；对违反公开招聘纪律的应聘人员，取消考试或聘用资格；对违反公开招聘纪律的工作人员，视情节轻重给予相应处分。

各市、县（市、区）事业单位公开招聘工作人员，可参照本通知执行。

山东省人力资源和社会保障厅等部门关于先行实施国家基本药物制度基层医疗卫生机构人事制度改革的指导意见

（2010 年 7 月 22 日　鲁人社发〔2010〕43 号）

各市、县（市、区）人力资源和社会保障局、发展和改革委员会、财政局、卫生局：

根据山东省人民政府办公厅《关于印发〈山东省推行国家基本药物制度的实施意见〉的通知》（鲁政办发〔2010〕9 号）要求及相关规定，为推进先行实施国家基本药物制度的基层医疗卫生机构（政府举办的乡镇卫生院、具有独立建制资格的城市社区卫生服务机构）人事制度改革，制定本指导意见。

一、指导思想和基本原则

1．先行实施国家基本药物制度基层医疗卫生机构人事制度改革的指导思想是，以科学发展观为指导，深入贯彻中央和省委、省政府关于深化医药卫生体制改革的部署要求，从我省实际出发，以满足群众基本医疗用药需求、促进人人享有基本医疗卫生服务为目标，以健全聘用制和岗位管理制度为重点，创新管理体制，转换用人机制，形成权责清晰、分类科学、机制灵活、监管有力，符合先行实施国家基本药物制度基层医疗卫生机构特点的人事制度。

2．先行实施国家基本药物制度基层医疗卫生机构人事制度改革的基本原则是：

坚持深化改革，创新人事管理制度。贯彻公开、平等、竞争、择优的原则，深化人事制度改革，优化人员结构，提高人员素质，加强基层医疗卫生机构人员队伍建设。

坚持从实际出发，严格执行政策规定。密切结合实际，认真分析先行实施国家基本药物制度基层医疗卫生机构的实际情况，认真执行国家法律、法规和政策规定，制定切实可行的实施方案，确保改革工作规范有序进行。

坚持以人为本，维护合法权益。维护广大人民群众的根本利益，保障基层医疗卫生机构广大职工的合法权益，促进社会和谐稳定，科学发展。

二、科学合理设置岗位

1. 先行实施国家基本药物制度基层医疗卫生机构应根据事业单位岗位设置管理的政策规定，按照科学合理、精简效能的原则进行岗位设置。

2. 先行实施国家基本药物制度基层医疗卫生机构的岗位分为管理岗位、专业技术岗位和工勤技能岗位。岗位类别名称及等级、岗位类别结构比例、岗位等级结构比例按照《山东省卫生事业单位岗位设置结构比例指导标准》（鲁人发〔2007〕80号）要求及相关规定设置。

3. 先行实施国家基本药物制度基层医疗卫生机构应按照规定的程序及有关要求，在核定的人员编制内研究制定岗位设置（或调整）方案，提出各类岗位的设置数量、等级和结构比例，经主管部门同意，按照管理权限，报人力资源社会保障部门核准。

三、实行人员竞聘上岗

1. 先行实施国家基本药物制度基层医疗卫生机构中的人员按照岗位任职条件与要求竞聘上岗，实行合同管理。积极探索实行院长聘任制和任期制。

2. 竞聘上岗应贯彻以人为本和人人皆可成才的科学人才观，坚持任人唯贤、德才兼备的原则，注重工作实绩与能力，不拘一格选人用人，坚持把品德、知识、能力和业绩作为衡量人才的主要标准，实行综合评价，择优聘用，优先聘用已取得卫生类执业资格的人员。

3. 严格竞聘上岗程序。除因国家法律、法规规定不宜竞聘的岗位和按照干部管理权限由上级任命的领导职务外，都要按照《关于事业单位专业技术岗位实行竞聘上岗的指导意见》（鲁人发〔2009〕4号）规定，根据岗位任职条件与要求，按照规定的程序，实行竞聘上岗。

4. 按照《省委办公厅省政府办公厅转发省人事厅关于山东省事业单位实行人员聘用制度暂行办法的通知》（鲁厅字〔2005〕43号）要求及相关规定，单位应根据竞聘上岗的结果，与职工在平等自愿、协商一致的基础上，签订聘用合同，确立聘用关系，明确双方权利和义务。

四、实施公开招聘制度

1. 先行实施国家基本药物制度基层医疗卫生机构新进人员除国家政策规定安置、按干部人事管理权限由上级任命等确需使用其他方法选拔任用人员外，都要按照《山东省事业单位公开招聘人员实施办法》（鲁人发〔2006〕23号）要求及相关规定，实行公开招聘。按照事业单位改革方向，临时性、辅助性或者替代性的后勤服务等工作可实行社会化管理。

2. 在核定人员编制和岗位结构比例内实行竞聘上岗后的空缺岗位，主要用于招聘急需的符合岗位要求的专业技术人员。招聘的临床医疗、公共卫生人员一般应具备卫生专业本科以上学历，紧缺的专业也应具备专科以上学历，招聘的护理人员应具备护理专业学历并取得执业护士资格。

3. 乡镇卫生院全科医师培养计划，按照《关于招聘临床医学专业本科毕业生为乡镇卫生院培养全科医师的实施意见》（鲁卫人发〔2009〕5号）有关规定执行。

五、严格人员考核制度

1. 先行实施国家基本药物制度基层医疗卫生机构应建立健

全以聘用合同和岗位职责为依据、以工作绩效为重点内容、以服务对象满意度为基础的工作人员考核办法。

2. 单位对工作人员可实行日常考核、年度考核和聘期考核相结合的综合考核制度。考核必须坚持客观、公正的原则，实行领导考核与群众评议相结合、考核工作实绩与考核工作态度相统一的方法。考核的内容应当与岗位的实际需要相符合。

3. 考核结果分为优秀、合格、基本合格、不合格4个等次。考核结果是续聘、解聘、确定待遇和调整岗位的依据。

六、精心组织实施

1. 妥善安置富余人员。对超编人员和竞聘上岗后的未聘人员，按照鼓励竞争、促进流动、提高素质的要求，各市、县（市、区）可根据本地实际情况制定具体政策，妥善安置富余人员，确保稳定。

2. 严肃组织纪律。要严格执行有关政策规定，严肃组织人事纪律，对改革期间违背《山东省人民政府办公厅关于印发〈山东省推行国家基本药物制度的实施意见〉的通知》（鲁政办发〔2010〕9号）规定，突击进行人员变动的，要立即纠正，进行严格清理和规范，并按干部人事管理权限，追究相关负责人和有关人员的责任。

3. 加强民主监督。各部门、各系统要做好人事制度改革政策、措施的宣传解释工作，将政策规定、方法程序等予以公示、公开，提高工作透明度，自觉接受社会和群众的监督。要做好思想政治工作，从政治上、生活上关心职工，充分调动广大职工参与改革、支持改革的积极性。

4. 切实加强组织领导。先行实施国家基本药物制度基层医疗卫生机构的人事制度改革工作涉及面广，政策性强，社会关注度高。各市和先行实施国家基本药物制度的县（市、区）政府要高度重视，精心组织，周密部署，积极稳妥地组织实施。先行实施国家基本药物制度基层医疗卫生机构的人事制度改革工作由县（市、区）政府卫生主管部门负责组织实施，人力资源社会保障和发改、财政等有关部门要密切配合，大力支持，确保改革平稳顺利进行。

中共山东省委组织部 省人力资源和社会保障厅转发中组部 人社部关于进一步规范事业单位公开招聘工作的通知

（2011 年 1 月 19 日　鲁人社发〔2011〕9 号）

各市党委组织部、人力资源社会保障局，省直各部门（单位）、省属各高等院校：

现将中组部、人社部《关于进一步规范事业单位公开招聘工作的通知》（人社部发〔2010〕92 号）转发给你们，并结合我省实际，提出以下贯彻意见，请一并遵照执行。

一、充分认识做好公开招聘工作的重要性。事业单位新进人员全面实行公开招聘制度，是事业单位用人制度的根本转变，是加快推进事业单位人事制度改革、提高队伍整体素质、增强事业单位活力的重要举措。各级各部门要从维护和谐社会，促进公平就业的高度，充分认识这项工作的重要性，进一步推进事业单位公开招聘工作制度化、规范化。

二、研究制定不同类型事业单位的公开招聘方法。事业单位公开招聘的核心是“公开”，只有公开透明才能真正实现公平公正。在坚持公开的基础上，各级组织、人力资源社会保障部门要着力提高公开招聘工作的科学化水平，尊重不同类型事业单位特点，尊重管理、专业技术、工勤技能不同类型不同等级岗位的特点，根据不同行业、不同类别、不同层级、不同岗位的要求，探索研究实行不同的公开招聘方法，把适合的人才选聘到合适的岗位上，避免公开招聘等同于简单化考试。

三、认真履行职责，加强监督指导。各级组织、人力资源社会保障部门要认真履行好事业单位公开招聘综合管理职责，突出工作重点，将重心放在培育良好的制度环境、确立严格的操作规范、建立有效的监督机制和提供专业化、高质量的服务上。各市组织、人力资源社会保障部门要结合当地实际情况，研究制定切实可行的指导、监督和保障措施。严格县级以下事业单位公开招聘方案核准制度，规范操作程序，进一步提高工作人员政策理论水平和依法行政的能力，推动基层事业单位公开招聘工作规范有序开展。

中共中央组织部、人力资源和社会保障部关于进一步规范事业单位公开招聘工作的通知

各省、自治区、直辖市党委组织部、政府人力资源社会保障厅（局），福建省公务员局，新疆生产建设兵团党委组织部、人事局，各副省级市党委组织部、政府人力资源社会保障（人事）局，中央和国家机关各部委、各人民团体干部（人事）部门：

事业单位公开招聘制度推行以来，各地各部门结合实际，积极探索，稳步实施，有力推动了公开招聘制度在事业单位的建立。但同时也要看到，在实施公开招聘的过程中，还存在着制度推行不平衡、政策执行不到位、操作程序不规范等问题。为贯彻落实《2010—2020年深化干部人事制度改革规划纲要》（中办发〔2010〕43号）和《国家中长期人才发展规划纲要2010—2020年》（中发〔2010〕6号），加快推进事业单位公开招聘工作，规范事业单位招聘行为，促进事业单位公开招聘工作制度化、规范化，现就有关问题通知如下：

一、严格政策，全面落实事业单位公开招聘制度各项规定

事业单位新进人员，除国家政策性安置、按干部人事管理权限由上级任命及涉密岗位等确需使用其他方法选拔任用人员外，一律实行公开招聘。事业单位要在岗位空缺的前提下，按照岗位

职责和任职条件，通过公开招聘择优聘用工作人员。严格执行《事业单位公开招聘人员暂行规定》（人事部令第6号）关于招聘范围、条件、程序、信息发布、资格审查、考试考核、聘用等方面的要求。事业单位应当按照规定制定公开招聘方案并报送有关部门核准备案。各级组织人事部门要按照规定权限严格履行招聘方案核准备案职责。

各地各部门要加快完善政策措施，尚未制定本地区本部门公开招聘实施办法的，要在2011年3月份前出台。已经出台实施办法的，要分类细化要求，完善公开招聘组织工作规程。到2012年，要基本实现公开招聘制度在全国各级各类事业单位的全覆盖。

二、坚持公开，增强事业单位公开招聘工作透明度

事业单位公开招聘要遵循民主、公开、竞争、择优的原则，切实做到信息公开、过程公开、结果公开。

严格规范公开招聘信息发布。事业单位招聘人员应当面向社会公开发布招聘信息，内容应包括公开招聘范围、条件、程序和时间安排、招聘办法、报名方法等内容。发布时间不少于7个工作日。招聘信息须在组织人事部门网站、招聘单位及主管部门网站上免费公布，同时也可以在人力资源市场网站或者其他媒体上公布。招聘信息一经公布，应当严格执行，不得擅自更改。

增强公开招聘实施过程透明度。对于公开招聘中资格审查、笔试、面试、考核等环节的进展情况应当面向社会公布，并确保及时、全面、准确。

健全公开招聘结果公示制度。公开招聘结果应在招聘信息发布的范围内进行公示，时间不少于7个工作日。公示内容应包括招聘单位名称、招聘岗位情况以及拟聘人员基本情况。

三、突出分类，创新事业单位公开招聘组织方式方法

公开招聘要坚持统一规范、分类指导、分级管理。要严格按照统一的公开招聘制度的要求，充分体现不同行业、不同类型事业单位的特点以及各类工作人员的专业特点，分类组织实施公开招聘。

公开招聘方式方法应符合事业单位特点，充分体现行业、专业及岗位特点。公开招聘采取考试与考核相结合的方法，择优聘用。公开招聘高层次、紧缺人才，可以采取直接考核的方式。各地各部门要积极探索符合高校毕业生就业特点的公开招聘方式，更好地服务于高校毕业生就业工作。

规范和完善公开招聘考试、考核方法。考试可采取笔试、面试、实际操作能力测试等多种方式。按照“干什么，考什么”的原则，合理设置考试内容，符合岗位要求。对专业技术岗位和工勤技能岗位的招聘，不应将行政职业能力测试列为笔试内容。考核应侧重于思想政治表现、道德品质以及与应聘岗位相关的业务能力和工作实绩等。

各地各部门要研究制定公开招聘考试工作规程，规范考试命题、笔试阅卷、面试组织等环节。要完善保密制度，明确分工，责任到人，确保考务安全。要加强公开招聘考官培训工作，提高面试、实际操作能力测试工作水平，增强考试公正度。鼓励有条件的地方加强题库建设。

组织人事部门、事业单位主管部门要根据事业单位公开招聘工作的实际需求，发挥考试、人才等服务机构的优势，为事业单位公开招聘搭建考试考务服务平台。

四、严肃纪律，提升事业单位公开招聘工作公信力

要认真落实《事业单位公开招聘人员暂行规定》关于回避制度的规定。在公开发布的招聘信息中，要明确有关人员回避的要求。对违反回避规定的公开招聘行为，应当及时予以纠正，对相关人员予以批评教育，造成不良影响的，要对有关责任人进行严肃处理。

对违反事业单位公开招聘规定的，由县级以上组织人事部门视情况责令纠正或者宣布无效；对负有领导责任和直接责任的人员予以严肃处理，根据情节轻重进行批评教育、调离工作岗位或者给予处分；对违反公开招聘规定的应聘人员，要按照规定及时处理。事业单位公开招聘人员，应确保符合条件的应聘人员不因民族、性别或者身体残疾而受歧视。落实人力资源社会保障部、教育部、卫生部《关于进一步规范入学和就业体检项目维护乙肝表面抗原携带者入学和就业权利的通知》（人社部发〔2010〕12号）要求，除卫生部核准并予以公布的特殊职业外，事业单位在公开招聘中不得要求进行乙肝项目检测。

五、强化监管，确保事业单位公开招聘工作有序进行

各级组织人事部门要切实履行好事业单位公开招聘工作综合管理部门的职责，建立严格的制度规范，加强管理，强化监督，指导事业单位依法行使用人自主权。要加大对县级以下事业单位公开招聘工作的指导力度。事业单位主管部门要切实履行对事业单位公开招聘工作的指导和管理职责。公开招聘工作要主动接受纪检监察机关的监督。

组织人事部门应当及时受理有关投诉或者举报，接受社会监督。对有关投诉或者实名举报的调查处理情况，应当向投诉人或者实名举报人反馈；对新闻媒体反映问题的调查处理情况，应当及时向社会公布。

要建立事业单位公开招聘工作舆情监测报告制度，密切关注网络、媒体等舆论动态，做到早发现，早报告。加强对公开招聘突发性事件的舆情研判，制定应急预案，通过新闻发布会、向媒体提供新闻通稿等形式，第一时间发布权威消息，引导舆论，及时采取有效的应对措施，妥善处理。畅通信息渠道，对于重大舆情要及时处置并报同级党委政府和上级组织人事部门。

山东省人力资源和社会保障厅 省教育厅关于调整规范教学研究机构专业技术岗位设置结构比例指导标准的通知

（2015年1月5日 鲁人社办发〔2015〕1号）

各市人力资源社会保障局、教育局：

为加强教学研究机构人才队伍建设，更好地研究指导中小学和职业学校、技工学校教学工作，根据国家《事业单位岗位设置管理试行办法》（国人部发〔2006〕70号）、《山东省中小学岗位设置结构比例指导标准》（鲁人社办发〔2013〕37号）及有关规定，经研究决定，对各级独立设置的教学研究机构专业技术岗位设置结构比例指导标准予以适当调整，统一规范。现就有关问题通知如下：

一、调整后各级教学研究机构的专业技术岗位等级结构比例如下：

单位类型	高级				中级				初级			
	合计	五级	六级	七级	小计	八级	九级	十级	小计	十一级	十二级	十三级
	≤%	≤%	≤%	≤%	≤%	≤%	≤%	≤%	≥%			
设区的市	40	12	14	14	45	14	17	14	根据工作需要设置			
县(市、区)	35	9	13	13	43	13	17	13				

二、本岗位设置结构比例指导标准适用于经机构编制部门批准并注册的独立设置的各级各类教学研究机构。调整后教学研究机构专业技术岗位不再执行中小学岗位设置结构比例。

三、教学研究机构所需专业技术人员，主要从中小学现聘优秀教师和对中小学教育、职业教育有深入研究的人员中选聘产生。

四、教学研究机构岗位类别、名称、等级、岗位类别结构比例以及专业技术正高级岗位的设置等有关问题，仍按《山东省中小学岗位设置结构比例指导标准》（鲁人社办发〔2013〕37号）规定执行。

五、岗位结构比例指导标准是事业单位岗位设置管理的基础和依据，政策性强，各级各部门各单位要认真执行，抓好落实。其中，高级专业技术岗位应根据事业发展要求和人员队伍状况逐步聘用到位，空缺岗位主要用于培养、引进高层次急需人才。

中共山东省委组织部 省人力资源和社会保障厅关于印发《山东省事业单位公开招聘工作规程》的通知

（2015年1月26日　鲁人社发〔2015〕6号）

各市党委组织部、政府人力资源社会保障局，省直各部门（单位）、各高等院校：

现将《山东省事业单位公开招聘工作规程》印发给你们，请认真贯彻执行。

山东省事业单位公开招聘工作规程

第一章　总　则

第一条　为规范事业单位公开招聘工作，根据《事业单位人事管理条例》（中华人民共和国国务院令第652号）、《事业单位公开招聘人员暂行规定》（原人事部令第6号），结合我省实际，制定本规程。

第二条　事业单位新聘用工作人员，除国家和省政策性安置、按照人事管理权限由上级任命、涉密岗位等人员外，应当面向社会公开招聘。

第三条　公开招聘应当坚持德才兼备的用人标准和公开、平等、竞争、择优原则。坚持政府宏观管理与落实事业单位用人自主权相结合，统一规范、分类指导、分级管理。

第四条　各级组织、人力资源社会保障部门是事业单位公开招聘工作的主管机关。公开招聘主管机关与事业单位的主管部门负责对事业单位公开招聘工作进行指导、监督和管理。

第五条 事业单位公开招聘工作人员按照下列程序进行：

（一）制定公开招聘方案；

（二）公布招聘岗位、资格条件等招聘信息；

（三）审查应聘人员资格条件；

（四）考试、考察；

（五）体检；

（六）公示拟聘人员名单；

（七）订立聘用合同，办理聘用手续。

第二章 制定公开招聘方案

第六条 事业单位开展公开招聘工作，应当根据岗位空缺情况，在下达的年度招聘计划内，制定公开招聘方案，报事业单位公开招聘主管机关核准备案。

第七条 公开招聘方案由招聘单位或者其主管部门制定，主要包括以下内容：

（一）招聘单位名称及单位岗位设置总数、空缺岗位数；

（二）拟招聘的岗位、专业及所需资格条件；

（三）招聘的组织方式和时间；

（四）考试的方法；

（五）招聘信息发布的渠道等。

第八条 省直属事业单位的公开招聘方案报省事业单位公开招聘工作主管机关核准备案；省直各部门所属事业单位的招聘方案经其主管部门同意后，报省事业单位公开招聘工作主管机关核准备案；省级垂直管理部门系统所属事业单位的招聘方案，由其省级主管部门统一制定，报省事业单位公开招聘工作主管机关核准备案。

设区的市及其工作部门所属事业单位的招聘方案报设区的市事业单位公开招聘工作主管机关核准备案。

县（市、区）及其工作部门和乡镇（街道办事处）所属事业单位的招聘方案，经县（市、区）事业单位公开招聘工作主管机关同意后报设区的市事业单位公开招聘工作主管机关核准备案。

第三章 公布招聘信息

第九条 事业单位招聘工作人员应当面向社会公布招聘信息。公布的招聘信息应当符合公开招聘工作的规定要求，岗位资格条件应当科学合理，不得设置歧视性条件或要求。

第十条 招聘信息的主要内容包括：

（一）招聘单位的情况简介；

（二）招聘岗位、招聘人数；

（三）应聘人员条件；

（四）招聘办法及考试、考察的时间、内容、范围；

（五）报名时间、方法途径；

（六）需要说明的其他事项。

第十一条 事业单位公开招聘信息公布时间不得少于7个工作日。招聘信息须在同级事业单位公开招聘工作主管机关网站、事业单位主管部门网站、招聘单位网站上同时公布。根据工作需要，可以在人力资源市场网站或者其他媒体上一并公布。招聘信息一经公布，应当严格执行，不得擅自更改。

第四章 审查应聘人员资格条件

第十二条 公开招聘报名及资格审查工作由招聘单位或其主管部门具体负责实施。招聘单位或其主管部门应当选派专人对应聘人员的资格条件进行严格审查，确定符合招聘条件的人员，并对资格审查结果负责。事业单位公开招聘主管机关负责对资格审查进行指导监督。

第十三条 资格审查应当严格按照公布的公开招聘简章中确

定的资格条件进行，坚持统一标准，统一尺度。事业单位公开招聘工作人员的资格审查工作，贯穿公开招聘工作的全过程。

第十四条 公开招聘主管机关或招聘单位主管部门应当按照公布的招聘简章中规定的开考比例确定招聘计划，对达不到规定比例的，取消或核减招聘计划。对紧缺专业岗位或乡镇事业单位公开招聘报名后形不成竞争的，经设区的市以上事业单位公开招聘主管机关批准，可适当降低开考比例。

第五章 考试和考察

第十五条 公开招聘采取笔试、面试、测试、现场操作、考察等多种方式进行。考试内容应当为招聘岗位所必需的基本知识、业务能力和工作技能。考试科目与方式根据行业、专业及岗位特点确定。笔试、面试考务工作严格按照考务有关规定执行。

招聘初、中级岗位人员一般采取笔试和面试相结合的方式。

招聘高级专业技术岗位人员和急需的高层次、短缺人才，具有高级专业技术职务或博士学位的人员，可以采取专业测试、答辩、试讲、面谈交流等方式。经设区的市以上事业单位公开招聘主管机关同意，可以采取直接考察的方式。

招聘工勤岗位人员，一般采取专业笔试和专业测试相结合的方式。根据岗位需要，可以采取技能操作、专业能力测试的方式。

第十六条 严格笔试组织程序。试题命制根据招聘简章制定命题工作方案，明确有关要求，笔试考务工作严格按照有关操作要求执行。

第十七条 面试人选从达到笔试合格分数线的应聘人员中，按照招聘岗位的招聘计划由高分到低分按比例依次确定，并向社会公布。除引进的高层次和紧缺专业技术人员外，面试人选按照不低于1∶3不高于1∶5的比例，由招聘单位根据岗位条件确定。

第十八条 招聘单位笔试合格人数出现空缺的，取消招聘岗位；达不到招聘比例的，按照实有合格人数确定。面试人选面试前未在规定时间内向招聘单位提交有关材料的，视为弃权。经审查不具备应聘条件的，取消其面试资格。因弃权或取消面试资格造成的空缺，从达到笔试合格分数线的应聘人员中，根据招聘岗位和招聘人数由高分到低分依次确定，并按照规定程序面向社会公布。

第十九条 面试重点测评应聘者的岗位适应能力，主要考察应聘者的职业道德、专业知识和业务能力。面试应当根据岗位特点和专业要求，可以采用结构化面试、专业测试、情节模拟、试讲、答辩及实际操作等方式进行，具体方式由招聘单位确定。

第二十条 面试工作一般按照以下程序进行：

（一）制定面试方案，报事业单位公开招聘主管机关审核备案；

（二）面试试题命制及准备相关测评材料；

（三）组建面试考官小组；

（四）实施面试；

（五）公布面试成绩。

第二十一条 面试方案包括面试的原则、形式、内容、程序、时间、地点和成绩计算方法，面试考官的组成以及监督办法等。面试前应当将面试方案中考生须知的信息告知考生。制定面试方案时，应当保证同一岗位的考生由同一组考官、在同一天内进行面试。

第二十二条 坚持面试工作方案备案制度。经事业单位公开招聘主管机关批准自行组织笔试、面试的部门和单位，应当将面试工作方案在面试开始前一周报事业单位公开招聘主管机关备案，并严格按照备案的面试工作方案组织实施。

第二十三条 面试考官小组由本单位和外聘考官组成，其中，专业技术岗位面试一线专业技术人员在考官中的比例不少于三分之二（含外聘考官中的一线专业技术人员）。面试考官小组人数为奇数，一般为7、9、11人，面试考官小组设主考官1名。

第二十四条 对招聘单位有监督权限的纪检监察人员不得担任面试考官。面试考官和工作人员凡与应聘人员有规定的亲属关系、同事关系或其他可能影响招聘公正的，须实行回避制度。

第二十五条 面试成绩实行百分制，按评分标准评定。按照每个测评要素去掉一个最高分、一个最低分后综合计算平均成绩的办法，确定应试人员面试成绩。面试成绩保留小数点后两位、尾数四舍五入。面试成绩必须经考场监督人员签名确认，在每个岗位或每场面试结束后，由主考官当场向应聘人员宣布。

第二十六条 考试总成绩一般按笔试成绩和面试成绩各占50%的比例百分制合成，笔试成绩、面试成绩、考试总成绩均计算到小数点后两位数，尾数四舍五入。根据考试总成绩，按不高于1∶1.5的比例确定进入考察范围人选。面试人员达不到规定比例的岗位，可设定面试合格分数线，达到合格分数线的进入考察范围。同一招聘岗位应聘人员出现总成绩并列的，按笔试成绩由高分到低分确定人选。

第二十七条 招聘单位或者其主管部门组织对通过考试的应聘人员的思想政治表现、道德品质、业务能力、工作实绩等情况进行考察，并对其资格条件进行复查。

第六章 体 检

第二十八条 招聘单位或者其主管部门对考察合格人员，按招聘人数1∶1的比例确定进入体检范围人选。

第二十九条 事业单位公开招聘体检一般应在县级以上综合性医院进行。体检标准和项目参照《公务员录用体检通用标准（试行）》（国人部发〔2005〕1号）和《关于修订〈公务员录用体检通用标准（试行）〉的通知》（人社部发〔2010〕19号）执行，国家另有规定的从其规定。

第三十条 应聘人员未按照规定时间、地点参加体检的，视为自动放弃。应聘人员按照规定需要复检的，不得在原体检医院进行。复检只能进行1次，结果以复检结论为准。

第三十一条 对放弃考察、体检资格或者考察、体检不合格造成的空缺是否递补，由同级事业单位公开招聘主管机关确定，并在公开招聘简章中予以明确。

第七章 公示拟聘人员名单

第三十二条 对考试、考察、体检合格的应聘人员，经招聘单位集体研究，按照应聘人员考试、考察、体检情况确定拟聘人员名单，并由招聘单位或其上级主管部门报事业单位公开招聘主管机关统一进行公示，公示期为7个工作日。

第三十三条 公示内容应当包括招聘单位名称、招聘岗位情况以及拟聘人员的基本情况。

第三十四条 拟聘人员公示期满，对没有问题或者反映问题不影响聘用的，由聘用单位或其主管部门提出聘用意见，报公开招聘主管机关办理备案手续；对反映问题影响聘用并查实的，不予聘用。

第八章 订立聘用合同和办理聘用手续

第三十五条 公示合格的拟聘用人员，由聘用单位或其主管部门提出聘用意见，并填写《事业单位聘用人员情况汇总表》和《事业单位聘用人员登记表》，按照干部人事管理权限规定报事业单位公开招聘主管机关备案。符合聘用条件的，由事业单位公开招聘主管机关发放《事业单位招聘人员通知书》。

第三十六条 经事业单位公开招聘主管机关备案后，聘用单位法定代表人或其委托人与受聘人员签订聘用合同，确立人事关系，并按规定办理相关手续。事业单位与聘用人员签订聘用合同，一般不低于3年。

第三十七条　事业单位公开招聘的人员按规定实行试用期制度，试用期包括在聘用合同期限内，试用期一般不超过 6 个月，属初次就业的，试用期一般为 12 个月。试用期满合格的，予以正式聘用；不合格的，取消聘用。

第九章　管理与监督

第三十八条　事业单位公开招聘人员实行回避制度。凡与招聘单位负责人员有夫妻关系、直系血亲关系、三代以内旁系血亲或近姻亲关系的应聘人员，不得应聘该单位人事、纪检、财务、审计等岗位，也不得在有直接上下级领导关系的岗位工作。

招聘单位负责人员和招聘工作人员在办理人员聘用事项时，涉及与本人有上述亲属关系或者其他可能影响招聘公正的，也应当回避。

第三十九条　各级组织、人力资源社会保障部门切实履行事业单位公开招聘工作主管机关的职责，建立严格的制度规范，加强管理，强化监督，指导事业单位依法行使用人自主权。

设区的市级事业单位公开招聘主管机关要强化对县级以下事业单位公开招聘工作的监督、指导，不断提升公开招聘工作规范化、科学化水平。

第四十条　事业单位主管部门要认真履行对所属事业单位公开招聘工作的指导、监督和管理职责。

第四十一条　公开招聘工作应当做到信息公开、过程公开、结果公开，主动接受社会及纪检监察机关的监督。

第四十二条　公开招聘主管机关和事业单位主管部门应当及时受理有关投诉或者举报。对有关投诉或者实名举报的调查处理情况，应当向投诉人或者实名举报人反馈；对新闻媒体反映问题的调查处理情况，应当及时向社会公布；对违反干部人事纪律及有关规定的行为要予以制止和纠正，保证公开招聘工作的公开、公平、公正。

第四十三条 公开招聘主管机关和招聘单位要畅通信息渠道，第一时间向新闻媒体发布招聘信息，积极回应社会关切。研究制定公开招聘突发事件应急预案，加强舆情研判，一旦出现重大舆情要妥善处置并及时向同级党委、政府和上级事业单位公开招聘主管机关报告。

第十章 违纪违规处理

第四十四条 对违纪违规行为的认定与处理，应当做到事实清楚、证据确凿、程序规范、适用规定准确。

第四十五条 各级事业单位公开招聘主管机关按照职责权限，对应聘人员违纪违规行为进行认定与处理。

第四十六条 对违反公开招聘纪律的应聘人员违纪违规行为的处理，参照《公务员录用考试违纪违规行为处理办法（试行）》（人社部发〔2009〕126号）处理。

第四十七条 对违反公开招聘纪律的工作人员违纪违规行为的处理，依据《行政机关公务员处分条例》（中华人民共和国国务院令495号）、《事业单位工作人员处分暂行条例》（中华人民共和国人力资源和社会保障部监察部令18号）等有关规定给予处理；涉嫌犯罪的，移送司法机关依法追究刑事责任。

第十一章 附 则

第四十八条 由国家机关举办或者其他组织利用国有资产举办的、纳入机构编制管理范围的事业单位公开招聘适用本规程。

参照公务员法管理事业单位不适用本规程。

第四十九条 本规程由中共山东省委组织部、山东省人力资源和社会保障厅负责解释。

第五十条 本规程自2015年3月1日起实施,有效期至2020年2月29日,此前与本规程规定不一致的,按本规程执行。

中共山东省委组织部 省人力资源和社会保障厅关于进一步做好事业单位公开招聘工作的通知

（2015 年 2 月 17 日 鲁人社字〔2015〕84 号）

各市党委组织部、政府人力资源社会保障局，省直各部门（单位）、各高等院校：

自 2007 年以来，我省认真贯彻执行《事业单位公开招聘人员暂行规定》，全面推行事业单位新进工作人员公开招聘制度，一大批高素质的优秀人才充实到事业单位，实现了公开招聘制度在全省各级各类事业单位的全覆盖。但随着形势的发展，我省事业单位公开招聘工作也出现了一些矛盾和问题。为进一步提高公开招聘工作的科学化水平，根据《事业单位人事管理条例》和《山东省事业单位公开招聘工作规程》等政策规定，经研究，决定自 2015 年开始，对公开招聘的考试组织方式作适当调整，对其他环节作进一步规范，现将有关事项通知如下：

一、进一步创新公开招聘组织形式

在保持现行事业单位分级管理体制不变的前提下，坚持自愿选择、基本统一、资源共享的原则，在保持高、中级岗位现有招聘方式的同时，稳步推进初级岗位公开招聘实行全省或以设区的市为单位在同一时间进行笔试考试。考试时间提倡与省同步，确有特殊情况的，也可自主确定笔试时间。

（一）考试形式和内容。公开招聘采取笔试、面试、测试、现场操作、考察等多种形式进行。考试内容应为招聘岗位所必需的基本知识、业务能力和工作技能。考试科目与方式根据行业、专业及岗位特点确定。笔试、面试考务工作严格按照考务有关规定执行。招聘初、中级岗位人员一般采取笔试和面试相结合的方式。招聘高级专业技术岗位人员和急需的高层次、短缺人才，具有高级专业技术职务或博士学位的人员，可以采取专业测试、答辩、试讲、面谈交流等方式，经设区的市以上事业单位公开招聘主管机关同意，可以采取直接考察的方式。招聘工勤岗位人员，一般采取专业笔试和专业测试相结合的方式，根据岗位需要，也可以采取技能操作、专业能力测试的方式。

（二）考试时间安排。省直事业单位初级岗位笔试时间一般安排在每年的 5 月下旬。凡使用省里笔试试题的市、县（市、区），其考试时间须与省同步。

（三）省直公开招聘考试科目。省直笔试考试科目为综合、教育、卫生三大类，必要时卫生类专业知识部分按医疗、药学、检验、中医、护理五类分别命题。

（四）考试试卷使用。使用省人事考试中心命制考试试卷的市、县（市、区），须按照统一要求，办理试卷预订手续。

（五）考务组织。设区的市或县（市、区）均可设置考场。笔试考务工作可以由各级人事考试机构组织，也可委托教育、卫生等行业主管部门组织，具体由各设区的市确定，严格按照有关操作要求执行。

二、严格执行公开招聘各项政策规定

事业单位公开招聘坚持“公开、平等、竞争、择优”的原则，应拓宽选人视野，广泛吸纳各类优秀人才，严禁设置与岗位要求无关的资格条件和歧视性、指向性条款。

（一）不得设置歧视性条件。事业单位公开招聘除国家另有规定的外，不得设置民族、种族、性别、宗教信仰等歧视性条件。

（二）规范岗位专业条件设定。公开招聘专业条件的设定应认真参照教育部相关专业学科目录进行规范设定和表述。

（三）规范报考年龄条件。事业单位公开招聘可以在招聘简章中明确年龄要求，一般按以下标准掌握：初级岗位40周岁以下，中级岗位45周岁以下，高级岗位50周岁以下。

三、严格执行公开招聘工作程序

事业单位公开招聘要认真贯彻执行《山东省事业单位公开招聘工作规程》，严格按照规范的程序和方法步骤进行。

（一）严格招聘程序。事业单位公开招聘工作，应根据岗位空缺情况，在核准的年度用编进人计划内，制定招聘方案，严格招聘程序，确保事业单位公开招聘的公平、公正、公开。坚决杜绝擅自变通、违规操作、“绕道进人”、“萝卜招聘”等现象发生。

（二）科学合理设置招聘条件。招聘单位要科学合理设置招聘条件，提高受聘人员的岗位匹配度。避免招聘条件设置过宽、过高或过严，造成报考人员与招聘计划比例过大、个别岗位无符合条件人员报考或报考比例过小。

（三）严格资格审查。公开招聘报名及资格审查工作在招聘主管机关的指导下，由招聘单位或其主管部门具体负责实施。资格审查工作，贯穿公开招聘工作的全过程。资格审查应严格按照公开发布的招聘简章中确定的资格条件，坚持统一标准，统一尺度。招聘单位或其主管部门应当选派专人对应聘人员的资格条件进行严格审查，确定符合招聘条件的人员，并对资格审查结果负责。

（四）提高招聘考试的科学性。事业单位公开招聘坚持分级分类命题的原则，应选拔政治素质高、责任心强、公道正派、学识渊博、业务造诣深的专家人闱命题，指定具有丰富经验和高度责任心的人员审题，不断提高命题工作的科学化水平。

（五）强化考试安全管理。要严格考务工作规程，建立健全安全保密制度，制定考试应急预案，加强巡视监督，预防试卷失密、泄密或其他影响考试秩序的事件发生。要严肃工作纪律，坚决遏制考试作弊、弄虚作假等违纪违规行为。

四、加强新聘人员管理

事业单位与新聘用人员应当按照国家有关法律、政策规定，在平等自愿、协商一致的基础上，签订聘用合同，明确单位和新聘人员与工作有关的权利和义务。用人单位要充分发挥聘用合同的保障、约束和规范作用，切实加强对新聘人员的管理。

（一）及时签订聘用合同。公示合格的拟聘用人员，由聘用单位或其主管部门提出聘用意见，按照管理权限报事业单位公开招聘主管机关备案；符合招聘条件和程序规定的单位，由事业单位公开招聘主管机关发放通知书。聘用单位法定代表人或委托人应及时与受聘人员签订聘用合同，确立人事关系，按规定办理工资、社会保险、档案等相关手续。

（二）完善聘用合同内容。事业单位应根据《山东省事业单位聘用合同（范本）》的有关内容，结合单位和工作岗位实际，依法完善聘用合同的具体条款和内容，切实维护单位和工作人员双方的合法权益。

（三）明确最低服务年限。事业单位按照有关规定，可在招聘简章和聘用合同中明确约定最低服务年限，聘用合同一经签订，双方应严格履行。

事业单位公开招聘政策性强，涉及面广，各级各部门要高度重视，切实加强领导，精心组织实施。要加大创新力度，积极探索符合事业单位用人特点的公开招聘方法，不断完善公开招聘体制。要畅通信息渠道，充分发挥媒体作用，积极宣传公开招聘政策，第一时间向新闻媒体发布招聘信息，积极回应社会关切。要加强舆情研判，研究制定公开招聘突发事件应急预案，一旦出现重大舆情要妥善处置并及时向同级党委、政府和上级事业单位公开招聘主管机关报告。要及时受理有关投诉或者举报，对有关投诉或者实名举报的调查处理情况，应当向投诉人或者实名举报人反馈；对新闻媒体反映问题的调查处理情况，应当及时向社会公布。要加强监督，严守法纪，对违规进人和招聘过程中弄虚作假、营私舞弊等违纪违规行为进行严肃查处，确保事业单位公开招聘工作健康平稳规范有序开展。

本通知自 2015 年 3 月 5 日起实施，有效期至 2020 年 3 月 4 日。

山东省人力资源和社会保障厅关于印发《山东省社会保险经办事业单位岗位设置结构比例指导标准》的通知

（2015 年 4 月 14 日　鲁人社办发〔2015〕47 号）

各市人力资源社会保障局：

为适应社会保障事业发展需求，切实加强我省社会保险经办事业单位人才队伍建设，根据《事业单位岗位设置管理试行办法》（国人部发〔2006〕70 号）有关规定，结合我省社会保险经办事业单位实际，研究制定了《山东省社会保险经办事业单位岗位设置结构比例指导标准》，请认真遵照执行。

社会保险经办事业单位是直接为人民群众和用人单位提供社会保障基本公共服务的重要载体，也是党和政府密切联系群众的重要纽带，其服务效率的高低、服务质量的好坏，直接影响着党和政府的形象。事业发展，关键在人。当前社会保险经办工作面临许多新情况、新问题，工作任务繁重，加强以经办队伍建设为核心的经办能力建设，对社会保险经办事业单位更好地履行工作职责，为广大人民群众提供优质、便捷、高效的经办服务具有十分重要的作用。各级人力资源社会保障部门要高度重视社会保险经办事业单位队伍建设，切实选拔高素质、高水平的人才充实社会保险经办事业单位，加强经办人员的考核培训，不断提高社会保险经办事业单位工作人员的业务素质、操作技能和服务水平。

附件：山东省社会保险经办事业单位岗位设置结构比例指导标准

山东省社会保险经办事业单位岗位设置结构比例指导标准

一、适用范围

社会保险经办事业单位岗位设置结构比例指导标准，适用于进行事业单位法人登记，纳入事业机构编制管理范围的各级各类社会保险经办机构。其他人力资源社会保障事业单位可参照执行。

参照公务员法进行管理的事业单位除外。

二、岗位类别、名称及等级

社会保险经办事业单位岗位分为管理岗位、专业技术岗位、工勤技能岗位三种类别。

（一）管理岗位

管理岗位名称使用干部人事管理部门聘用（聘任、任命）的职务名称。

（二）专业技术岗位

根据单位工作职责和现有工作人员情况，社会保险经办机构主系列专业技术岗位可设置会计、经济、审计专业技术岗位，辅助系列可设置工程、统计、档案专业技术岗位；

1. 副高级专业技术岗位名称为高级会计师（高级经济师、高级审计师）五级岗位、高级会计师（高级经济师、高级审计师）六级岗位、高级会计师（高级经济师、高级审计师）七级岗位，分别对应五至七级专业技术岗位；

2. 中级专业技术岗位名称为会计师（经济师、审计师）一级岗位、会计师（经济师、审计师）二级岗位、会计师（经济师、审计师）三级岗位，分别对应八至十级专业技术岗位；

3. 初级专业技术岗位名称为助理会计师（助理经济师、助理审计师）一级岗位、助理会计师（助理经济师、助理审计师）

二级岗位，分别对应十一级、十二级专业技术岗位，会计员（经济员、审计员）岗位为十三级专业技术岗位。

（三）工勤技能岗位

工勤技能岗位分为技术工岗位和普通工岗位。其中，技术工岗位名称为高级工岗位、中级工岗位、初级工岗位，依次分别对应三至五级技术工岗位。普通工岗位名称原则上沿用现岗位名称。

三、岗位类别结构比例

社会保险经办机构管理、专业技术、工勤技能三类岗位总量的结构比例，根据其社会功能、职责任务、工作性质和人员结构特点等因素综合确定。具体结构比例为：管理岗位一般不超过单位岗位总量的 20%；专业技术岗位一般不低于单位岗位总量的 70%；工勤技能岗位一般不超过单位岗位总量的 10%。

四、岗位等级结构比例

（一）管理岗位的最高等级和结构比例根据单位的规格、规模、人员编制和隶属关系，按照干部人事管理有关规定和权限确定。具有领导职责的管理岗位按照机构编制部门核定的单位领导职数和内设机构领导职数设置，其他等级管理岗位根据人员编制和工作需要设置，与相应级别对应。

（二）专业技术岗位的最高等级和结构比例根据社会保险经办机构的功能、规格、隶属关系和专业技术水平等因素确定。具体等级结构比例如下：

单位层级	高级				中级				初级			
	五至七级小计	五级	六级	七级	八至十级小计	八级	九级	十级	小计	十一级	十二级	十三级
	%	≤%	≤%	≤%	%	≤%	≤%	≤%	≥%	≤%	≤%	≤%
设区的市属	20—25	5	7		35—40	12	16		35	10	15	
县(市、区)属	15—20	3	5		33—38	12	14		42	10	13	
乡镇属	5—10	1	4		30—36	10	14		54	20	20	

辅助系列专业技术岗位的最高等级应低于主系列专业技术岗位最高等级，高级岗位的比例按主系列相应等级岗位比例降低5—10个百分点确定；中级岗位比例按不高于本单位主系列中级岗位的比例确定。

（三）工勤技能岗位的最高等级和结构比例按照岗位等级规范、技能水平和工作需要确定。技术工岗位等级结构比例如下：

三级	四级	五级
≤%	≤%	≥%
20	45	35

普通工岗位根据工作需要设置。

五、其他相关问题

（一）社会保险经办机构应按照规定的程序及有关要求，在核定的人员编制内研究制定岗位设置（调整）方案，岗位的设置应与单位的性质、发展规模、核定的人员编制和工作任务相符合。

（二）岗位设置应在一定时期内保持相对稳定，不同类别、等级间的岗位不得相互挪用。社会保险经办机构的功能、任务、机构编制发生变化的，要根据业务发展和实际情况，按照有关规定要求，研究制定岗位调整方案，根据核准的岗位设置方案及时进行岗位调整。

（三）对规模小、人员少的事业单位，主管部门可依据岗位结构比例对岗位设置数量实行集中调控，乡镇（街道）人力资源社会保障所（服务中心）可由县（市、区）人力资源社会保障部门依据岗位结构比例对岗位设置数量实行集中调控、统一设置。

（四）社会保险经办事业单位专业技术人员申报评审专业技术职务资格，应与所在专业技术岗位要求的专业技术职务资格系列（专业）相一致，本单位没有岗位空缺或未设置相应专业技术岗位的，不得推荐评审相应系列（专业）的专业技术职务资格。

（五）高级专业技术岗位应根据事业发展要求和人员队伍状况逐步聘用到位，空缺岗位主要用于培养、引进高层次急需人才。

山东省人力资源和社会保障厅 省教育厅关于印发《山东省高等学校岗位设置结构比例指导标准》的通知

（2016年6月30日 鲁人社发〔2016〕27号）

各市人力资源社会保障局、教育局，省直各部门（单位），各高等院校：

为贯彻落实《省委办公厅、省政府办公厅关于推进高等教育综合改革的意见》（鲁办发〔2016〕19号）精神，建设高素质教师队伍，现将修订后的《山东省高等学校岗位设置结构比例指导标准》印发给你们，请认真遵照执行。

山东省高等学校岗位设置结构比例指导标准

一、适用范围

高等学校岗位设置结构比例指导标准，适用于由国家机关举办或者其他组织利用国有资产举办并列入事业机构编制管理范围的普通高等学校、成人高等学校、职业技术学院和技师学院。

根据高等学校的功能任务、规格、规模和专业技术水平等因素，将其划分为A、B、C、D四类，分别执行不同的岗位设置结构比例。其中：

“A”类为培养研究生、本科生，具有博士学位授予权的高等学校；“B”类为培养研究生、本科生，具有硕士学位授予权的高等学校；“C”类为以培养本科生为主的普通本科学校；

"D"类为高等专科学校、职业技术学院和技师学院。

省、市属成人高等学校参照执行。其中，省政府直属成人高等学校和以培养全日制普通本科生为主的省属成人高等学校参照C类执行；其他省属、市属成人高等学校参照D类执行。

二、岗位类别、名称及等级

高等学校岗位分为管理岗位、专业技术岗位、工勤技能岗位三种类别。

（一）管理岗位

高等学校管理岗位名称使用干部人事管理部门聘用（聘任、任命）的职务名称。高等学校现有厅级正职、厅级副职、处级正职、处级副职、科级正职、科级副职、科员、办事员依次分别对应管理岗位三至十级职员岗位。

（二）专业技术岗位

专业技术岗位分为主系列专业技术岗位和辅助系列专业技术岗位。

主系列专业技术岗位为高等学校教师岗位，职业技术学院也可将实习指导教师岗位纳入主系列管理；技师学院采用技工学校教师岗位（含实习指导教师岗位）为主系列专业技术岗位，包括：

1. 正高级专业技术岗位名称为教授一级岗位、教授二级岗位、教授三级岗位、教授四级岗位，分别对应一至四级专业技术岗位；

副高级专业技术岗位名称为副教授一级岗位、副教授二级岗位、副教授三级岗位，分别对应五至七级专业技术岗位；

2. 中级专业技术岗位名称为讲师一级岗位、讲师二级岗位、讲师三级岗位，分别对应八至十级专业技术岗位；

3. 初级专业技术岗位名称为助教一级岗位、助教二级岗位，分别对应十一级、十二级专业技术岗位。

辅助系列专业技术岗位主要包括工程技术、图书资料、编辑出版、会计统计、医疗卫生和实验技术等专业技术岗位；岗位分为13个等级，其中员级岗位对应十三级专业技术岗位。岗位名称已在印发的事业单位岗位设置结构比例行业指导标准中明确的，按照相应规定确定；没有明确的，岗位名称参照主系列岗位名称格式确定。

（三）工勤技能岗位

工勤技能岗位分为技术工岗位和普通工岗位。其中，技术工岗位名称为高级技师岗位、技师岗位、高级工岗位、中级工岗位、初级工岗位，依次分别对应一至五级工勤技能岗位。普通工岗位名称原则上沿用现岗位名称。

三、岗位类别结构比例

高等学校三类岗位总量的结构比例，根据其社会功能、职责任务、工作性质和人员结构特点等因素综合确定。高等学校岗位中专业技术岗位为主体岗位，主体岗位之外的其他两类岗位，应保持相对合理的结构比例。具体结构比例为：管理岗位一般不超过单位岗位总量的20%；专业技术岗位一般不低于单位岗位总量的70%；工勤技能岗位不超过单位岗位总量的10%。

四、岗位等级结构比例

（一）管理岗位的最高等级和结构比例根据高等学校的规格、规模、人员控制总量和隶属关系，按照干部人事管理有关规定和权限确定。高等学校具有领导职责的管理岗位按照机构编制部门核定的单位领导职数和内设机构领导职数设置，其他等级管理岗位根据人员编制和工作需要设置，与相应级别对应。

（二）专业技术岗位的最高等级和结构比例根据高等学校的社会功能、职责任务、规格、工作性质、人员结构特点和专业技术水平等因素确定。

高等学校主系列专业技术岗位，设置数量一般不低于单位岗位总量的55%，其他专业技术岗位为辅助系列岗位，设置数量一般不超过单位岗位总量的15%。

高等学校教师岗位等级结构比例如下：

单位类型	高级										中初级
	合计	一至四级小计	一级	二级	三级	四级	五至七级小计	五级	六级	七级	小计
	≤%	≤%			≤%	≤%	≤%	≤%	≤%	≤%	≥%
A	50	14			5	9	36	8	14	14	50
B	45	11			4	7	34	7	13	14	55
C	40	9			2	7	31	6	12	13	60
D	35	6			2	4	29	5	12	12	65

辅助系列专业技术岗位的最高等级应低于高等学校教师岗位最高等级；高级岗位比例按本单位高等学校教师高级岗位比例降低 5—10 个百分点确定。

（三）工勤技能岗位的最高等级和结构比例按照岗位等级规范、技能水平和工作需要确定。技术工岗位等级结构比例如下：

单位类型	技术工				
	一至二级小计	一级	二级	三级	四级	五级
	≤%	≤%	≤%	≤%	≤%	≥%
A	5	2	3	20	40	35
B	5	2	3	20	40	35
C	5	1	4	20	40	35
D	5	1	4	20	40	35

普通工岗位根据工作需要设置。

五、其他相关问题

（一）高等学校应按照规定的程序及有关要求，在核定的人员控制总量内，自主研究制定岗位设置（调整）方案，岗位的设置应与高等学校的性质、社会功能、职责任务、发展规模等相符合。

（二）岗位设置应在一定时期内保持相对稳定，不同类别、层级间的岗位不得相互挪用。高等学校功能、任务、机构编制发生变化的，要根据业务发展和实际情况，按照有关规定和要求，研究提出岗位设置调整意见，并及时进行岗位调整。

（三）同一类别层级的高等学校，根据其功能、任务、规模和专业技术水平等不同，在规定的岗位等级及结构比例内，岗位设置适用的最高等级和结构比例应有所差别。

（四）本指导标准规定的专业技术高级岗位结构比例为相应岗位设置的最高限，各高等学校具体设置岗位时，应根据事业发展要求和人员队伍状况在限额以内逐步设置到位。

（五）专业技术一级、二级岗位，按照国家、省有关规定设置。

（六）高级岗位应根据事业发展要求和人员队伍状况逐步聘用到位，要留有一定数量的空缺岗位，用于培养、引进高层次急需人才。

本指导标准自2016年6月30日起施行，有效期至2021年6月29日。2007年10月25日起施行的《山东省高等学校岗位设置结构比例指导标准》（鲁人发〔2007〕77号）及其他有关高等院校岗位设置管理的结构比例标准和规定不再执行。

山东省人力资源和社会保障厅 省教育厅关于印发《山东省中等职业学校、技工学校岗位设置结构比例指导标准》的通知

（2016年9月9日　鲁人社发〔2016〕37号）

各市人力资源和社会保障局、教育局，省直各部门（单位）：

为配合中等职业学校、技工学校职称制度改革，建设高素质教师队伍，进一步健全完善我省中等职业学校、技工学校岗位设置管理，现将修订后的《山东省中等职业学校、技工学校岗位设置结构比例指导标准》印发给你们，请认真遵照执行。

山东省中等职业学校、技工学校岗位设置结构比例指导标准

一、适用范围

中等职业学校、技工学校岗位设置结构比例指导标准，适用于由国家机关举办或者其他组织利用国有资产举办并列入事业机构编制管理范围的普通中等专业学校、成人中等专业学校、职业高中等中等职业学校和除技师学院以外的其他技工学校、公共就业培训机构。

根据学校的功能任务、规格、规模和专业技术水平等因素，将其划分为A、B、C三类，分别执行不同的岗位设置结构比例。其中：

“A”类为国家级重点中等职业学校和省级及以上规范化（示范性）中等职业学校，高级技工学校和省部级重点技工学

校；“B”类为其他中等职业学校、技工学校；“C”类为承担就业培训任务的劳动就业训练中心等公共就业培训机构。

承担职业教育、职业培训教学研究任务的教学研究机构参照A类学校执行。

二、岗位类别、名称及等级

中等职业学校和技工学校岗位分为管理岗位、专业技术岗位、工勤技能岗位三种类别。

（一）管理岗位

管理岗位名称使用干部人事管理部门聘用（聘任、任命）的职务名称。学校现有厅级副职、处级正职、处级副职、科级正职、科级副职、科员、办事员依次分别对应管理岗位四至十级职员岗位。

（二）专业技术岗位

专业技术岗位分为主系列专业技术岗位和辅助系列专业技术岗位。

主系列专业技术岗位为教师（含实习指导教师）岗位。包括：

1. 正高级专业技术岗位名称为正高级讲师（正高级实习指导教师）一级岗位、正高级讲师（正高级实习指导教师）二级岗位、正高级讲师（正高级实习指导教师）三级岗位、正高级讲师（正高级实习指导教师）四级岗位，分别对应一至四级专业技术岗位；

2. 副高级专业技术岗位名称为高级讲师（高级实习指导教师）一级岗位、高级讲师（高级实习指导教师）二级岗位、高级讲师（高级实习指导教师）三级岗位，分别对应五至七级专业技术岗位；

3. 中级专业技术岗位名称为讲师（一级实习指导教师）一级岗位、讲师（一级实习指导教师）二级岗位、讲师（一级实习指导教师）三级岗位，分别对应八至十级专业技术岗位；

4. 初级专业技术岗位名称为助理讲师（二级实习指导教师）一级岗位、助理讲师（二级实习指导教师）二级岗位，分别对应十一级、十二级专业技术岗位；员级教师岗位名称为教员（三级实习指导教师）岗位，对应十三级专业技术岗位。

辅助系列专业技术岗位主要包括学科实验、图书资料、财务会计、电化教育、卫生保健等有教学辅助工作职责的专业技术岗位。岗位名称已在印发的事业单位岗位设置结构比例行业指导标准中明确的，按照相应规定确定；没有明确的，岗位名称参照主系列岗位名称格式确定。

（三）工勤技能岗位

工勤技能岗位分为技术工岗位和普通工岗位。其中，技术工岗位名称为高级技师岗位、技师岗位、高级工岗位、中级工岗位、初级工岗位，依次分别对应一至五级工勤技能岗位。普通工岗位名称原则上沿用现岗位名称。

三、岗位类别结构比例

中等职业学校和技工学校三类岗位总量的结构比例，根据其社会功能、职责任务、工作性质和人员结构特点等因素综合确定。中等职业学校和技工学校中专业技术岗位为主体岗位，主体岗位之外的其他两类岗位，应保持相对合理的结构比例。具体结构比例为：管理岗位一般不超过单位岗位总量的10%；专业技术岗位一般不低于单位岗位总量的80%；工勤技能岗位不超过单位岗位总量的10%。

四、岗位等级结构比例

（一）管理岗位的最高等级和结构比例根据中等职业学校和技工学校的规格、规模、人员编制和隶属关系，按照干部人事管理有关规定和权限确定。具有领导职责的管理岗位按照机构编制部门核定的单位领导职数和内设机构领导职数设置，其他等级管理岗位根据人员编制和工作需要设置，与相应级别对应。

（二）专业技术岗位的最高等级和结构比例根据学校的功

能、规格、隶属关系和专业技术水平等因素确定。

专业技术高级、中级、初级岗位内部不同等级之间的结构比例，全省总体控制目标为：二级、三级、四级岗位之间的比例为 1∶3∶6，岗位设置数量一般不超过高级岗位的 15%；五级、六级、七级岗位之间的比例为 2∶4∶4；八级、九级、十级岗位之间的比例为 3∶4∶3；十一级、十二级岗位之间的比例为 5∶5；十三级岗位根据工作需要设置。

中等职业和技工学校教师岗位等级结构比例如下：

单位	高级										中级				初级			
类型	合计	一至四级小计	一级	二级	三级	四级	五至七级小计	五级	六级	七级	小计	八级	九级	十级	小计	十一级	十二级	十三级
	≤%	≤%			≤%	≤%	≤%	≤%	≤%	≤%	≤%	≤%	≤%	≤%	≥%	≤%	≤%	≤%
A	30	5			2	3	25	5	10	10	50	15	20	15	20	10	10	
B	25	4			1	3	21	3	9	9	50	15	20	15	25	12	13	
C	20	3			1	2	17	3	7	7	50	15	20	15	30	15	15	

辅助系列专业技术岗位的最高等级应低于教师岗位最高等级；高级岗位比例按本单位教师高级岗位比例降低 5—10 个百分点确定；中级岗位比例按不高于本单位教师中级岗位的比例确定。

（三）工勤技能岗位的最高等级和结构比例按照岗位等级规范、技能水平和工作需要确定。技术工岗位等级结构比例如下：

单位类型	技术工					
	一至二级小计	一级	二级	三级	四级	五级
	≤%	≤%	≤%	≤%	≤%	≥%
A	5	2	3	20	40	35
B	5	1	4	20	40	35
C	5		5	20	40	35

普通工岗位根据工作需要设置。

五、其他相关问题

（一）中等职业学校和技工学校应按照规定的程序及有关要求，在核定的人员编制内研究制定岗位设置（调整）方案，岗位的设置应与学校的性质、社会功能、职责任务、发展规模等相符合。岗位设置要优先满足教育教学、实习实训等工作需要，严格控制非教学岗位。

（二）岗位设置应在一定时期内保持相对稳定，不同类别、层级间的岗位不得相互挪用。中等职业学校和技工学校功能、任务、机构编制发生变化的，要根据业务发展和实际情况，按照有关规定和要求，研究提出岗位设置调整意见，根据备案的岗位设置方案及时进行岗位调整。

（三）同一类别层级的中等职业学校和技工学校，根据其功能、任务、规模和专业技术水平等不同，在规定的岗位等级及结构比例内，岗位设置适用的最高等级和结构比例应有所差别。

（四）本指导标准规定的专业技术高级岗位结构比例为相应岗位设置的最高限，各中等职业学校和技工学校具体设置岗位时，应根据事业发展要求和人员队伍状况在限额以内逐步设置到位。

（五）专业技术一级、二级岗位，按照国家、省有关规定设置。

（六）高级岗位应根据事业发展要求和人员队伍状况逐步聘用到位，要留有一定数量的空缺岗位，用于培养、引进高层次急需人才。

本指导标准自2016年10月10日起施行，有效期至2021年10月9日。2007年10月25日起施行的《山东省中等职业学校岗位设置结构比例指导标准》（鲁人发〔2007〕78号）和2007年12月29日起施行的《山东省技工学校岗位设置结构比例指导标准》（鲁人发〔2007〕119号）同时废止。

中共山东省委组织部 省人力资源和社会保障厅关于进一步做好县乡事业单位公开招聘工作的若干意见

（2017 年 12 月 4 日　鲁人社规〔2017〕21 号）

各市党委组织部、政府人力资源社会保障局，省直有关部门（单位）：

为贯彻落实党的十九大精神，鼓励和引导优秀人才到基层干事创业，逐步解决县乡事业单位招人难、留人难问题，根据中组部、人力资源社会保障部《关于进一步做好艰苦边远地区县乡事业单位公开招聘工作的通知》（人社部规〔2016〕3 号）和省委《关于深化人才发展体制机制改革的实施意见》（鲁发〔2016〕22 号）等有关政策，现就进一步做好县乡事业单位公开招聘工作提出以下意见，请认真贯彻执行。

一、合理设置岗位招聘条件

（一）放宽学历条件。县（市、区）、乡镇（街道）事业单位招聘工作人员，原则上应为大学专科以上学历。取得高级工、预备技师职业资格的高级技校或技师学院全日制毕业生，分别按照全日制高职（大专）、本科毕业生应聘符合条件的岗位。

（二）放宽专业条件。县（市、区）、乡镇（街道）事业单位招聘专业技术人员，除专业性较强的岗位外，专业可以放宽到学科大类。乡镇（街道）事业单位招聘九级以下管理岗位工作人员，专业可不作要求。

（三）放宽户籍条件。52 个省财政困难县（市、区）、20 个脱贫任务比较重的县（市、区）（附件 1、2）和长岛县，可以按照县（市、区）、乡镇（街道）事业单位分别不高于本年度招聘计划30%、50%的比例招聘具有本县（市、区）及周边县（市、区）户籍人员（或生源）。

（四）放宽年龄条件。县（市、区）、乡镇（街道）事业单位招聘九级以下管理岗位工作人员和十一级以下专业技术岗位工作人员，年龄一般为40周岁以下；招聘八至十级专业技术岗位工作人员，年龄一般为45周岁以下；招聘七级以上专业技术岗位工作人员，年龄一般为50周岁以下。招聘急需紧缺的七级以上专业技术岗位工作人员，可以根据工作需要适当放宽年龄限制。

二、改进招聘方式方法

（五）优化招聘方式。乡镇（街道）事业单位招聘硕士以上人员，县（市、区）事业单位招聘具有副高级以上专业技术职务资格人员或者博士，以及行业、岗位、脱贫攻坚急需紧缺专业人才，可以根据实际情况，采取面试、组织考察、技能操作等方式公开招聘。

（六）降低开考比例。乡镇（街道）事业单位根据应聘人员报名、专业分布等情况，经设区的市组织、人力资源社会保障部门核准，可以适当降低开考比例，或不设开考比例划定合格分数线。

三、完善激励保障措施

（七）为事业单位工作人员搭建干事创业平台。县（市、区）、乡镇（街道）事业单位招聘高层次专业技术人员，符合条件的，可以突破岗位总量、最高等级和结构比例，使用特设岗位予以聘用。探索建立乡镇（不含街道）基层高级职称“定向评价、定向使用”的职称评聘制度。“定向评价、定向使用”的乡镇高级专业技术岗位，实行总量控制、比例单列。

（八）拓宽事业单位工作人员职业发展空间。积极选派业务骨干到上级单位或者发达地区挂职锻炼、跟班学习，注重选拔优秀乡镇事业单位负责人进入乡镇领导班子。根据国家安排部署，开展县以下事业单位管理岗位职员等级晋升制度试点。县以上事业单位面向社会公开招聘时，应当根据工作需要，拿出一定数量岗位招聘具有5年以上乡镇事业单位工作经历的人员。

（九）落实事业单位工作人员工资待遇。进一步落实乡镇工作补贴、带薪年休假制度等政策，严格执行乡镇工作补贴增发标准，切实兑现按在乡镇工作年限逐年增发的部分，逐步提高事业单位工作人员工资待遇。

（十）完善“三支一扶”政策措施。自2017年起，乡镇（不含街道）事业单位在编制和岗位空缺数额内招募“三支一扶”人员。“三支一扶”人员服务满2年且考核合格的，采取考核考察的方式公开招聘为乡镇（不含街道）事业单位工作人员，在聘用合同中约定5年的最低服务期限（含“三支一扶”计划服务年限）。已按照基层项目有关政策被聘用为事业单位工作人员或公务员的，不得再次报考“面向服务基层项目人员”招考的岗位。

四、严密组织实施

（十一）加大监督检查力度。各级组织、人力资源社会保障部门要切实履行好事业单位公开招聘工作综合管理部门的职责，强化工作监督，狠抓制度落实，建立监督检查的长效机制。全面落实公开招聘各项纪律要求，加大对违纪违规行为的查办力度，对以权谋私、违规进人等违纪违法行为，依法依规查处，严肃问责，公开通报。

（十二）加强信用体系建设。根据《事业单位公开招聘违纪违规处理规定》（人力资源和社会保障部令第35号），探索建立事业单位公开招聘违纪违规与诚信档案库，对招聘工作中违反公开招聘纪律或存在不诚信情形的应聘人员，记入诚信档案库。

（十三）保持事业单位工作人员基本稳定。对放宽年龄、户籍条件和降低开考比例招聘的县（市、区）、乡镇（街道）事业单位工作人员，事业单位应当与工作人员在聘用合同中约定 3—5 年最低服务年限，并明确违约责任和相关要求，在最低服务期限内，其他单位不得以借调、帮助工作等方式将其借出或调走。

（十四）驻在乡镇的其他事业单位可参照执行。驻在乡镇的省、设区的市属事业单位，经主管部门（举办单位）同意，报同级组织、人力资源社会保障部门批准，可以参照本意见执行。

本意见自 2017 年 12 月 4 日起施行，有效期至 2022 年 12 月 3 日。

附件：1. 省财政困难县（市、区）名单

2. 脱贫任务比较重的县（市、区）名单

（附件本书略）

中共山东省委组织部 省人力资源和社会保障厅关于印发《山东省事业单位高层次急需紧缺人才特聘办法》的通知

（2017 年 12 月 27 日　鲁人社规〔2017〕22 号）

各市党委组织部、政府人力资源和社会保障局，省直各部门（单位）、各高等院校：

现将《山东省事业单位高层次急需紧缺人才特聘办法》印发给你们，请结合实际，认真贯彻执行。

山东省事业单位高层次急需紧缺人才特聘办法

第一条　以习近平新时代中国特色社会主义思想为指导，深入贯彻党的十九大精神，根据省委、省政府新旧动能转换重大工程决策部署，支持和鼓励事业单位引进高层次急需紧缺人才，形成具有山东特点和区域竞争力的人才制度优势，制定本办法。

第二条　本办法所称高层次急需紧缺人才特聘，是指事业单位采取专家评议、组织考察的方式引进高层次急需紧缺人才，开辟直接办理人员聘用和岗位聘用的特殊通道。

第三条　事业单位特聘高层次急需紧缺人才，适用本办法。参照公务员法管理的事业单位除外。

第四条　事业单位特聘高层次急需紧缺人才，要面向国内外，遵循科学规划、按需引进、坚持标准、严格考核的原则。

第五条　本办法所称的高层次急需紧缺人才包括：

（一）中国科学院院士、中国工程院院士、国家“千人计划”和“万人计划”入选者、百千万人才工程国家级人选、国家杰出青年基金获得者、国家优秀青年科学基金获得者、长江学者、泰山系列人才工程人选、全国杰出专业技术人才、国家有突出贡献中青年专家、享受国务院政府特殊津贴专家以及其他国家级、省部级高层次创新人才计划入选者。

（二）主持国家重大科技专项、国家自然科学基金重点项目、社会科学基金项目等国家级重点项目人员。

（三）由国家级、省部级高层次创新人才计划入选者或主持国家级重点项目人员所组建高水平创新团队的成员。

（四）获得金钟奖、梅花表演奖等行业领域国家级奖项人员。

（五）获得世界技能大赛优胜奖以上奖项、中华技能大奖、国家级一类职业技能大赛前五名人员及其指导教师。

（六）获得奥运会前六名、世界锦标赛（奥运会项目）前三名和全运会冠军的退役优秀运动员及其教练员。

（七）其他符合条件的高层次急需紧缺人才。

市、县（市、区）组织、人力资源社会保障部门也可结合当地实际，严格标准条件，研究确定本地区特聘人才范围，其中，县（市、区）确定的特聘人才范围须报设区的市组织、人力资源社会保障部门核准。

第六条　事业单位特聘的高层次急需紧缺人才，在首次聘用时可不受职称、任职年限的限制，按照业绩、能力、水平直接聘用到相应的专业技术岗位。

第七条　事业单位特聘高层次急需紧缺人才，应在人力资源社会保障部门核定的岗位数量内进行。确因工作需要，单位暂无相应岗位空缺的可通过申请特设岗位的方式解决。

第八条　事业单位特聘高层次急需紧缺人才，可以适当放宽年龄限制，但应当未达到国家规定的退休年龄。

第九条 事业单位特聘高层次急需紧缺人才，应当按照人事管理权限，提前就特聘人员条件、评议委员会构成、特聘工作程序、单位岗位空缺等情况与同级组织、人力资源社会保障部门进行充分沟通。

第十条 事业单位特聘高层次急需紧缺人才，按照下列程序组织实施。

（一）成立高层次急需紧缺人才评议委员会。评议委员会均由业内知名专家组成。

（二）组织评议。评议委员会对拟聘用的高层次急需紧缺人才进行评议，确定拟聘用人选和聘用岗位。

（三）公示。拟聘用人员及聘用岗位信息在组织、人力资源社会保障部门、招聘单位及主管部门网站上进行公示，公示期为7个工作日。

（四）聘用。经公示无异议的，由事业单位或其主管部门填写《事业单位引进高层次急需紧缺人才登记表》（附件1）、《事业单位引进高层次急需紧缺人才聘用情况汇总表》（附件2）和《岗位设置管理手册》，按照人事管理权限报组织、人力资源社会保障部门办理人员聘用和岗位聘用手续，纳入事业单位人事管理信息系统。事业单位与聘用人员根据备案情况签订聘用合同，兑现相关待遇。

第十一条 采取特聘方式进入我省工作的高层次急需紧缺人才，符合条件的，获得各级相应的科技项目立项、科技成果奖励、人才服务绿色通道等政策规定的待遇。

第十二条 各级组织、人力资源社会保障部门与事业单位的主管部门（举办单位）负责对高层次急需紧缺人才特聘工作进行指导、监督和管理。对未履行提前沟通程序或未按照规定的人才范围、程序组织的，不予办理聘用手续。对违反干部人事纪律及有关规定的行为应当予以制止和纠正，对直接责任人及相关人员依法依规处理。

第十三条 本办法自2018年2月1日起执行，有效期至2023年1月31日。

附件：1. 事业单位引进高层次急需紧缺人才登记表

2. 事业单位引进高层次急需紧缺人才聘用情况汇总表

（附表本书略）

三、专业技术人员管理

（一）职称评聘

国务院关于发布《关于实行专业技术职务聘任制度的规定》的通知

（1986年2月18日　国发〔1986〕27号）

各省、自治区、直辖市人民政府，国务院各部委、各直属机构：

现将《关于实行专业技术职务聘任制度的规定》发给你们，请遵照执行。

实行专业技术职务聘任制度，是对专业技术人员管理工作的一项重大改革，必须加强领导，认真掌握政策，慎重从事。全国实行专业技术职务聘任制度的工作由中央职称改革领导小组统一领导，具体工作由中央职称改革领导小组办公室负责，办公室设在国家科委。省、自治区、直辖市人民政府也应成立职称改革领导小组，对这项工作进行统一领导，具体工作由职称改革领导小组办公室负责，办公室设在科委或科技干部管理部门。

关于实行专业技术职务聘任制度的规定

一、专业技术职务聘任制度的基本内容

专业技术职务是根据实际工作需要设置的，有明确职责、任职条件和任期，并需要具备专门的业务知识和技术水平才能担负的工作岗位，不同于一次获得后而终身拥有的学位、学衔等各种学术、技术称号。

建立专业技术职务聘任制度，应当根据实际需要设置专业技术工作岗位，规定明确的职责和任职条件；在定编定员的基础上，确定高、中、初级专业技术职务的合理结构比例；由行政领导在经过评审委员会评定的、符合相应条件的专业技术人员中聘任；有一定的任期，在任职期间领取专业技术职务工资。

二、专业技术职务的设置

1. 专业技术职务系列由国务院有关部门根据需要提出，经中央职称改革领导小组审核后报国务院批准。国务院委托专业技术职务系列的主管部门制订有关条例及实施意见，其内容应包括职务的名称、档次（或等级）、适用范围、高中初级专业技术职务的合理结构比例、岗位职责、任职条件、任期、评审和聘任办法、审批权限等，报送中央职称改革领导小组批准试行，经过一段实践，总结经验，进一步修改后，报国务院正式发布。

2. 各单位根据专业技术工作的实际需要，提出本单位选用专业技术职务系列和职务设置的意见，属于国务院各部门直属事业单位的，由各部门核准；属于地方的，由地方职称改革领导小组核准。

3. 直接从事专业技术管理工作的部门设置专业技术职务问题，由中央职称改革领导小组另行规定，报国务院批准。

三、任职基本条件

1. 热爱祖国，遵守宪法和法律，积极为我国四化建设贡献自己的力量。

2. 具备履行相应职责的实际工作能力和业务知识。

3. 担任高级、中级、初级专业技术职务一般应相应具备大学本科、大专、中专毕业的学历。各专业技术职务系列可以根据各自的特点，提出各级职务的不同学历要求。

对虽然不具备上述规定学历，但确有真才实学、成绩显著、贡献突出、符合任职条件的专业技术人员，也可根据需要聘任相应的专业技术职务。

4. 身体健康，能坚持正常工作。

四、各级专业技术职务结构比例及工资额的确定

1. 专业技术职务设高、中、初三级，也可以只设中、初两级或只设初级。

专业技术职务的数量在国家规定的编制范围内有一定的限额，不同类别的单位和专业技术职务在不同档次之间应各有合理的结构比例。

2. 国务院各部门和各省、自治区、直辖市应在国家批准的编制和各专业技术职务系列主管部委规定的限额比例内，确定本部门、本地区所属事业单位各类专业技术职务的结构比例。

国务院各部门和各省、自治区、直辖市人民政府各工作部门，在劳动人事部会同国家科委提出并经国务院批准的国家机关专业技术职务的总结构比例内，提出本机关内各级专业技术职务的结构比例。属于国务院各部门的，报劳动人事部核定并报国家科委备案；属于省、自治区、直辖市人民政府工作部门的，报同级劳动人事部门核定并报同级科委备案。省、自治区、直辖市人民政府工作部门的高级职务的比例限额应低于国务院各部门高级职务的限额。

3. 专业技术职务各档次（或等级）对应的职务工资标准，报劳动人事部核准。

国家机关和事业单位实行专业技术职务聘任制所需的增资额，均应在劳动人事部规定的增资指标内核定，未经批准不得突破。

五、专业技术职务评审委员会

评审委员会是负责评议、审定专业技术人员是否符合相应专业技术职务任职条件的组织。评审委员会应以民主程序进行工作。

各部门和地方可根据实际需要分别建立高级、中级、初级职务评审委员会。评审委员会应由具有较高的专业技术水平或担任较高专业技术职务、作风正派、办事公道的专业技术人员组成，

其中中、青年应占一定比例。评审委员会可以是常设的，也可以在需要时临时组成。评审委员会的人选由本单位专业技术人员酝酿推荐，单位专业技术负责人报名，经单位领导批准。中级职务评审委员会人选，还须报上一级主管部门批准。高级职务评审委员会一般应由国务院各部门和各省、自治区、直辖市组建，国务院各部门和各省、自治区、直辖市也可授权确实具备评审条件的下属单位直接组建，报部门或省、自治区、直辖市批准。本单位专业技术力量薄弱，不能成立评审委员会的，可以由上一级组织的评审委员会或聘请外单位专家与本单位专家共同组成的评审委员会承担评审任务。

六、聘任和任命

1. 事业单位的专业技术职务一般实行聘任制。事业单位的各级专业技术职务，由行政领导在经过评审委员会评定的符合相应任职条件的专业技术人员中聘任。行政领导应向被聘任的专业技术人员颁发聘书，双方签订聘约。

2. 三线、边远地区和不具备聘任条件的事业单位可以实行任命制，但应创造条件逐步实行聘任制。各级国家机关的专业技术职务实行任命制。实行任命制的部门和单位应按干部管理权限，由行政领导向被任命的专业技术人员颁发任命书。实行任命制的部门和单位和各级专业技术人员也须经过评审委员会评审，符合相应任职条件。

3. 专业技术职务的聘任或任命都不是终身的，应有一定的任期，每一任期一般不超过5年。如工作需要，可以连聘连任。

4. 聘任或任命单位对受聘或被任命的专业技术人员的业务水平、工作态度和成绩，应进行定期或不定期的考核。考核成绩记入考绩档案，作为提职、调薪、奖惩和能否续聘或任命的依据。

七、行政人员与专业技术人员相互兼任职务的问题

1. 行政领导一般不兼任专业技术职务。确需兼任的，必须

经评审委员会确认符合相应职务任职条件，并按规定的手续聘任。兼职人员应履行相应的职责。

2. 专业技术人员兼任行政领导职务的，任职期间的工资待遇，在专业技术职务工资和行政职务工资中，按较高的职务工资标准执行。

八、已获得职称人员的安排

对于过去已获得职称的人员，原则上应承认他们具备担任相应专业技术职务的条件。在专业技术岗位上的合格人员，要给予妥善安排，根据需要聘任他们担任相应的专业技术职务，其中水平偏低的，应帮助其尽快提高水平；完全不合格的，不能承认其具备担任相应专业技术职务的条件；对个别弄虚作假骗取职称的，应严肃处理。

1983 年 9 月 1 日前，经过职称评定组织评定了相应职称，并已上报到有关部门“待批”或“待授”的人员，在这次专业技术职务聘任工作中，也按上述规定对待。

九、待聘人员的安排和待遇

1. 实行聘任制后，对暂时未被聘任的专业技术人员，原单位要继续关心他们，并区别情况，妥善安排。要鼓励他们到更需要或更能发挥他们专长的单位去工作。待聘人员应积极应聘到其他单位工作，原单位科技干部管理部门要积极帮助联系，提供应聘方便。待聘人员在尚未应聘到其他单位工作以前，应做好原单位所安排的临时性工作。

2. 长期未受聘用的专业技术人员的工资待遇，原则上应低于受聘专业技术人员的工资待遇，以促进人才流动，具体办法由劳动人事部门另行规定。

十、“待聘高级职务”的设置

在少数人才密集的部门或单位，为解决历史遗留问题，鼓励人才合理流动，凡确实符合相应高级职务任职条件的中年专业技术骨干，由于限额已满，未受聘任的，可有控制地确定“待聘高级职务”，领取相应的职务工资，同时鼓励他们到其他单位任职。设置“待聘高级职务”，一定要严格保证质量，绝不能降低标准，更不能滥竽充数。拟设“待聘高级职务”的单位和数额，经国务院有关部门或各省、自治区、直辖市核定后，报中央职称改革领导小组批准。宣布聘任结果时，应同时宣布确定的“待聘高级职务”人员名单。确定“待聘高级职务”的人员都应根据国家需要提出志愿去向，由单位帮助联系；到外地的，户口、家属可以不迁。

十一、离休、退休问题

1. 在实行专业技术职务聘任制的同时，应坚决执行国务院有关离休、退休的规定；

2. 在这次专业技术职务聘任工作中，达到规定离休、退休年龄的专业技术人员，凡符合专业技术职务聘任条件的，可在确定相应专业技术职务后，办理离休、退休手续。

十二、聘任专业技术职务，必须实事求是，严格按照政策办事。对于借聘任之机打击迫害专业技术人员的，应按情节轻重，严肃处理；对于伪造学历、资历，谎报成果，骗取专业技术职务的，应予解聘，免除其担任的专业技术职务，并视情节轻重，严肃处理。

十三、本规定适用于国家机关、事业单位。国务院各部门和各省、自治区、直辖市应根据有关专业技术职务条例和实施意见，结合本部门、本地区的工作需要，制订实施细则。

企业单位也应参照上述规定，结合企业特点逐步实行专业技术职务聘任制度。

十四、本规定自发布之日起实行。过去由国务院或国务院各部门颁发的有关职称评定的规定，即行废止。

高等学校教师职务试行条例

（1986年3月3日　职改字〔1986〕11号）

第一章　总　则

第一条　为了充分发挥高等学校教师为我国教育事业服务的积极性、创造性，激励教师提高教育水平、学术水平及履行相应职责的能力，努力完成本职工作，促进人才合理流动，特制定本条例。

第二条　高等学校教师职务是根据学校所承担的教学、科学研究等任务设置的工作岗位。教师职务设助教、讲师、副教授、教授。各级职务实行聘任制或任命制，并有明确的职责、任职条件和任期。

第三条　高等学校的教师编制应依据国家规定的师生比例确定。教师职务应有合理结构。高等学校及校内各专业、学科的各级教师职务定额应与所承担的任务相适应。

第二章　职　责

第四条　助教的职责

1. 承担课程的辅导、答疑、批改作业、辅导课、实验课、实习课、组织课堂讨论等教学工作（公共外语、体育、制图等课程的教师还应讲课），经批准，担任某些课程的部分或全部讲课工作，协助指导毕业论文、毕业设计。

2. 参加实验室建设，参加组织和指导生产实习、社会调查等方面的工作。

3. 担任学生的思想政治工作或教学、科学研究等方面的管理工作。

4. 参加教学法研究或科学研究、技术开发、社会服务及其他科学技术工作。

第五条 讲师的职责

1. 系统地担任一门或一门以上的课程的讲授工作，组织课堂讨论，指导实习、社会调、查，指导毕业论文、毕业设计。

2. 担任实验室的建设工作，组织和指导实验教学工作，编写实验课教材及实验指导书。

3. 参加科学研究、技术开发、社会服务及其他科学技术工作，参加教学法研究，参加编写、审议教材和教学参考书。

4. 根据工作需要协助教授、副教授指导研究生、进修教师等。

5. 担任学生的思想政治工作或教学、科学研究等方面的管理工作。

6. 根据工作需要，担任辅导、答疑、批改作业、辅导课、实验课、实习课和指导学生进行科学技术工作等教学工作。

第六条 副教授的职责

1. 担任一门主干基础课或者两门或两门以上课程的讲授工作（其中一门应为基础课，包括专业基础课或技术基础课），组织课堂讨论，指导实习、社会调查，指导毕业论文、毕业设计。

2. 掌握本学科范围内的学术发展动态，参加学术活动并提出学术报告，参加科学研究、技术开发、社会服务及其他科学技术工作，根据需要，担任科学研究课题负责人，负责或参加审阅学术论文。

3. 主持或参加编写、审议新教材和教学参考书，主持或参加教学法研究。

4. 指导实验室的建设、设计，革新实验手段或充实新的实验内容。

5. 根据需要，指导硕士研究生，协助教授指导博士研究生，指导进修教师。

6. 担任学生的思想政治工作或教学、科学研究等方面的管理工作。

7. 根据工作需要，担任辅导、答疑、批改作业、辅导课、实验课、实习课和指导学生进行科学技术工作等教学工作。

第七条 教授的职责

除担任副教授职责范围内的工作外，应承担比副教授职责要求更高的工作。领导本学科教学、科学研究工作，根据需要并通过评审确认后指导博士研究生。

第三章 任职条件

第八条 高等学校教师应拥护中国共产党的领导，热爱社会主义祖国，努力学习马克思主义和党的路线、方针、政策，有良好的职业道德，遵守法纪，能为人师表，教书育人，能全面地、熟练地履行职务职责，积极承担工作任务，学风端正。

身体健康，能坚持正常工作。

第九条 助教任职条件是，符合本条例第八条要求，并具备下列条件之一：

1. 获得学士学位；或在工作实践中学习提高经考试或考查，确认达到学士学位水平，经过一年以上见习试用，表明能胜任和履行助教职责。

2. 获得硕士学位或研究生班毕业证书或第二学士学位证书，经考察，表明能胜任和履行助教职责。

第十条 讲师任职条件是，符合本条例第八条要求，并具备下列条件之一：

1. 在担任四年或四年以上助教职务工作期间，已取得高等学校助教进修班结业证书；或确认已掌握硕士研究生主要课程内容，具有本专业必需的知识与技能和从事科学技术工作的能力，能顺利地阅读本专业的外文书籍，经考察，表明能胜任和履行讲师职责。

2. 获得研究生班毕业证书或第二学士学位证书且已承担两年或两年以上助教职务工作，具有本专业必需的知识与技能和从事科学技术工作的能力，经考察，表明能胜任和履行讲师职责。

3. 获得硕士学位且已承担两年左右助教职务工作，或获得博士学位，经考察，表明能胜任和履行讲师职责。

第十一条 副教授任职条件是，符合本条例第八条要求，承担五年以上讲师职务工作；或获得博士学位且已承担两年以上讲师职务工作，经考察，表明能胜任和履行副教授职责，并具备下列条件：

1. 对本门学科具有系统而坚实的理论基础和比较丰富的实践经验，能及时掌握本门学科发展前沿的状况，并熟练地掌握一门外国语。

2. 教学成绩显著，能较好地对学生进行启发式教学，培养其分析问题或解决问题的能力。

3. 发表过有一定水平的科学论文或出版过有价值的著作、教科书；或在教学研究方面有较高造诣；或在实验及其他科学技术工作方面有较大的贡献。

第十二条 教授任职条件是，符合本条例第八条要求，承担五年以上副教授职务工作，经考察，表明能胜任和履行教授职责，并具备下列条件：

1. 教学成绩卓著。

2. 发表、出版过有创见性的科学论文、著作或教科书，或有重大的创造发明。

3. 在教学管理或科学研究管理方面具有组织领导能力。

第十三条 对在教学工作或科学研究工作及其他科学技术工作等方面成绩特别突出的教师，其任职条件可不受学历、学位、任职年限等规定限制。

第四章　任职资格评审

第十四条　国家教育委员会指导全国高等学校教师职务任职资格评审工作。省、自治区、直辖市高等学校教师职务评审工作应在各地职称改革工作领导小组领导下进行。

省、自治区、直辖市成立高等学校教师职务评审委员会，负责在本地区的高等学校教师职务任职资格的评审工作。国务院有关部委根据所属高等学校某些专业的特殊需要和教师队伍的实际情况，可设立高等学校教师职务评审委员会，经国家教育委员会同意，负责所属高等学校某些专业教师职务任职资格的评审工作，其他教师职务的评审工作仍由所在省、自治区、直辖市高等学校教师职务评审委员会负责。

有学士学位授予权的高等学校，成立教师职务评审委员会。没有学士学位授予权的高等学校，成立教师职务评审组。部分没有学士学位授予权的高等学校，已具备条件，经所在省、自治区、直辖市批准，也可成立教师职务评审委员会，并报国家教育委员会备案。

第十五条　高等学校教师职务任职资格评审的依据是高等学校教师的任职条件。各级职务任职资格，由相应的教师职务评审委员会组织同行专家进行评审。

助教任职资格，由学校教师职务评审委员会或评审组审定。

讲师任职资格，由学校教师职务评审委员会审定，报省、自治区、直辖市或主管部委教师职务评审委员会备案；没有成立教师职务评审委员会的学校由教师职务评审组评议，报省、自治区、直辖市或主管部委教师职务评审委员会审定。

教授、副教授任职资格，由学校报省、自治区、直辖市、主管部委教师职务评审委员会审定，审定的教授报国家教育委员会备案。

部分高等学校教师职务评审委员会，经国家教育委员会会同省、自治区、直辖市、主管部委批准，有权审定副教授任职资格，或有权审定副教授、教授任职资格。审定的教授报国家教育委员会备案。

第五章　聘任及任命

第十六条　高等学校教师职务的聘任或任命应根据工作岗位需要，一般由系主任、教研，室主任或学科组负责人依据教师任职条件推荐提出任职人选，经相应教师职务评审组织评审通过后，按照限额进行聘任或任命。

第十七条　高等学校教肺职务聘任及任命工作由校（院）长负责。校（院）长可以根据工作需要，主持设立一个临时性组织，做好教师职务聘任或任命工作。有条件的学校也可以实行分级聘任或任命的办法。

第十八条　高等学校教师任职时，学校需明确其应履行的职责和承担的任务，颁发聘书或任命书。任职期限由学校根据工作需要确定，一般为二至四年，可以续聘或连任。

第十九条　学校对被聘任或任命职务的教师的业务水平和能力、工作态度和成绩,应进行定期及不定期考核。考核成绩记入考绩档案,作为提职、调薪、奖惩和能否续聘或继续任命的依据。

第二十条　其他专业技术人员或机关团体的工作人员到高等学校任教，经过一年以上的考察，视其业务水平及履行职责的实际能力，经评审或认定任职资格后，聘任或任命为相应的教师职务。

第六章　附　则

第二十一条　《关于〈高等学校教师职务试行条例〉的实施意见》《高等学校教师职务评审组织章程》另订。

第二十二条　省、自治区、直辖市、国务院有关部委和各高等学校应根据本条例，结合实际情况制定实施细则和实施办法。

第二十三条　本条例适用于普通高等学校。原则上也适用于其他类型的高等学校，其实施办法另订。

第二十四条　本条例的解释权在国家教育委员会。

工程技术人员职务试行条例

（1986年4月16日 职改字〔1986〕第78号）

第一章 总 则

第一条 为了充分发挥工程技术人员的积极性、创造性，促进人才的合理交流，鼓励他们在推进技术进步，振兴经济，实现四化中做出贡献，根据中共中央、国务院转发的《关于改革职称评定、实行专业技术职务聘任制度的报告》和国务院发布的《关于实行专业技术职务聘任制度的规定》，特制订本条例。

第二条 工程技术职务（简称技术职务）是为生产建设、勘察设计、科学研究、技术开发和技术管理等工作岗位上的工程技术人员设置的技术职务。

第三条 工程技术职务名称定为：技术员、助理工程师、工程师、高级工程师。

第四条 聘任或任命技术职务的主要依据是：担任技术职务的工程技术人员，必须具备履行相应职责的实际工作能力和相应的业务知识与技术水平。并应具备相应的理工学科的学历和从事技术工作的资历。

第二章 任职基本条件

第五条 担任技术职务的工程技术人员，必须拥护中国共产党的领导，热爱祖国，积极地为社会主义现代化建设服务。

第六条 担任技术员职务，应具备下列条件：

1. 具有完成一般技术辅助性工作的实际能力；

2. 初步掌握本专业的基础理论知识和专业技术知识；

3. 大学专科、中等专业学校毕业，在工程技术岗位上见习一年期满，经考察合格。

第七条 担任助理工程师职务，应具备下列条件：

1. 具有完成一般性技术工作的实际能力；

2. 能够运用本专业的基础理论知识和专业技术知识；

3. 获得硕士学位或取得第二学士学位，经考察合格；获得学士学位或大学本科毕业，在工程技术岗位上见习一年期满，经考察合格；大学专科毕业，从事技术员工作二年以上；中等专业学校毕业，从事技术员工作四年以上。

第八条 担任工程师职务，应具备下列条件：

1. 具备下列部门之一的条件：

(1) 生产、技术管理部门

①基本掌握现代生产管理和技术管理的方法，有独立解决比较复杂的技术问题的能力。

②能够灵活运用本专业的基础理论知识和专业技术知识，熟悉本专业国内外现状和发展趋势。

③有一定从事生产、技术管理工作的实践经验，取得有实用价值的技术成果和技术经济效益。

④能够指导助理工程师的工作和学习。

(2) 研究、设计部门

①有独立承担较复杂项目的研究、设计工作能力，能解决本专业范围内比较复杂的技术问题。

②较系统地掌握本专业的基础理论知识和专业技术知识，熟悉本专业国内外现状和发展趋势。

③有一定从事工程技术研究、设计工作的实践经验，能吸收、采用国内外先进技术，在提高研究、设计水平和经济效益方面取得一定成绩。

④能够指导助理工程师的工作和学习。

2. 获得博士学位，经考察合格；获得硕士学位或取得第二学士学位，从事助理工程师工作二年左右；获得学士学位或大学本科毕业，从事助理工程师工作四年以上；大学专科毕业，从事助理工程师工作五年以上。

第九条 担任高级工程师职务，应具备下列条件：

1. 具备下列部门之一的条件

（1）生产、技术管理部门

①具有解决在生产过程或综合技术管理中本专业领域重要技术问题的能力。

②有系统广博的专业基础理论知识和专业技术知识，掌握本专业国内外现状和现代管理的发展趋势。

③有丰富的生产、技术管理工作实践经验，在生产、技术管理工作中有显著成绩和社会、经济效益。

④能够指导工程师的工作和学习。

（2）研究、设计部门

①具有独立承担重要研究课题或有主持和组织重大工程项目设计的能力，能解决本专业领域的关键性技术问题。

②有系统坚实的专业基础理论知识和专业技术知识，掌握本专业领域国内外现状和发展趋势。

③有丰富的工程技术研究、设计实践经验，取得过具有实用价值或显著社会经济效益的研究、设计成果，或发表过有较高水平的技术著作、论文。

④能够指导工程师、研究生的工作和学习。

2. 获得博士学位后，从事工程师工作二年以上；大学本科毕业以上学历，从事工程师工作五年以上。

第十条 担任工程师、高级工程师职务的工程技术人员，应具有阅读本专业外文资料的能力。

从事工程技术研究、设计、技术开发、技术情报等工作的工程师、高级工程师，应能比较熟练和熟练地掌握一门外语。

第十一条 为了广开才路，不拘一格地选拔人才，对在生产、勘察、设计、研究和技术管理工作中成绩显著、贡献突出的工程技术人员，可不受学历、资历的限制，破格聘任或任命相应的技术职务。

第三章　职务设置和职责

第十二条　技术职务设置的原则、职务数额和各级职务的合理结构比例，要在批准的编制定员的基础上，根据部门任务的实际需要、国家规定的限额幅度和上级下达的工资增长指标确定，并制定出实施方案，经上级主管部门批准后执行。技术职务的结构比例，应随着技术、生产发展的需要，适时进行合理的调整。

第十三条　设置工程技术职务时，要根据生产、勘察、设计、研究、技术管理等不同的工作岗位，制订各级职务职责，建立技术责任制或岗位责任制。职责范围应该包括：工作范围、任务、权限、完成任务的要求和必须履行的责任、义务等。职责要符合实际，明确具体，便于执行和检查。

第四章　任职资格评审

第十四条　聘任或任命技术职务，一般由单位行政领导或同行专家在单位的工程技术人员中提名推荐；工程技术职务评审委员会（简称评审委员会）根据任职条件和岗位职责要求对推荐的人员进行评议审定，提出具备任职条件的人员名单；单位行政领导必须在经过相应的评审委员会评审认定的符合相应任职条件的技术人员中，按照限额进行聘任或任命。

第十五条　评审委员会是评议、审定工程技术人员任职条件的组织，其委员应由同行技术专家和担任较高技术职务的、作风正派、办事公道的工程技术人员组成，经单位领导或上级主管机关批准。评审委员会应以民主的程序进行工作，在评审工程技术人员任职条件时，必须有三分之二以上的委员到会，经评审委员会全体委员的半数以上讨论通过，方能确认有效。评审委员会的主要职责是：科学地评价被推荐的工程技术人员，审定任职条件，准确地写出考核评语。

第十六条 各地区和部门可根据实际需要分别建立高级、中级、初级技术职务评审委员会。

高级技术职务评审委员会，一般应由各省、自治区、直辖市，国务院有关部委、直属机构组建，也可以授权确实具备评审条件的所属单位直接组建，报省、自治区、直辖市或国务院有关部门批准。其委员必须有三分之二以上是知名技术专家或担任高级技术职务的人员，并注意吸收一定数量的技术水平较高的中青年工程技术人员参加。

第五章 聘任与任命

第十七条 实行技术职务聘任制度后，各级国家机关的技术职务实行任命制，实行任命制的部门，应按干部管理权限，由行政领导向被任命的技术人员颁发任命书。

事业单位的技术职务一般实行聘任制。三线、边远地区和不具备聘任条件的事业单位也可以实行任命制，但应创造条件逐步实行聘任制。实行聘任制的单位，行政领导应向被聘任的技术人员颁发聘书，双方签订聘约。实行技术职务聘任制和任命制，每一任期一般不超过五年。在任职期满前三个月至六个月，单位行政领导要根据任务需要和技术人员在任职期间的实绩，提出连聘（连任），或解聘（免任）的意见，并通知本人。

第十八条 聘任或任命单位，对受聘或被任命的技术人员，在任职期间的业务水平、工作态度和工作成绩等，应进行定期或不定期的考核。考核结果记入考绩档案，作为提职、调薪、奖惩和能否连聘或连任职务的依据。

第十九条 实行技术职务聘任制度后，对暂时未被聘任的技术人员，原单位要继续关心，区别情况，妥善安排。本单位安排有困难的，要鼓励他们到更需要或更能发挥作用的单位去任职。待聘人员应积极应聘到其他单位工作，原单位要积极帮助联系，提供应聘方便。待聘人员在尚未应聘到其他单位工作以前，应做好原单位所安排的临时性工作。

第二十条 实行技术职务聘任制度时，应坚决执行国务院有关干部离休、退休的规定。在这次技术职务聘任中，达到规定离休、退休年龄的技术人员，凡符合高一级技术职务聘任条件的，先经过任职资格评审，确定相应技术职务后，再办理离休、退休手续。

第二十一条 工程技术人员在担任技术职务的任职期限内，按照有关的工资规定，领取相应的技术职务工资。

第二十二条 聘任或任命各级技术职务的批准权限由各省、自治区、直辖市，国务院有关部委、直属机构根据干部管理权限确定。

第六章 附 则

第二十三条 实行技术职务聘任制度，是对技术人员管理工作的一项重大改革。各级党政领导和科技干部管理部门，要认真掌握政策，注意维护聘任或任命单位和工程技术人员双方的权益。对利用聘任或任命之机打击迫害工程技术人员的，或伪造学历、资历，谎报成果，骗取技术职务的，应视情节轻重，严肃处理。

第二十四条 本条例适用于国家机关、事业单位。企业单位也应参照上述规定，结合企业特点逐步实行。

第二十五条 各省、自治区、直辖市，国务院有关部委、直属机构，结合本地区、本部门的实际情况，制定实施细则，报国家经委备案。中国人民解放军系统的实施细则，由总政治部制订，并抄送国家经委。

第二十六条 本条例由国家经委负责解释。

第二十七条 本条例自批准之日起实行。

人事部关于印发《企事业单位评聘专业技术职务若干问题暂行规定》的通知

（1990 年 11 月 10 日　人职发〔1990〕4 号）

各省、自治区、直辖市及计划单列市人事（劳动人事）厅（局）、职改办，国务院各部（委）、各直属机构人事（干部）部门：

现将《企事业单位评聘专业技术职务若干问题暂行规定》印发给你们，请遵照试行。

企事业单位评聘专业技术职务若干问题暂行规定

目前，全国企事业单位首次专业技术职务评聘工作已经结束。为适应治理整顿、深化改革的需要，完善专业技术职务聘任制度，使评聘专业技术职务转入经常性工作，遵照 1990 年 5 月 22 日第 100 次国务院总理办公会议精神，对当前专业技术职务评聘工作的若干问题，作如下规定：

一、专业技术职务评聘工作是各级人事管理工作的一部分。各企事业单位可以根据专业技术工作的实际需要，按照中发〔1986〕3 号、国发〔1986〕27 号文件和各专业技术职务试行条例，开展经常性的专业技术职务评聘工作。

二、按照中共中央办公厅厅字〔1988〕8 号文件规定，全国的改革职称制度、实行专业技术职务聘任制的工作，在国务院领导下，由人事部负责指导、组织和协调。各省、自治区、直辖市和国务院各部门都要坚决执行统一制定的政策和评聘的标准，不得自行其是。如果需要根据本地区、本部门的实际情况，另行制定具体政策和特殊规定，须报经人事部审核批准。

三、开展经常性的专业技术职务评聘工作，必须在科学合理地设置专业技术岗位的基础上进行。各地区、各部门要认真总结首次评聘工作中设置专业技术岗位的经验，检查、督促、指导所属企事业单位在国家批准的人员编制、首次评聘下达的高、中级职务数额和工资总额内，按照职位分类原理，根据工作需要设置和调整专业技术岗位，明确岗位职责。各地区、各部门根据企业、事业以及不同类别单位的实际情况，审定各级专业技术岗位设置，如认为有必要，可提出专业技术职务结构比例和专业技术职务设置最高档次的指导性意见。

四、企事业单位因自然减员、调动、解聘等原因出现岗位人员空缺时，可根据工作需要进行补缺。由于事业发展以及破格评聘优秀中青年拔尖人才等原因，需要增设专业技术岗位，须在规定的增资指标范围内，经省、部级人事（职改）部门批准。

五、1987 年以来新建企事业单位，应在批准的人员编制和工资总额内，科学合理地设置专业技术岗位，经上级主管部门和人事（职改）部门审定批准后，按照规定的程序，逐步开展专业技术职务评聘工作。

六、评聘专业技术职务必须严格坚持专业技术职务试行条例所规定的能力、业绩、资历、本专业（或相近专业）学历和相应的外语水平等基本任职条件。各地区、各部门要清理检查首次评聘工作中制定下发的文件，对于不符合专业技术职务试行条例的规定和扩大范围、放宽条件、降低标准的有关文件（含实施意见或细则），一律停止执行。今后申报评聘专业技术职务应具备国家教委承认的本专业（或相近专业）的学历，各种培训班颁发的结业证书或专业证书不再作为评聘专业技术职务的学历依据。

七、各地区、各部门要切实按照试行条例的有关规定，严格控制评聘范围，不得自行设置和任意靠用专业技术职务系列。

八、评聘专业技术职务要结合实际情况，坚持正确的政策导向，引导专业技术人员努力做好本职工作，注重工作实绩，积极为优秀中青年人才脱颖而出创造条件，不搞论资排辈，不拘一格选拔人才。对不具备专业技术职务试行条例规定的学历、资历条件，但确有真才实学、成绩显著、贡献突出的，可根据具体情况和工作需要破格评聘专业技术职务。具体破格条件由各地区、各部门提出，报人事部审核。

九、企事业单位行政领导原则上不兼任专业技术职务。确需技术行政领导兼任的，必须符合相应的任职条件，履行相应的职责，占用本单位的专业技术职务数额。兼任高级专业技术职务的报省、部级人事（职改）部门批准，兼任中级专业技术职务的报地。市级人事（职改）部门批准，并按规定的程序评聘。

十、今后各地区、各部门对达到离退休年龄的专业技术人员，除个别确因工作需要，按有关文件规定，延缓办理离退休手续的以外，不再评定专业技术职务。

十一、各地区、各部门应重新组建评审委员会，评委会应由包括中、青年专家在内的具有本专业较高专业技术水平的专家组成。中、初级评审委员会应由上级人事（职改）部门批准。高级评审委员会由省、部级人事（职改）部门批准组建，报人事部备案。一些国务院部门设在地方的直属单位不具备组建某些系列评委会条件的，不能自行组建，可以委托当地的有关评委会统一组织评审。评委会的评审工作每年举行一次。评委会成员应遵守职业道德，办事公道。在评审评委本人或其亲属专业技术职务时，实行回避制度。要改进评审方法，实行考试（含答辩）、考核、评审相结合，对不同系列、不同层次各有侧重的办法，客观公正地测定申报人的任职条件和履行职责的能力、水平，具体内容和方式由各地区、各部门确定。评审结果应报相应的人事

(职改）部门审批备案。

十二、聘任专业技术职务，要严格掌握思想政治标准，坚持德才兼备的原则，实行择优聘任和竞争聘任，不搞论资排辈。要有明确的聘任期限。聘期一般为一至三年，也可与一个重大项目（一项课题）的周期相同。在聘期内或聘任期满，经严格考核不能履行岗位职责，不能完成岗位任期目标的人员，应解除聘约，按本人条件和工作需要另行聘任适当职务，享受新任职务的工资待遇。对解聘、低聘的人员，可按其晋升专业技术职务所增加的工资至少降低一级的办法处理。

十三、各单位应加强对国家教委承认的正规大、中专院校毕业生（含研究生）见习期的考核工作。根据拟聘专业技术岗位的职责要求，对其政治表现和从事该岗位专业技术工作的能力、水平、工作成绩等，进行全面的考核。见习期满并考核合格，可按试行条例的规定聘任相应的专业技术职务。

十四、评聘的专业技术职务，经批准在哪个范围内评聘的，则在哪个范围内有效。专业技术人员调动工作或变更工作专业，应按拟新聘职务的管理办法和任职条件要求，重新考核、评审或确认任职资格、经过试用考察，按工作岗位需要聘任适当的职务，并按新聘职务享受相应的工资待遇。

十五、企事业单位受聘担任专业技术职务人员的职务工资，一律从聘任之下月起，分别按有关工资的规定和标准计发。目前经济效益很差的企业，如何兑现职务工资，由企业主管部门研究确定。

十六、各地区、各部门要指导企事业单位结合各自的特点，建立健全专业技术人员考核制度和考绩档案。考核应按干部管理权限进行，注重政治标准，以履行岗位职责的工作实绩为主要内容，实行定性考核与定量考核相结合，平时考核与任期期满考核相结合。考核要广泛听取领导、专家和群众的意见。考核结果要记入考绩档案。作为续聘、低聘、解聘、或晋升、奖惩的依据。

十七、各级人事（职改）部门要按照人事部关于计算机应用软件人员、统计员等资格考试的有关规定，组织做好专业技术资格全国统一考试的试点工作。考试合格者，发给由人事部统一印制的《专业技术资格证书》，全国有效。今后，凡全国统一组织资格考试的，不再进行专业技术资格的评审工作。

十八、对于特大型、大型企业和重点事业单位中主体系列的高层次人员，在核定岗位设置和实行考评结合的基础上，由本单位提出申请，经省、部级人事（职改）部门批准，可有计划、有步骤、稳妥地进行评聘分开的试点。任职资格不与工资待遇挂钩。

十九、各级人事（职改）部门要加强对专业技术职务评聘和资格考试工作的组织领导和监督检查，严肃纪律。对评聘、资格考试工作中出现的不正之风、弄虚作假等行为除给予当事人必要的行政处分外，还要追究单位领导人的责任；对有评审权的单位，可令其暂停评审直至收回评审权。

二十、本规定自发布之日起实行。由人事部负责解释。过去未经中共中央、国务院批准的有关职称改革文件，凡与本规定不一致的，按本规定执行。

人事部关于印发《专业技术资格评定试行办法》的通知

（1994年10月31日　人职发〔1994〕14号）

各省、自治区、直辖市及计划单列市人事（人事劳动）厅（局）、职改办，国务院各部（委）、各直机构人事（干部）部门：

我部会同有关部委制定的中、高级专业技术资格评审条件已经陆续颁布。为规范评定组织、统一评定程序、保证评定质量，现将《专业技术资格评定试行办法》印发给你们，请遵照试行。

实行专业技术资格制度，是深化职称改革的一项重大措施，必须有领导、有步骤地在国家确定实行专业技术资格的专业范围内，按照颁发的中、高级技术资格评审条件，积极稳妥地进行专业技术资格的评定。

各地各部门在试行中有什么问题和意见，请告我部专业技术人员职称司。

专业技术资格评定试行办法

一、总　则

第一条　为适应社会主义市场经注的发展，贯彻实施科学技术进步法，保证客观、公正、准确地评定科技人员的中、高级专业技术资格（即职称，下同），为用人单位科学、合理地使用人才提供服务，制定本办法。

第二条　专业技术资格是学术技术水平的标志，一般没有岗位、数量的限制，不与工资等待遇挂钩，可作为聘任专业技术职务的依据。国家通过制定标准条件，实行宏观控制。

第三条 人事部会同有关主管部门制定、颁发的中、高级专业技术资格评审条件，是评定科技人员是否具备相应专业技术资格的标准。

第四条 专业技术资格评定实行分级管理，由政府人事（职改）部门授权组建具有权威性、公正性的跨部门、跨单位的同行专家组成的评审组织，按照颁布的标准条件和规定程序对申请人进行评价。

第五条 凡申请评定专业技术资格的人员，均适用本办法。按照本办法取得专业技术资格的人员，由政府人事（职改）部门颁发资格证书。

二、组 织

第六条 专业技术资格评审委员会（下称评委会），是负责评审科技人员是否符合相应资格条件的组织。评委会按评审条件划分的专业组建。一般性专业正高级评委会由有关部委或具备组建条件的省、自治区、直辖市批准组建，报人事部备案；中级评委会的组建由省、自治区、直辖市人事（职改）部门参照上述原则决定。特殊性专业中、高级评委会由人事部授权国务院行业主管部门组建。（授权办见附件一）

第七条 评委由十一名以上同行专家组成，并应有一定比例的中青年专家。评委会设主任委员一人，副主任委员一至二人。根据需要，可按分支专业组成若干评议组。评议组有推荐、建议权，但不是一级评审组织。

第八条 申请授权组建有关专业高级评委会的地区必须同时具备下列条件：

1. 该专业在国内有较高的知名度，能代表国家水平；
2. 本地区有条件聘请足够数量的评审委员；

3. 人事（职改）部门有能力承担专业技术资格评定管理工作。

第九条 高级评审委员的聘请，根据评审工作的实际需要，考虑不同专业的研究层次、分支学科的覆盖面、地区和部门的分布以及评委的年龄结构加以确定。具体条件由人事部会同有关部委提出。

正高级主审委员由人事部会同行业主管部门遴选、聘请并颁发聘书；副高级评审委员由省、自治区、直辖市人事（职改）部门会同有关专业主管厅（局）遴选、聘请并颁发聘书。每届聘期一般为一至三年。

中级评审委员应具有本专业中级以上专业技术资格或职务，其中具备本专业高级专业技术资格或担任高级专业职务的委员不少于二分之一。具体组建条件和评委条件，由各省、自治区、直辖市人事（职改）部门会同专业主管厅（局）参照上述要求制定。

第十条 资格评定办事机构设在被授权的人事（职改）部门，负责受理申请，组织评审，接受咨询等日常工作。

第十一条 未经授权组建评委会的地区，应委托已经授权的地区评审。高级资格委托评审须经所在省、自治区、直辖市人事（职改）部门具委托函，中级资格委托评审须经地（市）经人事（职改）部门委托函。

第十二条 专业技术资格评定的专业、级别和申报时间、地点，由人事（职改）部门向社会公布。

三、申　请

第十三条 申请评定专业技术资格的人员必须遵守中华人民共和国宪法和法律，具备良好的职业道德和敬业精神，符合各专业中、高级技术评审条件所规定的申报条件。

第十四条 申请专业技术资格评定的人员应在规定的时间

内，向相应资格评定办事机构或其指定的代办机构提出申请（也可由单位办理集体申请），填写《专业技术资格评定表》（格式见附件二）。申请人在办理申请的同时，提交经本单位确认无误的本人学历、专业经历证明，外语考试成绩和反映本人专业技术水平的业绩材料及相应证明文件的原件或复印件，其中包括能够代表本人专业技术水平的论文、著作、译作和设计、技术报告等科学技术成果。

四、审　核

第十五条　专业技术资格评审材料的收受和审核工作由相应资格评定办事机构负责。对材料不完整、填写不清楚的，可通知申请人在限定时间内补办。发现弄虚作假行为，取消申请人评定资格，两年内不予受理申请，并视情节追究所在单位或有关人员的责任。

第十六条　提交评委会的评审材料，应有资格评定办事机构同意送评的印章和负责人的签章。

五、评　定

第十七条　资格评审的基本程序是：

1. 资格评定办事机构在评审会议前十五天将有关材料送达评审委员。

2. 评议组根据各专业技术资格的标准条件对申请人申评材料进行初审，包括必要的考核、答辩等，测定其实际水平，并写出初审意见。不设评议组的，由评委会委员分工负责上述工作，对每个申请人的考核、答辩每次必须有三名以上委员出席进行。

3. 每次参加评审会议的委员不少于九人，会议由主任委员或副主任委员主持。先由评议组或初审委员介绍初审意见，然后在民主评议的基础上进行无记名投票表决。赞成票数达到出席会议评委总数的三分之二通过有效。

4. 会议结束时，评委会应在《专业技术资格评定表》中写明评审结论，由主任委员或副主任委员签字，并加盖评委会印章。

5. 评委会应建立会议记录制度。记录内容包括开会日期、出席评委、会议议程、评审对象、评委发言摘要、投票结果等。记录要有会议主持人及记录人签名，并做好归档保密工作。

第十八条 评委会应遵循“公正、准确、保密”的原则，严格掌握标准条件，保证评审质量。在评审评委亲属的专业技术资格时，该评委应主动回避或被告知回避。

第十九条 评委会评审结果上相应人事（职改）部门审批。资格评定办事机构应在评审工作结束后一个月内，将审定的评定结果通知申请人。获得专业技术资格的人员应在规定时间内持评定结果通知书，到资格评定办事机构或其指定的代办机构办理《专业技术资格证书》。

六、监　督

第二十条 授权部门对授权组建评委会的地区和单位的评定工作实施监督、检查，受理举报、申诉并负责核查和裁定。

第二十一条 对违反评审程序和规定的评委会或委员，人事（职改）部门视情况停止其工作，宣布评审结果无效，直至收回评审权或取消主委资格。

七、费　用

第二十二条 资格评定按照勤俭节约的原则，合理收费。费用由申请人支付，并在申请评定的同时交纳。

收费标准要严格执行国家有关规定，由省、部级人事（职改）部门提出，报当地财政、计划（物价）部门审批。审批通过的收费标准应向社会公布，接受广大群众和有关部门的监督。收取费用只限于评定事务开支，不得挪作他用。

八、附　则

第二十三条　本办法自发文之日起执行，由人事部负责解释。

附件一：关于组建高级评委会的授权办法

附件二：专业技术资格评定表

附件三：专业评委会委员审定登记表

附件四：专业副高级评委会备案登记表

（附件二至四本书略）

附件一

关于组建高级评委会的授权办法

根据《专业技术资格评定试行办法》的规定，为规范评定组织，保证评定质量，现就组建高级专业技术资格评委会（下称评委会）的授权办法规定如下：

一、各专业高级专业技术资格评委会的授权工作，由人事部在征询有关主管部门意见的基础上，按照《专业技术资格评定试行办法》第八条，即授权地区必须时时具备的三个条件审核确定。为保证评审组织的权威性和规范性，人事部对组建高级专业技术资格评委会将建立严格的批准、备案制度，凡批准组建的正高级评委会均履行批复手续，对备案的副高级评委会正式函复，并予以公布。

二、具备聘请足够量合格的评审委员，是申请组建相应评委会的前提，也是决定可否授权的重要依据。高级（含正、副高级）评委会委员必须具备的基本条件是：

1. 从事本专业工作一般十五年以上（含就读研究生时间）担任过高级专业技术职务，符合本专业相应级别高级专业技术资格条件；

2. 学术造诣深，知识面广，在本专业同行专家中有较高的知名度，熟悉本专业的国内外最新技术现状和理论研究动态；

3. 有丰富的实践工作经验，全面掌握本专业有关的技术标准、技术规范和技术规程，参加过省部及以上成果评估、项目鉴定或有解决重大、疑难技术问题的经历；

4. 政策观念强，作风正派，办事公道，能认真履行职责，自觉遵守职业道德和评定纪律，热心资格评定工作；

5. 具备完成资格评定工作的能力，在聘期内有参加评定工作的时间和精力。

三、授权组建高级专业技术资格评委会的范围只限于实行专业技术资格制度，并已颁发专业技术资格条件的专业。按本办法组建资格评审委员会后，原任职资格评审委员会即停止工作。

四、在符合组建条件的前提下，各省、自治区、直辖市（北京除外），原则上每个专业分别只设正、副高级评委会各一个。选聘一般性专业高级评委会委员时，应掌握同部门、同单位的评审委员原则上不超过三分之一。部委所属驻地方单位需要组建一般性专业副高级评委会的，经人事部批准可以作为专业评审点开展工作，选聘评委时一般也应按照同单位的评审委员不超过三分之一的原则执行。

五、申请组建正高级评委会或进行副高级评委会备案，均应有正式报告。报告除包括申报专业在本地区的规模，高中级专业技术人员的数量等情况外，申请组建正高级评委会应同时报送评审委员审定表；申请组建副高级评委会应同时报送评委会备案表。

六、获得高级评委会组建权的部委或省、自治区、直辖市只限在授权的相应专业和级别内开展评审工作。其中，正高级评委会可以评审同专业副高级专业技术资格；各专业评委会其分支专业的评审权需要区分的，人事部授权时予以明确。

七、各单位位根据专业技术资格评定的基本程序要求，结合本地区、本部门实际具体组织实施。各专业高级评委会的组建工作，不搞一刀切，成熟一个组建一个。

人力资源和社会保障部 中国银行业监督管理委员会关于印发《银行业专业人员职业资格制度暂行规定》和《银行业专业人员初级职业资格考试实施办法》的通知

（2013 年 12 月 23 日 人社部发〔2013〕101 号）

各省、自治区、直辖市人力资源社会保障厅（局）、银监局，国务院各部委、各直属机构人事部门，各金融机构，中央管理的企业：

为加强银行业专业人员队伍建设，提高银行业专业人员的职业素质，规范银行业专业人员职业行为，人力资源社会保障部、中国银行业监督管理委员会决定，对银行业专业人员实行职业资格制度。现将《银行业专业人员职业资格制度暂行规定》和《银行业专业人员初级职业资格考试实施办法》印发给你们，请遵照执行。

银行业专业人员职业资格制度暂行规定

第一章 总 则

第一条 为加强我国银行业专业人员队伍建设，提高银行业专业人员素质，根据国家职业资格证书制度的有关规定，制定本规定。

第二条 银行业专业人员是指在银行业金融机构从事前、中、后台业务及管理工作的专业技术人员。

第三条 国家设立银行业专业人员水平评价类职业资格制度，纳入全国专业技术人员职业资格证书制度统一规划。

第四条 银行业专业人员的职业水平评价分为初级、中级和高级 3 个资格级别。银行业专业人员初级职业资格采用考试的评价方式；中级和高级职业资格的评价办法另行规定。

银行业专业人员职业资格英文译为：

Qualification Certificate of Banking Professional

第五条 通过银行业专业人员职业资格考试，取得相应级别和类别职业资格证书的人员，表明其已具备从事银行业金融机构相应级别专业技术岗位工作的职业水平和能力。

第六条 人力资源社会保障部、中国银行业监督管理委员会共同负责银行业专业人员职业资格制度的政策制定，并按职责分工对银行业专业人员职业资格制度的实施进行指导、监督和检查。中国银行业协会具体承担银行业专业人员职业资格考试工作。

第二章 考 试

第七条 银行业专业人员初级职业资格的评价实行全国统一大纲、统一命题、统一组织的考试制度。原则上每年举行两次考试。

第八条 中国银行业协会负责银行业专业人员初级职业资格考试（以下简称银行业初级资格考试）的组织实施工作。成立考试专家委员会，研究拟定银行业初级资格考试的科目、考试大纲、考试试题和考试合格标准。

第九条 人力资源社会保障部、中国银行业监督管理委员会（以下简称银监会）对中国银行业协会实施的考试工作进行监督和检查，指导中国银行业协会确定银行业初级资格考试科目、考试大纲、考试试题和考试合格标准。

第十条 中华人民共和国公民同时具备下列条件，可报名参加银行业初级资格考试：

（一）遵守国家法律、法规和行业规章；

（二）具有完全民事行为能力；

（三）取得国务院教育行政部门认可的大学专科以上学历或者学位。

第十一条 银行业初级资格考试合格，由中国银行业协会颁发人力资源社会保障部、银监会监制，中国银行业协会用印的初级相应类别《中华人民共和国银行业专业人员职业资格证书》（以下简称银行业职业资格证书）。该证书在全国范围有效。

第十二条 对以不正当手段取得银行业职业资格证书的，按照《专业技术人员资格考试违纪违规行为处理规定》（人力资源社会保障部第12号令）处理。

第三章 职业能力

第十三条 取得银行业职业资格证书的人员，应当遵守国家法律和相关法规，维护国家和社会公共利益，恪守职业道德。

第十四条 取得银行业职业资格证书的人员，应当具备的职业素质：

（一）了解银行业及相关的法律法规和行业规定；

（二）能够运用本专业岗位的业务知识，处理一般性银行业务；

（三）有与本专业岗位相适应的分析判断能力和良好的职业操守；

（四）具备处理与本专业岗位相关的，银行其他业务的基本能力。

第十五条 取得银行业职业资格证书的人员，应当自觉接受继续教育，更新专业知识，不断提高职业素质和本专业工作能力。

第四章 登 记

第十六条 银行业职业资格证书实行登记服务制度。登记服务的具体工作由中国银行业协会负责。

第十七条 中国银行业协会定期向社会公布银行业职业资格证书的登记情况，建立持证人员的诚信档案，并为用人单位提供取得银行业职业资格证书人员信息查询的服务。

第十八条 取得银行业职业资格证书的人员，在工作中违反相关法律、法规、规章或者职业道德，造成不良影响的，由中国银行业协会取消登记，并收回其职业资格证书。

第十九条 各地银行业考试管理机构和登记服务机构，在实施银行业初级资格考试和登记服务工作中，应当严格遵守本行业的各项管理规定和协会章程。

第五章 附 则

第二十条 通过考试取得银行业初级职业资格证书，且符合《经济专业人员职务试行条例》中经济员或者助理经济师任职条件的人员，用人单位可根据工作需要择优聘任相应级别经济专业职务。

第二十一条 在本规定施行之日前，按照中国银行业协会《中国银行业从业人员资格认证制度暂行规定》的要求，通过考试取得中国银行业协会颁发的《中国银行业从业人员资格认证证书》，可在原文件规定的范围内继续使用。

第二十二条 本规定自 2014 年 3 月 1 日起施行。自本规定施行之日起，原中国银行业协会颁发的《中国银行业从业人员资格认证制度暂行规定》和《中国银行业从业人员资格认证考试实施办法》同时废止。

银行业专业人员初级职业资格考试实施办法

第一条 人力资源社会保障部、中国银行业监督管理委员会共同指导、监督和检查银行业专业人员初级职业资格考试（以下简称银行业初级资格考试）的实施工作。

第二条 中国银行业协会负责银行业初级资格考试考务的实施工作。

第三条 银行业初级资格考试设《银行业法律法规与综合能力》和《银行业专业实务》2个科目。在《银行业专业实务》科目中又分设“个人理财”“风险管理”“公司信贷”和“个人贷款”4个专业类别，考生在报名时应根据实际工作需要选择相应的专业类别。

第四条 银行业初级资格考试，采用计算机闭卷答题的方式进行。考试日期原则上为每年的第二季度和第四季度。

第五条 《银行业法律法规与综合能力》科目和《银行业专业实务》科目4个专业类别的考试时间均为2个小时。

第六条 考试成绩实行2次为一个周期的滚动管理办法，在连续的2次考试中，参加《银行业法律法规与综合能力》科目和《银行业专业实务》科目1个专业类别的考试并合格，即可取得银行业专业人员该专业类别的初级职业资格证书。对参加《银行业专业实务》科目其他专业类别考试并合格，其专业类别可在职业资格证书中签注。

第七条 符合《银行业专业人员职业资格制度暂行规定》有关银行业初级资格考试报名条件的人员，并具备下列一项条件的，可免试《银行业法律法规与综合能力》科目，只参加《银行业专业实务》科目中1个专业类别的考试并合格，即可取得银行业专业人员该专业类别的初级资格证书。

（一）2013 年 12 月 31 日前，已评聘助理经济师（金融专业）职务的；

（二）通过全国统一考试取得经济专业技术资格考试初级资格（金融专业）证书的；

（三）考试合格并取得中国银行业协会颁发的《中国银行业从业人员资格认证证书》的。

第八条 参加考试由本人提出申请，按规定向银行业初级职业资格考试管理机构提交相关证明材料，由中国银行业协会对报名资格进行审查，并核发准考证。参加考试人员凭准考证和有效证件在指定的日期、时间和地点参加考试。

中央和国务院各部门及所属单位、中央管理企业的人员按属地原则报名参加考试。

第九条 考点原则上设在地级以上城市的大、中专院校或者高考定点学校。如确需在其他城市设置考点，须中国银行业协会批准。

第十条 坚持考试与培训分开的原则。凡参与考试工作（包括命题、审题与组织管理等）的人员，不得参加考试，也不得参加或者举办与考试内容相关的培训工作。应考人员参加培训坚持自愿原则。

第十一条 考试实施机构应当严格执行考试工作的各项规章制度，遵守考试工作纪律，切实做好从考试试题的命制到使用等各环节的安全保密工作，严防泄密。

第十二条 对违反考试工作纪律和有关规定的人员，按照《专业技术人员资格考试违纪违规行为处理规定》（人力资源社会保障部令第 12 号）处理。

人力资源和社会保障部 教育部关于印发《关于深化中小学教师职称制度改革的指导意见》的通知

（2015年8月28日　人社部发〔2015〕79号）

各省、自治区、直辖市及新疆生产建设兵团人力资源社会保障厅（局）、教育厅（教委、教育局）：

为深化教育领域综合改革，切实加强中小学教师队伍建设，按照党中央、国务院关于完善人才评价机制和深化职称制度改革的要求，根据义务教育法有关规定，经国务院同意，决定在全国范围全面推开中小学教师职称制度改革。现将《关于深化中小学教师职称制度改革的指导意见》印发你们，请遵照执行。

各省（区、市）要按照本指导意见的精神和要求，加强领导、周密部署、制定方案、精心组织，切实做好改革的组织实施工作。改革实施方案和配套办法于12月31日前报人力资源社会保障部、教育部审批。

关于深化中小学教师职称制度改革的指导意见

中小学教师是我国专业技术人才队伍的重要组成部分，是全面实施素质教育、推动教育事业又好又快发展的重要力量。1986年开始建立的以中小学教师职务聘任制为主要内容的中小学教师职称制度，对调动广大中小学教师的积极性、提高中小学教师队伍整体素质、促进基础教育事业发展发挥了积极作用。随着中小学人事制度改革的深入推进、素质教育的全面实施和教师队伍结构的不断优化，现行的中小学教师职称制度存在着等级设置不够合理、评价标准不够科学、评价机制不够完善、与事业单位岗位聘用制度不够衔接等问题。深化中小学教师职称制度改革、完善符合中小学教师特点的专业技术职务任职评价制度，是贯彻《党中央、国务院关于进一步加强人才工作的决定》中关于完善人才评价机制、深化职称制度改革要求的重要举措，是落实义务教育法的重要任务，是推进职称制度分类改革的重要内容，对于加强教师队伍建设，激励广大教师教书育人，吸引和稳定优秀人才长期从教、终身从教，具有重大意义。为落实《国家中长期人才发展规划纲要（2010—2020年）》和《国家中长期教育改革和发展规划纲要（2010—2020年）》要求，建设高素质专业化的中小学教师队伍，经国务院同意，现就深化中小学教师职称制度改革提出如下指导意见。

一、改革的指导思想和基本原则

（一）深化中小学教师职称制度改革的指导思想：全面贯彻落实党的十八大和十八届二中、三中、四中全会精神，按照党中央、国务院决策部署，遵循教育发展规律和教师成长规律，按照深化职称制度改革的方向和总体要求，建立与事业单位聘用制度和岗位管理制度相衔接、符合教师职业特点、统一的中小学教师职称（职务）制度，充分调动广大中小学教师的积极性，为中小学聘用教师提供基础和依据，为全面实施素质教育提供制度保障和人才支持。

（二）深化中小学教师职称制度改革的基本原则：

1. 坚持以人为本，遵循中小学教师成长规律和职业特点，提高中小学教师职业地位，促进中小学教师全面发展；

2. 坚持统一制度、分类管理，建立统一的制度体系，体现中学和小学的不同特点；

3. 坚持民主、公开、竞争、择优，鼓励优秀人才脱颖而出；

4. 坚持重师德、重能力、重业绩、重贡献，激励中小学教师提高教书育人水平；

5. 坚持与中小学教师岗位聘用制度相配套，积极稳妥、协同推进，妥善处理改革发展稳定的关系。

二、改革的主要内容

深化中小学教师职称制度改革围绕健全制度体系、拓展职业发展通道、完善评价标准、创新评价机制、形成以能力和业绩为导向、以社会和业内认可为核心、覆盖各类中小学教师的评价机制，建立与事业单位岗位聘用制度相衔接的职称制度。改革的主要内容包括：

（一）健全制度体系

1. 改革原中学和小学教师相互独立的职称（职务）制度体系。贯彻落实义务教育法，建立统一的中小学教师职务制度，教师职务分为初级职务、中级职务和高级职务。原中学教师职务系列与小学教师职务系列统一并入新设置的中小学教师职称（职务）系列。

2. 统一职称（职务）等级和名称。初级设员级和助理级；高级设副高级和正高级。员级、助理级、中级、副高级和正高级职称（职务）名称依次为三级教师、二级教师、一级教师、高级教师和正高级教师。

3. 统一后的中小学教师职称（职务），与原中小学教师专业技术职务的对应关系是：原中学高级教师（含在小学中聘任的中学高级教师）对应高级教师；原中学一级教师和小学高级教师对应一级教师；原中学二级教师和小学一级教师对应二级教师；原中学三级教师和小学二级、三级教师对应三级教师。

4. 统一后的中小学教师职称（职务）分别与事业单位专业技术岗位等级相对应：正高级教师对应专业技术岗位一至四级，高级教师对应专业技术岗位五至七级，一级教师对应专业技术岗位八至十级，二级教师对应专业技术岗位十一至十二级，三级教师对应专业技术岗位十三级。

（二）完善评价标准

1. 中小学教师专业技术水平评价标准，是中小学教师职称评审的重要基础和主要依据。中小学教师专业技术水平评价标准，要适应实施素质教育和课程改革的新要求，充分体现中小学教师职业特点，着眼于中小学教师队伍长远发展，并在实践中不断完善。要充分考虑教书育人工作的专业性、实践性、长期性，坚持育人为本、德育为先，注重师德素养，注重教育教学工作业绩，注重教育教学方法，注重教育教学一线实践经历，切实改变过分强调论文、学历的倾向，引导教师立德树人，爱岗敬业，积极进取，不断提高实施素质教育的能力和水平。

2. 国家制定中小学教师专业技术水平评价的基本标准条件（见附件）。各省、自治区、直辖市及新疆生产建设兵团（以下简称各省）根据本地教育发展情况，结合各类中小学校的特点和教育教学实际，制定中小学教师具体评价标准条件。具体评价标准条件要综合考虑乡村小学和教学点实际，对农村教师予以适当倾斜，稳定和吸引优秀教师在边远贫困地区乡村小学和教学点任教。中小学正高级教师、高级教师的具体评价标准条件要体现中学、小学的不同特点和要求，有所区别。对于少数特别优秀的教师，可制定相应的破格评审条件。各省具体评价标准条件可在国家基本标准条件的基础上适当提高。

（三）创新评价机制

1. 建立以同行专家评审为基础的业内评价机制。建立健全同行专家评审制度。各省要加强对中小学教师职称评审工作的领导和指导，完善评委会的组织管理办法，扩大评委会组成人员的范围，注重遴选高水平的教育教学专家和经验丰富的一线教师，健全评委会工作程序和评审规则，建立评审专家责任制。

2. 改革和创新评价办法。认真总结推广同行专家评审在中小学教师专业技术水平评价中的成功经验，继续探索社会和业内认可的实现形式，采取说课讲课、面试答辩、专家评议等多种评价方式，对中小学教师的业绩、能力进行有效评价，确保评价结果的客观公正，增强同行专家评审的公信力。要在水平评价中全面推行评价结果公示制度，增加评审工作的透明度。

（四）实现与事业单位岗位聘用制度的有效衔接

1. 中小学教师职称评审是中小学教师岗位聘用的重要依据和关键环节，岗位聘用是职称评审结果的主要体现。中小学教师岗位出现空缺，教师可以跨校评聘。公办中小学教师的聘用和待遇，按照事业单位岗位管理制度和收入分配制度管理和规范。

2. 中小学教师职称评审，在核定的岗位结构比例内进行。中小学教师竞聘上一职称等级的岗位，由学校在岗位结构比例内按照一定比例差额推荐符合条件的教师参加职称评审，并按照有关规定将通过职称评审的教师聘用到相应教师岗位。人力资源社会保障部门、教育行政部门应及时兑现受聘教师的工资待遇，防止在有评审通过人选的情况下出现“有岗不聘”的现象。

3. 坚持中小学教师岗位聘用制度。按照深化事业单位人事制度改革以及中小学人事制度改革的要求，全面实行中小学教师聘用制度和岗位管理制度，发挥学校在用人上的主体作用，实现中小学教师职务聘任和岗位聘用的统一。要建立健全考核制度，加强聘后管理，在岗位聘用中实现人员能上能下。

4. 中小学教师职称评审和岗位聘用工作，要健全完善评聘监督机制，充分发挥有关纪检监察部门和广大教师的监督作用，确保评聘程序公正规范，评聘过程公开透明。评聘工作按照个人申报、考核推荐、专家评审、学校聘用的基本程序进行。

个人申报。中小学教师竞聘相应岗位，要按照不低于国家和当地制定的评价标准条件，按规定程序向聘用学校提出申报。

考核推荐。学校对参加竞聘的教师，要结合其任现职以来各学年度的考核情况，通过多种方式进行全面考核。根据考核结果，经集体研究，由学校在核定的教师岗位结构比例内按照一定比例差额推荐拟聘人选参加评审。

专家评审。由同行专家组成的评委会，按照评价标准和办法，对学校推荐的拟聘人选进行专业技术水平评价。评审结果经公示后，由人力资源社会保障部门审核确认。

学校聘用。中小学根据聘用制度的有关规定，将通过评审的教师聘用到相应岗位。

5. 对改革前已经取得中小学教师专业技术职务任职资格但未被聘用到相应岗位的人员，原有资格依然有效，聘用到相应岗位时不再需要经过评委会评审。各地区要结合实际制定具体办法，对这部分人员择优聘用时给予适当倾斜。

6. 在乡村学校任教（含城镇学校教师交流、支教）3 年以上、经考核表现突出并符合具体评价标准条件的教师，同等条件下优先评聘。

7. 中小学教师高级、中级、初级岗位之间的结构比例，以及高级、中级、初级岗位内部各等级的结构比例，根据新的中小学教师职称等级体系，按照国家关于中小学岗位设置管理的有关规定执行。其中，正高级教师数量国家实行总量控制。

三、改革的组织实施

深化中小学教师职称制度改革政策性强，涉及面广，涉及人数多，社会影响大，改革本身涉及制度统一、人员过渡、标准制定和评审等诸多环节，工作十分复杂，各地情况又差别很大，必须按照国家的统一要求和部署开展工作。人力资源社会保障部、教育部联合成立改革领导小组，统一领导改革工作。领导小组下设办公室，具体负责改革的组织实施、政策指导和监督检查等工作。

（一）提高认识，加强领导。各省要充分认识改革的重大意义，将深化中小学教师职称制度改革作为当前加强中小学教师队伍建设的首要任务，予以高度重视，切实加强领导。要成立省政府领导牵头的改革工作领导小组，建立有效的工作机制，切实加强对改革的组织领导。各级人力资源社会保障部门和教育部门要按照现有职能分工，密切配合，做好相关工作。

（二）结合实际，周密部署。各省要根据本意见精神，紧密结合本地实际，抓紧制定本地区改革具体实施方案和配套办法，报经人力资源社会保障部、教育部批准后组织实施。在推进改革的过程中，各地要开展全面深入的调研，充分掌握本地区中小学情况和教师队伍状况，全方位考虑工作中可能遇到的各种情况和问题，细化工作措施，完善工作预案，深入细致地做好政策解释、舆论宣传和思想政治工作，引导广大教师积极支持和参与改革，确保改革顺利推进。

（三）平稳过渡，稳慎实施。要充分认识改革的复杂性，妥善做好新老人员过渡和新旧政策衔接工作，确保改革顺利有序推进。现有在岗中小学教师，由各级人力资源社会保障部门、教育部门按照原中小学教师专业技术职务与统一后的职称（职务）对应关系，以及现聘任的职务等级，直接过渡到统一后的职称（职务）体系，并统一办理过渡手续。在平稳过渡的基础上，各级别新的职称（职务）评聘工作，严格按照本意见规定的原则要求、标准条件、评价办法、评聘程序等进行。

中小学教师职称（职务）评聘工作分级组织实施。高级教师及以下职称（职务）等级教师的评聘工作，由各省按照本意见制定本地区的实施办法和相关配套政策，并组织实施。正高级教师由人力资源社会保障部、教育部核定数量，各省具体组织评审，评审结果报两部备案。

各省要及时总结经验，发现、研究和解决改革出现的新情况、新问题，妥善处理改革、发展和稳定的关系。遇到重要情况及时向两部报告。各省改革进展情况请及时报送两部改革领导小组办公室。

本意见适用于普通中小学、职业中学、幼儿园、特殊教育学校、工读学校及省、市、县教研室和校外教育机构。

民办中小学校教师可参照本意见参加职称评审。

附件：中小学教师水平评价基本标准条件

中小学教师水平评价基本标准条件

一、拥护党的领导，胸怀祖国，热爱人民，遵守宪法和法律，贯彻党和国家的教育方针，忠诚于人民教育事业，具有良好的思想政治素质和职业道德，牢固树立爱与责任的意识，爱岗敬业，关爱学生，为人师表，教书育人。

二、具备相应的教师资格及专业知识和教育教学能力，在教育教学一线任教，切实履行教师岗位职责和义务。

三、身心健康。

四、中小学教师评聘各级别职称（职务），除必须达到上述标准条件，还应分别具备以下标准条件：

正高级教师

1. 具有崇高的职业理想和坚定的职业信念；长期工作在教育教学第一线，为促进青少年学生健康成长发挥了指导者和引路人的作用，出色地完成班主任、辅导员等工作任务，教书育人成果突出；

2. 深入系统地掌握所教学科课程体系和专业知识，教育教学业绩卓著，教学艺术精湛，形成独到的教学风格；

3. 具有主持和指导教育教学研究的能力，在教育思想、课程改革、教学方法等方面取得创造性成果，并广泛运用于教学实践，在实施素质教育中，发挥了示范和引领作用；

4. 在指导、培养一级、二级、三级教师方面做出突出贡献，在本教学领域享有较高的知名度，是同行公认的教育教学专家；

5. 一般应具有大学本科及以上学历，并在高级教师岗位任教 5 年以上。

高级教师

1. 根据所教学段学生的年龄特征和思想实际，能有效进行思想道德教育，积极引导学生健康成长，比较出色地完成班主任、辅导员等工作，教书育人成果比较突出；

2. 具有所教学科坚实的理论基础、专业知识和专业技能，教学经验丰富，教学业绩显著，形成一定的教学特色；

3. 具有指导与开展教育教学研究的能力，在课程改革、教学方法等方面取得显著的成果，在素质教育创新实践中取得比较突出的成绩；

4. 胜任教育教学带头人工作，在指导、培养二级、三级教师方面发挥了重要作用，取得了明显成效；

5. 具备博士学位，并在一级教师岗位任教 2 年以上；或者具备硕士学位、学士学位、大学本科毕业学历，并在一级教师岗位任教 5 年以上；或者具备大学专科毕业学历，并在小学、初中一级教师岗位任教 5 年以上。城镇中小学教师原则上要有 1 年以上在薄弱学校或农村学校任教经历。

一级教师

1. 具有正确教育学生的能力，能根据所教学段学生的年龄特征和思想实际，进行思想道德教育，有比较丰富的班主任、辅导员工作经验，并较好地完成任务；

2. 对所教学科具有比较扎实的基础理论和专业知识，独立掌握所教学科的课程标准、教材、教学原则和教学方法，教学经验比较丰富，有较好的专业知识技能，并结合教学开展课外活动，开发学生的智力和能力，教学效果好；

3. 具有一定的组织和开展教育教学研究的能力，并承担一定的教学研究任务，在素质教育创新实践中积累了一定经验；

4. 在培养、指导三级教师提高业务水平和教育教学能力方面做出一定成绩；

5. 具备博士学位；或者具备硕士学位，并在二级教师岗位任教 2 年以上；或者具备学士学位或者大学本科毕业学历，并在二级教师岗位任教 4 年以上；或者具备大学专科毕业学历，并在小学、初中二级教师岗位任教 4 年以上；或者具备中等师范学校毕业学历，并在小学二级教师岗位任教 5 年以上。

二级教师

1. 比较熟练地掌握教育学生的原则和方法，能够胜任班主任、辅导员工作，教育效果较好；

2. 掌握教育学、心理学和教学法的基础理论知识，具有所教学科必备的专业知识，能够独立掌握所教学科的教学大纲、教材、正确传授知识和技能，教学效果较好；

3. 掌握教育教学研究方法，积极开展教育教学研究和创新实践；

4. 具备硕士学位；或者具备学士学位或者大学本科毕业学历，见习 1 年期满并考核合格；或者具备大学专科毕业学历，并在小学、初中三级教师岗位任教 2 年以上；或者具备中等师范学校毕业学历，并在小学三级教师岗位任教 3 年以上。

三级教师

1. 基本掌握教育学生的原则和方法，能够正确教育和引导学生；

2. 具有教育学、心理学和教学法的基础知识，基本掌握所教学科的专业知识和教材教法，能够完成所教学科的教学工作；

3. 具备大学专科毕业学历，并在小学、初中教育教学岗位见习 1 年期满并考核合格；或者具备中等师范学校毕业学历，并在小学教育教学岗位见习 1 年期满并考核合格。

人力资源和社会保障部 国家卫生计生委关于进一步改革完善基层卫生专业技术人员职称评审工作的指导意见

（2015 年 11 月 15 日　人社部发〔2015〕94 号）

各省、自治区、直辖市及新疆生产建设兵团人力资源社会保障厅（局）、卫生计生委（卫生局）：

为切实加强基层卫生专业技术人员队伍建设，提升基层卫生专业技术人员服务水平，鼓励卫生专业技术人员服务基层，为强基层、保基本、建机制和建立分级诊疗制度提供人才支持，现就进一步改革完善基层卫生专业技术人员职称评审工作提出如下指导意见。

一、指导思想、基本原则和适用范围

（一）指导思想。全面贯彻党的十八大和十八届三中、四中、五中全会精神和习近平总书记系列重要讲话精神，深入实施人才强国战略，遵循卫生专业技术人员成长规律和基层卫生工作实际，建立以医疗服务水平、质量和业绩为导向、以社会和业内认可为核心的人才评价机制，着力提高基层卫生服务水平和能力，为深化医改，加快建设人民满意的卫生计生事业提供强有力的人才支撑。

（二）基本原则。坚持德才兼备、服务发展。引导基层卫生专业技术人员加强医德医风建设，牢固树立服务宗旨，全心全意服务基层，服务医改，服务卫生计生事业发展。

坚持分层分类、科学评价。根据各级医疗卫生机构功能定位和工作特点，分层分类制定评审标准，创新评审方式，不断提高基层卫生人才评审的专业性、针对性和科学性。

坚持注重实际、业绩导向。结合基层卫生工作实际，重点考核职业素养、临床能力、实践经验，引导基层卫生专业技术人员注重临床水平、注重服务质量、注重工作业绩，突出职称评价的能力业绩导向。

（三）适用范围。原则上适用于县级医院、县级专业公共卫生机构、乡镇（街道）卫生院、社区卫生服务中心（站）、村卫生室等医疗卫生机构的卫生专业技术人员，具体范围由各省根据实际情况确定。社会办医疗卫生机构的卫生专业技术人员可参照执行。

二、完善职称评聘工作

（一）健全评审体系。对卫生专业中、初级职称，实行全国统一考试，各省（区、市）人力资源社会保障部门可会同卫生计生部门，根据本地区发展需求，确定本地区聘用标准。对卫生专业高级职称，各省（区、市）可在卫生高级职称评审委员会中单独设立评审组。

（二）优化评审条件。基层卫生专业职称外语成绩可不作为申报条件。关于论文、科研要求，不做硬性规定，可作为评审的参考条件。基层卫生专业技术人员在申报高级职称前，应按照继续医学教育有关规定，完成规定数量的继续教育学分，同时定期到上级医疗卫生机构进修。

（三）完善评审标准。根据医疗卫生机构功能定位和分级诊疗的要求，对县级医疗卫生机构卫生专业技术人员，应重点考核常见病、多发病诊疗、护理、康复、影像、检验等服务，急危重症抢救与疑难病处置，培训和指导下级医疗卫生机构人员，相应公共卫生服务职能以及突发事件紧急医疗救援等工作完成情况。

对乡镇卫生院和社区卫生服务中心卫生专业技术人员，应重点考核提供基本公共卫生服务，以及常见病、多发病的诊疗、护理、康复等综合服务，承担公共卫生管理工作，以及对村卫生室、社区卫生服务站的综合管理、技术指导和乡村医生的培训等工作情况。

可将常见病、多发病诊治专题报告、病案分析资料、工作总结、医疗卫生新技术推广使用报告、开展健康教育与健康促进次数、健康档案管理数等作为评审标准的重要内容。加强医德医风考核，引导卫生专业技术人员在强化服务意识、提高服务质量、突出工作业绩上下功夫。

（四）建立长效机制。取得基层卫生专业高级职称的基层卫生专业技术人员，原则上应限定在基层医疗卫生机构聘任，由基层医疗卫生机构向上级医疗卫生机构流动时，应取得全省（区、市）统一的卫生高级职称。相关管理办法由各省（区、市）根据实际情况作出具体规定，并做好岗位聘任、工资待遇等相关工作，建立基层卫生职称改革的长效机制。

三、加强领导，扎实推进

（一）提高认识，抓好落实。各省（区、市）人力资源社会保障部门和卫生计生部门要将改革完善基层卫生专业技术人员职称评审工作列为深化医改和人事制度改革的重要内容，予以高度重视，加强组织领导，密切沟通合作，建立有效的工作机制，组织实施好基层卫生职称改革工作。

（二）试点先行，稳步推进。各省（区、市）人力资源社会保障部门和卫生计生部门要根据本省卫生人才工作情况开展试点，稳妥推进，周密部署。要结合基层实际制定实施细则，明确申报条件、评审标准、适用范围和具体管理规定，全方位考虑工作中可能遇到的各种情况和问题，细化工作措施，完善工作预案，深入细致地做好政策解释、舆论宣传工作，确保顺利推进。

（三）鼓励创新，服务发展。各地要结合基层卫生工作实际和人才成长规律，不断改革评审机制，创新评审方式，提高评审质量，充分调动人员积极性，鼓励优秀人才服务基层，引导专业技术人员提高技术水平和服务能力，为卫生计生事业发展大局服务。

人力资源和社会保障部关于加强基层专业技术人才队伍建设的意见

（2016 年 7 月 1 日　人社部发〔2016〕57 号）

各省、自治区、直辖市及新疆生产建设兵团人力资源社会保障厅（局）：

基层专业技术人才是我国人才队伍的重要组成部分，是推动基层经济社会发展的重要力量。为深入贯彻落实《中共中央印发〈关于深化人才发展体制机制改革的意见〉的通知》（中发〔2016〕9 号），更好发挥人才在推动基层经济社会发展中的重要作用，进一步加强基层专业技术人才队伍建设，现提出如下意见。

一、指导思想、基本原则和主要目标

（一）指导思想。全面贯彻党的十八大和十八届三中、四中、五中全会精神，深入贯彻习近平总书记系列重要讲话精神，牢固树立创新、协调、绿色、开放、共享发展理念，遵循社会主义市场经济规律和专业技术人才成长规律，以服务基层发展为目标，以用好用活人才为核心，加快推进体制机制改革，创新政策措施，进一步加强基层专业技术人才队伍建设，为推动基层经济社会发展、满足基层人民群众需求、实现全面建成小康社会总体目标提供坚强有力人才支撑。

（二）基本原则

——坚持服务发展。把服务发展作为加强基层专业技术人才队伍建设的出发点，科学确定基层专业技术人才队伍建设的目标任务和政策措施，以人才优先发展引领支撑基层经济社会发展。

——坚持问题导向。把解决制约基层专业技术人才发展的突出问题作为重要任务，加快推进培养、使用、评价、流动、激励保障等体制机制改革和政策创新，最大限度激发人才创新创业活力，让人才价值得到充分尊重和实现。

——坚持突出重点。结合基层实际，突出加强科技、教育、工程、农业、卫生等重点领域和新产业、新业态急需紧缺人才队伍建设，引导人才向新兴产业和农村基层一线、艰苦边远地区流动，促进人才规模、质量和结构与基层经济社会发展相适应、相协调。

——坚持强化服务。推进人才服务体系向基层延伸，简化优化公共服务流程，建立定期联系服务制度，加大投入保障力度，着力改善工作生活条件，加强宣传引导，创造基层专业技术人才发展良好环境。

（三）主要目标。通过5—10年努力，培养造就一支具有一定规模、符合基层需要、立足基层发展的专业技术人才队伍。基层专业技术人才数量基本满足发展需求，能力素质明显提升，结构进一步优化，评价、使用、激励等体制机制取得突破，职业发展空间不断拓展，发展环境不断改善，人才引领支撑发展作用进一步增强，实现人才发展与基层经济社会发展深度融合。

二、改革基层专业技术人才评价机制

（四）完善符合基层实际的评价标准。坚持德才兼备，突出以品德、能力、业绩和贡献为主的评价导向，建立体现基层专业技术人才工作实际和特点的评价标准。克服唯学历、唯论文等倾向，提高履行岗位职责的实践能力、工作业绩、工作年限等评价权重。对论文、科研等不作硬性要求，可用能够体现专业技术工作业绩和水平的工作总结、教案、病历、技术推广总结、工程项目方案、专利成果等替代。基层专业技术人才参加职称评审时外语和计算机应用能力可不作要求。

（五）创新评价机制。改进职称评价方式，建立以同行评价为基础的评价机制，灵活采用考试、评审、考评结合、考核认定等不同评价方式，严格规范评价程序，加强评价全过程监督，提高评价质量和公信力。有条件的地区可试行基层专业技术人才申报高级职称单独分组、单独评审、单独确定通过率。对长期扎根农村基层、艰苦边远地区工作，做出重要贡献业绩的专业技术人才，可破格参加职称评审。依托公共人才服务机构、行业协会等，畅通基层非公有制经济组织、社会组织等专业技术人才职称申报渠道，探索有针对性的评价办法。

（六）完善和落实职称倾斜政策。全面推开中小学教师、基层卫生专业技术人才职称制度改革，保证有关倾斜政策规定落实到位。结合工程技术、农业技术、科学研究等专业技术领域职称制度改革，研究制定对基层专业技术人才倾斜支持政策。鼓励各地、各部门结合实际情况，探索建立“定向评价、定向使用”的基层高级专业技术职称评审管理制度，完善岗位聘用、工资待遇、离开基层后资格转评确认等具体管理办法。

三、完善基层事业单位公开招聘和岗位管理制度

（七）改进基层事业单位公开招聘方式。改进完善基层事业单位公开招聘办法，放宽条件，降低进入门槛，强化对艰苦边远地区特殊倾斜政策，有效解决基层和艰苦边远地区“招人难”问题。基层事业单位招聘高层次和急需紧缺专业技术人才，可采取直接考察等方式。省、市级所属事业单位面向社会公开招聘时，应拿出一定数量岗位招聘有基层专业技术岗位工作经历的人员。全面落实事业单位公开招聘制度，强化监督检查，建立防范公开招聘突出问题长效机制，形成民主、公开、竞争、择优的基层事业单位进人制度。

（八）优化基层事业单位岗位管理制度。建立事业单位岗位结构比例动态调整机制，适当提高基层事业单位中、高级专业技术岗位结构比例。“定向评价、定向使用”的基层事业单位高级专业技术岗位实行总量控制、比例单列，不占各地专业技术高级结构比例。乡镇事业单位通过特设岗位引进的急需高层次人才，其所聘岗位等级可放宽至专业技术八级，不受单位岗位总量、结构比例限制。扩大农村教师、农技推广特设岗位计划实施范围和规模，完善全科医生特设岗位政策，重点支持中西部老少边穷等地区补充专业技术人才。建立县乡事业单位管理岗位职员等级晋升制度。

四、加大基层专业技术人才激励力度

（九）健全完善收入分配制度。深入推进基层事业单位实施绩效工资工作，建立健全与岗位职责、工作业绩、实际贡献等紧密联系，充分体现人才价值、激发人才活力、鼓励创新创造的分配激励机制。落实艰苦边远地区津贴正常增长机制，实行乡镇工作补贴，对条件艰苦的偏远乡镇和长期在乡镇工作的人员进一步倾斜，保障基层专业技术人才合理工资待遇水平，逐步缩小地区间工资收入差距。对招聘高层次人才、急需紧缺人才的基层事业单位，在核定绩效工资总量时给予倾斜。加强基层科技成果转化工作网络建设，支持基层专业技术人才转移转化科技成果，落实成果转化收益分配有关规定。

（十）加大表彰奖励力度。坚持精神奖励和物质奖励相结合，建立以政府奖励为导向、单位奖励为主体、社会奖励为补充的基层专业技术人才奖励体系。对长期在基层工作、贡献突出的专业技术人才，按照国家有关规定优先给予表彰奖励。在全国杰出专业技术人才表彰、享受国务院政府特殊津贴和行业部门人才表彰奖励等工作中，适当提高基层专业技术人才比例。鼓励各地按照有关规定开展优秀基层专业技术人才表彰奖励工作，充分保护和调动广大基层专业技术人才工作热情和创新创业积极性。

五、着力提升基层专业技术人才能力素质

（十一）创新基层专业技术人才培养模式。突出基层经济社会发展需求导向，支持地方高等学校、职业院校根据区域特点、产业发展规划，动态调整学科专业设置，创新培养模式，注重培养基层急需的高素质应用型人才。继续实施免费师范生、免费医学生等制度，为基层定向培养教育、医疗卫生等重点领域专业技术人才。

（十二）健全基层专业技术人才继续教育制度。进一步强化继续教育对提升基层专业技术人才能力素质的主渠道作用。落实继续教育有关规定，基层专业技术人才每年参加继续教育时间累计不少于90学时，用人单位保障其参加继续教育权利和学习期间各项待遇。推进继续教育制度与工作考核、岗位聘用、职称评聘等人事管理制度的衔接。建立定期从基层选拔优秀专业技术人才到高等学校、职业院校、医疗机构、科研院所等进修学习制度。加强对新晋中、高级专业技术职称的基层专业技术人才专项培训工作。充分利用继续教育基地、各类教育培训机构和远程教育等资源，开展形式多样的继续教育活动，不断提升基层专业技术人才岗位适应、职业发展和实践能力。

（十三）统筹实施人才培养工程。通过组织实施重大人才培养工程、区域人才特殊培养、对口支援等多种方式，重点扶持基层重点领域、特殊区域和关键岗位专业技术人才培养培训工作。依托专业技术人才知识更新工程、高素质教育人才培养工程、全民健康卫生人才保障工程、现代农业人才支撑计划、边远贫困地区边疆民族地区和革命老区人才支持计划等国家重大人才工程，为基层培养培训一批急需紧缺和骨干专业技术人才。继续实施新疆、西藏少数民族科技骨干特殊培养工作。在东西部培训对口支援工作中，注重从基层一线选拔专业技术人才到发达地区进修培训。各地、各行业要结合实际组织实施各具特色的基层专业技术人才培养培训工程。

六、积极引导各类人才向基层一线流动

（十四）促进人才资源合理流动。充分发挥市场在人才资源配置中的决定性作用，更好发挥政府作用，进一步打破户籍、地域、身份、学历、人事关系等制约，加快人事档案管理服务信息化建设，完善社会保险转移接续办法，为人才向基层流动、合理配置提供便利条件。健全人才向基层一线和艰苦边远地区流动激励政策措施，加大职称、工资等政策倾斜力度，鼓励人才向基层最需要的地方流动。

（十五）创新基层柔性引才方式。创新双向挂职、对口支援、短期工作、项目合作、兼职等灵活多样的人才柔性流动政策，组织各类人才到基层创新创业和开展服务活动。深入实施万名专家服务基层行动计划、科技特派员、万名医师支援农村卫生、城市教师支援农村教育等制度项目，建立服务基层长效机制。专业技术人才由单位选派到基层服务期间，其原单位岗位、职级、工资福利保留不变，在基层工作经历和业绩可作为优先晋职、晋级、评聘和晋升专业技术职务的重要依据，有条件的单位可适当给予工作、生活补助。推广中小学教师、卫生等重点领域专业技术人才晋升高级职称须有1年以上农村基层工作服务经历的做法。

（十六）引导高校毕业生到基层工作。进一步完善引导和鼓励高校毕业生到基层工作的政策措施，建立基层专业技术人才补充新机制。通过政府购买岗位、实施学费和助学贷款代偿、提供创业扶持等方式，积极引导支持高校毕业生到基层工作和创业。统筹实施高校毕业生基层服务项目，加大基层急需紧缺专业毕业生选派力度，切实落实工作生活补贴、参加社会保险等相关待遇，采取有效措施鼓励服务期满后留在基层工作。

七、提高基层专业技术人才服务保障水平

（十七）切实加强组织领导。各地要充分认识加强基层专业技术人才队伍建设的重要意义，把基层专业技术人才队伍建设纳入本地区人才工作总体规划统一部署实施，并作为人才工作考核的重要内容，高度重视，加强领导。各级人力资源社会保障部门要充分发挥政府人才综合管理职能作用，与相关行业部门密切沟通协作，健全工作机制，创新完善政策，形成共同推进基层专业技术人才队伍建设的强大合力。

（十八）加大投入保障力度。建立健全政府、用人单位和社会力量共同参与的多元投入保障机制。将基层专业技术人才队伍建设经费纳入各级政府人才工作经费预算，并占有一定比重。用人单位应依照国家有关规定提取和使用职工教育经费，不断加大基层专业技术人才培训经费投入。鼓励和引导社会力量参与支持基层专业技术人才队伍建设。

（十九）加强联系服务工作。按照实现城乡基本公共服务均等化的要求，推动政府人才公共服务体系向基层延伸，简化服务流程，优化服务质量，依托“互联网+”等模式，为基层专业技术人才提供优质高效便捷服务。建立联系服务基层专业技术人才制度，畅通建言献策渠道，定期开展慰问休假考察等活动。切实改善基层专业技术人才学习培训、医疗保障、居住、子女就学、文化需求等条件，为他们安心基层工作创造良好环境。

（二十）加强宣传引导工作。加强理想信念教育和职业道德建设，增强基层专业技术人才社会责任感和职业认同感。加强政策解读和宣传引导工作，使基层单位和人才充分了解各项基层专业技术人才政策措施。充分运用各类新闻媒体，广泛宣传优秀基层专业技术人才先进事迹，积极营造关心支持基层专业技术人才的良好氛围，激励引导广大基层专业技术人才立足岗位、扎根基层、务实奉献，为全面建成小康社会做出积极贡献。

各地人力资源社会保障部门要结合实际，抓紧制定本地区具体实施意见和配套办法，精心组织，狠抓落实。本意见原则上适用于县级及以下企事业单位从事专业技术工作的人员，各地可根据实际情况确定具体范围。要鼓励基层大胆探索，不断创新政策措施，及时总结推广基层新做法新经验。要加强指导监督，及时研究解决新情况新问题，确保各项政策措施落地见效。

人力资源和社会保障部办公厅关于在部分职称系列设置正高级职称有关问题的通知

（2017 年 11 月 1 日　人社厅发〔2017〕139 号）

各省、自治区、直辖市及新疆生产建设兵团人力资源社会保障厅（局），中央和国家机关各部委、各直属机构人事部门，中央管理的企业：

为进一步健全职称层级，拓展专业技术人才职业发展空间，最大限度释放和激发专业技术人才创新创造创业活力，根据《关于深化职称制度改革的意见》（中办发〔2016〕77 号）要求，经研究决定，目前未设置正高级职称的职称系列均设置到正高级。现将有关事宜通知如下：

一、系列和名称

（一）增设正高级的职称系列和正高级名称分别为：工程系列增设正高级工程师，经济系列增设正高级经济师，会计系列增设正高级会计师（其中审计专业为正高级审计师），统计系列增设正高级统计师，技工院校教师系列增设正高级讲师、正高级实习指导教师，中等专业学校教师系列增设正高级讲师，工艺美术系列增设正高级工艺美术师，艺术系列增设高级舞台技师（副高级为主任舞台技师），实验技术系列增设正高级实验师，船舶系列增设正高级船长、正高级轮机长、正高级船舶电子员、正高级引航员，民用航空飞行系列增设正高级飞行员、正高级领航员、正高级飞行通信员、正高级飞行机械员。农业系列继续开展农业技术推广研究员职称评审工作，可设置农业、林业相关专业。其他系列个别专业未设置到正高级职称的，在分类推进各系列职称制度改革时进一步完善。

（二）在实行岗位管理的事业单位，增设的正高级职称对应专业技术岗位一至四级。各系列高级、中级、初级岗位之间的比例，以及高级、中级、初级岗位内部各等级的结构比例，按照国家关于事业单位岗位设置管理及各行业事业单位岗位设置指导意见的相关规定执行。

二、基本标准条件

（三）申报评审正高级职称的人员必须遵守中华人民共和国宪法和法律，具有良好的职业道德和敬业精神，具备正常履行岗位职责必需的身体条件和心理素质。还应同时具备以下条件：

1. 具有系统、扎实的专业理论和实践功底，科研水平、学术造诣或科学实践能力强，全面掌握本专业国内外前沿发展动态，取得重大理论研究成果和关键技术突破，或取得其他创造性研究成果，推动了本专业的发展。

2. 长期从事本专业工作，工作业绩突出，能够主持完成本专业领域重大项目，能够解决重大疑难问题或掌握关键技术，取得了显著的经济效益和社会效益。

3. 在本专业领域具有较高的知名度和影响力，在指导、培养中青年学术技术骨干方面做出突出贡献，发挥了较强的引领和示范作用。

4. 一般应具有大学本科及以上学历，取得本系列相应专业副高级职称，在副高级岗位上从事相关工作5年及以上。

5. 国家对职业准入有明确要求的，还应具备相应的职业资格。

（四）正高级职称评价标准实行国家标准、地区标准和单位标准相结合。各省、自治区、直辖市及新疆生产建设兵团（以下简称各省），中央和国家机关有关部门、中央管理的企业（以下简称中央有关部门和单位）可按照职称制度改革的要求，结合本地区本行业实际情况，制定不低于基本标准条件的具体评价标准。

三、评审组织

（五）各省、中央有关部门和单位负责组建正高级职称评审委员会，评审相应系列正高级职称。中央有关部门和单位组建的正高级职称评审委员会报人力资源社会保障部核准备案。各地以及实行自主评审的单位经授权组建的正高级职称评审委员会报省级人力资源社会保障部门核准备案。备案有效期按照国家有关规定执行，备案情况定期向社会公示。未经核准备案，不得自行开展正高级职称评审工作。

（六）正高级职称评审委员会委员由本专业或相近专业高水平专家组成，一般应具有正高级职称。首次评审可以吸纳高校、科研机构、大型企业、行业协会学会等相邻或相近专业具有正高级职称的专家或本专业领域业内公认、业绩突出的资深专家担任评审委员会委员。

（七）创新正高级职称评审方式，建立以同行专家评审为基础的业内评价机制。可采用个人述职、成果展示、面试答辩、实践操作、综合评议、业绩考察等多种形式，提高正高级职称评审的针对性和科学性。

（八）正高级职称评审委员会应坚持以品德、能力、业绩为导向，严格掌握标准条件，确保评审质量，切实发挥正高级职称评审的导向作用。

（九）省级人力资源社会保障部门、中央有关部门和单位要对本地区、本单位正高级职称数量进行宏观调控。全面实行岗位管理的事业单位，一般应在岗位结构比例内开展评审。其他单位也要坚持质量第一、宁缺毋滥，严格评审标准，进行适当的比例控制，统筹考虑高层次人才队伍建设的长远规划。

（十）本通知实施前自行试点评审的正高级职称，要按照通知要求通过一定程序进行确认，具体衔接办法由各省、中央有关部门和单位另行制定。

四、监督管理

（十一）加强正高级职称评审工作的事中事后监管，充分发挥广大专业技术人才的监督作用。建立职称评审公开制度，实行政策公开、标准公开、程序公开、结果公开，正高级职称的评审办法、具体评价标准在正高级职称评审委员会备案时一并上报，并向社会公开或在本单位内部公开。

（十二）正高级职称评审委员会应按照评审权限开展工作，不得擅自扩大评审范围。各级人力资源社会保障部门要加强对评审过程的监督管理，建立随机抽查、巡查制度，对违反评审工作纪律，不能保证评审质量的评委会，视情节停止该评委会的工作，直至收回评审权，并追究相关责任人的责任。

（十三）探索建立职称申报评审诚信档案和失信黑名单制度，纳入信用信息共享平台。完善诚信承诺和失信惩戒机制，实行学术造假“一票否决制”，对通过弄虚作假、暗箱操作等违纪违规行为取得的正高级职称，一律予以撤销。

增设正高级职称是深化职称制度改革的重要举措，涉及面广，政策性强，各省、中央有关部门和单位要高度重视，加强领导，精心组织。坚持分类推进、试点先行、稳步实施，抓紧制定各系列实施方案，科学制定评价标准，做好衔接过渡，妥善处理改革过程中遇到的矛盾和问题。要加强舆论引导，搞好政策解读，引导广大专业技术人才正确对待和积极参与改革工作。

本通知自发布之日起施行。执行中遇到的重大问题和意见建议，要及时报告人力资源社会保障部。

山东省人事厅关于处理专业技术职务评聘工作中违反政策纪律问题的暂行规定

（1994年7月5日　鲁人职〔1994〕9号）

为了维护我省专业技术职务评聘工作的严肃性和公正性，严厉查处违反评聘政策、规定和纪律的行为，保证评聘工作的顺利进行，特制定本暂行规定。

一、在评聘工作中，违反国家和省的有关政策规定，擅自制定“土政策”“土章程”的，必须立即纠正，造成不良后果的，对负有直接责任的地区、部门、单位予以通报批评，并对有关责任人员视其情节轻重，分别给予警告至撤销职务的党纪处分或警告至撤职的行政处分。

二、专业技术人员在评聘专业技术职务时，凡有填报假材料，提供假数据、假成绩、假论文、假成果、假获奖证明或伪造学历、任职年限等情况之一的，取消其申报晋升的资格；已骗取了专业技术资格的，由审核部门予以取消，已被聘任（任命）职务的，还要由聘任（任命）单位领导予以解聘（撤销）；自查实之月起未满五年的不准其再申报晋升专业技术职务；并视情节轻重，分别给予警告至撤销职务的党纪处分或警告至撤职的行政处分。

三、有关组织和个人为专业技术人员评聘专业技术职务提供假证明材料的，给予负有责任的组织通报批评，并对直接责任者视情节轻重分别给予警告至撤销职务的党纪处分或警告至撤职的行政处分；是专业技术人员的，5年内不准晋升高一级专业技术职务。

四、擅自扩大评聘范围，为不属于评聘范围的人员，申报评聘专业技术职务的，给予负有责任的部门（单位）通报批评，并责令限期纠正，对直接责任人员视情节轻重，分别给予警告至撤销职务的党纪处分或警告至撤职的行政处分。对不该评聘而被评聘的专业技术职务，一律予以取消。

五、违反专业技术职务评聘规定程序、手续，私自更改评议推荐意见或评审结果者，视其情节轻重，分别给予严重警告以上的党纪处分或记大过以上的行政处分。

六、各级评审委员会的评委，违反有关规定和评审纪律，搞不正当活动，造成不良后果的，有关批准组建评委会的主管部门（单位）要及时撤销其评委会委员资格，以后不准其再参加评审委员会。情节严重的，分别给予警告至撤销职务的党纪处分或警告至撤职的行政处分。

七、在专业技术资格、外语水平等考试中有作弊违纪行为者，一律按考试纪律规定严肃处理。凡有替考行为或为考生提供作弊条件的，对被替考和替考者（属于在职干部或党员的）及有关当事人视情节轻重，分别给予警告以上的党纪处分或记过以上的行政处分；本人是专业技术人员的，自查实之日起未满 3 年的，不准参加相应的考试和有关专业技术职务的评聘、晋升；以作弊成绩取得的专业技术资格应予取消，被聘任了职务的，由单位领导予以解聘或降职聘用。

八、对于违反省物价局、财政厅、人事厅关于评审专业技术职务资格收取评审费和专业技术资格等考试收费问题的规定，乱收、多收或层层加收的部门（单位），除令其将多收的部分退给专业技术人员外，应予通报批评。违反规定滥用、乱支或贪污挪用的，按有关规定处理。

九、凡违反上述规定的按照党员、干部管理权限，分别由其主管机关或纪检机关、监察、人事部门依照本规定和法定程序查处。

十、对违反本规定的责任人员，可以同时给予党纪处分、政纪处分和专业技术职务晋升、聘任方面的处理。

山东省人事厅等部门《关于对专业技术职务评聘工作加强监督检查的通知》

（1997年10月6日 鲁人职〔1997〕23号）

各市、地纪委、监察局、人事局，各大企业，各高等院校，省直各部门（单位）：

为了维护专业技术职务评聘工作的严肃性和公正性，确保评聘工作的顺利进行，必须进一步加强对专业技术职务评聘工作的监督检查。现将有关问题通知如下：

一、建立监督检查制度

专业技术职务评聘工作政策性强，涉及面广，社会影响大，是党和政府知识分子政策的重要组成部分。做好这项工作，必须认真贯彻“公开、平等、竞争、择优”和德才兼备原则，在认真执行有关评聘政策、规定的同时，要增强透明度，强化监督机制，结合贯彻执行省纪委、省监察厅和省人事厅《关于处理专业技术职务评聘工作中违反政策纪律问题的暂行规定》（鲁人职〔1994〕9号）建立健全监督检查制度。省纪委、监察厅和人事厅负责全省的监督检查工作。省纪委、省监察厅受理全省的举报、投诉（电话：0531－6925055）。各市地、各部门负责本市地、本系统所属单位的监督检查工作，也要相应公布受理举报、投诉电话。各企事业单位的纪检、监察机构要主动对本单位的评聘工作进行全过程监督检查。各级人事部门要把加强对专业技术职务评聘工作的监督检查，作为部署和总结工作的一项重要内容。各企事业单位要进一步增强透明度，实行政务公开，主动接受和积极配合各级纪检、监察、人事部门（机构）和社会各界的监督检查。建立监督检查制度，是完善专业技术职务聘任制度的一项重要措施，任何单位和人员不得干扰和阻碍监督检查工作。

二、监督检查的主要内容及方法

监督检查的内容，主要是在科学合理设岗、严格坚持评聘范围、民主公开推荐评议、客观公正评审、竞争择优聘任、严肃认真考核等各个环节上是否存在违反政策规定和程序、弄虚作假、营私舞弊等问题。具体可重点围绕以下内容进行检查：

1. 是否建立了集中统一的管理运行机制，是否坚持做到了统一领导、统一政策、统一要求、统一管理和统一步调。

2. 专业技术岗位设置是否科学合理，有否因人设岗现象；已设置合理的岗位是否制定了明确具体的岗位职责、任职条件和考核标准。

3. 单位评议推荐工作是否贯彻了民主公开原则，严格做到公开岗位数额、任职条件、评议办法、申报人员述职、材料和最后确定的推荐人员名单；推荐结果是否公正合理；被推荐人员是否符合评聘范围，其申报的材料是否真实可靠。

4. 评审委员会的评审工作是否贯彻了客观公正原则，评审程序是否规范；是否实行了量化赋分的评价方法，各项条件标准、分值确定是否合理；测试答辩、标准条件掌握、投票表决等方面是否公正、公平。

5. 聘任工作是否贯彻了“公开、平等、竞争、择优”和德才兼备原则，是否采取了单位择优用人和专业技术人员竞争应聘的双向选择措施；聘任手续是否完备、齐全、任期确定是否合理，是否签订聘约；颁发聘书、签订聘约、任期开始与单位行文公布的时间是否一致；考核工作是否严肃认真，其它聘后管理工作是否严格。

6. 整个评聘过程是否存在违反政策规定、弄虚作假、营私舞弊等问题；是否存在乱收费问题；是否存在不符合整体性人才资源开发要求，不利于人才开发与培养、人才资源合理配置与使用的问题。

对专业技术职务评聘工作的监督检查，实行纪检、监察、人事部门（机构）检查、单位和评审委员会自查、群众检举相结合的方法。根据评聘工作的进展情况，各级纪检、监察、人事部门要组织专人（或检查组），有计划、有重点地深入到企事业单位和专业技术职务评审委员会，定期或不定期地进行检查。各事企业单位、各评审委员会要严格按照专业技术职务评聘的政策规定进行自查。监督检查工作要坚持走群众路线，重视群众和社会各界的呼声，注重广泛听取广大科技人员的意见和建议。要特别重视信访工作，对群众信访反映的问题，要及时认真进行调查处理。

三、问题处理

对在检查中发现有违反职称改革政策规定及弄虚作假、营私舞弊的部门（单位）和有关责任人员，要按照省纪委、省监察厅和省人事厅《关于处理专业技术职务评聘工作中违反政策纪律问题的暂行规定》予以严肃处理。对干扰和阻碍监督检查工作的单位和人员，视情节按党纪、政纪规定严格处理。

各地、各部门、各单位要高度重视对专业技术职务评聘工作的监督检查，切实加强领导，严密组织，实行层层负责制，一级抓一级，层层抓落实。在哪个层次上出现问题，就由哪一级负责处理，不得将问题和矛盾上推或下卸。

山东省人事厅关于评聘工程技术应用研究员职务有关问题的通知

（1998年9月2日　鲁人职〔1998〕7号）

各市地人事局，各大企业，省直各部门（单位）：

为适应社会主义市场经济发展的需要，充分调动高级工程技术人员的积极性和创造性，经研究决定，在工程技术人员中开展评聘研究员职务工作。现将有关问题通知如下：

一、评聘范围和数量

评聘工程技术应用研究员职务的范围是企业，事业单位中在职在岗的高级工程师。评聘的总量逐步达到高级工程师职务岗位数的10%。

二、申报条件

（一）遵守中华人民共和国宪法和法律，具备良好的职业道德和敬业精神。

（二）博士后人员在完成博士后研究工作出站后任高级工程师职务；获得博士学位任高级工程师职务两年以上；获得硕士学位任高级工程师职务四年以上；大学本科毕业任高级工程师职务五年以上。上述人员在任高级工程师以来业绩突出，能指导其他高级工程师的工作，并符合下列条件之一者：

1. 获国家自然科学奖、国家发明奖、国家科技进步奖及其他国家级奖励的主要研究人员，其成果已应用于生产实践，并取得显著的经济效益或社会效益；

2. 获省、部级科技进步一等奖的主要研究人员，其成果已应用于生产实践，并取得显著的经济效益或社会效益；

3. 获得四项以上专利（其中至少一项为发明专利），或取得六项实用新型、外观设计专利，并已应用于生产实践，取得显著的经济效益或社会效益的人员；

4. 获两项以上国家设计金质奖、银质奖、部一等优秀设计奖、部一等优秀勘探设计奖，并取得重大经济效益或社会效益的工程设计项目的主持人员或主要设计人员；

5. 主持或为主开发应用新技术、新工艺、新产品等，获得显著经济效益的人员；

6. 在省以上重点工程建设、重大技术改造项目中担任设计、施工方面的主要技术负责人，并做出突出贡献的人员。

（三）熟练掌握一门外国语。

三、申报程序

符合评聘范围和申报条件的工程技术人员，由本人申请或单位领导提名，经民主评议，单位推荐报市地人事局或省直主管部门。市地人事局会同市地经（贸）委，或省直主管部门（单位）按照省人事厅下达的控制数额和有关标准条件进行遴选，确定最后推荐人员名单，由市地人事局或省直主管部门（单位）签署意见后统一呈报到山东省工程技术职务评审委员会。

四、组织领导

各级政府人事部门负责工程技术应用研究员职务的评议推荐和评审的组织领导工作。山东省工程技术职务高级评审委员会负责全省工程技术应用研究员职务任职资格的评审工作。评审通过人员，在异议期结束后，由省人事厅审核公布。

山东省人事厅关于专业技术人员计算机应用能力考试有关问题的通知

（2002年3月22日　鲁人发〔2002〕9号）

各市人事局，省直各部门（单位），各大企业，各高等院校：

为引导广大专业技术人员学习掌握计算机知识，提高计算机的应用能力，根据《人事部关于全国专业技术人员计算机应用能力考试的通知》（人发〔2001〕124号）要求，决定从今年开始，推行由人事部统一组织的全国专业技术人员计算机应用能力考试。现将有关问题通知如下：

一、专业技术人员计算机应用能力考试，主要是测试参考人员在计算机与网络方面的基本应用能力，考试成绩作为评审专业技术职务资格和聘任专业技术职务的条件之一。

二、专业技术人员计算机应用能力考试，采用人事部统一设计暂定的13类科目（模块，见附件）和上机操作的方式，每一科目（模块）单独考试，考试合格的人员，由省人事厅颁发人事部统一印制的全国专业技术人员计算机应用能力考试科目（模块）合格证。

三、评聘中、高级专业技术职务的人员，暂须参加以下科目（模块）的考试并取得合格证：

评聘中级专业技术职务者，须在“中文Windows 98操作系统、Word 97中文字处理、Excel 97中文电子表格、计算机网络应用基础和WPS Office办公组合中文字处理”5类科目（模块）中任选3类参加考试并取得合格证。

评聘高级专业技术职务（包括正高级和副高级）者，须在

“中文 Windows 98 操作系统、Word 97 中文字处理、Excel 97 中文电子表格、计算机网络应用基础和 WPS Office 办公组合中文字处理”5类科目（模块）中任选3类，另外还应根据各自岗位和从事专业工作的特点，在其他8类科目（模块）中任选1类参加考试并取得合格证。

四、我省专业技术人员计算机应用能力考试实施工作，由省人事厅统一组织和管理，具体考务工作由省人事考试中心负责。各市的考务管理工作，可由各市人事局根据当地的实际情况研究确定。

五、考前培训工作由各级人事（职称管理）部门负责组织，要选择具备场地、设备、师资及管理经验的单位作为培训点。应试人员根据自愿原则参加培训。

六、专业技术人员计算机应用能力考试，要本着“实事求是，区别对待，逐步提高”的原则进行。经济发达地区和具备条件的单位，应要求所有评聘专业技术职务的人员都参加计算机应用能力考试。对尚不具备条件的地区和单位，下列人员可暂不参加考试：

1. 现仍在乡镇（不含街道办事处）直属及其以下单位工作的；

2. 评聘小学（含幼儿园）教师、体育教练和艺术系列中的演员、演奏员职务的；

3. 评聘初级专业技术职务的；

4. 50岁以上的。

七、符合下列条件者，可不参加考试或只考部分科目（模块）：

1. 参加人事部统一组织的计算机软件专业技术资格和水平考试，获得程序员及以上级别证书的；

2. 参加国家认可的其他机构组织的计算机应用能力考试合格者，可根据其所考内容和级别，确定考试“中文 Windows 98 操作系统、Word 97 中文字处理、Excel 97 中文电子表格、计算机网络应用基础和 WPS Office 办公组合中文字处理”5类科目（模块）中的1至2类（至少应考1类）。

专业技术人员计算机应用能力考试，是提高专业技术人员队伍整体素质的一项重要措施。考试组织工作难度大，涉及面广，各地、各部门要高度重视，加强领导，精心组织，并根据实际情况和上述原则，提出切实有效的实施办法，经省人事厅同意后实施。对不参加考试的人员，由各市人事局或省直主管部门出具证明。鉴于这项工作任务繁重、时间紧迫、工作量大，今年可仍作为评审专业技术职务资格的参考条件，从2003年起正式实行。

附件：全国专业技术人员计算机应用能力考试科目（模块）类别

1. 中文 Windows 98 操作系统
2. Word 97 中文字处理
3. Excel 97 中文电子表格
4. PowerPoint 97 中文演示文稿
5. 计算机网络应用基础
6. Visual FoxPro 5.0 数据库管理系统
7. CAD 制图软件
8. PhotoShop 6.0 图像处理
9. WPS Office 办公组合中文字处理
10. Access 2000 数据库管理系统
11. Project 2000 项目管理
12. FrontPage 2000 网页制作
13. 用友财务软件

（附件本书略）

山东省人事厅关于印发《山东省专业技术职务评审委员会组织办法（试行）》和《山东省专业技术职务任职资格评审办法（试行）》的通知

（2002 年 6 月 21 日　鲁人发〔2002〕26 号）

各市人事局，省直各部门（单位），各大企业，各高等院校：

现将《山东省专业技术职务评审委员会组织办法（试行）》和《山东省专业技术职务任职资格评审办法（试行）》印发给你们，请在评审专业技术职务任职资格工作中认真试行。试行中有什么问题和意见，请及时反馈给省人事厅专业技术人员管理处。

山东省专业技术职务评审委员会组织办法（试行）

第一章　总　则

第一条　为了规范全省专业技术职务评审委员会组织建设，根据国务院《关于实行专业技术职务聘任制度的规定》以及国家和省关于深化专业技术职称改革的有关规定，结合我省实际，制定本办法。

第二条　本办法所称专业技术职务评审委员会（以下简称评委会），是负责评价专业技术人员是否具备相应专业技术职务任职资格的组织。

第三条 本办法适用于需要通过评审取得专业技术职务任职资格的单位、系列和专业。

第四条 评委会的组织建设应遵循下列原则：

（一）专业技术职称工作实行统一管理；

（二）评委会组建层级与权限相统一；

（三）公正、平等、合理、择优和德才兼备；

（四）维护用人单位和专业技术人员的合法权益。

第二章 评委会的组建

第五条 根据评审各级专业技术职务任职资格的实际需要，评委会分别设高、中、初三级。各级评委会之间没有上下级领导关系。

第六条 高、中、初级评委会的组建部门及其权限分别为：

（一）省政府人事部门负责组建高级评委会；根据实际评审需要，省政府人事部门可授权具备条件的设区的市政府人事部门或省直部门（单位）组建评审副高级专业技术职务任职资格的评委会。

（二）经省政府人事部门同意，设区的市政府人事部门和省直部门负责组建中级评委会。

（三）经设区的市政府人事部门同意，县（市、区）政府人事部门和设区的市直部门负责组建初级评委会；省直部门和具有人事管理权的处级以上法人单位可以组建初级评委会。

第七条 评委会一般每三年调整一次。如因特殊情况，可以临时组建，也可随时调整或撤销。组建评委会必须具备下列条件：

（一）具有足够数量的符合评委会成员条件的专业技术人员；

（二）评审范围内的专业技术人员队伍达到一定规模，有一定的评审工作量；

（三）组建部门有能力实施对评委会的组织管理工作。

第八条 评委会原则上按专业技术职务系列组建。行业或专业较多的系列，可按行业或专业组建，也可按相近专业合并组建。

不得跨专业技术职务系列组建评委会。

第九条 评委会的日常事务工作，应由组建部门委托给社会中介服务机构承担。中介机构尚不健全或不具备条件的，可委托相应专业或行业主管部门承担。

受委托承担评委会日常事务工作的机构或部门（以下称为评委会办事机构）必须具备下列条件：

（一）具有承担评委会日常工作的工作条件；

（二）有专人（含兼职）负责具体工作，并有较高的政策水平，熟悉各项规定，组织能力强，工作认真负责，人员保持相对稳定；

（三）严格执行国家和省的有关规定，按规定时间和要求完成评审任务。

第三章　评委会人员组成

第十条 评委会成员由备选委员和执行委员共同组成。出席评审会议的称为执行委员，一般为 7 至 35 人（不等于 3 的倍数），设主任委员 1 人、副主任委员 1 至 3 人。高、中、初级评委会执行委员分别不得少于下列人数：

（一）按专业技术职务系列组建的高级评委会，执行委员一般不少于 17 人；按行业或相近专业合并组建的高级评委会，执行委员不得少于 13 人；按专业组建的高级评委会，执行委员不得少于 11 人。

（二）中级评委会的执行委员不得少于 10 人。

（三）初级评委会的执行委员不得少于 7 人。

第十一条 评委会组建部门应建立健全评委会成员信息库。信息库成员应达到足够调整的数量，并根据人才成长、评审需要等因素随时增减。收入信息库的评委会成员应在民主推荐、协商的基础上遴选产生。

第十二条 遴选各级评委会成员的基本条件：

（一）政治思想好，职业道德高尚；

（二）专业技术水平较高，业务工作能力较强，是本单位或本部门、本系统、本行业的专业技术骨干；

（三）作风正派，办事公道，坚持原则，不徇私情；

（四）组织纪律性强；

（五）身体健康，能坚持正常工作。

第十三条 各级评委会执行委员应分别符合下列条件：

（一）高级评委会执行委员必须具有本系列、专业（或相近系列、专业，下同）高级专业技术职务（评审正高级职务任职资格的评委会执行委员必须具有正高级专业技术职务），其中中青年（55 岁以下）专业技术骨干要占评委执行委员的二分之一以上。

（二）中级评委会执行委员原则上应具有高级专业技术职务，根据实际需要，可吸收适量（应少于三分之一）具有中级专业技术职务的业务骨干参加。

（三）初级评委会执行委员必须具有中级以上专业技术职务。

第十四条 已办理退（离）休手续的人员，原则上不得参加评委会。

第四章 评委会成员调整

第十五条 评委会执行委员每年调整一次，调整数量应占上年度评委会执行委员总数的三分之一以上。各级评委会成员连续参加评审会议一般不超过 3 次。

第十六条 评委会成员调整工作由组建部门负责。每次召开评审会议之前，组建部门按成员调整的有关规定，从评委会成员信息库中随机确定参加本次评审会议的执行委员。执行委员名单不对外公布。

授权组建的高级评委会，须有一定数量的异地（或其他高等学校、单位）专家参加评审会议。

第十七条 召开评审会议须保证本次评委会执行委员全部出席。确有特殊情况不能出席的，须由本人或所在单位及时报告组建部门，由组建部门补充调整。

评委会成员所在单位及其主管部门应全力支持评委会的工作。

第五章 评委会的任务与工作程序

第十八条 评委会的主要任务是：根据国家和省关于专业技术职务评聘工作的有关规定、要求和评审程序、标准条件，对申报评审专业技术职务任职资格人员进行评价。

（一）高级评委会负责评审高级专业技术职务任职资格。

（二）中级评委会负责评审中级专业技术职务任职资格。

（三）初级评委会负责评审初级专业技术职务任职资格。

第十九条 评委会以民主程序进行工作，内部实行民主集中制；坚持“公开、公平、公正”原则；采取考试、考核与评审相结合，定性与定量相结合的评审方法，对申报人员进行综合评价。

第二十条 评审会议期间，执行委员须认真、仔细地审阅评审材料，充分发表意见，根据考试、考核、评议和量化赋分等情况，对评审对象进行综合评价，最后以无记名投票方式表决，同意票数必须超过执行委员总数的三分之二方为通过。

第二十一条 对评委会评审通过人员实行异议期公示制度。异议期为 15 天。

第二十二条 各评委会应制订出评委会工作守则以及考评的具体方法，经相应组建部门同意后实施。

第二十三条 召开评审会议，应做好会议记录，连同其它有关评审材料存档备查。

第六章 评委会专业（学科）评议组

第二十四条 根据评审工作需要，评委会可以下设若干专业（学科）评议组，负责申报本专业（学科）专业技术职务任职资格人员的初步评议，提出评议意见。

专业（学科）评议组的意见是评委会评审表决的参考依据，不是最终评审结果。

第二十五条 专业（学科）评议组一般由三至七人组成，其中设组长1名，由评委会的执行委员兼任。

第二十六条 专业（学科）评议组成员必须从评委会成员信息库中遴选，由评委会组建部门会同办事机构共同协商确定。

第二十七条 专业（学科）评议组的评议表决方法，由该评委会根据实际情况研究确定。

第七章 纪律与监督

第二十八条 评委会执行委员和专业（学科）评议组成员应按要求准时参加评审会议，并严格按照有关规定开展评审工作；自觉遵守评审纪律，保守评审秘密，不得泄露评审活动中的有关情况；不答复任何个人和组织的查询。

第二十九条 评委会执行委员和专业（学科）评议组成员在涉及评审其直系亲属时，应予回避。

第三十条 各级纪检监察、人事部门对评委会以及专业技术职务任职资格评审工作实施监督、检查。

第三十一条 对不能执行国家和省的有关规定，违反评审程序，不能保证评审质量的评委会，组建部门应视情节停止该评委会的工作，或宣布评审结果无效；收回对承担该评委会日常事务工作的委托。对违犯评审纪律或利用职权营私舞弊、打击压制专业技术人员的评委会执行委员和专业（学科）评议组成员，有关部门（单位）应认真追查责任，并视情节予以处理。

第八章　附　则

第三十二条　不具备组建评委会条件的，应委托由相应的评委会代为评审。

第三十三条　本办法自发布之日起施行，原有规定与本办法不符的，按本办法的规定执行。

山东省专业技术职务任职资格评审办法（试行）

第一章　总　则

第一条　为了客观、公正、准确地评审专业技术职务任职资格，根据国家和省有关规定，结合我省实际，制定本办法。

第二条　专业技术职务任职资格是专业技术人员学术技术水平的标志，是用人单位聘任和专业技术人员应聘专业技术职务的重要依据之一。申报、评审专业技术职务任职资格应依据下列标准条件：

（一）国家颁发的专业技术职务条例（含试行条例）或等级标准中规定的任职条件；

（二）国家人事部会同有关部门制定颁发的工程、农业等系列中、高级专业技术资格申报、评审条件；

（三）省政府人事部门以及会同有关部门制定的专业技术职务任职资格评审条件、破格申报评审条件；

（四）国家和省另行规定的有关标准条件。

第三条　专业技术职务任职资格评审工作按人事隶属关系和

任职资格等级实行分级管理，管理权限分别为：

（一）省政府人事部门负责管理全省高级专业技术职务任职资格的评审工作。

（二）设区的市政府人事部门、省直部门、省政府直属事业单位和经济组织，负责管理所辖范围内中级专业技术职务任职资格的评审工作。

（三）县（市、区）政府人事部门、省直部门（单位）、设区的市直部门、市政府直属事业单位和经济组织，分别负责管理所辖范围内初级专业技术职务任职资格的评审工作。

第四条 本办法适用于其人事关系属山东省地方管理的申报评审专业技术职务任职资格的人员。

第五条 按照本办法通过相应专业技术职务评审委员会（以下简称"评委会"）评审获取的专业技术职务任职资格，由相应核准公布部门颁发任职资格证书，作为用人单位聘任专业技术职务的依据之一。

第六条 各级政府人事部门是综合管理专业技术职务任职资格评审工作的职能部门。

第二章 申 报

第七条 申报评审专业技术职务任职资格者，必须遵守中华人民共和国宪法和法律，具有良好的职业道德和敬业精神，符合规定的申报条件。

第八条 申报评审专业技术职务任职资格，实行个人申报、民主评议推荐、单位审查、主管部门审核的办法，基本程序和要求：

（一）用人单位公布申报评议方案。

（二）专业技术人员提出申报。

（三）用人单位在一定范围内公开进行民主评议并张榜公布评议结果及申报人员的年度、任期考核情况。

（四）用人单位组织整理填报有关评审材料，被推荐者提供有关证件。

（五）公示申报人的申报材料及有关情况。

（六）用人单位对申报材料进行认真核实（重点审查其申报材料、证书和证明等是否真实、齐全，内容格式等方面是否符合规定要求），并组织填写《“六公开”监督卡》。

（七）主管部门审查。

第九条 符合申报条件的材料，主管部门签署意见并加盖印鉴，负责人签字后，及时送呈报部门。

第三章 呈 报

第十条 申报材料必须经呈报部门审查同意并签署呈报意见后，评委会方可受理。按照分级管理的要求，呈报部门及其权限为：

（一）申报评审初级专业技术职务任职资格，县（市、区）以下单位的，由其主管部门呈报；设区的市以上单位的，由申报人所在单位呈报。

（二）申报评审中级专业技术职务任职资格，县以下单位的，由县（市、区）人事局会同有关业务主管部门呈报；设区的市直单位的，由市直主管部门呈报；省直单位的，由省直主管部门人事（干部）处呈报。

（三）申报评审高级专业技术职务任职资格，设区的市以下单位的，由市人事局会同有关业务主管部门呈报；省直单位的，由省直主管部门呈报（其中省属高等院校的由省政府教育行政部门呈报）。

授权有关省直部门和设区的市人事局组建的高级评委会评审的高级专业技术职务任职资格，其呈报权限按省高级评委会的呈报原则相应降低一级管理。

第十一条 应呈报的有关材料和要求：

呈报评审材料的类别和数量：

1.《专业技术职称评审表》1份（原件）；

2.《专业技术职称评审简表》一式3份（原件）；

3.《评审专业技术职称人员情况一览表》一式20份左右（其中原件2份，其他可为复印件，具体份数由各评委会根据实际需要确定）；

4. 任现职以来各年度及任期考核情况登记表各1份（原件）；

5. 反映本人任现职以来专业技术水平、能力、业绩的业务工作总结1份，其他代表性著作、论文、作品等（原件）；

6. 学历证书、成果及奖励证书（原件）；

7. 现专业技术职务任职资格证书、单位公布聘任的文件（原件）；

8. 有效期内的外语、计算机考试成绩等证明原件1份；

9. “六公开”监督卡1份。

破格申报评审专业技术职务任职资格，须由单位和有关主管部门出具破格推荐报告，并由呈报部门核准签署意见、加盖印鉴，上报一式3份。

改系列评审专业技术职务任职资格（指同级别的），须呈报《改系列评审专业技术职称呈报表》一式4份，原《专业技术职称评审表》（或《专业技术职务呈报表》）1份（原件），并报送反映其工作变动后业务水平、业绩情况等证明材料。

呈报的评审材料必须手续完备，内容齐全，填写打印正规、整洁，字迹工整、清晰，不得涂改、漏页、缺页。应提供原件的不得以复印件代替。

第十二条 呈报部门应对评审材料进行认真审查，严格把关，确实无异议的，在《专业技术职称评审表》及《评审简表》的"呈报部门意见”栏内签署呈报意见并加盖印鉴，负责人签字后，连同其他有关评审材料按时呈报到相应的评委会。

第十三条 经审查认为不符合申报条件或有问题的评审材

料，呈报部门有权决定“不予呈报”。

第四章　评　审

第十四条　评审工作的基本程序：

（一）评委会办事机构受理评审材料，进行分类整理，做好评审前的有关准备工作。

（二）对申报人员组织进行综合素质测评。

（三）专业（学科）评议组成员或评委会执行委员分组审阅评审材料，按规定进行量化赋分，集体评议讨论，提出初步评议意见。

（四）专业（学科）评议组向评委会汇报评议情况。

（五）评委会全体执行委员按规定程序审议，进行综合评价，最后以无记名投票方式表决。

第十五条　评委会办事机构受理评审材料应建立严格的审查把关制度。评审之前，应组织专人（须有一定数量的同行专家）逐一进行认真细致的审查核实，符合规定要求后，再提交评委会评审。

不符合要求的材料一律不予受理。

第十六条　评审工作必须严格坚持规范化的评审程序和量化赋分、测试答辩等办法。贯彻公开（评委会内部公开）、公正、公平、合理、准确和综合评价原则，坚持标准，严格评审，确保质量。

第十七条　对经评委会评审通过的人员实行异议期公示制度。评委会办事机构将评审通过人员名单，反馈到原呈报部门和申报人员所在单位，在广大专业技术人员中公示，进一步征求意见，重点是核实这些拟晋升专业技术职务的人员，是否符合国家和省规定的专业技术职务任职条件和标准，所填报的成果业绩是否真实，推荐、呈报等程序是否符合规定要求。异议期为 15 天。

公示期间发现问题或出现争议的，应认真组织调查核实和甄别，视具体情况作出处理决定。

第十八条 评委会办事机构应认真总结评审工作，写出工作总结、会议纪要等，并按要求整理好有关评审材料，待异议期结束后及时报送核准。

第五章 核准公布

第十九条 经评审通过又经公示无异议的，必须经该评委会的组建部门核准并正式行文公布后方可生效。授权组建的评委会的评审结果，应报授权部门备案同意后，方可核准公布。

虽经评委会评审通过，但未经核准公布的，其评审结果一律无效。

第二十条 报送核准公布应提供的有关材料：

（一）评委会办事机构应向评委会组建部门报送核准公布的有关材料及数量：

1. 评审会议纪要、总结、异议期公示情况报告各一式 2 份。

2. 评审通过人员的《专业技术职称评审表》1 份、《专业技术职称评审简表》一式 3 份。

3. 评审通过人员有效期内的外语、计算机证明。

4.《评审委员会评审情况汇总表》一式 2 份。

5.《评审通过人员名单》及《评审未通过人员名单》各一式 2 份。

（二）授权组建的评委会办事机构应向授权部门报送备案的有关材料及数量：

1. 评审会议纪要、总结等各一式 2 份。

2.《评审委员会评审情况汇总表》一式 2 份。

3.《评审通过人员名单》与《评审未通过人员名单》各一式 2 份。

第二十一条 评委会组建部门应对评委会评审通过的专业技术职务任职资格进行认真审查，主要是看有关程序是否齐全、符合要求，是否有外语证明，是否存在弄虚作假、营私舞弊等现象。核准工作要特别重视信访中反映出的问题。审查发现有问题的，应暂缓公布，待调查清楚后视情况决定。

第二十二条 经核准无问题的，应在《专业技术职称评审表》及《评审简表》的相关栏目中签署核准意见、加盖印鉴，并及时行文公布，颁发任职资格证书。《专业技术职称评审表》应存入本人档案。

第六章 委托评审

第二十三条 不具备组建评委会条件，或因工作性质特殊而在规定范围内的评委会不能评审的，应委托相应的评委会代为评审。委托部门及其权限分别为：

（一）评审高级专业技术职务任职资格的，由省人事厅出具委托函，委托国家有关部门或外省组建的高级评委会代为评审。

（二）评审中级专业技术职务任职资格的，由设区的市人事局或省直部门出具委托函，委托其他市或省直部门组建的中级评委会代为评审。

（三）评审初级专业技术职务任职资格的，由县（市、区）人事局或市直部门或省直部门人事（干部）处出具委托函，委托相应的初级评委会代为评审。

第二十四条 委托代评通过人员，由出具委托函的部门按规定进行公示并核准公布。

第七章 附 则

第二十五条 个体、私营企业等无主管部门单位的人员申报评审专业技术职务任职资格工作，按照人事代理的有关规定，由各级政府人事部门所属的人才服务机构，组织进行相应的评议推荐、呈报以及核准公布等工作。

第二十六条 评审会议结束以后，凡经评审委员会评审表决未通过的人员，当年度一律不得再重新召开会议对其进行复议，也不得再改报其他评审委员会评审。

第二十七条 本办法所称破格申报评审专业技术职务任职资格，是指分别突破相应专业技术职务条例（含试行条例）或等级标准规定的学历、资历和越级申报评审专业技术职务任职资格的，或突破其中任意两项，或三者皆被突破。

山东省人事厅关于印发《山东省高级专业技术资格考评制度暂行规定》的通知

（2003 年 6 月 10 日　鲁人发〔2003〕18 号）

各市人事局，省直各部门（单位），各大企业：

现将《山东省高级专业技术资格考评制度暂行规定》印发给你们，请遵照执行。

山东省高级专业技术资格考评制度暂行规定

第一章　总　则

第一条　为适应社会主义市场经济发展和人事制度改革的需要，保证客观、公正、公平、准确地评价高级专业技术资格，为用人单位科学、合理地使用人才提供服务，制定本规定。

第二条　高级专业技术资格考评制度，是指采取考试与评审相结合的评价方法，对申报高级专业技术资格人员的学术技术水平和业务工作能力，进行综合评价的制度。专业技术人员通过考评获取的高级专业技术资格，不兑现工资等待遇，是用人单位聘任高级专业技术职务的重要依据之一。

第三条　申报评审高级专业技术资格，必须从事专业技术工作，不受个人身份、单位性质、岗位职数等因素限制。国家通过制定标准条件，进行宏观控制。

第四条　省人事厅根据国家部署或我省实际，按照“先行试点，逐步展开”的原则，确定实行高级专业技术资格考评制度的系列和专业。

第五条 实行高级专业技术资格考评制度的系列和专业必须符合下列条件：

（一）学术性或技术性或专业性强，具有可比性；

（二）可以制定明确、具体的量化评审条件；

（三）岗位职责任务清楚、明确，不易混岗；

（四）中、初级专业技术资格已实行全国或全省统一考试。

第二章 考 试

第六条 高级专业技术资格考试，实行统一大纲、统一命题、统一组织的考试制度。考试办法由省人事厅和实行考评制度的系列（专业）的业务主管部门共同制定并组织实施。考试工作原则上每年举行一次。

第七条 省人事厅会同业务主管部门制定报考条件，作为报名参加考试的依据。符合报考条件的，由本人提出申请并提供（填写）有关材料，经单位审查（属省直单位的，由其主管部门审核并汇总；设区的市以下单位的，由市人事局会同业务主管部门审核并汇总）后，按规定时间到指定地点报名。省业务主管部门对所有报考人员进行资格审核，经审核合格的，发给《准考证》。

第八条 业务主管部门负责拟定考试科目、考试大纲、编写培训教材和命题工作，统一规划并组织或委托组织考前培训等工作。

第九条 省人事厅负责审定考试科目、考试大纲和试题，会同业务主管部门对考试进行检查、监督和指导。

第十条 具体考务工作委托有关机构组织实施。考试合格者，由相应业务主管部门颁发《合格证书》。该证书 2 年内有效。

第三章　评　审

第十一条　省人事厅会同有关业务主管部门制定符合我省实际的高级专业技术资格申报、评审条件，作为申报和评价专业技术人员是否具备相应高级专业技术资格的标准。

第十二条　申报评审高级专业技术资格的人员，必须持有有效期内的考试《合格证书》。申报评审的基本程序如下：

（一）符合申报条件的专业技术人员提出申请，并填写、提供有关材料、证书等；

（二）单位组织民主评议，并对有关材料进行审查；

（三）主管部门审核；

（四）设区的市人事局会同业务主管部门或省直部门汇总呈报；

（五）相应专业技术资格高级评审委员会评审，并将评审通过人员按原呈报渠道反馈到本人所在单位公示；

（六）省人事厅核准公布评审结果。

第十三条　省人事厅负责组建专业技术资格高级评审委员会，按照颁布的有关标准条件和规定程序对申请人学术技术水平、业务工作能力等进行综合评价。评委会的执行委员一般为11至35人（不等于3的倍数），设主任委员1人、副主任委员1至3人。评委会执行委员每年调整一次，调整数量应占上年度评委会执行委员总数的三分之一以上。执行委员连续参加评审会议一般不超过三次。

评委会的日常工作，委托相应业务主管部门或社会中介服务机构承担。

第十四条　评委会评审通过者，经异议期公示无异议的，由省人事厅核准公布，并发给《高级专业技术资格证书》。

第四章 监 督

第十五条 对违反评审程序和规定的评审委员会或执行委员，省人事厅视情况停止其工作，宣布评审结果无效，直至收回评审权或取消评委资格。

第十六条 对伪造学历、资历或考试作弊或以虚假和不正当手段骗取《高级专业技术资格证书》的人员，取消其资格，收回证书。

第十七条 对违反规定程序及弄虚作假、营私舞弊的直接责任人及其有关部门（单位）和相关责任人员，按照省纪委、省监察厅和省人事厅制发的《关于处理专业技术职务评聘工作中违反政策纪律问题的暂行规定》，予以严肃处理。

第五章 附 则

第十八条 国家统一组织高级专业技术资格考评的系列（专业），其考评办法、考试合格证有效期等，按照国家的规定执行。

第十九条 高级专业技术资格的考试和评审可分别按物价部门审批的收费标准合理收费。

山东省人事厅关于印发《山东省高级专业技术职务任职资格破格申报指导条件（试行）》的通知

（2005年6月21日　鲁人发〔2005〕15号）

各市人事局，省直各部门（单位），各大企业，各高等院校：

现将《山东省高级专业技术职务任职资格破格申报指导条件（试行）》印发给你们，请认真执行。本指导条件是破格申报的基准条件，人才比较集中的系列（专业），评审委员会评审时，可在本指导条件的基础上从严掌握，或提出高于本标准的破格申报条件，经省人事厅审定后印发执行。中级专业技术职务任职资格破格申报条件，由各市人事局或省直部门参照本指导条件确定，并报省人事厅备案。本指导条件印发后，鲁人职〔1999〕11号文件及其他与本指导条件不一致的规定不再执行。

山东省高级专业技术职务任职资格破格申报指导条件（试行）

为贯彻落实科学的人才观，不拘一格选拔人才，引导专业技术人员刻苦攻关，勇于创新，为经济和社会发展多做贡献，在职称评审中，对不具备规定学历或任职资历，但确有真才实学，任现职以来业绩显著、贡献突出的专业技术人员，允许破格申报高级专业技术职务任职资格。破格申报需同时具备下列条件：

一、基本条件

（一）符合专业技术职务试行条例规定的政治条件，任现职以来，各年度考核均为合格（或称职）以上，其中至少有两年度考核为优秀。

（二）一般需任下一级专业技术职务满三年以上。

（三）取得符合规定的外语、计算机考试成绩。

二、破格申报正高级专业技术职务任职资格业务条件

具备下列（一）、（三）或（二）、（三）条件（同一获奖项目、获奖论文或著作按一项计算）的副高级专业技术职务人员可破格申报正高级专业技术职务任职资格：

（一）承担国家级项目（课题），并已经省级以上业务主管部门组织同行专家鉴定，其成果具有国内先进水平；或者已经省级以上业务主管部门组织同行专家鉴定，在管理、应用技术推广（包括专利成果推广应用）中取得显著的经济效益或社会效益，或其教学、科研成果在全省推广。

（二）获国家科学技术奖的主要完成人；或者获省、部级科学技术二等奖以上及相当奖励项目的主要完成人；或者获省社会科学成果二等奖以上的主要完成人；或者获两项以上国家专利（至少有一项发明专利），并在实践中推广应用。

（三）在中央和国家机关各部委主办具有国内统一刊号公开发行的专业报刊上发表本专业有较高学术价值的论文三篇以上（独立完成或第一作者，每篇 3000 字以上）；或者公开出版由本人撰写的本专业有较高学术价值的两部以上专著或译著；或者从事文化艺术、文学创作工作，在省级以上专业报刊、出版社发表、出版了 80 万字以上的文学作品，且作品在国内有重大影响，受到文学艺术界的高度评价。

三、破格申报副高级专业技术职务任职资格业务条件

具备下列（一）、（三）或（二）、（三）条件（同一获奖项目、获奖论文或著作按一项计算）的中级专业技术职务人员可破格申报副高级专业技术职务任职资格，其中获得设区的市政府或省级以上政府人事部门与业务主管部门联合表彰的，符合下列条件之一的也可破格申报。

（一）承担省级项目（课题），并已经省级业务主管部门组织同行专家鉴定，其成果具有省内先进水平；或者已经省级业务主管部门组织同行专家鉴定，在管理、应用技术推广（包括专利成果推广应用）中取得较好的经济效益或社会效益，或其教学、科研成果在全省或设区的市范围内推广。

（二）获省、部级科学技术三等奖以上及相当奖励项目的主要完成人；或者获省社会科学成果三等奖以上的主要完成人；或者教学、科研成果获省政府业务主管部门或设区的市政府组织评审的二等奖（或三等奖两项）以上的主要完成人；或者获两项以上国家专利，其中至少一项在实践中推广应用。

（三）在省级以上业务部门主办具有国内统一刊号公开发行的专业报刊上发表本专业有较高学术价值的论文三篇以上（独立完成或第一作者，3000 字以上）；或者公开出版由本人撰写的本专业有较高学术价值的一部以上专著或译著；或者主持编写大型系列国家或部颁标准及规范；或者主持编写在省以上范围通用的教材（理工、农林、医学、体育类教材本人撰写部分不少于15 万字，文史、财经、政法、管理、艺术类教材本人撰写部分不少于 20 万字）；或者从事文化艺术、文学创作工作，在省级以上专业报刊、出版社发表、出版了 50 万字以上的文学作品，且作品在省内有重大影响，受到文学艺术界的较高评价。

山东省人事厅 省建设厅关于印发《二级建造师执业资格考试实施办法》和《二级建造师执业资格考核认定办法》的通知

（2004年8月3日 鲁人发〔2004〕29号）

各市人事局、建委（建设局），省直各部门（单位），各大企业，各高等院校，中央驻鲁单位：

根据人事部、建设部《建造师执业资格制度暂行规定》（人发〔2002〕111号）和省人事厅、建设厅《关于实施建造师执业资格制度有关问题的通知》（鲁人发〔2003〕1号）规定，现将《山东省二级建造师执业资格考试实施办法》和《山东省二级建造师执业资格考核认定办法》印发给你们，请遵照执行。

山东省二级建造师执业资格考试实施办法

第一条 根据人事部、建设部《建造师执业资格制度暂行规定》（人发〔2002〕111号，以下简称《暂行规定》）和省人事厅、建设厅《关于实施建造师执业资格制度有关问题的通知》（鲁人发〔2003〕1号），为做好二级建造师执业资格考试工作，制定本办法。

第二条 山东省人事厅、建设厅共同负责二级建造师执业资格制度政策制定和考试的组织实施。并根据全国统一的二级建造师执业资格考试大纲，做好考试命题工作。

省人事厅负责我省二级建造师执业资格的考试组织，对考试合格人员颁发人事部、建设部统一格式的《中华人民共和国二级建造师执业资格证书》，对二级建造师执业资格的注册和使用情况进行检查、监督。二级建造师执业资格考试的考务工作，由省人事考试中心承担。

省建设厅负责考试合格人员的注册和注册后的继续教育工作。

第三条 二级建造师执业资格考试时间定于每年的第二季度。

第四条 二级建造师执业资格考试设《建设工程施工管理》《建设工程法规及相关知识》、《专业工程管理与实务》3个科目。《专业工程管理与实务》科目分为：房屋建筑、公路、水利水电、电力、矿山、冶炼、石油化工、市政公用、机电安装和装饰装修10个专业类别。考生在报名时可根据实际所从事工作选择其一。

第五条 二级建造师执业资格考试分3个半天，以纸笔作答方式进行。《建设工程施工管理》、《建设工程法规及相关知识》及《专业工程管理与实务》科目的考试时间均为3个小时。

第六条 凡遵守国家法律、法规，具备工程类或工程经济类中等专科以上学历并从事建设工程项目施工与管理工作满2年，可报名参加二级建造师考试。

第七条 符合《暂行规定》有关报名条件，在2003年月12月31日前取得建设部颁发的《建筑业企业一、二级项目经理资质证书》，并符合下列条件之一的人员，可免试《建设工程施工管理》科目，只参加《建设工程法规及相关知识》和《专业工程管理与实务》2个科目的考试：

（一）受聘担任工程或工程经济类中级及以上专业技术职务的。

（二）具有工程或工程经济类大学专科以上学历并从事建设项目施工管理工作满15年的。

第八条 已取得二级建造师执业资格证书的人员，也可根据实际工作需要，选择《专业工程管理与实务》科目的相应专业，报名参加考试。考试合格后核发全国统一印制的相应专业合格证明。该证明作为注册时增加执业专业类别的依据。

第九条 考试成绩实行两年为一个周期的滚动管理办法，参加全部3个科目考试的人员必须在连续的两个考试年度内通过全部科目；免试部分科目的人员必须在一个考试年度内通过应试科目。

第十条 二级建造师执业资格考试的考点由人事厅、建设厅共同确定。原则上在设区的市大、中专院校或高考定点学校。

第十一条 参加考试由本人提出申请，携带所在单位出具的有关证明及相关材料到当地主管部门指定的地点报名，经市人事、建设行政部门审核汇总，上报省人事厅、建设厅，形成的数据库软盘报省人事考试中心。经省人事厅、建设厅资格审查同意后方能参加考试。考生凭准考证在指定的时间、地点参加考试。中央驻鲁单位人员按属地原则报名参加考试。具体报名考试等考务工作另行通知。

第十二条 二级建造师执业资格考试实行全国统一大纲。任何单位和个人不得盗用建设厅或以参与有关建造师工作的专家和人员的名义编写、出版、发行各种考试用书和复习资料。

第十三条 按照考试与培训分开、应考人员自愿参加培训的原则。凡参与考试工作的人员，不得参加考试和与考试有关的培训工作。

第十四条 二级建造师执业资格考试、培训及有关项目的收费标准，按有关部门规定执行。

第十五条 二级建造师执业资格考试考务管理工作要严格执行考试工作的有关规章和制度，遵守保密制度，严防泄密，切实做好试卷的命制、印刷、发送和保管过程中的保密工作。

第十六条 加强对考试工作的组织管理，认真执行考试回避制度，严肃考试工作纪律和考场纪律。对弄虚作假等违反考试工作规定的，要依法处理，并追究当事人和有关领导的责任。

附件：二级建造师执业资格考试报名申请表

（附件本书略）

山东省二级建造师执业资格考核认定办法

根据人事部、建设部《建造师执业资格制度暂行规定》（人发〔2002〕111号），建设部《二级建造师执业资格考核认定指导意见》（建市〔2004〕85号），结合我省实际情况，制定本办法。

一、考核认定组织

山东省人事厅、建设厅共同负责二级建造师执业资格的考核认定工作。

二、考核认定申报条件

长期从事建设工程总承包及施工管理工作，业绩突出，无工程质量责任事故，职业道德行为良好，身体健康，并符合下列条件的在职在编人员。

受聘为工程或工程经济类中级及以上专业技术职务，取得建筑业企业二级及以上项目经理资质证书或全国工程总承包项目经理培训证书，现担任工程总承包或施工项目经理，并同时具备条件（一）和条件（二）中的各一项条件，或者具备条件（三）中的三项条件。

（一）学历和职业年限

1. 取得工程或工程经济类专业（见附表1，下同）中专学历，累计从事建设工程项目管理或施工管理工作满20年；或取得其他专业（见附件1，下同）中专学历，累计从事建设工程项目管理或施工管理工作满23年。

2. 取得工程或工程经济专业大学专科学历，累计从事建设工程项目管理或施工管理工作满15年；或取得其他专业大学专科学历，累计从事建设工程项目管理或施工管理工作满18年。

3. 取得工程或工程经济专业大学本科学历或学士学位，累计从事建设工程项目管理或施工管理工作满10年；或取得其他专业大学本科学历或学士学位，累计从事建设工程项目管理或施工管理工作满13年。

4. 取得工程或工程经济专业研究生学历或硕士学位，累计从事建设工程项目管理或施工管理工作满5年；或取得其他专业研究生学历或硕士学位，累计从事建设工程项目管理或施工管理工作满8年。

（二）业绩

1. 主持完成中型工程（标准见附件2）工程总承包1项。

2. 主持完成大型工程（标准见附件3）施工总承包1项。

3. 主持完成中型工程施工总承包2项。

4. 主持完成中型工程施工总承包1项和大型工程施工承包1项。

5. 主持完成中型工程施工总承包1项和中型工程施工承包2项。

6. 主持完成大型工程施工承包2项。

7. 主持完成大型工程施工承包1项和中型工程施工承包2项。

8. 主持完成中型工程施工承包4项。

9. 已发布实施的国家、行业或地方工程建设标准的主要编写人员。

（三）同时具备以下条件

1. 从事建设工程项目施工管理工作满25年。

2. 具备条件（二）中的1项条件。

3. 主持完成的工程曾获市级以上奖项（附件4）。

三、考核认定申报材料

（一）各设区的市人事、建设行政主管部门，中央驻鲁单位主管部门的人事部门出具推荐意见函。

（二）《二级建造师执业资格考核认定申报表》（附件5）一式2份。

（三）学历或学位证书、工程或工程经济类中级及以上专业技术职务资格及聘任证书、全国工程总承包项目经理培训证书、二级及以上项目经理资质证书和已发布实施的国家、行业或地方工程建设标准主要编写人员证明等原件及复印件。

（四）所在单位出具的职业道德证明，项目经理任职、在岗证明，建设工程施工合同、工程验收证明原件及复印件。

（五）二级建造师执业资格考核认定申报人员排序表（附件6）。

（六）各设区的市、省直主管部门、中央驻鲁单位提供《二级建造师执业资格考核认定人员汇总表》（附件7）及软盘。

四、考核认定程序

（一）符合考核认定条件的省内所属企业的申请人，向所在单位提出申请，经单位审核同意后，由所在单位向单位工商注册所在地人事、建设行政部门或省直单位主管部门推荐申报。

中央驻鲁单位的申请人向所在单位提出申请，经单位审查同意后，报上级主管部门审核同意后，提出推荐名单，由单位按属地原则推荐申报。

（二）各设区的市人事、建设行政部门和省直主管部门（单位），审核汇总申报材料，提出推荐名单，连同申报材料一并报省建设厅执业资格注册中心。

在申报中，涉及交通、水利专业的业绩材料，由设区的市人事、建设行政部门或省直主管部门会同同级相应专业行政主管部门，提出初审意见后上报。全省涉及交通、水利专业的业绩材料，由省人事厅、建设厅会同省级相应专业行政主管部门提出审核意见。

（三）省人事厅、省建设厅组织有关专家对申报材料进行审核，审核认定合格人员名单在山东省人事信息网（www. sdrs. gov. cn）和山东省建设厅执业资格注册中心网站（www. ljzc. net）进行公示15天，接受社会监督。公示无异议后，批准、公布山东省二级建造师执业资格考核认定合格人员名单。

实施二级建造师执业资格考试后不再进行认定工作。

五、申报时间及要求

（一）考核认定材料务于9月17日前上报，考核认定工作于9月30日前结束。

（二）我省对考核认定人员实行总量控制。各市及省直有关部门应推荐具备申报条件且在第一线从事工程总承包和施工管理工作的专业技术人员。

（三）已通过特许或考核认定的方式取得其他专业执业资格证书和在公务员岗位工作的人员，一律不得申报。

六、组织领导

各市及省直有关部门（单位）要切实加强领导，坚持标准，严格要求，认真按程序做好申报、审核、复核等各环节工作。凡不认真把关或弄虚作假的，一经发现，停止其申报权和取消个人申报资格，并追究当事人和领导责任。

附件：1. 专业对照表

2. 各专业中型工程标准一览表

3. 各专业大型工程标准一览表

4. 施工工程市级以上奖项名称一览表

5. 二级建造师执业资格考核认定申报表

6. 二级建造师执业资格考核认定人员排序表

7. 二级建造师执业资格考核认定人员汇总表

（附件本书略）

山东省人事厅关于印发新闻专业和高等学校教师高级专业技术职务任职资格破格申报指导条件的通知

（2005年9月6日　鲁人发〔2005〕18号）

各市人事局，省直各部门（单位），各大企业，各高等院校：

《山东省高级专业技术职务任职资格破格申报指导条件（试行）》（鲁人发〔2005〕15号）下发后，根据有关部门和部分专业技术人员的建议，会同省委宣传部、省教育厅又对部分系列（专业）进行了调查研究，在上述标准的基础上，提出了更具行业（专业）特点和针对性的破格申报条件。现将《山东省新闻专业高级专业技术职务任职资格破格申报指导条件（试行）》和《山东省高等学校教师高级专业技术职务任职资格破格申报指导条件（试行）》印发给你们，请遵照执行。

山东省新闻专业高级专业技术职务任职资格破格申报指导条件（试行）

根据《山东省高级专业技术职务任职资格破格申报指导条件（试行）》（鲁人发〔2005〕15号）规定，为贯彻落实科学的人才观，鼓励、引导广大新闻工作者更好地履行职责，积极创新，多做贡献，在职称评审中，对不具备规定学历或任职资历，但确有真才实学，任现职以来业绩显著、贡献突出的新闻工作者，允许破格申报新闻专业高级专业技术职务任职资格。现结合我省新闻业务特点，提出《山东省新闻专业高级专业技术职务任职资格破格申报指导条件（试行）》。破格申报须同时具备下列条件：

一、基本条件

（一）符合专业技术职务试行条例规定的政治条件，任现职以来，各年度考核均为合格（或称职）以上，其中至少有2年度考核为优秀。

（二）一般需任下一级专业技术职务满3年以上。

（三）取得符合规定的外语、计算机考试成绩。

二、破格申报正高级专业技术职务任职资格业务条件

同时具备下列条件（同一获奖项目、获奖论文或著作按1项计算）的副高级专业技术职务人员可破格申报正高级专业技术职务任职资格。

（一）新闻作品经省级以上业务机构组织同行专家评定，在国内具有较高的学术价值，取得了显著的社会效益。

（二）获全国优秀新闻工作者荣誉称号（含范长江新闻奖、韬奋新闻奖、全国百佳新闻工作者奖）；或者获泰山新闻奖；或者个人采写、编发的作品，获中国新闻奖一等奖1次或二等奖2次以上；或者获山东新闻奖一等奖3次或二等奖5次以上。

（三）个人独立完成或作为第一作者撰写的论文，获中国新闻论文奖一、二等奖2次以上；或者获山东新闻奖新闻论文奖一、二等奖3次以上；或者在中央和国家机关各部委主办具有国内统一刊号公开发行的专业报刊上，发表新闻专业有较高学术价值的论文3篇以上（每篇3000字以上）。或者公开出版由本人撰写的新闻专业有较高学术价值的2部以上专著或译著，受到新闻界的高度评价。

三、破格申报副高级专业技术职务任职资格业务条件

同时具备下列条件（同一获奖项目、获奖论文或著作按1项计算）的中级专业技术职务人员可破格申报副高级专业技术职务任职资格，其中获得省级以上政府人事部门与业务主管部门联合表彰的，符合下列条件之一的也可破格申报。

（一）新闻作品经省级以上业务机构组织同行专家评定，在省内具有较高的学术价值，取得了显著的社会效益。

（二）获全国优秀新闻工作者荣誉称号（含范长江新闻奖、韬奋新闻奖、全国百佳新闻工作者奖）；或者获泰山新闻奖；或者个人采写、编发的作品，获中国新闻奖一等奖1次或二、三等奖2次以上；或者获山东新闻奖一等奖2次或二、三等奖5次以上。

（三）个人独立完成或作为第一作者撰写的论文，获中国新闻论文奖一、二等奖1次以上；或者获山东新闻奖新闻论文奖一、二等奖2次以上；或者在省级以上业务部门主办具有国内统一刊号公开发行的专业报刊上，发表新闻专业有较高学术价值的论文3篇以上（每篇3000字以上）。或者公开出版由本人撰写的新闻专业有较高学术价值的1部以上专著或译著，受到新闻界的较高评价。

山东省高等学校教师高级专业技术职务任职资格破格申报指导条件（试行）

根据《山东省高级专业技术职务任职资格破格申报指导条件（试行）》（鲁人发〔2005〕15号）规定，为贯彻落实科学的人才观，鼓励、引导广大教师更好地履行职责，积极开展教育创新，为教育改革和发展多做贡献，在职称评审中，对不具备规定学历或任职资历，但确有真才实学，任现职以来业绩显著、贡献突出的高等学校教师，允许破格申报高等学校教师高级专业技术职务任职资格。现结合我省高等学校教师职业特点，提出《山东省高等学校教师高级专业技术职务任职资格破格申报指导条件（试行）》。破格申报须同时具备下列条件：

一、基本条件

（一）符合专业技术职务试行条例规定的政治条件，任现职以来，各年度考核均为合格（或称职）以上，其中至少有 2 个年度考核为优秀。

（二）必须完成规定的教学工作量，教学评价优秀。

（三）破格申报教授的，须取得博士学位满 2 年以上或者任副教授职务满 3 年以上。破格申报副教授的，须任讲师职务满 3 年以上。

（四）职称外语考试成绩达到全国通用标准或取得合格证；取得全国专业技术人员计算机应用能力考试合格证。

二、破格申报教授职务任职资格科研条件

具有较强的科研能力，任副教授职务以来具备下列（一）（三）或（二）、（三）条件（同一获奖项目、获奖论文或著作按 1 项计算）的人员，可破格申报教授职务任职资格：

（一）主持国家级项目（课题），并已经省级以上业务主管部门组织同行专家鉴定，其成果具有国内先进水平；或者已经省级以上业务主管部门组织同行专家鉴定，在管理、应用技术推广（包括专利成果推广应用）中取得显著的经济效益或社会效益，或其教学、科研成果在全省推广。

（二）获国家科学技术奖的主要完成人（等级内额定人员，下同）；或者获国家级教学成果奖的主要完成人；或者获省部级科学技术二等奖以上的主要完成人；或者获省社会科学成果二等奖以上的主要完成人；或者获省级教学成果奖二等奖以上的主要完成人；或者获 2 项以上国家专利（至少有 1 项发明专利，独立完成或首位完成人员），并在实践中推广应用。

（三）在中央和国家机关各部委主办具有国内统一刊号公开发行的专业报刊上或国外重要专业学术报刊上发表本专业有较高学术价值的论文 3 篇以上（独立完成或第一作者，每篇 3000 字以上），其中必须有 3 篇以上论文被 SCI、EI 收录、或被《新华文摘》摘编、或在 CSSCI 收录的期刊上发表；或者公开出版由本人撰写的本专业有较高学术价值的 2 部以上专著或译著。

三、破格申报副教授职务任职资格科研条件

具有较强的科研能力，任讲师职务以来具备下列（一）（三）或（二）、（三）条件（同一获奖项目、获奖论文或著作按1项计算）的人员，可破格申报副教授职务任职资格，其中获得设区的市政府或省级以上政府人事部门与业务主管部门联合表彰的，符合下列条件之一的也可破格申报。

（一）承担国家级（前5位）或省部级（前3位）以上项目（课题），并已经省级以上业务主管部门组织同行专家鉴定，其成果具有国内先进水平；或者已经省级以上业务主管部门组织同行专家鉴定，在管理、应用技术推广（包括专利成果推广应用）中取得显著的经济效益或社会效益，或其教学、科研成果在全省推广。

（二）获国家科学技术奖、国家级教学成果奖、省部级科学技术三等奖以上、省社会科学成果三等奖以上或省级教学成果三等奖以上奖励项目，至少1项的主要完成人（以上奖励项目的主要完成人均为等级内额定人员）；或者获2项以上国家专利（独立完成或首位完成人员），其中至少1项国家发明专利在实践中推广应用。

（三）在省级以上业务部门主办具有国内统一刊号公开发行的专业报刊上或国外重要专业学术报刊上发表本专业有较高学术价值的论文3篇以上（独立完成或第一作者，3000字以上），其中必须有1篇以上论文被SCI、EI收录、或被《新华文摘》摘编、或在CSSCI收录的期刊上发表；或公开出版由本人撰写的本专业有较高学术价值的1部以上专著或译著；或者主持编写在省以上范围通用的教材（理工、农林、医学、体育类教材本人撰写部分不少于15万字，文史、财经、政法、管理、艺术类教材本人撰写部分不少于20万字）。

山东省人事厅关于海外留学回国等部分专业技术人员申报专业技术资格免于外语和计算机应用能力考试的通知

（2006年3月7日　鲁人发〔2006〕7号）

各市人事局，省直各部门（单位），各大企业，各高等院校：

为加强专业技术人才队伍建设，经研究决定，自2006年起，对海外留学回国等部分专业技术人员申报专业技术资格免于外语、计算机应用能力考试。现将有关事项通知如下：

一、符合下列条件之一的专业技术人员申报专业技术资格时，可免于外语、计算机应用能力考试：

（一）取得经国务院教育行政部门认可的博士学位的海外留学回国人员，或在国内取得博士学位的人员。

（二）国家有突出贡献的中青年专家、享受国务院政府特殊津贴人员、入选国家“百千万人才工程”国家级人选，受省（市、自治区）政府表彰的有突出贡献的中青年专家和享受省（市、自治区）政府特殊津贴人员。

二、符合下列条件之一的专业技术人员申报专业技术资格时，可免于外语考试：

（一）取得经国务院教育行政部门认可的硕士学位的海外留学回国人员。

（二）通过国家组织的全国外语水平考试（WSK）或全国出国培训备选人员外语考试（BFT），在国外执行访问学者或出国培训任务1年以上的人员。

三、符合免试条件的人员，于每年5月份填写《山东省海外留学回国等部分专业技术人员申报专业技术资格免于外语和计算机应用能力考试审核表》（见附件1），经单位和主管部门审查核实，市以下单位的报市人事局审核，报省人事厅备案；省直单位的报省人事厅审核。各市人事局或省直主管部门（单位）人事处于每年7月底前将汇总的《山东省海外留学回国等部分专业技术人员申报专业技术资格免于外语和计算机应用能力考试备案表》（附件2）报省人事厅备案。

四、对海外留学回国等部分专业技术人员申报专业技术资格免于外语、计算机应用能力考试，有利于吸引、聚集和培养高层次专业技术人才，各市人事局、省直各部门（单位），要认真执行政策规定，切实做好服务工作，为专业技术人才干事创业创造良好的环境。

附件：1. 山东省海外留学回国等部分专业技术人员申报专业技术资格免于外语和计算机应用能力考试审核表

2. 山东省海外留学回国等部分专业技术人员申报专业技术资格免于外语和计算机应用能力考试备案表

（附件本书略）

山东省人事厅关于完善职称外语考试有关问题的通知

（2007年4月24日　鲁人发〔2007〕19号）

各市人事局，省直各部门（单位），各大企业，各高等院校：

根据人事部《关于完善职称外语考试有关问题的通知》（国人部发〔2007〕37号）要求，现结合我省实际，就完善专业技术人员职称外语考试有关问题通知如下：

一、坚持严格要求，不断加强专业技术人员外语能力建设

外语是专业技术人员学习国外先进知识和技术，开展对外学术技术交流的重要工具。在科技飞速发展和经济全球化的新形势下，国际交流日益频繁，我国与世界的联系更加密切，外语越来越成为专业技术人员能力建设的重要方面，提高专业技术人员外语水平仍是一项长期任务。要按照各类专业技术职务试行条例的规定，继续坚持对职称外语的严格要求，引导广大专业技术人员不断提高外语能力，更好地学习国外先进知识和技术，加强对外学术技术交流。凡依据专业技术职务试行条例和本通知有关规定，须具备一定外语水平才能参加评聘相应专业技术职务的人员，均应坚持标准，按要求参加国家统一组织的职称外语考试。

二、区别对待，部分专业技术人员可不参加职称外语考试或放宽外语成绩要求

（一）经证明具有较高外语能力的下列人员可不参加职称外语考试：

1. 取得经国家教育行政部门认可的硕士以上学位的海外留学回国人员。

2. 通过国家组织的全国外语水平考试（WSK）或全国出国培训备选人员外语考试（BFT），在国外执行访问学者或出国培训任务1年以上的人员。

3. 申报副高级专业技术职务资格时职称外语考试成绩达到国家通用标准或取得合格证书，申报正高级需再次参加同一级别考试的人员。

4. 独立出版过外文专著、译著的人员。

5. 取得博士学位的人员。

（二）符合下列条件之一的可不参加职称外语考试：

1. 入选“百千万人才工程”国家级人选、享受国务院或省政府特殊津贴人员、国家或省有突出贡献的中青年专家。

2. 任现职以来，获得省级以上科学技术奖、教学成果奖、社会科学成果奖三等奖以上奖励项目，至少一项的主要完成人，或者获2项以上国家专利（其中至少一项发明专利）的独立完成人或首位完成人员。

3. 从事具有中国特色、民族传统的临床中医药（限医师、药师专业）、民族医药（限医师、药师专业）和工艺美术、古籍整理、历史时期考古等专业技术工作的人员。

4. 取得外语专业大专以上学历并从事外语专业工作，申报专业技术职务资格有第二外语要求的人员。

5. 申报各系列初级专业技术职务资格的人员。

6. 援藏、援疆或受政府派遣驻境外工作1年以上，在援助或境外工作期间申报专业技术职务资格的人员。

（三）符合下列条件之一的可放宽外语成绩要求：

1. 在乡镇以下基层单位从事专业技术工作，申报副高级、中级专业技术职务资格的人员。

2. 在设区的市以下单位，连续在野外从事农业、林业、水利、采矿、测绘、勘探、铁路施工、公路施工等专业技术工作15年以上申报副高级专业技术职务资格或连续在野外工作10年以上申报中级专业技术职务资格的人员。

3. 年满50周岁，且从事专业技术工作15年以上申报副高级专业技术职务资格或从事专业技术工作10年以上申报中级专业技术职务资格的人员。

（四）符合免于职称外语考试和放宽外语成绩要求条件的按下列程序审核确认：

符合不参加职称外语考试条件或放宽外语成绩要求的专业技术人员，申报中、高级专业技术职务资格的，于每年5月底前，由本人提出申请并填写《专业技术人员申报专业技术职务资格免于职称外语考试审核表》（附件1）或《专业技术人员申报专业技术职务资格放宽外语成绩要求审核表》（附件2），经本单位公示5个工作日后，按隶属关系审核确认。属于设区的市以下单位的，分别经单位、主管部门和县（市、区）政府人事行政部门审核后，由市人事局确认；省直部门所属单位的，由省直主管部门人事处审核确认；省直属事业单位、省属高等院校和省管企业的，由其人事管理机构审核确认。其中免于职称外语考试申报高级专业技术职务资格的，由各市人事局或省直主管部门（单位）汇总填写《专业技术人员申报专业技术职务资格免于职称外语考试备案表》（附件3），于每年8月底前报省人事厅备案。

三、职称外语考试成绩使用办法及相关问题

（一）人事部根据当年全国职称外语考试命题和考试情况，确定各语种、级别、类别的全国通用标准。达到全国通用标准的，外语考试成绩有效期至评审通过相应的专业技术职务资格为止。根据人事部规定，我省确定当年有效的使用标准。

（二）申报正高级专业技术职务资格的，外语考试成绩应达到全国通用标准。达到全省有效使用标准的，当年可申报副高级、中级专业技术职务资格。符合本通知规定的放宽外语成绩要求的人员，当年可在低于全省有效使用标准10分以内申报副高级、中级专业技术职务资格。

（三）本通知规定的职称外语考试政策只适用于申报评审专业技术职务资格，用人单位聘用时，可根据岗位需要，自主确定外语水平要求。

（四）外语考试语种、级别、类别等其他未尽事宜，仍按省人事厅《关于专业技术人员职称外语等级考试有关问题的通知》（鲁人发〔2001〕97号）规定执行。

（五）本通知自下发之日起，以前有关规定与本通知不一致的，均按本通知规定执行。

附件：1. 专业技术人员申报专业技术职务资格免于职称外语考试审核表

2. 专业技术人员申报专业技术职务资格放宽外语成绩要求审核表

3. 专业技术人员申报专业技术职务资格免于职称外语考试备案表

（附件本书略）

山东省人力资源和社会保障厅 省公安厅关于实施注册消防工程师制度有关问题的通知

（2013 年 5 月 7 日 鲁人社发〔2013〕22 号）

各市人力资源社会保障局、公安局，省直各部门（单位），各大企业，各高等院校：

根据人力资源社会保障部、公安部《关于印发注册消防工程师制度暂行规定和注册消防工程师资格考试实施办法及注册消防工程师资格考核认定办法的通知》（人社部发〔2012〕56 号）精神和省政府确定的部门职能分工，现将我省实施注册消防工程师制度有关问题通知如下：

一、省人力资源社会保障厅、省公安厅负责全省注册消防工程师制度的实施，对注册消防工程师资格考试、注册、继续教育、执业进行指导、监督和检查。

二、省人力资源社会保障厅负责全省注册消防工程师资格考试的组织，对一级注册消防工程师资格考试合格人员颁发人力资源社会保障部统一印制，人力资源社会保障部、公安部共同用印的《中华人民共和国一级注册消防工程师资格证书》，该证书在全国范围有效；对二级注册消防工程师资格考试合格人员颁发省人力资源社会保障厅和省公安厅共同用印的《中华人民共和国二级注册消防工程师资格证书》，该证书在本省内有效；对注册消防工程师资格的注册和使用情况进行检查、监督。注册消防工程师资格考试的报名、组织等考务工作，由省人事考试中心承担。收费许可按有关规定办理，收费标准经物价行政部门核准后向社会公布。

三、省公安厅负责取得资格证书人员注册管理，考前培训工作。

考前培训工作按照培训与考试分开、自愿参加的原则进行。

四、取得证书人员的继续教育工作根据人力资源社会保障部、公安部的规定和要求办理。

五、注册消防工程师资格考试的报名条件、证书注册管理等有关问题，按照人力资源社会保障部、公安部人社部发〔2012〕56号文件的规定执行。关于注册消防工程师资格考核认定的有关问题，另行通知。

六、有关注册消防工程师资格考试的考务工作，届时另行通知。

附件：人社部发〔2012〕56号

人力资源社会保障部、公安部关于印发《注册消防工程师制度暂行规定》和《注册消防工程师资格考试实施办法》及《注册消防工程师资格考核认定办法》的通知

各省、自治区、直辖市人力资源社会保障厅（局）、公安厅（局），国务院各部委、各直属机构人事部门，中央管理的企业：

根据《中华人民共和国消防法》有关规定，为提高社会消防安全专业化管理水平，保证消防安全技术服务质量，我们制定了《注册消防工程师制度暂行规定》、《注册消防工程师资格考试实施办法》和《注册消防工程师资格考核认定办法》。现印发给你们，请遵照执行。

附件：1. 消防工程相关专业新旧对照表

2. 一级注册消防工程师资格考核认定工作领导小组成员名单

3. 一级注册消防工程师资格考核认定申报表

（附件本书略）

注册消防工程师制度暂行规定

第一章 总 则

第一条 为提高消防专业技术人员能力和素质，加强消防专业技术人员队伍建设，保证消防安全技术服务与管理质量，根据《中华人民共和国消防法》和国家职业资格证书制度有关规定，制定本规定。

第二条 本规定适用于依据消防法律、法规有关规定，从事消防设施检测、消防安全监测等消防安全技术工作的专业技术人员。

第三条 国家对依法从事消防安全技术工作的专业技术人员，实行准入类职业资格制度，纳入全国专业技术人员职业资格证书制度统一规划。

第四条 本规定所称注册消防工程师，是指经考试取得相应级别注册消防工程师资格证书，并依法注册后，从事消防设施检测、消防安全监测等消防安全技术工作的专业技术人员。

第五条 注册消防工程师分为高级注册消防工程师、一级注册消防工程师和二级注册消防工程师。高级注册消防工程师评价办法另行制定。

一级注册消防工程师和二级注册消防工程师英文分别译为：

Level 1 Certified Fire Engineer

Level 2 Certified Fire Engineer

第六条 人力资源社会保障部、公安部共同负责注册消防工程师制度的政策制定，并按照职责分工对该制度的实施进行指导、监督和检查。

各省、自治区、直辖市人力资源社会保障行政主管部门和公安机关消防机构，按照职责分工负责本行政区域内注册消防工程师制度的实施与监督管理。

第二章 考 试

第七条 一级注册消防工程师资格实行全国统一大纲、统一命题、统一组织的考试制度。考试原则上每年举行一次。

第八条 公安部组织成立注册消防工程师资格考试专家委员会，负责拟定一级和二级注册消防工程师资格考试科目、考试大纲，组织一级注册消防工程师资格考试的命题工作，研究建立并管理考试试题库，提出一级注册消防工程师资格考试合格标准建议。

第九条 人力资源社会保障部组织专家审定一级和二级注册消防工程师资格考试科目、考试大纲和一级注册消防工程师资格考试试题，会同公安部确定一级注册消防工程师资格考试合格标准，并对考试工作进行指导、监督和检查。

第十条 省、自治区、直辖市人力资源社会保障行政主管部门会同公安机关消防机构，按照全国统一的考试大纲和相关规定组织实施二级注册消防工程师资格考试，并研究确定本地区二级注册消防工程师资格考试的合格标准。

第十一条 凡中华人民共和国公民，遵守国家法律、法规，恪守职业道德，并符合注册消防工程师资格考试报名条件之一的，均可申请参加相应级别注册消防工程师资格考试。

第十二条 一级注册消防工程师资格考试报名条件：

（一）取得消防工程专业大学专科学历，工作满6年，其中从事消防安全技术工作满4年；或者取得消防工程相关专业（见附件1，下同）大学专科学历，工作满7年，其中从事消防安全技术工作满5年。

（二）取得消防工程专业大学本科学历或者学位，工作满4年，其中从事消防安全技术工作满3年；或者取得消防工程相关专业大学本科学历，工作满5年，其中从事消防安全技术工作满4年。

（三）取得含消防工程专业在内的双学士学位或者研究生班毕业，工作满3年，其中从事消防安全技术工作满2年；或者取得消防工程相关专业在内的双学士学位或者研究生班毕业，工作满4年，其中从事消防安全技术工作满3年。

（四）取得消防工程专业硕士学历或者学位，工作满2年，其中从事消防安全技术工作满1年；或者取得消防工程相关专业硕士学历或者学位，工作满3年，其中从事消防安全技术工作满2年。

（五）取得消防工程专业博士学历或者学位，从事消防安全技术工作满1年；或者取得消防工程相关专业博士学历或者学位，从事消防安全技术工作满2年。

（六）取得其他专业相应学历或者学位的人员，其工作年限和从事消防安全技术工作年限均相应增加1年。

第十三条 二级注册消防工程师资格考试报名条件：

（一）取得消防工程专业中专学历，从事消防安全技术工作满3年；或者取得消防工程相关专业中专学历，从事消防安全技术工作满4年。

（二）取得消防工程专业大学专科学历，从事消防安全技术工作满2年；或者取得消防工程相关专业大学专科学历，从事消防安全技术工作满3年。

（三）取得消防工程专业大学本科学历或者学位，从事消防安全技术工作满1年；或者取得消防工程相关专业大学本科学历或者学位，从事消防安全技术工作满2年。

（四）取得其他专业相应学历或者学位的人员，其从事消防安全技术工作年限相应增加1年。

第十四条 一级注册消防工程师资格考试合格，由人力资源社会保障部、公安部委托省、自治区、直辖市人力资源社会保障行政主管部门，颁发人力资源社会保障部统一印制，人力资源社会保障部、公安部共同用印的《中华人民共和国一级注册消防工程师资格证书》。该证书在全国范围有效。

第十五条 二级注册消防工程师资格考试合格，由省、自治区、直辖市人力资源社会保障行政主管部门颁发，省级人力资源社会保障行政主管部门和公安机关消防机构共同用印的《中华人民共和国二级注册消防工程师资格证书》。该证书在所在行政区域内有效。

第十六条 对以不正当手段取得一级、二级注册消防工程师资格证书的，按照《专业技术人员资格考试违纪违规行为处理规定》（人力资源社会保障部令第12号）处理。

第三章 注 册

第十七条 国家对注册消防工程师资格实行注册执业管理制度。取得一级、二级注册消防工程师资格证书的人员，经注册方可以相应级别注册消防工程师名义执业。

第十八条 公安部消防局是一级注册消防工程师资格的注册审批部门。省、自治区、直辖市公安机关消防机构为二级注册消防工程师资格的注册审批部门，并负责一级注册消防工程师资格注册的初步审查工作。

第十九条 取得一级、二级注册消防工程师资格证书并申请注册的人员，应当受聘于一个经批准的消防技术服务机构或者消防安全重点单位，并通过聘用单位向本单位所在地（聘用单位属企业的，通过本企业向工商注册所在地）的公安机关消防机构提交注册申请材料。

第二十条 省、自治区、直辖市公安机关消防机构在收到申请人的注册申请材料后，对申请材料不齐全或者不符合法定形式的，应当当场或者在5个工作日内，一次性告知申请人需要补正的全部内容，逾期不告知的，自收到申请材料之日起即为受理。

对受理或者不予受理的注册申请，均应当出具加盖本级公安机关消防机构专用印章和注明日期的书面凭证。

第二十一条 省、自治区、直辖市公安机关消防机构自受理注册申请之日起20个工作日内，按规定条件和程序完成一级注册消防工程师资格注册申请材料的初步审查工作和二级注册消防工程师资格的注册审批工作，并将一级注册消防工程师资格注册申请材料和初步审查意见报公安部消防局审批。

公安部消防局应当自收到省级公安机关消防机构报送的申请材料和初步审查意见之日起，20个工作日内作出是否批准的决定。

在规定的期限内不能作出批准决定的，应当将延长的期限和理由告知申请人。对作出不予批准决定的，应当书面说明理由，并告知申请人享有依法申请行政复议或者提起行政诉讼的权利。

第二十二条 注册审批部门应当自作出批准决定之日起10个工作日内，颁发、送达相应级别的注册证。

第二十三条 注册证的每一注册有效期为3年。注册证在有效期内是相应级别注册消防工程师的执业凭证，由注册消防工程师本人保管、使用。

第二十四条 申请初始注册的，应当自取得一级、二级注册消防工程师资格证书之日起1年内提出申请。逾期申请初始注册时，须符合本规定继续教育要求。

初始注册、延续注册、变更注册、注销注册和不予注册等注册管理的具体办法，由公安部另行规定。

第二十五条 继续教育是注册消防工程师延续注册、重新注册和逾期初始注册的必备条件。在每个注册有效期内，各级别注册消防工程师应当按照规定完成相应的继续教育。

第二十六条 注册审批部门应当及时向社会公告注册消防工程师注册有关情况，建立注册消防工程师诚信档案，对其执业活动实行信用管理。

第二十七条 各级注册消防工程师资格的注册管理部门，应当严格执行《中华人民共和国行政许可法》有关规定。

第四章 执 业

第二十八条 注册消防工程师应当在一个经批准的消防技术服务机构或者消防安全重点单位，开展与该机构业务范围和本人资格级别相符的消防安全技术执业活动。

第二十九条 注册消防工程师的执业范围：

（一）一级注册消防工程师

1. 消防技术咨询与消防安全评估；

2. 消防安全管理与技术培训；

3. 消防设施检测与维护；

4. 消防安全监测与检查；

5. 火灾事故技术分析；

6. 公安部规定的其他消防安全技术工作。

（二）二级注册消防工程师

1. 除100米（含）以上公共建筑、大型的人员密集场所、大型的危险化学品单位外的火灾高危单位消防安全评估；

2. 除250米（含）以上高层公共建筑、大型的危险化学品单位外的消防安全管理；

3. 单体建筑面积4万平方米及以下建筑的消防设施检测与维护；

4. 消防安全监测与检查；

5. 省级公安机关规定的其他消防安全技术工作。

第三十条 注册消防工程师的能力要求：

（一）一级注册消防工程师

1. 熟悉国家消防法律、法规、规章及相关规定，具有较丰富的消防安全技术工作经验；

2. 了解国际消防相关标准和技术规范，及时掌握消防技术前沿发展动态，能够独立解决重大、复杂、疑难的消防安全技术问题；

3. 熟练运用消防相关技术标准、规范和手段，圆满完成执业范围内各项工作，所签署的消防安全技术咨询和评估、消防设施检测和维护等各类技术文件准确无误，所维护的消防设施完好有效；

4. 具有较强的消防技术课题研究能力，能够应用新技术成果，指导二级注册消防工程师工作。

（二）二级注册消防工程师

1. 熟悉国家消防法律、法规、规章及相关规定，具有一定的消防安全技术工作经验；

2. 熟练运用消防相关技术标准、规范和手段，及时发现和解决一般性消防安全技术问题；

3. 较好完成执业范围内各项工作，所签署的消防安全技术咨询和评估、消防设施检测和维护等各类技术文件真实、完整、准确，所维护的消防设施完好有效。

第三十一条 消防安全技术服务活动中形成的消防安全技术文件，应当由相应级别的注册消防工程师签字，并承担相应法律责任。

第五章 权利与义务

第三十二条 注册消防工程师享有下列权利：

（一）使用注册消防工程师称谓；

（二）在规定范围内从事消防安全技术执业活动；

（三）对违反相关法律、法规和技术标准的行为提出劝告，并向本级别注册审批部门或者上级主管部门报告；

（四）接受继续教育；

（五）获得与执业责任相应的劳动报酬；

（六）对侵犯本人权利的行为进行申诉。

第三十三条 注册消防工程师履行下列义务：

（一）遵守法律、法规和有关管理规定，恪守职业道德；

（二）执行消防法律、法规、规章及有关技术标准；

（三）履行岗位职责，保证消防安全技术执业活动质量，并承担相应责任；

（四）保守知悉的国家秘密和聘用单位的商业、技术秘密；

（五）不得允许他人以本人名义执业；

（六）不断更新知识，提高消防安全技术能力；

（七）完成注册管理部门交办的相关工作。

第六章 附 则

第三十四条 在注册消防工程师制度实施前长期从事消防安全技术工作，符合考核认定条件的人员，可以通过考核认定的办法取得注册消防工程师资格证书。

第三十五条 对通过考试取得相应级别注册消防工程师资格证书，且符合《工程技术人员职务试行条例》中工程师、助理工程师技术职务任职条件的人员，用人单位可根据工作需要择优聘任相应级别专业技术职务。其中，取得一级注册消防工程师资格证书可聘任工程师职务；取得二级注册消防工程师资格证书可聘任助理工程师职务。

第三十六条 通过考试取得的一级注册消防工程师资格，是消防安全监测、消防设施检测领域申请评定消防专业高级工程师职称的必备条件。

第三十七条 二级注册消防工程师资格注册执业的具体管理办法，由省级公安机关消防机构根据本规定和公安部相关要求制定，并报公安部消防局备案。

第三十八条 消防设施检测、消防安全监测等消防技术服务机构及消防安全重点单位，配备相应级别注册消防工程师的数量、注册消防工程师签字的文件种类、继续教育等注册执业的具体要求和管理办法，由公安部另行规定。

第三十九条 本规定自2013年1月1日起施行。

注册消防工程师资格考试实施办法

第一条 人力资源社会保障部、公安部共同委托人力资源社会保障部人事考试中心承担一级注册消防工程师资格考试的具体考务工作。

各省、自治区、直辖市人力资源社会保障行政主管部门和公安机关消防机构共同负责本地区的考试工作，具体职责分工由各地协商确定。

第二条 各省、自治区、直辖市人力资源社会保障行政主管部门和公安机关消防机构按照《注册消防工程师制度暂行规定》（以下简称《暂行规定》）和本办法有关要求组织实施二级注册消防工程师资格考试。

第三条 一级注册消防工程师资格考试设《消防安全技术实务》、《消防安全技术综合能力》和《消防安全案例分析》3个科目。

二级注册消防工程师资格考试设《消防安全技术综合能力》和《消防安全案例分析》2个科目。

第四条 一级注册消防工程师资格考试分3个半天进行。《消防安全技术实务》和《消防安全技术综合能力》科目的考试时间均为2.5小时，《消防安全案例分析》科目的考试时间为3小时。

考试成绩实行3年为一个周期的滚动管理办法，在连续的3个考试年度内参加应试科目的考试并合格，方可取得一级注册消防工程师资格证书。

第五条 二级注册消防工程师资格考试分2个半天进行。《消防安全技术综合能力》科目的考试时间为2.5小时，《消防安全案例分析》科目的考试时间为3小时。

考试成绩实行2年为一个周期的滚动管理办法，在连续的2个考试年度内参加应试科目的考试并合格，方可取得二级注册消防工程师资格证书。

第六条 符合《暂行规定》中一级注册消防工程师资格考试报名条件，并具备下列一项条件的，可免试《消防安全技术实务》科目，只参加《消防安全技术综合能力》和《消防安全案例分析》2个科目的考试。

（一）2011年12月31日前，评聘高级工程师技术职务的；

（二）通过全国统一考试取得一级注册建筑师资格证书，或者勘察设计各专业注册工程师资格证书的。

在连续的2个考试年度内参加上述科目考试并合格，可取得一级注册消防工程师资格证书。

第七条 参加考试由本人提出申请，按规定携带相关证明材料，到当地考试管理机构报名。考试管理机构按规定的程序和报名条件审核合格后，核发准考证。参加考试人员凭准考证和有效证件在指定的日期、时间和地点参加考试。

中央和国务院各部门及所属单位、中央管理企业的人员按属地原则报名参加考试。

第八条 考点原则上设在直辖市和省会城市的大、中专院校或者高考定点学校，如确需在其他城市设置考点，须经人力资源社会保障部和公安部批准。考试日期原则上为每年第四季度。

第九条 坚持考试与培训分开的原则。凡参与考试工作（包括命题、审题与组织管理等）的人员，不得参加考试，也不得参加或者举办与考试内容相关的培训工作，不得强迫应试人员参加与考试相关的培训。

第十条 考试管理部门和考务实施机构，应当严格执行考试工作的各项规章制度，遵守考试工作纪律，切实做好试卷命制、印刷、发送和保管过程中的保密工作，严防泄密。

第十一条 对违反考试工作纪律和有关规定的人员，按照《专业技术人员资格考试违纪违规行为处理规定》（人力资源社会保障部令第12号）处理。

一级注册消防工程师资格考核认定办法

一、考核认定申报条件

长期从事消防安全技术岗位工作，经验丰富，业绩突出，遵守国家各项法律法规，恪守职业道德，身体健康，2011年12月31日前评聘高级工程师技术职务，年龄在65周岁（含）以下，并符合下列条件（一）、条件（二）和条件（三）中各一项条件的在职（在编）在岗人员，可申请参加一级注册消防工程师资格的考核认定。

（一）学历与工作经历：

1. 取得消防工程专业博士学历或者学位，从事消防安全技术工作满5年；或者取得消防工程相关专业（见附件1，下同）博士学历或者学位，从事消防安全技术工作满7年。

2. 取得消防工程专业硕士学历或者学位，从事消防安全技术工作满8年；或者取得消防工程相关专业硕士学历或者学位，从事消防安全技术工作满10年。

3. 取得消防工程专业大学本科学历或者学位，从事消防安全技术工作满10年；或者取得消防工程相关专业大学本科学历或者学位，从事消防安全技术工作满12年。

4. 取得消防工程专业大学专科学历，从事消防安全技术工作满15年；或者取得消防工程相关专业大学专科学历，从事消防安全技术工作满17年。

5. 取得其他专业大学专科以上学历或者学位，从事消防安全技术工作年限相应再增加5年。

（二）技术能力与业绩成果：

1. 获得与消防技术相关的省（部）级及以上层级技术发明等奖项的主要技术负责人（排名前5名）；

2. 依法获得有关消防技术专利权的发明人或者设计人；

3. 担任项目负责人或者主要技术负责人，完成县级以上区域消防安全或者火灾风险评估项目不少于2个；

4. 担任项目负责人或者主要技术负责人，完成面积10万平方米及以上建筑的消防安全咨询、评估项目不少于5个；

5. 担任项目负责人或者主要技术负责人，完成单体建筑面积4万平方米以上建筑的消防设施检测与维护项目不少于15个。

（三）学术水平与研究能力：

1. 作为主要起草人（排名前8位），编写已颁布实施的行业及以上层级消防技术标准1项；

2. 在正式出版社出版过统一书号（ISBN）的消防技术相关专业著作（译著），本人独立撰写不少于2万字；或者参与编写已投入使用的消防技术相关专业书籍，本人独立撰写不少于6万字（对未注明作者撰写章节的不能作为研究成果）；

3. 在有国内统一刊号（CN）的核心类期刊上，或者在有国际统一书号（ISSN）的国外期刊上，发表独立完成的消防技术相关论文不少于3篇（每篇不少于2000字，下同）；

4. 在有国内统一刊号（CN）的非核心类期刊上，发表独立完成的消防技术相关论文不少于5篇；

5. 在省部级内部刊物上发表独立完成的消防技术咨询与评估报告、课题研究报告不少于7篇；或者在地市级消防技术刊物上发表独立完成的消防技术咨询与评估报告、课题研究报告不少于10篇。

二、考核认定组织

人力资源社会保障部、公安部共同成立“注册消防工程师资格考核认定工作领导小组”（以下简称“领导小组”，名单见附件2），全面负责一级注册消防工程师资格考核认定的组织领导工作。领导小组办公室设在公安部消防局。

三、考核认定申报材料

（一）省、自治区、直辖市人力资源社会保障行政主管部门，或者中央、国务院各部门所属单位及中央管理的企业（以简称中央单位）人事部门的推荐意见函。

（二）《一级注册消防工程师资格考核认定申报表》一式两份（样式见附件3）；

（三）学历或者学位证书、高级工程师技术职务聘书、技术（项目）负责人聘书、消防安全管理负责人任命文件、获奖证书、专利权文件、消防技术规范与技术标准、消防技术类专著（内容说明与首页）、消防技术论文、咨询报告与研究成果证明等相关材料的复印件；

（四）获奖者应附奖状、个人证书或者正式公布的获奖人名单等有效证明。对奖项未颁发证书或者未正式公布获奖人员名单的，应提供符合国家规定人数的单位申报奖项的人员名单、获奖主要文件的复印件，经单位负责人签字并加盖公章；

（五）所在单位出具的职业道德证明、获奖单位出具的主要项目（技术）负责人证明、已颁布实施的相应级别消防技术规范或者技术标准主要完成人证明。

四、考核认定程序

（一）符合考核认定条件的消防安全技术工作人员，可向所在单位提出申请，经单位审核同意后，由所在单位向单位所在地（聘用单位属于企业的向本单位工商注册所在地）的省、自治区、直辖市公安机关消防机构推荐。

中央单位的人员，由本部门、本企业人事部门统一向公安部消防局推荐。

（二）省、自治区、直辖市公安机关消防机构、中央单位消防业务管理机构，对本地区、本部门、本企业的申请人员材料进行审查，提出审查意见，并经本地区、本部门、本企业人力资源社会保障（人事）部门复审合格后，提出推荐人员名单送领导小组办公室审核。

（三）领导小组办公室组织有关专家对推荐人员材料进行审核，并将审核结果和拟认定人员材料，报领导小组复核。

（四）领导小组召开会议，对领导小组办公室的审核意见和申请人员材料进行复核。对复核合格的人员，由领导小组办公室进行为期10个工作日的公示。经公示无异议，由人力资源社会保障部、公安部批准后，向社会公布获得《中华人民共和国一级注册消防工程师资格证书》人员的名单。

对未通过考核认定的申请人，由领导小组办公室向其说明不通过的理由。

五、考核认定申报日期及要求

（一）各省、自治区、直辖市公安机关消防机构和人力资源社会保障行政主管部门，中央单位的消防业务管理机构及人事部门，应当对推荐人员材料进行认真审查和复审。于2013年5月31日前，完成审查和复审工作，签署审查和复审意见，并在《一级注册消防工程师资格考核认定申报表》相应栏目中加盖印章后，将全部申报人员的材料送领导小组办公室。

（二）各省、自治区、直辖市及中央单位，在审查、复审申报人员材料时，须核查各类证书及相关材料的原件。报送的各类证书等相关材料复印件，应当由所在单位人事部门负责人，对其真实性签署意见并加盖单位印章。

（三）各省、自治区、直辖市及中央单位，应当优先推荐符合申报条件、能力业绩突出、业内认可，且仍在消防安全技术一线岗位工作的专业技术人员。

（四）本办法印发前，已通过特许或者考核认定的方式取得其他专业职业（执业）资格证书、现在公务员岗位或者现役军人岗位工作、正在申报其他专业职业（执业）资格的考核认定和已办理离休、退休手续的人员，均不在申报范围。

因在消防安全技术工作中违法违纪或发生重大失误，受到刑事处罚或行政处罚的人员，一律不得申报。

（五）各省、自治区、直辖市及中央单位，要切实加强领导，坚持标准，严格要求，认真按程序做好申报、审查、复查等各环节工作。凡不认真把关或者弄虚作假的，一经发现，停止该地区或者单位的申报权和取消个人申报的资格，并依据相应法律和有关规定，对直接负责的主管人员和其他直接责任人员进行处理。

山东省人力资源和社会保障厅关于严格职称评审规定 严防滥用行政权力干预职称评审工作的通知

（2014 年 6 月 27 日　鲁人社字〔2014〕348 号）

各市人力资源社会保障局，省直各部门单位，各高等院校，省直属各大企业，各高评委办事机构：

根据中央和省委党的群众路线教育实践活动领导小组《关于开展“四风”突出问题专项整治和加强制度建设的通知》要求，为进一步严格职称评审工作，增强职称评审的权威性、公平性和公正性，经研究，决定对群众反映的滥用行政权力干预职称评审问题进行专项整治。现将有关事项通知如下：

一、高度重视职称评审工作，确保公平公正

职称评审是人才评价和选拔的重要手段，事关专业技术人才队伍建设和广大专业技术人员的切身利益。近几年来，我省各级人力资源社会保障部门、各评委会办事机构认真执行评审政策，坚持标准条件、严格评审程序，职称评审工作取得了明显成效。但在有的地方和部门、单位，也存在着滥用行政权力干预职称评审的现象，主要表现在：单位推荐人选不经专家委员会（学术委员会）推荐评议，由领导指定；推荐方案、岗位设置、推荐人员情况小范围公示或没有经过公示；“跑职称”“要名额”“递条子”“打招呼”等现象时有发生；行政管理人员占用专业技术人员岗位申报评审职称；党政领导担任评审委员会执行委员等，这些问题严重妨碍了评审的公正性和严肃性，影响了优秀人才的评价和选拔。因此，各市、各单位要高度重视，结合正在开展的党的群众路线教育实践活动，对工作中存在的滥用行政权力干预职称评审的问题逐项查摆，分析原因，制定整改措施，坚决遏制职称评审中滥用行政权力的不正之风，确保职称评审公开、公平、公正。

二、严格标准条件，坚持向一线和基层倾斜的政策导向

（一）严格标准条件。标准条件是评价的重要依据，国家和省制定的专业技术职务试行条例和评审标准条件，对各系列（专业）的任职条件、学历资历和职称外语、计算机要求都进行了明确规定，各市、各单位、各评委会要严格按照试行条例规定的系列（专业）范围和标准条件进行评审。对不具备规定学历或任职资历，但确有真才实学，任现职以来业绩显著、贡献突出的专业技术人员，严格执行《山东省高级专业技术职务任职资格破格申报指导条件》，规范操作破格申报高级专业技术职务任职资格工作。

（二）坚持向一线和基层倾斜的政策导向。充分发挥职称评审政策的导向作用，注重向基层、企业、非公有制单位倾斜，向一线专业技术人员倾斜。在职称申报推荐和评审中，坚持基层和一线的专业技术人员在同等条件下优先的原则，严格控制管理岗位兼职人员申报评审专业技术职务，通过职称评审政策的杠杆作用，引导广大专业技术人员扎根基层和企业，在一线建功立业。

三、严格申报推荐程序，确保公开透明

（一）严格申报推荐。申报评审专业技术职务资格，实行个人申报、民主评议推荐、单位审查、主管部门审核的办法。坚持专家委员会推荐评议制度，不得以党政领导指定代替专家推荐。单位组织推荐时，要成立 7 人以上在相应专业技术岗位上工作的人员组成的专家委员会（或学术委员会），对申报人的职业道德、工作态度、学术技术水平、工作能力和业绩贡献等进行综合评价，提出推荐名单。行政管理人员不得按专业技术人员岗位推荐申报职称，确因工作需要已批准在专业技术岗位上兼职的行政管理人员，申报评审职称时须提供《事业单位专业技术岗位兼职审批表》。

（二）坚持申报推荐公示和“六公开”制度。认真落实“六公开”监督卡制度，单位在评议推荐参评人员时，要公开专业技术岗位数量、任职条件、推荐办法、申报人述职、申报人评审材料、被推荐申报人员名单，接受广大专业技术人员监督。坚持申报推荐公示制度，推荐人选确定后，经公示5个工作日无异议后方可推荐上报，未经公示或有异议经调查核实情况属实的，不得上报。

四、严格评审程序，确保程序公平

（一）严格按规定组建评委会。各评委会办事机构要加强评委会成员信息库建设，评委会执行委员和备选委员由评委会成员信息库中随机产生。评审委员会执行委员每年调整一次，调整数量应占上年度评委会执行委员总数的三分之一以上，各评委会成员连续参加评审会议不得超过3次。党政领导干部一律不得担任各级评审委员会主任委员、执行委员或备选委员。授权组建的高级评审委员会，须有一定数量的异地（或其他高等学校、单位）专家评委。

（二）严格评审组织纪律。切实加强职称评审工作人员的监督管理，职称评审工作主管部门和评审委员会办事机构相关工作人员，不得泄露与评审有关的保密事项，不得向评委会执行委员“打招呼”“递条子”，干扰职称评审工作。评委会执行委员和专业（学科）评议组成员要秉持公平、公正原则，不得替参评人员“说情”“拉票”，搞不正当活动，在涉及评审其直系亲属时，应主动予以回避。

（三）坚持异议期公示制度。评审委员会评审通过人员实行异议期公示制度。评委会办事机构要将评审通过人员名单，反馈到原呈报部门和申报人员所在单位进行异议期公示，公示期为15天。群众对通过人选有异议的，专业技术人员所在单位主管部门要认真调查核实，各评审委员会办事机构和人力资源社会保障部门要根据调查情况，提出明确处理意见。

（四）探索创新职称评审方式。根据职称系列（专业）特点，积极探索跨省、市交叉互评等评审机制创新；进一步推广网上评审系统，完善系统权限分配，最大限度减少人为因素干扰，用技术手段保障职称评审公平、公正。

五、加强监督检查，严肃查处违纪违规行为

（一）加强对评审工作的监督检查。各级职称评审主管部门要加强对职称评审工作的管理和监督检查，督促专业技术人员所在单位按照规定的程序进行申报推荐，监督各评委会办事机构严格按照评审的标准条件进行评审，对各评委会办事机构的评审备案材料进行严格审核。为保证评审的公平、公正，各评审委员会在组织实施职称评审工作时，应邀请纪检监察部门进行全程监督。对不能执行国家和省的有关规定，违反评审程序，不能保证评审质量的评委会，组建部门可视情节宣布评审结果无效，直至停止该职称系列（专业）评委会的工作，收回对承担该评委会日常事务工作的委托。

（二）严格落实信访制度。对群众来信来访反映的问题，要按照国务院《信访条例》有关规定及时进行调查处理。经调查核实，确属弄虚作假的，按《关于处理专业技术职务评聘工作中违反政策纪律问题的暂行规定》（鲁人职〔1994〕9号）等有关规定，取消当事人申报资格或撤销已取得的专业技术职务资格，自查实之日起5年内不得申报晋升专业技术职务，并视情节轻重，按照人事管理权限，分别给予党纪处分或行政处分。

（三）严肃查处违纪违规行为。加大职称评审过程中违纪违规行为的查处力度，对职称评审工作中有滥用职权、玩忽职守、徇私舞弊、收受贿赂等违法违纪行为的人员，按照有关规定给予处分；构成犯罪的，依法追究刑事责任。

严格职称评审有关规定，严防滥用行政权力干预职称评审，是保证职称评审公开、公平、公正和权威性的重要措施。各市、省直有关部门（单位)、各评委会办事机构，要高度重视，认真查找评审工作中存在的问题，落实整改措施，加强监督管理，确保职称评审各项工作顺利进行。

山东省人力资源和社会保障厅 省轻工集体企业联社关于进一步完善工艺美术专业职务资格评审体制促进工艺美术行业发展的意见

（2014 年 9 月 18 日　鲁人社办发〔2014〕110 号）

各市人力资源社会保障局、轻工集体企业联社（行办、协会），省直各部门（单位），各大企业，各高等院校：

工艺美术行业是我省传统优势产业，在传承优秀文化、繁荣艺术创作、促进经济发展、丰富群众精神生活等方面具有十分重要的意义。《工艺美术专业职务试行条例》（职改字〔1986〕第 44 号（以下简称《条例》）实施以来，我省认真贯彻《条例》各项规定，严格评审标准条件，为培养、选拔、使用各类工艺美术人才、促进工艺美术行业繁荣发展，发挥了积极的作用。为进一步落实省政府《关于加快工艺美术产业发展的意见》（鲁政办发〔2007〕75 号）和国家工信部《关于工艺美术行业发展的指导意见》（工信部消费〔2014〕192 号），解决当前突出的工艺美术专业人才短缺的“瓶颈”问题，建立工艺美术行业人才评价新机制，现就改进和完善工艺美术专业职务资格评审工作提出如下意见：

一、扩大服务范围

凡在我省企事业单位、社会中介组织从事工艺美术专业技术工作，与用人单位确定了人员劳动（聘用）关系的专业技术人员，以及在城市、农村从事工艺美术专业技术工作但无工作单位的专业技术人员，均可按《条例》规定的标准条件申报评审工艺美术专业职务资格。

鼓励和支持职业院校从事工艺美术教学工作的“双师型”教师，申报评审工艺美术专业职务资格，取得资格后表明具有工艺美术专业相应的技术水平，不作为聘任的依据。

申报评审工艺美术专业职务资格对外语、计算机不做硬性要求。

二、鼓励破格申报

根据《条例》规定，结合我省工艺美术行业特点，支持和鼓励虽不具备规定学历或资历，但确有真才实学、工艺美术贡献特别突出的人员，破格申报工艺美术中、高级专业技术职务资格。

（一）高级工艺美术师职务资格破格申报条件

符合以下条件之一的人员可破格申报高级工艺美术师资格：

1. 获得省级以上工艺美术大师称号，或其作品作为省级以上政府外事活动赠送礼品，为国家和省获得较大荣誉，对工艺美术事业作出突出贡献；

2. 获得国家级工艺美术专业或学术展评二等奖以上，或省级工艺美术专业或学术展评一等奖，或在工艺美术史论、技艺研究、技艺创新等方面有独到建树，确有真才实学，对传统工艺美术传承和保护做出较大贡献者，任工艺美术师职务3年以上；

3. 创办或领办民营工艺美术企业或研究机构，为主设计、生产、制作的工艺美术产品，受到行业好评，市场认可，取得可观的社会和经济效益，为工艺美术行业某一领域做出创造性的贡献，推动行业发展，任工艺美术师职务3年以上。

（二）工艺美术师职务资格破格申报条件

符合以下条件之一的人员可破格申报工艺美术师资格：

1. 获得市级工艺美术大师称号；

2. 获得国家级工艺美术专业或学术展评优秀奖以上，或省级工艺美术专业或学术展评三等奖以上，或市级工艺美术专业展评一等奖，任助理工艺美术师职务2年以上；

3. 创办或领办工艺美术企业或研究机构，为主设计、生产、制作的工艺美术产品，受到行业好评，市场认可，取得明显的社会和经济效益，为工艺美术行业某一领域做出一定的贡献，推动行业发展，任助理工艺美术师职务2年以上。

三、调整评审权限

省人力资源社会保障厅组建省工艺美术专业职务资格评审委员会，负责工艺美术人员的中、高级专业技术职务资格评审工作，日常工作委托省轻工集体企业联社承担。

工艺美术发达、人员数量较多的市，经省人力资源社会保障厅同意，可组建本市工艺美术专业职务资格中级评审委员会，负责本市工艺美术人员的中级专业技术职务资格评审。

不设立工艺美术中级专业技术职务资格评审委员会的市，由省工艺美术专业职务资格评审委员会评审或委托其他市工艺美术专业职务资格中级评委会代为评审。

四、加强组织领导

各市、各部门（单位）要高度重视工艺美术专业技术职务资格评审工作，充分认识职称评审工作在工艺美术人才培养、选拔、使用、评价过程中的重要作用，广泛宣传发动，畅通申报渠道，积极引导和发现民间和农村的传统工艺美术技艺人才，传承优秀技艺，繁荣传统文化，促进经济文化强省建设。

工艺美术专业职务资格评审其他未尽事项，仍按照《条例》有关规定执行。

山东省人力资源和社会保障厅关于民办高校职称评审有关问题的通知

（2015年4月27日 鲁人社字〔2015〕198号）

各市人力资源社会保障局、教育局：

根据省政府关于加大简政放权力度，大力支持民办高校发展的要求，经研究，现对民办高校职称评审有关事项通知如下：

一、政府部门不再组织评审和审批民办高校教师高、中、初级专业技术职务资格，不再颁发专业技术职务资格证书。

二、民办高校可以自行规定标准条件和评聘程序，也可以参照公办学校教师评聘办法，按照国家和省规定的标准条件和评聘程序，自主评价，自主聘用，由学校颁发聘书。

三、本通知自印发之日起执行。

特此通知。

山东省人力资源和社会保障厅 省教育厅关于深化高等学校教师职称制度改革的实施意见

（2015年9月15日　鲁人社发〔2015〕51号）

各市人力资源社会保障局、教育局，省直各有关部门（单位），各有关企业，各高等院校：

为进一步加强高等学校师资队伍建设，落实高等学校办学和用人自主权，推动高等学校加快发展，根据《事业单位人事管理条例》（国务院第652号令）和国家深化职称制度改革的有关精神，在总结我省8所高等学校职称制度改革试点经验的基础上，经研究，决定在我省高等学校开展深化教师职称制度改革。现提出如下意见：

一、指导思想和目标任务

（一）指导思想。坚持以党的十八大和十八届三中、四中全会精神为指导，遵循高等教育发展规律，认真贯彻实施《高等教育法》、《事业单位人事管理条例》，按照事业单位人事制度改革和深化职称制度改革的要求，建立健全与事业单位聘用制度和岗位管理制度相衔接、符合高等学校教师职业特点的职称制度。

（二）目标任务。适应事业单位实行岗位管理、公开招聘、按岗聘用、合同管理和实现由身份管理向岗位管理、由固定用人向合同用人转变的改革要求，坚持政府依法宏观管理，单位依法自主用人，进一步落实高校用人自主权，政府部门不再组织评审高校教师专业技术职务资格，不再颁发专业技术职务资格证书，由学校自主评价、按岗聘用，建立竞争择优、能上能下，有利于优秀人才脱颖而出的用人机制，进一步调动和激发广大教师的积极性和创造性，努力建设一支师德高尚、业务精湛、结构合理、充满活力的高素质、专业化教师队伍，推动我省高等教育科学发展。

二、主要内容

（一）坚持因事设岗。高等学校根据职责任务和工作需要，按照国家和省有关规定拟定岗位设置方案，报人力资源社会保障部门备案。

（二）组织公开竞聘。学校教师岗位出现空缺时，根据岗位性质、任职条件和师资情况确定学校内部竞聘上岗或面向社会公开招聘。学校根据自身发展需要，结合学科专业特点，参照《高等学校教师职务试行条例》（职改字〔1986〕11号）或《山东省高等职业学校教师水平评价基本标准条件（试行）》（鲁人社发〔2013〕45号）的基本要求，自主制定岗位任职条件。岗位任职条件要体现重品德、重业绩、重能力、重社会服务的导向，并注重人岗匹配。符合岗位条件，已取得相应专业技术职务资格和未取得相应专业技术职务资格的教师均可参加竞聘。

（三）严格竞聘程序。实行竞聘上岗的，由学校按照竞聘上岗规定，结合本单位实际，科学制定《竞聘上岗实施方案》，严格按照程序组织实施。实行公开招聘的，严格按照公开招聘有关规定实施。

（四）实行业内评价。竞聘上岗的业内评价，由学校成立评价委员会（或专家委员会）或委托第三方评价机构，对竞聘人员的品德、知识、能力和业绩等情况进行评价，提出拟聘推荐人选。评价委员会（或专家委员会）实行专家责任制，组成人员由高等学校从事教学、科研工作的专业技术人员组成，也可吸收一定数量的校外专家。公开招聘的业内评价，按照公开招聘有关规定实施。

（五）加强聘用管理。学校按照《事业单位人事管理条例》

有关规定和《竞聘上岗实施方案》确定的程序组织竞聘后，经集体研究在推荐人选中确定岗位拟聘人员并公示；拟聘人员经公示无异议的，学校根据岗位的工作需要、专业特点和要求，合理确定具体聘期，按有关规定与其签订聘用合同并颁发聘书。

三、实施范围

（一）我省的本、专科高等学校（含独立学院、高等职业院校）和成人高等学校纳入改革的实施范围。

（二）高校教师系列外的其他系列专业技术人员参照本意见改革内容，由学校自主评价、按岗聘用，并颁发聘书。其中，国家规定实行“以考代评”和“考评结合”的系列，专业技术人员须按照有关规定参加相应考试，考试合格后由学校择优聘任。

（三）民办高校教师职称评聘，按照省人力资源社会保障厅、省教育厅《关于民办高校职称评审有关问题的通知》（鲁人社字〔2015〕198号）规定执行。

（四）设区的市以上党校、行政学院、社会主义学院以及参照高等学校教师进行职称评审的其他学校（单位），按照本意见规定执行。

四、管理与监督

深化高等学校教师职称制度改革，是进一步加强教师队伍建设，推动高等教育科学发展的重要举措，是大力实施科教兴鲁和人才强省战略，建设经济文化强省的重要措施，各地、各部门（单位）要高度重视，认真抓好组织实施工作。

（一）精心组织，分工负责。改革实施工作由人力资源社会保障、教育部门共同负责，要按照现有职能分工，切实履行政府依法宏观管理职责。人力资源社会保障部门要加强改革实施工作的综合管理，教育部门和学校主管部门具体负责改革实施工作的指导监督，各高校（单位）要履行好用人自主权，精心组织好改革实施工作。

（二）严格程序，严肃纪律。各高校（单位）要按照核准的岗位设置方案和改革要求，认真做好职称改革工作，确保标准公开、程序公平、结果公正；要制定科学规范的竞聘上岗方案，建立健全聘用工作组织，明确岗位任职条件，规范竞聘程序，严格公示制度，接受群众全程监督。

（三）放管结合，加强监督。按照政府转变职能、简政放权、放管结合的要求，人力资源社会保障部门依照相关法规和政策加强对高校教师职称评聘工作的监督管理，教育部门和学校（单位）主管部门对学校（单位）开展自主评价、按岗聘用的情况进行评估和检查，提出教师队伍建设的意见建议。省人力资源社会保障厅会同省教育厅每年随机抽取若干高校（单位）进行复核，对复核中发现的问题，高校（单位）要及时予以处理。对标准把握不严、程序不规范，造成投诉较多、争议较大或复核中发现问题严重的高校（单位）将给予警告，并责成学校（单位）立即纠正；对违纪违规的，要按照有关规定追究相关人员的责任。

（四）科学谋划，稳妥推进。各高校（单位）要正确处理好改革、发展和稳定的关系，把推进改革与加强教职工管理结合起来，深入做好教职工的思想教育工作，通过多种方式广泛宣传职称改革工作的主要精神和重要意义，充分调动教师理解支持改革、积极参与改革的积极性，把推进改革与全面履行职责、加强教师队伍建设和促进高等教育科学发展有机结合起来，确保改革实施工作平稳有序进行。

本意见自 2015 年 9 月 21 日起施行，有效期至 2020 年 9 月 20 日。

山东省人力资源和社会保障厅 省教育厅关于印发《山东省深化中小学教师职称制度改革实施方案》的通知

（2016年4月29日　鲁人社发〔2016〕16号）

各市人力资源社会保障局、教育局，省直各部门（单位），各大企业，各高等院校：

根据人力资源社会保障部、教育部《关于印发〈关于深化中小学教师职称制度改革的指导意见〉的通知》（人社部发〔2015〕79号）规定，我省在认真总结2012年全面部署深化中小学教师职称制度改革经验的基础上，重新修订完善了《山东省深化中小学教师职称制度改革实施方案》，并已经人力资源社会保障部、教育部批复同意。现印发给你们，请结合实际，认真组织实施。

各市、各部门（单位）要严格按照国家和省深化中小学教师职称制度改革的精神和要求，加强领导，精心组织，突出重点，周密部署，统筹处理好各方面关系，积极稳妥地做好深化中小学教师职称制度改革的各项工作。

2012年省人力资源社会保障厅、教育厅《关于印发山东省深化中小学教师职称制度改革实施方案的通知》（鲁人社发〔2012〕53号）同时停止执行。

本实施方案自2016年4月29日起施行，有效期至2021年4月28日。

山东省深化中小学教师职称制度改革实施方案

为深化我省中小学教师职称制度改革，加强教师队伍建设，促进教育事业科学发展，根据人力资源社会保障部、教育部《关于印发〈关于深化中小学教师职称制度改革的指导意见〉的通知》（人社部发〔2015〕79号）要求，在总结改革经验的基础上，结合实际，制定本实施方案。

一、改革的指导思想和总体要求

（一）指导思想。全面贯彻落实党的十八大和十八届二中、三中、四中、五中全会精神，按照党中央、国务院决策部署，遵循教育发展规律和教师成长规律，按照深化职称制度改革的方向和要求，建立与事业单位聘用制度和岗位管理制度相衔接、符合教师职业特点、统一的中小学教师职称（职务）制度，充分调动广大中小学教师的积极性，为中小学聘用教师提供基础和依据，为全面实施素质教育提供制度保障和人才支持。

（二）总体要求。深化中小学教师职称制度改革，应当有利于推动教育事业又好又快发展，有利于中小学教师队伍建设，吸引和稳定优秀人才长期从教、终身从教，有利于中小学人事制度改革配套推进，坚持以人为本、分类管理，民主、公开、竞争、择优，重师德、重能力、重业绩和重贡献的原则，统筹规划，稳步推进，妥善处理改革发展稳定的关系，全面完成各项改革任务，逐步建立健全新的统一的中小学教师职称制度。

二、改革的实施范围

（一）普通中小学、职业中学、幼儿园、特殊教育学校、工读学校的教师。

（二）设区的市、县（市、区）教学研究、电化教育、少年宫等校外教育机构的教师。

（三）民办中小学、幼儿园的教师可参照本实施方案及有关规定参加中小学教师职称评审。

三、改革的主要内容

深化中小学教师职称制度改革，重点围绕健全制度体系、拓展职业发展通道、完善评价标准、创新评价机制，形成以能力和业绩为导向、以社会和业内认可为核心、覆盖各类中小学教师的评价机制，建立与事业单位岗位聘用制度相衔接的职称制度。改革的主要内容包括：

（一）健全制度体系。改革原中学和小学教师相互独立的职称（职务）制度体系。贯彻落实义务教育法，建立统一的中小学教师职务制度。教师职务分为初级职务、中级职务和高级职务。原中学教师职务系列与小学教师职务系列统一并入新设置的中小学教师职称（职务）系列。

统一职称（职务）等级和名称。初级设员级和助理级；高级设副高级和正高级。员级、助理级、中级、副高级和正高级职称（职务）名称依次为三级教师、二级教师、一级教师、高级教师和正高级教师。统一后的中小学教师职称（职务），与原中小学教师专业技术职务的对应关系是：原中学高级教师（含在小学中聘任的中学高级教师）对应高级教师；原中学一级教师和小学高级教师对应一级教师；原中学二级教师和小学一级教师对应二级教师；原中学三级教师和小学二级、三级教师对应三级教师。

统一后的中小学教师职称（职务）分别与事业单位专业技术岗位等级相对应：正高级教师对应专业技术岗位一至四级，高级教师对应专业技术岗位五至七级，一级教师对应专业技术岗位八至十级，二级教师对应专业技术岗位十一至十二级，三级教师对应专业技术岗位十三级。

（二）完善评价标准。适应实施素质教育和课程改革的要求，着眼于中小学教师队伍长远发展，修改完善中小学教师水平评价标准。评价标准要充分体现中小学教师职业特点，注重师德素养，注重教育教学工作业绩，注重教育教学方法，注重教育教学一线实践经历，引导教师立德树人，爱岗敬业，积极进取，不断提高实施素质教育的能力和水平。切实改变过分强调论文、学历的倾向，乡村教师评审职称（职务）不做发表论文的刚性要求。

（三）创新评价机制。进一步健全同行专家评议制度，完善评审委员会工作程序和评审规则，建立评审专家责任制。改进评价方式方法，关注育人，注重教学，鼓励教研，综合评价，继续探索社会和业内认可的多种评价方式。探索采取说课讲课、面试答辩、专家评议等多种评价方式，对中小学教师的业绩、能力进行有效评价，增强同行专家评审的公信力。全面推行公示制度，增强职称工作透明度。

（四）实现与事业单位岗位聘用制度的有效衔接。中小学教师职称评审在核定的岗位结构比例内进行。评聘工作在有岗位空缺的前提下，按照个人申报、单位推荐、专家评审、核准公布、按岗聘用的基本程序进行。学校应按照有关规定将通过职称评审的教师聘用到相应教师岗位，人力资源社会保障部门、教育行政部门应及时兑现受聘教师的工资待遇，防止在有评审通过人选的情况下出现“有岗不聘”的现象。

鼓励中小学教师跨校评聘。发挥学校在用人上的主体作用，实现中小学教师职务聘任和岗位聘用的统一。学校要明确各个岗位的最低工作量，加强履职考核和聘后管理，在岗位聘用中实现人员能上能下。对改革前已经取得中小学教师专业技术职务任职资格但未聘用到相应岗位的人员，要结合实际采取措施，对这部分人员择优聘用时给予适当倾斜。对长期在特殊教育学校任教，经考核突出并符合具体评价标准条件的教师，要予以适当倾斜。在乡村学校任教（含城镇学校教师交流、任教）3年以上、经考核表现突出并符合具体评价标准条件的教师，同等条件下优先评聘。年度考核被确定为优秀等次且符合相应条件要求的，同等条件下可优先推荐评审高一级专业技术职务资格、聘任高一级专业技术岗位。

四、改革的组织实施

深化中小学教师职称制度改革，是贯彻落实国务院重要决策，进一步加强教师队伍建设，推动义务教育和基础教育科学发展的重要举措，是大力实施科教兴鲁和人才强省战略，建设经济文化强省的重要措施，各级各部门（单位）要高度重视，在各级党委、政府的统一领导下，认真抓好组织实施工作。

（一）提高认识，加强领导。各市、各部门（单位）要充分认识改革的重大意义，将深化中小学教师职称制度改革作为当前加强中小学教师队伍建设的首要任务，予以高度重视，切实加强领导。在深化中小学教师职称制度改革领导小组领导下，切实抓好改革工作的组织实施。

（二）分工负责，密切配合。改革实施工作由人力资源社会保障、教育部门共同负责，按照现有职能分工，做好相关工作。人力资源社会保障部门要加强对中小学教师职称制度改革实施工作的综合管理和指导监督，教育行政部门要切实做好改革实施工作的具体组织和落实，各学校（单位）要按照核准的岗位设置方案和工作安排，认真做好中小学教师职称申报推荐、岗位聘用和聘后管理等工作。

（三）科学谋划，稳妥推进。正确处理好改革、发展和稳定的关系，深入做好教职工的思想教育工作，通过多种方式广泛宣传改革实施工作的主要精神和重大意义，充分调动教师理解支持改革、积极参与改革的积极性，把推进改革与全面履行职责、加强教师队伍建设、深入推进素质教育有机结合起来，确保改革实施工作有序进行。

附件：1. 山东省中小学教师职称评审办法

2. 山东省中小学教师水平评价基本标准条件

附件 1

山东省中小学教师职称评审办法

第一章　总　则

第一条　为深化中小学教师职称制度改革，加强教师队伍建设，客观、公正地评价中小学教师能力水平，根据人力资源社会保障部、教育部《关于印发〈关于深化中小学教师职称制度改革的指导意见〉的通知》（人社部发〔2015〕79 号）及其他有关规定，结合实际，制定本办法。

第二条　本办法所指中小学教师职称评审是指对参加正高级教师、高级教师、一级教师、二级教师、三级教师岗位竞聘人选的品德、知识、能力、业绩和专业水平是否达到相应标准要求的综合评价，是中小学教师岗位聘用的重要依据。

第三条　中小学教师职称评审，须在核定的教师岗位结构比例内进行。

第四条　中小学教师职称评审，坚持客观公正、公开透明，育人为本、德育为先的原则，实行同行专家评价，重在社会和业内认可。

第五条　中小学教师职称评审实行分级管理。正高级教师由省人力资源社会保障厅、省教育厅组织评审，报人力资源社会保障部、教育部备案；其他等级教师职称评审的组织管理按照《山东省专业技术职务任职资格评审办法（试行）》（鲁人发〔2002〕26 号）及有关规定执行。

第二章　申　报

第六条　申报评审中小学教师职称，必须符合《山东省中小学教师水平评价基本标准条件》中规定的标准条件和要求。

第七条　中小学教师申报评审职称，须个人提出申请，按要求填写《山东省中小学教师职称评审表》、《中小学教师申报评审职称情况一览表》等，并如实提供相关申报评审材料。

第八条 经拟聘学校（单位）同意，中小学教师可以跨校竞聘、申报，并根据推荐、评审情况，由该学校（单位）按职称评审、岗位聘用等有关规定予以聘用。

第三章 推 荐

第九条 学校根据教师岗位空缺数量、等级和工作需要，确定竞争推荐人数，并组织竞争推荐。

已取得相应专业技术职务资格未被聘用的和未取得相应专业技术职务资格、符合岗位条件的教师均可参加竞争推荐。通过竞争推荐，已取得相应专业技术职务资格的，由学校（单位）直接聘用；未取得相应专业技术职务资格的，须按规定程序和要求参加职称评审，通过评审的，由学校（单位）聘用到相应教师岗位。

第十条 学校（单位）成立由专家和一线教师组成的推荐委员会（7人以上），对参加竞争推荐人员进行综合评价，提出推荐意见。

第十一条 学校（单位）根据推荐委员会的推荐意见，结合参加竞争推荐人员任现职以来各学年度的考核情况，集体研究确定推荐人选。学校（单位）将推荐人选的申报材料在单位内公示5个工作日，无异议后推荐上报。

第十二条 主管部门对申报材料进行审查，签署意见，负责人签字并加盖印鉴后，及时送呈报部门。

第十三条 正高级教师的推荐，由设区的市人力资源社会保障部门和教育部门按相关规定统一组织。将推荐人选公示5个工作日，无异议后呈报。

第四章　呈　报

第十四条　申报材料须由申报人所在学校（单位）报送，经主管部门审查同意并签署呈报意见后，评审委员会办事机构方可受理。

其中，报上级职称主管部门组建的评审委员会评审时，须逐级经人力资源社会保障部门和教育部门审核同意。

第十五条　呈报部门应对评审材料进行认真审查，严格把关，按照规定的评审材料的类别和数量及时呈报到相应评审委员会办事机构。

第十六条　评审委员会办事机构应组织专人对申报材料逐一进行认真审查，符合规定要求后，再提交评审委员会评审。不符合要求的材料一律不予受理。

第五章　评　审

第十七条　评审委员会办事机构根据要求受理申报材料，进行分类整理，制定评审工作方案，经评审委员会组建部门审核同意后组织实施。

第十八条　中小学教师职称实行评审委员会评审制度。根据评审的需要分别组建高级（含正高级）、中级、初级教师职称评审委员会。高级（含正高级）教师职称评审委员会执行委员一般不少于17人，中级教师职称评审委员会执行委员一般不少于10人，初级教师职称评审委员会执行委员一般不少于7人。评审委员会执行委员须由现聘为相应及以上职称等级的教师组成。

高级（含正高级）教师职称评审委员会执行委员由长期在中小学一线从事教学工作的正高级教师和高等院校基础教育教授岗位、中小学教育教学研究机构研究员岗位上任职且相同或相近专业的专家组成，其中，中小学教师应不少于60%。

第十九条　评审委员会对申报人员的品德、知识、能力和业绩情况进行综合评价，注重教书育人业绩和一线教学实践经历。乡村中小学教师和城镇中小学教师分开评审，对长期在乡村学校任教的教师予以适当倾斜。

评审委员会实行评审专家责任制。

第二十条 评审工作的基本程序：

（一）评审委员会办事机构简要汇报准备工作情况。

（二）专业（学科）评议组成员或评审委员会执行委员分组审阅评审材料，集体评议讨论，提出初步评议意见。

（三）专业（学科）评议组向评审委员会汇报评议情况。

（四）评审委员会全体执行委员审议，进行综合评价，最后以无记名投票方式表决。

第二十一条 对经评审委员会评审通过的人员实行公示制度。评审委员会办事机构将评审通过人员名单，反馈到原呈报部门和申报人员所在单位公示。公示期为10个工作日。

第二十二条 评审委员会办事机构写出工作总结、会议纪要等，对评审工作进行认真总结，并按要求整理好有关评审材料，公示期结束后及时报送核准。

第六章 核准公布

第二十三条 经评审委员会评审通过且公示无异议的，或公示有异议经调查核实符合条件和评审程序的，由评审委员会组建部门核准并正式行文公布。

评审未通过的人员，当年度不再重新召开评审会议对其进行复议，也不得再改报其他评审委员会评审。

第二十四条 经核准公布的，颁发统一制式的中小学教师专业水平评价证书，其《山东省中小学教师职称评审表》存入本人档案。

第七章　附　则

第二十五条　中小学教师职称评审其他未尽事项，按照《山东省专业技术职务任职资格评审办法（试行）》（鲁人发〔2002〕26号）规定执行。

第二十六条　按照事业单位岗位管理和职称改革的有关规定，改革后的中小学教师，不再适用原人事部《〈企事业单位评聘专业技术职务若干问题暂行规定〉有关具体问题的说明》（人职发〔1991〕11号）中“关于国家教委承认的正规全日制院校毕业生见习期满并考核合格，即可聘任相应的专业技术职务问题”的规定，应按照有关规定参加相应的专业技术职务资格评审。

第二十七条　本办法自印发之日起施行。

附件2

山东省中小学教师水平评价基本标准条件

一、基本条件

（一）拥护中国共产党领导，热爱社会主义祖国，遵守宪法和法律，自觉执行党和国家的教育方针，忠诚于人民教育事业。

（二）具有崇高的职业理想和坚定的职业信念，自觉遵守教育法律法规、学校规章制度和教学行为规范，具有高尚的职业道德，热爱教育事业，爱岗敬业，无私奉献，教书育人，注重身教，为人师表，以身作则。

（三）身体健康，心理素质良好，具备从事教育教学的身心条件。

（四）掌握和运用普通文化知识、教育学、心理学基本原理，自觉运用教育新观念和新理念，指导教育教学工作。

（五）具备《教师法》规定的相应的教师资格，在教育教学一线任教，切实履行教师岗位职责和义务。

（六）符合国家和省规定的继续教育等要求。

二、业绩能力水平

（一）正高级教师

1. 教书育人业绩卓著

（1）长期工作在教育教学第一线，积极履行育人职责，能够结合所教学科特点，将德育教育融入课堂教学，促进学生身心健康成长，引导学生养成良好行为习惯，形成健全人格。

（2）承担班主任、辅导员等工作 5 年以上，工作中能够准确把握学生成长规律，及时了解学生思想状态，帮助学生正确分析、认识成长过程中的问题，尊重学生差异，既注重学生群体成长，又关注每个学生的全面发展。

（3）积极参与社会教育活动，与社区和学生家长建立良好的沟通渠道，能够针对学生的教育成长、学校教育工作和社区教育发展等提出指导性意见或方案。

2. 教学业务精湛

（1）能够准确把握和使用教材，深入系统地掌握所教学科课程体系和专业知识。

（2）备课认真、严谨，课堂教学目标明确，课程内容设计周密、完整，重点突出。

（3）课堂教学能够驾驭自如，有创新点或新颖性，形成独到的教学风格，受到学生普遍欢迎，得到同行认可。

（4）课堂教学效果突出，高质量完成课程标准规定的教学目标和任务，所教学科学生的学业水平普遍高于教育质量要求。

（5）根据学生成长规律、学科特点和教学要求，创造性地组织、指导开展课外实践活动。

（6）在县（市、区）或更大范围内有较大影响，公认为教育教学领军人物。

3．教研能力突出

（1）具有主持、指导和引领一定区域或本学科领域内教育教学研究的能力和水平。能够正确把握教育教学研究方向，及时发现并准确分析和解决教育教学中存在的问题；积极开展教育思想、教育理论和课程改革、教学方法等方面的纵深研究与总结创新，取得创造性成果，并广泛运用于教学实践；在实施素质教育中，发挥示范和引领作用。

（2）任现职以来出版过或在全国中文核心期刊上发表过独创性的教育教学研究著作或论文。

4．示范引领作用显著

（1）在本学科领域享有较高知名度，为同行公认的教育教学专家。

（2）具有很强的团队精神，在教学团队的成长和发展中发挥关键性作用，在指导、培养中青年骨干教师方面做出突出贡献。

（3）积极参与学校教学改革，在推动学校发展、促进学科建设和先进教育理念的推广与普及工作中取得显著成绩。

（二）高级教师

1．教书育人业绩显著

（1）长期工作在教育教学第一线，积极履行育人职责，能结合所教学科特点，将德育教育融入课堂教学，引导学生养成良好行为习惯，促进学生身心健康成长。

（2）承担班主任、辅导员等工作5年以上，引导形成良好班风学风，及时了解学生思想状态，尊重并关注学生差异，帮助学生正确分析、认识成长过程中的问题，关注每个学生的全面发展。

（3）与学生家长沟通良好，能够对学生的教育成长提出指导性建议。

2．教学业务精通

（1）能够准确把握和使用教材，系统掌握所教学科课程体系和专业知识。

（2）备课细致、认真，课程教学目标明确，课程设计完整，内容细致，重点突出。

（3）能够自如驾驭课堂教学并形成一定的教学特色，得到学生普遍认可。

（4）课堂教学效果突出，保质保量地完成课程标准规定的教学目标和任务，所教学科学生的学业水平高于教育质量要求。

（5）根据学生成长规律和学科教学需要，组织开展课外实践活动。

（6）在本校或更大范围内有较高知名度，为学校教育教学骨干。

3. 教研能力较强

（1）具有指导和开展教育教学研究的能力和水平。能够发现并针对教育教学中存在的问题进行自我反思和评价；在教育理论、课程改革和教学方法研究等方面准确把握研究方向并取得显著成果；在素质教育创新实践中，能够指导、组织和执行教学实践、选修课程开设和开发并取得突出的成绩。

（2）任现职以来出版过或在公开出版发行的刊物上发表过与任教学科相关的具有较高水平的教育教学研究著作或论文。或具有较高水平的教研成果，在本校以及更大范围内推广应用、示范学习。

4. 指导培养教师成效明显

具有良好的团队精神，能够在教学团队中充分发挥骨干作用，完成教育教学研究和实践任务，在指导、培养青年教师方面发挥重要作用。

（三）一级教师

1. 教书育人业绩突出

（1）积极履行育人职责，能结合所教学科特点，将德育教育融入课堂教学，促进学生身心健康成长。

（2）承担班主任、辅导员等工作3年以上，能够与学生和学生家长进行有效交流，了解学生思想状态，关注每个学生的全面发展，在班级管理工作中引导形成良好班风学风。

2. 教学成绩优良

（1）能够准确把握和使用教材，熟悉所教学科课程体系，掌握课程标准。

（2）备课认真，课程教学目标清晰，课程设计完整、重点明确。

（3）能够使用现代教育技术开展教育教学活动，较为熟练地使用教学语言和运用恰当的教学方法组织课堂教学，与学生产生良好互动和交流，课堂教学效果良好，完成课程标准规定的教学目标和任务，所教学科学生的学业水平普遍达到教育质量要求。

（4）积极协助组织开展学生课外实践活动。

（5）在高水平教师指导下，参与教学实践、选修课程开设和开发。一般应具有讲授县级以上公开课、示范课、优质课的经历。

3. 具有一定的研究能力

具有拓展专业知识和提升教育教学水平的发展潜力，能够积极参与教育教学研究，并在高水平教师指导下对教育教学进行自我反思和评价。

（四）二、三级教师

1. 积极履行全员育人职责，结合所教学科特点，将德育教育融入课堂教学，帮助学生进步。

2. 协助做好班主任、辅导员等工作，关注学生的全面发展。

3. 能正确把握和使用教材，独立掌握所教学科的课程标准，备课认真，课程教学目标准确，课程设计合理。

4. 能够规范使用教学语言和运用现代教育技术等教学方法，

与学生产生良好互动和交流，作业设计切合授课内容，能够帮助学生掌握学科知识，教学效果较好，能够完成课程标准规定的教学目标和任务，所教学科学生的学业水平达到教育质量要求。

三、任职资历等其他条件

（一）正高级教师：应具有高等教育大学本科及以上学历，在教学一线从事教学工作20年以上，并在高级教师岗位从事教学工作5年以上。城镇中小学教师原则上要有1年以上在薄弱学校或农村学校从事教学工作的经历。

（二）高级教师：具备博士学位，在一级教师岗位从事教学工作2年以上且最近连续2年在教育教学一线从事教学工作；具备硕士、学士学位、高等教育本科毕业学历，在一级教师岗位从事教学工作5年以上；具备高等教育专科毕业学历在初中或小学（幼儿园）从事教学工作，在教学一线从事教学工作15年以上，并在一级教师岗位从事教学工作5年以上。城镇中小学教师应有1年以上在薄弱学校或农村学校从事教学工作的经历。

（三）一级教师：具备博士学位；或者具备硕士学位，并在二级教师岗位从事教学工作2年以上，坚持在教育教学一线从事教学工作；具备学士学位或高等教育本科毕业学历，或具备高等教育专科毕业学历在初中或小学（幼儿园）从事教学工作，在二级教师岗位从事教学工作4年以上且最近连续3年在教育教学一线从事教学工作；具备中等师范学校毕业学历在小学（幼儿园）从事教学工作，在二级教师岗位从事教学工作5年以上且最近连续3年在教育教学一线从事教学工作。

（四）二级教师：具备硕士学位；具备学士学位或高等教育本科毕业学历，见习1年期满并考核合格；具备高等教育专科毕业学历，并在初中或小学（幼儿园）三级教师岗位从事教学工作2年以上；具备中等师范学校毕业学历，并在小学（幼儿园）三级教师岗位从事教学工作3年以上。

（五）三级教师：具备高等教育专科毕业学历在初中、小学

（幼儿园）从事教学工作，或者具备中等师范学校毕业学历在小学（幼儿园）从事教学工作，见习1年期满并考核合格。

山东省人力资源和社会保障厅关于在山东社会科学院等4所科研机构深化职称制度改革的通知

（2016年5月5日　鲁人社字〔2016〕158号）

各市人力资源社会保障局，省直各部门（单位）：

为进一步加强我省科研机构人才队伍建设，落实单位用人自主权，推动科研机构加快发展，根据《中共中央印发〈关于深化人才发展体制机制改革的意见〉的通知（中发〔2016〕9号）》和《事业单位人事管理条例》（国务院第652号令）有关精神，在总结试点经验的基础上，经研究，决定在山东社会科学院等4所科研机构深化职称制度改革，现就有关事项通知如下：

一、改革目标

在山东社会科学院等4所科研机构中进一步建立竞争择优、能上能下，有利于优秀人才脱颖而出的用人机制。

二、实施范围

山东社会科学院、山东省科学院、山东省农业科学院、山东省医学科学院（山东省医学科学院所属医院暂不纳入本次改革，其改革与省属各大医院改革同步进行）。

三、主要内容

4所科研机构中的专业技术人员不再参加政府组织的专业技术职务资格评审，由单位自主评价、按岗聘用专业技术职务并自发聘书。具体的人才评价和聘用办法，按照省委组织部、省人力资源社会保障厅《关于印发山东省事业单位工作人员竞聘上岗试行办法的通知》（鲁人社发〔2015〕67号）有关要求进行。

四、管理监督

按照政府转变职能、简政放权、放管结合的要求，省相关系列评委会不再组织4所科研机构专业技术人员参加专业技术职务资格评审；省人力资源社会保障厅依照相关法规政策对其自主评价、按岗聘用专业技术职务情况进行监管。

4所科研机构要认真落实改革主体责任，充分履行用人自主权，精心组织好改革实施工作。

（一）科学民主制定实施方案。要按照核准的岗位设置方案和改革要求，制定科学规范的自主评价、按岗聘用专业技术职务实施方案，明确岗位数量、任职条件、评价方式、岗位职责等规定，建立健全评聘工作组织，规范评聘程序，制定风险化解和问题处置预案，公布接受单位职工监督的渠道和方式，确保自主评价、按岗聘用专业技术职务工作的标准公开、程序公平、结果公正。实施方案经单位职工民主讨论同意后报省人力资源社会保障厅审核，审核通过后2个月内完成评聘工作。

（二）严格公示制度。评聘结束后，对评聘结果进行公示，接受群众监督，公示期不少于5个工作日。公示期间，职工对违规违纪问题的举报投诉，由单位纪检监察部门调查核实，提出处理意见，予以答复。信访事项由信访人所在单位根据《事业单位人事管理条例》《信访条例》等法规政策依法处理。

（三）实行备案审核制度。评聘结果公示无异议后，将评聘会议纪要、人员信息情况、投票表决汇总、评聘结果公示情况、评聘工作总结报省人力资源社会保障厅备案审核。经审核同意，科研机构予以公布评聘结果，与专业技术人员签订聘用合同并颁发专业技术职务聘书。

省人力资源社会保障厅对自主评价、按岗聘用专业技术职务工作中标准条件不严、程序不规范，造成信访投诉较多、争议较大或复核中发现问题严重的科研机构予以警告并要求整改，经整改仍无明显改善的，暂停其自主评聘工作。对违规违纪的单位和个人，由科研机构纪律监察部门和人事部门按照有关规定和人事管理权限追究相关单位和人员的责任。

山东省人力资源和社会保障厅关于职称外语和计算机应用能力考试有关问题的通知

（2016年7月15日　鲁人社发〔2016〕29号）

各市人力资源社会保障局，省直各部门（单位），各大企业，各高等院校：

为深入贯彻落实《中共中央印发〈关于深化人才发展体制机制改革的意见〉的通知》（中发〔2016〕9号）精神，科学、客观评价专业技术人员，引导广大专业技术人员全身心投入创新创造创业活动，更好地服务于经济社会事业发展，现结合我省实际，就职称外语和计算机应用能力考试有关问题通知如下：

一、鼓励专业技术人员不断提高外语水平和计算机应用能力。外语、计算机是专业技术人员学习掌握先进知识和技术、开展对外学术技术交流的重要工具。在科学技术飞速发展、经济全球化和我国对外开放步伐不断加快的新形势下，提升专业技术人员外语水平和计算机应用能力仍是一项长期的任务。要根据专业技术需求，积极鼓励引导广大专业技术人员通过自学、辅导、考试等多种方式和手段，加强学习，突出先进性、实用性和实效性，不断提升外语水平和计算机应用能力，更好地适应科技、经济和社会发展需要。

二、按照突出业绩贡献和自主创新能力，注重品德、知识、能力和业绩的职称评价导向，职称外语和计算机应用能力考试不作为专业技术职务资格评审的必要条件。申报中级及以下职称时，对外语和计算机应用能力不作要求。申报高级职称时，对外语和计算机应用能力不作统一要求；需要评价外语和计算机能力水平的，职称外语和计算机应用能力考试等政府组织或社会认可的各类证书均可作为依据，具体要求由各高级评审委员会自主确定。

三、为进一步落实《专业技术人员继续教育规定》（人力资源社会保障部令第 25 号）要求，促进专业技术人员不断提升能力素质，鼓励引导专业技术人员加强外语和计算机知识学习，更好地适应改革开放和创新创业需要，职称外语和计算机应用能力考试成绩可以作为继续教育内容之一，由专业技术人员自主自愿选择参加考试，考试合格的可折算相应继续教育学时学分，登记继续教育证书。

本通知自 2016 年 7 月 15 日起施行，有效期至 2021 年 7 月 14 日。以前有关规定与本通知不一致的，均按本通知规定执行。

山东省人力资源和社会保障厅 省教育厅关于印发《山东省深化中等职业学校教师职称制度改革工作实施方案》的通知

（2016年9月29日　鲁人社发〔2016〕39号）

各市人力资源社会保障局、教育局，省直各部门（单位），各大企业：

为适应技术技能型人才培养需要，进一步加强中等职业学校教师队伍建设，根据省政府部署要求，在前期试点基础上，决定在全省深化中等职业学校教师职称制度改革。现将《山东省深化中等职业学校教师职称制度改革工作实施方案》印发给你们，请结合实际，认真组织实施。

深化中等职业学校教师职称制度改革，是进一步加强教师队伍建设，推动职业教育科学发展的重要举措。各市、各部门（单位）要充分认识改革的重大意义，切实按照改革工作实施方案的要求，加强领导，精心组织，突出重点，周密部署，统筹处理好各方面关系，积极稳妥地做好改革的各项工作。

本通知自2016年10月10日起施行，有效期至2021年10月9日。2015年省人力资源社会保障厅、省教育厅印发的《山东省深化中等职业学校教师职称制度改革试点工作实施方案》（鲁人社发〔2015〕18号）同时停止执行。

山东省深化中等职业学校教师职称制度改革工作实施方案

为适应技术技能型人才培养需要，进一步提高中等职业学校教师队伍的整体素质，促进职业教育事业科学发展，更好地为全省经济和社会发展服务，根据国务院《关于加快发展现代职业教育的决定》（国发〔2014〕19号）和山东省人民政府《关于加快建设适应经济社会发展的现代职业教育体系的意见》（鲁政发〔2012〕49号）等有关政策规定，按照省政府部署要求，在全省开展深化中等职业学校教师职称制度改革工作。结合我省实际，制订以下实施方案。

一、指导思想和总体要求

深化中等职业学校教师职称制度改革，坚持以党的十八大、十八届三中、四中、五中全会精神和习近平总书记关于人才工作的重要论述精神为指导，遵循现代职业教育发展规律，按照深化职称制度改革的方向和要求，健全完善符合中等职业学校教师职业特点的职称（职务）制度，充分发挥中等职业学校教师在技术技能型人才培养中的作用，激励广大教师不断进取，推动中等职业学校教师专业技术职务资格水平评价工作制度化、规范化、科学化。

深化中等职业学校教师职称制度改革，按照有利于推动现代职业教育事业又好又快发展，有利于推进中等职业学校教师队伍建设，有利于吸引和稳定理论与技能兼备的优秀人才长期从教、终身从教的总体要求，坚持以人为本、分类管理的原则，坚持民主、公开、竞争、择优的原则，坚持重师德、重能力、重业绩和重贡献的原则，注重对教师教书育人、实践能力和科研水平的综合评价。

二、实施范围

（一）中等职业学校中从事职业教育教学工作并已取得教师资格的在编在岗教师。

（二）教育教学研究机构中从事中等职业教育教学研究工作，并已取得教师资格的在编在岗教研人员。

（三）既挂职业学校牌子又挂技工学校牌子的学校，同时设置了中职和技校教师岗位的，所属教师应根据所在岗位参加职称评审，不得同时参加两个系列专业技术职务资格评审。因工作需要变更岗位的，须按照评审规定参加改系列评审。

（四）民办中等职业学校的教师可参照本实施方案及有关规定参加中等职业学校教师职称评审；也可以自主评聘专业技术职务，由学校颁发本校范围内有效的专业技术职务资格证书或聘用证书。

三、改革的主要内容

（一）健全制度体系。改革原中等职业学校教师职称（职务）体系，设置实习指导教师职务，增设正高级讲师（正高级实习指导教师）职务级别。

中等职业学校教师职务分为初级职务、中级职务和高级职务。初级名称分为教员（三级实习指导教师）和助理讲师（二级实习指导教师）；中级名称为讲师（一级实习指导教师）；高级名称分为高级讲师（高级实习指导教师）和正高级讲师（正高级实习指导教师）。

改革后的中等职业学校教师职称（职务）分别与事业单位专业技术岗位等级相对应：正高级讲师（正高级实习指导教师）对应专业技术岗位一至四级，高级讲师（高级实习指导教师）对应专业技术岗位五至七级，讲师（一级实习指导教师）对应专业技术岗位八至十级，助理讲师（二级实习指导教师）对应专业技术岗位十一至十二级，教员（三级实习指导教师）对应专业技术岗位十三级。

（二）完善评价标准。适应建立现代职业教育体系的要求，着眼于职业教育教师队伍长远发展，修订中等职业学校教师水平评价标准。评价标准要充分体现职业学校教师职业特点，注重师德素养，注重实践教学和技能培养，注重职业素养培养，注重工匠精神的塑造和创新创业精神的培养，注重校企合作、工学结合，注重教学、学习、实训相结合的教育教学方法，注重教育教学一线实践经历，引导教师立德树人，爱岗敬业，积极进取，不断提高职业教育的能力和水平。

（三）创新评价机制。进一步健全同行专家评价制度，完善评审委员会工作程序和评审规则，建立评审专家责任制。改进评价方式方法，关注育人，注重教学和实践，鼓励科研教研，综合评价，继续探索社会、企业和业内认可的多种评价方式。全面推行公示制度，增强职称工作透明度。

（四）实现与事业单位岗位聘用制度的有效衔接。中等职业学校教师职称评审在核定的岗位结构比例和数量内进行。学校出现岗位空缺时，评聘工作按照个人申报、单位推荐、专家评审、核准公布、按岗聘用的基本程序进行。鼓励中等职业学校教师跨校评聘。发挥学校在用人上的主体作用，实现教师职务聘任和岗位聘用的统一。

四、组织领导

深化中等职业学校教师职称制度改革工作，是进一步加强职业教育教师队伍建设，推动全省职业教育科学发展的重要举措，是大力实施科教兴鲁和人才强省战略，建设现代职业教育体系和经济文化强省的重要措施，各级、各部门（单位）要高度重视，在党委、政府的统一领导下，认真抓好组织实施工作。

（一）加强领导，精心组织。设区的市人民政府和省直主管部门要切实加强对改革工作的领导，人力资源社会保障部门会同教育行政部门按照改革的有关政策要求精心组织实施。

（二）分工负责，密切配合。改革实施工作由人力资源社会保障、教育部门共同负责，按照现有职能分工，做好相关工作。

人力资源社会保障部门要加强对改革工作的综合管理和指导监督；教育行政部门要切实做好改革工作的具体组织和落实；各学校（单位）要按照核准的岗位设置方案和工作安排，认真做好职称申报推荐、岗位聘用和聘后管理等工作。

（三）科学谋划，稳妥推进。正确处理好改革、发展和稳定的关系，深入做好教职工的思想教育工作，通过多种方式广泛宣传改革工作的主要精神和重大意义，充分调动教师理解支持改革、积极参与改革的积极性，把推进改革与全面履行职责、加强教师队伍建设、深入推进职业教育有机结合起来，确保改革工作有序进行。

附件：山东省深化中等职业学校教师职称制度改革职称评审办法（试行）

山东省深化中等职业学校教师职称制度改革职称评审办法（试行）

第一章　总　则

第一条　为加快构建适应经济社会发展的现代职业教育体系，加强中等职业学校教师队伍建设，培养造就一支师德高尚、业务精湛、结构合理、充满活力的高素质专业化教师队伍，促进我省现代职业教育事业健康发展，根据《事业单位人事管理条例》（国务院令第652号）、《山东省专业技术职务任职资格评审办法（试行）》（鲁人发〔2002〕26号）及其他有关规定，结合实际，制定本办法。

第二条　中等职业学校教师职称评审，坚持客观公正、公开透明，育人为本、德育为先的原则，实行同行专家评价，重在社会和业内认可。

第三条　中等职业学校教师职称评审是对岗位竞聘人选的品德、知识、能力、业绩和专业水平是否达到相应标准要求的综合评价，是岗位聘用的重要依据，须在核定的教师岗位结构比例内进行。

第四条 中等职业学校教师职务名称定为：正高级讲师（正高级实习指导教师）、高级讲师（高级实习指导教师）、讲师（一级实习指导教师）、助理讲师（二级实习指导教师）、教员（三级实习指导教师）。

第五条 中等职业学校教师职称评审实行分级管理。正高级讲师（正高级实习指导教师）由省中等专业学校教师职务资格高级评审委员会评审，省人力资源社会保障厅核准公布；其他等级教师职称评审的组织管理按照《山东省专业技术职务任职资格评审办法（试行）》（鲁人发〔2002〕26号）及有关规定执行。

第二章 申 报

第六条 申报评审中等职业学校教师职称，必须符合《山东省中等职业学校教师水平评价基本标准条件》中规定的条件和要求。

第七条 中等职业学校教师申报评审职称，须个人提出申请，按要求填写《山东省中等职业学校教师职称评审表》《中等职业学校教师申报评审职称情况一览表》等，并如实提供相关申报评审材料。

第三章 推 荐

第八条 根据教师岗位设置数量、等级和工作需要，确定推荐人数，并组织竞争推荐。

已取得相应专业技术职务资格未被聘用的和未取得相应专业技术职务资格、符合岗位任职条件的教师均可参加竞争推荐。通过竞争推荐，已取得相应专业技术职务资格的，由学校（单位）直接聘用；未取得相应专业技术职务资格的，须按规定程序和要求参加职称评审，通过评审的，由学校（单位）聘用到相应教师岗位。

第九条 学校（单位）成立7人以上专家和一线教师组成的推荐委员会（专家委员会或学术委员会，其中在专业技术一线专职从事专业技术工作的教师不少于80%），对申报人的品德、业绩、工作能力、工作态度和学术技术水平等进行综合评价，提出推荐意见。

第十条 学校（单位）根据推荐委员会的推荐意见，结合参加竞争推荐人员任现职以来各学年度的考核情况，集体研究确定推荐人选。学校（单位）将推荐人选的申报材料在学校（单位）公示5个工作日，无异议后推荐上报。

第十一条 主管部门对申报材料进行审查，签署意见，负责人签字并加盖印鉴后，及时送呈报部门。

第四章　呈　报

第十二条 申报材料须由申报人所在学校（单位）报送，经主管部门审查同意并签署呈报意见后，评委会办事机构方可受理。

其中，报上级职称主管部门组建的评审委员会评审时，须逐级经人力资源社会保障部门和教育行政部门审核同意。

第十三条 呈报部门应对评审材料进行认真审查，严格把关，按照规定的评审材料的类别和数量及时呈报到相应评审委员会办事机构。

第五章　评　审

第十四条 评审委员会办事机构根据要求受理申报材料，进行分类整理，制定评审工作方案，经评审委员会组建部门审核同意后组织实施。

评审前应组织专人对申报材料进行认真审查，符合规定要求后，再提交评审委员会评审。不符合要求的材料一律不予受理并按原渠道退回。

第十五条 中等职业学校教师职称评审实行委员会评审制度。根据评审的需要分别组建高级（含正高级）、中级、初级教师职称评审委员会。高级（含正高级）教师职称评审委员会执行委员一般不少于17人，中级教师职称评审委员会执行委员一般不少于10人，初级教师职称评审委员会执行委员一般不少于7人。评审委员会执行委员须由现聘为相应及以上职称等级的教师组成。

高级（含正高级）教师职称评审委员会执行委员由长期在中等职业学校一线从事教学工作的正高级讲师（正高级实习指导教师）和高等院校专业教育教授岗位、教育教学研究机构研究员岗位上任职且相同或相近专业的专家组成，其中，中等职业学校教师应不少于四分之三。

第十六条 评审委员会对申报人员的品德、知识、能力和业绩情况进行综合评价，注重教书育人业绩和一线教学实践经历。

评审委员会实行评审专家责任制。

第十七条 评审工作的基本程序：

（一）评审委员会办事机构简要汇报准备工作情况。

（二）专业（学科）评议组成员或评审委员会执行委员分组审阅评审材料，集体评议讨论，提出初步评议意见。

（三）专业（学科）评议组向评审委员会汇报评议情况。

（四）评审委员会全体执行委员审议，进行综合评价，最后以无记名投票方式表决。

第十八条 对经评审委员会评审通过的人员实行异议期公示制度。评审委员会办事机构将评审通过人员名单，反馈到原呈报部门和申报人员所在单位公示。公示期为10个工作日。

第十九条 评审委员会办事机构写出工作总结、会议纪要等，对评审工作进行认真总结，并按要求整理好有关评审材料，公示期结束后及时报送核准。

第六章 核准公布

第二十条 经评审委员会评审通过且公示无异议的，或公示有异议经调查核实符合条件和评审程序的，由评审委员会组建部门核准并正式行文公布。

评审未通过的人员，当年度不再重新召开评审会议对其进行复议，也不得再改报其他评审委员会评审。

第二十一条 经核准公布的，颁发资格证书。《山东省中等职业学校教师职称评审表》存入本人档案。

第二十二条 对不符合专业技术资格申报规定条件、程序和有弄虚作假行为者，取消参加评审资格，并按有关规定处理。

第七章 附 则

第二十三条 按照事业单位岗位管理和职称改革的有关规定，改革后的中等职业学校教师，不再适用原人事部《〈企事业单位评聘专业技术职务若干问题暂行规定〉有关具体问题的说明》（人职发〔1991〕11 号）中“关于国家教委承认的正规全日制院校毕业生见习期满并考核合格，即可聘任相应的专业技术职务问题”的规定，应按照有关规定参加相应的专业技术职务资格评审。

第二十四条 中等职业学校教师职称评审其他未尽事项，按照《山东省专业技术职务任职资格评审办法（试行）》（鲁人发〔2002〕26 号）规定执行。

山东省人力资源和社会保障厅关于印发《山东省深化技工学校教师职称制度改革工作实施方案》的通知

（2016年9月29日　鲁人社发〔2016〕40号）

各市人力资源社会保障局，省直各部门（单位），各大企业：

为适应技术技能型人才培养需要，进一步加强技工学校教师队伍建设，根据省政府部署要求，在前期试点基础上，决定在全省推开深化技工学校教师职称制度改革工作。现将《山东省深化技工学校教师职称制度改革工作实施方案》印发给你们，请结合实际，认真组织实施。

深化技工学校教师职称制度改革，是进一步加强教师队伍建设，推动职业教育科学发展的重要举措。各市、各部门（单位）要充分认识深化改革的重大意义，切实按照改革工作实施方案的要求，加强领导，精心组织，突出重点，周密部署，统筹处理好各方面关系，积极稳妥地做好改革的各项工作。

本通知自2016年10月10日起施行，有效期至2021年10月9日。2015年省人力资源社会保障厅印发的《山东省深化技工学校教师职称制度改革试点工作实施方案》（鲁人社发〔2015〕20号）同时停止执行。

山东省深化技工学校教师职称制度改革工作实施方案

为适应技术技能型人才培养需要，进一步提高技工学校教师队伍的整体素质，促进技工学校教育事业科学发展，更好地为全省经济和社会发展服务，根据国务院《关于加快发展现代职业教育的决定》（国发〔2014〕19号）和山东省人民政府《关于加快建设适应经济社会发展的现代职业教育体系的意见》（鲁政发〔2012〕49号）等有关政策规定，在全省开展深化技工学校教师职称制度改革工作。现结合实际，制订以下实施方案。

一、指导思想和总体要求

深化技工学校教师职称制度改革，坚持以党的十八大、十八届三中、四中、五中全会精神和习近平总书记关于人才工作的重要论述精神为指导，遵循技工学校教育发展规律，按照深化职称制度改革的方向和要求，健全完善符合技工学校教师职业特点的职称（职务）制度，激励广大教师不断进取，充分发挥在技术技能型人才培养中的作用。

深化技工学校教师职称制度改革，按照有利于推动现代职业教育事业又好又快发展，有利于推进技工学校教师队伍建设，有利于吸引和稳定理论与技能兼备的优秀人才长期从教、终身从教的总体要求，坚持以人为本、分类管理，坚持民主、公开、竞争、择优，坚持重师德、重能力、重业绩和重贡献，注重对教师教书育人、实践能力和科研水平的综合评价，大力加强技工学校教师队伍建设。

二、改革的实施范围

（一）技师学院、高级技工学校、技术学院和技工学校等各类技工学校中从事教育教学工作并已取得教师资格的在编在岗教师。

（二）职业技术培训（技能鉴定）教研机构中专职从事技工教育研究工作，并已取得相应教师资格的在编在岗教研人员。

（三）既挂职业学校牌子（包括高等职业院校、中等职业学校）又挂技工学校牌子的学校，同时设置了中职（高职）和技校教师岗位的，所属教师应根据所在岗位参加职称评审，不得同时参加两个系列专业技术职务资格评审。因工作需要变更岗位的，须按照评审程序参加改系列评审。

（四）民办技工学校的教师可参照本实施方案及有关规定参加技工学校教师职称评审；也可以自主评聘专业技术职务，由学校颁发本校范围内有效的专业技术职务资格证书或聘用证书。

三、改革的主要内容

深化技工学校教师职称制度改革，重点围绕拓展教师职业发展通道，完善评价标准，创新评价办法，形成以能力和业绩为导向，以社会和业内认可为核心，覆盖各类技工学校教师的评价机制，建立与事业单位岗位聘用制度相衔接的职称制度。主要内容包括：

（一）健全制度体系。改革原技工学校教师职称体系，增设正高级职务级别。

技工学校教师职务分为初级职务、中级职务和高级职务。

经省政府批准设立的技师学院教师初级职务名称为助教（实习指导助教），中级职务名称为讲师（实习指导讲师），高级职务名称分为副教授（实习指导副教授）、教授（实习指导教授）。其他技工学校的初级职务名称分为教员（三级实习指导教师）和助理讲师（二级实习指导教师）；中级职务名称为讲师（一级实习指导教师），高级职务名称分为高级讲师（高级实习指导教师）、正高级讲师（正高级实习指导教师）。

改革后的技工学校教师职称（职务）分别与事业单位专业技术岗位等级相对应：教授（实习指导教授）、正高级讲师（正高级实习指导教师）对应专业技术岗位一至四级，副教授（实习指导副教授）、高级讲师（高级实习指导教师）对应专业技术岗位五至七级，讲师（实习指导讲师、一级实习指导教师）对应专业技术岗位八至十级，助教（实习指导助教）、助理讲师（二级实习指导教师）对应专业技术岗位十一至十二级，教员（三级实习指导教师）对应专业技术岗位十三级。

改革前已经取得的专业技术职务资格仍然有效，可对应改革后的专业技术职务参加相应岗位竞聘和职称评审。

（二）完善评价标准。适应建立现代职业教育体系的要求，着眼于技工学校教师队伍长远发展，修订技工学校教师水平评价标准。评价标准要充分体现技工学校教师职业特点，注重师德素养，注重实践教学和技能培养，注重职业素养培养，注重工匠精神的塑造和创新创业精神的培养，注重校企合作、工学结合，注重教学、学习、实训相结合的教育教学方法，注重教育教学一线实践经历，引导教师立德树人，爱岗敬业，积极进取，不断提高技能人才培养教育的能力和水平。

（三）创新评价机制。进一步健全同行专家评议制度，完善评审委员会工作程序和评审规则，建立评审专家责任制。改进评价方式方法，关注育人，注重教学和实践，鼓励科研教研，综合评价，继续探索社会、企业和业内认可的多种评价方式。全面推行公示制度，增强职称工作透明度。

（四）实现与事业单位岗位聘用制度的有效衔接。技工学校教师职称评审在核定的岗位结构比例和数量内进行。学校出现岗位空缺时，评聘工作按照个人申报、单位推荐、专家评审、核准公布、按岗聘用的基本程序进行。鼓励技工学校教师跨校评聘。发挥学校在用人上的主体作用，实现技工学校教师职务聘任和岗位聘用的统一。

四、组织领导

深化技工学校教师职称制度改革工作，有利于进一步加强技工学校教师队伍建设，推动全省技工学校教育科学发展，为经济文化强省建设培养大批技术技能人才。各级、各部门（单位）要高度重视，在党委、政府的统一领导下，认真抓好组织实施工作。

（一）加强领导，精心组织。设区的市人民政府和省直主管部门要切实加强对改革工作的领导，按照改革的有关政策要求精心组织实施。

（二）分工负责，密切配合。各级人力资源社会保障部门和省直有关主管部门要加强对改革实施工作的综合管理和指导监督；各学校（单位）要抓好组织和落实，按照核准的岗位设置方案和工作安排，认真做好改革中人员职称申报推荐、岗位聘用和聘后管理等工作。

（三）科学谋划，稳妥推进。正确处理好改革、发展和稳定的关系，深入做好教职工的思想教育工作，通过多种方式广泛宣传改革工作的主要内容和重大意义，充分调动教师理解支持改革、积极参与改革的积极性，把推进改革与全面履行职责、与加强教师队伍建设、与推进技工学校教育科学发展有机结合起来，确保改革工作有序进行。

附件：山东省深化技工学校教师职称制度改革职称评审办法（试行）

山东省深化技工学校教师职称制度改革职称评审办法（试行）

第一章　总　则

第一条　为加快构建适应经济社会发展的现代职业教育体系，加强技工学校教师队伍建设，培养造就一支师德高尚、业务精湛、结构合理、充满活力的高素质专业化教师队伍，促进我省现代职业教育事业健康发展，根据《事业单位人事管理条例》（国务院令第652号）、《山东省专业技术职务任职资格评审办法（试行）》（鲁人发〔2002〕26号）及其他有关规定，结合实际，制定本办法。

第二条　技工学校教师职称评审，坚持客观公正、公开透明，育人为本、德育为先的原则，实行同行专家评价，重在社会和业内认可。

第三条 技工学校教师职称评审是对岗位竞聘人选的品德、知识、能力、业绩和专业水平是否达到相应标准要求的综合评价，是技工学校教师岗位聘用的重要依据。技工学校教师职称评审，必须在核定的教师岗位结构比例和数量内进行。

第四条 技工学校教师职务名称

（一）技工学校文化、技术理论课教师职务名称定为：教授（正高级讲师）、副教授（高级讲师）、讲师、助教（助理讲师）、教员。

（二）技工学校生产实习课教师职务名称定为：正高级实习指导教师（实习指导教授）、高级实习指导教师（实习指导副教授）、一级实习指导教师（实习指导讲师）、二级实习指导教师（实习指导助教）、三级实习指导教师。

第五条 技工学校教师职称评审实行分级管理。正高级职称由省技工学校教师职务资格高级评审委员会评审，省人力资源社会保障厅核准公布；其他等级教师职称评审的组织管理按照《山东省专业技术职务任职资格评审办法（试行）》（鲁人发〔2002〕26号）及有关规定执行。

第二章 申 报

第六条 申报评审技工学校教师职称，必须符合《山东省技工学校教师水平评价基本标准条件》中规定的标准条件和要求。

第七条 技工学校教师申报评审职称，须个人提出申请，按要求填写《山东省技工学校教师职称评审表》《技工学校教师申报评审职称情况一览表》等，并如实提供相关申报评审材料。

第三章 推 荐

第八条 学校（单位）根据教师岗位设置数量、等级和工作需要，确定推荐人数，并组织竞争推荐。

已取得相应专业技术职务资格未被聘用的和未取得相应专业技术职务资格、符合岗位任职条件的教师均可参加竞争推荐。通过竞争推荐，已取得相应专业技术职务资格的，由学校（单位）直接聘用；未取得相应专业技术职务资格的，须按规定程序和要求参加职称评审，通过评审的，由学校（单位）聘用到相应教师岗位。

第九条 学校（单位）成立7人以上专家和一线教师组成的推荐委员会（专家委员会或学术委员会，其中在专业技术一线专职从事专业技术工作的教师不少于80%），对申报人的品德、业绩、工作能力、工作态度和学术技术水平等进行综合评价，提出推荐意见。

第十条 学校（单位）根据推荐委员会的推荐意见，结合参加竞争推荐人员任现职以来各学年度的考核情况，集体研究确定推荐人选。学校（单位）将推荐人选的申报材料在学校（单位）公示5个工作日，无异议后推荐上报。

第十一条 主管部门对申报材料进行审查，签署意见，负责人签字并加盖印鉴后，及时送呈报部门。

第四章 呈 报

第十二条 申报材料须由申报人所在学校（单位）审核，经主管部门审查同意并签署呈报意见后，评委会办事机构方可受理。

其中，报上级职称主管部门组建的评审委员会评审时，须逐级经人力资源社会保障部门审核同意。

第十三条 呈报部门应对评审材料进行认真审查，严格把关，按照规定的评审材料的类别和数量及时呈报到相应评审委员会办事机构。

第五章　评　审

第十四条　评审委员会办事机构根据要求受理申报材料，进行分类整理，制定评审工作方案，经评审委员会组建部门审核同意后组织实施。

评审前应组织专人对申报材料进行认真审查，符合规定要求后，再提交评审委员会评审。不符合要求的材料一律不予受理并按原渠道退回。

第十五条　技工学校教师职称评审实行委员会评审制度。根据评审的需要分别组建高级（含正高级）、中级、初级教师职称评审委员会。高级（含正高级）教师职称评审委员会执行委员一般不少于17人，中级教师职称评审委员会执行委员一般不少于10人，初级教师职称评审委员会执行委员一般不少于7人。评审委员会执行委员须由现聘为相应及以上职称等级的教师组成。

高级（含正高级）教师职称评审委员会执行委员由长期在技工学校一线从事教学工作的正高级讲师（正高级实习指导教师）和高等院校专业教育教授岗位、教育教学研究机构研究员岗位上任职且相同或相近专业的专家组成，其中，技工学校教师应不少于四分之三。

第十六条　评审委员会对申报人员的品德、知识、能力和业绩情况进行综合评价，注重教书育人业绩和一线教学实践或实习指导经历。

评审委员会实行评审专家责任制。

第十七条　评审工作的基本程序：

（一）评审委员会办事机构简要汇报准备工作情况。

（二）专业（学科）评议组成员或评审委员会执行委员分组审阅评审材料，集体评议讨论，提出初步评议意见。

（三）专业（学科）评议组向评审委员会汇报评议情况。

（四）评审委员会全体执行委员审议，进行综合评价，最后以无记名投票方式表决。

第十八条 对经评审委员会评审通过的人员实行异议期公示制度。评审委员会办事机构将评审通过人员名单，反馈到原呈报部门和申报人员所在单位公示。异议期为10个工作日。

第十九条 评审委员会办事机构写出工作总结、会议纪要等，对评审工作进行认真总结，并按要求整理好有关评审材料，公示期结束后及时报送核准。

第六章 核准公布

第二十条 经评审委员会评审通过且公示无异议的，或公示有异议经调查核实符合条件和评审程序的，由评审委员会组建部门核准并正式行文公布。

评审未通过的人员，当年度不再重新召开评审会议对其进行复议，也不得再改报其他评审委员会评审。

第二十一条 经核准公布的，颁发资格证书，《山东省技工学校教师职称评审表》存入本人档案。

第二十二条 对不符合专业技术资格申报规定条件、程序和有弄虚作假行为者，取消参加评审资格，并按有关规定处理。

第七章 附 则

第二十三条 技工学校教师职称评审其他未尽事项，按照《山东省专业技术职务任职资格评审办法（试行）》（鲁人发〔2002〕26号）规定执行。

山东省人力资源和社会保障厅 省卫生和计划生育委员会关于改革我省基层卫生专业技术职务资格评审制度的通知

（2017年1月6日 鲁人社规〔2017〕1号）

各市人力资源社会保障局、卫生计生委，省直各部门（单位），各大企业：

为深入贯彻中央和省委关于深化人才发展体制机制改革精神，根据人力资源社会保障部、国家卫生计生委《关于进一步改革完善基层卫生专业技术人员职称评审工作的指导意见》（人社部发〔2015〕94号）、人力资源社会保障部《关于加强基层专业技术人才队伍建设的意见》（人社部发〔2016〕57号）部署和要求，经研究决定改革我省基层卫生专业技术职务资格评审制度。现就有关事项通知如下：

一、总体思路

坚持以党的十八大和十八届三中、四中、五中、六中全会精神为指导，遵循卫生行业特点和人才成长规律，按照事业单位人事制度改革的要求，建立健全与事业单位岗位管理制度相衔接，更加符合医疗卫生实际、科学合理的专业技术职务资格评审制度，进一步调动基层广大卫生专业技术人员积极性、主动性、创造性，为全面深化医药卫生体制改革，加快健康山东建设提供有力的人才支撑。

二、基本原则

坚持德才兼备、以用为本，注重医德医风，注重实际贡献；坚持分级管理、分类评价，建立体现基层卫生专业技术人员特点的综合评价机制；坚持职称评审与医疗卫生单位岗位管理、人员聘用、绩效管理制度相衔接；坚持依法管理，与医师、护士执业注册管理相结合；坚持公开、平等、竞争、择优的原则。

三、主要内容

（一）设立基层卫生高级专业技术职务资格。在我省具有独立法人资格的乡镇、社区及以下卫生计生服务机构中工作增设基层卫生高级专业技术职务资格。在这些机构中工作的卫生计生专业技术人员，可根据自身条件自主选择参加全省卫生或基层卫生高级专业技术职务资格评审。通过评审取得基层卫生高级专业技术职务资格的，颁发相应资格证书，该证书仅限于在全省乡镇、社区及以下卫生计生服务机构中聘用（任）。县（市、区）级以上医疗卫生机构专业技术人员可以应聘到基层卫生计生服务机构中工作并申报评审基层卫生高级专业技术职务资格。

（二）下放评审权限。将基层卫生正高级、副高级专业技术职务资格评审权限下放至设区的市，由设区的市根据国家和我省制定的基层卫生高级专业技术职务资格评审标准条件，结合本地实际，负责本市乡镇和社区医疗卫生单位基层卫生高级专业技术职务资格评审工作，并颁发相应资格证书。

（三）调整完善评审内容。从基层卫生事业发展和人民群众健康需要出发，制定基层卫生高级专业技术职务评价标准条件。对乡镇和社区医疗单位中的卫生专业技术人员，重点考核提供基本公共卫生服务，以及常见病、多发病的诊疗、护理、康复等综合服务，承担公共卫生管理工作，以及对村卫生室、社区卫生服务站的综合管理、技术指导和乡村医生的培训等工作情况。将常见病、多发病诊治专题报告、病案分析资料、工作总结、医疗卫生新技术推广使用报告、开展健康教育与健康促进次数、健康档案管理数等作为评审标准的重要内容。论文、科研等只作为评审的参考条件。职称外语、计算机应用能力考试成绩不作为申报职称的必要条件。加强医德医风考核，引导卫生专业技术人员在强化服务意识、提高服务质量、突出工作业绩上下功夫。

（四）实行评聘结合。按照“定向评价、定向使用”的原则，在全省乡镇、社区及以下卫生计生服务机构增设基层卫生高级专业技术岗位，用于聘用具有基层卫生高级专业技术职务资格人员。基层卫生高级专业技术岗位实行总量控制、比例单列，不占各设区的市专业技术高级岗位结构比例。具体设置数量和管理办法由设区的市人力资源社会保障局负责制定。

四、完善管理机制

（一）严格评审管理。人力资源社会保障部门要发挥好职称管理和事业单位人事制度综合管理职能作用，统筹本地区基层卫生专业技术职务资格评审制度改革和岗位管理工作。卫生计生部门要发挥行业主管部门的职能优势，把握行业特点，加强业务标准的制定和监管，抓好具体改革措施的实施和改革工作的推进。

各设区的市要严格执行国家和省有关规定组建高评委，细化评价标准，严格评审程序，采取多种考核评审方式，认真执行评审工作方案和评审结果公示制度，做到客观公正、公开透明，自觉接受基层医疗卫生机构和专业技术人员的监督。要充分发挥基层医疗卫生机构的积极性和主动性，扩大用人自主权，搞活用人机制。基层医疗卫生机构要对申报人员加强医德医风和年度考核，对其业绩贡献进行严格审核把关，切实把想用好用能用的人才推荐出来参加评审。

（二）加强监督检查。各设区的市每年要将当年度评审基层卫生高级专业技术职务资格的结果报省人力资源社会保障厅、省卫生计生委备案。

省人力资源社会保障厅会同省卫生计生委建立定期抽查制度，重点对评审标准、程序和结果等进行检查，对检查中发现评审标准把握不严、程序不规范、投诉较多、争议较大的，将责令整改；对违纪违规的人员，要按照党员、干部管理权限，分别由其主管机关或纪检监察机关、人事部门根据有关规定和法定程序查处。

深化基层卫生专业技术职务资格评审制度改革，是加强卫生计生人才队伍建设的重要举措，政策性强，涉及面广，关系广大基层卫生计生专业技术人员切身利益。各级要加强领导、精心组织、周密部署，深入细致地做好政策解释、舆论宣传和思想政治工作，引导广大基层卫生计生专业技术人员积极支持和参与改革。要及时研究解决改革中出现的新情况、新问题，妥善处理改革发展稳定的关系，确保改革工作有序推进。

本通知自 2017 年 5 月 1 日起施行，有效期至 2022 年 4 月 30 日。

山东省人力资源和社会保障厅印发《关于加强基层专业技术人才队伍建设的实施意见》的通知

（2017年5月23日　鲁人社发〔2017〕18号）

各市人民政府，各县（市、区）人民政府，省政府各部门、各直属机构，各大企业，各高等院校：

省人力资源社会保障厅研究制定的《关于加强基层专业技术人才队伍建设的实施意见》已经省政府同意，现印发给你们，请认真组织实施。

关于加强基层专业技术人才队伍建设的实施意见

为贯彻落实中共山东省委印发《关于深化人才发展体制机制改革的实施意见》的通知（鲁发〔2016〕22号）和《人力资源和社会保障部关于加强基层专业技术人才队伍建设的意见》（人社部发〔2016〕57号）精神，健全完善县（市、区）及以下基层人才工作体制机制，培养造就一支扎根基层、素质优良、结构合理、服务发展的专业技术人才队伍，制定本实施意见。

一、创新评价使用机制

（一）完善以品德、能力、业绩为导向的评价机制。克服唯学历、唯论文等倾向，提高工作量、工作实绩、业务能力和基层工作年限等评价权重。基层专业技术人才在本专业岗位中的工作总结、教案、病历、技术推广总结、工程项目方案、专利成果等反映本人学术技术水平的成果，以及获得两年以上的事业单位年度考核优秀等次，在本专业领域获得县级及以上党委、政府或者市级及以上部门的表彰奖励，均可作为基层专业技术职务资格评审的重要参考。

（二）创新基层专业技术人才评价办法。完善评审专家责任制，灵活采用业务测试、评审、面试答辩、考评结合、综合评议等多种方式，对申报人员的学术技术水平和能力业绩情况进行科学、客观的评价。在职称评审时，可对基层专业技术人才实行单独分组、单独评审。职称外语和计算机应用能力考试成绩不再作为基层专业技术人才职称评审的必要条件。

（三）完善基层专业技术人才职称评审倾斜政策。在乡镇专业技术岗位工作的专业技术人才（医疗卫生专业除外），申报评审专业技术职务资格，可不受所学专业限制；评审时，侧重考察其实际工作业绩。非乡镇单位专业技术人才交流聘用到乡镇单位专业技术岗位工作，在现岗位工作 1 年以上，经考核符合相应专业技术职务资格条件的，可不受任职年限和职务级别的限制，申报评审相应专业技术职务资格。有条件的市、部门（单位）可根据实际情况，适当减免基层专业技术人才职称评审费用。

（四）建立“定向评价、定向使用”的乡镇专业技术职称评审制度。在现有专业技术职务资格评审系列基础上，由各设区的市结合本地实际情况，研究制定本地区乡镇（不含城区街道办事处）专业技术职称评审管理办法，对乡镇专业技术人才实行“定向评价、定向使用”，颁发乡镇专业技术职务资格证书，证书在全省乡镇区域内有效。国家实行以考代评的职称系列，基层单位可允许低于国家合格标准 5 分且符合岗位条件的人员参加竞争聘用。

（五）健全完善乡镇专业技术人才职务晋升机制。乡镇专业技术人才可以自主选择参加全省统一的专业技术职务资格评审或乡镇专业技术职务资格评审。按乡镇专业技术职务资格标准评审的专业技术人才，不得以取得的相应职务资格去申报晋升全省统一的专业技术职务资格。乡镇专业技术人才流动到城区街道办事处及县（市、区）以上单位工作的，其取得的乡镇专业技术职务资格证书不作为相应岗位的聘用依据。

（六）加大对乡镇专业技术人才聘用力度。健全完善乡镇事业单位岗位结构比例动态调整机制。“定向评价、定向使用”的乡镇高级专业技术岗位，由县（市、区）人力资源社会保障部门实行总量控制、比例单列，不占乡镇事业单位专业技术岗位结构比例总数。具体设置数量和管理办法由设区的市人力资源社会保障部门负责制定。

二、完善引进培养机制

（七）完善基层事业单位公开招聘制度。适当放宽基层事业单位招聘人员学历要求，公开招聘乡镇事业单位工作人员，学历最低可以到高中、中专（含技工学校），行业职业准入对学历有要求的岗位除外。基层事业单位首次与招聘人员签订聘用合同的同时，可以约定最低服务年限。对紧缺专业岗位或乡镇事业单位公开招聘后不能形成竞争的，经设区的市以上事业单位公开招聘主管机关批准，可适当降低开考比例或不设开考比例，划定成绩合格线。乡镇事业单位公开招聘硕士研究生或副高级职称以上专业技术人才，可采取面试、组织考察等方式进行招聘；急需专业本科以上学历、中级以上专业技术职务资格人员到乡镇学校、医院、水利、农技、林业、文化等公共服务事业单位工作，且最低服务年限在5年以上的，经县（市、区）人力资源社会保障部门考核合格，可采取直接考察的方式公开招聘。省、市级所属事业单位面向社会公开招聘时，应拿出一定数量岗位招聘有基层专业技术岗位工作经历的人员，应聘人员需满足基层最低服务年限。

（八）创新基层专业技术人才培养模式。继续实施免费师范生制度；推进实施免费医学生制度，实行乡村订单定向免费医学生培养工作，重点实施面向乡镇卫生院、村级卫生室的免费医学生培养；逐步扩大免费生的招生范围，探索实施专业人才定向培养计划，为乡镇一线培养各类专业技术人才。

（九）健全基层专业技术人才继续教育制度。鼓励支持依托当地高等院校、职业学院、医疗机构、科研机构或大型企业公司，创建省级专业技术人才继续教育基地。进一步推进继续教育制度与工作考核、岗位聘用、职称评审等人事管理制度的衔接。基层专业技术人才每年参加继续教育时间累计不少于 90 学时，用人单位应保障其参加继续教育权利和学习期间各项待遇。大力实施基层专业技术人才知识更新工程，从 2017 年起，全省专业技术人才省级高级研修计划每年安排 20 期以上高研班，用于培训全省县乡两级 1000 名左右急需紧缺、骨干专业技术人才和企业高级经营管理人才。

三、引导人才向基层流动

（十）促进人才合理流动。充分发挥市场在人才资源配置中的决定性作用和企事业单位用人主体作用，鼓励和支持企事业单位加大人才引进力度。加快人才公共服务体系建设，进一步打破户籍、地域、身份、学历、人事关系等制约，健全完善人才在不同性质单位之间流动社会保险转移接续办法。推进县域内义务教育学校校长、教师交流轮岗，义务教育学校教师评聘高级教师和评选特级教师须有 1 年以上在农村学校、薄弱学校任教的经历。在乡村学校（含城镇学校交流、支教教师）任教 3 年以上、经考核表现突出的教师，同等条件下优先评聘。继续执行城市医疗卫生专业技术人才晋升高级专业技术职称须有 1 年以上农村基层工作服务经历的政策。

（十一）创新基层柔性招才引智方式。深化提升科技副职选派、基层人才挂职研修、急需紧缺人才项目引进等工作，开展卫生、农业、教育、科技、文化领域人才到基层挂职锻炼和兼职服务。专业技术人才由单位选派到基层服务期间，其原单位岗位、职级、工资福利保留不变。将在基层服务的经历、贡献和业绩作为职称评审的重要考核指标，纳入省级医疗机构、农业科研机构等高级专业技术职务资格评审、岗位聘用的必要条件。

（十二）加大各类人才服务基层力度。建立省级重点人才工程人选基层志愿服务制度，每年建设10家省级专家服务基地，鼓励专家服务基地依托当地重点产业开展专家服务基层活动。继续开展好选调优秀高校毕业生到村任职、“三支一扶”计划等基层服务项目，统筹各类大学生到基层就业创业计划。通过政府购买工作岗位、实施学费和助学贷款代偿、提供创业扶持等方式，引导高校毕业生到农村和社区服务、就业和自主创业。切实落实好工作生活补贴、参加社会保险、职称评定和创业扶持等优惠政策。设区的市以下机关事业单位考录和公开招聘，扩大基层定向岗位比例，引导服务期满毕业生报考基层岗位。

（十三）鼓励和引导高层次急需紧缺人才到基层一线工作。鼓励社会力量引进高层次人才奖励适当向基层倾斜。通过特设岗位引进到乡镇事业单位工作的急需高层次人才，可不受用人单位岗位结构比例和核定的岗位数限制，其所聘岗位等级可放宽至专业技术八级。对具有副高级以上专业技术职务资格，基层急需且本人自愿到乡镇事业单位工作的，经逐级申请，设区的市人力资源社会保障部门审批，可聘用到正高级基层专业技术岗位。在推荐、选拔国家百千万人才工程人选、享受国务院政府特殊津贴专家、省有突出贡献的中青年专家、齐鲁和谐使者、齐鲁文化英才和齐鲁名师等国家级或省级人才时，注重向基层专业技术人才倾斜。

四、健全激励保障机制

（十四）完善基层收入分配制度。对基层事业单位，在核定绩效工资总量时给予倾斜。严格落实乡镇工作补贴制度，调离乡镇工作岗位或退休人员，从调离或退休的下月起，停发乡镇工作补贴。支持基层专业技术人才转移转化科技成果，落实成果转化收益分配有关规定。

（十五）加大基层专业技术人才表彰奖励力度。坚持精神奖励和物质奖励相结合，建立以政府奖励为导向、单位奖励为主体、社会奖励为补充的基层专业技术人才奖励体系。对长期在乡镇工作、做出突出贡献、取得显著成效的专业技术人才，按照有关规定给予表彰奖励。

（十六）完善多元化人才投入机制。健全政府、企业和社会力量共同参与的多元投入保障机制。加大政府财政投入力度，将基层专业技术人才队伍建设经费纳入市、县（市、区）人才发展专项资金，予以优先保障；引导企业加大人才投入，鼓励企业设立人才发展专项基金，专门用于人才开发；充分利用天使投资、风险投资和股权投资基金等社会资本加大对基层专业技术人才创新创业的金融扶持。

五、加强组织领导

（十七）建立健全工作机制。要充分认识加强基层专业技术人才队伍建设的重要意义，省人力资源社会保障部门要在省人才工作领导小组领导下，积极发挥职能作用，做好全省基层专业技术人才队伍建设的统筹规划和政策制定，教育、财政、卫生计生、农业等部门负责各自行业基层专业技术人才队伍建设的具体实施工作。各地、各部门要密切沟通协作，健全工作机制，创新完善政策，形成共同推进基层专业技术人才队伍建设的强大合力。

（十八）建立基层专业技术人才工作目标责任制。各地要把基层专业技术人才队伍建设纳入本地区人才工作总体规划统一部署实施，并作为人才工作考核的重要内容，确保基层专业技术人才工作各项目标任务落实到位。加强专业技术人才管理队伍建设，利用3年左右时间，对县域内从事专业技术人才管理服务的骨干轮训一遍。

（十九）加强宣传引导工作。充分运用报刊、广播、电视等传统媒体和手机、网络等新媒体，加大对先进典型的宣传力度，弘扬先进事迹，营造关心支持基层专业技术人才工作的良好氛围。激励引导广大基层专业技术人才立足岗位、扎根基层、务实奉献，为山东省在全面建成小康社会中走在前列做出积极贡献。

山东省人力资源和社会保障厅 省住房和城乡建设厅关于实施注册城乡规划师职业资格制度有关问题的通知

（2017 年 9 月 1 日　鲁人社字〔2017〕234 号）

各市人力资源社会保障局、住房城乡建设局（规划委、规划局），省直各部门（单位），各大企业，各高等院校：

根据人力资源社会保障部、住房城乡建设部《关于印发〈注册城乡规划师职业资格制度规定〉和〈注册城乡规划师职业资格考试实施办法〉的通知》（人社部规〔2017〕6 号）精神，现将我省实施注册城乡规划师职业资格制度有关问题通知如下：

一、省人力资源社会保障厅、省住房城乡建设厅负责全省注册城乡规划师职业资格制度的实施，对注册城乡规划师职业资格考试、注册、继续教育、执业进行指导、监督和检查。

二、省人力资源社会保障厅负责全省注册城乡规划师职业资格考试的组织，对注册城乡规划师职业资格考试合格人员颁发人力资源社会保障部统一印制，人力资源社会保障部、住房城乡建设部共同用印的《中华人民共和国注册城乡规划师职业资格证书》，该证书在全国范围有效；对注册城乡规划师职业资格的注册和使用情况进行检查、监督。注册城乡规划师职业资格考试的报名、组织等考务工作，由省人事考试中心承担。收费相关问题按有关规定办理。

三、省住房城乡建设厅负责取得资格证书人员注册管理工作和注册后的执业管理工作。

四、取得证书人员的继续教育工作根据人力资源社会保障部、住房城乡建设部的规定和要求办理。

五、注册城乡规划师职业资格考试的报名条件、证书注册管理等有关问题，按照人社部规〔2017〕6号文件的规定执行。

六、有关注册城乡规划师职业资格考试的考务工作，届时另行通知。

山东省人力资源和社会保障厅关于做好全省援藏援疆援青专业技术人员职称评审有关工作的通知

（2017年9月19日　鲁人社字〔2017〕255号）

各市人力资源社会保障局，省直各部门（单位），各大企业，各高等院校：

为进一步做好全省援藏、援疆、援青专业技术人员（以下简称“援派专业技术人员”）的管理工作，充分调动援派专业技术人员的积极性，引导和激励更多专业技术人员踊跃参与援派工作，根据《中共中央办公厅国务院办公厅印发〈关于深化职称制度改革的意见〉的通知》（中办发〔2016〕77号）、《中共山东省委组织部、山东省财政厅、山东省人力资源和社会保障厅印发〈关于加强援藏援疆援青干部和人才管理工作的意见〉的通知》（鲁组发〔2012〕59号）等文件精神，结合工作实际，现就我省援派专业技术人员职称评审有关工作通知如下：

一、人员范围

全省各级党委政府统一组织选派的专业技术人员，在西藏、新疆、青海三省受援地连续或累计工作满1年（学年）以上。

二、评审程序

（一）援派期间符合申报条件的专业技术人员，可在受援地，也可在派出地参加职称评审，按照鲁组发〔2012〕59号文件规定组织申报推荐。申报评审须征得派出地和受援地单位及主管部门的同意，推荐公示和异议期公示须在派出单位和受援单位同时进行。

（二）在我省参加评审的，评审办法及程序按照我省职称评审有关文件规定执行，可免于职称外语、计算机考试和评审前业务能力测试。评委会办事机构组织对申报人员在受援地期间的现实表现进行考察，重点考察申报人员工作业绩能力和水平，援派工作履职尽责情况等，考察通过后方可提交评委会评审。考察可采取委托考察或实地考察的办法进行。委托考察的，由评委会办事机构出具委托函，委托受援单位的主管部门进行。

在受援地评审的，按照受援地有关规定并办理相应委托评审手续。我省对评审通过人员资格予以公布，纳入全省职称证书数据库，免于办理资格确认手续。

（三）援派专业技术人员援派期间未参加职称评审，援派工作结束后回省工作首次参加职称评审，仍可按照鲁组发〔2012〕59号文件规定组织申报推荐，其任职期间在受援地工作的各项相关业绩和贡献均可作为申报评审的依据。

三、其他

实行自主评价、按岗聘用职称制度改革的高校、科研院所等单位，按照管理权限自主制定相应办法。

山东省人力资源和社会保障厅 省教育厅关于做好中等职业学校教师职称过渡等有关工作的通知

（2017 年 10 月 9 日　鲁人社字〔2017〕277 号）

各市人力资源社会保障局、教育局，省直有关部门（单位）：

根据省人力资源社会保障厅、教育厅《关于印发〈山东省深化中等职业学校教师职称制度改革工作实施方案〉的通知》（鲁人社发〔2016〕39 号）等有关文件精神，为进一步深化中等职业学校教师职称制度改革，经研究，决定对相关人员的职称进行统一过渡。现将有关事项通知如下。

一、过渡人员范围

由国家机关举办或其他组织利用国有资产举办并列入事业机构编制管理范围的中等职业学校和中等职业教育教学研究机构等（以下简称“中职学校”）中具有中小学教师职称的在岗在编人员。

二、过渡办法

（一）将中职学校教师现有人员的中小学教师职称统一过渡为中职学校教师职称，统一办理过渡手续。

中小学与中职学校教师职称等级对应关系是：正高级教师对应正高级讲师（正高级实习指导教师），高级教师对应高级讲师（高级实习指导教师），一级教师对应讲师（一级实习指导教师），二级教师对应助理讲师（二级实习指导教师），三级教师对应教员（三级实习指导教师）。

（二）过渡前，已聘任中小学教师职务的，过渡后，按相应的专业技术岗位等级聘任。

已取得中小学教师职称未聘任人员，保留过渡后的资格，待相应岗位出现空缺时，按规定程序参加竞聘。

（三）完成过渡的人员，符合条件的可参加当年的职称申报。

三、过渡程序

过渡工作在设区的市人力资源社会保障局、教育局的指导下，由学校（单位）统一组织办理。具体程序如下：

（一）学校审查、登记。学校（单位）对本单位具有中小学教师职称的人员情况进行认真核实，统一填写《山东省中等职业学校教师职称过渡登记表》（见附件1，以下简称《登记表》）。

（二）个人确认。教师（专业技术人员）对学校（单位）填写的《登记表》核对确认，并在本学校（单位）公示5个工作日。

（三）审核备案。学校（单位）将《登记表》、《山东省中等职业学校教师职称过渡人员情况一览表》（见附件2）报同级人力资源社会保障、教育部门审核备案。省直单位所属学校（单位）报省直主管部门审核备案。《登记表》存入个人档案。职称证书由同级人力资源社会保障部门或省直主管部门统一标识。

四、工作要求

（一）职称过渡工作涉及每位教师的切身利益，各设区的市、县（市、区）务必高度重视，从关心教师、方便教师的角度出发，合理安排、周密部署，2018年7月31日前完成过渡工作。完成过渡工作以后，应按照中等职业学校教师有关评审标准和要求进行职称工作。

（二）过渡工作要严格按照规定的人员范围和程序办理，对过渡过程中发现的弄虚作假等问题和人员要严肃处理。

民办学校参照本通知执行。

附件：1. 山东省中等职业学校教师职称过渡登记表

2. 山东省中等职业学校教师职称过渡人员情况一览表

（附件本书略）

山东省人力资源和社会保障厅 省卫生和计划生育委员会关于印发《山东省基层卫生高级职称评审条件指导标准(试行)》的通知

（2017 年 10 月 13 日　鲁人社规〔2017〕19 号）

各市人力资源社会保障局、卫生计生委，省直各部门（单位），各大企业：

现将《山东省基层卫生高级职称评审条件指导标准（试行）》印发给你们，请遵照执行。

山东省基层卫生高级职称评审条件指导标准（试行）

为客观、公正、科学地评价我省基层医疗卫生机构专业技术人员的能力和水平，逐步建立分类评审制度，培养造就一支综合素质好、技能适宜的基层卫生专业技术人才队伍。根据人力资源社会保障部、国家卫生计生委《关于进一步改革完善基层卫生专业技术人员职称评审工作的指导意见》（人社部发〔2015〕94 号）和省人力资源社会保障厅、省卫生计生委《关于改革我省基层卫生专业技术职务资格评审制度的通知》（鲁人社规〔2017〕1 号）等有关规定，结合我省基层卫生工作实际和岗位要求，制定本评审条件指导标准。

一、适用范围

本条件适用于经卫生计生行政部门批准且具有独立法人资格的乡镇、社区及以下卫生计生服务机构中卫生专业技术人员。

二、资格设置

基层卫生高级职称分为医、药、护、技4类，正高级和副高级职称名称分别为：

（一）基层主任医师、基层副主任医师

（二）基层主任药师、基层副主任药师

（三）基层主任护师、基层副主任护师

（四）基层主任技师、基层副主任技师

三、评审标准条件

（一）基本条件

1. 遵守中华人民共和国宪法和法律，认真贯彻执行党的路线、方针、政策，遵纪守法，积极工作。

2. 具有良好的思想素质和职业道德，能全面、熟练地履行岗位职责，完成规定的工作。积极承担医疗、预防及培养指导下级卫生专业技术人员任务。

3. 取得法定的相应专业执业资格并依法完成注册。

4. 按照规定完成继续医学教育培训。

5. 任现职期间在上级医疗卫生机构进修时间累计6个月以上。

6. 任现职以来，近5年年度考核结果均为“合格”（含合格）以上。

（二）学历资历条件

1. 基层主任医（药、护、技）师，符合下列条件之一：

（1）具有大学本科及以上学历或学士及以上学位，聘任副主任（基层副主任）医（药、护、技）师专业技术职务5年以上；

（2）具有大学专科学历，从事本专业工作25年以上，聘任副主任（基层副主任）医（药、护、技）师专业技术职务8年以上。

2. 基层副主任医（药、护、技）师，符合下列条件之一：

（1）具有大学本科及以上学历或学士及以上学位，聘任主治（主管）医（药、护、技）师专业技术职务5年以上；取得博士学位，聘任主治（主管）医（药、护、技）师专业技术职务2年以上；

（2）具有大学专科学历，聘任主治（主管）医（药、护、技）师专业技术职务8年以上。

（三）能力业绩条件

1. 基层主任医（药、护、技）师条件

（1）全科医学：需具有注册范围为全科医学的医师执业证书。在全方位开展健康促进、疾病预防、诊疗、康复、社区护理等方面有丰富的经验；能根据社区情况制定社区诊断方案，熟练掌握主要慢性病的一、二、三级预防，以及急症的鉴别诊断、紧急救治处理与转诊；通过对病例的筛查，能及时准确地发现常见慢性病人，并对其进行长期跟踪服务；能正确识别、评价与干预心理行为疾患和家庭、社区健康问题，有较强的基层卫生保健组织管理能力；能制定社区不同人群的健康计划，组织实施，并对全程进行评价。

（2）内科：具有全面承担、指导本专业各项业务工作的能力，并在本专业范围内有专长和特长；具有精湛的技术操作能力，具备正确抢救危急重症能力，具有较强的医疗活动组织管理能力。

（3）外科：具有全面承担、指导本专业各项业务工作的能力，并在本专业范围内有专长和特长；能独立完成本专业较复杂手术，有丰富的临床经验和较强的应变能力，具有较强的医疗活动组织管理能力。

（4）妇产科：具有全面承担、指导本专业各项业务工作的能力，并在本专业范围内有专长和特长；能独立完成本专业较复杂手术，有丰富的临床经验和较强的应变能力，具有较强的医疗活动组织管理能力。

（5）儿科：具有全面承担、指导本专业各项业务工作的能力，并在本专业范围内有专长和特长；具有精湛的技术操作能力，具备正确抢救危急重症能力，具有较强的医疗活动组织管理能力。

（6）口腔科：具有全面承担、指导本专业各项业务工作的能力，并在本专业范围内有专长和特长；具有精湛的技术操作能力，具备正确抢救急重症能力，具有较强的医疗活动组织管理能力。

（7）公共卫生：在全面掌握本专业的基础理论知识，掌握本专业相关的法律、法规、标准及技术规范的基础上，对本专业某一方面有一定的研究；能制定疾病控制工作计划，并具有组织实施、评价和总结的能力；能组织开展重点疾病的预测预报，对常见的疾病防治、计划免疫、学校卫生、妇幼保健、紧急疫情、不明原因的群体病提出处理原则和防治方案；能正确处理公共卫生事件。

（8）计划生育：精通本专业基础理论和专业知识，并在本专业范围内有专长和特长。在计划生育服务和相关疾病的诊断、治疗及预防等方面有丰富的临床经验；能正确、熟练地组织和指导对专科危重病人的抢救和治疗；能解决疑难复杂病症的诊治及重大技术问题；能承担疑难复杂病症的会诊；对计划生育技术服务工作有全面的组织管理能力。

（9）药学：全面掌握本专业的基本理论知识，熟悉药事法规，根据所从事岗位特点，能熟练解决本专业复杂疑难问题；全面掌握药剂专业的操作规程与技术；具备指导下级药师解决疑难问题和组织下级药师开展合理用药咨询、药品不良反应监测、药物治疗方案设计的能力，对新药及药品有一定的分析评价能力。

中药人员还应全面系统掌握中药的加工炮制、制剂、调配、鉴别和养护等技术操作，并在某一方面有所特长和专长。

（10）护理：全面掌握护理专业的基础理论与专科知识；在

本专业护理方面有丰富的临床经验和造诣；能正确、熟练地组织、指导护理及配合医生抢救危重病人；具有较高的解决护理工作中复杂疑难问题的综合能力；能全面负责管理范围日常工作的质量监督、控制。

（11）医技类：熟练掌握本专业现状及发展动态，在本专业某一领域具有较高的基础知识和专业能力；具有丰富的临床经验和熟练的技术操作能力，能熟练解决本专业复杂疑难问题，对本专业的临床工作具有较强的组织管理能力。

（12）中医：全面掌握中医基础理论、中医经典著作及与本专业相关学科的进展；熟练运用中医理、法、方、药进行辨证论治；能熟练运用中医适宜技术防治常见病、多发病，并做好适宜技术推广工作；对本专业领域内较复杂的疾病、危急重症和较疑难的病症有较深的理解，并能正确地诊断和熟练地处理；具备较高的带教能力，可全面开展中医基层师承工作。

2. 基层副主任医（药、护、技）师条件

（1）全科医学：需具有注册范围为全科医学的医师执业证书。在全方位开展健康促进、疾病预防、诊疗、康复、社区护理等方面有一定的经验；能根据社区情况制定社区诊断方案，熟练掌握主要慢性病的一、二、三级预防，以及急症的鉴别诊断、紧急救治处理与转诊；通过对病例的筛查，能及时准确地发现常见慢性病人，并对其进行长期跟踪服务；具有一定的基层卫生保健的组织管理能力；能制定社区不同人群的健康计划，组织实施，并对全程进行评价。

（2）内科：熟练掌握正确的病史采集和物理学检查技术；掌握常见疾病的发病原理及其诊断、鉴别诊断要点和处理原则；掌握常用诊疗技术、相关技能及常用药物的正确使用；对较复杂疑难病症能做出正确诊断并及时安全转送；具有较高的医疗活动组织管理能力。

（3）外科：对外科领域内疾病、危急重症能作出正确地诊断、鉴别诊断和初步处理；熟练掌握外科各种中型手术的指征、手术操作技术、手术前后处理等；具有较高的医疗活动组织管理能力。

（4）妇产科：对妇产科领域内疾病、危急重症能作出正确地诊断、鉴别诊断和初步处理；熟练掌握中型手术的指征、手术操作技术、手术前后处理等；具有较高的医疗活动组织管理能力。

（5）儿科：熟练掌握正确的病史采集和物理学检查技术；掌握常见疾病的发病原理及其诊断、鉴别诊断要点和处理原则；掌握常用诊疗技术、相关技能及常用药物的正确使用；对较复杂疑难病症能做出正确诊断并及时安全转送；具有较高的医疗活动组织管理能力。

（6）口腔科：熟练掌握正确的病史采集和物理学检查技术；掌握常见疾病的发病原理及其诊断、鉴别诊断要点和处理原则；掌握常用诊疗技术、相关技能及常用药物的正确使用；对较复杂疑难病症能做出正确诊断；具有较高的医疗活动组织管理能力。

（7）公共卫生：掌握系统的预防医学理论，三级预防原则及步骤；熟悉常见传染病的防治、检疫、隔离措施；具有组织实施传染病、慢病防治及地方病、寄生虫病防治方案能力，能承担流行病学调查任务；熟悉儿童计划免疫、学校卫生、妇幼保健、健康咨询、健康检查、检查结果的判读及健康指导；熟练进行公共卫生有关业务活动的设计及数据的收集、处理工作。

（8）计划生育：具有本专业系统的基础理论和专业知识，能正确、熟练地完成计划生育的各项技术服务工作；能正确、熟练地解决计划生育常见的复杂、疑难病症的诊治和手术问题；能承担计划生育的指导与咨询工作；在计划生育技术服务工作中有一定的组织、管理能力；对本地区的计划生育技术服务工作提出指导性的意见。

（9）药学：掌握本专业的基本理论知识，具有较丰富的药学工作经验，了解医院药学管理及法规的基本内容；掌握药品供应、调配、管理及养护等各项工作的技术要求和操作规范；掌握毒、麻、精神药品等特殊药品的管理规定，了解药品不良反应监测的程序与监测方法。

中药人员应熟练掌握中药的加工炮制、制剂、调配、鉴别和养护等技术操作，并在某一方面有所专长。

（10）护理：掌握护理专业的基础理论与专科知识，具有丰富的临床护理经验；掌握本专科疾病的护理要点、治疗原则，能熟练掌握本专科护理技能；能独立解决本专业疑难重症病例的护理问题。

（11）医技类：了解本专业现状及发展动态，熟练掌握本专业各项技术操作及相关技能，有丰富的实践经验；能吸收最新技术并应用于本专业，为相关学科提供准确的诊断、检查报告，参与有关疾病的诊断、治疗、预防工作；了解本专业仪器设备的原理、性能、使用及其安装、保养和维护。

（12）中医：全面掌握中医基础理论、中医经典著作及与本专业有关的各家学说；能运用中医理、法、方、药进行辨证论治；能熟练运用中医适宜技术防治常见病、多发病；对本专业领域内较复杂疑难的疾病、危急重症有深入的了解，并能正确的诊断和处理；掌握与本专业有关的现代医学临床知识及技能；具备中医带教能力，可开展中医基层师承工作；具有较高的医疗活动组织管理能力。

四、评价考核重点

参加基层卫生高级专业技术职务资格评审的专业技术人员，论文、科研不做硬性规定。根据医疗卫生机构功能定位和分级诊疗的要求，将常见病、多发病诊治专题报告、病案分析资料、工作总结、医疗卫生新技术推广使用报告、开展健康教育与健康促进次数、健康档案管理数等作为评审标准的重要内容。重点考核提供基本公共卫生服务，常见病、多发病的诊疗、护理、康复等综合服务能力，承担公共卫生管理工作以及对村卫生室、社区卫生服务站的综合管理、技术指导和乡村医生的培训等工作情况。加强医德医风考核，引导卫生专业技术人员在强化服务意识、提高服务质量、突出工作业绩上下功夫。

五、附则

（一）申报基层卫生高级职称的专业技术人员不得同一年度申报评审全省统一的卫生高级职称。取得基层卫生副高级职称的专业技术人员申报全省统一的卫生正高级职称时，需取得全省统一的卫生副高级职称后申报。

（二）学历必须是国家承认的正规学历，所学专业必须与本人所申报的专业相同或相近。

（三）本文所称“以上”含本数，所称“以下”含本级。

（四）本标准由省卫生和计划生育委员会负责解释。

（五）各设区的市可根据国家和省有关规定以及本评审条件指导标准，结合当地实际，制定本市具体的评价标准。对不具备规定的学历、资历但长期扎根基层，业绩显著、贡献突出的，各设区的市可制定相应破格条件。

（六）本指导标准自 2017 年 10 月 13 日起施行，有效期至 2019 年 10 月 12 日。

（二）资格评价

劳动部关于试行《职业技术培训教师专业证书》制度的实施意见

（1988年9月1日　劳培字〔1988〕2号）

根据国家教委、人事部教高三字〔1988〕006号《关于成人高等教育试行〈专业证书〉制度的若干规定》，结合技工学校、就业训练中心和企业培训中心的实际情况，决定试行《职业技术培训教师专业证书》制度，具体实施意见如下：

一、试行《职业技术培训教师专业证书》制度是根据职业技术培训教师工作岗位的需要，对从事培训工作多年，具有一定业务知识或教学能力，但未达到现行教师任职资格所要求的大专毕业程度的人员，有目的地进行成人高等专业知识教育。《职业技术培训教师专业证书》是学员经过学习达到了职业技术培训教师岗位所要求的大专知识水平的一种证明，只在职业技术培训部门（如技工学校、技工教师进修学校、技工培训研究室、就业训练中心、企业培训中心）本专业（工种）的教学工作范围内适用，作为评定、聘任（任命）职业技术培训教师专业技术职务任职资格的学历依据。若转换其他专业（工种）岗位，则应再接受新的专业知识教育，取得相应的《专业证书》。

二、参加《职业技术培训教师专业证书》教学班的学员应同时具备以下条件：

（1）从事技工学校、技工教师进修学校、技工培训研究室、就业训练中心、企业培训中心教学或研究工作，未达到岗位所要求的大专毕业程度而仍需留原岗位工作的专职人员；

（2）有技工学校、职业高中以及高中毕业文化程度或同等学力；

（3）有五年以上本岗位专业工龄，所学专业对口；

（4）年龄一般在三十五周岁以上。生产实习指导教师年龄可适当放宽。

符合以上条件的在职人员，由所在单位推荐，上级主管部门批准，经承办院校文化考核合格后，方能入学。考核的具体办法和课目应考虑培养职业技术培训教师的特点和要求，由省、自治区、直辖市及计划单列市劳动局（劳动人事厅）和国务院有关部委的职业技术培训业务主管部门会同本地区、本部门教育主管部门规定；跨省、自治区、直辖市招生的教学班由劳动部培训司规定。

三、根据成人高等教育试行《专业证书》制度若干规定的精神，举办《职业技术培训教师专业证书》教学班，应由省、自治区、直辖市及计划单列市劳动局（劳动人事厅）和国务院有关部委的职业技术培训业务主管部门，向承办院校所在省、自治区、直辖市及计划单列市的教育主管部门提出申报，经批准后，方可开班。确需跨省、自治区、直辖市联合办班或招生，应报劳动部培训司批准后实施，并抄报国家教委和承办院校所在省、自治区、直辖市及计划单列市教育主管部门备案。

申报举办《职业技术培训教师专业证书》教学班的内容，应包括委托办班院校、开设专业、教学计划、学员人数、办学形式及入学考试办法等。

四、《职业技术培训教师专业证书》教学班的教学计划和教学大纲应根据职业技术培训的实际需要制订，在专业知识上要达到与高等职业技术专科学校同类专业相当的质量要求。课程设置要体现职业技术培训的特点，专业（工种）的针对性要强，教学要侧重应用知识和工艺理论的内容，同时，还应根据实际情况，适当安排教育理论和生产实习教学法的学习。课程设置为八至十门，教学总时数一般为八百学时。办学形式可根据专业（工种）的实际情况，办脱产班或半脱产班。学制：全脱产班一般为一年，半脱产班为一年半。

五、《职业技术培训教师专业证书》的颁发学员学完教学计划规定的全部课程，考试成绩合格者，发给《职业技术培训教师专业证书》。《职业技术培训教师专业证书》由劳动部培训司统一印制，经省、自治区、直辖市及计划单列市劳动局（劳动人事厅）和国务院有关部委职业技术培训业务主管部门验印后，由承办院校颁发。

试行《职业技术培训教师专业证书》制度，是一项涉及面广、政策性强的工作；各省、自治区、直辖市及计划单列市劳动局（劳动人事厅）和国务院有关部委职业技术培训业务主管部门应切实加强领导，统筹规划，精心组织和指导。要先行试点，总结经验，逐步实施，防止一哄而起；要从严要求，按需培养，确保质量。

劳动和社会保障部办公厅关于技工学校就业训练中心以及民办职业培训机构教师上岗资格认定有关问题的通知

（2003年7月3日　劳社厅发〔2003〕15号）

各省、自治区、直辖市劳动和社会保障厅（局）：

根据国务院《关于取消第二批行政审批项目和改变一批行政审批项目管理方式的决定》（国发〔2003〕5号）要求，经研究，决定改变技工学校、就业训练中心以及民办职业培训机构教师上岗资格认定工作方式。现将有关事项通知如下：

从2003年7月起，技工学校、就业训练中心以及民办职业培训机构教师上岗资格认定工作采取条件公开、个人申请、专家认定、行政公示并公布的方式进行。劳动保障部门可参照技工学校、就业训练中心及民办职业培训机构教师上岗资格条件（见附件），结合本地实际，提出具体条件，并向社会公布。要成立由学校、培训机构、企业等方面专家组成的职业培训教师上岗资格专家认定工作委员会（也可依托技工学校职称评定委员会），定期组织审核认定工作，提出认定意见，由劳动保障部门公示后向社会公布，并颁发相应的职业培训教师上岗资格证书。

对已经取得教育部门颁发的《教师资格证书》的人员，专家认定工作委员会可直接认定其文化技术理论课教师资格，并由劳动保障部门颁发相应的职业培训教师上岗资格证书。对拟任生产实习指导教师的人员，专家认定工作委员会要对照相应的职业培训教师上岗资格条件，提出是否认定的意见。对符合条件的，可由劳动保障部门直接颁发相应的职业培训教师上岗资格证书；

对不符合条件的，要说明理由，并推荐其参加相应的技能强化培训，满足条件后，再由劳动保障部门颁发相应的职业培训教师上岗资格证书。

各地要根据本通知要求，调整工作方式，认真做好技工学校、就业训练中心及民办职业培训机构在职教师和新任教师上岗资格认定工作。新任教师必须达到职业培训教师上岗资格条件，在职教师应通过参加进修或培训，到2005年底前逐步达到职业培训教师上岗资格条件。

附件：技工学校、就业训练中心以及民办职业培训机构教师上岗资格条件（试行）

技工学校、就业训练中心以及民办职业培训机构教师上岗资格条件（试行）

根据《中华人民共和国教师法》《关于加强技工学校及就业训练中心等职业培训机构教师队伍建设的通知》（劳部发〔1996〕293号）、《关于做好技工学校和就业训练中心及其他职业培训机构教师上岗资格认定工作的通知》（劳部发〔1997〕88号）和《关于加强职业培训教师队伍建设的意见》（劳社部函〔2002〕12号）制定。

一、技工学校、高级技工学校教师上岗资格条件

技工学校、高级技工学校文化技术理论课教师（包括文化理论课教师和专业理论课教师），应具备高等职业技术师范学院、普通高等师范学院或者其他高等院校本科或以上学历。

技工学校专业理论课教师应具有本专业某一职业（工种）初级或以上技能水平。生产实习指导教师应具备高级技工学校（高职院校）或以上学历，同时具有高级以上（含高级）技能水平或相应专业高级以上（含高级）专业技术职务，其中，承担初级技能培训的生产实习指导教师应具备中等职业学校或以上学历，同时具有中级以上（含中级）技能水平或相应专业中级以上（含中级）专业技术职务。

高级技工学校中承担高级技能培训或技工学校高级班的专业理论课教师应具有本专业某一职业（工种）中级或以上技能水平。生产实习指导教师应具备高级技工学校（高职院校）或以上学历，同时具有技师以上（含技师）技能水平或相应专业高级以上（含高级）专业技术职务。

二、就业训练中心、民办职业培训机构教师上岗资格条件

承担初级技能培训的文化技术理论课教师，应具有中等职业学校或以上学历，生产实习指导教师应同时具有中级以上（含中级）技能水平或中级以上（含中级）专业技术职务。

承担中级技能培训的文化技术理论课教师和生产实习指导教师的上岗资格条件，参照技工学校教师上岗资格条件办理。

承担高级技能培训的文化技术理论课教师和生产实习指导教师的上岗资格条件，参照高级技工学校中担任高级技能培训的教师上岗资格条件办理。

人事部关于印发《职业资格证书制度暂行办法》的通知

（1995年1月17日　人职发〔1995〕6号）

各省、自治区、直辖市及计划单列市人事（人事劳动）厅（局）、职改办、国务院各部委、各直属机构人事（干部）部门：

现将《职业资格证书制度暂行办法》印发你们，请遵照执行。执行中有什么情况和问题，可请告我部职称司。

附件：职业资格证书制度暂行办法

职业资格证书制度暂行办法

第一章　总　则

第一条　根据国务院批准的人事部“三定”方案（国办发〔1994〕60号）和《关于加强职称改革工作统一管理的通知》国办发〔1995〕11号制定本暂行办法。

第二条　国家按照有利于经济发展、社会公认、国际可比、事关公共利益的原则，在涉及国家、人民生命财产安全的专业技术工作领域，实行专业技术人员职业资格制度。

第三条　专业技术人员职业资格是对从事某一职业所必备的学识、技术和能力的基本要求，职业资格包括从业资格和执业资格。

从业资格是政府规定专业技术人员从事某种专业技术性工作的学识、技术和能力的起点标准。

执业资格是政府对某些责任较大，社会通用性强，关系公共利益的专业技术工作实行的准入控制，是专业技术人员依法独立开业或独立从事某种专业技术工作学识、技术和能力的必备标准。

第四条 符合本办法第二条规定的专业，由国务院有关业务主管部门提出建立职业资格的申请，经人事部审核批准后，共同拟定具体实施方案并颁布实施。

第二章 从业资格

第五条 从业资格通过学历认定或考试取得。具备下列条件之一者，可确认从业资格：

（一）具有本专业中专毕业以上学历，见习期满，经单位考核合格者；

（二）按国家有关规定已担任本专业初级专业技术职务或通过专业技术资格考试取得初级资格，经单位考核合格者；

（三）在本专业岗位工作，经过国家或国家授权部门组织的从业资格考试合格者。

第六条 从业资格确认工作由各省、自治区、直辖市人事（职改）部门会同当地业务主管部门组织实施。

第三章 执业资格

第七条 执业资格通过考试方法取得。

参加执业资格考试的报名条件根据不同专业另行规定。

第八条 执业资格考试工作由人事部会同国务院有关业务主管部门按照客观、公正、严格的原则组织进行。

第九条 执业资格考试由国家定期举行。考试实行全国统一大纲、统一命题、统一组织、统一时间，所取得的执业资格经注册后，全国范围有效。

第十条 凡符合规定条件的中华人民共和国公民，均可报名参加执业资格考试。

第十一条 国务院有关业务主管部门负责组织执业资格考试大纲的拟定、培训教材的编写和命题工作，并组织考前培训和对取得执业资格人员的注册管理工作。培训要坚持考培分开、自愿参加的原则，参与考试管理工作的人员不得参与培训工作和参加考试。

第十二条 人事部负责审定考试科目、考试大纲和审定命题；确定合格标准；会同有关部门组织实施执业资格考试的有关工作。各地人事（职改）部门会同当地有关业务部门负责本地区执业资格考试的考务工作。

第四章 资格证书

第十三条 经职业资格考试合格的人员，由国家授予相应的职业资格证书。

第十四条 职业资格证书是证书持有人专业水平能力的证明。可作为求职、就业的凭证和从事特定专业的法定注册凭证。

第十五条 职业资格证书在中华人民共和国境内有效。

第十六条 职业资格证书分为《从业资格证书》和《执业资格证书》。证书由人事部统一印制，各地人事（职改）部门具体负责核发工作。

第五章 注 册

第十七条 执业资格实行注册登记制度。注册是对专业技术人员执业管理的重要手段。未经注册者，不得使用相应名称和从事有关业务。国务院有关业务主管部门为执业资格的注册管理机构。各省、自治区、直辖市业务主管部门负责审核、注册，并报国务院业务主管部门备案。各省、自治区、直辖市人事（职改）部门负责对注册工作的监督、检查。

第十八条 取得《执业资格证书》者，应在规定的期限内到指定的注册管理机构办理注册登记手续。逾期不办者，执业资格证书及考试成绩不再有效。

第十九条 申请执业资格注册，必须同时具备下列条件：

（一）遵纪守法，遵守职业道德；

（二）取得《执业资格证书》；

（三）身体健康，并能坚持在相应的岗位工作；

（四）经所在单位考核合格。

再次注册者，应经单位考核合格并取得知识更新、参加业务培训的证明。

第二十条 国务院业务主管部门负责确定必须由取得执业资格的人员充任的关键岗位及工作规范，并负责检查监督关键岗位的执业人员上岗及执业情况，对违反岗位工作规范者要进行处罚。

第二十一条 对已在须由取得执业资格人员充任的关键岗位工作、但尚未取得《执业资格证书》的人员，要进行强化培训，限期达到要求。对经过培训仍不能取得执业资格者，必须调离关键岗位。

第六章 罚 则

第二十二条 执业资格应考人员、考试工作人员和其他有关人员在考试和考务工作中有违法行为的，将追究其法律责任。

第二十三条 对骗取、转让、涂改职业资格证书的人员，一经发现，发证机关应取消其资格，收回证书，并报国务院业务主管部门和当地同级人事（职改）部门备案。

第二十四条 对伪造职业资格证书者，要依法追究责任。

第七章 附 则

第二十五条 通过国家统一考试取得的专业技术资格，经鉴定认为水平相当，经批准确认，可视为执业资格。

第二十六条 实行执业资格考试的专业不再组织该专业相应

层次的专业技术资格评审或考试，并把取得执业资格作为申报高一级专业技术资格评审的必备条件。

第二十七条 执业资格考试、认定、培训、发证、注册等工作费用的收取，必须经当地计划（物价）、财政部门核准。严禁乱收费。

第二十八条 本办法由人事部负责解释。

第二十九条 本办法自发布之日起施行。

人事部 信息产业部关于印发《通信专业技术人员职业水平评价暂行规定》、《通信专业技术人员初级、中级职业水平考试实施办法》的通知

（2006年1月27日 国人部发〔2006〕10号）

各省、自治区、直辖市人事厅（局）、通信管理局，国务院各部委、各直属机构人事部门，中央管理的企业：

为加强通信专业技术人才队伍建设，提高通信专业技术人员素质，经研究决定，在通信运营领域建立通信专业技术人员职业水平评价制度。现将《通信专业技术人员职业水平评价暂行规定》和《通信专业技术人员初级、中级职业水平考试实施办法》印发给你们，请遵照执行。

通信专业技术人员职业水平评价暂行规定

第一章 总 则

第一条 为适应国家通信现代化建设需要，加强通信专业技术人才队伍建设，提高通信质量和服务水平，根据《中华人民共和国电信条例》和国家职业资格证书制度有关规定，制定本暂行规定。

第二条 本规定适用于从事通信工作的专业技术人员。

第三条 通信专业技术人员职业水平评价，纳入全国专业技术人员职业资格证书制度统一规划。

第四条 通信专业技术人员职业水平评价分初级、中级和高级三个级别层次。初级、中级职业水平采用考试的方式评价。高级职业水平实行考试与评审相结合的方式评价，具体办法另行制定。

第五条 参加通信专业技术人员初级、中级职业水平考试，并取得相应级别职业水平证书的人员，表明其已具备相应专业技术岗位工作的水平和能力。

第六条 人事部、信息产业部按照职责分工负责对通信专业技术人员初级、中级职业水平考试工作进行指导、监督和检查。

第二章 考 试

第七条 通信专业技术人员初级、中级职业水平评价，采用全国统一大纲、统一命题、统一组织的考试方式，原则上每年举行一次。

第八条 信息产业部负责制定考试科目、考试大纲和组织命题，建立考试试题库，实施考试考务等有关工作。

通信专业技术人员初级职业水平考试不分专业；中级职业水平考试为：交换技术、传输与接入、终端与业务、互联网技术、设备环境5个专业。

第九条 人事部组织专家审定考试科目、考试大纲和试题，会同信息产业部确定合格标准，并对考试进行检查、监督和指导。

第十条 报名参加通信专业技术人员初级、中级职业水平考试的人员，必须遵守中华人民共和国宪法、中华人民共和国电信条例和国家有关电信工作规章制度，恪守职业道德。

第十一条 报名参加通信专业初级水平考试的人员，除具备第十条所列基本条件外，还应符合下列条件之一：

（一）取得中专及以上学历或学位的；

（二）高等院校通信工程专业应届毕业生。

第十二条 报名参加通信专业中级水平考试的人员，除具备第十条所列基本条件外，还应符合下列条件之一：

（一）取得通信工程大学专科学历，从事通信专业工作满5年；

（二）取得通信工程大学本科学历，从事通信专业工作满4年；

（三）取得通信工程双学士学位或研究生班毕业，从事通信专业工作满2年；

（四）取得通信工程硕士学位，从事通信专业工作满1年；

（五）取得通信工程博士学位；

（六）取得其他工程类专业上述学历或学位，其从事通信工程专业工作年限相应增加2年。

第十三条 通信专业初级、中级职业水平考试合格，由各省、自治区、直辖市人事部门颁发人事部统一印制，人事部、信息产业部共同用印的《中华人民共和国通信专业技术人员职业水平证书》。该证书在全国范围有效。

第十四条 凡以不正当手段取得通信专业相应级别职业水平证书的，由发证机关收回证书，2年内不得再次参加通信专业水平考试。

第三章 职业能力

第十五条 取得通信专业初级职业水平证书的人员，应具备以下职业能力：

（一）了解国家电信管理的法律法规和通信行业管理各项规定；

（二）具有一定的通信专业知识和工作能力，掌握本专业一般性操作技术；

（三）能够解决通信专业工作中的一般性技术问题；

（四）掌握计算机应用技术，并熟练使用计算机。

第十六条 取得通信专业中级职业水平证书的人员，应具备的基本能力：

（一）熟悉国内外电信管理的法律法规以及通信行业管理的各项规定，有较丰富的通信专业工作经验；

（二）了解国内外通信市场本专业的发展趋势，有较强的开拓创新精神，能够独立解决本专业比较复杂或疑难的技术问题；

（三）具有较强的计算机应用和网络维护能力，能够解决计算机应用和计算机网络维护中的技术故障；

（四）能够指导本专业初级技术人员和协助高级技术人员工作，具有处理与本专业相关的一般性技术问题的能力；

（五）具有一定的外语水平。

第十七条 取得通信专业中级职业水平证书的人员，除具备本规定规定的基本条件外，还应分别具备本专业的职业能力：

（一）交换技术专业

1. 熟悉电话交换网、信令网、智能网、语音服务系统的原理和技术特点，掌握各系统的运行维护指标与验收标准，对网络进行管理；

2. 熟练使用各种命令修改相应用户数据，使用各种指令检查、修改局数据；能够迅速判断和处理交换系统各种紧急故障，提出改进维护的技术措施；

3. 能够对交换网的规划设计、扩容系统及集成、交换设备改造等，提出改进措施和解决方案，并能提供技术支持。

（二）传输与接入专业

1. 熟练掌握数字配线架（DDF）、光纤配线架（ODF）电缆与光纤的连接技术；能够指导系统设备的设备安装、调测工作，并对竣工工程进行验收；

2. 掌握电信接入网系统、监控系统、同步网系统的标准、设计标准、技术规范、维护规程；

3. 能够利用网管和本地终端进行电路链接和性能监测，依据其告警信息准确判断网络故障并进行处理，组织实施电路应急调度及时恢复业务。

（三）终端与业务专业

1. 熟悉6P'S营销组合因素及其在电信产品中的应用，能够灵活运用通信产品的差异化策略；

2. 掌握电信业务的不同市场信息和运用消费者电信消费行为分析方法，制定开拓电信业务的市场开发策略与方案；

3. 熟练运用网络终端系统及网络管理支撑系统，为通信业务的科研开发、业务设计提供技术支持，为客户提供终端与业务的服务。

（四）互联网技术专业

1. 熟悉互联网和数据网技术规范、标准、网络设计、网络优化、计费系统，掌握网络与信息安全技术；

2. 熟悉所维护的互联网和数据网设备的工作原理，掌握其使用、维护和检修技术，能处理各种网络的技术故障；

3. 能够维护区域内的网络拓扑结构及网络组织，跟踪各种网络发展新技术，及时提出更新措施与实施方案。

（五）设备环境专业

1. 熟悉通信设备环境专业的技术标准、规范和安全操作规程；掌握集中监控系统的网络技术、网络互联和系统组网技术；

2. 能根据现场采集数据，分析电源、空调设备运行状态，及时发现问题排除故障；能对监控系统进行遥信遥控检测，掌握系统冗余技术，能进行软件容错与诊断设计；

3. 解决发电机组及大容量不间断电源（UPS）的疑难技术故障，处理机房空调系统、供电系统、监控系统的复杂技术问题。

第十八条 取得通信专业各级别职业水平证书的人员，应当接受继续教育，更新知识，不断提高职业素质和本专业工作能力。

第四章　登　记

第十九条　通信专业各级别职业水平证书，实行登记服务制度。

第二十条　信息产业部委托相应机构定期向社会公布通信专业各级别职业水平证书登记情况，并为用人单位提供取得通信专业职业水平证书人员的信息服务。

第二十一条　在通信专业活动中，因违反法律、法规、各项规章制度或职业道德，对通信专业工作产生重大影响或造成经济损失的，由信息产业部委托的机构取消登记，并由发证机关收回职业水平证书。

第五章　附　则

第二十二条　用人单位可根据《工程技术人员职务试行条例》有关规定和相应专业岗位工作需要，从获得相应级别、类别职业水平证书的人员中择优聘任。取得初级水平证书，可聘任技术员或助理工程师职务；取得中级水平证书，可聘任工程师职务。

第二十三条　通信专业技术人员初级、中级职业水平考试在全国实施后，各地区、各部门不再进行通信工程相应专业和级别任职资格的评审工作。

第二十四条　香港、澳门居民申请参加通信专业各级别职业水平考试，在报名时应提交本人身份证明、国务院教育行政部门认可的相应专业学历或学位证书、从事本专业工作实践证明。台湾地区的专业人员参加考试的办法另行规定。外籍专业技术人员申请参加通信专业各级别职业水平考试的具体办法另行规定。

第二十五条　通信专业技术人员职业水平评价等机构，在开展通信专业人员职业水平评价过程中，因工作失误，使专业技术人员合法权益受到损害的，应依据国家有关规定给予相应赔偿，并可向有关责任人追偿。

第二十六条 通信专业人员职业水平评价等机构的工作人员，有不履行工作职责，监督不力，或者谋取其他利益等违纪违规行为，并造成不良影响或严重后果的，由其主管单位责令改正，对直接负责的主管人员和其他直接责任人员给予行政处分；构成犯罪的，依法追究刑事责任。

第二十七条 本规定自 2006 年 3 月 1 日起施行。

通信专业技术人员初级中级职业水平考试实施办法

第一条 通信专业技术人员初级、中级职业水平考试在人事部、信息产业部的统一指导下进行。两部门共同成立通信专业水平考试办公室（办公室设在信息产业部），负责研究通信专业技术人员职业水平评价相关政策。

第二条 信息产业部组织成立通信专业水平评价专家委员会，该委员会负责编写考试大纲、命题，研究建立考试题库。

第三条 人事部、信息产业部委托信息产业部邮电人才交流中心，承担通信专业各级别职业水平考试的考务工作。

各省、自治区、直辖市的考试工作，由当地通信管理部门会同人事行政部门共同负责，具体职责分工由各地协商确定。

第四条 通信专业初级、中级职业水平考试均设《通信专业综合能力》和《通信专业实务》2 个科目。中级考试《通信专业实务》科目分：交换技术、传输与接入技术、终端与业务、互联网技术和设备环境 5 个专业类别，考生在报名时可根据实际工作岗位需要选择其一。

第五条 通信专业初级、中级职业水平考试均分 2 个半天进行。《通信专业综合能力》科目的考试时间均为 2 小时；《通信专业实务》科目考试时间均为 3 小时。

在一个考试年度内，通过《通信专业综合能力》和《通信专业实务》2个科目的考试，方可取得通信专业相应级别、类别职业水平证书。

第六条 报名参加通信专业各级别职业水平考试的人员，应符合《通信专业技术人员职业水平评价暂行规定》规定的报名条件。由本人提出申请，按规定携带有关证明材料，到指定的考试管理机构报名。经考试管理机构审核合格后，向申请人核发准考证。申请人凭准考证及有关证明，在指定的时间、地点参加考试。

国务院各部门所属单位和中央管理企业的专业技术人员，按属地原则报名参加考试。

第七条 参加通信专业初级职业水平考试的高等院校应届毕业生，在报名时应提交能够证明其在考试年度可毕业的有效证件（如学生证等）和所在学校出具的应届毕业生证明。

第八条 通信专业各级别职业水平考试日期定为每年9月。考点原则上设在直辖市和省会城市的大、中专院校或高考定点学校，如确需在其他城市设置考点，须经人事部、信息产业部批准。

第九条 通信专业各级别职业水平考试有关项目的收费标准，须经当地价格行政部门核准，并向社会公布，接受公众监督。

第十条 坚持考试与业务培训分开的原则。凡参与考试工作（包括命题与组织管理等）的人员，不得参加考试和举办与考试内容有关的培训工作。应考人员参加相关培训坚持自愿的原则。

第十一条 考试考务工作要严格执行考试工作的有关规章制度，切实做好试卷命制、印刷、发送过程中的保密工作，严格遵守保密制度，严防泄密。

第十二条 考试工作人员要严格遵守考试工作纪律，认真执行考试回避制度。对违反考试纪律和有关规定的，按照《专业技术人员资格考试违纪违规行为处理规定》（人事部第 3 号令）处理。

人力资源和社会保障部关于做好国务院取消部分准入类职业资格相关后续工作的通知

（2014年8月13日　人社部函〔2014〕144号）

各省、自治区、直辖市及新疆生产建设兵团人力资源社会保障厅(局)，国务院各部委、各直属机构人事部门：

7月22日，《国务院关于取消和调整一批行政审批项目等事项的决定》（国发〔2014〕27号）公布取消一批准入类职业资格，为切实落实国务院决定，搞好政策衔接和平稳过渡，维护专业技术人才的合法权益，现就有关事宜通知如下：

一、根据《国务院办公厅关于清理规范各类职业资格相关活动的通知》（国办发〔2007〕73号）和《人力资源社会保障部关于减少职业资格许可和认定有关问题的通知》（人社部发〔2014〕53号)，取消国务院部门设置的没有法律法规或国务院决定作为依据的准入类职业资格，行业管理确有需要且涉及人数较多的职业，可报国务院人力资源社会保障部门批准后设置为水平评价类职业资格。经与住房城乡建设部、税务总局、国土资源部、财政部等国务院相关行业主管部门研究，决定将取消的房地产经纪人、注册税务师、土地登记代理人、矿业权评估师、注册资产评估师等5项准入类职业资格调整为水平评价类职业资格。

二、调整为水平评价类的职业资格不再实行执业准入控制，不得将取得职业资格证书与从事相关职业强制挂钩；对取得职业资格证书的人员不再实行注册管理；取得资格人员按照专业技术人员管理规定参加继续教育，不再将职业资格管理与特定继续教育和培训硬性挂钩。请各相关行业主管部门按照建立水平评价类职业资格的规定，抓紧修订各项职业资格制度文件，并报我部审核发布。

三、质量专业人员职业资格取消后，国家将结合工程技术人员职称制度改革，研究建立质量工程技术人员新的人才评价制度，原有职业资格可继续作为聘任工程系列质量专业技术职务的依据。企业法律顾问职业资格取消后，国家将按照党的十八届三中全会提出的普遍建立法律顾问制度的要求，统筹研究完善企业法律顾问人员的评价办法，原有职业资格可继续作为企业聘任相应专业技术职务的依据。

四、我部将会同行业主管部门，对涉及到的职业资格项目调整、政策衔接、考试日期、报名缴费等具体事宜，另行下发通知，提出具体过渡办法。各地人力资源社会保障部门要加强对减少职业资格许可和认定工作的督导和检查，指导和配合行业主管部门做好取消职业资格和后续工作，确保平稳有序。

有关情况请及时通报我部。

人力资源和社会保障部办公厅 国家税务总局办公厅关于做好取消注册税务师职业资格许可和认定事项后续工作的通知

（2014 年 9 月 28 日　人社厅函〔2014〕374 号）

各省、自治区、直辖市及新疆生产建设兵团人力资源社会保障厅(局)、国家税务局、地方税务局：

7 月 22 日，《国务院关于取消和调整一批行政审批项目等事项的决定》（国发〔2014〕27 号）公布取消注册税务师等 11 项准入类职业资格。为切实落实国务院决定，人力资源社会保障部印发《关于减少职业资格许可和认定有关问题的通知》（人社部发〔2014〕53 号）和《关于做好国务院取消部分准入类职业资格相关后续工作的通知》（人社部函〔2014〕144 号），就取消准入类职业资格的后续工作作了原则性规定。为做好政策衔接和过渡工作，现就涉及注册税务师的有关具体事宜通知如下：

一、将注册税务师职业资格由准入类资格调整为水平评价类职业资格。

二、人力资源社会保障部与国家税务总局正在研究修订相关制度文件，新修订的制度文件出台后，按照新的制度文件开展相关工作。

三、已取得注册税务师职业资格证书的人员，原有证书继续作为具有相应专业技术能力和水平的凭证，原有资格仍作为聘任经济系列相应专业技术职务的依据。

四、税务部门在此期间要切实加强行业监管，行业协会应继续做好行业自律相关工作。

人力资源和社会保障部关于公布国家职业资格目录的通知

（2017年9月12日　人社部发〔2017〕68号）

各省、自治区、直辖市人民政府，国务院各部委、各直属机构：

根据国务院推进简政放权、放管结合、优化服务改革部署，为进一步加强职业资格设置实施的监管和服务，人力资源社会保障部研究制定了《国家职业资格目录》，经国务院同意，现予以公布。

建立国家职业资格目录是转变政府职能、深化行政审批制度和人才发展体制机制改革的重要内容，是推动大众创业、万众创新的重要举措。建立公开、科学、规范的职业资格目录，有利于明确政府管理的职业资格范围，解决职业资格过多过滥问题，降低就业创业门槛；有利于进一步清理违规考试、鉴定、培训、发证等活动，减轻人才负担，对于提高职业资格设置管理的科学化、规范化水平，持续激发市场主体创造活力，推进供给侧结构性改革具有重要意义。

国家按照规定的条件和程序将职业资格纳入国家职业资格目录，实行清单式管理，目录之外一律不得许可和认定职业资格，目录之内除准入类职业资格外一律不得与就业创业挂钩；目录接受社会监督，保持相对稳定，实行动态调整。设置准入类职业资格，其所涉职业（工种）必须关系公共利益或涉及国家安全、公共安全、人身健康、生命财产安全，且必须有法律法规或国务院决定作为依据；设置水平评价类职业资格，其所涉职业（工种）应具有较强的专业性和社会通用性，技术技能要求较高，行业管理和人才队伍建设确实需要。今后职业资格设置、取消及纳入、退出目录，须由人力资源社会保障部会同国务院有关部门组织专家进行评估论证、新设职业资格应当遵守《国务院关于严格控制新设行政许可的通知》（国发〔2013〕39号）规定并广泛听取社会意见后，按程序报经国务院批准。人力资源社会保障部门要加强监督管理，各地区、各部门未经批准不得在目录之外自行设置国家职业资格，严禁在目录之外开展职业资格许可和认定工作，坚决防止已取消的职业资格“死灰复燃”，对违法违规设置实施的职业资格事项，发现一起、严肃查处一起。行业协会、学会等社会组织和企事业单位依据市场需要自行开展能力水平评价活动，不得变相开展资格资质许可和认定，证书不得使用“中华人民共和国”“中国”“中华”“国家”“全国”“职业资格”或“人员资格”等字样和国徽标志。对资格资质持有人因不具备应有职业水平导致重大过失的，负责许可认定的单位也要承担相应责任。

推行国家职业资格目录管理是一项既重要又复杂的系统性工作，各地区、各部门务必高度重视，周密部署，精心组织，搞好衔接，确保职业资格目录顺利实施，相关工作平稳过渡。要不断巩固和拓展职业资格改革成效，为各类人才和用人单位提供优质服务，为促进经济社会持续健康发展做出更大贡献。

附件：国家职业资格目录（共计140项）

国家职业资格目录

（共计 140 项）

一、专业技术人员职业资格（共计 59 项。其中准入类 36 项，水平评价类 23 项）

序号	职业资格名称	实施部门（单位）	资格类别	设定依据	备注
1	教师资格	教育部	准入类	《中华人民共和国教师法》 《教师资格条例》（国务院令第 188 号） 《〈教师资格条例〉实施办法》（教育部令 2000 年第 10 号）	
2	注册消防工程师	公安部、人力资源社会保障部	准入类	《中华人民共和国消防法》 《注册消防工程师制度暂行规定》（人社部发〔2012〕56 号）	
3	法律职业资格	司法部	准入类	《中华人民共和国律师法》 《中华人民共和国法官法》 《中华人民共和国检察官法》 《中华人民共和国公证法》	

续表

序号	职业资格名称	实施部门（单位）	资格类别	设定依据	备　注
4	中国委托公证人资格（香港、澳门）	司法部	准入类	《国务院对确需保留的行政审批项目设定行政许可的决定》（国务院令第412号）	
5	注册会计师	财政部	准入类	《中华人民共和国注册会计师法》	
6	民用核安全设备无损检验人员资格	环境保护部	准入类	《民用核安全设备监督管理条例》（国务院令第500号）	
7	民用核设施操纵人员资格	环境保护部、国家能源局	准入类	《中华人民共和国民用核设施安全监督管理条例》	
8	注册核安全工程师	环境保护部、人力资源社会保障部	准入类	《中华人民共和国放射性污染防治法》《注册核安全工程师执业资格制度暂行规定》（人发〔2002〕106号）	

续表

序号	职业资格名称	实施部门（单位）	资格类别	设定依据	备　注
9	注册建筑师	全国注册建筑师管理委员会及省级注册建筑师管理委员会	准入类	《中华人民共和国建筑法》 《中华人民共和国注册建筑师条例》（国务院令第 184 号） 《关于建立注册建筑师制度及有关工作的通知》（建设〔1994〕第 598 号） 《国务院关于修改〈建设工程勘察设计管理条例〉的决定》（国务院令第 662 号）	
10	监理工程师	住房城乡建设部、交通运输部、水利部、人力资源社会保障部	准入类	《中华人民共和国建筑法》 《建设工程质量管理条例》（国务院令第 279 号） 《注册监理工程师管理规定》（建设部令 2006 年第 147 号） 《公路水运工程监理企业资质管理规定》（交通运输部令 2015 年第 4 号）	

续表

序号	职业资格名称	实施部门（单位）	资格类别	设定依据	备　注
11	房地产估价师	住房城乡建设部、国土资源部、人力资源社会保障部	准入类	《中华人民共和国城市房地产管理法》 《房地产估价师执业资格制度暂行规定》（建房〔1995〕147 号）	
12	造价工程师	住房城乡建设部、交通运输部、水利部、人力资源社会保障部	准入类	《中华人民共和国建筑法》 《造价工程师执业资格制度暂行规定》（人发〔1996〕77 号）	
13	注册城乡规划师	住房城乡建设部、人力资源社会保障部、中国城市规划协会	准入类	《中华人民共和国城乡规划法》 《注册城乡规划师职业资格制度规定》（人社部规〔2017〕6 号）	
14	建造师	住房城乡建设部、人力资源社会保障部	准入类	《中华人民共和国建筑法》 《注册建造师管理规定》（建设部令 2006 年第 153 号） 《建造师执业资格制度暂行规定》（人发〔2002〕111 号）	

续表

序号	职业资格名称		实施部门（单位）	资格类别	设定依据	备　注
15	勘察设计注册工程师	注册结构工程师	住房城乡建设部、人力资源社会保障部	准入类	《中华人民共和国建筑法》《国务院关于修改〈建设工程勘察设计管理条例〉的决定》（国务院令第662号）《勘察设计注册工程师管理规定》（建设部令2005年第137号）《注册结构工程师执业资格制度暂行规定》（建设〔1997〕222号）	
		注册土木工程师	住房城乡建设部、交通运输部、水利部、人力资源社会保障部		《中华人民共和国建筑法》《国务院关于修改〈建设工程勘察设计管理条例〉的决定》（国务院令第662号） 《勘察设计注册工程师管理规定》（建设部令2005年第137号） 《注册土木工程师（岩土）执业资格制度暂行规定》（人发〔2002〕35号） 《注册土木工程师（水利水电工程）制度暂行规定》（国人部发〔2005〕58号） 《注册土木工程师（港口与航道工程）执业资格制度暂行规定》（人发〔2003〕27号） 《勘察设计注册土木工程师（道路工程）制度暂行规定》（国人部发〔2007〕18号）	

续表

序号	职业资格名称		实施部门（单位）	资格类别	设定依据	备注
15	勘察设计注册工程师	注册化工工程师	住房城乡建设部、人力资源社会保障部	准入类	《中华人民共和国建筑法》《国务院关于修改〈建设工程勘察设计管理条例〉的决定》（国务院令第662号） 《勘察设计注册工程师管理规定》（建设部令2005年第137号） 《注册化工工程师执业资格制度暂行规定》（人发〔2003〕26号）	
		注册电气工程师			《中华人民共和国建筑法》《国务院关于修改〈建设工程勘察设计管理条例〉的决定》（国务院令第662号） 《勘察设计注册工程师管理规定》（建设部令2005年第137号） 《注册电气工程师执业资格制度暂行规定》（人发〔2003〕25号）	
		注册公用设备工程师			《中华人民共和国建筑法》《国务院关于修改〈建设工程勘察设计管理条例〉的决定》（国务院令第662号） 《勘察设计注册工程师管理规定》（建设部令2005年第137号） 《注册公用设备工程师执业资格制度暂行规定》（人发〔2003〕24号）	

续表

序号	职业资格名称		实施部门（单位）	资格类别	设定依据	备注
15	勘察设计注册工程师	注册环保工程师	住房城乡建设部、环境保护部、人力资源社会保障部	准入类	《中华人民共和国建筑法》《国务院关于修改〈建设工程勘察设计管理条例〉的决定》（国务院令第662号） 《勘察设计注册工程师管理规定》（建设部令2005年第137号） 《注册环保工程师制度暂行规定》（国人部发〔2005〕56号）	
		注册石油天然气工程师	住房城乡建设部、人力资源社会保障部		《中华人民共和国建筑法》《国务院关于修改〈建设工程勘察设计管理条例〉的决定》（国务院令第662号） 《勘察设计注册工程师管理规定》（建设部令2005年第137号） 《勘察设计注册石油天然气工程师制度暂行规定》（国人部发〔2005〕84号）	

续表

序号	职业资格名称		实施部门（单位）	资格类别	设定依据	备　注
15	勘察设计注册工程师	注册冶金工程师	住房城乡建设部、人力资源社会保障部	准入类	《中华人民共和国建筑法》《国务院关于修改〈建设工程勘察设计管理条例〉的决定》（国务院令第662号）《勘察设计注册工程师管理规定》（建设部令2005年第137号）《勘察设计注册冶金工程师制度暂行规定》（国人部发〔2005〕85号）	
		注册采矿/矿物工程师			《中华人民共和国建筑法》《国务院关于修改〈建设工程勘察设计管理条例〉的决定》（国务院令第662号） 《勘察设计注册工程师管理规定》（建设部令2005年第137号） 《勘察设计注册采矿/矿物工程师制度暂行规定〉》（国人部发〔2005〕86号）	
		注册机械工程师			《中华人民共和国建筑法》《国务院关于修改〈建设工程勘察设计管理条例〉的决定》（国务院令第662号） 《勘察设计注册工程师管理规定》（建设部令2005年第137号） 《勘察设计注册机械工程师制度暂行规定》（国人部发〔2005〕87号）	

续表

序号	职业资格名称		实施部门（单位）	资格类别	设定依据	备注
16	注册验船师		交通运输部、农业部、人力资源社会保障部	准入类	《中华人民共和国船舶和海上设施检验条例》（国务院令第109号） 《中华人民共和国渔业船舶检验条例》（国务院令第383号） 《注册验船师制度暂行规定》（国人部发〔2006〕8号）	
17	船员资格（含船员、渔业船员）		交通运输部、农业部	准入类	《中华人民共和国海上交通安全法》《中华人民共和国船员条例》（国务院令第494号） 《中华人民共和国内河交通安全管理条例》（国务院令第355号） 《中华人民共和国渔港水域交通安全管理条例》（国务院令第38号）	
18	兽医资格	执业兽医	农业部	准入类	《中华人民共和国动物防疫法》	
		乡村兽医			《中华人民共和国动物防疫法》 《乡村兽医管理办法》（农业部令2008年第17号）	
19	拍卖师		中国拍卖行业协会	准入类	《中华人民共和国拍卖法》	

续表

序号	职业资格名称		实施部门（单位）	资格类别	设定依据	备　注
20	演出经纪人员资格		文化部	准入类	《国务院关于修改〈营业性演出管理条例〉的决定》（国务院令第528号） 《营业性演出管理条例实施细则》（文化部令2009年第47号）	
21	医生资格	医师	国家卫生计生委	准入类	《中华人民共和国执业医师法》	
		乡村医生			《乡村医生从业管理条例》（国务院令第386号）	
		人体器官移植医师			《中华人民共和国执业医师法》 《人体器官移植条例》（国务院令第491号） 《关于对人体器官移植技术临床应用规划及拟批准开展人体器官移植医疗机构和医师开展审定工作的通知》（卫办医发〔2007〕38号） 《国务院关于取消和调整一批行政审批项目等事项的决定》（国发〔2014〕27号）	

续表

序号	职业资格名称	实施部门（单位）	资格类别	设定依据	备注
22	护士执业资格	国家卫生计生委、人力资源社会保障部	准入类	《护士条例》（国务院令第517号） 《护士执业资格考试办法》（卫生部、人力资源社会保障部令2010年第74号）	
23	母婴保健技术服务人员资格	国家卫生计生委	准入类	《中华人民共和国母婴保健法》	
24	出入境检疫处理人员资格	质检总局	准入类	《中华人民共和国进出境动植物检疫法实施条例》（国务院令第206号）	
25	注册设备监理师	质检总局、人力资源社会保障部	准入类	《国务院对确需保留的行政审批项目设定行政许可的决定》（国务院令第412号） 《注册设备监理师执业资格制度暂行规定》（国人部发〔2003〕40号）	
26	注册计量师	质检总局、人力资源社会保障部	准入类	《中华人民共和国计量法》 《注册计量师制度暂行规定》（国人部发〔2006〕40号）	

续表

序号	职业资格名称	实施部门（单位）	资格类别	设定依据	备注
27	广播电视播音员、主持人资格	新闻出版广电总局	准入类	《国务院对确需保留的行政审批项目设定行政许可的决定》(国务院令第412号)	
28	新闻记者职业资格	新闻出版广电总局	准入类	《国务院对确需保留的行政审批项目设定行政许可的决定》(国务院令第412号) 《新闻记者证管理办法》(新闻出版总署令2009年第44号)	
29	注册安全工程师	安全监管总局、人力资源社会保障部	准入类	《中华人民共和国安全生产法》 《注册安全工程师执业资格制度暂行规定》(人发〔2002〕87号)	
30	执业药师	食品药品监管总局、人力资源社会保障部	准入类	《中华人民共和国药品管理法》《中华人民共和国药品管理法实施条例》(国务院令第360号)《药品经营质量管理规范》(国家食品药品监督管理总局令2016年第28号)《执业药师资格制度暂行规定》(人发〔1999〕34号)	

续表

序号	职业资格名称		实施部门（单位）	资格类别	设定依据	备　注
31	专利代理人		国家知识产权局	准入类	《专利代理条例》（国务院令第 76 号）	
32	导游资格		国家旅游局	准入类	《中华人民共和国旅游法》 《导游人员管理条例》（国务院令第 263 号）	
33	注册测绘师		国家测绘地信局、人力资源社会保障部	准入类	《中华人民共和国测绘法》 《注册测绘师制度暂行规定》（国人部发〔2007〕14 号）	
34	航空人员资格	空勤人员、地面人员	中国民航局	准入类	《中华人民共和国民用航空法》	
		民用航空器外国驾驶员、领航员、飞行机械员、飞行通信员			《国务院对确需保留的行政审批项目设定行政许可的决定》（国务院令第 412 号）	

续表

序号	职业资格名称		实施部门（单位）	资格类别	设定依据	备注
34	航空人员资格	航空安全员	中国民航局	准入类	《国务院对确需保留的行政审批项目设定行政许可的决定》(国务院令第412号)	
		民用航空电信人员、航行情报人员、气象人员			《国务院对确需保留的行政审批项目设定行政许可的决定》(国务院令第412号)	
35	会计从业资格		财政部	准入类	《中华人民共和国会计法》 《会计从业资格管理办法》(财政部令第73号)	现已进入修法程序，视相关法律修订情况依法作出调整
36	特种设备检验、检测人员资格认定		质检总局	准入类	《中华人民共和国特种设备安全法》	

续表

序号	职业资格名称	实施部门（单位）	资格类别	设定依据	备　注
37	工程咨询（投资）专业技术人员职业资格	国家发展改革委、人力资源社会保障部、中国工程咨询协会	水平评价类	《工程咨询（投资）专业技术人员职业资格制度暂行规定》（人社部发〔2015〕64 号）	
38	通信专业技术人员职业资格	工业和信息化部、人力资源社会保障部	水平评价类	《中华人民共和国电信条例》（国务院令第 291 号） 《通信专业技术人员职业水平评价暂行规定》（国人部发〔2006〕10 号）	
39	计算机技术与软件专业技术资格	工业和信息化部、人力资源社会保障部	水平评价类	《计算机技术与软件专业技术资格（水平）考试暂行规定》（国人部发〔2003〕39 号）	

续表

序号	职业资格名称	实施部门（单位）	资格类别	设定依据	备注
40	社会工作者职业资格	民政部、人力资源社会保障部	水平评价类	《国家中长期人才发展规划纲要（2010～2020年》（中发〔2010〕6号） 《关于加强社会工作专业人才队伍建设的意见》（中组发〔2011〕25号） 《社会工作者职业水平评价暂行规定》（国人部发〔2006〕71号）	
41	会计专业技术资格	财政部、人力资源社会保障部	水平评价类	《中华人民共和国会计法》 《会计专业职务试行条例》（职改字〔1986〕第55号） 《会计专业技术资格考试暂行规定》（财会〔2000〕11号）	
42	资产评估师	财政部、人力资源社会保障部、中国资产评估协会	水平评价类	《中华人民共和国资产评估法》 《资产评估师职业资格制度暂行规定》（人社部规〔2017〕7号）	

续表

序号	职业资格名称	实施部门（单位）	资格类别	设定依据	备注
43	经济专业技术资格	人力资源社会保障部	水平评价类	《经济专业人员职务试行条例》（职改字〔1986〕第74号） 《经济专业技术资格考试暂行规定》（人职发〔1993〕1号）	
44	土地登记代理专业人员职业资格	国土资源部、人力资源社会保障部、中国土地估价师与土地登记代理人协会	水平评价类	《不动产登记暂行条例》（国务院令第656号） 《土地登记代理专业人员职业资格制度暂行规定》（人社部发〔2015〕66号）	
45	环境影响评价工程师	环境保护部、人力资源社会保障部	水平评价类	《建设项目环境保护管理条例》（国务院令第253号） 《环境影响评价工程师职业资格制度暂行规定》（国人部发〔2004〕13号）	

续表

序号	职业资格名称	实施部门（单位）	资格类别	设定依据	备注
46	房地产经纪专业人员职业资格	住房城乡建设部、人力资源社会保障部、中国房地产估价师与房地产经纪人学会	水平评价类	《中华人民共和国城市房地产管理法》《房地产经纪专业人员职业资格制度暂行规定》（人社部发〔2015〕47 号）	
47	机动车检测维修专业技术人员职业资格	交通运输部、人力资源社会保障部	水平评价类	《中华人民共和国道路运输条例》（国务院令第 406 号） 《机动车检测维修专业技术人员职业水平评价暂行规定》（国人部发〔2006〕51 号）	
48	公路水运工程试验检测专业技术人员职业资格	交通运输部、人力资源社会保障部	水平评价类	《建设工程质量管理条例》（国务院令第 279 号） 《公路水运工程试验检测专业技术人员职业资格制度规定》（人社部发〔2015〕59 号）	

续表

序号	职业资格名称	实施部门（单位）	资格类别	设定依据	备注
49	水利工程质量检测员资格	水利部、中国水利工程协会	水平评价类	《建设工程质量管理条例》（国务院令第279号） 《水利工程质量检测管理规定》（水利部令第36号）	
50	卫生专业技术资格	国家卫生计生委、人力资源社会保障部	水平评价类	《卫生技术人员职务试行条例》（职改字〔1986〕第20号） 《关于加强卫生专业技术职务评聘工作的通知》（人发〔2000〕114号） 《临床医学专业技术资格考试暂行规定》（卫人发〔2000〕462号） 《预防医学、全科医学、药学、护理、其他卫生技术等专业技术资格考试暂行规定》（卫人发〔2001〕164号）	

续表

序号	职业资格名称	实施部门（单位）	资格类别	设定依据	备注
51	审计专业技术资格	审计署、人力资源社会保障部	水平评价类	《中华人民共和国审计法》 《中华人民共和国审计法实施条例》（国务院令第 571 号） 《审计专业技术初、中级资格考试规定》（审人发〔2003〕4 号） 《高级审计师评价办法（试行）》（人发〔2002〕58 号）	
52	税务师	税务总局、人力资源社会保障部、中国注册税务师协会	水平评价类	《中华人民共和国税收征收管理法》 《税务师职业资格制度暂行规定》（人社部发〔2015〕90 号）	
53	认证人员职业资格	质检总局	水平评价类	《中华人民共和国认证认可条例》（国务院令第 390 号）	

续表

序号	职业资格名称	实施部门（单位）	资格类别	设定依据	备注
54	出版专业技术人员职业资格	新闻出版广电总局、人力资源社会保障部	水平评价类	《国务院关于修改〈出版管理条例〉的决定》（国务院令第594号） 《国务院关于修改〈音像制品管理条例〉的决定》（国务院令第595号） 《出版专业人员职务试行条例》（职改字〔1986〕第41号） 《出版专业技术人员职业资格考试暂行规定》（人发〔2001〕86号）	
55	统计专业技术资格	国家统计局、人力资源社会保障部	水平评价类	《统计专业职务试行条例》（职改字〔1986〕第57号） 《统计专业技术资格考试暂行规定》（国统字〔1995〕46号） 《关于印发高级统计师资格评价办法（试行）的通知》（人社部发〔2011〕90号）	
56	银行业专业人员职业资格	银监会、人力资源社会保障部、中国银行业协会	水平评价类	《银行业专业人员职业资格制度暂行规定》（人社部发〔2013〕101号）	

续表

序号	职业资格名称	实施部门（单位）	资格类别	设定依据	备注
57	证券期货业从业人员资格	证监会	水平评价类	《中华人民共和国证券法》 《期货交易管理条例》（国务院令第489号）	
58	文物保护工程从业资格	国家文物局	水平评价类	《中华人民共和国文物保护法实施条例》（国务院令第377号） 《文物保护工程管理办法》（文化部令2003年第26号） 《文物保护工程勘察设计资质管理办法（试行）》 《文物保护工程施工资质管理办法（试行）》 《文物保护工程监理资质管理办法（试行）》（文物保发〔2014〕13号）	
59	翻译专业资格	中国外文局、人力资源社会保障部	水平评价类	《翻译专业职务试行条例》（职改字〔1986〕第54号） 《翻译专业资格（水平）考试暂行规定》（人发〔2003〕21号）	

二、技能人员职业资格(共计 81 项。其中准入类 5 项,水平评价类 76 项)

序号	职业资格名称	实施部门(单位)	资格类别	设定依据	备注
1	消防设施操作员	消防行业技能鉴定机构	准入类	《中华人民共和国消防法》	
2	焊工	人社部门技能鉴定机构	准入类	《中华人民共和国消防法》	
		环境保护部(民用核安全设备焊工、焊接操作工)		《民用核安全设备监督管理条例》(国务院令第 500 号) 《国务院对确需保留的行政审批项目设定行政许可的决定》(国务院令第 412 号) 《国务院关于修改部分行政法规的决定》(国务院令第 666 号)	
3	家畜繁殖员	农业行业技能鉴定机构	准入类	《中华人民共和国畜牧法》	

序号	职业资格名称		实施部门（单位）	资格类别	设定依据	备注
4	健身和娱乐场所服务人员	游泳救生员	体育行业技能鉴定机构	准入类	《全民健身条例》（国务院令第560号公布，国务院令第638号、第666号修订）	
		社会体育指导员（游泳、滑雪、潜水、攀岩）			《全民健身条例》（国务院令第560号公布，国务院令第638号、第666号修订） 《第一批高危险性体育项目目录公告》（国家体育总局公告第16号）	除游泳、滑雪、潜水、攀岩等高危险性体育项目外的社会体育指导员，为水平评价类
5	轨道交通运输服务人员	轨道列车司机	交通运输行业技能鉴定机构	准入类	《铁路安全管理条例》（国务院令第639号） 《关于印发客车检车员等10个国家职业标准的通知》（劳社厅发〔2005〕11号） 《关于印发第十九批矿山救护工等22个国家职业标准的通知》（劳社厅发〔2008〕6号）	
			国家铁路局（铁路机车车辆驾驶人员）			

续表

序号	职业资格名称		实施部门（单位）	资格类别	设定依据	备注
6	机械设备修理人员	设备点检员	冶金行业技能鉴定机构	水平评价类	《关于印发船舶管系工等42个国家职业技能标准的通知》（人社厅发〔2009〕66号）	
		电工	安全生产监督管理部门相关机构、人社部门技能鉴定机构		《关于印发船舶管系工等42个国家职业技能标准的通知》（人社厅发〔2009〕66号）	
		锅炉设备检修工	电力行业技能鉴定机构		《关于印发第十五批模具设计师等65个国家职业标准的通知》（劳社厅发〔2006〕33号）	
		变电设备检修工			《关于印发防腐蚀工等22个国家职业标准的通知》（劳社厅发〔2001〕3号）	
		工程机械维修工	机械行业技能鉴定机构		《关于印发平版制版工等23个国家职业技能标准的通知》（人社厅发〔2010〕39号）	

续表

序号	职业资格名称		实施部门（单位）	资格类别	设定依据	备注
7	通用工程机械操作人员	起重装卸机械操作工	交通运输行业技能鉴定机构、人社部门技能鉴定机构	水平评价类	《关于印发列车值班员等65个国家职业（工种）标准的通知》（劳社厅发〔2007〕14号）	
8	建筑安装施工人员	电梯安装维修工	人社部门技能鉴定机构会同有关行业协会	水平评价类	《关于印发防腐蚀工等22个国家职业标准的通知》（劳社厅发〔2001〕3号）	
		制冷空调系统安装维修工			《关于印发第八批林木种苗工等65个国家职业标准的通知》（劳社厅发〔2004〕1号）	

续表

序号	职业资格名称		实施部门（单位）	资格类别	设定依据	备注
9	土木工程建筑施工人员	筑路工	交通运输行业技能鉴定机构、住房城乡建设部门相关机构	水平评价类	《关于印发汽车运输调度员等8个国家职业标准的通知》（劳社厅发〔2007〕27号）	
		桥隧工			《关于印发客车检车员等10个国家职业标准的通知》（劳社厅发〔2005〕11号）	
		防水工	住房城乡建设部门相关机构、人社部门技能鉴定机构		《关于印发手工木工等8个国家职业技能标准的通知》（人社厅发〔2011〕129号）	
		电力电缆安装运维工	电力行业技能鉴定机构		《关于印发第十五批模具设计师等65个国家职业标准的通知》（劳社厅发〔2006〕33号）	

续表

序号	职业资格名称		实施部门（单位）	资格类别	设定依据	备注
10	房屋建筑施工人员	砌筑工、混凝土工、钢筋工、架子工	住房城乡建设部门相关机构、人社部门技能鉴定机构	水平评价类	《关于印发手工木工等8个国家职业技能标准的通知》(人社厅发〔2011〕129号)	
11	水生产、输排和水处理人员	水生产处理工	化工、电力行业技能鉴定机构、住房城乡建设部门相关机构	水平评价类	《关于印发养老护理员等4个国家职业技能标准的通知》(人社厅发〔2011〕104号)	
		工业废水处理工	化工行业技能鉴定机构		《关于印发紧急救助员等6个国家职业技能标准的通知》(人社厅发〔2012〕54号)	

续表

序号	职业资格名称		实施部门（单位）	资格类别	设定依据	备注
12	气体生产、处理和输送人员	工业气体生产工	化工行业技能鉴定机构	水平评价类	《关于印发第十批玩具设计师等 68 个国家职业标准的通知》（劳社厅发〔2005〕1 号）	
		工业废气治理工	化工、电力行业技能鉴定机构		《关于印发紧急救助员等 6 个国家职业技能标准的通知》（人社厅发〔2012〕54 号）	
		压缩机操作工	化工、煤炭行业技能鉴定机构		《关于印发第十批玩具设计师等 68 个国家职业标准的通知》（劳社厅发〔2005〕1 号）	

续表

序号	职业资格名称		实施部门（单位）	资格类别	设定依据	备注
13	电力、热力生产和供应人员	锅炉运行值班员、发电集控值班员、变配电运行值班员、继电保护员	电力行业技能鉴定机构	水平评价类	《关于印发第十五批模具设计师等65个国家职业标准的通知》（劳社厅发〔2006〕33号）	
		燃气轮机值班员			《关于印发船舶管系工等42个国家职业技能标准的通知》（人社厅发〔2009〕66号）	
		锅炉操作工	人社部门技能鉴定机构会同有关行业协会		《关于印发组合机床操作工等28个国家职业标准的通知》（劳社厅发〔2000〕14号）	

续表

序号	职业资格名称		实施部门（单位）	资格类别	设定依据	备注
14	仪器仪表装配人员	钟表及计时仪器制造工	轻工行业技能鉴定机构	水平评价类	《关于印发第十批玩具设计师等68个国家职业标准的通知》（劳社厅发〔2005〕1号）	
15	电子设备装配调试人员	广电和通信设备电子装接工、广电和通信设备调试工	电子通信行业技能鉴定机构	水平评价类	《关于印发液晶显示器件制造工等10个国家职业标准的通知》（劳社厅发〔2005〕2号）	
16	计算机制造人员	计算机及外部设备装配调试员	电子通信行业技能鉴定机构	水平评价类	《关于印发液晶显示器件制造工等10个国家职业标准的通知》（劳社厅发〔2005〕2号）	

续表

序号	职业资格名称		实施部门（单位）	资格类别	设定依据	备注
17	电子器件制造人员	液晶显示器件制造工	电子通信行业技能鉴定机构	水平评价类	《关于印发通信设备检验员和液晶显示器件制造工国家职业技能标准的通知》（人社厅发〔2011〕35号）	
		半导体芯片制造工、半导体分立器件和集成电路装调工			关于印发半导体芯片制造工等13个国家职业标准的通知》（劳社厅发〔2003〕2号）	
18	电子元件制造人员	电子产品制版工、印制电路制作工	电子通信行业技能鉴定机构	水平评价类	《关于印发半导体芯片制造工等13个国家职业标准的通知》（劳社厅发〔2003〕2号）	
19	电线电缆、光纤光缆及电工器材制造人员	电线电缆制造工	机械行业技能鉴定机构	水平评价类	《关于印发防腐蚀工等22个国家职业标准的通知》（劳社厅发〔2001〕3号）	

续表

序号	职业资格名称		实施部门（单位）	资格类别	设定依据	备注
20	输配电及控制设备制造人员	变压器互感器制造工	机械行业技能鉴定机构	水平评价类	《关于印发第九批国家职业标准的通知》（劳社厅发〔2004〕7号）	
		高低压电器及成套设备装配工			《关于印发第三批国家职业标准的通知》（劳社厅发〔2002〕1号）	
21	汽车整车制造人员	汽车装调工	机械行业技能鉴定机构	水平评价类	《关于印发第十批玩具设计师等68个国家职业标准的通知》（劳社厅发〔2005〕1号）	

续表

序号	职业资格名称		实施部门（单位）	资格类别	设定依据	备注
22	医疗器械制品和康复辅具生产人员	矫形器装配工、假肢装配工	民政行业技能鉴定机构	水平评价类	《关于印发假肢师等8个国家职业标准的通知》（劳社厅发〔2006〕8号）	
23	金属加工机械制造人员	机床装调维修工	人社部门技能鉴定机构会同有关行业协会	水平评价类	《关于印发第十五批模具设计师等65个国家职业标准的通知》（劳社厅发〔2006〕33号）	
24	工装工具制造加工人员	模具工	人社部门技能鉴定机构会同有关行业协会	水平评价类	《关于印发锁具修理工等5个国家职业技能标准的通知》（人社厅发〔2012〕114号）	

续表

序号	职业资格名称		实施部门（单位）	资格类别	设定依据	备注
25	机械热加工人员	铸造工、锻造工、金属热处理工	人社部门技能鉴定机构会同有关行业协会	水平评价类	《关于印发船舶管系工等42个国家职业技能标准的通知》（人社厅发〔2009〕66号）	
26	机械冷加工人员	车工、铣工	人社部门技能鉴定机构会同有关行业协会	水平评价类	《关于印发第十批玩具设计师等68个国家职业标准的通知》（劳社厅发〔2005〕1号）《关于印发船舶管系工等42个国家职业技能标准的通知》（人社厅发〔2009〕66号）	
		钳工、磨工、冲压工			《关于印发船舶管系工等42个国家职业技能标准的通知》（人社厅发〔2009〕66号）	
		电切削工	机械行业技能鉴定机构、人社部门技能鉴定机构		《关于印发第十二批房地产策划师等54个国家职业标准的通知》（劳社厅发〔2006〕1号）	

续表

序号	职业资格名称		实施部门（单位）	资格类别	设定依据	备注
27	硬质合金生产人员	硬质合金成型工、硬质合金烧结工、硬质合金精加工工	有色金属行业技能鉴定机构	水平评价类	《关于印发第八批林木种苗工等65个国家职业标准的通知》（劳社厅发〔2004〕1号）	
28	金属轧制人员	轧制原料工、金属轧制工、金属材热处理工、金属材精整工、金属挤压工、铸轧工	冶金、有色金属行业技能鉴定机构 有色金属行业技能鉴定机构	水平评价类	《关于印发高炉原料工等27个工种国家职业标准的通知》（人社厅发〔2008〕71号） 《关于印发第十五批模具设计师等65个国家职业标准的通知》（劳社厅发〔2006〕33号）	
29	轻有色金属冶炼人员	氧化铝制取工、铝电解工	有色金属行业技能鉴定机构	水平评价类	《关于印发第八批林木种苗工等65个国家职业标准的通知》（劳社厅发〔2004〕1号）	

续表

序号	职业资格名称		实施部门（单位）	资格类别	设定依据	备注
30	重有色金属冶炼人员	重冶火法冶炼工、电解精炼工	有色金属行业技能鉴定机构	水平评价类	《关于印发第八批林木种苗工等65个国家职业标准的通知》（劳社厅发〔2004〕1号）	
		重冶湿法冶炼工			《关于印发第九批国家职业标准的通知》（劳社厅发〔2004〕7号）	
31	炼钢人员	炼钢原料工、炼钢工	冶金行业技能鉴定机构	水平评价类	《关于印发高炉原料工等27个工种国家职业标准的通知》（人社厅发〔2008〕71号）	
32	炼铁人员	高炉原料工、高炉炼铁工、高炉运转工	冶金行业技能鉴定机构	水平评价类	《关于印发高炉原料工等27个工种国家职业标准的通知》（人社厅发〔2008〕71号）	

续表

序号	职业资格名称		实施部门（单位）	资格类别	设定依据	备注
33	矿物采选人员	井下支护工	有色金属、煤炭、冶金行业技能鉴定机构	水平评价类	《关于印发第十六批汽车加气站操作工等10个国家职业标准的通知》（劳社厅发〔2007〕3号）	
		矿山救护工			《关于印发第十九批矿山救护工等22个国家职业标准的通知》（劳社厅发〔2008〕6号）	
34	陶瓷制品制造人员	陶瓷原料准备工、陶瓷烧成工、陶瓷装饰工	轻工、建材行业技能鉴定机构	水平评价类	《关于印发第八批林木种苗工等65个国家职业标准的通知》（劳社厅发〔2004〕1号）	

续表

序号	职业资格名称		实施部门（单位）	资格类别	设定依据	备注
35	玻璃纤维及玻璃纤维增强塑料制品制造人员	玻璃纤维及制品工	建材行业技能鉴定机构	水平评价类	《关于印发防腐蚀工等17个国家职业技能标准的通知》（人社厅发〔2009〕90号）	
		玻璃钢制品工			《关于印发第十批玩具设计师等68个国家职业标准的通知》（劳社厅发〔2005〕1号）	
36	水泥、石灰、石膏及其制品制造人员	水泥生产工、石膏制品生产工	建材行业技能鉴定机构	水平评价类	《关于印发第八批林木种苗工等65个国家职业标准的通知》（劳社厅发〔2004〕1号）	
		水泥混凝土制品工			《关于印发第十批玩具设计师等68个国家职业标准的通知》（劳社厅发〔2005〕1号）	

续表

序号	职业资格名称		实施部门（单位）	资格类别	设定依据	备注
37	药物制剂人员	药物制剂工	中医药行业技能鉴定机构	水平评价类	《关于印发中药调剂员等5个国家职业技能标准的通知》（人社厅发〔2009〕94号）	
38	中药饮片加工人员	中药炮制工	中医药行业技能鉴定机构	水平评价类	《关于印发中药炮制与配制工国家职业技能标准的通知》（人社厅发〔2011〕94号）	
39	涂料、油墨、颜料及类似产品制造人员	涂料生产工、染料生产工	化工行业技能鉴定机构	水平评价类	《关于印发第十二批房地产策划师等54个国家职业标准的通知》（劳社厅发〔2006〕1号）	

续表

序号	职业资格名称		实施部门（单位）	资格类别	设定依据	备注
40	农药生产人员	农药生产工	化工行业技能鉴定机构	水平评价类	《关于印发第十五批模具设计师等65个国家职业标准的通知》（劳社厅发〔2006〕33号）	
41	化学肥料生产人员	合成氨生产工、尿素生产工	化工行业技能鉴定机构	水平评价类	《关于印发第六批国家职业标准的通知》（劳社厅发〔2003〕14号）	

续表

序号	职业资格名称		实施部门（单位）	资格类别	设定依据	备注
42	基础化学原料制造人员	硫酸生产工、硝酸生产工、纯碱生产工	化工行业技能鉴定机构	水平评价类	《关于印发第十批玩具设计师等68个国家职业标准的通知》（劳社厅发〔2005〕1号）	
		烧碱生产工、无机化学反应生产工			《关于印发第十二批房地产策划师等54个国家职业标准的通知》（劳社厅发〔2006〕1号）	
		有机合成工			《关于印发第十五批模具设计师等65个国家职业标准的通知》（劳社厅发〔2006〕33号）	

续表

序号	职业资格名称		实施部门（单位）	资格类别	设定依据	备注
43	化工产品生产通用工艺人员	化工总控工	化工行业技能鉴定机构	水平评价类	《关于印发第十批玩具设计师等68个国家职业标准的通知》（劳社厅发〔2005〕1号）	
		防腐蚀工			《关于印发防腐蚀工等17个国家职业技能标准的通知》（人社厅发〔2009〕90号）	
		制冷工	人社部门技能鉴定机构会同有关行业协会		《关于印发船舶管系工等42个国家职业技能标准的通知》（人社厅发〔2009〕66号）	

续表

序号	职业资格名称		实施部门（单位）	资格类别	设定依据	备注
44	炼焦人员	炼焦煤制备工 炼焦工	煤炭、冶金行业技能鉴定机构	水平评价类	《关于印发高炉原料工等27个工种国家职业标准的通知》（人社厅发〔2008〕71号） 《关于印发防腐蚀工等17个国家职业技能标准的通知》（人社厅发〔2009〕90号） 《关于印发高炉原料工等27个工种国家职业标准的通知》（人社厅发〔2008〕71号）	
45	工艺美术品制作人员	景泰蓝制作工	轻工行业技能鉴定机构	水平评价类	《关于印发第八批林木种苗工等65个国家职业标准的通知》（劳社厅发〔2004〕1号）	
46	木制品制造人员	手工木工	住房城乡建设部门相关机构、人社部门技能鉴定机构	水平评价类	《关于印发手工木工等8个国家职业技能标准的通知》（人社厅发〔2011〕129号）	

续表

序号	职业资格名称		实施部门（单位）	资格类别	设定依据	备注
47	纺织品和服装剪裁缝纫人员	服装制版师	纺织行业技能鉴定机构	水平评价类	《关于印发第五批国家职业标准的通知》（劳社厅发〔2003〕1号）	
48	印染人员	印染前处理工、印花工、印染后整理工、印染染化料配制工	纺织行业技能鉴定机构	水平评价类	《关于印发第十二批房地产策划师等54个国家职业标准的通知》（劳社厅发〔2006〕1号）	
		纺织染色工			《关于印发第十批玩具设计师等68个国家职业标准的通知》（劳社厅发〔2005〕1号）	

续表

序号	职业资格名称		实施部门（单位）	资格类别	设定依据	备注
49	织造人员	整经工、织布工	纺织行业技能鉴定机构	水平评价类	《关于印发第十批玩具设计师等68个国家职业标准的通知》（劳社厅发〔2005〕1号）	
50	纺纱人员	纺纱工	纺织行业技能鉴定机构	水平评价类	《关于印发第十批玩具设计师等68个国家职业标准的通知》（劳社厅发〔2005〕1号）	
		缫丝工			《关于印发第十二批房地产策划师等54个国家职业标准的通知》（劳社厅发〔2006〕1号）	
51	纤维预处理人员	纺织纤维梳理工、并条工	纺织行业技能鉴定机构	水平评价类	《关于印发第十批玩具设计师等68个国家职业标准的通知》（劳社厅发〔2005〕1号）	

续表

序号	职业资格名称		实施部门（单位）	资格类别	设定依据	备注
52	酒、饮料及精制茶制造人员	酿酒师、品酒师	轻工行业技能鉴定机构	水平评价类	《关于印发第十八批平版印刷工等20个国家职业标准的通知》（劳社厅发〔2008〕5号）	
		酒精酿造工、白酒酿造工、啤酒酿造工、黄酒酿造工、果露酒酿造工			《关于印发第五批国家职业标准的通知》（劳社厅发〔2003〕1号）	
		评茶员	供销行业技能鉴定机构、人社部门技能鉴定机构		《关于印发防腐蚀工等22个国家职业标准的通知》（劳社厅发〔2001〕3号）	
53	乳制品加工人员	乳品评鉴师	轻工行业技能鉴定机构	水平评价类	《关于印发防腐蚀工等17个国家职业技能标准的通知》（人社厅发〔2009〕90号）	

续表

序号	职业资格名称		实施部门（单位）	资格类别	设定依据	备注
54	粮油加工人员	制米工、制粉工、制油工	粮食行业技能鉴定机构	水平评价类	《关于印发粮油竞价交易员等7个国家职业标准的通知》（劳社厅发〔2005〕10号）	
55	动植物疫病防治人员	农作物植保员	农业行业技能鉴定机构	水平评价类	《关于印发农作物种子繁育员等17个国家职业标准的通知》（劳社厅发〔2003〕3号）	
		动物疫病防治员、动物检疫检验员			《关于印发果树园艺工等4个国家职业技能标准的通知》（人社厅发〔2009〕99号）	
		水生物病害防治员			《关于印发农业实验工等7个国家职业技能标准的通知》（人社厅发〔2010〕89号）	
		林业有害生物防治员	林业行业技能鉴定机构		《关于印发森林抚育工等11个国家职业技能标准的通知》（人社厅发〔2015〕12号）	

续表

序号	职业资格名称		实施部门（单位）	资格类别	设定依据	备注
56	农业生产服务人员	农机修理工	农业行业技能鉴定机构	水平评价类	《关于印发农情测报员等4个国家职业技能标准的通知》（人社厅发〔2011〕88号）	
		沼气工			《关于印发农业实验工等7个国家职业技能标准的通知》（人社厅发〔2010〕89号）	
		农业技术员			《关于印发农业技术指导员等5个国家职业标准的通知》（劳社厅发〔2007〕4号）	
57	康复矫正服务人员	助听器验配师	卫生计生行业技能鉴定机构	水平评价类	《关于印发第十七批铝制品制作工等26个国家职业标准的通知》（劳社厅发〔2008〕1号）	
		口腔修复体制作工			《关于印发反射疗法师等3个国家职业标准的通知》（劳社厅发〔2007〕11号）	
		眼镜验光员、眼镜定配工	人社部门技能鉴定机构会同有关行业协会		《关于印发第十五批模具设计师等65个国家职业标准的通知》（劳社厅发〔2006〕33号）	

续表

序号	职业资格名称			实施部门（单位）	资格类别	设定依据	备注
58	服务人员	健康咨询	健康管理师	卫生计生行业技能鉴定机构	水平评价类	《关于印发反射疗法师等3个国家职业标准的通知》(劳社厅发〔2007〕11号)	
			生殖健康咨询师			《关于印发第十七批铝制品制作工等26个国家职业标准的通知》(劳社厅发〔2008〕1号)	
59	设备维修人员	计算机和办公	信息通信网络终端维修员	电子通信行业技能鉴定机构	水平评价类	《关于印发线务员等4个国家职业技能标准的通知》(人社厅发〔2009〕78号)	
60	技术服务人员	汽车摩托车修理	汽车维修工	交通运输行业技能鉴定机构、人社部门技能鉴定机构	水平评价类	《关于印发中式烹调师等4个国家职业技能标准的通知》(人社厅发〔2014〕62号)	

续表

序号	职业资格名称		实施部门（单位）	资格类别	设定依据	备注
61	保健服务人员	保健调理师	中医药行业技能鉴定机构	水平评价类	《关于印发第七批速录师等14个国家职业标准的通知》（劳社厅发〔2003〕19号） 《关于印发中药调剂员等5个国家职业技能标准的通知》（人社厅发〔2009〕94号）	
62	美容美发服务人员	美容师	人社部门技能鉴定机构会同有关行业协会	水平评价类	《关于印发第九批国家职业标准的通知》（劳社厅发〔2004〕7号）	
		美发师			《关于印发船舶管系工等42个国家职业技能标准的通知》（人社厅发〔2009〕66号）	
63	生活照料服务人员	孤残儿童护理员	民政行业技能鉴定机构	水平评价类	《关于印发孤残儿童护理员和灾害信息员国家职业标准的通知》（劳社厅发〔2007〕26号）	
		育婴员	人社部门技能鉴定机构会同有关行业协会		《关于印发平版制版工等23个国家职业技能标准的通知》（人社厅发〔2010〕39号）	
		保育员			《关于印发船舶管系工等42个国家职业技能标准的通知》（人社厅发〔2009〕66号）	

续表

序号	职业资格名称		实施部门（单位）	资格类别	设定依据	备注
64	有害生物防制人员	有害生物防制员	卫生计生行业技能鉴定机构、人社部门技能鉴定机构	水平评价类	《关于印发第十批玩具设计师等68个国家职业标准的通知》（劳社厅发〔2005〕1号）	
65	环境治理服务人员	工业固体废物处理处置工	化工行业技能鉴定机构	水平评价类	《关于印发紧急救助员等6个国家职业技能标准的通知》（人社厅发〔2012〕54号）	
66	水文服务人员	水文勘测工	水利行业技能鉴定机构	水平评价类	《关于印发河道修防工等6个职业（工种）国家职业技能标准的通知》（人社厅发〔2009〕69号）	

续表

序号	职业资格名称		实施部门（单位）	资格类别	设定依据	备注
67	水利设施管养人员	河道修防工、水工闸门运行工	水利行业技能鉴定机构	水平评价类	《关于印发河道修防工等6个职业（工种）国家职业技能标准的通知》（人社厅发〔2009〕69号）	
		水工监测工			《关于印发水工监测工等3个国家职业技能标准的通知》（人社厅发〔2010〕108号）	
68	地质勘查人员	地勘钻探工	国土资源行业技能鉴定机构	水平评价类	《关于印发地质测量工等6个国家职业标准的通知》（劳社厅发〔2008〕7号）	
		地质调查员			《关于印发海洋环境监测工等6个国家职业标准的通知》（劳社厅发〔2008〕4号） 《关于印发地质测量工等6个国家职业标准的通知》（劳社厅发〔2008〕7号）	
		地勘掘进工、地质实验员、物探工			《关于印发掘进工等7个国家职业技能标准的通知》（人社厅发〔2010〕61号）	

续表

序号	职业资格名称		实施部门（单位）	资格类别	设定依据	备注
69	检验、检测和计量服务人员	农产品食品检验员	农业、粮食行业技能鉴定机构	水平评价类	《关于印发第三批国家职业标准的通知》（劳社厅发〔2002〕1号） 《关于印发农作物种子繁育员等17个国家职业标准的通知》（劳社厅发〔2003〕3号） 《关于印发粮油竞价交易员等7个国家职业标准的通知》（劳社厅发〔2005〕10号） 《关于印发啤酒花生产工等9个国家职业技能标准的通知》（人社厅发〔2015〕5号）	
		纤维检验员	供销行业技能鉴定机构		《关于印发第三批国家职业标准的通知》（劳社厅发〔2002〕1号）	
		贵金属首饰与宝玉石检测员	轻工、珠宝首饰行业技能鉴定机构		《关于印发第三批国家职业标准的通知》（劳社厅发〔2002〕1号）	
		机动车检测工	机械、交通运输行业技能鉴定机构		《关于印发第十批玩具设计师等68个国家职业标准的通知》（劳社厅发〔2005〕1号） 《关于印发汽车客运服务员等5个国家职业技能标准的通知》（人社厅发〔2009〕76号）	

续表

序号	职业资格名称		实施部门（单位）	资格类别	设定依据	备注
70	测绘服务人员	大地测量员、摄影测量员、地图绘制员	测绘地理信息行业技能鉴定机构	水平评价类	《关于印发大地测量员等5个国家职业标准的通知》（劳社厅发〔2006〕23号）	
		不动产测绘员			《关于印发第五批国家职业标准的通知》（劳社厅发〔2003〕1号） 《关于印发大地测量员等5个国家职业标准的通知》（劳社厅发〔2006〕23号）	
		工程测量员	测绘地理信息、国土资源、交通运输行业技能鉴定机构		《关于印发大地测量员等5个国家职业标准的通知》（劳社厅发〔2006〕23号）	

续表

序号	职业资格名称		实施部门（单位）	资格类别	设定依据	备注
71	安全保护服务人员	保安员	公安部门相关机构、人社部门技能鉴定机构	水平评价类	《关于印发保安员国家职业技能标准的通知》（人社厅发〔2014〕88号）	
		安检员	民航行业技能鉴定机构、人社部门技能鉴定机构		《关于印发民航安全检查员国家职业标准的通知》（劳社厅发〔2005〕6号）	
		智能楼宇管理员	住房城乡建设部门相关机构、人社部门技能鉴定机构		《关于印发第十二批房地产策划师等54个国家职业标准的通知》（劳社厅发〔2006〕1号）	
		安全评价师	人社部门技能鉴定机构会同有关行业协会		《关于印发第十八批平版印刷工等20个国家职业标准的通知》（劳社厅发〔2008〕5号）	

续表

序号	职业资格名称		实施部门（单位）	资格类别	设定依据	备注
72	人力资源服务人员	劳动关系协调员	人社部门技能鉴定机构会同有关行业协会	水平评价类	《关于印发第十八批平版印刷工等20个国家职业标准的通知》（劳社厅发〔2008〕5号）	
		企业人力资源管理师			《关于印发第十六批汽车加气站操作工等10个国家职业标准的通知》（劳社厅发〔2007〕3号）	
73	物业管理服务人员	中央空调系统运行操作员	住房城乡建设部门相关机构、人社部门技能鉴定机构	水平评价类	《关于印发第五批国家职业标准的通知》（劳社厅发〔2003〕1号）	
74	信息通信网络运行管理人员	信息通信网络运行管理员	电子通信行业技能鉴定机构	水平评价类	《关于印发第十八批平版印刷工等20个国家职业标准的通知》（劳社厅发〔2008〕5号） 《关于印发电信业务营业员等四个国家职业技能标准的通知》（人社厅发〔2011〕114号）	

续表

序号	职业资格名称		实施部门（单位）	资格类别	设定依据	备注
75	广播电视传输服务人员	广播电视天线工	广电行业技能鉴定机构	水平评价类	《关于印发广播电视天线工和电影放映员国家职业技能标准的通知》（人社厅发〔2011〕15号）	
		有线广播电视机线员			《关于印发有线广播电视机线员国家职业标准的通知》（劳社厅发〔2006〕3号）	
76	信息通信网络维护人员	信息通信网络机务员	电子通信行业技能鉴定机构	水平评价类	《关于印发电信业务营业员等四个国家职业技能标准的通知》（人社厅发〔2011〕114号）	
		信息通信网络线务员			《关于印发线务员等4个国家职业技能标准的通知》（人社厅发〔2009〕78号）	

续表

序号	职业资格名称		实施部门（单位）	资格类别	设定依据	备注
77	餐饮服务人员	中式烹调师	人社部门技能鉴定机构会同有关行业协会	水平评价类	《关于印发中式烹调师等4个国家职业技能标准的通知》（人社厅发〔2014〕62号）	
		中式面点师、西式烹调师、西式面点师			《关于印发平版制版工等23个国家职业技能标准的通知》（人社厅发〔2010〕39号）	
		茶艺师			《关于印发第四批国家职业标准的通知》（劳社厅发〔2002〕10号）	
78	仓储人员	（粮油）仓储管理员	粮食行业技能鉴定机构	水平评价类	《关于印发粮油竞价交易员等7个国家职业标准的通知》（劳社厅发〔2005〕10号）	
79	航空运输服务人员	民航乘务员	民航行业技能鉴定机构	水平评价类	《关于印发民航乘务员等2个国家职业标准的通知》（劳社厅发〔2006〕27号）	
		机场运行指挥员			《关于印发第十九批矿山救护工等22个国家职业标准的通知》（劳社厅发〔2008〕6号）	

续表

序号	职业资格名称		实施部门（单位）	资格类别	设定依据	备注
80	服务人员	道路运输	机动车驾驶教练员	交通运输行业技能鉴定机构	水平评价类	《关于印发机动车驾驶教练员国家职业技能标准的通知》(人社厅发〔2011〕26号)	
81	消防和应急救援人员	消防员	消防行业技能鉴定机构	水平评价类	《关于印发灭火救援员国家职业技能标准的通知》(人社厅发〔2011〕18号)	
		森林消防员	林业行业技能鉴定机构		《关于印发第十二批房地产策划师等54个国家职业标准的通知》(劳社厅发〔2006〕1号)	
		应急救援员	紧急救援行业技能鉴定机构		《关于印发紧急救助员等6个国家职业技能标准的通知》(人社厅发〔2012〕54号)	

山东省人事厅 省体育运动委员会关于转发人事部 国家体委《关于印发〈体育教练员职务等级标准〉和〈关于体育教练员职务等级标准若干问题的说明〉的通知》的通知

（1996年8月9日　鲁人科〔1996〕13号）

各市地人事局、体委，省直各有关部门：

现将人事部、国家体委《关于印发〈体育教练员职务等级标准〉和〈关于体育教练员职务等级标准若干问题的说明〉的通知》转发给你们，并结合我省实际情况，提出如下意见，请一并遵照执行。

一、我省体育教练员职务岗位的设置和职务结构比例

职务结构比例应按以下要求确定：

1. 省优秀运动队（包括省委托办队）和省体校，教练员与运动员之间的编制比例为1∶4—6（人）。高级教练职务占教练员总数的比例可逐步达到30%左右，一级教练职务达到50%左右。

2. 市（地）体育运动学校、体育中学、重点业余体校教练员与运动员之间的编制比例为1∶6—10（人）。高级教练职务占教练员总数的比例可逐步达到22%左右，一级教练职务达到45%左右。

3. 县（市、区）业余体校教练员与运动员之间的编制比例一般为1∶12（人）。高级教练职务占教练员总数的比例可逐步达到15%左右，一级教练职务达到45%左右。

教练员职务岗位及结构比例确定后，也可根据训练比赛任务变化、项目调整、队伍壮大、事业发展等情况逐步进行适当调整。

二、严格掌握任职条件

除具备《体育教练员职务等级标准》规定的政治条件外，必须具备下列业绩条件：

（一）三级教练

具有体育中专学历，从事训练教学工作一年以上，初步了解体育基础理论和专业知识。

省优秀运动队（含省委托办队）教练员，基本掌握训练教学的内容和方法，能够完成训练教学任务。

各类体校教练员，能够按照训练大纲要求完成选材和基础训练教学工作。

（二）二级教练

担任三级教练工作二年以上或具有体育院、系专科以上学历，从事训练教学工作一年以上；基本掌握体育基础理论和专业知识、技能；取得初级教练员岗位培训合格证书。

省优秀运动队教练员，能够较熟练地运用训练教学方法、手段，出色地完成训练、比赛任务。

各类体校教练员，能够按照训练大纲要求较好地完成选材和基础训练教学工作，所培养的运动员30%达到大纲及格标准。

（三）一级教练

具有体育院、系专科以上学历，担任二级教练工作四年以上，具有体育院、系本科学历，担任二级教练工作三年以上，具有硕士学位，从事教学训练工作二年以上；比较系统地掌握体育基础理论和专业知识，能结合体育训练教学、选材实践进行一定的科学研究，至少有一篇市（地）级以上报刊发表或省、市（地）级学术研讨会宣读，并具有一定学识水平的论文，或具有市（地）级以上体育专项科研成果；取得一级教练员岗位培训合格证书；初步掌握一门外语；具有一定的训练教学实践经验，较熟练地掌握教学训练方法，能独立地完成训练教学和各项比赛的指导工作，且具有下列成绩之一。

省优秀运动队教练员，直接培训二年以上的运动员，或培训二年以上输送后六年内取得：

1. 全国最高水平比赛个人项目录取名次；集体项目前十名，或连续二年以上保持甲级队水平；

2. 全国青年最高水平比赛个人项目前三名；集体项目前六名；

3. 非奥运会项目全国最高水平比赛个人项目一次亚军，或二次前三名，或三次三至四名；集体项目前四名。

各类体校教练员，向上级训练组织输送二名以上或越级输送一名运动员，所培训的运动员按训练大纲要求60%达到及格标准，并培训一年以上的运动员或培训一年以上输送后八年内取得：

1. 全国青少年最高水平比赛个人项目录取名次；集体项目较好成绩；

2. 全省最高水平比赛个人项目冠军；集体项目前六名；

3. 全国城市运动会比赛个人项目前三名；集体项目前六名；

4. 一人获运动健将或三人获一级运动员称号。

（四）高级教练

具有体育院、系专科以上学历，担任一级教练工作四年以上；系统地掌握体育基础理论和专业知识，对本项目训练教学和选材有较深的研究，有两篇在省级以上报刊发表或一篇省级学术研讨会宣读、一篇市（地）级学术研讨会宣读的论文，或具有国内先进水平的反映本项目训练成果的学术文章或具有省级以上较高水平的体育专项科研成果；取得高级教练员岗位培训合格证书；掌握一门外语；具有丰富的教学训练实践经验，能够创造性地运用先进技、战术组织好训练比赛，解决训练比赛中的关键、疑难问题，且具有下列成绩之一。

省优秀运动队教练员，直接培训二年以上的运动员或培训二年以上输送后六年内取得：

1. 一人次参加奥运会或奥运会项目的世界锦标（杯）赛比赛资格；

2. 亚洲最高水平比赛或世界大学生运动会录取名次；

3. 全国最高水平比赛个人项目冠军，或二次二至三名；集体项目前八名；

4. 全国青年最高水平比赛个人项目三次冠军；集体项目二次前三名；

5. 亚洲青年最高水平比赛个人项目冠军并一次二至三名；集体项目前三名；

6. 世界青年最高水平比赛个人项目前三名；集体项目前六名；

7. 非奥运会项目全国最高水平比赛个人项目二次冠军，或四次以上前三名；集体项目前二名或二次以上第三名。

各类体校教练员，所培训的运动员按训练大纲要求 80% 达到及格标准，其中 20% 良好，向上一级训练组织输送 8—15 名运动员，且培训 1 年以上的运动员，输送后八年内取得：

1. 全国最高水平比赛个人项目前三名，集体项目前八名；

2. 全国城市运动会比赛个人项目二次冠军；集体项目前三名；

3. 四人获运动健将称号，或一人获健将、五人获一级运动员称号；

4. 有二至四名选入国家队，或代表国家参加亚运会、世界锦标（杯）赛或奥运会比赛。

三、破格晋升教练员职务条件

破格晋升一级教练职务业绩条件：

系统地掌握体育基础理论和专项技术知识，能结合训练教学、选材实践进行科学研究，至少有一篇在省级以上报刊发表，或在省级学术研讨会宣读并具有一定学识水平的论文，或具有省级以上体育专项科研成果，且具有下列成绩之一。

省优秀运动队教练员，直接培训二年以上的运动员，或培训二年以上输送后六年内取得：

1. 全国最高水平比赛个人项目前三名；集体项目前六名；

2. 全国青年最高水平比赛个人项目冠军或二次亚军；集体项目前三名；

3. 非奥运会项目全国最高水平比赛个人项目冠军，或二次亚军；集体项目前三名。

各类体校教练员，所培训的运动员按训练大纲要求90%达到及格标准，其中30%优秀，向上一级训练组织输送5—13名运动员，且培训一年以上的运动员输送后八年内取得：

1. 全国青少年最高水平比赛个人项目前三名；集体项目前六名；

2. 全省最高水平比赛个人项目二次冠军；集体项目前三名；

3. 全国最高水平比赛个人项目前三名；集体项目录取名次；

4. 全国城市运动会比赛个人项目冠军并一次前三名；集体项目前六名；

5. 二人获运动健将，或一人获运动健将、三人获一级运动员称号。

破格晋升高级教练职务业绩条件：

系统全面地掌握体育基础理论和专项技术知识，对本项目训练教学有较深的造诣，至少有二篇在省级以上报刊发表或省级学术研讨会宣读的论文，或具有省级以上优秀水平的体育专项科研成果，或多次进行国内、国际学术交流和讲学，且具有下列成绩之一。

省优秀运动队教练员，直接培训二年以上的运动员或培训二年输送后六年内取得：

1. 奥运会或奥运会项目的世界锦标（杯）赛录取名次；

2. 亚洲最高水平比赛或世界大学生运动会前三名；

3. 全国最高水平比赛个人项目二次以上冠军；集体项目前三名；

4. 全国青年最高水平比赛个人项目四次冠军，或五次二至三名；集体项目冠军；

5. 亚洲青年最高水平比赛个人项目二次冠军并一次亚军；集体项目前二名；

6. 世界青年最高水平比赛个人项目冠军；集体项目前四名；

7. 非奥运会项目世界锦标（杯）赛个人项目二次以上冠军，或亚运会或亚洲锦标（杯）赛或世界大学生运动会三次冠军，或全国最高水平比赛个人项目四次以上冠军；集体项目冠军或三次二至三名。

各类体校教练员，所培训的运动员按训练大纲要求 90%达到及格标准，其中 40%优秀，30%良好，向上一级训练组织输送 10—16 名运动员，同时培训一年以上的运动员，输送后一般在六年内取得：

1. 全国最高水平比赛个人项目冠军，并一次前三名；集体项目前六名；

2. 全国城市运动会个人项目三次冠军，或三次第二、二次第三名；集体项目二次前二名；

3. 五人获运动健将称号，或有二人获国际级健将、一人获健将称号；

4. 有二至四名选入国家队，并代表国家参加亚运会比赛获前六名；或参加世界锦标（杯）赛或奥运会比赛获录取名次。

四、优秀运动员审定教练员职务范围、条件

为我省和国家体育事业做出突出贡献的运动员，符合下列条件者可审定相应教练员职务。

1. 从事专业训练六年以上，全国最高水平比赛单项获前三名，集体项目获前六名的运动员，取得中专学历，可审定三级教练。

2. 从事专业训练八年以上，全国最高水平比赛单项获冠军，集体项目获前八名的运动员，且在训练期间坚持体育中专课程学习，兼做教练工作一年以上者，可审定二级教练。

3. 从事专业训练八年以上，亚运会或亚洲锦标（杯）赛获冠军，集体项目获前八名的主力队员，且在训练期间坚持体育大专课程学习，兼任教练工作二年以上者，并负责培训的运动员在全国最高水平比赛中单项获前三名，集体项目获前八名的主力队员，可审定一级教练。

4. 从事专业训练十年以上，奥运会或世界锦标（杯）赛冠军，集体项目世界三大赛获前八名的主力队员，且在训练期间坚持体育大专课程学习，兼任教练工作三年以上者，并负责培训的运动员在全国最高水平比赛单项获冠军，集体项目获前六名的主力队员，可审定高级教练。

五、各级体育教练员职务审核组组建及审定程序

根据《体育教练员职务等级标准》要求，省组建高级教练员职务审核组，负责全省国家级教练职务的推荐和高级教练职务的初审工作；省体委和有条件的市地组建一级教练员职务审核组，负责省体委直属单位及本市地一级教练职务的初审和高级教练职务的推荐工作；县（市、区）可组建二、三级教练员职务审核组，负责本地二、三级教练职务的初审和一级教练职务的推荐工作。

国家级教练职务由省负责推荐，国家体委审定，报人事部批准；高级教练职务由省高级教练员职务审核组初审，省体委审核，报省人事厅批准，并报国家体委备案；一级教练职务由市（地）一级教练员职务审核组初审，市（地）体委审核，报市（地）人事局批准；省体委直属单位的一级教练职务审定、审核工作由省体委负责；二、三级教练职务审定、审核由各市（地）

或省体委自行安排。

六、认真做好聘任工作

聘任是整个职改工作的重要环节，各单位一定要根据教练员职务任职条件、岗位设置情况和项目实际需要，聘任那些经考核成绩突出，训练教学水平高，积极肯干，对体育事业有献身精神的教练员。按照聘任的要求，聘任前应向受聘者讲清担负的任务、达到的任期目标、应履行的岗位职责及必须遵守的聘约等。受聘者认为能够完成任务，并严格履行聘约，然后由单位行政领导进行聘任，签订聘约，颁发聘书。每一聘期一般不超过四年，聘期满后根据需要可连聘。聘任时要坚持以岗择人，不搞论资排辈。对那些长期在教练员岗位上做不出成绩，培养不出优秀体育人才，或政治思想品德不好，缺乏敬业进取精神者，坚决不能聘任。

七、完善教练员的任职考核工作

各单位要建立健全教练员年度考核和任期届满考核制度，建立教练员业务考绩档案。要采取定性考核与定量考核相结合的方法，认真对教练员进行考核，及时将考核结果记入考绩档案，作为教练员续聘或晋升专业技术职务的依据。考核工作要从实际出发，讲求实效，要贯彻公开、平等、民主的原则，注重政治标准。以履行岗位职责的工作实绩和职业道德、工作态度及敬业表现为主要内容。要努力使考核工作做到全面、公正、客观、实事求是。

未正常开展教练员任职考核工作的单位，不得进行教练员职务审定聘任工作。

八、其它有关问题

审定各级体育教练员是否具备任职条件，要在上级批准的各级教练员职务结构比例内进行，不准突破上级批准的各级教练员职务结构比例和岗位数额，各市地、各单位在推荐工作中一定要严格把关，坚持标准条件。

事业行政管理人员，一般不兼任教练员职务，但考虑到体育教练员队伍的特殊情况，对属于事业编制，虽已转做行政工作，仍未脱离教练员岗位，并且以教学训练为主的人员可以参加相应教练员职务的审定。对原虽始终在教练员专业岗位上，后转做行政工作，完全脱离教练员岗位的，不再参加教练员职务的审定；对离开后又重新回到教练员岗位上任教的，需继续任教一年以上方可再参加审定或晋升高一级教练员职务。对属于国家行政机关工作人员，今后不再参加教练员职务的审定。

原已具备教练员专业技术职务任职资格的教练员可按《体育教练员职务等级标准》对应相应职务。原助理教练对应二级教练，原教练对应一级教练，原高级教练对应《体育教练员职务等级标准》的高级教练。对应后，一级教练由市地人事局审批，省体委直属单位由省体委审批，高级教练由省人事厅审批。

从教练员队伍长远建设出发，教练员凡晋升一级以上职务时都要进行外语考试，外语考试工作由省人事厅和省体委共同组织实施。但考虑到我省体育教练员队伍的实际情况，县（市、区）所属的教练员在审定一级以上教练员职务条件时，外语可暂不作必备条件。

本通知自1996年起施行。

人事部、国家体育运动委员会关于印发《体育教练员职务等级标准》和《关于〈体育教练员职务等级标准〉若干问题的说明》的通知

（1994年11月4日　人职发〔1994〕17号）

各省、自治区、直辖市及计划单列市人事（人事劳动）厅（局）、职改办，体委，国务院各部委、各直属机构人事（干部）

部门：

现将《体育教练员职务等级标准》和《关于〈体育教练员职务等级标准〉若干问题的说明》印发给你们，请遵照执行。原中央职称改革工作领导小组转发的《教练员专业技术职务试行条例》即行废止。

附件：1. 体育教练员职务等级标准

2. 关于《体育教练员职务等级标准》若干问题的说明

附件 1

体育教练员职务等级标准

第一章　总　则

第一条　为了充分发挥我国体育教练员的积极性、创造性，提高训练教学水平和指挥、管理能力，建设一支适应我国体育事业发展需要的体育教练员队伍，促进我国体育运动技术水平的迅速提高，特制定本标准。

第二条　体育教练员职务名称为三级教练、二级教练、一级教练、高级教练、国家级教练。三级、二级教练为初级职务，一级教练为中级职务，高级、国家级教练为高级职务。

第三条　本标准适用于体委系统从事体育训练教学的人员。

第二章　岗位职责

第四条　体育教练员的基本职责是完成训练教学任务，提高运动技术水平；全面关心运动员的成长，做好运动队的管理工作；参加规定的进修、学习。同时高等级教练员须承担对低等级教练员的业务指导、培训和辅导基层训练工作。

第五条　三级教练岗位职责

（一）按照训练教学任务的要求，拟定和实施训练计划，协助高等级教练员做好运动员的训练教学工作。

（二）基本掌握运动员的选材和训练方法；总结训练教学实践经验，积累技术资料，建立训练业务档案，主动接受高等级教练员的业务指导。

第六条 二级教练岗位职责

（一）按照训练教学任务的要求，制定和实施训练教学计划，承担运动员的训练教学和参加比赛的指导工作；培养后备人才。

（二）了解本项目发展方向，掌握运动选材和训练方法，及时总结训练教学实践经验，积累技术资料，建立训练业务档案；定期做出训练教学工作总结。

第七条 一级教练岗位职责

（一）按照体育运动人才成长的规律，制定、实施训练规划和训练计划；承担运动员的训练教学和参加国内外比赛的指导工作；选拔、培养和输送后备人才。

（二）及时了解本项目发展动向，结合训练教学实践，进行有关选材和改进训练方法等方面的科学研究，撰写论文。

第八条 高级教练岗位职责

（一）按照优秀运动人才成长的规律，制定、实施训练规划和训练计划；承担优秀运动员的训练教学和参加国内外重大比赛的指导工作；选拔、培养和输送优秀后备人才。

（二）熟悉本项目国内外发展动向，掌握先进的技、战术训练手段、方法，以及科学选材、训练规律；总结培养优秀运动员和优秀后备人才的经验，进行专题研究，撰写科研论文；指导和推动本项目运动技术水平的提高。

第九条 国家级教练岗位职责

（一）按照高水平运动人才成长的规律，负责制定、实施训练规划和训练计划；承担高水平运动员的训练教学和参加国内外重大比赛的指导工作；选拔、培养和输送高质量后备人才。

（二）掌握本项目国内外发展动向，先进技、战术和训练方法，以及科学选材、训练规律；总结培养高水平运动员和高质量后备人才的经验，组织并进行专题研究，撰写高质量的科研论文；指导和促进我国运动训练教学和运动技术水平的提高。

第三章 任职条件

第十条 各级体育教练员必须拥护中国共产党的领导，热爱社会主义祖国，努力学习马克思列宁主义毛泽东思想和建设有中国特色社会主义的理论；履行教练员职责，遵守教练员守则，具有良好的体育道德和为体育事业献身的精神。

第十一条 优秀运动队教练员任职条件

（一）三级教练

具有体育中专学历，从事训练教学工作一年以上，初步了解体育基础理论和专业知识，基本掌握训练教学的内容和方法，能够完成训练教学任务。

（二）二级教练

担任三级教练工作二年以上或具有体育院、系专科以上学历，从事训练教学工作一年以上；基本掌握体育基础理论和专业知识、技能；取得初级教练员岗位培训合格证书；能够较熟练地运用训练教学方法、手段，出色完成训练、比赛任务。

（三）一级教练

具有体育院、系专科以上学历，担任二级教练工作四年以上；比较系统地掌握体育基础理论和专业知识，能结合训练教学实践进行一定的科学研究，有一定学识水平的论文；初步掌握一门外语，熟悉本专业术语，能借助字典查阅本专业技术资料；取得中级教练员岗位培训合格证书；训练两年以上的运动员取得全国最高水平比赛录取名次；集体项目取得全国最高水平比赛较好名次。

（四）高级教练

具有体育院、系专科以上学历，担任一级教练工作五年以上；系统地掌握体育基础理论和专业知识，对本项目训练教学有较深的研究，有二篇发表或宣读的论文，或具有国内先进水平的反映本项目训练成果的学术文章；基本掌握一门外语，能借助字典阅读本专业技术资料，进行简单的技术交流；取得高级教练员岗位培训合格证书；训练二年以上的运动员或培训二年以上的运动员输送后四年内达到世界水平或亚洲或全国优秀水平。

（五）国家级教练

具有体育院、系本科以上学历，并经过国家级教练研讨班学习，担任高级教练工作五年以上；有二篇发表过的高水平学术论文，或具有国际水平的反映本项目训练成果的学术文章，或多次进行国际国内讲学和学术交流；掌握一门外语，能阅读和翻译本专业外文技术资料，进行技术交流；训练二年以上的运动员或培训两年以上的运动员输送后四年内取得下列运动成绩之一：

1. 奥运会前三名。

2. 奥运会四至六名并世界锦标赛或世界杯赛前二名。

3. 世界锦标赛或世界杯赛三人次冠军。

4. 亚运会二人次冠军并亚洲锦标赛或亚洲杯赛二人次冠军。

5. 向国家队输送三名以上运动员或有三名以上运动员代表国家参加亚运会、世界锦标赛、世界杯或奥运会比赛，并取得五次全国最高水平比赛冠军或二人次亚运会（亚运会比赛项目亚洲锦标赛或亚洲杯赛）冠军。

6. 集体项目奥运会前十名。

7. 集体项目世界锦标赛或世界杯赛二次前二名。

8. 集体项目亚运会冠军并亚洲锦标赛或亚洲杯赛冠军。

9. 集体项目向国家队输送五名以上运动员或有五名以上运动员代表国家参加亚运会、世界锦标赛、世界杯或奥运会比赛，并取得亚运会（亚运会比赛项目亚洲锦标赛或亚洲杯赛）冠军或二次全国最高水平比赛冠军。

第十二条 各类体育学校教练员任职条件

（一）三级教练

具有体育中专学历，从事训练教学工作一年以上；初步了解体育基本理论和专业知识，能够按照训练大纲要求完成选材和基础训练教学工作。

（二）二级教练

担任三级教练工作二年以上或具有体育院、系专科以上学历，从事训练教学工作一年以上；基本掌握体育基础理论和专业知识、技能；取得初级教练员岗位培训合格证书；能够按照训练大纲要求较好地完成选材和基础训练教学工作，所培养的运动员30%达训练大纲及格标准。

（三）一级教练

具有体育院、系专科以上学历，担任二级教练工作四年以上；比较系统地掌握体育基础理论和专业知识，能结合选拔和培养后备人才的实践进行一定的科学研究，有一定学识水平的论文；初步掌握一门外语，熟悉本专业术语，能借助字典查阅本专业技术资料；取得中级教练员岗位培训合格证书；向上一级训练组织输送二名以上（含二名）或越级输送一名运动员；所培养的运动员按训练大纲要求 60% 达及格标准，并在全国青少年或全省（区、市）最高水平比赛中取得较好成绩。

（四）高级教练

具有体育院、系专科以上学历，担任一级教练工作五年以上；系统地掌握体育基础理论和专业知识，对选材和基础训练教学有较深的研究，有二篇发表或宣读的论文，或具有国内先进水平的学术文章；基本掌握一门外语，能借助字典阅读本专业技术资料；取得高级教练员岗位培训合格证书；所培养的运动员按训练大纲要求 80% 达及格标准，其中 20% 良好；向上一级训练组织输送九至十四名运动员，同时具备下列条件之一：

1. 培训一年以上的运动员，根据不同训练层次和项目特点，输送后最长七年内达到全国优秀水平。

2. 培训一年以上的运动员，根据不同训练层次和项目特点，输送后最长四年内有三人获健将称号。

3. 培训一年以上的运动员，根据不同的训练层次，输送后有二至四名选入国家队，或代表国家参加亚运会、世界锦标赛、世界杯或奥运会比赛。

第十三条 在优秀运动队训练八年以上，曾获得全国冠军或集体项目全国前三名（主力队员）以上运动成绩的优秀运动员，退役后从事教练员工作，符合规定的业绩条件者，可提前或破格确定教练员职务。

第十四条 某些目前我国与世界先进水平仍有一定差距的奥运会重点项目和一些尚无世界性比赛的非奥运会项目的教练员确定国家级教练职务时，虽未达到业绩标准，但在缩小与世界先进水平差距和发展我国或本地区竞技体育、提高运动技术水平方面做出突出贡献，经省、自治区、直辖市体委推荐，报国家体委审定。

第十五条 凡在国内、外重大比赛中成绩特别突出，或在训练、科研、培养和输送后备人才方面做出重大贡献的教练员，可破格晋升相应的职务。

多年担任高级教练，在选拔、培养和输送后备人才方面业绩卓著，对发展我国或本地区体育事业做出突出贡献，同时具备下列条件的少数各类体校教练员，可破格晋升国家级教练职务：

1. 符合优秀运动队国家级教练任职条件规定的学术理论水平；

2. 向上一级训练组织输送十五名以上运动员，其中有三人以上进入国家队（无国家队项目须有三人以上代表国家参加亚洲以上比赛）；

3. 奥运会项目培训一年以上的运动员，根据不同训练层次和项目特点，输送后最长七年内获世界冠军或多人次获亚洲冠军。

第四章　审定权限

第十六条　审定各级体育教练员是否具备任职条件必须在上级批准的合理结构比例内，按工作需要合理设置岗位的基础上进行。

第十七条　国家级教练需由当地高级教练审核组提出初审意见，经省、自治区、直辖市体委和人事职改部门审核，由国家体委审定，报国家人事部备案。

第十八条　高级教练由省、自治区、直辖市体委高级教练审核组进行初审，各省、自治区、直辖市体委审核，各省、自治区、直辖市人事职改部门批准，报国家体委备案。

第十九条　一级教练以下（含一级教练）的审定程序，由各省、自治区、直辖市决定。

第二十条　省、自治区、直辖市高级教练审核组由当地体委人事、训练、竞赛部门的负责人和具有较高技术、学术水平的高级教练、国家级教练组成。成员一般在七人以上。审核组主要职责是负责按照任职条件对申报人的申报材料进行全面审核，并提出初审意见。

第五章　职务聘任和晋升

第二十一条　按照干部管理权限，由行政领导根据教练员所在单位的编制定员和职务结构比例，在经审定具备教练员职务任职条件的教练员中按岗择优聘任。

第二十二条　聘任教练员，一般每一任期不超过四年。如果工作需要，可以连聘连任。

第二十三条　教练员管理部门要对受聘教练员的德、能、勤、绩进行全面、公正、客观的考核，每年进行一次年度考核，任职期满进行一次全面考核，考核结果分优秀、称职、不称职，作为续聘、低聘、解聘或晋升、奖惩的依据。

第六章 附 则

第二十四条 非体委系统的运动队从事体育训练的人员，可参照本标准执行。

第二十五条 本标准由国家体委负责解释。

第二十六条 本标准自发布之日起实行，1986 年中央职称改革工作领导小组转发的《教练员专业技术职务试行条例》同时废止。

附件 2

关于《体育教练员职务等级标准》若干问题的说明

为了正确执行《体育教练员职务等级标准》（以下简称《标准》），特对若干问题作如下说明：

一、《标准》规定聘任教练员职务须按照教练员的编制定员和职务结构比例进行。根据各级运动队、各类体育学校所承担的任务不同，各地区、各项目训练水平和特点不同的实际情况，教练员的编制定员和职务结构比例应按以下原则掌握：

（一）编制定员

国家队教练员与运动员之间的限额比例为 1∶3—5（人）；省、自治区、直辖市优秀运动队教练员与运动员之间的限额比例为 1∶4—6（人）；竞技体校、体育运动学校教练员与运动员之间的限额比例为 1∶6—10（人）；重点业余体校、体育中学教练员与运动员之间的限额比例为 1∶8—12（人）；普通业余体校教练员与运动员之间的限额比例不低于 1∶12（人）。

（二）职务结构比例

1. 国家队教练员高级、中级、初级职务之间的结构比例由国家体委提出，报国家人事部核准。

2. 体育运动水平较高的省、自治区、直辖市优秀运动队教练员高级职务人数不超过教练员职务总数的 30%，其它省、自治区、直辖市优秀运动队教练员高级职务人数不超过教练员职务总数的 20%。各省、自治区、直辖市国家级教练不超过教练员高级职务人数的 10%，中级职务数不超过教练员职务总数的 50%。

3. 各类体育学校教练员高级职务不超过教练员职务总数的 15%，中级职务不超过教练员职务总数的 50%。

以上职务结构比例，由各省、自治区、直辖市人事职改部门具体审定，逐步到位。

二、任职条件中的业绩系指担任教练员工作以来的累计。全国最高水平比赛系指：全国运动会、全国锦标赛、全国冠军赛、全国联赛（球类项目），以及经国家体委批准以其他名称组织的单项最高水平比赛。

曾先后在各类体育学校和优秀运动队任教的教练员，可按优秀运动队或各类体育学校相应等级教练员的任职条件申报，但不能将二者成绩相加计算。

确定集体项目教练员业绩时，凡所培训的运动员输送两年后取得成绩的，应适当降低其名次。

确定女子足球、女子举重等新开展项目教练员国家级教练职务时，对其运动成绩的要求，应视比赛的规模和水平，由专家作出认定。

三、确定同一项目的主管教练员和非主管教练员的职务时，应根据其在拟定和执行训练比赛计划中发挥作用的情况、贡献大小和任职年限等因素区别对待，对非主管教练员原则上应适当降低职务的等级。

体育艺术教练和体育机械教练可按照本《标准》确定教练员职务，对其业绩要求，参照对非主管教练的原则审定。

四、事业单位主管训练工作的行政领导干部原则上不兼任教练员职务。但长期担任教练员工作，确因工作需要兼任高级职务的，经上级人事职改部门批准，可聘任相应的教练员职务，兼职人员须具备：

（一）符合相应职务的任职条件。

（二）现仍直接从事训练工作，能履行教练员岗位职责，直接进行训练指导工作每年不少于三分之一时间。

兼职人员占用本单位教练员职务结构比例或职务限额。

五、曾多年担任高级教练，因工作需要调入国家机关工作，符合国家级教练条件者，由国家体委特批为国家级名誉教练。

六、《标准》中对教练员文化程度、科研能力、外语水平的要求，是从教练员队伍建设长远考虑所必须坚持的条件，各地在审定教练员职务时，应严格按照《标准》有关规定执行。

（一）文化程度：

1. 凡不具备规定学历的教练员，应通过成人教育等途径取得大专以上学历。对1966年以前从事训练、教学工作的教练员和在区（市）、县体校从事训练、教学工作的优秀运动队退役运动员，具备拟确定相应职务任职条件所需的专业技术水平和能力者，可适当放宽学历要求。

2. 非体育专业学历者，通过体育专业主要课程（体育概论、运动训练学、体育管理学、运动生理学、运动心理学等）的进修，可视为符合学历要求。

（二）教练员的论文、著作及科研成果，须经二名以上同行专家鉴定，并写出评定意见。

（三）教练员的外语水平应根据其工作特点，侧重于掌握本专业技术术语和竞赛及对外技术交流的需要等方面的内容。由各省、自治区、直辖市体委按国家体委统编教材组织相应的测试或考核。

研究生毕业或经过援外教练员培训班培训并援外一年以上的教练员视为掌握一门外语；1966年以前任教的教练员可放宽外语要求。

根据区（市）、县体校教练员的工作性质和现状暂不作外语要求。

七、岗位培训是按照不同项目、不同技术等级教练员岗位规范要求，确定培训内容，对教练员进行以提高训练教学、队伍管理、竞赛指挥等能力为主要目的，由各级体委安排专项经费组织的培训。凡已开展岗位培训项目的教练员申报教练员职务时，必须取得相应等级的《教练员岗位培训合格证书》

执行和完成训练大纲的情况是衡量各类体育学校教练员业绩的主要标准之一。在审定教练员职务时，必须严格执行《标准》的有关规定，对尚未制定统一训练大纲的项目，由各省、自治区、直辖市体委制定具体考核办法。

八、原具有教练员专业技术职务任职资格的教练员对应本《标准》教练员职务时应按以下原则掌握：

（一）原具有教练员专业技术职务的现职教练员和咨询教练员可按本《标准》对应相应职务。

（二）原助理教练对应本《标准》的二级教练，原教练对应本《标准》的一级教练，原高级教练对应本《标准》的高级教练。

山东省人事厅 省质量技术监督局关于印发《山东省质量专业高级工程师资格评价暂行办法》的通知

（2003 年 7 月 1 日　鲁人发〔2003〕20 号）

各市人事局、质量技术监督局，省直有关部门：

现将《山东省质量专业高级工程师资格评价暂行办法》印发给你们，并提出以下意见，请一并遵照执行。

一、根据《山东省高级专业技术资格考评制度暂行规定》，经研究决定，我省在计量、标准和质量专业（以下简称质量专业）高级工程师资格评价中，实行考试与评审相结合的评价制度，并于今年开始试点。

二、考试时间暂定为 2003 年 9 月 21 日 8∶30 至 11∶30，考场设在济南（具体地点另行通知）。评审工作于 10 月份进行。

三、报名时间为 7 月 15 日至 8 月 15 日。符合申报条件的人员，由本人提出申请，经民主评议、单位审查、主管部门审核同意并汇总后，省直单位的报考人员，由其省直主管部门（单位）汇总后报省质量技术监督局组织人事处；市以下单位的报考人员，由市质量技术监督局、市人事局审查同意后，报省质量技术监督局组织人事处。

四、考前培训工作由省质量技术监督局具体组织实施。

开展质量专业高级工程师资格考评制度试点工作，是一项涉及面广、政策性强的工作。各市、各部门要加强领导，严密组织，精心实施，要切实做好宣传和思想工作，及时研究解决在实施过程中出现的新情况、新问题，确保试点工作顺利进行。

山东省质量专业高级工程师资格评价暂行办法

第一章　总　则

第一条　为加强全省计量、标准和质量专业（以下简称质量专业）技术人员队伍建设，提高技术人员的整体素质，科学、客观、公正地评价质量专业高级工程技术人才的学识水平和业务能力，健全和完善全省质量专业技术人才评价机制，根据《山东省高级专业技术资格考评制度暂行规定》和质量专业的实际情况，制定本办法。

第二条　本办法适用于直接从事质量管理、质量监督、质量检验、标准化、计量工作的在职在岗人员。

第三条　质量专业高级工程师（以下简称质量高级工程师）资格实行考试与评审相结合的评价制度。考试和评审是评价工作的两个环节。凡符合条件要求参加质量高级工程师资格评价的人员，须参加全省统一组织的考试，取得合格成绩后，方可申请参加评审。

第四条　按照本办法取得高级工程师资格的人员，表明其已具备担任高级工程师职务的水平和能力。

第五条　质量高级工程师资格评价工作，由省人事厅会同省质量技术监督局组织实施。

第二章　申报条件

第六条　凡申报考评质量高级工程师资格的人员，必须具备以下基本申报条件：

（一）遵守《中华人民共和国宪法》和各项法律法规，具有良好的职业道德和敬业精神；

（二）具有评审高级专业技术资格所需的职称外语考试成绩

证明和计算机应用能力考试合格证书。

第七条 学历及资历条件。取得工程师或相关中级专业技术资格,并符合下列条件之一者,可申报考评质量高级工程师资格:

（一）获得博士学位，取得工程师或相关中级专业技术资格后，从事质量专业技术工作2年以上；

（二）获得硕士学位，取得工程师或相关中级专业技术资格后，从事质量专业技术工作4年以上；

（三）大学本科毕业，取得工程师或相关中级专业技术资格后，从事质量专业技术工作5年以上；

（四）获国家自然科学奖、国家发明奖、国家科技进步奖的主要贡献者,或获省、部级科学技术奖二等奖以上的主要贡献者;

（五）获中国科学技术协会青年科技奖的主要贡献者;

（六）取得工程师或相关中级专业技术资格后又获得大学本科学历或硕士学位的,在取得学历后要继续从事质量专业技术工作3年以上,并同时符合上述第二、三项中规定的相应资历要求。

第八条 不具备规定学历要求的，取得工程师或相关中级专业技术资格后，从事质量专业技术工作5年以上，且各年度考核均为合格（或称职）以上，其中近几年中有2年年度考核为优秀（获得先进工作者、嘉奖、记功等能证明其质量专业技术工作业绩突出的奖项，可视同为其年度考核优秀。下同），并具备下列条件之一者，可破格申报考评质量高级工程师资格：

（一）在国家级刊物上出版的质量专业论文或书籍中，本人独立撰写或为主撰写累计达10万字以上；

（二）在省部级专业报刊上发表过3篇以上由本人独立撰写或为主撰写的有较高学术水平的专业论文；

（三）从事质量专业技术工作业绩突出并荣获全省先进工作者称号。

第九条 取得工程师或相关中级专业技术资格后，并在从事质量专业技术工作期间成绩显著、贡献突出，各年度考核均为合格（或称职）以上，其中近几年中有2年年度考核为优秀，且具备下列条件之一者，可不受规定学历和资历限制，破格申报考评质量高级工程师资格：

（一）在质量专业研究方面取得显著成果，获国家级三等（含三等）以上或省部级二等（含二等）以上优秀成果奖的主要研究人员；

（二）在正式公开出版的质量专业书籍中，本人独立撰写累计达30万字以上，并被大中专院校采用作为教材；

（三）从事质量专业技术工作业绩显著并荣获全国先进工作者称号。

第三章 考 试

第十条 质量高级工程师资格考试实行统一组织、统一时间、统一大纲、统一试题、统一标准的办法。

第十一条 考试工作由省人事厅和省质量技术监督局共同负责组织实施。原则上每年举行一次。对考试合格人员，发给合格证书，作为评审质量高级工程师的必备条件。考试合格证书有效期为2年。

第十二条 考试内容及方式。质量高级工程师资格考试的内容：国家有关质量技术监督方面的方针政策、法律法规及专业基本理论、业务知识等。考试以闭卷笔答方式进行。

第十三条 考试报名方法及要求：

（一）符合申报条件的人员，由本人提出申请，经民主评议、单位审查、主管部门审核同意并汇总后，按规定时间到指定地点报名。省直单位的报考人员，由其省直主管部门（单位）汇总后报省质量技术监督局组织人事处；市以下单位的报考人员，由市质量技术监督局、市人事局审查同意后，报省质量技术监督局组织人事处。

（二）报考人员必须提供下列资料：学历证书、工程师（或相关中级专业技术资格）证书，《质量高级工程师资格考试报名申请表》（1份），近期1寸正面免冠彩色照片（3张）。

（三）省人事厅、省质量技术监督局共同对报考人员进行资格审查，经审查合格的，发给《准考证》。考生凭准考证和身份证到指定地点参加考试。

第四章 评 审

第十四条 符合申报条件并持有有效的考试成绩合格证者，由个人提出申请并填报有关材料，经民主评议、单位审查、主管部门审核，对符合条件的材料，主管部门签署意见并加盖印鉴，负责人签字后，送呈报部门。

第十五条 呈报部门（各市人事局与市质量技术监督局或省直部门）要对申报材料进行认真审查，严格把关，符合要求的，在《专业技术职称评审表》及《评审简表》的“呈报部门意见”栏内签署呈报意见并加盖印鉴，负责人签字后，连同其他有关评审材料按时呈报到高级评审委员会。

第十六条 申报材料必须手续完备，内容齐全，填写打印要正规、整洁，字迹工整、清晰，不得涂改、漏页、缺页。应提供原件的不得以复印件代替。经审查认为不符合申报条件或有问题及手续不全的评审材料，呈报部门有权决定“不予呈报”。

第十七条 省人事厅组建“山东省质量专业技术资格高级评审委员会”，负责质量高级工程师资格的评审工作。该评审委员会的日常工作由省质量技术监督局组织人事处承担。

高级评审委员会的人员组成、成员调整、工作程序及评审办法等，依照《山东省专业技术职务评审委员会组织办法（试行）》和《山东省专业技术职务任职资格评审办法（试行）》的有关规定执行。

评审工作每年进行一次。

第十八条 评审条件按《计量、标准化和质量专业中、高级技术资格评审条件（试行）》（人职发〔1994〕7号）执行。

第十九条 对经评委会评审通过的人员实行异议期公示制度。由省质量技术监督局将评审通过人员名单，反馈到原呈报部门和申报人员所在单位，在广大专业技术人员中公示，进一步征求意见。异议期为15天。

第二十条 经评审通过又经公示无异议的，由省人事厅核准公布，发给资格证书。

第五章 评价工作组织纪律

第二十一条 严格执行考试工作的组织纪律，切实做好考试命题、试卷管理、考场组织以及其他各个环节的保密工作，对泄密、舞弊行为，要严肃处理并追究有关责任人的责任。

第二十二条 评审委员会应坚持客观公正的原则，认真执行保密和回避制度，确保评审结果公平、公正，对违反规定的，要严肃处理并追究有关责任人的责任。

第二十三条 参加质量高级工程师资格考试、评审的人员，有下列情形之一的，取消其考试、评审资格；已评审通过的，取消资格并收回资格证书。3年内不得再参加高级工程师资格评价。

（一）伪造、涂改证件、证明。

（二）提交虚假申报材料。

（三）其他严重违反考试和评审规定的行为。

第六章 附 则

第二十四条 考试、评审收费按照物价部门的规定执行。

第二十五条 从事质量管理工作的国家机关行政人员，通过考评获得高级质量工程师资格后，不聘任职务，不与工资等待遇挂钩。

第二十六条 任职年限以及从事专业工作年限计算到申报年度年底。

山东省人力资源和社会保障厅关于印发《山东省专业技术职务资格证书管理办法》的通知

（2011年6月20日　鲁人社办发〔2011〕102号）

各市人力资源社会保障局，省直各部门（单位），各大企业，各高等院校：

为加强专业技术职务资格证书管理，根据《专业技术资格评定试行办法》（人职发〔1994〕14号）和《关于加强职称评聘和考试工作中证书管理的通知》（人发〔1996〕72号）等有关规定，结合我省实际，研究制定了《山东省专业技术职务资格证书管理办法》，现印发给你们，请认真遵照执行。

山东省专业技术职务资格证书管理办法

第一条　为加强专业技术职务资格证书管理，规范办理程序，提高办理效率，维护证书印制、发放和管理的严肃性，保护专业技术人员的合法权益，根据《专业技术资格评定试行办法》（人职发〔1994〕14号）、《关于加强职称评聘和考试工作中证书管理的通知》（人发〔1996〕72号）和《山东省专业技术职务任职资格评审办法（试行）》（鲁人发〔2002〕26号）等有关规定，制定本办法。

第二条　本办法规定的专业技术职务资格证书，是指经评审委员会评审通过或考核认定合格，并经核准公布取得的专业技术职务任职资格证书。

第三条 专业技术职务资格证书式样、规格、内容，由省人力资源社会保障厅统一设计，高级、中级、初级专业技术职务资格证书版式相应项目一致，长 125mm，宽 88mm。其中，高级专业技术职务资格证书封面使用深红色（式样见附件 1），中级专业技术职务资格证书封面使用深棕色（式样见附件 2），初级专业技术职务资格证书封面使用深蓝色（式样见附件 3）。

第四条 高级专业技术职务资格证书实行全省统一编号，一证一号。证书编号由 12 位数字组成，第 1—2 位数字为评审年度，第 3—5 位为专业技术职务资格代码，第 6—8 位为各高级评审委员会代码，第 9—12 位为资格证书的顺序编号。例：编号为"鲁 110110010001"，其中："鲁"代表山东，"11"为 2011 年度评审，"011"为教授专业技术职务代码，"001"为省高等学校教师职务高级评审委员会代码，"0001"为该系列（专业）评审通过并经核准颁发的第一本证书。

中、初级专业技术职务资格证书编号由设区的市人力资源社会保障局、省直各部门（单位）参照高级专业技术职务资格证书编号办法办理。

第五条 省人力资源社会保障厅核准公布的高级专业技术职务资格及备案的省直单位专业技术人员的高级专业技术职务资格，省直部门（单位）核准公布或审核认定的中、初级专业技术职务资格，证书由省人力资源社会保障厅负责印制。

省人力资源社会保障厅备案的市及以下单位专业技术人员的高级专业技术职务资格，证书由设区的市人力资源社会保障局或有关单位按照统一设计的式样、规格、内容印制。

设区的市及以下单位核准公布或审核认定的中、初级专业技术职务资格，证书印制由设区的市确定。

第六条 专业技术职务资格证书须加盖核准公布部门（单位）公章，照片（本人近期 2 寸彩色免冠照片）处骑缝加盖核准公布部门（单位）钢印，方可有效。

省人力资源社会保障厅核准公布的高级专业技术职务资格，证书由省人力资源社会保障厅验印；省人力资源社会保障厅备案的高级专业技术职务资格，证书由相应核准公布的市人力资源社会保障局或省直单位验印。

中、初级专业技术职务资格证书验印按照管理权限办理。

第七条 省人力资源社会保障厅核准公布的高级专业技术职务资格，证书分别由设区的市人力资源社会保障局、省直单位主管部门（单位）人事处按照隶属关系，在规定时间内到指定地点统一办理。

省人力资源社会保障厅备案的高级专业技术职务资格，证书分别由被授权的市人力资源社会保障局、省直单位人事处直接办理。

中、初级专业技术职务资格证书的办理，由各市人力资源社会保障局、省直有关部门（单位）人事处按照管理权限办理。

第八条 专业技术职务资格证书发放应及时、准确，证书办理好后应在15个工作日内发放给专业技术人员。

第九条 逐步建立网上专业技术职务资格证书查询系统。省人力资源社会保障厅建立高级专业技术职务资格证书信息库，对2004年统一编号后的资格证书实行网上查询。

第十条 专业技术职务资格证书是专业技术人员学术技术水平的有效证明。持证人要妥善保管证书，不得遗失或转借他人。如发现证书丢失，要及时向所在单位和主管部门报告，声明原件作废。主管部门（单位）人事机构携带介绍信等办证材料到相应核准公布部门办理注销原证件和补发新证件的手续。对在申报评审过程中使用弄虚作假等非法手段骗取资格证书的，按照管理权限取消资格，收回证书，依法处理。

第十一条 专业技术职务资格证书的印制、发放和管理，涉及专业技术人员切身利益，各级人力资源社会保障部门及有关部门（单位）要严格按照规定的程序和要求印制、发放和办理证书。对违反规定滥发证书或不按规定程序发放、管理证书的，按规定给予严肃处理并依法追究相关人员的责任。

第十二条 本办法由省人力资源社会保障厅负责解释。

山东省人力资源和社会保障厅 省通信管理局关于实施通信专业技术人员职业水平评价制度有关问题的通知

（2011年12月29日　鲁人社办发〔2011〕161号）

各市人力资源社会保障局、青岛市通信管理局，省直各部门（单位），各大企业，各高等院校：

根据国家印发的《通信专业技术人员职业水平评价暂行规定》和《通信专业技术人员初级中级职业水平考试实施办法》（国人部发〔2006〕10号），为组织实施好全省通信专业技术人员职业水平评价制度，现结合我省实际，对实施工作的有关问题通知如下：

一、全省通信专业技术人员职业水平评价制度的实施工作实行统一领导，分工负责。省人力资源和社会保障厅主要负责对实施工作的指导、监督和检查。省通信管理局负责通信专业技术人员职业水平考试工作的组织实施、资格证书登记和取得资格证书人员继续教育等工作；收费许可按有关规定由物价行政部门核准后向社会公布。

二、通信专业技术人员职业水平考试报名、资格审查、考试组织等考务工作，由省通信管理局具体负责。组织考试前，由省通信管理局研究拟定《通信专业技术人员职业水平考试实施工作方案》，于考前20日报省人力资源和社会保障厅审核同意后组织实施。实施工作方案主要内容包括：报考人员情况、考前准备工作情况、考试组织安排、考试安全保障措施等。

三、考试结束后，省通信管理局将全省通信专业技术人员职业水平考试合格人员数据库提供给省人力资源和社会保障厅。省人力资源和社会保障厅按照证书管理规定进行审核，赋予证书编号，颁发人力资源和社会保障部统一印制的《中华人民共和国通信专业技术人员职业水平证书》。资格证书的审核、打印、发放等具体工作由省人事考试中心承担。

四、考前培训工作按照培训与考试分开、自愿参加的原则进行。

五、通信专业技术人员职业水平考试的报名条件、证书登记管理等有关问题，按照原人事部、信息产业部国人部发〔2006〕10号文件的规定执行。考试报名、考试组织等具体考务工作，届时另行通知。

六、通信专业技术人员初级、中级职业水平考试在全国实施后，我省不再进行通信工程相应专业和级别的专业技术资格的评审工作。

山东省人力资源和社会保障厅 省统计局转发人力资源和社会保障部 国家统计局《关于印发〈高级统计师资格评价办法（试行）〉的通知》

（2012 年 1 月 9 日　鲁人社发〔2012〕7 号）

各市人力资源社会保障局、统计局：

为加强统计专业技术人才队伍建设，提高统计人员的整体素质，科学、客观、公正地评价统计人员的学识水平和业务能力，健全和完善统计专业技术人才选拔机制，我省按照原人事部、国家统计局的部署要求，自 2006 年起开展了高级统计师资格考评结合试点，人力资源社会保障部、国家统计局在总结试点经验的基础上，印发了《关于印发高级统计师资格评价办法（试行）的通知》（人社部发〔2011〕90 号），转发给你们，现结合实际，提出如下贯彻意见，请一并遵照执行。在试行中的遇到的问题请及时反馈给我们，以便及时研究处理。

一、考试

（一）考试报名程序

1. 组织报名。考试报名由各设区的市政府人力资源社会保障部门、统计部门统一组织进行。符合申报条件的人员，按照个人申报、民主评议推荐、单位审查、主管部门审核的办法，由本人提出申请，如实填写《高级统计师资格考试报名申请表》（附件 1），单位民主推荐并审查同意，主管部门审核同意后，由呈报部门（各市人力资源社会保障局、市统计局或省直部门〈单位〉，下同）统一到指定地点报名。省直单位的报考人员，由其省直主管部门（单位）汇总后报省统计局人事处；市以下单位的报考人员，由市人力资源社会保障局、市统计局审查同意后，报省统计局人事处。

中央和国务院各部门及其所属单位的人员参加考试，按照属地化管理原则，到驻在地人力资源社会保障局、统计局报名。

2. 单位组织申报推荐时，要成立 7 人以上在高级统计师岗位上工作的人员组成的专家委员会（或学术委员会），对申报人的业绩、贡献和学术、技术水平进行评价，提出推荐名单。单位根据专家委员会（或学术委员会）提出的推荐名单，综合考虑申报人的品德、业绩、工作能力和工作态度等情况，确定推荐人选，经公示无异议后推荐上报。事业单位要按照核准的专业技术岗位设置数量组织申报推荐，没有高级统计师空缺岗位的不再推荐申报。

3. 各设区的市政府人力资源社会保障部门、统计部门和省直有关部门（单位），要对报名人员的资格进行认真审核把关，确保申报材料齐全、真实、符合要求。呈报部门审核同意、签署意见、并加盖印鉴，填制《高级统计师资格考试报名人员情况表》（附件 2，用 Excel 制表并报电子版）。报名时，将《报名人员情况表》一式 2 份报省统计专业职务高级评审委员会办事机构（省统计局人事处，济南市山大路 16 号）。报名人员经省统计专业职务高级评审委员会办事机构审核同意后，核发准考证，考生凭准考证和身份证在规定的时间和地点参加考试。

（二）考试报名应提交以下材料

1. 学历证书（原件）。

2. 统计师（或相关专业中级专业技术资格）证书（原件）。

3. 有效期内的职称外语考试合格证书或有效外语考试成绩通知书（原件）。符合《关于海外留学回国等部分专业技术人员申报专业技术资格免于外语和计算机应用能力考试的通知》（鲁人发〔2006〕7号)、《关于完善职称外语考试有关问题的通知》(鲁人发〔2007〕19号)规定的免试条件的人员，须提供《专业技术人员申报专业技术职务资格免于职称外语考试审核表》；符合放宽外语成绩要求的，须提供外语考试成绩通知书和《专业技术人员申报专业技术职务资格放宽外语成绩要求审核表》。

4. 全国专业技术人员计算机应用能力考试应考科目（模块）合格证书（原件）。符合《关于专业技术人员计算机应用能力考试有关问题的通知》(鲁人发〔2002〕9号)第六、七条暂不参加考试或免考部分科目（模块）规定的人员，须由设区的市人力资源社会保障局或省直主管部门、高等院校人事处出具《申报专业技术职务资格暂不参加全国专业技术人员计算机应用能力考试或免考部分科目（模块）审核表》。其中属免考部分科目（模块）的人员，须将免考部分科目（模块）审核表、考试科目（模块）的合格证同时上报。

5.《高级统计师资格考试报名申请表》(一式2份，1份由呈报部门留存，1份报省统计专业职务高级评审委员会办事机构)。

6. 近期1寸正面同底片免冠彩色照片2张。

（三）考场原则上设置在济南市。

（四）考试用书。考试依据全国统计专业技术资格考试办公室制定的《高级统计师实务科目考试大纲》，不统一编写考试用书和指定参考书目。《考试大纲》的征订可由各呈报部门于考试报名时一并统计，统一订购。

（五）考试成绩达到国家合格标准的人员，由人力资源社会保障部国家统计局全国统计专业技术资格考试办公室颁发高级统计师资格考试成绩合格证书，该证书在全国范围内3年有效；省人力资源社会保障厅、省统计局根据我省人才需求情况，确定当年的使用标准，并报人力资源社会保障部国家统计局全国统计专业技术资格考试办公室备案。对符合当年使用标准的人员，由省人力资源社会保障厅颁发考试成绩有效证明，该证明在省内当年度的评审工作中有效。

二、评审

（一）根据《高级统计师资格评价办法（试行）》要求，组织专家委员会（或学术委员会）对申报人员提交的统计及相近专业研究成果进行鉴定（表样见附件3），提出明确鉴定意见。

（二）符合申报条件并持有效的高级统计师资格考试成绩合格证书或有效证明者，由个人提出申请并填报有关材料，经民主评议、单位审查、公示无异议后，报主管部门审核，对符合条件的材料，主管部门签署意见并加盖印鉴，负责人签字后，送呈报部门。

（三）呈报部门要对申报材料进行认真审查，严格把关，符合要求的，在《山东省专业技术职称评审表》及《专业技术职称评审简表》的“呈报部门意见”栏内签署呈报意见并加盖印鉴，负责人签字后，连同其它有关评审材料按时报送到山东省统计专业职务高级评审委员会办事机构。

（四）申报材料必须手续完备，内容齐全，填写打印要正规、整洁，字迹工整、清晰，不得涂改、漏页、缺页。应提供原件的不得以复印件代替。经审查认为不符合申报条件或有问题及手续不全的评审材料，呈报部门有权决定“不予呈报”。

（五）省人力资源社会保障厅组建“山东省统计专业职务高级评审委员会”，负责高级统计师资格的评审工作。该评审委员会的日常工作由省统计局人事处承担。按照规定受理申报材料，拟定评审工作方案，经省人力资源社会保障厅审核同意后组织实施。

高级评审委员会的人员组成、成员调整、工作程序及评审办法等，依照《山东省专业技术职务评审委员会组织办法（试行）》《山东省专业技术职务任职资格评审办法（试行）》及有关规定执行。

（六）对经评审委员会评审通过的人员实行异议期公示制度。由省统计局将评审通过人员名单，反馈到原呈报部门和申报人员所在单位，在广大专业技术人员中公示，进一步征求意见。异议期为15天。

（七）经评审通过又公示无异议的，由省人力资源社会保障厅核准公布，发给高级统计师资格证书。

（八）中央和国务院各部门及其所属单位和中央管理的企业驻鲁单位的评审工作，可按属地原则，委托山东省统计专业职务高级评审委员会代为评审。

三、其他有关方面要求

（一）考试管理机构应严格执行考试工作的组织纪律，切实做好考试命题、试卷管理、考场组织以及其它各个环节的保密工作，对泄密、舞弊行为，要严肃处理并追究有关领导的责任。

（二）评审委员会应坚持客观公正的原则，认真执行保密和回避制度，确保评审结果公正、公平，对违反规定的，要严肃处理并追究有关领导的责任。

（三）对弄虚作假、违反规定以及不按政策要求办事的人员，按照《专业技术人员资格考试违纪违规行为处理规定》（人力资源社会保障部令第12号）和《关于处理专业技术职务评聘工作中违反政策纪律问题的暂行规定》（鲁人职〔1994〕9号）等有关规定严肃处理并追究相关责任人员的责任。

（四）考试、评审收费按照物价部门的规定执行。

（五）本通知自印发之日起施行。以前相关规定与本通知不一致的，均以本通知的规定为准。

高级统计师资格评价工作，是一项涉及面广、政策性强的工作。各级政府人力资源社会保障部门、统计部门要高度重视，精心组织，认真履行职责，严格把关，认真做好各项工作，及时研究解决在实施过程中出现的新情况、新问题，确保试点工作顺利进行。

附件：1. 高级统计师资格考试报名申请表

2. 高级统计师资格考试报名情况汇总表

3. 统计及相近专业研究成果鉴定表

（附件本书略）

人力资源和社会保障部、国家统计局关于印发《高级统计师资格评价办法（试行）》的通知

各省、自治区、直辖市人力资源社会保障厅（局）、统计局，福建省公务员局，国务院各部委、各直属机构人事部门，中央管理企业人事部门：

为规范高级统计师资格评价标准和评价程序，现将《高级统计师资格评价办法（试行）》印发给你们，请在高级统计师资格评价工作中试行。试行中遇到的问题请及时反映给我们，以便修订完善。

高级统计师资格评价办法（试行）

第一章 总 则

第一条 为加强统计专业技术人才队伍建设，提高统计人员的整体素质，科学、客观、公正地评价统计人员的学识水平和业务能力，健全和完善统计专业技术人才选拔机制，根据《中华人民共和国统计法》及其实施条例、《统计专业职务试行条例》和国家关于专业技术职务聘任制度有关规定，制定本办法。

第二条 本办法适用于从事统计专业工作的人员。

第三条 高级统计师资格实行考试与评审相结合的评价办法。参加考试合格并通过评审，方可取得高级统计师资格。

第四条 各省、自治区、直辖市（以下简称地区）和中央、国务院各部门及其直属机构、中央管理的企业（以下简称中央

单位）应当按照本办法要求，试行高级统计师资格考试与评审相结合的评价办法。

第五条 高级统计师资格评价工作在人力资源社会保障部、国家统计局的统一领导下进行。人力资源社会保障部、国家统计局联合组成的统计专业技术资格考试办公室（以下简称全国统计考试办），负责研究高级统计师资格评价相关政策和评价标准，指导、监督和检查高级统计师资格评价的实施工作。

各地区高级统计师资格评价工作，由本地区人力资源社会保障部门（福建省为公务员局，下同）、统计局共同组织实施。

第二章 考 试

第六条 高级统计师资格的考试实行全国统一大纲、统一命题，原则上每年举行一次。

第七条 考试设《高级统计实务与案例分析》科目。主要考察应试者运用统计方法和数据信息，分析、判断、处理统计业务和解决统计工作实际问题的综合能力。

考试时间为180分钟，采取开卷笔答的方式进行。

第八条 凡遵守国家法律法规，严格执行统计工作各项规章制度，热爱统计业务工作，具有良好的职业道德和统计行业操守，并符合下列一项条件的人员，均可申请参加考试：

（一）获得统计学或者相近专业（数学与应用数学、信息与计算科学，下同）博士学位后，担任统计师专业职务满2年；

（二）获得统计学或者相近专业硕士学位，担任统计师专业职务后，或者通过全国统一考试取得统计师、会计师、审计师或者经济师资格（以下简称中级资格）后，从事统计专业工作满3年；

（三）获得统计学或者相近专业本科学历或者学士学位，取得中级资格后，从事统计专业工作满4年；

（四）获得非统计学或者相近专业上述学历、学位，取得中级资格后，其从事统计专业工作的年限相应增加1年。

第九条 申请参加考试的人员，携带相关证件和证明材料到当地统计专业技术资格考试管理机构报名，或者通过网络报名。经考试管理机构审核合格后，核发准考证。应试人员凭准考证和身份证明在规定的日期、地点和时间参加考试。

中央单位的统计人员，按照属地原则报名参加考试。

第十条 考点原则上设在省会城市和直辖市的大中专院校，或者高考定点学校，确需在其他城市设置考点的，须报全国统计考试办批准。

第十一条 全国统计考试办确定每年度高级统计师资格考试国家统一的合格标准。

各地区人力资源社会保障、统计部门可根据本地区统计人才需求状况，确定本地区本年度参加评审的使用标准，并报全国统计考试办备案。

第十二条 对达到国家确定的合格标准人员，由全国统计考试办核发高级统计师资格考试成绩合格证，该合格证自考试通过之日起，在全国范围3年内有效。

各地区高级统计师资格评价机构，负责核发符合本地区参加评审的使用标准的考试成绩证明。该证明只在辖区范围内本年度的评审工作中使用。

第三章 评 审

第十三条 高级统计师资格的评审工作，由经人力资源社会保障部备案、具备组建高级统计师资格评审委员会（以下简称高评委）条件的地区或者中央单位组织进行。

第十四条 不具备组建统计专业高评委条件的中央单位的评审工作，应当委托具有高评委的其他中央单位或者所在地省级高评委代为进行。

第十五条 评审工作原则上每年组织一次。各地区和中央单位，应在考试成绩公布6个月内完成评审工作。

评审程序一般应当包括考核、答辩、评议等环节。

第十六条 高级统计师应具备的职业能力：

（一）较强的统计分析和数据诠释能力；

（二）主持或者作为主要参加者，拟定较大型统计调查的方案，进行较高级别科研课题的研究；

（三）组织实施较大规模的统计项目，编辑统计资料；

（四）解决本专业领域重要技术问题，或者独立解决本专业领域复杂疑难问题；

（五）组织、指导下级统计专业人员完成各项统计任务。

第十七条 申请参加评审的人员须同时具备下列基本条件：

（一）具备“高级统计师资格评审条件”（见附件）规定的统计专业工作项目、业绩成果与研究成果；

（二）具有在有效期限内的高级统计师资格考试成绩合格证，或者本地区一次性有效的成绩证明；

（三）年度考核或者任职期满的综合考核均为“合格”以上等次；

（四）符合高级统计师所需的职称外语和计算机应用能力要求。

第十八条 各地区高级统计师资格的评审结果，应经同级人力资源社会保障部门审核确认；各中央单位高级统计师资格的评审结果，应经同级人事部门审核确认。其评审结果应当在本地区或者本单位一定范围内进行公示。公示期应不少于7个工作日。

经公示无异议后，将评审结果报全国统计考试办备案，并颁发由本地区人力资源社会保障部门用印，或者中央单位人事部门用印的高级统计师资格证书。该证书原则上在本地区或者本单位管辖的范围内有效。

第四章　评价工作要求

第十九条　各地区、各单位应当不断完善高级统计师资格评价工作规章制度，确保评价结果的客观、公平、公正。

第二十条　考务实施机构和评审机构及其工作人员，应当严格执行考试、评审工作纪律和回避制度。

第二十一条　坚持考试与培训分开的原则。凡参与考试工作的机构和人员，不得举办或者参与举办与考试相关的培训，不得强迫应试人员参加与考试相关的培训。

第二十二条　高级统计师资格评价的收费标准，应当经当地价格主管部门核准，并向社会公布，接受群众监督。

第二十三条　对违反考试工作纪律和有关规定的人员，按照《专业技术人员资格考试违纪违规行为处理规定》（人力资源社会保障部令第12号）处理。

第五章　附　则

第二十四条　在内地工作的香港、澳门地区居民，申请参加高级统计师资格评价，应当符合本办法规定的各项条件，并提供相关证明材料，由所在工作单位按规定向当地高级统计师资格评价管理部门提出申请。

第二十五条　本办法第八条有关“从事统计专业工作”年限的截止日期为考试日前。

第二十六条　按照本办法取得高级统计师资格的人员，表明其已具备承担高级统计师岗位工作的水平能力，用人单位应在具备高级统计师资格的人员中择优聘任高级统计师专业职务。

第二十七条　本办法自2011年12月1日起试行。

附件：高级统计师资格评审条件

高级统计师资格评审条件

申请参加高级统计师资格评审的人员，在担任统计师专业职务或者通过全国统一考试取得统计师、会计师、审计师或者经济师资格（以下简称中级资格）后，应当具备本条件一、二、三项中的各1项条件。

一、主持或者作为主要参加者，完成统计业务工作项目

（一）设计1项国家级、省部级或者2项地市级综合性、常规性的统计调查方案。

（二）组织实施1项国家级、2项省部级或者3项地市级较大规模的统计调查项目；或者在县级机构、企事业单位，组织实施5项国家、上级下达或者自行设计的统计调查项目。

（三）组织编辑3本（年）全国、全行业（部门）、省级统计资料，或者4本（年）地市级统计资料；或者5本（年）县级、企事业单位统计资料。

（四）完成1项国家级、省部级或者2项地市级科研课题研究项目。

二、主持或者作为主要参加者，取得统计工作业绩成果

（一）在本单位、本专业工作期间，2次获得国家级、省部级三等以上奖项，或者3次获得地市级二等以上奖项，或者4次获得行业主管部门的专项奖励。

（二）设计的1项统计调查方案被国家级或者省部级主管部门采纳；或者设计的2项统计调查方案被地市级主管部门采纳。

（三）编辑的统计资料2次获得省部级二等以上奖项；或者3次获得省部级三等以上奖项。

（四）完成的科研课题研究成果或者撰写的统计分析报告，1次获得国家级、省部级二等以上奖项，或者2次获得国家级或者省部级三等以上奖项；或者研究成果、政策建议3次被主管部门采纳，取得较好的社会效益和经济效益。

三、经两位以上高级统计师鉴定，具有国内先进水平及应用价值的统计或者相近专业研究成果

（一）在正式出版社出版了有统一书号（ISBN）的统计或者相近专业著作（译著），本人独立撰写不少于5万字；或者参加编写已投入使用的统计或者相关专业书籍，本人独立撰写不少于8万字（对未注明作者撰写章节的书籍、著作，不能作为研究成果）。

（二）在有国内统一刊号（CN）的核心类报纸、期刊上，或者在有国际统一刊号（ISSN）的国外报纸、期刊上发表独立完成的统计或者相关专业论文、统计分析报告不少于2篇（每篇不少于2000字，下同）。

（三）在有国内统一刊号（CN）的非核心类报纸、期刊上发表独立完成的统计或者相近专业论文、统计分析报告不少于3篇。

（四）在省部级内部刊物上发表的独立完成的统计分析报告、课题研究报告不少于5篇；或者在地市级综合刊物上发表独立完成的统计分析报告、课题研究不少于7篇。

（原文注：本条中有关国家级、省部级、地市级奖项的要求，是指颁布奖项或者作出奖励决定单位的级别）

山东省人力资源和社会保障厅 省教育厅关于印发《山东省高等职业学校教师水平评价基本标准条件（试行）》的通知

（2013 年 12 月 27 日　鲁人社发〔2013〕45 号）

各市人力资源社会保障局、教育局，省直各部门（单位）：

现将《山东省高等职业学校教师水平评价基本标准条件（试行）》印发给你们，请在职称评审和水平评价工作中遵照执行。

山东省高等职业学校教师水平评价基本标准条件（试行）

为进一步加强高等职业学校教师队伍建设，推动高等职业教育事业科学发展，根据国家有关规定和省政府《关于加快建设适应经济社会发展的现代职业教育体系的意见》（鲁政发〔2012〕49 号）文件精神，特制定本基本标准条件。

一、基本条件

（一）遵守宪法和法律，自觉执行党和国家的教育方针，忠诚于人民的教育事业。

（二）教书育人，为人师表，爱岗敬业，无私奉献，勇于探索，开拓创新，具有高尚的职业道德，热爱教育事业。

（三）身体健康，心理素质良好，能全面履行岗位职责。

（四）具有高等学校教师资格。

（五）具有符合《教师法》规定的学历。

（六）具有符合国家和省规定的外语水平和计算机应用能力水平。

（七）符合国家和省规定的继续教育要求。

（八）任现职以来年度考核结果均为合格以上。

二、业绩能力水平

（一）教授

1. 育人工作业绩卓著

（1）积极履行育人职责，能够结合所教学科特点，将思想政治教育融入教学过程，引导学生养成良好行为习惯，形成健全人格，促进学生身心健康成长。

（2）任现职以来承担班主任、兼职辅导员等工作 1 年以上，能够准确把握学生成长规律，及时了解学生思想状态，帮助学生正确分析、认识成长过程中的问题，尊重学生差异，既注重学生群体成长，又关注每个学生的全面发展。

（3）积极参与学生社团教育活动，任现职以来有 3 年以上指导学生社团工作的经历，能够对社团教育活动提出指导性意见或方案。

公共课教师指导社团或社会实践活动累计 6 个月以上。

（4）专职辅导员对学生工作有高度的责任感和事业心，关心学生、爱护学生，以身作则，当好学生的良师益友。

2. 课堂教学业务精湛

（1）任现职以来圆满完成学校规定的教学课时工作量，其中专业教师系统担任过 2 门以上课程全部教学工作；专职辅导员坚持党课教学和学生思想政治课教学。

每学期均能完成学校规定数量的公开学术报告和学术讲座。

（2）能够准确把握和使用教材，深入系统地掌握所教学科课程体系和专业知识。

专业课教师及时把握本专业国内外发展现状和相关专业领域职业教育发展趋势。

（3）备课认真、严谨，课堂教学目标明确，课程内容设计周密、完整，重点突出。

（4）课堂教学驾驭自如，有创新点或新颖性，形成独到的教学风格，受到学生普遍欢迎，得到同行认可。

（5）课堂教学效果突出，高质量完成课程标准规定的教学目标和任务，所教学科学生的学业水平普遍高于教育质量要求。近5年学校年度教学质量考核均在“合格”以上，其中至少2次为“优秀”。

3. 实践教学能力突出

（1）专业课教师任现职以来在企事业单位工作2年以上或近5年来到企业或生产服务一线实践累计6个月以上，系统掌握企业生产、服务流程，了解企事业单位对人才培养的要求。实践性较强的专业课教师应取得相应的高级职业资格证书或技能等级证书。

（2）专业课教师具有丰富的高等职业技术教育、生产实践经验和高水平的专业技术应用能力，掌握行业发展、产业调整的动态与趋势，在本专业技术领域具有较高的影响力。

（3）专业课教师具有主持、指导本学科实训基地建设的能力，实训基地建设和校企合作成绩突出，是省级以上实训基地、科技平台、工程中心等建设项目的主要负责人；或省级以上专项资金支持的实训基地、实训项目建设、子项目主要负责人；或担任省级教学团队、特色专业、精品课程等项目的主要负责人。

（4）专业课教师培养学生的专业实践能力和创新创业能力实绩突出，直接指导学生在企业进行专业技能、创新创业和教学实践活动并取得突出成绩。

（5）专业课教师技术服务和研发能力强。参与并主持企事业单位横向课题，帮助企事业单位解决关键的技术难题，课题应有正式的立项报告或签订的正式协议和结题报告，并通过本专业、行业权威部门鉴定，有较高的经济效益或社会效益。

4. 科研教研成果丰硕

（1）具有主持、指导和引领本学科、领域教育教学研究的能力和水平。能够正确把握教学研究方向，及时发现并准确分析和解决教育教学中存在的问题；积极开展课程改革、教学方法创新，并运用于教学实践。

（2）有较强的科研能力，主持市（厅）级或主要参与（前5位）省级以上科研课题，并通过鉴定；或获三等奖以上省级成果；或获得国家发明专利；或主持或参与主持重要工程、产品开发项目的实施。

（3）任现职以来，在核心期刊以上刊物发表过有一定水平的教育教学研究论文和学生思想政治工作研究论文。专业课教师应在核心期刊以上刊物发表过本专业学术论文；或参与编写过正式出版的专著；或主编过省部级规划教材；或主编的教材获省部级奖励。

5. 示范引领作用显著

（1）在本学科、领域享有较高知名度，为同行公认的教育教学专家和本学科教学领军人物。

（2）具有很强的团队精神，在教学团队的成长和发展中发挥关键性作用，在指导、培养中青年骨干教师方面做出突出贡献。

（3）积极参与学校教学改革，在推动学校发展、促进学科建设和先进教育理念的推广与普及工作中取得显著成绩。

（二）副教授

1. 育人工作业绩显著

（1）积极履行育人职责，能结合所教学科特点，将思想政治教育融入课堂教学，引导学生养成良好行为习惯，促进学生身心健康成长。

（2）任现职以来承担班主任、兼职辅导员等工作2年以上，引导形成良好班风学风，及时了解学生思想状态，尊重并关注学生差异，帮助学生正确分析、认识成长过程中的问题，关注每个学生的全面发展。

（3）积极参与学生社团教育活动，任现职以来有3年以上指导学生社团工作的经历，能够对社团教育活动提出指导性意见或方案。

公共课教师指导社团或社会实践活动累计6个月以上。

（4）专职辅导员对学生工作有高度的责任感和事业心，关心学生、爱护学生，以身作则，当好学生的良师益友。

2. 课堂教学业务精通

（1）任现职以来圆满完成学校规定的教学课时工作量，其中专业教师系统担任过2门以上课程全部教学工作；专职辅导员坚持党课教学和学生思想政治课教学。

指导过实验、实训、顶岗实习、社会调查或毕业设计等教学工作，态度端正、方法得当。

（2）能够准确把握和使用教材，系统掌握所教学科课程体系和专业知识。

（3）备课细致、认真，课程教学目标明确，课程设计完整，内容细致，重点突出。

（4）能够自如驾驭课堂教学并形成一定的教学特色，得到学生普遍认可。

（5）课堂教学效果突出，保质保量地完成课程标准规定的教学目标和任务，所教学科学生的学业水平高于教育质量要求。近5年学校年度教学质量考核均在“合格”以上，其中至少2次为“优秀”。

3. 实践教学能力较强

（1）专业课教师任现职以来在企事业单位实践工作每年不少于1个月或近5年来在企事业单位工作2年以上，熟练掌握企业生产、服务流程，熟悉企事业单位对人才培养的要求，协助企业开展技术攻关和合作研发。实践性较强的专业课教师应取得相应的职业资格证书或技能等级证书。

（2）专业课教师注重培养学生的专业技能和创新能力，直接指导学生在企业进行专业技能、创新创业和教学实践活动并取得优秀成绩。

（3）有较强的技术服务和研发能力，主持企事业单位横向课题，帮助企事业单位解决技术难题，课题应有正式的立项报告或签订的正式协议和结题报告，并通过有关部门鉴定。

4. 科研教研成果丰富

（1）具有指导和开展教育教学研究的能力和水平。能够发现并针对教育教学中存在的问题进行分析评价；在教育理论、课程改革和教学方法研究等方面准确把握研究方向并取得显著成果。

（2）有一定的科研能力，主持或参与校级课题研究，或主持或参与重要工程和企业产品项目的开发实施；或获得国家发明专利。

（3）任现职以来，在核心期刊上发表过有一定水平的教育教学研究论文和学生思想政治工作研究论文。专业课教师应在核心期刊上发表过本专业学术论文；或主编过正式出版的校本以上教材。

5. 团队协作成效明显

具有良好的团队精神，能够在教学团队中充分发挥骨干作用，完成教育教学研究和实践任务，在指导、培养青年教师方面发挥重要作用。

（三）讲师

1. 育人工作业绩突出

（1）积极履行育人职责，能结合所教学科特点，将思想政治教育融入课堂教学，促进学生身心健康成长。

（2）任现职以来承担班主任、兼职辅导员等工作 2 年以上，能够与学生进行有效交流，了解学生思想状态，关注每个学生的全面发展，在班级管理工作中引导形成良好班风学风。

（3）主动参与学生社团教育活动，任现职以来每年参与学生社会服务实践活动，参与社团教育活动方案的制定。

公共课教师指导社团或社会实践活动累计6个月以上。

（4）专职辅导员对学生工作有高度的责任感和事业心，关心学生、爱护学生，以身作则，当好学生的良师益友。

2. 课堂教学成绩优良

（1）任现职以来圆满完成学校规定的教学课时工作量，其中专业教师系统担任过1门以上课程全部教学工作；专职辅导员坚持党课教学和学生思想政治课教学。

指导过实验、实训、顶岗实习、社会调查或毕业设计等教学工作，态度端正、方法得当。

（2）能够准确把握和使用教材，熟悉所教学科课程体系，掌握课程标准。

（3）备课认真，课程教学目标清晰，课程设计完整、重点明确。

（4）能够使用现代教育技术开展教育教学活动，较为熟练地使用教学语言和运用恰当的教学方法组织课堂教学，与学生产生良好互动和交流，课堂教学效果良好，完成课程标准规定的教学目标和任务，所教学科学生的学业水平普遍达到教育质量要求。学校年度教学质量考核均在“合格”以上。

（5）积极协助组织开展学生课外实践活动。

（6）在高水平教师指导下，参与教学实践、选修课程开设和开发。

3. 实践教学积极努力

（1）专业课教师任现职以来在企事业单位实践工作每年不少于1个月或在企事业单位工作2年以上，熟练掌握企业生产、服务流程，熟悉企事业单位对人才培养的要求。实践性较强的专业课教师应取得相应的职业资格证书或技能等级证书。

（2）专业课教师应注重培养学生专业技能和创新创业能力，直接指导学生在企业进行专业技能、创新创业和教学实践活动并取得良好成绩。

（3）有一定的技术服务和研发能力，承担过企事业单位横向课题，课题应有正式的立项报告或签订的正式协议和结题报告。

4. 具有一定研究能力

（1）具有拓展专业知识和提升教育教学水平的发展潜力，能够积极参与教育教学研究，并在高水平教师指导下对教育教学中存在的问题进行分析评价，具有撰写教育教学或教学实践活动科研论文的能力。

（2）有一定的科研能力，参与校级以上科研课题（前5位）；或获校级以上成果奖励。

（3）具有参与工程项目、产品开发项目实施的能力。

5. 具有较强团队精神

具有良好的团队精神，能够在教学团队中充分发挥积极作用，较好地完成教育教学研究和实践任务。

（四）助教

1. 承担课程的辅导、答疑、批改作业、辅导课、实验实训课、实习指导、课堂讨论等教学工作，经批准担任某些课程的部分或全部讲课工作，协助指导毕业论文、毕业设计。

2. 参加实验室建设，参加组织和指导学生实习、社会服务等方面的工作。

3. 担任学生的思想政治工作或教学管理工作。

4. 参加教学法研究或技术开发、社会服务等方面的工作。

三、学历资历条件

（一）教授：获得大学本科以上学历，一般应具有硕士以上学位，取得副教授资格并在副教授岗位工作5年以上。

（二）副教授：获得博士学位，取得讲师资格并在讲师岗位从事教学工作2年以上；或者获得大学本科以上学历，一般应具有硕士学位，取得讲师资格并在讲师岗位从事教学工作5年以上。

（三）讲师：获得博士学位；或者获得硕士学位，且取得助教资格并在助教岗位从事教学工作2年以上；或者获得研究生班毕业证书或第二学士学位证书，且取得助教资格并在助教岗位从事教学工作2年以上；具有大学本科学历和学士学位，取得助教资格并在助教岗位从事教学工作4年以上。

（四）助教：获得硕士学位或研究生班毕业证书或第二学士学位证书；或获得大学本科学历和学士学位，见习1年期满并考核合格。

山东省人力资源和社会保障厅 省教育厅关于印发《山东省中等职业学校教师水平评价基本标准条件（试行）》的通知

（2013 年 12 月 27 日 鲁人社发〔2013〕46 号）

各市人力资源社会保障局、教育局，省直各部门（单位）：

现将《山东省中等职业学校教师水平评价基本标准条件（试行）》印发给你们，请在职称评审和水平评价工作中遵照执行。

山东省中等职业学校教师水平评价基本标准条件（试行）

为进一步加强中等职业学校教师队伍建设，推动中等职业教育事业科学发展，根据国家有关规定和省政府《关于加快建设适应经济社会发展的现代职业教育体系的意见》（鲁政发〔2012〕49 号）文件精神，特制定本基本标准条件。

一、基本条件

（一）遵守宪法和法律，自觉执行党和国家的教育方针，忠诚于人民的教育事业。

（二）教书育人，为人师表，爱岗敬业，无私奉献，勇于探索，开拓创新，具有高尚的职业道德，热爱教育事业。

（三）身体健康，心理素质良好，能全面履行岗位职责。

（四）具有相应的教师资格。

（五）具有符合《教师法》规定的学历。

（六）具有符合国家和省规定的外语水平和计算机应用能力水平。

（七）符合国家和省规定的继续教育要求。

（八）任现职以来年度考核结果均为合格以上。

二、业绩能力水平

（一）高级讲师

1. 育人工作业绩显著

（1）积极履行育人职责，能结合所教学科特点，将德育教育融入课堂教学，引导学生养成良好行为习惯，促进学生身心健康成长。

（2）任现职以来承担班主任工作 3 年以上，引导形成良好班风学风，及时了解学生思想状态，尊重并关注学生差异，帮助学生正确分析、认识成长过程中的问题，关注每个学生的全面发展。

2. 课堂教学业务精通

（1）任现职以来圆满完成学校规定的教学课时工作量，指导过实验、实训、顶岗实习、社会调查或毕业设计等教学工作，态度端正、方法得当。其中专业教师系统担任过 2 门以上课程全部教学工作。

（2）能够准确把握和使用教材，系统掌握所教学科课程体系和专业知识。

（3）备课细致、认真，课程教学目标明确，课程设计完整，内容细致，重点突出。

（4）能够自如驾驭课堂教学并形成一定的教学特色，得到学生普遍认可。

（5）课堂教学效果突出，保质保量地完成课程标准规定的教学目标和任务，所教学科学生的学业水平高于教育质量要求。近 5 年学校年度教学质量考核均在“合格”以上，其中至少 2 次为“优秀”。

3. 实践教学能力较强

（1）专业教师任现职以来在企事业单位实践工作每年不少于2个月或近5年来在企事业单位工作1年以上，熟练掌握企业生产、服务流程，熟悉企事业单位对人才培养的要求，协助企业开展技术攻关和合作研发。实践性较强的专业教师应取得与任职专业有关的二级以上职业（执业）资格或其它中级以上非教师系列专业技术职务。

（2）专业教师注重培养学生的专业技能和创新能力，直接指导学生在企业进行专业技能、创新创业和教学实践活动并取得优秀成绩。

4. 科研教研成果丰富

（1）具有指导和开展教育教学研究的能力和水平。能够发现并针对教育教学中存在的问题进行分析评价；在教育理论、课程改革和教学方法研究等方面准确把握研究方向并取得显著成果。

（2）有一定的科研能力，参与市级科研课题（前5位），并通过鉴定；或获市级以上成果奖励。

（3）任现职以来，在核心期刊上发表过有一定水平的教育教学研究论文或学生思想政治工作研究论文。专业教师应在核心期刊上发表过本专业学术论文；或参与市级以上教学标准、教学指导方案的开发工作，有主编或参编的正式出版的校本以上教材；或主持或参与主持工程项目、产品开发项目的实施。

5. 团队协作成效明显

具有良好的团队精神，能够在教学团队中充分发挥骨干作用，完成教育教学研究和实践任务，牵头制定人才培养方案，在指导、培养青年教师方面发挥重要作用。

（二）讲师

1. 育人工作业绩突出

（1）积极履行育人职责，能结合所教学科特点，将德育教育融入课堂教学，促进学生身心健康成长。

（2）任现职以来承担班主任工作3年以上，能够与学生进行有效交流，了解学生思想状态，关注每个学生的全面发展，在班级管理工作中引导形成良好班风学风。

2. 课堂教学成绩优良

（1）任现职以来圆满完成学校规定的教学课时工作量，系统担任过1门以上课程全部教学工作，指导过实验、实训、顶岗实习、社会调查或毕业设计等教学工作，态度端正、方法得当。

（2）能够准确把握和使用教材，熟悉所教学科课程体系，掌握课程标准。

（3）备课认真，课程教学目标清晰，课程设计完整、重点明确。

（4）能够使用现代教育技术开展教育教学活动，较为熟练地使用教学语言和运用恰当的教学方法组织课堂教学，与学生产生良好互动和交流，课堂教学效果良好，完成课程标准规定的教学目标和任务，所教学科学生的学业水平普遍达到教育质量要求。学校年度教学质量考核均在“合格”以上。

（5）积极协助组织开展学生课外实践活动。

（6）在高水平教师指导下，参与教学实践、选修课程开设和开发、校本教材的开发。

3. 实践教学积极努力

（1）专业教师任现职以来在企事业单位实践工作每年不少于1个月或在企事业单位工作1年以上，熟练掌握企业生产、服务流程，熟悉企事业单位对人才培养的要求。实践性较强的专业教师应取得相应的职业资格证书或技能等级证书。

（2）专业教师应注重培养学生专业技能和创新创业能力，直接指导学生在企业进行专业技能、创新创业和教学实践活动并取得良好成绩。

4. 具有一定的研究能力

（1）具有拓展专业知识和提升教育教学水平的发展潜力，能够积极参与教育教学研究，并在高水平教师指导下对教育教学进行分析评价；具有撰写教育教学或教学实践活动科研论文的能力。

（2）有一定的科研能力，参与校级以上科研课题（前5位）；或获校级以上成果奖励。

（3）具有参与工程项目、产品开发项目实施的能力。

5. 具有较强的团队精神

具有良好的团队精神，能够在教学团队中充分发挥积极作用，参与人才培养方案的制定，较好地完成教育教学研究和实践任务。

（三）助理讲师

1. 担任课程的讲授及其他教学工作，指导实验实训、实习、课程设计、毕业设计及学生基本技能的训练。

2. 参与实验室建设与管理，参与组织和指导学生生产实践、社会调查、社会服务或教学管理等方面的工作。

3. 参与教学法研究或技术开发、人才培养方案制定、校本教材开发、技能大赛指导训练等方面的工作。

4. 承担班主任或辅导员工作。

三、学历资历条件

（一）高级讲师：获得博士学位，在讲师职务岗位从事教学工作2年以上；或获得硕士学位和大学本科学历，在讲师职务岗位从事教学工作5年以上；或获得大学本科学历和学士学位，在讲师职务岗位从事教学工作5年以上，且最近连续3年在教育教学一线工作。

（二）讲师：获得博士学位；或获得硕士学位、研究生班毕业证书或第二学士学位且已在助理讲师职务岗位从事教学工作2年以上；获得大学本科学历和学士学位，在助理讲师职务岗位从事教学工作4年以上。

（三）助理讲师：获得硕士学位或研究生班毕业证书或第二学士学位证书；或获得大学本科毕业学历和学士学位，见习1年期满并考核合格。

山东省人力资源和社会保障厅 省教育厅关于印发《山东省中等职业学校正高级讲师水平评价基本标准条件（试行）》的通知

（2015 年 10 月 21 日 鲁人社字〔2015〕437 号）

各有关市人力资源社会保障局、教育局：

现将《山东省中等职业学校正高级讲师水平评价基本标准条件（试行）》印发给你们，请在职称评审和水平评价工作中遵照执行。

山东省中等职业学校正高级讲师水平评价基本标准条件（试行）

一、基本条件

申报正高级讲师资格，除了满足《山东省中等职业学校教师水平评价基本标准条件（试行）》（鲁人社发〔2013〕46 号）规定的基本条件以外，还应满足相关学历资历条件：具有大学本科及以上学历和学士及以上学位，在教学一线从事教学工作 20 年以上，并在高级讲师岗位从事教学工作 5 年以上。

二、业绩能力水平

1. 育人工作业绩卓著

（1）具有高尚师德和人格魅力，积极履行育人职责，将思想德育教育融入课堂教学，发挥德育示范引领作用，形成可供学习借鉴的德育教育经验或模式。

（2）积极参与学生管理工作，育人成果丰硕。任现职以来承担班主任工作，或学生社团指导（辅导）工作等 3 年以上。所带的班级、指导（辅导）的社团或本人获得校级以上表彰。

2. 教育教学业务精湛

（1）任现职以来圆满完成学校规定的教学课时工作量，专业教师系统担任过 2 门以上课程全部教学工作，指导实验、实训、顶岗实习、社会调查或毕业设计等教学工作成绩显著。

（2）具有扎实的基础理论知识和专业知识，掌握本专业国内外发展前沿动态并融入教学。教学经验丰富，教学方式灵活多样，教学效果好、质量高，学生认可，形成教学特色，在本专业（领域）享有较高知名度，近 5 年学校年度考核均在“合格”以上，其中至少 2 次为“优秀”。

（3）积极参与课程教学改革，不断探索改进课堂教学方式，对本专业课程的开发与建设有较系统研究。任现职以来，在市级以上范围开设示范课、专题讲座等 5 次以上。

（4）任现职以来，获得市级及以上专业（学科）带头人、教学能手、名师等奖励（表彰），或在主管部门举办的教学基本功、优质课等比赛中获省级一等奖或国家级二等奖及以上。

其中，专业课教师实践教学能力突出。任现职以来，在企事业单位实践工作每年不少于 2 个月或近 5 年来在企事业单位工作 1 年以上，熟练掌握企业生产、服务流程，熟悉企事业单位对人才培养的要求，协助企业开展技术攻关和合作研发，实践性较强的专业课教师取得与任职专业有关的一级以上职业（执业）资格或其它中级以上非教师系列专业技术职务。

注重培养学生的专业技能和创新能力，直接指导的学生获得全省职业院校技能大赛二等奖或全国职业院校技能大赛三等奖及以上。

3. 科研教研成果丰硕

（1）任现职以来，主持或作为核心成员参加省（部）级以上教科研课题（前 3 名），并通过鉴定；或获得省（部）级以上教科研成果奖励二等奖以上（前3名）。

（2）任现职以来，在国家级核心期刊发表1篇以上本专业高水平教育教学研究论文或学术论文；有主编的正式出版的校本以上教材。

4. 团队协作成效显著

具有良好的团队精神和协作能力，能够在教育教学团队中充分发挥带头引领作用，创造性地完成教育教学研究和实践任务，牵头制定人才培养方案，系统指导过2名以上青年教师，指导工作成绩显著。

山东省人力资源和社会保障厅 省国防科学技术工业办公室关于印发《山东省船舶与海洋工程装备专业高级工程师资格标准条件（试行）》的通知

（2016 年 11 月 2 日 鲁人社规〔2016〕2 号）

各市人力资源社会保障局、经济和信息化委员会（国防科学技术工业办公室），省直各部门（单位），各大企业，各高等院校：

为客观公正地评价船舶与海洋工程装备专业技术人员的学识水平和业绩贡献，加强船舶与海洋工程装备专业技术队伍建设，现将《山东省船舶与海洋工程装备专业高级工程师资格标准条件（试行）》印发给你们，请遵照执行。

山东省船舶与海洋工程装备专业高级工程师资格标准条件（试行）

第一章 总 则

第一条 为健全和完善全省船舶与海洋工程装备专业技术人才评价机制，科学、客观、公正地评价船舶与海洋工程装备专业高级工程技术人才，加强全省船舶与海洋工程装备专业技术人员队伍建设，提高技术人员的整体素质，根据中央职称改革工作领导小组《工程技术人员职务试行条例》（职改字〔1986〕第 78 号），结合我省船舶与海洋工程装备专业的实际情况，制定本标准条件。

第二条 本标准条件适用于全省从事船舶与海洋工程装备专业的科研、规划、设计、建造、维修、检验、检测、技术管理等专业技术工作的在职在岗人员。

船舶与海洋工程装备专业主要包括船舶与海洋结构物的设计与制造、材料与焊接、涂装、舾装、内装、钢结构、船舶动力装置、船舶辅助设备、甲板机械、船舶防污染设备、船用锅炉、船用压力容器、船舶特种机械、船舶电力及自动化系统（设备）、船舶通信与导航系统等专业方向。

第三条 符合本标准条件经专家评审通过可取得船舶与海洋工程装备专业高级工程师资格。

第二章 申报条件

第四条 基本条件

（一）政治素质。拥护中国共产党的领导，热爱祖国，认真贯彻执行党的路线、方针、政策，遵守宪法和各项法律法规，具有良好的职业道德和敬业精神。

（二）业务素质。系统掌握本专业基础理论和技术知识，熟练掌握本专业的技术标准、规范、规程、法规，掌握相关专业知识；熟悉本专业领域国内外最新技术现况和发展趋势，能将新技术、新成果应用于工作实践；有丰富的专业技术工作经验，能独立解决本专业复杂、疑难的技术问题，业绩显著，取得具有较大价值的科技成果，在技术创新或引进、消化和吸收新技术中取得良好效果；发表、出版本专业有较高水平的论文、著作。

（三）继续教育要求。任职年限内完成国家和省规定的继续教育要求。

第五条 学历、资历

（一）获得博士研究生学历或博士学位，任工程师职务后，从事船舶与海洋工程装备专业技术工作 2 年以上，近 2 年年度考核为合格及以上。

（二）获得硕士研究生学历或硕士学位，任工程师职务后，从事船舶与海洋工程装备专业技术工作4年以上，近4年年度考核为合格及以上。

（三）获得大学本科学历或学士学位，任工程师职务后，从事船舶与海洋工程装备专业技术工作5年以上，近5年年度考核为合格及以上。

第六条 破格申报条件

不具备规定学历或任职资历，但确有真才实学，任工程师职务以来业绩显著、贡献突出的专业技术人员，可破格申报船舶与海洋工程装备专业高级工程师资格。破格申报需同时具备下列条件：

（一）任工程师职务3年以上（含3年），且各年度考核均为合格以上，其中至少有2年年度考核为优秀。

（二）具备下列1、3或者2、3条件（同一获奖项目、获奖论文或著作按一项计算）的；或者获得设区的市政府或省级以上政府人事部门与业务主管部门联合表彰的，具备下列条件之一的：

1. 作为主要完成人承担省级项目（课题），并已经省级业务主管部门组织同行专家鉴定，其成果具有省内先进水平；或者已经省级业务主管部门组织同行专家鉴定，在管理、应用技术推广（包括专利成果推广应用）中取得较好的经济效益或社会效益。

2. 国家级三等（含三等）以上或省、部级二等（含二等）以上发明奖、自然科学奖、科技进步奖等奖项的获奖人；或者获2项以上国家专利，其中至少1项在实践中推广应用。

3. 在省级以上业务部门主办具有国内统一刊号公开发行的专业报刊上发表本专业有较高学术价值的论文3篇以上（独立完成或第一作者，3000字以上）；或者公开出版由本人撰写的本专业有较高学术价值的1部以上专著或译著；或者主持编写大型系列国家或省（部）颁标准及规范。

第七条 专业理论知识

（一）系统掌握船舶与海洋工程结构物研究设计与制造，船舶热能动力装置、船舶主动力及推进机械、船舶辅助机械、甲板机械，船舶电力及自动化系统、船舶通信与导航系统等专业方向的理论知识和专业技术知识，并在某一分支领域有较深入的研究。

（二）熟练掌握本专业的技术标准、规范、规程、规章，掌握相关专业知识。

（三）熟悉国家有关的法律、技术（行业）政策和技术法规。

（四）熟悉本专业国内外专业技术现状和发展趋势。

（五）能对重大和关键技术问题进行分析、研究和总结提高，并能结合本单位实际情况，提出技术发展规划。

第八条 专业技术工作经历（能力）

任现职以来，具备下列条件之一：

（一）作为主要完成人或技术骨干参与过省（部）级以上攻关项目或重点科研项目（课题），并撰写了主报告或技术分项报告。

（二）主持或作为技术骨干完成过市（厅）级以上科研项目或课题，其成果经认定达到本行业领先水平。

（三）主持或作为技术骨干，在经市（厅）级以上有关部门授牌的工程（技术）中心、公共服务平台、科技创新平台、重点实验室等机构中，完成过2项以上研发项目的全过程。

（四）主持或作为主要完成人完成过对本单位发展有重要影响的创新项目或引进、消化、吸收新技术项目3项以上。

（五）主持或作为技术骨干完成过技术密集、技术难度较大或技术复杂的船舶与海洋工程装备产品的研发、设计、制造、维修、检验、检测、技术管理等工作，并解决过重大技术难题、技术协调问题4项以上。

（六）承担制定过省（部）级以上本专业技术标准、规范和规程1项以上；或作为主要完成人或技术骨干编制过本行业技术标准、规范和规程2项以上；或主持制定本专业企业技术标准、技术管理规章3项以上。

第九条 专业技术工作业绩、成果

任现职以来，具备下列条件之一：

（一）市（厅）级科技进步奖（及相应奖项）以上获奖项目的主要完成人（以个人奖励证书为准）。

（二）完成的研究成果、科研课题、工程项目经有关部门评审鉴定，其成果填补国内空白或达到国内先进水平，并取得显著的经济效益和社会效益。

（三）取得本专业发明专利（发明人），并已转化为生产力，取得较大的经济效益和社会效益。

（四）在科研、生产、技术开发、技术改造或引进、消化、创新国内外先进造船技术中做出突出贡献或解决过重大疑难技术问题，经同行专家认定，达到行业先进水平，并取得显著的经济效益和社会效益。

（五）编制完成1项省（部）级以上、或2项行业、或3项本企业的技术标准、规范、规程、规章并付诸实施，并取得较大的经济效益和社会效益。

第十条 论文、著作

任现职以来，撰写本专业有较高学术价值的著作（主要编著者）、论文（第一作者）等，且符合下列条件之一：

（一）出版本专业著作1部（本人撰写5万字以上）。

（二）在省级以上专业期刊上公开发表或在省级以上专业学术会议上交流有较高学术价值的本专业论文2篇以上。

（三）为解决复杂的技术问题而撰写的有较高水平的专项研究报告、技术分析、技术总结、重大立项研究（论证）报告等专业文章3篇以上。

第三章　附　则

第十一条　评审收费按照省物价部门的规定执行。

第十二条　任职年限以及从事专业工作年限计算到申报年度年底。

第十三条　与本标准条件相关的有关词语或概念的特定解释、问题说明等见附录。

第十四条　本标准条件自下发之日起施行。此前有关文件与本标准条件不一致的，以本标准条件为准。本标准条件由山东省人力资源和社会保障厅、山东省国防科学技术工业办公室按职责分工负责解释。

附录

一、关于专业划分

本条件中的船舶与海洋工程装备划分为三个专业方向：船舶与海洋工程装备专业，船机专业，船舶电气专业等。

（一）船舶与海洋工程装备专业方向包括：船舶性能研究，船舶噪声研究，船舶试验、计量及检测，船体设计和船体修造及工艺，材料与焊接，涂装，舾装，内装，钢结构等。

（二）船机专业方向包括：船舶动力及推进系统，船舶辅助设备，甲板机械，船舶防污染设备，船用锅炉、压力容器和船舶特种机械等。

（三）船舶电气专业方向包括：船舶电力及自动化系统，船舶电力及自动化设备，船舶专用电机，船舶消磁系统和船舶专用化学电源；船舶通信与导航系统等。

二、本条件有关的词（语）或概念解释

（一）重大：在某一地区范围内规模效应较大、影响力较强。

（二）疑难：暂不分明，难以确定；或同行业（专业）久未解决的课题。

（三）主持：经某一级别部门（机构）认可或任命的，在工作中起支配、决定作用的指挥者或组织者。

（四）主要完成人员：指在专业技术工作中起着主要或决定作用的人员。

（五）骨干：指具体承担项目的调研、立项、项目实施、综合研究报告的编写等全过程的负责人；或具体从事生产、技术管理等某一方面的负责人；或技术方面某一范围内的主要承担者。

（六）掌握：充分理解，较好地应用于实际生产。

（七）熟悉：掌握原理，具备一定的理论知识，并能应用。

（八）专业文章：指将本人在解决专业技术问题中的心得体会，以论文的形式总结出来。文中必须有自己的观点，并附以具体技术实例的处理分析。

（九）著作：指取得 ISBN 统一书号、公开出版发行的本专业学术专著或译著。全书字数一般要求在 20 万字以上。

（十）论文：指在公开出版发行的专业学术期刊上发表本专业研究性学术文章。

（十一）主要编著者：指专业著作的主编或副主编以外的编者或一般作者，其参与编著的字数一般应在 5 万字以上。

（十二）科技进步奖（或相应奖项）：特指科技进步奖、自然科学奖、国家发明奖等奖励项目；相应奖项：特指行业内认可的专业成果奖项。

（十三）科技进步奖主要完成人：指在该奖项等级额定获奖人数内取得个人奖励证书者。

（十四）项目（或课题）：包括国家、部门和各级主管部门下达认可的或合同规定的科研或技术开发任务。项目或课题的复杂程度和大、中型级别按行业的有关技术标准和规范执行。

（十五）直接负责（技术负责）人：指在项目中承担主要工

作或关键性工作，或解决关键技术问题的人员。其确定程序为：项目负责人出具证明，然后由单位组织3名以上的专家评估并提出意见。

（十六）经济效益：按人均上缴利税计算，不含潜在经济效益。“较大经济效益”是指超额完成本单位或部门规定（或本地区平均水平）的人均上缴利税的20%以上（审计部门审计认定材料）。

（十七）社会效益：指经过有关主管部门认可的改善环境、劳动、生活条件，节能、降耗，增强国力、军力等的效益。

三、本条件若干问题的说明

（一）凡冠有“以上”的，均含本级或本数量。

（二）本条件规定的著作、论文、交流文章等，其学术水平价值均由评委会专家评审鉴定。

（三）本条件所提“市”指副省级及地级市，不含县级市。

（四）资历计算方法：从现专业技术资格聘任之日起计算至申报年度年底。

（五）本条件所指水平、能力，均由评委会专家评审鉴定。

山东省人力资源和社会保障厅 省财政厅关于印发《山东省会计系列高级会计师资格评价标准条件》的通知

（2017 年 3 月 8 日　鲁人社规〔2017〕7 号）

各市人力资源社会保障局、财政局，省直各部门（单位），各大企业，各高等院校：

现将《山东省会计系列高级会计师资格评价标准条件》印发给你们，请遵照执行。

山东省会计系列高级会计师资格评价标准条件

第一章　总　则

第一条　为进一步贯彻落实中央和省委关于深化人才发展体制机制改革和深化职称制度改革的意见和精神，完善高级会计师资格评价制度，客观公正地评价会计专业人才的学识水平和业务工作能力，建设高素质的会计专业人才队伍，根据《中华人民共和国会计法》《会计专业职务试行条例》《山东省实施〈中华人民共和国会计法〉办法》等法规、政策，制定本标准条件。

第二条　高级会计师资格实行考试与评审相结合的评价制度。凡申请参加高级会计师资格评审的人员，须参加全国统一组织的高级会计师资格考试，取得合格成绩的，在有效期内可申请参加专业技术资格评审。

第二章　报考条件

第三条　基本条件

（一）拥护中国共产党领导，热爱祖国，遵守宪法及《中华人民共和国会计法》等法律法规，恪守职业道德，廉洁奉公，爱岗敬业，有效履行岗位职责；

（二）持有会计从业资格证书；

（三）近五年各年度考核均为合格（称职）以上；

（四）符合国家或省继续教育有关要求。

第四条　学历（学位）及资历条件

取得会计师或相关系列（指审计、经济、统计，下同）中级专业技术资格，符合下列条件之一者，可报考高级会计师：

（一）具有博士研究生学历（博士学位），取得会计师或相关系列中级专业技术资格后，从事财务会计工作 2 年以上；

（二）具有硕士研究生学历（硕士学位），取得会计师或相关系列中级专业技术资格后，从事财务会计工作 4 年以上；

（三）具有大学本科学历，取得会计师或相关系列中级专业技术资格后，从事财务会计工作 5 年以上；

（四）具有大学专科学历，取得会计师或相关系列中级专业技术资格后，从事财务会计工作 10 年以上。

第三章　评审条件

第五条　专业理论知识

（一）具有系统、扎实的财务、会计专业知识和经济理论知识，了解国内外财务、会计发展趋势和宏观经济政策；

（二）具有较强的研究能力，熟练掌握会计准则、会计制度以及与财务、会计工作相关的法律法规，能够运用以上知识制订行业、单位的财务制度，保证会计工作目标的实现；

（三）具有丰富的实际工作经验，精通业务，有解决财务会计工作中复杂问题的能力，对财务会计管理或生产经营管理提出建设性意见。

第六条 学术水平

取得会计师或相关系列中级专业技术资格后，具备下列条件之一：

（一）在公开发行的报刊上发表有较高学术价值的财务会计类论文 2 篇以上，每篇 1500 字以上；

（二）在公开出版的有较高学术价值的财务会计类书籍中，本人撰写部分不少于 5 万字；

（三）市级以上会计专业课题或研究成果的主要完成人。

第七条 业绩与成果

取得会计师或相关系列中级专业技术资格后，具备下列条件 2 项以上：

（一）主持的财务、会计工作，达到会计基础工作规范化要求并被县级以上财政部门确认为优秀单位；

（二）负责或执笔拟定、修订的本单位财务、会计管理制度或内部控制制度、财务预算、会计岗位操作规程、会计监督检查方案等，经批准实施后效果显著；

（三）立足本职工作，参与管理，当好领导参谋，在增加收入、节约开支、降低成本、提高资金使用效率，增加国家财政收入等方面，做出重要贡献，成绩突出；

（四）作为第一撰稿人，撰写过 2 篇以上财务分析报告或专题调查报告，报告主题明确，层次清楚，文字流畅，分析透彻，建议切实可行；

（五）主持或承担市级以上批准的财务、会计方面的科研课题，有创新或独到见解，对实际工作有指导意义，其成果已通过鉴定；

（六）在开展内部审计、查错纠弊、建立健全内部控制制度过程中，通过调研报告、管理建议书等提出重要的建设性意见，被单位采纳实施后效果显著；

（七）作为项目负责人或主要承办人承担县级以上重点工程、技改项目的经济可行性论证项目2个以上，或大中型企业改制、上市、重组、清算等项目2个以上；

（八）在会计中介机构中作为项目负责人或主要承办人承担大中型企业年度审计、资产评估、管理咨询等项目2个以上。

第四章　破格条件

第八条　不具备从事专业工作资历要求，但确有真才实学，取得会计师或相关系列中级专业技术资格以来业绩显著、贡献突出的人员，同时符合下列条件的可破格报考：

（一）各年度考核均为合格（称职）以上，其中至少有2年度考核为优秀；

（二）具备下列1、3或2、3条件（同一获奖项目、获奖论文或著作按一项计算）；其中，获得设区的市政府或省级以上政府人力资源社会保障部门与业务主管部门联合表彰的奖项，或者获得省部级“先进会计工作者”称号的，符合下列条件之一：

1. 作为主要完成人承担省级以上项目（课题），并已结项；

2. 获省、部级科学技术三等奖以上及相当奖励项目的主要完成人；或者获省社会科学成果三等奖以上的主要完成人；或者获2项以上与财务会计相关的国家专利；

3. 在公开发行的报刊上发表有较高学术价值的财务会计类论文3篇以上，每篇3000字以上；或者在公开出版的有较高学术价值的财务会计类书籍中，本人撰写部分不少于10万字。

第五章　附　则

第九条　资历年限以及工作年限计算截止到评审年度的当年年底。

第十条　对违反专业技术职务评审纪律和有关规定的，按照国家、省有关政策规定和党员、干部管理权限予以处理。

第十一条 本标准条件中词（语）的特定解释：

（一）凡冠有“以上”“不少于”的，均含本级或本数量；

（二）报刊含报纸和期刊，报纸、期刊是指具有国内统一的CN刊号，公开出版发行的合法出版物，期刊不含增刊、专刊；论文发表必须为独立完成或第一作者；论文字数指正文字数，不包括摘要、关键词、参考文献；

（三）出版书籍指具有ISBN国际标准书号，公开出版发行的专业研究性合法书籍，不包括一个单位、一个系统统一出版的论文集、讲话集、报告集，总字数不少于15万字；

（四）“市级”均指设区的市，不含县级市；

（五）“主要完成人”指在工作中起支配、决定作用的，应排前三位。

第十二条 本标准条件由省财政厅负责解释。

第十三条 本标准条件自2017年3月8日起执行，有效期至2022年3月7日。省人力资源和社会保障厅、省财政厅印发的《山东省高级会计师资格评价试行办法》（鲁人社〔2009〕12号）同时废止。

（三）继续教育

专业技术人员继续教育规定

（2015年8月13日　人力资源和社会保障部令第25号）

第一章　总　则

第一条　为了规范继续教育活动，保障专业技术人员权益，不断提高专业技术人员素质，根据有关法律法规和国务院规定，制定本规定。

第二条　国家机关、企业、事业单位以及社会团体等组织（以下称用人单位）的专业技术人员继续教育（以下称继续教育），适用本规定。

第三条　继续教育应当以经济社会发展和科技进步为导向，以能力建设为核心，突出针对性、实用性和前瞻性，坚持理论联系实际、按需施教、讲求实效、培养与使用相结合的原则。

第四条　用人单位应当保障专业技术人员参加继续教育的权利。

专业技术人员应当适应岗位需要和职业发展的要求，积极参加继续教育，完善知识结构、增强创新能力、提高专业水平。

第五条　继续教育实行政府、社会、用人单位和个人共同投入机制。

国家机关的专业技术人员参加继续教育所需经费应当按照国家有关规定予以保障。企业、事业单位等应当依照法律、行政法规和国家有关规定提取和使用职工教育经费，不断加大对专业技术人员继续教育经费的投入。

第六条　继续教育工作实行统筹规划、分级负责、分类指导的管理体制。

人力资源社会保障部负责对全国专业技术人员继续教育工作进行综合管理和统筹协调，制定继续教育政策，编制继续教育规划并组织实施。

县级以上地方人力资源社会保障行政部门负责对本地区专业技术人员继续教育工作进行综合管理和组织实施。

行业主管部门在各自职责范围内依法做好本行业继续教育的规划、管理和实施工作。

第二章　内容和方式

第七条　继续教育内容包括公需科目和专业科目。

公需科目包括专业技术人员应当普遍掌握的法律法规、理论政策、职业道德、技术信息等基本知识。专业科目包括专业技术人员从事专业工作应当掌握的新理论、新知识、新技术、新方法等专业知识。

第八条　专业技术人员参加继续教育的时间，每年累计应不少于 90 学时，其中，专业科目一般不少于总学时的三分之二。

专业技术人员通过下列方式参加继续教育的，计入本人当年继续教育学时：

（一）参加培训班、研修班或者进修班学习；

（二）参加相关的继续教育实践活动；

（三）参加远程教育；

（四）参加学术会议、学术讲座、学术访问等活动；

（五）符合规定的其他方式。

继续教育方式和学时的具体认定办法，由省、自治区、直辖市人力资源社会保障行政部门制定。

第九条　用人单位可以根据本规定，结合本单位发展战略和岗位要求，组织开展继续教育活动或者参加本行业组织的继续教育活动，为本单位专业技术人员参加继续教育提供便利。

第十条 专业技术人员根据岗位要求和职业发展需要，参加本单位组织的继续教育活动，也可以利用业余时间或者经用人单位同意利用工作时间，参加本单位组织之外的继续教育活动。

第十一条 专业技术人员按照有关法律法规规定从事有职业资格要求工作的，用人单位应当为其参加继续教育活动提供保障。

第十二条 专业技术人员经用人单位同意，脱产或者半脱产参加继续教育活动的，用人单位应当按照国家有关规定或者与劳动者的约定，支付工资、福利等待遇。

用人单位安排专业技术人员在工作时间之外参加继续教育活动的，双方应当约定费用分担方式和相关待遇。

第十三条 用人单位可以与生产、教学、科研等单位联合开展继续教育活动，建立生产、教学、科研以及项目、资金、人才相结合的继续教育模式。

第十四条 国家通过实施重大人才工程和继续教育项目、区域人才特殊培养项目、对口支援等方式，对重点领域、特殊区域和关键岗位的专业技术人员继续教育工作给予扶持。

第三章 组织管理和公共服务

第十五条 专业技术人员应当遵守有关学习纪律和管理制度，完成规定的继续教育学时。

专业技术人员承担全部或者大部分继续教育费用的，用人单位不得指定继续教育机构。

第十六条 用人单位应当建立本单位专业技术人员继续教育与使用、晋升相衔接的激励机制，把专业技术人员参加继续教育情况作为专业技术人员考核评价、岗位聘用的重要依据。

专业技术人员参加继续教育情况应当作为聘任专业技术职务或者申报评定上一级资格的重要条件。有关法律法规规定专业技术人员参加继续教育作为职业资格登记或者注册的必要条件的，从其规定。

第十七条 用人单位应当建立继续教育登记管理制度，对专业技术人员参加继续教育的种类、内容、时间和考试考核结果等情况进行记录。

第十八条 依法成立的高等院校、科研院所、大型企业的培训机构等各类教育培训机构（以下称继续教育机构）可以面向专业技术人员提供继续教育服务。

继续教育机构应当具备与继续教育目的任务相适应的场所、设施、教材和人员，建立健全相应的组织机构和管理制度。

第十九条 继续教育机构应当认真实施继续教育教学计划，向社会公开继续教育的范围、内容、收费项目及标准等情况，建立教学档案，根据考试考核结果如实出具专业技术人员参加继续教育的证明。

继续教育机构可以充分利用现代信息技术开展远程教育，形成开放式的继续教育网络，为基层、一线专业技术人员更新知识结构、提高能力素质提供便捷高效的服务。

第二十条 继续教育机构应当按照专兼职结合的原则，聘请具有丰富实践经验、理论水平高的业务骨干和专家学者，建设继续教育师资队伍。

第二十一条 人力资源社会保障部按照国家有关规定遴选培训质量高、社会效益好、在继续教育方面起引领和示范作用的继续教育机构，建设国家级专业技术人员继续教育基地。

县级以上地方人力资源社会保障行政部门和有关行业主管部门可以结合实际，建设区域性、行业性专业技术人员继续教育基地。

第二十二条 人力资源社会保障行政部门会同有关行业主管部门和行业组织，建立健全继续教育公共服务体系，搭建继续教育公共信息综合服务平台，发布继续教育公需科目指南和专业科目指南。

人力资源社会保障行政部门会同有关行业主管部门和行业组织，根据专业技术人员不同岗位、类别和层次，加强课程和教材体系建设，推荐优秀课程和优秀教材，促进优质资源共享。

第二十三条 人力资源社会保障行政部门和有关行业主管部门直接举办继续教育活动的，应当突出公益性，不得收取费用。

人力资源社会保障行政部门和有关行业主管部门委托继续教育机构举办继续教育活动的，应当依法通过招标等方式选择，并与继续教育机构签订政府采购合同，明确双方权利和义务。

鼓励和支持企业、事业单位、行业组织等举办公益性继续教育活动。

第二十四条 人力资源社会保障行政部门应当建立继续教育统计制度，对继续教育人数、时间、经费等基本情况进行常规统计和随机统计，建立专业技术人员继续教育情况数据库。

第二十五条 人力资源社会保障行政部门或者其委托的第三方评估机构可以对继续教育效果实施评估，评估结果作为政府有关项目支持的重要参考。

第二十六条 人力资源社会保障行政部门应当依法对用人单位、继续教育机构执行本规定的情况进行监督检查。

第四章 法律责任

第二十七条 用人单位违反本规定第五条、第十一条、第十二条、第十五条第二款、第十六条、第十七条规定的，由人力资源社会保障行政部门或者有关行业主管部门责令改正；给专业技术人员造成损害的，依法承担赔偿责任。

第二十八条 专业技术人员违反本规定第八条第一款、第十五条第一款规定，无正当理由不参加继续教育或者在学习期间违反学习纪律和管理制度的，用人单位可视情节给予批评教育、不予报销或者要求退还学习费用。

第二十九条 继续教育机构违反本规定第十九条第一款规定

的，由人力资源社会保障行政部门或者有关行业主管部门责令改正，给予警告。

第三十条 人力资源社会保障行政部门、有关行业主管部门及其工作人员，在继续教育管理工作中不认真履行职责或者徇私舞弊、滥用职权、玩忽职守的，由其上级主管部门或者监察机关责令改正，并按照管理权限对直接负责的主管人员和其他直接责任人员依法予以处理。

第五章 附 则

第三十一条 本规定自 2015 年 10 月 1 日起施行。1995 年 11 月 1 日原人事部发布的《全国专业技术人员继续教育暂行规定》（人核培发〔1995〕131 号）同时废止。

人力资源和社会保障部办公厅关于印发《专业技术人才知识更新工程急需紧缺人才培养培训项目和岗位培训项目实施办法》的通知

（2012年7月5日　人社厅发〔2012〕64号）

各省、自治区、直辖市及新疆生产建设兵团人力资源社会保障厅（局），福建省公务员局，国务院有关部委、直属机构人事部门，有关行业协会、企业、事业单位：

按照《国家中长期人才发展规划纲要（2010—2020年）》要求，为做好专业技术人才知识更新工程组织实施工作，我部根据《专业技术人才知识更新工程实施方案》，研究制定了《专业技术人才知识更新工程急需紧缺人才培养培训项目和岗位培训项目实施办法》。现将实施办法印发你们，请结合实际认真贯彻落实。

专业技术人才知识更新工程急需紧缺人才培养培训项目和岗位培训项目实施办法

为做好专业技术人才知识更新工程急需紧缺人才培养培训项目和岗位培训项目实施工作，根据《专业技术人才知识更新工程实施方案》，制定本实施办法。

一、目标任务

2011年至2020年期间，在装备制造、信息、生物技术、新材料、海洋、金融财会、生态环境保护、能源资源、防灾减灾、现代交通运输、农业科技、社会工作等12个重点领域和现代物流、电子商务、法律、咨询、会计、工业设计、知识产权、食品安全、旅游等9个现代服务业领域，每年培养培训高层次急需紧缺专业技术人才80万名。大力开展以提升岗位适应能力和职业发展能力为重点的岗位培训，每年培训具有中高级职称的骨干专业技术人才19万人。

二、组织实施

（一）项目实施实行统一领导、分工负责、分类指导、分级组织的原则，采取年度项目计划管理的方式进行。

（二）国家专业技术人才知识更新工程指导协调小组根据国家人才发展规划纲要中确定的工程重点领域急需紧缺专门人才开发一览表和实际情况，制订各领域急需紧缺人才培养培训项目和岗位培训项目年度实施计划。

（三）各领域牵头部门，负责本领域两个项目的总体规划、专业指导、技术引领、行业动员。根据本领域急需紧缺人才培养培训和岗位培训任务，将培训指标分解到省级牵头部门，由省级牵头部门提出落实方案报省级人力资源社会保障部门。

（四）省级人力资源社会保障部门对省内各部门的落实方案进行总体平衡调整，确认本地区急需紧缺人才培养培训和岗位培训项目总体指标，报国家工程指导协调小组审核后组织实施。

（五）中央垂直管理的部门、中央企业和国家级重点行业协会等涉及急需紧缺人才培养培训和岗位培训需求较多的单位，可直接向工程指导协调小组申报培训指标，并按工程指导协调小组批准的计划组织实施。

（六）中国继续工程教育协会及各地各部门继续工程教育协会、行业性协会学会要充分发挥职能作用，积极配合相关领域牵头部门，主动承担工程培训任务。

（七）每年年底，由各省级牵头部门汇总本地区本领域培训情况，同时报省级人力资源社会保障部门和上级牵头部门。省级人力资源社会保障部门对本地区工程各领域培训情况进行汇总，报国家工程指导协调小组；中央层面各领域牵头部门对本领域培训情况进行汇总并报国家工程指导协调小组。

三、培训要求

（一）急需紧缺人才培养培训和岗位培训主要依托国家级专业技术人员继续教育基地和有关培训机构，开展集中培训、高级研修、岗位轮训、实地考察、案例研讨、在线学习等活动，也可根据实际情况和行业特色采取灵活多样的培养培训方式。

（二）急需紧缺人才培养培训要紧贴实际需要不断创新，根据急需紧缺人才的职业发展需求，以更新知识、掌握先进技术、提升专业技术水平为主要内容。对专业性强且需要持续深化的相关领域，可采取跟踪培养方式进行。

（三）岗位培训要结合工作岗位的专业特点，针对专业技术人才职业发展和工作需要，开展人才理念更新、知识更新拓展、科学精神和职业道德养成、实践能力提升、团队合作、技术适应、创新创业等能力提升训练，重在完善知识结构，增强综合素质，提升岗位适应、职业发展能力。

（四）急需紧缺人才培养培训时间每人每年不少于 72 学时，岗位培训每人每年不少于 36 学时。

四、考核监管

（一）工程项目承办单位对学员学习情况进行考核，合格者颁发统一印制的《专业技术人才知识更新工程培训证书》，相关情况记入专业技术人员继续教育证书，并记录相应学时。

（二）建立急需紧缺人才培养培训项目和岗位培训项目的课程备案公示、证书登记统计制度，依托国家专业技术人才知识更新工程管理网站和工程各重点领域相关网站进行。

（三）各级人力资源社会保障部门要充分发挥职能作用，不定期对本地区各领域培养培训的课程设置、师资力量、组织管理和实施效果等进行抽查，提出考核意见，记录考核结果。

（四）国家工程指导协调小组要加强指导和监督，通过督导检查、监测统计、情况通报、专家评估等办法，加强对工程组织实施工作的监管。

五、经费支持

（一）按照分税制财政体制要求，各级政府承担的工程项目任务，由同级财政予以保障；各部门承担的具体工程项目任务，按照部门预算管理规定，向同级财政申请经费支持。

（二）政府财政专项经费主要发挥对工程项目经费的支持和引导作用，用于培养培训的选题论证、专家授课、教材及课件开发等费用。

（三）各用人单位按规定比例提取职工培训费。要保障本单位开展工程项目支出，加强企事业单位继续教育经费提取和使用的监督管理。

（四）鼓励社会、用人单位、个人共同参与，建立多元化投入机制。

人力资源和社会保障部办公厅关于印发《专业技术人才知识更新工程培训证书管理办法》的通知

（2012年10月29日　人社厅发〔2012〕92号）

各省、自治区、直辖市及新疆生产建设兵团人力资源社会保障厅（局），国务院有关部委、直属机构人事部门，有关行业协会、企业、事业单位：

按照《国家中长期人才发展规划纲要（2010—2020年）》要求，为提高专业技术人才知识更新工程管理水平，我部根据《专业技术人才知识更新工程实施方案》，研究制订了《专业技术人才知识更新工程培训证书管理办法》。现将管理办法印发你们，请结合实际认真贯彻落实。

附件：专业技术人才知识更新工程培训证书样式

专业技术人才知识更新工程培训证书管理办法

第一条　根据《专业技术人才知识更新工程实施方案》（人社部发〔2011〕112号），为规范专业技术人才知识更新工程培训证书（以下简称培训证书）的使用和管理，制定本办法。

第二条　培训证书实行登记管理，用于记载专业技术人员参加专业技术人才知识更新工程各项目的培训情况。

第三条　国家专业技术人才知识更新工程指导协调小组办公室（设在人力资源社会保障部专业技术人员管理司）是培训证

书的全国统一管理机关。

第四条 培训证书分为三种，高级研修项目证书、急需紧缺人才培养培训项目证书和岗位培训项目证书（样式附后）。

第五条 高级研修项目证书由国家专业技术人才知识更新工程指导协调小组办公室印制；各地区、各部门等有关单位在承办高级研修项目结业时，根据考核合格的人数，向国家专业技术人才知识更新工程指导协调小组办公室申领空白培训证书和证书号段。

第六条 中央有关单位直接组织实施的急需紧缺人才培养培训和岗位培训项目证书由国家专业技术人才知识更新工程指导协调小组办公室印制；各有关单位在承办项目结业时，根据考核合格的人数，向国家专业技术人才知识更新工程指导协调小组办公室申领空白培训证书和证书号段。

第七条 各地区组织实施的急需紧缺人才培养培训和岗位培训项目证书由本地区人力资源社会保障厅（局）印制；各有关单位在承办项目结业时，根据考核合格的人数，向本地区人力资源社会保障厅（局）申领空白培训证书和证书号段。

第八条 国家专业技术人才知识更新工程指导协调小组办公室确定培训证书编号规则，对培训证书统一编号。

第九条 培训证书由工程项目承办单位按照规定统一规范填写，并按申领号段统一编号，加贴培训学员本人一寸彩色免冠照片后颁发。

第十条 专业技术人员参加工程项目培训记录相应的继续教育学时，相关情况可登记专业技术人员继续教育证书，作为其个人专业技术经历和接受继续教育的重要证明。

第十一条 各单位可将培训证书作为专业技术人员考核、职称评聘、岗位聘任（聘用）、职业注册的重要依据。

第十二条 国家专业技术人才知识更新工程指导协调小组办公室建立培训证书管理系统，用于信息统计、验证和查询。

第十三条　为确保培训质量，国家专业技术人才知识更新工程指导协调小组办公室采取定期和不定期相结合的方式监督检查培训教学、考核及培训证书发放情况。

第十四条　任何单位和个人不得利用培训证书发放和使用之便谋取不正当利益，不得涂改、转让、冒领、翻印、伪造和贩卖培训证书。上述行为一经发现将根据情况严肃处理，涉嫌违法犯罪的，依法追究其法律责任。

第十五条　本办法自印发之日起施行。

第十六条　本办法由国家专业技术人才知识更新工程指导协调小组办公室负责解释。

人力资源和社会保障部办公厅关于印发《国家级专业技术人员继续教育基地管理办法》的通知

（2013年5月22日　人社厅发〔2013〕53号）

各省、自治区、直辖市及新疆生产建设兵团人力资源社会保障厅（局），国务院有关部委、直属机构人事部门，有关中央企业：

为加强国家级专业技术人员继续教育基地运行管理，保障专业技术人才知识更新工程实施，根据《国家中长期人才发展规划纲要（2010—2020年）》和《专业技术人才知识更新工程实施方案》，我部制定了《国家级专业技术人员继续教育基地管理办法》。现印发给你们，请结合实际认真贯彻落实。

国家级专业技术人员继续教育基地管理办法

第一章　总　则

第一条　根据《国家中长期人才发展规划纲要（2010—2020年）》，为保障专业技术人才知识更新工程实施，规范和加强国家级专业技术人员继续教育基地运行管理，推动继续教育公共服务体系建设，制定本办法。

第二条　国家级专业技术人员继续教育基地（以下简称“国家级继续教育基地”）是经人力资源社会保障部认定，以对专业技术人员进行补充、更新知识，拓展知识结构，提高综合素质和创新能力为基本内容开展教育培训的机构，是国家培养培训高层次、急需紧缺和骨干专业技术人才的服务平台。

第三条 国家级继续教育基地根据地域和领域发展需要，按照“优化布局、突出特色、资源共享、注重实效”的原则，实行分期分批建设和分级分类管理。

第二章 职 责

第四条 人力资源社会保障部是国家级继续教育基地的综合管理部门，负责国家级继续教育基地的设立、调整和撤销，制定有关政策、规章和规划，组织国家级继续教育基地交流，监督指导基地的运行管理。

第五条 有关地方、部门和中央企事业单位人事部门是所推荐国家级继续教育基地的管理单位，负责国家级继续教育基地的使用和管理，制定实施具有本地区、本部门和本行业特点的基地管理政策措施。

第六条 获准设立国家级继续教育基地的高等院校、科研院所和其他施教机构是基地的建设单位，负责建立健全基地管理机构，配备专门人员，制定本基地的运行管理办法，承担本基地运行管理的具体工作。

第七条 国家级继续教育基地是依托高等院校、科研院所和其他施教机构建设的培训实体，不改变原有隶属关系，在继续教育业务上接受管理单位的指导，实行人财物相对独立的管理机制。

第三章 基地设立

第八条 设立国家级继续教育基地的单位应具有丰富的培养培训专业技术人员经验，在本地区、本行业具有一定影响，并具备以下基本条件：

（一）具有满足培训需要、相对稳定、密切联系科研生产一线的高素质专（兼）职师资队伍。专（兼）职师资应当具有较高理论水平、实践经验，在本专业领域具有较高影响力和公认度。

（二）有健全的继续教育管理机构及从事继续教育管理的专（兼）职人员。有健全的教学组织管理、学员考核管理、教学科研管理、培训登记管理、培训经费管理、后勤保障管理以及规范的培训效果评估、跟踪反馈等基地管理制度。

（三）能为基地基本建设和日常工作提供配套经费保障。具备与所承担的中高级专业技术人才培训任务相适应的固定教室、教学设备、专业图书资料及相应的硬件设施；专业性强的领域或继续教育科目，还要有能供专业技术人员进行实训的场所或实训合作单位。

（四）具备现代化远程教育条件，具有满足大规模网络培训所需的教学设备和基础设施，建立网络化的培训和管理信息平台，实现网上培训和网络互动交流。

（五）围绕着经济社会发展重点领域和现代服务业领域，每年培训不少于2000名专业技术人才。

第九条 国家级继续教育基地分期分批进行申报及评定。

（一）国家级继续教育基地申报遵循自愿原则。

（二）国家级继续教育基地主要从在专业技术人员继续教育方面具有实践基础的高等院校、科研院所，地方、部门或行业教育培训机构，专业协会（学会）及大中型企业培训机构中遴选。优先从地区或部门、行业设立的区域性、行业性专业技术人员继续教育基地中遴选。

（三）具备条件的施教机构填写《国家级专业技术人员继续教育基地申报表》，由副省部级以上（含）地方人力资源社会保障部门或行业主管部门人事部门审核同意并签署推荐意见后，报人力资源社会保障部。

（四）人力资源社会保障部组织继续教育和相关领域专家组

成专家评审委员会，对申报材料进行审核、论证、考察和评审，并对通过评审的施教机构予以认定。

第十条 经认定的国家级继续教育基地由人力资源社会保障部统一公布，并颁发国家级专业技术人员继续教育基地匾牌。

第四章 基地运行

第十一条 国家级继续教育基地要严格遵守继续教育法规和政策，紧密围绕经济社会发展需求，紧跟世界科技发展前沿开展专业技术人员继续教育及相关管理工作。

第十二条 根据地区、部门和行业发展需要，国家级继续教育基地主要承担相应区域、领域和行业国家级高层次、急需紧缺和骨干专业技术人才的培养培训工作，承担地方、部门和行业继续教育师资培训任务。

第十三条 国家级继续教育基地须聘请继续教育和相关行业领域的专家、学者组成评估小组，结合地区和行业发展要求，提出基地的培训规划、课程设置等，报管理单位同意后实施。

第十四条 国家级继续教育基地要为专业技术人员提供优质高效的继续教育服务，特别是突出新理论、新知识、新技术、新方法的培训，不断提高专业技术人员的职业道德水平，不断增强专业技术人员的学习能力、实践能力、创新能力和科研能力。

第十五条 国家级继续教育基地提供继续教育服务的主要形式包括：承办国家级专业技术人员继续教育重大专项工程项目；举办政府部门、行业协会、企事业单位委托的培训班、研修班或进修班；协助开展专业技术人员公需科目或专业科目的培训、考核和管理工作；开展继续教育理论研究，开发有针对性和实效性的培训项目与培训课程；举办继续教育交流服务活动等。

第十六条 国家级继续教育基地有承担政府部门委托的继续教育公共服务项目的义务，实施公益性继续教育时要向各个地区、各类经济组织和广大专业技术人员平等开放，并对革命老区、民族地区、边远地区和贫困地区给予倾斜。

第十七条 鼓励国家级继续教育基地充分利用自身资源优势，在保障政府人才培训任务的基础上，主动为社会上各类单位和专业技术人员提供业务培训、岗位进修、能力提升、职业资格继续教育等服务。

第十八条 国家级继续教育基地应加强师资队伍建设，不断创新培训内容，不断改进培训方式方法，加强培训过程管理和质量监控，不断提高培训水平，逐步提高培训的针对性和实效性。

第十九条 国家级继续教育基地应积极探索产学研相结合的人才培养培训机制，与重点领域权威研究机构和领头企事业单位建立长期合作关系，及时引入最新科研成果、先进技术经验和业务骨干，逐步形成专业品牌和培训特色。

第二十条 国家级继续教育基地要积极推广网络培训、远程教育、电化教育等新的教学方式方法，积极开发在线学习平台，建设具有专业特色的网络学习中心，不断提高在线培训和开展现代化远程教育的能力。

第二十一条 国家级继续教育基地可采用走出去和请进来的方式，积极参与国际继续教育交流，利用境外的优质资源，不断提高继续教育的质量和效益。

第五章　管理监督

第二十二条 国家级继续教育基地实行年度计划审核备案制度。国家级继续教育基地应根据培训需求制定年度任务计划，并于每年 12 月 10 日前，将年度计划执行情况总结和下一年度计划报推荐设立该基地的管理单位审核；审核同意后，于当年 12 月 31 日前将年度计划执行情况总结和下一年度计划一并报人力资源社会保障部备案。

第二十三条 国家级继续教育基地应按照管理单位审核同意的年度计划内容开展培训活动，培训结束后要认真做好培训情况的建档登记和效果评估工作。

第二十四条 未经国家级继续教育基地的管理单位同意，国家级继续教育基地及其建设单位不得以国家级继续教育基地的名义开展教育培训活动。

第二十五条 国家级继续教育基地实行检查考核制度。检查考核的主要内容包括：基地师资队伍建设情况、基地经费使用情况、设施配套情况、制度执行情况、继续教育任务完成情况、培训效果及后续跟踪情况等。

第二十六条 国家级继续教育基地的管理单位负责国家级继续教育基地的检查考核，并制定具体办法。

第二十七条 人力资源社会保障部会同基地的管理单位，在检查考核基础上对国家级继续教育基地进行定期检查评估和不定期抽查，并将有关结果向社会公布。检查评估或抽查结果作为调整、撤销国家级继续教育基地及下一阶段任务分配的重要依据。

对成绩突出、评估优秀的国家级继续教育基地，将及时宣传推广经验做法，在培训资源配置、任务分配等方面给予一定倾斜。对不按本办法开展继续教育工作、不能完成继续教育任务或达不到教学管理要求的国家级继续教育基地，责令限期整改。在规定时间内仍然达不到要求的，取消国家级继续教育基地资格。

第二十八条 对违反年度计划备案审核制度及有关规定，出现乱办班、乱收费、乱发证现象的国家级继续教育基地，依法追究其单位领导和当事人的责任。

第二十九条 对在申请过程中弄虚作假或被取消国家级继续教育基地资格的施教机构，不再受理其认定申请。

第六章　保障措施

第三十条 人力资源社会保障部为国家级继续教育基地建设提供政策和项目支持，支持国家级继续教育基地承办继续教育项目和活动。

第三十一条 人力资源社会保障部会同地方、部门、行业组织开发教材、课件、网站等优质培训资源，无偿或以优惠价格提供给国家级继续教育基地内部使用。

第三十二条 人力资源社会保障部支持各领域从事科研、生产、教学等方面工作的专家参与继续教育基地的人才培养培训工作。对表现突出、成效明显的专家，在其本人参加继续教育、评聘专业技术职务、享受政府特殊津贴和国家百千万人才工程国家级人选选拔、参与专家休假等方面给予倾斜。

第三十三条 中央财政按规定为国家级继续教育基地提供一定的专项经费资助。专项经费主要用于开展专家授课、师资培训、教材课件开发、数据库开发、课题研究等工作。基地建设单位按照国家有关规定，制定专项经费的使用办法和使用方案，基地的管理单位负责审核专项经费使用办法和使用方案，确保专款专用并取得最大效益。

第三十四条 国家级继续教育基地的建设单位和管理单位应为基地的基础建设和日常工作提供配套经费。

第三十五条 国家级继续教育基地的管理单位应在政策扶持、项目支持、师资队伍建设、资源整合、培训宣传等多方面为国家级继续教育基地提供支持，帮助国家级继续教育基地形成科学有效的专业技术人才培养培训体系。

第三十六条 专业技术人员在国家级继续教育基地参加培训的情况，可记入《专业技术人员继续教育证书》或学习档案，作为对专业技术人员考核评价、岗位聘用、职称评聘和执业注册的重要依据。

第三十七条 国家级继续教育基地为社会提供继续教育服务时，可按照有关规定适当收取培训费用，但不得擅自提高收费标准。收取的相关费用优先用于保障基地的建设和发展。

第三十八条 支持国家级继续教育基地加强与企业、高校和科研院所的合作，建立产、学、研相结合的继续教育协作体系，促进继续教育成果转化，并根据需要组织开展经验交流和成果推广等活动。

第七章　附　则

第三十九条　国家级继续教育基地机构名称、联系方式等重要信息发生变更，须及时报人力资源社会保障部备案并向社会公布。

第四十条　地方人力资源社会保障部门和行业主管部门可参照本办法，结合各自实际，制定相应的国家级继续教育基地管理政策措施。

第四十一条　军队系统的国家级继续教育基地管理参照本办法执行。

第四十二条　鼓励和支持地区、部门和行业结合实际，建设区域性、行业性专业技术人员继续教育基地，形成上下衔接、优势互补、资源共享的继续教育基地体系。

第四十三条　本办法由人力资源社会保障部负责解释。

第四十四条　本办法自发布之日起施行。

山东省专业技术人员继续教育条例

（2005年7月29日山东省第十届人民代表大会常务委员会第十五次会议通过）

第一条 为了规范和加强专业技术人员继续教育工作，提高专业技术人员素质，促进经济、社会发展和科技进步，根据有关法律、法规，结合本省实际，制定本条例。

第二条 本省行政区域内的企业、事业、民办非企业单位和社会团体（以下统称用人单位）专业技术人员的继续教育适用本条例。

专业技术类公务员的继续教育，依照本条例执行。

第三条 本条例所称的专业技术人员是指在专业技术岗位或者管理岗位上工作的人员。

第四条 本条例所称专业技术人员继续教育（以下简称继续教育），是指对专业技术人员进行补充、更新、拓展相关专业知识和技能，完善知识结构，提高综合素质，增强创新能力的教育。

继续教育中的学历教育、教师的培训依照有关法律、法规执行。

第五条 开展继续教育应当以科学的理论为指导，遵循按需施教、学以致用、讲求实效和保证质量的原则。

第六条 县级以上人民政府应当建立和完善继续教育体系，根据经济、社会发展和科技进步的需要，编制继续教育中、长期规划，完善政策，逐年加大投入，促进继续教育事业的发展。

第七条 县级以上人民政府人事行政主管部门负责本行政区域内继续教育的综合管理、指导和监督工作；其他有关行政主管部门按照各自职责负责继续教育的相关管理工作；行业组织具体负责本行业继续教育的规划制定、组织实施及相关工作。

第八条 用人单位应当制定并组织实施本单位继续教育计划，考核登记专业技术人员参加继续教育的情况，保证专业技术人员参加继续教育学习的时间，并提供必要的学习经费和其他条件。

第九条 专业技术人员有依法接受继续教育的权利和义务。

专业技术人员利用业余时间参加与本专业和本岗位有关的继续教育，所在单位应当予以支持。

专业技术人员接受所在单位委派参加脱产、半脱产学习期间，其工资、社会保险等待遇与本人在岗时相同。

专业技术人员要求脱产或者半脱产接受继续教育的，应当经所在单位同意。所在单位和专业技术人员可以就双方的权利和义务等事项订立书面协议。

第十条 继续教育以专业技术人员参加本单位、本行业、本系统组织的学习和有计划、有考核的自学活动为主，可以采取培训、进（研）修、学术讲座（会议）、业务考察和远程（网络）教育等多种形式进行。

第十一条 专业技术人员根据需要，可以自主选择继续教育的内容和形式，但是法律、法规有明确规定以及本单位组织的培训除外。

第十二条 继续教育实行学分考核和证书登记制度。

专业技术人员每年参加脱产、半脱产学习时间应当不少于规定的学时；确因工作需要不能参加脱产、半脱产学习的，应当完成规定的学分。学时、学分及其折算办法按照省人民政府人事行政主管部门的规定执行，国务院行政主管部门另有规定的，从其规定。

专业技术人员接受继续教育后，可以凭有关证书、证明文件，到所在单位办理继续教育证书登记。用人单位可以委托代理专业技术人员人事档案的人才交流机构办理继续教育学分考核和证书登记。用人单位或者人才交流机构应当加强管理，如实考核和登记。

继续教育证书中记载的专业技术人员接受继续教育的时间、内容、学分等基本情况，作为考核专业技术人员的重要内容和专业技术职务晋升、聘任的依据之一。

第十三条 高等院校和依法取得办学资格的科研院所、社会团体和其他教育培训机构可以发挥自身优势，面向社会开展相关专业的继续教育活动。

有关行政主管部门或者行业组织应当通过招标投标等竞争方式选择本系统、本行业的继续教育施教机构，并对其教学活动情况进行评估和监督。

第十四条 继续教育施教机构开展继续教育活动时，应当突出教学内容的针对性、实用性和先进性，选聘本专业以及相关专业领域内具有较高水平和丰富实践经验的专家担任教师，重视教材的编写和选用，加强教学管理，保证教学质量，并接受行政主管部门的指导和监督。

第十五条 开展继续教育活动需要收取相关费用的，应当按照国家和省有关规定报价格、财政行政主管部门核准或者备案。

禁止行政主管部门、行业组织和继续教育施教机构在继续教育活动中违反国家和省有关规定收取费用或者摊派财物。

第十六条 继续教育经费由国家、单位和个人共同承担。

各级人民政府应当积极筹措资金，统筹安排，保证继续教育管理工作的正常经费需要。

用人单位应当保证继续教育所需经费不低于国家规定的标准，其费用从职工教育经费中列支。开发新技术、研制新产品和进行课题研究的继续教育经费，在管理费用、项目资金中安排。

专业技术人员参加法律、法规规定的继续教育，其费用按照法律、法规的规定解决；专业技术人员参加所在单位安排的继续教育，其费用由所在单位负担；专业技术人员参加自主选择的继续教育，其费用按照所在单位的规定或者与所在单位的约定解决。

用人单位和专业技术人员可以根据国家有关规定，接受社会各界对继续教育事业的捐助。

第十七条 违反本条例规定，用人单位或者代理专业技术人员人事档案的人才交流机构，不登记或者不如实登记专业技术人员参加继续教育基本情况的，由有关行政主管部门责令限期改正。

第十八条 违反本条例规定，专业技术人员弄虚作假骗取继续教育证书登记的，由有关行政主管部门责令限期改正；专业技术人员由此取得的专业技术职务资格证书，由发证机关予以撤销；用人单位应当依法给予相应的处分。

第十九条 违反本条例规定，继续教育施教机构在开展继续教育活动中，因管理不当不能保证培训质量的，由有关行政主管部门责令限期改正，并予以警告；情节严重产生恶劣社会影响的，责令停止继续教育活动；违反规定收取费用的，由价格行政主管部门依法予以查处；给当事人造成经济损失的，应当依法予以赔偿。

行政主管部门、行业组织违反规定收取费用、摊派财物的，由价格、财政行政主管部门或者审计、监察机关依法予以查处；给当事人造成经济损失的，应当依法予以赔偿。

第二十条 继续教育经费实行专款专用，不得截留、侵占、挪用。

截留、侵占、挪用继续教育经费的，按照国家有关规定予以查处。

第二十一条 有关行政主管部门及其工作人员侵害用人单位或者专业技术人员继续教育合法权益的，由所在单位或者上级主管部门、监察机关对直接负责的主管人员和其他直接责任人员依法给予行政处分；给当事人造成经济损失的，应当依法承担赔偿责任。

第二十二条 用人单位和专业技术人员因继续教育活动产生争议的，双方可以协商解决；协商不成的，可以依法提起仲裁或者诉讼。

第二十三条 本条例自2005年10月1日起施行。1989年山东省人民政府发布的《山东省专业技术人员继续教育暂行规定》同时废止。

山东省人力资源和社会保障厅 省财政厅关于贯彻《专业技术人员继续教育规定》的实施意见

（2016年1月27日 鲁人社发〔2016〕10号）

各市人力资源社会保障局、财政局，省直各部门、单位，各高等院校，各行业协会、大企业，各高评委办事机构：

为贯彻落实《专业技术人员继续教育规定》（人力资源社会保障部令第25号）和人力资源社会保障部办公厅《关于贯彻实施〈专业技术人员继续教育规定〉的通知》（人社厅发〔2015〕151号）精神，加快推进我省专业技术人员继续教育（以下简称“继续教育”）改革发展，制定如下实施意见。

一、继续教育的工作原则、目标任务与管理体制

（一）工作原则。继续教育是专业技术人员优化知识结构、提高专业技术水平、增强创新创业能力的有效途径，是专业技术人才队伍建设的重要抓手，是建设学习型城市的重要内容，也是对人才资源的重要投资。开展继续教育，要有利于尊重和促进专业技术人员学习积极性、提升能力素质，有利于增强单位和个人在继续教育中的主体地位，有利于形成全社会“好学、尚学”的继续教育氛围。

（二）目标任务。以全员培训、终身学习为目标，通过优化资源配置、健全服务体系、完善体制机制，构建终身教育体系，使我省的继续教育工作走在全国前列。

（三）管理体制。继续教育工作实行统筹规划、分级负责、分类指导的管理体制。省人力资源社会保障厅负责对全省继续教育工作进行综合管理和统筹协调，制定继续教育政策，编制继续教育规划并组织实施。县级以上地方人力资源社会保障部门负责对本地区继续教育工作进行综合管理和组织实施。行业主管部门在各自职责范围内依法做好本行业继续教育的规划、管理和实施工作。

二、健全完善继续教育管理制度

（四）推进公需科目和专业科目建设。公需科目由人力资源社会保障部门、相关行业主管部门组织实施，以本地区、本部门、本行业专业技术人员应当普遍掌握的法律法规、理论政策、职业道德、技术信息及其他有利于提升综合素质的基本知识为主。

专业科目培训是继续教育的主要内容，要立足科技前沿，体现专业发展趋势，注重理论与实践相结合，主要由各行业主管部门组织，继续教育机构和用人单位具体实施。

人力资源社会保障部门和有关行业主管部门直接举办继续教育活动的，应当突出公益性，不得收取费用。

（五）进一步严格继续教育学时要求。专业技术人员参加继续教育的时间，每年累计应不少于90学时，其中，专业科目一般不少于总学时的三分之二。实行学分考核制度的地区、行业，学分换算成学时后，标准低于90学时的，应达到90学时。

（六）继续教育方式和学时的认定。在省里出台统一规定之前，行业主管部门、各市人力资源社会保障部门已有规定的，从其规定。没有规定的，暂按下列办法计算并登记：

1. 培训进修类，由人力资源社会保障部门、行业主管部门举办、批准，或经人力资源社会保障部门备案，包括各类脱产、半脱产继续教育培训、进修、研修、专题讲座、学术交流、出国学习、远程教育及其他相关继续教育实践活动，按实际学时登记，不超过8学时/天。

2. 自学类，包括专业技术人员个人自学、单位统一安排自学、自学考试、在职学历教育，由用人单位建立学习档案并确定具体学时，每年累计不超过 40 学时。用人单位未建立学习档案的不予登记。

3. 科研成果、论文著作等可折算学时。成果类，包括科研成果奖励、专利或用人单位认可的其他重要成果等。论文著作类，包括公开发表的学术、技术论文、学术会议交流论文、出版著作、译著等。每项（篇、本）计 10 学时，折算学时每年累计不超过 30 学时。

（七）健全继续教育登记、统计、绩效评价、监督检查等制度。用人单位要建立继续教育登记管理制度，对专业技术人员参加继续教育的种类、内容、时间和考试考核结果等情况进行核实和记录。各级人事代理机构，负责承办本级委托人事代理的继续教育的培训组织、考核、登记等有关事宜。各市人力资源社会保障部门要探索建立继续教育项目绩效评价和监督检查制度，推动继续教育工作健康发展。

三、依法保障专业技术人员参加继续教育的合法权益

（八）进一步落实专业技术人员应享有的权益。专业技术人员经用人单位同意，脱产或者半脱产参加继续教育活动的，用人单位应当按照国家、省有关规定或者与劳动者的约定，支付工资、福利等待遇。用人单位安排专业技术人员在工作时间以外参加继续教育活动的，双方应当约定费用分担方式和相关待遇。

（九）尊重和促进专业技术人员学习积极性。鼓励和支持专业技术人员参加包括“慕课”、微课等在内的多种形式继续教育。专业技术人员参加继续教育并通过考核，经用人单位认可后，各级人力资源社会保障部门应予认定。外来调入人员，对其之前接受继续教育的情况，当地人力资源社会保障部门要及时确认。

（十）依法规范继续教育主体的权利与义务。用人单位要建立健全本单位继续教育与使用、晋升相衔接的激励机制，把专业技术人员参加继续教育情况作为专业技术人员考核评价、岗位聘用的重要依据。专业技术人员参加继续教育情况是聘任专业技术职务或者申报评定上一级资格的重要条件。有关法律法规规定专业技术人员参加继续教育作为职业资格登记或者注册的必要条件的，从其规定。

用人单位违反国家、省有关规定，损害专业技术人员依法享受继续教育权利的，由人力资源保障行政部门或有关行业主管部门责令整改。

专业技术人员无正当理由不参加继续教育，不遵守有关学习纪律和管理制度，用人单位可视情节给予批评教育、不予报销或要求退还学习费用。

专业技术人员对侵害其接受继续教育权利而发生争议的，可按劳动人事争议仲裁有关规定处理。

四、充分发挥市场在继续教育资源配置中的决定性作用

（十一）加强企业、非公有制经济组织与新社会组织继续教育工作。企业是技术创新的主体。人力资源社会保障部门要针对一些企业特别是中小企业继续教育动力不足、资源匮乏、信息不畅等问题，加强指导扶持，积极提供政策、项目和信息等服务。加强对非公有制经济组织、新社会组织继续教育工作的指导、服务和监督，逐步建立适应非公有制经济组织自身特点的继续教育模式。政府实施的继续教育项目和掌握的继续教育公共资源，要面向社会各类经济组织、所有专业技术人员平等开放。

充分发挥企业技术研发中心、博士后科研工作站、创新实践基地等机构在企业继续教育方面的作用，使其成为培养企业高层次人才的基地。发挥行业主管部门、行业协会、工会、学术组织作用，帮助非公有制经济组织、新社会组织培养急需人才，促进继续教育工作协调发展。

（十二）加快开发继续教育市场。人力资源社会保障部门和有关行业主管部门委托继续教育机构举办继续教育活动的，要依法通过招标等方式选择，并与继续教育机构签订政府采购合同，明确双方责任、权利和义务。鼓励具备条件的高等院校、科研院所、行业协会、大型企业的培训机构、人力资源服务企业等各类教育培训机构面向专业技术人员提供继续教育服务。支持管理规范、服务优良的继续教育机构和企业做大做强，形成具有山东特色的继续教育品牌。

按照《中共山东省委 山东省人民政府关于深入实施创新驱动发展战略的意见》（鲁发〔2015〕13 号）精神，对符合离岗创业条件的高校和科研院所科研人员，3 年内保留人事关系，与在岗人员同等享有职称评聘、岗位等级晋升和社会保险等方面的权利。

（十三）大力推进继续教育基地建设。省人力资源社会保障厅遴选培训质量高、社会效益好、在继续教育方面具有引领和示范作用的继续教育机构，建设省级继续教育基地。县级以上地方人力资源社会保障部门和有关行业主管部门要结合实际，建设区域性、行业性继续教育基地。

五、深化继续教育改革，加强国际合作交流

（十四）深入实施专业技术人才知识更新工程。专业技术人才知识更新工程是专业技术人才培养和队伍建设中的龙头工程，以培养高层次、急需紧缺和骨干专业技术人才为重点，开展专项继续教育活动，并对重点领域、特殊区域和关键岗位的继续教育工作给予重点支持，推动建立多层次、多类别、多形式的培养培训格局，有效带动继续教育工作全面开展。各市人力资源社会保障部门要积极选派符合条件的专业技术人才参加国家、省专业技术人才知识更新工程项目培训，并推进实施本地区专业技术人才知识更新工程。

（十五）积极推进继续教育信息化建设。各市人力资源社会保障部门要建立以居民身份证号为基础的继续教育网上管理和培训系统，搭建继续教育公共信息综合服务平台，并建立健全继续教育统计制度，实现对继续教育人数、时间、内容、形式、经费投入、基地建设、师资等基本情况进行常规统计和随机统计。

（十六）进一步加强继续教育师资队伍建设。按照兼职为主、兼专结合的原则，加快培养建设一支德才兼备的继续教育师资队伍。鼓励各市通过继续教育形式与海内外高水平人才及团队建立长期稳定的合作关系，对于符合条件的高层次人才及团队，可按照引进高层次人才服务“绿色通道”的有关规定执行。引进后的高层次人才申报省有突出贡献的中青年专家等人才工程，之前在我省从事继续教育的业绩可算作工作实绩和长期贡献。

（十七）建立继续教育智库。各市人力资源社会保障部门要成立继续教育专家咨询委员会，负责继续教育专业科目、公需科目研究，并帮助制定本辖区继续教育发展战略和实施规划。县级以上人力资源社会保障部门可聘请有威望的高层次专家担任继续教育学监，为辖区内继续教育工作和学风建设提出意见建议。

（十八）探索建立继续教育“学分银行”。设立专业技术人员参加继续教育的“终身学习账户”，用于记录累积学时、学分。选取部分条件成熟的市先行试点，不断探索与终身学习能力建设相适应的人才评价体系，实现人才培养与人才评价的有效衔接。

（十九）探索建立继续教育导师制。允许个人以导师制、师徒制、个人工作室等方式，为每年不超过10名专业技术人员提供个性化继续教育，师生双方自愿签订合同，明确约定责任、权利、义务及费用等。继续教育导师应建立教学档案和管理制度，经各设区的市人力资源社会保障部门备案后，可进行继续教育登记。

（二十）鼓励县（市、区）加强对继续教育的探索。支持各县（市、区）围绕当地经济社会发展和产业转型升级出台有针对性的继续教育措施，不断加强县域继续教育。鼓励企业大学、社区学院参与继续教育。有条件的县（市、区）及开发区、创业园、人才改革实验区可多渠道筹措资金，设立继续教育基金，对专业技术人员参加继续教育给予资助。

（二十一）积极开展继续教育国际交流活动。加强国际继续教育交流，省人力资源社会保障厅每年根据出国培训计划，定期组织赴国（境）外开展继续教育合作交流，学习先进经验。鼓励各市学习借鉴发达国家（地区）在继续教育方面的经验和做法，支持人才改革试验区、自贸区、对外合作园区采用国际通行体系和标准加强继续教育工作。采取送出去与请进来相结合的方法，有目的、有计划地开展国际培训，切实增强培训的针对性和实效性。支持外资施教机构，依照我国法律和有关规定，为专业技术人员提供继续教育服务。积极引进和推介国外先进优质的继续教育资源，扩大继续教育对外开放水平，推进继续教育事业的国际化进程。

六、保障措施

（二十二）高度重视，加强领导，切实推进继续教育转型发展。做好继续教育工作，关系到我省创新创业能力的提升，具有重要的战略意义。各级人力资源社会保障部门要从大局出发，高度重视，切实履行好主管继续教育工作的职能，健全各项机制，充实工作力量，持续推进继续教育改革，进一步简政放权，减少政府对继续教育资源的直接配置，实现由继续教育学时（学分）的审核者，向终身学习账户的管理者转变；管理方式由单一计划式硬性要求，向能为促进学习提供全方位灵活服务转变，促进专业技术人员由“要我学”向“我要学”转变。省人力资源社会保障厅将加强对继续教育工作的统筹协调，完善内部机制，建立继续教育联席会议制度，推动制定配套政策并督促落实。

（二十三）进一步加大经费支持力度，建立稳定的长效投入机制。各级人力资源社会保障部门要主动加强与教育、财政部门的沟通协调，严格落实《山东省中长期教育改革和发展规划纲要（2011—2020 年）》和《关于进一步完善现代职业教育政策体系的意见》（鲁政发〔2015〕17号）有关要求，切实提高继续教育经费保障水平。

各级人力资源社会保障部门和各部门（单位）要将继续教育工作经费列入部门预算，用于继续教育公共信息综合服务平台、继续教育课程和教材体系、区域性和行业性继续教育基地建设和实施专业技术人才知识更新工程及继续教育重点专项计划等，推进继续教育事业发展。

企事业单位要依法履行开展职工教育培训和足额提取教育培训经费的责任。严格落实原人事部、教育部、科学技术部、财政部《关于加强专业技术人员继续教育工作的意见》（国人部发〔2007〕96号）等文件要求，一般企业按照职工工资总额的1.5%足额提取职工教育经费，从业人员技术素质要求高、培训任务重、经济效益较好的企业可按2.5%提取。对不按规定提取和使用职工教育经费并拒不改正的企业，由人力资源社会保障部门会同有关部门依法收取、管理企业应当承担的职工教育经费，按照“收支两条线”的规定，统筹用于本地区的继续教育。事业单位可参照企业相关规定，不断加大对继续教育经费的投入。要在重大项目中拿出一定份额的项目经费用于培训人才，使项目建设与人才培养同步发展，相互促进。

各市、各部门（单位）要认真贯彻落实《专业技术人员继续教育规定》，加强学习宣传和培训，结合全面深化改革和学习型城市建设，不断加大对继续教育事业的投入，提高继续教育质量，畅通继续教育、终身学习通道，并加强继续教育诚信体系建设，推动全社会形成终身学习的氛围，为实施创新驱动发展战略、全面建成小康社会贡献力量。

本规定自2016年4月1日起施行，有效期至2021年3月31日。

山东省人力资源和社会保障厅关于职称外语和计算机应用能力考试成绩登记继续教育学时有关问题的通知

（2016年8月15日　鲁人社字〔2016〕269号）

各市人力资源社会保障局，省直各部门（单位），各大企业，各高等院校：

为更好贯彻落实《中共中央印发〈关于深化人才发展体制机制改革的意见〉的通知》（中发〔2016〕9号）和《专业技术人员继续教育规定》（人力资源社会保障部令第25号）精神，促进专业技术人员加强学习提升素质，现就职称外语和计算机应用能力考试成绩登记继续教育学时有关问题通知如下：

一、外语、计算机是专业技术人员从事专业技术工作的重要工具之一。要鼓励引导专业技术人员根据专业技术和岗位需要，通过各种形式和手段，加强学习，不断提升外语、计算机能力水平，更好地适应科技、经济和社会发展需要。自2016年起，专业技术人员参加全国职称外语和计算机应用能力考试合格的，其成绩可作为当年度公需科目学习内容之一，登记继续教育学时。

二、职称外语考试成绩达到60分或全国通用标准的，一次性计算继续教育学时：A级计30学时，B级计20学时，C级计10学时。参加全国专业技术人员计算机应用能力考试，成绩合格的，每个考试模块一次性计5学时，累计不超过30学时。职称外语、计算机应用能力考试折算的继续教育学时，当年度有效。

三、进一步做好继续教育登记管理服务工作。用人单位要建立继续教育登记管理制度，对专业技术人员参加包括职称外语和计算机应用能力考试等在内继续教育的种类、内容、时间和结果情况进行核实和记录。各级人力资源社会保障部门要进一步完善监督检查机制，推进继续教育制度与工作考核、岗位聘用、职称评聘等人事管理制度的衔接，进一步强化继续教育对提升专业技术人员能力素质的主渠道作用，不断增强专业技术人才队伍的能力素质。

山东省人力资源和社会保障厅关于印发《山东省专业技术人员继续教育基地管理办法》的通知

（2016年9月29日　鲁人社发〔2016〕38号）

各市人力资源社会保障局，省直有关部门、单位，各高等院校，有关企业、行业协会、继续教育机构：

为促进我省专业技术人员继续教育事业发展，加强专业技术人员继续教育基地建设，根据《专业技术人员继续教育规定》（人力资源和社会保障部令第25号）和《山东省专业技术人才知识更新工程（2013—2020年）实施意见》（鲁人社发〔2013〕48号），现将《山东省专业技术人员继续教育基地管理办法》印发给你们，请结合实际，认真贯彻落实。

山东省专业技术人员继续教育基地管理办法

第一章　总　则

第一条　为保障专业技术人才知识更新工程实施，指导和规范继续教育载体建设，确保专业技术人员继续教育事业发展，根据国家、省有关规定和《山东省专业技术人才知识更新工程（2013—2020年）实施意见》，制定本办法。

第二条　山东省专业技术人员继续教育基地（以下简称“省级继续教育基地”）是经省人力资源社会保障厅认定，以对专业技术人员进行补充、更新知识，拓展知识结构，提高综合素质和创业创新能力为基本内容开展教育培训的机构，是培养培训高层次、急需紧缺和骨干专业技术人才的服务载体。

省级继续教育基地依托高等院校、科研院所和其它施教机构建设，不改变原有隶属关系，在继续教育业务上接受管理单位的指导，实行人、财、物相对独立的管理机制。

第三条 省级继续教育基地根据地区和行业发展需要，按照“优化布局、突出特色、资源共享、注重实效”的原则，实行分期分批建设。

第二章 基地职责

第四条 省级继续教育基地应遵守国家和省继续教育的有关规定，不断完善教育教学设施，提升培训能力，规范培训行为。

省级继续教育基地应认真执行财务管理规定，严格财务管理。

第五条 省级继续教育基地应及时完成分配的培训任务，保证培训质量。

第六条 省级继续教育基地开展继续教育活动应体现公益性，承担政府部门委托的继续教育公共服务项目，应向各类经济组织、社会组织和广大专业技术人员平等开放。

第三章 基地设立

第七条 省人力资源社会保障厅根据全省经济社会发展需要和继续教育工作发展规划，组织开展省级继续教育基地设立认定工作。

第八条 设立省级继续教育基地的单位应具有丰富的教育培训经验，在本地区、本行业具有一定影响，并具备以下基本条件：

（一）具有满足培训需要、相对稳定、密切联系科研生产一线的高素质专（兼）职师资队伍。专（兼）职师资应当具有较高理论水平、实践经验，在本专业领域具有较高影响力和公认度。

（二）有健全的继续教育管理机构及从事继续教育管理的专（兼）职人员。有健全的教学组织管理、学员考核管理、教学科研管理、培训登记管理、培训经费管理、后勤保障管理以及规范的培训效果评估、跟踪反馈等管理制度。

（三）能为省级继续教育基地基本建设和日常工作提供配套经费保障。具备与所承担的中高级专业技术人才培训任务相适应的固定教室、教学设备、专业图书资料及相应的硬件设施；专业性强的领域或继续教育科目，还应有能提供专业技术人员实训的场所或实训合作单位。

（四）具备现代化远程教育条件，具有满足大规模网络培训所需的教学设备和基础设施，建立网络化的培训和管理信息平台，实现网上培训和网络互动交流。

（五）围绕我省经济社会发展重点领域和现代服务业领域，每年培训不少于2000名专业技术人才。

第九条 省级继续教育基地设立、申报及认定。

（一）省级继续教育基地申报遵循自愿原则，一般每两年开展一次。

（二）在专业技术人员继续教育方面具有实践基础的高等院校、科研院所，各市（指设区的市，下同）、省直部门或行业教育培训机构，专业协会（学会）及大中型企业培训机构均可申报。优先从各市或省直部门、行业设立的区域性、行业性专业技术人员继续教育基地中遴选。

（三）具备条件的施教机构由市人力资源社会保障部门、行业主管部门或省直部门（单位）推荐，报省人力资源社会保障厅。

（四）省人力资源社会保障厅组织继续教育和相关领域专家

组成专家评审委员会，对申报材料进行审核、论证、考察和评审，并对通过评审的施教机构予以认定。

第十条 省级继续教育基地由省人力资源社会保障厅统一公布，并颁发“山东省专业技术人员继续教育基地”匾牌。

第四章 基地运行

第十一条 根据地区、部门和行业发展需要，省级继续教育基地主要承担相应区域、领域和行业高层次、急需紧缺和骨干专业技术人才的培养培训工作，承担继续教育师资培训任务。

第十二条 省级继续教育基地须聘请继续教育和相关行业领域的专家、学者组成评估小组，结合地区和行业发展要求，提出省级继续教育基地的培训规划、课程设置等，报管理单位同意后实施。

第十三条 省级继续教育基地应为专业技术人员提供优质高效的继续教育服务，特别应突出新理论、新知识、新技术、新方法的培训，不断提高专业技术人员的职业道德水平，不断增强专业技术人员的学习能力、科研能力和创新能力。

第十四条 省级继续教育基地提供继续教育服务的主要形式包括：承办专业技术人员继续教育重大专项工程项目；举办政府部门、行业协会、企事业单位委托的培训班、研修班或进修班；协助开展专业技术人员公需科目或专业科目的培训、考核和管理工作；开展继续教育理论研究，开发有针对性和实效性的培训项目与培训课程；举办继续教育交流服务活动等。

第十五条 鼓励省级继续教育基地充分利用自身资源优势，在保障政府人才培训任务的基础上，主动为社会上各类单位和专业技术人员提供业务培训、岗位进修、能力提升、职业资格继续教育等服务。

第十六条 省级继续教育基地应加强师资队伍建设，不断创新培训内容，改进培训方式方法，加强培训过程管理和质量监控，进一步提高培训的针对性和实效性。

第十七条 省级继续教育基地应积极探索产学研相结合的人才培养培训机制，与重点领域权威研究机构和领头企事业单位建立长期合作关系，及时引入最新科研成果、先进技术和业务工作经验，逐步形成专业品牌和培训特色。

第十八条 省级继续教育基地应积极推广网络培训、远程教育、电化教育等新的教学方式方法，积极开发在线学习平台，建设具有专业特色的网络学习中心，不断提高在线培训和开展现代化远程教育的能力。

第十九条 省级继续教育基地可采用走出去和请进来的方式，积极参与国内外继续教育交流，利用国内外的优质资源，不断提高继续教育的质量和效益。

第五章　管理监督

第二十条 省人力资源社会保障厅是省级继续教育基地的综合管理部门，负责省级继续教育基地的设立、调整和撤销，制定有关政策、制度和规划，组织省级继续教育基地交流，监督指导省级继续教育基地的运行管理。

第二十一条 各市人力资源社会保障部门、省直部门（单位）和企事业单位人事部门是所推荐省级继续教育基地的管理单位，负责省级继续教育基地的使用和管理，制定实施具有本地区、本部门和本行业特点的继续教育基地管理措施。

第二十二条 获准设立省级继续教育基地的高等院校、科研院所和其他施教机构是省级继续教育基地的建设单位，负责建立健全省级继续教育基地管理机构，配备专门人员，制定本基地的运行管理办法，承担本基地运行管理的具体工作。

第二十三条 省级继续教育基地实行年度任务计划审核备案制度。省级继续教育基地应根据培训需求制定年度任务计划，并于每年 11 月底前，将年度任务计划执行情况总结和下一年度任务计划报省级继续教育基地的管理单位同意后，于当年 12 月底前报省人力资源社会保障厅。

第二十四条 省级继续教育基地应按照管理单位审核同意的年度任务计划开展培训活动，培训结束后应认真做好培训情况的建档登记和效果评估工作。

第二十五条 未经省级继续教育基地的管理单位同意，省级继续教育基地及其建设单位不得以“山东省专业技术人员继续教育基地”的名义开展教育培训活动。

第二十六条 省级继续教育基地实行检查考核制度。省级继续教育基地的管理单位负责省级继续教育基地的检查考核，并制定具体办法。

检查考核的主要内容包括省级继续教育基地师资队伍建设情况、经费使用情况、设施配套情况、制度执行情况、继续教育任务完成情况、培训效果及后续跟踪情况等。

第二十七条 省人力资源社会保障厅会同省级继续教育基地的管理单位，在检查考核基础上对省级继续教育基地进行定期检查评估和不定期抽查。检查评估或抽查结果作为调整、撤销省级继续教育基地及下一阶段任务分配的重要依据。

对成绩突出、评估优秀的省级继续教育基地，将及时宣传推广经验做法，在培训资源配置、任务分配等方面给予一定倾斜。对不按本办法开展继续教育工作、不能完成继续教育任务或达不到教学管理要求的省级继续教育基地，责令限期整改。在规定时间内仍然达不到要求的，取消省级继续教育基地资格。

第二十八条 对违反《山东省专业技术人员继续教育条例》等法律法规，因管理不当不能保证培训质量，出现乱办班、乱收费、乱发证现象的省级继续教育基地，撤销省级继续教育基地资格，并依法追究其单位领导和当事人的责任。

第二十九条 对在申请过程中弄虚作假或被取消省级继续教育基地资格的施教机构，不再受理其认定申请。

第六章　保障措施

第三十条　各级人力资源社会保障部门和各部门（单位）应根据省人力资源社会保障厅、省财政厅《关于贯彻〈专业技术人员继续教育规定〉的实施意见》（鲁人社发〔2016〕10号）要求，将继续教育工作经费列入部门预算，用于推进区域性和行业性继续教育基地建设，支持其施教设施建设和施教能力提升。

省人力资源社会保障厅为继续教育基地建设提供政策和项目支持，支持省级继续教育基地承办继续教育项目和活动。

第三十一条　省人力资源社会保障厅会同各市、部门、行业组织开发教材、课件、网站等优质培训资源，无偿或以优惠价格提供给省级继续教育基地内部使用。

第三十二条　省人力资源社会保障厅支持各领域从事科研、生产、教学等方面工作的专家参与继续教育基地的人才培养培训工作。对表现突出或成效明显的专家，在其本人参加继续教育、评聘专业技术职务、省有突出贡献的中青年专家等人才工程人选选拔、参与专家休假等方面给予倾斜。

第三十三条　省级继续教育基地的管理单位应在政策扶持、项目支持、师资队伍建设、资源整合、培训宣传、经费保障等多方面为省级继续教育基地提供支持，帮助省级继续教育基地形成科学有效的专业技术人才培养培训体系。

第三十四条　专业技术人员在省级继续教育基地参加培训的情况，可记入《专业技术人员继续教育证书》或学习档案，作为考核专业技术人员的重要内容和专业技术职务晋升、聘任的依据之一。

第三十五条　省级继续教育基地为社会提供继续教育服务时，可按照有关规定适当收取培训费用，但不得擅自提高收费标准。收取的相关费用优先用于保障省级继续教育基地的建设和发展。

第三十六条 支持省级继续教育基地加强与企业、高校和科研院所的合作，建立产、学、研相结合的继续教育协作体系，促进继续教育成果转化，并根据需要组织开展经验交流和成果推广等活动。

第七章 附 则

第三十七条 省级继续教育基地机构名称、联系方式等重要信息发生变更，须及时报省人力资源社会保障厅。

第三十八条 省级继续教育基地的管理单位可结合实际，制定相应的省级继续教育基地管理具体办法。

第三十九条 本办法自 2016 年 11 月 1 日起施行，有效期至 2021 年 10 月 31 日。

四、职业能力建设

（一）技工院校管理

中华人民共和国职业教育法

（1996年5月15日第八届全国人民代表大会常务委员会第十九次会议通过）

第一章　总　则

第一条　为了实施科教兴国战略，发展职业教育，提高劳动者素质，促进社会主义现代化建设，根据教育法和劳动法，制定本法。

第二条　本法适用于各级各类职业学校教育和各种形式的职业培训。国家机关实施的对国家机关工作人员的专门培训由法律、行政法规另行规定。

第三条　职业教育是国家教育事业的重要组成部分，是促进经济、社会发展和劳动就业的重要途径。

国家发展职业教育，推进职业教育改革，提高职业教育质量，建立、健全适应社会主义市场经济和社会进步需要的职业教育制度。

第四条　实施职业教育必须贯彻国家教育方针，对受教育者进行思想政治教育和职业道德教育，传授职业知识，培养职业技能，进行职业指导，全面提高受教育者的素质。

第五条　公民有依法接受职业教育的权利。

第六条　各级人民政府应当将发展职业教育纳入国民经济和社会发展规划。

行业组织和企业、事业组织应当依法履行实施职业教育的义务。

第七条　国家采取措施，发展农村职业教育，扶持少数民族地区、边远贫困地区职业教育的发展。

国家采取措施，帮助妇女接受职业教育，组织失业人员接受各种形式的职业教育，扶持残疾人职业教育的发展。

第八条　实施职业教育应当根据实际需要，同国家制定的职业分类和职业等级标准相适应，实行学历证书、培训证书和职业资格证书制度。

国家实行劳动者在就业前或者上岗前接受必要的职业教育的制度。

第九条　国家鼓励并组织职业教育的科学研究。

第十条　国家对在职业教育中作出显著成绩的单位和个人给予奖励。

第十一条　国务院教育行政部门负责职业教育工作的统筹规划、综合协调、宏观管理。

国务院教育行政部门、劳动行政部门和其他有关部门在国务院规定的职责范围内，分别负责有关的职业教育工作。

县级以上地方各级人民政府应当加强对本行政区域内职业教育工作的领导、统筹协调和督导评估。

第二章　职业教育体系

第十二条　国家根据不同地区的经济发展水平和教育普及程度，实施以初中后为重点的不同阶段的教育分流，建立、健全职业学校教育与职业培训并举，并与其他教育相互沟通、协调发展的职业教育体系。

第十三条　职业学校教育分为初等、中等、高等职业学校教育。

初等、中等职业学校教育分别由初等、中等职业学校实施；高等职业学校教育根据需要和条件由高等职业学校实施，或者由普通高等学校实施。其他学校按照教育行政部门的统筹规划，可以实施同层次的职业学校教育。

第十四条 职业培训包括从业前培训、转业培训、学徒培训、在岗培训、转岗培训及其他职业性培训，可以根据实际情况分为初级、中级、高级职业培训。

职业培训分别由相应的职业培训机构、职业学校实施。

其他学校或者教育机构可以根据办学能力，开展面向社会的、多种形式的职业培训。

第十五条 残疾人职业教育除由残疾人教育机构实施外，各级各类职业学校和职业培训机构及其他教育机构应当按照国家有关规定接纳残疾学生。

第十六条 普通中学可以因地制宜地开设职业教育的课程，或者根据实际需要适当增加职业教育的教学内容。

第三章 职业教育的实施

第十七条 县级以上地方各级人民政府应当举办发挥骨干和示范作用的职业学校、职业培训机构，对农村、企业、事业组织、社会团体、其他社会组织及公民个人依法举办的职业学校和职业培训机构给予指导和扶持。

第十八条 县级人民政府应当适应农村经济、科学技术、教育统筹发展的需要，举办多种形式的职业教育，开展实用技术的培训，促进农村职业教育的发展。

第十九条 政府主管部门、行业组织应当举办或者联合举办职业学校、职业培训机构，组织、协调、指导本行业的企业、事业组织举办职业学校、职业培训机构。

国家鼓励运用现代化教学手段，发展职业教育。

第二十条 企业应当根据本单位的实际，有计划地对本单位的职工和准备录用的人员实施职业教育。

企业可以单独举办或者联合举办职业学校、职业培训机构，也可以委托学校、职业培训机构对本单位的职工和准备录用的人员实施职业教育。

从事技术工种的职工，上岗前必须经过培训；从事特种作业的职工必须经过培训，并取得特种作业资格。

第二十一条　国家鼓励事业组织、社会团体、其他社会组织及公民个人按照国家有关规定举办职业学校、职业培训机构。

境外的组织和个人在中国境内举办职业学校、职业培训机构的办法，由国务院规定。

第二十二条　联合举办职业学校、职业培训机构，举办者应当签订联合办学合同。

政府主管部门、行业组织、企业、事业组织委托学校、职业培训机构实施职业教育的，应当签订委托合同。

第二十三条　职业学校、职业培训机构实施职业教育应当实行产教结合，为本地区经济建设服务，与企业密切联系，培养实用人才和熟练劳动者。

职业学校、职业培训机构可以举办与职业教育有关的企业或者实习场所。

第二十四条　职业学校的设立，必须符合下列基本条件：

（一）有组织机构和章程；

（二）有合格的教师；

（三）有符合规定标准的教学场所、与职业教育相适应的设施、设备；

（四）有必备的办学资金和稳定的经费来源。

职业培训机构的设立，必须符合下列基本条件：

（一）有组织机构和管理制度；

（二）有与培训任务相适应的教师和管理人员；

（三）有与进行培训相适应的场所、设施、设备；

（四）有相应的经费。

职业学校和职业培训机构的设立、变更和终止，应当按照国家有关规定执行。

第二十五条 接受职业学校教育的学生，经学校考核合格，按照国家有关规定，发给学历证书。接受职业培训的学生，经培训的职业学校或者职业培训机构考核合格，按照国家有关规定，发给培训证书。

学历证书、培训证书按照国家有关规定，作为职业学校、职业培训机构的毕业生、结业生从业的凭证。

第四章 职业教育的保障条件

第二十六条 国家鼓励通过多种渠道依法筹集发展职业教育的资金。

第二十七条 省、自治区、直辖市人民政府应当制定本地区职业学校学生人数平均经费标准；国务院有关部门应当会同国务院财政部门制定本部门职业学校学生人数平均经费标准。职业学校举办者应当按照学生人数平均经费标准足额拨付职业教育经费。

各级人民政府、国务院有关部门用于举办职业学校和职业培训机构的财政性经费应当逐步增长。

任何组织和个人不得挪用、克扣职业教育的经费。

第二十八条 企业应当承担对本单位的职工和准备录用的人员进行职业教育的费用，具体办法由国务院有关部门会同国务院财政部门或者由省、自治区、直辖市人民政府依法规定。

第二十九条 企业未按本法第二十条的规定实施职业教育的，县级以上地方人民政府应当责令改正；拒不改正的，可以收取企业应当承担的职业教育经费，用于本地区的职业教育。

第三十条 省、自治区、直辖市人民政府按照教育法的有关规定决定开征的用于教育的地方附加费，可以专项或者安排一定比例用于职业教育。

第三十一条 各级人民政府可以将农村科学技术开发、技术推广的经费，适当用于农村职业培训。

第三十二条　职业学校、职业培训机构可以对接受中等、高等职业学校教育和职业培训的学生适当收取学费，对经济困难的学生和残疾学生应当酌情减免。收费办法由省、自治区、直辖市人民政府规定。

国家支持企业、事业组织、社会团体、其他社会组织及公民个人按照国家有关规定设立职业教育奖学金、贷学金，奖励学习成绩优秀的学生或者资助经济困难的学生。

第三十三条　职业学校、职业培训机构举办企业和从事社会服务的收入应当主要用于发展职业教育。

第三十四条　国家鼓励金融机构运用信贷手段，扶持发展职业教育。

第三十五条　国家鼓励企业、事业组织、社会团体、其他社会组织及公民个人对职业教育捐资助学，鼓励境外的组织和个人对职业教育提供资助和捐赠。提供的资助和捐赠，必须用于职业教育。

第三十六条　县级以上各级人民政府和有关部门应当将职业教育教师的培养和培训工作纳入教师队伍建设规划，保证职业教育教师队伍适应职业教育发展的需要。

职业学校和职业培训机构可以聘请专业技术人员、有特殊技能的人员和其他教育机构的教师担任兼职教师。有关部门和单位应当提供方便。

第三十七条　国务院有关部门、县级以上地方各级人民政府以及举办职业学校、职业培训机构的组织、公民个人，应当加强职业教育生产实习基地的建设。

企业、事业组织应当接纳职业学校和职业培训机构的学生和教师实习；对上岗实习的，应当给予适当的劳动报酬。

第三十八条　县级以上各级人民政府和有关部门应当建立、健全职业教育服务体系，加强职业教育教材的编辑、出版和发行工作。

第五章 附 则

第三十九条 在职业教育活动中违反教育法规定的，应当依照教育法的有关规定给予处罚。

第四十条 本法自 1996 年 9 月 1 日起施行。

中华人民共和国民办教育促进法

（2002年12月28日第九届全国人民代表大会常务委员会第三十一次会议通过，根据2013年6月29日第十二届全国人民代表大会常务委员会第三次会议《关于修改〈中华人民共和国文物保护法〉等十二部法律的决定》第一次修正，根据2016年11月7日第十二届全国人民代表大会常务委员会第二十四次会议《关于修改〈中华人民共和国民办教育促进法〉的决定》第二次修正）

第一章　总　则

第一条　为实施科教兴国战略，促进民办教育事业的健康发展，维护民办学校和受教育者的合法权益，根据宪法和教育法制定本法。

第二条　国家机构以外的社会组织或者个人，利用非国家财政性经费，面向社会举办学校及其他教育机构的活动，适用本法。本法未作规定的，依照教育法和其他有关教育法律执行。

第三条　民办教育事业属于公益性事业，是社会主义教育事业的组成部分。

国家对民办教育实行积极鼓励、大力支持、正确引导、依法管理的方针。

各级人民政府应当将民办教育事业纳入国民经济和社会发展规划。

第四条　民办学校应当遵守法律、法规，贯彻国家的教育方针，保证教育质量，致力于培养社会主义建设事业的各类人才。

民办学校应当贯彻教育与宗教相分离的原则。任何组织和个人不得利用宗教进行妨碍国家教育制度的活动。

第五条 民办学校与公办学校具有同等的法律地位，国家保障民办学校的办学自主权。

国家保障民办学校举办者、校长、教职工和受教育者的合法权益。

第六条 国家鼓励捐资办学。

国家对为发展民办教育事业做出突出贡献的组织和个人，给予奖励和表彰。

第七条 国务院教育行政部门负责全国民办教育工作的统筹规划、综合协调和宏观管理。

国务院人力资源社会保障行政部门及其他有关部门在国务院规定的职责范围内分别负责有关的民办教育工作。

第八条 县级以上地方各级人民政府教育行政部门主管本行政区域内的民办教育工作。

县级以上地方各级人民政府人力资源社会保障行政部门及其他有关部门在各自的职责范围内，分别负责有关的民办教育工作。

第九条 民办学校中的中国共产党基层组织，按照中国共产党章程的规定开展党的活动，加强党的建设。

第二章 设 立

第十条 举办民办学校的社会组织，应当具有法人资格。

举办民办学校的个人，应当具有政治权利和完全民事行为能力。

民办学校应当具备法人条件。

第十一条 设立民办学校应当符合当地教育发展的需求，具备教育法和其他有关法律、法规规定的条件。

民办学校的设置标准参照同级同类公办学校的设置标准执行。

第十二条 举办实施学历教育、学前教育、自学考试助学及其他文化教育的民办学校，由县级以上人民政府教育行政部门按照国家规定的权限审批；举办实施以职业技能为主的职业资格培训、职业技能培训的民办学校，由县级以上人民政府人力资源社会保障行政部门按照国家规定的权限审批，并抄送同级教育行政部门备案。

第十三条 申请筹设民办学校，举办者应当向审批机关提交下列材料：

（一）申办报告，内容应当主要包括：举办者、培养目标、办学规模、办学层次、办学形式、办学条件、内部管理体制、经费筹措与管理使用等；

（二）举办者的姓名、住址或者名称、地址；

（三）资产来源、资金数额及有效证明文件，并载明产权；

（四）属捐赠性质的校产须提交捐赠协议，载明捐赠人的姓名、所捐资产的数额、用途和管理方法及相关有效证明文件。

第十四条 审批机关应当自受理筹设民办学校的申请之日起三十日内以书面形式作出是否同意的决定。

同意筹设的，发给筹设批准书。不同意筹设的，应当说明理由。

筹设期不得超过三年。超过三年的，举办者应当重新申报。

第十五条 申请正式设立民办学校的，举办者应当向审批机关提交下列材料：

（一）筹设批准书；

（二）筹设情况报告；

（三）学校章程、首届学校理事会、董事会或者其他决策机构组成人员名单；

（四）学校资产的有效证明文件；

（五）校长、教师、财会人员的资格证明文件。

第十六条 具备办学条件，达到设置标准的可以直接申请正式设立，并应当提交本法第十二条和第十四条（三）、（四）、（五）项规定的材料。

第十七条 申请正式设立民办学校的，审批机关应当自受理之日起三个月内以书面形式作出是否批准的决定，并送达申请人；其中申请正式设立民办高等学校的，审批机关也可以自受理之日起六个月内以书面形式作出是否批准的决定，并送达申请人。

第十八条 审批机关对批准正式设立的民办学校发给办学许可证。

审批机关对不批准正式设立的，应当说明理由。

第十九条 民办学校的举办者可以自主选择设立非营利性或者营利性民办学校。但是，不得设立实施义务教育的营利性民办学校。

非营利性民办学校的举办者不得取得办学收益，学校的办学结余全部用于办学。

营利性民办学校的举办者可以取得办学收益，学校的办学结余依照公司法等有关法律、行政法规的规定处理。

民办学校取得办学许可证后，进行法人登记，登记机关应当依法予以办理。

第三章 学校的组织与活动

第二十条 民办学校应当设立学校理事会、董事会或者其他形式的决策机构并建立相应的监督机制。

民办学校的举办者根据学校章程规定的权限和程序参与学校的办学和管理。

第二十一条 学校理事会或者董事会由举办者或者其代表、校长、教职工代表等人员组成。其中三分之一以上的理事或者董事应当具有五年以上教育教学经验。

学校理事会或者董事会由五人以上组成，设理事长或者董事长一人。理事长、理事或者董事长、董事名单报审批机关备案。

第二十二条 学校理事会或者董事会行使下列职权：

（一）聘任和解聘校长；

（二）修改学校章程和制定学校的规章制度；

（三）制定发展规划，批准年度工作计划；

（四）筹集办学经费，审核预算、决算；

（五）决定教职工的编制定额和工资标准；

（六）决定学校的分立、合并、终止；

（七）决定其他重大事项。

其他形式决策机构的职权参照本条规定执行。

第二十三条 民办学校的法定代表人由理事长、董事长或者校长担任。

第二十四条 民办学校参照同级同类公办学校校长任职的条件聘任校长，年龄可以适当放宽。

第二十五条 民办学校校长负责学校的教育教学和行政管理工作，行使下列职权：

（一）执行学校理事会、董事会或者其他形式决策机构的决定；

（二）实施发展规划，拟订年度工作计划、财务预算和学校规章制度；

（三）聘任和解聘学校工作人员，实施奖惩；

（四）组织教育教学、科学研究活动，保证教育教学质量；

（五）负责学校日常管理工作；

（六）学校理事会、董事会或者其他形式决策机构的其他授权。

第二十六条 民办学校对招收的学生，根据其类别、修业年限、学业成绩，可以根据国家有关规定发给学历证书、结业证书或者培训合格证书。

对接受职业技能培训的学生，经政府批准的职业技能鉴定机构鉴定合格的，可以发给国家职业资格证书。

第二十七条　民办学校依法通过以教师为主体的教职工代表大会等形式，保障教职工参与民主管理和监督。

民办学校的教师和其他工作人员，有权依照工会法，建立工会组织，维护其合法权益。

第四章　教师与受教育者

第二十八条　民办学校的教师、受教育者与公办学校的教师、受教育者具有同等的法律地位。

第二十九条　民办学校聘任的教师，应当具有国家规定的任教资格。

第三十条　民办学校应当对教师进行思想品德教育和业务培训。

第三十一条　民办学校应当依法保障教职工的工资、福利待遇和其他合法权益，并为教职工缴纳社会保险费。

国家鼓励民办学校按照国家规定为教职工办理补充养老保险。

第三十二条　民办学校教职工在业务培训、职务聘任、教龄和工龄计算、表彰奖励、社会活动等方面依法享有与公办学校教职工同等权利。

第三十三条　民办学校依法保障受教育者的合法权益。

民办学校按照国家规定建立学籍管理制度，对受教育者实施奖励或者处分。

第三十四条　民办学校的受教育者在升学、就业、社会优待以及参加先进评选等方面享有与同级同类公办学校的受教育者同等权利。

第五章　学校资产与财务管理

第三十五条　民办学校应当依法建立财务、会计制度和资产管理制度，并按照国家有关规定设置会计账簿。

第三十六条 民办学校对举办者投入民办学校的资产、国有资产、受赠的财产以及办学积累，享有法人财产权。

第三十七条 民办学校存续期间，所有资产由民办学校依法管理和使用，任何组织和个人不得侵占。

任何组织和个人都不得违反法律、法规向民办教育机构收取任何费用。

第三十八条 民办学校收取费用的项目和标准根据办学成本、市场需求等因素确定，向社会公示，并接受有关主管部门的监督。

非营利性民办学校收费的具体办法，由省、自治区、直辖市人民政府制定；营利性民办学校的收费标准，实行市场调节，由学校自主决定。

民办学校收取的费用应当主要用于教育教学活动、改善办学条件和保障教职工待遇。

第三十九条 民办学校资产的使用和财务管理受审批机关和其他有关部门的监督。

民办学校应当在每个会计年度结束时制作财务会计报告，委托会计师事务所依法进行审计，并公布审计结果。

第六章 管理与监督

第四十条 教育行政部门及有关部门应当对民办学校的教育教学工作、教师培训工作进行指导。

第四十一条 教育行政部门及有关部门依法对民办学校实行督导，建立民办学校信息公示和信用档案制度，促进提高办学质量；组织或者委托社会中介组织评估办学水平和教育质量，并将评估结果向社会公布。

第四十二条 民办学校的招生简章和广告，应当报审批机关备案。

第四十三条 民办学校侵犯受教育者的合法权益，受教育者及其亲属有权向教育行政部门和其他有关部门申诉，有关部门应当及时予以处理。

第四十四条 国家支持和鼓励社会中介组织为民办学校提供服务。

第七章 扶持与奖励

第四十五条 县级以上各级人民政府可以设立专项资金，用于资助民办学校的发展，奖励和表彰有突出贡献的集体和个人。

第四十六条 县级以上各级人民政府可以采取购买服务、助学贷款、奖助学金和出租、转让闲置的国有资产等措施对民办学校予以扶持，对非营利性民办学校还可以采取政府补贴、基金奖励、捐资激励等扶持措施。

第四十七条 民办学校享受国家规定的税收优惠政策，其中非营利性民办学校享受与公办学校同等的税收优惠政策。

第四十八条 民办学校依照国家有关法律、法规，可以接受公民、法人或者其他组织的捐赠。

国家对向民办学校捐赠财产的公民、法人或者其他组织按照有关规定给予税收优惠，并予以表彰。

第四十九条 国家鼓励金融机构运用信贷手段，支持民办教育事业的发展。

第五十条 人民政府委托民办学校承担义务教育任务，应当按照委托协议拨付相应的教育经费。

第五十一条 新建、扩建非营利性民办学校，人民政府应当按照与公办学校同等原则，以划拨等方式给予用地优惠。新建、扩建营利性民办学校，人民政府应当按照国家规定供给土地。

教育用地不得用于其他用途。

第五十二条 国家采取措施，支持和鼓励社会组织和个人到少数民族地区、边远贫困地区举办民办学校，发展教育事业。

第八章　变更与终止

第五十三条　民办学校的分立、合并，在进行财务清算后，由学校理事会或者董事会报审批机关批准。

申请分立、合并民办学校的，审批机关应当自受理之日起三个月内以书面形式答复；其中申请分立、合并民办高等学校的，审批机关也可以自受理之日起六个月内以书面形式答复。

第五十四条　民办学校举办者的变更，须由举办者提出，在进行财务清算后，经学校理事会或者董事会同意，报审批机关核准。

第五十五条　民办学校名称、层次、类别的变更，由学校理事会或者董事会报审批机关批准。

申请变更为其他民办学校，审批机关应当自受理之日起三个月内以书面形式答复；其中申请变更为民办高等学校的，审批机关也可以自受理之日起六个月内以书面形式答复。

第五十六条　民办学校有下列情形之一的，应当终止：

（一）根据学校章程规定要求终止，并经审批机关批准的；

（二）被吊销办学许可证的；

（三）因资不抵债无法继续办学的。

第五十七条　民办学校终止时，应当妥善安置在校学生。实施义务教育的民办学校终止时，审批机关应当协助学校安排学生继续就学。

第五十八条　民办学校终止时，应当依法进行财务清算。

民办学校自己要求终止的，由民办学校组织清算；被审批机关依法撤销的，由审批机关组织清算；因资不抵债无法继续办学而被终止的，由人民法院组织清算。

第五十九条　对民办学校的财产按照下列顺序清偿：

（一）应退受教育者学费、杂费和其他费用；

（二）应发教职工的工资及应缴纳的社会保险费用；

（三）偿还其他债务。

非营利性民办学校清偿上述债务后的剩余财产继续用于其他非营利性学校办学；营利性民办学校清偿上述债务后的剩余财产，依照公司法的有关规定处理。

第六十条 终止的民办学校，由审批机关收回办学许可证和销毁印章，并注销登记。

第九章 法律责任

第六十一条 民办学校在教育活动中违反教育法、教师法规定的，依照教育法、教师法的有关规定给予处罚。

第六十二条 民办学校有下列行为之一的，由县级以上人民政府教育行政部门、人力资源社会保障行政部门或者其他有关部门责令限期改正，并予以警告；有违法所得的，退还所收费用后没收违法所得；情节严重的，责令停止招生、吊销办学许可证；构成犯罪的，依法追究刑事责任：

（一）擅自分立、合并民办学校的；

（二）擅自改变民办学校名称、层次、类别和举办者的；

（三）发布虚假招生简章或者广告，骗取钱财的；

（四）非法颁发或者伪造学历证书、结业证书、培训证书、职业资格证书的；

（五）管理混乱严重影响教育教学，产生恶劣社会影响的；

（六）提交虚假证明文件或者采取其他欺诈手段隐瞒重要事实骗取办学许可证的；

（七）伪造、变造、买卖、出租、出借办学许可证的；

（八）恶意终止办学、抽逃资金或者挪用办学经费的。

第六十三条 县级以上人民政府教育行政部门、人力资源社会保障行政部门或者其他有关部门有下列行为之一的，由上级机关责令其改正；情节严重的，对直接负责的主管人员和其他直接责任人员，依法给予处分；造成经济损失的，依法承担赔偿责任；构成犯罪的，依法追究刑事责任：

（一）已受理设立申请，逾期不予答复的；

（二）批准不符合本法规定条件申请的；

（三）疏于管理，造成严重后果的；

（四）违反国家有关规定收取费用的；

（五）侵犯民办学校合法权益的；

（六）其他滥用职权、徇私舞弊的。

第六十四条 违反国家有关规定擅自举办民办学校的，由所在地县级以上地方人民政府教育行政部门或者人力资源社会保障行政部门会同同级公安、民政或者工商行政管理等有关部门责令停止办学、退还所收费用，并对举办者处违法所得一倍以上五倍以下罚款；构成违反治安管理行为的，由公安机关依法给予治安管理处罚；构成犯罪的，依法追究刑事责任。

第十章　附　则

第六十五条 本法所称的民办学校包括依法举办的其他民办教育机构。

本法所称的校长包括其他民办教育机构的主要行政负责人。

第六十七条 境外的组织和个人在中国境内合作办学的办法，由国务院规定。

第六十八条 本法自2003年9月1日起施行。1997年7月31日国务院颁布的《社会力量办学条例》同时废止。

中华人民共和国中外合作办学条例

（2003 年 3 月 1 日　国务院令第 372 号）

第一章　总　则

第一条　为了规范中外合作办学活动，加强教育对外交流与合作，促进教育事业的发展，根据《中华人民共和国教育法》《中华人民共和国职业教育法》和《中华人民共和国民办教育促进法》，制定本条例。

第二条　外国教育机构同中国教育机构（以下简称中外合作办学者）在中国境内合作举办以中国公民为主要招生对象的教育机构（以下简称中外合作办学机构）的活动，适用本条例。

第三条　中外合作办学属于公益性事业，是中国教育事业的组成部分。

国家对中外合作办学实行扩大开放、规范办学、依法管理、促进发展的方针。

国家鼓励引进外国优质教育资源的中外合作办学。

国家鼓励在高等教育、职业教育领域开展中外合作办学，鼓励中国高等教育机构与外国知名的高等教育机构合作办学。

第四条　中外合作办学者、中外合作办学机构的合法权益，受中国法律保护。

中外合作办学机构依法享受国家规定的优惠政策，依法自主开展教育教学活动。

第五条　中外合作办学必须遵守中国法律，贯彻中国的教育方针，符合中国的公共道德，不得损害中国的国家主权、安全和社会公共利益。

中外合作办学应当符合中国教育事业发展的需要，保证教育教学质量，致力于培养中国社会主义建设事业的各类人才。

第六条 中外合作办学者可以合作举办各级各类教育机构。但是，不得举办实施义务教育和实施军事、警察、政治等特殊性质教育的机构。

第七条 外国宗教组织、宗教机构、宗教院校和宗教教职人员不得在中国境内从事合作办学活动。

中外合作办学机构不得进行宗教教育和开展宗教活动。

第八条 国务院教育行政部门负责全国中外合作办学工作的统筹规划、综合协调和宏观管理。国务院教育行政部门、劳动行政部门和其他有关行政部门在国务院规定的职责范围内负责有关的中外合作办学工作。

省、自治区、直辖市人民政府教育行政部门负责本行政区域内中外合作办学工作的统筹规划、综合协调和宏观管理。省、自治区、直辖市人民政府教育行政部门、劳动行政部门和其他有关行政部门在其职责范围内负责本行政区域内有关的中外合作办学工作。

第二章　设　立

第九条 申请设立中外合作办学机构的教育机构应当具有法人资格。

第十条 中外合作办学者可以用资金、实物、土地使用权、知识产权以及其他财产作为办学投入。

中外合作办学者的知识产权投入不得超过各自投入的1/3。但是，接受国务院教育行政部门、劳动行政部门或者省、自治区、直辖市人民政府邀请前来中国合作办学的外国教育机构的知识产权投入可以超过其投入的1/3。

第十一条 中外合作办学机构应当具备《中华人民共和国教育法》、《中华人民共和国职业教育法》、《中华人民共和国高等教育法》等法律和有关行政法规规定的基本条件，并具有法人资格。但是，外国教育机构同中国实施学历教育的高等学校设立的实施高等教育的中外合作办学机构，可以不具有法人资格。

设立中外合作办学机构，参照国家举办的同级同类教育机构的设置标准执行。

第十二条 申请设立实施本科以上高等学历教育的中外合作办学机构，由国务院教育行政部门审批；申请设立实施高等专科教育和非学历高等教育的中外合作办学机构，由拟设立机构所在地的省、自治区、直辖市人民政府审批。

申请设立实施中等学历教育和自学考试助学、文化补习、学前教育等的中外合作办学机构，由拟设立机构所在地的省、自治区、直辖市人民政府教育行政部门审批。

申请设立实施职业技能培训的中外合作办学机构，由拟设立机构所在地的省、自治区、直辖市人民政府劳动行政部门审批。

第十三条 设立中外合作办学机构，分为筹备设立和正式设立两个步骤。但是，具备办学条件，达到设置标准的，可以直接申请正式设立。

第十四条 申请筹备设立中外合作办学机构，应当提交下列文件：

（一）申办报告，内容应当主要包括：中外合作办学者、拟设立中外合作办学机构的名称、培养目标、办学规模、办学层次、办学形式、办学条件、内部管理体制、经费筹措与管理使用等；

（二）合作协议，内容应当包括：合作期限、争议解决办法等；

（三）资产来源、资金数额及有效证明文件，并载明产权；

（四）属捐赠性质的校产须提交捐赠协议，载明捐赠人的姓名、所捐资产的数额、用途和管理办法及相关有效证明文件；

（五）不低于中外合作办学者资金投入15%的启动资金到位

证明。

第十五条 申请筹备设立中外合作办学机构的，审批机关应当自受理申请之日起 45 个工作日内作出是否批准的决定。批准的，发给筹备设立批准书；不批准的，应当书面说明理由。

第十六条 经批准筹备设立中外合作办学机构的，应当自批准之日起 3 年内提出正式设立申请；超过 3 年的，中外合作办学者应当重新申报。

筹备设立期内，不得招生。

第十七条 完成筹备设立申请正式设立的，应当提交下列文件：

（一）正式设立申请书；

（二）筹备设立批准书；

（三）筹备设立情况报告；

（四）中外合作办学机构的章程，首届理事会、董事会或者联合管理委员会组成人员名单；

（五）中外合作办学机构资产的有效证明文件；

（六）校长或者主要行政负责人、教师、财会人员的资格证明文件。

直接申请正式设立中外合作办学机构的，应当提交前款第（一）项、第（四）项、第（五）项、第（六）项和第十四条第（二）项、第（三）项、第（四）项所列文件。

第十八条 申请正式设立实施非学历教育的中外合作办学机构的，审批机关应当自受理申请之日起 3 个月内作出是否批准的决定；申请正式设立实施学历教育的中外合作办学机构的，审批机关应当自受理申请之日起 6 个月内作出是否批准的决定。批准的，颁发统一格式、统一编号的中外合作办学许可证；不批准的，应当书面说明理由。

中外合作办学许可证由国务院教育行政部门制定式样，由国务院教育行政部门和劳动行政部门按照职责分工分别组织印制；

中外合作办学许可证由国务院教育行政部门统一编号，具体办法由国务院教育行政部门会同劳动行政部门确定。

第十九条 申请正式设立实施学历教育的中外合作办学机构的，审批机关受理申请后，应当组织专家委员会评议，由专家委员会提出咨询意见。

第二十条 中外合作办学机构取得中外合作办学许可证后，应当依照有关的法律、行政法规进行登记，登记机关应当依照有关规定及时予以办理。

第三章 组织与管理

第二十一条 具有法人资格的中外合作办学机构应当设立理事会或者董事会，不具有法人资格的中外合作办学机构应当设立联合管理委员会。理事会、董事会或者联合管理委员会的中方组成人员不得少于1/2。

理事会、董事会或者联合管理委员会由5人以上组成，设理事长、副理事长、董事长、副董事长或者主任、副主任各1人。中外合作办学者一方担任理事长、董事长或者主任的，由另一方担任副理事长、副董事长或者副主任。

法人资格的中外合作办学机构的法定代表人，由中外合作办学者协商，在理事长、董事长或者校长中确定。

第二十二条 中外合作办学机构的理事会、董事会或者联合管理委员会由中外合作办学者的代表、校长或者主要行政负责人、教职工代表等组成，其中1/3以上组成人员应当具有5年以上教育、教学经验。

合作办学机构的理事会、董事会或者联合管理委员会组成人员名单应当报审批机关备案。

第二十三条 中外合作办学机构的理事会、董事会或者联合管理委员会行使下列职权：

（一）改选或者补选理事会、董事会或者联合管理委员会组成人员；

（二）聘任、解聘校长或者主要行政负责人；

（三）修改章程，制定规章制度；

（四）制定发展规划，批准年度工作计划；

（五）筹集办学经费，审核预算、决算；

（六）决定教职工的编制定额和工资标准；

（七）决定中外合作办学机构的分立、合并、终止；

（八）章程规定的其他职权。

第二十四条 中外合作办学机构的理事会、董事会或者联合管理委员会每年至少召开一次会议。经1/3上组成人员提议，可以召开理事会、董事会或者联合管理委员会临时会议。

中外合作办学机构的理事会、董事会或者联合管理委员会讨论下列重大事项，应当经2/3上组成人员同意方可通过：

（一）聘任、解聘校长或者主要行政负责人；

（二）修改章程；

（三）制定发展规划；

（四）决定中外合作办学机构的分立、合并、终止；

（五）章程规定的其他重大事项。

第二十五条 中外合作办学机构的校长或者主要行政负责人，应当具有中华人民共和国国籍，在中国境内定居，热爱祖国，品行良好，具有教育、教学经验，并具备相应的专业水平。

中外合作办学机构聘任的校长或者主要行政负责人，应当经审批机关核准。

第二十六条 中外合作办学机构的校长或者主要行政负责人行使下列职权：

（一）执行理事会、董事会或者联合管理委员会的决定；

（二）实施发展规划，拟订年度工作计划、财务预算和规章制度；

（三）聘任和解聘工作人员，实施奖惩；

（四）组织教育教学、科学研究活动，保证教育教学质量；

（五）负责日常管理工作；

（六）章程规定的其他职权。

第二十七条 中外合作办学机构依法对教师、学生进行管理。

中外合作办学机构聘任的外籍教师和外籍管理人员，应当具备学士以上学位和相应的职业证书，并具有2年以上教育、教学经验。

外方合作办学者应当从本教育机构中选派一定数量的教师到中外合作办学机构任教。

第二十八条 中外合作办学机构应当依法维护教师、学生的合法权益，保障教职工的工资、福利待遇，并为教职工缴纳社会保险费。

中外合作办学机构的教职工依法建立工会等组织，并通过教职工代表大会等形式，参与中外合作办学机构的民主管理。

第二十九条 中外合作办学机构的外籍人员应当遵守外国人在中国就业的有关规定。

第四章 教育教学

第三十条 中外合作办学机构应当按照中国对同级同类教育机构的要求开设关于宪法、法律、公民道德、国情等内容的课程。

国家鼓励中外合作办学机构引进国内急需、在国际上具有先进性的课程和教材。

合作办学机构应当将所开设的课程和引进的教材报审批机关备案。

第三十一条 中外合作办学机构根据需要，可以使用外国语言文学教学，但应当以普通话和规范汉字为基本教学语言文字。

第三十二条 实施高等学历教育的中外合作办学机构招收学

生，纳入国家高等学校招生计划。实施其他学历教育的中外合作办学机构招收学生，按照省、自治区、直辖市人民政府教育行政部门的规定执行。

合作办学机构招收境外学生，按照国家有关规定执行。

第三十三条 中外合作办学机构的招生简章和广告应当报审批机关备案。

合作办学机构应当将办学类型和层次、专业设置、课程内容和招生规模等有关情况，定期向社会公布。

第三十四条 中外合作办学机构实施学历教育的，按照国家有关规定颁发学历证书或者其他学业证书；实施非学历教育的，按照国家有关规定颁发培训证书或者结业证书。对于接受职业技能培训的学生，经政府批准的职业技能鉴定机构鉴定合格的，可以按照国家有关规定颁发相应的国家职业资格证书。

中外合作办学机构实施高等学历教育的，可以按照国家有关规定颁发中国相应的学位证书。

合作办学机构颁发的外国教育机构的学历、学位证书，应当与该教育机构在其所属国颁发的学历、学位证书相同，并在该国获得承认。

对中外合作办学机构颁发的外国教育机构的学历、学位证书的承认，依照中华人民共和国缔结或者加入的国际条约办理，或者按照国家有关规定办理。

第三十五条 国务院教育行政部门或者省、自治区、直辖市人民政府教育行政部门及劳动行政部门等其他有关行政部门应当加强对中外合作办学机构的日常监督，组织或者委托社会中介组织对中外合作办学机构的办学水平和教育质量进行评估，并将评估结果向社会公布。

第五章 资产与财务

第三十六条 中外合作办学机构应当依法建立健全财务、会议制度和资产管理制度，并按照国家有关规定设置会计账簿。

第三十七条 中外合作办学机构存续期间，所有资产由中外合作办学机构依法享有法人财产权，任何组织和个人不得侵占。

第三十八条 中外合作办学机构的收费项目和标准，依照国家有关政府定价的规定确定并公布；未经批准，不得增加项目或者提高标准。

合作办学机构应当以人民币计收学费和其他费用，不得以外汇计收学费和其他费用。

第三十九条 中外合作办学机构收取的费用应当主要用于教育教学活动和改善办学条件。

第四十条 中外合作办学机构的外汇收支活动以及开设和使用外汇账户，应当遵守国家外汇管理规定。

第四十一条 中外合作办学机构应当在每个会计年度结束时制作财务会议报告，委托社会审计机构依法进行审计，向社会公布审计结果，并报审批机关备案。

第六章 变更与终止

第四十二条 中外合作办学机构的分立、合并，在进行财务清算后，由该机构理事会、董事会或者联合管理委员会报审批机关批准。

分立、合并实施非学历教育的中外合作办学机构的，审批机关应当自受理申请之日起3个月以内书面形式答复；申请分立、合并实施学历教育的中外合作办学机构的，审批机

关应当自受理申请之日起3个月以内书面形式答复；申请分立、合并实施学历教育的中外合作办学机构的，审批机关应当自受理申请之日起6个月内以书面形式答复。

第四十三条 中外合作办学机构合作办学者的变更，应当由合作办学者提出，在进行财务清算后，经该机构理事会、董事会或者联合管理委员会同意，报审批机关核准，并办理相应的变更

手续。

中外合作办学机构住所、法定代表人、校长或者主要行政负责人的变更，应当经审批机关核准，并办理相应的变更手续。

第四十四条 中外合作办学机构名称、层次、类别的变更，由该机构理事会、董事会或者联合管理委员会报审批机关批准。

申请变更为实施非学历教育的中外合作办学机构的，审批机关应当自受理申请之日起3个月内以书面形式答复；申请变更为实施学历教育的中外合作办学机构的，审批机关应当自受理申请之日起6个月内以书面形式答复。

第四十五条 中外合作办学机构有下列情形之一的，应当终止：

（一）根据章程规定要求终止，并经审批机关批准的；

（二）被吊销中外合作办学许可证的；

（三）因资不抵债无法继续办学，并经审批机关批准的。

中外合作办学机构终止，应当妥善安置在校学生；中外合作办学机构提出终止申请时，应当同时提交妥善安置在校学生的方案。

第四十六条 中外合作办学机构终止时，应当依法进行财务清算。

中外合作办学机构自己要求终止的，由中外合作办学机构组织清算；被审批机关依法撤销的，由审批机关组织清算；因资不抵债无法继续办学而被终止的，依法请求人民法院组织清算。

第四十七条 中外合作办学机构清算时，应当按照下列顺序清偿：

（一）应当退还学生的学费和其他费用；

（二）应当支付给教职工的工资和应当缴纳的社会保险费用；

（三）应当偿还的其他债务。

中外合作办学机构清偿上述债务后的剩余财产，依照有关法律、行政法规的规定处理。

第四十八条 中外合作办学机构经批准终止或者被吊销中外合作办学许可证的，应当将中外合作办学许可证和印章交回审批机关，依法办理注销登记。

第七章 法律责任

第四十九条 中外合作办学审批机关及其工作人员，利用职务上的便利收取他人财物或者获取其他利益，滥用职权、玩忽职守，对不符合本条例规定条件者颁发中外合作办学许可证，或者发现违法行为不予以查处，造成严重后果，触犯刑律的，对负有责任的主管人员和其他直接责任人员，依照刑法关于受贿罪、滥用职权罪、玩忽职守罪或者其他罪的规定，依法追究刑事责任；尚不够刑事处罚的，依法给予行政处分。

第五十条 违反本条例的规定，超越职权审批中外合作办学机构的，其批准文件无效，由上级机关责令改正；对负有责任的主管人员和其他直接责任人员，依法给予行政处分；致使公共财产、国家和人民利益遭受重大损失的，依照刑法关于滥用职权罪或者其他罪的规定，依法追究刑事责任。

第五十一条 违反本条例的规定，未经批准擅自设立中外合作办学机构，或者以不正当手段骗取中外合作办学许可证的，由教育行政部门、劳动行政部门按照职责分工予以取缔或者会同公安机关予以取缔，责令退还向学生收取的费用，并处以10万元以下的罚款；触犯刑律的，依照刑法关于诈骗罪或者其他罪的规定，依法追究刑事责任。

第五十二条 违反本条例的规定，在中外合作办学机构筹备设立期间招收学生的，由教育行政部门、劳动行政部门按照职责分工责令停止招生，责令退还向学生收取的费用，并处以10万元以下的罚款；情节严重，拒不停止招生的，由审批机关撤销筹备设立批准书。

第五十三条 中外合作办学者虚假出资或者在中外合作办学机构成立后抽逃出资的，由教育行政部门、劳动行政部门按照职责分工责令限期改正；逾期不改正的，由教育行政部门、劳动行政部门按照职责分工处以虚假出资金额或者抽逃出资金额2倍以下的罚款。

第五十四条 伪造、变造和买卖中外合作办学许可证的，依照刑法关于伪造、变造、买卖国家机关证件罪或者其他罪的规定，依法追究刑事责任。

第五十五条 中外合作办学机构未经批准增加收费项目或者提高收费标准的，由教育行政部门、劳动行政部门按照职责分工责令退还多收的费用，并由价格主管部门依照有关法律、行政法规的规定予以处罚。

第五十六条 中外合作办学机构管理混乱、教育教学质量低下，造成恶劣影响的，由教育行政部门、劳动行政部门按照职责分工责令限期整顿并予以公告；情节严重、逾期不整顿或者经整顿仍达不到要求的，由教育行政部门、劳动行政部门按照职责分工责令停止招生、吊销中外合作办学许可证。

第五十七条 违反本条例的规定，发布虚假招生简章，骗取钱财的，由教育行政部门、劳动行政部门按照职责分工，责令限期改正并予以警告；有违法所得的，退还所收费用后没收违法所得，并可处以10万元以下的罚款；情节严重的，责令停止招生、吊销中外合作办学许可证；构成犯罪的，依照刑法关于诈骗罪或者其他罪的规定，依法追究刑事责任。

中外合作办学机构发布虚假招生广告的，依照《中华人民共和国广告法》的有关规定追究其法律责任。

第五十八条 中外合作办学机构被处以吊销中外合作办学许可证行政处罚的，其理事长或者董事长、校长或者主要行政负责人自中外合作办学许可证被吊销之日起10年内不得担任任何中外合作办学机构的理事长或者董事长、校长或者主要行政负责人。

违反本条例的规定，触犯刑律被依法追究刑事责任的，自刑罚执行期满之日起10年内不得从事中外合作办学活动。

第八章 附 则

第五十九条 香港特别行政区、澳门特别行政区和台湾地区的教育机构与内地教育机构合作办学的，参照本条例的规定执行。

第六十条 在工商行政管理部门登记注册的经营性的中外合作举办的培训机构的管理办法，由国务院另行规定。

第六十一条 外国教育机构同中国教育机构在中国境内合作举办以中国公民为主要招生对象的实施学历教育和自学考试助学、文化补习、学前教育等的合作办学项目的具体审批和管理办法，由国务院教育行政部门制定。

外国教育机构同中国教育机构在中国境内合作举办以中国公民为主要招生对象的实施职业技能培训的合作办学项目的具体审批和管理办法，由国务院劳动行政部门制定。

第六十二条 外国教育机构、其他组织或者个人不得在中国境内单独设立以中国公民为主要招生对象的学校及其他教育机构。

第六十三条 本条例施行前依法设立的中外合作办学机构，应当补办本条例规定的中外合作办学许可证。其中，不完全具备本条例所规定条件的，应当在本条例施行之日起2年内达到本条例规定的条件；逾期未达到本条例规定条件的，由审批机关予以撤销。

第六十四条 本条例自2003年9月1日起施行。

国务院关于大力发展职业教育的决定

（2005年10月28日　国发〔2005〕35号）

各省、自治区、直辖市人民政府，国务院各部委、各直属机构：

2002年全国职业教育工作会议以来，各地区、各部门认真贯彻《国务院关于大力推进职业教育改革与发展的决定》（国发〔2002〕16号），加强了对职业教育工作的领导和支持，以就业为导向改革与发展职业教育逐步成为社会共识，职业教育规模进一步扩大，服务经济社会的能力明显增强。但从总体上看，职业教育仍然是我国教育事业的薄弱环节，发展不平衡，投入不足，办学条件比较差，办学机制以及人才培养的规模、结构、质量还不能适应经济社会发展的需要。为了进一步贯彻落实《中华人民共和国职业教育法》和《中华人民共和国劳动法》，适应全面建设小康社会对高素质劳动者和技能型人才的迫切要求，促进社会主义和谐社会建设，现就大力发展职业教育作出如下决定。

一、落实科学发展观，把发展职业教育作为经济社会发展的重要基础和教育工作的战略重点

（一）大力发展职业教育，加快人力资源开发，是落实科教兴国战略和人才强国战略，推进我国走新型工业化道路、解决"三农"问题、促进就业再就业的重大举措；是全面提高国民素质，把我国巨大人口压力转化为人力资源优势，提升我国综合国力、构建和谐社会的重要途径；是贯彻党的教育方针，遵循教育规律，实现教育事业全面协调可持续发展的必然要求。在新形势下，各级人民政府要以邓小平理论和"三个代表"重要思想为指导，落实科学发展观，把加快职业教育、特别是加快中等职业教育发展与繁荣经济、促进就业、消除贫困、维护稳定、建设先进文化紧密结合起来，增强紧迫感和使命感，采取强有力措施，大力推动职业教育快速健康发展。

（二）明确职业教育改革发展的目标。进一步建立和完善适应社会主义市场经济体制，满足人民群众终身学习需要，与市场需求和劳动就业紧密结合，校企合作、工学结合，结构合理、形式多样，灵活开放、自主发展，有中国特色的现代职业教育体系。

“十一五”期间，继续完善“政府主导、依靠企业、充分发挥行业作用、社会力量积极参与，公办与民办共同发展”的多元办学格局和“在国务院领导下，分级管理、地方为主、政府统筹、社会参与”的管理体制。

到2010年，中等职业教育招生规模达到800万人，与普通高中招生规模大体相当；高等职业教育招生规模占高等教育招生规模的一半以上。“十一五”期间，为社会输送2500多万名中等职业学校毕业生，1100多万名高等职业院校毕业生。各种形式的职业培训进一步发展，每年培训城乡劳动者上亿人次，使我国劳动者的素质得到明显提高。职业教育办学条件普遍改善，师资队伍建设进一步加强，质量效益明显提高。

二、以服务社会主义现代化建设为宗旨，培养数以亿计的高素质劳动者和数以千万计的高技能专门人才

（三）职业教育要为我国走新型工业化道路，调整经济结构和转变增长方式服务。实施国家技能型人才培养培训工程，加快生产、服务一线急需的技能型人才的培养，特别是现代制造业、现代服务业紧缺的高素质高技能专门人才的培养。各地区、各部门要根据区域经济和行业发展需要，制订地方和行业技能型人才培养规划。

（四）职业教育要为农村劳动力转移服务。实施国家农村劳动力转移培训工程，促进农村劳动力合理有序转移和农民脱贫致富，提高进城农民工的职业技能，帮助他们在城镇稳定就业。

（五）职业教育要为建设社会主义新农村服务。继续强化农村“三教”统筹，促进“农科教”结合。实施农村实用人才培训工程，充分发挥农村各类职业学校、成人文化技术学校以及各种农业技术推广培训机构的作用，大范围培养农村实用型人才和技能型人才，大面积普及农业先进实用技术，大力提高农民思想道德和科学文化素质。

（六）职业教育要为提高劳动者素质特别是职业能力服务。实施以提高职业技能为重点的成人继续教育和再就业培训工程，在企业中建立工学结合的职工教育和培训体系，面向在职职工开展普遍的、持续的文化教育和技术培训，加快培养高级工和技师，建设学习型企业。职业院校和培训机构要为就业再就业服务，面向初高中毕业生、城镇失业人员、农村转移劳动力，开展各种形式的职业技能培训和创业培训，提高他们的就业能力、工作能力、职业转换能力以及创业能力。大力发展社区教育、远程教育，通过自学考试和举办夜校、周末学校等多种形式满足人民群众多样化的学习需求。建立职业教育与其他教育相互沟通和衔接的“立交桥”，使职业教育成为终身教育体系的重要环节，促进学习型社会建立。

三、坚持以就业为导向，深化职业教育教学改革

（七）推进职业教育办学思想的转变。坚持“以服务为宗旨、以就业为导向”的职业教育办学方针，积极推动职业教育从计划培养向市场驱动转变，从政府直接管理向宏观引导转变，从传统的升学导向向就业导向转变。促进职业教育教学与生产实践、技术推广、社会服务紧密结合，积极开展订单培养，加强职业指导和创业教育，建立和完善职业院校毕业生就业和创业服务体系，推动职业院校更好地面向社会、面向市场办学。

（八）进一步深化教育教学改革。根据市场和社会需要，不断更新教学内容，改进教学方法。合理调整专业结构，大力发展面向新兴产业和现代服务业的专业，大力推进精品专业、精品课程和教材建设。加快建立弹性学习制度，逐步推行学分制和选修制。加强职业教育信息化建设，推进现代教育技术在教育教学中的应用。把学生的职业道德、职业能力和就业率作为考核职业院校教育教学工作的重要指标。逐步建立有别于普通教育的，具有职业教育特点的人才培养、选拔与评价的标准和制度。

（九）加强职业院校学生实践能力和职业技能的培养。高度重视实践和实训环节教学，继续实施职业教育实训基地建设计划，在重点专业领域建成2000个专业门类齐全、装备水平较高、优质资源共享的职业教育实训基地。中央财政职业教育专项资金，以奖励等方式支持市场需求大、机制灵活、效益突出的实训基地建设。进一步推进学生获取职业资格证书工作。取得职业院校学历证书的毕业生，参加与所学专业相关的中级职业技能鉴定时，免除理论考核，操作技能考核合格者可获得相应的职业资格证书。到2010年，省级以上重点中等职业学校和有条件的高等职业院校都要建立职业技能鉴定机构，开展职业技能鉴定工作，其学生考核合格后，可同时获得学历证书和相应的职业资格证书。

（十）大力推行工学结合、校企合作的培养模式。与企业紧密联系，加强学生的生产实习和社会实践，改革以学校和课堂为中心的传统人才培养模式。中等职业学校在校学生最后一年要到企业等用人单位顶岗实习，高等职业院校学生实习实训时间不少于半年。建立企业接收职业院校学生实习的制度。实习期间，企业要与学校共同组织好学生的相关专业理论教学和技能实训工作，做好学生实习中的劳动保护、安全等工作，为顶岗实习的学生支付合理报酬。逐步建立和完善半工半读制度，在部分职业院校中开展学生通过半工半读实现免费接受职业教育的试点，取得经验后逐步推广。

（十一）积极开展城市对农村、东部对西部职业教育对口支援工作。要把发展职业教育作为城市与农村、东部与西部对口支援工作的重要内容。各地区要加强统筹协调，把职业教育对口支援工作与农村劳动力转移、教育扶贫、促进就业紧密结合起来。要充分利用东部地区和城市优质职业教育资源和就业市场，进一步推进东西部之间、城乡之间职业院校的联合招生、合作办学。实行更加灵活的学制，有条件地方的职业学校可以采取分阶段、分地区的办学模式，学生前1至2年在西部地区和农村学习，其余时间在东部地区和城市学习。鼓励东部和城市对西部和农村的学生跨地区学习减免学费，并提供就业帮助。

（十二）把德育工作放在首位，全面推进素质教育。坚持育人为本，突出以诚信、敬业为重点的职业道德教育。确定一批职业教育德育工作基地，选聘一批劳动模范、技术能手作为德育辅导员。加强职业院校党团组织建设，积极发展学生党团员。要发挥学校教育、家庭教育和社会教育的作用，为学生健康成长创造良好社会环境。

四、加强基础能力建设，努力提高职业院校的办学水平和质量

（十三）建立和完善遍布城乡、灵活开放的职业教育和培训网络。在合理规划布局、整合现有资源的基础上，每个市（地）都要重点建设一所高等职业技术学院和若干所中等职业学校。每个县（市、区）都要重点办好一所起骨干示范作用的职教中心（中等职业学校）。乡镇要依托中小学、农民文化技术学校及其他培训机构开展职业教育和培训。社区要大力开展职业教育和培训服务。企业要建立健全现代企业培训制度。

（十四）加强县级职教中心建设。继续实施县级职教中心专项建设计划，国家重点扶持建设1000个县级职教中心，使其成为人力资源开发、农村劳动力转移培训、技术培训与推广、扶贫开发和普及高中阶段教育的重要基地。各地区要安排资金改善县级职教中心办学条件。

（十五）加强示范性职业院校建设。实施职业教育示范性院校建设计划，在整合资源、深化改革、创新机制的基础上，重点建设高水平的培养高素质技能型人才的1000所示范性中等职业学校和100所示范性高等职业院校。大力提升这些学校培养高素质技能型人才的能力，促进他们在深化改革、创新体制和机制中起到示范作用，带动全国职业院校办出特色，提高水平。2010年以前，原则上中等职业学校不升格为高等职业院校或并入高等学校，专科层次的职业院校不升格为本科院校。

（十六）加强师资队伍建设。实施职业院校教师素质提高计划，地方各级财政要继续支持职业教育师资培养培训基地建设和师资培训工作。建立职业教育教师到企业实践制度，专业教师每两年必须有两个月到企业或生产服务一线实践。制定和完善职业教育兼职教师聘用政策，支持职业院校面向社会聘用工程技术人员、高技能人才担任专业课教师或实习指导教师。加强“双师型”教师队伍建设，职业院校中实践性较强的专业教师，可按照相应专业技术职务试行条例的规定，申请评定第二个专业技术资格，也可根据有关规定申请取得相应的职业资格证书。

五、积极推进体制改革与创新，增强职业教育发展活力

（十七）推动公办职业学校办学体制改革与创新。公办职业学校要积极吸纳民间资本和境外资金，探索以公有制为主导、产权明晰、多种所有制并存的办学体制。推动公办职业学校与企业合作办学，形成前校后厂（场）、校企合一的办学实体。推动公办职业学校资源整合和重组，走规模化、集团化、连锁化办学的路子。要发挥公办职业学校在职业教育中的主力军作用。

（十八）深化公办职业学校以人事分配制度改革为重点的内部管理体制改革。进一步落实职业院校的办学自主权。中等职业学校实行校长负责制和聘任制，高等职业院校实行党委领导下的校长负责制和任期制。全面推行教职工全员聘用制和岗位管理制度，建立能够吸引人才、稳定人才、合理流动的制度。深化内部收入分配改革，将教职工收入与学校发展、所聘岗位及个人贡献挂钩，调动教职工积极性。

（十九）大力发展民办职业教育。贯彻落实《中华人民共和国民办教育促进法》及其实施条例，把民办职业教育纳入职业教育发展的总体规划。加大对民办职业教育的支持力度，制定和完善民办学校建设用地、资金筹集的相关政策和措施。在师资队伍建设、招生和学生待遇等方面对民办职业院校与公办学校要一视同仁。依法加强对民办职业院校的管理，规范其办学行为。扩大职业教育对外开放，借鉴国外有益经验，积极引进优质资源，推进职业教育领域中外合作办学，努力开拓职业院校毕业生国（境）外就业市场。

六、依靠行业企业发展职业教育，推动职业院校与企业的密切结合

（二十）企业要强化职工培训，提高职工素质。要继续办好已有职业院校，企业可以联合举办职业院校，也可以与职业院校合作办学。企业有责任接受职业院校学生实习和教师实践。对支付实习学生报酬的企业，给予相应税收优惠。

（二十一）要认真落实“一般企业按照职工工资总额的1.5%足额提取教育培训经费，从业人员技术要求高、培训任务重、经济效益较好的企业，可按2.5%提取”的规定，足额提取教育培训经费，主要用于企业职工特别是一线职工的教育和培训。企业新上项目都要安排员工技术培训经费。

（二十二）行业主管部门和行业协会要在国家教育方针和政策指导下，开展本行业人才需求预测，制订教育培训规划，组织和指导行业职业教育与培训工作；参与制订本行业特有工种职业资格标准、职业技能鉴定和证书颁发工作；参与制订培训机构资质标准和从业人员资格标准；参与国家对职业院校的教育教学评估和相关管理工作。

七、严格实行就业准入制度，完善职业资格证书制度

（二十三）用人单位招录职工必须严格执行“先培训、后就业”“先培训、后上岗”的规定，从取得职业学校学历证书、职业资格证书和职业培训合格证书的人员中优先录用。要进一步完善涉及人民生命财产安全的相关职业的准入办法。劳动保障、人事和工商等部门要加大对就业准入制度执行情况的监察力度。对违反规定、随意招录未经职业教育或培训人员的用人单位给予处罚，并责令其限期对相关人员进行培训。有关部门要抓紧制定完善就业准入的法规和政策。

（二十四）全面推进和规范职业资格证书制度。加强对职业技能鉴定、专业技术人员职业资格评价、职业资格证书颁发工作的指导与管理。要尽快建立能够反映经济发展和劳动力市场需要的职业资格标准体系。

八、多渠道增加经费投入，建立职业教育学生资助制度

（二十五）各级人民政府要加大对职业教育的支持力度，逐步增加公共财政对职业教育的投入。各级财政安排的职业教育专项经费，重点支持技能型紧缺人才专业建设，职业教育师资培养培训，农业和地矿等艰苦行业、中西部农村地区和少数民族地区的职业教育和成人教育发展。省级政府应当制订本地区职业院校学生人数平均经费标准。

（二十六）要进一步落实城市教育费附加用于职业教育的政策。从2006年起，城市教育费附加安排用于职业教育的比例，一般地区不低于20%，已经普及九年义务教育的地区不低于30%。农村科学技术开发、技术推广的经费可适当用于农村职业培训。职业院校和培训机构开展的下岗失业人员再就业培训可按规定享受再就业培训补贴。国家和地方安排的扶贫和移民安置资金要加大对贫困地区农村劳动力培训的投入力度。国家鼓励企事业单位、社会团体和公民个人捐资助学，对通过政府部门或非营利组织向职业教育的资助和捐赠，按规定享受税收优惠政策。要合理确定职业院校的学费标准，确保学费收入全额用于学校发展。要加强对职业教育经费的使用管理，提高资金的使用效益。

（二十七）建立职业教育贫困家庭学生助学制度。中央和地方财政要安排经费，资助接受中等职业教育的农村贫困家庭和城镇低收入家庭子女。中等职业学校要从学校收入中安排一定比例用于奖、助学金和学费减免，并把组织学生参加勤工俭学和半工半读作为助学的重要途径。金融机构要为贫困家庭学生接受职业教育提供助学贷款，各地区要把接受职业教育的贫困家庭学生纳入国家助学贷款资助范围。要通过助学金、奖学金、贷学金等多种形式，对贫困家庭学生和选学农业及地矿等艰苦行业职业教育的学生实行学费减、免和生活费补贴。对高等职业院校学生的资助，按国家有关高等学校学生资助政策执行。

九、切实加强领导，动员全社会关心支持职业教育发展

（二十八）各级人民政府要加强对职业教育发展规划、资源配置、条件保障、政策措施的统筹管理，为职业教育提供强有力的公共服务和良好的发展环境。要从严治教，规范管理，引导职业教育健康协调可持续发展。要充分发挥职业教育工作部际联席会议的作用，统筹协调全国职业教育工作，研究解决重大问题。国务院教育行政部门负责职业教育工作的统筹规划、综合协调、宏观管理，劳动保障部门和其他有关部门在各自职责范围内，负责职业教育的有关工作。县级以上地方政府也要建立职业教育工作部门联席会议制度。

（二十九）各级人民政府要切实加强对职业教育工作的领导，把职业教育工作纳入目标管理，作为对主要领导干部进行政绩考核的重要指标，并接受人大、政协的检查和指导。建立职业教育工作定期巡视检查制度，把职业教育督导作为教育督导的重要内容，加强对职业教育的评估检查。加强职业教育科学研究工作，充分发挥社会团体和中介服务机构的作用，为职业教育宏观管理和职业院校改革与发展服务。

（三十）逐步提高生产服务一线技能人才、特别是高技能人才的社会地位和经济收入，实行优秀技能人才特殊奖励政策和激励办法。定期开展全国性的职业技能竞赛活动，对优胜者给予表彰奖励。大力表彰职业教育工作先进单位与先进个人。广泛宣传职业教育的重要地位和作用，宣传优秀技能人才和高素质劳动者在社会主义现代化建设中的重要贡献，提高全社会对职业教育的认识，形成全社会关心、重视和支持职业教育的良好氛围。

国务院关于加快发展现代职业教育的决定

（2014 年 5 月 2 日　国发〔2014〕19 号）

各省、自治区、直辖市人民政府，国务院各部委、各直属机构：

近年来，我国职业教育事业快速发展，体系建设稳步推进，培养培训了大批中高级技能型人才，为提高劳动者素质、推动经济社会发展和促进就业做出了重要贡献。同时也要看到，当前职业教育还不能完全适应经济社会发展的需要，结构不尽合理，质量有待提高，办学条件薄弱，体制机制不畅。加快发展现代职业教育，是党中央、国务院作出的重大战略部署，对于深入实施创新驱动发展战略，创造更大人才红利，加快转方式、调结构、促升级具有十分重要的意义。现就加快发展现代职业教育作出以下决定。

一、总体要求

（一）指导思想。以邓小平理论、“三个代表”重要思想、科学发展观为指导，坚持以立德树人为根本，以服务发展为宗旨，以促进就业为导向，适应技术进步和生产方式变革以及社会公共服务的需要，深化体制机制改革，统筹发挥好政府和市场的作用，加快现代职业教育体系建设，深化产教融合、校企合作，培养数以亿计的高素质劳动者和技术技能人才。

（二）基本原则

——政府推动、市场引导。发挥好政府保基本、促公平作用，着力营造制度环境、制定发展规划、改善基本办学条件、加强规范管理和监督指导等。充分发挥市场机制作用，引导社会力量参与办学，扩大优质教育资源，激发学校发展活力，促进职业教育与社会需求紧密对接。

——加强统筹、分类指导。牢固确立职业教育在国家人才培养体系中的重要位置，统筹发展各级各类职业教育，坚持学校教育和职业培训并举。强化省级人民政府统筹和部门协调配合，加强行业部门对本部门、本行业职业教育的指导。推动公办与民办职业教育共同发展。

——服务需求、就业导向。服务经济社会发展和人的全面发展，推动专业设置与产业需求对接，课程内容与职业标准对接，教学过程与生产过程对接，毕业证书与职业资格证书对接，职业教育与终身学习对接。重点提高青年就业能力。

——产教融合、特色办学。同步规划职业教育与经济社会发展，协调推进人力资源开发与技术进步，推动教育教学改革与产业转型升级衔接配套。突出职业院校办学特色，强化校企协同育人。

——系统培养、多样成才。推进中等和高等职业教育紧密衔接，发挥中等职业教育在发展现代职业教育中的基础性作用，发挥高等职业教育在优化高等教育结构中的重要作用。加强职业教育与普通教育沟通，为学生多样化选择、多路径成才搭建“立交桥”。

（三）目标任务。到 2020 年，形成适应发展需求、产教深度融合、中职高职衔接、职业教育与普通教育相互沟通，体现终身教育理念，具有中国特色、世界水平的现代职业教育体系。

——结构规模更加合理。总体保持中等职业学校和普通高中招生规模大体相当，高等职业教育规模占高等教育的一半以上，总体教育结构更加合理。到 2020 年，中等职业教育在校生达到 2350 万人，专科层次职业教育在校生达到 1480 万人，接受本科层次职业教育的学生达到一定规模。从业人员继续教育达到 3.5 亿人次。

——院校布局和专业设置更加适应经济社会需求。调整完善职业院校区域布局，科学合理设置专业，健全专业随产业发展动态调整的机制，重点提升面向现代农业、先进制造业、现代服务业、战略性新兴产业和社会管理、生态文明建设等领域的人才培养能力。

——职业院校办学水平普遍提高。各类专业的人才培养水平大幅提升，办学条件明显改善，实训设备配置水平与技术进步要求更加适应，现代信息技术广泛应用。专兼结合的“双师型”教师队伍建设进展显著。建成一批世界一流的职业院校和骨干专业，形成具有国际竞争力的人才培养高地。

——发展环境更加优化。现代职业教育制度基本建立，政策法规更加健全，相关标准更加科学规范，监管机制更加完善。引导和鼓励社会力量参与的政策更加健全。全社会人才观念显著改善，支持和参与职业教育的氛围更加浓厚。

二、加快构建现代职业教育体系

（四）巩固提高中等职业教育发展水平。各地要统筹做好中等职业学校和普通高中招生工作，落实好职普招生大体相当的要求，加快普及高中阶段教育。鼓励优质学校通过兼并、托管、合作办学等形式，整合办学资源，优化中等职业教育布局结构。推进县级职教中心等中等职业学校与城市院校、科研机构对口合作，实施学历教育、技术推广、扶贫开发、劳动力转移培训和社会生活教育。在保障学生技术技能培养质量的基础上，加强文化基础教育，实现就业有能力、升学有基础。有条件的普通高中要适当增加职业技术教育内容。

（五）创新发展高等职业教育。专科高等职业院校要密切产学研合作，培养服务区域发展的技术技能人才，重点服务企业特别是中小微企业的技术研发和产品升级，加强社区教育和终身学习服务。探索发展本科层次职业教育。建立以职业需求为导向、以实践能力培养为重点、以产学结合为途径的专业学位研究生培养模式。研究建立符合职业教育特点的学位制度。原则上中等职业学校不升格为或并入高等职业院校，专科高等职业院校不升格为或并入本科高等学校，形成定位清晰、科学合理的职业教育层次结构。

（六）引导普通本科高等学校转型发展。采取试点推动、示范引领等方式，引导一批普通本科高等学校向应用技术类型高等学校转型，重点举办本科职业教育。独立学院转设为独立设置高等学校时，鼓励其定位为应用技术类型高等学校。建立高等学校分类体系，实行分类管理，加快建立分类设置、评价、指导、拨款制度。招生、投入等政策措施向应用技术类型高等学校倾斜。

（七）完善职业教育人才多样化成长渠道。健全“文化素质+职业技能”、单独招生、综合评价招生和技能拔尖人才免试等考试招生办法，为学生接受不同层次高等职业教育提供多种机会。在学前教育、护理、健康服务、社区服务等领域，健全对初中毕业生实行中高职贯通培养的考试招生办法。适度提高专科高等职业院校招收中等职业学校毕业生的比例、本科高等学校招收职业院校毕业生的比例。逐步扩大高等职业院校招收有实践经历人员的比例。建立学分积累与转换制度，推进学习成果互认衔接。

（八）积极发展多种形式的继续教育。建立有利于全体劳动者的接受职业教育和培训的灵活学习制度，服务全民学习、终身学习，推进学习型社会建设。面向未升学初高中毕业生、残疾人、失业人员等群体广泛开展职业教育和培训。推进农民继续教育工程，加强涉农专业、课程和教材建设，创新农学结合模式。推动一批县（市、区）在农村职业教育和成人教育改革发展方面发挥示范作用。利用职业院校资源广泛开展职工教育培训。重视培养军地两用人才。退役士兵接受职业教育和培训，按照国家有关规定享受优待。

三、激发职业教育办学活力

（九）引导支持社会力量兴办职业教育。创新民办职业教育办学模式，积极支持各类办学主体通过独资、合资、合作等多种形式举办民办职业教育；探索发展股份制、混合所有制职业院校，允许以资本、知识、技术、管理等要素参与办学并享有相应权利。探索公办和社会力量举办的职业院校相互委托管理和购买服务的机制。引导社会力量参与教学过程，共同开发课程和教材等教育资源。社会力量举办的职业院校与公办职业院校具有同等法律地位，依法享受相关教育、财税、土地、金融等政策。健全政府补贴、购买服务、助学贷款、基金奖励、捐资激励等制度，鼓励社会力量参与职业教育办学、管理和评价。

（十）健全企业参与制度。研究制定促进校企合作办学有关法规和激励政策，深化产教融合，鼓励行业和企业举办或参与举办职业教育，发挥企业重要办学主体作用。规模以上企业要有机构或人员组织实施职工教育培训、对接职业院校，设立学生实习和教师实践岗位。企业因接受实习生所实际发生的与取得收入有关的、合理的支出，按现行税收法律规定在计算应纳税所得额时扣除。多种形式支持企业建设兼具生产与教学功能的公共实训基地。对举办职业院校的企业，其办学符合职业教育发展规划要求的，各地可通过政府购买服务等方式给予支持。对职业院校自办的、以服务学生实习实训为主要目的的企业或经营活动，按照国家有关规定享受税收等优惠。支持企业通过校企合作共同培养培训人才，不断提升企业价值。企业开展职业教育的情况纳入企业社会责任报告。

（十一）加强行业指导、评价和服务。加强行业指导能力建设，分类制定行业指导政策。通过授权委托、购买服务等方式，把适宜行业组织承担的职责交给行业组织，给予政策支持并强化服务监管。行业组织要履行好发布行业人才需求、推进校企合作、参与指导教育教学、开展质量评价等职责，建立行业人力资源需求预测和就业状况定期发布制度。

（十二）完善现代职业学校制度。扩大职业院校在专业设置和调整、人事管理、教师评聘、收入分配等方面的办学自主权。

职业院校要依法制定体现职业教育特色的章程和制度，完善治理结构，提升治理能力。建立学校、行业、企业、社区等共同参与的学校理事会或董事会。制定校长任职资格标准，推进校长聘任制改革和公开选拔试点。坚持和完善中等职业学校校长负责制、公办高等职业院校党委领导下的校长负责制。建立企业经营管理和技术人员与学校领导、骨干教师相互兼职制度。完善体现职业院校办学和管理特点的绩效考核内部分配机制。

（十三）鼓励多元主体组建职业教育集团。研究制定院校、行业、企业、科研机构、社会组织等共同组建职业教育集团的支持政策，发挥职业教育集团在促进教育链和产业链有机融合中的重要作用。鼓励中央企业和行业龙头企业牵头组建职业教育集团。探索组建覆盖全产业链的职业教育集团。健全联席会、董事会、理事会等治理结构和决策机制。开展多元投资主体依法共建职业教育集团的改革试点。

（十四）强化职业教育的技术技能积累作用。制定多方参与的支持政策，推动政府、学校、行业、企业联动，促进技术技能的积累与创新。推动职业院校与行业企业共建技术工艺和产品开发中心、实验实训平台、技能大师工作室等，成为国家技术技能积累与创新的重要载体。职业院校教师和学生拥有知识产权的技术开发、产品设计等成果，可依法依规在企业作价入股。

四、提高人才培养质量

（十五）推进人才培养模式创新。坚持校企合作、工学结合，强化教学、学习、实训相融合的教育教学活动。推行项目教学、案例教学、工作过程导向教学等教学模式。加大实习实训在教学中的比重，创新顶岗实习形式，强化以育人为目标的实习实训考核评价。健全学生实习责任保险制度。积极推进学历证书和职业资格证书“双证书”制度。开展校企联合招生、联合培养的现代学徒制试点，完善支持政策，推进校企一体化育人。开展职业技能竞赛。

（十六）建立健全课程衔接体系。适应经济发展、产业升级和技术进步需要，建立专业教学标准和职业标准联动开发机制。推进专业设置、专业课程内容与职业标准相衔接，推进中等和高等职业教育培养目标、专业设置、教学过程等方面的衔接，形成对接紧密、特色鲜明、动态调整的职业教育课程体系。全面实施素质教育，科学合理设置课程，将职业道德、人文素养教育贯穿培养全过程。

（十七）建设“双师型"教师队伍。完善教师资格标准，实施教师专业标准。健全教师专业技术职务（职称）评聘办法，探索在职业学校设置正高级教师职务（职称）。加强校长培训，实行五年一周期的教师全员培训制度。落实教师企业实践制度。政府要支持学校按照有关规定自主聘请兼职教师。完善企业工程技术人员、高技能人才到职业院校担任专兼职教师的相关政策，兼职教师任教情况应作为其业绩考核评价的重要内容。加强职业技术师范院校建设。推进高水平学校和大中型企业共建“双师型”教师培养培训基地。地方政府要比照普通高中和高等学校，根据职业教育特点核定公办职业院校教职工编制。加强职业教育科研教研队伍建设，提高科研能力和教学研究水平。

（十八）提高信息化水平。构建利用信息化手段扩大优质教育资源覆盖面的有效机制，推进职业教育资源跨区域、跨行业共建共享，逐步实现所有专业的优质数字教育资源全覆盖。支持与专业课程配套的虚拟仿真实训系统开发与应用。推广教学过程与生产过程实时互动的远程教学。加快信息化管理平台建设，加强现代信息技术应用能力培训，将现代信息技术应用能力作为教师评聘考核的重要依据。

（十九）加强国际交流与合作。完善中外合作机制，支持职业院校引进国（境）外高水平专家和优质教育资源，鼓励中外职业院校教师互派、学生互换。实施中外职业院校合作办学项目，探索和规范职业院校到国（境）外办学。推动与中国企业和产品“走出去”相配套的职业教育发展模式，注重培养符合中国企业海外生产经营需求的本土化人才。积极参与制定职业教育国际标准，开发与国际先进标准对接的专业标准和课程体系。提升全国职业院校技能大赛国际影响。

五、提升发展保障水平

（二十）完善经费稳定投入机制。各级人民政府要建立与办学规模和培养要求相适应的财政投入制度，地方人民政府要依法制定并落实职业院校生均经费标准或公用经费标准，改善职业院校基本办学条件。地方教育附加费用于职业教育的比例不低于30%。加大地方人民政府经费统筹力度，发挥好企业职工教育培训经费以及就业经费、扶贫和移民安置资金等各类资金在职业培训中的作用，提高资金使用效益。县级以上人民政府要建立职业教育经费绩效评价制度、审计监督公告制度、预决算公开制度。

（二十一）健全社会力量投入的激励政策。鼓励社会力量捐资、出资兴办职业教育，拓宽办学筹资渠道。通过公益性社会团体或者县级以上人民政府及其部门向职业院校进行捐赠的，其捐赠按照现行税收法律规定在税前扣除。完善财政贴息贷款等政策，健全民办职业院校融资机制。企业要依法履行职工教育培训和足额提取教育培训经费的责任，一般企业按照职工工资总额的1.5%足额提取教育培训经费，从业人员技能要求高、实训耗材多、培训任务重、经济效益较好的企业可按2.5%提取，其中用于一线职工教育培训的比例不低于60%。除国务院财政、税务主管部门另有规定外，企业发生的职工教育经费支出，不超过工资薪金总额2.5%的部分，准予扣除；超过部分，准予在以后纳税年度结转扣除。对不按规定提取和使用教育培训经费并拒不改正的企业，由县级以上地方人民政府依法收取企业应当承担的职业教育经费，统筹用于本地区的职业教育。探索利用国（境）外资金发展职业教育的途径和机制。

（二十二）加强基础能力建设。分类制定中等职业学校、高等职业院校办学标准，到2020年实现基本达标。在整合现有项目的基础上实施现代职业教育质量提升计划，推动各地建立完善以促进改革和提高绩效为导向的高等职业院校生均拨款制度，引导高等职业院校深化办学机制和教育教学改革；重点支持中等职业学校改善基本办学条件，开发优质教学资源，提高教师素质；推动建立发达地区和欠发达地区中等职业教育合作办学工作机制。继续实施中等职业教育基础能力建设项目。支持一批本科高等学校转型发展为应用技术类型高等学校。地方人民政府、相关行业部门和大型企业要切实加强所办职业院校基础能力建设，支持一批职业院校争创国际先进水平。

（二十三）完善资助政策体系。进一步健全公平公正、多元投入、规范高效的职业教育国家资助政策。逐步建立职业院校助学金覆盖面和补助标准动态调整机制，加大对农林水地矿油核等专业学生的助学力度。有计划地支持集中连片特殊困难地区内限制开发和禁止开发区初中毕业生到省（区、市）内外经济较发达地区接受职业教育。完善面向农民、农村转移劳动力、在职职工、失业人员、残疾人、退役士兵等接受职业教育和培训的资助补贴政策，积极推行以直补个人为主的支付办法。有关部门和职业院校要切实加强资金管理，严查“双重学籍”“虚假学籍”等问题，确保资助资金有效使用。

（二十四）加大对农村和贫困地区职业教育支持力度。服务国家粮食安全保障体系建设，积极发展现代农业职业教育，建立公益性农民培养培训制度，大力培养新型职业农民。在人口集中和产业发展需要的贫困地区建好一批中等职业学校。国家制定奖补政策，支持东部地区职业院校扩大面向中西部地区的招生规模，深化专业建设、课程开发、资源共享、学校管理等合作。加强民族地区职业教育，改善民族地区职业院校办学条件，继续办好内地西藏、新疆中职班，建设一批民族文化传承创新示范专业点。

（二十五）健全就业和用人的保障政策。认真执行就业准入制度，对从事涉及公共安全、人身健康、生命财产安全等特殊工种的劳动者，必须从取得相应学历证书或职业培训合格证书并获得相应职业资格证书的人员中录用。支持在符合条件的职业院校设立职业技能鉴定所（站），完善职业院校合格毕业生取得相应职业资格证书的办法。各级人民政府要创造平等就业环境，消除城乡、行业、身份、性别等一切影响平等就业的制度障碍和就业歧视；党政机关和企事业单位招用人员不得歧视职业院校毕业生。结合深化收入分配制度改革，促进企业提高技能人才收入水平。鼓励企业建立高技能人才技能职务津贴和特殊岗位津贴制度。

六、加强组织领导

（二十六）落实政府职责。完善分级管理、地方为主、政府统筹、社会参与的管理体制。国务院相关部门要有效运用总体规划、政策引导等手段以及税收金融、财政转移支付等杠杆，加强对职业教育发展的统筹协调和分类指导；地方政府要切实承担主要责任，结合本地实际推进职业教育改革发展，探索解决职业教育发展的难点问题。要加快政府职能转变，减少部门职责交叉和分散，减少对学校教育教学具体事务的干预。充分发挥职业教育工作部门联席会议制度的作用，形成工作合力。

（二十七）强化督导评估。教育督导部门要完善督导评估办法，加强对政府及有关部门履行发展职业教育职责的督导；要落实督导报告公布制度，将督导报告作为对被督导单位及其主要负责人考核奖惩的重要依据。完善职业教育质量评价制度，定期开展职业院校办学水平和专业教学情况评估，实施职业教育质量年度报告制度。注重发挥行业、用人单位作用，积极支持第三方机构开展评估。

（二十八）营造良好环境。推动加快修订职业教育法。按照国家有关规定，研究完善职业教育先进单位和先进个人表彰奖励制度。落实好职业教育科研和教学成果奖励制度，用优秀成果引领职业教育改革创新。研究设立职业教育活动周。大力宣传高素质劳动者和技术技能人才的先进事迹和重要贡献，引导全社会确立尊重劳动、尊重知识、尊重技术、尊重创新的观念，促进形成“崇尚一技之长、不唯学历凭能力”的社会氛围，提高职业教育社会影响力和吸引力。

附件：重点任务分工及进度安排表

（附件本书略）

技工学校教育督导评估暂行规定

（1997年8月8日　劳动部令第9号）

第一条　为了规范对技工学校的教育督导评估（以下简称督导评估）工作，促进技工学校教育质量的提高和技工学校的健康发展，根据《教育法》和《职业教育法》的有关规定，制定本规定。

第二条　技工学校教育督导评估工作应按照本规定执行。

第三条　本规定所称督导评估，是指劳动行政部门的督导评估机构对下级劳动行政部门、技工学校和学校主管部门贯彻国家教育方针、政策，执行法律、法规情况进行监督、检查和指导，对技工学校是否达到办学标准给予认定。

第四条　督导评估包括下列内容：

（一）贯彻执行国家教育法律、法规和方针、政策的情况；

（二）执行国家办学标准、工作条例及管理制度情况；

（三）基础设施、办学条件、教学管理和教学质量；

（四）教师上岗资格、职业道德和相关待遇；

（五）学生德、智、体全面发展的情况；

（六）对学生进行职业指导和毕业生就业服务情况；

（七）承担劳动预备制度培训任务和开展其他培训情况。

第五条　督导评估机构分国家级和省级。国家级督导评估委员会由劳动部会同有关行业部门组成，办公室设在劳动部。

国家级督导评估委员会履行下列职责：

（一）制定督导评估实施方案；

（二）对国家重点技工学校、高级技工学校和国务院部委直属学校督导评估；

（三）指导地方督导评估工作；

（四）组织培训督导评估人员；

（五）总结推广督导评估工作经验，开展工作研究。

省级督导评估机构的职责由省级劳动行政部门制定。

第六条 国家级督导评估人员由劳动部聘任并颁发证书；省级督导评估人员由省级劳动行政部门聘任和颁发证书，并报劳动部备案。

第七条 督导评估人员应具备以下条件：

（一）坚持四项基本原则，热爱技工教育事业；

（二）熟悉国家有关职业教育法律、法规和政策；

（三）具有大专以上学历或同等学历；

（四）有五年以上从事职业培训或技工学校管理工作经历；

（五）身体健康。

第八条 督导评估机构可聘请企业的技师、高级技师参与督导评估。

第九条 督导评估分为综合督导评估和专项督导评估，督导评估机构根据劳动行政部门或上级督导机构的决定组织实施督导评估工作。

第十条 督导评估人员具有以下职权：

（一）列席被督导评估单位的有关会议；

（二）要求被督导评估单位提供有关文件并汇报工作；

（三）对被督导评估单位进行现场调查；

（四）到用人单位听取对技工学校毕业生的评价意见。

第十一条 督导评估人员应对被督导评估单位存在的问题提出意见，经督导评估机构确认后，被督导评估单位应采取改进措施。

第十二条 被督导评估单位或有关人员弄虚作假，不报实情的，由其主管部门责令改正；情节严重的，督导评估机构可以建议主管部门对直接责任人员给予行政处分。

第十三条　督导评估人员利用职权谋取私利或滥用职权的，视其情节由督导评估机构建议所在单位给予行政处分。

第十四条　督导评估机构可对督导评估结果进行公布。

第十五条　本规定自 1997 年 9 月 1 日起施行。

中外合作职业技能培训办学管理办法

（2006年7月26日劳动保障部令第27号公布，根据2015年4月30日《人力资源社会保障部关于修改部分规章的决定》修订）

第一章 总 则

第一条 为实施《中华人民共和国中外合作办学条例》（以下简称《中外合作办学条例》），规范中外合作职业技能培训办学活动，制定本办法。

第二条 中国教育机构同外国教育机构（以下简称中外合作办学者，教育机构含职业技能培训机构）合作举办职业技能培训机构和办学项目的设立、活动及管理，适用本办法。

本办法所称中外合作职业技能培训机构，是指中外合作办学者依照《中外合作办学条例》和本办法的规定，在中国境内合作举办的以中国公民为主要招生对象，实施职业技能培训的公益性办学机构。

本办法所称中外合作职业技能培训办学项目，是指中外合作办学者依照《中外合作办学条例》和本办法的规定，不设立新的职业技能培训机构，而是通过与现有中国教育机构合作设置以中国公民为主要招生对象的专业（职业、工种）、课程的方式开展的职业技能培训项目。

第三条 国家鼓励根据经济发展和劳动力市场对技能劳动者的需求及特点，引进体现国外先进技术、先进培训方法的优质职业技能培训资源。

国家鼓励在国内新兴和急需的技能含量高的职业领域开展中

外合作办学。

第四条 中外合作职业技能培训机构根据法律法规的规定，享受国家给予民办学校的扶持与奖励政策。

劳动保障行政部门对发展中外合作职业技能培训办学做出突出贡献的社会组织和个人给予奖励和表彰。

第五条 国务院劳动保障行政部门负责全国中外合作职业技能培训办学工作的统筹规划、综合协调和宏观管理。省、自治区、直辖市人民政府劳动保障行政部门负责本行政区域内中外合作职业技能培训办学管理工作。

第二章 中外合作职业技能培训机构的设立

第六条 中外合作办学者应当符合《中外合作办学条例》规定的条件，具备相应的办学资格和较高的办学质量。

第七条 中外合作办学者应当在平等协商的基础上签订合作协议。合作协议应当载明下列内容：

（一）合作各方的名称、住所和法定代表人的姓名、职务、国籍；

（二）拟设立的中外合作职业技能培训机构的名称、住所、培养目标、办学宗旨、合作内容和期限；

（三）合作各方投入资产数额、方式及资金缴纳期限；

（四）解决合作各方争议的方式和程序；

（五）违反合作协议的责任；

（六）合作各方约定的其他事项。

合作协议应当为中文文本。有外文文本的，应当与中文文本的内容一致。

第八条 中外合作办学者投入的办学资金，应当与拟设立的中外合作职业技能培训机构的层次和规模相适应。

中外合作办学者应当按照合作协议按时、足额投入办学资金。中外合作职业技能培训机构存续期间，中外合作办学者不得抽逃办学资金，不得挪用办学经费。

第九条 中外合作办学者为办学投入的实物、土地使用权、知识产权以及其他财产，其作价由中外合作办学者双方按照公平合理的原则协商确定，或者聘请双方同意的社会中介组织依法进行评估，并依法办理财产权转移有关手续。

中国教育机构以国有资产作为办学投入的，应当根据国家有关国有资产监督管理规定，聘请具有评估资格的社会中介组织依法进行评估，根据评估结果合理确定国有资产的数额，并报对该国有资产负有监管职责的机构备案，依法履行国有资产管理义务。

第十条 根据与外国政府部门签订的协议或者应中国教育机构的请求，国务院劳动保障行政部门或者省、自治区、直辖市人民政府可以邀请外国教育机构与中国教育机构合作办学。

被邀请的外国教育机构应当是国际上或者所在国具有一定影响力的教育机构。

第十一条 设立中外合作职业技能培训机构由拟设立机构所在地的省、自治区、直辖市人民政府劳动保障行政部门审批。

第十二条 设立中外合作职业技能培训机构，分为筹备设立和正式设立两个步骤。具备办学条件，达到设置标准的，可以直接申请正式设立。

第十三条 申请筹备设立中外合作职业技能培训机构，应当由中国教育机构提出申请，提交《中外合作办学条例》规定的文件。其中申办报告应当按照国务院劳动保障行政部门根据《中外合作办学条例》第十四条第（一）项制定的《中外合作职业技能培训机构申请表》所规定的内容和格式填写。

申请筹备设立中外合作职业技能培训机构，还应根据《中外合作办学条例》有关条款的规定，提交中外合作办学者的注册登记证明、法定代表人的有效证明文件，其中外国合作办学者的有关证明文件应当经所在国公证机关证明。

第十四条 有下列情形之一的，审批机关不予批准筹备设立中外合作职业技能培训机构，并书面说明理由：

（一）违背社会公共利益、历史文化传统和职业培训的公益性质，不符合国家或者地方职业培训事业发展需要的；

（二）中外合作办学者有一方不符合条件的；

（三）申请文件不符合《中外合作办学条例》和本办法要求，经告知仍不改正的；

（四）申请文件有虚假内容的；

（五）法律、行政法规规定的其他不予批准情形。

第十五条 申请正式设立中外合作职业技能培训机构，应当由中国教育机构申请，提交《中外合作办学条例》规定的文件。其中直接申请正式设立的，正式设立申请书应当按照国务院劳动保障行政部门制定的《中外合作职业技能培训机构申请表》所规定的内容和格式填写，并提交本办法第十三条第二款规定的资格证明。

第十六条 正式设立中外合作职业技能培训机构，应当具备《中外合作办学条例》第十一条规定的条件。

设立中外合作职业技能培训机构，应达到以下设置标准：

（一）具有同时培训不少于200人的办学规模；

（二）办学场所应符合环境保护、劳动保护、安全、消防、卫生等有关规定及相关职业（工种）安全规程。建筑面积应与其办学规模相适应，一般不少于3000平方米，其中实习、实验场所一般不少于1000平方米。租用的场所其租赁期限不少于3年；

（三）实习、实验设施和设备应满足教学和技能训练需要，有充足的实习工位，主要设备应达到国际先进水平。具有不少于5000册的图书资料和必要的阅览场所，并配备电子阅览设备；

（四）投入的办学资金，应当与办学层次和规模相适应，并具有稳定的经费来源；

（五）校长或主要行政负责人应具有中华人民共和国国籍，在中国境内定居，热爱祖国、品行良好，具备大学本科及以上学历或者高级专业技术职务任职资格、高级以上国家职业资格；

（六）专兼职教师队伍与专业设置、办学规模相适应，专职教师人数一般不少于教师人数的1/3。每个教学班按专业应当分别配备专业理论课教师和生产实习指导教师，其中理论教师应具有与其教学岗位相适应的教师上岗资格条件，实习指导教师应具备高级及以上职业资格或中级及以上相关专业技术职务任职资格，并具有相应的教师上岗资格。但是，聘任的专兼职外籍教师和外籍管理人员，应当具备《中外合作办学条例》第二十七条规定的条件。

设立中外合作技工学校，参照技工学校设置标准执行。

第十七条 设立中外合作职业技能培训机构应当按照《中外合作办学条例》的规定制定机构章程，载明下列事项：

（一）中外合作职业技能培训机构的名称、住所；

（二）办学宗旨、规模、层次、类别等；

（三）资产数额、来源、性质以及财务制度；

（四）中外合作办学者是否要求取得合理回报；

（五）理事会或者董事会的产生方法、人员构成、权限、任期、议事规则等；

（六）法定代表人的产生和罢免程序；

（七）民主管理和监督的形式；

（八）机构终止事由、程序和清算办法；

（九）章程修改程序；

（十）其他需要由章程规定的事项。

第十八条 中外合作职业技能培训机构只能使用一个名称，其外文译名应当与中文名称相符。中外合作职业技能培训机构名称应当按所在行政区划、字号、职业技能培训学校依次确切表示。

名称中不得冠以“中国”、“全国”、“中华”等字样，不得违反国家规定，不得损害社会公共利益。

第十九条 中外合作职业技能培训机构不得设立分支机构，不得举办其他中外合作办学机构。

第二十条 审批机关受理正式设立中外合作技工学校的，应当组织专家委员会评议，由专家委员会提出咨询意见。

专家委员会对申请人申请材料按照分期分类的原则进行评审，所需时间由审批机关书面告知申请人，不计算在审批期限内。

审批机关认为必要时应当指派2名以上工作人员，对申请人提交的申请材料主要内容进行核查。

第二十一条 有下列情形之一的，审批机关不予批准正式设立中外合作职业技能培训机构，并书面说明理由：

（一）不具备办学条件、未达到设置标准的；

（二）理事会、董事会的组成人员及其构成不符合法定要求，校长或者主要行政负责人、教师、财会人员不具备法定资格，经告知仍不改正的；

（三）章程不符合《中外合作办学条例》和本办法要求，经告知仍不修改的；

（四）在筹备设立期内有违反法律、法规行为的。

直接申请正式设立中外合作职业技能培训机构的，除前款规定的第（一）、（二）、（三）项外，有本办法第十四条规定情形之一的，审批机关不予批准。

第二十二条 批准正式设立中外合作职业技能培训机构的，由该审批机关颁发国务院劳动保障行政部门统一印制、国务院教育行政部门统一编号的中外合作办学许可证。

第二十三条 中外合作职业技能培训机构遗失中外合作办学许可证的，应立即登报声明，并持声明向审批机关提交补办申请，由审批机关核准后补发。

第三章 中外合作职业技能培训办学项目的举办

第二十四条 举办中外合作职业技能培训办学项目，应当具备下列条件：

（一）中外合作办学者应当具有法人资格；

（二）项目的办学层次和类别与中外合作办学者的办学层次和类别相适应；

（三）中国教育机构应当具备举办所开设专业（职业、工种）培训的师资、设备、设施等条件。

第二十五条 举办中外合作职业技能培训办学项目，中外合作办学者应当签订合作协议，载明下列内容：

（一）合作各方的名称、住所和法定代表人的姓名、职务、国籍；

（二）合作项目名称、合作内容和期限；

（三）合作各方投入资产数额、方式及资金缴纳期限（有资产、资金投入的）；

（四）解决合作各方争议的方式和程序；

（五）违反合作协议的责任；

（六）合作各方约定的其他事项。

合作协议应当为中文文本。有外文文本的，应当与中文文本的内容一致。

第二十六条 申请举办中外合作职业技能培训办学项目，由拟举办项目所在地的省、自治区、直辖市人民政府劳动保障行政部门审批，并报国务院劳动保障行政部门备案。

第二十七条 举办中外合作职业技能培训办学项目，应当由中国教育机构提出申请，提交下列文件：

（一）《中外合作职业技能培训办学项目申请表》；

（二）合作协议；

（三）经公证的中外合作办学者法人资格证明；

（四）捐赠资产协议及相关证明（有捐赠的）。

第二十八条 审批机关受理申请后应当在30个工作日内作出是否批准举办中外合作职业技能培训办学项目的决定。有下列情形之一的，审批机关不予批准举办中外合作职业技能培训办学项目，并书面说明理由：

（一）违背社会公共利益、历史文化传统和职业培训的公益性质，不符合国家或者地方职业培训事业发展需要的；

（二）中外合作办学者有一方不符合条件的；

（三）申请文件不符合本办法要求，经告知仍不改正的；

（四）申请文件有虚假内容的；

（五）法律、行政法规规定的其他不予批准情形。

第二十九条 批准中外合作职业技能培训办学项目的，由审批机关颁发统一格式、统一编号的中外合作办学项目批准书。

中外合作办学项目批准书由国务院劳动保障行政部门制定式样并统一编号。

第四章 中外合作职业技能培训办学的组织与活动

第三十条 中外合作职业技能培训机构应当建立学籍和教学管理、教师管理、学生管理、卫生安全管理、设备管理、财务资产管理等项制度。

第三十一条 中外合作职业技能培训机构应当依照《中外合作办学条例》的规定设立理事会、董事会。国家机关工作人员不得担任中外合作职业技能培训机构的理事会或者董事会成员。

第三十二条 中外合作职业技能培训机构应当聘任专职校长或者主要行政负责人。校长或者主要行政负责人依法独立行使教育教学和行政管理职权。

中外合作职业技能培训机构应当配备具有大学本科及以上学历及一定的外语交流能力，并具有中级及以上相关专业技术职务任职资格的专职教学管理人员。

第三十三条 中外合作职业技能培训办学项目是举办该项目的中国教育机构教育教学活动的组成部分，应当接受举办该项目的中国教育机构的管理。

第三十四条 中外合作职业技能培训机构和办学项目按照办学宗旨、培养目标和批准的专业（职业、工种）设置范围，自行设置专业（职业、工种），开展教育培训活动，但不得开展《中外合作办学条例》禁止的办学活动。

中外合作职业技能培训机构和办学项目可以在中国境内实施职业技能培训活动，也可以在中国境外实施部分职业技能培训活动。

第三十五条 中外合作职业技能培训机构和办学项目依法自主确定招生范围、标准和方式。但实施技工学校教育的，应当按照国家有关规定执行。

第三十六条 中外合作职业技能培训机构和办学项目应当按照招生简章或者与受培训者签订的培训协议，开设相应课程，开展职业技能培训，保证培训质量。

中外合作职业技能培训机构和办学项目应当提供与所设专业（职业、工种）相匹配的教育教学设施、设备和其他必要的办学条件。

第三十七条 中外合作职业技能培训机构和办学项目按照国家有关规定颁发培训证书或者结业证书。接受职业技能培训的学生，经政府批准的职业技能鉴定机构鉴定合格，可以按照国家有关规定获得相应的国家职业资格证书。

第三十八条 中外合作职业技能培训机构依法自主管理和使用本机构的资产，但不得改变按照公益事业获得的土地、校舍等资产的用途。

第三十九条 举办中外合作职业技能培训办学项目的中国教育机构应当依法对中外合作职业技能培训办学项目的财务进行管理，并在学校财务账户内设立中外合作职业技能培训办学项目专项，统一办理收支业务。

第四十条 中外合作职业技能培训机构和办学项目不得从事营利性经营活动。

第四十一条 中外合作办学者要求取得合理回报的，应当按照《中华人民共和国民办教育促进法实施条例》的规定执行。

中外合作职业技能培训机构有《中华人民共和国民办教育促进法实施条例》第四十七条列举情形之一的，中外合作办学者不得取得回报。

中外合作职业技能培训机构应当按照《中华人民共和国民办教育促进法实施条例》第三十七条的规定提取、使用发展基金。

第四十二条 中外合作职业技能培训办学项目的收费项目和标准，按照国家有关政府定价的规定确定并公布。

中外合作职业技能培训办学项目的办学结余，应当继续用于项目的教育教学活动和改善办学条件。

第四十三条 有下列情形之一的，中外合作职业技能培训办学项目终止：

（一）根据合作协议要求终止，并经审批机关批准的；

（二）中外合作办学者有一方被依法吊销办学资格的；

（三）被吊销中外合作办学项目批准书的。

中外合作职业技能培训办学项目终止，应当妥善安置在校学生；举办该项目的中国教育机构提出项目终止申请时，应当同时提交妥善安置在校学生的方案。

中外合作职业技能培训办学项目终止的，举办该项目的中国教育机构应当将中外合作办学项目批准书交回审批机关，由审批机关依法注销并向社会公布。

第五章　管理与监督

第四十四条　劳动保障行政部门应当加强对中外合作职业技能培训机构和办学项目的监督，组织或委托社会中介组织对中外合作职业技能培训机构和办学项目的办学水平和教育培训质量，进行定期综合性评估和专项评估，并将评估结果向社会公布。

第四十五条　中外合作职业技能培训机构和举办中外合作职业技能培训办学项目的中国教育机构应当于每年3月31日前向审批机关提交年度办学报告，内容应当包括中外合作职业技能培训机构和办学项目招收学生、培训专业（职业、工种）、培训期限、师资配备、教学质量、证书发放、财务状况等基本情况。

第四十六条　中外合作职业技能培训机构应当依照《中华人民共和国会计法》和国家统一的会计制度进行会计核算，编制财务会计报告，于会计年度结束之日起1个月内向社会公布社会审计机构对其年度财务会计报告的审计结果，并报审批机关备案。

第四十七条　中外合作职业技能培训机构和办学项目应当具有与专业（职业、工种）设置相对应的教学计划、大纲和教材。自编和从境外引进教学计划、大纲和教材应当符合法律法规规定，并报审批机关备案。

第四十八条　中外合作职业技能培训机构和办学项目的招生简章和广告样本应当自发布之日起5日内报审批机关备案。招生简章和广告应当依法如实发布机构和项目的名称、培训目标、培训层次、主要课程、培训条件、培训期限、收费项目、收费标准、证书发放和就业去向等。

第六章　法律责任

第四十九条　中外合作职业技能培训办学项目审批机关及其工作人员，利用职务上的便利收取他人财物或者获取其他利益，滥用职权、玩忽职守，对不符合本办法规定条件者颁发中外合作办学项目批准书的，对直接负责的主管人员和其他直接责任人员依法给予行政处分；构成犯罪的，依法追究刑事责任。

第五十条 违反本办法的规定，超越职权审批中外合作职业技能培训办学项目的，其批准文件无效，对直接负责的主管人员和其他直接责任人员，依法给予行政处分；致使公共财产、国家和人民利益遭受重大损失，构成犯罪的，依法追究刑事责任。

第五十一条 中外合作职业技能培训机构违反本办法有关组织与活动的规定，导致管理混乱、教育教学质量低下，造成恶劣影响的，按照《中外合作办学条例》第五十六条规定追究法律责任。

第五十二条 违反本办法的规定，未经批准擅自举办中外合作职业技能培训办学项目，或者以不正当手段骗取中外合作办学项目批准书的，由劳动保障行政部门责令举办该项目的中国教育机构限期改正、退还向学生收取的费用，并处以 1 万元以下罚款。

第五十三条 中外合作职业技能培训办学项目未经批准增加收费项目或者提高收费标准的，由劳动保障行政部门责令举办该项目的中国教育机构退还多收的费用，并提请价格主管部门依照有关法律、行政法规的规定予以处罚。

第五十四条 中外合作职业技能培训办学项目发布虚假招生简章或者招生广告，骗取钱财的，由劳动保障行政部门责令举办该项目的中国教育机构退还收取的费用后，没收剩余违法所得，并处以违法所得 3 倍以下且总额 3 万元以下的罚款。

第五十五条 中外合作职业技能培训办学项目有下列情形之一的，由劳动保障行政部门责令举办该项目的中国教育机构限期改正：

（一）超出审批范围、层次办学的；

（二）管理混乱，教育教学质量低下的；

（三）未按照国家有关规定进行财务管理的；

（四）违反规定对办学结余进行分配的。

第七章　附　则

第五十六条　香港特别行政区、澳门特别行政区和台湾地区的教育机构与内地教育机构合作举办职业技能培训机构或者办学项目的，参照本办法执行，国家另有规定的除外。

第五十七条　在工商行政管理部门登记注册的经营性的中外合作职业技能培训机构的管理办法，按照国务院规定执行。

第五十八条　外国教育机构、其他组织或者个人不得在中国境内单独设立以中国公民为主要招生对象的职业技能培训机构。

第五十九条　本办法实施前已经批准举办的中外合作职业技能培训办学项目，应当补办本办法规定的中外合作办学项目批准书。其中，不完全具备本办法规定的中外合作职业技能培训办学项目举办条件的，应当在本办法施行之日起1年内达到本办法规定的条件。逾期未达到本办法规定条件的，审批机关不予补办中外合作办学项目批准书。

第六十条　本办法自2006年10月1日起施行。

劳动人事部 国家教育委员会关于颁发技工学校工作条例的通知

（1986 年 11 月 11 日　劳人培〔1986〕22 号）

各省、自治区、直辖市劳动人事厅、局（劳动局）、教育委员会、高教局、教育厅（局），国务院有关部、直属机构，解放军总后勤部工厂管理部，计划单列市劳动人事局（劳动局）、教育局：

现将技工学校工作条例印发给你们，请按照执行。

附件：技工学校工作条例

（注：2010 年 11 月 12 日人力资源社会保障部令第 7 号《关于废止和修改部分人力资源和社会保障的决定》将名称修改为“技工学校工作规定”。）

技工学校工作规定

第一章　总　则

第一条　为了贯彻执行《中共中央关于教育体制改革的决定》中的有关规定，适应国民经济和社会发展的需要，进一步办好和发展技工学校，特制定本条例。

第二条　技工学校是培养技术工人的中等职业技术学校，是国家职业技术教育事业的重要组成部分，属于高中阶段的职业技术教育。它必须执行党和国家的教育方针，面向现代化，面向世界，面向未来，不断提高教学质量，把学生培养成为合格的中级技术工人，做到多出人才、出好人才，为国民经济和社会发展服务。

第三条　技工学校在完成培养中级技术工人任务的前提下，应当根据需要和可能，积极承担多种培训任务，包括在职工人

（含班组长）的提高培训、转业培训，待业青年的就业培训，学徒的技术培训等。

第四条 技工学校培养中级技术工人的具体要求是：

思想政治方面：培养学生爱祖国，爱人民、爱劳动、爱科学、爱社会主义，讲文明、懂礼貌、守纪律，有良好的职业道德，有为国家富强和人民富裕而艰苦奋斗的献身精神。

操作技术方面：培养学生熟练地掌握本工种（专业）的基本操作技能，完成本工种（专业）中级技术水平的作业，养成遵守操作规范和安全生产、文明生产的习惯。

文化技术知识方面：培养学生扎实地掌握本工种（专业）中级技术所需要的文化和技术理论基础知识，具有一定分析和解决问题的能力。

身体方面：重视体育锻炼，使学生具有健康的身体。

第五条 技工学校的学制，应根据培养目标、招生对象的不同，分别确定。培养中级技术工人，主要招收初中毕业生，学制为三年（个别工种（专业）确有需要的，可以招收高中毕业生，经省、自治区、直辖市劳动人事部门批准，学制为一至二年）。

第六条 技工学校的招生计划，分别由国务院各主管部门和各省、自治区、直辖市劳动人事厅、局（劳动局）会同计（经）委、教育部门提出，经劳动人事部汇总平衡，报国家计划委员会列入国民经济和社会发展计划，同时抄报国家教育委员会。

技工学校招生，坚持德智体全面考核、择优录取的原则。

第七条 技工学校毕业生的分配办法，必须进一步改革。改革的方向是把国家统包统配改为按“三结合”方针就业。当前，要实行在国家计划指导下，由学校推荐、用人单位择优录用的制度，既应面向全民所有制单位，也应面向集体所有制单位。

第八条 技工学校由劳动人事部在国家教育委员会指导下进行综合管理。在省、自治区、直辖市的技工学校由省、自治区、直辖市劳动人事厅、局（劳动局）综合管理。省、自治区、直辖市教育委员会负责统筹协调。

第二章　学校设置

第九条　发展技工学校应统筹规划，合理布局，根据经济建设和社会发展的需要，采取多种形式办学。主要是：各级产业部门办；各级劳动人事部门办；厂矿企、事业单位办；有关部门、单位联合办；鼓励集体所有制单位办。

第十条　技工学校的办学规模和工种（专业）设置，从经济和社会发展需要出发，由办学主管部门核定。规模不宜过小，在校学生一般不应少于200人。工种（专业）设置，应以操作技术复杂、技术业务知识要求高的为主；为增强学生就业后的适应能力，不宜划分过细。

第十一条　技工学校应该具备的办学条件是：

按照选拔干部的原则和劳动人事部颁发的《技工学校机构设置和人员编制标准暂行规定》设置机构、配备教职工和实习工厂（场、店）工作人员；

有稳定可靠的经费来源；

有同办学规模、工种（专业）设置相适应的校舍、实习实验场所、设备、体育活动场地。有切实可行的教学计划、教学大纲、教材和图书资料。

第十二条　技工学校的开办、调整、撤销，由国务院各部门办的，在商得有关省、自治区、直辖市劳动人事、教育部门同意后，由国务院有关主管部门批准；属于地方办的，由省、自治区、直辖市劳动人事部门会商教育部门，由劳动人事部门审查，报省、自治区、直辖市人民政府批准；以上均应报劳动人事部备案。

已经批准开办的技工学校不准改为中等专业学校或其他性质的学校。

第十三条　技工学校必须把社会效益作为衡量工作的根本标准。应当加强校际之间的横向联系，开展专业化协作。

在培训方面，各校应取长补短，进行工种（专业）的合理分工和协作，保持主要工种（专业）的相对稳定。有关教学、实习和实验、文体活动等要相互配合。

在生产经营方面，各校应在平等协商、自愿互利的原则下，开展灵活多样的相互支援与协作。可以在校际之间自行联系挂钩，也可以按地区、行业组织起来定期协商交流，还可以成立校际之间的松散联合组织，开展生产协作。劳动人事部门要加强指导。

第三章　文化、技术理论与生产实习教学

第十四条　技工学校的教学，必须着重操作技能的训练，并紧密围绕培养目标，安排必要的文化与技术理论基础课程。

第十五条　技工学校的教学，必须根据国务院各有关主管部门制定和颁发的教学计划、教学大纲进行。学校应按照教学计划、教学大纲的要求，编制学期的、月份的生产（业务）实习教学计划和文化、专业技术理论课的学期教学进度计划。教师应编制学期授课计划和课时授课计划。

对于上述教学计划、教学大纲，学校可以根据地区和企业的不同特点，做必要的调整。课时的调整幅度一般可占总课时的15%左右。

第十六条　技工学校的生产（业务）实习教学，是培养学生掌握操作技能的主要手段。学生的生产（业务）实习，应尽可能结合生产（业务工作）进行。可以在校办工厂实习，也可以下厂（车间、工地、店堂）实习。生产（业务）实习教学的内容，应包括基本功训练和综合课题训练。

基本功训练和综合课题训练，一般应在校办实习工厂（场、店），采用课堂教学形式进行。学校应根据所设工种（专业）建立实习工厂（场、店），配备实习设备。对于不便于建立实习工厂的工种（专业），应加强实验、模拟教学。组织学生下厂实习的，学校应事先同企业商订出生产（业务）实习教学工作计划，

力求做到定课题、定学时、定岗位、定师傅、定期考核和定期轮换实学岗位。

第十七条 技工学校专业技术理论课的教学，应同本工种（专业）操作技能训练密切结合。其他课程的教学，也应坚持理论联系实际，并注意各课之间的配合与协调。

技工学校应建立专课教室、实验室、图书馆（室），并根据教学需要，不断充实仪器、教具，图书、资料和有关技术资料。并积极创造条件，逐步实施电化教学。

第十八条 技工学校应建立、健全学生学业成绩考核制度，认真进行平时考查，学期、学年和毕业考试。

第十九条 技工学校应按照工种（专业）和课程的不同，建立教学研究组。教学研究组应制订执行教学计划，教学大纲的措施，研究教学内容和教学方法，积极采用先进教学手段，总结交流教学经验和开展业务学习。

第二十条 技工学校领导人员应把主要精力放在教学工作上，通过听课、参加教学研究、检查学生作业和实习工件、召开师生座谈会等，深入了解教学情况，提出改进措施。

第四章 思想政治教育

第二十一条 技工学校的学生、教职工和实习工厂（场、店）工作人员的思想政治工作，必须大力加强。应当认真开展社会主义精神文明建设的教育，加强对学生进行马列主义基本知识教育、共产主义教育、职业道德教育、时事政策教育、法制教育。应当结合形势、任务，针对思想实际，寓思想教育于教学活动之中。培养学生成为有理想、有道德、有文化、有纪律的技术工人。教师要身教重于言教。应当表彰不愧于为人师表的教职人员，克服不良倾向。

第二十二条 对思想性质的问题，必须采取民主讨论的方法、说理方法、批评和自我批评的方法去解决，必须采取教育和疏导的方法去解决。

第二十三条 在技工学校党组织的领导下，充分发挥共青团、学生会和工会的作用，开展适合青年特点和教职工需要的有益身心健康的活动。

第二十四条 技工学校应建立、健全学生的品德考核制度，做好学生操行评定工作。这种评定一个学期进行一次，由班主任考察学生的表现，听取各方面的意见，写出评语。评语要实事求是，鼓励上进。

第五章 学 生

第二十五条 技工学校学生必须按时入学办理入学注册手续，遵守学籍管理制度。

第二十六条 技工学校学生应当发扬勤工俭学的精神；努力学习，不断上进；应当尊敬师长，遵纪守法，遵守《技工学校学生守则》和学校的规章制度。

对于在道德品质、学习、生产劳动等方面表现优秀的学生，应该分别情况，给予表扬、记功和奖励，可以颁发奖状和发给一定的奖品。对于违犯纪律又屡教不改的学生，应该分别情节轻重，给予警告、严重警告、记过、留校察看、责令退学直至开除学籍的处分。

处分学生，应该经过校务会议讨论，由校长批准执行。责令学生退学和开除学生学籍，应报主管部门和当地劳动人事部门备案。

第二十七条 技工学校按国家计划招收的学生，实行助学金和奖金相结合的办法。

第二十八条 技工学校应引导和帮助学生建立、健全学生会组织，培养学生自己管理自己的能力。学生会和共青团及其班组组织，应协助学校领导和教师做好学生的思想工作；推动学生好好学习，遵纪守法；组织学生开展课余学习、文体活动、公益劳动；管好学生宿舍；做好社会工作。

第二十九条 学生学习期满、经过课程结束考试、操行考核和毕业考试，成绩合格者，准予毕业，发给毕业证书。毕业考试成绩有两门课程不及格或操行成绩不及格的，不能毕业，发给结业证书。

第六章 教 师

第三十条 技工学校的教师，按照《技工学校教师职务试行条例》的规定，逐步实行聘任制。

第三十一条 技工学校教师应当认识时代和人民的要求，努力提高自己的思想道德素质和业务素质，做到为人师表；关心和爱护学生，认真钻研教学业务，改进教学方法，提高教学质量，完成教育、教学任务。

第三十二条 技工学校教师的任课时数，根据所任课程、年级的不同分别确定。担任生产（业务）实习课的，根据技工学校人员编制标准的有关规定，按负责一个实习教学班确定；担任文化、技术理论课和其他各门课程的，一般按每周十二至十六课时安排。

第三十三条 技工学校必须认真执行党的知识分子政策，调动教师的教学积极性，充分发挥教师在教学中的主导作用。学校领导者要从政治上关心教师，帮助教师解决工作和生活中的困难和问题，保证教师有充分的时间用于教学工作。

学校应切实加强对教师的培训和业务进修工作。生产实习课指导教师要努力达到能教本工种（专业）的工艺理论课；技术理论课教师应掌握一定的实际操作技能。应支持和鼓励教师积极参加教学研究和学术讨论活动。

第三十四条 技工学校应按学期或学年做好教师的考核工作。对于在工作中做出显著成绩的教师，要给予表扬和奖励；对于有特殊成绩和突出贡献的教师，可以提前晋职。对于失职和违犯纪律的教师，应给予批评教育以至降职、解聘。

第七章　实习工厂（场、店）管理

第三十五条　技工学校的实习工厂（场、店）应统筹安排实习教学任务和生产经营活动，既要保证完成教学计划，又要通过生产经营，增加学校收益。

第三十六条　技工学校实习工厂（场、店）必须根据生产实习教学的要求制定实施计划，安排好学生的基本操作技能的训练，尽可能减少纯消耗性的实习，应当防止发生脱离实习教学，单纯追求产值利润的偏向。

必须积极掌握技术信息资料，及时改进实习教学和生产经营管理。

学校主管部门和办学单位，应帮助学校实习工厂（场、店）开拓生产业务门路，疏通供销渠道，解决实习教学和生产经营所需要的原材料、物资、设备等问题。实习工厂（场、店）要建立、健全原材料、物资、设备等各项管理制度，严格实行岗位责任制。应注意采用和推广新技术、新工艺和先进操作法，鼓励师生员工开展技术革新和发明创造。

对改革创新确有成效的，应给予表扬和奖励。实习工厂（场、店）要实行单独核算，严格执行财经纪律。

学校承担生产任务和经营业务。必须严格履行所签订的经济合同，按照国家规定的标准生产和检验产品，保证产品质量和经营服务质量。

第三十七条　技工学校实习工厂（场、店）必须切实改善劳动条件，完善防护设备，严格执行安全操作规程，做好劳动保护工作。

第八章　行政工作

第三十八条　技工学校可以试行校长负责制。校长是学校的行政领导人，全面负责学校的教学、生产等各项工作。

学校应该建立、健全校务会议制度。校务会议由校长主持，副校长、各部门负责人和其他有关人员参加，讨论学校计划、总结和其他重要问题。

学校应该建立、健全教职工大会或教职工代表会议制度。教职工大会或教职工代表会议是教职工行使民主权利，参加学校管理的重要形式。

第三十九条 技工学校的后勤工作要明确树立为教学和生产经营服务、为师生员工服务的思想，关心群众生活，办好公共食堂。搞好集体福利，做好卫生保健、绿化美化环境工作，管理好学生宿舍和学校的各种物资、设备。

第四十条 技工学校的食堂要实行民主管理,健全管理制度,定期公布账目,杜绝贪污浪费,努力改善伙食,注意饮食营养卫生。

第四十一条 技工学校应建立独立的财务机构，经费由主办单位按照规定的程序、经费开支渠道和标准拨给，由学校支配使用。学校要配备财会人员，健全财务制度，遵守财经纪律。一切开支必须精打细算，厉行节约。

应建立技工学校基金制度，具体办法按照劳动人事部、财政部《关于在技工学校建立学校基金制度的联合通知》办理。

第四十二条 技工学校的领导干部要模范地执行党的方针政策，遵守党纪国法，努力学习政治理论和学校管理知识，认真总结经验，研究技工教育的规律，不断改进领导作风和领导方法，把学校切实办好。

第九章　附　则

第四十三条 各省、自治区、直辖市劳动人事厅、局（劳动局）和国务院各有关部门，可以参照本条例制定实施细则。

第四十四条 本条例自 1987 年 1 月 1 日起实行，1979 年 2 月 20 日原国家劳动总局颁发的《技工学校工作条例（试行）》同时废止。

劳动部、人事部关于培养生产实习指导教师的实施办法

（1989年7月1日　劳培字〔1989〕26号）

各省、自治区、直辖市及计划单列市劳动厅（局）、人事厅（局）、劳动人事厅，国务院有关部、委、直属机构职业技术培训主管部门，解放军总后勤部军需生产部：

根据劳培字〔1989〕1号《关于加强职业技术培训师资队伍建设的意见》的精神，为适应职业技术培训事业发展的需要，改变当前生产实习指导教师数量不足，素质偏低，结构不合理，又无培养基地和师资来源的状况，开创新的办学路子和培养方法，建立一支既能指导技术操作又能讲授专业（工艺）理论，使专业技术课与生产实习课一体化的新型师资队伍，特提出如下实施办法：

一、举办生产实习指导教师培训班，培养后备师资队伍

1. 培养目标：

（1）具备本专业（工种）工艺学理论的基础知识；

（2）达到中级工（四级工）的操作技能水平，具有规范化的操作技能；

（3）了解职工技术培训的理论知识和指导生产实习的基本教学方法；

（4）了解现代教学技术并懂得企业管理的一般知识。

2. 学员条件：

（1）技工学校毕业或具有同等水平；

（2）具有三级工操作技能水平；

（3）有较好的文字水平和表达能力。

3. 学制：

根据不同行业的专业（工种），一般为一年至一年半（全脱产）。

4. 待遇：

学员按规定学习的科目，经考核合格，分配到技工学校后，按照《技工学校教师职务试行条例》和国家有关职称评定的规定，经相应的技校教师职务评审组织评定任职资格，由技校行政领导聘任相应的生产实习指导教师职务，并按国工改〔1985〕29号文件规定，执行相应的工资标准。不办理转干手续。

5. 办学条件：

（1）必须由讲师以上的教师担任理论课的教学；

（2）必须由一级生产实习指导教师或技师担任实习课教学；

（3）必须具有能保证实习，实验的教学设备；

（4）必须具有能保证学员正常生活和学习的设施；

（5）必须按劳动部培训司审定的教学计划、教学大纲组织教学。

6. 审批程序：

各地区举办生产实习指导教师培训班，由各省、自治区、直辖市、计划单列市劳动厅（局）负责审批。国务院各部门直属单位举办生产实习指导教师培训班，由主管部的职业技术培训部门负责审批。

7. 考核和发证：

学员结业考核合格后，发给由劳动部统一印制，经办学审批部门验印、由学校校长或培训中心主任签发的《生产实习指导教师培训合格证书》。

二、举办生产实习指导教师高级培训班，提高在职教师的教学业务水平

1. 培养目标：

（1）具备本专业（工种）工艺学理论的专业理论知识（其中主要科目达到大专水平）；

（2）达到高级工（七级工）的操作技能水平；

（3）掌握现代职业技术培训的理论和方法，并具备一定的教学研究能力。

2. 学员条件：

（1）中等职业技术学校毕业或具有同等水平；

（2）具有五年以上的教学工作实践；

（3）具有五至六级工的操作技能水平；

（4）受过职业技术教育理论和生产实习教学法方面的培训。

3. 学制：一般不少于一年（全脱产）。

4. 待遇：学员按规定学习的科目考核合格者，回生产实习指导教师岗位工作后，按照《技工学校教师职务试行条例》和国家有关职称评定的规定，或技师评聘有关规定，经相应的评审组织评审任职资格，由技校行政领导聘任相应的生产实习指导教师职务或技师职务，并按国工改〔1985〕29号文件规定，执行相应的工资标准（不办理转干手续），或享受技师的待遇。

5. 办学条件：

（1）必须由高级讲师担任主要科目的理论课教学；

（2）必须由高级或一级生产实习指导教师和技师担任实习课教学；

（3）必须具有能保证实习、实验的教学设备；

（4）必须具有能保证学员正常生活和学习的设施；

（5）必须按照劳动部培训司审定的教学计划，教学大纲组织教学。

6. 审批程序：

各地区、各部门举办生产实习指导教师高级培训班，在落实承办单位和具备办学条件后，由劳动部培训司审批。

7. 考核和发证：

学员结业考核合格后，发给经劳动部培训司验印，由学校校长或培训中心主任签发的《生产实习指导教师高级培训合格证书》。

劳动部关于生产实习指导教师评聘技师问题的补充意见

（1990 年 3 月 12 日　劳培字〔1990〕4 号）

各省、自治区、直辖市及计划单列市劳动厅、局（劳动人事厅），国务院有关部门：

1989 年我部印发劳培字〔1989〕1 号《关于加强职业技术培训师资队伍建设的意见》和劳培字〔1989〕26 号《关于培养生产实习指导教师的实施办法》后，各地区、各部门在落实中提出了一些问题。经研究，现对生产实习指导教师评聘技师问题提出如下补充意见：

一、生产实习指导教师评聘技师的专业（工种）范围，应限定在经劳动部与各行业主管部门联合印发的《关于行业实行技师聘任制的实施意见》中所规定的专业（工种）岗位。

二、生产实习指导教师评聘技师的对象是，1966 年底前从事生产实习教学工作（含本工种工作），或在本专业（工种）工作二十年并从事生产实习教学工作十年以上；因不具备规定的学历不能聘任为一级生产实习指导教师，或经生产实习指导教师高级培训班培训合格而属工人身份的生产实习指导教师。上述人员可按劳人培〔1986〕9 号《关于技工学校机构设置和人员编制标准暂行规定》在生产实习指导教师编制定员内评聘技师职务。受聘技师职务者，享受技师的职务津贴和有关待遇。

三、生产实习指导教师评聘技师的具体考核标准和评聘办法，由各省、自治区、直辖市劳动厅、局（劳动人事厅），国务院有关部委、直属机构劳资、教育司（局）根据技工学校不同的专业（工种），参照国务院有关业务主管部门制定的技师任职条件和考核标准，结合生产实习教学实际制定，并报我部备案后实施。

四、生产实习指导教师受聘技师的人数和所需增加的工资额，由各地区、各部门报我部核准后专项下达。

五、评聘技师的其它有关事宜，按劳人培〔1987〕16号《关于实行技师聘任制的暂行规定》和现行有关文件执行。

在生产实习指导教师中评聘技师是一项新工作，各地区、各部门必须加强领导，审慎行事，先行试点，总结经验后，逐步展开；要严格考核，确保质量。

劳动部关于颁发《技工学校学生学籍管理规定》的通知

（1990 年 5 月 4 日　劳培字〔1990〕6 号）

各省、自治区、直辖市及计划单列市劳动厅、局（劳动人事厅）、国务院各有关部门：

现将《技工学校学生学籍管理规定》发给你们，请按照执行。1980 年 4 月 8 日原国家劳动总局颁发的《技工学校学生学籍管理的暂行规定（试行）》同时废止。

附：技工学校学生学籍管理规定

技工学校学生学籍管理规定

第一章　总　则

第一条　为做好技工学校学生的学籍管理，保证技工学校教学工作的顺利进行，根据《技工学校工作条例》，制定本规定。

第二条　技工学校应当建立健全学生学籍管理制度，把严格的管理制度同思想教育相结合，奖励同惩处相结合。

第三条　技工学校学生应当严格遵守学籍管理制度。

第四条　各技工学校均应执行本规定。

第二章　入学与注册

第五条　技工学校按国家计划招收录取的新生，必须持录取通知书和有关证件，按期到校办理入学手续。因故不能按期入学者，须凭有关证明，向学校申请延期报到（期限一般不得超过两周）。未经准假或逾期两周不报到者，取消入学资格。

第六条 新生在入学后的三个月内，应接受学校复查。经复查证实不符合报考、录取条件，或身体状况不符合标准者，由学校报请所在省、自治区、直辖市招生主管部门批准，取消学籍，退回原地区。

第七条 每学期开学，学生必须按规定日期到校注册。因故不能如期注册，必须请假，否则按旷课处理。

第三章 成绩考核

第八条 学生必须参加教学计划规定的课程考核，成绩载入记分册，并归入本人档案。

第九条 考核分为考试和考查两种，成绩的评定采用百分制或四级（优秀、良好、及格、不及格）制。

第十条 体育课的成绩，要把课内教学和课外锻炼活动结合起来进行综合评定。

第十一条 学生因故不能参加考试，必须事先向学校申请，经批准后缓考。缓考不及格者可补考一次。

第十二条 学生每学期不及格的课程，均可补考一次。补考按学校规定时间进行，记分时应注明“补考”字样。

第十三条 擅自缺考，该课程以零分计，不准补考。考试作弊，应据情节轻重，给予纪律处分。

第十四条 学生要按时参加教学计划规定的和学校统一组织安排的活动。上课、实习、军训等都应考勤。无故不参加者，按旷课处理。

第十五条 学校每学期对学生进行操行评定，在学生毕业时进行操行总评。

第四章 休学与复学

第十六条 学生因病或其他特殊原因不能继续学习，以及请假缺课累计超过该学期的三分之一，跟原班学习确有困难者，可准予休学或令其休学。

第十七条　学生因病休学须有县以上医院诊断证明。休学应填写休学申请书，经校务会议讨论、校长批准后，方可办理休学手续，并报学校主管部门和当地劳动部门备案。

第十八条　经批准休学的学生必须离开学校（户口和粮食关系可留在学校）；休学期间停发助学金，医疗费由本人自理。

第十九条　学生休学回家的往返路费由本人自理，家庭生活确实困难的，经本人申请，由学校酌情补助。

第二十条　学生休学以一年为限。休学期满的前一个月应向学校提交有关证明，经审查批准后，原则上随原专业的下一个年级学习。

第五章　升级、试读、退学与转学

第二十一条　学生学完本学年教学计划规定的课程，经考核成绩及格者准予升级。

第二十二条　学生每学期有两门考试科目经补考仍不及格者，应随班试读一学期（试读期一次），试读期间停发助学金。

第二十三条　试读生在试读期末考试成绩及格者，可以转为正式生；有一门主要课程不及格者，应令其退学。

第二十四条　学生每学年有四门考试科目不及格者；休学期满仍不能复学者；一个学期内连续旷课 7 天，累计旷课 10 天以上者，应令其退学。

第二十五条　学生在校学习期间，一般不得转学。因特殊情况必须转到外地的学生，应先向学校提出申请，报当地劳动部门批准，并征得转入地区学校、学校主管部门和劳动部门同意后，方可办理转学证明和入学手续。

第六章　奖励与处分

第二十六条　对德、智、体和生产实习劳动方面表现优秀的学生，可分别给予表扬、记功和授予“优秀学生干部”“三好学生”等称号，并向全校公布，记入学生档案。

第二十七条　对于违反纪律和犯错误的学生，学校应进行批评教育，情节严重或屡教不改者，可给予警告、严重警告、记过、留校察看、责令退学或开除学籍等纪律处分。

第二十八条　处分学生必须经过校务会议讨论，校长批准执行，其中责令退学和开除学籍处分，需报学校主管部门批准并报劳动部门备案。

第二十九条　对给予留校察看以下（含留校察看）处分的学生，经教育帮助后确有显著进步者，可撤销处分。

第七章　毕业与结业

第三十条　学生学完教学计划规定的全部课程，毕业考核和操行总评（毕业鉴定）成绩合格者，准予毕业，由学校发给毕业证书。

第三十一条　学生毕业时，有两门主要课程考试不及格者，应准予补考，补考后仍不及格者发给结业证书；操行总评不及格或生产实习课不及格者，发给结业证书。

第三十二条　学生毕业时，因身体状况不能参加工作者，允许保留学籍1年，病愈后由学校同有关部门联系，酌情安置。

第八章　附　则

第三十三条　省、自治区、直辖市劳动部门可按照本规定制定实施细则，并报劳动部备案。

第三十四条　本规定由劳动部负责解释。

第三十五条　本规定自发布之日起施行。

劳动部关于印发《技工学校学生日常行为规范》的通知

（1990年5月12日　劳培字〔1990〕7号）

各省、自治区、直辖市及计划单列市劳动厅、局（劳动人事厅），国务院有关部、局、总公司：

为加强对技工学校学生的管理，提高学生遵纪守法和勤奋学习的自觉性，现将《技工学校学生日常行为规范》印发给你们，请按照执行。本规范自公布之日起施行。1980年4月8日原国家劳动总局颁发的《技工学校学生守则（试行）》即废止。

附：技工学校学生日常行为规范

技工学校学生日常行为规范

一、遵纪守法　勤奋学习

1. 遵守宪法和法律，维护社会安定，勇于同不良行为做斗争。

2. 遵守校规、校纪，服从管理，保持良好的教学秩序。

3. 明确学习目的，端正学习态度，坚持德、智、体全面发展。

4. 上课专习听讲，积极思考问题，按时、独立完成作业。

5. 勤学苦练基本功，努力掌握基础理论知识和专业操作技能。

二、尊敬师长　团结同学

6. 尊重教职工，接受教诲和指导。

7. 诚实守信，热忱待人。

8. 团结同学，互助、互谅、互让。

9. 爱班、爱校，维护集体荣誉，积极参加集体活动。

三、热爱劳动　文明生产

10. 热爱所学专业、遵守职业道德，端正劳动态度，虚心向工人师傅学习。

11. 遵守劳动纪律，严守操作规程，坚持文明生产，完成生产实习任务。

12. 爱护设备、工具，节约能源和原材料，注重经济效益。

四、遵守公德　勤俭节约

13. 尊重他人的人格、宗教信仰和民族习惯。

14. 敬老爱幼，助人为乐。

15. 遵守交通规则，维护公共秩序，爱护公共财产。

16. 节约水、电、粮食，不追求物质享受。

17. 尊重父母的意见和教导，经常向父母汇报生活、学习、思想情况。

五、自尊自爱　仪表端庄

18. 坐、立、行走、读书、写字姿势端正。

19. 穿着整洁、朴素大方。

20. 举止文明、礼貌，态度和蔼，谈吐文雅。

21. 不吸烟、不酗酒、不早恋。

22. 不赌博、不打架斗殴，不参加封建迷信活动，不传看黄色书刊、录像。

23. 维护国家尊严和利益，不做有损国格、人格的事。

劳动部关于印发《技工学校校长任职要求（试行）》的通知

（1992年9月11日　劳培字〔1992〕13号）

各省、自治区、直辖市及计划单列市劳动（劳动人事）厅（局），国务院有关部委、直属机构职业培训部门，解放军总后勤部司令部：

现将《技工学校校长任职要求（试行）》（以下简称《要求》）印发试行。

《要求》是根据我国技工学校的发展，兼顾技工学校校长现状而制定的，是选拔、任用、考核和培训技工党校校长的基本依据。提出“要求”是加强技工学校领导、提高技工学校校长队伍素质的一个重要步骤，各地、各部门应采取措施，通过组织岗位培训和日常政治业务学习、工作锻炼，使技工学校校长努力达到基本要求。实施《要求》是一项新的政策性很强的工作。各劳动部门应加强领导，有计划，有步骤地逐步推行。对目前不具备规定学历的校长，可视具体情况区别对待。对其中办学经验较丰富、成绩较好的校长，要予以肯定，使他们安心工作。对已经达到规定任职要求的校长，也应以多种有效形式，继续提高他们的政治、业务素质。“八五”的后四年，要按任职要求对所有技工学校校长进行一次培训。培训校长的指导性教学计划、大纲、教材由我部统一组织制定。培训合格证书待我部制定样式后，由培训学校制发：为保证培训质量，培训学校宜相对集中。拟先定天津职业技术师范学院、河南职业技术教育学院为校长定点培训学校。

附：技工学校校长任职要求（试行）

技工学校校长任职要求（试行）

校长是学校行政和领导者，对外代表学校，对内全面负责学校的教育、教学工作，并保证党和行政各项任务的完成。其任职要求是：

一、校长任职条件

1. 以社会主义现代化建设为中心，坚持四项基本原则，坚持改革开放。有一定的马克思主义理论水平，能运用马列主义的立场、观点、方法指导学校工作。

2. 坚决贯彻执行党和国家的教育方针、政策、法规。刻苦钻研教育、教学业务，有较高的政策水平和管理能力。

3. 热爱技工教育事业，有强烈职业责任感；关心爱护学生，团结同志，联系群众；严于律己，公正廉洁；坚持原则，顾全大局。具有艰苦创业、改革创新精神；言行堪为师生表率。

4. 有大学专科以上文化程度，或中级以上专业技术职称，从事五年以上教育、教学工作，通过岗位培训并获得合格证书。

5. 身体健康，能胜任工作。

二、校长主要职责

1. 全面贯彻党和国家的教育方针、政策、法规，坚持社会主义办学方向，把德育工作放在首位；按照教书育人、管理育人、服务育人的要求，做好教职工的思想政治工作和学生的思想品德教育工作；坚持教育与生产劳动相结合，为社会主义现代化服务的原则，主动适应经济建设和社会发展的需要，培养德、智、体全面发展的技术工人；突出技能培训，不断提高教育教学质量。

2. 认真执行党的知识分子政策，团结依靠广大教职员工，充分发挥他们在工作中的主动性、积极性和创造性；不断加强班主任、中青年教师和业务骨干的培养，组织他们学政治、学理论、钻研业务，学习生产技术、提高他们的政治思想、职业道德，文化、技术水平和教育教学能力，努力建设一支高水平的德才兼备的教师队伍。

3. 接受党的领导，依靠党组织，积极做好学校各项工作，建立健全学校的教职工代表大会制度和校务委员会，定期召开教职工代表大会，听取代表意见，接受群众监督，重视发挥学校领导班子的整体作用，实行民主治校。

4. 领导制定与实施学校长期发展规划，学年、学期教学工作计划和教育、教学改革方案；按国家规定的教学计划、教学大纲，开设各门课程；按照突出技能培训的要求，认真办好实习工厂或模拟训练场所，建立完善生产实习课教学的基本功训练场地或校外培训基地；深入教学第一线，指导教师进行教学和教学研究活动。

5. 建立健全学校岗位责任制和各项规章制度，组织领导教育、教学质量评估、生产经营和教职工业务培训以及专业技术职务评聘工作。

6. 搞好校办产业，走产训结合的道路，提高经济效益，为教育、教学提供一定的物质基础。

7. 坚持勤俭办学、勤工俭学的方针。执行财经纪律，搞好财务管理，审批学校基建计划和技术改革计划以及学校经费年度预决算。

三、校长岗位要求

（一）岗位知识要求

1. 懂得马列主义基本原理和建设有中国特色的社会主义基本理论，了解中国近、现代史和基本国情。

2. 掌握党和国家的教育方针、政策的基本精神和职业技术教育的基本理论，了解国内外职业技术教育的有关情况。

3. 掌握技工学校管理的基本知识，技工学校教育和生产经营有关的自然科学、社会科学基础知识和公共关系学基本理论，了解本地区社会与经济发展的基本情况。

4. 熟悉主要课程的教材教法和生产实习教学法，掌握教育统计、测量及评价的基本理论和基本方法。

（二）岗位主要能力要求

1. 具有计划与决策能力。根据技工学校培养目标和任务组织制定学校中长期发展规划，学年学期和阶段性工作计划，对学校教育管理、生产经营和改革等重大问题做出决策。

2. 具有思想政治工作能力。能够做好思想政治工作，培养学生良好的思想意识和高尚的职业道德。

3. 具有组织协调与业务实施能力。能够有力地领导、监督、检查学校各项工作，保证正常的教学、生产经营和行政工作秩序，协调处理好校内各部门之间、不同岗位之间、学校与社会之间的关系。

4. 具有合理用人能力。能识别、培养、使用人才，激发和调动个人、集体的工作积极性。

5. 具有一定的教学指导能力。指导教师提高业务水平，改进教育、教学方法，能够指导理论教学，生产实习教学和教育、教学研究工作。

6. 具有开拓职业教育的创新能力。能够学习推广国内外先进经验，开展教育、教学的研究、实验活动，不断改革创新。

7. 具有一定的社会活动能力。能够广泛接触社会，多方获取信息，开展横向联合，善于争取上级有关部门的指导和对学校各项事业的支持，并借助社会力量力好学校。

8. 具有较高的文字表达能力。能够起草学校报告、计划、总结、教学文件等。有较好的语言表达能力，会讲普通话。

劳动部关于印发《国家重点技工学校标准》（修订）的通知

（1997年8月8日　劳部发〔1997〕238号）

各省、自治区、直辖市劳动（劳动人事）厅（局），国务院有关部委、直属机构，解放军总后勤部：

从1992年开始，各地按照劳动部印发的《国家重点技工学校标准》，积极开展国家重点技工学校的评估工作。几年来，已在全国建立起一批具有示范和辐射作用的高水平技工学校，有力地推动了技工教育事业的改革与发展。为了更好地贯彻落实《教育法》和《职业教育法》的有关规定，使技工学校工作与经济发展、劳动就业紧密结合，我们对原印发的《国家重点技工学校标准》进行了修订，现将修订后的《国家重点技工学校标准》印发给你们，请按照以下要求，做好评估工作。

一、从1997年起，建立每四年进行一次的国家重点技工学校评估制度，具备条件的省（部）级重点技工学校，可按隶属关系申报国家重点技工学校（标准中第四、八、十三、二十八条，均为申报的必备条件）。

省级劳动部门和行业主管部门要成立评估工作组，按照《国家重点技工学校评估细则》（附件1）的评分办法，对申报学校进行评估认定，并于开展评估工作当年的10月底前，将达到950分以上的学校评估报告、申报审批表（附件2）报劳动部。劳动部将组织专家，采取抽查的方法对新申报的学校进行廷评估认定。

二、已被批准的国家重点技工学校，由省级劳动部门或行业主管部门每四年重新进行一次评估认定，并按上述要求将有关材料报劳动部，劳动部将分批组织复评。

对经过复评符合条件的，继续保留国家重点技工学校称号；对不符合条件的，将要求其在一年内改进，仍达不到要求的，取消其称号；因故连续两年不招生的学校，也将被取消称号。

三、各学校主管部门要积极争取当地政府和有关部门对国家重点技工学校工作的支持，并在原有政策的基础上继续给予扶持：

（一）对学校在创建国家重点技工学校过程中做出突出贡献的领导和教职员工给予表彰和奖励；

（二）国家重点技工学校的办学经费、基本建设费和设备费投入要高于一般学校的20%—30%；

（三）对连续保持国家重点技工学校称号的，其学生毕业考试合格，可直接获得相关工种的中级工技术等级证书；

（四）要保持国家重点技工学校校长队伍的稳定，校长的聘任和调整要征求省级劳动行政部门和行业主管部门的意见，并报劳动部备案。

国家重点技工学校评估是加强技工学校建设、落实职业教育相关政策的重要措施，也是实现技工学校改革发展目标的基础工作，各级劳动部门和行业主管部门要予以重视，加强领导，认真组织实施。

附件1. 国家重点技工学校评估细则

2. 国家重点技工学校申报审批表

（附件本书略）

国家重点技工学校标准

第一章　办学方向

第一条　坚持党的基本路线，坚持社会主义办学方向，牢固树立为经济建设和社会发展服务，为劳动就业服务的办学指导思想。

第二条 全面贯彻党和国家的教育方针，坚持教育与生产劳动相结合、实习教学与生产（经营管理）相结合，突出技工教育特色，体现以素质教育为目标，使学生在德、智、体等方面得到全面发展。

第三条 在以培养中级技术工人为主的同时，能承担高级工等多种培训任务，并在学校管理、办学条件、教学质量和社会服务等方面起到示范作用，成为集职业需求预测、职业培训、技能鉴定和就业服务为一体的综合性职业培训基地。

第四条 学校专业设置能适应本地区经济建设和企业生产发展的需要，常设专业不少于 4 个，且连续招生在 3 年以上；办学规模达 1000 人以上，其中学制教育不少于 800 人。

第二章 办学条件

第五条 校级领导班子要与学校规模相适应，年龄结构合理，团结协作，勤政廉洁。校长、教务副校长应具有大学本科及以上学历或高级职称，具有改革创新精神。

第六条 有一支素质高、结构合理、达到上岗资格要求的教师队伍。文化、技术理论课教师具有本科及本科以上学历，其中高级职称应占 15%以上；技术理论课教师应具备本专业某一工种的初级工操作技能，其中达到中级及中级以上操作技能的应占 20%以上；实习指导教师具有中等职业学校及以上学历，操作技能达到中级工及以上水平，其中一级实习指导教师及以上职称的应占实习教师总数的 60%以上。

第七条 学校经费来源稳定，有与学校规模相适应的基本建设和设备经费，并保证逐年增长。

第八条 学校占地面积不少于 2.6 万平方米（约 40 亩）；生均建筑面积不少于 32 平方米，实习、实验场地及附属用房建筑面积不少于 6000 平方米。

第九条 有适应专业特点，满足教学需要的专用教室和实验室；仪器、设备、教具和挂图符合装备规范要求，主要设备应达到国内先进水平；有较先进的电化教学设备和编制音像教学片的能力。

第十条 有满足实习教学需要的实习工厂（场、店）和实习基地，保证每生有实习工位；特殊专业不宜建实习工厂的，应有适应实习教学要求的模拟设施或校外定点实习基地。

第十一条 图书馆面积不少于800平方米，藏书量不少于3万册，其中专业技术书籍不少于50%。教学资料及报纸、杂志基本能满足教师和学生学习需要。

第十二条 学校运动场地及体育设施齐全，能满足体育教学需要，运动场占地面积不少于6000平方米。

第三章 学校管理

第十三条 建立咨询委员会制度，聘请产业界、经济界及有关部门的专家任咨询委员，定期召开会议，了解经济、科技发展和用人需求以及毕业生质量反馈信息。

第十四条 发挥党组织的政治核心作用，建立党、政、工、团和学生会组成的思想政治工作网络，密切结合国内外形势和师生员工思想实际进行党的基本路线、爱国主义、革命传统、职业道德和法制教育，并积极开展第二课堂活动。

第十五条 学校机构设置合理，建有招生及毕业生就业服务的专门机构；各项管理工作科学、规范，教职员工岗位职责明确，做到教书育人、管理育人、服务育人。

第十六条 实行教师职务聘任制，建立教师评比、考核、奖惩制度和业务档案，重视教师培训工作，有切实可行的教师培训计划。

第十七条 认真执行部颁教学计划、教学大纲，按教学计划要求，编制、执行学期授课计划和生产实习计划和生产实习计划，实验课开出率100%。

第十八条 坚持教案审批制度，定期检查教师的备课、讲课、辅导和批改作业情况，并有常规记录。坚持开展教学研究和教学质量评估活动，重视教学信息反馈，资料完整。

第十九条 学生在校内完成基本功训练和综合课题训练，在校外实习要做到定课题、定学时、定岗位、定师傅、定期轮换、定期给学生讲课和辅导。

第二十条 学校卫生所（室）配备专职医务人员，贯彻预防为主的方针，做好卫生保健工作，未发生重大意外事故。

第二十一条 严格执行财务管理制度，做好资金预决算和财务分析，资金使用合理；学校食堂实行民主管理，定期公布账目，饮食卫生。

第二十二条 学校有良好的校容校貌，校园绿化、美化好，学生宿舍和公共设施整齐、卫生、美观，绿化面积达30%以上。

第四章 质量与效益

第二十三条 学生自觉遵守行为规范、学籍管理规定及各项规章制度，有良好的职业道德，仪表端庄，讲文明、讲卫生，操行考核优良率在95%以上。

第二十四条 学生实行毕业证书和技术等级证书“双证书”制度，毕业率达95%以上，达到中级工技术等级的占90%以上。

第二十五条 学生认真进行体育锻炼，身体素质好，体育达标率在95%以上，早操、课间操出勤率在95%以上，在上级部门组织的体育比赛中获奖。

第二十六条 用人单位对毕业生反映良好，满意率在80%以上，毕业生在岗位上有突出贡献。

第二十七条 学校教育改革与科研取得显著成效，教育改革经验受到上级主管部门的认可与推广；教师撰写的论文、著作和编写的教材，在省级以上的刊物发表或由出版社正式出版。

第二十八条 建立毕业生人才信息库，并与职业介绍机构联网，采取多种形式与劳动力市场沟通，为学生提供职业指导和就业服务，毕业生当年就业率在90%以上。

第二十九条 学校实习工厂或校办产业能积极开展生产经营和社会服务活动，有较好的经济效益，利润达到学校正常经费支出的30%以上，能为教学提供服务。

第三十条 学校办学成果显著，受到当地政府或主管部门的表彰。

劳动和社会保障部办公厅关于启用民办学校办学许可证有关问题的通知

（2004年4月23日　劳社厅函〔2004〕107号）

各省、自治区、直辖市劳动和社会保障厅（局）：

根据《中华人民共和国民办教育促进法》和《中华人民共和国民办教育促进法实施条例》（以下简称《实施条例》）有关规定，现就《民办学校办学许可证》（以下简称《许可证》）的使用和管理等有关问题通知如下：

一、各级劳动保障部门要根据《关于贯彻落实〈民办教育促进法〉做好民办职业培训工作有关事项的通知》（劳社部发〔2004〕10号）要求，做好民办职业培训学校的审批工作，对新审批设立的民办职业培训学校颁发《许可证》（式样附后）。新许可证自2004年9月1日起启用。

二、对《实施条例》实施前已经批准设立的民办职业培训学校，应参照《民办职业培训学校设置标准（试行）》进行评估，评估合格者，在2005年4月1日前换发《许可证》。

三、《许可证》是民办职业培训学校办学的合法证件。《许可证》分正本和副本。民办职业培训学校应将《许可证》正本放置在主要办学场所的醒目位置。

四、《许可证》填写要求：

1. 名称：经审批机关批准并符合学校章程规定的学校名称。

2. 地址：学校章程规定的学校所在地的详细地址。

3. 负责人：经审批机关核准，能代表学校行使职权、按照学校章程合法选聘的校长。

4. 办学类型：经审批机关批准允许开办的培训专业（工种）名称和培训层次（如中级烹饪）。

出资者要求取得合理回报的，应在办学许可证副本的办学类型后注明“要求取得合理回报”。

5. 批准文号：审批机关批准学校设立的批准文件号。

6. 有效期：审批机关按实际情况填写。

7. 发证机关：即审批机关。

8. 编号：编号为 13 位数。前 6 位数为国家行政区划代码，其中 1—2 位数为省级代码，1—4 位数为地级代码，1—6 位数为县级代码。第 7 位数为批准的培训层次代码，“1”为国家职业资格一级（高级技师），“2”为国家职业资格二级（技师），“3”为国家职业资格三级（高级工），“4”为国家职业资格四级（中级工），“5”为国家职业资格五级（初级工），“6”为其他非等级培训。第 8—13 位数为学校排序。

《许可证》内容若发生变更，发证机关应在副本中注明，盖“发证机关变更专用章”，并换发《许可证》正本。

五、各级劳动保障部门要结合本地民办职业培训发展的总体规划，做好《许可证》的颁发和换发工作。《许可证》由劳动和社会保障部统一印制，具体事宜请与中国就业培训技术指导中心培训服务处联系。

附件：民办学校办学许可证式样

（附件本书略）

人力资源和社会保障部办公厅关于进一步加强民办职业培训学校管理工作的通知

（2008年11月18日　人社厅发〔2008〕89号）

各省、自治区、直辖市劳动保障厅（局），新疆生产建设兵团劳动保障局：

为进一步促进民办职业培训事业健康发展，根据《中华人民共和国民办教育促进法》和《中华人民共和国民办教育促进法实施条例》等有关规定，现就进一步加强民办职业培训学校管理工作通知如下：

一、充分认识加强民办职业培训学校管理的重要意义

民办职业培训是我国民办职业教育的重要组成部分。自民办教育促进法施行以来，我国民办职业培训事业得到长足发展，涌现了一批办得好、质量高、有特色的民办职业培训学校，对提高劳动者素质，促进就业起到了积极的作用。但是，随着民办职业培训学校的快速发展，也出现了一些办学不规范、培训质量低下、政府监管不到位等不容忽视的问题。

加强民办职业培训学校管理是劳动保障部门依法行政的重要工作内容，对于规范办学行为，强化学校管理，提高培训质量，保护学生合法权益，对于促进民办职业培训事业可持续发展和维护社会稳定大局具有重要意义。各地劳动保障部门要进一步提高认识，认真履行职责，完善扶持政策，坚持“积极鼓励、大力支持、正确引导、依法管理”的方针，继续大力支持民办职业培训学校发展，并切实加强民办职业培训学校的管理。要根据当地经济社会发展和人力资源市场需求，制定民办职业培训发展规划，逐步形成布局合理、规模适当、管理规范、确保质量的良好局面，推动民办职业培训事业在规范中不断发展。

二、依法履行民办职业培训学校管理职责

（一）严格规范设立审批。民办职业培训学校按照办学所在地属地原则进行审批和管理。具体审批层次和权限由各省、自治区、直辖市劳动保障行政部门确定。为进一步规范民办职业培训学校管理，各地劳动保障部门要建立健全民办职业培训学校专家评审制度。对新申请举办职业培训的学校，可按照当地有关规定，组织专家对其办学资金、设施设备、教学场地、教学计划大纲、师资状况等进行认真论证和实地考察，严格依法进行审批。凡达不到条件和要求的，一律不得颁发办学许可证。

（二）严格规范异地办学。根据《中华人民共和国民办教育促进法实施条例》有关规定，民办职业培训学校只能使用一个名称开展培训。培训质量高、社会信誉好、管理规范的培训学校，可以跨省异地开展职业培训。跨省异地开展职业培训举办者必须重新申请设立培训学校，报举办地劳动保障行政部门审批。举办者除要提供必备的审批材料外，还需出具原所在地审批机关对其最近一年的办学质量评估报告。学校新增培训专业、提高培训层次、改变地址或更名等变更办学内容的，必须到审批机关备案批准，并换发新的办学许可证。各地劳动保障部门要将跨省异地办学纳入当地统筹管理，异地办学新批准设立的培训学校，必须为独立法人机构，必须依法建立独立的财务、会计制度和资产管理制度。严禁以提高班、高级班等名义，将学生转移到其它学校学习。

（三）严格规范招生宣传和收费行为。各地劳动保障部门要督促民办职业培训学校严格执行招生广告备案和收费公示规定。要对招生广告内容中的学校名称、招生专业、培训层次、培训期限、培训条件、收费标准、证书发放等内容进行严格审核。要监督学校依据自身现有办学条件以及办学许可证的批准内容，确定招生规模，并按照审核备案后的招生简章如实开展招生宣传。民办职业培训学校要严格执行国家规定的收费政策，收费项目、收费标准要按照《民办教育收费管理暂行办法》（发改价格〔2005〕309号）的规定执行，报当地物价部门备案，并向社会公示。公示后的内容不得擅自变更，未经公示收费的项目不得收费。严禁将教师收入与招生学费收入挂钩。

三、加强民办职业培训学校教育教学管理

（一）进一步完善学生管理制度。各地劳动保障部门要指导民办职业培训学校建立健全学生电子注册和学籍管理制度，建立统一电子档案，完整记录学生在校期间的学习成绩、行为表现以及参加职业技能鉴定等个人信息，并及时将学生相关信息的电子文档报送审批机关备案。要指导学校建立健全学生管理机构和学生会组织，选用懂得教育管理、作风扎实正派的人员负责学生管理工作，强化学校与学生的联系和沟通。同时指导学校加强学生的心理疏导和人格教育，注重校园文化建设，鼓励学生参加健康向上的文体活动，丰富学生业余生活。

（二）加强对校长、教师的管理和培训。各地劳动保障部门要建立民办职业培训学校主要管理人员信息库，并定期对校长进行培训。要严格执行校长任职核准，其任职条件必须符合相关法律、法规规定，并不得在校外兼职。对不合格、不称职的校长，要提出警告并建议学校董事会予以撤换。要监督民办职业培训学校按照有关规定，严格执行教师上岗要求。各民办职业培训学校要不断加强师资队伍的政治思想教育和师风师德建设。对品质恶劣、严重侵犯学生合法权益的教师或管理人员，学校要依法严肃处理。

（三）加强学校教学质量监督。各地劳动保障部门要定期开展民办职业培训学校教学质量检查，并将学员鉴定合格率等情况向全社会公布。同时，可采取聘请社会监督员对学校培训过程进行随时抽查，也可委托具有资质的社会中介组织对学校教学质量进行客观公正评估。对实训设施设备、师资、教材等达不到培训专业和等级要求，或与培训人数不相匹配的，要督促学校及时进行整改。民办职业培训学校每年年初须向审批部门提交当年教学计划大纲和课程安排表，并严格按照教学计划大纲开展相关教学活动。

四、强化民办职业培训学校的监督和服务

（一）切实加强民办职业培训学校监管。各地劳动保障部门要根据有关法律法规规定，按照“谁审批、谁管理、谁负责”的原则，每年对本行政区域内的民办职业培训学校开展一次全面检查评估活动，建立健全民办职业培训学校诚信评估制度。要重点检查评估学校规章制度建设、师资状况、办学条件、依法提留发展基金、教学质量和招生宣传等情况，并客观详细记录信用状况向社会公布。对存在虚假欺骗宣传、教学质量低下、学校管理混乱等严重问题的，由审批机关限期整顿，整改期间不得招收新生和举办新的培训活动。对整改后仍不合格的，要依法吊销其办学许可证。请各省、自治区、直辖市劳动保障部门在每年 3 月底前，将本地区上年度检查结果上报我部职业能力建设司。

（二）制定群体性突发事件处理预案。按照“属地管理、分级负责”的原则，各地劳动保障部门要督促民办职业培训学校制定突发事件紧急处理预案。指导学校建立健全学校内部安全管理责任制度，加大对食堂、礼堂等场所和重要设施设备的安全管理，确保校园安全。各地劳动保障部门要研究制定处理学校群体性突发事件预案和措施，对可能出现的群体性事件进行预防和控制。要开设举报电话和电子信箱，畅通学生反映问题的渠道，接受社会各方面的监督。各地劳动保障部门要建立重大事件上报制度，一旦发生群体性事件、伤亡事件等重大事件，必须在第一时间上报并报告我部。

（三）切实做好政策协调和服务。各地劳动保障部门要切实加强与教育、民政、工商、财政、物价和税务等相关部门的沟通协调，明确职责任务，形成协调工作机制，共同将民办职业培训学校发展的各项政策措施落到实处。民办职业培训学校审批、论证、管理等相关工作经费，要纳入部门年度经费预算。要通过改进作风，提高办事效率，加强对民办职业培训学校办学的业务指导，有条件的地方可建立民办职业培训学校信息化管理服务平台和网络，强化服务职能，优化服务手段，促进民办职业培训学校健康发展。

人力资源和社会保障部办公厅关于加强技工院校对外合作办学管理工作的通知

（2010年1月22日　人社厅函〔2010〕33号）

各省、自治区、直辖市人力资源社会保障（劳动保障）厅（局）：

随着我国经济社会发展，技工院校的办学模式呈现多元化趋势。技工院校开展对外合作办学，对于实现优质教学资源共享，促进技工教育事业发展发挥了积极作用。但是，在技工院校对外合作办学中也出现了一些片面追求经济利益、合作办学不规范、教学培训质量不高、职能部门监管不到位等不容忽视的问题，个别学校甚至还出现了完全不符合作办学定位、类似于“戒网瘾训练营”之类的合作办学，引发了不稳定事件。为进一步规范技工院校开展对外合作办学活动，现就有关问题通知如下：

一、高度重视，加强对技工院校对外合作办学的指导

各级人力资源社会保障（劳动保障）部门要高度重视技工院校对外合作办学工作，坚持以科学发展观为指导，切实加强对本辖区技工院校对外合作办学的管理，提高合作办学质量，维护学生（员）合法权益。要指导技工院校按照“以促进就业为导向、以培养职业能力为核心”的办学定位和办学方向开展合作办学，特别是要进一步推动校企合作的办学模式，大力培养企业急需的技能人才，切实防止和及时纠正与技工院校办学定位、办学方向不符的合作办学行为。

二、坚持依法办学，严格规范技工院校对外合作办学行为

各技工院校要加强对外合作办学的管理，规范对外合作办学行为。合作办学前，应全面考察合作方的办学资质、办学条件、专业设置、学生就业等情况。合作方须是经当地有关行政主管部门批准、具备办学资质的机构。合作办学中，双方必须坚持依法办学、依法施教。严格执行国家的收费规定，不得以学籍注册费、保证金、实习押金等形式乱立项目，不得擅定标准违规变相收费。跨省与异地机构合作，应报举办地人力资源社会保障行政部门审批。合作办学的招生广告须经有关主管部门审查核准。刊播、印制广告及简章的内容要使用审批机关核准的内容，不得擅自变更。各技工院校不得与不具资质的中介组织、学校、培训机构和各类团体合作办学，严禁实行委托招生和代理招生，坚决杜绝违规违法行为。

三、加强教学管理，提高技工院校对外合作办学质量

各技工院校要加强教学管理，提高教学质量。要紧密围绕本地区经济社会发展、产业结构调整与人力资源市场需求，合理规划对外合作办学专业。合作双方要将合办专业的教学内容纳入主办方统一教学管理，制定统一的教学计划，并按照教学管理的具体要求实施。要通过课堂听课、举行学生（员）座谈会、发放调查问卷等形式，定期对合作办学教学项目进行教学检查和督导，及时解决教学中存在的问题，切实保证教学质量。

四、明确责任，加强对技工院校对外合作的监管

各级人力资源社会保障（劳动保障）部门要依法履行管理职责，加强对技工院校对外合作的管理制度建设、师资队伍建设、教学管理、学生管理、招生简章和广告宣传等方面的监管。各地可根据实际，制定本地区规范技工院校对外合作办学管理规定，明确合作办学形式、办学层次、办学条件、办学规模等，强化合作办学管理职责，切实提高合作办学质量。对合作中存在虚假宣传、教学质量低下、学校管理混乱等问题的，要限期整顿，整顿期间不得招收新生和举办新的教学和培训活动。同时，要积极会同工商行政管理部门，加强对合作学校和培训机构招生广告的管理。对涉及民办职业培训机构合作办学、中外合作办学的，要严格按照我部《关于进一步加强民办职业培训学校管理工作的通知》（人社厅发〔2008〕89 号）和《中外合作职业技能培训办学管理办法》（劳动和社会保障部令第 27 号）的有关规定进行管理。

人力资源和社会保障部关于大力推进技工院校改革发展的意见

（2010 年 8 月 23 日　人社部发〔2010〕57 号）

各省、自治区、直辖市人力资源社会保障厅（局），新疆生产建设兵团劳动保障局：

为贯彻胡锦涛总书记视察技工院校讲话精神，落实《国家中长期人才发展规划纲要（2010—2020 年）》和《国家中长期教育改革和发展规划纲要（2010—2020 年）》，深入实施人才强国战略和扩大就业的发展战略，切实加强技能人才培养工作，现就大力推进技工院校改革发展工作提出如下意见。

一、进一步提高思想认识，明确技工院校改革发展方向

（一）充分认识加强技工教育的重要性。党中央、国务院高度重视技能人才队伍建设。2009 年底，胡锦涛总书记视察珠海市高级技工学校时指出："技能型人才在推进自主创新方面具有不可替代的重要作用"，"没有一流的技工，就没有一流的产品"。胡锦涛总书记的讲话，突出强调了技能人才对促进经济社会发展的重要作用，明确指出了新时期大力发展技工教育的重要意义。技工院校是培养技能人才的重要渠道，是落实健全面向全体劳动者的职业技能培训制度的重要载体。大力推进技工院校改革发展，加快技能人才培养，是适应经济发展方式转变，增强劳动者就业能力和工作能力的迫切需要，也是技工院校在新形势下提升竞争力、增强吸引力、扩大影响力、实现可持续发展的必然要求。各地人力资源社会保障部门和技工院校要深刻领会胡锦涛总书记重要讲话精神实质，进一步增强责任感和使命感，加大工作力度，采取切实有效措施，推动技工院校实现跨越式发展。

（二）进一步明确技工院校改革发展的指导思想和目标任务。技工院校改革发展的指导思想是，以邓小平理论和“三个代表”重要思想为指导，全面贯彻落实科学发展观，大力实施人才强国战略和扩大就业的发展战略，以促进就业为目的，以服务经济发展为宗旨，以综合职业能力培养为核心，坚持高端引领、多元办学、内涵发展，强化校企合作，深化教学改革，进一步完善政策、创新机制、夯实基础、提高质量，充分发挥技工院校在技能人才培养工作中的重要作用，为加快转变经济发展方式和促进就业提供强有力的技能人才保障。

当前和今后一个时期，技工院校改革发展的目标任务是，围绕经济社会发展和促进就业需要，加快培养一流技能人才和高素质的劳动者，逐步形成规划布局合理，办学理念先进，培养模式科学，服务社会功能显著，具有中国特色的现代技工教育培训体系。到“十二五”末，全国技工院校学制教育在校生规模达到500万人（其中，高级技工、预备技师在校生规模达到200万人），毕业生就业率保持在96%以上；面向社会开展各类职业技能培训年均达到800万人次。地级以上城市都要建成1所符合当地经济发展需要的高级技工学校或技师学院；全国建设50所示范性技师学院、200所示范性高级技工学校、500所示范性普通技工学校和100个示范性公共实训基地。

二、明确技工院校功能定位，突出办学特色

（三）坚持高端引领。要结合区域经济发展和产业布局，立足技工教育发展基础，加强规划引导，形成以技师学院为龙头、高级技工学校为骨干、普通技工学校为基础的覆盖城乡劳动者的技工教育培训网络。技师学院是高技能人才队伍建设综合基地，承担通过学制教育培养预备技师、高级技工的任务，也是本区域面向企业职工开展技师和高级技师提升培训与研修、考核与评价的重要平台。高级技工学校承担中、高级技能人才培养和开展各类职业培训的重要任务，是培养技能人才的中坚力量。普通技工学校在主要承担中级技工培养任务的同时，应积极面向社会开展各类职业技能培训，成为劳动预备制培训、企业职工培训、农村转移就业劳动者培训和农村实用人才培训的重要基地。到“十二五”末，技师学院的高级工以上在校生规模要达到60%以上，高级技工学校的高级工以上在校生规模要达到50%以上，技工学校每年开展社会培训人次应高于学制教育在校生数。

（四）开展多元办学。各地要根据区域经济发展和人力资源市场需求，进一步创新技能人才培养途径。要注重发挥多方面力量开展技工教育培训；要指导技工院校由注重学制教育向多元化技工教育培训转变，由注重学校教育功能向技工教育培训、技能水平评价和就业指导服务等综合性功能转变。各类技工院校要积极创造条件，拓展多元招生渠道，在坚持面向城乡初高中毕业生、青年求职人员开展学制教育和劳动预备制培训的同时，积极扩展培训对象，面向企业在职职工、农村转移就业劳动者、失业人员、高校毕业生、退役士兵等群体，开展各类职业技能培训，强化培训促进就业和稳定就业的功能。

（五）注重内涵发展。各地要处理好扩大规模和内涵发展的关系，指导技工院校在注重改善办学条件，保持适度办学规模的同时，强化内涵发展。要通过深入实施校企合作，深化教学改革，加强一体化教师队伍建设，规范学校管理等一系列措施，不断提高技工教育培训能力，实现办学实力和办学水平双提升。要根据技能人才成长规律，结合技工院校学生职业生涯发展的特点，坚持能力本位的办学理念，通过加强职业素质、专业技能和社会能力培养，开展职业指导、创业教育，提高学生综合职业能力、就业竞争力和创新创业能力。

三、深化技工院校教学改革，提升办学水平

（六）深入实施校企合作。校企合作既是技工院校发展的方向，也是技工院校的一项基本办学制度。要积极探索多种有效的校企合作模式，努力实现校企互利双赢。各类技工院校要通过设立咨询机构、定期召开咨询会议等形式，加强与企业的联系与合作，根据企业对技能人才的实际要求，联合制定培养计划，共享师资资源，强化实训实习。结合专业设置设立企业定点实习基地，并与企业签订校企合作协议；每个专业至少与3个以上企业建立合作关系，力争实现学习过程与工作过程同步，实习与就业一体。

（七）推进一体化教学改革。积极创新技能人才的培养模式，逐步建立以国家职业标准为依据、以工作任务为导向、以综合职业能力培养为核心的一体化教学课程体系，实现理论教学与技能训练融通合一、能力培养与工作岗位对接合一、实习实训与顶岗工作学做合一。在全国选择部分技工院校开展一体化课程教学改革试点，开发一体化课程教学标准和教材，推进一体化教学场所和师资队伍建设。技工院校要积极探索教学手段、教学内容、教学模式的改革，推行模块化、“培训菜单”等教学改革方式。加快教学资源信息化建设，运用现代化教学手段，推进多媒体教学、网络教学、仿真模拟教学。

（八）实行弹性学制和学分制。结合教学改革实际，采取灵活的弹性学制，实行学分制。要科学划定学分，制定实施方案，建立工作机制，加强质量监控。要建立和完善适合学分制的教学质量评价体系和考核制度，学生累计学分达到规定要求的，可提前毕业。开展企业职工在职培训可采取弹性学制，企业职工利用业余时间分阶段完成学业，累计学分达到规定要求的，可取得相应的技工院校毕业证书。

（九）规范高技能人才培养学制。高级技工学校、技师学院直接招收高中毕业生，培养高级技工的学制教育期限为3年，培养预备技师的学制教育期限为4年。高级技工学校、技师学院招收对口专业中等职业学校（包括技工学校）达到中级技能水平学生，培养高级技工的学制教育期限为2年，培养预备技师的学制教育期限为3年。学生学习期满且毕业成绩合格者，经职业技能鉴定合格后，取得相应毕业证书和职业资格证书。

四、做好技工院校招生就业工作，加强基础能力建设

（十）加大招生工作力度。组织实施全国技工院校扩招计划，每年定期举办技工院校招生宣传活动并形成制度安排。各地人力资源社会保障部门要根据本地区劳动力需求、生源情况和学校办学能力，加强与教育部门协调配合，指导技工院校做好招生工作。要利用街道乡镇劳动保障工作平台和公共就业服务机构，搭建技工院校和职业培训招生宣传工作网络，依托街道社区和乡镇（村）劳动保障协理员，建立一支技工院校招生信息员队伍。要在公共就业服务机构设立技工院校专门招生窗口，开展学制教育与职业培训常年招生。技师学院、高级技工学校要积极面向中等职业学校毕业生招收高级工班和预备技师班学员，扩大高技能人才培养规模。

（十一）抓好职业指导和就业服务。进一步巩固和提高技工院校毕业生就业率，将就业率和就业质量作为评估学校办学质量的重要指标。要强化人力资源市场需求预测和信息发布效能，指导技工院校完善毕业生就业服务体系。凡省级和国家重点技工学校、高级技工学校、技师学院都要设立学生就业指导机构，为学生提供职业指导服务。要建立学校与企业、人力资源中介机构的有效合作机制，拓宽就业渠道，促进毕业生就业。

（十二）强化师资队伍建设。各地要制定技工院校教师培训、进修计划，定期组织师德教育和业务培训，提高专业理论课教师和实习指导课教师的技能操作水平，安排专业教师每年不少于两个月的企业生产实践活动。鼓励技工院校教师参加专业硕士学习。到“十二五”末，技工学校专业课教师具有高级工以上职业资格的应达到50%以上；高级技工学校、技师学院专业课教师具有高级工以上职业资格的应达到70%以上。要积极吸收企业工程技术人员和高技能人才到学校担任专业课教师或生产实习指导教师；有条件的地方，对表现优秀的技工院校教师可给予适当奖励。开展技工院校教师职称制度改革试点，增设正高级教师职称，吸引和稳定理论与技能兼备的优秀人才长期从事技工教育。

（十三）加强领导班子能力建设。各地人力资源社会保障部门要指导协调办学主管部门为技工院校配备政治素养高、专业能力和管理能力强、熟悉技能人才培养规律的校级领导班子，并保持稳定。要结合技工院校发展趋势和办学特点，有针对性地组织校长岗位培训。每年定期组织全国技工院校骨干校长高级研修活动，加强经验交流和信息沟通，不断提高技工院校管理人员的领导能力和管理水平。

（十四）规范学校管理。各地人力资源社会保障部门要指导技工院校建立质量管理体系，完善学校各项管理规章制度。要定期开展办学水平和教学质量检查评估活动，加强对技工院校专业设置、教学计划大纲和教材使用的指导和监督。各地人力资源社会保障部门可定期组织进行技工学校合格评估，继续实施国家重点技工学校四年复评制度。推动全国技工院校全部使用“全国技工院校电子注册与统计信息管理系统”，做好学生学籍注册和国家助学金发放、免学费政策落实，并加强监督检查。加强技工院校信息化建设，建立健全学校管理信息化平台，提高信息化管理水平。深化技工院校人事制度和分配制度改革，全面推行聘用制度和岗位管理制度。

五、完善政策措施，加强组织领导

（十五）开展技工院校一体化课程认证考核。结合技工院校一体化教学改革试点，实施技工院校一体化课程认证考核。经批准开展一体化课程教学改革试点的技工院校，其一体化专业课程的毕业生学习成绩合格，可视同职业技能鉴定合格，取得相应职业和等级的职业资格证书。试点院校所在地省级人力资源社会保障部门职业技能鉴定机构要做好技术指导和服务，制定一体化课程教学技能考评工作方案，组织校外考评员和质量督导员进行检查督导，实施课程认证和过程化考核。

（十六）制定落实技工院校毕业生待遇政策。引导技工院校毕业生实现技能就业、技能成才。鼓励企业在与高级技工学校、技师学院毕业生协商确定初次就业工资水平时，对取得高级工以上职业资格证书的参照大专毕业生待遇确定；取得预备技师证书的毕业生工作满两年后，可申报参加技师资格综合评审，合格者按规定取得相应技师职业资格证书。制定高技能人才与工程技术人才职业发展贯通办法，选择部分工程技术类专业，探索开展取得高级工以上职业资格证书的高级技工学校、技师学院毕业生参加相应专业职称评价试点，具体办法另行规定。积极探索在基层和生产一线的优秀技术工人中考录公务员的办法。根据《直接从非军事部门招收士官工作规定》，高级技工学校、技师学院毕业生纳入军队士官招收对象范围，首次授衔确定工资起点标准等参照全日制大专、本科毕业生执行。

（十七）推动公共实训基地建设。各地要按照“统筹规划、合理布局、技术先进、资源共享”的原则，建立健全公共培训和鉴定服务网络。大力推进公共实训基地建设，开展职业培训和技能人才培养、评价、交流、竞赛服务。由政府部门建设和管理的公共实训基地，要合理整合地方培训资源，突出高技能实训特色，坚持公益服务方向。依托高级技工学校、技师学院建设的公共实训基地，要重点面向企业和社会提供高端技能培训、评价以及竞赛等组织服务工作。依托县（市）级技工学校建设的公共实训基地，要重点面向城乡初高中毕业生、农村转移就业劳动者、失业人员、高校毕业生、退役士兵等群体提供职业培训和职业技能鉴定服务。

（十八）加大资金支持力度。各级人力资源社会保障部门要积极争取各级政府及相关部门支持，不断优化政策，加大经费投入。要积极协调发展改革部门，落实好中等职业教育基础能力建设项目；要主动加强与财政、教育等部门的协调配合，落实好国家中等职业教育改革发展示范学校建设计划，积极争取中等职业教育实训基地建设项目，以及城市教育费附加等政府公共财政扶持职业教育发展的经费，支持技工院校改善基础设施和实训设备设施等办学条件。各地要加大高技能人才工作专项经费投入，支持和奖励在高技能人才培养方面成绩突出的技工院校，大力加强高技能人才师资培训等工作。要用好用足现有职业培训补贴政策，加大职业培训资金投入。各地要积极争取财政部门支持，加大公共实训基地建设资金投入，针对区域经济产业发展需求，探索制定紧缺技能人才定向培养职业培训补贴政策。

（十九）加强组织领导。各级人力资源社会保障部门要高度重视技工院校改革发展工作，将其列入重要议事日程，并纳入当地技能人才队伍建设总体规划。要根据本意见要求，结合当地实际，制定实施方案，细化工作内容，落实任务目标，确保各项措施落到实处。要整合资源，加强工作机构和人员队伍建设，发挥教学研究机构技术支撑作用，加大对技工院校管理支持服务力度。要加大对技工院校宣传力度，运用多种新闻媒介和形式，广泛开展技工院校招生和技能人才队伍建设系列宣传活动，营造技工院校发展和高技能人才成长良好氛围。

人力资源和社会保障部关于印发技工院校设置标准（试行）的通知

（2012年1月31日　人社部发〔2012〕8号）

各省、自治区、直辖市及新疆生产建设兵团人力资源社会保障厅（局）：

为贯彻实施《高技能人才队伍建设中长期规划（2010—2020年》（中组发〔2011〕11号），按照《关于大力推进技工院校改革发展的意见》（人社部发〔2010〕57号）有关要求，我部在广泛调研的基础上，组织有关专家制定了《技工学校设置标准（试行）》、《技师学院设置标准（试行）》，对原《高级技工学校标准》进行了修订。三类标准进一步明确了技工学校、高级技工学校和技师学院的办学定位和基本要求，进一步强化了技能人才培养特色。现将《技工学校设置标准（试行）》、《高级技工学校设置标准（试行）》和《技师学院设置标准（试行）》印发给你们，请认真贯彻执行。原《高级技工学校标准》废止。

附件：1.《技工学校设置标准（试行）》

2.《高级技工学校设置标准（试行）》

3.《技师学院设置标准（试行）》

技工学校设置标准（试行）

第一条　为规范技工学校设置，促进学校建设和发展，保证教育和培训质量，提高办学效益，依据国家有关法律法规制定本标准。

第二条 本标准适用于公民、法人和其他社会组织依法举办的技工学校。

第三条 技工学校应全面贯彻党的教育方针，坚持科学发展观，坚持教育培训与生产实际相结合，坚持服务经济建设和社会发展、促进劳动者就业的办学方向。

第四条 技工学校实行学制教育与职业培训并举、学校教育与企业培养相结合的办学模式。技工学校培养适应现代化生产、服务需要的中级技工，同时面向社会开展各类职业技能培训，并承担职业技能鉴定和就业服务等任务。

第五条 技工学校学生实行学业证书和职业资格证书“双证书”制度。

第六条 技工学校应配备政治素养高、管理能力强、熟悉技能人才培养规律的领导班子。校长应具有本科以上学历，以及高级专业技术职务或高级技师职业资格，且具有3年以上职业教育、职业培训或企业工作经历。其他校级领导应具有本科以上学历和中级以上专业技术职务或技师以上职业资格。

第七条 技工学校设立3年内培养规模应达到1600人。其中，学制教育在校生规模800人以上，年职业培训规模800人次以上。学校应紧密结合区域经济发展需要设置专业，常设专业不少于3个。

第八条 技工学校校园占地面积不少于3万平方米（约45亩）；校舍建筑面积不少于1.8万平方米，生均校舍建筑面积不少于20平方米。其中，实习、实验场所建筑面积不少于0.5万平方米。企业办校的占地面积、建筑面积可包括企业用于职工培训的相关场所面积。

第九条 技工学校应配备与办学规模和专业设置相适应的实习、实验设备设施，保证每生有实习工位。实习、实验设备总值不少于300万元。

第十条 技工学校应具备完善的学生生活设施；具备满足体育教学和学生锻炼身体需要的体育设备设施和运动场所；具备满足师生需求的图书馆、阅览室；具备满足多媒体、网络教学和信息化管理需要的软硬件设备设施。

第十一条 技工学校应拥有一支与办学规模、专业设置相适应的专兼职教师队伍。学制教育师生比应不低于 1：20。兼职教师人数不得超过教师总数的三分之一。具有企业实践经验的教师应占教师队伍总数的 20% 以上。技术理论课教师和实习指导教师总数应不低于教师总数的 70%。

第十二条 技工学校教师应符合国家规定学历要求，专任教师应具备相应的教师资格。技术理论课教师至少具备相关专业初级技能职业资格。其中，具备中级技能以上职业资格的应不低于 30%。实习指导教师应具备相关专业高级技能以上职业资格。

第十三条 技工学校应具有与培养规模相适应的日常运行、基本建设、设备购置、师资培训等稳定可靠的办学经费保障。办学经费（含生均经费等）标准不低于当地同类学校标准。

第十四条 技工学校实行校长负责制。学校应设置与技能人才培养相适应的教育教学、行政后勤服务、招生就业及培训工作等管理机构，并建立健全相应的规章制度。

第十五条 技工学校须加强安全管理工作，实行安全责任制度，保证学生日常生活、学习和实习安全。技工学校须制定应对各种突发事件的预案。

第十六条 技工学校应重视德育和学生管理工作，开展多种形式的学生思想品德教育。

第十七条 技工学校应配有与所设专业相配套的教学文件和教材。实习课时应不低于教学总课时的 50%。

第十八条 技工学校应建立校企合作办学制度。建立由有关部门、行业、企业和学校组成的校企合作指导委员会。每个专业应有相应的合作企业。

第十九条 本标准作为技工学校初设审批标准。对于边远贫困地区和特殊行业举办技工学校，培养规模和相应的办学条件要求可适当放宽。具体办法由省级人力资源和社会保障部门制定，报人力资源和社会保障部备案。

第二十条 本标准自颁布之日起施行。

高级技工学校设置标准（试行）

第一条 为规范高级技工学校设置，促进学校建设和发展，保证教育和培训质量，提高办学效益，依据国家有关法律法规制定本标准。

第二条 本标准适用于公民、法人和其他社会组织依法举办的高级技工学校。

第三条 高级技工学校应全面贯彻党的教育方针，坚持科学发展观，坚持教育培训与生产实际相结合，坚持服务经济建设和社会发展、促进劳动者就业的办学方向。

第四条 高级技工学校实行学制教育与职业培训并举、学校教育与企业培养相结合的办学模式。高级技工学校培养适应现代化生产、服务需要的中、高级技工，同时面向社会开展各类职业技能培训和师资培训，并承担职业技能鉴定和就业服务等任务。

第五条 高级技工学校学生实行学业证书和职业资格证书“双证书”制度。

第六条 举办高级技工学校，应符合当地产业发展规划和高技能人才队伍建设规划。

申请设立高级技工学校应经过技工学校办学水平评估，并举办过两期以上高级技工培训班。

第七条 高级技工学校应配备政治素养高、管理能力强、熟悉技能人才培养规律的领导班子。校长、教学副校长应具有本科以上学历，以及高级专业技术职务或高级技师职业资格，且校长应具有 5 年以上职业教育、职业培训或企业工作经历。

第八条 高级技工学校培养规模应达到 4000 人以上。其中，学制教育在校生规模不低于 2000 人，年职业培训规模 2000 人次以上。设立高级技工学校 3 年内高级技工学制教育在校生规模应不低于 50%，高级技工以上年培训规模应不低于 800 人次。

第九条 高级技工学校专业设置应与区域经济发展紧密结合，适应新型工业化发展和产业优化升级的需要，适应社会和企业对高级技工的需求。常设高级技工专业不少于 4 个。

第十条 高级技工学校校园占地面积不少于 6.6 万平方米（约 100 亩），校舍建筑面积不少于 5 万平方米。其中，实习、实验场所建筑面积不少于 1.5 万平方米。企业办校的占地面积、建筑面积可包括企业用于职工培训的相关场所面积。

第十一条 高级技工学校应配备与办学规模、办学层次、专业设置相适应的实习、实验设备设施。其中，主要设备应达到国内先进水平，并保证每生有实习工位。实习、实验设备总值不少于 1500 万元。

第十二条 高级技工学校应具备完善的学生生活设施；具备满足体育教学和学生锻炼身体需要的体育设备设施，运动场地面积不少于 6000 平方米；具备满足师生需求的图书馆、阅览室；具备满足多媒体、网络教学和信息化管理需要的软硬件设备设施，并建有校园网站。

第十三条 高级技工学校应拥有一支与办学规模、专业设置和培养层次相适应的专兼职教师队伍。学制教育师生比不低于 1∶20。兼职教师人数不得超过教师总数的三分之一。具有企业实践经验的教师应占教师队伍总数的 20% 以上。技术理论课教师和实习指导教师应不低于教师队伍总数的 70%，理论实习教学一体化教师达到技术理论课教师和实习指导教师总数的 50% 以上。

第十四条 高级技工学校教师应符合国家规定学历要求，专任教师应具备相应的教师资格。技术理论课教师至少具备相关专业初级技能职业资格。其中，具备中级技能以上职业资格的达40%以上。

实习指导教师应具备相关职业高级技能以上职业资格。其中，具备高级实习指导教师职务或技师、高级技师职业资格的占45%以上。

第十五条 高级技工学校应具有与培养层次、培养规模相适应的日常运行、基本建设、设备购置、师资培训等稳定可靠的办学经费保障。办学经费（含生均经费等）标准不低于当地同类学校标准。

第十六条 高级技工学校实行校长负责制。学校内设机构设置合理，部门职责和教职工岗位职责清晰，规章制度健全，建立并有效运行质量管理体系。

第十七条 高级技工学校应具有健全和完善的安全管理体系，落实安全责任制度，保证学生日常生活、学习和实习安全。高级技工学校应有应对各种突发事件的预案。

第十八条 高级技工学校应重视德育工作和校园文化建设，将社会主义核心价值体系融入全过程，积极开展职业道德、公民行为规范和法制等方面的教育。建立学校、家庭、企业、社会紧密结合的德育工作网络。高级技工学校应对学生开展职业指导和心理健康教育。

第十九条 高级技工学校应设立专业教学研究机构，加强技能人才培养规律和方法的研究。学校各常设专业至少有一名专业带头人，专业带头人应在当地专业领域具有一定的影响力。

第二十条 高级技工学校应建立完善的校企合作办学制度，积极探索多种模式的校企合作方式，由有关部门、行业、企业和学校组成的校企合作指导委员会在校企合作中发挥积极作用。

第二十一条 高级技工学校应结合专业设置选择生产设备先进、技术处于同行业领先水平的企业合作，共建校内外生产实习基地。每一个高级技工专业应有3个以上合作企业。

第二十二条 本标准作为高级技工学校初设审批标准，对于边远贫困地区和特殊行业举办高级技工学校，培养规模和相应的办学条件要求可适当放宽。具体办法由省级人力资源和社会保障部门制定，报人力资源和社会保障部备案。

第二十三条 本标准自颁布之日起施行。

技师学院设置标准（试行）

第一条 为规范技师学院设置，促进学院建设和发展，保证教育和培训质量，提高办学效益，依据国家有关法律法规制定本标准。

第二条 本标准适用于公民、法人和其他社会组织依法举办的技师学院。

第三条 技师学院应全面贯彻党的教育方针，坚持科学发展观，坚持教育培训与生产实际相结合，坚持服务经济建设和社会发展、促进劳动者就业的办学方向。

第四条 技师学院实行学制教育与职业培训并举、学校教育与企业培养相结合的办学模式。技师学院重点培养适应现代化生产、服务需要的高级技工、预备技师，同时面向社会开展各类职业技能培训和师资培训，并承担企业技师和高级技师的提升培训与研修交流、考核鉴定与评价等任务。

第五条 技师学院学生实行学业证书和职业资格证书“双证书”制度。

第六条 举办技师学院，应符合当地产业发展规划和高技能人才队伍建设规划。

申请设立技师学院原则上应具备高级技工学校资格，并经过办学水平评估，且举办过两期以上技师培训班。

第七条 技师学院应配备政治素养高、管理能力强、熟悉高技能人才培养规律的领导班子。院长、教学副院长应具有本科以上学历，以及高级专业技术职务或高级技师职业资格，且院长应具有5年以上职业教育、职业培训或企业工作经历。

第八条 技师学院培养规模应达到5000人以上。其中，学制教育在校生规模不低于3000人，年职业培训规模2000人次以上。设立技师学院3年内高级技工、预备技师（技师）在校生规模不低于60%，高级技工、技师、高级技师年培训规模不低于1000人次。

第九条 技师学院专业设置应与区域经济发展紧密结合，适应新型工业化发展和产业优化升级的需要，适应社会和企业对高级技工、技师和高级技师的需求。常设预备技师（技师）专业不少于2个。

第十条 技师学院校园占地面积不少于10万平方米（约150亩），校舍建筑面积不少于8万平方米。其中，实习、实验场所建筑面积不少于2.5万平方米。企业办校的占地面积、建筑面积可包括企业用于职工培训的相关场所面积。

第十一条 技师学院应配备与办学规模、办学层次、专业设置相适应，具有国内领先水平的实习、实验设备设施，并保证每生有实习工位。实习、实验设备总值不少于4000万元。

第十二条 技师学院应具备完善的学生生活设施；具备满足体育教学和学生锻炼身体需要的体育设备设施，运动场地面积不少于1万平方米；具备满足师生需求的图书馆、阅览室；具备满足多媒体、网络教育教学和信息化管理要求的软硬件设备设施，并建有校园网站。

第十三条 技师学院应拥有一支与办学规模、专业设置和培养层次相适应的专兼职教师队伍。学制教育师生比不低于1∶18。兼职教师人数不得超过教师总数的三分之一。具有企业实践经验的教师应占教师队伍总数的25%以上。技术理论课教师和实习指导教师应不低于教师队伍总数的70%。理论实习教学一体化教师达到技术理论课教师和实习指导教师总数的60%以上。

第十四条 技师学院教师应符合国家规定学历要求，专任教师应具备相应的教师资格。技术理论课教师至少具备相关专业初级技能职业资格。其中，具备中级技能以上职业资格的达60%以上。

实习指导教师应具备相关专业高级技能以上职业资格。其中，具备高级实习指导教师职务或技师、高级技师职业资格的占50%以上。

第十五条 技师学院学校应具有与培养层次、培养规模相适应的日常运行、基本建设、设备购置、师资培训等稳定可靠的办学经费保障。办学经费（含生均经费等）标准不低于当地同类院校标准。

第十六条 技师学院内设机构设置合理，部门职责和教职工岗位职责清晰，规章制度健全，建立并有效运行质量管理体系。

第十七条 技师学院应具有健全和完善的安全管理体系，落实安全责任制度，保证学生日常生活、学习和实习安全。技师学院应具有应对各种突发事件的预案。

第十八条 技师学院应重视德育工作和校园文化建设，将社会主义核心价值体系融入全过程，积极开展职业道德、公民行为规范和法制等方面的教育。建立学院、家庭、企业、社会紧密结合的德育工作网络。技师学院应对学生开展职业指导和心理健康教育。

第十九条 技师学院应设立专业教学研究机构，加强高技能人才培养规律和方法的研究。学院各常设专业至少有一名专业带头人，专业带头人应在当地专业领域具有一定的影响力。

第二十条 技师学院应不断完善校企合作办学制度，并贯穿于高技能人才培养的全过程。校企合作指导委员会发挥指导学校教育教学改革，及时调整学校发展方向和规划的作用。

第二十一条 技师学院应结合专业设置选择生产设备先进、

技术处于同行业领先水平的企业合作，共建校内外生产实习基地。每个预备技师（技师）、高级技工专业应有5个以上合作企业。

第二十二条 本标准作为技师学院初设审批标准，对于边远贫困地区和特殊行业举办技师学院，培养规模和相应的办学条件要求可适当放宽。具体办法由省级人力资源和社会保障部门制定，报人力资源和社会保障部备案。

第二十三条 本标准自颁布之日起施行。

人力资源和社会保障部关于做好技工院校审批管理工作的通知

（2012年10月22日　人社部发〔2012〕63号）

各省、自治区、直辖市及新疆生产建设兵团人力资源社会保障厅（局）：

近期，国务院下发《关于第六批取消和调整行政审批项目的决定》（国发〔2012〕52号），明确下放技工院校设立审批管理权限，规定“设立普通技工学校、高级技工学校由省级人民政府人力资源社会保障部门审批，设立技师学院由省级人民政府审批”，这是深入推进行政审批制度改革的重要举措，对于规范技工院校发展具有重要意义。为进一步做好技工院校审批管理工作，现就有关问题通知如下。

一、明确技工院校办学定位。技工院校包括普通技工学校、高级技工学校和技师学院，是培养技能人才的重要渠道，是落实健全面向城乡全体劳动者职业技能培训制度的重要载体。普通技工学校主要承担中级技工培养任务，同时面向社会开展劳动预备制培训、企业职工培训、农村转移就业劳动者培训、农村实用人才培训等任务。高级技工学校主要承担中、高级技能人才培养和开展各类职业培训任务。技师学院承担通过学制教育培养预备技师、高级技工的任务，也是面向社会开展技师和高级技师提升培训与研修、考核与评价的重要平台。

二、制定技工教育发展规划。各地要根据区域经济发展、产业布局和促进就业对技能人才的需求，统筹规划，合理布局，制定本地区技工教育发展规划。要合理规划本地区技工学校、高级技工学校和技师学院的比例结构，逐步形成以技师学院为龙头、高级技工学校为骨干、普通技工学校为基础的覆盖城乡劳动者的技工教育培训体系。为推动示范性技工院校建设，发挥示范性技工院校的引领作用，我部将委托相关机构开展国家级重点技工院校评估工作，具体评估办法另行制定。

三、规范技工院校设立审批办法。技工学校、高级技工学校、技师学院的设置标准按照《人力资源和社会保障部关于印发〈技工院校设置标准（试行）〉的通知》（人社部发〔2012〕8号）执行。各省（自治区、直辖市，以下简称省）人力资源社会保障部门要依照相关法律法规制定技工院校设立审批办法，技师学院设立审批办法应报请省人民政府批准。各地要严格按照专家评审、行政部门复核公示等程序，公开、公平、公正地做好技工院校设立审批工作。要成立由技工院校国家级和省级督导员等专家组成的评审小组，按照技工院校评审细则的评分标准，对申办学校进行评审，作出专家评审意见。省人力资源社会保障部门要对专家评审意见进行复核，并对达到技工院校设置标准的院校进行公示。对于申办技工学校和高级技工学校的，经评审合格并公示无异议后，由省人力资源社会保障部门批复；对于申办技师学院的，经评审合格并公示无异议后，报请省人民政府批复。其他类型学校和培训机构申请举办技工院校，按照技工院校设置标准和审批办法办理。各地新批准设立的技工学校、高级技工学校、技师学院名单应及时报送人力资源社会保障部。

四、加强技工院校管理服务工作。各省人力资源社会保障部门要将技工院校的基本情况、培养目标和办学特色，特别是国务院对技师学院设立审批的有关要求，及时向省人民政府报告。各地涉及技工院校撤销、合并、变更管理体制等情形的，必须征得省人力资源社会保障部门同意。各地人力资源社会保障部门要增强服务意识和服务能力，按照国务院关于健全行政审批服务体系的要求，加强对技工院校设立审批工作的领导，健全和完善行政审批工作制度和工作机制，提高行政效率，加强绩效管理，不断提高为技工院校服务的水平。要对申办受理、评审公示、复核认定等各项工作环节进行规范管理，及时公开相关信息，实行“阳光审批”，做到规范透明、高效廉洁，严格预防和严肃查处利用审批权违纪违法的行为。

人力资源和社会保障部关于推进技工院校改革创新的若干意见

（2014年12月23日　人社部发〔2014〕96号）

各省、自治区、直辖市及新疆生产建设兵团人力资源社会保障厅（局）：

近年来，我国技工教育事业稳步发展，技工院校办学实力和办学水平逐步提高，培养了大批高素质技能人才，在促进就业和服务经济社会发展中发挥了重要作用。但同时也要看到，当前技工教育还不能完全适应经济社会发展的需要，办学条件薄弱，发展不均衡，培养能力和质量有待提高。为贯彻落实全国职业教育工作会议精神和《国务院关于加快发展现代职业教育的决定》（国发〔2014〕19号，以下简称《决定》）要求，加快培养高素质技能人才，促进实现更高质量就业，服务经济社会发展，现就推进技工院校改革创新提出如下意见：

一、贯彻《决定》精神，坚持技工教育发展方向

（一）充分认识技工教育改革创新的重要性。全国职业教育工作会议和《决定》对加快发展现代职业教育作出全面部署，提出了发展现代职业教育的指导思想、基本原则、目标任务和具体措施，为做好职业教育工作指明了方向，也为技工教育改革发展创造了良好机遇。各级人力资源社会保障部门和技工院校要按照党中央国务院决策部署，充分认识加快推进技工教育改革创新的重要意义，将发展技工教育作为构建现代职业教育体系和劳动者终身职业培训体系的重要内容，作为改善民生和促进就业的重要举措，作为加强人才队伍建设和建设人力资源强国的重要途径，进一步增强责任感和使命感，完善支持政策，采取有效措施，加大工作力度，推动技工院校创新发展。各级人力资源社会保障部门要指导技工院校根据《决定》精神，围绕转变经济发展方式、调整产业结构和人力资源市场需求变化，对学校发展进行战略谋划，制定学校五年发展规划，推动学校新一轮改革创新，实现高水平可持续发展，在技能人才队伍建设工作中发挥主力军作用。

（二）明确技工院校改革发展的目标任务。当前和今后一个时期，技工院校改革发展的目标任务是：围绕实施人才强国战略、就业优先战略和创新驱动发展战略，以提高质量、促进就业、服务发展为导向，以立德树人和培养职业精神为根本，以提高职业技能为核心，以适应市场需求为目标，坚持“高端引领、校企合作、多元办学、内涵发展”的办学理念，坚持学制教育与职业培训并举，深化办学体制机制改革，创新技能人才培养模式，全面提升技能人才培养能力。到 2020 年，基本形成专业结构适应产业发展、校企融合贯穿培养过程、课程教学体现工学结合、技能人才培养层次和规模与经济社会发展更加匹配的现代技工教育体系。

（三）进一步明确技工院校办学定位。技工院校是国民教育体系和人力资源开发的重要组成部分。技师学院主要承担通过学制教育培养高级工以上技能人才任务，属职业教育高层次技能人才培养范畴。高级技工学校主要承担中级工、高级工培养任务，普通技工学校主要承担中级工培养任务，属中等职业教育。技工院校是构建劳动者终身职业培训体系的重要载体，是培养技能人才的重要平台，是承担技工教育、职业培训、技能鉴定、竞赛集训、公共实训、就业服务等工作的综合性技工教育培训基地。

二、突出高端引领，加大高技能人才培养力度

（四）推进优质技工院校建设。支持一批办学定位准确、专业特色鲜明、就业质量高、服务能力强、办学整体实力领先的优质技工院校，率先进行各项技工教育改革试点，完善机制体制，提升创新能力，提高对区域经济发展的贡献度。在地级以上城市要建设一批服务主导产业发展的技师学院和高级技工学校；在县市要继续发挥现有技工院校区域性技能人才培养作用。到2020年，在全国建设100所办学特色突出、高技能人才培养能力强，社会影响力大的国家级示范性技师学院，建设200所国家级重点技师学院和高级技工学校。鼓励技工院校教师参与企业技术革新，积极引进高新技术进课堂，提升技能人才培养的先进性。鼓励技工院校积极参加和承办各级各类职业技能竞赛活动，发挥中国技能大赛及世界技能大赛引领作用，促进技工院校师资培养、课程标准、教学要求与世界先进标准对接。注重借鉴国际职业教育先进标准和办学经验，加强国际交流与合作。

（五）加大高技能人才培养力度。支持技师学院、高级技工学校扩大高级工以上学制教育规模，技师学院、高级技工学校高级工以上在校生规模要分别保持在60%、50%以上。省级人力资源社会保障部门可选择部分一体化课程教学工作扎实、校企深度融合的技师学院，在专家评审论证基础上，通过工学交替、校企双师联合培养等方式，开展学制教育培养技师试点。鼓励技工院校与企业通过共建技能大师工作室、组织技师研修、联合开展科技攻关和技术革新项目等方式，面向企业职工开展技师、高级技师培训。支持技师学院、高级技工学校建立国家级（或省级）高技能人才培训基地。

三、深化校企合作，推动集团化办学

（六）完善校企合作制度。坚持技工院校校企合作基本办学制度。支持行业企业特别是大型企业参与举办或直接举办技工院校，将其纳入当地职业教育整体规划，切实保障企业办学与公办学校享有同等待遇。推广技工院校自办企业和实习工厂模式。健全校企合作法规政策，明确政府、企业和学校责任。完善校企联合育人机制，支持技工院校与企业在专业建设、课程改革、师资培养、技术研发、办学质量评价、招生就业等方面探索有效的校企合作模式，推进专业设置与产业需求对接、课程内容与职业标准对接、教学过程与工作过程对接，形成校企利益共同体，推动学校提升办学质量，实现校企合作可持续发展。实施以“招工即招生、入企即入校、企校双师共同培养”为主要内容的企业新型学徒制试点，鼓励技工院校与企业共同合作开展学徒培训，加快培养企业青年技能人才。组织开展“技能大师进校园”活动，发挥优秀高技能人才在技工院校人才培养中的作用。

（七）推进技工院校集团化发展。集团化办学是密切校企合作、整合技工教育资源、提升办学实力的重要举措。支持行业企业、技工院校、社会组织按照“平等自愿、优势互补、资源共享、骨干带动”的原则，采取联合、兼并、股份制、纵向合作等多种方式，积极探索组建行业性、区域性技工教育集团。促进技工教育与产业发展紧密结合。在保持现有管理体制和学校性质的前提下，充分发挥骨干技工院校的引领辐射作用，通过推动技工教育集团化办学，对区域内教育培训资源进行统筹规划，整合薄弱学校，以强带弱，扩大优质资源，提升区域技能人才培养能力，增强技工院校整体实力。

四、坚持多元办学，激发技工院校办学活力

（八）推动办学功能多元化。各类技工院校要面向城乡各类劳动者，大力开展从初级工到高级技师等不同层次的职业技能培训，积极承担农民工职业技能提升计划、离校未就业高校毕业生技能就业专项行动、技师培训等政府补贴性培训和企业职工培训任务，为构建劳动者终身职业培训体系提供服务。学校招收企业职工等人员参加非全日制学习，可实行弹性学制教学。建立学分积累和转换制度，学生修满规定学分即可毕业，取得技工院校毕业证书。符合条件的学生，可按照规定享受职业培训和职业技能鉴定补贴。技工院校非全日制学生可按教学时数或学分数折合成全日制学生，计入学校在校生人数（具体办法另行制定）。支持高级技工学校和技师学院建设成集技工教育、公共实训、技师研修、竞赛集训、技能评价、就业服务等功能于一体的职业训练院，成为公共职业培训服务体系重要组成部分。技工院校每年开展职业培训规模应逐步高于学制教育在校生规模，实现职业培训规模逐年增长、质量稳步提升。

（九）推动办学主体多元化。发挥市场机制作用，鼓励社会各方面力量兴办技工教育。创新民办技工院校办学模式，支持各类办学主体通过独资、合资、合作等多种形式举办民办技工院校。探索发展股份制、混合所有制技工院校，允许以资本、知识、技术、管理等要素参与办学并享有相应权利。坚持依法治校，完善监管制度，规范民办技工院校办学行为，促进民办技工教育提高水平，办出特色。民办技工院校具有与公办技工院校同等法律地位。要优化民办技工教育发展环境，形成民办技工院校和公办技工院校公平竞争、共同发展的良好格局。

五、强化内涵发展，创新技能人才培养模式

（十）着力加强专业建设。技工院校要以市场需求为导向，适应现代农业、先进制造业、现代服务业、战略性新兴产业发展需要，按照技工院校专业目录自主设置专业，建立专业动态调整机制。鼓励并支持举办与养老服务、文化创意、家庭服务等国家大力发展的产业相适应的专业。根据岗位技能需求和新知识、新技术、新工艺的发展特点，完善课程标准，更新课程内容。各级人力资源社会保障部门要支持建设一批与当地主导产业发展相匹配的特色优势专业，实现差异化、特色化的专业建设布局。坚持能力本位教学理念，加强学生职业素养、专业技能和通用能力培养，积极开展职业指导、创业教育，提高学生综合职业能力和就业创业能力。

（十一）全面推进一体化课程教学改革。遵循技能人才培养规律，组织开发国家技能人才培养标准和一体化课程规范，构建国家技能人才培养标准体系框架。认真总结一体化课程教学改革试点经验，在全国进一步推广一体化课程教学，不断创新技能人才培养模式，切实提高技能人才培养质量。开展一体化课程教学的院校，其一体化专业课程的毕业生学习成绩合格，视同职业技能鉴定合格，直接取得相应职业和等级的职业资格证书。技工院校要及时将一体化专业班级学生信息、教学计划安排、课程设置、过程化考核计划等材料报职业技能鉴定机构备案，职业技能鉴定机构要积极做好技术指导和技能鉴定服务，对实施一体化教学的专业进行课程认证和过程化考核。

（十二）健全教职工培训制度。从2015年起，实施三年一周期的全国技工院校校长轮训计划。各级人力资源社会保障部门要重视技工院校领导班子成员培训工作，制定并落实培训计划，加强班子成员能力建设。要将技工院校教师纳入专业技术人员继续教育范围，举办技工院校师资高级研修班。支持建设一批全国技工院校师资研修中心，承担全国技工院校师资研修交流等任务。依托全国技工院校一体化师资培训基地和一体化课程教学改革教学资源网，大规模开展一体化师资培训。落实教师企业实践制度。利用职业能力建设工作座谈会、技工院校校长轮训、教师全员培训等多种形式，广泛开展改革创新经验交流，推动技工教育创新发展。

六、加强基础能力建设，规范技工院校办学活动

（十三）扎实做好技工院校招生工作。各级人力资源社会保障部门要与教育部门加强协调配合，加大对技工院校招生工作的组织领导和统筹协调，将技师学院纳入高等职业院校招生平台，落实高级技工学校、技工学校与中等职业学校“统一招生政策、统一招生计划、统一招生代码、统一招生平台”的要求，稳定全日制招生规模，扩大非全日制招生规模。各级人力资源社会保障部门要充分发挥职能优势，每年集中举办技工院校招生宣传活动，全力支持技工院校到初中、高中开展招生宣传，充分利用街道社区、乡镇劳动保障平台和公共就业服务机构，建立技工院校招生信息员队伍。推动建立发达地区和欠发达地区技工院校合作办学工作机制。建立完善职业技能竞赛优秀选手注册升学制度，在国家级职业技能竞赛中获得优异成绩的学生可直接推荐进入技师学院学习深造。人力资源社会保障部官方网站开通全国技工院校专栏，建立全国技工院校招生和毕业生信息服务系统。

（十四）加强技工院校教材建设。教材是确保技工院校教育教学质量的重要基础。我部职业培训教材工作委员会要充分发挥对教材建设工作的统筹协调指导作用，切实加大教材内容、形式的研发和创新力度，重点开发一体化教材，不断完善和提高教材质量。我部每年组织编制和公布优质技工教育和职业培训教材目录，供技工院校选用。鼓励技工院校进行教学模式、教学内容改革探索，学校自编教改教材可用于本校教学补充，优质教材经部教材工作委员会论证，可推广使用。技工院校德育课等公共课教材由我部统筹规划并组织编写。各级人力资源社会保障部门要加强技工院校教材规范使用和管理，坚决杜绝使用盗版教材。

（十五）加强科研教研和督导评估工作。各级人力资源社会保障部门要加强技工教育科研教研机构和队伍建设，提高科研能力和教研水平。组建技工教育专家咨询委员会和课程专家队伍，推动技工教育课程研究中心建设。组织开展专业建设、课程开发、教学实施和技能人才评价等研究，定期组织开展技工教育优秀科研成果评选活动，按照国家有关规定对优秀科研成果给予奖励。建立以就业为导向的技工院校办学质量评估制度，继续组织开展国家重点技工院校评估工作，支持第三方机构建立技工院校毕业生就业状况年度报告发布制度。落实各级技工院校学生资助工作专职管理人员配备和工作经费保障，做好技工院校学生学籍注册工作，落实好助学金、免学费等资助政策，加强资助工作规范管理和监督检查。

七、加大政策支持，提升技工院校办学实力

（十六）加大对技工院校资金政策支持。各级人力资源社会保障部门要协调有关部门落实“地方教育附加费用于职业教育的比例不低于30%”的要求，确保技工院校按在校生比例享受地方教育附加费政策。加大经费统筹力度，发挥好企业职工教育培训经费、就业经费、扶贫和移民安置资金等各类资金的作用，支持技工院校开展职业培训和企业职工的弹性学制学习。各级人力资源社会保障部门要积极协调财政、发展改革等部门，建立与办学规模和培养要求相适应的技工院校财政投入制度，高级技工学校、技工学校按照中等职业学校生均经费标准或公用经费标准落实办学经费。积极协调有关部门将技师学院列入高等学校序列，按照高职生均经费标准落实办学经费。有条件地区可设立技工院校专项资金，用于技工院校专业建设、课程改革、师资培训、教研课改、企业职工的弹性学制教育等工作。支持技工院校将购买学生实习实训责任保险纳入公用经费支出范围，推动建立学生实习责任和校方责任相统一的人身伤亡保障制度。配合相关部门，实施好现代职业教育质量提升计划。继续实施中等职业教育基础能力建设项目。鼓励各类社会组织、企业、公益性社会团体通过捐赠、设立奖助学金等方式，支持技工院校发展。

（十七）加强教师队伍建设。各级人力资源社会保障部门要积极协调机构编制等有关部门，比照普通高中和高等学校，根据技工教育特点核定公办技工院校教职工编制。落实技工院校在人事管理、教师评聘、绩效工资分配等方面的办学自主权。技工院校可按事业单位公开招聘有关规定，自主招聘专业课和生产实习指导教师。改革技工院校教师招聘方式，重点面向具有一线工作经验的企业工程技术人员、高技能人才招聘专职教师，重点考查应聘者职业技能、专业知识和实际授课水平。技工院校从企业招聘具有相应专业技术职务和职业资格人员，可按职称评聘有关规定，参加技工院校相应专业教师系列职称评聘。鼓励技工院校依据有关规定，聘请有实践经验的专业技术人员、高技能人才担任兼职教师。到2020年，有实践经验的专兼职教师占专业教师总数比例达到60%以上。完善技工院校教师职称制度，积极探索开展技工院校教师正高级职称改革试点工作。按照国家有关规定通报表扬技工院校优秀教师和优秀教育工作者。建立符合技工院校特点的教师绩效评价标准，绩效工资内部分配向一体化教师适当倾斜。

（十八）落实技工院校毕业生待遇政策。技师学院高级工班、预备技师（技师）班毕业生，参加企事业单位招聘、确定工资起点标准、职称评定、职位晋升等方面，按照全日制大专学历享受相应待遇政策，并按国家有关规定享受高校毕业生就业创业政策。技师学院取得高级工以上职业资格的工程技术类专业毕业生，可按有关规定参加专业技术人员职称评聘，构建技能人才成长"立交桥"。

八、加强组织领导，营造良好发展环境

（十九）加强组织领导。各级人力资源社会保障部门要高度重视技工院校改革发展工作，要主动向各级党委、政府汇报技工教育在推动区域经济发展、促进就业创业和加强人才队伍建设中发挥的重要作用，充分发挥综合管理技工院校的职能作用，加强监督管理和业务指导，狠抓技工院校党风廉政建设，推动技工院校持续、健康发展。要充分发挥人力资源社会保障部门职能优势，加大对技工院校的整体支持力度。要根据本意见要求，结合当地实际，制定实施方案，细化工作内容，落实任务目标，确保各项措施落到实处。

（二十）做好宣传工作。各级人力资源社会保障部门要在充分利用报纸、广播、电视等传统媒体的基础上，积极探索使用微博、微信、手机客户端等新媒体宣传方式，开展全方位、立体式的宣传工作。大力宣传"劳动光荣、技能宝贵、创造伟大"的观念。持续开展"技能中国"、"走基层、技校行"等主题宣传活动。组织优秀技能人才到技工院校宣讲并形成制度，扩大技工院校社会影响力。调动社会各方面力量共同推进技工院校改革创新发展，大力营造“崇尚一技之长，不唯学历凭能力”的良好社会氛围。

人力资源和社会保障部办公厅关于印发《技工院校工匠精神教育课教学大纲（试行）》的通知

（2016 年 6 月 24 日　人社厅函〔2016〕252 号）

各省、自治区、直辖市及新疆生产建设兵团人力资源社会保障厅（局）：

为贯彻落实《人力资源社会保障部关于推进技工院校改革创新的若干意见》（人社部发〔2014〕96 号）精神，加强技工院校学生工匠精神培养，我部组织编制了《技工院校工匠精神教育课教学大纲（试行）》，现予以印发。

各地人力资源社会保障部门要指导技工院校根据教学大纲要求安排教学。2016 年秋季学期，要面向全体在校生将工匠精神教育作为开学第一课主要学习内容。从 2017 年起，要将工匠精神教育课作为新生入学第一学期的德育必修课程，纳入各专业教学计划，利用学习高技能人才楷模专题教育模块、入学教育等学时，安排教学一般 10 课时左右。

为帮助技工院校开展好工匠精神教育，我部根据《技工院校工匠精神教育课教学大纲（试行）》组织编写了《工匠精神读本》，将于 2016 年 7 月由中国人力资源和社会保障出版集团出版发行。各技工院校要积极使用《工匠精神读本》开展教学。

附件：技工院校工匠精神教育课教学大纲（试行）

技工院校工匠精神教育课教学大纲（试行）

一、课程性质

工匠精神教育是技工院校学生的一门必修课。课程以社会主义核心价值观为指导，按照教育要面向现代化、面向世界、面向未来的要求，适应我国从“制造大国”走向“制造强国”的现实需要，为培养新时期高素质技能人才服务。

二、课程目标

课程是以工匠精神为核心，以《工匠精神读本》为载体，重点通过对当代“大国工匠”故事的解读，培养学生正确认知、感悟工匠精神的能力，使之具有践行工匠精神的积极情感和自觉意识，进而为促进学生综合职业素质的形成奠定坚实的基础。

三、课程要求

（一）课程列入学校德育课教学计划，采用课堂教学为主的方式。建议用 8 个课时完成基本教学内容，2 个课时进行综合测评，总计 10 个课时。

（二）学校要引导学生深入了解身边的能工巧匠，特别是深入了解校友中杰出工匠的工作内容、真实生活乃至内心世界；引导学生立志成为一名对国家、对社会有所贡献的当代工匠。

四、课程内容

（一）工匠之道：继往开来薪火传

1. 工匠是指有手艺专长的人。距今大约 2 万年前的陶工，是迄今考古发现的最早工匠。工匠的出现源自人类日常生活和社会发展的需要，他们既为后人留下了丰富的物质遗产，也留下了以“探索”和“至善至美”为特征的精神财富。

2. 在人类社会发展进程中，工匠不但生产出当时社会所需的各种产品，还以自己的智慧和创造性劳动促进了社会生产力水平的不断提高，甚至引发了人类社会的科技变革，将人类的各种奇思妙想转化为造福时代、泽被后世的科技成果。

3. 我国当代“大国工匠”的故事为工匠精神注入了新的内涵。以他们为代表的当代工匠是打造“中国制造”的人才基石，是实现“中国品牌”走向世界的核心竞争力。时代需要大批优秀工匠，各类工匠特别是“大国工匠”的作用不可替代。

（二）执着专注：一生只做一件事

1. 工匠对于手艺所能达到的境界都有着锲而不舍的追求。他们有毅力、有恒心，坚持不懈、持之以恒。特别是当代工匠，已不再将手艺仅仅作为谋生的手段，而是视工作为事，视责任为使命，视技艺为财富，在为社会创造价值的过程中，实现自己的人生价值。

2. 工匠对自己选择的事业有着专心致志的投入。他们潜心钻研技艺，对工作一心一意，心无旁骛，往往能达到忘我的境地。优秀的工匠甚至“穷毕生之材力心思，以制造一物”，一生只做一件事，不三心二意，不见异思迁。

3. 工匠执着于自己的事业，淡泊宁静，有着自己独特的精神世界。他们往往在工作的过程中就能感受到如切如磋、如琢如磨的快乐，不受世俗干扰，不为名利所惑，耐得住“孤独”和“寂寞”，只专注于自己的目标。

（三）精益求精：要做就要做最好

1. 工匠有严谨求实的做事原则和工作态度。他们对自己的产品有着非常高的品质要求，因此在工作过程中对自己的工作内容、工艺应用都有着客观精确的认识和细致周全的考虑。他们敬畏自己的工作，用心做事，能够赋予产品独有的精神气质。

2. 工匠有一丝不苟的工作作风和行为习惯。他们严格遵循工作规范和品质标准，踏踏实实做事，一板一眼工作。他们不走捷径，在精、细、实上下功夫，把每个动作都做到位。他们注重细节，精雕细琢，不允许自己的产品留有任何瑕疵，竭尽所能将产品做到最好。

3. 工匠有“要做就做最好”的志向。他们对技艺和产品品质有着能到达“极致”的严苛要求。他们不以生产合格品而以生产精品为目标，不刻意追求当下而是放眼长远。他们不断改进工艺，提高品质，力求在业内能长久地领先同行。

（四）创新进取：愿乘长风破浪行

1. 工匠有着艺无止境的学习理念。他们对技艺的追求没有尽头，这让他们除了入门时的勤学苦练，更多的是在实践中不断学习、善于学习、终身学习，不断提升技艺水平。他们敢于质疑现状，敢于面对挑战，敢于创新进取，从而不断完善自我。

2. 工匠对技艺和产品品质有着积极进取、推陈出新的情愫。他们心中有目标，行动有方向，创新有动力，就是为了在现有努力的基础上再上一个台阶。他们学习新知、探索新知，哪怕是一个小小的零部件，也要掌握内在机理，就是为了能够突破自己。

3. 工匠都有敢为人先、勇攀高峰的气魄。他们善于发挥专业团队的合力，不怕失败，勇于担当。他们善于将经验技艺与当代科技完美结合，立足生产一线，实干巧干，发奋攻坚。他们坚韧不拔，默默前行，一步一个脚印，不断地从一个成功走向另一个成功。

（五）匠心筑梦：家国情怀铸人生

1. 工匠的梦想也是国家的梦想、社会的梦想，一个工匠只有将国家之梦、社会之梦作为自己的梦想，才能够将工匠精神内化为自己的信念，也才能够正确处理国家利益、社会利益和个人利益的关系，诚实劳动、勤奋工作，不管在什么情况下都能坚守工匠操守。

2. 工匠总是用自己的技艺和产品品质来彰显理想和追求。他们对技艺勤学苦练，对产品精益求精，对责任勇于担当。他们在生产实践中努力传承和发扬工匠精神，他们是人类文明发展的创新者。

3. 工匠总是有着浓郁的家国情怀。工匠对美好生活的期盼只有通过为国家和社会创造精美的产品才能得到实现。他们在平凡的岗位上，在普通的工作中，将“我的梦”与“中国梦”有机融合，努力提高自身素质，用技能报国的理想追求雕塑自己的工匠人生。

五、课程建设

（一）德育教师是完成课程目标的具体执行者和组织者，学校应当为教师提供相应的教学条件，鼓励教师通过社会实践、专门访谈等各种路径加强自身对工匠精神的理解，并身体力行，努力使自己成为一名技工教育领域内的优秀“工匠”。

（二）以《工匠精神读本》为基础，建立课程教育教学资源库。注意搜集校友中杰出工匠、学校所在地区各类能工巧匠的成长故事和主要事迹，努力形成学生身边的工匠群体和工匠文化氛围。相关教学资源可登录职业教育教学资源和数字学习中心（http：//zyjy. class. com. cn）查看。

（三）积极推进课程教育教学方法研究。根据学生认知规律和情感特征设计各种主题活动，及时付诸实施，并以合适的教育测量技术评估活动成效。不断完善活动方案，积累优秀课型和活动案例，努力形成科学化、系统化的课程模式。

（四）学校要努力营造卓有成效的校园“工匠文化”，将工匠精神融入各科课程，特别是实训课程教学之中。鼓励教师根据学生特点，不断改进教学方法，确保课程教学质量。

六、课程评价

（一）工匠精神课程评价包括学生的学习效果、教师的教育教学状况、课程建设及学校对课程的定位等方面。学生的学习效果主要通过学习态度、学习行为以及学生对工匠精神的认知程度和情感水平综合评价。教师的教育教学状况、课程建设及学校对课程的定位等主要通过学生的实际学习效果和工匠行为习得程度来体现。

（二）具体的评价方法，提倡采用公开讨论、案例分析、专题活动、社会实践等开放的平台，让师生在自主、自在、自为的状态下，在相互观察、交流和借鉴的过程中形成基本的情感倾向和价值判断；不提倡采用书面闭卷笔试并以笔试分数为主要标准的评价方法。

（三）课程的评价结果应记入学生学习档案，并以此作为学生后续学习行为变化及职业素养养成情况评估的基本参照。

财政部 劳动和社会保障部关于做好技工学校国家助学金发放管理工作的通知

（2007年6月21日 财教〔2007〕85号）

各省、自治区、直辖市财政厅（局）、教育厅（教委）：

为贯彻落实《国务院关于建立健全普通本科高校、高等职业学校和中等职业学校家庭经济困难学生资助政策体系的意见》（国发〔2007〕13号），根据《中等职业学校国家助学金管理暂行办法》（以下简称《管理办法》），为加强技工学校国家助学金的管理，确保资助工作顺利实施，现就有关事项补充通知如下：

一、技工学校国家助学金发放管理工作原则上按照《管理办法》执行。

二、本通知所指技工学校为劳动保障部门管理的实施中等学历教育的公办和民办技工学校。

国家助学金的资助对象为具有技工学校全日制正式学籍的在校一、二年级所有农村户籍学生和县镇非农户口的学生以及城市家庭经济困难学生。

三、每年年初，各省（自治区、直辖市）根据本省份技工学校上一年度在校学生数及生源状况等，向财政部、劳动保障部提出国家助学金预算申请。财政部、劳动保障部审核后，于每年5月底前将技工学校国家助学金分配名额及预算下达省级财政、劳动保障部门，并抄送省级教育部门。每年8月底前，省以下各级财政、劳动保障部门负责将上级下达的经费预算和本级财政应分担的经费预算以及国家助学金分配名额下达到各技工学校。

四、技工学校要按照《管理办法》，受理学生申请（申请表见附件1，申请指南见附件2），组织初审，并将初审结果在学校内进行不少于5个工作日的公示。公示无异议后，学校将《技工学校国家助学金受助学生汇总表》（见附件3）报同级劳动保障部门初审后，统一送同级教育部门学生资助管理机构汇总，并报同级财政、劳动保障、教育部门审批；同级财政、劳动保障、教育部门要及时向技工学校批复审核意见。技工学校应于学生入学一个月内将国家助学金发放到受助学生手中。

五、技工学校应按实际受助学生名单填报《技工学校国家助学金受助学生汇总表》，经劳动保障部门复核后送同级教育部门学生资助管理机构；同时逐级上报至省级劳动保障部门和学生资助管理机构。省级学生资助管理机构应于12月底前将《中等职业学校国家助学金统计表》（详见附件4）上报全国学生资助管理中心，由全国学生资助管理中心汇总，报财政部、劳动保障部、教育部备案，纳入全国学生资助信息系统。

劳动保障部门对其管理的技工学校实行电子注册，其有关学生信息抄送同级财政、教育部门，按有关规定纳入全国学生信息系统。

六、各民办技工学校要按照《管理办法》的规定，从事业收入中足额提取5%的经费，用于家庭经济困难学生的学费减免、校内奖学金、助学金和特殊困难补助等方面的开支。每年9月底前，要将上一学年经费提取和使用情况和受助学生名单报所在地财政、劳动保障部门备案。

七、各级劳动保障部门要严格按照《管理办法》和本通知的要求，实行技工学校国家助学金专项责任人制度，切实加强领导，规范管理。技工学校要做好受助学生的资格审查，严把审核关。对弄虚作假、套取财政专项资金或挤占、挪用、滞留助学金的行为，将追究直接责任人和相关领导的责任。

八、各地劳动保障部门要与财政、教育部门协调配合，确保符合受助条件的技工学校学生享受到国家助学金。各地要结合本地区实际情况制定具体实施办法。

附件：1. 技工学校国家助学金申请表

2. 中等职业学校国家助学金申请指南

3. 技工学校国家助学金受助学生汇总表

4. 省（市、区）中等职业学校国家助学金统计表

（附件本书略）

财政部 国家税务总局关于技工院校占用耕地免征耕地占用税的通知

（2012年3月22日 财税〔2012〕22号）

各省、自治区、直辖市、计划单列市财政厅（局）、地方税务局，西藏、宁夏、青海省（自治区）国家税务局，新疆生产建设兵团财务局：

经研究，现将技工院校占用耕地的耕地占用税政策明确如下：

根据《中华人民共和国耕地占用税暂行条例》第八条第二项规定，学校占用耕地免征耕地占用税。其中，免税的学校范围，包括由国务院人力资源社会保障行政部门，省、自治区、直辖市人民政府或其人力资源社会保障行政部门批准成立的技工院校。

请遵照执行。

山东省人民政府关于贯彻国发〔2014〕19号文件 进一步完善现代职业教育政策体系的意见

（2015年8月13日　鲁政发〔2015〕17号）

各市人民政府，各县（市、区）人民政府，省政府各部门、各直属机构，各大企业，各高等院校：

近年来，我省坚持整体设计、协同推进，在省级层面已基本形成支持职业教育改革发展的政策体系。为深入贯彻《国务院关于加快发展现代职业教育的决定》（国发〔2014〕19号），进一步加快构建顺应时代要求、具有山东特点、走在全国前列的现代职业教育体系，促进各类职业院校（含技工院校，下同）健康发展，更好地服务经济文化强省建设，现就完善现代职业教育政策体系提出如下意见：

一、进一步创新和拓宽人才成长路径

1. 完善职业教育考试招生制度。按照文化素质与技术技能积累并重、有利于选拔和培养高素质技术技能型人才原则，加快推进高校分类考试招生，进一步完善“文化素质+专业技能”春季考试招生，一体化设计专业技能与专业知识考试，增加技术技能含量；科学设计专业类别，按专业大类填报志愿，实行平行志愿录取，为考生提供更多选择机会。稳步增加春季高考本、专科招生计划，使春季高考成为高职院校招生录取的主渠道，应用技术型本科高校招收职业院校毕业生达到一定规模。2015年，制定普通高中学生职业适应性测试指导意见。

2. 健全对口贯通分段培养体系。扩大初中后五年制高等职业教育培养规模，重点鼓励支持举办“三二”连读专科教育。推进按专业长线贯通培养的应用型本科教育，完善职业院校与本科高校“3+4”“3+2”对口贯通分段培养模式，更加注重专业选择的适当性，以及与区域产业需求的契合度，优化对口贯通分段培养专业布局。改进“专升本”制度，逐步实现与职业教育贯通培养方式对接。建立符合专业学位研究生教育特点的选拔培养标准，拓宽和规范在职人员攻读硕士专业学位的渠道。畅通一线劳动者继续学习深造的路径，增加有工作经验的技术技能人才在职业院校学生中的比重，建立在职人员学习—就业—再学习的通道。

3. 完善高中阶段考试招生制度。从2015年起，各设区市全部实现由教育考试招生机构负责高中阶段考试招生工作，建立高中阶段学校统一的网上招生录取工作服务平台和数据库。从2016年入学新生起，实施“文化素质+专业技能”中职学校学业水平考试制度和学生综合素质评价制度，对学生思想品德、学业成绩、身心健康、兴趣特长、社会实践等综合素质进行全面科学评价。推行中职学校与普通高中学分互认、学籍互转。

4. 拓宽社会成员终身学习通道。构建城乡社区教育体系，支持每所职业院校开设10门以上社区教育课程。从2015年起，用5年左右时间，依托现有各类职业院校认定100所省级规范化社区学院、30所省级示范性社区学院、300个示范性乡镇社区教育中心，支持创建20个国家级农村职业教育与成人教育示范县。研究建设全日制与非全日制高等教育课程一体化及学分互认体系。发挥各类职业院校优势，实施“加强就业培训提高就业与创业能力五年规划”，着力加强对未升学初高中毕业生、退役军人、残疾人、失业人员、中小微企业员工等群体的培训；推进农民工技能提升三年行动计划，对农民工开展职业技能培训。建设山东开放大学，形成完善的继续教育体系。

二、进一步提升职业教育办学水平

5. 完善职业院校治理结构。进一步扩大学校在人事管理、教师评聘、收入分配、专业设置等方面的办学自主权。完善党委领导下的校长负责制，健全学校内外部约束和激励机制，逐步建立学校、行业、企业、社区等共同参与的学校理事会或董事会，明确理（董）事会、校（院）长和教职工代表大会的职权，提升治理能力，确保用好办学自主权。2015 年，各学校全部完成章程制定任务。

6. 实施规范管理行动计划。制定职业院校管理基本规范。从 2015 年起，推动职业院校以规范化为基本要求，依法治教、依法治校，更新管理理念、完善制度标准、创新运行机制、改进方法手段，全面提升招生、学籍、课程、教学、教师等方面管理水平，建立规范办学行为长效工作机制。

7. 推进职业院校课程改革计划。坚持立德树人，增强学生可持续发展能力，完善中职和 5 制高职专业教学标准，开发 3 制高职专业教学标准，一体化设计 200 个左右中职、高职与应用型本科相衔接的课程体系，制定文化课程标准，科学区分职业教育各个学段的课程难度与梯度，形成既分层分类、又系统衔接的职业教育教学体系，培育学生的人文、科学素养和职业精神。加快普及创新创业教育，建设依次递进、有机衔接、科学合理的创新创业教育专门课程群，将创新创业教育纳入学校质量年度报告和毕业生就业质量年度报告，到 2020 年建立起完善的创新创业教育体系。

8. 健全专业设置与调控机制。建立专业设置“负面清单”、分类拨款和信息发布制度，支持特色、优势专业发展，限制和取消落后、过剩专业，形成面向市场、优胜劣汰的专业设置调整机制。实施品牌专业建设计划，从 2015 年起，建设 100 个中职品牌专业、100 个高职品牌专业群，扶持 60 个涉农、艰苦、紧缺专业建设。

9. 发挥高水平职业院校引领作用。推进省级规范化中职学校建设工程，2015 年启动省级中职示范校、优质特色校建设工程；支持激励国家示范（骨干）性高职院校和省技能名校，开展办学模式改革创新试点；2016年建立动态管理制度；2020年全省中职教育建成300所省级规范化学校、100所示范校和优质特色校，高职教育建成20所以上在全国有影响力的知名学校。

10. 推动本科高校加强应用型人才培养。2015年，制定高等教育重点改革意见，将项目、资金、招生等与本科高校重点改革挂钩，加快推进本科高校分类建设和人才培养模式改革，引导本科高校准确定位人才培养目标，强化基础能力建设，夯实学科基础，优化专业结构，改进教学方法，突出办学特色，增强对社会经济发展的适应性，提高培养高水平创新型应用人才的能力。

11. 改革专业学位硕士研究生培养模式。分类推进专业硕士与学术硕士培养模式改革，调整硕士研究生类型结构，从2015年起将每年硕士研究生招生计划增量主要用于专业学位硕士招生，推行产学研联合培养研究生的“双导师”制，分专业学位类型建立全省教学案例库，遴选建设一批专业学位研究生联合培养基地，逐步建立符合职业需求、突出实践能力、以产学结合为途径的专业学位研究生培养模式。

12. 构建校企深度融合办学机制。制定校企合作推进办法，明确企业、学校协同育人责任。落实校企合作税收优惠政策，推广“引校进企”“引企进校”等合作模式。2015年研究制定政策措施，将企业开展职业教育情况纳入企业社会责任报告，国有大中型企业建设职业教育实习实训基地，并将专业技术人才到学校任教情况纳入业绩考核。从2015年起，市、县（市、区）政府设立职业教育发展基金，支持建设校企一体化合作办学示范校和企业。扩大高校合作办学自主权，取消校企合作办学项目数量限制，落实校企合作办学收费政策，加大对合作办学的政策支持力度。落实支持政策，教师和学生拥有的知识产权的技术开发、产品设计等成果，可依法依规在企业作价入股。研究制定职业教育教学改革意见，促进学以致用、用以促学、学用相长，努力实现人才培养和使用的有效对接。开展校企联合招生、联合培养、一体化育人现代学徒制试点。启动多元投资主体依法共建职业教育集团改革试点，在重大产业建设工程中，支持同步规划覆盖全产业链的职业教育集团，促进教育链和产业链有机融合。制定政府、学校、行业、企业等多方参与的支持政策，在关系核心竞争力的重要产业部门，规划建立一批企业和职业院校紧密合作的技术技能积累创新平台。

13. 改善职业教育实训条件。按照互补原则，在统筹抓好各设区市公共实训中心建设基础上，从 2015 年起，用 5 年时间，以专业类别为主，在中职学校建设 800 个左右具有教育、培训和技术服务等多种功能的校内实训基地，在高职院校建设 100 个左右具有教学、科研、开发、生产和培训等多种功能的校内实训基地，在本科高校建设 100 个左右开放式公共实践教学基地，同时支持基地建设省级虚拟仿真实验教学中心，成为技术技能积累与创新重要载体。支持企业建设兼具生产与教学功能的公共实训基地，鼓励学校把实训实习基地建在企业，企业把人才培养和培训基地建在学校。

14. 落实“双师型”教师素质提升计划。全面尽快落实我省职业院校教职工编制标准、教师招聘、20%编制员额由学校自主聘用兼职教师、职称评价等政策规定。从 2015 年起，开展中职学校设立正高级教师职务试点，并逐步调整优化职业院校的岗位设置结构比例；启动本科高校专业教师与行业企业专业人才互聘“双百计划”，实施青年技能名师建设计划和“墨子杯”职教名家建设计划；建设海外职业教育师资培训基地，每年选派 200 名优秀教师赴海外研修学习。2016 年，建立职业院校和本科高校教师技能大赛制度。

三、进一步优化职业教育改革发展环境

15. 完善社会用人和分配政策。各级政府要制定具体措施，明确党政机关和企事业单位招用人员，不得歧视职业院校毕业生。从 2015 年起，在全省实施重点行业就业准入实施情况年度报告和发布制度，推广人力资源统计、预测、供求信息发布制度。鼓励企业建立高技能人才技术技能职务津贴和特殊岗位津贴制度。支持学校完善体现职业院校办学和管理特点的绩效考核内部分配机制，绩效工资内部分配向教学和实践一线教师倾斜。

16. 建立经费稳定投入机制。“十三五”期间，各级政府要将教育财政经费增量向职业教育倾斜。将职业教育继续作为省级区域发展资金切块资金的投入方向和领域，加大对职业教育办学条件改善和内涵建设的支持力度。2015 年，全面落实中职学校生均经费拨款标准，探索建立学生跨区域入学中职教育办学成本的合理分担机制。2016 年，公办高职高专院校生均拨款标准达到 1.1 万元，2017 年达到 1.2 万元；提高公办技师学院生均拨款标准。建立市、县级政府职业教育经费投入绩效评价、审计公告、预决算公开制度；落实教育费附加不低于 30%和地方教育附加不低于 30%用于职业教育政策，向社会公开使用情况。制定具体实施意见，对不按规定提取和使用教育培训经费并拒不改正的企业，由各级政府依法收取企业应当承担的职业教育经费，统筹用于本地区的职业教育。逐步化解公办中、高职院校债务。

17. 健全职业教育管理体制。加强统筹规划，支持以市或县（市、区）为单位，推进技工学校与其他中职学校的有机融合和优化整合；根据高等学校设置制度规定和区域产业布局需要，逐步将符合条件的技师学院纳入高等学校序列。完善以省为主统筹规划高等职业教育体制；健全以市为主统筹规划中等职业教育体制；明确县级政府发展中等职业教育责任，将普及高中阶段教育重点放在中等职业教育，实现中职学校和普通高中办学条件、办学规模大体相当。

18. 支持社会力量兴办职业教育。落实《山东省人民政府关于贯彻国发〔2014〕60 号文件创新重点领域投融资机制鼓励社会投资的实施意见》（鲁政发〔2015〕12 号）等相关规定，开展民办职业院校分类管理试点，支持各类办学主体通过独资、合资、合作等多种形式举办职业教育。发展股份制、混合所有制职业院校，允许以资本、知识、技术、管理等要素参与办学并享有相应权益；开展社会力量参与公办职业院校改革建立混合所有制职业院校试点，允许社会力量通过购买、承租、委托管理等方式改造办学活力不足的公办职业院校；鼓励企业和公办职业院校合作举办混合所有制性质的二级学院。完善财政贴息贷款等政策，健全民办职业院校融资机制；完善民办职业教育收费管理制度，形成由市场决定的价格形成机制。2016 年，扩大非营利性民办职业院校教师与公办学校教师享受同样社会保障待遇试点范围。

19. 健全职业教育督导和研究制度。健全综合督导和专项督导相结合的督导评估机制，完善职业教育督导报告公布制度，并将督导结果作为对被督导单位及其主要负责人考核的重要依据。培植职业教育研究智库，各级政府要设立专家咨询委员会。积极创建山东国家职业教育创新发展试验区。推动修订《山东省职业教育条例》。各级政府及有关部门要建立健全职业教育重要事项立项督查机制。省政府每季度调度一次工作进展，每半年调度一次政策落实绩效情况，并根据调度情况适时开展实地督查。

附件：重点任务分工及进度安排表

（附件本书略）

山东省人力资源和社会保障厅关于进一步做好全省技工院校学生资助管理工作的意见

（2011年8月5日　鲁人社字〔2011〕414号）

各市人力资源社会保障局，国家助学资金省管技工院校：

为进一步做好全省技工院校学生资助管理工作，规范技工院校国家助学金、涉农专业和农村家庭经济困难学生免学费工作的申报、审批、管理、发放过程，根据《山东省中等职业学校国家助学金管理实施办法》和《山东省中等职业学校免学费补助资金管理暂行办法》等文件要求，现就进一步做好我省技工院校学生资助管理工作提出以下意见，请遵照执行。

一、进一步加强领导，健全工作机构

各市局和各技工院校要进一步提高认识，把国家助学资金资助工作摆在学校工作的重要位置，切实加强领导。各市和各技工院校要设立助学资金管理的专门机构，配备专职人员具体负责国家助学资金的申请、审批、下拨和管理工作。要结合实际工作，不断完善本市、本校国家助学资金资助工作具体实施办法，确保资助工作顺利进行。各级人力资源社会保障行政部门对所属技工院校学生助学资金的管理发放工作负有监督管理的职责。各技工院校实行学校法人代表负责制，院（校）长是第一责任人，对学校国家助学资金管理和发放工作负主要责任。

二、严格把握国家助学资金的申报条件，确保资金使用符合国家规定

各技工院校要按照国家和省有关规定，严格把握国家助学资金的申报条件。受助学生必须具备以下3个条件：1. 在《全国技工院校电子注册与统计信息管理系统》中注册取得山东省技工院校学籍；2. 在教学过程中有完整的专业教学计划、有相对固定的教室和教师，能够按照学校的教学进度完成学习计划；3. 全日制在校学生中一、二年级农村户籍的学生、县镇非农业户口的学生及符合条件的城市家庭经济困难学生。招收涉农专业学生须符合上述条件中的前两条。任何学校不得以任何理由突破国家资助政策，每位受助学生只能享受1次不超过2年的国家助学金。不得将短期培训、函授学生、企业职工等不符合规定的人员纳入资助范围。

各院校应从新生入校后就开始信息采集、收集证明材料、组织填报申请材料等工作，并保证在新生入学1个月内完成对受助学生的资格认定工作，并及时在学籍管理系统中予以注册、申请。要按照学生申请、学校审查、张榜公示、上级部门审批、公开发放的程序开展资助工作，有关资料应按照档案管理规定长期保存备查。对学生退学、转学、休学或开除等情况，要通过《全国技工院校电子注册与统计信息管理系统》及时向上级部门反馈。要严格按照“积极稳妥、逐步推进”的原则，对技工院校全日制正式学籍一、二、三年级在校生中农村家庭经济困难学生和涉农专业学生，按照核定的标准免除学费（艺术类相关表演专业学生除外）。农村家庭经济困难学生免学费的比例不低于在校生的5%。

三、进一步规范开设涉农专业的申报审批工作

各市局和各学校要从当地经济、社会发展对技能人才的实际需求出发，认真分析毕业生就业状况及发展趋势，根据本校的办学优势和特色，认真制订涉农专业设置和建设规划，防止盲目发展。学校要在种植、农艺、园艺、蚕桑、养殖、畜牧兽医、水产养殖、野生动物保护、农副产品加工、棉花检验加工与经营、林业、园林、木材加工、林产品加工、森林资源与林政管理、森林采运工程、农村经济管理、农业机械化、航海捕捞，以及能源类的农村能源开发与利用专业和土木水利工程类的农业水利技术专业等21类专业内，选择优势明显、特色鲜明的申报涉农专业。

申请设置涉农专业需按照资金发放隶属关系向省或市人力资源社会保障部门提出申请，省、市人力资源社会保障部门组织专家对申报学校进行实地评审，对符合条件的，予以批准招生。学校申报材料见《山东省技工院校设置涉农专业申报表》《山东省技工院校设置涉农专业评估细则》（附件1、2）。高级技工学校（技术学院、技师学院）首次设置的涉农专业原则上不超过3个；普通技工学校首次设置的涉农专业原则上不超过2个；再次申请设置的，一次不超过2个。涉农专业招生数量应与学校办学规模、教学资源、实验实训设备、教师数量等条件相适应，严禁突破办学规模和条件招收涉农专业学生。

四、认真做好受助学生资料整理建档及统计数据信息上传工作

各技工院校应对受助学生的申请表、汇总表、公示资料照片、发放签领表等有关凭证分类装订建档，并建立国家助学资金工作专门档案柜。各学校应进一步加强学籍信息管理，及时、准确录入和更新学生信息，要按照《全国技工院校电子注册和统计信息管理系统》设计的统计项目、标准和要求，准确、及时完成所有数据的录入和上传工作。各市、各学校统计数据上传工作分两个阶段进行：上半年统计数据截止时间为3月31日，全年统计数据截止时间为9月30日，逾期未能上传学生信息资料的将无法享受国家助学资金及免学费相关优惠政策。各学校不得以虚假学生信息注册学生学籍，不得为同一学生重复注册学籍。各级人力资源社会保障部门要严格审核所属技工院校申报的学籍注册名单，准确掌握在校学生人数，配合财政等有关部门及时完成助学资金的申请、拨付和发放工作。

五、完善助学资金发放流程，加强资金监管力度

国家助学资金省管学校应在每次收到省人力资源社会保障厅助学资金拨付指标文件后3个工作日内，开具收款收据，报送我厅规划财务处，逾期未报送的，不予拨付资金。学校收到省级财政拨付的资金后，应在15个工作日内发放完毕，并按有关要求，及时向我厅职业能力建设处报送《省管技工院校国家助学金、家庭经济困难学生和涉农专业免学费资金发放信息反馈表》（附件3）。因学校或个人原因造成助学资金申报、审批和发放环节延误，由相关责任人承担相应责任。

各级人力资源社会保障部门应督促所属技工院校收到财政下拨的助学资金后，在15个工作日内发放到每个受助学生的银行卡中，不得以现金形式发放，不得以任何理由滞留、挪用国家助学资金。资金下达后，我厅将联合财政、审计等有关部门组成检查组对各市、各学校发放情况进行检查核实。对于虚报或多报学生人数套取国家资金以及降低标准发放助学资金的，一经查实，将根据《国务院违反财政法规处理处罚条例》等规定进行严肃处理，情节严重构成犯罪的，移交司法机关处理。

附件：1. 山东省技工院校设置涉农专业申报表

2. 山东省技工院校设置涉农专业评审细则

3. 省管技工院校国家助学金、家庭经济困难学生和涉农专业免学费资金发放信息反馈表

（附件本书略）

山东省人力资源和社会保障厅关于严格执行我省技工院校国家助学资金资助政策的通知

（2011 年 11 月 28 日　鲁人社字〔2011〕885 号）

各市人力资源社会保障局，国家助学资金省管技工院校：

自国家助学金和免学费政策实施以来，为维护国家资助政策的严肃性，健全国家助学金、免学费补助资金管理办法，加强监管力度，我省制定了《山东省中等职业学校国家助学金管理实施办法》（鲁财教〔2007〕39 号）、《山东省中等职业学校免学费补助资金管理暂行办法》（鲁财教〔2010〕5 号）和《关于进一步做好全省技工院校学生资助管理工作的意见》（鲁人社字〔2011〕414 号）等政策、规定，对技工院校学生资助工作作出了严格、全面、明确和规范的要求。各市、各学校也采取有力措施组织落实，进展顺利，资助工作成绩显著。但在执行过程中，个别地方仍存在一些问题，为进一步加强全省技工院校学生资助工作，现就严格执行资助政策通知如下，请遵照执行。

一、进一步加强领导，明确责任

各市局和各技工院校要进一步提高认识，把国家助学资金管理工作摆在学校工作的重要位置，切实加强领导，明确责任。要结合实际工作，不断完善本市、本校国家助学资金管理工作具体实施办法，确保资助工作顺利进行。各技工院校实行学校法人代表负责制，院（校）长是第一责任人，对学校国家助学资金管理和发放工作负主要责任。各技工院校要建立由招生、学管、教务、财务等部门共同参与的助学资金管理的专门机构，配备专职人员负责国家助学资金的申请、审批、下拨和管理工作。各学校财务部门应将上级下拨的国家助学资金进行分账核算，专款专用。

二、加强学校管理，严格执行学籍注册规定

各级人力资源社会保障部门要对所属技工院校的办学情况进行一次全面清查，对在办学条件、学校管理等方面与国家规定的标准、要求差距较大的，应给予警告，并责令限期整改；对整改后仍达不到标准的，要限制招生和在校生规模。各技工院校要对学校内部办学情况，特别是联合办学等问题进行清查，尤其是针对企业在职职工、农民工、农村劳动力以及其他社会人员的培训办学情况，要逐项核查学籍注册情况，不得违规注册电子信息学籍和申请助学资金。学校应将新生基本信息，各年级学生变动名册及时在技工院校学生信息管理系统中变更。学校不得以虚假学生信息注册学生学籍，不得以不同类型职业学校身份分别向教育部门和人力资源社会保障部门申报学生学籍。联合招生合作办学的学校不得为同一学生重复注册学籍，坚决杜绝“双重学籍”现象。

三、严格把握国家助学资金的申报条件，确保资金使用符合国家规定

各技工院校要按照国家和省有关规定，严格把握国家助学资金的申报条件。国家助学金的资助对象为具有技工学校全日制正式学籍的在校一、二年级所有农村户籍学生和县镇非农户口的学生以及城市家庭经济困难学生。同时还要具备以下条件：1. 在《全国技工院校电子注册与统计信息管理系统》中注册取得山东省技工院校学籍；2. 在教学过程中有完整的专业教学计划、有相对固定的教室和教师，能够按照学校的教学进度完成学习计划。任何学校不得以任何理由突破国家资助政策，每位受助学生只能享受1次不超过2年的国家助学金。不得将短期培训、函授学生、企业职工等不符合规定的人员纳入资助范围。

免学费政策的资助对象为技工院校全日制正式学籍一、二、三年级在校生中农村家庭经济困难学生和涉农专业学生免除学费（艺术类相关表演专业学生除外）。同时还要具备以下条件：1. 在《全国技工院校电子注册与统计信息管理系统》中注册取得山东省技工院校学籍；2. 在教学过程中有完整的专业教学计划、有相对固定的教室和教师，能够按照学校的教学进度完成学习计划。其中农村家庭经济困难学生免学费的比例不低于在校生的5%。招收涉农专业学生，其所学专业必须符合《中等职业学校专业目录》（教职成〔2000〕8 号）中的农林类所有专业，具体包括：种植、农艺、园艺、蚕桑、养殖、畜牧兽医、水产养殖、野生动物保护、农副产品加工、棉花检验加工与经营、林业、园林、木材加工、林产品加工、森林资源与林政管理、森林采运工程、农村经济管理、农业机械化、航海捕捞，以及能源类的农村能源开发与利用专业和土木水利工程类的农业水利技术专业等 21 类专业，不得违规开设涉农专业。涉农专业的申报审批应按照鲁人社字〔2011〕414 号文件规定执行。

四、加强资金发放监督，做好结余资金清算

各级人力资源社会保障部门应督促所属技工院校在收到财政拨付的资金后 15 个工作日内发放完毕。助学资金省管技工院校应按要求，在资金发放完毕后及时向省人力资源社会保障厅职业能力建设处报送《省管技工院校国家助学金、家庭经济困难学生和涉农专业免学费资金发放信息反馈表》和一年级在校学生的《助学资金领取回执》，我厅将根据学校上报的结余情况对全省助学资金统一调整使用。其他有关发放档案材料，应按照鲁人社字〔2011〕414 号文件要求予以管理保存。因学校或个人原因造成助学资金申报、审批和发放环节延误，责任自负。

五、做好国家助学资金监督检查工作

各技工院校应在收到本通知一个月内，对学校的国家助学资金资助工作以及学校开展联合办学、委托培训、在职培训等办学方式的学籍注册、助学资金申请等情况进行自查，重点自查是否存在违规注册电子信息学籍、违法套取、挪用助学资金等问题，并形成书面自查报告（学校法人代表签字，加盖单位公章），按照资金拨付隶属关系上报主管部门。各市、主管部门将检查情况于 2012 年 3 月底前报省人力资源社会保障厅。各市人力资源社会保障部门应对所属学校进行全面检查。省人力资源社会保障厅将联合有关部门组成检查组进行重点抽查。对于违规注册、虚报或多报学生人数套取国家资金以及降低标准发放助学金的，一经查实，将根据《国务院违反财政法规处理处罚条例》等有关规定进行严肃处理，情节严重构成犯罪的，移交司法机关处理。

山东省人力资源和社会保障厅关于加强技工院校学生资助管理基础工作的通知

（2014 年 4 月 18 日　鲁人社字〔2014〕197 号）

各市人力资源社会保障局，省直各有关部门，各学生资助工作省管技工院校：

2012 年秋季学期起，国家对技工院校、中等职业学校全日制在校学生享受免学费政策和国家助学金制度进行了调整，全省技工院校加强领导，精心组织，按照中央和省里要求，对学生资助新政策进行了全面有效的落实。但在去年下半年组织的专项检查中，发现部分院校在学生资助管理基础工作中还存在工作制度不健全、档案制度不完善、档案室建设不规范、归档材料不完整、学生资助管理部门与财务部门信息不畅通等问题。为进一步加强对技工院校学生资助管理工作的管理和监督，现就做好技工院校学生资助管理基础工作有关事项通知如下：

一、健全完善工作制度，严格学生资助管理

实行中职学校学生免学费政策和助学金制度，是国家推动中职教育发展，促进就业的重要举措，是国家实施的一项重要惠民政策。各级人力资源社会保障部门、各技工院校要提高认识，认真汲取江西等省市发生的套取、骗取学生资助资金事件教训，切实把加强技工院校学生资助管理工作摆在重要位置，严格执行国家和省有关学生资助管理工作文件规定，正确掌握全国技工院校电子注册和统计信息管理系统的操作流程、资金管理发放有关要求，确保学生资助政策实施的严肃性、准确性和时效性。一是健全完善学生资助管理工作制度。落实学校法人代表负责制，强化校长第一责任人制度，成立学校领导和部门负责人共同参与的学生资助管理工作机构，配备熟悉政策、责任心强、业务能力过硬的专职人员负责学生资助管理工作，保持人员的稳定性，并给予必要的工作经费。学生资助管理工作机构应加强与学校招生就业、学生管理、财务、纪检等部门的联系、沟通，分工协作，共同做好本单位学生资助资金的申请、审核、发放等工作。二是健全完善学生资助管理工作监督检查制度。各级人力资源社会保障部门和省直有关部门要加强对所属学校学生资助管理工作的监督检查，监督检查所需经费应列入单位预算，保证检查工作正常开展。对在检查中发现问题的学校，应限期进行整改，问题严重或整改不力的，取消其招生资格，停发资助资金。三是健全完善联合办学（校外教学点）审批制度。严格联合办学管理，加强对联合办学（校外教学点）的监督检查，今后技工院校不得与不具备学制教育招生资质的各类培训机构开展联合办学，已经开展的，应立即中止合作并妥善处理好后续事宜。技工院校新申请开展合作办学或在校外设立教学点的，应按照学校隶属关系，报省级或设区的市级人力资源社会保障部门批准后方可实施。开展联合办学的学校应对合作学校提供的学生信息进行现场逐一确认，确保学生信息的真实性、合法性。

二、健全完善信息采集制度，规范受助学生信息申报

各技工院校应在新生入学报到时进行信息采集，在《全国技工院校电子注册和统计信息管理系统》中完整填写学籍信息并及时上传。要把学生学籍管理、国家助学金和免学费补助资金管理纳入班主任工作内容，对符合享受免学费和国家助学金政策的学生，应指导其规范填写受助申请表，备齐证明材料，经学校初审后，由系统操作人员按照有关规定和要求，在信息管理系统中按时完成免学费或国家助学金的申报、审核工作。各级人力资源社会保障部门的系统管理员应及时审批学生学籍注册申请和国家助学资金资助申请信息。逾期审批或不按时上传资助信息的，不能享受国家助学金或免学费资金补助。学校系统操作人员和各级人力资源社会保障部门系统管理员要固定专人担任，保持相对稳定，并报上级人社部门备案管理。

三、健全完善学籍信息审查制度，确保真实准确唯一

各级人力资源社会保障部门、省直有关部门要按照中央和省里要求，对管理的技工院校学籍情况定期组织专项检查进行核实、清理，及时注销虚假及双重学籍。各技工院校必须使用全国技工院校电子注册与统计信息管理系统对所有全日制在校生进行学籍注册，保证每一个学生学籍信息完整、真实、全面，不遗漏任何一个学生，不遗漏任何一项信息。挂双牌的技工院校如有在人力资源社会保障系统和教育系统中同时注册学籍的，应按学生实际就读情况，与学籍重复学校积极沟通，确保只保留一个学籍。对采用弹性学制等方式招收的非全日制学生，不得纳入国家规定的中职学生资助政策范围；对面向企业新录用职工、农村转移就业劳动者、失业人员、毕业年度高校毕业生、服役期内士兵等群体开展的各类职业培训学员，不得注册为全日制和非全日制学制教育学籍，不纳入技工院校国家资助政策范围。

四、健全完善档案管理制度，加强基础资料收集整理

各技工院校要按照国家和省有关业务档案管理规定，健全完善档案管理制度，建立专门的学生资助工作档案室或档案柜，指定专人负责本校学生资助工作档案材料的收集、整理、归档工作。凡是在学生资助过程中形成的各种原始材料、文件和历史记录（包括国家、省、市和学校制定的学生资助政策文件、受助学生申请表、汇总表、公示资料照片、发放签领表、银行对账单、学校发放台账等原始凭证、材料等），均应按照全面、完整、及时、准确、规范的要求，按年度统一格式进行装订、分类、排列、编号、编目、装盒，最终实现学生信息及时建档，历史资料有据可查，辅助材料清晰齐全，基础数据全面准确。省人力资源社会保障厅将于近期对技工院校学生资助工作档案建设情况进行专项检查。

五、健全完善财务管理制度，加强资金监管力度

各级人力资源社会保障部门和各技工院校要提高认识，切实把加强技工院校学生资助资金管理工作摆在重要位置，建立健全学生资助资金管理制度。一是要按照国家和省要求，将学生资助资金纳入财务专户，实行专账核算、专人管理，切实做到专款专用；坚决杜绝工作人员私设账户，公款私存的现象；任何单位和个人不得以任何借口截留、挤占、挪用、套取、滞留国家助学资金。二是要建立资金发放复核制度。学校财务部门在每期发放学生资助资金时，应将拟发放人员名单与学籍管理系统中审批通过的受助人员名单进行认真比对，确保真实无误后方可发放。三是要加大财务公开力度，拓宽群众监督渠道。各技工院校收到学生资助专项资金后，必须召开院（校）长办公会集体研究，由学校学生资助管理部门和财务部门负责同志共同向办公会作出汇报，说明资助资金分解、发放的依据、资金结余的情况及原因；资金发放的情况应在学校显著位置进行公示；资金发放完毕后，及时向上级人力资源社会保障部门报送《资金发放信息反馈表》。四是要建立健全资金管理追责机制。因学校或操作人员个人原因造成学生资助资金申报、审批和发放环节延误的，责任自负并追究相关人员责任；对虚报冒领、挤占挪用、套取骗取国家资金等行为的学校或个人，一经查实，将根据《国务院违反财政法规处理处罚条例》等规定进行严肃处理，情节严重构成犯罪的，移交司法机关处理。

山东省人力资源和社会保障厅 省财政厅关于印发《山东省技工院校省级示范专业群建设项目实施办法》的通知

（2014年9月25日 鲁人社发〔2014〕42号）

各市人力资源社会保障局、财政局，省直有关部门（单位）：

现将《山东省技工院校省级示范专业群建设项目实施办法》印发给你们，请认真组织实施。

山东省技工院校省级示范专业群建设项目实施办法

第一章 总 则

第一条 根据全国职业教育工作会议精神、省政府办公厅《关于贯彻落实鲁政发〔2012〕49号文件推进现代职业教育体系建设的实施意见》（鲁政办字〔2013〕126号）和省人力资源社会保障厅、省财政厅等四部门《关于加快推进技工院校改革发展的实施意见》（鲁人社发〔2013〕47号），为对接产业发展对技能人才的需求，提升技工院校办学水平和培养质量，促进实现更高质量的就业，省人力资源社会保障厅、省财政厅决定实施山东省技工院校省级示范专业群建设项目（以下简称专业群建设项目）。

第二条 专业群建设项目是指适应全省产业结构调整、转型升级对技能人才的需求，紧密对接我省传统支柱产业、战略性新兴产业、现代服务业和各地特色优势产业发展，以国家级重点技工院校中的百强专业、省级重点专业或市级名牌重点专业中的1个核心专业为主体，优化整合3—5个相近相关专业或专业方向的实训资源、课程资源、教师资源，发挥核心优势专业的带动辐射作用，深化工学结合、校企合作，全面实施一体化课程教学改革，形成服务产业发展、特色鲜明、互为补充、相互联动、国内一流的专业群。

第三条 专业群建设项目按照统筹规划、公平竞争、择优遴选、分批建设、动态管理的原则组织实施。

第四条 专业群建设项目分批、分期进行，每个专业群建设项目周期为2—3年。

第二章 项目建设目标及任务

第五条 自2014年起，利用5年左右时间，在全省建设30个左右、与当地产业发展相匹配的省级示范专业群；培养一批专业水平拔尖、技能操作精湛的优秀“一体化”中青年骨干教师和德才兼备、有较强领导能力和管理能力的专家型校长、副校长。

第六条 项目建设学校应瞄准当地经济社会发展和产业结构调整，重点围绕人才培养模式改革和一体化课程体系，科学规划、合理组建专业群，依托本校特色或优势专业，突出高端性和示范性，将具有相同或相近行业基础、技术基础的专业进行组合，建成1个以上国内一流的技工教育示范专业、特色优势专业和新兴前沿专业。

第七条 项目建设学校以培养适应产业发展需要的技能人才为目标，积极探索校企合作、社会参与、多方联合的工学结合人才培养模式，与行业企业共同开发和制订专业人才培养方案，实现人才培养与产业（行业）需求有效对接。加强优质核心课程建设，每个专业群至少建成2门以上共享的优质课程，每个专业建成2门以上核心课程。教研教改成果突出，开发和参与开发出版教材不少于5种，部省级教研成果每年不少于3项，在部省级以上刊物发表专业论文每年不少于20篇。

第八条 项目建设学校应整合实训资源，建立与专业群建设相适应的实训基地及运行机制。每个专业群至少与10个规模以上企业（含1个以上世界500强企业）建立稳定的合作关系，力争实现培训学习过程与工作过程同步，实现校企互利双赢。针对专业群面向的行业（产业）与岗位群，以专业群内各专业的岗位通用技能与专门技能训练为基础，系统设计实训体系，整合核心专业与相关专业的实践教学资源，分类组建实训基地，形成满足专业群共性需求与个性化需求、校内校外相结合的实训体系，培养的学生在省级以上技能大赛中获得优异成绩的不少于10名。

第九条 项目建设学校以提高专业素养和实践动手能力为重点，与企业紧密合作，联合培养"一体化"教师，打造年龄结构、职称结构、职业资格等级结构合理的专业教学团队。通过培养培训，高层次一体化教师（高级讲师+技师、高级技师）不少于专业教师的70%，拥有一批在全国具有一定影响的教学名师，其中，获得市级以上首席技师、有突出贡献的技师和技术能手称号的教师不少于3名。

第十条 项目建设学校创新教学质量评价体系，突出绩效管理，建立满足产业（行业）发展要求和学生持续发展需求的技能型人才培养质量标准，形成学校、行业、企业、研究机构和其他社会组织等方面共同参与的教育教学评价机制，构建人才培养质量全过程监控保障机制，形成完整的毕业生质量跟踪调查、用人单位评价制度和办法，实现质量评价标准社会化。毕业生中高级工及以上培养层次占学制教育规模总数的比例达到80%以上，就业率达到97%以上。

第三章　项目建设要求及原则

第十一条　专业群建设学校应紧密围绕全省或地方某一产业或技术领域，依据自身独特的办学优势和办学条件，以学校优势或特色专业为核心，确定办学理念先进、产学研结合紧密、特色鲜明、就业率高的1个专业群进行重点建设。专业群中的各专业或专业方向，应面向企业中的岗位链，各专业间能够实现资源共享，在同一个实训体系中完成实践性教学。

第十二条　项目建设坚持以下原则：

（一）统筹规划和合理布局原则。坚持政府主导、行业指导、企业参与，围绕当地经济社会发展和产业结构优化升级需要，建设与产业群发展相适应、布局合理的技工教育示范专业群。

（二）改革创新和示范引领原则。以改革创新为动力，增强专业建设的开放性、灵活性和适应性，探索适应不同专业类型人才成长的培养模式，发挥示范建设专业引领辐射作用，全面提升学校专业建设整体水平。

（三）校企合作和产教结合原则。依托校企长期、稳定与深度的合作，创新办学模式、人才培养模式、课程体系及教学内容，改革完善考核评价模式。

（四）突出特色和强化优势原则。遵循技工教育规律和学生职业生涯发展需要，以实现更高质量就业为目标，汇集优势技工教育资源和行业企业人才、设施设备等资源，提升专业培养质量。

第四章　项目建设遴选条件

第十三条　项目建设学校应为国家级重点技工院校，核心专业为百强专业、省级重点专业或市级名牌重点专业；办学条件优良，校园占地面积100亩以上，建设筑面积达5万平方米以上，在校学生3000人以上，毕业生就业率达到95%以上。

第十四条 申报建设的专业群具有专业优势或区位优势，与当地产业发展密切相关，相互支撑，能充分体现学校的发展特色和区域经济特色；核心专业应在专业群内具有较强的引领作用与辐射作用，与群内其它专业之间具有相互依存与相互促进作用，能够形成整体合力。

第十五条 专业群核心专业与相关专业有高水平的专业带头人与数量充足的骨干教师，“一体化”教师比例占全体教师数量达到60%以上，专业带头人政治素养高、管理能力强、教学经验丰富，并具有高级讲师（高级实习指导教师）以上职称。

第十六条 校企合作有深厚基础，核心专业与3家规模以上企业有紧密合作关系。

第十七条 核心专业与相关专业的培养模式改革力度大，课程建设成效显著，社会服务能力强，具备满足教学需要的实习实训基地，实践教学经费投入充足，在校生近3年来在市级以上职业技能竞赛中取得三等奖以上的不少于10名。

第五章　项目实施

第十八条 项目申报。符合条件的技工院校根据省人力资源社会保障厅、省财政厅的部署要求申报专业群建设项目，提交申报材料，主要包括：

（一）建设项目可行性论证报告。包括当地产业发展情况、学校办学情况、核心专业设施设备情况、核心专业带头人与骨干教师情况、校企合作共建情况；

（二）建设项目实施方案。包括项目建设内容、建设目标、预期成果、实施计划、项目估算总投资、资金来源及落实等；

（三）制度建设等支持保障措施；

（四）符合遴选条件的其他证明材料。

第十九条 审核确定。专业群建设项目应经市人力资源社会保障局或省直主管部门组织专家评议论证，提出推荐意见；省人力资源社会保障厅、省财政厅采用竞争性立项方式，通过现场演示、答辩、实地考核等环节，经综合研究后公布年度项目建设单位名单，确定入围项目建设投资总额。

第二十条 项目实施。学校是专业群项目建设与管理的责任主体，其主要职责是：制定本校的专业群建设规划并组织实施；组建本校专业群建设领导小组；明确专业群核心专业及相关专业带头人；研究制定配套制度；落实专业群建设的配套经费与自筹经费，在人、财、物等方面保证专业群的建设与管理需要；按要求提交专业群建设年度报告，配合做好中期检查、评估验收等工作。

申报材料确定的各项建设内容，应在建设期内按期完成，建设过程中一般不作大的调整。

第二十一条 检查验收。专业群建设项目实行年度报告、中期检查和评估验收制度。

（一）项目建设学校每年年底对专业群建设情况进行总结，形成专业群建设年度报告；

（二）省人力资源社会保障厅、财政厅组织对专业群建设情况进行中期检查，检查内容主要包括专业群建设任务进展情况、标志性成果的阶段目标完成情况以及经费的使用和绩效、学校配套或自筹经费的到位情况等，对没有达到建设要求的终止立项支持；

（三）专业群建设项目完成后，由省人力资源社会保障厅、省财政厅组织评估验收，对验收不合格的，限期整改；整改仍不合格的，撤销建设项目并收回财政补助资金。

第六章 经费管理与监督

第二十二条 专业群建设项目资金以地方和学校投入为主，省财政给予适当补助。项目建设学校应积极争取市级财政和学校主管单位加大资金投入，共同实施专业群建设项目。学校自筹、市级财政和学校主管部门配套资金投入较多的，同等条件下优先考虑。

第二十三条 专业群项目经竞争性立项确定后，根据年度预算安排和项目建设投资总额，省级按不超过投资总额的60%确定补助金额并分年度下达补助资金，由项目建设学校按年度使用计划组织项目实施。

第二十四条 专业群建设项目专项经费主要用于以下支出：

（一）实验实训设备购置和维修、维护；

（二）专业课程与教学资源建设（包括研发费用、出版印刷费用以及产生的差旅费、劳务费、咨询费等）；

（三）师资和管理人员国内外培训费、交通费、食宿费；

（四）技能大赛组织实施和选手培养等支出。

第二十五条 项目建设学校要将专项资助资金纳入本单位财务统一管理，专款专用，单独设立会计科目并实行项目台账管理。

第二十六条 项目建设实行绩效考核，省人力资源社会保障厅、财政厅制定绩效管理办法，明确绩效考核项目、方式，结合项目特点开展绩效评价。省人力资源社会保障厅负责定期调度项目进展、预算执行等情况。绩效考核结果与下年度补助资金拨付挂钩，对建设项目验收不合格或者不按规定和要求使用专项资金的，省财政将收回补助资金。

第二十七条 项目建设学校要严格按照规定使用专项补助资金，不得擅自改变资金性质和用途，不得挪用、挤占，防止以拨代支、以领代报等虚列支出的现象发生，并实行追踪问效，确保资金使用的安全、规范、有效。

第二十八条 各市人力资源社会保障局、财政局和学校主管单位要切实加强对专业群项目建设和资金使用的监管，认真审查、核实申报资料，确保申报项目符合当地经济社会发展需要，申报资料真实、完整、准确，预算执行及时、到位。

第二十九条　省人力资源社会保障厅按照国家和省有关规定，加强对全省专业群建设项目资金管理使用情况的监督检查。查出违规、违纪问题的，督促项目建设学校及时整改；情节严重的，依照法律法规移交相关部门进行严肃处理。

第七章　附　则

第三十条　本办法由省人力资源社会保障厅、省财政厅负责解释。

第三十一条　本办法自印发之日起施行。

（二）技术工人考核与技师评聘

劳动人事部发布《关于实行技师聘任制的暂行规定》的通知

（1987年6月国务院批准，1987年6月20日劳人培〔1987〕16号发布）

各省、自治区、直辖市、计划单列市（区）劳动人事厅、局（劳动局、人事局），中央和国务院有关部委、直属机构，解放军总后勤部，各人民团体：

《关于实行技师聘任制的暂行规定》业经国务院批准，现发布施行。

实行技师聘任制度，是在高级技术工人中实行技术职务的一项重要政策，请各地区、各部门加强领导，通过试点，总结经验，逐步推开。

关于实行技师聘任制的暂行规定

第一条 为鼓励工人钻研业务，不断提高技术素质，稳定工人队伍，发挥高级技术工人的作用，以适应经济建设的需要，制定本规定。

第二条 技师是在高级技术工人中设置的技术职务。技师的职务名称由国务院有关部门根据行业特点和历史形成的习惯确定。

第三条 技师任职条件：

（一）遵守国家政策和法律、法规，有良好的职业道德；

（二）技工学校或其他中等职业技术学校毕业，或经过自学、职业培训，达到同等水平；

（三）具有本工种技术等级标准中高级工的专业技术理论水平和实际操作技能；

（四）具有丰富的生产实践经验，能够解决本工种关键性的操作技术和生产中的工艺难题；

（五）具有传授技艺，培训技术工人的能力。

第四条 实行技师聘任制的工种范围、以技术工人为基数聘任技师的比例限额及技师的技术（业务）考核标准，由国务院有关行业归口部门提出，报劳动人事部核定。

第五条 技师必须经过考核、评审。技师的考核、评审工作，县级以上（不含县级）的行业归口部门已成立工人技术考核委员会的，由该委员会负责；未成立工人技术考核委员会的，可成立技师考评组织，负责技师的考核、评审工作。

第六条 申请技师由本人提出，经所在单位同意后，由工人技术考核委员会或者技师考评组织考核、评审。考核、评审合格的，发给技师考核合格证书。

技术工人取得技师考核合格证书的，由其所在单位在国家规定的技师比例限额内进行聘任。

第七条 技师所在单位应当同被聘任的技师签订聘约，规定聘任期限、双方的权利和义务及辞聘、解聘、违约责任等事宜。

第八条 技师应当在本工种的工作中发挥技术特长，并根据所在单位的需要担任传授技艺或培训技术工人的工作。

第九条 技师聘任期间为三年至五年，根据工作需要可连续聘任。

第十条 被聘任的技师，实行职务津贴。职务津贴一般为每月十五元至二十五元，具体标准以及其他福利待遇，由国务院有关行业归口部门提出，报劳动人事部核定。

第十一条 技师离开本工种工作岗位从事其他工作后，不再享受技师津贴和其他有关福利待遇。

第十二条 本规定适用于全民所有制企业、事业单位以及机关团体和社会团体。集体所有制企业、事业单位可以参照执行。

第十三条 本规定自发布之日起施行。

工人考核条例

（1990年6月23日国务院批准，1990年7月12日劳动部令第1号发布）

第一章 总 则

第一条 为了考察工人的思想政治表现和生产工作成绩，鉴定实际技术业务水平，调动工人生产劳动和学习政治、技术业务的积极性，全面提高工人队伍素质，适应我国社会主义现代化建设的需要，制定本条例。

第二条 本条例适用于全民所有制企业、事业单位和国家机关。

第三条 国家实行工人考核制度。对工人的考核应当与使用相结合，并按照国家有关规定确定其工资待遇。

第四条 工人考核工作应从实际出发，统筹安排，严格标准，保证质量。

第二章 考核种类

第五条 工人考核分为录用考核、转正定级考核、上岗转岗考核、本等级考核、升级考核，以及技师、高级技师（以下统称技师）任职资格的考评。

第六条 企业、事业单位和国家机关从社会招收录用新工人，包括录用技工学校、职业学校、职业高中的毕业生，以及就业训练中心和其他各种就业训练班结业的学生，须经工人考核组织的录用考核，方能择优录用。

第七条 学徒（培训生）学习期满和工人见习、试用期满时，须经转正定级考核。经考核合格发给相应的《技术等级证书》或者《岗位合格证书》或者《特种作业人员操作证》之后，方能上生产工作岗位独立操作，并根据其思想政治表现、生产工作成绩和实际技能按照国家有关规定确定工资等级。考核不合格者准予延期补考。补考仍不合格者应当解除劳动合同或者调换其他工作。学徒、见习、试用期各方面表现优秀的，可以提前进行转正定级考核。

第八条 工人改变工种，调换新的岗位，或者操作新的先进设备时，应经过技术业务培训和上岗转岗考核合格后方能上岗。在精密稀有设备上工作和从事特种作业的工人，离开生产工作岗位一年以上，重新回到原岗位，应有一定的熟悉期，期满经技术业务考核合格后方能上岗，并按考核成绩，重新确定技术等级。

第九条 企业、事业单位和国家机关根据生产经营活动或者工作需要，对本单位的工人定期进行本等级的技术业务考核。考核不合格者允许补考。补考仍不合格者，应降低其技术等级或者调换工作岗位，重新确定技术等级和工资待遇。

第十条 工人经本等级考核合格的，可以申请参加升级考核。升级考核一般二至三年进行一次。有特殊贡献者经班组推荐和工人考核组织批准，可以提前参加升级考核或者越级考核。考核合格者发给相应的《技术等级证书》，作为使用和调整工资的依据。

第十一条 优秀的高级技术工人，可以按照国家有关规定申请参加技师任职资格的考评。有突出贡献的技师，可以按照国家有关规定参加高级技师任职资格的考评。考评合格，分别发给相应的《技师合格证书》，作为应聘职务的凭证。

第三章　考核内容

第十二条 工人考核的内容包括思想政治表现、生产工作成绩和技术业务水平。

第十三条 工人思想政治表现的考核，主要包括遵守宪法、法律和国家政策以及本单位的规章制度，树立良好的职业道德、劳动态度等方面。

第十四条 工人生产工作成绩的考核，主要包括完成生产任务的数量和质量，解决生产工作中技术业务问题的成果，传授技术、经验的成绩以及安全生产的情况等方面。

第十五条 工人技术业务水平的考核，主要是按照现行《工人技术等级标准》或者《岗位规范》进行技术业务理论和实际操作技能的考核。

工人技师任职资格的考评，应当按照国家有关规定进行。

第四章 考核方法

第十六条 工人思想政治表现的考核，在加强班组日常管理的基础上，定期进行。

工人生产工作成绩的考核，在加强班组日常管理的基础上，可以采用定量为主，定性为辅的方法，明确评分标准，定期进行。

第十七条 工人技术业务理论考核以笔试为主，操作技能考核可以结合生产或者作业项目分期分批进行，也可以选择典型工件或作业项目专门组织进行。技术业务水平考核评定采用百分制，六十分为合格。

第十八条 工人思想政治表现、生产工作成绩和技术业务水平三项考核成绩均合格的，即为考核合格。

第五章 考核组织和管理

第十九条 全国工人考核工作由劳动部综合管理，并负责制定有关规定，指导协调工人考核工作。

第二十条 各省、自治区、直辖市及计划单列市劳动行政部门和国务院有关部门的劳动工资机构，制定实施办法，分别负责综合管理本地区、本部门的工人考核工作。

第二十一条 各省、自治区、直辖市及计划单列市劳动行政部门会同本地区有关行业主管部门，国务院有关部门的劳动工资机构会同本部门的有关业务机构，分别成立工人考核委员会，负责组织本地区、本部门的工人考核工作。

第二十二条 企业、事业单位或者企业主管部门应当根据实际情况组成不同专业（工种）的考核组织，负责具体考核工作。各专业工种的考核组织成员中，应当有三分之二以上的专业技术人员、技师、高级技术工人。

第二十三条 《技师合格证书》，地方所属单位由省、自治区、直辖市及计划单列市劳动行政部门核发；国务院各部门所属单位由其主管部门的劳动工资机构核发。

《技术等级证书》的核发办法，地方所属单位由省、自治区、直辖市及计划单列市劳动行政部门规定；国务院各部门所属单位由其主管部门的劳动工资机构规定。

企业内部的《岗位合格证书》的核发办法，由企业自行规定，但企业主管部门有统一规定的，应当按照统一规定办理。

第二十四条 《技师合格证书》由劳动部统一印制。

《技术等级证书》由劳动部统一规定式样。

《岗位合格证书》的式样，企业主管部门有规定的，按规定办；企业主管部门无规定的，由企业自行规定。

《特种作业人员操作证》的式样、印制和核发办法，按照国家有关规定办理。

第六章 罚 则

第二十五条 企业、事业单位和国家机关违反本条例第六条规定招收录用新工人的，当地劳动部门不予办理招收录用手续。

第二十六条 各级工人考核组织成员，企业、事业单位和国家机关的工作人员在工人考核、评审过程中弄虚作假、徇私舞弊的，应当视情节轻重，由其所在单位或者上级主管部门根据人事管理权限对直接责任人员给予行政处分。

第二十七条 违反《技师合格证书》、《技术等级证书》、《特种作业人员操作证》的核发办法和规定，滥发上述证书的，除应当宣布其所发证书无效外，还应视情节轻重，由其上级主管部门或者监察机关对有关责任人员给予行政处分；对其中通过滥发证书获取非法收入的，应当没收其非法所得，并可处以非法所得五倍以下的罚款；构成犯罪的，应当依法追究其刑事责任。

第七章 附 则

第二十八条 集体所有制和私营企业、事业单位的工人考核工作参照本条例执行。

第二十九条 工人考核工作所需经费由财政部会同劳动部另行规定。

第三十条 本条例由劳动部负责解释。

第三十一条 劳动部可以根据本条例制定实施细则。

第三十二条 本条例自发布之日起施行。原劳动人事部1983年发布的《工人技术考核暂行条例（试行）》同时废止。

中华技能大奖和全国技术能手评选表彰管理办法

（2000年8月29日　劳动和社会保障部令第7号）

第一条　为表彰和宣传各行各业优秀技术工人，促进广大劳动者提高技术技能，规范中华技能大奖（以下简称大奖）和全国技术能手（以下简称能手）评选表彰活动，根据《中华人民共和国劳动法》和国家有关规定，制定本办法。

第二条　大奖和能手评选表彰是国家对全国优秀技术技能人才的奖励制度。劳动和社会保障部设全国技能人才评选表彰办公室，负责大奖和能手评选表彰活动的具体组织管理工作。大奖和能手评选的职业（工种）范围为国家职业标准中设有高级（国家职业资格三级）以上等级的职业（工种）。全国范围的评选表彰活动每两年开展一次，每次评选表彰人数由劳动和社会保障部确定。

第三条　凡中华人民共和国公民，具有良好的职业道德和敬业精神，已获得省（行业）级技术能手称号，且具有高级以上职业资格或同等资格，技术技能水平在国内本职业（工种）中有较大影响，并具备下列条件之一的可参加能手的评选：

（一）在本职业（工种）中具备较高技艺，并在培养徒弟，传授技术技能方面做出突出贡献的；

（二）在开展技术革新、技术改造活动中做出重要贡献，取得重大经济效益和社会效益的；

（三）在本企业、同行业中具有领先的技术技能水平，并在某一生产工作领域总结出先进的操作技术方法，取得重大经济效益和社会效益的；

（四）在开发、应用先进科学技术成果转化成现实生产力方面有突出贡献，并取得重大经济效益和社会效益的。

第四条 凡中华人民共和国公民，已获得能手称号，在本职业（工种）中的技术技能水平在国际国内有重要影响，并具备下列条件之一的可参加大奖的评选：

（一）在技术创新、攻克技术难关等方面做出突出贡献，并总结出独特的操作技术方法，产生重大经济效益和社会效益的；

（二）在本职业（工种）中，具备某种绝招绝技，并在带徒传艺方面做出突出贡献，在国际国内产生重要影响的；

（三）在推广应用先进技术等方面做出突出贡献的。

第五条 能手候选人由用人单位申报，省级人民政府劳动保障行政部门和国务院行业主管部门劳动保障工作机构按照分配名额推荐；大奖候选人由省级人民政府劳动保障行政部门和国务院行业主管部门劳动保障工作机构按照当年规定的推荐数额推荐。推荐能手和大奖候选人应提供申报表、事迹材料和经省级人民政府劳动保障行政部门或国务院行业主管部门劳动保障工作机构认定的证明材料。省级人民政府劳动保障行政部门和国务院行业主管部门劳动保障工作机构推荐大奖和能手候选人时，少数民族和妇女应占一定比例。

第六条 大奖和能手评选实行国家和省（行业）两级评审制。劳动和社会保障部设立全国专家评审委员会，省级人民政府劳动保障行政部门和国务院行业主管部门劳动保障工作机构设立本省（行业）专家评审委员会。评审委员会由有关工程技术人员、专业管理人员等组成，其中，工程技术人员所占比例为三分之二。

第七条 省专家评审委员会负责本地区技术能手的评审工作，本地区向国家推荐大奖和能手候选人的初评审工作。行业专家评审委员会负责本行业技术能手的评审工作，本行业向国家推荐大奖和能手候选人的初评审及省推荐的同行业大奖候选人的复审工作。

第八条 全国专家评审委员会负责对省（行业）初评审推荐的大奖和能手候选人终评审工作。大奖和能手候选人由全国专家评审委员会委员评议表决，劳动和社会保障部批准。

第九条 大奖和能手获得者可获得如下表彰和奖励：

（一）由劳动和社会保障部授予大奖获得者和能手荣誉称号，进行表彰并颁发证书、奖章和奖金；

（二）能手称号获得者原具有高级（国家职业资格三级）职业资格，且本职业（工种）设有技师以上资格的，由省级人民政府劳动保障行政部门按照管理权限认定技师资格；大奖获得者原具有技师资格，且本职业（工种）设有高级技师资格的，由省级人民政府劳动保障行政部门按照管理权限认定高级技师资格。

第十条 评选表彰活动所需经费由各级劳动保障行政部门商由同级财政部门予以支持。

第十一条 参加国家级和国际职业技能竞赛活动，获得相应名次者，可按照劳动和社会保障部有关规定直接授予能手称号。

第十二条 省技能人才评选表彰具体办法，由省级人民政府劳动保障行政部门依照本办法制定。

第十三条 本办法自颁布之日起施行。

劳动人事部贯彻《关于实行技师聘任制的暂行规定》的几点意见

（1987年7月15日　劳人培〔1987〕19号）

各省、自治区、直辖市、计划单列市（区）劳动人事厅、局（劳动局、人事局），中央和国务院有关部委、直属机构，解放军总后勤部，各人民团体：

《关于实行技师聘任制的暂行规定》（以下简称《暂行规定》），经国务院批准，已由我部发布施行。现对贯彻执行《暂行规定》的几个问题提出如下意见：

一、实行技师聘任制是劳动人事制度的一项改革。这项改革对鼓励工人钻研业务，不断提高技术素质，稳定工人队伍，发挥高级技术工人的作用，适应经济建设需要，具有十分重要的作用。由于这项工作刚开始起步，各方面还缺乏经验，各地区、各部门在贯彻执行《暂行规定》中，必须加强领导、精心指导、审慎行事。要明确技师是在高级技术工人中设置的技术职务，不是技术称号，不是高级技术工人的普遍晋升。对考评、聘任工作，要先行试点，总结经验，然后再逐步推开，切不可一哄而起。在工作中，严格按照技师任职条件、考核标准以及核定的工种范围、比例限额进行考评和聘任。

二、国务院各部门应按照《暂行规定》的要求，尽快提出本行业实行技师聘任制的技师职务名称、工种（岗位）范围，比例限额、技术（业务）考核标准。职务津贴标准以及福利待遇等，报我部核定后，发各地区、各部门试行。

技师的职务名称，可根据行业不同的特点和历史沿用的名称确定。

实行技师聘任制的工种（岗位）范围，要在技术比较复杂的工种（岗位）中实行。例如，机械行业，首先要在技术等级线达到七八级的技术工种中实行。

比例限额，以实行技师聘任制的技术工种的技术工人总数为基数，全国比例限额严格控制在1%到2%。

技师的职务津贴标准，全国平均按每个技师每月20元标准核算。

三、各省、自治区、直辖市和国务院各部门应按照核定的比例限额和津贴标准，提出本地区、本部门的企业和事业单位受聘技师的人数及其所需增加的工资总额，分别报国务院企业工资改革研究小组、国务院工资制度改革小组和劳动人事部核准下达。各地区、各部门要严格执行国家下达的聘任人数和增资指标，不得突破。对核准下达的增资指标，企业列入成本，机关、事业单位列入工资总额计划。

四、被聘任的技师，从受聘之月起享受职务津贴和有关部门规定的福利待遇。

五、技师的考核评审工作，按照1983年4月25日劳动人事部颁发的《工人技术考核暂行条例》十五条规定执行。即："工人技术考核工作，由各级劳动人事部门会同有关部门组成工人技术考核委员会或领导小组，下设办事机构，统一组织领导本地区、本部门的工人技术考核工作。"并按照行业、工种（岗位）不同，分别成立技师考评专业小组，具体进行考评工作。

经考评合格者，由省、自治区、直辖市劳动人事厅（劳动局）和国务院各主管部门的劳动人事（工资）司（局）核准发证。取得技师合格证书者，由其所在单位的行政领导在核定的比例限额内进行聘任，并签订聘约。技师合格证书由我部统一印制。

六、地方所属单位实行技师聘任制的工作，由各省、自治区、直辖市劳动人事厅（劳动局）综合管理、组织实施；国务院各部门直属单位的技师聘任制工作，由主管部门的劳动人事（工资）司（局）综合管理，组织实施，也可委托地方劳动人事厅（劳动局）办理。

各地区、各部门实行技师聘任制的试点工作，必须在国务院各行业归口部门提出并经我部核定的工种范围、考核标准、比例限额等有关问题的文件下发后才能进行。试点的单位要从严掌握。企业技师聘任制今年先在国家经委部署进行专业技术职务聘任制试点的200个企业中进行试点，全年覆盖面达到大中型企业的20%左右。事业单位的技师聘任制可由各省、自治区、直辖市选择三至五个单位进行试点。机关暂缓试点。

劳动部贯彻《关于实行技师聘任制的暂行规定》的补充意见

（1989年1月14日　劳培字〔1989〕3号）

国务院批准原劳动人事部发布的《关于实行技师聘任制的暂行规定》（以下简称《暂行规定》），通过一年多的试点，对于稳定生产一线工人队伍，发挥高级技术工人的作用，引导工人学习和钻研技术业务，推动企业技术进步和生产建设的发展，起到了一定的作用。为了进一步贯彻《暂行规定》，使技师聘任制度不断完善和评聘工作顺利开展，现就技师评聘工作中遇到的几个问题，提出如下补充意见：

一、技师是在高级技术工人中设置的技术职务，不是高级工之上的一个等级，根据《暂行规定》，被聘任的技师，实行职务津贴，暂不实行技师等级工资。技师职务津贴，应严格按照国务院的规定执行，各单位必须掌握在人均每月不超过二十元，和个人津贴数额控制在十五至二十五元标准的幅度之内，不得压低或提高。技师任职五年以上并在任职期间办理退休手续时，其职务津贴可列入工资基数，计算退休费。

二、有的省、市和企业，在中级或高级工中考评助理技师。考虑到助理技师的性质、任职条件，以及与初、中、高级工的等级档次和工资标准不相对应等许多矛盾，目前不宜设助理技师。今后将通过建立正常的考工晋级制度来调动中青年工人学习和工作的积极性。

三、根据原劳动人事部与国务院各行业归口主管部门签发的《实施意见》中“技师必须严格按照任职条件、考核标准、比例限额，并根据生产岗位的实际需要，在生产车间、工段，从技术复杂的工种的技术工人中进行考评、聘任。”的精神，应在国家规定的比例限额和下达的聘任人数、职务津贴指标的范围内进行技师的考评、发证和聘任工作。

四、根据劳动部、人事部联合签发的劳培字〔1988〕1号文“在国家机构改革，组建人事部和劳动部以后，技师聘任制工作，由各级劳动部门综合管理、组织实施”的精神，为保证政策的连续性，原劳动人事部签发的技师聘任制有关文件、规定和技师合格证书仍有效。

五、为便于技师聘任制工作的开展，各计划单列市的技师聘任制工作，由计划单列市的劳动部门综合管理、组织实施。

六、评聘技师是在高级技术工人中实行技术职务的一项重要政策。从试点实践来看，要注意充分发挥技师的作用，为技师创造学习、工作的条件；要建立经常考核制度，加强管理，做到能上能下，能进能出，搞活评聘工作，完善技师聘任制度。

七、要严格按照国务院各行业归口主管部门的《实施意见》中已明确的工种范围，根据实际需要确定技师职数，然后进行技师评聘工作。需要调整技术等级和新的技术工种时，需先制定技术等级标准，由行业主管部门会同劳动部核定是否划为实行技师聘任制的工种范围。

八、各地区、各部门在认真总结技师评聘试点工作的基础上，可在全民所有制企业、事业单位继续扩大试点，逐步展开；国家机关及在北京的国家机关附属的单位实行技师聘任制的工作，将由我部商请国务院机关事务管理局研究确定；集体所有制企业、事业单位技师聘任制工作如何进行，请各地区、各部门研究确定。

九、为保证技师聘任制工作的顺利开展，各地区、各部门暂不进行高级技师的评聘工作。这项工作，待我部同有关行业商榷，选择几个技艺复杂的工种（岗位）试点，总结经验后，再作部署。

劳动部、国务院机关事务管理局关于中央国家机关后勤工人技术培训、考核和技师聘任制工作的通知

（1989年2月3日　劳培字〔1989〕6号）

国务院各部委、直属机构，各人民团体：

关于中央国家机关（包括附属的行政、事业单位）后勤工人技术培训、考核和技师聘任制的工作，经我们研究，并请示国务院办公厅领导同意，由国务院机关事务管理局负责归口管理。其主要职责是：

一、牵头组建由中共中央办公厅、人大常委办公厅、全国政协办公厅等有关部门参加的“中央国家机关后勤工人考核委员会”，并设办事机构，在劳动部的业务指导下，负责日常的后勤工人培训、考核和技师聘任制的综合管理工作；

二、根据国务院批准的《关于实行技师聘任制的暂行规定》和原劳动人事部《贯彻〈关于实行技师聘任制的暂行规定〉的几点意见》《工人技术考核暂行条例（试行）》以及国务院各行业主管部门颁发的《工人技术（业务）等级标准》《实行技师聘任制的实施意见》，结合中央国家机关各部门的实际情况，研究制定机关后勤工人培训、考核和技师聘任制工作的具体实施办法，并组织实施。

劳动部关于高级技师评聘的实施意见

（1990年9月12日　劳培字〔1990〕14号）

各省、自治区、直辖市及计划单列市劳动厅、局（劳动人事厅），国务院有关部、委、直属机构劳动部门，解放军总后勤部司令部：

根据1987年6月国务院批准劳动人事部发布的《关于实行技师聘任制的暂行规定》（劳人培〔1987〕16号）和国办发（1988）10号《关于从工人、农民及其他劳动者中选拔和培养各种技术人才的意见》的精神，为进一步完善技师聘任制，选拔和培养高技艺、高技能的人才，以适应科技发展和“四化”建设的需要。特提出关于高级技师评聘的实施意见：

一、高级技师是在高级技术工人中设置的高级技术职务，评聘高级技师聘任制的组成部分。高级技师应在技术密集、工艺复杂的行业中具有高超技能并作出突出贡献的技师中考评、聘任，不是技师的普遍晋升。高级技师的名称，可根据行业的特点，按专业或工种确定。各地区、各部门过去在技术工人中设置的工人技术职务一律纳入技师聘任制，今年不得自行设置工人技术职务。

二、高级技师职务要根据行业特点，在技术密集、工艺复杂的生产工作岗位，根据生产工作实际需要设置，并确定职数，明确职责。高级技师的比例限额，以省、自治区、直辖市及计划单列市和国务院各部门为单位，控制在技师总数的10%以内，由国家下达评聘人数和职务津贴指标。各地区、各地方部门根据所属单位生产岗位的技术复杂程度等实际情况进行平衡调剂使用，切忌平均分配。省及部以下各级地区和部门也应按所属单位高级技师设岗、定职情况进行平衡调剂使用。

三、高级技师任职条件：任技师职务三年以上并作出突出贡献；具有本专业（工种）较高的专业知识并了解和掌握相关专业（工种）的有关知识操作技能；有高超专业技能和综合操作的技能，在技术改造、工艺革新、技术攻关和解决本专业（工种）高难度生产技术问题等方面成绩显著；能热心传授技艺、绝招，培训技术工人，指导、带领技术工人进行技术攻关和技术革新。

四、高级技师从受聘之月开始，享受高级技师职务津贴，取消技师职务津贴。高级技师职务津贴，全国平均按每个高级技师每月 50 元标准核算。具体标准在每月 40 元至 60 元的幅度内（不得压低或提高，更不准挪作它用），由各单位自行确定。对核准下达的增资指标，企业列入成本，机关、事业单位由工资科目开支。

高级技师任职二年以上在受聘期间退休，其职务津贴列入工资基数计算退休费。

高级技师的退休年龄，根据生产工作的特殊需要及其身体健康状况，经主管部门批准后，可适当延长。

五、国务院有关行业主管部门应按照本《实施意见》的规定，结合行业实际情况，提出本行业设置高级技师职务的专业（工种）或岗位的范围，确定高级技师职务的名称，制定高级技师职务的考核标准，送我部核定后，发各地区、各部门试行。

六、高级技师考核评聘工作，按照 1990 年 7 月 12 日劳动部第 1 号部令发布的《工人考核条例》第二十一、二十二、二十三条的规定，各省、自治区、直辖市及计划单列市劳动行政部门应会同本地区有关部门，国务院有关部门的劳动工资机构应会同本部门的有关业务机构，分别成立工人考核委员会和各专业（工种）的考评组织，由其负责组织本地区、本部门的高级技师考核、评审工作。经考评合格者，地方所在单位的，由省、自治区、直辖市及计划单列市劳动行政部门核准发证；国务院部、委、直属机构所属单位的（包括国务院行业主管部门归口管理的计划单列企业集团公司），由国务院部、委、直属机构劳动部门核准发证。取得高级技师合格证书者，由其所在单位的行政领导在核定的高级技师比例限额内进行聘任，并鉴定聘约。

七、为了加强工艺技术人才的管理和技术交流，各地区、各部门应将高级技师的考核评审表一式两份报送劳动部备案。

八、高级技师合格证书，由劳动部统一印制。

九、高级技师评聘工作的其他有关问题，按技师聘任制有关规定执行。

十、各地区、各部门对评聘高级技师工作，必须加强领导，精心指导，审慎行事；坚持统一部署，先行试点，总结经验，稳步推开；切忌一哄而起，追求进度。

附件：高级技师评审呈报表

（附件本书略）

劳动部办公厅重新印发《关于加强技师管理工作的通知》的函

（1991 年 11 月 7 日　劳办培函字〔1991〕1 号）

各省、自治区、直辖市及计划单列市劳动（劳动人事）厅(局)，国务院有关部、直属机构劳动部门，总后司令部、总参军务部：

我部今年 10 月印发的劳培字〔1991〕14 号《关于加强技师管理工作的通知》，因文中技师津贴标准有错误，现予重新印发。请将原发文件，自行销毁。

附：关于加强技师管理工作的通知

关于加强技师管理工作的通知

各省、自治区、直辖市及计划单列市劳动（劳动人事）厅(局)，国务院有关部、直属机构劳动部门，总后司令部、总参军务部：

为了贯彻国务院批准原劳动人事部发布实施的《关于实行技师聘任制的暂行规定》（劳人培〔1987〕16 号），进一步完善技师聘任制度，充分发挥技师、高级技师（以下统称技师）的作用，促进企业生产发展和技术进步，现对加强技师管理工作的有关问题通知如下：

一、技师的考评与聘任

技师考评、聘任工作要执行国家和部委的有关规定，严格按照技师任职条件，在规定的比例限额内坚持公开、平等、竞争的原则进行考核、评审、聘任，不能搞照顾和论资排辈。国家核定给地区和部门的技师比例限额和增资指标，是本地区、本部门的宏观控制指标，可以根据实际情况调剂使用，不能简单地平均分配下达。各单位应根据生产工作现场（车间、工段）的实际需要，在评聘技师的专业（工种）范围内，按专业（特殊行业可按工种或岗位）设置技师职务岗位。

技师是在高级技术工人中设置的技术职务，由劳动行政部门综合管理，所在企业负责具体管理，并组织制定技师的工作职责。

二、技师的工作职责

技师的工作职责主要是：参与技术革新、技术改造、技术攻关和高难度的生产工艺加工、复杂设备的调试维修以及排除事故隐患等方面的工作；在推广应用新技术、新工艺、新设备和新材料方面应起骨干带头作用；在传授技艺（绝招）培养技术工人方面当好指导教师，并在生产过程中有权纠正和制止违反技术操作规程、生产工艺规定和有损工程（产品）质量和安全的操作。

三、技师的培训

对技师培训的目的是，使技师不断提高社会主义思想政治觉悟和主人翁责任感，拓宽专业知识面和加深技术理论，进一步提高综合操作技能，以适应社会发展和科学技术进步的客观需要。培训的内容主要是新技术、新工艺、新设备和新材料的推广、应用和他们在实际生产中所需要的专业理论知识，以及与其有关的生产技术在国内外的发展动态。培训的形式，根据实际情况可举办短期脱产、半脱产、业余培训班，也可以采用典型生产技术实例进行现场传授和专题讲座等。

四、技师的业绩考核

根据《工人考核条例》，要建立技师日常和定期考核制度。各单位结合生产工作和劳动组织管理的实际情况制定具体考核办法，建立考绩档案，劳资部门应负责对技师履行工作职责等情况进行全面考核。重点考核技师在任职期间解决生产工艺、技术难题的成果和传艺带徒的情况，并将考核结果归入本人考绩档案，作为续聘、解聘的重要依据。

五、技师的使用安排

技师具有高水平的技能和丰富的实践经验，各单位应根据生产工作和优化劳动组织的实际需要，在技师不脱离生产一线的原则下，合理安排技师的工作，并为他们履行工作职责提供和保证必要的条件，使他们充分发挥和传授技术专长和高超的技艺。

各地区、各部门和有条件的企业经有关部门批准可建立技师协会，充分发挥技师的聪明才智，更好地为企业、行业和社会服务。技师协会以集体会员的名义可参加工会技术协会组织，开展跨企业、跨行业、跨地区的技术攻关、技术交流、技术表演、技术咨询、技术讲座等活动，传授技师的经验和绝技，宣传技师的技艺成就和工作业绩。

六、技师的工资与福利待遇

目前，国家规定被聘任的技师实行职务津贴。技师职务津贴一般为十五至二十五元，高级技师职务津贴一般为四十至六十元，具体标准由单位按照国家规定的津贴标准幅度确定，不得压低或提高，更不准挪作它用。技师职务津贴应按照标准工资的有关规定管理。

各单位根据国务院各行业主管部门实行技师聘任制的实施办法的规定，参照本单位工程师、高级工程师等专业技术人员的有关福利待遇，确定技师的福利待遇。对有重大技术成果和为培训技术工人、传授技艺做出突出贡献的技师，应及时予以表彰和奖励。有条件的地区、部门可以组织技师技术成果展览和组织技师赴国外学习考察。

各地区、各部门要及时了解和掌握本地区、本部门技师评聘工作情况，做好技师资料的积累和有关表格填报与统计工作，并将高级技师评审表及时报劳动部备案，以便建立国家高级生产技术人才信息库，为全国提供服务。

各地区、各部门可根据本通知，结合实际情况，制定具体管理办法。

劳动部关于贯彻《工人考核条例》的通知

（1991年4月13日　劳培字〔1991〕5号）

各省、自治区、直辖市及计划单列市劳动（劳动人事）厅（局），国务院有关部委、直属机构劳动部门，解放军总后勤部司令部、总参谋部军务部：

经国务院批准的《工人考核条例》（以下简称《条例》），已由我部发布实施（劳动部令第1号，1990年7月12日）。《条例》是劳动管理方面的一项重要行政法规它体现了党和政府全心全意依靠工人阶级的指导思想，符合广大工人群众要求提高自身素质，努力为"四化"建设做贡献的愿望。国家实行工人考核制度，对调动工人生产工作和学习政治、技术业务的积极性，鼓励工人立足本职、岗位成才将起到重要的作用。为做好工人考核工作，加强社会劳动力管理和企业管理，实现先培训后就业，先培训后上岗，以提高工人队伍素质，推动社会生产力的发展，现将贯彻《条例》的有关意见通知如下：

一、为了提高劳动后备人员的素质，要把好新招收技术工人的质量关。根据《条例》第六条规定，国家对各类技工学校、职业高中、职业学校以及就业训练中心（班）的毕业、结业生，逐步实行《毕业（结业）证书》《技术等级（岗位合格）证书》的双证制度。按照学制规定的教学（培训）大纲、计划、教材要求，学习期满，经考核合格者，由上述学校或中心（班）发给《毕业证书》或《结业证书》。根据工人技术等级标准或岗位规范的要求，经相应的工人考核组织考核合格者，按本地区、本部门的规定分别发给《技术等级证书》或《岗位合格证书》。各企业、事业单位和国家机关，在执行国家劳动工资计划和招工有关规定的前提下，坚持平等竞争，择优分配和录用的原则，优先从实行双证制度的毕业、结业生和解除劳动合同的待业人员中接收或录用专业（工种）对口的技术工人。

单位根据实际需要，经劳动行政部门批准直接从社会上招用未经上述学校、中心（班）培训以及不属解除劳动合同的待业人员，应在德、智、体方面进行招工考核。考核的内容和标准，根据招收单位生产工作岗位的实际需要有所侧重，对考核合格者，择优录用。

二、为了促进企业优化劳动组合和逐步实行以岗位技能工资制为主要形式的企业内部工资分配制度以及有计划地开展工人培训，各单位应根据生产和工作需要，有计划、有步骤地对技术工人进行现有技术水平的考核。依照劳动岗位对工人劳动技能的要求和经考评实际具备的劳动技能，确定其技能工资。

对在职工人现有技术等级的考核，可采取个人申报，由单位考核组织进行核定的办法，确定其报考的技术等级。对考核合格者，发给相应的《技术等级证书》，作为上岗的凭证和确定技能工资的依据；对考核不合格者，需通过技术培训或自学并限期补考，补考仍不合格者，应降级考核确定技术等级，安排相应的劳动岗位。

各单位可根据生产工作和技术发展的实际需要，在培训的基础上，有计划地进行晋升技术等级的考核。晋升技术等级考核应级进行，对考核合格者，换发《技术等级证书》。试行岗位技能工资制的单位，对晋升技术等级考核合格的工人，按照劳动岗位对劳动技能的要求，晋升技能工资。未实行岗位技能工资制的单位，应按照“全面考核，合理使用和各尽所能，按劳分配”的原则，对晋升技术等级考核合格的工人，还须进行日常生产工作成绩和思想政治表现的考核，经全面考核合格者，择优晋升工资。晋升基本工资可按照劳动部劳薪字〔1991〕19号《关于进一步搞好全民所有制企业内部工资分配的意见》的规定执行。

三、各单位要在加强日常劳动管理的基础上，制定和完善考核办法，并建立考核档案，使之制度化、规范化。企业实行全员劳动合同管理，与工人签订岗位合同，须先对工人按劳动岗位的技能、责任、安全等方面的要求进行上岗考核。考核合格者，按规定分别发给相应的《技术等级证书》或《岗位合格证书》，作为上岗凭证，方可签订岗位合同；对考核不合格者，不予签订岗位合同，不能上劳动岗位，由企业根据实际情况安排其他工作，也可进入社会合理流动。

四、各地区、各部门要建立健全工人考核工作的领导组织和考评组织。各地区劳动行政部门在当地人民政府领导下，会同有关行业主管部门成立工人考核委员会，根据需要可以吸收工会、教育、经济部门参加，负责组织、指导、协调工人考核工作。工人考核委员会的办事机构设在劳动行政部门。各地区可根据实际需要，建立行业（部门）的工人考核工作领导组织和考评组织，负责本行业（部门）的工人技术业务考评工作。国务院有关部委、直属机构，解放军总参谋部、总后勤部的人事劳动司（局）会同其有关业务部门成立本部门工人考核委员会，负责组织、指导、协调本部门工人考核工作。各部门根据实际需要，可设置办事机构和建立专业（工种）的考评组织。中央和地方各级党、政、军、人民团体机关后勤工人考核工作，在同级劳动行政部门业务指导下，可成立机关后勤工人考核委员会，负责组织、指导、协调机关所属单位后勤工人考评工作。

五、《技术等级证书》、《特种作业人员操作证书》、《技师合格证书》、《高级技师合格证书》是表明工人技术业务水平和上岗、任职的凭证，也是工资分配以及就业、再就业的依据，又是进行国内外技术劳务合作与交流时法律公证的有效证件。各地区、各部门要严格证书的颁发与管理。国家规定技术工人按技术等级分别颁发初、中、高三级《技术等级证书》。在未全部实行初、中、高三级制工人技术等级标准时，对实行八级制工人技术等级标准的工种，其一、二、三级工为初级工，四、五、六级工为中级工，七、八级工为高级工，分别颁发初、中、高级《技术等级证书》。在实行新的工人技术等级标准后，工人技术等级考核和证书颁发一律按新标准规定执行。工人《技术等级证书》的核发与管理，由各省、自治区、直辖市及计划单列市劳动行政部门和国务院有关部门劳动工资机构在制定《工人考核实施办法》时做出具体规定。中央国家机关后勤工人考核发证工作按照劳动部和国务院机关事务管理局合发的劳培字〔1989〕6号文规定办理。各地区、各部门原印发的《技术等级证书》暂可过渡使用，在贯彻《工人考核条例》时，逐步换发全国统一的《技术等级证书》。

《特种作业人员操作证书》的印制、颁发与管理按照国家标准（GB5306-85）《特种作业人员安全考核管理规定》办理。其中，由劳动部门管理的《特种作业人员操作证书》由劳动部统一印制，由各省、自治区、直辖市劳动行政部门或其委托的部门、单位颁发管理。

《技师合格证书》《高级技师合格证书》的核发与管理按技师聘任制有关规定执行。

六、工人考核工作所需经费，在财政部与劳动部未规定前，各地区、各部门可结合工人考核试点工作的实际情况，由劳动行政部门与有关部门商定。

七、各地区、各部门在制定有关地区或行业管理的规定和办法时，凡涉及工人考核和证书颁发与管理的问题，必须按照《条例》有关规定和本《通知》的精神办理。要坚决执行《条例》中的罚则，严格组织纪律，保证《条例》的贯彻执行。

八、各省、自治区、直辖市及计划单列市劳动行政部门和国务院有关部门的劳动工资机构应根据《条例》和本通知精神，结合实际情况，制定本地区、本部门的《工人考核实施办法》，报经当地人民政府或国务院部委、直属机构批准后组织实施，并报劳动部备案。

贯彻《条例》，实行工人考核制度，涉及劳动就业、工资制度的改革和职业技术培训，也涉及企业管理的各项基础工作，关系到工人切身利益，是一项政策性很强的系统工程。各级劳动部门必须加强领导，充分调动各方面的积极性，统筹安排，审慎行事。在具体实施中，要结合企业劳动用工制度和工资制度改革，进行试点，总结经验，逐步推开。

劳动部关于加强工人培训工作的决定

（1992年2月26日　劳培字〔1992〕3号）

各省、自治区、直辖市及计划单列市劳动（劳动人事）厅(局)，国务院有关部委、直属机构，解放军总后勤部：

党的十三届七中全会确定了我国实现第二步战略目标的行动纲领，实现这个奋斗目标，必须全心全意依靠工人阶级，坚定不移地坚持科学技术是第一生产力，自觉地把经济建设转移到依靠科技进步和提高劳动者素质的轨道上来。大力发展职业培训事业，切实加强工人培训工作，全面提高工人队伍素质，是实现本世纪战略目标和下个世纪经济振兴的紧迫任务。十一届三中全会以来，特别是1981年2月党中央、国务院发布了《关于加强职工教育工作的决定》以后，工人培训工作出现了蓬勃发展的新局面。十余年来，我国工人培训工作紧紧围绕经济发展和科技进步，在完成三千万青壮年工人初中文化、初级技术补课的基础上，适时开展了班组长培训、岗位培训、中级和高级工培训，以及群众性的岗位练兵和有计划的技术比赛活动，取得了显著成绩。但从整体上看，工人培训工作还不能适应经济建设和社会发展的需要，主要表现在对提高工人队伍素质的战略意义认识不足，对加强政治思想、职业道德和法制教育重视不够，在宏观指导和综合管理上还不够协调，以及培训经费不足、师资和教材建设显得薄弱等等。为进一步加强工人培训工作，决定如下：

一、充分认识工人培训工作在国民经济发展中的地位和作用

加强工人培训工作是进行社会主义现代化建设，实现新时期经济发展战略目标的重要途径。随着社会经济发展和科技进步，企业大量采用新技术、新工艺和新设备，自动化程度提高，产品

更新换代周期缩短，对工人的素质会不断提出新的更高的要求。因此，大力加强工人培训工作，造就一支高素质的工人队伍，对于进一步巩固以工人阶级为领导、以工农联盟为基础的社会主义制度，促进经济发展具有重要的意义。各级劳动部门尤其是领导，要转变观念、提高认识，切实加强工人培训工作。

二、进一步明确工人培训工作的指导思想、目标和任务

（一）工人培训工作的指导思想是坚持四项基本原则，坚持以经济建设为中心，面向企业、结合生产，加强德育，突出技能，按需施教、注重实效，为两个文明建设服务。其目标是：努力培养一支思想好、技术精、作风正、纪律严，与经济发展和科技进步相适应的，以中级工为主体，高级工和技师基本满足需要，技术结构比较合理的工人队伍。

（二）坚持经常地、有针对性地对工人进行政治思想、职业道德和法纪教育，把这类教育作为工人培训的重要内容，全面提高工人队伍素质。

（三）结合实际需要做好技术业务培训工作。对技术工人的培训，应根据企业生产发展和技术进步的需要，以工人技术等级标准为基本内容，紧密结合生产岗位的实际要求，开展技术等级的达标培训；对非技术工种（普通工、工序工）等的工人，要按岗位规范的要求进行岗位培训；对技师、高级技师的培训，应以开展技术讲座，经验交流，丰富科技知识为主，提高其对新技术、新工艺、新设备、新材料应用的适应能力。

（四）贯彻《工人考核条例》，建立和完善技术工人的初、中、高三级技术等级考工晋级制度和技师、高级技师工人技术职务聘任制度，以及培训、考核与使用、待遇相结合的制度。今后企业对工人要进行实际技能的考核和对岗位劳动责任、劳动强度、劳动条件的测评，并以这四项要素及劳动贡献为确定其岗位技能工资的依据。因此，试行岗位技能工资制的单位必须先搞好培训并严格考核；未试行岗位技能工资制的单位，晋升工资时也

要进行考核，考核不合格者不能晋升工资。

（五）凡有条件的地区、部门和企业要逐步实行“先培训后就业，先培训后上岗”。在“八五”期间，首先在直辖市、计划单列市、省会城市等经济、教育比较发达的大中城市，以及航空航天、铁道、邮电、汽车等产业部门的大型企业，做到“先培训后就业，先培训后上岗”。在具体实施中要切实加强岗前培训，把好新增工人进入企业的“入口”质量关。对班组长、生产骨干和关键岗位的工人要逐步实行持证上岗制度。

（六）加强对企业富余人员和停工停产人员及解聘、辞退人员的转业培训工作。各地区、各部门要根据产业结构、产品结构的调整和社会生产、生活服务的需要，充分利用技工学校、职业学校、就业训练（培训）中心等培训基地，及时地、有针对性地组织他们进行转岗、转业培训。

（七）开展广泛的岗位练兵活动和有计划的工人技术比赛活动。各地区、各部门和企业要按照劳动部、中华全国总工会和共青团中央《关于开展工人技术比赛的意见的通知》（劳培字〔1991〕11号）的精神，结合各自实际情况，有计划地开展这项活动。要宣传技术比赛优胜者的事迹，以形成重视技能和尊重人才的社会风气。

（八）要切实加强对工人的劳动安全卫生宣传教育工作。教育工人严格遵守各种安全操作规程，树立“安全第一，预防为主”的思想；要通过报刊、电台等宣传劳动安全卫生的重要性。锅炉压力容器等特种设备的作业人员要严格执行特种作业安全操作证书制度，并由各级劳动部门加强对“证书”的核发与管理。

（九）在加强国营大中型企业工人培训工作的同时，要积极为小型企业、集体企业、乡镇企业和“三资”企业的发展培养技术骨干。

（十）要加强师资队伍的建设。要努力建设一支以适应技能训练为主的、工人岗位技术（业务）培训需要的，既懂专业又懂管理、以专职教师为骨干，专兼职相结合的教师队伍。在充分利用职业技术师范学院、高级技工学校、高级职业技术培训中心培养后备师资和组织在职师资进修提高的同时，应聘请有生产实践经验的工程技术人员、技师担任技能训练指导教师。要努力改善教师待遇，开展优秀教师表彰活动，调动广大教师的积极性。

三、各级劳动部门要加强对工人培训工作的综合管理。要根据党和国家有关职业培训的方针、政策，结合各地区、各部门的实际情况，制订工人培训工作的有关法规；研究制定岗位培训，技术等级培训，班组长、生产骨干和关键岗位工人培训，技师、高级技师培训，特种作业人员和富余人员培训等有关政策、标准考核、证书管理的实施办法，并指导协调、监督检查有关方面贯彻实施；组织推动工人培训先进单位和个人的表彰与经验交流；指导、协调开展工人技术比赛活动。

各地区、各部门的劳动行政管理部门应调整和充实工人培训工作的管理机构和力量；同时，要充分依靠和发挥行业（企业）主管部门，职教、经济部门以及工会、共青团、民主党派和社会团体等各方面的力量，切实做到相互配合、通力协作，开展多形式、多层次的工人培训工作。

四、各行业主管部门的劳资、职教部门应按照各自的职责分工，加强对本行业工人培训工作的指导和管理。从各自的实际情况出发，制定本行业指导性的工人培训长远规划和年度计划；修订《工人技术等级标准》和行业指导性岗位规范，并按照《工人技术等级标准》编制教学计划、大纲，并根据实际需要编写有关教材；组织推动工人培训工作的经验交流和开展工人技术比赛活动；要充分尊重和保证企业开展工人培训工作的自主权，把工人培训工作真正落实到企业，纳入厂长（经理）目标管理责任制和生产承包责任制。

企业应调查、分析本单位工人的素质，进行人才需求预测，根据生产发展和技术进步的实际制定工人培训的长远规划和年度计划，并纳入企业生产发展计划，使工人培训的人、财、物得到保证。

五、要逐步增加对工人培训的资金投入，使工人培训工作同企业生产和技术进步协调发展。要按中共中央、国务院《关于加强职工教育工作的决定》所规定的占职工工资总额1.5%的比例安排职工教育经费，以切实保证技术工人培训的需要。按国务院批转的《国家教育委员会关于改革与发展成人教育的决定》（国发〔1987〕59号）的规定，企业开发新技术、研究新产品的技术培训费用，可直接在成本中列支，其他的职工培训费用，应在企业利润留成、包干结余和税后留利中开支，为技术开发、技术引进、技术改造项目或某个产品创优服务的培训费用（包括出国培训费用），可在项目费用中开支。各企事业单位要积极开辟新的资金渠道，力争工人培训工作有较充裕的经费保障。

人事部关于印发《机关、事业单位工人技术等级岗位考核暂行办法》的通知

（1994年12月22日　人薪发〔1994〕50号）

各省、自治区、直辖市人事（人事劳动）厅（局），中央、国务院各部委、各直属机构人事劳资部门：

按照国办发〔1994〕60号文件批准人事部“三定”方案中关于“组织指导机关、事业单位工人技术等级考核”的职能分工，为做好机关、事业单位工人考核工作，适应机关、事业单位人事管理和工资管理工作的需要，加强工资的总量控制，处理好各类人员的工资关系，我部制定了《机关、事业单位工人技术等级岗位考核暂行办法》。现印发给你们，请遵照执行。

机关、事业单位工人技术等级岗位考核暂行办法

根据《国务院关于机关和事业单位工作人员工资制度改革问题的通知》（国发〔1993〕79号）和《国务院办公厅关于印发机关、事业单位工资制度改革三个实施办法的通知》（国办发〔1993〕85号），制定本办法。

一、考核范围

机关、事业单位在岗的技术工人（含合同制技术工人，下同），列入技术等级岗位考核范围。

二、考核内容

考核内容包括：思想政治表现、生产工作成绩和技术业务水

平。工人技术等级岗位考核要在严格考核思想政治表现和工作成绩的基础上进行。

思想政治表现主要包括：遵纪守法、职业道德、工作态度等。

生产工作成绩主要包括：完成生产、工作任务的数量和质量，生产工作中解决技术问题、从事技术革新及安全生产等。

技术业务水平主要包括：技术业务理论和实际操作技能。考核标准按国家行业主管部门与有关部门共同制定的《国家职业技能标准》执行，未实行《国家职业技能标准》的工种，可按现行的《工人技术等级标准》执行。对机关、事业单位中尚未建立《国家职业技能标准》或《工人技术等级标准》的工种，由政府人事部门会同有关部门制定技术等级岗位考核标准。

三、考核成绩的评定

工人思想政治表现和生产工作成绩的考核结果分合格、不合格两种。考核工作由工人所在单位以日常考核与定期考核相结合的方式进行。

技术业务水平考核按百分制计分，理论考核和操作考核均达到规定分数者为合格。考核工作由各地政府人事部门和委托单位组织进行。

思想政治表现、生产工作成绩和技术业务水平三项考核成绩全部合格者，即为考核合格。

四、技术等级考核的申报条件

技术等级岗位考核分为初级工、中级工、高级工三个等级的考核和技师、高级技师两个技术职务的考评。技师、高级技师职务的考评办法另行规定。

（一）工人必须经所在单位批准，在思想政治表现和生产工作成绩两项考核合格的基础上，申报技术业务水平的考核。

（二）1993年9月30日以前已转正定级，未考取过技术等级的技术工人，可直接申报参加相应技术等级的考核，申报的年限条件是：

1. 工作年限 25 年以上并从事本工种工作 15 年以上或从事本工种工作 20 年以上的工人，可申报高级工的考核。

2. 工作年限 15 年以上并从事本工种工作 5 年以上或从事本工种工作 10 年以上的工人，可申报中级工的考核。

3. 工作年限 14 年以下并从事本工种工作 4 年以下或从事本工种工作不到 10 年的工人，可申报初级工的考核。

1993 年 10 月 1 日以后转正定级，未考取过技术等级的工人，首先应参加初级工的考核，不得越级参加考核。

（三）凡考取技术等级并由政府人事部门或委托单位核发了技术等级岗位证书的工人，可参加升级考核。申报的年限条件是：

1. 工作年限 20 年并在本等级工作满 5 年的中级工，可申报高级工的考核。

2. 工作年限 10 年并在本等级工作满 5 年的初级工，可申报中级工的考核。

（四）对符合下列条件的工人，可适当放宽高级工考核的申报年限条件：

1. 在省、部级以上技术比赛中获得名次的工人。

2. 在技术革新、技术发明中取得成果并有省部级以上成果证书的工人。

3. 获得省、部级以上劳动模范称号并保持荣誉的工人。

（五）对于其他生产工作成绩突出、技术业务水平的工人申报中、初级工考核的申报年限条件，可由省、自治区、直辖市政府人事部门或人事部委托单位根据实际情况适当放宽。

五、组织实施

（一）各地方和中央驻地方的机关、事业单位工人的技术等级岗位考核工作，由各省、自治区、直辖市政府人事部门管理并组织实施。

（二）在京中央、国家机关及所属事业单位工人的技术等级岗位考核工作，由人事部委托的单位进行管理并组织实施。

（三）各省、自治区、直辖市政府人事部门和受人事部委托的单位，要严格按照本《暂行办法》尽快制定具体实施意见并报人事部备案。

（四）工人进行技术等级岗位考核，首先要进行必要的培训。培训办法由各地政府人事部门或人事部门委托的单位根据各工种考核的实际情况作出规定。

（五）在实施中，对考取技术等级和认定合格的工人，要颁发人事部统一印制并由政府人事部门或委托单位核发的技术等级岗位证书。新定技术等级的工人，工资如需变动，均从取得证书的下月起兑现工资。

（六）非经政府人事部门考核取得技术等级的工人，应当进行复核认定。复核认定的具体办法，由各省、自治区、直辖市政府人事部门和人事部委托的单位根据本《暂行办法》结合实际情况作出具体规定。

对认定后技术等级低于原定技术等级的工人，其工资应按新确定的技术等级重新核定。未进行技术等级考核，在这次工资改革时按中级工及其以上相应技术等级套改工资的工人，进行技术等级考核后未能考取相应的技术等级者（包括本人不申报参加技术等级考核者），其工资也相应予以调整。

（七）执行非三级制技术工种工人的考核，由各省、自治区、直辖市政府人事部门比照本《暂行办法》作出具体规定。

（八）各地政府人事部门和受委托单位在组织实施机关、事业单位工人技术等级岗位考核工作中，要做好思想政治工作，严格掌握政策，严明工作纪律，注意与有关部门的协作和配合，认真细致地解决工作中出现的问题。

六、本办法由人事部负责解释。

人力资源和社会保障部关于印发《世界技能大赛参赛管理暂行办法》的通知

（2013年4月12日　人社部发〔2013〕28号）

各省、自治区、直辖市及新疆生产建设兵团人力资源社会保障厅（局），国务院有关部门（行业组织、集团公司）人事劳动保障工作机构：

为做好我国参加世界技能大赛组织管理工作，现将《世界技能大赛参赛管理暂行办法》印发给你们，请认真遵照执行。

世界技能大赛参赛管理暂行办法

第一章　总　则

第一条　为做好参加世界技能大赛组织管理工作，制定本办法。

第二条　参加世界技能大赛旨在加强我国与国际技能领域的交流合作，展示我国高技能人才队伍建设成果，学习借鉴国际先进经验，推动国内职业培训和技能人才工作深入发展。

第三条　支持和鼓励青年技能人才参加世界技能大赛，争创优异成绩，为国争光。

第四条　人力资源社会保障部作为我国在世界技能组织的代表，负责统筹管理我国参加世界技能大赛各项工作。

第五条　各地、各部门、各行业协会、学会和企业、院校，要充分发挥各自优势，积极承担参赛相关工作。

第二章　组织机构与职责分工

第六条　人力资源社会保障部设立世界技能大赛中国组委会，对参赛工作进行领导。组委会主任由人力资源社会保障部副部长兼任，副主任由人力资源社会保障部职业能力建设司、国际合作司主要负责同志兼任。组委会成员由人力资源社会保障部办公厅、规划财务司、职业能力建设司、国际合作司、人事司、宣传中心、中国就业培训技术指导中心、国际交流服务中心、中国人力资源和社会保障出版集团负责同志担任。

第七条　组委会设秘书处、对外工作组、技术支持组、保障服务组、新闻宣传组。

秘书处设在职业能力建设司，负责综合管理和统筹协调参赛工作。其主要职责是：制订并实施参赛工作发展规划和年度工作计划；制定参赛项目和参赛选手、技术指导专家、教练、技术翻译遴选条件；制订集训基地日常管理办法；制订表彰奖励政策；提出并执行年度专项经费预算；负责制订中国代表团出国参赛方案和参赛期间综合管理；承办组委会日常工作。

对外工作组设在国际合作司，其主要职责是：统筹协调我国参与世界技能组织活动及与有关国家和地区在技能竞赛领域的交流合作；负责与世界技能组织的联络；筹备参加世界技能组织大会和其他相关国际会议；审核中国代表团出国参赛组团方案并根据参赛方案负责对外联系。

技术支持组设在中国就业培训技术指导中心，其主要职责是：研究提出参赛项目建议；承办参赛项目和参赛选手、技术指导专家、教练的遴选工作；指导开展参赛选手、技术指导专家、教练的培训；承办技术会议和技术交流活动；承担中国代表团出国参赛期间的技术指导工作；负责国际竞赛规则规程、技术标准的引进与推广。

保障服务组设在国际交流服务中心，其主要职责是：组织承办国际技术交流活动；选拔、培训参赛技术翻译，翻译审核相关资料；负责出席国际会议、出国参赛的组团事宜和后勤保障等事务性工作；处理社会赞助事宜。

新闻宣传组设在宣传中心，其主要职责是：负责涉及世界技能组织、世界技能大赛的宣传工作，牵头确定年度新闻宣传计划并组织实施；制定宣传工作方案和宣传口径；组织新闻稿件，联系国内外媒体。

第八条 组委会依托天津职业技术师范大学世界技能大赛中国研究中心开展技术理论研究和技术服务工作。

第三章 会议制度与工作规程

第九条 组委会实行会议制度。组委会会议由组委会主任或由主任委托副主任召集，各成员单位参加。

组委会会议不定期召开。

第十条 组委会会议研究确定以下事项：

（一）参加世界技能组织相关活动和世界技能大赛参赛工作政策规定；

（二）年度工作计划和预算；

（三）参赛工作实施方案；

（四）参赛选手选拔赛组织实施方案、指定设备及赞助方案；

（五）参赛项目、各类参赛人选、集训基地；

（六）参赛表彰奖励办法；

（七）其他相关事项。

第十一条 专项工作和日常事务性工作，需召开专题会议研究的，由各组根据职责分工负责承办。

第十二条 需报请人力资源社会保障部领导批准的事项，均以秘书处名义上报呈批件。其中涉及各组业务的，由各组代拟呈批件送秘书处，由秘书处上报。

外事出（来）访事项按外事管理规定办理。

第十三条 需向部外发文的，由各组按照职责分工代拟文稿，征求组委会其他相关成员意见后送秘书处，由秘书处负责以组委会名义或秘书处名义行文。以组委会名义发文的，须经组委会领导批准。

以下事项以组委会名义行文：

（一）涉及参加世界技能组织相关活动和世界技能大赛参赛工作政策规定；

（二）年度工作计划和参赛方案；

（三）参赛选手选拔赛组织方案的确定；

（四）参赛项目、各类参赛人选、集训基地确定；

（五）参赛表彰奖励办法。

其他事项以秘书处名义行文。

以组委会名义行文的，由人力资源社会保障部代章；以秘书处名义行文的，由人力资源社会保障部职业能力建设司代章。

第四章　参赛项目、集训基地与技术指导专家组

第十四条 我国参赛项目从世界技能组织正式公布的每一届世界技能大赛设置项目中选定。

（一）参赛项目遴选标准。

1. 我国在项目所涉领域具有技术优势、队伍优势和基础条件优势；

2. 覆盖行业较广、从业人员较多，对我国产业升级有引领作用，对技工教育和职业培训有促进作用；

3. 竞赛成果可尽快转化为职业培训成果；

4. 有关单位具有承担集训任务积极性。

（二）参赛项目确定程序。

技术支持组向秘书处提出参赛项目建议，秘书处召开专家论

证会进行论证，提交组委会会议研究确定。

第十五条 集训基地指承担世界技能大赛参赛选手集训任务的训练场地。

第十六条 集训基地的确定。

（一）具有以下条件的企业、院校、培训机构，可申请设立世界技能大赛参赛项目集训基地。

1. 具有满足竞赛项目要求的训练场地和生活场所；

2. 具有满足竞赛项目要求的设施、设备和辅助工具；

3. 所在地省级人民政府或所在行业主管部门积极支持，并提供人力、物力、财力支持。

（二）集训基地确定程序。

1. 以秘书处名义发文布置申报工作，省级人力资源社会保障部门、行业主管部门组织申报并进行初审；

2. 省级人力资源社会保障部门或行业主管部门向组委会报送申请及相关材料；

3. 秘书处组织专家研究论证，提出集训基地建议名单，经组委会会议讨论确定；

4. 以组委会名义发文公布集训基地名单并授牌。

第十七条 各参赛项目成立技术指导专家组，负责制订并实施集训方案。技术指导专家组一般设 3 名专家、1 名技术翻译和 1 个教练组，其中 1 名技术指导专家任组长。

技术指导专家组下设的教练组，负责按集训方案对选手进行集训。教练组由若干名教练组成，教练一般在集训基地所在地选拔产生，组长须由技术指导专家组长或专家兼任。

技术指导专家组接受组委会领导，日常管理由集训基地负责。

第五章 人员选拔

第十八条 选手选拔。

（一）基本条件

热爱祖国，遵纪守法，有较高职业素养。心理素质稳定，身体健康，符合世界技能大赛年龄要求。具有参赛项目相关专业技能培训经历，技能水平突出，有一定外语基础。一般应具有参加国际或国内竞赛活动经验。

（二）选拔程序

1. 参赛集训选手一般采取举办全国性选拔赛的方式选拔。特殊情况下，也可采用其他方式进行选拔；

2. 全国性选拔赛的承办由省级人力资源社会保障部门或行业主管部门、行业协会、学会向组委会提出申请，经组委会会议研究确定。全国性选拔赛一般应与国内职业技能竞赛合并进行；

3. 全国性选拔赛的技术要求参照世界技能大赛标准。在注重先进性的前提下，可采用国内普遍使用的设备和工具；

4. 技术支持组会同承办单位提出选拔赛实施方案，提交组委会会议确定后组织实施；

5. 选拔赛原则上应根据参赛项目要求选拔出不少于参赛选手数量 3 倍的集训选手；

6. 经选拔产生的集训选手建议名单应与竞赛计分表原始件一起由选拔赛裁判组成员集体签字确认后报技术支持组。技术支持组复核后，报秘书处对建议名单进行初审，提交组委会会议研究确定，以组委会秘书处名义发文公布；

7. 采取严格按集训综合成绩分阶段淘汰的办法确定最终参赛选手建议人选，经组委会会议研究确定参赛选手；

8. 参赛选手所在地省级人力资源社会保障部门或行业主管部门负责对其进行政治思想品德和综合素质考核。

第十九条 技术指导专家、教练选拔。

（一）基本条件

1. 热爱祖国，遵纪守法，爱岗敬业。有较强组织协调能力和团队合作精神。具有丰富的带徒经验，具备履行职责所需的外语能力。身体健康；

2. 技术指导专家一般应从事本项目技术工作15年以上，有高级技师职业资格或副高级以上专业技术职务，专业技能高超，得到行业普遍认同；

3. 教练一般应从事本项目技术工作8年以上，有技师以上职业资格或中级以上专业技术职务，专业技能高超，得到行业普遍认同。教练一般从集训基地所在地选拔产生；

4. 担任技术指导专家组组长的技术指导专家应具有在国际或国家级竞赛中担任专家组长或项目裁判长经历；

5. 获得中华技能大奖、全国技术能手称号的高技能人才在同等条件下优先。

（二）选拔程序

1. 技术指导专家和教练同时选拔，技术支持组提出选拔工作方案，提交组委会会议讨论通过；

2. 以秘书处名义发文布置申报工作，省级人力资源社会保障部门、行业主管部门推荐上报候选人员材料；

3. 技术支持组组织专家对候选人员进行考核和面试，提出建议名单，经秘书处审核后，提交组委会会议讨论通过，以组委会名义发文公布并颁发聘书。

第二十条 技术翻译选拔。

（一）基本条件

热爱祖国，遵纪守法，爱岗敬业，有较强团队合作精神。有外事工作经验，有参赛项目所需的专业背景，有2年以上专业技术翻译从业经验，口译能力突出。身体健康。

（二）选拔程序

1. 保障服务组制订选拔方案提交组委会会议讨论通过；

2. 以秘书处名义发文布置申报工作，省级人力资源社会保障部门或行业主管部门推荐上报候选人员材料；

3. 保障服务组组织选拔考试，提出建议名单，经秘书处审核后，提交组委会会议讨论通过，以组委会名义发文公布并颁发聘书。

第六章　人员培训

第二十一条　选手培训。

（一）选手培训采取集训形式，时间一般为12个月；

（二）集训在集训基地进行，集训工作由集训基地负责，技术指导专家组制定训练计划并组织实施；

（三）集训技术标准严格遵循世界技能大赛相关技术规定，集训所用设备及其它材料采用世界技能大赛公布的相同设备和材料；

（四）集训中按综合成绩分阶段逐步淘汰初选集训选手，确定最终参赛选手；

（五）集训内容以实操技能为重点，同时进行心理、体能、环境适应性、语言和团队协作等训练；

（六）集训可采取强化训练、国内外考察和技术交流等多种方式进行。

第二十二条　技术指导专家、教练、技术翻译培训。

技术指导专家、教练、技术翻译的培训可采取集中培训、国内外考察、参加国际竞赛和技术交流活动等方式进行。

培训内容为世界技能大赛相关规则、评分标准、外语专业词汇、心理素质、职业道德、团队合作方法等。

国外考察培训内容为国际竞赛规则、技术标准和评分标准，与国外技术专家的沟通交流方法等。

第七章　组团与参赛

第二十三条　组团出国参加世界技能大赛应纳入人力资源社会保障部年度外事活动计划，按外事规定进行管理。

第二十四条　组团参赛方案由秘书处根据参赛需要商组委会

各成员单位拟定，按外事规定报批。

第二十五条 出国参赛团应按外事规定确定团长、副团长，负责在国外参赛期间的管理工作。

第二十六条 出国参赛团应根据外事规定和世界技能组织相关工作要求确定领队。担任领队工作的人员应政治素质好，有较强的组织能力，熟悉世界技能大赛竞赛规则，有参加国内、国际大赛经验，有较好的英语沟通能力，有为选手服务的强烈意识。

第二十七条 可根据参赛和培训需要，应邀参加区域、国家、地区组织的国际技能竞赛。组团工作依上述规定执行。

第二十八条 世界技能大赛期间，可以学习世界技能大赛技术规程、技术标准、组织方式和备战下一届世界技能大赛需要为目的，组织出国观摩团进行观摩。

观摩团应纳入人力资源社会保障部年度外事活动计划，按外事规定进行管理。

观摩团由保障服务组负责组团，组团方案商组委会各成员单位拟定，按外事规定报批。

观摩团组成人员一般应是世界技能大赛我国参赛项目技术指导专家、教练、研究人员，新闻媒体记者，集训基地负责人和集训基地所在地及行业有关管理人员，从事竞赛管理、技术支持的部门和单位工作人员。

第八章 表彰奖励与宣传

第二十九条 对在世界技能大赛中获得金、银、铜、优胜奖牌的选手，以及为选手获奖提供指导和帮助的技术指导专家、教练、技术翻译，按国家表彰奖励规定，给予精神奖励和物质奖励。

（一）获奖选手由人力资源社会保障部授予“全国技术能手”称号。获得金牌的选手，由相关职业资格认定机构颁发高级技师职业资格证书；获得银、铜、优胜奖牌的选手，由相关职业资格认定机构颁发技师职业资格证书；

（二）获得金、银、铜、优胜奖牌的选手，按有关规定发放不同档次的奖金。上述奖金，符合个人所得税法第四条第一款规定的，予以免税；

（三）本项目选手获得金、银、铜、优胜奖牌，按选手所获奖金额向技术指导专家组集体发放奖金，由技术指导专家、教练、技术翻译按贡献大小公平分配。上述奖金，符合个人所得税法第四条第一款规定的，予以免税。

第三十条 获奖选手参加中华技能大奖评选、享受国务院政府特殊津贴人员选拔时，在同等条件下优先。

第三十一条 集训选手由世界技能大赛中国组委会秘书处颁发荣誉证书，并在现有职业资格等级的基础上晋升一级职业资格，由相关职业资格认定机构颁发职业资格证书。

第三十二条 对为参赛工作做出突出贡献的单位和个人，采取通报表扬和其他方式予以表彰。

地方人民政府、行业主管部门和行业协会、学会可参照国家有关奖励办法，对本地、本行业参赛选手和为参赛工作做出突出贡献的单位和个人予以表彰。

第三十三条 采取多种方式，大力宣传我国参赛选手奋力拼搏、积极进取的精神风貌和精湛高超的职业技能，宣传我国技能人才队伍建设取得的丰硕成果，激发广大劳动者和青年学习技能的自豪感和积极性，进一步在全社会营造尊重劳动、崇尚技能的良好氛围。

第九章　经费与保障

第三十四条 世界技能大赛专项工作经费由秘书处根据预算要求和实际需要编制并执行年度预算，严格按现有财务规定和外事经费管理规定开支。

第三十五条 世界技能大赛年度经费根据财政部批复的预算

数核定，实行总额控制，应严格按照预算批复内容和数额执行。

第三十六条 世界技能大赛专项经费按照财政部批复的项目预算内容、范围用于以下开支：

（一）会议费、技术交流活动经费及交通费；

（二）出国观摩、培训、参赛费用，含国际旅费、食宿、参赛缴费、国外城市间交通、参赛工具国际运费、公杂费、个人零用等费用；

（三）邀请外国专家来华参加中外技术交流活动的食宿、城市间交通、礼品、宴请等费用；

（四）选手、技术指导专家、教练、技术翻译选拔竞赛费用；

（五）选手、技术指导专家、教练、技术翻译培训费用和参加培训的交通费用；

（六）集训基地的设备、工具购置费用；

（七）场地租赁、维修维护和设施设备耗材费；

（八）科研课题研究和资料翻译费用；

（九）新闻宣传费用；

（十）获奖选手和技术指导专家组奖金；

（十一）选手、技术指导专家、教练、技术翻译生活补助；

（十二）领队、选手、技术指导专家、教练、技术翻译参赛服装费。

第三十七条 举办会议或技术交流活动，经费预算由承办单位提出，经秘书处审核后并报人力资源社会保障部领导审批。

第三十八条 选手、技术指导专家、教练、技术翻译生活补助标准由集训基地报秘书处审核后发放。

第三十九条 集训场地、设施设备租赁、耗材等费用按实际发生金额直接支付集训基地。

第四十条 集训基地和其他相关单位不得收取参训选手、技术指导专家、教练、技术翻译或其所在单位任何费用。

第四十一条 鼓励社会各界对世界技能大赛参赛工作进行赞助。

社会赞助管理办法，根据相关法规另行制定。

第四十二条 参赛选手、技术指导专家、教练、技术翻译，有正式工作单位的，集训及参赛期间其工资福利待遇由所在单位承担，原待遇不变。没有工作单位或尚未参加工作的，由基地给予生活补贴。

第四十三条 所在地区、行业部门、院校应积极为参赛和参加集训的在校学生选手优先推荐工作。

附件：1. 第届世界技能大赛技术指导专家、教练、技术翻译审批表

2. 第届世界技能大赛参赛选手审批表

（附件本书略）

人力资源和社会保障部办公厅关于印发《国家级高技能人才培训基地建设项目实施管理办法（试行）》的通知

（2013 年 5 月 13 日　人社厅发〔2013〕52 号）

各省、自治区、直辖市及新疆生产建设兵团人力资源社会保障厅（局）：

为贯彻落实《高技能人才队伍建设中长期规划（2010—2020 年）》和《国家高技能人才振兴计划实施方案》，进一步加强对国家级高技能人才培训基地建设项目的规范管理，推动高技能人才队伍建设，我们起草了《国家级高技能人才培训基地建设项目实施管理办法（试行）》，现印发施行。

国家级高技能人才培训基地建设项目实施管理办法（试行）

第一章　总　则

第一条　为加强和规范国家级高技能人才培训基地（以下简称培训基地）建设项目管理，确保培训基地建设项目顺利实施，提高资金使用效益，推动高技能人才队伍建设，特制定本办法。

第二条　本办法所指高技能人才是具有高超技艺和精湛技能，能够进行创造性劳动，并对社会做出贡献的技能劳动者，主要包括取得高级工、技师和高级技师职业资格的人员。

本办法所指培训基地建设项目是依据申报条件要求，经各省（区、市）人力资源社会保障部门、财政部门评审推荐，人力资源社会保障部、财政部组织专家进行复审确定的培训基地建设项目。

本办法所指项目资金包括中央财政支持培训基地建设项目的补助资金、地方政府安排的配套资金及行业企业支持资金、自筹资金等。

第三条 培训基地建设项目要与当地经济发展密切结合，根据区域经济发展、产业振兴发展规划和新兴战略性产业发展需要，主要围绕十大振兴产业、新兴战略性产业和经济社会发展急需、紧缺行业（领域）开展项目实施。

第四条 培训基地建设项目实施范围原则上是各省（区、市）内以培养中、高级技能人才为主要目标的技工院校、职业培训机构、公共实训基地以及大中型企业技能培训中心。

培训基地建设项目实施期限为期2年。

第五条 培训基地的主要功能是面向社会各类在职职工、在校后备技能人才及其他有技能提升愿望的劳动者开展技能研修、技能提升培训活动，使之达到高级工、技师或高级技师水平。同时，培训基地还承担高技能人才考核与评价、职业技能竞赛、高技能培训或研修课程开发、高技能成果交流展示等任务。

第二章 项目申报与评审

第六条 培训基地建设项目申报单位应符合以下条件：

（一）具有较强的管理能力和高效的组织管理体系。单位机构设置合理，部门职能和教职工岗位职责明确；已建立规范的培训管理、财务管理、资产管理、风险管理等制度；遵守国家有关法律法规，未发生违规违纪事件。

（二）培训场所和设施设备符合国家建设和安全标准。能满足年培训1000名以上高技能人才的需要；具有与三至五个经济发展急需、紧缺高技能人才培训特色专业（职业、工种）相匹配的实训装备；面向企业、学校和社会开展职业技能培训，年培训规模不少于3000人，其中高级工以上培训占20%以上。

（三）建立了完善的师资培养机制。有科学合理的师资培养规划和实施方案，重视专业带头人和骨干教师队伍建设；有满足培训需要的稳定的专、兼职教师队伍，师生比为1∶16—1∶20；高级实习指导教师和具有高级技师职业资格的教师占实训教师总数的45%以上。

（四）与5家以上大、中型企业建立了稳定的校企合作关系。有5个以上专业与合作企业共同研究确定专业建设、课程设置、培养计划、师资建设、研发课题和培训实习方案，并与合作企业共建了培训实习基地，聘请企业高级技师、技师和专业技术人员担任指导教师。

第七条 各省（区、市）人力资源社会保障部门和财政部门要按照人力资源社会保障部和财政部下达的培训基地建设项目申报条件和控制数评审并推荐培训基地建设项目候选单位。

第八条 符合培训基地建设项目申报条件并拟申报项目的单位，须按要求填报《国家级高技能人才培训基地建设项目申报书》，制定《国家级高技能人才培训基地建设项目实施方案》《×（培训基地建设项目单位名称）国家级高技能人才培训基地建设项目实施管理办法》和《×（培训基地建设项目单位名称）国家级高技能人才培训基地建设项目经费管理实施细则》等。

第九条 培训基地建设项目评审按照以下程序进行：

（一）地方评审推荐。各省（区、市）人力资源社会保障部门会同财政部门根据申报条件要求，按照公平、公正、公开原则，组织专家开展本地区培训基地建设项目单位评审、遴选工作，确定本地区培训基地建设项目候选单位。在评审和遴选工作中，要严格把握标准、规范操作程序，确保申报项目单位符合条件。评审、遴选后，各省（区、市）人力资源社会保障部门、财政部门将确定的培训基地申报材料按相关要求分别报送人力资源社会保障部和财政部。

（二）部门组织复审。人力资源社会保障部会同财政部组成专家组，对各地推荐的培训基地建设项目候选单位申报材料进行复审，并对培训基地建设项目单位的综合情况和各项指标进行打分，确定培训基地建设项目单位。

对申报材料弄虚作假或存有不实情况的，一经核实，将取消其申报资格。

第三章　项目资金使用范围

第十条　中央财政补助资金主要用于支持三至五个急需、紧缺高技能人才培训特色专业（职业、工种）建设所需技能研修实训设备的购置改造与维护、原材料消耗、指导教师聘用、师资培训、培训基础设施完善、课程设置和教材开发、与教学活动有关的科研活动及其他培训成本等方面的支出，不得用于差旅费、劳务费等与培训基地建设项目资金使用范围无关的其他支出。

第十一条　培训基地建设项目单位要做好以下项目资金管理工作：

（一）严格实行项目管理，落实本单位进行项目申报时制定的国家级高技能人才培训基地建设项目经费管理实施细则，做到资金到项目、管理到项目、核算到项目。

（二）培训基地建设项目单位要单独建账，实行专款专用，确保资金安全和效益。

第四章　项目产出与评估

第十二条　培训基地应形成以下项目产出：

（一）构建完备的培训体系。培训基地建设项目实施一年后，围绕三至五个专业（职业、工种），从培训模式、课程设置、教材开发、师资建设、培训装备和能力评价等方面，构建成较为完备、系统的高技能人才培训体系。

（二）形成规模化培训示范效应。通过实施培训基地建设项目，增强规模化、系统化、个性化培训高技能人才的能力。培训基地建设项目实施两年后，高技能人才年培训能力不少于1500人。

（三）总结技能人才培养规律。通过实施培训基地建设项目，总结高技能人才培训的基本规律和科学方法，提炼高技能人才培训基地建设的经验和做法，为基地建设和规范化、系统化培养高技能人才提供科学依据。

第十三条 各级人力资源社会保障部门、财政部门要加强对培训基地建设项目单位的日常指导和管理，健全考核、检查和监督制度，定期对培训基地的建设情况和任务完成情况进行考核和评估，对项目运行存在的问题要限期整改。

第十四条 人力资源社会保障部将会同财政部，定期对培训基地运行情况进行检查，并按照项目产出要求，对培训基地建设项目实施情况进行分阶段评估。

第五章 附 则

第十五条 各省（区、市）人力资源社会保障部门和财政部门可根据本办法，结合本地的实际情况，制定具体的项目实施管理办法及细则。

第十六条 培训基地建设项目资金的拨付、使用、管理和监督等，要严格按照财政部项目资金管理办法执行。

第十七条 本办法自下发之日起执行。

第十八条 本办法由人力资源社会保障部负责解释。

山东省劳动和社会保障厅关于印发《关于企业开展技能人才评价工作的指导意见》的通知

（2009 年 5 月 26 日　鲁劳社〔2009〕34 号）

各市劳动和社会保障局，省直有关部门，中央驻鲁有关单位：

为加快我省高技能人才队伍建设，推进企业技能人才评价工作，现将《关于企业开展技能人才评价工作的指导意见》印发给你们，请认真贯彻执行。执行过程中好的做法及遇到的问题请及时向我厅反映。

关于企业开展技能人才评价工作的指导意见

为贯彻落实中共中央办公厅、国务院办公厅《关于进一步加强高技能人才工作的意见》（中办发〔2006〕15 号）和中共山东省委、山东省人民政府《关于加强高技能人才队伍建设的意见》（鲁发〔2004〕28 号）、人力资源和社会保障部《推进企业技能人才评价工作指导意见》（人社厅发〔2008〕39 号）精神，加强我省技能人才队伍建设，不断完善以能力和业绩为重点的技能人才评价体系，提高企业技能人才评价质量，现制定本意见。

一、指导思想

以科学发展观、科学人才观为指导，按照建立以职业能力为导向，以工作业绩为重点，注重职业道德和职业知识水平的技能人才评价体系的总体要求，指导企业依据国家职业标准，结合企业生产（经营）实际，对职工技能水平进行客观、科学、公正的评价，促进高技能人才快速健康成长，进一步优化企业技能人才结构，推动各等级技能劳动者队伍梯次发展。

二、评价原则

企业开展技能人才评价工作，以职业能力建设为核心，以高技能人才评价为重点，坚持公开、公平、公正，坚持国家职业标准与企业实际需要相结合、职业能力考核与工作业绩评定相结合、企业评价与社会认可相结合的原则。在具体考评中，突出强调解决实际问题的能力和工作业绩。对于工作业绩特别优秀者，可破格评定。

三、评价范围及对象

企业技能人才评价包括技师、高级技师考评和初级、中级、高级技能鉴定，重点是高级工以上的高技能人才。职业（工种）范围主要是在《中华人民共和国职业分类大典》范围内（不包括全国统考职业），企业生产一线的主体技术性的职业（工种）。其中未颁布国家职业标准属特殊性的职业（工种），经省报国家批准，可纳入评价范围。评价对象为与企业签订劳动合同的职工。

四、评价内容

评价内容分为四项，或四个模块。

（一）职业能力考核。主要考核技能人员执行操作规程、解决生产问题和完成工作任务等方面的实际工作能力。试点企业可结合生产（经营）实际，在工作现场、生产过程中，采取典型工件加工、作业项目评定、现场答辩、情景模拟等方式进行考核。由试点企业向同级职业技能鉴定中心申请，按规定从国家题库中抽取相应职业（工种）的实际操作试题，并可结合岗位实际对试题内容进行调整，尚未开发国家题库的，由省职业技能鉴定中心与试点企业组织专家依据国家职业标准，结合岗位实际要求命制试题。

（二）工作业绩评定。重点评价技能人员在工作中取得的主要工作业绩和成果，以及工作效率和完成产品质量的情况。技师、高级技师还包括其所完成的主要工作项目、现场解决技术问题的情况、技术改造与革新等方面情况，以及传授技艺培养指导徒弟等方面的成绩。技能人员的业绩成果材料，由所在单位确认后送考核委员会审核。

（三）职业道德评价。重点评价技能人员遵守国家法律法规和企业规章制度、工作责任心和积极性、岗位之间团结协作的能力，可采取上级评价和班组评议相结合的方式进行。

（四）理论知识考试。重点考核本职业及岗位相关的必备职业知识。由试点企业会同同级职业技能鉴定中心组织实施。试题可从国家题库中抽题组卷，对不符合企业实际的试题可按国家规定进行适当调整；国家题库尚未开发的职业（工种），由省职业技能鉴定中心与试点企业组织专家依据国家职业标准，按照《职业技能鉴定命题技术标准（试行）》要求共同命制试题。考试方式以闭卷笔试为主。

职业能力考核、工作业绩评定、职业道德评价和理论知识考试均实行百分制，成绩全部达到60分及以上者为合格。各市、各行业可根据企业的生产特点提高标准或对四个模块设定权数确定合格标准。可对少数职业能力考核成绩和工作业绩评定结果特别优异者采取直接认定方式。对掌握高超技能、业绩贡献突出的生产技术型骨干并在国家级、省级技能竞赛中获得主要名次的优秀人才，可破格或越级参加技师、高级技师考评。

五、评价方式

对照国家职业标准，采取直接评定和综合评定的方式实施，重点评价企业技能人员解决问题和完成工作任务的能力。

（一）直接评定。对于职业能力考核合格、工作业绩评定为优秀的参评人员，采取直接评定的方式，予以确认其具备相应级别的职业资格。具体方法是：企业以评审会的方式组织考评专家对参评人员填报并经公示认可的业绩材料进行评审，工作业绩定为优秀，且职业能力考核成绩为合格者，经企业技能人才考核委员会综合评审同意，可直接评定相应级别的职业资格。职业能力考核和工作业绩评定的成绩可分别作为职业资格证书中的理论考核和操作技能考核成绩。

（二）综合评定。对于工作业绩评定为合格，职业能力考核成绩合格的参评人员，采取业绩考评、职业能力考核与职业道德评价、理论知识考试相结合的方式进行。具体方法是：参评人员在职业道德评价、理论知识考试合格后，经企业高技能人才考核委员会综合评审同意，可评定相应级别的职业资格。对于职业能力考核或工作业绩考评为不合格的参评人员，待其符合有关条件后再安排考评。

六、组织实施与评价步骤

企业技能人才评价具体工作由试点企业负责组织实施。

（一）确定试点企业。2009 年，各设区的市要选择 1—3 户企业进行技能人才评价试点。试点企业应具备以下条件：

1. 重视技能人才培养、评价、使用和激励工作，按规定提取和使用职工教育经费，并对技能人才评价工作提供相应的经费保障。

2. 建立和完善高技能人才培养、评价、使用、待遇相结合的激励机制。

3. 具有相应的技能人才考评机构和专（兼）职管理人员、考评人员。

4. 具备与考评职业（工种）相适应的考核场地、设备及检测手段。

5. 制定完善的技能人才考评规章、制度。

（二）提出工作申请。被确定的试点企业应向设区的市劳动保障部门提出开展技能人才评价工作申请。申请内容包括：企业名称、规模、生产经营状况以及开展高技能人才评价工作的要求。

（三）成立考核委员会。企业提出开展技能人才评价工作申请得到批准后，应成立技能人才考核委员会，主要负责制定企业技能人才培养、评价、使用和激励等制度；制定企业技能人才评价实施方案和工作细则；审定专业考评组成员；审定考核合格人选等。考核委员会成员由企业和鉴定机构人员、高级考评员、专业技术人员组成。考核委员会下设办公室和专业考评组。

（四）审核参评资格。评审办公室将职工的技师、高级技师申报材料报省劳动保障部门审核；高级工以下的申报材料报设区的市劳动保障部门审核。

（五）审核职业能力。评审办公室组织各相关部门对申报职工职业能力进行审核，经审核为合格者由评审办公室在企业内公示，对无异议者由评审办公室组织评审专家组进行业绩评审。

（六）考核职业能力。参评人员职业能力考核成绩合格，且工作业绩评定为优秀者，由评审办公室送企业技能人才考核委员会审核。参评人员职业能力考核成绩合格，工作业绩评定为合格者，纳入考核范围，参加相应的职业道德评价、理论知识考试。经职业道德评价、理论知识考试合格后，由评审办公室送企业技能人才考核委员会审核。

（七）张榜公示。评审办公室将参评人员名单、申报资格、职业能力考核、工作业绩评定、职业道德评价、理论知识考试以及直接评定和综合评定的参评人员情况，按规定、分阶段及时予以张榜公示，公示时间不得少于 7 天。公示无异议后，按照规定程序进行。

（八）确认评审结果。评审办公室按照要求将初级工、中级工、高级工的评审鉴定结果报设区的市级劳动保障部门审核批准后，颁发相应等级的国家职业资格证书（高级工须报省统一编码）；将技师、高级技师的评审结果报省劳动保障部门审核批准后，颁发相应的职业资格证书。

各级劳动保障部门和行业有关部门劳动保障工作机构要创新工作方式，转变工作作风，深入企业，研究技能人才评价工作中遇到的问题，提供政策支持和工作指导。职业技能鉴定中心负责技术支持、业务指导等工作，帮助和指导企业制定符合企业生产实际的企业技能人才评价方案。

七、质量督导

试点企业要制定和完善企业技能人才评价考评规章、制度，严格企业技能人才评价工作流程。考评人员的培训、派遣和管理按照国家有关规定执行。各级劳动保障部门和行业有关部门劳动保障工作机构要严格考务管理、规范考核流程，并派遣质量督导人员对评价工作进行督导，评审结果必须由考评人员和督导人员共同签字。建立年检和退出机制，对企业年度考评计划、相关工作机制执行情况和资金落实情况、考评工作质量等进行年度审查评估。

八、激励保障机制

试点企业应建立技能人才培养、评价、使用和待遇相结合的激励机制，完善技能人才的激励办法和优秀高技能人才的特殊奖励政策，在薪酬、福利、培训等方面向关键技术岗位的高技能人才倾斜。完善技师聘任办法，充分发挥技师、高级技师在关键技能岗位的作用，探索建立高技能人才带头人制度，实施高端带动。有条件的地方可从高技能人才专项经费和统筹的职工教育经费中提取相应的费用，按企业技能人才评价人数给予相应补贴。要在企业中树立一批高技能人才的先进典型，营造有利于高技能人才成长的良好环境。

山东省人力资源和社会保障厅关于认真做好预备技师考核鉴定工作的通知

（2011年5月27日　鲁人社办发〔2011〕94号）

各市人力资源社会保障局，省直有关部门，有关技工院校：

为贯彻落实《中共中央办公厅、国务院办公厅印发〈关于进一步加强高技能人才工作的意见〉的通知》（中办发〔2006〕15号）精神，根据原劳动和社会保障部《关于推动高级技工学校技师学院加快培养高技能人才有关问题的意见》（劳社部发〔2006〕31号）和《关于做好预备技师考核试点工作的通知》（劳社厅发〔2007〕15号）的要求，结合我省实际，现就预备技师考核鉴定工作有关问题通知如下：

一、考核鉴定对象。预备技师的考核鉴定对象为具有山东省技工院校学籍，在校学习满两年，并已取得本专业相应职业（工种）的高级职业资格证书（三级）的技师学院、技术学院和高级技工学校（以下简称院校）预备技师班的全日制在校学生。

二、考核鉴定标准。按照《预备技师专业设置目录（暂行）》（附件1）所对应的职业资格，根据国家职业标准中技师职业等级要求，对已取得高级职业资格证书的人员组织预备技师考核鉴定。

三、考核鉴定内容、方式。理论知识考试采用闭卷笔试的方式，重点考核相应职业的理论知识和新技术、新工艺、新方法；技能操作考核采用现场实际操作方式，重点考核实际操作技能以及运用理论知识解决实际问题的能力。因生产过程不能进行现场实际操作的，可采用仿真模拟方式进行考核。

对管理规范、教学质量高、培训内容符合技师标准要求的院校，经省人力资源社会保障厅认定，学生每学期各科考试成绩合格，可视同预备技师理论考核成绩合格。其操作技能考核，可由本人所在学校按照职业技能鉴定有关规定组织实施；实行按照与预备技师考核要求相适应的职业功能模块教学体系的院校，经省人力资源社会保障厅认定后，开展课程认证考核鉴定工作。对通过全部职业功能模块考核，成绩合格的学生，可认定其预备技师考核合格。

四、证书核发。对通过预备技师考核，成绩合格，并取得高级职业资格证书者，由省人力资源社会保障厅依据学籍注册核发《预备技师证书》。预备技师证书自颁发之日起生效，有效期为5年。

《预备技师证书》由人力资源社会保障部统一样式、统一印制并免费发放。省人力资源社会保障厅统一预订，发放时免收证书工本费。《预备技师证书》核发要按照《预备技师考务管理编码方法》（附件2），实行统一编码，同时提供证书查询服务。

取得预备技师证书，并在企业相应职业岗位工作满2年（业绩突出的可适当缩短）的人员，可在本企业或凭所在企业出具的工作证明，按规定到就业地的人力资源社会保障部门或原毕业院校申报参加本职业技师综合评审和业绩评定。经评审考核合格者，予以核发技师职业资格证书。

五、组织领导。省人力资源社会保障厅负责院校预备技师考核鉴定的管理工作。市人力资源社会保障部门按省厅统一要求做好市属相关技工院校预备技师考核鉴定工作。省职业技能鉴定中心负责具体工作的组织实施。

附件：1. 预备技师专业设置目录（暂行）

2. 预备技师考务管理编码方法

3. 技师学院、技术学院和高级技工学校代码

附件 1

预备技师专业设置目录（暂行）

序 号	专业名称	对应职业资格名称
1	机床切削加工	车工、铣工、磨工、镗工
2	模具制造与维修	工具钳工
3	热加工	铸造工、焊工、热处理工
4	冷作技术	冷作钣金工
5	电气维修	维修电工
6	家用电器维修	家用电器产品维修工、家用电子产品维修工
7	机械设备维修	机修钳工
8	数控机床维修	数控机床装调维修工
9	机电一体化	装配钳工、机修钳工、维修钳工、电机装配工
10	数控机床加工	数控车工、数控铣工、数控程序员、加工中心操作工
11	汽车维修	汽车修理工
12	电脑动画设计制作	动画绘制员
13	电脑图文处理与制版（印刷技术）	印前制作员
14	楼宇自动控制	智能楼宇管理师
15	烹饪	中式烹调师、西式烹调师、中式面点师、西式面点师
16	服装设计与工艺	服装制作工
17	装饰装修施工	装饰装修工（装饰金属工、装饰镶贴工、装饰打胶工、装饰涂裱工）
18	物流管理	物流师
19	美容美发	美容师、美发师
20	广告设计与装潢	广告设计师、装饰美工
21	电子商务	电子商务师

附件 2

预备技师考务管理编码方法

预备技师证书编码参照国家职业资格证书编码编制，采取 16 位数字代码，从左至右的含义分别是：

一、第 1、2 位为证书核发年代代码。取核发年份的后两位数字。

二、第 3、4 位为 15。

三、第 5、6 位为地市级代码。取值与国家职业资格证书机构编码第 3、4 位取值相同

四、第 7 位为职业技能鉴定机构识别代码。取值为 0，表示职业技能鉴定中心。

五、第 8—10 位为三位数字组成的技师学院、技术学院或高级技工学校代码。

六、第 11 位为证书类别（等级）代码。取值为 9。

七、第 12—16 为证书核发顺序编号。每年度按照实施鉴定机构分等级从 00001—99999 依次顺序取值。

例如：0715010001900032。前两位“07”表示 2007 年；第 3、4 位“15”表示山东省；第 5、6 位“01”表示济南市；第 7 位“0”表示（省或市）职业技能鉴定中心鉴定；第 8—10 位“001”表示技师学院、技术学院或高级技工学校；第 11 位“9”表示预备技师；第 12—16 位表示预备技师证书编号 32 号。

附件 3

技师学院 技术学院和高级技工学校代码

序 号	学校名称	代 码
1	山东冶金技师学院	001
2	山东省高级技工学校	002
3	山东技师学院	003
4	山东煤炭技术学院	004
5	山东省水利技师学院	005
6	枣庄矿业集团高级技工学校	006
7	山东化工技师学院	007
8	山东省城市服务技术学院	008
9	龙口矿业集团高级技工学校	009
10	山东工业技师学院	010
11	山东兖矿技师学院	011
12	肥城矿业集团高级技工学校	012
13	山东医药技师学院	013
14	新汶矿业集团高级技工学校	014
15	山东省煤炭技师学院	015
16	山东省交通技术学院	016
17	山东公路技师学院	017
18	山东工程技师学院	018
19	四方机车车辆高级技工学校	019
20	青岛海洋高级技工学校	020
21	济南技师学院	021
22	济南铁路高级技工学校	022

续表

序号	学校名称	代码
23	山东蓝翔高级技工学校	023
24	济南交通高级技工学校	024
25	青岛市技师学院	025
26	青岛市石化高级技工学校	026
27	淄博市技师学院	027
28	枣庄市高级技工学校	028
29	滕州高级技工学校	029
30	东营市技师学院	030
31	烟台市商贸高级技工学校	031
32	烟台市高级技工学校	032
33	山东港口工程高级技工学校	033
34	烟台机械工程高级技工学校	034
35	烟台海洋技术学校	035
36	龙口市高级技工学校	036
37	潍坊市技师学院	037
38	诸城市高级技工学校	038
39	潍柴高级技工学校	039
40	山东民族技师学院	040
41	济宁市技师学院	041
42	泰安市高级技工学校	042
43	肥城市高级技工学校	043
44	威海市技术学院	044
45	威海工程技术学院	045

续表

序号	学校名称	代　码
46	文登市高级技工学校	046
47	威海市机械工程高级技工学校	047
48	山东华夏高级技工学校	048
49	威海工业新区高级技工学校	049
50	日照市高级技工学校	050
51	莱芜市高级技工学校	051
52	临沂市技师学院	052
53	临沂市高级技工学校	053
54	德州市技术学院	054
55	山东华宇技师学院	055
56	聊城市高级技工学校	056
57	滨州市技术学院	057
58	滨州技师学院	058
59	滨州市高级技工学校	059
60	鲁中高级技工学校	060
61	菏泽市高级技工学校	061

山东省人力资源和社会保障厅关于进一步加强“金蓝领”培训项目管理工作的通知

（2011年9月26日　鲁人社字〔2011〕521号）

各市人力资源社会保障局，省直有关部门，省管企业，中央驻鲁有关单位：

2004年，原省劳动和社会保障厅、省财政厅按照省委、省政府关于加强高技能人才队伍建设的要求，印发了《山东省“金蓝领”培训项目管理办法》（鲁劳社〔2006〕6号，以下简称《管理办法》），在全省启动开展了“金蓝领”培训项目试点工作，为企业生产一线培养了一大批急需的技师、高级技师等高技能人才，提高了企业职工队伍的整体素质，有力促进了就业和经济社会发展。但在实施过程中也存在着个别地方、部门对这项工作认识不到位、部分培训基地培训质量不高以及校企合作不够深入等问题。为进一步加强“金蓝领”培训项目管理工作，大力推进综合素质高、创新能力强的高技能人才队伍建设，为经济文化强省建设提供人才支撑。现就有关问题通知如下：

一、进一步提高对“金蓝领”培训项目管理工作重要意义的认识

“金蓝领”培训项目是省人力资源社会保障厅与省财政厅共同打造的品牌工程，是我省创新高技能人才队伍建设工作的重点培养模式。各市人力资源社会保障局、有关部门要进一步提高认识，加强对“金蓝领”培训项目工作的组织领导，切实按照《管理办法》的规定，健全各项制度和措施，规范培训与鉴定工作程序，强化培训教学质量监督检查，不断提高工作质量。特别是要围绕山东半岛蓝色经济区、黄河三角洲高效生态经济区等重点区域发展战略的实施和推进我省现代服务业的发展要求，坚持立足企业一线培养高技能人才；要以提高培训项目质量管理为核心，依托一批办学条件好、管理规范、技术先进、技能人才培养成效显著的大型骨干企业或技工院校建立高技能人才培养基地，深化校企合作，充分调动各方面积极性，不断把“金蓝领”培训项目工作提升到一个新的水平。

二、切实加强培训基地综合能力建设

按照《管理办法》规定，“金蓝领”培训基地可设在高等（高职）院校、技工院校和企业。各市人力资源社会保障局、有关部门要严格培训基地遴选标准，加强培训基地综合能力建设，特别是设在高等（高职）院校的培训基地必须具有从事技师、高级技师培训的理论教师和实习教师；具备技师、高级技师从事技能操作训练需要的场所、设施、设备，并有大型企业作为实习场所；培训基地必须成立专门班子，制定教学管理细则，依据培训大纲和培训内容制定详细的课程安排计划等。从今年开始，省人力资源社会保障厅、省财政厅将依据《管理办法》的有关规定组织专家组对各原经省人力资源社会保障厅审定以及新申报推荐的培训基地进行综合能力评估，对不具备条件、工作不到位的单位取消“金蓝领”培训项目基地资格。

三、科学合理制定培训工作标准

“金蓝领”培训项目的职业（工种）必须有国家职业标准或经省人力资源社会保障厅认定的行业、企业标准，并明确设定了技师、高级技师等级，同时必须严格按省审定的培训大纲、考核鉴定级别开展工作。“金蓝领”培训一般应脱产集中培训，确有困难的，也可以利用业余时间集中培训。培训时间不少于210个课时，其中职业道德课程不少于10个课时，技能培训课程不少于200个课时（其中理论教学不少于110个课时，实际操作技能训练不少于90个课时）。各培训基地要严格按照认定的职业

（工种）和等级开展“金蓝领”培训，不得随意压缩培训时间，减少培训内容；要加强培训管理，建立健全培训档案；要围绕当地和企业经济发展实际设置培训课程，并聘请部分在国内外具有一定知名度的高技能人才代表进行授课；各行业（企业）要积极支持符合条件的技术工人参加培训，并在培训费用上给予一定的补助。受训期间员工的工资和福利待遇不变，确保培训工作顺利进行。

四、严格培养对象的申报条件

参加“金蓝领”培训的人员应是企业在职职工，并取得所在企业的推荐和支持。为适应当前形势发展需要，对《管理办法》中规定的申报条件作适当调整，从明年开始，参加技师培训的人员一般应同时符合下列条件：年龄在40周岁以下；具有高中（技工学校、中等职业学校）以上文化程度，从事本职业（工种）3年以上；取得相关职业（工种）高级工职业资格证书2年以上。参加高级技师培训的人员一般应同时符合下列条件：年龄在45周岁以下；具有高中（技工学校、中等职业学校）以上文化程度，从事本职业（工种）5年以上；取得相关职业（工种）技师职业资格证书2年以上。半岛蓝色经济区海洋高新技术产业、黄河三角洲高效生态产业、现代服务业等领域的企业一线职工可以适当放宽年龄、资历限制：年龄在45周岁以下，从事本职业（工种）且取得相关职业（工种）高级工职业资格证书2年以上或在市级以上职业技能竞赛中取得高级工职业资格证书的技术工人，经主管部门同意可申报参加技师培训；年龄在50周岁以下，从事本职业（工种）且取得相关职业（工种）技师职业资格证书2年以上或在省级以上职业技能竞赛中取得技师职业资格证书的技术工人，经主管部门同意可申报参加高级技师培训。

五、规范考核鉴定程序

（一）各市人力资源社会保障局、有关部门在做好本年度

“金蓝领”培训项目工作的同时，应认真研究下年度培训项目工作，制定培训计划，连同《山东省开展“金蓝领”培训项目情况申报表》（见附件）及申请承办培训项目任务的培训基地拟定的培训大纲、实施方案等，于每年11月底前向省人力资源社会保障厅提交书面报告（同时抄送省职业技能鉴定中心），经省人力资源社会保障厅商省财政厅审定后，在次年第一季度统一下达全省培训项目计划；未提报计划的，暂停其“金蓝领”培训项目资格。

各市、部门应于每年8月底前向省人力资源社会保障厅报送考核鉴定计划，填写《山东省职业技能鉴定审批表》，同时抄送省职业技能鉴定中心，通过“职业技能鉴定在线平台”提报参加鉴定学员的准确信息（包括学员姓名、工作单位、职业年限、申报职业、申报级别、身份证号码等）。由省职业技能鉴定中心审查并提出具体考核方案，报省人力资源社会保障厅批准后方可进行考核鉴定。

（二）“金蓝领”培训项目按照“统一部署、统一命题、统一考务、统一督导和统一阅卷”的原则在全省范围内组织实施。省职业技能鉴定中心依据《管理办法》负责组织“金蓝领”具体考务工作；省人力资源社会保障厅统一派遣质量督导员进行督导检查。经考核鉴定成绩合格的学员，由省人力资源社会保障厅颁发国家技师、高级技师职业资格证书和“金蓝领”培训合格证书。“金蓝领”培训项目考核鉴定工作原则上安排在每年10月份进行，具体时间另行通知。

（三）各市、部门应对本年度“金蓝领”培训项目工作情况（包括主要做法、经验、不足和工作建议等）进行认真总结，于次年1月底前以电子版和书面形式报省人力资源社会保障厅。

六、加强对“金蓝领”培训项目全过程的监督检查

为进一步提高“金蓝领”培训项目工作质量，从今年开始，省人力资源社会保障厅将会同省财政厅组织相关工作人员对各市、部门“金蓝领”培训项目工作情况进行日常检查和定期评估，特别是对申报建立的培训基地的资格条件、运作情况、课程设置、教学管理以及经费拨付使用等情况进行重点检查，在此基础上评选出全省“金蓝领”培训项目示范培训基地；对于违反规定造成不良影响的，将依据其严重程度分别采取以下处理措施：通报批评；限期整改；追缴套取、挪用的培训补助资金；取消培训基地资格。参加考评和质量督导人员要严格执行职业技能鉴定工作要求，加强廉政建设，严格考务纪律，对以权谋私、吃拿卡要等不良行为和不正之风坚决予以抵制；对于经举报查实的相关人员，省人力资源社会保障厅将撤销其考评员或督导员资格，情形严重的要依法严肃处理。

七、加强对“金蓝领”培训项目工作的组织领导

各市人力资源社会保障局、有关部门要认真学习国家和省关于加强技能人才队伍建设的有关政策、规定，切实加强领导，精心组织实施，确保培训实效。要加强调查研究，根据本地区支柱产业和高新技术产业发展对高技能人才的需求，整合优质资源，加强“金蓝领”培训基地建设，不断扩大“金蓝领”培训规模，进一步完善高技能人才开发培训机制。各培训机构要在主管部门的领导下，加强师资队伍建设，注重学员综合能力和创新能力培养，努力做到培训项目与企业生产相结合，培训内容与生产一线相衔接，进一步提高工作质量，推动“金蓝领”培训项目在高技能人才队伍建设中发挥更加重要的作用。工作中遇到的重大问题，请及时向省人力资源社会保障厅报告。

附件：山东省开展“金蓝领”培训项目情况申报表

（附件本书略）

违规发放津贴补贴行为处分规定

（2013年6月13日　监察部 人力资源和社会保障部 财政部 审计署令第31号）

第一条　为维护收入分配秩序，严肃财经纪律，规范津贴补贴政策执行，根据《中华人民共和国行政监察法》、《中华人民共和国公务员法》、《行政机关公务员处分条例》及其他有关法律、行政法规，制定本规定。

第二条　本规定所称津贴补贴包括国家统一规定的津贴补贴和工作性津贴、生活性补贴、离退休人员补贴、改革性补贴以及奖金、实物、有价证券等。

第三条　有违规发放津贴补贴行为的单位，其负有责任的领导人员和直接责任人员，以及有违规发放津贴补贴行为的个人，应当承担纪律责任。属于下列人员的，由任免机关或者监察机关按照管理权限依法给予处分：

（一）行政机关公务员；

（二）法律、法规授权的具有公共事务管理职能的事业单位中经批准参照《中华人民共和国公务员法》管理的工作人员。

法律、行政法规对违规发放津贴补贴行为的处分另有规定的，从其规定。

第四条　有下列行为之一的，给予警告处分；情节较重的，给予记过或者记大过处分；情节严重的，给予降级或者撤职处分：

（一）违反规定自行新设项目或者继续发放已经明令取消的

津贴补贴的；

（二）超过规定标准、范围发放津贴补贴的；

（三）违反中共中央组织部、人力资源社会保障部有关公务员奖励的规定，以各种名义向职工普遍发放各类奖金的；

（四）在实施职务消费和福利待遇货币化改革并发放补贴后，继续开支相关职务消费和福利费用的；

（五）违反规定发放加班费、值班费和未休年休假补贴的；

（六）违反《中共中央纪委、中共中央组织部、监察部、财政部、人事部、审计署关于规范公务员津贴补贴问题的通知》（中纪发〔2006〕17号）等规定，擅自提高标准发放改革性补贴的；

（七）超标准缴存住房公积金的；

（八）以有价证券、支付凭证、商业预付卡、实物等形式发放津贴补贴的；

（九）违反规定使用工会会费、福利费及其他专项经费发放津贴补贴的；

（十）借重大活动筹备或者节日庆祝之机，变相向职工普遍发放现金、有价证券或者与活动无关的实物的；

（十一）违反规定向关联单位（企业）转移好处，再由关联单位（企业）以各种名目给机关职工发放津贴补贴的；

（十二）其他违反规定发放津贴补贴的。

第五条 将执收执罚工作与津贴补贴挂钩，使用行政事业性收费、罚没收入发放津贴补贴的，给予记大过处分；情节严重的，给予降级或者撤职处分。

第六条 以发放津贴补贴的形式，变相将国有资产集体私分给个人的，给予记大过处分；情节较重的，给予降级或者撤职处分；情节严重的，给予开除处分。

第七条 违反财政部关于行政事业单位工资津贴补贴有关会计核算的规定核算津贴补贴的，给予警告处分；情节较重的，给予记过或者记大过处分；情节严重的，给予降级或者撤职处分。

第八条 使用“小金库”款项发放津贴补贴的，给予警告处分；情节较重的，给予记过或者记大过处分；情节严重的，给予降级或者撤职处分。

第九条 利用职务上的便利或者职务影响，违反规定在其他单位领取津贴补贴的，给予记过或者记大过处分；情节较重的，给予降级或者撤职处分；情节严重的，给予开除处分。

第十条 以虚报、冒领等手段骗取财政资金发放津贴补贴的，给予记大过处分；情节较重的，给予降级或者撤职处分；情节严重的，给予开除处分。

以虚报、冒领等手段骗取财政资金，并以发放津贴补贴的形式合伙私分的，依照前款规定从重处分。

第十一条 在执行津贴补贴政策中不负责任，导致本地区、本部门、本系统和本单位发生严重违规发放津贴补贴行为的，给予记过或者记大过处分；情节较重的，给予降级或者撤职处分；情节严重的，给予开除处分。

第十二条 不制止、不查处本地区、本部门、本系统和本单位发生的严重违规发放津贴补贴行为的，给予记过或者记大过处分；情节较重的，给予降级或者撤职处分；情节严重的，给予开除处分。

第十三条 对违规发放的津贴补贴，应当按有关规定责令整改，并清退收回。

第十四条 经费来源由财政补助的事业单位工作人员有本规定所列行为的，参照本规定第四条至第十二条规定的违纪情节，依照《事业单位工作人员处分暂行规定》处理。

第十五条 处分的程序和不服处分的申诉，依照《中华人民共和国行政监察法》、《中华人民共和国公务员法》、《行政机关公务员处分条例》等有关法律法规的规定办理。

第十六条 有违规发放津贴补贴行为，应当给予党纪处分的，移送党的纪律检查机关处理；涉嫌犯罪的，移送司法机关处理。

第十七条 本规定由监察部、人力资源社会保障部、财政部、审计署负责解释。

第十八条 本规定自 2013 年 8 月 1 日起施行。

内务部关于国家机关和事业单位工作人员福利费掌管使用问题的通知

（1965年8月25日　内发字〔1965〕17号）

自从一九五七年五月二十二日“国务院关于国家机关工作人员福利费掌管使用的暂行规定”发布以来，国家机关、事业单位工作人员生活有困难的，一般地都得到了福利补助，从而解决或减轻了工作人员的经济困难和思想负担，鼓舞了他们的工作积极性。但是，也有一些地区和部门在执行现行规定中存在着一些问题，如有的在福利补助工作中政治挂帅不够，因而造成了有些工作人员和家属产生了单纯依赖国家补助的错误思想；有的没有很好地贯彻群众路线，审批手续不严，以致造成了应补助的没补助，不应补助的补助了，特别是有些领导干部多占福利费的现象尤为突出；有的对不是依靠工作人员供养的非直系亲属的生活困难，也给予了补助；有的用于文娱体育、医药卫生、防暑降温和超编人员工资等方面。为了更好地贯彻“国务院关于国家机关工作人员福利费掌管使用的暂行规定”的精神，合理地使用福利费，现特作如下通知：

一、对工作人员进行福利补助，必须坚持政治挂帅，把政治教育和物质帮助结合起来。对工作人员及其家属，应经常进行阶级教育和革命传统教育，使他们树立勤俭持家的思想，发扬艰苦朴素的优良作风，生活上的困难，应该尽量由自己设法解决，反对单纯依赖国家补助的思想；教育有条件返回农村和参加劳动生产的工作人员的家属，返回农村和参加劳动生产，并教育工作人员及其家属实行计划生育，使他们能够更好地安排和改善自己的生活，以便集中精力搞好工作和生产。

二、工作人员福利费的提取，仍按工资总额的比例计算。但是，各省、自治区、直辖市人事局（厅）往下分配福利费的时候，可以按人数来分配，并适当照顾基层单位。同时，为了便于及时解决基层单位工作人员的生活困难，设有区的县，也可以将福利费下放给区掌管使用。

三、福利费补助的对象，应该仅限于工作人员本人和依靠工作人员供养的父母、配偶、子女和未成年的或丧失劳动能力的弟妹及其他亲属，不是依靠工作人员供养的亲属，不得享受福利费补助。

四、福利费的使用范围，目前仍以解决工作人员及其家属的生活困难为主；在生活困难解决以后如果还有结余，一般地可以对下列集体福利进行适当补助：

1. 工作人员家属的统筹医疗费用的超支；

2. 机关、单位哺乳室、托儿所、幼儿园、少年之家、理发室、浴室的零星购置费的开支；

3. 慰问住医院的患病工作人员少量慰问品的开支。

应该大力扶持互助储金会，如果互助储金会的基金不足，可以借给一部分福利费，互助储金会基金能够周转时，即应收回。

五、工作人员生活上的困难，应该首先由本人解决。一时解决不了，而在以后能够自己解决的临时发生的困难，一般地应该通过向互助储金会借款或其他互助互济办法解决。确系依靠本人力量无法解决的困难，可以给予适当补助。但是，对于那些因追求享受或铺张浪费而造成的生活困难，以及那些有参加劳动生产的能力和条件而不愿参加劳动生产的工作人员家属，生活发生困难时，不得给予补助。

六、对工作人员进行福利补助，必须贯彻群众路线的工作方法。各机关、单位对所有工作人员的福利补助，都必须经过群众讨论，福利委员会评议，然后由机关、单位的领导或人事部门审定。对于机关、单位的领导干部的福利费补助，应该严格掌握，并经过上一级领导审核批准。同时，各机关、单位和福利委员会，还应该定期公布账目、享受补助的名单和款数，以便在群众监督之下，做好福利补助工作。

人事部 财政部关于国家机关、事业单位职工探亲假工资和探亲路费计算基数问题的通知

（1994年3月21日 人薪发〔1994〕11号）

各省、自治区、直辖市及计划单列市人事（劳动人事）厅（局），财政厅（局），国务院各部委、各直属机构人事（干部）司（局），新疆建设兵团：

关于机关和事业单位工资制度改革后，职工探亲假期工资和已婚职工探望父母的往返路费如何计发问题，通知如下：

一、机关、事业单位工资制度改革后，职工在探亲假和路程假期内，其工资按下列各项之和计发：

1. 机关实行职级工资制的人员，为本人职务工资、级别工资、基础工资与工龄工资；

2. 机关技术工人，为本人岗位工资、技术等级（职务）工资与按国家规定比例计算的奖金；

3. 机关普通工人，为本人岗位工资与按国家规定比例计算的奖金；

4. 事业单位职工，为本人职务（技术等级）工资与按国家规定比例计算的津贴（其中，体育运动员，为本人体育基础津贴与成绩津贴）。

二、已婚职工探望父母的往返路费，以前条确定的工资额为计算基数，在百分之三十以内的，由本人自理，超过部分由所在单位负担。

三、本通知自一九九四年一月一日起实行。原劳动人事部、

财政部《关于探亲假工资和探亲路费计算基数问题的复函》（劳人险字〔1985〕14号）同时废止。

人事部关于印发《国家机关、事业单位贯彻〈国务院关于职工工作时间的规定〉的实施办法》的通知

（1995 年 3 月 26 日　人薪发〔1995〕32 号）

各省、自治区、直辖市人事（人事劳动）厅（局），国务院各部委、各直属机构人事（干部）部门：

根据《国务院关于职工工作时间的规定》，我部制定了《国家机关、事业单位贯彻〈国务院关于职工工作时间的规定〉的实施办法》，现印发给你们，请遵照执行，并将执行中的经验和问题报我部。

国家机关、事业单位贯彻《国务院关于职工工作时间的规定》的实施办法

第一条　根据《国务院关于职工工作时间的规定》（以下简称《规定》），制定本办法。

第二条　本办法适用于中华人民共和国境内的国家机关、社会团体和事业单位的职工。

第三条　职工每日工作 8 小时，每周工作 40 小时。国家机关、事业单位实行统一的工作时间，星期六和星期日为周休息日。实行这一制度，应保证完成工作任务。一些与人民群众的安全、保健及其他日常生活密切相关的机关、事业单位，需要在国家规定的周休息日和节假日继续工作的，要调整好人员和班制，加强内部管理，保证星期六和星期日照常工作，方便人民群众。

第四条 在特殊条件下从事劳动和有特殊情况，需要适当缩短工作时间的，由各省、自治区、直辖市和各主管部门按隶属关系提出意见，报人事部批准。

第五条 因工作性质或者职责限制，不能实行每日工作 8 小时、每周工作 40 小时标准工时制度的，由国务院行业主管部门制定实施意见，报人事部批准后可实行不定时工作制或综合计算工作时间制等办法。

因工作需要，不能执行国家统一的工作和休息时间的部门和单位，可根据实际情况采取轮班制的办法，灵活安排周休息日，并报同级人事部门备案。

第六条 下列情况可以延长职工工作时间：

（一）由于发生严重自然灾害、事故或其他灾害使人民的安全健康和国家财产遭到严重威胁需要紧急处理的；

（二）为完成国家紧急任务或完成上级安排的其他紧急任务的。

第七条 根据本办法第六条延长职工工作时间的，应给职工安排相应的补休。

第八条 1995 年 5 月 1 日实施《规定》有困难的事业单位，可以适当推迟，但最迟应当自 1996 年 1 月 1 日起施行。在推迟实施期间，仍按国家现行工时制度的有关规定执行。

第九条 各级人事部门对《规定》的执行情况进行监督检查。

第十条 各省、自治区、直辖市人民政府人事部门和国务院行业主管部门应根据《规定》和本办法，结合本地区、本行业的实际情况，提出实施意见，并报人事部备案。

第十一条 本办法自 1995 年 5 月 1 日起施行。

第十二条 本办法由人事部负责解释。

人事部关于印发《机关事业单位增人计划卡暂行管理办法》的通知

（1996年6月17日　人发〔1996〕55号）

各省、自治区、直辖市人事（人事劳动）厅（局）：

现将《机关、事业单位增人计划卡暂行管理办法》印发给你们，请结合本地区实际情况认真组织实施，切实做好机关、事业单位人员增长的管理工作，并将实施中的有关情况及时反馈我部综合计划司。

机关事业单位增人计划卡暂行管理办法

第一条　为了加强机关、事业单位职工队伍的总量管理，严格控制机关、事业单位人员增长，特制定本办法。

第二条　在机关、事业单位实行增人计划卡办法，是加强社会主义市场经济条件下人事宏观调控的重要措施。各省、自治区、直辖市要按照本办法规定的范围，在机关、事业单位严格执行增人计划卡管理办法。各有关部门要加强协作，相互配合，切实保证增人计划卡管理办法有效实行。

第三条　增人计划卡的管理范围与机关、事业单位职工人数计划的管理范围相一致。包括：各级国家机关、政党机关、社会团体及其所属的事业单位；国家规定的其他应纳入机关、事业单位计划管理的部门和单位。

第四条　增人计划卡管理对象是机关、事业单位新增的全部职工，包括国家统一分配的人员、调入人员和社会招收人员。

第五条 国家下达的机关、事业单位职工人数计划和计划管理意见是实行增人计划卡管理的依据。各省、自治区、直辖市要将自然减员指标集中起来，同国家下达的增人指标一起统筹安排，统一使用，并纳入增人计划管理。

第六条 增人计划卡实行一卡一人，每年由人事计划部门在分解下达和调整职工人数计划时核发，当年核发的增人计划卡只在当年有效。

第七条 增人计划卡是机关、事业单位办理增加职工手续和增加工资总额计划以及报批工资基金使用计划的凭证，用人单位要如实填写。人事计划部门凭卡检查核定职工人数与工资总额计划，并办理工资基金审批手续，同时收回增人计划卡。

第八条 机关、事业单位无论以何种渠道和形式增加人员都要纳入人员计划管理范围，并使用增人计划卡。各单位增加人员须凭人事计划部门核发的增人计划卡办理录（聘）用、分配、调动、招工手续。

凡是未凭增人计划卡办理手续的新增人员，不予以核认，不得增加工资总额计划和工资基金使用计划。

第九条 增人计划卡式样由人事部制订，各省、自治区、直辖市人事（人事劳动）厅（局），可根据本地实际情况增加增人计划卡中的项目，并统一制发，任何单位不得复制。

第十条 人事计划部门要加强对计划执行情况的监督检查工作，定期对依卡增人增资情况进行汇总分析。

第十一条 各省、自治区、直辖市应根据本办法，结合本地实际情况，制定实施细则。

第十二条 本办法由人事部负责解释。

第十三条 本办法自发布之日起施行。

附件：机关、事业单位增人计划卡

（附件本书略）

劳动人事部等部门关于调整在京中央国家机关和事业单位工作人员福利费提取标准的通知

（1998年12月23日　人发〔1998〕106号）

国务院各部委、各直属机构：

为适当解决在京中央国家机关、事业单位福利费偏低问题，经研究，对在京中央国家机关、事业单位工作人员的福利费提取比例和标准进行调整，即：在京中央国家机关及事业单位工作人员的福利费按照全部工作人员基本工资（机关包括基础工资、职务工资、级别工资和工龄工资，事业单位包括职务〈岗位〉等级工资、国家规定比例的津贴、教龄、护龄津贴）的2.5%提取。以后福利费的提取标准随着工资水平的提高再作调整。

根据上述办法，在京中央国家机关、事业单位工作人员的福利费为每人每月12元，其中，中央国家机关按每人每月9元留用，其余3元由人事部统一调剂使用；事业单位按12元提取福利费，全部由单位按规定使用。福利费年终如有节余，可转入下年度继续使用。

驻京外地区的中央国家机关和事业单位工作人员的福利费，仍按所在地的规定执行。

本《通知》自1999年1月1日起实行，原劳动人事部、财政部、国务院机关事务管理局下发的《关于中央国家机关和事业单位工作人员福利费提取标准的通知》（劳人险〔1986〕12号）同时废止。

人事部关于机关事业单位工作人员在停职审查期间工资处理意见的通知

（1999年11月23日　人发〔1999〕134号）

各省、自治区、直辖市人事（人事劳动）厅（局）、国务院各部委、各直属机构人事（干部）部门：

最近，一些地区和部门来函询问，机关、事业单位工作人员在停职审查期间工资如何处理。经研究，现通知如下：

机关和事业单位各类工作人员在停职审查期间，遇国家规定调整工资（含调整标准、晋升工资档次和级别工资）时，其工资调整暂缓执行。待审查结束有结论后，按照有关规定办理，未受到行政处罚或行政纪律处分的，按国家规定予以补调和补发工资。

人事部关于国家机关工勤人员和事业单位工作人员受行政纪律处分工资问题处理意见的通知

（1999年11月23日　人发〔1999〕135号）

各省、自治区、直辖市人事（人事劳动）厅（局）、国务院各部委、各直属机构人事（干部）部门：

近一时期，一些地区和部门来电来函询问国家机关工勤人员和事业单位工作人员受行政纪律处分后其工资如何处理，经研究，现就有关问题通知如下：

一、国家机关工勤人员和事业单位工人受行政纪律处分的工资处理问题

国家机关工勤人员和事业单位工人受到行政纪律处分的，在处分期内均取消年终一次性奖金；受警告、记过、记大过处分的，在处分期内年度考核中被评定为不合格等次的，不得晋升工资档次；受开除留用察看处分的，从受处分的次月起降低三个工资档次，已在最低工资档次的，可给予其他行政纪律处分。

受开除公职处分的，从受处分的次月起停发工资。

受到以上行政纪律处分的国家机关工勤人员和事业单位工人被解除处分后，其晋升工资档次的考核年限，从解除处分的次年起重新计算。

国家机关工勤人员和事业单位工人，经核实确属被错误给予行政纪律处分的，应恢复其原工资待遇。处分期内被减发或停发的工资、奖金、津贴、补贴予以补发，处分期间计算为晋升工资档次的考核年限和被开除公职的时间计算为连续工龄。

国家机关工勤人员和事业单位工人不适合给予降级、降职、撤职处分。

二、事业单位管理人员和专业技术人员受行政纪律处分的工资处理问题

事业单位管理人员和专业技术人员受行政纪律处分的，在处分期内均取消年终一次性奖金；受警告、记过、记大过处分的，在处分期内年度考核中被评定为不合格等次的，不得晋升职务工资；受到降职、撤职、开除留用察看处分的，在处分期内除不得晋升职务工资外，还要降低职务工资档次。其中：

受降职处分的，从受处分的次月起降低一档职务工资，已在最低职务工资档次的，可给予其他行政纪律处分。

受撤职处分的，如暂时没有明确职务，从受处分的次月起，按撤销前的职务，降低两档职务工资，已在最低职务工资档次的，可给予其他行政纪律处分；重新明确了职务的，管理人员从受处分的次月起降低原职务工资两个档次后就近就低套入新任职务的职务工资档次，例如：某管理人员原为处长或副处长（同为三级职员），重新任命为副处长和科长后，其职务工资档次按降低两档后的工资额就近就低套入四级职员的职务工资档次，其中低于新任职务最低职务工资档次的执行最低档，高于最高职务工资档次的执行最高档，高出的部分不予保留。如某专业技术人员原为工程师，重新聘任为助理工程师职务后，其职务工资档次按降低两档后的工资额就近就低套入助理工程师的职务工资档次，低于新任职务最低职务工资档次的执行最低档，高于最高职务工资档次的执行最高档，高出的部分不予保留。

受留用察看处分的，从受处分的次月起降低三档职务工资，已在最低职务工资档次的，可给予其他行政纪律处分。

受开除公职处分的，从受处分的次月起停发工资。

受到以上行政纪律处分的事业单位管理人员和专业技术人员被解除处分以后，其晋升工资档次的考核年限，从解除处分的次年起重新计算。

事业单位管理人员和专业技术人员，经核实确属被错误给予行政纪律处分的，应恢复其原工资待遇。处分期内被减发或停发的工资、奖金、津贴、补贴予以补发，处分期间计算为晋升工资档次的考核年限和被开除公职的时间计算为连续工龄。

事业单位管理人员和专业技术人员因非行政纪律处分原因被降职后，按新任职务领取工资。降一级职务的，按原职务工资额就近就低套入新任职务工资档次；降两级及两级以上职务的，逐次就近就低套入下一级职务工资档次，高出的部分不予保留。

在事业单位中既担任行政领导职务又有专业技术职务的人员受行政纪律处分的，处理中涉及职务工资时，原则上以行政领导职务为主，参照上述办法处理。

事业单位管理人员不适合受降级处分；专业技术人员不适合受降级、降职处分。

过去的规定与上述处理意见有抵触的，均按上述处理意见执行。

人事部关于国家机关、事业单位工作人员受行政刑事处罚工资处理意见的复函

（1999年11月23日 人函〔1999〕177号）

青海省劳动人事厅、广西壮族自治区人事厅：

报来的《关于机关、事业单位工作人员受行政、刑事处罚后工资或生活费如何发放的请示》（青劳人薪字〔1999〕040号）、《关于国家工作人员被判有期徒刑缓期执行期间生活费如何计发问题的请示》（桂人报〔1999〕12号）收悉。经研究，现就工资处理问题函复如下：

一、国家机关和事业单位工作人员受行政、刑事处罚的工资处理问题

（一）被取保候审和被监视居住的人员

国家机关和事业单位工作人员被取保候审或监视居住的，在此期间停发原工资，并按以下办法计发生活费：

原为国家公务员的，按照本人原基本工资额（即职务工资、级别工资、基础工资和工龄工资四项之和，下同）的75%计发生活费。

机关技术工人按照本人原岗位工资和技术等级（职务）工资之和，机关普通工人按照原岗位工资数额，分别作为生活费发给，取消每月发放的奖金部分。

事业单位工作人员按照本人原工资中的固定部分作为生活费发给，取消其工资中活的部分（即津贴）。

上述人员经审查核实后，如构不成刑事犯罪或不被行政处罚，且不给予任何行政纪律处分的，补发其被扣除的工资、奖

金、津贴、补贴；如被追究刑事责任或受到行政、刑事处罚或给予行政纪律处分的，不再补发被减发和扣发的工资、奖金、津贴、补贴。

（二）被公安机关强制收容教育、强制戒毒（包括所外执行）的人员，其工资处理问题参照被取保候审和监视居住人员的工资处理办法执行。

（三）被羁押人员的工资处理问题

国家机关和事业单位工作人员被羁押期间停发工资。公安、检察机关撤案或者检察机关决定不予以起诉以及检察机关虽决定起诉而法院宣判无罪的，按下列原则分别处理：犯罪嫌疑人未被劳动教养或治安拘留，原单位也未给予行政纪律处分的，由原单位补发其被羁押期间的工资、奖金、津贴、补贴；如未被劳动教养或治安拘留，原单位给予行政纪律处分的，其被羁押期间的工资问题按照被取保候审和监视居住的工资处理办法执行；如被劳动教养、治安拘留的，其被羁押期间减发和扣发的工资、奖金、津贴、补贴不予补发。法院决定免予追究刑事责任的，被羁押期间减发和扣发的工资、奖金、津贴、补贴也不予补发。

（四）被判处拘役、有期徒刑宣告缓刑的工资处理问题

国家机关和事业单位工作人员被判处拘役、有期徒刑宣告缓刑的，在缓刑执行期间，停发原工资。对安排了临时工作的缓刑人员，原为国家公务员的按本人缓刑前基本工资额的60%发给生活费；机关工勤人员按工资中固定部分（技术工人的岗位工资和技术等级〈职务〉工资，机关普通工人的岗位工资）85%的数额计发生活费，其工资中的奖金部分不再发放；事业单位工作人员按本人受处罚前工资固定部分85%的数额计发生活费，其工资中活的部分（津贴）不再发放。若按此发放的生活费低于本地区最低生活保障线标准的，按本地区最低生活保障线发放。

缓刑期间到达离退休年龄的，按照《人事部关于国家行政

机关工作人员被判处管制、拘役及判处刑罚宣告缓刑后的工作和工资问题的通知》（人核发〔1989〕2号）文中“缓刑人员在缓刑期间，不能办理离退休手续”的规定，不办理离退休手续，继续按缓刑期间的标准发放生活费。

缓刑期满至原单位对本人做出处理期间的生活费，按缓刑期间的标准计发。

缓刑期满后分配正式工作的，其工资待遇根据新任职务、新任岗位按不高于同等条件人员重新确定。

缓刑期满到达离休年龄的，根据《劳动人事部老干部服务局关于离休干部受刑事处分后待遇问题的复函》（劳人老函〔1987〕5号）和《人事部离休退休司关于干部被判处有期徒刑缓刑考验期满后能否办理离休的函》（人退司函〔1988〕2号）文件精神凡触犯刑律受到刑事处罚的，都不能再享受离休待遇和办理离休手续。其退出工作岗位后的生活待遇和管理等问题，由各省、自治区、直辖市或部门研究确定。

缓刑期满到达退休年龄的，可以办理退休手续，按照重新确定的工资标准，享受相应的退休待遇。

（五）被判处管制的人员工资处理问题

国家机关和事业单位工作人员被判处管制由原单位接收的，参照被判处刑罚宣告缓刑人员的工资处理办法执行。

（六）被判处拘役的人员工资处理问题

国家机关和事业单位工作人员被判处拘役的，拘役期间工资停发。期满释放，经上级主管机关批准由原单位接收并分配正式工作的，可参照被判处刑罚宣告缓刑人员缓刑期满后的工资处理办法执行。

（七）受到徒刑以上刑事处罚的人员，在服刑期间停发工资。服刑期满后如原单位接收并安排工作，其工资待遇按新录用人员的工资办法处理。

（八）被劳动教养、治安拘留的人员工资处理问题国家机关和事业单位工作人员被劳动教养、治安拘留，对仍保留公职且所外执行者，可参照被判处刑罚宣告缓刑人员的工资处理办法执行。

（九）在采取上述强制措施、受行政或刑事处罚期间，不计为工龄。

二、国家机关和事业单位工作人员被判刑后又改判的工资处理

（一）国家机关和事业单位工作人员经核实确被错判犯罪的，应恢复其原工资待遇，在原判期间的经济损失及精神损失按《中华人民共和国国家赔偿法》中的有关规定予以补偿；被减发或停发的工资、奖金、津贴、补贴不予补发。原判期间可计算为连续工龄。

（二）国家机关和事业单位工作人员因触犯刑律被判刑，经司法机关复查，认为原判过重，改为免予刑事处罚的，回原单位后其工资待遇应视其罪行轻重和是否给予行政纪律处分而定，即：情节较轻，态度较好，免予行政纪律处分者，可恢复原工资待遇；给予行政纪律处分的按有关规定确定工资待遇。以上两种情况，在原判期间被减发和扣发的工资、奖金、津贴、补贴均不予补发。原判期间不计算为工龄。

过去的规定与上述处理意见有抵触的，均按上述处理意见执行。

人事部等部门关于高技能人才享受国务院颁发政府特殊津贴的意见

（2008 年 3 月 10 日　国人部发〔2008〕24 号）

各省、自治区、直辖市、新疆生产建设兵团以及各副省级市党委组织部、宣传部、统战部、政府人事厅（局）、劳动和社会保障厅（局），中央和国家机关部委、直属机构人事（干部）部门，总政治部干部部，中央管理的企业：

高技能人才是我国人才队伍的重要组成部分，培养造就一大批具有高超技艺和精湛技能的高技能人才，对于稳步提升我国产业工人队伍的整体素质，增强我国核心竞争力和自主创新能力，加快建设创新型国家具有重要意义。为贯彻落实《关于进一步加强高技能人才工作的意见》（中办发〔2006〕15 号），进一步加强高技能人才队伍建设，营造有利于高技能人才成长、发挥作用的良好环境，经国务院批准，自 2008 年起，将高技能人才纳入享受国务院颁发的政府特殊津贴人员选拔范围。现制定如下意见：

一、高技能人才选拔数量

享受国务院颁发的政府特殊津贴高技能人才，每次选拔不超过 400 人。

二、高技能人才选拔条件

（一）热爱祖国，遵纪守法，有良好的职业道德和敬业精神，模范履行岗位职责，为社会主义现代化建设事业努力工作。

（二）具有国家一级职业资格（高级技师）或相应高级职业技能水平，长期工作在生产服务岗位第一线，并具备下列条件之一：

1. 获得过中华技能大奖、高技能人才楷模、全国技术能手等荣誉或省（行业）技能人才表彰，业绩突出，影响广泛；

2. 在技术上有重大发明创造，或有重大技术革新，产生显著的经济效益和社会效益；

3. 在本企业、同行业中具有领先的技术技能水平，并在某一生产工作领域总结出先进的操作技术方法，取得重大经济效益和社会效益；

4. 在促进科技成果转化、推广应用等方面作出突出贡献，并取得重大经济效益和社会效益；

5. 在本职业（工种）中具有某种绝招绝技，在国际国内产生重要影响，并在带徒传技方面成效显著；

6. 实践经验丰富，并能解决生产过程中的重点或关键性技术难题，业绩突出。

三、高技能人才选拔办法

（一）享受政府特殊津贴高技能人才的推荐、选拔工作，按照《中共中央办公厅、国务院办公厅转发〈中央组织部、中央宣传部、中央统战部、人事部、财政部关于改革和完善政府特殊津贴制度的意见〉的通知》（中办发〔2004〕20号）的规定，与享受政府特殊津贴专家的推荐、选拔工作统一组织，同时开展。

（二）人事部会同劳动保障部，根据高技能人才队伍建设的总体状况，向各省、自治区、直辖市及副省级城市，中央、国家机关有关部门，中央直属企事业单位下达享受政府特殊津贴高技能人才人选控制指标数。

（三）各省、自治区、直辖市及副省级城市人事厅（局）会同劳动保障厅（局），中央、国家机关有关部门人事（干部）部门，中央直属企事业单位人事（劳动）部门负责组织实施本地区、部门、单位享受政府特殊津贴高技能人才的选拔工作。基层单位按照隶属关系逐级向上级推荐人选。非公有制单位选拔工作由所属地区统一组织。

（四）高技能人才的推荐人选必须经过专家评议。专家评议由各省、自治区、直辖市及副省级城市人事厅（局）会同劳动保障厅（局），中央、国家机关有关部门人事（干部）部门，中央直属企事业单位人事（劳动）部门负责组织。没有进行专家评议或专家评议没有通过的，不得作为推荐人选。

（五）各省、自治区、直辖市及副省级城市人事厅（局）会同劳动保障厅（局），中央、国家机关有关部门人事（干部）部门，中央直属企事业单位人事（劳动）部门，根据选拔条件和控制指标数，对高技能人才的推荐人选进行初审后，与享受政府特殊津贴专家人选一同，按照文件规定的程序审核、审定、公示后，统一上报人事部。

（六）人事部、劳动保障部会同中组部、中宣部、统战部集中审核人选，并将拟定的名单报国务院审批。

军队系统高技能人才的选拔工作，由军委总政治部结合部队实际情况组织实施。选拔的人选由人事部转报国务院审批。

四、选拔周期、津贴标准和发放办法

高技能人才享受国务院颁发的政府特殊津贴的选拔周期、津贴标准、经费来源和发放办法，与享受政府特殊津贴专家相同。

人力资源和社会保障部、财政部关于调整政府特殊津贴标准的通知

（2008 年 10 月 20 日　人社部发〔2008〕88 号）

省、自治区、直辖市人事厅（局）、劳动保障厅（局）、财政厅（局），新疆生产建设兵团人事局、劳动保障局、财务局，中央和国家机关各有关部委、直属机构人事、财务部门，总政治部干部部，中央管理的有关企业：

经党中央、国务院批准，现就调整政府特殊津贴标准有关问题通知如下：

一、从 2009 年 1 月 1 日起，将按月发放的政府特殊津贴标准由每人每月 100 元调整为每人每月 600 元。

二、调整政府特殊津贴标准所需经费，由中央财政专项列支拨款。

调整政府特殊津贴标准，充分体现了党中央、国务院对享受政府特殊津贴人员的关心。各地区、各部门要充分认识做好这项工作的重要意义，切实加强领导，认真做好政府特殊津贴的发放工作，确保平稳顺利实施。

本通知由人力资源和社会保障部负责解释。

人力资源和社会保障部、财政部关于调整院士津贴标准的通知

（2008 年 10 月 20 日　人社部发〔2008〕89 号）

各省、自治区、直辖市人事厅（局）、劳动保障厅（局）、财政厅（局），新疆生产建设兵团人事局、劳动保障局、财务局，中央和国家机关各有关部委、直属机构人事、财务部门，总政治部干部部，中央管理的有关企业：

经党中央、国务院批准，现就调整院士津贴标准有关问题通知如下：

一、从 2009 年 1 月 1 日起，将中国科学院院士、中国工程院院士的院士津贴标准由每人每月 200 元调整为每人每月 1000 元。今后新当选的中国科学院院士和中国工程院院士，自当选之月起发给院士津贴。

二、院士津贴所需经费列入中央财政预算，专项拨款。

调整院士津贴标准，充分体现了党中央、国务院对院士的关心。各有关地区、部门要充分认识做好这项工作的重要意义，认真做好院士津贴的发放工作。

本通知由人力资源和社会保障部负责解释。

人力资源和社会保障部、财政部关于调整艰苦边远地区津贴一至三类区标准的通知

（2011 年 6 月 28 日　人社部发〔2011〕75 号）

有关省、自治区、直辖市人力资源社会保障厅（局）、财政厅（局），新疆生产建设兵团人事局、财务局：

经国务院批准，从 2011 年 7 月 1 日起，调整艰苦边远地区津贴一至三类区标准。各类区在职人员津贴标准分别调整为：一类区月人均 120 元，二类区月人均 210 元，三类区月人均 350 元。在各类区平均标准内，不同职务（岗位）人员适当拉开差距。其中，一类区每月 110 元至 220 元，二类区每月 195 元至 360 元，三类区每月 330 元至 510 元（见附件 1、2）。离休人员按当地同职务在职人员津贴增加额增加离休费，退休人员按当地同职务在职人员津贴增加额的 85%增加退休费。

这次调整艰苦边远地区津贴标准工作，由省（自治区、直辖市）人民政府人力资源社会保障、财政部门负责。中央有关部门驻艰苦边远地区单位的实施工作，由人力资源社会保障部、财政部协调，各有关部门（单位）具体组织实施。

本通知由人力资源社会保障部负责解释。

附件：1. 机关工作人员艰苦边远地区津贴标准表

2. 事业单位工作人员艰苦边远地区津贴标准表

附件 1

机关工作人员艰苦边远地区津贴标准表

单位：元/月

职务（技术等级）＼标准	一类区	二类区	三类区
省部级以上	220	360	
厅局级	190	300	510
县处级	160	260	430
乡科级　技师以上	130	225	370
科员以下　高级工以下	110	195	330

附件 2

事业单位工作人员艰苦边远地区津贴标准表

单位：元/月

职务（技术等级）＼标准	一类区	二类区	三类区
一级专业技术岗位 一级至二级管理岗位	220	360	
二级至四级专业技术岗位 三级至四级管理岗位	190	300	510
五级至七级专业技术岗位 五级至六级管理岗位	160	260	430
八级至十级专业技术岗位 七级至八级管理岗位 一级至二级技术工岗位	130	225	370

续表

职务（技术等级）＼标准	一类区	二类区	三类区
十一级及以下专业技术岗位 九级至十级管理岗位 三级及以下技术工岗位和普通工岗位	110	195	330

人力资源和社会保障部等部门关于建立机关事业单位防治“吃空饷”问题长效机制的指导意见

（2016 年 12 月 23 日　人社部规〔2016〕6 号）

各省、自治区、直辖市人民政府，国务院各部委、各直属机构：

按照国务院部署，各地区、各部门深入扎实开展机关事业单位“吃空饷”问题集中治理工作，追缴资金，处理违纪人员，“吃空饷”现象得到有效遏制。同时，在治理过程中发现“吃空饷”问题具有隐蔽性、反复性，为巩固集中治理工作成果，进一步从源头上加强综合治理，经国务院同意，现就建立机关事业单位防治“吃空饷”问题长效机制提出以下指导意见。

一、严格界定“吃空饷”情形

机关事业单位“吃空饷”问题主要是指：

1. 在机关事业单位挂名并未实际到岗上班，但从机关事业单位领取工资、津贴补贴的。

2. 因请假、因公外出期满无正当理由逾期不归或旷工等原因，按规定单位应当与其终止人事关系，但仍在原单位领取工资、津贴补贴的。

3. 已与单位终止人事关系或已办理离退休手续，仍按在职人员领取工资、津贴补贴的。

4. 已死亡或被人民法院宣告死亡、失踪，仍由他人继续领取工资、津贴补贴的。

5. 受党纪政纪处分及行政、刑事处罚等，按规定应当停发或降低工资待遇，但仍未停发或按原标准领取工资、津贴补贴的。

6. 机关事业单位隐瞒事实、虚报人员编制或实有人数套取财政资金的。

7. 其他违纪违规领取工资、津贴补贴的。

二、严格人员日常管理

各地区、各部门要按照公务员考试录用、事业单位公开招聘、干部交流、人才引进等管理规定选拔、使用人员，严格按照政策规定和工作程序办理进人手续，严格执行公务员登记制度和事业单位工作人员实名统计制度。充分利用信息化手段，及时采集、更新在岗人员信息和工资发放信息，逐步建立机构编制、人员在岗、工资发放和人员交流等情况定期内部公示制度。加强考勤管理，机关事业单位工作人员因病、因事请假须严格履行请销假手续，并按照干部管理权限进行报批、备案，对违反规定的行为要及时依法依规处理。加强考核工作，将日常考核、年度考核与人员晋升、岗位和工资调整紧密挂钩。机关事业单位工作人员与单位解除、终止人事关系的，或者已死亡或被人民法院宣告死亡、失踪的，应按规定及时办理工资核销和社会保险关系转移或终止手续。

三、严格工资发放管理

机关事业单位工作人员病假期间，按国家有关政策执行相应的工资福利待遇，符合病退、退职条件的，应及时办理相关手续，执行相应的待遇。受党纪政纪处分的，须按规定取消、停发或降低工资待遇。机关事业单位工作人员被审判、检察、公安、国家安全机关采取强制措施和受行政刑事处罚，所在单位在收到告知书后，要按规定对其工资待遇进行处理，并按照干部管理权限报告有关单位和部门。工作人员按规定办理退休手续后，须在退休次月执行相应的退休待遇。

四、严格离岗人员管理

机关事业单位一般不得以日常工作为由借调人员，因完成专项工作或者重点任务确需借调工作人员，须经借出、借入单位领导集体研究，并按照干部管理权限履行审批程序，明确借调期限，借调期满后继续借用的，须重新履行审批手续。严格禁止各种形式的非组织借调行为。机关事业单位工作人员离岗进修培训、挂职锻炼，需按照干部管理权限审批，并按有关规定抓好日常管理。对按照中央加快实施创新驱动发展战略和大众创业、万众创新等有关文件要求离岗创业的高校、科研院所等事业单位科研人员，各地区、各部门要通过完善聘用合同管理、强化考核等办法，加强规范管理。

五、严格监督管理

各级组织、机构编制、财政和人力资源社会保障等部门要加快实现部门间信息共享和对接，建立机构编制、岗位管理、人员聘用、工资管理、社保缴费、财政预算等工作的互联管理平台。组织、人力资源社会保障部门要充分履行职责，健全统一指导、分级调控、分类管理的人事管理体制。完善人事管理制度，加强对各类人员管理及工资待遇执行等方面的政策指导。强化人事监管，健全各项管理程序，完善人员流动管理机制。机构编制部门要全面实行机构编制实名制管理，严格人员编制使用核准备案制度，强化部门间联动管理综合约束机制，依法依规推进机构人员编制信息公示公开。加强机构运行和编制使用情况的动态监测，切实加大“12310”举报受理和案件查处工作力度。财政部门要会同人力资源社会保障等部门进一步加强财政统发工资管理，严格按照财政预算核拨人员经费。根据相关规定对增人增资证明材料进行审核。

六、严格责任追究

各级组织、机构编制、财政和人力资源社会保障等部门要形成常态化联合治理工作机制，定期和不定期开展专项检查，督促有关地方和部门及时核实处理发现的问题。各地区、各部门要在政务公开网站公布举报电话、邮箱，对举报线索须及时核查处理，并向实名举报人反馈结果。对“吃空饷”问题，坚持发现一起查处一起，对查实的问题“零容忍”，坚决纠正违规行为，严肃处理负有责任的领导人员和相关责任人，对违纪违规的要按照有关规定给予处理，对涉嫌违法犯罪的要移交司法机关处理。对占编“吃空饷”的单位要严格按照规定核减相应编制和预算，并收回空余编制。

各地区、各部门要将预防、治理“吃空饷”问题纳入党风廉政建设工作范畴。机关事业单位主要负责同志作为第一责任人，要切实负起领导责任。组织、机构编制、财政和人力资源社会保障等部门要各司其职、密切配合、加强协调。要宣传防治“吃空饷”问题的重要意义和取得的成效，对于社会普遍关注、群众反映强烈、影响恶劣的典型案件，要定期进行内部通报或公开曝光，对违法违规行为形成有效震慑。

人力资源和社会保障部等部门关于开展公立医院薪酬制度改革试点工作的指导意见

（2017年1月24日　人社部发〔2017〕10号）

各省、自治区、直辖市人民政府：

为贯彻落实党的十八大和十八届三中、五中全会关于研究建立适应行业特点的公立医院薪酬制度精神，落实全国卫生与健康大会的有关要求，决定开展公立医院薪酬制度改革试点工作。经国务院同意，现提出如下意见。

一、开展公立医院薪酬制度改革试点的重要意义

公立医院一直执行事业单位统一的工资制度、工资政策和工资标准，对调动医务人员积极性发挥了积极作用。随着深化医药卫生体制改革和事业单位分类改革的推进，公立医院现行工资制度不能完全适应改革发展形势的要求。医疗行业人才培养周期长、职业风险高、技术难度大、责任担当重，建立符合医疗行业特点、体现以知识价值为导向的公立医院薪酬制度，是深化医药卫生体制改革和事业单位收入分配制度改革的重要内容，对确立公立医院激励导向和增强公立医院公益性，调动医务人员的积极性、主动性、创造性，推动公立医院事业的发展，都具有重要意义。完善公立医院薪酬制度关系到医务人员的切身利益，关系到医改的成效，涉及面广，政策性强，情况复杂，需要经过试点取得经验后再全面推行。

二、公立医院薪酬制度改革试点的指导思想和基本原则

开展公立医院薪酬制度改革试点的指导思想是，贯彻落实党的十八大和十八届三中、五中、六中全会精神，按照深化医药卫生体制改革和收入分配制度改革的总体部署，与医疗、医保、医药联动改革相衔接，积极稳妥开展试点，探索建立适应我国医疗行业特点的公立医院薪酬制度，完善正常调整机制，健全激励约束机制，以增加知识价值为导向进行分配，着力体现医务人员技术劳务价值，规范收入分配秩序，逐步实现公立医院收入分配的科学化和规范化，增强公立医院公益性，调动医务人员积极性，不断提高医疗服务质量和水平。

开展公立医院薪酬制度改革试点的基本原则：

——坚持激励与约束相结合。适应公立医院综合改革要求，与公立医院管理体制、运行机制、服务价格调整、医保支付、人事管理、控制不合理医疗费用以及推进分级诊疗、家庭医生签约服务等改革相衔接，健全与岗位职责、工作业绩、实际贡献紧密联系的分配激励机制，加强宏观调控和有效监管，规范医务人员收入分配秩序。

——坚持按劳分配与按生产要素分配相结合。适应行业特点的要求，坚持中西医并重，完善公立医院内部分配制度和分配机制，合理体现医务人员技术劳务价值。

——坚持动态调整与合理预期相结合。在确保医疗机构良性运行、基本医保支出可承受、群众整体负担不增加、提高医疗服务水平的基础上，动态调整公立医院薪酬水平，与国民经济发展相协调、与社会进步相适应。妥善处理不同地区、不同等级、不同类型公立医院之间收入分配关系。

三、公立医院薪酬制度改革试点的主要内容

试点地区要根据医疗卫生行业特点，完善适应行业特点的公立医院薪酬制度。

（一）优化公立医院薪酬结构

要结合公立医院公益性定位、工作特点和本地实际，以及不同公立医院的功能定位和医、护、技、药、管等不同岗位职责要求，合理确定公立医院薪酬结构，注重医务人员长期激励。完善岗位绩效工资制，有条件的可探索实行年薪制、协议工资制等多种模式。

（二）合理确定公立医院薪酬水平

人力资源社会保障、财政部门根据当地经济发展、财政状况、工作量、服务质量、公益目标完成情况、成本控制、绩效考核结果等，按照“允许医疗卫生机构突破现行事业单位工资调控水平，允许医疗服务收入扣除成本并按规定提取各项基金后主要用于人员奖励”的要求，在现有水平基础上合理确定公立医院薪酬水平和绩效工资总量，逐步提高诊疗费、护理费、手术费等医疗服务收入在医院总收入中的比例。对高层次人才聚集、公益目标任务繁重，承担科研、教学任务以及需要重点发展的公立医院或绩效考核评价结果优秀的公立医院，适当提高薪酬水平。建立动态调整机制，稳步提高医务人员薪酬水平，调动医务人员积极性。

（三）推进公立医院主要负责人薪酬改革

公立医院主管部门根据公立医院考核评价结果、个人履职情况、职工满意度等因素，合理确定医院主要负责人的薪酬水平。公立医院主要负责人薪酬水平应高于本院平均薪酬水平，并与本院职工薪酬水平保持合理关系。鼓励公立医院主管部门对公立医院主要负责人探索实行年薪制。

（四）落实公立医院分配自主权

公立医院在核定的薪酬总量内进行自主分配。医院制定绩效分配办法要充分发扬民主，广泛征求职工意见，充分体现医、护、技、药、管等不同岗位差异，兼顾不同学科之间的平衡，向关键和紧缺岗位、高风险和高强度岗位、高层次人才、业务骨干和作出突出成绩的医务人员倾斜，向人民群众急需且专业人才短缺的专业倾斜，体现知识、技术、劳务、管理等要素的价值，避免大锅饭。适当提高低年资医生薪酬水平，统筹考虑编制内外人员薪酬待遇，推动公立医院编制内外人员同岗同薪同待遇。严禁向科室和医务人员下达创收指标，医务人员个人薪酬不得与药品、卫生材料、检查、化验等业务收入挂钩。

（五）健全以公益性为导向的考核评价机制

公立医院主管部门要制定科学的公立医院考核评价指标体系，综合考虑职责履行、工作量、服务质量、费用控制、运行绩效、成本控制、医保政策执行情况等因素，定期组织考核，考核结果与医院薪酬总量挂钩。对考核不合格的医院，要适当降低薪酬水平。

公立医院主管部门要制定公立医院主要负责人的绩效考核评价办法，综合考虑工作责任、医院管理的实际情况、医院考核评价结果和任期目标任务完成情况等因素，定期组织考核，考核结果与公立医院主要负责人薪酬挂钩。

公立医院要制定内部考核评价办法，综合考虑岗位工作量、服务质量、行为规范、技术能力、医德医风和患者满意度等因素，考核结果与医务人员薪酬挂钩。

（六）经费来源

公立医院薪酬制度改革试点工作所需经费，通过原渠道解决。完善公立医院收入中可用于工作人员收入分配的资金管理政策。

（七）试点范围和时间

上海、江苏、浙江、安徽、福建、湖南、重庆、四川、陕西、青海、宁夏等11个综合医改试点省份各选择3个市（州、区），除西藏外的其他省份各选择1个公立医院综合改革试点城市进行试点。从发文之日起开展试点工作，为期1年。未列入试点范围的公立医院综合改革试点城市和各县（市）可先行探索制定公立医院绩效工资总量核定办法。

（八）加强监督管理

试点地区要加强对公立医院薪酬分配的监督管理，试点医院要严格执行国家工资政策，严肃分配纪律，按照有关规定严肃查处医务人员收受红包、回扣等违规违纪行为。公立医院主管部门应于次年初将上年公立医院收入分配情况和负责人薪酬水平报同级政府人力资源社会保障、财政部门和医改办备案。

四、做好公立医院薪酬制度改革试点工作的要求

（一）加强对试点工作的领导

人力资源社会保障部、财政部、国家卫生计生委、国家中医药管理局负责试点工作的政策指导和监督检查工作，建立试点工作通报制度。试点地区要在当地党委、政府领导下，成立试点工作领导小组，人力资源社会保障部门牵头负责，各部门密切配合，在推进公立医院管理体制、运行机制、价格调整、医保支付、人事管理改革的同时开展试点，要明确责任分工和进度安排，抓好任务分解，务求取得实效。

（二）精心组织做好试点工作

试点地区要根据本指导意见的精神和要求，结合本地实际研究制定试点实施方案，组织开展试点，并报四部门备案以及按季度报送进展情况，于试点工作结束后 1 个月内报送试点工作总结。试点地区在制定实施方案时和试点工作中，要考虑全国实施的可行性，形成可复制、可持续、可推广的实践经验。

（三）做好舆论引导和稳定工作

试点地区人力资源社会保障、财政、卫生计生、中医药管理部门要做好政策解释和思想政治工作，及时制定应急预案，密切关注社会舆情，确保试点工作平稳顺利进行。

财政部关于事业单位提取专用基金比例问题的通知

（2012年4月23日　财教〔2012〕32号）

党中央有关部门，国务院各部委、各直属机构，全国人大常委会办公厅，全国政协办公厅，高法院，高检院，有关人民团体，各省、自治区、直辖市、计划单列市财政厅（局），新疆生产建设兵团财务局：

为贯彻落实《事业单位财务规则》（财政部令第68号），加强事业单位专用基金管理，现将事业单位职工福利基金和修购基金的提取比例问题通知如下：

一、事业单位职工福利基金的提取比例，在单位年度非财政拨款结余的40%以内确定。国家另有规定的，从其规定。

二、中央级事业单位职工福利基金的提取比例，由主管部门会同财政部在单位年度非财政拨款结余的40%以内核定。国家另有规定的，从其规定。

中央级事业单位修购基金的提取比例，由主管部门根据单位收入状况和核算管理的需要，按照事业收入和经营收入的一定比例核定，报财政部备案。事业收入和经营收入较少的事业单位可以不提取修购基金，实行固定资产折旧的事业单位不提取修购基金。国家另有规定的，从其规定。

三、地方事业单位职工福利基金和修购基金的提取比例，由省级财政部门参照本通知的有关规定，结合本地实际确定。

四、本通知自2012年4月1日起施行。

中华全国总工会办公厅关于印发《基层工会经费收支管理办法》的通知

（2017年12月15日　总工办发〔2017〕32号）

各省、自治区、直辖市总工会，各全国产业工会，中共中央直属机关工会联合会、中央国家机关工会联合会，全总各部门、各直属单位：

《基层工会经费收支管理办法》已经中华全国总工会第十六届书记处第八十次会议审议通过，现印发给你们，请认真贯彻执行。

基层工会经费收支管理办法

第一章　总　则

第一条　为加强基层工会收支管理，规范基层工会经费使用，根据《中华人民共和国工会法》和《中国工会章程》《工会会计制度》《工会预算管理办法》的有关规定，结合中华全国总工会（以下简称“全国总工会”）贯彻落实中央有关规定的相关要求，制定本办法。

第二条　本办法适用于企业、事业单位、机关和其他经济社会组织单独或联合建立的基层工会委员会。

第三条　基层工会经费收支管理应遵循以下原则：

（一）遵纪守法原则。基层工会应依据《中华人民共和国工会法》的有关规定，依法组织各项收入，严格遵守国家法律法规，严格执行全国总工会有关制度规定，严肃财经纪律，严格工会经费使用，加强工会经费收支管理。

（二）经费独立原则。基层工会应依据全国总工会关于工会法人登记管理的有关规定取得工会法人资格，依法享有民事权利、承担民事义务，并根据财政部、中国人民银行的有关规定，设立工会经费银行账户，实行工会经费独立核算。

（三）预算管理原则。基层工会应按照《工会预算管理办法》的要求，将单位各项收支全部纳入预算管理。基层工会经费年度收支预算（含调整预算）需经同级工会委员会和工会经费审查委员会审查同意，并报上级主管工会批准。

（四）服务职工原则。基层工会应坚持工会经费正确的使用方向，优化工会经费支出结构，严格控制一般性支出，将更多的工会经费用于为职工服务和开展工会活动，维护职工的合法权益，增强工会组织服务职工的能力。

（五）勤俭节约原则。基层工会应按照党中央、国务院关于厉行勤俭节约反对奢侈浪费的有关规定，严格控制工会经费开支范围和开支标准，经费使用要精打细算，少花钱多办事，节约开支，提高工会经费使用效益。

（六）民主管理原则。基层工会应依靠会员管好用好工会经费。年度工会经费收支情况应定期向会员大会或会员代表大会报告，建立经费收支信息公开制度，主动接受会员监督。同时，接受上级工会监督，依法接受国家审计监督。

第二章　工会经费收入

第四条　基层工会经费收入范围包括：

（一）会费收入。会费收入是指工会会员依照全国总工会规定按本人工资收入的5‰向所在基层工会缴纳的会费。

（二）拨缴经费收入。拨缴经费收入是指建立工会组织的单位按全部职工工资总额2%依法向工会拨缴的经费中的留成部分。

（三）上级工会补助收入。上级工会补助收入是指基层工会收到的上级工会拨付的各类补助款项。

（四）行政补助收入。行政补助收入是指基层工会所在单位依法对工会组织给予的各项经费补助。

（五）事业收入。事业收入是指基层工会独立核算的所属事业单位上缴的收入和非独立核算的附属事业单位的各项事业收入。

（六）投资收益。投资收益是指基层工会依据相关规定对外投资取得的收益。

（七）其他收入。其他收入是指基层工会取得的资产盘盈、固定资产处置净收入、接受捐赠收入和利息收入等。

第五条　基层工会应加强对各项经费收入的管理。要按照会员工资收入和规定的比例，按时收取全部会员应交的会费。要严格按照国家统计局公布的职工工资总额口径和所在省级工会规定的分成比例，及时足额拨缴工会经费；实行财政划拨或委托税务代收部分工会经费的基层工会，应加强与本单位党政部门的沟通，依法足额落实基层工会按照省级工会确定的留成比例应当留成的经费。要统筹安排行政补助收入，按照预算确定的用途开支，不得将与工会无关的经费以行政补助名义纳入账户管理。

第三章　工会经费支出

第六条　基层工会经费主要用于为职工服务和开展工会活动。

第七条　基层工会经费支出范围包括：职工活动支出、维权支出、业务支出、资本性支出、事业支出和其他支出。

第八条　职工活动支出是指基层工会组织开展职工教育、文体、宣传等活动所发生的支出和工会组织的职工集体福利支出。包括：

（一）职工教育支出。用于基层工会举办政治、法律、科技、业务等专题培训和职工技能培训所需的教材资料、教学用品、场地租金等方面的支出，用于支付职工教育活动聘请授课人员的酬金，用于基层工会组织的职工素质提升补助和职工教育培训优秀学员的奖励。对优秀学员的奖励应以精神鼓励为主、物质激励为辅。授课人员酬金标准参照国家有关规定执行。

（二）文体活动支出。用于基层工会开展或参加上级工会组织的职工业余文体活动所需器材、服装、用品等购置、租赁与维修方面的支出以及活动场地、交通工具的租金支出等，用于文体活动优胜者的奖励支出，用于文体活动中必要的伙食补助费。

文体活动奖励应以精神鼓励为主、物质激励为辅。奖励范围不得超过参与人数的三分之二；不设置奖项的，可为参加人员发放少量纪念品。

文体活动中开支的伙食补助费，不得超过当地差旅费中的伙食补助标准。

基层工会可以用会员会费组织会员观看电影、文艺演出和体育比赛等，开展春游秋游，为会员购买当地公园年票。会费不足部分可以用工会经费弥补，弥补部分不超过基层工会当年会费收入的三倍。

基层工会组织会员春游秋游应当日往返，不得到有关部门明令禁止的风景名胜区开展春游秋游活动。

（三）宣传活动支出。用于基层工会开展重点工作、重大主题和重大节日宣传活动所需的材料消耗、场地租金、购买服务等方面的支出，用于培育和践行社会主义核心价值观，弘扬劳模精神和工匠精神等经常性宣传活动方面的支出，用于基层工会开展或参加上级工会举办的知识竞赛、宣讲、演讲比赛、展览等宣传活动支出。

（四）职工集体福利支出。用于基层工会逢年过节和会员生日、婚丧嫁娶、退休离岗的慰问支出等。

基层工会逢年过节可以向全体会员发放节日慰问品。逢年过节的年节是指国家规定的法定节日（即：新年、春节、清明节、劳动节、端午节、中秋节和国庆节）和经自治区以上人民政府批准设立的少数民族节日。节日慰问品原则上为符合中国传统节日习惯的用品和职工群众必需的生活用品等，基层工会可结合实际采取便捷灵活的发放方式。

工会会员生日慰问可以发放生日蛋糕等实物慰问品，也可以发放指定蛋糕店的蛋糕券。

工会会员结婚生育时，可以给予一定金额的慰问品。工会会员生病住院、工会会员或其直系亲属去世时，可以给予一定金额的慰问金。

工会会员退休离岗，可以发放一定金额的纪念品。

（五）其他活动支出。用于工会组织开展的劳动模范和先进职工疗休养补贴等其他活动支出。

第九条 维权支出是指基层工会用于维护职工权益的支出。包括：劳动关系协调费、劳动保护费、法律援助费、困难职工帮扶费、送温暖费和其他维权支出。

（一）劳动关系协调费。用于推进创建劳动关系和谐企业活动、加强劳动争议调解和队伍建设、开展劳动合同咨询活动、集体合同示范文本印制与推广等方面的支出。

（二）劳动保护费。用于基层工会开展群众性安全生产和职业病防治活动、加强群监员队伍建设、开展职工心理健康维护等促进安全健康生产、保护职工生命安全为宗旨开展职工劳动保护发生的支出等。

（三）法律援助费。用于基层工会向职工群众开展法治宣传、提供法律咨询、法律服务等发生的支出。

（四）困难职工帮扶费。用于基层工会对困难职工提供资金和物质帮助等发生的支出。

工会会员本人及家庭因大病、意外事故、子女就学等原因致困时，基层工会可给予一定金额的慰问。

（五）送温暖费。用于基层工会开展春送岗位、夏送清凉、金秋助学和冬送温暖等活动发生的支出。

（六）其他维权支出。用于基层工会补助职工和会员参加互助互济保障活动等其他方面的维权支出。

第十条 业务支出是指基层工会培训工会干部、加强自身建设以及开展业务工作发生的各项支出。包括：

（一）培训费。用于基层工会开展工会干部和积极分子培训发生的支出。开支范围和标准以有关部门制定的培训费管理办法为准。

（二）会议费。用于基层工会会员大会或会员代表大会、委员会、常委会、经费审查委员会以及其他专业工作会议的各项支出。开支范围和标准以有关部门制定的会议费管理办法为准。

（三）专项业务费。用于基层工会开展基层工会组织建设、建家活动、劳模和工匠人才创新工作室、职工创新工作室等创建活动发生的支出，用于基层工会开办的图书馆、阅览室和职工书屋等职工文体活动阵地所发生的支出，用于基层工会开展专题调研所发生的支出，用于基层工会开展女职工工作性支出，用于基层工会开展外事活动方面的支出，用于基层工会组织开展合理化建议、技术革新、发明创造、岗位练兵、技术比武、技术培训等劳动和技能竞赛活动支出及其奖励支出。

（四）其他业务支出。用于基层工会发放兼职工会干部和专职社会化工会工作者补贴，用于经上级批准评选表彰的优秀工会干部和积极分子的奖励支出，用于基层工会必要的办公费、差旅费，用于基层工会支付代理记账、中介机构审计等购买服务方面的支出。

基层工会兼职工会干部和专职社会化工会工作者发放补贴的管理办法由省级工会制定。

第十一条 资本性支出是指基层工会从事工会建设工程、设备工具购置、大型修缮和信息网络购建而发生的支出。

第十二条 事业支出是指基层工会对独立核算的附属事业单位的补助和非独立核算的附属事业单位的各项支出。

第十三条 其他支出是指基层工会除上述支出以外的其他各项支出。包括：资产盘亏、固定资产处置净损失、捐赠、赞助等。

第十四条 根据《中华人民共和国工会法》的有关规定，基层工会专职工作人员的工资、奖励、补贴由所在单位承担，基层工会办公和开展活动必要的设施和活动场所等物质条件由所在单位提供。所在单位保障不足且基层工会经费预算足以保证的前提下，可以用工会经费适当弥补。

第四章 财务管理

第十五条 基层工会主席对基层工会会计工作和会计资料的真实性、完整性负责。

第十六条 基层工会应根据国家和全国总工会的有关政策规定以及上级工会的要求，制定年度工会工作计划，依法、真实、完整、合理地编制工会经费年度预算，依法履行必要程序后报上级工会批准。严禁无预算、超预算使用工会经费。年度预算原则上一年调整一次，调整预算的编制审批程序与预算编制审批程序一致。

第十七条 基层工会应根据批准的年度预算，积极组织各项收入，合理安排各项支出，并严格按照《工会会计制度》的要求，科学设立和登记会计账簿，准确办理经费收支核算，定期向工会委员会和经费审查委员会报告预算执行情况。基层工会经费年度财务决算需报上级工会审批。

第十八条 基层工会应加强财务管理制度建设，健全完善财务报销、资产管理、资金使用等内部管理制度。基层工会应依法组织工会经费收入，严格控制工会经费支出，各项收支实行工会委员会集体领导下的主席负责制，重大收支须集体研究决定。

第十九条 基层工会应根据自身实际科学设置会计机构、合理配备会计人员，真实、完整、准确、及时反映工会经费收支情况和财务管理状况。具备条件的基层工会，应当设置会计机构或在有关机构中设置专职会计人员；不具备条件的，由设立工会财务结算中心的乡镇（街道）、开发区（工业园区）工会实行集中核算，分户管理，或者委托本单位财务部门或经批准设立从事会计代理记账业务的中介机构或聘请兼职会计人员代理记账。

第五章 监督检查

第二十条 全国总工会负责对全国工会系统工会经费的收入、支出和使用管理情况进行监督检查。按照“统一领导、分级管理”的管理体制，省以下各级工会应加强对本级和下一级工会经费收支与使用管理情况的监督检查，下一级工会应定期向本级工会委员会和上一级工会报告财务监督检查情况。

第二十一条 基层工会应加强对本单位工会经费使用情况的内部会计监督和工会预算执行情况的审查审计监督，依法接受并主动配合国家审计监督。内部会计监督主要对原始凭证的真实性合法性、会计账簿与财务报告的准确性及时性、财产物资的安全性完整性进行监督，以维护财经纪律的严肃性。审查审计监督主要对单位财务收支情况和预算执行情况进行审查监督。

第二十二条 基层工会应严格执行以下规定：

（一）不准使用工会经费请客送礼。

（二）不准违反工会经费使用规定，滥发奖金、津贴、补贴。

（三）不准使用工会经费从事高消费性娱乐和健身活动。

（四）不准单位行政利用工会账户，违规设立“小金库”。

（五）不准将工会账户并入单位行政账户，使工会经费开支失去控制。

（六）不准截留、挪用工会经费。

（七）不准用工会经费参与非法集资活动，或为非法集资活动提供经济担保。

（八）不准用工会经费报销与工会活动无关的费用。

第二十三条 各级工会对监督检查中发现违反基层工会经费收支管理办法的问题，要及时纠正。违规问题情节较轻的，要限期整改；涉及违纪的，由纪检监察部门依照有关规定，追究直接责任人和相关领导责任；构成犯罪的，依法移交司法机关处理。

第六章 附 则

第二十四条 各省级工会应根据本办法的规定，结合本地区、本产业和本系统工作实际，制定具体实施细则，细化支出范围，明确开支标准，确定审批权限，规范活动开展。各省级工会制定的实施细则须报全国总工会备案。基层工会制定的相关办法须报上级工会备案。

第二十五条 本办法自印发之日起执行。《中华全国总工会办公厅关于加强基层工会经费收支管理的通知》（总工办发〔2014〕23号）和《全总财务部关于〈关于加强基层工会经费收支管理的通知〉的补充通知》（工财发〔2014〕69号）同时废止。

第二十六条 基层工会预算编制审批管理办法由全国总工会另行制定。

第二十七条 本办法由全国总工会负责解释。

山东省人民政府办公厅转发省人事厅省财政厅关于组织实施机关事业单位工作人员带薪年休假若干问题的意见的通知

（2009 年 1 月 16 日　鲁政办发〔2009〕4 号）

各市人民政府，各县（市、区）人民政府，省政府各部门、各直属机构，各高等院校：

省人事厅、省财政厅《关于组织实施机关事业单位工作人员带薪年休假若干问题的意见》已经省政府同意，现转发给你们，请认真贯彻执行。

实施带薪年休假是国家以法规的形式确立的一项重要福利制度，体现了党中央、国务院对广大干部职工生活的关心。各级、各部门要认真贯彻执行有关规定，妥善处理工作与休假的关系，统筹安排好机关事业单位工作人员的年休假，保证带薪年休假制度落实到位。

关于组织实施机关事业单位工作人员带薪年休假若干问题的意见

《职工带薪年休假条例》（国务院令第 514 号）和《机关事业单位工作人员带薪年休假实施办法》（人事部令第 9 号）已颁布施行。为认真贯彻执行上述法规规定，切实做好机关事业单位工作人员带薪年休假的组织实施工作，现就有关问题提出以下意见：

一、建立和实施职工带薪年休假制度是党中央、国务院关心职工生活、提高工作效率、促进经济发展和社会进步的重要举措，是国家以法规的形式确立的一项重要福利制度，体现了以人为本和保护劳动者的精神。各级机关事业单位要正确认识建立带薪年休假制度的深远意义，从依法落实制度、关心职工生活、维护职工合法权益的高度出发，对本单位职工年休假作出统筹安排，制定好年休假计划，保证职工年休假制度落实到位。

二、机关事业单位工作人员从达到规定的工作年限的下月起享受相应的年休假天数。年休假在1个年度内可集中安排，也可分段安排，一般不跨年度安排。承担野外地质勘查、野外测绘等工作任务的单位以及确因特殊情况需跨年度安排工作人员年休假的单位，可跨1个年度安排。

三、机关事业单位要在每年年初制定出工作人员年休假计划，经部门、单位领导集体研究审定后执行。其中，对部门、单位已安排年休假计划、因个人原因未休年休假的，只享受工作期间的工资收入；对部门、单位已安排年休假计划、因工作原因未按计划休假的，应当在本年度内安排调休；对确因工作需要不能按计划休假、也不能安排调休的，应由部门、单位征得本人同意后行文取消其休假计划，并报同级政府人事行政部门审定后按规定支付年休假工资报酬。

确因工作需要不休年休假的人数，原则上不能超过本部门、单位在编工作人员总数的5%；确因工作繁忙或有特殊情况的部门、单位，经同级人事行政部门批准，不休年休假的人数可控制在本部门、单位在编工作人员总数的10%以内。

四、对确因工作需要未休年休假的工作人员，所在单位应根据其应休未休的年休假天数，按本人当年日工资收入的300%支付年休假工资报酬，其中包含工作人员正常工作期间的工资收入。

工作人员年休假工资报酬中，正常工作期间的工资收入随工资支付，其余部分（日工资收入的200%）应当由所在单位在下一年度第一季度一次性支付，所需经费按现行经费渠道解决。

五、机关事业单位工作人员当年日工资收入的计算办法是：本人全年工资收入除以全年计薪天数（261天）。工作人员的全年工资收入计算办法由省人事厅另行制定。

六、机关事业单位新录用（聘用）的有工作经历的人员、调入的人员以及接收安置的军队转业干部、转业（复员）士官、退伍士兵，在办理工资关系转移手续时应随附在原单位的休假情况证明。如在原单位没有休年休假的，所在单位应在当年度安排其休年休假。

七、各级机关事业单位要进一步健全和完善考勤制度，工作人员因处理私人事务或因治疗疾病需要占用工作时间的，要严格按规定程序履行请销假手续。全年累计请事假或全年累计休病假超过规定时间的，不享受当年的年休假。

八、机关事业单位不安排工作人员休年休假又不按规定支付年休假工资报酬的，各级政府人事行政部门应责令该单位在规定支付时间后的一个月内支付年休假工资报酬。对逾期仍不支付年休假工资报酬的，除责令该单位支付年休假工资报酬外，还应责令其按年休假工资报酬的数额（日工资收入的300%）向工作人员加付赔偿金，所需经费由单位负担。

对拒不支付年休假工资报酬、赔偿金的，属于机关和参照公务员法管理的事业单位的，应当按照干部管理权限，对直接负责的主管人员以及其他直接责任人员依法给予处分，并责令支付；属于其他事业单位的，应当按照干部管理权限，对直接负责的主管人员以及其他直接责任人员依法给予处分，并由同级人事行政部门或工作人员本人申请人民法院强制执行。

九、带薪年休假是工作人员的一项基本权利，保证工作人员休年休假是机关事业单位的法定责任。各级要把所属部门、单位依法安排和执行年休假的情况列入年度考核范围。各级政府人事行政部门要依法行使职责，主动会同纪检、监察、组织、财政等部门，对机关事业单位执行年休假的情况进行监督检查，促进带薪年休假制度的贯彻落实。

十、机关事业单位工作人员在休年休假期间，要自觉遵守各项纪律规定，廉洁自律，不得使用公车外出旅游，不得要求下属单位安排食宿，也不得用公款报销相关费用。有关部门要按照相关规定严格进行监督检查，如发现有违反纪律规定的，要严肃处理。

山东省人民政府办公厅关于进一步做好机关事业单位工作人员带薪年休假工作的通知

（2014 年 2 月 14 日　鲁政办字〔2014〕20 号）

各市人民政府，各县（市、区）人民政府，省政府各部门、各直属机构，各高等院校：

《山东省人民政府办公厅关于进一步落实机关事业单位工作人员带薪年休假制度的通知》（鲁政办字〔2013〕106 号）印发后，各级、各部门认真贯彻落实，有效促进了休假制度的实施。但一些地方和单位仍存在休假比例特别是领导干部休假比例偏低、休假计划执行不到位等问题。为贯彻执行《职工带薪年休假条例》，进一步推动机关事业单位工作人员带薪年休假制度的落实，经省政府同意，现就有关问题通知如下：

一、进一步提高思想认识。各级、各部门必须站在以人为本、维护职工权益、顺应群众期盼的高度，充分认识贯彻执行《职工带薪年休假条例》的重要性。各级领导干部特别是主要负责同志要带头休假，省直机关要充分发挥示范作用，以实际行动带动和支持休假制度的落实。要进一步加强政策宣传，从思想和行动上做好引导，鼓励干部职工正确看待工休关系，依法享受休假权益。

二、科学合理制定年休假计划。每年年初，各级、各部门要在保证年度工作任务完成的前提下，充分尊重干部职工意愿，努力克服工休矛盾，合理安排带薪休假，制订年度全员带薪休假计划并确保落实。对上一年度工作任务特别繁重的单位中确因工作需要不能休假且没有领取年休假工资报酬的，可一并纳入本年度计划安排调休，保证全员享有休假机会。今后，各级、各部门要建立严格规范的年休假计划台账管理制度，对确因工作需要不能按计划休假的人员，应当说明原因，报本单位（或主管部门）组织人事部门审核同意并在台账上予以标注后安排调休。原则上台账记载经 2 次以上（含 2 次）调休仍无法在当年休假，方可按照“确因工作需要不安排休假”的条件申请发放年休假工资报酬。未经本单位（或主管部门）组织人事部门审核同意不按计划休假的，不得视为“确因工作需要不安排休假”，只享受正常工作期间的工资收入。

三、研究推动年休假计划落实措施。各级、各部门要结合实际和行业特点，在广泛听取干部职工意见的基础上，研究制定有效方法，确保年度带薪休假计划落实。积极推行 AB 角工作制度，完善考勤和请销假规定，简化职工按计划申请休假的核准程序。建立健全休假公示制度，定期公布年休假计划执行和调休情况，并于次年初公示未休假人员名单，接受干部职工和群众监督。注重发挥工会、共青团等群团组织作用，探索部门间资源共享机制，为干部职工采取多种方式休假提供便利。鼓励和引导干部职工错期休假，可根据个人意愿选择集中安排或分段安排假期。

四、按规定兑现应休未休年休假工资报酬。各级、各部门要对 2013 年带薪休假计划执行情况进行梳理，严格界定工作人员未按计划休假原因。其中，对确因工作需要不能休假的，报同级人力资源社会保障和财政部门核准后，为符合条件人员发放 2013 年度年休假工资报酬。自 2014 年起，各级、各部门应严格按照年休假计划台账记载，根据计划落实情况申请发放年休假工资报酬。发放年休假工资报酬所需经费，按照单位隶属关系和现行经费渠道，分别由各级财政予以保障或给予补助。

职工带薪年休假制度是我国一项法定福利制度，机关事业单位要带头抓好落实。各级、各部门要强化法制观念，切实负起责任，严格休假计划和台账管理，对违反政策规定、侵犯干部职工休息休假权益的现象及时予以纠正。休假比例偏低的单位要向本级政府作出书面说明。各级人力资源社会保障部门要认真履行职责，制定切实措施，强化工作调度指导，监督各部门、单位年休假计划落实，受理干部职工投诉；要严格审查各部门、单位应休未休年休假工资报酬发放情况，认真核对台账，对违规发放年休假工资报酬的，要主动会同纪检监察、组织、财政、审计等部门予以严肃查处。各级财政部门要切实做好经费保障，确保年休假工资报酬所需资金落实到位。

山东省人事厅关于印发《山东省机关事业单位增人计划卡办法实施细则》的通知

（1997 年 1 月 8 日　鲁人〔1997〕2 号）

各市地人事局，省直各部门：

现将《山东省机关事业单位增人计划卡办法实施细则》印发给你们，请结合本地区、本部门实际，认真组织实施。

山东省机关事业单位增人计划卡办法实施细则

第一条　为了加强我省机关事业单位职工队伍总量管理，有效实行增人计划卡办法，根据人事部《机关事业单位增人计划卡暂行管理办法》，制定本实施细则。

第二条　凡纳入机关事业单位职工人数计划管理范围的单位，增加职工均实行增人计划卡办法。

第三条　机关事业单位增加职工，是指接收国家统一分配人员，社会招收、录（聘）用人员，调入人员，成建制划入人员和其他增加人员。

第四条　增人计划卡由各级人事部门下达年度职工人数计划时一同核发。

第五条　机关事业单位增加职工，须先填写增人计划卡，经人事部门审核签章后，凭卡到有关部门办理分配、录（聘）用、调动、招收等手续。一卡一人，当年使用，跨年度作废。

第六条　机关事业单位增加职工后，人事部门凭增人计划卡办理核定套改工资、养老保险、核增工资基金使用计划等手续，最后收回增人计划卡。

第七条 凡未凭增人计划卡增加职工的，有关部门不予办理招收、录（聘）用、分配、调配等手续。违反本规定增加的人员，一律清退；拒不清退的，不予核增工资基金使用计划，给予通报批评，并冻结单位年度增人计划。

第八条 各级政府人事部门负责监督增人计划卡的使用情况，定期对依卡增人增资情况进行汇总分析，发现问题及时处理。

第九条 机关事业单位增人计划卡由省人事厅统一制发。

第十条 本细则自发布之日起施行。

附：机关事业单位增人计划卡（式样）

（附本书略）

山东省人力资源和社会保障厅等部门关于印发《山东省事业单位实施绩效工资指导意见》的通知

（2012年4月28日　鲁人社发〔2012〕22号）

各市纪委、党委组织部、人力资源社会保障局、财政局、审计局，省直各部门、单位：

现将《山东省事业单位实施绩效工资指导意见》印发给你们，请认真贯彻执行。

山东省事业单位实施绩效工资指导意见

为深化事业单位收入分配制度改革，规范收入分配秩序，完善分配激励机制，理顺收入分配关系，切实做好事业单位绩效工资实施工作，根据我省实际，制定本指导意见。

一、基本原则

——实施绩效工资与清理规范津贴补贴相结合，完善岗位绩效工资制度，严肃分配纪律，规范事业单位收入分配秩序。

——以促进提高公益服务水平为导向，建立健全绩效考核制度，合理确定事业单位绩效工资水平，充分发挥工资分配的激励作用。

——实行分级分类管理，加强宏观调控，促进形成不同地区、不同类别事业单位之间合理的工资分配关系。

——统筹事业单位与相关群体、事业单位在职人员与离退休人员的收入分配关系，促进社会和谐与稳定。

——按照总体规划、分步实施和先行入轨、逐步完善的方法步骤，适应事业单位分类改革方向和要求，确保事业单位绩效工资制度的稳步顺利实施。

二、实施范围和时间

我省事业单位绩效工资制度暂先在全额拨款、差额补助单位在册正式工作人员中实行，有条件的自收自支事业单位可参照执行，其中属政府授权特许经营、非竞争性的自收自支事业单位应当纳入实施范围。根据国家分类推进事业单位改革要求重新划定类别后，改按在从事公益服务的单位中实行。

实施时间：义务教育学校从 2009 年 1 月 1 日起实施；公共卫生及基层医疗卫生事业单位从 2009 年 10 月 1 日起实施；其他事业单位从 2012 年 1 月 1 日起实施。

三、清理核查津贴补贴

事业单位实施绩效工资与规范事业单位津贴补贴结合进行。全面清理核查在国家统一规定的特殊岗位津贴补贴、地方政府出台的改革性补贴项目外自行发放的事业单位津贴补贴和奖金，摸清收入来源、支出去向、账户情况和津贴补贴实际发放水平，坚决取消资金来源不合法、不合规的项目。除改革性补贴外，其他规范后的津贴补贴一律纳入绩效工资。

清理核查工作，在各级党委、政府的领导下，由同级纪检监察机关、组织、人力资源社会保障、财政、审计部门负责组织协调，事业单位主管部门具体实施。

四、绩效工资水平和总量的核定

（一）绩效工资总体水平由县级以上人民政府人力资源社会保障、财政部门综合考虑当地经济发展、财力状况、物价消费水平、所在地城镇单位在岗职工年平均工资水平、公务员规范后的津贴补贴水平等因素确定。

绩效工资总量暂按事业单位工作人员上年度 12 月份的基本工资额度和规范后的津贴补贴水平核定。其中，义务教育学校教师按照教师平均工资水平不低于当地公务员平均工资水平的原则核定；公共卫生与基层医疗卫生事业单位工作人员按照与当地事业单位工作人员平均工资水平相衔接的原则核定。

（二）根据当地各事业单位上年度绩效工资水平、本年度事业单位绩效工资总体水平以及合理调控事业单位收入水平差距的需要，由县级以上人民政府人力资源社会保障、财政部门对当地事业单位本年度绩效工资水平进行调控。首次核定绩效工资水平时，要认真考虑平衡绩效工资制度实施前后事业单位职工的总体工资收入情况，避免较大幅度地提高或下降，妥善处理化解各种矛盾。

（三）各级人力资源社会保障、财政部门综合考虑单位类别、人员结构、岗位设置、事业发展、经费来源等因素，核定本级政府直属及各部门所属事业单位的绩效工资总量。事业单位主管部门在核定的绩效工资总量范围内，核定所属各事业单位的绩效工资总量，报同级人力资源社会保障、财政部门备案，也可与人力资源社会保障、财政部门联合核定下达。

（四）事业单位绩效工资总量核定后，原则上当年不作调整。确因机构、人员和工作任务发生重大变化等特殊情况需要调整的，由事业单位主管部门报同级人力资源社会保障、财政部门批准。

（五）省级人民政府人力资源社会保障、财政部门负责调控全省的事业单位绩效工资水平，各市的事业单位绩效工资调控线要报省人力资源社会保障厅、财政厅备案后执行。

五、绩效工资的分配

（一）事业单位绩效工资分为基础性绩效工资和奖励性绩效工资两部分。基础性绩效工资主要体现地区经济发展水平、物价水平、岗位职责等因素，在绩效工资中所占比重原则上不低于50%。其中，义务教育学校、公共卫生与基层医疗卫生事业单位基础性绩效工资在绩效工资中所占比重按鲁政办发〔2009〕63

号、鲁人社发〔2010〕42号文件规定执行。基础性绩效工资一般按月发放。奖励性绩效工资主要体现工作量和实际贡献等因素，根据考核结果发放，可采取灵活多样的分配方式和办法。

基础性绩效工资项目及标准是否统一设立，由县（市、区）级以上人民政府人力资源社会保障、财政部门研究确定；奖励性绩效工资具体项目及标准的设立，由单位自主确定。

（二）为充分发挥绩效工资分配的激励导向作用，各主管部门要结合本行业特点制定绩效考核办法，加强对所属事业单位内部考核的指导，引导事业单位不断提高社会公益服务水平。事业单位要完善内部考核制度，根据专业技术、管理、工勤等岗位的不同特点，实行分类考核，根据考核结果，搞活奖励性绩效工资的分配。

（三）事业单位绩效工资分配办法的制定要充分发扬民主，通过召开职工（职工代表）大会等形式广泛征求职工意见，由单位领导班子集体研究，报单位主管部门批准后实行，并在本单位公开。

（四）事业单位主要领导的绩效工资，在人力资源社会保障、财政部门核定的绩效工资总量内，由主管部门根据对单位主要领导的考核结果统筹考虑确定。单位主要领导与本单位工作人员的绩效工资水平，要保持合理的关系。

六、相关政策

（一）《中共中央办公厅国务院办公厅转发〈中央纪委、中央组织部、监察部、财政部、人事部、审计署关于严肃纪律加强公务员工资管理的通知〉的通知》（厅字〔2005〕10号）下发前，各事业单位发放的改革性补贴，除超过规定标准和范围发放的之外，暂时保留，不纳入绩效工资，另行规范。在规范办法出台前，一律不得出台新的改革性补贴项目、提高现有改革性补贴项目的标准和扩大发放范围。

（二）事业单位实施绩效工资后，相应取消国家原规定的年终一次性奖金，不再另行发放。

（三）事业单位原工资构成中津贴比例按国家规定高出30%的部分（不含特殊岗位原工资构成比例提高部分），纳入单位绩效工资总量，按本单位绩效工资分配办法执行，不再另行发放。

（四）按国家有关规定执行见习期、初期工资的人员，其绩效工资由单位在核定的总量内根据实际情况确定。

（五）在实施绩效工资的同时，对事业单位离退休人员现有津贴补贴进行清理规范，建立离退休人员补贴。离休人员补贴水平按中央纪委、中央组织部、监察部、财政部、人力资源社会保障部、审计署《关于解决离休人员待遇有关问题的通知》（中纪发〔2008〕40号）精神执行。退休人员补贴标准由县（市、区）以上人民政府人力资源社会保障、财政部门确定。确定退休人员补贴的总体原则为，要努力保障退休人员能够分享到发展成果并与在职人员的工资收入水平保持合理的关系。绩效工资不作为计发离退休费的基数。

七、经费来源与财务管理

（一）事业单位实施绩效工资所需经费，区别单位类型，分别由财政和事业单位负担，或由财政和单位共同负担。其中义务教育学校、公共卫生等纯公益性事业单位所需经费要全额纳入财政预算予以保障；对知识技术密集、高层次人才集中、国家战略发展需要重点支持的事业单位，在核定绩效工资总量时应给予适当倾斜，并给予必要财政支持。由财政负担的经费，按现行财政体制和单位隶属关系，由同级地方财政负担。由事业单位负担的经费，其经费来源渠道和支出办法应符合国家有关规定。

（二）规范事业单位财务管理和国有资产管理，各类政府非税收入一律按国家规定上缴同级财政，严格实行“收支两条线”管理，严禁利用非税收入和公用经费自行发放津贴补贴。

（三）事业单位绩效工资经费应专款专用，按照《财政部关于印发〈行政事业单位工资和津贴补贴有关会计核算办法〉的通知》（财库〔2006〕48号）等规定，加强会计核算管理。绩效工资应以银行卡的形式发放，原则上不得发放现金。单位工会经费、集体福利费和其他专项经费要严格按照现行财务会计制度规定的开支范围使用和核算。

八、纪律要求

（一）实施绩效工资后，各单位不得在绩效工资外自行发放任何津贴补贴或资金，不得突破核定的绩效工资总量，不得违反规定的程序和办法进行分配。

（二）各级纪检监察机关、组织、人力资源社会保障、财政、审计部门要密切配合，建立监督检查机制，加强对事业单位绩效工资政策执行情况的监督检查。对违反规定的，要坚决予以纠正，一律按违反厅字〔2005〕10号文件和《中共中央办公厅国务院办公厅转发〈中央纪委、中央组织部、中央编办、监察部、财政部、人事部、审计署关于严肃纪律确保改革公务员工资制度和规范公务员收入分配秩序工作顺利进行的通知〉的通知》（厅字〔2006〕5号）严肃处理。

九、组织实施

（一）事业单位绩效工资实施工作，要在各级党委、政府的领导下进行。人力资源社会保障、财政和各主管部门要合理分工，密切配合，共同做好工作。人力资源社会保障部门要发挥牵头作用，会同财政等有关部门，研究制定具体政策，做好核定绩效工资总量工作。财政部门要积极筹措资金，做好经费保障工作。各主管部门要切实担负起实施主体的责任，做好清理核查津贴补贴和所属事业单位绩效工资实施工作。

（二）各市人民政府人力资源社会保障、财政部门按照本指导意见和省有关规定制定本行政区域内事业单位绩效工资的实施办法，报省人力资源社会保障厅、财政厅备案。县（市、区）级人民政府人力资源社会保障、财政部门制定的具体实施办法，报市级人民政府人力资源社会保障、财政部门批准后实施。

（三）实施绩效工资是事业单位综合改革措施的重要组成部分。各地区、各部门要树立全局意识，及时研究和妥善处理实施中出现的问题，指导和督促事业单位严格执行实施绩效工资的有关政策。

（四）绩效工资政策性强，社会关注度和敏感度高。各单位要严格执行政策、程序，耐心细致地做好政策解释和思想政治工作，确保绩效工资平稳实施。

山东省人力资源和社会保障厅 省财政厅关于为机关事业单位20世纪五六十年代精简（减）退职、未享受生活困难补助人员发放补助问题的通知

（2015年11月18日　鲁人社字〔2015〕474号）

各市人力资源社会保障局、财政局，省直各部门（单位），省社会保险事业局：

20世纪五六十年代，我省根据国家关于机关整编和经济整顿工作需要，精简（减）下放了一批干部职工。上述干部职工中，除按照国家和省有关规定享受了定期生活困难补助或重新就业的以外，还有一部分人没有固定收入，生活较为困难。为体现党和政府对他们的关怀，经省政府同意，决定自2015年6月起，按月给他们发放适当的生活困难补助费。现将有关事项通知如下：

一、发放范围。我省机关事业单位20世纪五十年代按照中共中央山东分局《关于精简行政机构、紧缩行政编制的初步方案》等文件精简退职、六十年代按照中共中央《关于精减职工工作若干问题的通知》（中发〔61〕460号）精减退职且至今没有固定收入（固定收入包括退休金、养老金、定期救济金、生活困难补助等）的人员。外省精简（减）回山东的人员，由原精简（减）单位按其所在省的有关规定办理。

二、补助费标准。符合本通知规定补助条件的人员，每人每月享受200元生活困难补助费，以后国家和省调整机关事业单位

离退休人员待遇时，同步调整他们的补助费标准；原享受救济金低于本标准的，可改按本通知规定的标准执行；符合补助条件的人员去世后，自去世的下月起停发补助费。

三、经费来源。所需经费由精简（减）退职单位按经费来源渠道列支，其中单位分立、合并或隶属关系发生改变的，由分立、合并或隶属关系发生改变后的单位负责；单位撤销的，由主管部门负责；主管部门撤销或改制的，由同级政府人力资源社会保障部门会同财政部门负责解决。

四、发放办法。各单位要如实摸清本单位20世纪五六十年代精简（减）退职干部职工的情况，凡符合补助条件的，填写《机关事业单位精简（减）退职人员困难补助申请表》（见附件），经原精简（减）单位主管部门审批后报同级人力资源社会保障部门审核，人力资源社会保障部门审核同意后由社会保险经办机构统一代发，短期内难以实现资金归集的单位，暂由单位定期发给本人。

五、工作要求。在摸底、审查、审批、审核、发放等工作中，各部门（单位）要严格遵守人事工作纪律和财经纪律，对弄虚作假、虚报冒领的单位和个人，要按山东省人民政府《转发省人力资源社会保障厅等部门关于深入推进机关事业单位“吃空饷”问题集中治理工作的实施意见的通知》（鲁政办发〔2015〕1号），严肃追究党纪政纪责任；涉嫌违法犯罪的，移交司法机关处理；对虚报冒领的困难生活补助费，要及时追回并上缴同级财政。

附件：机关事业单位精简（减）退职人员困难补助申请表

（附表本书略）

山东省财政厅等部门关于印发《省直行政事业人员住宅采暖补贴发放办法》的通知

（2005年12月22日　鲁财行〔2005〕61号）

省直各部门：

根据建设部、财政部等8部委《关于进一步推进城镇供热体制改革的意见》（建城〔2005〕220号），我们研究制定了《省直行政事业人员住宅采暖补贴发放办法》，现印发给你们，请遵照执行。

省直行政事业人员住宅采暖补贴发放办法

第一条　为适应城镇住房制度改革的需要，加强和改进省直行政事业单位人员冬季取暖费的管理，根据有关规定，制定本办法。

第二条　省直行政事业人员发放采暖补贴，就是对目前住宅采暖费用由单位统包、单位支付的用热制度进行改革，实行住宅采暖用热商品化、货币化、将采暖费“暗补”变“明补”，由单位直接发放住宅采暖补贴，住宅采暖费用由住户交纳。

第三条　发放采暖补贴的范围：省级党政机关、人大、政协、法院、检察院、民主党派、群众团体和省属财政全额补助事业单位的在职、离退休人员（不含工资关系未转正但不在本单位工作的人员）。

第四条　发放采暖补贴的标准

1. 驻济人员：

正省级：3800 元

副省级：3200 元

厅局级：2200 元

处级：1700 元

科级：1300 元

一般人员：1100 元

事业单位专业技术人员被聘为专业技术职务的，按以下标准发放：

高级：1700 元

中级：1300 元

初级：1100 元

享受相应待遇的在职职工及离退休人员，按组织、人事部门确定的职级对应标准发放。同时具备以上两种条件的，可本着就高的原则发放。

2. 非驻济人员：执行驻地有关规定。驻社区的市市辖区内的单位，可按照所驻市的规定执行，驻社区的市市辖区外的单位，按照所驻县的规定执行，驻地尚未出台规定的暂不执行。

第五条 采暖费“暗补”改“明补”后，发放给个人的采暖补贴由工资关系所在单位按每年 10 月份工资发放时的人数和职务一次性发给职工个人，所需资金从单位公用经费中解决，列“公用支出-取暖费”科目。当年采暖费发放后，不再因单位人员及人员职务变动增加发放人数或调整发放标准。

第六条 采暖费“暗补”改为“明补”后，用户应按住宅面积或热量收费标准，在规定时间内足额交纳采暖费。

未实行集中统一供热的职工住户，供热受益人于每年 10 月底前按济南市规定的采暖期、收费标准和计价面积，向供热单位全额交纳采暖费。供热单位要与住户签订供热协议，采暖费的具体交纳时间，由供热单位自行确定。供热单位对收取的采暖费，必须加强管理，单独核算，并全部用于人员工资、各种耗费、维护运行等相关的供热支出。

在国家规定采暖时间之外，增加采暖时间的，应按增加的采暖时间和标准额外交纳采暖费。

第七条 其他事业单位可根据单位实际情况，参照本办法的规定，确定补贴办法。

第八条 本办法由省财政厅负责解释。

第九条 本办法自 2006 年 10 月起执行。1989 年省行管局（事管发〔1989〕136 号）和 1989 年省人事局、省劳动局、省财政厅（鲁人福字〔1989〕第 2 号）文件自发文之日起同时废止。

（编者注：本文有效期自 2018 年 1 月 1 日至 2022 年 12 月 31 日）

六、人才服务

中共中央 国务院关于进一步加强人才工作的决定

（2003年12月26日 中发〔2003〕16号）

为实现党的十六大提出的全面建设小康社会宏伟目标，大力实施人才强国战略，建设宏大的高素质人才队伍，现就进一步加强人才工作作出如下决定。

一、实施人才强国战略是党和国家一项重大而紧迫的任务

1. 人才问题是关系党和国家事业发展的关键问题。当今世界，多极化趋势曲折发展，经济全球化不断深入，科技进步日新月异，人才资源已成为最重要的战略资源，人才在综合国力竞争中越来越具有决定性意义。本世纪头20年是我国全面建设小康社会、开创中国特色社会主义事业新局面的重要战略机遇期。小康大业，人才为本。适应国内外形势的发展变化，完善社会主义市场经济体制，提高党的领导水平和执政水平，牢牢掌握加快发展的主动权，关键在人才。必须把人才工作纳入国家经济和社会发展的总体规划，大力开发人才资源，走人才强国之路。

党和国家历来十分重视人才工作，特别是改革开放以来，培养造就了各个领域的大批优秀人才，为推动社会主义现代化建设事业发挥了重要作用。进入新世纪新阶段，党中央、国务院认真分析国际国内形势，全面贯彻“三个代表”重要思想，提出了人才强国战略，确立了新的历史条件下人才工作的基本思路和宏观布局，人才工作取得了显著成绩。但是，人才的总量、结构和素质还不能适应经济社会发展的需要，特别是现代化建设急需的

高层次、高技能和复合型人才短缺；市场配置人才资源的基础性作用发挥不够，人才流动的体制性障碍尚未消除，人尽其才的用人机制有待完善。我国人才工作正处于需要进一步整合力量、全面推进的重要阶段。必须深刻认识人才工作的极端重要性和紧迫性，切实加强和改进党对人才工作的领导，紧紧抓住机遇，积极应对挑战，努力使人才工作迈上新的台阶。

2. 新世纪新阶段人才工作的根本任务是实施人才强国战略。在建设中国特色社会主义伟大事业中，要把人才作为推进事业发展的关键因素，努力造就数以亿计的高素质劳动者、数以千万计的专门人才和一大批拔尖创新人才，建设规模宏大、结构合理、素质较高的人才队伍，开创人才辈出、人尽其才的新局面，把我国由人口大国转化为人才资源强国，大力提升国家核心竞争力和综合国力，完成全面建设小康社会的历史任务，实现中华民族的伟大复兴。

实施人才强国战略，必须以邓小平理论和“三个代表”重要思想为指导，贯彻落实十六大精神，根据人才资源是第一资源的科学判断，坚持党管人才原则，坚持以人为本，充分开发国内国际两种人才资源，紧紧抓住培养、吸引、用好人才三个环节，大力加强以党政人才、企业经营管理人才和专业技术人才为主体的人才队伍建设，努力把各类优秀人才集聚到党和国家各项事业中来，为全面建设小康社会提供坚强的人才保证和广泛的智力支持。实施人才强国战略的基本要求是：

——用“三个代表”重要思想统领人才工作。“三个代表”重要思想是推进新世纪新阶段人才工作的根本指针。按照发展先进生产力、先进文化和实现最广大人民群众根本利益的要求，坚决贯彻尊重劳动、尊重知识、尊重人才、尊重创造的方针，把“三个代表”重要思想贯穿于人才工作的全过程，努力开创人才工作新局面。

——把促进发展作为人才工作的根本出发点。发展是我们党执政兴国的第一要务。树立全面、协调、可持续的发展观，促进经济社会和人的全面发展。人才工作的目标任务要围绕发展来确立，人才工作的政策措施要根据发展来制定，人才工作的成效要用发展来检验。

——树立科学的人才观。人才存在于人民群众之中。只要具有一定的知识或技能，能够进行创造性劳动，为推进社会主义物质文明、政治文明、精神文明建设，在建设中国特色社会主义伟大事业中做出积极贡献，都是党和国家需要的人才。要坚持德才兼备原则，把品德、知识、能力和业绩作为衡量人才的主要标准，不唯学历、不唯职称、不唯资历、不唯身份，不拘一格选人才。鼓励人人都作贡献，人人都能成才。

——加强人才资源能力建设。坚持把能力建设作为人才资源开发的主题。加大对人才工作的投入，优先发展科学教育事业，努力把人口压力转变为人力资源优势，为各类人才不断涌现和充分发挥作用奠定坚实基础。

——坚持三支人才队伍建设一起抓。党政人才、企业经营管理人才和专业技术人才是我国人才队伍的主体，必须坚持分类指导，整体推进。着重培养造就大批适应改革开放和社会主义现代化建设的高层次和高技能人才，带动整个人才队伍建设。

——推进人才结构调整。按照统筹城乡发展、统筹区域发展、统筹经济社会发展、统筹人与自然和谐发展、统筹国内发展和对外开放的要求，加快人才结构调整，优化人才资源配置，促进人才合理分布，发挥人才队伍的整体功能。

——创新人才工作机制和优化环境。人才的活力取决于机制和环境。遵循人才资源开发规律，坚持市场配置人才资源的改革取向，加强和改善宏观调控，建立充满生机与活力的人才工作机制。着力营造有利于优秀人才大量涌现、健康成长的良好氛围，形成鼓励人才干事业、支持人才干成事业、帮助人才干好事业的社会环境。

二、以能力建设为核心，大力加强人才培养工作

3. 人才资源能力建设是人才培养的核心。树立大教育、大培训观念，在提高全民思想道德素质、科学文化素质和健康素质的基础上，重点培养人的学习能力、实践能力，着力提高人的创新能力。围绕创新能力建设，根据各类人才的特点，研究制定人才资源能力建设标准。改革教育培训的机制、内容和方法，加大教育培训力度。坚持学习与实践相结合、培养与使用相结合，促进人才在实践中不断增长知识，提升能力。加强爱国主义、集体主义、社会主义教育，树立正确的世界观、人生观、价值观，发扬拼搏奉献精神、艰苦创业精神、团结协作精神和诚实守信精神，促进各类人才的全面发展。

4. 加快构建现代国民教育体系，更好地为经济社会全面发展培养人才。教育是培养人才的基础。按照面向现代化、面向世界、面向未来的要求，坚持教育为社会主义现代化建设服务，为人民服务，以社会需求为导向，大力推进教育创新，提高教育质量和管理水平。统筹城乡教育，进一步加强农村教育。全面普及九年义务教育，积极发展高中阶段教育，全面推进素质教育。着眼国家发展和战略需要，深化高等教育体制改革，加强高等教育与经济社会的紧密结合，调整学科和专业结构，创新人才培养模式，建立教育培养与人才需求结构相适应的有效机制。加快建设若干所世界一流大学、一批高水平大学与重点学科。加强高校领导班子和师资队伍建设，充分发挥高校的人才培养重要基地作用。适应走新型工业化道路和优化产业结构的要求，大力推进职业教育的改革和发展。

5. 加快构建终身教育体系，促进学习型社会的形成。在全社会进一步树立全民学习、终身学习理念，鼓励人们通过多种形式和渠道参与终身学习，积极推动学习型组织和学习型社区建设。加强终身教育的规划和协调，优化整合各种教育培训资源，综合运用社会的学习资源、文化资源和教育资源，完善

广覆盖、多层次的教育培训网络，构建中国特色的终身教育体系。进一步改革和发展成人教育。加强各类人才的培训和继续教育工作。继续做好选派各类人才出国（境）培训工作。强化用人单位在人才培训中的主体地位，鼓励在职自学，完善带薪学习制度。制定科学规范的质量评估和监督办法，提高教育培训成效。

三、坚持改革创新，努力形成科学的人才评价和使用机制

6. 建立以能力和业绩为导向、科学的社会化的人才评价机制。坚持走群众路线，注重通过实践检验人才。完善人才评价标准，克服人才评价中重学历、资历，轻能力、业绩的倾向。根据德才兼备的要求，从规范职位分类与职业标准入手，建立以业绩为依据，由品德、知识、能力等要素构成的各类人才评价指标体系。改革各类人才评价方式，积极探索主体明确、各具特色的评价方法。完善人才评价手段，大力开发应用现代人才测评技术，努力提高人才评价的科学水平。

党政人才的评价重在群众认可。树立科学的发展观和正确的政绩观，坚持群众公认、注重实绩的原则。进一步完善民主推荐、民主测评、民主评议制度，把群众的意见作为考核评价党政人才的重要尺度。制定不同层次、不同类型党政人才的岗位职责规范，建立符合科学发展观要求的干部政绩考核体系和考核评价标准。完善定期考核和日常考核制度，改进考核方法。建立健全考核工作责任制。

企业经营管理人才的评价重在市场和出资人认可。发展企业经营管理人才评价机构，探索社会化的职业经理人资质评价制度。完善反映经营业绩的财务指标和反映综合管理能力等非财务指标相结合的企业经营管理人才评价体系，积极开发适应不同类型企业经营管理人才的考核测评技术。改进国有资产出资人对国有企业经营管理者考核评价工作，围绕任期制和任期目标责任制，突出对经营业绩和综合素质的考核。

专业技术人才的评价重在社会和业内认可。以打破专业技术职务终身制为重点，研究制定深化职称制度改革的指导意见。全面推行专业技术职业资格制度，加快执业资格制度建设。积极探索资格考试、考核和同行评议相结合的专业技术人才评价方法。发展和规范人才评价中介组织，在政府宏观指导下，开展以岗位要求为基础、社会化的专业技术人才评价工作。积极推进专业技术人才执业资格国际互认。

7. 建立以公开、平等、竞争、择优为导向，有利于优秀人才脱颖而出、充分施展才能的选人用人机制。

以扩大民主、加强监督为重点，进一步深化党政干部选拔任用制度改革，不断提高科学化、民主化、制度化水平。完善选任制，改进委任制，规范考任制，推行聘任制。改进公开选拔、竞争上岗的办法。加大选拔任用优秀年轻干部的力度，为他们的成长提供“快车道”。逐步推行党政领导干部职务任期制，建立和完善干部正常退出机制，实行优胜劣汰，增强干部队伍活力。

以推进企业经营管理者市场化、职业化为重点，坚持市场配置、组织选拔和依法管理相结合，改革和完善国有企业经营管理人才选拔任用方式。对国有资产出资人代表依法实行派出制或选举制。对经理人推行聘任制，实行契约化管理。按照企业发展战略和市场取向，拓宽选人视野，吸引国际国内一流人才到企业任职。大力扶持能够整合生产要素、利用社会资源和聚集各类人才积极创业的经营管理人才。

以推行聘用制和岗位管理制度为重点，深化事业单位人事制度改革。按照政事职责分开、单位自主用人、个人自主择业、政府依法监管的要求，建立符合各类事业单位特点的用人制度。推行聘用制和岗位管理制度，促进由固定用人向合同用人、由身份管理向岗位管理的转变。研究制定事业单位人事管理条例，规范按需设岗、竞聘上岗、以岗定酬、合同管理等管理环节，逐步做到人员能进能出，职务能上能下，待遇能高能低。

四、建立和完善人才市场体系，促进人才合理流动

8. 建立和完善人才市场体系。根据完善社会主义市场经济体制的要求，全面推进机制健全、运行规范、服务周到、指导监督有力的人才市场体系建设，进一步发挥市场在人才资源配置中的基础性作用。建立和完善人才市场机制。遵循市场规律，进一步发挥用人单位和人才的市场主体作用，促进企事业单位通过市场自主择人和人才进入市场自主择业。针对人才资源的特殊性，按照人才的市场供求关系，通过实现人才自身价值与满足社会需求相结合，有效解决人才供求矛盾。推进政府部门所属人才服务机构的体制改革，实现管办分离、政事分开。引导国有企事业单位转换用人机制，积极参与市场竞争。努力形成政府部门宏观调控、市场主体公平竞争、行业协会严格自律、中介组织提供服务的运行格局。消除人才市场发展的体制性障碍，使现有各类人才和劳动力市场实现联网贯通，加快建设统一的人才市场。健全专业化、信息化、产业化、国际化的人才市场服务体系。

9. 促进人才合理流动。进一步消除人才流动中的城乡、区域、部门、行业、身份、所有制等限制，疏通三支队伍之间、公有制与非公有制组织之间、不同地区之间的人才流动渠道。发展人事代理业务，改革户籍、人事档案管理制度，放宽户籍准入政策，推广以引进人才为主导的工作居住证制度，探索建立社会化的人才档案公共管理服务系统。鼓励专业技术人才通过兼职、定期服务、技术开发、项目引进、科技咨询等方式进行流动。加强对人才流动的宏观调控，采取有效措施，引导人才向西部地区、基层和艰苦地区等社会最需要的地方流动，鼓励人才安心基层工作。制定人才流动和人才市场管理的法律法规，完善人事争议仲裁制度。加强人才流动中国家秘密和商业秘密的保护，依法维护用人单位和各类人才的合法权益，保证人才流动的开放性和有序性。

五、以鼓励劳动和创造为根本目的，加大对人才的有效激励和保障

10. 完善分配激励机制。完善按劳分配为主体、多种分配方式并存的分配制度，坚持效率优先、兼顾公平，各种生产要素按贡献参与分配。针对各类人才的特点，建立健全与社会主义市场经济体制相适应、与工作业绩紧密联系、鼓励人才创新创造的分配制度和激励机制。加强对收入分配的宏观管理，整顿和规范分配秩序。

结合完善国家公务员制度，逐步建立综合体现工作职责、能力、业绩、年功等因素，职务与职级相结合的公务员工资制度。适当拉开不同职务和职级之间的收入差距，增强职级的激励功能。建立公务员工资与国民经济发展相协调、与社会进步相适应、与企业相当人员平均工资大体持平的工资水平决定机制。完善艰苦边远地区津贴制度，实施中央政府统一调控下分级管理的地区附加津贴制度。对国家机关特殊专门人才，实行特殊的工资、津贴政策。

结合事业单位体制改革和人事制度改革，逐步建立符合各种类型事业单位特点、体现岗位绩效和分级分类管理的事业单位薪酬制度。收入分配政策向关键岗位和优秀人才倾斜。指导事业单位积极探索生产要素按贡献参与分配的实现形式和办法。加大对基础教育、基础研究、战略高技术研究、重要公益研究等事业单位的分配政策扶持力度。制定完善专业技术人员兼职兼薪的管理办法。

结合深化国有资产管理体制改革和建立现代企业制度，逐步建立市场机制调节、企业自主分配、职工民主参与、政府监控指导的企业薪酬制度。坚持按劳分配与按生产要素分配相结合、短期激励与中长期激励相结合、激励和约束相结合的原则，将经营者薪酬与其责任、风险和经营业绩直接挂钩。不断改善收入结构，逐步建立与市场价格接轨、合理有效的激励机制。在分类指导、分步实施的基础上，进一步完善国有企业经营者年薪制。

建立健全现代产权制度，探索产权激励机制。鼓励有条件的企业对作出突出贡献的经营管理人才、专业技术人才实行期权、股权激励。依法保护知识产权。探索建立人才资本及科研成果有偿转移制度。

11. 建立规范有效的人才奖励制度。坚持精神奖励和物质奖励相结合的原则，建立以政府奖励为导向、用人单位和社会力量奖励为主体的人才奖励体系，充分发挥经济利益和社会荣誉双重激励作用。建立国家功勋奖励制度，对为国家和社会发展作出杰出贡献的各类人才给予崇高荣誉并实行重奖。进一步规范各类人才奖项。坚持奖励与惩戒相结合，做到奖惩分明，实现有效激励。

12. 建立健全人才保障制度。积极探索机关和事业单位社会保障制度改革，进一步完善企业社会保障制度，为推进人才工作深入发展提供保障。根据各类人才的特点和需要，采用多种形式，逐步建立重要人才国家投保制度。完善机关、企业、事业单位人才流动中的社会保险衔接办法。加快福利制度改革，逐步实现福利货币化，不断改善各类人才的生活待遇。

六、突出重点，切实加强高层次人才队伍建设

13. 把高层次人才队伍建设摆上重要位置。中高级领导干部、优秀企业家和各领域高级专家等高层次人才，是人才队伍建设的重点。实施国家高层次人才培养工程，制定符合我国国情和国际化要求的培养规划，针对不同特点，实行分类培养。不断推进制度创新，形成有利于高层次人才成长的机制和环境。

以加强思想政治建设和执政能力建设为核心，培养造就一批忠诚实践“三个代表”重要思想、善于治党治国治军的政治家。强化理论武装和实践锻炼，坚持立党为公、执政为民，着力解决领导干部理想信念、政治方向、政治纪律、宗旨观念等根本问题。大力提高中高级领导干部科学判断形势的能力、驾驭市场经济的能力、应对复杂局面的能力、依法执政的能力和总揽全局的能力。

以提高战略开拓能力和现代化经营管理水平为核心，加快培养造就一批熟悉国际国内市场、具有国际先进水平的优秀企业家。遵循企业家成长规律，培养企业家职业精神，提高企业家职业化水平。建立完善企业家激励约束机制，调动和保护企业家勇于竞争和持续创业的热情。实施“走出去”战略，发展具有国际竞争力的大公司、大企业集团，鼓励企业家在更大范围、更广领域和更高层次上参与国际经济技术合作和竞争。加快建立健全现代企业制度，完善公司法人治理结构，为企业家的成长和创业提供广阔的空间和舞台。

以提高创新能力和弘扬科学精神为核心，加快培养造就一批具有世界前沿水平的高级专家。坚持自然科学和社会科学并重，基础研究与应用研究并重，依托新世纪百千万人才工程等国家重大人才培养计划、重大科研和建设项目、重点学科和科研基地以及国际学术交流与合作项目，积极推进创新团队建设，加大学科带头人的培养力度。建立开放、流动、竞争、协作的科学研究机制，进一步破除科学研究中的论资排辈和急功近利现象，抓紧培养造就一批中青年高级专家。坚持“双百”方针，形成鼓励创新、鼓励探索的良好氛围。努力改善工作条件，大力营造激发创新活力的工作环境。弘扬爱国主义精神，提高科学道德水平，激励各领域专家奋力攻关，勇攀事业高峰。重视加强国防科技高层次人才队伍建设。注意发挥老专家、老教授的作用。改进和完善院士制度、政府特殊津贴制度、博士后制度以及其他高层次人才培养制度，进一步形成培养选拔高级专家的制度体系。

中央和省部两级要着眼于党和国家各项事业长远发展的需要，建设一支数量充足、素质优良、门类齐全、结构合理的省部级和地厅级后备干部队伍。同时，建立高层次人才库，直接联系一批优秀企业家和各类高级专家。设立和调整高层次人才专项资金，鼓励用人单位和社会各界在工作上、生活上为高层次人才提供保障，激发他们的贡献热情和创造潜能，充分发挥他们在人才队伍建设中的示范带动作用。

14. 加大吸引留学和海外高层次人才工作力度。继续贯彻支持留学、鼓励回国、来去自由的方针，鼓励留学人员以不同方式为祖国服务。按照拓宽留学渠道、吸引人才回国、支持创新创业、鼓励为国服务的要求，制定和实施留学人才回归计划，重点吸引高层次人才和紧缺人才。采取团队引进、核心人才带动引进、高新技术项目开发引进等方式，建立符合留学人员特点的引才机制。建立全国统一的留学人才信息系统和留学人才库，完善留学人才的评价认定制度，提高吸引高层次留学人才工作的针对性和实效性。加大对高层次留学人才的回国资助力度，切实解决留学回国人员的实际困难和问题。制定鼓励和支持留学人员回国创业政策，大力加强留学人员创业基地建设。健全留学人才为国服务的政策措施，鼓励他们以多种形式为国家建设作贡献。

坚持以我为主、按需引进、突出重点、讲求实效的方针，积极引进海外人才和智力。制定和实施国家引进海外人才规划，建立海外人才评价和准入制度。重点引进高新技术、金融、法律、贸易、管理等方面的高级人才以及基础研究方面的紧缺人才。按照国际惯例和市场规则，抓紧制定投资移民法、技术移民法和海外高级人才聘用管理办法。研究制定聘用海外高级人才从事公务工作的办法。对引进的海外高级人才实行在华长期居留或永久居留制度。鼓励和吸引海外华人华侨专家为我国现代化建设服务。建立和完善国际人才市场，发展和规范引进海外人才中介组织，保护应聘海外人才和聘用单位的合法权益。

15. 加强和改进国家重要人才安全工作。高度重视和充分信任国家重要人才。把在关系国家安全和国民经济命脉的重点行业和领域工作，掌握国家经济、科技、国防等核心秘密和尖端技术的人才纳入国家重要人才范围。通过立法维护国家重要人才安全，有效防止重要人才流失。制定政策法规，提高重要人才待遇，保障重要人才权益，规范重要人才流动。建立国家重要人才的信息档案，实施动态管理。

七、推进人才资源整体开发，实现人才工作协调发展

16. 坚持人才资源开发与经济社会发展相协调。把人才工作作为制定国民经济和社会发展规划的重要内容，建立健全人才资源开发宏观调控体系。适应经济社会发展对人才总量、结构和素质的需求，有效盘活人才存量，大幅度提高人才增量，不断提升人才素质，调整和优化人才结构。紧密配合国家重大发展战略的实施，开发和配置人才资源。采取有力措施，促进人才在城乡、区域、产业、行业和不同所有制之间的合理分布。推进人才资源整体开发，抓紧培养各类紧缺人才。重视培养妇女人才、少数民族人才和党外人才。注意发挥离退休人才的作用。积极做好在振兴东北地区等老工业基地中的人才工作。不断扩大人才工作覆盖面，实现各类人才队伍建设的协调发展。

17. 进一步做好西部和民族地区人才工作。西部大开发和民族地区建设，人才是关键。要树立正确的用人观念，制定灵活的用人政策，创造良好的用人机制和环境，稳定和用好现有人才，重视开发少数民族人才，积极引进急需人才。大力发展西部教育事业，强化职业教育，加大培养和培训工作力度，壮大人才队伍。逐步提高西部地区各类人才的收入水平，制定鼓励人才到西部地区工作特别是长期工作的优惠政策。坚持产业聚才，项目引才，积极构建吸引各类人才到西部建功立业的事业平台。采取灵活多样的人才柔性流动政策，支持大中城市专业技术人员到西部地区基层提供服务，把引进人才与引进智力结合起来。进一步加强对西部和民族地区人才工作的支持，完善中央国家机关、东中部地区与西部和民族地区干部交流机制，加大县处级以上党政主要领导干部的交流力度。继续做好对口支援西藏、新疆以及其他地区的工作。加强贫困地区人才队伍建设。

18. 重视非公有制经济组织和社会组织人才工作。非公有制经济组织和社会组织中汇集着越来越多的人才，是我国人才队伍的重要组成部分。要把新的社会阶层中的各类人才纳入党和政府的工作范围，努力形成与社会主义初级阶段基本经济制度相适应的人才思想观念和人才创业机制。要消除体制和政策障碍，在政治上对非公有制经济组织和社会组织人才一视同仁，在政府奖励、职称评定等人才政策上统一安排，在面向社会的资助、基金、培训项目、人才信息库等公共资源运用上平等开放，在改善创业环境和工作生活条件上积极提供服务。

19. 加强高技能人才和农村实用人才队伍建设。工人队伍中的高技能人才，是推动技术创新和实现科技成果转化不可缺少的重要力量。实施国家高技能人才培训工程和技能振兴行动，通过学校教育培养、企业岗位培训、个人自学提高等方式，加快高技能人才的培养。充分发挥高等职业院校和高级技工学校、技师学院的培训基地作用，扩大培训规模，提高培训质量。充分发挥企业的主体作用，强化岗位培训，组织技术革新和攻关，改进技能传授方式，促进岗位成才。完善技能人才的职业资格证书制度，推进技师考评制度改革，实行培训、考核、使用和待遇相结合，逐步建立统一标准、自主申报、社会考核、企业聘用的高技能人才成长机制。进一步提高高技能人才的社会地位，优化高技能人才成长的社会环境。

根据推动农村经济社会发展和城乡协调发展的需要，大力加强农村科技、教育、文化、卫生和经营管理等实用人才队伍建设。继续实施县乡村实用人才工程和农民教育培训工程。充分发挥农村职业学校、成人文化技术学校、农村现代远程教育网络和各种农业技术推广培训机构的作用，加快农业科技示范园区和先进适用技术推广相关基础设施建设，实行农科教相结合，努力提高广大农村劳动者的素质，激励农村实用人才快速成长。高度重视农村富余劳动力资源的开发，加强农村劳动力转移就业培训工作。加强人才和智力扶贫。建立健全农村人才服务体系。

20. 大力抓好青年人才队伍建设。培养造就一大批素质优良、勇于创新的青年人才，是实现人才工作可持续发展的迫切需要。建立和完善各类青年人才工作制度，支持优秀青年人才脱颖而出。加强以爱国主义为核心的民族精神教育，引导青年人才把个人成长与全面建设小康社会的伟大事业紧密结合起来，鼓励他们在艰苦复杂的环境和丰富的社会实践中锻炼成长。在重大科研和工程项目实施中要把培养青年人才作为一项重要任务。高校毕业生是国家十分宝贵的人才资源，是青年人才的重要来源。各级党委和政府要高度重视，坚持以社会需求为导向，建立和完善高校毕业生就业工作机制，切实使用好这一宝贵资源。

八、坚持党管人才原则，努力开创人才工作新局面

21. 大力实施人才强国战略，必须坚持党管人才原则。坚持党管人才原则，是我们党适应全面建设小康社会的新任务，按照完善社会主义市场经济体制的新要求，根据党所处历史方位的新变化，着眼于改革和完善党的领导方式和执政方式、提高党的执政能力作出的重大决策，是人才工作沿着正确方向前进的根本保证。各级党委和政府要把人才工作作为一项重大而紧迫的战略任务，切实抓紧抓好。坚持党总揽全局、协调各方的原则，充分发挥党的思想政治优势、组织优势和密切联系群众的优势，发挥党委领导核心作用，形成党委统一领导，组织部门牵头抓总，有关部门各司其职、密切配合，社会力量广泛参与的人才工作新格局。要把人才工作纳入各级党政领导班子工作目标责任制，定期进行考核。各级党政主要负责同志对于做好人才工作负有重要责任，要树立强烈的人才意识，善于发现人才、培养人才、集聚人才、服务人才，做到知人善任、唯才是举、广纳群贤。

做好人才工作是加强和改进党的建设的重要内容。各级党组织要加强对党员的教育培养，努力使广大党员成为学习的模范、劳动的模范、创新的模范、贡献的模范，在成才的道路上发挥带头作用。要注重从各类优秀人才中发展党员和培养党的各级干部，把更多的优秀人才集聚到党的各级组织中来。

22. 党管人才主要是管宏观，管政策，管协调，管服务。各级党委要按照管好用活的要求，搞好统筹规划，制定人才工作重大方针政策，明确发展目标，推进各类人才队伍建设协调发展；坚持分类指导，针对各类人才的不同特点和成长规律，创新人才工作理论、体制和方法，使人才各得其所、各尽其能；注重整合力量，建立统分结合、协调高效的工作机制，充分调动一切积极因素，形成人才工作合力；积极提供服务，通过政策支持、精神激励和环境保障，不断改善各类人才的工作与生活条件，以感情和人格的力量，提高对人才的吸引力和感召力；实行依法管理，加快推进人才工作法制化建设，增强工作的规范性和有效性。要用事业造就人才，用环境凝聚人才，用机制激励人才，用法制保障人才，把全社会人才的积极性和创造性引导好、保护好、发挥好。努力把人才优势转化为知识优势、科技优势和产业优势，使一切劳动、知识、技术、管理和资本的活力竞相迸发，一切创造社会财富的源泉充分涌流。

23. 全面贯彻党管人才原则，必须动员和组织全社会力量，加大投入，完善法制，优化环境。牢固树立人才投入是效益最大的投入的观念，不断加大对人才工作的投入力度。健全政府、社会、用人单位和个人多元人才投入机制。中央及地方各级政府要根据人才工作实际需要，在财政预算中安排必要的资金，用于高层次人才培养、紧缺人才引进、西部人才开发、公派留学生等工作。在重大建设和科研项目经费中，要划出一定份额用于人才开发。加强对人才投入资金使用的监督管理，切实提高人才投入效益。加大人才工作立法力度，围绕人才培养、吸引、使用等基本环节，建立健全中国特色人才工作法律法规体系。积极运用现代科技手段，加强人才信息网络建设。充分发挥工会、共青团、妇联等人民团体在人才工作中的重要作用。大力加强舆论宣传，为人人竞相成才和充分施展才能创造良好的社会环境。

时代呼唤人才，人才推进事业。全党和全国各族人民紧密团结在以胡锦涛同志为总书记的党中央周围，在马克思列宁主义、毛泽东思想、邓小平理论和“三个代表”重要思想指引下，全面贯彻十六大精神，大力实施人才强国战略，关心人才工作，研究人才工作，宣传人才工作，做好人才工作，为全面建设小康社会、实现中华民族的伟大复兴而努力奋斗！

中共中央印发《关于深化人才发展体制机制改革的意见》

（2016年3月20日　中发〔2016〕9号）

人才是经济社会发展的第一资源。人才发展体制机制改革是全面深化改革的重要组成部分，是党的建设制度改革的重要内容。协调推进“四个全面”战略布局，贯彻落实创新、协调、绿色、开放、共享的发展理念，实现“两个一百年”奋斗目标，必须深化人才发展体制机制改革，加快建设人才强国，最大限度激发人才创新创造创业活力，把各方面优秀人才集聚到党和国家事业中来。现就深化人才发展体制机制改革提出如下意见。

一、指导思想、基本原则和主要目标

（一）指导思想

高举中国特色社会主义伟大旗帜，全面贯彻党的十八大和十八届三中、四中、五中全会精神，以邓小平理论、“三个代表”重要思想、科学发展观为指导，深入贯彻习近平总书记系列重要讲话精神，坚持聚天下英才而用之，牢固树立科学人才观，深入实施人才优先发展战略，遵循社会主义市场经济规律和人才成长规律，破除束缚人才发展的思想观念和体制机制障碍，解放和增强人才活力，构建科学规范、开放包容、运行高效的人才发展治理体系，形成具有国际竞争力的人才制度优势。

（二）基本原则

——坚持党管人才。充分发挥党的思想政治优势、组织优势和密切联系群众优势，进一步加强和改进党对人才工作的领导，健全党管人才领导体制和工作格局，创新党管人才方式方法，为深化人才发展体制机制改革提供坚强的政治和组织保证。

——服务发展大局。围绕经济社会发展需求，聚焦国家重大战略，科学谋划改革思路和政策措施，促进人才规模、质量和结构与经济社会发展相适应、相协调，实现人才发展与经济建设、政治建设、文化建设、社会建设、生态文明建设深度融合。

——突出市场导向。充分发挥市场在人才资源配置中的决定性作用和更好发挥政府作用，加快转变政府人才管理职能，保障和落实用人主体自主权，提高人才横向和纵向流动性，健全人才评价、流动、激励机制，最大限度激发和释放人才创新创造创业活力，使人才各尽其能、各展其长、各得其所，让人才价值得到充分尊重和实现。

——体现分类施策。根据不同领域、行业特点，坚持从实际出发，具体问题具体分析，增强改革针对性、精准性。纠正人才管理中存在的行政化、“官本位”倾向，防止简单套用党政领导干部管理办法管理科研教学机构学术领导人员和专业人才。

——扩大人才开放。树立全球视野和战略眼光，充分开发利用国内国际人才资源，主动参与国际人才竞争，完善更加开放、更加灵活的人才培养、吸引和使用机制，不唯地域引进人才，不求所有开发人才，不拘一格用好人才，确保人才引得进、留得住、流得动、用得好。

（三）主要目标

通过深化改革，到 2020 年，在人才发展体制机制的重要领域和关键环节上取得突破性进展，人才管理体制更加科学高效，人才评价、流动、激励机制更加完善，全社会识才爱才敬才用才氛围更加浓厚，形成与社会主义市场经济体制相适应、人人皆可成才、人人尽展其才的政策法律体系和社会环境。

二、推进人才管理体制改革

（四）转变政府人才管理职能。根据政社分开、政事分开和管办分离要求，强化政府人才宏观管理、政策法规制定、公共服务、监督保障等职能。推动人才管理部门简政放权，消除对用人主体的过度干预，建立政府人才管理服务权力清单和责任清单，清理和规范人才招聘、评价、流动等环节中的行政审批和收费事项。

（五）保障和落实用人主体自主权。充分发挥用人主体在人才培养、吸引和使用中的主导作用，全面落实国有企业、高校、科研院所等企事业单位和社会组织的用人自主权。创新事业单位编制管理方式，对符合条件的公益二类事业单位逐步实行备案制管理。改进事业单位岗位管理模式，建立动态调整机制。探索高层次人才协议工资制等分配办法。

（六）健全市场化、社会化的人才管理服务体系。构建统一、开放的人才市场体系，完善人才供求、价格和竞争机制。深化人才公共服务机构改革。大力发展专业性、行业性人才市场，鼓励发展高端人才猎头等专业化服务机构，放宽人才服务业准入限制。积极培育各类专业社会组织和人才中介服务机构，有序承接政府转移的人才培养、评价、流动、激励等职能。充分运用云计算和大数据等技术，为用人主体和人才提供高效便捷服务。扩大社会组织人才公共服务覆盖面。完善人才诚信体系，建立失信惩戒机制。

（七）加强人才管理法制建设。研究制定促进人才开发及人力资源市场、人才评价、人才安全等方面的法律法规。完善外国人才来华工作、签证、居留和永久居留管理的法律法规。制定人才工作条例。清理不合时宜的人才管理法律法规和政策性文件。

三、改进人才培养支持机制

（八）创新人才教育培养模式。突出经济社会发展需求导向，建立高校学科专业、类型、层次和区域布局动态调整机制。统筹产业发展和人才培养开发规划，加强产业人才需求预测，加快培育重点行业、重要领域、战略性新兴产业人才。注重人才创新意识和创新能力培养，探索建立以创新创业为导向的人才培养机制，完善产学研用结合的协同育人模式。

（九）改进战略科学家和创新型科技人才培养支持方式。更大力度实施国家高层次人才特殊支持计划（国家“万人计划”），完善支持政策，创新支持方式。构建科学、技术、工程专家协同创新机制。建立统一的人才工程项目信息管理平台，推动人才工程项目与各类科研、基地计划相衔接。按照精简、合并、取消、下放要求，深入推进项目评审、人才评价、机构评估改革。

建立基础研究人才培养长期稳定支持机制。加大对新兴产业以及重点领域、企业急需紧缺人才支持力度。支持新型研发机构建设，鼓励人才自主选择科研方向、组建科研团队，开展原创性基础研究和面向需求的应用研发。

（十）完善符合人才创新规律的科研经费管理办法。改革完善科研项目招投标制度，健全竞争性经费和稳定支持经费相协调的投入机制，提高科研项目立项、评审、验收科学化水平。进一步改革科研经费管理制度，探索实行充分体现人才创新价值和特点的经费使用管理办法。下放科研项目部分经费预算调整审批权，推行有利于人才创新的经费审计方式。完善企业研发费用加计扣除政策。探索实行哲学社会科学研究成果后期资助和事后奖励制。

（十一）优化企业家成长环境。遵循企业家成长规律，拓宽培养渠道。建立有利于企业家参与创新决策、凝聚创新人才、整合创新资源的新机制。依法保护企业家财产权和创新收益，进一步营造尊重、关怀、宽容、支持企业家的社会文化环境。合理提高国有企业经营管理人才市场化选聘比例，畅通各类企业人才流动渠道。研究制定在国有企业建立职业经理人制度的指导意见。完善国有企业经营管理人才中长期激励措施。

（十二）建立产教融合、校企合作的技术技能人才培养模式。大力培养支撑中国制造、中国创造的技术技能人才队伍，加快构建现代职业教育体系，深化技术技能人才培养体制改革，加强统筹协调，形成工作合力。创新技术技能人才教育培训模式，促进企业和职业院校成为技术技能人才培养的“双主体”，开展校企联合培养试点。研究制定技术技能人才激励办法，探索建立企业首席技师制度，试行年薪制和股权制、期权制。健全以职业农民为主体的农村实用人才培养机制。弘扬劳动光荣、技能宝贵、创造伟大的时代风尚，不断提高技术技能人才经济待遇和社会地位。

（十三）促进青年优秀人才脱颖而出。破除论资排辈、求全责备等陈旧观念，抓紧培养造就青年英才。建立健全对青年人才普惠性支持措施。加大教育、科技和其他各类人才工程项目对青年人才培养支持力度，在国家重大人才工程项目中设立青年专项。改革博士后制度，发挥高校、科研院所、企业在博士后研究人员招收培养中的主体作用，有条件的博士后科研工作站可独立招收博士后研究人员。拓宽国际视野，吸引国外优秀青年人才来华从事博士后研究。

四、创新人才评价机制

（十四）突出品德、能力和业绩评价。制定分类推进人才评价机制改革的指导意见。坚持德才兼备，注重凭能力、实绩和贡献评价人才，克服唯学历、唯职称、唯论文等倾向。不将论文等作为评价应用型人才的限制性条件。建立符合中小学教师、全科医生等岗位特点的人才评价机制。

（十五）改进人才评价考核方式。发挥政府、市场、专业组织、用人单位等多元评价主体作用，加快建立科学化、社会化、市场化的人才评价制度。基础研究人才以同行学术评价为主，应用研究和技术开发人才突出市场评价，哲学社会科学人才强调社会评价。注重引入国际同行评价。应用型人才评价应根据职业特点突出能力和业绩导向。加强评审专家数据库建设，建立评价责任和信誉制度。适当延长基础研究人才评价考核周期。

（十六）改革职称制度和职业资格制度。深化职称制度改革，提高评审科学化水平。研究制定深化职称制度改革的意见。突出用人主体在职称评审中的主导作用，合理界定和下放职称评审权限，推动高校、科研院所和国有企业自主评审。对职称外语和计算机应用能力考试不作统一要求。探索高层次人才、急需紧缺人才职称直聘办法。畅通非公有制经济组织和社会组织人才申报参加职称评审渠道。清理减少准入类职业资格并严格管理，推进水平类职业资格评价市场化、社会化。放宽急需紧缺人才职业资格准入。

五、健全人才顺畅流动机制

（十七）破除人才流动障碍。打破户籍、地域、身份、学历、人事关系等制约，促进人才资源合理流动、有效配置。建立高层次人才、急需紧缺人才优先落户制度。加快人事档案管理服务信息化建设，完善社会保险关系转移接续办法，为人才跨地区、跨行业、跨体制流动提供便利条件。

（十八）畅通党政机关、企事业单位、社会各方面人才流动渠道。研究制定吸引非公有制经济组织和社会组织优秀人才进入党政机关、国有企事业单位的政策措施，注重人选思想品德、职业素养、从业经验和专业技能综合考核。

（十九）促进人才向艰苦边远地区和基层一线流动。研究制定鼓励和引导人才向艰苦边远地区和基层一线流动的意见，提高艰苦边远地区和基层一线人才保障水平，使他们在政治上受重视、社会上受尊重、经济上得实惠。重大人才工程项目适当向艰苦边远地区倾斜。边远贫困和民族地区县以下单位招录人才，可适当放宽条件、降低门槛。鼓励西部地区、东北地区、边远地区、民族地区、革命老区设立人才开发基金。完善东、中部地区对口支持西部地区人才开发机制。

六、强化人才创新创业激励机制

（二十）加强创新成果知识产权保护。完善知识产权保护制度，加快出台职务发明条例。研究制定商业模式、文化创意等创新成果保护办法。建立创新人才维权援助机制。建立人才引进使用中的知识产权鉴定机制，防控知识产权风险。完善知识产权质押融资等金融服务机制，为人才创新创业提供支持。

（二十一）加大对创新人才激励力度。赋予高校、科研院所科技成果使用、处置和收益管理自主权，除事关国防、国家安全、国家利益、重大社会公共利益外，行政主管部门不再审批或备案。允许科技成果通过协议定价、在技术市场挂牌交易、拍卖等方式转让转化。完善科研人员收入分配政策，依法赋予创新领军人才更大人财物支配权、技术路线决定权，实行以增加知识价值为导向的激励机制。完善市场评价要素贡献并按贡献分配的机制。研究制定国有企事业单位人才股权期权激励政策，对不适宜实行股权期权激励的采取其他激励措施。探索高校、科研院所担任领导职务科技人才获得现金与股权激励管理办法。完善人才奖励制度。

（二十二）鼓励和支持人才创新创业。研究制定高校、科研院所等事业单位科研人员离岗创业的政策措施。高校、科研院所科研人员经所在单位同意，可在科技型企业兼职并按规定获得报酬。允许高校、科研院所设立一定比例的流动岗位，吸引具有创新实践经验的企业家、科技人才兼职。鼓励和引导优秀人才向企业集聚。重视吸收民营企业育才引才用才经验做法。总结推广各类创新创业孵化模式，打造一批低成本、便利化、开放式的众创空间。

七、构建具有国际竞争力的引才用才机制

（二十三）完善海外人才引进方式。实行更积极、更开放、更有效的人才引进政策，更大力度实施海外高层次人才引进计划（国家“千人计划”），敞开大门，不拘一格，柔性汇聚全球人才资源。对国家急需紧缺的特殊人才，开辟专门渠道，实行特殊政策，实现精准引进。支持地方、部门和用人单位设立引才项目，加强动态管理。鼓励社会力量参与人才引进。扩大来华留学规模，优化外国留学生结构，提高政府奖学金资助标准，出台学位研究生毕业后在华工作的相关政策。

（二十四）健全工作和服务平台。对引进人才充分信任、放手使用，支持他们深度参与国家计划项目、开展科研攻关。研究制定外籍科学家领衔国家科技项目办法。完善引才配套政策，解决引进人才任职、社会保障、户籍、子女教育等问题。对外国人才来华签证、居留，放宽条件、简化程序、落实相关待遇。整合人才引进管理服务资源，优化机构与职能配置。

（二十五）扩大人才对外交流。鼓励支持人才更广泛地参加国际学术交流与合作，完善相关管理办法。支持有条件的高校、科研院所、企业在海外建立办学机构、研发机构，吸引使用当地优秀人才。完善国际组织人才培养推送机制。创立国际人才合作组织，促进人才国际交流与合作。研究制定维护国家人才安全的政策措施。

八、建立人才优先发展保障机制

（二十六）促进人才发展与经济社会发展深度融合。坚持人才引领创新发展，将人才发展列为经济社会发展综合评价指标。综合运用区域、产业政策和财政、税收杠杆，加大人才资源开发力度。坚持人才发展与实施重大国家战略、调整产业布局同步谋划、同步推进。研究制定“一带一路”建设、京津冀协同发展、长江经济带建设、“中国制造 2025”、自贸区建设以及国家重大项目和重大科技工程等人才支持措施。创新人才工作服务发展政策，鼓励和支持地方开展人才管理改革试验探索。围绕实施国家“十三五”规划，编制地区、行业系统以及重点领域人才发展规划。鼓励各类优秀人才投身国防事业，促进军民深度融合发展，建立军地人才、技术、成果转化对接机制。

（二十七）建立多元投入机制。优化财政支出结构，完善人才发展投入机制，加大人才开发投入力度。实施重大建设工程和项目时，统筹安排人才开发培养经费。调整和规范人才工程项目财政性支出，提高资金使用效益。发挥人才发展专项资金、中小企业发展基金、产业投资基金等政府投入的引导和撬动作用，建立政府、企业、社会多元投入机制。创新人才与资本、技术对接合作模式。研究制定鼓励企业、社会组织加大人才投入的政策措施。发展天使投资和创业投资引导基金，鼓励金融机构创新产品和服务，加大对人才创新创业资金扶持力度。落实有利于人才发展的税收支持政策，完善国家有关鼓励和吸引高层次人才的税收优惠政策。

九、加强对人才工作的领导

（二十八）完善党管人才工作格局。发挥党委（党组）总揽全局、协调各方的领导核心作用，加强党对人才工作统一领导，切实履行管宏观、管政策、管协调、管服务职责。改进党管人才方式方法，完善党委统一领导，组织部门牵头抓总，有关部门各司其职、密切配合，社会力量发挥重要作用的人才工作新格局。进一步明确人才工作领导小组职责任务和工作规则，健全领导机构，配强工作力量，完善宏观指导、科学决策、统筹协调、督促落实机制。理顺党委和政府人才工作职能部门职责，将行业、领域人才队伍建设列入相关职能部门“三定”方案。

（二十九）实行人才工作目标责任考核。建立各级党政领导班子和领导干部人才工作目标责任制，细化考核指标，加大考核力度，将考核结果作为领导班子评优、干部评价的重要依据。将人才工作列为落实党建工作责任制情况述职的重要内容。

（三十）坚持对人才的团结教育引导服务。加强政治引领和政治吸纳，充分发挥党的组织凝聚人才作用。制定加强党委联系专家工作意见，建立党政领导干部直接联系人才机制。加强各类人才教育培训、国情研修，增强认同感和向心力。完善专家决策咨询制度，畅通建言献策渠道，充分发挥新型智库作用。建立健全特殊一线岗位人才医疗保健制度。加强优秀人才和工作典型宣传，营造尊重人才、见贤思齐的社会环境，鼓励创新、宽容失败的工作环境，待遇适当、无后顾之忧的生活环境，公开平等、竞争择优的制度环境。

各级党委和政府要切实增强责任感、使命感，统一思想、加强领导，部门协同、上下联动，推动各项改革任务落实。鼓励支持各地区各部门因地制宜，开展差别化改革探索。加强指导监督，研究解决人才发展体制机制改革中遇到的新情况新问题。有关方面要抓紧制定任务分工方案，明确各项改革的进度安排。各地应当结合实际研究制定实施意见。加强政策解读和舆论引导，形成全社会关心支持人才发展体制机制改革的良好氛围。

国务院办公厅关于转发人力资源和社会保障部等部门《关于加强企业技能人才队伍建设意见》的通知

（2012年6月13日　国办发〔2012〕34号）

各省、自治区、直辖市人民政府，国务院各部委、各直属机构：

人力资源社会保障部、财政部、国资委《关于加强企业技能人才队伍建设的意见》已经国务院同意，现转发给你们，请认真贯彻执行。

关于加强企业技能人才队伍建设的意见

企业技能人才是我国人才队伍的重要组成部分，是推动经济社会发展的重要力量。加强企业技能人才队伍建设，是增强企业核心竞争力、推动产业转型升级和提升企业创新能力的内在要求，是加快经济发展方式转变、促进产业结构调整的有效手段，是深入实施人才强国战略和科教兴国战略、建设人力资源强国的重要内容。为贯彻落实《国家中长期人才发展规划纲要（2010—2020年）》等要求，全面提升企业技能人才队伍的整体素质，现就加强企业技能人才队伍建设提出如下意见。

一、指导思想和主要任务

（一）指导思想。深入贯彻落实科学发展观，全面实施人才强企战略，以服务产业转型升级为主线，以增强企业核心竞争力为目的，坚持服务企业、尊重劳动、提升技能、终身培训的原则，建立健全企业技能人才队伍建设工作机制和政策措施，形成有利于技能人才成长和发挥作用的制度环境和社会氛围，为促进企业发展提供强有力的技能人才支持。

（二）主要任务。当前和今后一个时期，企业技能人才队伍建设的主要任务是：充分发挥企业主体作用，健全企业职工培训制度，完善企业技能人才培养、评价和激励的政策措施，建设技能精湛、素质优良、结构合理的企业技能人才队伍，在企业中初步形成初级、中级、高级技能劳动者队伍梯次发展和比例结构基本合理的格局，使技能人才规模、结构、素质更好地满足产业结构优化升级和企业发展需求。

二、健全企业职工培训制度

（三）创新企业职工培训方式。根据企业技能岗位要求和职工提升技能水平的需要，统筹利用各类教育培训资源，以企业职工培训机构、职业院校为载体，进一步深化企校合作，大力开展岗前培训、在岗技能提升培训和高技能人才培训，探索建立企业新型学徒制度，通过学校教育培养、企业岗位培训、个人自学提高等方式，不断提高企业职工的职业素养、技能水平和创新能力。“十二五”期间，力争使企业所有技能岗位职工都得到至少一次职业培训，为企业发展提供强有力的技能人才支撑。

（四）大力开展岗前培训。企业应结合岗位技能的要求，根据先培训后上岗的原则，对新录用和转岗的职工，通过自主培训或委托培训等方式，开展以基本技能、安全知识、操作规程、规章制度及从业素质为主要内容的岗前培训。鼓励企业加强与以培养后备技术工人为目标的职业院校合作，开展订单式培训和定岗培训，增强培训的针对性和有效性。各地应贯彻落实《国务院关于加强职典培训促进就业的意见》（国发〔2010〕36号）的要求，完善职业培训补贴直补企业的政策措施，对符合条件的，按规定给予企业相应的培训费补贴。

（五）加强在岗技能提升培训。企业应结合技术进步和产业升级对职工技能水平的要求，通过在岗培训、脱产培训、业务研修、岗位练兵等多种方式，对技能岗位职工开展技能提升培训，加快提升职工的技能水平。各地应探索实行企业在职职工就读职业院校的弹性学制、学分制政策，对于完成规定培训课程和学时的，经考核合格，可以获得职业院校毕业证书。要把岗位练兵作为提升职工技能水平的重要手段，在全国广泛开展企业职工岗位练兵活动，大力营造学技能、比贡献的良好氛围。职工在岗位练兵活动中的表现，可作为晋升职业资格和参评全国技术能手等相关荣誉称号的重要依据。

（六）推动企业高技能人才培训。企业应通过建立高技能人才培养企校合作制度、技师研修制度等方式，大力培养高技能人才。鼓励企业高技能人才参加科研机构的科技攻关和企业技术改造，支持企业建设技能大师工作室，开展关键工艺攻关、技能研习和创新以及技能传承等活动，各级财政部门应给予资金扶持。鼓励各地结合区域经济发展、产业振兴和新兴战略性产业发展的需要，依托大型骨干企业（集团）建设示范性高技能人才培训基地，加强高技能人才培养。对参加技师、高级技师培训并获得相应技能人员职业资格证书的企业在岗职工，按规定给予一定的培训费补贴，补贴资金由地方政府和企业共同负担，政府负担的补贴资金从就业专项资金中列支，中央财政通过就业专项转移支付资金，对地方给予适当补助。

（七）探索建立企业新型学徒制度。选择有条件的企业开展新型学徒试点，采取“企校双制、工学一体”的模式，通过企校合作培养与企业以师带徒相结合的方式，对拟录用或新录用的员工开展学徒培训。企业应与职业院校或职业培训机构签订合作协议，明确学徒培训的形式、内容、期限、双方责任等具体内容，确保学徒在企业工作的同时，有一定时间到学校参加系统的专业知识和技能学习。企业应选派优秀的技能人才担任师傅，与学徒签订培训协议，明确培养目标、培训内容与期限、考核办法、学徒工资和师徒津贴等内容。企业可根据实际情况确定学徒期限，学徒期应不少于1年。各地应制定支持企业建立新型学徒制度的政策措施，对符合企业岗前培训补贴条件的，按规定享受企业岗前培训费补贴政策。企业新型学徒制度试点办法将由人力资源社会保障部会同有关部门另行制定。

三、创新企业技能人才评价机制

（八）完善技能人才多元评价方式。积极推进企业技能人才评价试点，健全以职业能力为导向、以工作业绩为重点、注重职业道德和职业知识水平的企业技能人才评价体系。在国家职业标准的统一框架基础上，企业可根据其生产技术、工艺装备和产品类型等不同要求，采取考核鉴定、考评结合、业绩评审等灵活多样的方式，重点评价企业职工执行操作规程、解决生产问题、完成工作任务的能力，并按有关规定晋升相应职业资格。对于在企业生产一线掌握高超技能、业绩突出的职工，可破格或越级参加技师、高级技师考评。

（九）畅通企业技能人才职业生涯发展通道。逐步建立培训考核与使用相结合、业绩贡献与待遇相联系的企业用人制度。鼓励企业畅通技能人才职业生涯发展通道，拓宽企业职工成才发展空间。制定高技能人才与工程技术人才职业发展贯通办法，选择部分工程技术类专业开展试点，具体办法由人力资源社会保障部会同有关部门另行制定。鼓励企业建立完善技术带头人制度，在关键岗位、核心技术领域探索设立“首席技师”，享受高层次人才的相关待遇。

四、健全企业技能人才激励机制

（十）推动企业开展技能竞赛活动。推动企业广泛开展形式多样的群众性技术比武、技能竞赛活动，激励企业职工学技术、练技能、钻业务。进一步规范全国性职业技能竞赛活动，对企业开展的符合职业技能竞赛组织实施要求的技能竞赛活动，可纳入政府组织的职业技能竞赛计划。对在职业技能竞赛中取得优异成绩的选手，按照规定给予奖励，对符合条件的竞赛获奖者晋升职业资格。做好世界技能大赛组织参赛工作，大力选拔企业优秀青年技能人才参赛，为青年技能人才脱颖而出创造条件。鼓励有条件的企业组织优秀技能人才与国际知名企业开展技术技能交流活动。

（十一）完善企业技能人才激励政策。企业对聘用的高技能人才可实行协议工资、项目工资、年薪制等收入分配方式，引导工资分配向技能人才倾斜。具备条件的企业，应积极探索为包括生产、服务一线的高技能人才在内的各类人才建立企业年金制度和补充医疗保险。鼓励企业建立高技能人才技能职务津贴和特殊岗位津贴制度。企业在与职业院校毕业生协商确定初次就业待遇水平时，对取得高级工以上技能人员职业资格证书的可按不低于大专毕业生待遇水平确定。要重视提高技能人才的社会地位，为技能人才参与企业和社会管理创造条件。要切实落实高技能人才享受政府特殊津贴的政策。各大中城市可根据当地紧缺急需技能人才情况，研究制定高技能人才落户政策，具体办法由各地人民政府制定。

（十二）开展企业技能人才表彰奖励工作。按照国家有关规定，探索建立以政府奖励为导向、企业奖励为主体、社会奖励为补充的高技能人才奖励制度，对企业杰出技能人才给予崇高荣誉并实行重奖。鼓励企业根据市场需求和经营情况，建立并完善对技能人才的奖励办法，对优秀高技能人才实行特殊奖励政策。对于职工个人所取得的、有一定价值的工艺创新和科技发明等，按照国家有关规定给予表彰奖励，对于技能人才的绝技绝活、特殊操作方法，可以其姓名进行命名，支持通过申请专利、采取保密措施等方式获得知识产权保护，激发广大企业职工提升技能、钻研业务的主动性和创造力。

五、切实做好组织实施工作

（十三）加强组织领导。各地区、各有关部门要进一步提高对加强企业技能人才队伍建设重要性的认识，加强组织领导，健全工作机制，完善政策措施。要进一步增强责任感和紧迫感，把企业技能人才培养作为促进产业升级和地区经济发展的一项重要内容，将企业技能人才工作纳入本地区、本部门人才工作规划统一进行部署。各级国有企业主管部门要加强对国有企业技能人才工作的组织领导，充分发挥国有企业特别是中央企业在高技能人才培养中的典型示范作用。企业要建立职工培训档案，记录职工参加职业培训情况，要将技能人才队伍建设情况作为企业经营管理者业绩考核内容，定期向职工代表大会报告。

（十四）发挥行业主管部门和行业组织作用。行业主管部门和行业组织要做好本行业技能人才需求预测，指导本行业企业完善职工培训制度，落实技能人才队伍建设相关政策措施。鼓励相关行业协会通过开展智力援助和提供专家咨询、技术指导、人才培训、劳务输出、对口帮扶等形式的服务，加强不同地域、不同所有制、不同规模企业和行业间的技能交流、信息互通，促进资源薄弱地区、行业、企业职工的技能水平提升。

（十五）落实经费政策。企业要按照财政部等部门《关于印发〈关于企业职工教育经费提取与使用管理的意见〉的通知》（财建〔2006〕317 号）要求，足额提取并合理使用企业职工教育经费，职工教育经费的 60% 以上应用于一线职工的教育和培训，重点投向职工岗前培训、在岗技能提升培训、高技能人才培训和职业技能鉴定等。对自身没有能力开展职工培训以及尚未开展高技能人才培训的企业，县级以上地方人民政府可依法对其职工教育经费实行统筹，统筹部分纳入本地区就业专项资金，由人力资源社会保障部门会同有关部门，利用当地公共职业培训实训基地或委托指定培训机构，统一组织培训服务。

（十六）加强基础工作。各地区、各有关部门要加强对企业技能人才队伍现状、职工培训进展情况以及企业培训资源等方面的统计、调查。建立企业岗位技能培训的实时监测、统计和报告制度。密切跟踪企业新技术新职业发展需求，促进国家职业标准与企业岗位要求更加紧密结合。加快做好职业标准的补充、修订和完善工作，加快开发符合企业职工培训和技能人才培养需要的教材及教学辅导材料。

（十七）加大宣传力度。要创新宣传方式，充分运用各类新闻媒体，采取群众喜闻乐见的形式，通过集中宣传与日常宣传相结合的方式，深入持久地开展宣传活动。要强化典型示范，突出导向作用，大力宣传各地加强企业职工培训和技能人才队伍建设的政策措施，大力宣传企业职工培训的特色做法和先进工作经验，大力宣传技能人才典型，在全社会树立尊重劳动、崇尚技能、鼓励创造的社会风尚。

中共中央组织部 人力资源和社会保障部关于印发《国家特聘专家服务与管理办法》的通知

（2012 年 4 月 9 日　组通字〔2012〕19 号）

各省、自治区、直辖市党委组织部、政府人力资源社会保障厅（局），各副省级城市党委组织部、政府人力资源社会保障（人事）局，福建省、厦门市公务员局，中央和国家机关各部委、各人民团体组织人事部门，新疆生产建设兵团党委组织部、人力资源社会保障局，各中管金融机构、部分国有重要骨干企业、高等学校党委（党组）：

现将《国家特聘专家服务与管理办法》印发给你们，请结合本地区本部门本单位实际，制定相关配套实施方法，认真贯彻落实。

国家特聘专家服务与管理办法

第一章　总　则

第一条　为规范对国家特聘专家的服务与管理工作，根据《中央人才工作协调小组关于实施海外高层次人才引进计划的意见》（中办发〔2008〕25 号）、《中央人才工作协调小组关于建立特聘专家制度的意见》（组通字〔2009〕36 号）等有关规定，制定本办法。

第二条　国家特聘专家是国家为海外高层次引进人才设立的荣誉称号。

第三条 中共中央组织部、人力资源社会保障部为全职回国（来华）工作的“千人计划”引进人才授予“国家特聘专家”称号，颁发证书。

第二章 服务管理主体

第四条 国家特聘专家的服务与管理工作在海外高层次人才引进工作小组领导下，由海外高层次人才引进工作专项办公室进行指导、协调。

海外高层次人才引进工作专项办公室负责国家特聘专家资格的审查确认、工作生活相关待遇的协调落实等工作。

第五条 各高校、科研机构、企业、高新园区等用人单位是国家特聘专家的服务与管理责任主体，在上级主管部门和各省、自治区、直辖市党委组织部门的指导下，承担如下日常服务与管理工作：

1. 国家特聘专家的聘用、使用、考核、解聘等；
2. 相关生活待遇的协调落实；
3. 相关工作条件的协调落实；
4. 掌握并及时上报国家特聘专家工作情况、岗位变化及其他重大事项。

第六条 各省、自治区、直辖市党委组织部门和人力资源社会保障部门设立“千人计划”服务窗口，按照属地化原则，协助用人单位为国家特聘专家办理落实相关生活待遇的手续。

在人力资源社会保障部留学人员和专家服务中心设立国家“千人计划”服务窗口，指导各地“千人计划”服务窗口的工作，并协助在京中央用人单位为国家特聘专家办理落实相关生活待遇的手续。

第七条 在欧美同学会的指导下，“千人计划”专家联谊会负责加强与国家特聘专家的沟通联系，听取意见建议并向海外高层人才引进工作专项办公室报告。

第三章　工作条件

第八条　用人单位应为国家特聘专家履职提供科研场所、科研团队等必要的工作支持，为其充分发挥作用提供良好条件。

第九条　国家特聘专家可依照有关法律规定，担任高等院校、科研院所、中央企业、国有商业金融机构中级以上的领导职务或高级专业技术职务。

第十条　国家特聘专家可不受国籍限制，申请国家项目、政府基金资金，参与政府项目咨询论证、重大科研计划和国家标准制订、重点工程建设，参加国内各种学术组织，担任国家科研项目负责人，作为政府奖励候选人。

涉及国家安全或有特殊规定，按相关规定办理。

第十一条　国家特聘专家担任项目负责人的，在规定的职责范围内，有权决定科研经费的使用，包括用于人力成本投入；有权按照有关规定对项目研究内容或技术路线进行调整；有权决定团队成员的聘任，所聘人员可采取协议工资制，不受本单位现有编制、工资总额和科研经费成本比例限制。

第四章　生活待遇

第十二条　外籍国家特聘专家及其外籍配偶和未成年子女，中国籍国家特聘专家的外籍配偶和未成年子女，均可申请办理《外国人永久居留证》或者2—5年有效期的多次往返签证。属港、澳、台地区的，按照国家有关规定办理相关证件。

第十三条　中国籍国家特聘专家及其配偶和未成年子女，可选择在国内工作或居住地落户。

愿意放弃外国国籍而申请加入或恢复中国国籍的，由公安机关根据《中华人民共和国国籍法》有关规定优先办理。

第十四条　国家特聘专家享受所在地医疗照顾人员待遇，所需医疗资金通过现行医疗保障制度解决。

国家特聘专家及其配偶子女，可参加中国境内各项社会保险，有条件的用人单位也可为其购买补充养老、补充医疗保险。

第十五条 用人单位可参照国家特聘专家回国（来华）前的收入水平，协商确定其薪酬待遇。对国家特聘专家也可实施期权、股权和企业年金等中长期激励方式。

第十六条 国家特聘专家自被授予称号之日起5年内境内收入的住房补贴、伙食补贴、搬迁费、探亲费等工资收入待遇，以及子女教育费用开支，按照有关法律规定，予以税前扣除。

对于延长退休年龄的，其工资、薪金、奖金、津贴、补贴等收入，免征个人所得税。

对进境科研、教学物品，依法免征进口税收；进境合理数量的生活自用物品，按现行规定办理，予以通关便利。

第十七条 国家特聘专家享受所在用人单位职工购房的同等待遇。未购买自用住房的，用人单位应为其租用便于其生活、工作的住房，或提供相应的补贴。

第十八条 国家特聘专家的配偶提出在中国就业的，可由用人单位协助安排；暂时无法安排的，用人单位可以适当方式为其发放生活补助。

第十九条 国家特聘专家的外籍子女在国内就学的，享受国民待遇，接受基础教育的可由当地教育主管部门根据本人意愿协调解决。

第二十条 国家特聘专家乘坐飞机、火车、长途汽车、轮船，凭“国家特聘专家”证书享受相关优待礼遇。

第五章 义务和责任

第二十一条 国家特聘专家提出签订无固定期限聘用合同的，用人单位应与其签订相应的合同。

国家特聘专家应切实履行与用人单位签订的合同，完成所承担的科学研究、技术攻关以及人才培养、团队建设等目标任务。

国家特聘专家因工作需要且身体能够坚持正常工作的，经本人申请、单位同意，可以适当延长退休年龄。

第二十二条 作为创新人才引进的国家特聘专家，在国内应只有一个全职工作岗位，不得取薪兼职。

第二十三条 国家特聘专家应积极参与海外高层次人才引进工作专项办公室、“千人计划”专家联谊会组织的工作和活动。

第二十四条 国家特聘专家在合同期限内需变更工作单位的，应征得原工作单位同意，由变更后的工作单位报上级主管部门或所在省区市党委组织部同意后，报海外高层次人才引进工作专项办公室审核备案。

第六章 附 则

第二十五条 用人单位应在国家特聘专家回国（来华）工作一年后向海外高层次人才引进工作专项办公室报告专家履职情况，在工作满三年时作一次全面考核，并将结果报海外高层次人才引进工作专项办公室。

第二十六条 有下列情况之一者，取消国家特聘专家称号：

（一）触犯法律，构成犯罪的；

（二）违反学术道德或职业操守的；

（三）其他严重违反国家法律法规的，造成重大损失或恶劣影响的。

第二十七条 国家特聘专家不继续在国内全职工作的，可保留国家特聘专家称号，但不再享受本办法规定的有关工作条件和生活待遇。

第二十八条 有关部门和各省区市党委组织部门应根据本办法制定具体实施细则，做好国家特聘专家的服务与管理工作。

第二十九条 本办法由海外高层次人才引进工作专项办公室负责解释。

第三十条 本办法自颁布之日起施行。

人事部关于印发《关于调整使用不当不能充分发挥专长的留学回国人员工作的办法》的通知

（1990年4月14日　人调发〔1990〕8号）

留学回国人员是我国专业技术干部队伍的重要组成部分。为使用非所学、用非所长的留学回国人员能充分发挥专长，更好地为祖国建设服务，我们制定了《关于调整使用不当、不能充分发挥专长的留学回国人员工作的办法》，现印发给你们，请按照执行，在执行中有什么问题，请及时告我部流动调配司。

关于调整使用不当、不能充分发挥专长的留学回国人员工作的办法

第一条　为了逐步解决部分留学回国人员使用不当，不能充分发挥专长的问题，更好地发挥留学回国人员在祖国建设中的作用，特制定本办法。

第二条　本办法适用于用非所学、用非所长、缺少开展工作必需的基本条件等原因，在原工作单位不能充分发挥专长的留学回国人员。

第三条　调整工作一般在本省、自治区、直辖市区域或国务院各部委、各直属机构系统内进行。在本地工、本系统确实难以调整的，可以跨地区、跨系统调整。

第四条　调整工作按照“自主择业，双向选择”的原则，由组织或本人联系落实单位，调出、调入单位协商，所在地区

（部门）人事部门审核、批准并办理调整手续。调整工作发生争议，可以向当地人才流动争议仲裁机构申请仲裁。

第五条 跨地区、跨系统调整的留学回国人员，应持调入地市，县以上人事部门批准调入证明，到当地户口登记机关申报入户。其配偶及子女的随迁，按有关户口迁移规定办理。

第六条 对于确因特殊需要，必须调整进京到中央国家机关及其所属单位工作的，按有关规定由接收单位的主管部委报人事部审批。

第七条 国家公派、单位公派的留学回国人员在调整工作时，个人与单位签订了协议（合同）的，培训费按协议（合同）规定办理。未签订协议（合同）的，国家公派的，所在单位不得收取培训费；单位公派的，所在单位可以适当收取培训费。收取标准，按回单位服务的年限，以每年递减总培训费20%的比例计算。

第八条 各省、自治区、直辖市和国务院各部委、各直属机构可根据本办法，结合本地本系统的实际情况制定实施细则，报人事部备案。

第九条 本办法自颁布之日起施行。

劳动和社会保障部关于建立国家高技能人才培养示范基地的通知

（2008年1月4日　劳社部函〔2008〕2号）

各省、自治区、直辖市劳动和社会保障厅（局）、国务院有关部门劳动保障工作机构：

为贯彻落实《中共中央办公厅、国务院办公厅关于进一步加强高技能人才工作的意见》（中办发〔2006〕15号）和《劳动和社会保障部的通知》（劳社部发〔2007〕10号）精神，充分发挥企业和职业院校在高技能人才培养工作中的作用，加快培养速度，扩大培养规模，逐步建立一支与我国经济社会发展相适应的高技能人才队伍，决定在全国建立一批国家级高技能人才培养示范基地（以下简称示范基地）。现就有关问题通知如下。

一、目标任务

全面贯彻落实科学发展观，结合区域经济发展和产业发展的趋势，整合优质资源，统筹规划高技能人才培养基地建设。在全国选择300个管理规范、技术先进、技能人才密集且培养成效显著的大型骨干企业，选择200所规模大、设施完善、特色鲜明，以高级工、技师为主要培养目标的高级技工学校、技师学院，建立示范基地。通过发挥企业和院校示范基地的带动作用，提高企业职工技能水平和整体素质，扩大各类职业院校高技能人才培养规模，整体推进全国高技能人才队伍建设。

二、示范基地认定

示范基地将于2008年和2009年分两批进行认定。示范基地主要从以下四类企业和院校中产生：

（一）国家高技能人才培训工程机电、信息产业、电力三个项目认定的高技能人才培训基地。

（二）历届国家技能人才培育突出贡献奖获奖企业、职业院校。

（三）我部确定的企业内职业技能鉴定试点单位；劳动保障部高技能培训联合委员会成员院校。

（四）各地、各部门认为可以在高技能人才队伍建设工作中发挥示范作用的其他企业和职业院校。

各地劳动保障部门、国务院有关部门、部分行业协会、中央大型企业可按照所分配的名额（见附件），从以上四类企业、院校中推荐第一批示范基地备选企业、院校，并于 2008 年 3 月底之前，将备选企业、院校推荐名单，以及备选单位依据本通知提出的工作任务制定的详细工作方案报我部。我部对各地推荐的企业和院校审核后，公布示范基地名单，示范基地从公布之日起，有效期三年。

三、工作任务

（一）企业示范基地要通过完善高技能人才培养制度，加大高技能人才培养、评价、使用和激励工作，使企业高级工、技师和高级技师在技术工人中所占比重提高 3—5 个百分点。

1. 健全高技能人才培养制度。示范基地要建立技师研修制度，制定包括培训形式、培训时间、保障措施、研修成果、研修考核等内容的具体办法，支持高技能人才参加高新技术开发、同业技术交流以及绝招绝技展示等活动。要建立技能带头人制度，在关键岗位设立“首席工人”“首席技师”，充分发挥高技能人才的示范带动作用。要建立名师带徒制度，根据企业生产需要，可采取双向选择或组织指定的方式，通过师傅在生产岗位上的“传、帮、带”，提高中青年技术工人的技能水平、创新能力和职业素质。

2. 推进高技能人才评价改革。示范基地要成立专门的高技能人才评价组织机构，制定考核评价实施办法。要充分利用自有的场地、设施和设备组织开展鉴定评价，按照统一标准、现场考核、强化督导的原则，采取生产现场的能力考核和工作成果的业绩评定等方法，重点评价企业职工在执行操作规程、解决生产问题和完成工作任务等方面的能力。对在技能岗位工作并掌握高超技能、作出重大贡献的骨干人才，可进一步突破年龄、资历、身份和比例限制，破格或越级参加技师、高级技师评价。

3. 完善高技能人才使用激励机制。要进一步完善技师聘任办法，规范聘任标准和工作程序，按照公开透明、评聘分离的原则，经公示后在核定范围内予以聘任，并落实相关待遇。要制定完善与能力业绩挂钩的企业工资制度和岗位津贴制度，在岗位测评和确定岗位薪酬时，充分考虑技能因素，逐步增加高技能人才的工资收入。制定对关键技术岗位高技能人才在培训、休假、出国进修、健康体检等方面的鼓励办法。推行高技能人才与相应专业技术人才在工资福利方面享受同等待遇的做法。

（二）院校培养基地要深化校企合作，积极推进一体化教学改革，高级工班和预备技师班学生要达到在校生数 50% 以上（或达到 1500 人以上），面向社会和企业在职职工开展高级工、技师和高级技师提高培训，每年不少于 1000 人次。

1. 深入推进校企合作。院校基地要将建立校企合作高技能人才培养制度作为基本办学模式，进一步创新合作模式，开展全方位、深层次、多形式的合作。与企业共同研究确定专业建设、课程设置、培养计划、师资建设、研发课题和学生实习方案；与企业共建学生实习基地，聘请企业专业技术人员和高级技师、技师担任指导教师；承担企业研发项目，支持教师参与企业技术攻关，不断提升合作层次，提高合作的实际效果。

2. 扩大企业在职职工培训规模。院校基地要牢固树立为当地经济建设和企业发展服务的观念，制定面向社会和企业在职人员培养的工作计划，充分利用院校培训资源优势，根据在职人员的生产和生活特点，通过采取全日制与非全日制、弹性学制、学分制等多种方式，不断扩大社会和企业在职职工高技能人才培训规模。

3. 推进一体化教学改革。院校基地可选择1—2个骨干专业，进行“一体化”教学改革。一是开发一体化教学课程。从岗位需求出发，根据工作岗位需要确定专业方向，按照工作任务的逻辑关系设计课程内容和课程体系，将理论教学和实践教学有机结合。二是加强一体化教师队伍建设。完善相关制度，在招聘、使用、待遇等方面对一体化教师给予倾斜。支持骨干教师参加脱产、半脱产以及业余提高培训，支持教师定期到企业参加生产实践，参与企业技术改革等活动。三是建设一体化教室。打破理论课与实践课地点分离的传统授课模式，使理论教学与实践操作训练能够穿插进行，增强学生的直观体验，提高教学质量和效果。

四、组织保障

（一）各地劳动保障部门和国务院有关部门、行业协会、中央大型企业要将示范基地建设工作列入重要工作日程。要确定专门人员，负责此项工作的组织协调。各地劳动保障部门可根据结合本地实际情况，建立本地的示范性高技能人才培训示范基地，推动高技能人才培养工作。

（二）各级劳动保障部门要为示范基地建设提供政策和服务支持。

1. 我部在国家职业标准、国家题库、考务管理软件等方面为示范基地开展高技能人才评价工作提供支持服务；我部及地方劳动保障部门组织开发的教材、课件、课程等优质培训技术，可无偿或以成本价格提供给示范基地内部使用。

2. 各级劳动保障部门组织开展的高技能人才师资培训、职业培训管理人员培训、职业技能鉴定考评人员和质量督导人员业务培训等活动，可分配专门名额，免费培训示范基地相关人员。

3. 各级劳动保障部门在组织开展各级各类评优、评比、评选工作中，适当优先考虑示范基地。

4. 各地劳动保障部门要积极与财政等部门沟通，对示范基地开展的紧缺型高技能人才培养和农民工技能培训鉴定按规定给予经费补贴。

（三）企业示范基地要按照有关规定，认真做好职工培训经费的提取和使用，从职工工资总额中提取1.5%—2.5%的职工培训经费，并确保其中的60%以上的经费用于企业一线职工的教育和培训。有条件的企业可探索建立职工个人学习与培训账户制度，采取单位、个人、工会共同向账户注资的办法，鼓励和支持职工参加职业培训和技能鉴定。

（四）各示范基地要认真按照被批准的具体工作方案组织实施，全面加强高技能人才各项工作，每年12月初向推荐单位报告工作实施情况。各省和有关部门、行业组织、中央大型企业要将本地和本系统示范基地建设工作进展总体情况于每年年底前报送我部。我部将对示范基地实施动态管理，不定期对示范基地进行检查和抽查，对未按照规定开展培训和评价工作的示范基地，将取消其基地资格。

（五）我部将定期组织经验交流活动，沟通情况，推广经验。

附件：第一批国家高技能人才培养基地名额分配表

（附件本书略）

人力资源和社会保障部办公厅关于印发《国家级技能大师工作室建设项目实施管理办法（试行）》的通知

（2013 年 5 月 13 日　人社厅发〔2013〕51 号）

各省、自治区、直辖市及新疆生产建设兵团人力资源社会保障厅（局）：

为贯彻落实《高技能人才队伍建设中长期规划（2010—2020 年）》和《国家高技能人才振兴计划实施方案》，进一步加强对国家级技能大师工作室建设项目的规范管理，推动高技能人才队伍建设，我们起草了《国家级技能大师工作室建设项目实施管理办法（试行）》，现印发给你们，请认真贯彻执行。

国家级技能大师工作室建设项目实施管理办法（试行）

第一章　总　则

第一条　为加强和规范国家级技能大师工作室（以下简称“技能大师工作室”）建设项目管理，确保技能大师工作室建设项目顺利实施，提高资金使用效益，推动高技能人才队伍建设，特制定本办法。

第二条　本办法所指技能大师是指某一行业（领域）技能拔尖、技艺精湛并具有较强创新创造能力和社会影响力的高技能人才。

本办法所指技能大师工作室建设项目是依据申报条件要求，经各省（区、市）人力资源社会保障部门、财政部门评审推荐，人力资源社会保障部、财政部复审确定的技能大师工作室建设项目。

本办法所指项目资金包括中央财政支持技能大师工作室建设项目的补助资金、地方政府安排的配套资金及行业企业支持资金、自筹资金等。

第三条 技能大师工作室建设项目要与区域经济发展密切结合，主要围绕十大振兴产业、战略性新兴产业、先进制造业和经济社会发展急需、紧缺行业（领域）组织实施。

第四条 技能大师工作室主要依托中华技能大奖获得者，部分在技能含量较高的行业和大中型企业工作的高技能人才，以及部分掌握传统技能、民间绝技的技能大师建设。可建在企业或公共职业技能实训基地。

第五条 技能大师工作室的主要功能是发挥高技能领军人才在带徒传技、技能攻关、技艺传承、技能推广等方面的重要作用，面向企业、行业职工及相关人员开展培训、研修、攻关、交流等活动，将技术技能革新成果和绝技绝活加以推广。

第二章 项目申报与评审

第六条 技能大师工作室建设项目申报单位应符合以下条件：

（一）技能大师的条件。技能大师应当是某一行业（领域）技能拔尖、技艺精湛并具有较强创新创造能力和社会影响力的高技能人才，在带徒传技方面经验丰富，身体健康，能够承担工作室日常工作。同时，应具备以下条件之一：

1. 获得中华技能大奖称号；

2. 获得全国技术能手称号或具有技师以上技能水平，积极开展技术技能革新，取得有一定影响的发明创造，并产生较大的经济效益；

3. 具有一定的绝技绝活，并在积极挖掘和传承传统工艺上作出较大贡献。

（二）依托企业建立工作室，企业应当具备的条件：

有符合条件的技能大师；技能人才比较密集；高度重视技能人才队伍建设工作，建立了较为完善的技能人才培养、评价、选拔、使用和激励政策制度；企业职工教育经费用于高技能人才培养、交流等方面的费用不低于50%，能够为技能大师工作室提供相应的资金支持以及包括场所、设备在内的必要工作条件。

（三）依托公共职业技能实训基地建立技能大师工作室，公共职业技能实训基地应当具备的条件：

有符合条件的技能大师；高度重视技能人才队伍建设，制定了一系列加快高技能人才队伍建设的政策措施；能够为技能大师工作室提供相应的资金支持以及包括场所、设备在内的必要的工作条件。

第七条 技能大师工作室建设项目评审按照以下程序进行：

（一）人力资源社会保障部和财政部下发工作通知，明确申报条件、名额及有关要求。

（二）地方评审推荐。各省（区、市）人力资源社会保障部门和财政部门按照公平公正公开原则，严格审核把关，按照名额、条件要求评审确定项目候选单位，并向人力资源社会保障部和财政部报送有关材料，包括：

1. 省（区、市）人力资源社会保障部门和财政部门关于技能大师工作室项目评审结果报告。

2. 项目候选单位提交的相关材料：

（1）技能大师工作室申报表。

（2）申报报告。申报技能大师工作室职业（工种）、技能大师工作室成立的必要性和现有优势、技能大师简介、技能大师工作室计划目标等。

(3) 技能大师工作室所依托的企业或公共职业技能实训基地有关情况说明。包括加快高技能人才队伍建设的政策措施，企业职工教育经费用于高技能人才培养、交流等方面的费用不低于50%的证明材料，能够为技能大师工作室提供资金支持以及场所、设备等工作条件的情况说明。

(4) 企业法人营业执照或主管部门批准成立的文件以及组织机构代码证的复印件。

(5) 技能大师候选人的身份证、中华技能大奖或全国技术能手获奖证书及技师以上职业资格证书复印件。

(三) 部门组织复审。人力资源社会保障部、财政部对技能大师工作室建设项目候选单位进行复审，确定技能大师工作室项目单位。

第三章　项目资金使用范围

第八条　中央财政补助资金主要用于培训用品购置、技能交流推广等费用。地方政府要安排专项资金用于对技能大师工作室技术技能创新研发等活动给予补助，所需资金从地方政府安排的就业专项资金中列支。行业、企业或公共职业技能实训基地为工作室提供办公场所、实训设备等必要的工作条件，并安排技能大师带徒津贴、研究（攻关）项目补贴以及日常工作经费等。

第九条　技能大师工作室建设项目单位要做好以下项目资金管理工作：

(一) 严格实行项目管理，完善项目经费管理制度，做到资金到项目、管理到项目、核算到项目；

(二) 技能大师工作室项目单位要专款专用，确保资金安全和效益。

第四章　项目产出与评估

第十条　技能大师工作室应形成以下项目产出：

（一）技能大师工作室具备固定的场所和必要的工作条件，定期开展活动；

（二）建立完善的技能大师工作室制度、办法，规范运作；

（三）通过传、帮、带，使技艺技能得到传承，年均为企业或社会培养 8 个以上青年技术技能骨干；

（四）将创新成果、绝技绝活、具有特色的生产操作法及时总结推广；

（五）积极开展技术革新并产生一定的经济效益。

第十一条 各省（区、市）人力资源社会保障部门、财政部门要加强对技能大师工作室建设项目单位的日常指导和管理，健全考核、检查和监督制度，定期对技能大师工作室的建设情况和任务完成情况进行考核和评估，对项目运行存在的问题要限期整改，并将有关情况及时报送人力资源社会保障部、财政部。

第十二条 人力资源社会保障部将会同财政部，定期对技能大师工作室运行情况进行检查，并按照项目产出要求，对技能大师工作室建设项目实施情况进行分阶段评估。

第五章　附　则

第十三条 各省（区、市）人力资源社会保障部门和财政部门可根据本办法，结合本地的实际情况，制定具体的项目实施管理办法及细则。

第十四条 技能大师工作室建设项目资金的拨付、使用、管理和监督等，要严格按照财政部项目资金管理办法执行。

第十五条 本办法自下发之日起执行。

第十六条 本办法由人力资源社会保障部负责解释。

人力资源和社会保障部等部门办公厅（室）关于为外籍高层次人才办理签证及居留手续有关事项的通知

（2013 年 7 月 5 日　人社厅函〔2013〕341 号）

各省、自治区、直辖市、新疆生产建设兵团、副省级市党委组织部、人力资源社会保障厅（局）、外事办公室、公安厅（局）、外国专家局，党中央国务院各部门人事部门、引智归口管理部门，有关中央企事业单位人事（人力资源）部门、引智归口管理部门：

为落实《中共中央组织部、人力资源社会保障部等 5 部门关于为外籍高层次人才来华提供签证及居留便利有关问题的通知》（人社部发〔2012〕57 号，下称《通知》）精神，现就为外籍高层次人才办理签证及居留手续的具体事项通知如下：

一、高层次人才引进计划的审核备案

有海外人才引进计划（以下简称引才计划）的中央和国家机关部委、直属机构、中央企事业单位干部人事部门、引智归口管理部门，各省、自治区、直辖市和副省级市党委组织部、政府人力资源社会保障或外国专家部门对所开展的引才计划进行梳理，将符合《通知》要求的引才计划报人力资源社会保障部或国家外国专家局审核。其中，高层次留学人才引进计划报人力资源社会保障部专业技术人员管理司审核；高层次外国专家引进计划报国家外国专家局办公室审核。

上报材料应包括：1. 申报函和引才计划列表；2. 引才计划实施的文件和配套政策；3. 引才计划实施情况。省级以下开展的规模较大、层次较高、具有较强影响力的引才计划备案，由所在地省（区、市）人力资源社会保障或外国专家主管部门汇总上报。

二、签证及居留手续办理流程

引才计划经备案同意后，由人力资源社会保障部或国家外国专家局有关部门通报外交部领事司和公安部出入境管理局。各地方、部门和单位依照《通知》中规定的程序和要求为引进的外籍高层次人才和家属办理签证、长期居留和永久居留手续。其中高层次留学人才和家属办理签证和长期居留手续，由人力资源社会保障部门核定有关材料后将名单送外交或公安部门办理有关手续；高层次外国专家和家属办理签证和长期居留手续，由外国专家部门核定有关材料后将名单送外交或公安部门办理有关手续；外籍高层次人才和家属办理永久居留，由人力资源社会保障部核定有关材料，将名单送公安部办理永久居留手续。

未列入重点引才计划的外籍高层次人才及其家属子女办理签证及居留手续，按照现行有关规定执行。

三、有关要求和说明

（一）各地方、部门和单位要高度重视高层次人才引进计划申报备案及后续签证、居留手续办理工作，切实加强“千人计划”等海外高层次人才服务窗口建设，充分发挥窗口职能作用，为海外高层次人才提供优质高效的服务。

（二）海外高层次人才引进工作小组根据工作进展情况不定期开展重点引才计划申报备案、核定和调整工作。

（三）对于重点引才计划中引进的符合相应条件，且有意愿办理来华定居专家证或外国专家证的外籍高层次人才，按照有关程序分别报人力资源社会保障部或国家外国专家局优先办理。

（四）各地方、部门和单位在引才计划备案和人才手续办理过程中要避免重复申报，人力资源社会保障和外国专家部门将建立工作协调机制，按现有职能分工共同开展好相关工作。

请于2013年9月10日前将申报函、计划列表及申报材料按引才计划性质送人力资源社会保障部专业技术人员管理司或国家外专局办公室。

附件：1. 高层次留学人才名单

2. 高层次留学人才登记表

3. 高层次外国专家名单

4. 高层次外国专家登记表

5. 永久居留人才名单

6. 永久居留人才登记表

（附件本书略）

人力资源和社会保障部办公厅关于印发《专家服务基地建设管理办法》的通知

（2014年6月9日　人社厅发〔2014〕72号）

各省、自治区、直辖市及新疆生产建设兵团人力资源社会保障厅（局），各副省级市人力资源社会保障局：

为推进万名专家服务基层行动计划深入实施，健全专家服务基层长效机制，根据十八届三中全会“健全人才向基层流动、在一线创业的机制”和《专业技术人才队伍建设中长期规划（2010—2020年）》有关要求，我部制定了《专家服务基地建设管理办法》。现印发给你们，请结合实际认真贯彻落实。

专家服务基地建设管理办法

第一章　总　则

第一条　为推动创新驱动发展，加快经济转型，更好发挥专家智力资源对基层经济社会发展的引领支撑作用，促进专家服务基地建设和发展，根据《专业技术人才队伍建设中长期规划（2010—2020年）》，制定本办法。

第二条　专家服务基地作为组织专家与基层需要对接、引导专家服务基层的重要载体和平台，旨在创新高层次人才柔性流动机制，组织引导广大专家利用专业优势，帮助基层集聚创新资源、突破关键技术、优化产业结构、培养急需人才，为基层加快实现创新驱动发展提供人才和智力支撑。

第三条　专家服务基地是专家服务基层工作体系的重要组成

部分。通过加强专家服务基地建设，创新服务方式，丰富服务内容，健全服务体系，逐步建立专家服务基层长效机制，将专家服务基层工作推向深入。

第二章　设　立

第四条　专家服务基地坚持“政府引导、依需设立、协同创新、注重实效”原则，根据国家和地区战略发展布局以及基层创新发展和人才队伍建设需要设立，充分发挥政府引导示范作用，以促进基层创新发展为核心，创新机制，整合资源，引导支持专家在基层充分发挥作用。

第五条　专家服务基地主要依托高新技术开发区、经济技术开发区、产业园区、创业园区、技术示范基地、产业化示范基地、高新技术企业以及地市以下基层科研单位、专业技术协会、农村合作组织和技术中介服务组织等设立。支持确有需要的其他基层单位，结合本地区特色产业、优势行业和战略性新兴产业发展实际，设立专家服务基地。

第六条　专家服务基地可根据基层创新发展总体需要，组织协调各相关行业领域专家，建设综合型服务基地；也可针对特定领域、特定行业、特殊产业发展需要，组织协调对口专家，建设专业型服务基地。

第七条　专家服务基地围绕本地区战略发展布局、重点产业领域发展需要，根据本地区经济社会发展和人才队伍建设实际情况设立，应具有一定承载能力和示范带动效应。具体设立标准、条件由本级人力资源社会保障部门研究确定。

第八条　鼓励和支持各地区、各部门和各行业领域结合实际，建设区域性、行业性专家服务基地，形成上下衔接、优势互补、资源共享的专家服务基地工作体系。

第九条　专家以基地为平台进行科研成果推广转化，可通过技术转让、技术承包、技术入股等自办或合办高新技术企业，可进行技术推广、产品示范、项目合作、联合攻关，可开展决策咨询、技术培训、人才培养、中介服务，可举办科普宣传、支农支教、巡回义诊义演、扶贫服务等公益性服务活动，还可依托基地设立项目试验田、示范推广区、产学研联盟等。鼓励支持基层单位和专家结合实际，探索创新各种务实有效的服务形式。

第十条 服务专家一般应具有副高级以上专业技术职称，有较高的学术造诣和扎实的业务能力，具有服务基层的良好意愿，身体健康，能适应基层环境。专家开展服务基层活动应经本人工作单位同意，不影响本职工作。鼓励入选国家和省部级重大人才工程、承担重大科研工程项目的专家依托基地开展服务。充分发挥离退休专家作用，鼓励和支持他们在身体健康、本人自愿基础上，依托基地开展服务。

第三章 管 理

第十一条 专家服务基地实行分级管理制度，坚持因地制宜，积极探索符合市场规律、适应基层需要、契合专家特点的基地管理模式。

第十二条 人力资源社会保障部是专家服务基地的综合管理部门，负责研究制定专家服务基地建设管理的宏观规划、政策措施，指导全国专家服务基地建设和发展，负责国家级专家服务基地的设立、指导和管理等。

第十三条 各级人力资源社会保障部门按照国家专家服务基地建设管理的方针政策，结合本地实际情况，制定本地区专家服务基地建设管理的配套政策措施，负责本地区专家服务基地建设发展的组织实施、协调指导等。

第十四条 基地依托单位负责专家服务基地建设具体工作，制定完善专家服务基地建设管理细则和发展计划，加强基地软硬件环境建设，配备相应管理和技术人员，保障合作项目资金投入，为专家在基层顺利开展工作创造良好条件。

第十五条 专家与基地或其依托单位在平等自愿、互惠互利的基础上签订合作协议，按照国家有关规定，明确双方的权利、义务，明确专家服务时间、方式和知识产权归属等。

第十六条 加强专家服务基地动态管理，对经济社会效益显著、基层和专家认可、为当地经济社会发展作出突出贡献的，按照国家有关规定予以表彰或奖励；对组织专家推进基层创新发展作用发挥不好的，提出整改意见，限期整改。

第四章 保 障

第十七条 充分发挥人力资源社会保障部门政府人才工作和专家工作综合管理部门职能作用，调动发挥各方面积极性、主动性、创造性，加强政策、人才、资金、信息、服务支持，推进专家服务基地建设，为组织引导专家服务基层创造良好的政策环境。

第十八条 积极构建多元化的投入保障机制。国家给予国家级专家服务基地一定经费支持，用于补贴专家服务，开展相关工作。鼓励各省市结合实际设立专项经费或通过购买服务、场地补贴、项目补助等多种方式，支持专家服务基地建设发展和专家服务基层工作。创新投融资机制，积极引导、充分吸收社会资金参与专家服务基层工作。

第十九条 完善支持专家服务基层的政策措施。制定完善双向挂职、短期工作、项目合作等灵活多样的柔性流动政策，对服务基层专家在项目申报、课题申请、继续教育、职称评聘、学术休假以及入选各类重点人才选拔培养奖励项目等方面予以适当倾斜。

第二十条 推动产学研用有机融合。鼓励专家服务基地与科研院所、高等院校、高新技术企业等建立创新联盟，逐步健全资源共享、合作研发、联合培养人才等融合互动机制，完善优势互补、合作双赢的产学研合作机制，逐步构建体制创新与技术创新有机融合的创新平台。

第二十一条 促进高新技术成果转化。支持专家以专利、专有技术、科研成果等在基地创办高新技术企业，符合条件的享受国家有关高新技术、产业税收、支农优惠和企业研发费用加计扣除等政策，按照国家有关规定给予期权、股权激励。鼓励有条件的基地或其依托单位设立创业扶持资金、风险投资基金等，加大税收优惠、财政贴息力度，健全创业服务体系，营造良好的创业环境。

第二十二条 积极探索协同创新的合作机制。鼓励和支持专家服务基地结合实际，进行有利于成果转化、项目对接和基地高效运转的政策创新、机制创新、管理创新和运行模式创新。鼓励各高等院校、科研院所、大型企业等高层次人才聚集的单位，依托各级专家服务基地，主动深入基层开展多种形式的服务活动。推进协同创新，凝聚各方资源，激发专家服务基层、融入经济社会发展主战场的内生动力。

第二十三条 充分发挥专家服务基地的桥梁纽带和平台载体作用。建立完善专家信息库、基层需求库、科技成果转化数据库等，搭建基层单位与专家资源对接平台，加大专家服务基地横向交流和资源共享，推进专家智力资源与基层需求有效对接，畅通合作渠道。

第二十四条 加强专家服务基地的联系与服务。加大基地工作人员培训力度，不断更新观念，创新工作方法，提高工作效率和服务水平。加强专家服务基地信息交流和舆论宣传工作，及时跟踪了解基地建设面临的新情况新问题，总结交流基地建设典型经验，宣传推广专家服务基层的典型事迹和突出贡献，推动专家服务基地健康发展。

第五章　国家级专家服务基地

第二十五条 国家级专家服务基地由人力资源社会保障部审

核认定。国家级专家服务基地围绕国家发展战略、重点行业领域、战略性新兴产业发展需要，应具有较强承载能力和良好示范带动效应，能够引领带动全国各级各类专家服务基地科学发展。

第二十六条 国家级专家服务基地一般从各地区设立的专家服务基地中遴选产生，应具备下列条件：

（一）所在省市人民政府高度重视专家服务基地建设工作，对服务基地有一定投入，建设单位能够提供相应匹配资金，具备开展专家服务活动的软硬件条件。

（二）基地依托单位及周边地区有较密集的智力资源，具有较好的技术创新实力和科研基础，在技术攻关、项目合作、成果转化、技术咨询、人才培养等方面需求较强，具有较强的辐射效应。

（三）有扎实的专家服务基层工作基础，与对口专家建立了良好联系，组织开展专家服务活动取得良好经济社会效益，能定期组织开展专家服务活动，具有较好示范带动效应。

（四）基地建设规章制度较为完备，具有配套的管理机构、服务体系和管理服务人员队伍，能为专家开展技术攻关、项目合作、成果转化、技术咨询、人才培养等提供支持措施和服务平台。

第二十七条 人力资源社会保障部根据国家专家服务基地建设规划和工作安排，统一部署国家级专家服务基地申报工作。符合条件的专家服务基地，按照行政隶属关系向各地人力资源社会保障部门逐级申报，并由副省级城市以上人力资源社会保障部门审核推荐。人力资源社会保障部对各地区推荐的专家服务基地进行综合评估，对认定的国家级基地颁发“国家级专家服务基地”标牌。

第二十八条 人力资源社会保障部对国家级专家服务基地给予一定经费资助，在宏观指导、部门协调、政策倾斜、信息交流、专家推荐、舆论宣传等方面给予支持。

第六章　附　则

第二十九条　各地区人力资源社会保障部门可依据本办法，制定本地区专家服务基地建设管理办法。

第三十条　本办法自发布之日起施行。

人力资源和社会保障部 全国博士后管理委员会关于贯彻落实《国务院办公厅关于改革完善博士后制度的意见》有关问题的通知

（2017 年 3 月 13 日　人社部发〔2017〕20 号）

各省、自治区、直辖市及新疆生产建设兵团人力资源社会保障厅（局），国务院有关部委、直属机构人事（干部）部门，中央军委政治工作部干部局，各博士后设站单位：

博士后制度是我国培养高层次创新型青年人才的一项重要制度。改革完善博士后制度，提高博士后培养质量，推动博士后事业科学发展，是贯彻党的十八大精神，深入实施人才优先发展战略，加快建设人才强国的根本要求。2015 年 11 月，国务院办公厅印发了关于改革完善博士后制度的意见（国办发〔2015〕87 号，以下称《意见》），对今后一段时期的博士后制度改革提出了总体要求，指明了发展方向。为确保《意见》的贯彻落实，进一步做好博士后工作，现就有关问题通知如下：

一、优化博士后工作平台建设

按照国务院推进简政放权、放管结合、转变政府职能的要求，进一步优化博士后工作平台建设。博士后科研流动站（以下简称“流动站”）在五年内获得过综合评估优秀等次的，其设站单位中具有博士学位一级学科授予权或建有国家重点科研平台的非设站学科，经省级博士后管理部门推荐，全国博士后管委会办公室（以下称“全国博管办”）备案后，可招收博士后人员。博士后科研工作站（以下简称“工作站”）设站 3 年以上、近 3 年累计招收博士后人员不少于 6 人、博士后工作成效突出的，经省级博士后管理部门推荐、全国博管办核准，可独立招收博士后人员。园区类工作站设立、注销分站，由省级博士后管理部门核准，报全国博管办备案。流动站、工作站严重违反博士后工作有关规定或丧失设站条件的，可由相应博士后管理部门提出建议，报全国博管办注销。

二、严格博士后人员招收管理

明确博士后人员定位，进一步加强博士后人员的招收管理。年龄在35周岁以下、获得博士学位一般不超过3年的人员，可申请从事博士后研究工作。申请进入工作站、人文社会科学领域或人才紧缺的自然科学领域流动站的人员，年龄可适当放宽。严格控制设站单位招收本单位同一一级学科、超龄、在职的博士后人员比例。不得招收党政机关领导干部在职从事博士后研究工作。规范博士后人员挂职锻炼，博士后人员在设站单位全职从事研究工作的时间不得少于两年，减少自然科学领域博士后挂职锻炼数量。

对通过出站考核的博士后人员发放《博士后证书》。《博士后证书》一般由省级博士后管理部门或设站单位印发。获得博士后创新人才支持计划、博士后国际交流计划等国家专项计划资助的博士后人员的《博士后证书》由全国博士后管理委员会印发。

规范博士后人员退站管理。具有下列情形之一，设站单位在告知本人或公告后须予以退站：进站半年后仍未取得国家承认的博士学位证书的；提供虚假材料获得进站资格的；中期或出站考核不合格的；严重违反学术道德，弄虚作假，影响恶劣的；被处以刑事处罚的；因旷工等行为违反所在单位劳动纪律规定，符合解除劳动（聘用）合同情形的；因患病等原因难以完成研究工作的；出国逾期不归超过30天的；合同（协议）期满，无正当理由不办理出站手续或在站时间超过6年的；其他情况应予退站的。人事档案、户口转至设站单位的博士后人员退站后，应将人事档案按照有关规定转至人事（劳动）关系接收单位或公共就业和人才服务机构，将户口按照有关规定迁移至进站前常住户口所在地。

三、提升博士后工作服务水平

按照《意见》要求认真落实博士后人员相关待遇，提升博士后工作服务水平。作为具有流动性质的科研人员，博士后人员在站期间享受设站单位职工待遇，计算工作年限。进站前无工作经历的博士后人员参加工作时间从进站之日起计算。事业单位性质的设站单位所招收的博士后人员，实行岗位绩效工资制度，执行专业技术人员基本工资标准。对进站前未进行过职称评定的博士后人员，设站单位应予以认定中级职称，在博士后人员期满出站前，可对其进行职称评定或提出评定意见。博士后人员在站期间的科研成果应作为在站或出站后评定职称的依据。设站单位应按有关规定为博士后人员缴纳社会保险。

规范博士后人员及其家属户口档案办理。未将人事档案转至设站单位的博士后人员，不予办理其进出站户口迁落手续及出站时配偶、未成年子女的户口随迁手续。博士后人员期满出站后，未办理工作派遣手续的，其户口和人事档案按规定转至其进站前常住户口所在地及当地公共就业和人才服务机构。

四、发挥博士后设站单位主体作用

充分发挥高校、科研院所、企业在博士后人员招收培养中的主体作用。设站单位应与博士后人员签订事业单位聘用合同或企业劳动合同（在职博士后人员签订工作协议），结合科研项目要求签订科研计划书。流动站博士后合作导师应具有博士生指导教师资格或正高级专业技术职务，工作站博士后合作导师应具有高级专业技术职务。设站单位可根据研究项目需要，在2—4年内灵活确定博士后人员在站时间。对进站后承担国家重大科技项目的博士后人员，经设站单位同意，可根据项目期限和承担任务调整在站时间。从事博士后研究工作的总期限不得超过6年。

各地、各部门要充分认识做好博士后工作的重要意义，加强组织领导，明确职责分工，积极协调配合，形成工作合力，共同推动博士后工作科学发展，更好发挥博士后制度在培养高层次创新型青年人才、推动大众创业万众创新中的独特作用。各地、各部门和各设站单位可根据本通知精神，结合实际情况制定具体实施办法。

本通知自发布之日起施行。此前颁布的博士后工作的相关文件凡与本通知不符的，以本通知为准。

山东省人民政府办公厅转发省人力资源和社会保障厅等部门《关于加强博士后工作提升企业创新能力的意见》的通知

（2013年3月26日　鲁政办发〔2013〕5号）

各市人民政府，各县（市、区）人民政府，省政府各部门、各直属机构，各大企业，各高等院校：

省人力资源社会保障厅、省委组织部、省编办、省经济和信息化委、省教育厅、省科技厅、省公安厅、省财政厅《关于加强博士后工作提升企业创新能力的意见》已经省政府同意，现转发给你们，请认真贯彻落实。

关于加强博士后工作提升企业创新能力的意见

为进一步发挥博士后制度在吸引、培养和使用高层次创新型人才、促进产学研结合方面的独特作用，提升企业创新能力，根据《山东省中长期人才发展规划纲要（2010—2020年）》，现提出如下意见：

一、总体要求和主要目标

1. 总体要求。按照“改革完善制度、着力提高质量、优化结构布局、鼓励多元投入、健全服务体系、造就创新人才”的要求，坚持博士后工作服务于经济社会发展的需要，坚持人才培养和使用相结合，坚持产学研相结合，坚持政府主导与充分发挥设站单位作用相结合，加快培养造就一支具有自主创新能力的博士后人才队伍，提高企业创新能力，为实现经济文化强省战略目标提供人才保障和智力支持。

2. 主要目标。到 2015 年，全省博士后站设站总数达到 300 个，其中科研流动站 120 个、科研工作站 180 个；年招收博士后研究人员超过 600 人，在站博士后研究人员达到 1800 人左右。到 2020 年，博士后站设站数量、招收人数力争有新的突破。全省博士后研究人员的专业结构进一步优化，整体素质、自主创新能力、重大科研成果转化率明显提高，博士后工作在推动全省经济发展方式转变和产业结构调整升级方面的作用更加突出。

二、大力加强博士后站建设，打造高层次创新人才培养使用平台

3. 稳步扩大博士后科研流动站、工作站规模。重点加强资源环境、新能源、现代农业、海洋开发与应用、新材料、电子信息、现代生物等领域的博士后站建设。新设立博士后科研流动站，主要向重点学科、优势学科、重点实验室和新兴学科的一级学科倾斜。积极支持我省基础产业、优势产业和重点支柱产业领域内的大中型企业、高新技术企业以及科研开发型事业单位、高新技术开发园区，申报设立博士后科研工作站，促进创新要素向企业集聚，增强企业创新能力。承担或参加“863”、“973”等国家重大科研项目的单位可优先推荐申请设站。

4. 探索建立博士后创新实践基地。服务县域经济发展，选择在具有较强科技、经济实力和良好发展前景但暂不具备设立博士后科研工作站条件的高新技术企业和经济技术、高新技术开发区设立省博士后创新实践基地，采取市场化运作、委托培养的方式，由博士后科研流动站代为招收博士后研究人员。对管理规范、条件成熟的企业，优先推荐设立博士后科研工作站。

5. 着力拓展和提升博士后站的功能。支持行业骨干企业与高等院校、科研院所合作组建产业技术创新战略联盟和产业共性技术研发基地，构建技术研发、专利共享和成果转化推广的平台和机制，通过联合研发重大创新项目，掌握核心关键技术，构建产业链。鼓励博士后科研流动站的合作导师及教师到科研工作站（基地）开展项目合作研究，逐步形成优势互补、资源共享、相互促进的深层次合作机制，推动产学研结合。把博士后科研工作站建设与省级企业技术中心、工程技术研发中心、重点实验室的发展结合起来，使其成为高新技术项目的研发平台、高科技成果的孵化器和高层次科技、管理人才的培养基地。

6. 注重提高设站质量和效益。加强指导，严格申报推荐标准和程序，提高设站质量。按照博士后科研流动站、工作站评估指标体系，严格博士后工作考核评估，建立健全博士后站发展“优存劣汰”的竞争机制和退出机制。对博士后站制度完善、管理规范、规模较大、人才结构合理、科技成果突出、经济社会效益显著的设站（基地）单位按规定予以奖励。对管理不善、评估不合格以及设站 2 年以上仍未开展博士后研究人员招收工作的流动站、工作站，视情况给予警告，并责令限期整改；整改后仍不符合要求的，按照规定程序撤销设站资格。

三、强化措施，培养造就高水平创新型博士后研究人员

7. 不断加大博士后研究人员招收力度。各设站单位在保证博士后研究人员培养质量的前提下，吸引更多的海内外优秀博士来我省从事创新研究，每个流动站每年招收博士后研究人员一般不少于 5 人，工作站在站人数不少于 2 人。

8. 着力提升博士后研究人员的自主创新能力。大力推行“人才+项目”的培养模式，加强博士后研究人员与国家、省重大科研项目和重大工程、重点学科、重点科研基地的结合，建设一批高层次创新型人才培养基地。对从事基础性、前沿性、原创性、重大项目研究的博士后研究人员，其在站时间可以根据项目研究需要适当延长，确保研究取得成效，努力掌握一批核心技术，拥有一批自主知识产权。

9. 进一步加强对博士后研究人员的管理和考核。严格进站遴选和出站考核制度，完善目标管理、绩效评估、纪律约束、择优汰劣等管理办法，确保培养质量。根据企业的特点，完善企业博士后研究人员考核评价机制，更加注重博士后研究人员在发明专利、解决技术难题、技术创新和对企业经济效益等方面作出的贡献。探索建立博士后研究人员薪酬待遇与成果转化收益相挂钩的模式，进一步提高他们的创新积极性。

10. 逐步规范联合培养博士后工作。积极推动高等院校、科研院所与博士后科研工作站加强交流与合作，支持和鼓励高等院校和科研院所具有博士学位的青年教师和科研人员到企业从事博士后创新研究，进站年龄可适当放宽，引导更多优秀人才和智力向企业集聚。突出博士后科研工作站在联合招收博士后研究人员中的主体地位，引导流动站积极向工作站提供科研支持和专家指导，主动帮助工作站做好创新项目课题论证、博士后研究人员招收等工作。

11. 充分发挥博士后创新项目专项资金的激励引导作用。提高资金使用效益，重点资助发展潜力大、创新能力强的优秀博士后研究人员从事的研究项目，支持他们从事原创性、基础性、前瞻性和重大公益性课题研究。在项目评审论证时，对博士后科研工作站（基地）申报的创新项目给予适当倾斜。

12. 努力扩大博士后工作的国际交流与合作。支持和引导设站单位与海外高水平教育、科研机构和企业建立联合研发基地，合作招收和培养博士后研究人员，积极开展与项目相关的国际学术交流与合作。鼓励设站单位招收海外留学博士和优秀外籍博士从事博士后创新研究，资助优秀博士后研究人员参加国际学术会议、开展合作研究、短期培训和考察访问等活动。鼓励优秀博士后出站人员积极申报国家留学基金委和省政府资助出国留学项目，赴国外研修。

13. 注重加强博士后合作导师队伍建设。充分发挥博士后合作导师在招收、培养优秀博士后研究人员中的主导作用，大力支持院士和专家学者担任博士后研究人员的合作导师。各有关部门、设站单位要制定优惠政策，引进和聘用国内外一流的科学家、著名学者担任博士后合作导师，提高博士后导师队伍的层次。

四、积极创造条件，用好优秀博士后创新人才

14. 鼓励期满出站博士后研究人员留鲁工作。优秀博士后研究人员自愿到我省高等院校、科研机构、医疗卫生等事业单位工作的，不受单位岗位等限制；简化招聘程序，可采取直接考核的方式聘用；配偶、未婚子女、父母（岳父母、公婆）及其他符合规定的近亲属可随迁户口。确定正式聘用关系后，用人单位一次性拨给一定数额的安家费，由博士后研究人员个人支配使用。

15. 采取多种方式吸引博士后研究人员来鲁创业。省外博士后研究人员期满出站后来我省工作的，享受我省规定的博士后人员和引进高层次人才的优惠政策和待遇，按《山东省人才柔性流动若干规定》（鲁政发〔2002〕60号）办理《山东省外来人才聘用证》，并在家属子女随迁、注册企业、税收、工资分配、社会保障等方面享受规定的优惠政策。

16. 积极支持博士后研究人员领办、创办科技型企业。对于携带高新技术成果领办、创办的科技型企业，科技、教育、经济和信息化等有关部门要在申报高新技术产业化项目、申请科技型中小企业创新基金项目等方面给予重点扶持。鼓励创业风险投资机构投资博士后研究人员创办的高新技术企业或科技型企业，扶持博士后研究人员创办的高新技术企业上市。

17. 加大博士后研究人员使用力度。企业、高等院校、科研院所要将博士后研究人员纳入单位后备人才队伍重点培养，注意从中选拔优秀人才担任技术、学术带头人。放手让博士后研究人员发挥作用，赋予他们在课题立项、经费使用、团队组建、项目实施等方面的主导权，鼓励其领衔承担“863”“973”等国家重大课题和省部级重点科技攻关项目。

五、加大投入力度，完善多元化投入机制

18. 发挥政府投入的导向作用。各级政府要逐步加大对博士后事业发展的投入力度，围绕全省经济社会发展战略，采取择优扶持博士后创新项目等方式，支持、引导设站（基地）单位不断改善博士后工作生活条件和科研环境，实现产学研深度融合。

19. 不断完善多方投入机制。充分运用市场手段，调动各方面积极性，采用设立奖励基金、企业冠名、联合投资等形式，引导各类社会资金投入博士后事业，逐步建立以政府资助为导向、设站（基地）单位和社会投入为主体的多元化投入机制。

20. 强化项目经费支持。财政、科技、教育等部门要统筹考虑年度财政资金使用，根据自主创新和学科建设需要，优先支持博士后研究人员承担、参与部分科研课题，在项目立项和经费使用上予以倾斜。

21. 提高资金使用效益。引入绩效评价机制，建立定期评估制度，对设站（基地）单位经费使用的效益、人才培养质量和成果质量进行定期评估。

六、完善机制，营造有利于创新型博士后人才成长发展的良好环境

22. 建立博士后工作管理协调机制。建立由人力资源社会保障部门牵头，财政、教育、科技等有关部门和专家组成的博士后工作管理协调委员会，做好博士后工作发展规划、政策保障等重大问题协调工作。

23. 建设高素质的博士后管理人员队伍。各级人力资源社会保障部门要认真履行职责，配备专职人员负责博士后管理工作，各设站单位也要配备专职人员负责博士后日常管理工作。选拔政治素质好、业务过硬的专业人员充实到博士后管理人员队伍，提高博士后管理工作的效率和水平。

24. 充分发挥博士后联谊会作用。成立“山东省博士后联谊会”，加强与各省市博士后联谊会的交流、互动，为博士后研究

人员搭建交流合作、资源共享和增进感情的平台，实现博士后研究人员的自我管理、自主服务、共同发展。

25. 完善博士后研究人员服务保障体系。加快博士后工作信息化建设，逐步实现博士后研究人员进出站审批、中国博士后科学基金申报和山东省博士后创新项目专项资金申报等网上办理。按照与设站（基地）单位职工享受同等待遇的原则，及时将博士后研究人员纳入基本养老、医疗等社会保障制度，所需资金执行设站（基地）单位职工社会保障资金的筹集办法。探索通过租住博士后公寓或其他住房、发放住房补贴等多种形式，保障博士后研究人员住房；协调解决博士后研究人员配偶安置、子女入学等问题，切实解除博士后研究人员后顾之忧。

26. 加强对博士后工作的宣传。充分发挥舆论的激励引导作用，通过报纸、广播、电视、网络等媒体及时向社会发布信息，宣传优秀博士后研究人员及其创新成果，努力在全社会形成支持博士后工作、鼓励企业创新的浓厚氛围，为我省博士后事业的加快发展和高层次创新人才快速成长创造良好环境。

山东省人民政府办公厅关于印发《齐鲁首席技师选拔管理办法》的通知

（2015年12月1日　鲁政办字〔2015〕233号）

各市人民政府，各县（市、区）人民政府，省政府各部门、各直属机构，各大企业，各高等院校：

《齐鲁首席技师选拔管理办法》已经省政府同意，现印发给你们，请结合实际，认真贯彻执行。

齐鲁首席技师选拔管理办法

第一章　总　则

第一条　为加快培养技艺精湛、素质过硬、适应经济转型发展需要的高端技能人才，引领带动全省高技能人才队伍发展，进一步激发和调动广大技能劳动者学技术、比贡献的积极性，更好地为建设经济文化强省服务，根据《中共山东省委山东省人民政府关于加强人才工作的意见》（鲁发〔2009〕11号）、《中共山东省委山东省人民政府关于印发〈山东省中长期人才发展规划纲要（2010—2020年）〉的通知》（鲁发〔2010〕11号）和《中共山东省委办公厅、山东省人民政府办公厅印发〈关于加强党管人才工作的实施意见〉的通知》（鲁办发〔2013〕12号），制定本办法。

第二条　本办法所称齐鲁首席技师，是指在生产一线从事技术技能工作，具有良好职业道德、高超技能水平、丰富实践经验、业绩贡献突出，在全省乃至全国本行业（领域）影响带动作用大、得到广泛认可，经选拔认定的优秀高技能人才。

第三条 齐鲁首席技师选拔工作坚持党管人才原则，坚持公开、公平、竞争、择优原则，统筹考虑技术技能型、知识技能型、复合技能型等高技能人才的不同特点和行业（领域）分布。

第四条 齐鲁首席技师每年选拔一次，每次人数不超过150名，管理期限为4年。

第五条 齐鲁首席技师选拔管理工作由省人才工作领导小组统一领导，省委组织部、省人力资源社会保障厅、省财政厅等部门组成齐鲁首席技师选拔管理工作办公室（以下简称“省选拔管理工作办公室”）。办公室设在省人力资源社会保障厅，负责具体实施工作。

第二章 选拔范围和条件

第六条 齐鲁首席技师选拔范围：全省各类所有制经济、社会组织中，获得设区的市、省属行业、省管企业或中央驻鲁单位首席技师称号，具有技师以上职业资格并在生产一线岗位直接从事技术技能工作的高技能人才，重点从我省国民经济发展支柱产业和战略性新兴产业相关企业中选拔。

第七条 选拔人选须具备下列条件：

（一）热爱祖国，遵纪守法，爱岗敬业，具有良好的职业道德和社会公德，担当意识强，为所在单位发展作出突出贡献；

（二）职业技能在全国或全省本行业（领域）处于领先水平，近4年内获得过“中华技能大奖”、“全国技术能手”、“省有突出贡献的技师”、“省技术能手”等称号；或者成为享受国务院颁发政府特殊津贴人才；或者在全国职业技能竞赛中获得一等奖，在省级一类职业技能竞赛中获得前两名，在省级二类职业技能竞赛中获得第一名；

（三）在技术上有重要发明创造或革新成果，具有绝招绝技，创造了同行业公认的先进操作法，在编制国家级标准工艺、工作法方面具有突出贡献，取得较好经济社会生态效益；

（四）在传技带徒方面成绩突出，所带徒弟多人成为企业技能骨干、在各类职业技能竞赛中取得优异成绩；

（五）年龄一般不超过55周岁，同等条件下优先从45周岁以下的高技能人才中选拔。

第三章　选拔方法和程序

第八条　齐鲁首席技师选拔采取自下而上、逐级推荐、专家评审、组织审定的方式进行。各设区的市、省直有关部门、省行业协会、省管企业及中央驻鲁有关单位负责推荐本地、本单位、本行业系统候选人。不受理个人申请。

第九条　齐鲁首席技师选拔按照下列程序进行：

（一）部署申报。每年第一季度，根据省人才工作领导小组统一部署，省委组织部、省人力资源社会保障厅下发申报工作通知，明确时间进度和工作要求。

（二）组织推荐。各设区的市、省直有关部门、省行业协会、省管企业及中央驻鲁有关单位受理申报后，组织专家进行初步评审，形成推荐人选。推荐人选公示5个工作日无异议的，报省选拔管理工作办公室。推荐时需报送以下材料：

1. 齐鲁首席技师申报表；

2. 1000字左右的事迹材料；

3. 申报人职业资格证书、获奖情况、主要技术成果以及相关证书等证明材料。

（三）资格审查。省选拔管理工作办公室根据评选条件和标准，对推荐人选的资格条件、申报材料等进行形式要件审查。材料弄虚作假者，取消申报资格。

（四）评审遴选。省选拔管理工作办公室于每年第二季度组织专家进行评审，在充分讨论和记名投票表决基础上，提出齐鲁首席技师建议人选名单。

（五）考察公示。省选拔管理工作办公室将建议人选名单在有关网站和申报单位公示，公示期为 5 个工作日。公示期满后，组织实地考察。

（六）颁发证书。公示和考察均无异议的，提交省人才工作领导小组研究。省人才工作领导小组研究通过后报省政府同意，由省政府办公厅发文公布名单，并颁发证书。

第四章　待　遇

第十条　齐鲁首席技师在管理期内，每人每月享受省政府津贴 1000 元。津贴每年集中发放一次。当年新评选的齐鲁首席技师津贴于次年发放。

第十一条　齐鲁首席技师纳入山东省高层次人才库，省人力资源社会保障厅每年组织部分齐鲁首席技师参加省情考察、咨询等活动。强化教育培训，省人力资源社会保障厅于评选当年或下一年度对新评选产生的齐鲁首席技师轮训一遍。

第十二条　用人单位对齐鲁首席技师可以参照企业经营者实行年薪制，其技术成果转化所得收益，应按照一定比例分配给个人。

第十三条　建立企业补充医疗保险的用人单位，应对齐鲁首席技师基本医疗保险政策范围内个人负担的医疗费用，给予适当补助。设区的市每年组织高层次人才健康查体时，应当安排齐鲁首席技师参加。用人单位应当依法安排齐鲁首席技师带薪休假。

第十四条　齐鲁首席技师在管理期内，在用人单位需要、本人自愿的前提下可暂不办理退休手续；管理期结束后且达到法定退休年龄的，经本人申请、用人单位同意、设区的市级以上人力资源社会保障部门核准，可以推迟退休，推迟的年限一般不超过 3 年。

第五章　管　理

第十五条　齐鲁首席技师要在企业生产发展和管理、技术革新和项目攻关、高技能人才培养等方面，发挥积极作用。

（一）用人单位要积极组织齐鲁首席技师参与重点生产建设项目咨询和重大技术联合攻关，开展同行业技能交流、绝招绝技展示等活动，充分发挥其示范带动作用；

（二）在省内重点产业、骨干企业选择建立“齐鲁首席技师工作站”，组织齐鲁首席技师开展技艺传承、技能推广等活动，建立高技能人才技术技能创新成果和绝技绝活代际传承机制；

（三）有关部门和用人单位要积极创造条件，有计划地安排齐鲁首席技师脱产学习、参观考察、参加同业技术技能交流；

（四）齐鲁首席技师在申请科研项目、申报新技术推广应用时，有关部门和所在单位要优先给予政策、经费等支持；

（五）加强联系服务，各级要建立党员领导干部联系齐鲁首席技师制度，及时协调帮助解决生产生活中的实际困难；

（六）强化舆论宣传，依托各级新闻媒体大力宣传齐鲁首席技师的先进事迹和突出贡献，形成全社会关注支持高技能人才工作的良好局面，为高技能人才队伍发展营造良好环境。

第十六条　齐鲁首席技师在有关部门和所在单位安排下，承担以下职责和义务：

（一）做好所在职业（工种）领域技术技能传帮带工作，加快培养一批青年技术技能骨干；

（二）发挥职业技能优势，积极参与技术攻关、技能革新、发明创造等活动，帮助企业解决生产操作、技术工艺等方面难题；

（三）积极参加行业性、区域性技术交流会议、技能演示活动，及时总结推广创新成果和具有特色的生产操作法；

（四）配合做好高技能人才宣传工作。

第十七条 省选拔管理工作办公室建立齐鲁首席技师档案，每年年底，对其工作情况进行年度评估，结果作为发放津贴的重要依据；管理期满后，对其工作成效进行期满评估。期满评估结果分“优秀”、“合格”、“不合格”三个等次。期满评估“优秀”的，经用人单位和本人同意，且符合齐鲁首席技师选拔条件，可直接纳入下一管理期支持，最多连续支持2个管理期。期满评估“合格”的，可参加新一批齐鲁首席技师选拔申报。期满评估“不合格”的，取消齐鲁首席技师资格；单位负有责任的，取消单位当年申报齐鲁首席技师资格。

第十八条 管理期内，齐鲁首席技师在用人单位取得以下标志性成果之一的，可参评“优秀”等次，每批“优秀”等次数量不超过评估总数的十分之一。

（一）在管理期内获得“中华技能大奖”“全国技术能手”、享受国务院颁发政府特殊津贴人才等国家级人才称号；

（二）在技术技能革新、项目攻关等方面取得新的重大突破性成果，产生重大经济社会生态效益，得到业内及社会公认；

（三）在技术技能推广、传技带徒等方面成效十分显著，所带徒弟有1人以上获得国家或省级人才称号。

第十九条 齐鲁首席技师在管理期内不再从事技术技能岗位工作或者调往省外的，可继续保留齐鲁首席技师资格，但不再享受有关待遇。

第二十条 齐鲁首席技师有下列情形之一的，报经省人才工作领导小组办公室批准，取消其资格，收回证书并停止相应待遇：

（一）在管理期内有违法违纪行为或者重大过失的；

（二）无正当理由拒不承担本办法规定的职责和义务的；

（三）采取弄虚作假、谎报成果等不正当手段骗取齐鲁首席技师资格的；

（四）其他应当取消齐鲁首席技师资格的行为。

第六章　附　则

第二十一条　本办法自 2016 年 1 月 1 日起施行，有效期至 2020 年 12 月 31 日。2011 年 11 月 10 日印发的《山东省首席技师选拔管理办法》（鲁政办发〔2011〕63 号）同时废止。

山东省人民政府办公厅关于印发《山东省有突出贡献的中青年专家选拔管理办法》的通知

（2017 年 5 月 21 日　鲁政办发〔2017〕43 号）

各市人民政府，各县（市、区）人民政府，省政府各部门、各直属机构，各大企业，各高等院校：

《山东省有突出贡献的中青年专家选拔管理办法》已经省政府同意，现印发给你们，请认真贯彻执行。

山东省有突出贡献的中青年专家选拔管理办法

第一章　总　则

第一条　为大力实施人才强省战略，进一步做好高层次创新型中青年领军人才的选拔培养工作，努力营造尊重劳动、尊重知识、尊重人才、尊重创造的社会环境，充分调动广大专业技术人员的积极性和创造性，更好地为我省经济和社会发展服务，根据《山东省中长期人才发展规划纲要（2010—2020 年）》、中共山东省委印发《关于深化人才发展体制机制改革的实施意见》的通知（鲁发〔2016〕22 号）及有关规定，制定本办法。

第二条　本办法所称山东省有突出贡献的中青年专家是山东省人民政府设立的专业技术人员专项荣誉。选拔工作在我省企业事业单位和民办非企业单位中开展。选拔对象是长期在我省自然科学、社会科学各学科、领域和经济、社会发展各行业专业技术岗位上工作，为全省经济社会发展作出突出贡献的中青年专业技术人员。

下列人员不列入选拔范围：（一）在企事业单位中担任党政领导职务，不再直接从事专业技术工作的；（二）事业单位中兼职聘用（任）在四级及以上管理岗位的；（三）省委管理领导班子的省属国有重要骨干企业的领导班子成员，省委管理正职的国有企业正职，省国资委党委管理的企业领导班子成员；（四）入选其他省（部）级及以上人才工程后，没有取得新的重大贡献的；（五）已当选山东省有突出贡献的中青年专家的；（六）其他不适宜列入选拔范围的。

第三条 山东省有突出贡献的中青年专家每2年选拔一次，每次选拔120名左右，管理期限为5年，自批准之日的次月起开始计算。

第四条 山东省有突出贡献的中青年专家的选拔管理坚持以下原则：

（一）服务于经济建设和社会发展；

（二）鼓励创新、促进年轻优秀人才脱颖而出；

（三）公开、平等、竞争、择优；

（四）德才兼备、注重实绩；

（五）以用为本、动态管理。

第五条 省人力资源社会保障部门负责山东省有突出贡献的中青年专家的选拔评审及综合管理服务工作。

第二章　选拔条件

第六条 山东省有突出贡献的中青年专家应具有中国国籍，热爱祖国，遵纪守法，有良好的职业道德和社会公德，模范履行岗位职责，年龄不超过50周岁，并符合下列条件之一：

（一）在自然科学领域取得具有创造性的研究成果，或在技术上有重大发明创造、重大技术革新，取得显著的经济效益或社会效益，获得国家或省（部）级科学技术奖励或省级及以上专利奖等奖项。

（二）在完成国家或省（部）重点工程、重大科技项目和大中型企业技术改造、引进消化高新技术中，创造性地解决重大技术难题，并取得显著的经济效益或社会效益。

（三）在社会科学研究方面，学术造诣深厚，研究成果有独到见解，以首位作者出版或发表过在学术界和社会上有较大影响的学术著作或学术论文，并获得省社会科学优秀成果奖。

（四）长期工作在教学第一线，教书育人、为人师表，教学教研成绩显著；或在学科建设方面成绩卓著，影响较大，获得省级及以上教学成果奖、教学名师等奖项或作为第一作者、通讯作者发表影响因子较高的 SCI、EI、SSCI 等收录论文。

（五）长期工作在防病、治病等卫生工作第一线，技术精湛，多次成功治愈疑难、危重病症或在一定范围多次有效地预防、控制、消除疾病，社会影响较大，业绩为同行所公认；或在卫生科研方面获得同行公认的、具有标志性的研究成果，获得国家或省（部）级科研成果奖等奖项或作为第一作者、通讯作者发表影响因子较高的 SCI、EI、SSCI 等收录论文。

（六）长期在农业生产、科技推广第一线工作，在成果转化、技术改进和推广服务等方面贡献突出，取得显著经济效益和社会效益。

（七）在新闻出版、文化艺术、体育等领域取得优异成绩，或为国家赢得重大荣誉，对社会主义精神文明建设作出重大贡献，在同行中享有较高声誉。

（八）在信息、金融、财会、外贸、法律等领域，为解决国民经济和社会发展的重大问题提出基础性、前瞻性、战略性的科学理论依据，对推动专业领域的发展产生重大影响，并为国内同行所公认。

（九）在其他行业、领域为经济社会发展、民生建设作出突出贡献。

第七条 选拔山东省有突出贡献的中青年专家以其近 5 年的工作实绩和教学科研成果为主要依据，兼顾长期贡献。具有自主创新能力，拥有自主知识产权，长期在基层、一线专职从事专业技术工作的人才优先选拔推荐。对实施新旧动能转换等重大工程、重要产业（行业）、重点项目急需紧缺的人才，可拿出部分名额组织专门选拔，数量一般不超过当年度选拔总数的 20%。

第三章 选拔程序

第八条 选拔山东省有突出贡献的中青年专家，采取自下而上逐级推荐、答辩、专家评审、公示考察的方法进行。设区的市人力资源社会保障部门、省直部门（单位）、中央驻鲁单位（副厅级及以上，下同）组织实施山东省有突出贡献的中青年专家参评人选推荐工作。

第九条 基层单位按照隶属关系和有关要求，逐级向上级人力资源社会保障部门或主管部门（单位）推荐人选。推荐时，应认真听取有关人员意见，增加推荐工作的透明度，做到公开、公平、公正。

第十条 设区的市人力资源社会保障部门、省直部门（单位）、中央驻鲁单位中负责高层次专业技术人员（人事、人力资源）管理的部门根据选拔条件，对推荐人选进行审核、组织同行专家评议并公示不少于 5 个工作日。推荐结果经设区的市人民政府、省直部门（单位）、中央驻鲁单位审定后报省人力资源社会保障部门。

第十一条 省人力资源社会保障部门成立山东省有突出贡献的中青年专家专业评审组、评审委员会，组织答辩、评审。

（一）组成专业评审组。根据当年度推荐人选的专业分布情况，组成若干专业评审组，设组长 1 人、副组长 1—2 人。专业评审组根据推荐人选答辩情况，提出初步推荐意见。

（二）成立评审委员会。评审委员会由 15—21 人组成，设主任委员 1 人、副主任委员 2—3 人。评审委员会对初步推荐意见进行综合评审，采取无记名投票方式确定山东省有突出贡献的中青年专家公示考察人选。

第十二条 省人力资源社会保障部门组织对评审委员会确定的山东省有突出贡献的中青年专家公示考察人选名单及有关信息予以公示，公示期不少于 10 个工作日，并进行考察。

第十三条 经公示无异议，省人力资源社会保障部门将选拔和公示、考察情况向省人才工作领导小组报告并报省政府批准后予以公布，颁发《山东省有突出贡献的中青年专家》证书。

第四章　工作生活待遇

第十四条 积极为山东省有突出贡献的中青年专家创造良好的工作环境和条件。

（一）根据工作需要，所在单位要为山东省有突出贡献的中青年专家提供工作必需的场所和设施；

（二）鼓励山东省有突出贡献的中青年专家申报承担国家或地方、部门的重大科研项目，领衔承担重大工程建设任务，同等条件下有关部门和单位要优先予以立项或支持；

（三）有关部门和所在单位要积极支持山东省有突出贡献的中青年专家参加业务进修、学习，优先安排他们参与国内外学术交流、合作研究。

第十五条 管理期内，对山东省有突出贡献的中青年专家个人由省政府给予科技奖金 6 万元，按年发放。同时享受院士、“国家百千万人才工程”人选等省政府津贴的，按照“就高不就低”的原则，只享受最高标准的津贴或科技奖金。入选“泰山”“齐鲁”系列人才工程的，不重复享受省政府津贴或科技奖金。

第十六条 山东省有突出贡献的中青年专家享受当地医疗保

健待遇，由用人单位提出申请，卫生计生部门按规定办理保健证，凭证可到当地保健定点医疗机构就诊，费用按原渠道解决。所在单位每年组织山东省有突出贡献的中青年专家进行一次健康查体。

第十七条 山东省有突出贡献的中青年专家在职期间每年可享受一次或多次共计 10—20 天的休养。有寒暑假和休假制度的单位，在假期内安排，假期不够的予以补足。休养期间支出的交通费、住宿费等费用，依据现有财务管理制度由所在单位按因公出差报销。

第十八条 山东省有突出贡献的中青年专家夫妻两地分居的，主管部门（单位）和所在单位帮助将其符合调动政策的配偶调到山东省有突出贡献的中青年专家所在地。专家的父母、配偶和未婚子女愿意到专家单位所在地落户的，由专家本人提出申请，公安部门可凭《山东省有突出贡献的中青年专家》证书为其办理户口迁移手续。配偶、子女待业、待岗的，主管部门（单位）和所在单位积极为其就业创造条件。

第五章　管理与联系

第十九条 建立跟踪管理与联系制度。

（一）建立山东省有突出贡献的中青年专家档案。专家所在单位要建立山东省有突出贡献的中青年专家考绩档案，记载和跟踪专家的主要业绩及对其考核、奖惩情况，并及时归档。省人力资源社会保障部门将不定期对各单位的管理情况进行检查。

（二）建立专家联系制度。设区的市人民政府、省直部门（单位）、中央驻鲁单位应当建立与专家联系的制度，了解专家的思想、工作、学习、生活等方面的情况，听取专家的意见、建议和要求。有关部门对山东省有突出贡献的中青年专家的意见、建议和要求应当及时研究，采取措施认真处理，帮助专家解决科技攻关、成果转化、人才培养等方面遇到的困难和问题，为专家充分发挥作用提供服务。

（三）充分发挥山东省有突出贡献的中青年专家的高端引领作用。所在设区的市或主管部门（单位）应当有计划地组织专家到基层和生产科研一线开展技术咨询、现场指导等活动，帮助基层解决技术难题；发挥专家在决策中的参谋咨询作用，对山东省重大项目的立项、实施进行论证、评估，对山东省重点学科、重点实验室建设和重点行业发展进行指导，为科学决策提供服务。专家每年参加服务基层活动的次数应不少于1次。

第二十条 山东省有突出贡献的中青年专家有下列情形之一的，由所在单位提出意见，经所在设区的市人民政府、省直部门（单位）、中央驻鲁单位核实并同意后，及时通报省人力资源社会保障部门，自情形发生之日的下个月起停发科技奖金，不再享受山东省有突出贡献的中青年专家的其他待遇：

（一）不再主要从事专业技术工作的；

（二）调往省外工作的；

（三）未经组织同意，擅自离岗离职的；

（四）在单位年度考核中被确定为不合格，或连续两年被确定为基本合格的；

（五）由于其他原因不宜再享受山东省有突出贡献的中青年专家待遇的。

第二十一条 山东省有突出贡献的中青年专家，有下列情形之一的，由所在单位提出意见，经所在设区的市人民政府、省直部门（单位）、中央驻鲁单位核实并同意后，省人力资源社会保障部门报省政府取消其山东省有突出贡献的中青年专家待遇，注销其《山东省有突出贡献的中青年专家》证书：

（一）采取弄虚作假，谎报成果等不正当手段骗取山东省有突出贡献的中青年专家荣誉的；

（二）被给予撤销党内职务或者受到降低岗位等级以上处分的；

（三）被追究刑事责任的；

（四）因个人过失给国家、集体、他人利益造成重大损失或者造成其他严重后果的；

（五）由于其他原因不宜继续作为山东省有突出贡献的中青年专家的。

第六章　附　则

第二十二条　本办法自2017年7月1日起施行，有效期至2022年6月30日。2011年11月10日山东省人民政府办公厅印发的《山东省有突出贡献的中青年专家选拔管理办法》（鲁政办发〔2011〕62号）同时废止。

山东省人民政府办公厅印发《关于改革完善博士后制度的实施意见》的通知

（2017年5月21日　鲁政办发〔2017〕44号）

各市人民政府，各县（市、区）人民政府，省政府各部门、各直属机构，各大企业，各高等院校：

《关于改革完善博士后制度的实施意见》已经省政府同意，现印发给你们，请结合实际认真贯彻执行。

关于改革完善博士后制度的实施意见

为贯彻落实《国务院办公厅关于改革完善博士后制度的意见》（国办发〔2015〕87号），深入实施人才强省和创新驱动发展战略，努力构建有利于博士后事业发展的体制机制，着力提高博士后研究人员培养质量，加快培养造就一支具有自主创新能力的博士后青年人才队伍，充分发挥博士后制度在引进、培养和使用高层次创新型青年人才、推动大众创业万众创新中的重要作用，为实现经济文化强省战略目标提供人才保障和智力支持，现结合我省实际，提出如下实施意见：

一、推进管理制度改革

（一）改进设站（基地）和培养方式。围绕省委、省政府重大战略部署，优化设站（基地）区域、行业和结构布局，适度控制博士后科研流动站、科研工作站设站规模，稳步扩大园区类博士后科研工作站分站和基地设立数量。开展博士后科研工作站独立招收试点和博士后科研流动站设站方式改革试点工作。加大对中小型高科技企业特别是民营中小型高科技企业申报设立博士后科研工作站（基地）的支持力度。进一步规范博士后科研流动站、基地联合培养工作，不断提高基地招收、培养博士后研究人员工作水平，加快促进基地建设发展。

（二）充分发挥设站（基地）单位主体作用。高校、科研院所、企业等设站（基地）单位是对博士后研究人员进行管理的责任主体，负责研究制定具体管理办法，明确进站（基地）条件，规范进站（基地）程序，加强过程评价，严格出站（基地）考核，切实履行管理责任。改革博士后证书发放方式，按照国家有关规定做好证书发放工作。

（三）探索下放博士后管理权限。省博士后工作管理部门负责建立博士后工作管理协调机制，研究制定博士后工作发展规划和配套政策、措施，开展进出站（基地）管理、经费资助、评估考核、服务保障等工作。在国家现行分级管理体制基础上，对博士后事业发展速度较快、设站（基地）单位数量和博士后研究人员招收数量较多的市，探索下放博士后管理权限，扩大市级博士后工作管理部门开展进出站（基地）管理、评估考核、服务保障等工作的自主权，提升服务保障水平。

（四）建立健全评估机制。探索建立我省实时、动态的评估体系，省博士后工作管理部门定期开展新设博士后科研流动站、科研工作站（基地）评估工作，每5年开展一次对设站（基地）单位的综合评估，对评估结果优秀的单位按有关规定予以表扬，对评估不合格的单位取消设站（基地）资格。

二、健全完善管理办法

（五）严格执行博士后招收规定。坚持博士后制度培养青年人才的基本方向，博士后申请者一般应为新近毕业的博士毕业生，年龄应在35周岁以下，申请进入企业博士后科研工作站（基地）或人文社会科学领域、人才紧缺基础薄弱的自然科学领域博士后科研流动站的，可适当放宽进站（基地）条件。设有国家重点科研基地、承担国家重大科技项目的非设站单位，备案后可依托重大科技项目招收项目博士后。适当放开设站单位博士毕业生不得进入本单位同一个一级学科博士后科研流动站的限制。在职博士后研究人员应以高等学校、科研院所教学科研人员为主，并严格控制比例。不得招收党政机关领导干部在职进站（基地）从事博士后研究。

（六）完善博士后培养及评价办法。研究制定博士后研究人员站（基地）内资助措施。充分发挥博士后合作导师在博士后研究人员招收、培养、使用、考核、管理等方面的主导作用，强化设站（基地）单位专家学术委员会在博士后进站（基地）遴选、中期考核、出站（基地）评定中的作用。建立以科研计划书为主要内容的培养制度，完善以创新性科研成果为核心评价标准的博士后绩效考核评价体系。支持设站（基地）单位对不同学科领域、不同研究类型的博士后研究人员实施分类培养、分类评价。在我省博士后科研流动站、科研工作站（基地）从事科研工作的在站（基地）博士后研究人员，以及出站（基地）后在我省工作的博士后研究人员，可按照人事管理权限组织参加职称评审和岗位竞聘，其在站（基地）期间科研成果可作为自进站（基地）以来首次参加职称评审，以及在站（基地）或出站（基地）后岗位竞聘的依据。对具有较强的科学研究和创新潜能的优秀博士后研究人员，可适当放宽选拔条件，纳入“泰山学者青年专家计划”“省有突出贡献的中青年专家”等青年高层次人才选拔培养项目。

（七）畅通退出渠道。严格执行国家及省博士后研究人员退站（基地）条件和程序。退站（基地）、滞站（基地）博士后研究人员到公有制单位任职的，其人事档案由用人单位组织或人事部门接收管理；退站（基地）、滞站（基地）博士后到非公有制企业和社会组织任职的，其人事档案由用人单位工商注册（登记管理）机构的同级公共就业和人才服务机构或经人力资源社会保障部门授权的单位免费接收管理；退站（基地）、滞站（基地）博士后未就业的，其人事档案由当事人户籍所在地县（市、区）或原用人单位同级的公共就业和人才服务机构或经人力资源社会保障部门授权的单位免费接收管理。

三、加大青年创新人才培养力度

（八）推行“人才+项目”培养模式。大力推行“人才+项目”的培养模式，鼓励设站（基地）单位、备案的非设站单位依托国家或省重点科研基地、重大科技项目、重大工程、重点学科招收培养博士后研究人员。对从事基础性、前沿性、原创性重大项目研究的博士后研究人员，其在站（基地）时间可以根据项目研究需要适当延长，确保研究取得成效，努力掌握一批核心技术，拥有一批自主知识产权。

（九）发挥省博士后创新项目专项资金激励引导作用。加大对省博士后创新项目支持力度，提高资金使用效益，重点资助发展潜力大、创新能力强的优秀博士后研究人员从事的研究项目，支持他们从事原创性、基础性、前瞻性和重大公益性课题研究。在项目评审论证时，对以非定向就业博士毕业生、无人事（劳动）关系人员和海外留学博士身份进站（基地）的博士后研究人员在站（基地）期间承担的博士后创新项目予以优先资助；对博士后科研工作站（基地）申报的创新项目给予适当倾斜。对接国家博士后创新人才支持计划，启动实施省博士后创新人才支持计划，结合国家及省重点实验室等科研基地，瞄准国家及省重大战略、战略性高新技术和基础科学前沿领域，每年择优遴选一定数量的应届或新近毕业的优秀博士，专项资助其从事博士后研究工作，为青年人才创造良好的科研条件和宽松的科研环境，培养造就一批优秀青年创新人才。

（十）加大博士后交流和培养力度。鼓励、支持博士后研究人员积极申报国家组织的博士后国际交流计划，符合条件的外籍博士后研究人员可申报国家和省引智项目计划。加大我省博士后国际化培养力度，每年资助一定数量的35岁以下的优秀在站（基地）博士后研究人员、拟进站（基地）的应届博士毕业生到国外（境外）优秀高校、科研机构、企业的优势学科领域研修访学、合作研究或参加国际学术交流活动。鼓励、支持有条件的市、有关部门（单位）和设站（基地）单位积极申报举办全国博士后学术交流活动，或开展区域（行业）内的博士后学术交流活动。

四、大力支持博士后创新创业

（十一）拓展提升省博士后创新实践基地功能。围绕实施创新驱动发展战略和产业转型升级需要，统筹利用现有资源，充分依托省博士后创新实践基地，吸引和支持博士后研究人员到基地创新创业，促进产学研用相结合，加速科技成果转化。鼓励基地设立单位围绕博士后研究人员组建科研创新团队。鼓励、支持有条件的市、有关部门（单位）出台配套政策支持。

（十二）加大创新创业政策激励力度。大力吸引省内外出站（基地）博士后研究人员来鲁创新创业。鼓励各类创业孵化基地、创业园区为博士后研究人员自主创业提供一站式服务，积极促进科研成果转化。鼓励、支持博士后研究人员自主创业，按省有关规定享受创业补贴和创业担保贷款；各地创业孵化基地、创业园区应优先为创业博士后研究人员提供创业场所，按规定给予场地租赁费用减免。在站（基地）博士后研究人员按规定享受国家和省关于支持科技人员创新创业的激励政策。博士后研究人员按国家和省有关规定享受在站（基地）期间科研成果转化收益。鼓励符合条件的企业按照有关规定，通过股权、期权、分红等激励方式，调动博士后研究人员创新创业的积极性。探索建设博士后创新创业基地。

（十三）鼓励期满出站（基地）博士后研究人员留鲁（来鲁）工作。对用人单位急需、紧缺的优秀博士后研究人员，自愿到我省高等院校、科研机构、医疗卫生等事业单位工作的，可简化招聘程序，采取考察的方式招聘；经用人单位申请、主管部门审核同意，报同级事业单位人事综合管理部门审批后，可不受单位岗位限制。有条件的市及设站（基地）单位可对出站后留鲁（来鲁）工作或创业的博士后研究人员给予一定标准的安家补贴或租房补贴，为博士后研究人员留鲁工作创造良好的工作和生活条件。

五、做好保障和服务工作

（十四）保障博士后研究人员权益。博士后研究人员享受设站（基地）单位职工待遇，其福利待遇、成果转化奖励等按照合同或协议执行。设站（基地）单位应按单位性质与博士后研究人员签订事业单位聘用合同、企业劳动合同或工作协议，明确双方的权利、义务以及工作目标、课题要求、在站工作期限、产权成果归属、违约责任等内容。其中，博士后研究人员为在职人员的，设站（基地）单位还应与博士后研究人员及其所属单位签订协议，明确各方的权利义务等有关事项。设站（基地）单位应按有关规定为博士后研究人员缴纳社会保险费。

（十五）完善博士后研究人员服务保障。依托国家博士后研究人员进出站“在线预审、一次办结”服务平台，完善博士后研究人员进出站（基地）工作服务机制，提升公共服务窗口服务水平和办事效率。简化省外博士后研究期满出（退）站后来鲁工作的博士后研究人员落户证明手续。省外博士后研究人员出（退）站后，可直接凭全国或其他省（区、市）博士后工作管理部门出具的户口迁移介绍信、《调动人员情况登记表》等落户证明材料，到落户所在地按照规定办理落户。与博士后研究人员共同居住生活的配偶、未婚子女、父母可以随迁户口。为来鲁工作的外籍博士后研究人员提供便利，按照签订的事业单位聘用合同、企业劳动合同或工作协议确定的在站时间办理签证、工作许可和居留手续。鼓励各市、有关部门和设站（基地）单位通过购买社会化服务、货币补助或统筹利用公租房、人才公寓等多种方式解决博士后研究人员周转房问题。协调解决博士后研究人员配偶安置、子女入学等问题，切实解除博士后研究人员后顾之忧。

（十六）加大财政经费投入力度。统筹教育、科技、人才、就业创业、创新等方面资金，加大对博士后人才培养、创新项目、交流培养、设站（基地）单位等方面的投入力度。省财政对省属高校博士后科研流动站按照每人每年8万元，每站不超过5人的标准予以补助；对新设立的博士后科研流动站、科研工作站招收首位博士后研究人员进站启动创新项目后，省财政给予设站单位10万元博士后研究人员招收补贴。各市、有关部门（单位）和设站（基地）单位应对博士后科研流动站、科研工作站（基地）予以相应资金支持，鼓励有条件的市设立博士后创新创业基金。设站（基地）单位投入博士后工作的经费中，用于研发新技术、新产品、新工艺的，按照国家税收有关规定，享受企业所得税税前加计扣除优惠政策。对于延期出站（基地）的博士后研究人员，其日常经费由设站（基地）单位、博士后合作导师和博士后研究人员本人协商解决。

（十七）建立市场多元化投入机制。充分利用市场机制，采取鼓励政策措施，通过设立政府引导基金、风险投资基金、企业冠名、联合投资等形式，引导各类社会资金支持博士后研究人员创新创业和科技成果转化，并获得相应的回报，逐步建立以政府资助为导向、设站（基地）单位和社会投入为主体的多元化投入机制。

（十八）健全完善博士后工作管理协调机制。建立由省人力资源社会保障部门牵头，省发展改革、教育、科技、公安、财政等相关部门，以及省科学院、省医学科学院、省农业科学院、中国石油化工股份有限公司胜利油田分公司、山东大学等有关博士后设站单位组成的省博士后管理委员会，负责组织贯彻落实国家有关博士后工作的方针、政策，制定全省博士后工作发展规划，协调解决全省博士后管理服务工作中的重大问题。

（十九）搭建交流服务平台。整合现有信息资源，加快推进博士后研究人员和科技项目交流信息服务平台、手机 APP 等信息化建设，为博士后研究人员、科技成果与用人单位、市场的信息沟通提供便利服务。不定期组织省级博士后科技服务团、示范团，为基层提供科技服务咨询。鼓励、支持各市、有关部门（单位）举办博士后人才引荐、项目交流、科技成果转化、博士后科技服务团等活动，搭建区域性博士后交流平台，推进博士后人才和科技项目对接。

（二十）发挥社会组织作用。鼓励、支持博士后研究人员发起成立学术性社会组织，搭建学术交流平台。通过政府转移职能、购买服务等方式，支持社会组织为博士后科技研发、自主创新、人才培养等方面提供多种形式的服务。

山东省人事厅关于印发《山东省博士后管理工作暂行办法》的通知

（1999 年 5 月 19 日　鲁人〔1999〕38 号）

各博士后流动站、企业博士后工作站设站单位，各市地人事局：

根据国家人事部、全国博管会《关于在山东省进行博士后工作管理体制改革试点的批复》（人函〔1998〕149 号）精神，结合我省实际，印发《山东省博士后管理工作暂行办法》，请遵照执行。

山东省博士后管理工作暂行办法

第一章　总　则

第一条　为加强山东省博士后管理工作，根据国家人事部、全国博士后管委会（以下简称全国博管会）《关于在山东省进行博士后工作管理体制改革试点的批复》（人函〔1998〕149 号）和《关于在部分省市进行博士后工作管理体制改革试点的通知》（人专发〔1992〕15 号），制定本办法。

第二条　本办法试用于山东省境内设立博士后流动站和企业博士后工作站的高等院校（包括部队所属院校）、科研院所、设站城市、设站开发区（科技园区、创业园区）及企业。

第三条　山东省人事厅是管理本省博士后工作的职能部门，接受全国博管会办公室的业务指导，负责山东省所有博士后流动站、工作站的管理工作。

第四条　本省各博士后流动站、工作站设站单位，应有一名领导分管博士后工作，并落实部门和人员具体负责本单位博士后管理工作。

第二章　申请设站和博士后招收

第五条　在全国博管会统一部署新设博士后流动站、工作站时，省人事厅受理本省范围内（包括中央直属单位）设立博士后流动站、工作站的申请，提出初审意见后送各申请单位的上级主管部门，申请单位的上级主管部门审核后报送全国博管会审批。

第六条　各设站单位于每年十月底前向省人事厅报送下一年度招收博士后研究人员（以下简称博士后）计划。省人事厅根据全省博士后工作发展情况，汇总并提出本省招收博士后方案，报全国博管会办公室。全国博管会办公室下达国家资助招收名额，经省人事厅综合平衡后，正式向各单位下达。该名额不能跨年度使用。

第七条　各设站单位招收留学博士回国进站，不受计划名额限制。具备设站条件但尚未被批准设站的单位，亦可招收留学回国博士做博士后。

第八条　申请招收外籍博士后，设站单位应按国家和省涉外工作有关规定和程序，报有关部门审批之后，再按招收国内博士后的程序报批。

第九条　各设站单位自筹经费招收博士后，应征得省人事厅同意，在上报审批材料时，应注明经费来源和住房安排等情况。自费招收的博士后享受国家规定的有关博士后人员所有待遇。

第三章　进　站

第十条　凡是新近在国内外获得博士学位，符合品学兼优，身体健康，年龄在四十岁以下者均可申请做博士后，具体申请办法按人事部《关于博士后招收对象问题的通知》（人专发〔1992〕

23号）有关规定执行。

第十一条 博士后申请人向设站单位提出进站申请时，应提交以下材料：

1.《博士后申请表》（贴照片）；

2. 两位本学科领域博士生导师的推荐信；

3. 博士学位证书复印件或通过博士论文答辩的证明材料；

4. 博士学位培养单位出具的博士培养类别证明材料。凡属国内委托代培、定向培养和具有现役军人身份的博士，还必须提供委托单位、定向单位人事部门和原部队出具同意申请人做博士后的书面意见，以及注明出站后分配去向的证明材料。

5. 进站申请人身份证、结婚证、子女出生证或独生子女证复印件。

6. 招收项目博士后须提供全国博管办批件。

第十二条 国外留学博士向设站单位提出进站申请，应提交以下材料：

1.《博士后申请表》（贴照片）；

2. 两位本学科领域博士生导师（其中至少1名国外指导教授）的推荐信；

3. 博士学位证书复印件或通过博士论文答辩的证明材料；

4. 我国驻外使领馆教育处（组）签署的推荐意见或《留学博士回国做博士后登记表》。

第十三条 企业博士后还须提交以下材料：

1.《企业博士后研究人员审查意见表》；

2.《联合培养博士后研究人员协议书》；

3.《企业博士后研究项目立项表》。

第十四条 各设站单位组织本单位专家对申请人进行资格审查，提出审查意见，然后将所有申请材料一式两份（含原件）报送省人事厅。省人事厅按照招收博士后的有关规定进行审核，并将审核结果书面通知设站单位，同时报全国博管会办公室备案。

第十五条 博士后进站后，设站单位应及时报省人事厅，以便划拨经费。与省外联合培养企业博士后，工作站应及时将《博士后申请表》和《企业博士后研究人员立项表》各一份报送省人事厅。

第四章 在站期间的管理

第十六条 博士后在站期间，设站单位可根据其学术水平、科研能力、研究成果，按现行规定为其评审专业技术职务任职资格，评审结果报省人事厅备案。

第十七条 博士后在站期间的工龄计算及第一站、第二站的工资标准，按人事部《关于博士后研究人员工资确定问题的通知》（人薪发〔1994〕4号）执行，由设站单位工资管理部门为其办理有关手续。

第十八条 博士后在站期间，其配偶及未成年子女可随本人一起流动。有关手续按人事部《关于博士后研究人员配偶借调有关问题的通知》（人专发〔1992〕11号）和人事部、劳动部、公安部《关于解决博士后研究人员及配偶流动期间工作安置等问题的通知》（人专发〔1994〕22号）执行。

第十九条 博士后在站期间取得科研成果并经转让或开发获得经济效益，可按进站时签定的协议分享产权和参与收益分配。

第二十条 在站期间不适宜继续做博士后的人员，由设站单位作出终止在站工作的决定，报省人事厅备案。博士后研究人员出国（境）参加学术交流活动一般不应超过三个月，逾期半年不归者，由设站单位报省人事厅批准，按自动离站处理。

第五章 出站及工作分配

第二十一条 各设站单位为博士后办理出站手续时，需向省人事厅提交以下材料：

1.《博士后研究人员工作期满登记表》，一式两份（含原件）。

2.《博士后研究人员工作期满分配工作审批表》一式五份（含原件）。

3. 企业博士后还须提交《企业博士后研究人员出站意见表》一式两份。

第二十二条 省内各有关单位在接收期满出站的博士后时，如当年增人计划已用完，可以先接收，再由接受单位按隶属关系报同级人事部门追加计划。

第二十三条 允许满编的事业单位接收博士后，由接收单位按隶属关系报编制主管部门审批。

第二十四条 博士后期满出站并已获得专业技术职务任职资格，可由接受单位根据其学术水平、业务能力聘任相应的专业技术职务。

第二十五条 鼓励博士后到大型企业从事高新技术研究与产品开发，提高我省企业的技术创新能力。对到外商投资企业、民办科研机构等单位工作的博士后，其人事关系由同级人事部门人才交流服务机构代为管理。

第二十六条 博士后出站留本省工作，由设站单位出具介绍信到省人事厅办理出站手续；到外省（市）工作的，由全国博管会办公室办理分配手续。

第二十七条 博士后工作期满出站时，由设站单位发给《出站博士后研究人员联系卡》一式两份，到新工作单位报到后填写并寄回省人事厅。

第六章　经费及管理

第二十八条 在站博士后的日常经费，由全国博管会办公室根据在站实有人数，按国家规定的标准，经省人事厅按年度拨发，用于博士后科研补助经费和本人的工资等生活福利费用。

第二十九条 博士后工作期满，即终止日常经费的划拨。若提前出站或因故中途终止博士后工作，则从出站和终止工作的下一个月起停止划拨经费。因工作需要延长在站期限，需报省人事厅备案，延长期不再下拨博士后日常经费，所需费用由设站单位负责解决。

第三十条 各设站单位对博士后的日常经费须单独立账，专款专用。经费使用手续按设站单位财务管理有关规定办理。

第三十一条 省人事厅每年对设站单位博士后日常经费使用情况进行定期检查。

第七章 附 则

第三十二条 国家或省如有新的规定，应按新规定执行。

第三十三条 本办法自公布之日起实施。

山东省人事厅等部门关于博士后研究人员及其配偶子女户口迁移粮食供应及子女上学问题的通知

（1999 年 5 月 25 日　鲁人〔1999〕42 号）

各市（地）人事局、公安局、教委、粮食局：

按照国家人事部和全国博士后管理委员会《关于在山东省进行博士后工作管理体制改革试点的批复》（人函〔1998〕149 号）和《关于在部分省市进行博士后工作管理体制改革试点的通知》（人专发〔1992〕15 号），现将山东省博士后研究人员（以下简称博士后）及其配偶和未成年子女（包括农村户口以及城市户口未就业子女，以下同）户口迁移及子女上学等有关事项通知如下：

一、关于户口迁移及粮食供应问题

1. 博士后在流动站或企业博士后工作站期间，可在博士后流动站或企业博士后工作站所在地落常住户口。设站单位所在县（市、区）公安部门凭盖有“山东省博士后工作办公室”印章的《博士后研究人员落户介绍信》（附件 1）和《调动人员情况登记表》，签发户口《准予迁入证明》，迁出、迁入地公安派出所为博士后办理户口迁移手续。

2. 博士后在流动站或企业博士后工作站期间，其配偶及未成年子女可以随博士后一起流动。设站单位所在地公安部门凭盖有“山东省博士后工作办公室”印章的《博士后研究人员配偶、子女办理暂住户口介绍信》（附件 2）和其它有效证件，为其配偶、子女办理暂住户口手续。

3. 博士后期满出站，分配在山东省工作的，当地公安部门凭盖有“山东省博士后工作办公室”印章的《博士后研究人员及其配偶、子女出站落户介绍信》（附件3）和《调动人员情况登记表》，开具户口《准予迁入证明》，为其本人、配偶和子女办理落城镇户口手续。当地粮食部门凭落户地公安部门的落户证件和迁出地粮食部门签发的粮食供应转移证明，办理粮食供应手续。

二、关于子女上学问题

1. 各地幼儿园和中小学应准予本地区博士后子女就近入园和上学，不应以暂住户口为由收取额外费用。

2. 博士后子女可在暂住户口所在地报考重点高中和普通中学。如他们原在重点高中上学，经过考核合格后，可转入对等重点高中。

3. 博士后子女入托、上学、报考（转入）中学，均凭盖有“山东省博士后工作办公室”印章的《博士后研究人员子女上学介绍信》（附件4）到暂住户口所在地教育部门办理有关手续。

附件：1. 博士后研究人员落户介绍信

2. 博士后研究人员配偶、子女办理暂住户口介绍信

3. 博士后研究人员及其配偶、子女出站落户介绍信

4. 博士后研究人员子女上学介绍信

（附件本书略）

山东省劳动和社会保障厅等部门关于印发《山东省高级技能人才评选奖励办法》的通知

（2002 年 6 月 14 日　鲁劳社〔2002〕33 号）

各市人民政府，各县（市、区）人民政府，省政府各部门、各直属机构，各大企业，各高等院校：

《山东省高级技能人才评选奖励办法》业经省政府同意，现印发给你们，请认真贯彻执行。

山东省高级技能人才评选奖励办法

第一章　总　则

第一条　为加快我省高级技能人才培养步伐，鼓励高级技能人才的成长，进一步提高劳动者的技术业务素质，促进经济发展，根据《中华人民共和国劳动法》和《山东省人民政府关于加强职业培训教育全面提高劳动者素质的通知》（鲁政发〔2001〕66 号）的有关规定，决定建立山东省高级技能人才评选奖励制度。

第二条　本办法所称高级技能人才是指有突出贡献的技师（国家一、二级职业资格）和山东省技术能手。

第三条　有突出贡献的技师，由山东省高级技能人才评审委员会评审产生。报经省政府同意后，由省劳动和社会保障厅、省经贸委、省财政厅、省总工会联合命名。评审委员会由省劳动和社会保障厅、省经贸委、省财政厅、省总工会等部门的有关人员以及有关专家组成。评委会办公室设在省劳动和社会保障厅。山东省技术能手由经省劳动和社会保障厅批准的省级技能竞赛产生，省劳动和社会保障厅确认并命名。

第二章　申报条件

第四条　“山东省有突出贡献的技师”申报条件为：1. 山东省境内各类企业职工；2. 拥护四项基本原则，热爱祖国，遵纪守法，具有良好的职业道德和敬业精神；3. 生产一线岗位的技师（国家一、二级职业资格）；4. 职业技能在国内处于领先水平，能够解决生产实践中的关键技术问题，在技术革新改造或生产实践中做出突出贡献，取得重大经济效益和社会效益，或获“中华技能大奖”、“全国技术能手”称号及多次在国家、省级竞赛获得优秀成绩者；5. 设区的市或省属行业、企业“有突出贡献的技师”称号获得者。

第五条　“山东省技术能手”申报条件为：1. 第四条的1、2项条件；2. 国家一类竞赛前15名、二类竞赛前6名或省级一类竞赛前10名、二类竞赛前3名（一类竞赛系指跨地区、跨行业的全国或全省技能竞赛活动，二类竞赛系指国家或省有关行业牵头举办的全国或全省技能竞赛活动）。

第三章　申报程序

第六条　“山东省有突出贡献的技师”由设区的市或省属行业高级技能人才评审委员会推荐上报省高级技能人才评审委员会办公室。

第七条　申报“山东省有突出贡献的技师”需呈报以下材料：1.《山东省有突出贡献的技师申报表》；2. 1000字左右的事迹材料；3. 申报人职业资格证书以及主要技术成果、获奖或获得荣誉证书等情况证明。

第八条　“山东省技术能手”由组织技能竞赛的部门在竞

赛结束后1个月内报省劳动和社会保障厅确认，同时报送《山东省技术能手申报表》、竞赛成绩和有关原始材料。

第四章　评审奖励

第九条　“山东省有突出贡献的技师”每3年评选、表彰一次，每次控制在100人左右，由省劳动和社会保障厅根据各市及行业技师、高级技师人数按比例分配名额。“山东省技术能手”每年命名一次，每次控制在100人左右。每3年表彰一次。

第十条　“山东省有突出贡献的技师”每月享受政府津贴200元。“山东省技术能手”给予一次性奖励2000元。

第十一条　奖励资金和评选费用由省财政厅核准拨付，省劳动和社会保障厅负责发放。“山东省有突出贡献的技师”津贴不得与其他政府津贴重复享受。

第十二条　“山东省有突出贡献的技师”荣誉证书和津贴有效期为3年，期满后可重新申报。在有效期内每年跟踪考核一次，考核不合格者，撤销荣誉称号，不再享受政府津贴。

第五章　附　则

第十三条　获山东省高级技能人才奖励后，发现弄虚作假或剽窃他人成果的，经查明属实，撤销其荣誉称号，追回津贴或奖金，今后不得参加此项评选。

第十四条　山东省高级技能人才评审委员会的组成人员由省劳动和社会保障厅会同有关部门另行公布。

第十五条　本办法由山东省劳动和社会保障厅负责解释。有关奖励政策，从2003年1月起执行。

山东省人事厅 省卫生厅关于认真做好专家医疗保健工作的通知

（2006年7月17日 鲁人发〔2006〕15号）

各市人事局、卫生局，省直有关部门，各大企业，各高等院校，中央驻鲁各单位：

根据《中共山东省委、山东省人民政府关于实施人才强省战略，进一步加强人才工作的意见》（鲁发〔2004〕10号）精神，为进一步做好我省专家医疗保健工作，提高专家的健康水平，更好地发挥他们在推动我省经济和社会发展中的作用，现就做好专家医疗保健工作的有关问题通知如下：

一、享受医疗保健待遇的专家范围是：住鲁的中国科学院院士、中国工程院院士；国家有突出贡献的中青年专家；享受国务院政府特殊津贴人员；山东省有突出贡献的中青年专家；山东省专业技术拔尖人才。

二、专家的医疗保健工作实行属地化管理，分级负责。省保健委员会办公室对全省专家的医疗保健工作进行领导和宏观指导，并重点负责住鲁的中国科学院院士、中国工程院院士，以及省直和中央驻济单位专家医疗保健工作的组织协调。各市保健委员会办公室负责本市范围内专家的医疗保健工作，要把中央驻鲁和省属单位的专家纳入当地医疗保健管理范围，享受相应的医疗保健待遇。部分不具备医疗保健条件的县（市、区），也可以由市统一管理。

各级人事部门负责及时、准确地提供专家信息，对专家医疗保健待遇的落实情况进行跟踪检查，督促专家所在单位按照当地保健委员会办公室的要求，及时为专家办理医疗保健相关手续，配合医疗保健部门做好专家的医疗保健工作。

三、建立专家定期健康查体制度。专家的医疗保健工作要重点前移，强化疾病预防，建立专家定期查体制度，一般每年组织一次。有条件的市实行“五统一”，即统一组织安排、统一查体时间、统一查体项目、统一查体标准、统一进行结果反馈，保证查体质量。承担查体任务的医院应认真细致地做好查体组织工作，对查体内容做到不漏诊、不漏项，对各种检查标本、报告单、查体表等材料保管齐全，确保材料的真实性、准确性和完整性。查体结束后，及时汇总查体结果，并有针对性地提出防治意见，反馈给专家本人。对健康查体档案应及时归档保存。

四、中央驻鲁和省直单位驻济专家的医疗保健证，需由单位人事部门携带以下材料，于每月下旬到省卫生厅保健处办理：经本部门审核盖章的《享受医疗照顾办证申请表》（见附件）一份；专家荣誉证书原件及复印件一份；1 寸或 2 寸近期免冠彩色照片 1 张。市以下单位专家医疗保健证办理程序由各市确定。

专家所在单位人事部门，要主动与当地保健部门联系，自专家当选起两个月内，为新纳入医疗保健范围的专家办理医疗保健证等相关手续。

五、专家的医疗保健费用仍按现行渠道列支。根据《山东省人民政府关于完善城镇医疗保障体系有关问题的通知》（鲁政发〔2003〕108 号）规定，企业和实行企业化管理的事业单位专家的医疗保健费用，在企业补充医疗保险经费中列支。

六、组织开展专家休假考察和健康疗养活动。省人事厅定期组织的专家休假考察活动，在全省范围内选派专家参加。各市人事和保健部门根据专家健康状况、需求及专家所在单位的实际情况，组织开展休假考察和健康疗养活动。

七、各级、各部门要把专家医疗保健工作，作为为专业技术人员服务的重要举措，切实抓紧抓好。收到通知后，各市人事、保健部门要对本地区专家享受医疗保健待遇的情况，进行一次检查，落实有关政策规定，建立健全规章制度，切实做好专家医疗保健工作。请将检查落实情况形成书面材料，于9月30日前分别报送省人事厅专业技术人员管理处和省保健委员会办公室。

附件：享受医疗照顾办证申请表

（附件本书略）

山东省人事厅 省财政厅关于印发《山东省博士后创新项目专项资金管理办法（试行）》的通知

（2007 年 10 月 29 日 鲁人发〔2007〕72 号）

各市人事局、财政局，省直有关单位，中央部属在鲁有关单位，各博士后科研流动站、工作站设站单位：

为进一步规范博士后创新项目专项资金的管理，提高使用效益，促进我省博士后事业加快发展，现将《山东省博士后创新项目专项资金管理办法》印发给你们，请遵照执行。

附件：山东省博士后创新项目专项资金申请表

山东省博士后创新项目专项资金管理办法（试行）

第一章 总 则

第一条 为加强山东省博士后创新项目专项资金管理，充分发挥政府投入的效益，加快我省博士后事业发展，推动高层次创新型人才队伍建设，制定本办法。

第二条 山东省博士后创新项目专项资金（以下简称博士后创新资金），是省财政设立的用于资助全省在站博士后研究人员自主创新研究的启动经费。

第三条 博士后创新资金的资助对象为我省在站博士后研究人员中具有创新思维和创新能力的优秀人才，资助方式按照

“公开、公正、平等、择优”的原则，分等级按项目资助。

第四条 省财政厅主要负责创新资金的立项、分配和监督管理，省人事厅主要负责创新项目的申报、评审、考核和监督管理。

第二章 申请条件和支持方向

第五条 申请博士后创新资金的博士后研究人员应具备下列条件：

（一）经批准在我省各博士后科研流动站、工作站从事博士后研究工作、已办结进站手续并通过开题答辩；

（二）品学兼优，具有扎实的专业基础和较强的工作能力，在科研工作中做出过优异成绩；

（三）选题范围紧密结合山东的经济社会与科技发展重点，所研究课题具有重大的理论意义或应用价值，符合我省科技创新、技术攻关、重点建设项目和基础性研究的重点发展领域及方向。

第六条 博士后创新资金支持的方向是：承担具有自主知识产权的高新技术和关系我省支柱产业、重点发展行业的项目。

由企业、高等院校、科研院所等产学研相结合的自主创新项目，国家统招统分博士和海外留学博士在站期间承担的博士后创新项目予以优先资助。

第三章 申报及审批

第七条 博士后创新资金按下列程序进行申报：

（一）申请博士后创新资金，须由博士后研究人员填写《山东省博士后创新项目专项资金申请表》（样式附后），并如实提供相关证明材料，经所在博士后站初审同意并报设站单位审核后上报。

（二）中央驻鲁单位、高等院校、省直属企事业单位审核后直接报省博士后工作办公室（省人事厅专业技术人员管理处）；市属以下博士后科研工作站设站单位，须经市人事局审核把关后报省博士后工作办公室。

第八条 省博士后创新专项资金分三个等级给予资助。一等资助项目主要面向承担具有自主知识产权的高新技术和关系我省支柱产业、重点发展行业的项目；二等资助项目主要面向由企业、高等院校、科研院所等产学研相结合的自主创新项目；三等资助项目主要面向所在专业及学科有创新、有突破的科研项目。

涉密项目依据有关规定单独组织评审。

第九条 省博士后工作办公室对通过审查的项目按所属学科门类进行分组，组织有关专家进行评审论证。

省人事厅、省财政厅根据专家评审情况研究提出一、二、三等资助项目名单，以省人事厅、省财政厅名义在山东人事信息网和设站单位进行公示。

公示结束后，由省人事厅研究确定并公布年度资助省博士后创新项目名单，省财政厅根据年度预算下达博士后创新资金。

第四章　资金使用

第十条 博士后研究人员所获得的博士后创新资金必须专款专用，主要用于购置研究工作所必需的仪器设备、实验材料、聘用助手以及参加学术活动等，不能用于博士后研究人员个人生活费用、劳务报酬等费用开支。

第十一条 博士后创新资金到位后，由承担项目的博士后研究人员制定资金使用预算，并报所在单位博士后工作管理部门和财务部门备案。使用时，实行项目负责人“一支笔”审批开支制度。项目负责人根据科研项目进度和经费预算，合理安排经费支出，由设站单位财务部门按财务规定做好审核报销工作。

第十二条 完成的科研课题所取得的成果以及发表的论文，要标注“山东省博士后创新项目专项资金资助”的字样。

第五章　管理与监督

第十三条　博士后创新资金形成的资产归设站单位所有。

第十四条　各级人事部门、财政部门及博士后设站单位要做好项目的监督检查工作，帮助协调解决项目执行过程中遇到的困难，及时反映汇报有关项目执行情况，确保项目如期完成。

第十五条　博士后创新资金的使用必须遵守国家法律、法规和财务规章制度，坚持勤俭节约、精打细算，充分利用现有工作条件，力求使有限的资金发挥最大的经济效益。

第十六条　各设站单位要严格遵守国家财经纪律和财务规章制度，及时、科学、合理、有效地安排和使用博士后创新资金，正确进行会计核算，接受和配合财政、审计等有关部门的监督检查。

第十七条　任何单位和个人不得以任何理由伪造申请材料或证明材料以及虚报、截留、挪用博士后创新资金，一经发现，取消其申请立项资格，如数追回拨付资金，并按《财政违法行为处罚处分条例》予以处理。

第十八条　获得资助的博士后研究人员在项目完成后一个月内，须向省博士后工作办公室提交研究工作报告。省人事厅将会同省财政厅对项目执行情况进行抽查验收，并对项目资金使用效益情况进行评估。

第六章　附　则

第十九条　本办法由省人事厅、省财政厅负责解释。

第二十条　本办法自发布之日起施行。

山东省人力资源和社会保障厅关于在企业开展设立技师工作站试点的通知

（2009年11月9日　鲁人社办〔2009〕81号）

各市劳动保障局，省直有关部门、行业协会，有关大中型企业：

为深入贯彻落实《中共山东省委、山东省人民政府关于加强高技能人才队伍建设的意见》（鲁发〔2004〕28号）精神，加快人才载体建设，创建充分发挥高技能人才作用的平台，加快高技能人才培养，增强企业创新能力和核心竞争力，促进经济文化强省建设，决定在有关企业开展设立技师工作站试点工作，现将有关问题通知如下：

一、指导思想

以邓小平理论、“三个代表”重要思想为指导，认真落实科学发展观，牢固树立科学人才观。通过建立技师工作站，创新企业高技能人才发挥作用的支撑平台，优化技能人才成长环境，围绕技能人才培养、选拔、评价、使用、激励和技术交流等环节，充分发挥高技能人才在企业生产经营中的核心骨干作用，更好地为企业生产经营服务。

二、主要任务

（一）制定本行业（企业）的技师培养规划。

（二）采取名师带徒、拜师学艺等多种方式，开展职业技能培训，多渠道加快培养高技能人才。

（三）组织开展技术攻关和技能创新等活动，解决关键性生产难题，提升本行业（企业）劳动者的职业技能水平和竞争力。

（四）参与组织开展多种形式的职业技能竞赛活动，选拔具有潜质的后备高技能人才或紧缺的高技能人才。

（五）总结推广技师培养经验和较为成熟的技术技能及操作方法，普及应用生产技能。

（六）建立技能人才和技能开发成果信息库，展示技能创新成果。

三、设立条件

行业或企业具备下列条件，可以申请设立技师工作站。

（一）本单位主要生产领域具有3名以上社会公认、技艺精湛、并在生产实践中能够起带头作用的知名技师或高级技师。

（二）单位经营管理状况良好，能为高技能人才提供较好的工作条件和必要的生活条件。

（三）具有处于本行业较为先进的生产科研仪器设备。

（四）有独立承担过省或市级以上重大项目的经验。

（五）本单位领导及有关部门对设立技师工作站高度重视，并能够在经费方面给予必要支持。

四、申报认定程序

（一）申请设立技师工作站的省属大中型企业，应根据上述条件向上级主管部门提出书面申请报告，经上级主管部门审核并签署意见（加盖公章）后，再报省人力资源和社会保障厅；行业、无主管部门的企业和中央驻鲁单位可直接向省人力资源和社会保障厅提出书面申请。提出申请时需填写《山东省技师工作站申请表》一并上报。

（二）省人力资源和社会保障厅委托专家组对申请单位进行评估，并提出评估意见。

（三）经专家组评估通过的单位，由省人力资源和社会保障厅发文认定，并授予“山东省技师工作站”牌匾。

市属以下企业申报认定程序由设区的市确定。

（四）各级人力资源和社会保障部门要加强对试点技师工作站的工作指导和跟踪评估，定期考核，对不能正常开展工作发挥应有作用的，要及时予以撤销，并收回牌匾。

五、有关要求

（一）高度重视，精心组织。设立技师工作站，是充分发挥行业、企业现有高技能人才作用，加快技能人才培养的重要举措，也是加强技术交流、合作攻关、推动技术进步和解决关键性生产难题的重要措施。各有关单位要高度重视，积极参与，精心组织。经批准设立技师工作站的单位应指定一名领导分管此项工作，加强技师工作站的组织领导。建立技师工作站内部管理制度，制定名师带徒工作计划和技术合作攻关计划，对带徒名师应给予一定的奖励。

（二）加强指导，发挥作用。各级人力资源和社会保障部门应指定专人负责技师工作站工作，切实加强对技师工作站的业务指导，积极探索加快培养高技能人才的新途径、新办法，及时总结、推广技师工作站在实践中积累的成功经验和做法。

（三）结合实际，开展工作。技师工作站应当紧密结合本企业（单位）的生产实际，开展技术革新活动，切实解决本单位生产过程中遇到的一些关键性难题，在生产实践中采取多种形式，加快培养技能人才，为企业和经济社会发展做出贡献，技师工作站还应当加强与省人力资源和社会保障部门、各级劳动保障部门的联系，把工作进展情况、经验和存在的问题写成书面报告，定期向上述部门报告。

（四）加强宣传，扩大影响。各有关单位要通过多种渠道广泛宣传建立技师工作站的意义和作用，让广大职工全面了解技师工作站的有关情况，支持技师工作站的工作。努力营造“尊重劳动、尊重知识、尊重人才、尊重创造”的良好社会氛围，把技师工作站办成人才站、攻关站、创新站，为经济文化强省建设多做贡献。

附件：山东省技师工作站申请表

（附件本书略）

山东省人力资源和社会保障厅关于印发《山东省人力资源和社会保障厅与市人民政府共建留学人员创业园暂行办法》的通知

（2009 年 11 月 12 日　鲁人社〔2009〕56 号）

各市人事局，省直有关部门、单位：

经省政府同意，现将《山东省人力资源和社会保障厅与市人民政府共建留学人员创业园暂行办法》印发给你们，请认真贯彻执行。

山东省人力资源和社会保障厅与市人民政府共建留学人员创业园暂行办法

第一章　总　则

第一条　为进一步加强省人力资源社会保障厅与市政府共建留学人员创业园工作，不断提高共建留学人员创业园的建设和服务水平，发挥共建创业园的示范带动作用，推动全省留学人员创业园区的又好又快发展，根据省政府办公厅《关于促进留学人员创业园加快发展的意见》（鲁政办发〔2005〕41 号）、《关于印发山东省“十一五”留学人员回国工作规划的通知》（鲁政办发〔2007〕69 号），制定本办法。

第二条　省人力资源社会保障厅与市政府共建留学人员创业

园的目标是：促进留学人员创业园不断完善硬件环境、政策措施和服务体系，提高综合管理和服务水平，在我省培育壮大一批规模较大、管理科学、服务完善、经济社会效益显著的骨干留学人员创业园。

第三条 共建留学人员创业园工作坚持以下原则：

统筹布局，稳步发展。根据我省留学人员回国创业情况和发展的需要，统筹考虑，逐步在全省范围内共建一批留学人员创业园，充分发挥共建创业园的示范带动作用，形成分布合理、发展协调的留学人员创业园群体。

分类指导，整体推进。以共建综合性留学人员创业园为主，适当考虑共建专业园；既与发展较快、相对完善的创业园共建，也与起步较晚，但有基础、有特色、发展前景好、地方积极性高的创业园共建，推动我省留学人员创业园的健康协调发展。

科学管理，注重实效。坚持制度创新和管理创新，积极吸收借鉴国内外创业园先进管理理念和运作经验，努力探索符合园区发展要求的管理运作模式，逐步增强创业园培育高新技术和优势产业的能力。

第二章 共建留学人员创业园的申请

第四条 省人力资源社会保障厅与市政府共建的留学人员创业园，应具备以下基本条件：

（一）创业园所在市政府高度重视吸引留学人员回国创业工作，对创业园有一定投入，吸引留学人员回国创业的措施有力，成效明显，工作基础较好。

（二）创业园有一定规模的留学人员创业企业孵化场地，有一定数量的留学人员企业入驻。

（三）创业园内留学人员领办创办的企业发展状况良好，取得较好的经济社会效益。

（四）创业园有较为健全的管理机构、精干的管理队伍和科学完善的管理制度。

（五）创业园吸引留学人员入园创业的政策完备，服务功能齐全，能为留学人员入园创办企业提供快捷便利的服务。

第五条 留学人员创业园所在市人力资源社会保障部门对园区进行综合考察，报市政府同意后，提出与省人力资源社会保障厅共建申请。申请共建留学人员创业园的材料包括：

（一）市政府申请与省人力资源社会保障厅共建留学人员创业园的公函；

（二）申请共建的留学人员创业园发展状况报告。详细介绍创业园所具备的条件、共建后的发展目标及工作措施；

（三）市政府支持共建留学人员创业园发展的配套意见（政策）。

第六条 省人力资源社会保障厅对市政府的申请材料进行审套，结合实地考察和综合评估的情况，确定共建留学人员创业园，并回函确认。

第三章 共建留学人员创业园的管理

第七条 共建留学人员戗业园的管理工作，由省人力资源社会保障厅与市政府共同负责，以市政府为主。

第八条 省人力资源社会保障厅主要在宏观规划、指导协调、政策扶持、信息咨询、海外引才渠道拓展等方面支持创业园发展，不参与共建留学人员创业园的日常管理。

市政府主要从创业园区的规划建设、资金投人、政策制定与完善、管理机构职能的优化配置等方面给予重点倾斜。

市人力资源社会保障部门具体负责共建留学人员创业园的管理指导，落实相关政策措施。

创业园要认真落实省人力资源社会保障厅和所在市政府提出的政策措施、规划目标和发展要求，推动园区各项工作健康快速发展，在引进海外高层次创业人才工作中发挥主体作用。

第九条 建立共建留学人员创业园工作报告制度，创业园的年度工作总结应于每年12月底前报省人力资源社会保障厅和市政府。

第十条 共建留学人员创业园实行优胜劣汰机制，省人力资源社会保障厅每两年对共建留学人员创业园进行一次综合评估，并结合实地考察了解掌握创业园的建设发展情况，对在连续两次综合评估中指标下降的共建留学人员创业园，取消其共建资格。

第四章　共建留学人员创业园的发展目标

第十一条 共建留学人员创业园要积极吸引各方面投资，大力加强园区基础设施建设，不断提高创业园的整体建设服务水平，使园区硬件建设居于全省各留学人员创业园前列。

第十二条 共建留学人员创业园要认真贯彻落实国家和省、市吸引留学人员回国创业的政策措施，并根据本市、本园区实际，制定鼓励留学人员入园创业发展的优惠政策，大力吸引海外高层次创业人才。

第十三条 共建留学人员创业园要切实加强园区的管理服务机构和队伍建设，不断拓宽服务领域、完善服务内容、丰富服务手段，努力提高服务入园留学人员及创办企业的能力和水平。

第十四条 共建留学人员创业园要积极探索，建立健全包括政府资助、银行贷款、创业投资、技术产权交易等内容的投融资机制，支持留学人员企业不断发展壮大。

第五章　共建留学人员创业园的优惠政策

第十五条 共建留学人员创业园按柔性流动方式从国外、省外引进的留学人员和各类人才，可按照《山东省人才柔性流动若干规定》，直接到省人力资源社会保障厅办理有关手续，并享受人才柔性流动的有关优惠政策。

第十六条 在申请留学回国人员科技活动择优资助经费项

目、推荐设立博士后科研工作站、引进国外智力等方面，省人力资源社会保障厅对共建留学人员创业园给予重点支持。

第十七条 省人力资源社会保障厅支持共建留学人员创业园赴省外、海外开展人才招聘、招商引资活动。省人力资源社会保障厅组织的赴海外高层次人才招聘活动，优先邀请共建留学人员创业园派员参加。

第十八条 国外高层次留学人员团队回国开展技术指导、咨询服务或海外留学生组织、专业人士协会推荐的人才技术项目，省人力资源社会保障厅优先安排到共建留学人员创业园。

第十九条 省人力资源社会保障厅对共建留学人员创业园提供一定的工作经费支持，所在市政府财政按照不低于1∶2的比例给予配套。

第二十条 对具备条件的共建留学人员创业园，省人力资源社会保障厅积极推荐与人力资源社会保障部共建。

第二十一条 人力资源社会保障部与地方政府共建的留学人员创业园，享受省人力资源社会保障厅与市政府共建的优惠政策。

第六章 附 则

第二十二条 本办法所指市政府是指设区的市人民政府。

第二十三条 本办法由省人力资源社会保障厅负责解释。

第二十四条 本办法自发布之日起实行。

山东省外国专家局关于印发《山东省外国专家工作证件办理规程》的通知

（2012年12月7日　鲁外专〔2012〕87号）

各市外国专家局，有关办证窗口，各外国专家聘请单位：

为进一步提高我省外国专家管理工作的制度化、规范化和程序化水平，根据国家外国专家局和我省的有关政策规定，我们制定了《山东省外国专家工作证件办理规程》，现印发你们，请遵照执行。

山东省外国专家工作证件办理规程

第一章　总　则

第一条　为进一步提高我省外国专家工作证件办理制度化、规范化、程序化水平，依据国家外国专家局和省有关政策法规，结合我省实际，制定本规程。

第二条　外国专家工作证件包括外国专家来华工作许可证和外国专家证。

外国专家工作证件办理实行属地管理原则。

第三条　省外国专家局负责全省外国专家工作证件管理工作，审批全省外国专家来华工作许可证，办理经国家外国专家局批准的驻济外国专家聘请资格单位的外国专家工作证件。

设区的市外国专家局和其他办证窗口负责当地外国专家来华工作许可证申请受理、证件办理和外国专家证申请受理、证件审批、证件办理。

第四条 各级外国专家局和其他办证窗口通过“国家外国专家局外国专家来华工作证件管理系统”（以下简称“国家办证系统”），采取网上审查和书面审查相结合的方式，按规定程序办理外国专家工作证件。

第五条 外国专家聘请单位向有关外国专家局和其他办证窗口申请登记注册国家办证系统后，按规定程序申请办理外国专家工作证件。

第六条 各级外国专家局和其他办证窗口经办人自收到网上申请办理外国专家工作证件的信息之日起，2个工作日内完成初审；自收到申请登记注册和办理外国专家工作证件的书面材料之日起，2个工作日内提出经办意见，逐级上报有关负责人审查和审核。

提出经办、审查、审核意见和证件办结，应当自收到书面材料之日起5个工作日内完成。

需补正有关网上信息和书面材料的，从收到补正网上信息和书面材料之日起重新计算。

第二章 登记注册

第七条 经国家外国专家局批准的驻济外国专家聘请资格单位向省外国专家局申请登记注册国家办证系统，其他外国专家聘请单位向当地设区的市外国专家局和其他办证窗口申请登记注册。

第八条 外国专家聘请单位申请登记注册，需按规定登录国家办证系统填报有关信息，并报送相关书面材料。

外国文教专家聘请单位需报送申请登记注册的公函、法人资格证书复印件（当场查验原件）、组织机构代码证书复印件（当场查验原件）、聘请外国专家单位资格认可证书复印件和在线打印的“聘请单位登记申请表”。

外国经济技术专家聘请单位需报送申请登记注册的公函、法人资格证书复印件（当场查验原件）、组织机构代码证书复印件（当场查验原件）和在线打印的“聘请单位登记申请表”。

第九条 各级外国专家局和其他办证窗口经办人收到书面材料，提出经办意见并按规定程序报本级有关负责人审核后，网上同意或不同意登记注册。不同意登记注册的，应当网上告知不同意的理由。

第三章 来华工作许可证办理

第十条 外国专家来鲁工作，应当取得外国专家来华工作许可证。

第十一条 外国专家聘请单位登录国家办证系统，按要求填报办理外国专家来华工作许可证的有关信息。

第十二条 各级外国专家局和其他办证窗口经办人收到网上申请办理外国专家来华工作许可证的信息后，进行网上初审。

初审通过的，应当网上告知需报送的书面材料。主要包括：

（一）聘请单位关于办理外国专家来华工作许可证的申请函。载明申请人及其随行家属姓名、国籍、护照号码，申请人拟聘职务、工作任务、工作期限；

（二）申请表（在线填写并打印，在聘请单位处加盖单位公章）；

（三）申请人护照有效页复印件；

（四）聘请合同或派遣证明复印件（当场查验原件）；

（五）申请人简历，载明申请人工作经历及自高中以来的教育经历；

（六）申请人最高学位或专业资格证书复印件；

（七）相关工作经历证明复印件（当场查验原件）；

（八）随行家属护照有效页复印件；

（九）随行家属与申请人关系证明复印件；

（十）申请人及其随行家属健康证明书（由我驻外使领馆认证的国外卫生医疗机构或我国政府指定的卫生检疫部门出具）

复印件；

（十一）聘请单位组织机构代码证书复印件（企业同时提供营业执照复印件）；

（十二）其他材料。

初审不通过的，应当网上告知不通过的理由。

第十三条 省外国专家局经办人收到经国家外国专家局批准的驻济外国专家聘请资格单位书面材料，提出经办意见并按规定程序报本级有关负责人审核后，网上同意受理、终止申请或退回原单位补正信息。

同意受理的，网上审批通过并打印外国专家来华工作许可证；终止申请的，应当网上告知终止申请的理由；退回原单位补正信息的，应当网上告知需补正的信息。

第十四条 设区的市外国专家局和其他办证窗口经办人收到当地外国专家聘请单位书面材料，提出经办意见并按规定程序报本级有关负责人审核后，网上同意受理、终止申请或退回原单位补正信息。

同意受理的，网上提交省外国专家局审批；终止申请的，应当网上告知终止申请的理由；退回原单位补正信息的，应当网上告知需补正的信息。

第十五条 省外国专家局经办人收到设区的市外国专家局和其他办证窗口网上提交的待审批信息，提出经办意见并按规定程序报本级有关负责人审核后，进行网上审批。

审批通过的，由设区的市外国专家局和其他办证窗口经办人打印外国专家来华工作许可证。

审批不通过的，网上告知审批不通过的理由。

第四章 外国专家证办理

第十六条 外国专家聘请单位需在外国专家持职业（Z）签证入境后15日内，到办理外国专家来华工作许可证的相关外国专家局和其他办证窗口办理外国专家证。

第十七条 持非职业（Z）签证入境的外国专家需办理外国专家证的，按照国家有关规定执行。

第十八条 外国专家聘请单位登录国家办证系统，选择办理外国专家证的类别（新办、延期、变更、注销、补遗），并按要求填报有关信息。

第十九条 各级外国专家局和其他办证窗口经办人收到申请办理外国专家证有关信息后，进行网上初审。

初审通过的，应当网上告知需报送的书面材料；初审不通过的，应当网上告知不通过的理由。

第二十条 各级外国专家局和其他办证窗口经办人收到书面材料，提出经办意见并按规定程序报本级有关负责人审核后，网上同意受理、终止申请或退回原单位补正信息。

同意受理的，网上审批通过并打印外国专家证；终止申请的，应当网上告知终止申请的理由；退回原单位补正信息的，应当网上告知需补正的信息。

第五章 附 则

第二十一条 设区的市外国专家局和其他办证窗口需根据本规程，结合实际，制定具体的外国专家工作证件办理程序规范，并报省外国专家局备案。

第二十二条 本规程所称“各级”是指省级和设区的市级。

第二十三条 本规程所称“其他办证窗口”是指经省外国专家局批准，具有外国专家工作证件办理权限的机构和单位。

第二十四条 外国专家工作证件的送达适用我国有关法律规定。

当场领取的，领取人应当出示有效工作证件并签名确认。

第二十五条 本规程由省外国专家局负责解释。

第二十六条 本规程自印发之日起施行。

山东省人力资源和社会保障厅等部门关于印发《山东省博士后创新实践基地管理办法》的通知

（2014 年 3 月 10 日　鲁人社发〔2014〕16 号）

各市人力资源社会保障局、教育局、公安局、财政局，省直有关部门：

现将《山东省博士后创新实践基地管理办法》印发给你们，请认真贯彻执行。

山东省博士后创新实践基地管理办法

第一章　总　则

第一条　为加快建立以企业为主体的技术创新体系，推动山东省博士后创新实践基地建设工作顺利开展，根据人力资源社会保障部、全国博士后管理委员会《关于博士后创新实践基地建设有关问题的通知》（人社部发〔2011〕21 号）精神和省政府办公厅《关于加强博士后工作提升企业创新能力的意见》（鲁政办发〔2013〕5 号）要求，制定本办法。

第二条　本办法所称山东省博士后创新实践基地（以下简称基地），是指在未设立博士后科研流动站和工作站的单位，经认定可以依托博士后科研流动站代为招收博士后研究人员开展技术创新实践活动的工作平台。

第三条　基地的主要职责是发挥博士后科研流动站的人才技术优势，促进产学研用相结合，加速科技成果转化，提高企业技术创新能力，培养高层次创新型青年人才，重点促进县域经济发展。

第四条 基地建设坚持统筹规划、服务发展、统一管理、稳步推进的原则。

第二章 管理机构

第五条 省人力资源社会保障厅综合管理全省基地工作，省院士和博士后工作办公室（设在省人力资源社会保障厅专业技术人员管理处）负责对全省基地进行业务指导和检查评估，承担基地的设立、考核等工作。

第六条 设区的市人力资源社会保障部门、省直部门负责指导、管理、协调本地区、本部门基地的具体工作，承担基地组织申报、工作评估等事宜。

第七条 建立基地的单位，要设立或指定博士后工作管理机构，建立健全管理制度，配备相应的管理人员，负责基地的日常管理服务等各项具体工作。

第三章 基地的认定

第八条 本省行政区域内的企业、从事科学研究或者技术开发的事业单位、设区的市级以上高新技术开发区、经济技术开发区或留学人员创业园区，申请认定为基地，应当具备下列条件：

（一）具有独立法人资格，有较强的经济实力和较好的经济效益。

（二）设有专门的研究开发机构，拥有较高水平的专业技术人员队伍和较好的研究开发条件。

（三）拥有较高水平的研究开发团队，能提出理论创新、技术领先、具有较好市场前景的博士后研究项目。

（四）重视博士后工作，能为博士后研究人员提供较好的科研条件和必要的生活条件及其他后勤保障。

建有省级以上工程（技术）研究中心、重点实验室、企业技术中心等研发载体，承担国家或省级重点项目的单位可优先推荐申请设立基地。

区域性单位申报基地，必须能组织辖区内3家以上高新技术企业同时申请设立基地分站，申请设立基地分站单位的条件可以略低于本条前三项的要求。

第九条 认定基地，由单位提出申请，设区的市人力资源社会保障部门或省直主管部门对申报材料进行复核和实地考察，提出推荐意见，报省人力资源社会保障厅。

第十条 省人力资源社会保障厅组织专家对申请认定为基地的单位进行论证和评议，确定设立基地的单位，并发文公布和授牌。

基地的评议和认定每2年进行一次。

第四章 博士后研究人员的招收

第十一条 具有博士学位，身体健康，年龄一般在35周岁以下，符合原国家人事部、全国博士后管委会《博士后管理工作规定》（国人部发〔2006〕149号）中博士后研究人员招收的其他相关规定，可依托博士后研究项目申请进入基地从事博士后创新研究。

第十二条 基地依托省内外博士后科研流动站招收博士后研究人员。流动站设站单位负责办理合作招收的博士后研究人员的进出基地相关手续。

第十三条 博士后科研流动站设站单位、基地设立单位及博士后研究人员应当按照优势互补、互惠互利、保证质量、共同受益的原则签订协议，明确各方权利、义务及工作目标、工作期限、产权成果归属、违约责任等。

第十四条 基地与博士后科研流动站招收博士后研究人员，流动站应向基地提供科研支持和专家指导，帮助基地做好确定博士后研究项目、招收博士后研究人员等工作。

第五章 博士后研究人员的管理

第十五条 基地设立单位应建立博士后研究人员的考核指标体系，以及博士后研究人员招收、中期考核和出基地考核制度。制定对博士后研究人员目标管理、绩效评估、考核奖惩等具体管理办法，对博士后研究人员进行定期考核。对研究成果突出、表现优秀的博士后研究人员，应给予适当的表彰和奖励；对中期考核不合格的博士后研究人员予以劝退和解约。

第十六条 基地设立单位应将博士后研究人员纳入本单位人事管理，可采取月薪或年薪工资发放办法，其他福利待遇、成果转化奖励等按协议执行。

第十七条 博士后研究人员进基地，由合作招收的博士后科研流动站办理有关手续。其中，与省外博士后科研流动站合作招收的，在办理完成进流动站手续后，应当到山东省院士和博士后工作办公室办理转换进基地的介绍信、落户等手续。博士后研究人员可在基地所在地落常住户口，凭省院士和博士后工作办公室的介绍信和其他有效证明材料，到公安户政管理部门办理户口迁出和落户手续；按照有关政策规定，其配偶及未成年子女可以随迁户口。

博士后研究人员进基地后，基地应将工作协议和省院士和博士后工作办公室出具的进基地的介绍信，报设区的市人力资源社会保障部门或省直主管部门备案。

第十八条 博士后研究人员在基地工作期间，可凭省院士和博士后工作办公室的介绍信，在其子女暂住户口所在地办理入园、入学，报考（或转入）高中学校等事宜。

第十九条 基地博士后研究人员培养实行“双导师制”，基地应在与其合作招收博士后研究人员的博士后科研流动站聘请一名导师，并在本单位指定一名导师，共同负责基地博士后研究人员培养工作。

第二十条 博士后研究人员在基地工作期限一般为2年。承担国家和省重点项目或各类基金项目的人员，需要延长在基地工作时间的，经基地和博士后科研流动站同意，可适当延长，延长期限一般不超过1年。

第二十一条 基地可根据科研项目需求，委派博士后研究人员到省外、国外开展科技交流与合作，或参加学术会议等活动，在外时间由派出单位确定。

第二十二条 博士后研究人员在基地工作期限计算为工龄。博士后研究人员出基地前，可按照原省人事厅《山东省博士后研究人员专业技术职称审定与聘任暂行办法》（鲁人发〔2003〕15号）有关规定，申请审定专业技术职务任职资格。

第二十三条 博士后研究人员完成科研任务后，应当向基地提交科研报告和工作总结等书面材料。基地和博士后科研流动站要组织专家对其科研、工作表现等情况进行评定，形成书面材料，归入个人档案，做好出站相关工作。

第二十四条 对基地的博士后研究人员进行出站考核评价时，要注重衡量其在专利、发明、解决技术难题、技术创新和对企业经济效益等方面做出的贡献。

第二十五条 博士后研究人员期满出基地，由合作招收的博士后科研流动站办理有关手续，凭介绍信和其他有效证明材料，到公安户政管理部门办理本人、配偶和未成年子女的户口迁出和落户手续。设区的市人力资源社会保障部门和省直主管部门每年将基地与省外博士后科研流动站合作招收的博士后研究人员的出站情况报省院士和博士后工作办公室。

第二十六条 博士后研究人员的就业实行双向选择，鼓励留在基地工作，也可另选其他单位。各级人力资源社会保障部门、省直主管部门和基地应为其工作安排创造条件，做好相关服务工作。

第二十七条 博士后研究人员在基地工作期间，有下列情形之一者，基地设立单位可对其予以退站：

1. 考核不合格的；
2. 在学术上弄虚作假；
3. 受警告以上处分的；
4. 无故旷工连续15天或一年内累计旷工30天以上的；
5. 因患病等原因难以完成研究工作的；
6. 出国逾期不归超过30天的；
7. 其他情况应予退站的。

第二十八条 退站的博士后研究人员，不享受国家、省对期满出站博士后研究人员规定的相关政策。

第六章 保障措施

第二十九条 博士后科研工作经费以基地投入为主，同时基地应采取多种形式为博士后研究人员提供住房等必要生活条件。

第三十条 基地的博士后研究人员可通过与之合作招收的博士后科研流动站，向中国博士后科学基金会申请面上资助和特别资助。

第三十一条 基地的博士后研究人员可通过基地申请山东省博士后创新项目专项资金资助。资助经费申请条件、资金使用、监督与管理等按照原省人事厅、财政厅《山东省博士后创新项目专项资金管理办法》（鲁人发〔2007〕72号）的有关规定执行。资助经费有结余或博士后研究人员退站的，基地应将结余经费及时退回，退回资金用于对以后年度的博士后创新项目予以资助。

第三十二条 基地所在设区的市、省直主管部门要结合自身实际情况，逐步加大对基地的支持力度，出台配套政策支持。

第七章 评 估

第三十三条 基地评估参照人力资源社会保障部《博士后科研流动站和工作站评估办法》（人社部发〔2008〕115 号），由省人力资源社会保障厅统一组织，一般每两年进行一次。

第三十四条 设区的市人力资源社会保障部门、省直主管部门负责组织实施本地区、本部门基地评估工作，并将评估情况报省人力资源社会保障厅。

第三十五条 省人力资源社会保障厅会同有关部门根据各市及各主管部门报送的评估情况，对基地进行抽查，划分评估等级并予以公布。对管理规范、业绩突出的基地，优先推荐申报设立博士后科研工作站；对管理不善、评估不合格的，视情况予以警告、限期整改直至撤销。

第三十六条 被撤销基地资格的单位，自撤销之日起 3 年后方可重新申请设立基地。

第八章 附 则

第三十七条 各设区的市、省直主管部门应结合本地区、本部门实际情况，按照本办法制定具体实施意见。

第三十八条 本办法自 2014 年 4 月 23 日起施行，有效期至 2019 年 4 月 22 日。

山东省人力资源和社会保障厅 省财政厅关于印发《山东省省级引进国外智力项目绩效评价实施办法（试行）》的通知

（2015 年 2 月 27 日　鲁人社发〔2015〕9 号）

各市人力资源社会保障局、财政局，省直各部门（单位），各高等院校，各大企业：

为进一步加强省级引进国外智力专项资金支出管理，提高资金使用效益，省人力资源社会保障厅、财政厅研究制定了《山东省省级引进国外智力项目绩效评价实施办法（试行）》，现印发给你们，请严格遵照执行。

山东省省级引进国外智力项目绩效评价实施办法（试行）

第一章　总　则

第一条　为建立山东省省级引进国外智力项目（以下简称引智项目）绩效评价机制，全面、客观、公正、科学地评价引智项目绩效，根据《山东省省级财政支出绩效评价管理暂行办法》（鲁财预〔2011〕67 号））及相关财务规定，制定本办法。

第二条　引智项目绩效评价，是指通过科学、规范的绩效评价方法、指标体系和评价标准，对引智项目质量和执行效果进行的综合性考评与评价。

第三条　引智项目绩效评价坚持客观公正、公开透明、科学严谨、注重实效的原则。

第四条 引智项目绩效评价的依据：

（一）国家、省、市等发布的引进国外智力中长期发展规划和年度工作计划；

（二）国家外国专家局和省关于引进外国专家、出国（境）培训及引智成果示范推广的相关政策规定；

（三）国家外国专家局批复的年度出国（境）培训项目计划及省引进国外智力项目资助计划；

（四）引进外国专家、出国（境）培训、引智成果示范推广项目相关申报表格、材料，项目执行情况汇总表、执行情况总结报告等；

（五）引智项目资金管理使用情况的相关资料。主要包括引智资金拨付及使用单位相关报表、账目、凭证、检查报告等财务会计资料；

（六）其他相关资料。

第二章 评价内容

第五条 项目绩效目标评价。主要包括长期目标、年度目标和效率目标。其中：长期目标是针对项目所期望达到的长期结果设定的目标；年度目标是针对项目所期望达成的年度结果设定的目标；效率目标是在实现项目结果方面体现成本节约或效率提升的目标。

第六条 项目决策评价。主要包括项目设计是否合理；项目决策依据是否符合经济社会发展规划或年度工作计划、决策程序是否符合相关规定；资金分配办法和分配结果是否合理。

第七条 项目管理评价。主要包括项目组织实施管理和引智专项资金管理。项目组织实施是否有健全的组织机构、相应的管理制度、良好的配套条件；引智专项资金是否及时到位、资金管理使用及财务管理情况、项目单位资金配套及同级财政资助情况等。

第八条 项目效果评价。主要包括人才培训效益及引智贡献率；项目实施前后的经济、社会效益对比；项目实施对人、自然、资源是否带来可持续影响；项目与其服务对象对项目实施的满意程度。

第三章 评价程序和方法

第九条 引智项目绩效评价每年进行一次，当年度10月开始实施，12月中旬完成。

第十条 引智项目绩效评价由人力资源社会保障部门、财政部门共同组织实施。省人力资源社会保障厅、财政厅主要负责制定绩效评价办法和设计绩效评价内容体系，指导各市、省直有关部门（单位）开展绩效评价工作，并根据相关规定公布绩效评价结果。市级人力资源社会保障部门、财政部门及省直有关部门（单位）按照省统一部署和要求，主要负责组织开展本市、本部门（单位）范围内的绩效评价，并对绩效评价过程中发现的问题进行整改。

第十一条 市级和部门自评。各市人力资源社会保障部门、财政部门和省直有关部门（单位）负责对本市、本部门（单位）引智项目实施情况进行自评。自评分为日常评价和年度评价。

（一）日常自评。各市人力资源社会保障部门、财政部门和省直有关部门（单位）在引智项目实施过程中，要采取定期或不定期抽查的办法，对引智项目实施过程进行日常考核监督。日常评价结果应作为年度评价的重要组成部分。

（二）年度自评。引智项目实施单位对所实施项目逐一进行自评，并形成项目绩效报告报各市人力资源社会保障部门或省直主管部门。

各市人力资源社会保障部门、财政部门和省直有关部门（单位）对各引智项目实施单位所报资料进行审查核实并开展绩效评价，于当年度 11 月 10 日前，向省人力资源社会保障厅报送本年度引智项目实施绩效评价资料。绩效评价资料主要包括：年度绩效评价报告（按引智项目类别分别提供）和引智项目费用决算等。

第十二条 省级绩效评价。省人力资源社会保障厅对全省引智项目实施情况进行书面审查，对全部重点引智项目和其他不少于 30% 的引智项目进行实地复审，并形成全省引智项目绩效评价报告，于当年 12 月中旬送省财政厅。

第十三条 市级和部门自评及省级绩效评价可根据需要委托专家、中介机构等第三方实施。

第四章 绩效评价结果的使用

第十四条 根据各市及省直有关部门（单位）年度绩效评价报告，确定年度绩效评价结果。绩效评价结果划分为四个等级，分别为：优秀（90 分及以上）、良好（70—89 分）、合格（60—69 分）、不合格（59 分及以下）。省人力资源社会保障厅、财政厅将以适当形式将绩效评价结果在全省公布。

第十五条 绩效评价结果将作为安排下一年度引智项目计划、分配引智项目资助资金依据。对绩效评价结果优秀、良好的市或省直部门（单位），省人力资源社会保障厅、省财政厅将予以通报表扬并加大支持或继续支持；对绩效评价结果不合格的，将予以通报批评，并相应扣减或取消下年度引智专项资金资助。

第十六条 在绩效评价工作中发现的违法违规行为，依照《财政违法行为处罚处分条例》（国务院令第 427 号）和山东省财政厅《关于在财政专项资金管理领域实行信用负面清单制度的通知》（鲁财预〔2014〕15 号）等有关法律法规依法追究责任。

第十七条 各市和省直有关部门（单位）应及时总结在绩效考评中的好经验、好做法，并加以推广。对绩效考评中发现的问题，要及时提出整改意见，不断完善管理措施，提高资金使用效益，促进引智项目实施。

第五章　附　则

第十八条　各市人力资源社会保障部门、财政部门和省直有关部门（单位）可根据本办法，结合本地、本部门（单位）实际情况，制定具体实施细则。

第十九条　本办法由省人力资源社会保障厅、财政厅负责解释。

第二十条　本办法自发布之日起施行。

(附件本书略)

山东省人力资源和社会保障厅等部门关于加强高技能人才工作 助推产业转型升级的意见

（2016年5月18日　鲁人社发〔2016〕22号）

各市人力资源社会保障局、发展改革委、经济和信息化委、公安局、民政局、财政局、国资委、总工会、团委、妇联，省直有关部门，各军分区（警备区）：

建立一支规模宏大、结构合理、技艺精湛、作风过硬的高技能人才队伍，是围绕国家“一带一路”“中国制造2025”“大众创业、万众创新”和我省“两区一圈一带”等发展战略，加快推进产业转型升级，实现“走在前列”的必然要求。近年来，我省技能人才工作不断加强，技能人才占产业工人的比例不断提高，但技能人才总量不足、结构不尽合理，技能人才培养的内生动力不足、培养体系不够健全等问题依然较为突出，还不能适应新常态下经济社会发展的要求。为贯彻落实人力资源社会保障部《关于推进技工院校改革创新的若干意见》（人社部发〔2014〕96号），进一步培育和传承精益求精的“工匠精神”，加快推进全省高技能人才队伍建设，现提出如下意见：

一、总体要求

（一）指导思想。深入贯彻落实党的十八大和十八届三中、四中、五中全会精神，紧紧围绕我省经济转型升级和产业结构调整要求，以健全面向全体劳动者的终身职业培训制度为基础，以提升职业能力为核心，以培养高技能人才为主线，进一步健全完善以培养、评价、引进、使用、激励、保障为重点的高技能人才工作体系，扩大规模、优化结构、提高质量，大力推动高技能人才队伍建设工作转型发展，形成有利于高技能人才成长和发挥作用的制度环境和社会氛围，为经济文化强省建设提供强有力的技能人才保证。

（二）目标任务。不断健全面向全体劳动者的职业培训体系，突出“高精尖缺”导向，推行企业新型学徒制培养模式，创新技能人才培养方式，提升广大劳动者就业创业能力。加快技能人才评价体系建设，完善技能人才评价机制。提高技术工人待遇，特别是技能领军人才、技能大师的待遇和地位，推动技工院校改革发展。到2020年，高技能人才总量达到300万人；国家级高技能人才培训基地38家，国家级技能大师工作室和省技师工作站分别达到50所和180所，山东省“劳模（高技能人才）创新工作室”达到220个；泰山产业领军人才工程产业技能类人才达到30人，齐鲁首席技师达到1800人，山东省技术能手达到2000人，使高技能人才数量同经济和社会发展目标基本相适应，高技能人才结构和素质同产业、行业发展需求基本相适应。

二、主要政策措施

（一）强化高技能人才培养

1. 开展“加强就业培训提高就业创业能力五年规划”。在全省实施就业优先战略行动，完善创业扶持政策，推动完善创业大学培训模式。统筹利用现有各类培训资源，大力开展就业技能培训、岗位技能提升培训和创业培训，积极推广“四单式”培训和创业大学培训模式，对贫困家庭子女、毕业年度高校毕业生、未升学初高中毕业生、农民工、失业人员和转岗职工、退役军人开展免费接受职业培训行动。进一步完善政府购买培训服务的办法，搭建互联网移动教育培训平台，方便劳动者通过网络接受职业技能培训。支持各类技工院校建立创业大学、创业孵化基地和创业园区，对达到有关标准条件的，认定为省级创业孵化示范基地和创业示范园区。对符合条件的技师学院毕业生租用经营场所创业的，有条件的市可给予一次性创业场所租赁补贴。重点打造山东省“金蓝领”培训品牌项目，技师、高级技师培训补贴标准分别提高至2000元/人、5000元/人。

2. 实施“百校千企”校企合作计划。在全省选择100所技工院校与1000家企业，建立全面深入的合作关系，构建紧密联系的职业技术教育集团（联盟），开展校企联合招生、校企合作培训和教师进企业、技能大师进校园等活动。鼓励企业接收学生实习、实训、学徒，企业为接收学生实习实训支付的报酬等费用支出，按规定在计算应纳税所得额时扣除。对技工院校自办的、以服务学生实习实训为目的的企业或经营活动，按国家有关规定享受税收等优惠。

3. 推行企业新型学徒制项目。继续推行企业新型学徒制培训培养模式，加快企业后备技能人才的培养。2016年起在全省选择15家左右大中型企业作为试点单位，每家企业选拔100人左右参加新型学徒制培训，由人力资源社会保障部门会同财政部门对开展学徒制培训的单位按规定给予职业培训补贴，补贴资金从就业专项资金列支。鼓励有条件的市扩大当地新型学徒制试点规模。

4. 搭建高技能人才多元化研修平台。依托国家级高技能人才培训基地、国家级技能大师工作室、全国示范性劳模创新工作室，重点建设6—8所省级高技能人才研修基地，根据产业结构调整、人力资源市场信息、企业用工需求等因素，优先安排省级金蓝领培训任务。对围绕培育发展新一代信息技术、轨道交通设备、海洋工程装备、先进机械设备、生物医药、新材料、新能源等新兴产业，首次开设“高、精、尖、缺”紧缺职业（工种）高级工及以上等级专业的技师学院，每年遴选部分专业并给予一次性专业建设补贴。省人力资源社会保障厅定期向社会公布紧缺职业（工种）目录。

5. 强化高技能人才培养载体建设。依托技工院校和大中型企业，加快建设省、市、县三级高技能人才实训基地。到2020年，基本形成覆盖全省的高技能人才实训基地网络。积极探索“互联网+职工素质提升”新模式，加快“山东省职工网上学习系统”建设，发挥好在线学习培训、模拟实操练兵、网上比武考试、工作展示交流等功能。完善适应技师学院特色的绩效工资内部分配制度。技师学院收费标准和财政生均定额拨款标准可参照高职院校执行。组织普通高校全日制在校生进入高技能人才实训基地进行实训（实习），结业后取得对应职业（工种）培训证书、专项能力证书或国家职业资格证书的，按规定给予职业培训补贴。实施高技能人才“双特建设工程”项目，组织实施技工教育特色名校建设工程和齐鲁技能大师特色工作站建设工程，“十三五”时期建设50所技工教育特色名校、100所齐鲁技能大师特色工作站和150个山东省“劳模（高技能人才）创新工作室”。

（二）推进高技能人才多元化评价

6. 推进企业技能人才自主评价。积极推动企业、行业协会技能人才自主评价试点，经省、设区的市人力资源社会保障部门批准同意开展试点的企业或行业协会，可在国家职业标准框架内，结合本企业或行业的生产服务实际，制定切实可行的工作方案，设置评价要素，组织开展考核鉴定。实施自主评价的企业，其开展职工培训所发生的培训、鉴定等费用可按要求在职工教育经费中列支。

7. 完善技能人才评价机制。完善符合技能人才培养特色的学生职业能力评价办法，2016年在青岛、潍坊、烟台三市部分技工院校开展职业资格过程化考核鉴定试点。2020年前在总结试点经验的基础上，逐步在全省推开。

8. 发挥职业技能竞赛的引领作用。遴选3—5所优秀技工院校或企业，按照世界技能大赛标准和要求，积极申办世赛国家集训基地。建设一批功能齐全、设施一流的全国技能大赛省级集训基地。完善职业技能竞赛制度，提升竞赛技术标准，修订职业技能竞赛规程和工作规则，制定职业技能竞赛优秀选手、技术指导专家、教练、优秀单位奖励办法，建立职业技能竞赛选拔表彰长效机制。

9. 推动国际化职业资格证书互认。适应人才国际化趋势，根据国家要求，逐步引进社会急需职业（工种）国际职业资格证书，并实现与国内相关职业资格证书互认。

（三）加大高技能人才交流引进

10. 加大我省引进国际化高技能人才工作力度。将海外高技能人才纳入海内外高端人才交流会的引才范围，从省外、国（境）外引进的符合《山东省引进高层次高技能人才服务绿色通道规定（试行）》条件的高技能人才，可持《山东省引进高层次高技能人才服务绿卡》享受相关服务和待遇。各级政府在招商引资中，可一并引进关键技术岗位的高技能人才。支持我省规模以上用人单位引进中华技能大奖获得者、全国技术能手、国家技能大师工作室带头人或技能专家等产业发展急需紧缺或掌握一流技术技能，在本行业具有较高声誉的高端高技能人才。

11. 对接世界标准，加强国际合作。进一步树立高技能人才国际化的理念，组织实施技工院校国际化合作项目。加强世界技能人才培养标准研究与对接，建立世界技能大赛参与机制。建立健全国际交流合作的管理制度，全面提升高技能人才国际交流合作的能力水平。每年选择3—4个支撑我省经济发展主要职业（工种），组织技工院校教师赴德国等国家（地区）进行专题培训。每年聘请3—5名国外专家来我省规模以上企业传艺带徒研修，从境外职业教育研究机构、职业技术学校聘请100名职业教育专家来我省技工院校任教，每年从我省技工院校遴选100名骨干教师赴“一带一路”沿线国家任教。到2020年，争取设立3—5所特色鲜明、影响力较大的中外合作职业培训机构。推动技师学院与德国、澳大利亚、英国等国家有关职业院校签署战略合作协议，开展院校间合作交流项目。

（四）重视高技能人才使用

12. 吸引优秀高技能人才到技工院校任教。加大技工院校一体化教师引进力度，不重学历重能力，逐步提高技工院校实习指导教师在师资中的比例，具有工程师及以上专业技术职务资格和技师（国家职业资格二级）及以上职业资格的人员，可直接应聘相应等级实习指导教师岗位。其中，实习指导教师岗位招聘获得世界技能大赛优胜奖以上、国家级一类职业技能大赛二等奖以上、省级一类职业技能大赛前6名的人员，经设区的市以上事业单位公开招聘机关同意，可采取直接考察或简化程序的方式组织招聘。在技工院校开展正高级专业技术职称评审。技能实践成果和参加职业技能竞赛获奖情况可作为职称评聘的业绩成果。

13. 拓宽技工院校毕业生成长通道。建立全省统一的技工院校招生和毕业生就业信息服务平台。贯通技工院校毕业生成长通道，技工院校毕业生参加公务员招考、应征入伍、城镇落户、企事业单位招聘、确定工资起点标准和职称评聘等方面，取得高级工、预备技师职业资格的高级技校或技师学院全日制毕业生，分别按照全日制高职（大专）或本科毕业生享受相应政策待遇及相关就业补贴政策。普通技工学校毕业生，按照普通中等学历教育毕业生享受相应政策待遇。

14. 充分发挥技师、高级技师在技能岗位的关键作用。分职业（工种）建立技师协会，开展同业交流。用人单位在组织重大技术革新和技术攻关项目时，要充分发挥高技能人才的作用，并给予经费等方面的支持。根据国家制定出台的高技能人才与工程技术人才职业资格贯通办法，研究制定我省实施意见。

（五）完善高技能人才激励机制

15. 完善山东省有突出贡献的技师制度。修订山东省有突出贡献的技师选拔管理办法。对特别优秀的高级技师经省人力资源社会保障厅认定后，可授予山东省有突出贡献的技师称号，每年不超过100人并给予1万元一次性奖励。

16. 加大职业技能竞赛奖励力度。对我省获得世界技能大赛金牌的选手，可晋升为高级技师并破格认定为当年度齐鲁首席技师。对我省获得世界技能大赛优异成绩的选手，以及为选手获奖提供指导和帮助的技术指导专家、教练、技术翻译，按照国家奖励标准分别给予同等奖励。对我省获得国家级一类技能大赛前3名的选手，分别给予5万、2万和1万元奖励，选送单位为技工院校的，一次性给予高技能人才培育奖励补助5万元。

17. 鼓励企业建立高技能人才岗位技能津贴制度。企业可根据实际情况或参照企业专业技术人才收入分配政策，自行设定高技能人才岗位技能津贴标准和发放方式，高级工、技师、高级技师津贴可分别参照每月200元、300元、400元的标准设定。企业发放高技能人才岗位技能津贴，按照国家现行税收政策规定执行。

18. 落实高技能人才待遇。各有关部门、单位要注重在高技能人才中发展党员、树立典型、评选劳动模范；要对优秀高技能人才每年组织开展带薪休假考察和疗养、查体等活动。鼓励企业充分考虑技能劳动者的业绩贡献，在制定薪酬时向高技能人才倾斜。鼓励企业对在生产一线做出贡献的技师、高级技师，在带薪学习、休假、疗养、出国进修等方面，与本单位工程师、高级工程师享受同样待遇。建立企业年金的企业，在企业缴费分配方面可对高级技师给予适当倾斜。打破部门、行业、地域和所有制限制，做好高技能人才在不同所有制单位、不同行业和跨地区流动中社会保险关系的转移接续工作。

三、组织保障

（一）切实加强领导，注重落实考核。各级人力资源社会保障部门要会同发展改革、经信、公安、民政、财政、国资、工会、团委、妇联、省军区系统等部门加强高技能人才工作的宏观指导、政策协调和组织推动。实施高技能人才工作目标责任制，制定切实可行的实施方案、目标考核体系和办法，引导社会力量广泛参与，形成多方参与、密切配合、共同推动高技能人才建设的新格局。赋予部分市高技能人才工作改革创新试验区任务，探索高技能人才队伍建设新的体制机制、制度政策和路径模式。

（二）加大资金投入，增强合理使用。要加大技能人才队伍建设投入，支持高技能人才培养。要落实教育费附加、地方教育附加不低于30%用于职业教育的政策，加大对技工院校技能人才培养的支持力度。省级区域发展战略推进专项资金（切块资金）要继续支持技能型人才培训。进一步落实企业职工教育和培训政策，企业要依法履行职工教育培训和足额提取教育培训经费的责任，对不按规定提取和使用教育培训经费并拒不改正的企业，由县级以上人民政府人力资源社会保障部门依法收取企业应当承担的职工教育经费，统筹用于本地区的职工教育培训。

（三）创新宣传形式，营造社会氛围。大力宣传高技能人才的典型代表，宣传其重要作用、突出贡献、工匠情怀；倡导新的求学观、择业观、成才观，让技能人才进校园、进企业、进社区。提高学习宣传活动的公众参与度，扩大活动覆盖面和影响力，做到电视有像、电台有声、报纸有字、网络有图，微平台有热议，努力营造浓厚的“劳动光荣、技能宝贵、创造伟大”的新风尚。

（四）强化工作基础，构建信息化管理。各有关部门（单位）、行业主管部门、行业协会组织和企业要结合生产、技术发展趋势以及人才队伍现状，做好高技能人才需求预测和培训规划，提出高技能人才合理配置标准，加快高技能人才信息统筹整合，建立完善信息库，着力打造高技能人才同业交流、联合攻关、培训深造的社会化、开放式信息共享机制。增强人才信息管理服务意识，为人才培养和使用提供切实帮助，引导高技能人才遵循市场规律合理流动。

山东省人力资源和社会保障厅 省财政厅关于印发《山东省实施省级留学人员创新创业示范园项目认定和管理暂行办法》的通知

（2017 年 5 月 15 日 鲁人社发〔2017〕15 号）

各市人力资源社会保障局、财政局：

为深入贯彻省委《关于深化人才发展体制机制改革的实施意见》，进一步推进我省留学人员创业园的建设发展，吸引海外高层次留学人才来鲁创业，我们制定了《山东省实施省级留学人员创新创业示范园项目认定和管理暂行办法》，现印发给你们，请遵照执行。

各市要结合实际，尽快研究制定本地推动留学人员创业园发展的具体措施或项目认定管理实施办法，并报省人力资源社会保障厅、省财政厅备案。

山东省实施省级留学人员创新创业示范园项目认定和管理暂行办法

第一条 为贯彻落实《关于深化人才发展体制机制改革的实施意见》（鲁发〔2016〕22 号），进一步推动全省留学人员创业园发展，吸引和集聚海外高层次留学人员来鲁创业，参照《山东省实施创业孵化基地和创业园区项目管理办法》（鲁人社发〔2014〕15 号），制定本办法。

第二条 省级留学人员创新创业示范园建设，以推动新旧动能转换、促进高新技术成果转化、提升企业科技创新力和市场竞争力为目标，为留学人员来鲁提供政策完善、功能齐全、服务到位、管理科学、环境优越的服务，在支持留学人员创新创业和入园发展方面发挥示范和辐射带动作用。

第三条 支持和引导各类园区、大中型企业、科研开发类事业单位、高等院校等各类主体建设留学人员创业园区，促进全省留学人员创业园的投资主体多元化和管理模式多样化，形成技术、项目、人才和服务资源的集聚优势，带动地方经济结构调整和产业转型升级。

第四条 省人力资源社会保障厅负责省级留学人员创新创业示范园的评估认定工作，对省级留学人员创新创业示范园进行宏观管理和业务指导。各级人力资源社会保障部门要把争创省级留学人员创新创业示范园作为落实人才发展体制机制改革任务、吸引海外留学人员来鲁创业的重要措施，不断健全完善留学人员创业园区各项管理制度和运行机制，丰富创业服务内容，提高创业服务能力，支持入驻创业实体健康发展。

第五条 省级留学人员创新创业示范园一般应具备下列条件：

（一）设立留学人员创业园 2 年以上，具有独立法人资格、固定的办公场所，且运营状况良好。园区建设发展规划和目标与当地产业发展紧密结合，功能布局合理，服务定位清晰，具有良好的发展前景和可持续发展能力。

（二）建有可自主支配的孵化场地，孵化场地面积原则上不少于 1 万平方米，且有集交通、通讯、办公、会议、商务和生活娱乐一体化的服务设施。以文化创意、新兴产业技术研发应用等为主体的科技含量较高、特色鲜明、孵化效果明显的专业园区孵化面积标准可适当放宽。

（三）有得力的园区管理团队，管理人员中具有大专以上学历的占90%以上。有健全的管理服务制度，建有完善的创业实体评估准入、财务管理、日常管理服务等规章制度，能够为创业实体提供手续简便、优质高效的管理服务制度保障。

（四）能够为留学人员创业企业在入园、工商注册、项目申报、法律咨询、创业孵化、创业辅导、经营管理、市场拓展等方面提供规范、高效的一条龙服务。

（五）建有（或合作建有）专业技术领域的公共技术服务平台，能够提供科研、中试等服务。

（六）引进了风险投资基金，能够为留学人员企业的发展成长提供多元化、多层次的投融资服务。

（七）广泛开展对外交流合作，能够组织或承办省级以上高层次人才交流活动。

（八）在园发展和孵化成功的留学人员企业应不少于30家，累计毕业企业达到10家以上。入驻企业产权清晰，自主合法经营，有较好的成长性，创业项目符合省重点产业发展方向；入驻企业应有30%以上已申请或拥有专利（专有）技术；入驻企业成长性好，每年至少新增3户以上创业3年以内的企业。

（九）支持入驻企业或创新团队积极开展科技创新，在信息技术、高端制造、生物、绿色低碳、数字创意等高科技产业领域取得较好科技创新成果。

（十）健全各类文件、材料、统计工作情况档案及台账，并建立电子档案、掌握入驻创业企业项目投资、招人用人、经营管理等基本情况，归类准确清晰，数据材料真实有效，查阅方便。

第六条 省级留学人员创新创业示范园的评估认定按照下列程序进行：

（一）申报。申请省级留学人员创新创业示范园认定的园区，按照管理权限，于每年3月初向所在市（指设区的市，下同）人力资源社会保障局或省主管部门提出认定申请。申请单位需提交以下材料：1. 申请省级留学人员创新创业示范园认定的报告；2. 设立留学人员创业园或孵化基地的证明材料；3. 创业园区或孵化基地建设发展报告。主要包括园区基础设施建设、管理及运行机制和管理服务团队建设情况，创业培训、创业服务、公共技术服务平台等创业服务体系建设情况，入驻企业发展情况以及社会经济效益等情况；4. 鼓励支持留学人员入园创业的政策文件；5. 在园发展和孵化成功留学人员企业基本情况，包括创业实体名册、创业实体基本信息以及营业执照副本复印件、法定代表人身份证复印件；6. 园区中长期发展规划，方向目标等。

（二）初审。市人力资源社会保障部门或省主管部门对申报材料进行初审，并于每年3月底前将符合条件的单位申报材料及初审意见报省人力资源社会保障厅。

（三）评估。省人力资源社会保障厅组织相关专家组成评审委员会，采取审阅材料、现场答辩、实地考察等方式进行评估打分。重点对其基础设施建设、管理及运行机制、服务体系、政策措施、在园发展及孵化成功留学人员企业等基本情况进行考察认定。

（四）公示和认定。对拟认定的省级留学人员创新创业示范园，进行为期5个工作日的公示。公示无异议的，省人力资源社会保障厅认定为“山东省省级留学人员创新创业示范园”，并授牌。

第七条 对被认定并授牌的省级留学人员创新创业示范园，省里给予一定奖补资金，从省级创业孵化基地和创业园区奖补资金中列支，主要用于为入驻企业提供就业创业服务、创业项目开发、房租减免以及创业园区和孵化基地管理运行经费。省级留学人员创新创业示范园奖补与省级创业孵化基地和创业园区奖补不重复享受。

第八条 省级留学人员创新创业示范园实行动态管理。资金实行一次性核定发放额度，授牌后首期拨付50%，第二年上半年复查合格的再拨付 50%。各省级留学人员创新创业示范园应于每年 12 月底前向省人力资源社会保障厅提交园区发展报告，并提出下年度园区发展计划。对运行情况达不到省级标准的，取消其省级留学人员创新创业示范园资格，收回标牌，并向社会公布。

第九条 每年从省级创业孵化基地和创业园区评选奖补名额中安排不超过 4 个名额，专项用于评估认定省级留学人员创新创业示范园。

第十条 省级留学人员创新创业示范园奖补标准。在给予 200 万元的基本奖补资金的基础上，每增加 1 户留学人员创业实体，或每引进培养 1 名“泰山学者”“泰山产业领军人才工程”等省级高层次人才，或每组织承办 1 次省级以上高层次人才交流活动，分别增加 10 万元奖补资金；每增加 1 户成功进入区域股权交易市场、新三板、创业板、中小企业板等挂牌融资的孵化企业，或每引进培养 1 名“千人计划”等国家级高层次人才，分别增加 15 万元奖补资金；每有 1 项科技成果取得国际先进、国内领先，或每有 1 项科技成果填补国内、省内高新技术领域空白，分别增加 20 万元奖补资金。每个省级留学人员创新创业示范园奖补资金累计不超过 500 万元。

第十一条 省人力资源社会保障厅在规划指导、协作联动、政策扶持、人才引进、项目申报、宣传推介等方面对省级留学人员创新创业示范园提供支持，以增强园区在人才凝聚、科技创新、成果转化、技术推广等方面的示范引导和辐射带动作用。

第十二条 省级留学人员创新创业示范园，应当在全省吸引支持留学人员来鲁创业工作中发挥示范和辐射带动作用，加强支持留学人员创业的服务体系建设，集成创业优势资源，加大投入力度，推动留学人员企业转化科技成果并逐步实现产业化；不断创新支持留学人员创业的政策措施，引导和鼓励留学人员企业提升科技创新能力和市场竞争能力，培育发展一批具有较强实力的留学人员企业群体；积极推动园区管理体制和运行机制创新，充分发挥市场配置资源的决定性作用，探索实践市场化的园区建设运营模式；加大面向海外的宣传推介，加大“走出去”“请进来”工作力度，建设吸引集聚海外留学人才入园创业的高端载体；自主举办或积极承接省里统一安排的创业人才培训、辅导，经常性组织海内外人才交流的规模性活动，发挥创业人才培训基地引领示范作用。

第十三条 本办法自 2017 年 6 月 1 日起施行，有效期至 2019 年 5 月 31 日。

山东省人力资源和社会保障厅等部门关于印发《山东省离岸创新人才引进使用支持办法（试行）》的通知

（2017年10月26日　鲁人社规〔2017〕20号）

各市党委组织部，政府人力资源社会保障局、科技局、财政局，省直有关部门（单位），有关高等院校、大企业：

现将《山东省离岸创新人才引进使用支持办法（试行）》印发给你们，请结合实际，认真抓好落实。

山东省离岸创新人才引进使用支持办法（试行）

第一章　总　则

第一条　为进一步贯彻党的十九大精神，全面贯彻习近平总书记关于人才工作系列重要讲话精神，大力实施人才强省战略，健全人才发展体制机制，积极推动新旧动能转换，吸引更多高层次离岸创新人才服务山东经济社会发展，根据省第十一次党代会精神和省委《关于深化人才发展体制机制改革的实施意见》要求，结合山东实际，制定本办法。

第二条　本办法所称离岸创新人才，是指我省各类企业、高等院校、科研机构、社会组织等单位（以下简称“用人单位”）在国（境）外设立的基地、研发中心等机构聘请使用的外籍高层次创新人才。离岸创新人才是我省高层次创新人才的重要群体。

第三条 鼓励用人单位“走出去”在国（境）外建立前端孵化基地、离岸研发中心（机构）等，面向全球布局和争取创新资源。支持用人单位通过市场化手段，构建低成本、便利化、全要素、开放式、配套成熟完善的海外空间载体，探索“省内注册、海外经营、境外孵化、成果回归、分建共享”的离岸人才智力培育模式。

第四条 离岸创新人才引进使用应遵循以下原则：

（一）服务发展大局。紧密围绕山东经济社会事业发展，主动服务“一带一路”“两区一圈一带”、山东半岛国家自主创新示范区等重大战略需要，特别是服务战略性新兴产业发展，服务新旧动能转换，提升离岸人才贡献率。

（二）坚持以用为本。充分发挥市场配置决定性作用、用人单位主体作用和政府推动作用，重点引进全省经济社会发展急需紧缺的高层次离岸创新人才和团队，提高自主创新能力和竞争力。

（三）扩大人才开放。聚焦人才国际化，放眼全球，深化人才开放与国际合作，充分开发利用离岸创新人才资源，积极参与国际人才竞争，厚植山东原创优势，全方位提升山东人才国际竞争力、辐射力、影响力。

（四）注重制度创新。聚焦离岸创新人才发展体制机制中的重点难点问题，持续推进精准创新、系统创新、协同创新，在改革中释放制度新红利，在创新中打造发展新引擎，率先形成具有国际竞争力的离岸人才制度优势。

（五）优化服务环境。创新激励政策，完善配套服务，简化工作流程，营造良好环境，为离岸创新人才及用人单位提供高效便捷的服务。

第二章　认定程序

第五条　申报认定的离岸创新人才应符合下列条件之一：

（一）从事科学前沿探索研究，具有创新潜质的优秀科学家；

（二）推动我省在关键核心技术和自主知识产权上实现突破的创新领军人才；

（三）帮助我省企业参与国际经济竞争的企业家及管理经营人才；

（四）从事战略规划、风险评估、资本运作、产品设计、技术转移等领域工作的高层次专门人才；

（五）通晓国际经济金融运行规则、熟悉“一带一路”沿线国家及驻在国法律制度和政策的高端人才。

第六条　引进的离岸创新人才聘用期原则上不少于1年，每年在我省单位和企业在国（境）外设立的基地、研发中心等工作时间不少于6个月。特别优秀的离岸创新人才可适当放宽工作时限。

第七条　省人力资源社会保障厅（省外国专家局）随时接受用人单位提出的离岸创新人才认定申请。用人单位按要求提供申报人选的护照、学历、学位证书复印件，与企业、单位签订的工作（聘用）合同和海外任职证明材料等，经市人力资源社会保障局（外国专家局）初审汇总后，报送省人力资源社会保障厅（省外国专家局）。省属企业、单位直接将材料报送省人力资源社会保障厅（省外国专家局）。

第八条　省人力资源社会保障厅（省外国专家局）对申请人选进行汇总、审核后，定期组织相关领域专家召开评审认定会，认定结果向社会公布。

第三章　优惠政策

第九条　经认定的离岸创新人才主持或参与的科研、技术、管理项目可按规定申报国家、省、市各类人才计划项目，符合条件的全职人才，申报泰山学者工程、泰山产业领军人才工程、“外专双百计划”时，可不受有关名额限制。离岸创新人才工作期间的发明创造，可按照相关规定申请专利。

第十条　依托国家和省级重点实验室、工程（技术）研究中心等设立访问学者岗位，鼓励离岸创新人才来我省开展合作研究。

第十一条　鼓励用人单位以长期聘用、柔性引进、短期技术交流等多种方式引进离岸创新人才，鼓励对做出突出贡献的离岸创新人才采取期权、股权和企业年金等中长期激励方式进行激励。

第十二条　支持离岸创新人才以投资、智力资本（技术、知识产权、管理等）入股、技术转让等方式参与用人单位的收入分配。

第十三条　定期组织离岸创新人才参与我省开展的外国专家建言、外国专家齐鲁行、集中休假联谊等活动，增强其荣誉感、归属感和获得感，营造良好的氛围。

第十四条　对华友好并为我省经济社会发展做出突出贡献的离岸创新人才可推荐评选省政府“齐鲁友谊奖”、中国政府“友谊奖”。

第十五条　离岸创新人才来鲁开展工作交流，可根据与用人单位签订的劳动合同期限申请办理外国人工作许可证。离岸创新人才申请外国人工作许可证，在办理签证入境前，无需提交纸质材料核验，无犯罪记录证明、工作资历、专业技术或学历证明等采用承诺制，全流程在线办理。

第十六条　入选省级以上人才工程的离岸创新人才可纳入申

请办理人才签证的范围。已持其他签证入境或持有效居留停留证件的离岸创新人才，可以直接在境内申请外国人工作许可证，无须出境办理工作签证。

第十七条 支持我省各类企业、高等院校、科研机构、社会组织、个人等在国（境）外建立研发基地、开放实验室、科技孵化器、技术转移中心等离岸创新创业基地。视离岸人才引进使用数量和基地规模，经评审认定，分三档给予离岸创新创业基地500万元、400万元、300万元的引才补贴。

第四章 服务保障

第十八条 建立离岸创新人才工作平台。配齐配强工作力量，综合协调离岸人才服务管理工作，并对重点工作实行督办督查。建立部门联动机制，发挥部门优势为离岸人才提供各类服务。

第十九条 建立离岸创新人才服务平台。为离岸创新人才提供定制化服务，包括提供低成本、高效率的办公运行服务，提供科研设备、科技文献、数据库等科技服务，提供新技术、新产品交流推广服务，提供技术咨询、技术培训和融资服务等。开发网上精准对接服务平台，为离岸人才提供网上服务。符合条件的离岸创新人才经审核（评审）认定，可颁发《山东省引进高层次高技能人才服务绿卡》，享受“绿色通道”服务待遇。

第二十条 发挥各类引才机构和渠道作用。充分发挥友好省州、友好城市、中国国际人才交流协会驻外机构和我省驻外机构的资源优势，为我省设立的海外基地、研发机构吸引离岸创新人才提供帮助和支持。充分发挥海外人才工作站的作用，实施服务外包，积极为离岸创新人才提供相关服务。采取多种方式，鼓励和支持海外人才工作站、国际猎头公司等各类人才中介引进离岸创新人才。

第二十一条 优化离岸创新人才服务环境。建立完善符合国际惯例的离岸人才评价体系和激励保障机制，完善离岸创新人才供求和竞争机制。推动政府人才公共服务与经营性服务分离，整合公共人才服务体系，强化公益服务保障。实行特事特办、一人一策，简化对离岸人才的管理服务手续。

第二十二条 引导各级和社会各界加大对引进离岸创新人才工作经费投入力度，健全政府、社会、用人单位等多元经费投入机制。

第二十三条 营造引进使用离岸创新人才的良好氛围。充分利用新闻媒体和网站，推介我省引进离岸创新人才的方针政策，营造良好社会环境和舆论氛围，推进离岸人才管理法制建设。鼓励社会力量打造公信力强、影响力大的离岸创新人才奖励品牌。

第二十四条 离岸创新人才除享受本办法规定的相关政策外，同时享受我省外国高端人才等同类高层次人才相应的优惠政策。离岸创新人才及使用单位提交的相关材料应真实有效，对弄虚作假者，给予取消引进、使用资格，追缴奖励补贴资金，通报批评等处理。

第五章 附 则

第二十五条 本办法由省人力资源社会保障厅（省外国专家局）负责解释。

第二十六条 本办法自 2017 年 12 月 1 日起施行，有效期至 2019 年 11 月 30 日。

山东省人力资源和社会保障厅关于做好国家职业资格目录公布实施后我省技能类职业资格有关工作的通知

（2017 年 11 月 1 日　鲁人社办发〔2017〕80 号）

各市人力资源社会保障局，省直有关部门（单位）：

2017 年 9 月 12 日，人力资源社会保障部印发《关于公布国家职业资格目录的通知》（人社部发〔2017〕68 号），公布了共计 140 项国家职业资格目录，其中技能人员职业资格 81 项。为贯彻落实人社部发〔2017〕68 号要求，10 月 11 日人力资源社会保障部办公厅印发《关于做好国家职业资格目录公布实施后技能人员职业资格有关工作的通知》（人社厅发〔2017〕133 号）。按照人社部发〔2017〕68 号和人社厅发〔2017〕133 号文件要求，为做好国家职业资格目录公布实施后我省技能类职业资格实施工作，现就有关事项通知如下：

一、建立公开、科学、规范的国家职业资格目录（以下简称“目录”），是国务院深化“放管服”改革、职业资格制度改革的重大成果，是推动大众创业、万众创新的重要举措，对于提高职业资格设置管理的科学化、规范化水平，持续激发市场主体创造活力，推进供给侧结构性改革具有重要意义。各级人力资源社会保障部门和有关部门应该严格落实并坚决执行目录。目录公布实施后，目录外的技能类职业资格，一律不得再开展相关职业技能鉴定活动。

二、目录发布后，各级人力资源社会保障部门和有关部门要根据人社厅发〔2017〕133 号有关要求，参照人力资源社会保障部办公厅印发《关于做好取消部分技能人员职业资格许可认定事项后续工作的通知》（人社厅发〔2016〕182号）精神，做好目录发布后部分技能人员职业资格许可认定事项的前后衔接，分类妥善处理有关问题，确保社会稳定。

三、各市、县（市、区）人力资源社会保障部门和有关部门在目录之外一律不得自行设置职业资格许可和认定事项。除准入类职业资格外一律不得与就业创业挂钩。各级人力资源社会保障部门要会同相关部门，加强跟踪督查，将目录的落实情况作为重点督查内容，对违法违规设置、实施职业资格事项的要严肃追责，发现一起、查处一起，绝不姑息。

四、各级人力资源社会保障部门、省直有关部门（单位）在工作中如发现问题，请及时反馈我厅。

七、人事考试

专业技术人员资格考试违纪违规行为处理规定

（2017 年 2 月 16 日　人力资源和社会保障部令第 31 号）

第一章　总　则

第一条　为加强专业技术人员资格考试工作管理，保证考试的公平、公正，规范对违纪违规行为的认定与处理，维护应试人员和考试工作人员合法权益，根据有关法律、行政法规制定本规定。

第二条　专业技术人员资格考试中违纪违规行为的认定和处理，适用本规定。

第三条　本规定所称专业技术人员资格考试，是指由人力资源社会保障部或者由其会同有关行政部门确定，在全国范围内统一举行的准入类职业资格考试、水平评价类职业资格考试以及与职称相关的考试。

本规定所称应试人员，是指根据专业技术人员资格考试有关规定参加考试的人员。

本规定所称考试工作人员，是指参与考试管理和服务工作的人员，包括命（审）题（卷）、监考、主考、巡考、考试系统操作、评卷等人员和考试主管部门及考试机构的有关工作人员。

本规定所称考试主管部门，是指各级人力资源社会保障行政部门、有关行政主管部门以及依据法律、行政法规规定具有考试管理职能的行业协会或者学会等。

本规定所称考试机构，是指经政府及其有关部门批准的各级具有专业技术人员资格考试工作职能的单位。

第四条 认定与处理违纪违规行为，应当事实清楚、证据确凿、程序规范、适用规定准确。

第五条 人力资源社会保障部负责全国专业技术人员资格考试工作的综合管理与监督。

各级考试主管部门、考试机构或者有关部门按照考试管理权限依据本规定对应试人员、考试工作人员的违纪违规行为进行认定与处理。其中，造成重大社会影响的严重违纪违规行为，由省级考试主管部门会同省级考试机构或者由省级考试机构进行认定与处理，并将处理情况报告人力资源社会保障部和相应行业的考试主管部门。

第二章 应试人员违纪违规行为处理

第六条 应试人员在考试过程中有下列违纪违规行为之一的，给予其当次该科目考试成绩无效的处理：

（一）携带通信工具、规定以外的电子用品或者与考试内容相关的资料进入座位，经提醒仍不改正的；

（二）经提醒仍不按规定书写、填涂本人身份和考试信息的；

（三）在试卷、答题纸、答题卡规定以外位置标注本人信息或者其他特殊标记的；

（四）未在规定座位参加考试，或者未经考试工作人员允许擅自离开座位或者考场，经提醒仍不改正的；

（五）未用规定的纸、笔作答，或者试卷前后作答笔迹不一致的；

（六）在考试开始信号发出前答题，或者在考试结束信号发出后继续答题的；

（七）将试卷、答题卡、答题纸带出考场的；

（八）故意损坏试卷、答题纸、答题卡、电子化系统设施的；

（九）未按规定使用考试系统，经提醒仍不改正的；

（十）其他应当给予当次该科目考试成绩无效处理的违纪违规行为。

第七条 应试人员在考试过程中有下列严重违纪违规行为之一的，给予其当次全部科目考试成绩无效的处理，并将其违纪违规行为记入专业技术人员资格考试诚信档案库，记录期限为五年：

（一）抄袭、协助他人抄袭试题答案或者与考试内容相关资料的；

（二）互相传递试卷、答题纸、答题卡、草稿纸等的；

（三）持伪造证件参加考试的；

（四）本人离开考场后，在考试结束前，传播考试试题及答案的；

（五）使用禁止带入考场的通信工具、规定以外的电子用品的；

（六）其他应当给予当次全部科目考试成绩无效处理的严重违纪违规行为。

第八条 应试人员在考试过程中有下列特别严重违纪违规行为之一的，给予其当次全部科目考试成绩无效的处理，并将其违纪违规行为记入专业技术人员资格考试诚信档案库，长期记录：

（一）串通作弊或者参与有组织作弊的；

（二）代替他人或者让他人代替自己参加考试的；

（三）其他情节特别严重、影响恶劣的违纪违规行为。

第九条 应试人员应当自觉维护考试工作场所秩序，服从考试工作人员管理，有下列行为之一的，终止其继续参加考试，并责令离开考场；情节严重的，按照本规定第七条、第八条的规定处理；违反《中华人民共和国治安管理处罚法》等法律法规的，交由公安机关依法处理；构成犯罪的，依法追究刑事责任：

（一）故意扰乱考点、考场等考试工作场所秩序的；

（二）拒绝、妨碍考试工作人员履行管理职责的；

（三）威胁、侮辱、诽谤、诬陷工作人员或者其他应试人员的；

（四）其他扰乱考试管理秩序的行为。

第十条 应试人员有提供虚假证明材料或者以其他不正当手段取得相应资格证书或者成绩证明等严重违纪违规行为的，由证书签发机构宣布证书或者成绩证明无效，并按照本规定第七条处理。

第十一条 在阅卷过程中发现应试人员之间同一科目作答内容雷同，并经阅卷专家组确认的，由考试机构或者考试主管部门给予其当次该科目考试成绩无效的处理。作答内容雷同的具体认定方法和标准，由省级以上考试机构确定。

应试人员之间同一科目作答内容雷同，并有其他相关证据证明其违纪违规行为成立的，视具体情形按照本规定第七条、第八条处理。

第十二条 专业技术人员资格考试诚信档案库由人力资源社会保障部统一建立，管理办法另行制定。

考试诚信档案库纳入全国信用信息共享平台，向用人单位及社会提供查询，相关记录作为专业技术人员职业资格证书核发和注册、职称评定的重要参考。考试机构可以视情况向社会公布考试诚信档案库记录相关信息，并通知当事人所在单位。

第三章　考试工作人员违纪违规行为处理

第十三条 考试工作人员有下列情形之一的，停止其继续参加当年及下一年度考试工作，并由考试机构、考试主管部门或者建议有关部门给予处分：

（一）不严格掌握报名条件的；

（二）擅自提前考试开始时间、推迟考试结束时间及缩短考试时间的；

（三）擅自为应试人员调换考场或者座位的；

（四）提示或者暗示应试人员答卷的；

（五）未准确记录考场情况及违纪违规行为，并造成一定影响的；

（六）未认真履行职责，造成考场秩序混乱或者所负责考场出现雷同试卷的；

（七）未执行回避制度的；

（八）其他一般违纪违规行为。

第十四条 考试工作人员有下列情形之一的，由考试机构、考试主管部门或者建议有关部门将其调离考试工作岗位，不得再从事考试工作，并给予相应处分：

（一）因命（审）题（卷）发生错误，造成严重后果的；

（二）以不正当手段协助他人取得考试资格或者取得相应证书的；

（三）因失职造成应试人员未能如期参加考试，或者使考试工作遭受重大损失的；

（四）擅自将试卷、试题信息、答题纸、答题卡、草稿纸等带出考场或者传给他人的；

（五）故意损坏试卷、试题载体、答题纸、答题卡的；

（六）窃取、擅自更改、编造或者虚报考试数据、信息的；

（七）泄露考务实施工作中应当保密信息的；

（八）在评阅卷工作中，擅自更改评分标准或者不按评分标准进行评卷的；

（九）因评卷工作失职，造成卷面成绩错误，后果严重的；

（十）指使或者纵容他人作弊，或者参与考场内外串通作弊的；

（十一）监管不严，使考场出现大面积作弊现象的；

（十二）擅自拆启未开考试卷、试题载体、答题纸等或者考试后已密封的试卷、试题载体、答题纸、答题卡等的；

（十三）利用考试工作之便，以权谋私或者打击报复应试人员的；

（十四）其他严重违纪违规行为。

第十五条 考试工作人员违反《中华人民共和国保守国家秘密法》及有关规定，造成在保密期限内的考试试题、试卷及相关材料内容泄露、丢失的，由相关部门视情节轻重，分别给予责任人和有关负责人处分；构成犯罪的，依法追究刑事责任。

第四章 处理程序

第十六条 对应试人员违纪违规行为被当场发现的，考试工作人员应当予以制止。对于被认定为违纪违规的，要收集、保存相应证据材料，如实记录违纪违规事实和现场处理情况，当场告知其记录内容，并要求本人签字；对于拒绝签字或者恶意损坏证据材料的，由两名考试工作人员如实记录其拒签或者恶意损坏证据材料的情况。违纪违规记录经考点负责人签字认定后，报送考试机构或者考试主管部门。

第十七条 对应试人员违纪违规行为作出处理决定前，应当告知应试人员拟作出的处理决定及相关事实、理由和依据，并告知应试人员依法享有陈述和申辩的权利。作出处理决定的考试机构或者考试主管部门对应试人员提出的事实、理由和证据，应当进行复核。

对应试人员违纪违规行为作出处理决定的，由考试机构或者考试主管部门制作考试违纪违规行为处理决定书，依法送达被处理的应试人员。

第十八条 被处理的应试人员对处理决定不服的，可以依法申请行政复议或者提起行政诉讼。

第十九条 考试工作人员因违纪违规行为受到处分不服的，可以依法申请复核或者提出申诉。

第五章　附　则

第二十条　本规定自 2017 年 4 月 1 日起施行。人力资源社会保障部 2011 年 3 月 15 日发布的《专业技术人员资格考试违纪违规行为处理规定》（人力资源和社会保障部令第 12 号）同时废止。

本规定施行前发生的违纪违规行为，在本规定施行后尚未作出处理决定的，按照本规定处理；在本规定施行前发生的行为按本规定属于违纪违规行为，但按原规定不属于违纪违规行为的，不得作为违纪违规行为处理。

人力资源和社会保障部 卫生部关于修订《公务员录用体检通用标准（试行）》及《公务员录用体检操作手册(试行)》的通知

（2010 年 3 月 8 日　人社部发〔2010〕19 号）

各省、自治区、直辖市人力资源社会保障（人事）厅（局）、公务员局、卫生厅（局），新疆生产建设兵团人事局、卫生局，国务院各部委、各直属机构人事（干部）部门：

根据人力资源社会保障部、教育部、卫生部联合下发的《关于进一步规范入学和就业体检项目维护乙肝表面抗原携带者入学和就业权利的通知》（人社部发〔2010〕12 号）规定，现就修订《公务员录用体检通用标准（试行）》及《公务员录用体检操作手册（试行）》有关事项通知如下：

一、将《公务员录用体检通用标准（试行）》第七条“各种急慢性肝炎，不合格。乙肝病原携带者，经检查排除肝炎的，合格。”修订为“各种急慢性肝炎，不合格”。

二、修订《公务员录用体检操作手册（试行）》第 3 篇第 7 条“关于肝炎”的内容（具体见附件）。

三、将《公务员录用体检操作手册（试行）》第 2 篇“体检项目及操作规程”中第 1.3.5 条 3）“甲状腺肿大的分度：Ⅰ度，不能看出肿大但能触及者；Ⅱ度，能看到肿大也能触及但不超出胸锁乳突肌前缘者；Ⅲ度，甲状腺肿大超过胸锁乳突肌前缘者。”修订为“甲状腺肿大的分度：Ⅰ度，不能看出肿大但能触及者；Ⅱ度，能看到肿大又能触及，但在胸锁乳突肌以内者；Ⅲ度，超过胸锁突肌外缘者。”

四、将《公务员录用体检操作手册（试行）》每2篇“体检项目及操作规程”中第6.3.3第八行“血清ALT高于参考值上限1倍以上”修订为“血清ALT超过参考值上限2倍以上”。

五、将《公务员录用体检操作手册（试行）》第2篇“体检项目及操作规程”中7.2第3）条“暂时不作结论：一般是指需要做进一步检查，”修订为“暂时不作结论：一般是指需要复检，或做进一步检查”。

六、将《公务员录用体检操作手册（试行）》第3篇“《公务员录用体检通用标准（试行）》实施细则”中1.1.6第4）第（14）“偶发良性早搏”修订为“偶发早搏”。

七、将《公务员录用体检操作手册（试行）》第3篇“《公务员录用体检通用标准（试行）》实施细则”中1.1.6第4）第（20）第五行“伴有心动过速史的预激综合征等”修订为“预激综合征等”。

八、将《公务员录用体检操作手册（试行）》第3篇“《公务员录用体检通用标准（试行）》实施细则”中10.3.3“本《手册》将空腹血糖受损（IFG）的界限值修订为5.7—6.9mmol/L”修订为“本《手册》将空腹血糖受损（IFG）的界限值修订为5.6—6.9mmol/L”。

各地各部门要认真执行修订后的《公务员录用体检通用标准（试行）》及《公务员录用体检操作手册（试行）》，切实做好公务员录用体检工作。

附件：《公务员录用体检操作手册（试行）》第3篇第7条“关于肝炎”修订内容

《公务员录用体检操作手册（试行）》第3篇第7条“关于肝炎”修订内容

第七条　各种急慢性肝炎，不合格。

7.1 条文解释

肝脏和人体其他部位一样，也可以因为各种原因而有炎症、肿大、疼痛及肝细胞坏死，表现在肝脏生化检查上就是血清丙氨酸氨基转移酶（ALT）和天冬氨酸氨基转移酶（AST）水平显著升高。引起肝炎的病因很多，临床上最常见的是由肝炎病毒引起的病毒性肝炎，此外还有酒精性肝炎、药物性肝炎、自身免疫性肝炎、遗传代谢性肝病等多种类型。肝炎对人体健康危害很大，特别是病毒性肝炎已被列为法定乙类传染病，后期有可能发展成为肝硬化，因此，各种类型的现症肝炎患者，无论是急性或慢性，一经诊断，均作不合格结论。

7.1.1 *病毒性肝炎* 是由肝炎病毒引起的常见传染病，具有传染性较强、流行面广泛、发病率高等特点。临床上主要表现为乏力、食欲减退、恶心、呕吐、肝区疼痛、肝脏肿大及肝细胞损害，部分患者可有黄疸、发热。按致病病毒的不同，病毒性肝炎可分为多种类型，目前国际上公认的病毒性肝炎有甲型、乙型、丙型、丁型、戊型肝炎等5种。其中甲型、戊型肝炎临床上多表现为急性经过，属于自限性疾病，经过治疗多数患者在3—6个月恢复，一般不转为慢性肝炎；而乙型、丙型和丁型肝炎易演变成为慢性，少数可发展为肝炎后肝硬化，极少数呈重症经过。慢性乙型、丙型肝炎与原发性肝细胞癌的发生有密切关系。

7.1.2 *其他肝炎* 包括酒精性肝炎、药物性肝炎、自身免疫性肝炎、缺血性肝炎、遗传代谢性肝病、不明原因的慢性肝炎等，简述如下：

1）酒精性肝炎：由于长期大量饮酒所致的肝脏损害。除酒精本身可直接损害肝细胞外，酒精的代谢产物乙醛对肝细胞也有明显毒性作用，因而导致肝细胞变性及坏死，并进而发生纤维化，严重者可因反复肝炎发作导致肝硬化。在临床上，酒精性肝炎可分为3个阶段，即酒精性脂肪肝、酒精性肝炎和酒精性肝硬化，它们可单独存在或同时并存。

2）药物性肝炎：肝脏是药物浓集、转化、代谢的重要器官，大多数药物在肝内通过生物转化而清除，但临床上某些药物会损害肝细胞，导致肝细胞变性、坏死及肝脏生化检查异常，引起急性或慢性药物性肝炎，如异烟肼、利福平、磺胺类等。药物导致的肝细胞损伤可分为两大类，一类是剂量依赖性损伤，即药物要达到某一高剂量时才会导致肝细胞损伤，如酒精性肝炎；另一类是过敏性药物中毒，即个体对某些药物会发生强烈的过敏反应，一旦服用这些药物（与剂量大小无关）便可引发肝细胞损伤，这类患者多数伴随其他相关过敏性表现，如急性荨麻疹、血液中嗜酸粒细胞增多等。

3）自身免疫性肝炎：本病主要见于中青年女性，起病大多隐匿或缓慢，临床表现与慢性乙型肝炎相似。轻者症状多不明显，仅出现肝脏生化检查异常；重者可出现乏力、黄疸、皮肤瘙痒等症状，后期常发展成为肝硬化，常伴有肝外系统自身免疫性疾病，如甲状腺炎、溃疡性结肠炎等。

4）缺血性肝炎：缺血性肝炎是由于各种相关原发疾病造成的肝细胞继发性损害，如心血管疾病导致心脏衰竭，静脉血液无法回流心脏而滞留在肝脏，导致肝脏发生充血肿大、肝细胞变性坏死及肝脏生化检查异常。

5）遗传代谢性肝病：指遗传代谢障碍所致的一组疾病。其共同特点是具有某种代谢障碍，病变累及肝脏同时累及其他脏器和组织，故临床表现除有肝肿大及肝功能损害外，同时伴有受损器官、组织的相应症状、体征及实验室检查异常。如肝豆状核变性、血卟啉病、糖原累积症、肝淀粉样变等。

6）不明原因的慢性肝炎：不是一种特定类型的肝炎，仅指目前病因、病史不明的一些肝炎的统称。随着医学科学技术的发展，这些疾病将会找出特定的病因而逐渐减少。据估计，这类肝炎中约四分之一为病毒所致。

7.2 诊断要点

1. 肝脏检查:

1) 常规检测 ALT 及 AST，这两种酶在肝炎潜伏期、发病初期均可升高，有助于早期诊断。

2) 腹部 B 超: 病毒性肝炎的声像图往往呈弥漫性肝病表现，但药物性肝炎、酒精性肝炎、肝硬化、各种代谢性疾病所致的肝病等也可呈弥漫性改变，在声像图上很难鉴别，因此，必须结合临床和其他检查结果进行综合分析。

弥漫性肝病声像图表现: 急性期特点为肝脏肿大，肝实质回声偏低，光点稀疏，部分患者可出现胆系改变，出现胆囊壁增厚，黏膜水肿呈低回声。迁延性者呈肝脏增大，肝回声增强，不均，光点粗大，可伴脾脏增大或/和门静脉内径增宽。

2. 判定标准:

1) 血清 ALT 或 AST 增高超过参考值上限 2 倍（如正常参考值上限为 X，超过参考值上限 2 倍是指超过 2X），不合格。

2) 血清 ALT 或 AST 增高不超过参考值上限 2 倍，但 B 超声像图呈弥漫性肝病表现（脂肪肝除外），不合格。

作为一种选拔性体检，受检者的流行病学资料、临床症状及病因学资料往往不可靠，体征一般也不明显，故体检中应主要依据肝脏生化、腹部 B 超检查诊断或排除肝炎。

7.3 注意事项

7.3.1 所有关于肝炎的检测项目中，一律不许进行乙肝项目检测。

7.3.2 公务员体检中的肝脏生化检查是指 ALT 及 AST 这两项，若检测数值较参考值上限轻度异常（即不超过参考值上限 2 倍），而其他检测结果均正常，可直接做出体检合格的结论。

7.3.3 肝炎的诊断包括临床诊断、病原学诊断及病理诊断。作为体检，只需根据判定标准作出是否合格的结论，有创性的肝脏穿刺病理学诊断方法不宜作为辅助检查项目。

人力资源和社会保障部等部门关于印发《公务员录用体检特殊标准（试行）》的通知

（2010年11月10日　人社部发〔2010〕82号）

各省、自治区、直辖市人力资源社会保障厅（局）、卫生厅（局）、公务员局，新疆生产建设兵团人事局、卫生局，国务院各部委、各直属机构人事（干部）部门：

自《公务员录用体检通用标准（试行）》实施以来，公务员录用体检工作逐步规范化、科学化，为选拔高素质的公务员发挥了重要作用。为进一步加强公务员录用体检工作，满足部分国家机关对身体条件有特殊要求的职位录用公务员的需要，人力资源社会保障部、卫生部、国家公务员局制定了《公务员录用体检特殊标准（试行）》（以下简称《特殊标准》）。

公安机关、国家安全机关、监狱、劳动教养管理机关的人民警察和人民法院、人民检察院的司法警察职位，以及外交、海关、海事、检验检疫、安监等部门对身体条件有特殊要求的职位录用公务员，应按照《特殊标准》的规定检查有关体检项目。《特殊标准》未作规定的职位或项目，其公务员录用的体检标准仍按照《公务员录用体检通用标准（试行）》执行。原人事部和公安部下发的《公安机关录用人民警察体检项目和标准》、司法部下发的《司法行政机关录用监狱劳教人民警察体检项目和标准》即行废止。本通知下发后，所有职位录用公务员体检均使用本通知修订的《公务员录用体检表》。

现将《特殊标准》印发给你们，请结合本地区、本部门的实际，在公务员录用体检工作中参照执行。

公务员录用体检特殊标准（试行）

本标准适用于报考对身体条件有特殊要求职位公务员的考生。报考对身体条件有特殊要求职位公务员的考生，其身体条件应当符合《公务员录用体检通用标准（试行）》和本标准有关职位对身体条件的要求。

第一部分　人民警察职位

第一条　单侧裸眼视力低于4.8，不合格（国家安全机关专业技术职位除外）。法医、物证检验及鉴定、信息通信、网络安全管理、金融财会、外语及少数民族语言翻译、交通安全技术、安全防范技术、排爆、警犬技术等职位，单侧矫正视力低于5.0，不合格。

第二条　色盲，不合格。色弱，法医、物证检验及鉴定职位，不合格。

第三条　影响面容且难以治愈的皮肤病（如白癜风、银屑病、血管瘤、斑痣等），或者外观存在明显疾病特征（如五官畸形、不能自行矫正的斜颈、步态异常等），不合格。

第四条　文身，不合格。

第五条　肢体功能障碍，不合格。

第六条　单侧耳语听力低于5米，不合格。

第七条　嗅觉迟钝，不合格。

第八条　乙肝病原携带者，特警职位，不合格。

第九条　中国民航空中警察职位，身高170—185厘米，且符合《中国民用航空人员医学标准和体检合格证管理规则》IVb级体检合格证（67.415（c）项除外）的医学标准，合格。

第十条　海关海上缉私船舶驾驶职位、海上缉私轮机管理职位、海上缉私查私职位、出入境边防检查船舶驾驶职位，还需执行船员健康检查国家标准和《关于调整有关船员健康检查要求的通知》（海船员〔2010〕306号）。

第二部分 其他职位

第十一条 色弱，口岸现场旅客检查职位、海关货物查验职位、测绘及地图印刷方面职位、医学检验职位、纺织品检验监管职位、仪器检验监管职位、化妆品检验监管职位及动植物检疫职位，不合格；色盲（单色识别能力正常者除外），外交部门职位、机电检验监管职位、化工产品检验监管职位、化矿产品检验监管职位、煤矿安全监察执法职位及登轮检疫鉴定职位，不合格。

第十二条 肢体功能障碍，煤矿安全监察执法职位、登轮检疫鉴定职位、现场查验职位及海关货物查验职位，不合格。

第十三条 双侧耳语听力均低于5米，机电检验监管职位、化工产品检验监管职位、化矿产品检验监管职位、动物检疫职位及煤矿安全监察执法职位，不合格。

第十四条 嗅觉迟钝，食品检验监管职位、化妆品检验监管职位、动植物检疫职位、医学检验职位、卫生检疫职位、化工产品检验监管职位及海关货物查验职位，不合格。

第十五条 传染性、化脓性或渗出性皮肤病，医学检验职位、卫生检疫职位、食品检验监管职位、化妆品检验监管职位、动植物检疫职位、化工产品检验监管职位及口岸现场旅客检查职位，不合格。

第十六条 中国民航飞行技术监管职位，执行《中国民用航空人员医学标准和体检合格证管理规则》的Ⅰ级（67.115（5）项除外）或Ⅱ级体检合格证的医学标准。

第十七条 水上作业人员职位，执行船员健康检查国家标准和《关于调整有关船员健康检查要求的通知》（海船员〔2010〕306号）。

《公务员录用体检特殊标准（试行）》操作说明

1. 体检医院与医务人员在体检前应明确需要按照《公务员录用体检特殊标准（试行）》执行的职位及项目。

2. 体检应在独立场所进行，要保持安静，减少外界干扰。人民警察体检要做到封闭式体检。

3. 考生体检前，必须详细填写报考职位。

4.《公务员录用体检特殊标准（试行）》中的所有体检项目均不进行复检。

5. 佩戴隐形眼镜的考生在眼科检查前应先摘掉隐形眼镜，再进行视力检查。义眼者应向眼科医生讲明。

6. 色觉检查：必须由专科护士或医师检查。用俞自萍等人编印的《色盲检查图》，或空军后勤部卫生部编印的《色觉检查图》，检查时考生双眼以距离图面60—80cm为标准，不得使用有色眼镜，考生须在3—5秒内读出颜色名称。

7. 单色识别能力检查方法：（1）检查者从红、黄、绿、蓝、紫各种颜色中任选出一种让考生识别，在3—5秒内读出颜色名称。（2）检查者任意讲出一种颜色名称，让考生在3—5秒内从红、黄、绿、蓝、紫各种颜色中找出该种颜色。以上两种方法也可交替进行。

8. 色弱者不合格的职位，色盲者也不合格。

9. 嗅觉检查：用醋、酒精、水三种，全能辨别者为正常，能辨别1—2种为迟钝，三种均不能辨别者为丧失。

10. 嗅觉迟钝者不合格的职位，嗅觉丧失者也不合格。

11. 只有特警职位才可进行乙肝表面抗原检查。

12. 文身：是指皮肤刺有“点、字、图案”，或虽经手术处理仍留有明显文身瘢痕。

13. 肢体（包括脊柱）功能障碍：是指因各种原因造成肢体

残缺、畸形、麻痹等，以致引起永久性人体运动功能不同程度的受限。

14. 本体检标准中有关数值的表述方法：凡用“低于…”词表述的，不含该数值本身。

人力资源和社会保障部等部门关于印发《公安机关录用人民警察体能测评项目和标准（暂行）》的通知

（2011 年 4 月 21 日　人社部发〔2011〕48 号）

各省、自治区、直辖市人力资源和社会保障厅（局）、公务员局、公安厅（局），新疆生产建设兵团人事局、公安局：

2001 年 7 月，原人事部、公安部印发的《公安机关录用人民警察体能测评项目和标准》（人发〔2001〕74 号）施行以来，对选拔高素质的公安民警，提高公安队伍战斗力起到了重要促进作用。为适应新形势下公安工作和公安队伍建设的实际需要，使公安机关招警体能测评更具有针对性和可操作性，在广泛征求意见的基础上，人力资源社会保障部、公安部、国家公务员局研究制定了《公安机关录用人民警察体能测评项目和标准（暂行）》，现印发给你们，请遵照执行。执行过程中，凡其中一项不达标的，视为体能测评不合格。

2001 年原人事部、公安部下发的《公安机关录用人民警察体能测评项目和标准》同时废止。

附件 1. 公安机关录用人民警察体能测评项目和标准（暂行）

2. 公安机关录用人民警察体能测评实施规则

附件 1

公安机关录用人民警察体能测评项目和标准（暂行）

（一）男子组

项　目	标准	
	30 岁（含）以下	31 岁（含）以上
10 米×4 往返跑	≤13″1	≤13″4
1000 米跑	≤4′25″	≤4′35″
纵跳摸高	≥265 厘米	

（二）女子组

项　目	标准	
	30 岁（含）以下	31 岁（含）以上
10 米×4 往返跑	≤14″1	≤14″4
800 米跑	≤4′20″	≤4′30″
纵跳摸高	≥230 厘米	

附件 2

公安机关录用人民警察体能测评实施规则

一、10 米×4 往返跑

场地器材：10 米长的直线跑道若干，在跑道的两端线（S1 和 S2）外 30 厘米处各画一条线（图 1）。木块（5 厘米×10 厘米）每道 3 块，其中 2 块放在 S2 线外的横线上，一块放在 S1 线外的横线上。秒表若干块，使用前应进行校正。

测试方法：受测试者用站立式起跑，听到发令后从 S1 线外起跑，当跑到 S2 线前面，用一只手拿起一木块随即往回跑，跑到 S1 线前时交换木块，再跑回 S2 交换另一木块，最后持木块冲出 S1 线，记录跑完全程的时间。记录以秒为单位，取一位小数，第二位小数非“0”时则进 1。

注意事项：当受测者取放木块时，脚不要越过 S1 和 S2 线。

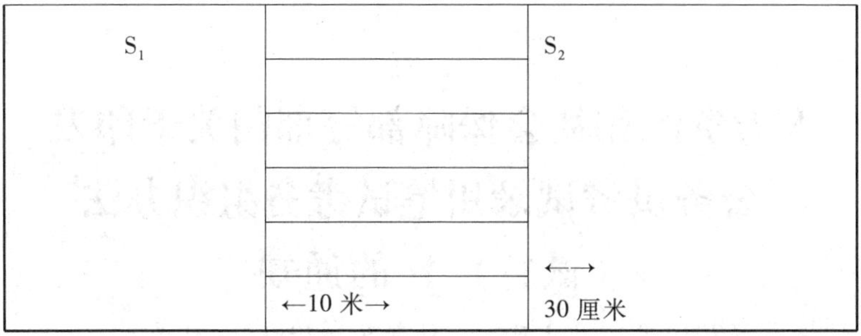

图 1

二、男子 1000 米跑、女子 800 米跑

场地器材：400 米田径跑道。地面平坦，地质不限。秒表若干块，使用前应进行校正。

测试方法：受测者分组测，每组不得少于 2 人，用站立式起跑。当听到口令或哨音后开始起跑。当受测者到达终点时停表，终点记录员负责登记每人成绩，登记成绩以分、秒为单位，不计小数。

三、纵跳摸高

场地要求：通常在室内场地测试。如选择室外场地测试，需在天气状况许可的情况下进行，当天平均气温应在 15—35 摄氏度之间，无太阳直射、风力不超过 3 级。

测试方法：准备测试阶段，受测者双脚自然分开，呈站立姿势。接到指令后，受测者屈腿半蹲，双臂尽力后摆，然后向前上方快速摆臂，双腿同时发力，尽力垂直向上起跳，同时单手举起触摸固定的高度线或者自动摸高器的测试条，触摸到高度线或者测试条的视为合格。测试不超过三次。

注意事项：（1）起跳时，受测者双腿不能移动或有垫步动作；（2）受测者指甲不得超过指尖 0.3 厘米；（3）受测者徒手触摸，不得戴手套等其他物品；（4）受测者统一采用赤脚（可穿袜子）起跳，起跳处铺垫不超过 2 厘米的硬质无弹性垫子。

人力资源和社会保障部等部门关于印发《公务员考试录用笔试考务组织办法（试行）》的通知

（2012年1月4日　人社部发〔2011〕134号）

各省、自治区、直辖市党委组织部、政府人力资源社会保障厅（局）、公务员局，中央和国家机关各部委、各人民团体干部（人事）部门，新疆生产建设兵团党委组织部、人事局：

现将《公务员考试录用笔试考务组织办法（试行）》印发给你们，请认真执行。

公务员考试录用笔试考务组织办法（试行）

第一章　总　则

第一条　为规范公务员录用笔试考务工作，保证公务员考试录用笔试工作的安全、公正，根据公务员法、《公务员考试录用规定（试行）》等法律法规，制定本办法。

第二条　本办法所称考务，是指公务员考试录用公共科目笔试的命题管理、试卷管理、考试实施、试卷评阅、考务信息管理等工作。

第三条　考务工作应当坚持公平公正、科学规范和安全高效的原则。

第四条　省级以上公务员主管部门按照管理权限和分工，负责制定笔试工作方案和考试大纲，指导或组织笔试试题命制工作，审定笔试试题及评阅标准，指导、监督考务实施工作等。

第五条 公务员主管部门授权或委托的考试机构，承担笔试试题命制、试卷管理、考试组织实施、阅卷、维护考试秩序和安全等工作。

第二章 考试工作人员

第六条 考试要配备与所承担的考务工作任务相适应的考试工作人员。

第七条 考试工作人员应当具有坚定的政治立场，良好的思想品德，较高的业务素质，依法履行职责，遵守有关规定，保守工作秘密，忠于职守，认真负责。

第八条 考试工作人员在执行考务工作时，有涉及与本人有夫妻关系、直系血亲关系、三代以内旁系血亲关系和近姻亲关系等利害关系的情形，以及有其他可能影响公正执行公务的情形，应当予以回避。

第九条 考试工作人员依法履行职责的行为及其合法权益受法律保护。

第三章 命题管理

第十条 考试命题应当制定命题工作方案，明确命题目标，以及在试题征集、试题评审、组配试卷等方面的工作内容和责任。

第十一条 试题应符合考试的目的，按照考试大纲的要求命制。

第十二条 参加试题命制的人员，应当具有大学本科以上文化程度，具有组织人事管理方面的工作经验，了解并掌握人才测评技术，熟悉公务员录用制度和相关政策。

参加试题命制的人员须填写命题工作人员登记表，签订保密责任书，明确其权利义务。

第十三条 命题场所应符合保密工作条件要求，应有安全封闭的专门场所。命题应配备专用设备和资料，并由专人保管。

第四章 试卷管理

第十四条 试卷印制应在国家保密局或者省级保密局认定的保密材料印刷机构进行。

第十五条 试卷应按照统一的规格装封和配发。

第十六条 试卷传递、交接、保管应严格按照规定的程序和要求进行，应有专人负责，并配备专门的车辆和设备。

使用完毕的试卷应保存半年以上，保存期满后由公务员主管部门按照国家保密规定组织销毁。

第十七条 在试卷传递、交接、保管、分发过程中，考试机构发现试卷失密、泄密以及其他重大异常情况的，应尽快查清原因和失泄密范围，采取有效措施控制事态发展，并立即向公务员主管部门和上一级考试机构报告。

第五章 考试实施

第十八条 中央机关及其直属机构公务员招考以省（区、市）为考区，各考区成立由省级公务员主管部门和考试机构负责人组成的考区领导小组。省级公务员招考由省级公务员主管部门确定考区，成立考区领导小组。考区领导小组负责领导、组织、管理本考区的考试实施及处理考试期间发生的重大问题。

第十九条 中央机关及其直属机构公务员招考考点一般在省会城市设置，必要时，经中央公务员主管部门批准可在较大城市设置。省级公务员招考考点在省会城市或地（市）级城市设置。必要时，经省级公务员主管部门批准，可在人口较集中的城市设置。考点设置应按集中、择优原则，设在普通高等学校招生全国统一考试和人事考试定点机构。

第二十条 考试机构应制定笔试考试实施方案，明确考试组织任务、要求和责任。考试机构和考试工作人员必须严格按照实施方案组织实施考试。

第二十一条 主考、监考、巡考、巡视等人员要认真履行职责，监督报考者遵守考场规则。

第二十二条 因试卷印刷有误或自然灾害等原因致使考试时间拖延或者需要重新考试的，按管理权限报公务员主管部门和上一级考试机构批准后，可进行顺延或者重新组织考试。

第二十三条 遇有严重影响考试秩序的事件，应立即采取有效措施控制局面，并迅速报告公务员主管部门和上一级考试机构。

第二十四条 考试结束后，考试机构须按要求将考试情况书面报告公务员主管部门。

第六章 阅 卷

第二十五条 公务员主管部门应会同相关部门成立阅卷工作领导小组，对阅卷进行指导、组织、监督。

第二十六条 阅卷应制定阅卷工作方案，明确阅卷原则、任务、阅卷人员组成及职责、阅卷方式、阅卷保障等事项。

第二十七条 阅卷应建立严格的监督制度。

第二十八条 阅卷要按照规定的阅卷流程进行，阅卷场所及设备应符合阅卷工作要求。应由 2 名以上专人共同负责数据管理，保证阅卷软件安全。客观题应采用机器阅卷。主观题阅卷应实行双评制度。

第二十九条 主观题阅卷人员一般应为从事相近学科教学或科研工作 3 年以上的人员，具备大学本科以上文化程度或具有中级以上专业技术职称，熟悉电脑操作，工作责任心强、作风过硬、公道正派、身体健康、年龄一般不超过 50 岁。阅卷人员应严格遵守阅卷规定。

第三十条 阅卷工作领导小组应对考试中的违纪违规行为进行认定并提出处理意见，报省级以上公务员主管部门审定。

第三十一条 阅卷结束后，阅卷工作领导小组应向公务员主管部门提供完整准确的考试信息。

第三十二条 考试实施及阅卷过程有关纸质原始材料须保存半年以上，电子文件须保存3年以上。涉及违纪违规行为的证明材料的保存时间应多于当事人受到违纪违规行为处理的年限，受到终身禁考的人的违纪违规证明材料，应当作为永久材料保存。

第七章　考务信息管理

第三十三条 考试机构对考生情况、考区（考点、考场）设置情况、考试实施情况，阅卷工作情况及结果等考务信息进行管理。

第三十四条 考试机构要制定管理办法和工作纪律，保证考务信息的安全准确。

下级考试机构要及时向上级考试机构报告考务信息。

第三十五条 考务信息由省级以上公务员主管部门或其授权的省级以上考试机构向社会公布，任何单位或个人不得擅自向社会发布或泄露考务信息。

第八章　安全与保密

第三十六条 省级以上公务员主管部门和考试机构应建立健全安全制度，保证考试组织实施各环节的安全保密。

第三十七条 试题、参考答案或评分标准、答卷等属于国家保密事项。密级划分如下：

绝密级：考试结束前的试题（含题库），参考答案或评分标准。

机密级：尚未进行考试的命题方案，已考完但未评阅的答卷。

秘密级：考试结束后的试题，参考答案或评分标准，已评阅完的答卷，尚未公布的考试成绩和合格标准，未公布的考务信息。

第三十八条 考试工作人员、参与考试工作的机构应签订安全保密协议，并严格遵守有关保密规定。

第三十九条 考试保密事项发生失泄密等情况，考试机构应立即向公务员主管部门和上一级考试机构报告。

第九章 附 则

第四十条 公务员招考的专业科目笔试考务工作，参照本办法组织实施。

第四十一条 省级公务员主管部门根据本办法制定本辖区内考试录用笔试考务实施细则，并报中央公务员主管部门备案。

第四十二条 本办法自发布之日起实施。

人力资源和社会保障部等部门关于进一步做好公务员考试录用体检工作的通知

（2012年10月22日　人社部发〔2012〕65号）

各省、自治区、直辖市及新疆生产建设兵团人力资源社会保障厅（局）、卫生厅（局）、公务员局，国务院各部委、各直属机构人事（干部）部门：

公务员录用体检通用标准下发以来，各地各部门严格执行体检标准，不断规范体检操作程序，积极改革和完善体检组织实施办法，体检工作的科学化、规范化水平不断提高。但是，近一个时期以来，在地方发生多起录用体检争议事件，反映出个别地方还存在体检标准理解不准确、组织实施不规范、工作人员组织纪律性不强等问题。为进一步规范工作，严肃纪律，确保体检工作客观公正，现就做好录用体检有关问题通知如下：

一、要高度重视录用体检工作。公务员录用体检是公务员招录的必经程序，直接关系到招录人员的素质，关系到广大考生的切身利益，关系到招考工作的公信力。同时，录用体检工作专业性强，组织实施程序复杂，社会敏感度高。公务员主管部门、卫生行政部门、体检医疗机构和招录机关要高度重视公务员录用体检工作，密切配合，各司其职，采取有力措施，确保体检工作公平公正。

二、要严格执行录用体检标准。各地各部门要严格按照《关于印发〈公务员录用体检通用标准（试行）〉的通知》（国人部发〔2005〕1号）、体检操作手册和《关于修订〈公务员录用体检通用标准（试行）〉及〈公务员录用体检操作手册（试行）》的通知》（人社部发〔2010〕19号）等规定开展体检工作。对身体条件有特殊要求的招录职位，按照《关于印发公务员录用体检特殊标准（试行）的通知》（人社部发〔2010〕82号）的有关规定执行。参与体检工作的人员要认真学习录用体检的有关规定，准确把握体检的原则、程序、项目和标准，做到标准明晰、操作规范、适用规定科学合理。

三、要加强体检医疗机构管理。公务员录用体检应当在指定的医疗机构进行。医疗机构的指定工作由设区的市级以上公务员主管部门与同级卫生行政部门负责。指定的医疗机构应当具备国家规定的资质，要有完善的规章制度，明确的岗位责任制，合理的工作流程，检测技术和设备应符合相关要求。医疗机构的体检工作人员要责任心强、业务精湛、作风过硬。其中，主检医师应由具有副主任医师以上专业技术职称人员担任。体检医疗机构指定后应逐级报中央公务员主管部门和国务院卫生行政部门备案。

指定的医疗机构是实施公务员录用体检工作的专门机构，具有对考生身体状况进行鉴定的职责与义务，其依照标准和程序做出的体检结论具有合法性和权威性。省级以上卫生行政部门要加强对体检医疗机构的管理与监督，要对医疗机构的主要负责人和主检医师进行定期培训和教育，不断提高其业务能力和服务水平。

体检医疗机构和主检医师要按规定如实作出明确的体检结论。体检项目检查完毕后，由主检医师对各科体检结果及意见进行汇总审核，结合判定，对于达到体检合格标准的，做出合格的体检结论并签字。对于未达到体检合格标准的，医疗机构应组织相关学科专家与主检医师共同研究确定体检结论并签字。体检结论由体检医疗机构在体检表加盖公章予以确认。

四、要严密体检组织实施工作。体检工作涉及的部门和人员多，程序复杂，专业性强。体检前，各地各部门要结合具体情况制定周密细致的工作方案，明确参与体检的相关单位具体职责任务，完善体检的实施步骤和流程，做好重点难点问题的处置预案。

各地要做好体检组织实施机关的确定工作。省级公务员主管部门可以结合当地实际，根据国家有关规定，确定体检的具体组织实施机关，明确基层公务员主管部门和招录机关在体检时的职责权限。中央一级招录机关负责本单位的录用体检组织实施工作。中央机关直属机构的录用体检组织实施工作，由其中央主管部门负责部署和指导监督，省级直属机构具体负责。

要严格体检工作程序。体检组织实施机关应与体检医疗机构签订公务员录用体检委托协议书，明确双方职责权限。体检前，体检组织实施机关应当告知考生体检注意事项，并向考生明确体检纪律。体检时，体检组织实施机关应当选派专人核实考生身份，组织考生按规定的项目有序进行体检，统一管理体检表。体检结果应当告知考生本人。

五、要妥善处理体检有关问题。体检实施机关和医疗机构要妥善处理体检中遇到的疑难问题。在体检项目检查完毕后，主检医师认为还需要做进一步检查方能做出判断的，由体检实施机关安排考生按有关规定进行检查，遇有疑难问题应组织会诊。

体检医疗机构和体检医师要根据体检项目的特点，区别不同情况进行检查和复检。对心率、视力、听力、血压等项目达不到体检合格标准的，应安排当日复检；对边缘性心脏杂音、病理性心电图、病理性杂音、频发早搏（心电图证实）等项目达不到体检合格标准的，应安排当场复检。考生对非当日、非当场复检的体检项目结果有疑问时，可以在接到体检结论通知之日起 7 日内，向体检实施机关提交复检申请，体检实施机关应尽快安排考生复检。体检实施机关对体检结论有疑问的，在接到体检结论通知之日起 7 日内决定是否进行复检。复检只能进行 1 次，体检结果以复检结论为准。复检内容为对体检结论有影响的项目。复检前，体检实施机关应对复检项目严格保密。复检应另选体检医疗机构进行，复检医疗机构应当不低于原体检医疗机构级别。不具备条件的地区，其医疗机构的选择，由省级公务员主管部门和同级卫生行政部门研究确定。必要时，设区的市级以上公务员主管部门可以对体检对象重新进行体检，但应报经省级以上公务员主管部门同意。

六、严肃录用体检工作纪律。体检实施机关和体检医疗机构要按照规定的程序和要求做好体检工作，体检前不得向考生透露体检医疗机构信息，体检后要对涉及考生个人隐私的体检情况保密。体检实施机关对考生反映或举报的情况，要迅速调查核实，在考生反映的问题没有查清或没有做出结论前，涉及的职位暂不递补，在做出结论后，再按有关规定执行。体检时，可邀请纪检监察部门对体检工作进行监督。对体检实施机关和体检医疗机构在体检工作中违反纪律、徇私舞弊的，省级以上公务员主管部门将会同同级卫生行政部门视情况责令纠正或者宣布无效，并由相关部门根据有关规定按照管理权限进行严肃处理，情节严重造成恶劣影响的，要追究领导责任。

要加强对体检工作人员的管理。体检工作人员与考生有回避关系的，应予回避。对于体检中违反操作规程、弄虚作假、徇私舞弊、渎职失职，严重危害考生和招录机关利益，造成不良后果或恶劣影响的人员，按照有关规定给予处分，构成犯罪的，移送司法机关处理。

考生应严格遵守体检规定和要求。体检医疗机构和体检工作人员要认真核实考生身份，如有疑问，应及时通知体检实施机关，体检实施机关按有关规定处理。考生要认真完成全部体检项目，经体检医师提醒在规定时间仍不按要求完成体检项目的，视同自动放弃体检资格。对于弄虚作假，或者有意隐瞒影响录用的疾病的考生，按照有关规定给予不予录用或者取消录用的处理。同时，由省级以上公务员主管部门根据违纪事实，依据有关规定决定是否给予其5年内不得报考公务员的处理。

各地各部门要按照通知要求认真组织实施好公务员录用体检工作，及时总结工作经验，对于体检工作中遇到的问题及时报告。

人力资源和社会保障部关于印发《人事考试工作人员纪律规定》的通知

（2013 年 5 月 20 日　人社部发〔2013〕36 号）

各省、自治区、直辖市及新疆生产建设兵团人力资源社会保障厅（局）：

近年来，各级人力资源社会保障部门大力推进考试规范化建设，不断加强制度建设和队伍建设，较好地维护了考试工作的公平公正和广大考生的合法权益。随着人事考试事业的发展和考试环境的日趋复杂，人事考试工作的风险点也在不断增加，违纪违规行为时有发生，出现了个别人员滥用职权、徇私枉法的行为。这些人员虽然是少数，但影响极其恶劣。为进一步加强党风政风建设，规范和制约人事考试工作人员行为，我们制定了《人事考试工作人员纪律规定》（以下简称《纪律规定》）。现印发你们，并就贯彻执行的有关问题通知如下：

一、切实加强组织领导

《纪律规定》适用于全国人力资源社会保障系统从事公务员录用考试、专业技术人员资格考试的工作人员。各级人力资源社会保障部门要把贯彻执行《纪律规定》作为落实党风廉政建设责任制、加强惩治和预防腐败体系建设的一项重要任务，认真组织落实。要结合本地和不同考试的实际情况，进行充实细化，提出进一步要求。各单位主要负责同志要以身作则，率先垂范，带头执行并贯彻落实好《纪律规定》，同时要重点抓好关键岗位、关键环节等工作，使《纪律规定》落实到具体工作中。

二、广泛开展宣传教育

各级人力资源社会保障部门要广泛开展《纪律规定》的宣传教育工作。《纪律规定》要全部内容上网（单位门户网站）、重点场所上墙。要安排专门培训，组织专门学习，在每年的工作会议上都要提出这方面的工作要求。通过各种形式的宣传教育使每一位从事人事考试工作的人员入脑入心，做到《纪律规定》宣传教育工作不留死角，不存盲区。

三、严格执行纪律要求

要加强对《纪律规定》落实情况的监督检查，对工作中发现或群众举报的违反《纪律规定》的问题，相关部门要认真组织查处并及时上报有关情况，一经查实的，要依照《行政机关公务员处分条例》《事业单位工作人员处分暂行规定》《公务员录用考试违纪违规行为处理办法》《专业技术人员资格考试违纪违规行为处理规定》等有关规定严肃处理。涉嫌违法犯罪的，移交司法机关处理。对于发现问题后不及时上报，隐情不报以及调查处理过程中对违纪人员袒护、包庇、纵容的部门和人员，要按有关规定追究领导及相关人员责任。要将《纪律规定》执行情况列入领导干部考核的重要内容，考核结果作为评优、晋级的重要依据。

人力资源社会保障系统中参与公务员公开遴选考试、计划分配军队转业干部接收安置考试、事业单位公开招聘考试的工作人员亦应严格遵守《纪律规定》，各地人力资源社会保障部门应抓紧制定相关配套政策，确保各项纪律要求落到实处。

人事考试工作人员纪律规定

人事考试工作人员要严格遵守国家法律、法规、规章和有关政策，认真执行各项制度，严守工作纪律和工作秘密，要公平公正、规范操作、秉公尽责，在考试工作中严禁利用职务职权和工作便利，为自己或者他人谋取私利。

一、严格考试报名管理

（一）不准违规设定报考资格（资质）条件，严禁因人设岗和因人设置条件；

（二）不准拒绝符合法定条件、标准的报考申请或违规对不符合法定条件、标准的报考申请予以认可，严禁对明知是伪造、变造的报考材料（信息）予以认可；

（三）不准擅自更改报考人员信息，严禁泄露报考人员个人信息；

（四）不准组织或参与组织考前培训，严禁指定教材或者其他助考材料。

二、严格试题命制管理

（五）不准探听、偷看、擅自复制或留存试题及与命题相关的保密资料，严禁泄露考试试题等保密材料和信息；

（六）不准使用非涉密电脑或电子介质命制、存储试题和保密资料，严禁将涉密电脑或电子介质接入互联网；

（七）不准泄露考试命题专家或者相关工作人员的身份信息，严禁在公共场所或有无关人员在场时谈论涉密事宜；

（八）不准违规进行试卷印制、押运、交接、保管、启用、回收、销毁等工作，严禁缓报、瞒报试卷管理的重大异常情况。

三、严格考试组织实施

（九）不准违规分派主考、监考、巡考人员和面试考官，严禁纵容、协助或者参与考试作弊；

（十）不准瞒报考试违纪违规行为，严禁擅自撤销或更改违纪记录；

（十一）不准编造、仿造和捏造违纪违规的处理依据，严禁擅自更改违纪处理决定；

（十二）不准擅自更改评分标准，严禁在评分时打人情分、关系分；

（十三）不准擅自拆开密封答卷册或违规涂改报考人员答题信息，严禁参与更改、伪造考试成绩等信息。

四、严格执行考试政策

（十四）不准接受可能影响考试公平的请托，严禁收受相关礼品、礼金和有价证券等；

（十五）不准隐瞒应当回避的情形，严禁做出可能影响考试公平公正的行为；

（十六）不准违规指定体检医疗机构，严禁干预体检医疗机构做出体检结论；

（十七）不准审批录用（聘用）不符合条件和程序的拟录用（聘用）人员，严禁公务员招考不考而录的行为。

五、严格资格证书管理

（十八）不准擅自扣发他人合法取得的资格（合格）证书，严禁利用发放、补办证书非法收取费用；

（十九）不准虚报、瞒报资格（合格）证书遗失信息，严禁擅自留存空白证书；

（二十）不准为考试不合格或未参考人员颁发资格（合格）证书，严禁伪造、变造资格（合格）证书。

人力资源和社会保障部等部门关于印发《公务员录用体检操作手册（试行）》有关修订内容的通知

（2013年8月19日　人社部发〔2013〕58号）

各省、自治区、直辖市人力资源社会保障厅（局）、卫生厅局（卫生计生委）、公务员局，新疆生产建设兵团人力资源社会保障局、卫生局，国务院各部委、各直属机构人事（干部）部门：

按照原卫生部关于发布《临床生物化学检验常规项目分析质量指标》等8项推荐性卫生行业标准的通告（卫通〔2012〕23号）要求，人力资源社会保障部和卫生计生委结合公务员录用体检工作实际，组织医学专家对《公务员录用体检操作手册（试行）》有关内容进行了修订，现印发给你们。本通知自2013年9月1日起实施。在具体工作中，遇有问题，请及时反馈中央公务员主管部门和卫生（卫生计生）行政部门。

《公务员录用体检操作手册（试行）》有关修订内容

一、将“第2篇体检项目及操作规程6.1血常规”修订为：

6.1 血常规

可为血液病的诊断提供线索。其中红细胞、白细胞及血小板计数采用仪器法或显微镜计数法，血红蛋白采用仪器法或光电比色法。必查项目包括以下5项：

6.1.1 红细胞总数（RBC）

【参考值】男性：（4.3—5.8）$\times 10^{12}$/L；女性：（3.8—5.1）$\times 10^{12}$/L。

红细胞减少多见于各种贫血，如急性或慢性再生障碍性贫血、缺铁性贫血等。红细胞增多常见于身体缺氧、血液浓缩、真性红细胞增多症、继发性红细胞增多症等。

6.1.2 血红蛋白（HGB）

【参考值】男性：130—175 g/L；女性：115—150 g/L。

血红蛋白减少或增多的临床意义基本同红细胞总数。

6.1.3 白细胞总数（WBC）

【参考值】（3.5—9.5）$\times 10^{9}$/L。

生理性白细胞增多常见于剧烈运动、进食后、妊娠期等。另外，采血部位不同，也可使白细胞数有差异，如耳垂血平均白细胞数比指血要高一些。

病理性白细胞增多常见于急性化脓性感染、尿毒症、白血病、组织损伤、急性出血等。

病理性白细胞减少常见于再生障碍性贫血、某些传染病、肝硬化、脾功能亢进、放疗、化疗、服用某些药物后等。

6.1.4 白细胞分类计数（DC）

【参考值】

中性粒细胞：（1.8—6.3）$\times 10^{9}$/L（40%—75%）。

嗜酸粒细胞：（0.02—0.52）$\times 10^{9}$/L（0.4%—8%）。

嗜碱粒细胞：（0.00—0.06）$\times 10^{9}$/L（0—1%）。

淋巴细胞：（1.1—3.2）$\times 10^{9}$/L（20%—50%）。

单核细胞：（0.1—0.6）$\times 10^{9}$/L（3%—10%）。

中性粒细胞增多常见于急性化脓性感染、大出血、严重组织损伤、慢性粒细胞性白血病、安眠药中毒等；减少常见于某些病毒感染、再生障碍性贫血、粒细胞缺乏症等。

嗜酸粒细胞增多常见于银屑病、天疱疮、湿疹、支气管哮喘、过敏、一些血液病及肿瘤，如慢性粒细胞性白血病、鼻咽癌、肺癌及宫颈癌等；减少常见于伤寒、副伤寒早期、长期使用肾上腺皮质激素后。

嗜碱粒细胞增多常见于慢性粒细胞白血病伴有骨髓纤维化、慢性溶血及脾切除后；减少一般没有临床意义。

淋巴细胞增多常见于传染性单核细胞增多症、结核病、疟疾、慢性淋巴细胞性白血病、百日咳、某些病毒感染等；减少常见于某些白血病或破坏过多，如长期化疗、X线照射后及免疫缺陷等。

单核细胞增多常见于单核细胞性白血病、结核病活动期、伤寒、疟疾等；减少临床意义不大。

6.1.5 血小板计数（PLT）

【参考值】（125—350）$\times 10^9$/L。

血小板计数增高多见于血小板增多症、脾脏切除术后、急性感染、溶血、骨折等；减少多见于再生障碍性贫血、急性白血病、急性放射病、原发性或继发性血小板减少性紫癜、脾功能亢进、尿毒症、服用某些药物后等。

二、将“第2篇体检项目及操作规程6.3血生化”修订为：

6.3 血生化

6.3.1 血糖（GLU）糖尿病诊断指标。采用葡萄糖氧化酶法，用全自动或半自动生化分析仪，采血后应尽快检测。

【参考值】3.9—6.1 mmol/L。

空腹超过8小时采血血糖浓度≥7.0 mmol/L，或一天当中任意时候采血血糖浓度≥11.1 mmol/L，经复查仍达到或超过此值，诊断糖尿病；空腹血糖浓度介于5.6—6.9 mmol/L之间，应进行口服葡萄糖耐量试验（OGTT）进一步确诊，OGTT 2小时的血糖浓度≥11.1 mmol/L者，诊断糖尿病。

6.3.2 丙氨酸氨基转移酶（ALT）肝脏生化检查指标，采用酶法，用全自动或半自动生化仪检测，可对病毒性肝炎等肝胆系统疾病进行早期诊断，并有助于判断疾病的程度、预后。

【参考值】男：9—50U/L，女：7—40U/L。

6.3.3 天冬氨酸氨基转移酶（AST）肝脏生化检查指标，检测方法和意义同 ALT。

【参考值】男：15—40U/L，女：13—35U/L。

ALT 和 AST 是反映肝细胞损害的敏感指标，在肝炎潜伏期、发病初期均可升高，故有助于早期发现肝炎。ALT 主要存在于肝细胞质内，而 AST 除了存在于肝细胞质之外，还有约一半以上分布在肝细胞的线粒体中。各种肝脏病变（如病毒性肝炎、药物性肝损害、脂肪肝、肝硬化等）和一些肝外疾病造成肝细胞损害时，ALT 和 AST 水平均可升高。

当肝损害较轻时，仅有胞质内的 ALT 和 AST 释放入血，故 ALT 的升高大于 AST，一般认为血清 ALT 超过参考值上限 2 倍以上，说明肝细胞有炎症、坏死和肝脏损害；严重肝损伤时，线粒体被破坏，其中的 AST 大量释放入血，致使血清 AST 水平高于 ALT。AST/ALT 比值>1 可以提示肝炎进展，有显著肝细胞坏死，因此，测定 AST/ALT 比值有助于判断肝损伤的严重程度。单项 AST 升高还要考虑心肌和骨骼的病变，特别是心肌梗死时 AST/ALT 比值常>3，并伴有相应临床表现，不难诊断。

除肝脏外，其他组织如心脏、脑、肾、肌肉等也都含有 ALT 和 AST，这些脏器的病变同样可引起血清 ALT 和 AST 升高；某些生理条件的变化也可引起 ALT 和 AST 升高，如剧烈体育活动可有 ALT 的一过性轻度升高。由于血清 ALT 和 AST 升高的原因多种多样，必须根据具体情况，结合必要的其他检查手段，仔细分析才能明确诊断。

6.3.4 血尿素氮（BUN）血尿素氮是机体蛋白质代谢的产物，测定血尿素氮的目的在于判断肾脏对蛋白质代谢产物的排泄能力，故血尿素氮的数值，可以作为判断肾小球滤过功能的一项指标。但血尿素氮易受饮食、尿量等因素影响，故虽可作为判断肾小球功能的一项指标，但不如血肌酐准确。血尿素氮检测采用脲酶法。

【参考值】2.8—7.2 mmol/ L。

6.3.5 血肌酐（CR）肌酐是人体肌肉代谢的产物，不易受饮食和尿量因素影响，能更灵敏地反映肾功能，是诊断肾功能衰竭的重要指标，其水平与肾功能的损伤程度成正比。血肌酐检测采用苦味酸法或酶法。

【参考值】苦味酸法：男性 44—133μmol/L，女性 70—106μmol/L。酶法：男性 53—97μmol/L，女性 44—80μmol/L。

当血尿素氮和血肌酐都用“mmol/L”为单位时，尿素氮/肌酐比值的参考值为 25—40。当比值<25 时，考虑蛋白质的摄入不足及肾小管急性坏死；>40 时，考虑肾前性原因所致。

由于血尿素氮、肌酐的测定值容易受溶血、胆红素以及药物等因素影响，所以同时升高有诊断意义，肾脏实质性病变时血尿素氮升高的程度较血肌酐更明显。

三、将“第 3 篇《公务员录用体检通用标准（试行）》实施细则 3. 关于血液病”修订为：

第三条　血液系统疾病，不合格。单纯性缺铁性贫血，血红蛋白男性高于 90g/L、女性高于 80g/L，合格。

3.1 条文解释

血液系统由血液与造血器官组成，造血器官包括骨髓、脾脏、淋巴结及分散在全身各处的淋巴组织和单核-吞噬细胞系统。血液系统疾病系指原发于和主要累及血液与造血器官的疾病（前者如白血病，后者如缺铁性贫血），俗称血液病。患其他系统性疾病而有血液方面改变者，只能称为系统性疾病的血液学表现，而非真正的血液病。

血液系统疾病一般可分为红细胞疾病、白细胞疾病、出血性疾病、造血干细胞疾病等，临床上可以表现为贫血、出血、发热或恶性细胞浸润所致的淋巴结、肝、脾肿大等，不同疾病又各有其特点。现仅就较常见的一些疾病做简要说明。

3.1.1 贫血　系指单位容积血液中血红蛋白含量低于参考值的下限，同时常伴有不同程度的红细胞数量和红细胞压积减少。一般认为，在平原地区，血红蛋白含量成人男性<130g/L，女性<115g/L，即可诊断为贫血。贫血可原发于造血器官疾病，也可继发于某些系统性疾病（如慢性肾病、慢性肝病、各种病原所致慢性感染、恶性肿瘤等）。贫血的病因学判断非常重要，病因不同预后各异，除某些原因造成的缺铁性贫血外，往往难以彻底治愈，属体检不合格。常见的贫血有以下几种：

1）缺铁性贫血：是最常见的一种贫血，系体内缺乏合成血红蛋白所必需的铁所致，其特点为小细胞低色素性贫血。常见病因包括慢性失血（如月经多、痔出血、溃疡病、钩虫病等）和铁吸收不良（如胃大部分切除术后、长期腹泻、胃酸缺乏、嗜好浓茶等）。预后取决于病因能否消除，若能消除病因，贫血多能很快纠正。所谓单纯性缺铁性贫血，也是从病因角度而言，主要指不良饮食习惯或月经过多、痔出血等原因引起的贫血，此类贫血在血红蛋白含量男性不低于90g/L、女性不低于80g/L时症状并不明显，病因易消除，对机体影响较小，病因消除后血红蛋白含量易恢复正常，预后较好，故可按合格处理。

2）再生障碍性贫血：简称再障，是多种病因引起骨髓衰竭所导致的以全血细胞减少为主要特征的一种综合病征。常见病因有药物、化学毒物、电离辐射、病毒感染等。再障分为急性型和慢性型两种。急性型起病急、进展迅速，临床主要表现为出血（如消化道出血、血尿、眼底出血和颅内出血等），容易并发感染，病死率高；慢性型起病缓慢，多以贫血为主要表现，病程较长，缓解、发作可反复交替，迁延多年不愈。本病一经诊断，即作不合格结论。

3）巨幼细胞性贫血：是由于叶酸和/或维生素 B_{12} 缺乏致DNA合成障碍所引起的贫血。其特点为造血细胞体积增大，涉及红细胞、粒细胞、巨核细胞系列，临床上常表现为全血细胞减少及伴胃肠道症状。常见原因为长期素食、偏食、蔬菜烹调不当、不适当的节食、胃肠道疾病引起吸收不良、服用干扰叶酸和/或维生素 B_{12} 吸收的药物等。本病一经诊断，即作不合格结论。

4）肿瘤性贫血：是由于血液肿瘤（如白血病、淋巴瘤、骨髓瘤）或实体瘤浸润骨髓或骨髓增生异常（如骨髓异常增生综合征）所致的贫血。本病一经诊断，即作不合格结论。

5）溶血性贫血：系因红细胞破坏加速、超过骨髓造血功能的代偿能力而发生的贫血，其主要特点为贫血、黄疸、脾大、网织红细胞增多及骨髓幼红细胞增生。溶血原因可由红细胞膜的结构与功能缺陷、酶缺陷等红细胞遗传缺陷所致，也可由感染、药物、理化、免疫、代谢等后天因素而引起。根据红细胞破坏的主要场所可分为血管内溶血和血管外溶血。两者均作不合格结论。

3.1.2 红细胞增多症　是指单位容积血液中红细胞数、血红蛋白含量和红细胞压积明显高于参考值，通常血红蛋白≥180g/L、红细胞数≥6.0×10^{12}/L或红细胞压积≥0.55即可诊断为红细胞增多症。其病因有多种，可以是血浆容量减少造成的相对性红细胞增多，也可以是组织缺氧导致的继发性红细胞增多，也有原因不明的真性红细胞增多症（也称原发性红细胞增多症）。继发性红细胞增多症者是否合格，需视病因情况而定。对一时性脱水所致血红蛋白含量及红细胞计数略超过参考值、经正常饮水可纠正者，可作出合格的结论；对其他病因所致者，均应根据原发病性质，作出不合格结论。

1）继发性红细胞增多症：各种原因引起的组织缺氧都可导致代偿性的红系细胞增生即继发性红细胞增多症。常见原因为吸烟过多、高原性红细胞增多症、青紫型先天性心脏病、慢性阻塞性肺部疾病、肿瘤、肾脏疾病、肥胖-肺通气不良综合征等。

2）真性红细胞增多症：是一种以红系细胞异常增殖为主的慢性骨髓增殖性疾病，起病缓慢，其特点为皮肤黏膜暗红、脾大、红细胞数及血容量增加伴全血细胞增多，常有神经系统及血液循环功能障碍、血栓形成、心力衰竭等。本病一经诊断，作不合格结论。

3.1.3 白细胞疾病　包括各类白细胞减少和增多性疾病。

1）白细胞减少症和粒细胞缺乏症：白细胞减少症是指外周血白细胞计数 $<3.5\times10^9/L$，其中以中性粒细胞减少占绝大多数，当中性粒细胞总数 $<0.5\times10^9/L$ 时称为粒细胞缺乏症。两者的病因大致相同。最常见的病因有药物（抗肿瘤药物、免疫抑制药、抗生素、抗甲状腺药物、抗心律失常药、抗组织胺药及镇静药等）反应、放射性和化学物质损伤、免疫介导的骨髓损伤、骨髓被异常细胞浸润（如肿瘤细胞）、某些细菌和病毒感染、粒细胞成熟障碍（如叶酸、维生素 B12 缺乏所致者）等。此外，在血池中分布异常、需求增加、消耗破坏加速也可引起此症。

由于大多数病因是后天因素，在病因未消除、白细胞总数或中性粒细胞数未恢复到正常并持续稳定前，作不合格结论。

2）中性粒细胞增多症：是指外周血中性粒细胞数 $>7.0\times10^9/L$。其病因主要有急性感染、组织坏死、严重烧伤、中毒、药物反应、骨髓增殖性疾病（慢性粒细胞白血病、真性红细胞增多症、原发性血小板增多症、骨髓纤维化）、某些恶性肿瘤等；也可因生理性原因如妊娠、情绪激动、剧烈运动等发生。本病是否合格需视病因情况而定，对于可能为轻度炎症、运动或情绪因素所致，白细胞轻度升高且复查能恢复正常者，可作合格结论。

3.1.4 恶性淋巴瘤　是指原发于免疫系统（淋巴结或结外淋巴组织）的恶性肿瘤，其特点是淋巴细胞或/和组织细胞大量增生。临床上常表现为无痛性、进行性淋巴结肿大，发热，肝脾肿大，晚期可见恶液质和贫血等。本病一经诊断，作不合格结论。

3.1.5 多发性骨髓瘤　为恶性浆细胞疾病中最常见的一种，其特点是单克隆浆细胞呈肿瘤性增生，从而破坏骨组织。临床上主要表现为骨痛、病理性骨折、贫血、高血钙、肾功能损害及易发生感染等。本病一经诊断，作不合格结论。

3.1.6 脾功能亢进　是一种综合征，可由多种原发或继发病因所引起，如感染、淤血（心力衰竭、肝硬化、门静脉或脾静脉阻塞等）、异常免疫反应、骨髓增殖性疾病等。临床特点是脾脏肿大伴有血红细胞、白细胞、血小板单独或同时减少。本病一经诊断，作不合格结论。

3.1.7 出血性疾病　正常的止血机制由血管、血小板及凝血机制三方面协同作用共同完成，任何一个方面发生障碍都可导致异常出血，即出血不止或过多，称为出血性疾病。

1）血小板减少症：是指外周血中血小板计数低于 100×10^9/L。当血小板计数低于 50×10^9/L 时可能会有出血，低于 20×10^9/L 时出血症状会加重，表现为皮肤黏膜出血点（直径<2 mm）、紫癜（直径 3—5 mm）或瘀斑（直径>5 mm）、牙龈出血、鼻出血，重者可有内脏出血，如便血和尿血等。引起血小板减少的病因很多且复杂，绝大多数情况下这些病因是难以纠正的，作为体检，也不必进行病因学诊断，血小板减少症一经诊断，一般作不合格结论。若确能证实为病毒感染、药物因素等所致血小板一时性轻度减少，无出血倾向，消除上述因素后复查血小板计数能恢复正常水平者，可按合格处理。

2）血小板减少性紫癜：属血小板减少症的一种类型，包括特发性、继发性及血栓性血小板减少性紫癜，其共同特点是有出血症状并伴血小板减少。本病根据临床表现及实验室检查不难诊断，作为体检，无须再作分类诊断。一经诊断，作不合格结论。

3）过敏性紫癜：是一种较常见的变态反应性出血性疾病，主要是由于机体对某些物质发生变态反应而引起毛细血管壁通透性和脆性增高，导致渗出性出血。主要病因有感染、药物、食物等因素。根据临床表现分为单纯型、腹型、关节型、肾型及混合型。本病一经诊断，作不合格结论。

4）血友病：是一组因遗传性凝血活酶生成障碍引起的出血

性疾病，以阳性家族史、幼年发病、自发或轻度外伤后出血不止、血肿形成及关节出血为特征。本病是一种终身性疾病，尚无根治方法，一经诊断，作不合格结论。

3.1.8 白血病　系造血系统的恶性肿瘤，约占癌症总发病率的5%左右。其特征是某一类型的白血病细胞在骨髓或其他造血组织中呈肿瘤性增生，并浸润体内其他器官和组织，正常造血受抑制，而产生相应的症状和体征。临床上常有贫血、发热、感染、出血和肝、脾、淋巴结不同程度的肿大等表现。本病一经诊断，作不合格结论。

3.2 诊断要点

3.2.1 缺铁性贫血

1）病史询问要点：有无慢性失血史（如月经过多、溃疡病出血、痔出血等）及导致铁吸收障碍的原发疾病（如胃大部切除史、萎缩性胃炎、长期腹泻史等），注意寻找贫血的病因学证据；有无贫血的症状，如头晕、乏力、活动后心慌气短等。

2）查体要点：皮肤黏膜苍白是贫血的主要体征，一般以观察甲床、手掌皮肤皱褶、口腔黏膜、睑结膜较为可靠。注意有无其他体征如口角炎、舌炎、心率增快等。

3）辅助检查要点：

血常规：是诊断贫血的主要依据，可采用全自动血细胞仪进行分析，缺铁性贫血特征为小细胞低色素性贫血。一般通过血常规检查并结合病史、体征，多可明确诊断。

网织红细胞计数：在贫血者中应作为常规补充检查。缺铁性贫血者网织红细胞计数大多正常。

不能确定贫血性质时，可根据当地条件选择进一步检测项目，如测定血清铁蛋白、血清铁、总铁结合力等，以确定是否为缺铁性贫血，并进一步寻找缺铁病因，以便作出是否合格的结论。

3.2.2 再生障碍性贫血

1）病史询问要点：注意询问可能存在的病因（病毒感染，

服用药物，接触放射线、毒素或化学品工作环境等）、起病时间、贫血症状（乏力、头昏、心悸、气短等）、有无易感染（经常发热）及出血史（鼻出血、牙龈出血、结膜出血、呕血、咯血、便血等）。

2）查体要点：注意皮肤黏膜有无苍白、出血点、瘀斑、血肿等，有无发热、感染等。

3）辅助检查要点：

血常规：主要表现为全血细胞（红细胞、白细胞及血小板）减少，如果仅红系细胞减少，则为纯红细胞再生障碍性贫血。再生障碍性贫血的特点是呈正色素正细胞性贫血。

网织红细胞计数：显著减少。

对公务员体检而言，只要发现为全血细胞减少，即作不合格结论，一般无须再进行全血细胞减少的病因学诊断。

3.2.3 巨幼细胞性贫血

1）病史询问要点：有无叶酸及维生素 B12 缺乏的常见病因（如烹调加热时间过长、偏食、完全性素食、慢性胃肠道疾病、服用干扰叶酸及维生素 B12 吸收的药物等），有无贫血症状（乏力、头昏、心悸、气短等），有无伴随的消化道症状（如食欲不振、恶心、腹泻等）。

2）查体要点：注意有无皮肤黏膜苍白（同缺铁性贫血）、舌乳头萎缩或消失，有无肌力异常、步行障碍等神经系统体征。

3）辅助检查要点：

血常规：呈大细胞性贫血特征，白细胞和血小板也常减少。

若不能确定贫血性质，可根据当地条件选择进一步检测项目，如血清维生素 B12、叶酸和红细胞叶酸测定等，以确立诊断及结论。

3.2.4 骨髓病性贫血

1）病史询问要点：有无引起骨髓病性贫血的原发疾病史（急慢性白血病、淋巴瘤、多发性骨髓瘤、恶性组织细胞增生症及转移癌等），有无骨痛、骨折史。

2）查体要点：注意贫血、肝脾肿大及原发疾病的相关体征。

3）辅助检查要点：血常规检查呈正常细胞性贫血。

对贫血、骨痛伴无确切原因可解释的肝脾肿大等可疑病例，必要时可组织会诊或做进一步检查，如骨 X 线片有无骨质破坏，骨髓片有无瘤细胞，以及有无幼粒幼红细胞血像等，以明确诊断。

3.2.5 溶血性贫血

1）病史询问要点：血管内溶血为急性，多较严重，在体检中少见；体检中若发现本病，多为慢性血管外溶血所致，应询问苍白、乏力的起病时间，先天性者常为自幼起病，后天性者应询问有无输血、服用特殊药物或食物及相关原发疾病史。

2）查体要点：注意有无皮肤黏膜苍白、心率加快、巩膜黄染、肝脾肿大等体征。

3）辅助检查要点：

血常规：呈正常细胞性贫血。

网织红细胞计数：多升高。

一般根据贫血特点以及兼有黄疸、脾大、网织红细胞升高即可诊断。可疑病例可做进一步检查，如血胆红素（本病的特征是以血清间接胆红素增高为主）、游离血红蛋白、血红蛋白尿、含铁血黄素尿等，以进一步确诊。

3.2.6 红细胞增多症

1）病史询问要点：有无慢性缺氧性疾病（如肺原性心脏病、先天性心脏病、严重睡眠呼吸暂停综合征等）史及高原居住史、生理性脱水病史等。

2）查体要点：注意有无颜面红紫等多血质外貌，有无脾肿大、高血压等体征。

3）辅助检查要点：血常规检查血红蛋白$\geq$180 g/L，红细胞数$\geq 6.0\times10^{12}$/L，白细胞和血小板数也多增高。

3.2.7 白细胞减少症和粒细胞缺乏症

1）病史询问要点：有无导致本病的病因（如药物、中毒、感染、某些营养素缺乏等）及继发感染史。

2）查体要点：本病一般没有阳性体征，主要通过病史提示及血液检验来诊断。

3）辅助检查要点：血常规检查白细胞计数低于参考值下限，红细胞及血小板一般正常。根据白细胞减少程度诊断为白细胞减少症或粒细胞缺乏症。

3.2.8 中性粒细胞增多症

1）病史询问要点：有无引起中性粒细胞增多的病因，如急性感染、组织坏死、严重烧伤、中毒、药物反应、骨髓增殖性疾病（慢性粒细胞白血病、真性红细胞增多症、原发性血小板增多症、骨髓纤维化）、某些恶性肿瘤等。

2）查体要点：重点检查有无原发疾病的相关体征。

3）辅助检查要点：血常规检查中性粒细胞绝对值$>7.0\times 10^9/L$，即可作出诊断。

3.2.9 恶性淋巴瘤

1）病史询问要点：以往有无淋巴瘤病史，对有浅表淋巴结肿大体征者应重点询问淋巴结肿大的进展情况以及有无疼痛、发热等症状。

2）查体要点：有无全身浅表淋巴结肿大，若有注意其硬度、活动度、是否融合；有无肝脾肿大。

3）辅助检查要点：

血常规：可有贫血、淋巴细胞数量增多。

胸部 X 线片：可见纵隔阴影增宽、肺门淋巴结肿大。

腹部 B 超：除肝脾肿大外，可见腹膜后淋巴结肿大。

以淋巴结肿大为主要表现者，必要时可取淋巴结活检，以进一步明确诊断。

3.2.10 多发性骨髓瘤

1）病史询问要点：多发性骨髓瘤的临床表现多种多样，早期主要表现为骨痛、易骨折，病史询问时应注意。

2）查体要点：本病体征一般不明显，有时可见贫血，诊断主要是依靠病史提示和有针对性的辅助检查。

3）辅助检查要点：对有骨痛或病理性骨折、贫血、反复发热等可疑病例，必要时可组织会诊或做进一步检查，根据骨骼X线片有无溶骨及骨质破坏、骨髓片有无异常浆细胞增多、尿本周蛋白是否阳性、血浆蛋白电泳有无M成分等作出诊断。

3.2.11 脾功能亢进

1）病史询问要点：既往有无慢性肝炎、血吸虫病等疾病史，注意寻找原发疾病的线索。

2）查体要点：查体可见脾脏肿大及原发疾病的相关体征。

3）辅助检查要点：

血常规：全血细胞减少或白细胞、血小板减少。

腹部B超：显示脾脏肿大。

一般根据血液检查特点，B超检查提示脾脏肿大，结合原发疾病综合判断，即可诊断。

3.2.12 血小板减少症

1）病史询问要点：有无反复的皮肤黏膜出血（如鼻出血或牙龈出血）史。

2）查体要点：注意出血的性状和部位，有无紫癜、牙龈出血点、口腔黏膜血疱等，有无肝、脾、淋巴结肿大。

3）辅助检查要点：血常规检查血小板计数低于参考值下限，即可诊断。

3.2.13 血小板减少性紫癜

1）病史询问要点：有无反复的皮肤黏膜出血史，如鼻出血或牙龈出血，有无家族出血史。

2）查体要点：注意有无紫癜、牙龈出血点、口腔黏膜血疱等，有无肝、脾、淋巴结肿大。

3）辅助检查要点：血常规检查血小板计数低于参考值下限。

有出血症状并伴血小板减少即可诊断。

3.2.14 过敏性紫癜

1）病史询问要点：有无自发性的皮肤紫癜，尤其是两下肢皮肤反复出现紫癜，紫癜治疗情况，是否可自发消退；有无其他类型紫癜的相关症状如腹痛、关节痛、血尿等。

2）查体要点：单纯型过敏性紫癜病变仅表现在皮肤，紫癜的特点是分布于四肢、臀部，多在伸侧，多为对称性，皮疹分批出现，可高出皮面伴痒感；其他各型紫癜可在皮肤紫癜发生前或发生后出现相应体征，如腹型紫癜可有腹部脐周压痛，关节型紫癜可见关节红肿、压痛及功能障碍，肾型紫癜可有水肿、血压增高等，结合紫癜特点一般容易诊断。

3）辅助检查要点：

血常规：血小板计数正常。

尿常规：肾型紫癜可有镜下血尿、尿蛋白阳性。

3.2.15 血友病

1）病史询问要点：有无家族史，有无皮肤黏膜自发出血或轻伤后出血不止史，或月经过多史，创伤或手术时有无异常出血史等。

2）查体要点：发作期可有关节肿胀和压痛等体征。

3）辅助检查要点：本病主要通过病史进行诊断，必要时可进一步做凝血时间、部分凝血活酶时间等血液学检查确诊。

3.2.16 白血病

1）病史询问要点：有无发热、出血、贫血等相关症状。

2）查体要点：检查有无皮肤黏膜出血点、瘀斑，有无贫血貌，有无肝、脾、淋巴结肿大及胸骨压痛等体征。

3）辅助检查要点：血常规检查白细胞总数可升高，分类可见各期白细胞；多呈正常细胞性贫血。

可疑病例应及时请血液科会诊，必要时作骨髓检查以明确诊断。

3.3 注意事项

3.3.1 血液病种类繁多，临床表现多种多样，体检中应尽量详细询问并记录病史（本人应如实反映），以寻找原发疾病线索；查体应认真全面，避免遗漏重要体征；除了血常规检查，必要时可增加实验室辅助检查项目。要综合分析病史询问、查体和辅助检查结果，尽可能地避免漏诊。

3.3.2 血液病多属于全身性、难治性疾病，对健康的影响大多较为严重，故原则上均按不合格处理。但有些血液病，其病因明确（如病毒感染、药物反应、炎症等）且易于纠正，对健康影响较小（如只引起血小板或白细胞一过性轻度减少或增高、轻度缺铁性贫血等），消除病因后复查能够很快恢复正常，可按合格处理。

3.3.3 血液病的病因复杂，有些病因体检中一时难以明确，且体检的目的主要不是针对病因寻找治疗方法，故应注意把握疾病的诊断，能够作出是否合格的结论即可。除贫血外，对其他一些血液病的病因学诊断、病名诊断不必过分深究，例如可作出血小板减少症、紫癜等初步诊断并在此基础上作出不合格结论，而没有必要作出是何种血小板减少症、何种紫癜的诊断。

《公务员录用体检操作手册（试行）》修订对照表

序号	原表述	修订后
一	第2篇 检项目及操作规程6.1血常规（第16~17页）	
1	6.1细胞总数（RBC） 【参考值】男性：（4.0~5.5）×10^{12}/L；女性：（3.5~5.0）×10^{12}/L	6.1.1红细胞计数（RBC） 【参考值】男性：（4.3~5.8）×10^{12}/L；女性：（3.8~5.1）×10^{12}/L
2	6.1.2血红蛋白（HGB） 【参考值】男性：120~160 g/L；女性：110~150 g/L	6.1.2血红蛋白（HGB） 【参考值】男性：130~175 g/L；女性：115~150 g/L
3	6.1.3白细胞总数（WBC） 【参考值】（4.0~10.0）×10^9/L	6.1.3白细胞计数（WBC） 【参考值】（3.5~9.5）×10^9/L
4	6.1.4白细胞分类计数（DC） 【参考值】 中性粒细胞：杆状核为0.01~0.05（1%~5%），分叶核为0.50~0.70（50%~70%） 嗜酸粒细胞：0.005~0.05（0.5%~5%） 嗜碱粒细胞：0.00~0.01（0~1%） 淋巴细胞：0.20~0.40（20%~40%） 单核细胞：0.03~0.08（3%~8%） ……	6.1.4白细胞分类计数（DC） 【参考值】 中性粒细胞：（1.8~6.3）×10^9/L（40%~75%） 嗜酸粒细胞：（0.02~0.52）×10^9/L（0.4%~8%） 嗜碱粒细胞：（0.00~0.06）×109/L（0~1%） 淋巴细胞：（1.1~3.2）×10^9/L（20%~50%） 单核细胞：（0.1~0.6）×10^9/L（3%~10%） ……

序号	原表述	修订后
4	嗜酸粒细胞增多常见于银屑病、天疱疮、湿疹、支气管哮喘、食物过敏、一些血液病及肿瘤，如慢性粒细胞性白血病、鼻咽癌、肺癌及宫颈癌等；减少常见于伤寒、副伤寒早期、长期使用肾上腺皮质激素后 嗜碱粒细胞增多常见于慢性粒细胞白血病伴有嗜碱粒细胞增高、骨髓纤维化、慢性溶血及脾切除后；减少一般没有临床意义 淋巴细胞增多常见于传染性单核细胞增多症、结核病、疟疾、慢性淋巴细胞性白血病、百日咳、某些病毒感染等；减少常见于破坏过多，如长期化疗、X 线照射后及免疫缺陷等 单核细胞增多常见于单核细胞性白血病、结核病活动期、伤寒、疟疾等；减少临床意义不大	嗜酸粒细胞增多常见于银屑病、天疱疮、湿疹、支气管哮喘、过敏、一些血液病及肿瘤，如慢性粒细胞性白血病、鼻咽癌、肺癌及宫颈癌等；减少常见于伤寒、副伤寒早期、长期使用肾上腺皮质激素后 嗜碱粒细胞增多常见于慢性粒细胞白血病伴有骨髓纤维化、慢性溶血及脾切除后；减少一般没有临床意义 淋巴细胞增多常见于传染性单核细胞增多症、结核病、疟疾、慢性淋巴细胞性白血病、百日咳、某些病毒感染等；减少常见于某些白血病或破坏过多，如长期化疗、X 线照射后及免疫缺陷等 单核细胞增多常见于单核细胞性白血病、结核病活动期、伤寒、疟疾等；减少临床意义不大
5	6.1.5 血小板计数（PLT） 【参考值】（100~300）$\times 10^9$/L	6.1.5 血小板计数（PLT） 【参考值】（125~350）$\times 10^9$/L
二	第 2 篇 检项目及操作规程 6.3 血生化（第 18 页）	

序号	原表述	修订后
6	6.3.2 丙氨酸氨基转移酶（ALT）肝脏生化检查指标，采用酶法，用全自动或半自动生化仪检测，可对病毒性肝炎等肝胆系统疾病进行早期诊断，并有助于判断疾病的程度、预后 【参考值】<40 U/L	6.3.2 丙氨酸氨基转移酶（ALT）肝脏生化检查指标，采用酶法，用全自动或半自动生化仪检测，可对病毒性肝炎等肝胆系统疾病进行早期诊断，并有助于判断疾病的程度、预后 【参考值】男：9～50 U/L，女：7～40 U/L
7	6.3.3 天冬氨酸氨基转移酶（AST）肝脏生化检查指标，检测方法和意义同 ALT 【参考值】<40 U/L	6.3.3 天冬氨酸氨基转移酶（AST）肝脏生化检查指标，检测方法和意义同 ALT 【参考值】男：15～40 U/L，女：13～35 U/L
三	第 3 篇 公务员录用体检通用标准（试行）》实施细则 3 关于血液病（第 27～29 页）	
8	3 关于血液病	3 关于血液系统疾病
9	第三条 血液病，不合格。单纯性缺铁性贫血，血红蛋白男性高于 90 g/L、女性高于 80 g/L，合格	第三条 血液系统疾病，不合格。单纯性缺铁性贫血，血红蛋白男性高于 90 g/L、女性高于 80 g/L，合格

序号	原表述	修订后
10	3.1 条文解释 …… 血液病一般可分为红细胞疾病（主要为各种贫血）、白细胞疾病、出血性疾病、造血干细胞疾病等，临床上主要表现为贫血、出血、发热及恶性细胞浸润所致的淋巴结、肝、脾肿大等，不同疾病又各有其特点。现仅就较常见的一些疾病做简要说明	3.1 条文解释 …… 血液系统疾病一般可分为红细胞疾病、白细胞疾病、出血性疾病、造血干细胞疾病等，临床上可以表现为贫血、出血、发热或恶性细胞浸润所致的淋巴结、肝、脾肿大等，不同疾病又各有其特点。现仅就较常见的一些疾病做简要说明
11	3.1.1 贫血系指单位容积血液中血红蛋白含量低于参考值的下限，同时常伴有不同程度的红细胞数量和红细胞压积减少。一般认为，在平原地区，血红蛋白含量成人男性＜120 g/L，女性＜110 g/L，即可诊断为贫血 …… 2）再生障碍性贫血：简称再障，是多种病因引起骨髓造血功能衰竭及造血微环境损伤所导致的以全血细胞减少为主要特征的一种综合病征。常见病因有药物、化学毒物、电离辐射、病毒感染、骨髓增生异常等 …… 4）骨髓病性贫血：是由于骨髓被肿瘤细胞或异常组织浸润而引起的继发性贫血，其特点为骨痛、骨质破坏，贫血伴幼粒幼红细胞血像。常见病因有急慢性白血病、淋巴瘤、多发性骨髓瘤、恶性组织细胞增生症及转移癌等。本病一经诊断，即作不合格结论	3.1.1 贫血系指单位容积血液中血红蛋白含量低于参考值的下限，同时常伴有不同程度的红细胞数量和红细胞压积减少。一般认为，在平原地区，血红蛋白含量成人男性＜130 g/L，女性＜115 g/L，即可诊断为贫血…… 2）再生障碍性贫血：简称再障，是多种病因引起骨髓衰竭所导致的以全血细胞减少为主要特征的一种综合病征。常见病因有药物、化学毒物、电离辐射、病毒感染等…… 4）肿瘤性贫血：是由于血液肿瘤（如白血病、淋巴瘤、骨髓瘤）或实体瘤浸润骨髓或骨髓增生异常（如骨髓异常增生综合征）所致的贫血。本病一经诊断，即作不合格结论

序号	原表述	修订后
11	5）溶血性贫血：系因红细胞破坏加速、超过骨髓造血功能的代偿能力而发生的贫血，其主要特点为贫血、黄疸、脾大、网织红细胞增多及骨髓幼红细胞增生。溶血原因可由红细胞膜的结构与功能缺陷、酶缺陷等红细胞遗传缺陷所致，也可由感染、理化、免疫、代谢等后天因素而引起。根据红细胞破坏的主要场所可分为血管内溶血和血管外溶血。两者均作不合格结论	5）溶血性贫血：系因红细胞破坏加速、超过骨髓造血功能的代偿能力而发生的贫血，其主要特点为贫血、黄疸、脾大、网织红细胞增多及骨髓幼红细胞增生。溶血原因可由红细胞膜的结构与功能缺陷、酶缺陷等红细胞遗传缺陷所致，也可由感染、药物、理化、免疫、代谢等后天因素而引起。根据红细胞破坏的主要场所可分为血管内溶血和血管外溶血。两者均作不合格结论
12	3.1.3 白细胞疾病包括各类白细胞减少和增多性疾病 1）白细胞减少症和粒细胞缺乏症：白细胞减少症是指外周血白细胞计数<4.0×10^9/L，其中以中性粒细胞减少占绝大多数，当中性粒细胞总数<0.5×10^9/L时称为粒细胞缺乏症。两者的病因大致相同…… 2）中性粒细胞增多症：是指外周血中性粒细胞数>7.0×10^9/L［白细胞参考值（4.0～10.0）×10^9/L，中性粒细胞占50%～70%，故其绝对值应≤7.0×10^9/L］ ……	3.1.3 白细胞疾病包括各类白细胞减少和增多性疾病 1）白细胞减少症和粒细胞缺乏症：白细胞减少症是指外周血白细胞计数<3.5×10^9/L，其中以中性粒细胞减少占绝大多数，当中性粒细胞总数<0.5×10^9/L时称为粒细胞缺乏症。两者的病因大致相同…… 2）中性粒细胞增多症：是指外周血中性粒细胞数>7.0×10^9/L ……

序号	原表述	修订后
13	3.1.5 多发性骨髓瘤为恶性浆细胞增生疾病中最常见的一种，其特点是单克隆浆细胞在骨髓中呈肿瘤性增生，从而破坏骨组织……	3.1.5 多发性骨髓瘤为恶性浆细胞疾病中最常见的一种，其特点是单克隆浆细胞呈肿瘤性增生……
14	3.1.7 出血性疾病正常的止血机制由血管、血小板及凝血机制三方面协同作用共同完成，任何一个方面发生障碍都可导致异常出血，即出血不止或过多，称为出血性疾病 1）血小板减少症：是指外周血中血小板计数低于参考值下限（$100\times10^9/L$）。当血小板计数低于 $50\times10^9/L$ 时可能会有出血，低于 $20\times10^9/L$ 时出血症状会加重，表现为皮肤黏膜出血点（直径<2mm）、紫癜（直径 3～5mm）或瘀斑（直径>5mm）、牙龈出血、鼻出血，重者可有内脏出血，如便血和尿血等 ……	3.1.7 出血性疾病正常的止血机制由血管、血小板及凝血机制三方面协同作用共同完成，任何一个方面发生障碍都可导致异常出血，即出血不止或过多，称为出血性疾病 1）血小板减少症：是指外周血中血小板计数低于 $100\times10^9/L$。当血小板计数低于 $50\times10^9/L$ 时可能会有出血，低于 $20\times10^9/L$ 时出血症状会加重，表现为皮肤黏膜出血点（直径<2mm）、紫癜（直径 3～5mm）或瘀斑（直径>5mm）、牙龈出血、鼻出血，重者可有内脏出血，如便血和尿血等 ……
15	3.2 诊断要点 3.2.1 缺铁性贫血 3）辅助检查要点：…… 不能确定贫血性质时，可根据当地条件选择进一步检测项目，如测定血清铁蛋白、血清铁、总铁结合力或红细胞游离原卟啉等，以确定是否为缺铁性贫血，并进一步寻找缺铁病因，以便作出是否合格的结论	3.2 诊断要点 3.2.1 缺铁性贫血 3）辅助检查要点：…… 不能确定贫血性质时，可根据当地条件选择进一步检测项目，如测定血清铁蛋白、血清铁、总铁结合力等，以确定是否为缺铁性贫血，并进一步寻找缺铁病因，以便作出是否合格的结论

人力资源和社会保障部等部门关于修订《公务员录用体检通用标准（试行）》及《公务员录用体检操作手册（试行）》有关内容的通知

（2016 年 12 月 30 日　人社部发〔2016〕140 号）

各省、自治区、直辖市和新疆生产建设兵团人力资源社会保障厅（局）、卫生计生委、公务员局，国务院各部委、各直属机构人事（干部）部门：

为进一步提高公务员录用体检工作科学化、规范化水平，人力资源社会保障部、国家卫生计生委和国家公务员局组织医学专家对《公务员录用体检通用标准（试行）》（以下简称《标准》）和《公务员录用体检操作手册（试行）》（以下简称《操作手册》）部分内容进行了修订，现就有关事项通知如下：

一、将《标准》第一条修订为：风湿性心脏病、心肌病、冠心病、先天性心脏病等器质性心脏病，不合格。先天性心脏病不需手术者或经手术治愈者，合格。

遇有下列情况之一的，排除病理性改变，合格：

（一）心脏听诊有杂音；

（二）频发期前收缩；

（三）心率每分钟小于 50 次或大于 110 次；

（四）心电图有异常的其他情况。

二、将《标准》第二条修订为：血压在下列范围内，合格：收缩压小于 140mmHg；舒张压小于 90mmHg。

三、将《标准》第三条修订为：血液系统疾病，不合格。单纯性缺铁性贫血，血红蛋白男性高于90g/L、女性高于80g/L，合格。

四、将《标准》第六条修订为：慢性胰腺炎、溃疡性结肠炎、克罗恩病等严重慢性消化系统疾病，不合格。胃次全切除术后无严重并发症者，合格。

五、将《标准》第七条修订为：各种急慢性肝炎及肝硬化，不合格。

六、将《标准》第八条修订为：恶性肿瘤，不合格。

七、将《标准》第九条修订为：肾炎、慢性肾盂肾炎、多囊肾、肾功能不全，不合格。

八、将《标准》第十九条修订为：双眼矫正视力均低于4.8（小数视力0.6），一眼失明另一眼矫正视力低于4.9（小数视力0.8），有明显视功能损害眼病者，不合格。

九、将《标准》第二十条修订为：双耳均有听力障碍，在使用人工听觉装置情况下，双耳在3米以内耳语仍听不见者，不合格。

十、《操作手册》根据《标准》上述条文修订情况作了相应修订。

本通知自2017年1月1日起实施。各地各部门要认真执行修订后的《标准》和《操作手册》，切实做好公务员录用体检工作。在具体工作中，遇有问题，请及时反馈中央公务员主管部门和卫生（卫生计生）行政部门。

附件：公务员录用体检通用标准（试行）

公务员录用体检通用标准（试行）

第一条 风湿性心脏病、心肌病、冠心病、先天性心脏病等器质性心脏病，不合格。先天性心脏病不需手术者或经手术治愈者，合格。

遇有下列情况之一的，排除病理性改变，合格：

（一）心脏听诊有杂音；

（二）频发期前收缩；

（三）心率每分钟小于 50 次或大于 110 次；

（四）心电图有异常的其他情况。

第二条 血压在下列范围内，合格：收缩压小于 140mmHg；舒张压小于 90mmHg。

第三条 血液系统疾病，不合格。单纯性缺铁性贫血，血红蛋白男性高于 90g/L、女性高于 80g/L，合格。

第四条 结核病不合格。但下列情况合格：

（一）原发性肺结核、继发性肺结核、结核性胸膜炎，临床治愈后稳定 1 年无变化者；

（二）肺外结核病：肾结核、骨结核、腹膜结核、淋巴结核等，临床治愈后 2 年无复发，经专科医院检查无变化者。

第五条 慢性支气管炎伴阻塞性肺气肿、支气管扩张、支气管哮喘，不合格。

第六条 慢性胰腺炎、溃疡性结肠炎、克罗恩病等严重慢性消化系统疾病，不合格。胃次全切除术后无严重并发症者，合格。

第七条 各种急慢性肝炎及肝硬化，不合格。

第八条 恶性肿瘤，不合格。

第九条 肾炎、慢性肾盂肾炎、多囊肾、肾功能不全，不合格。

第十条 糖尿病、尿崩症、肢端肥大症等内分泌系统疾病，不合格。甲状腺功能亢进治愈后 1 年无症状和体征者，合格。

第十一条 有癫痫病史、精神病史、癔病史、夜游症、严重的神经官能症（经常头痛头晕、失眠、记忆力明显下降等），精神活性物质滥用和依赖者，不合格。

第十二条 红斑狼疮、皮肌炎和/或多发性肌炎、硬皮病、结节性多动脉炎、类风湿性关节炎等各种弥漫性结缔组织疾病，大动脉炎，不合格。

第十三条 晚期血吸虫病，晚期血丝虫病兼有橡皮肿或有乳糜尿，不合格。

第十四条 颅骨缺损、颅内异物存留、颅脑畸形、脑外伤后综合征，不合格。

第十五条 严重的慢性骨髓炎，不合格。

第十六条 三度单纯性甲状腺肿，不合格。

第十七条 有梗阻的胆结石或泌尿系结石，不合格。

第十八条 淋病、梅毒、软下疳、性病性淋巴肉芽肿、尖锐湿疣、生殖器疱疹，艾滋病，不合格。

第十九条 双眼矫正视力均低于4.8（小数视力0.6），一眼失明另一眼矫正视力低于4.9（小数视力0.8），有明显视功能损害眼病者，不合格。

第二十条 双耳均有听力障碍，在使用人工听觉装置情况下，双耳在3米以内耳语仍听不见者，不合格。

第二十一条 未纳入体检标准，影响正常履行职责的其他严重疾病，不合格。

人力资源和社会保障部 住房城乡建设部关于印发《注册城乡规划师职业资格制度规定》和《注册城乡规划师职业资格考试实施办法》的通知

（2017 年 5 月 22 日　人社部规〔2017〕6 号）

各省、自治区、直辖市及新疆生产建设兵团人力资源社会保障厅（局）、住房城乡建设厅（规划委、规划局），国务院各部委、各直属机构人事部门，中央管理的企业：

为了加强城乡规划专业技术人才队伍建设，根据《中华人民共和国城乡规划法》有关规定，在总结原注册城市规划师职业资格制度实施情况的基础上，人力资源社会保障部、住房城乡建设部制定了《注册城乡规划师职业资格制度规定》和《注册城乡规划师职业资格考试实施办法》，现印发给你们，请遵照执行。

自本通知发布之日起，原人事部、原建设部发布的《关于印发〈注册城市规划师执业资格制度暂行规定〉及〈注册城市规划师执业资格认定办法〉的通知》（人发〔1999〕39 号）和《关于印发〈注册城市规划师执业资格考试实施办法〉的通知》（人发〔2000〕20 号），原人事部办公厅、原建设部办公厅发布的《关于注册城市规划师执业资格认定工作及有关问题的通知》（人办发〔1999〕121 号）和《关于注册城市规划师执业资格考试报名补充规定的通知》（人办发〔2001〕38 号）同时废止。

注册城乡规划师职业资格制度规定

第一章 总 则

第一条 为加强城乡规划师队伍建设，保障规划工作质量，维护国家、社会和公共利益，根据《中华人民共和国城乡规划法》和国家职业资格证书制度有关规定，制定本规定。

第二条 国家对注册城乡规划师实行准入类职业资格制度，纳入全国专业技术人员职业资格证书制度统一规划。

第三条 本规定所称的注册城乡规划师，是指通过全国统一考试取得注册城乡规划师职业资格证书，并依法注册后，从事城乡规划编制及相关工作的专业人员。

从事城乡规划实施、管理、研究工作的国家工作人员及相关人员，可以通过考试取得注册城乡规划师职业资格证书。

第四条 人力资源社会保障部、住房城乡建设部共同负责注册城乡规划师职业资格制度的政策制定，并按职责分工对制度的实施进行指导、监督和检查。

各省、自治区、直辖市人力资源社会保障行政主管部门和城乡规划行政主管部门，按照职责分工负责本行政区域内注册城乡规划师职业资格制度实施的监督管理。

第二章 考 试

第五条 注册城乡规划师职业资格实行全国统一大纲、统一命题、统一组织的考试制度。原则上每年举行一次考试。

第六条 住房城乡建设部负责拟定注册城乡规划师职业资格考试科目、考试大纲，组织命审题工作，提出考试合格标准建议。

第七条 人力资源社会保障部组织专家审定考试科目和考试大纲，会同住房城乡建设部确定考试合格标准，并对考试工作进行指导、监督和检查。

第八条 凡中华人民共和国公民，遵守国家法律、法规，恪守职业道德，并符合下列条件之一的，均可申请参加注册城乡规划师职业资格考试：

（一）取得城乡规划专业大学专科学历，从事城乡规划业务工作满6年；

（二）取得城乡规划专业大学本科学历或学位，或取得建筑学学士学位（专业学位），从事城乡规划业务工作满4年；

（三）取得通过专业评估（认证）的城乡规划专业大学本科学历或学位，从事城乡规划业务工作满3年；

（四）取得城乡规划专业硕士学位，或取得建筑学硕士学位（专业学位），从事城乡规划业务工作满2年；

（五）取得通过专业评估（认证）的城乡规划专业硕士学位或城市规划硕士学位（专业学位），或取得城乡规划专业博士学位，从事城乡规划业务工作满1年。

除上述规定的情形外，取得其他专业的相应学历或者学位的人员，从事城乡规划业务工作年限相应增加1年。

第九条 注册城乡规划师职业资格考试合格，由各省、自治区、直辖市人力资源社会保障行政主管部门，颁发人力资源社会保障部统一印制，人力资源社会保障部、住房城乡建设部共同用印的《中华人民共和国注册城乡规划师职业资格证书》（以下简称注册城乡规划师职业资格证书）。该证书在全国范围有效。

第十条 对以不正当手段取得注册城乡规划师职业资格证书的，按照国家专业技术人员资格考试违纪违规行为处理规定进行处理。

第三章 注 册

第十一条 国家对注册城乡规划师职业资格实行注册执业管理制度。取得注册城乡规划师职业资格证书且从事城乡规划编制及相关工作的人员，经注册方可以注册城乡规划师名义执业。

第十二条　中国城市规划协会负责注册城乡规划师注册及相关工作。

第十三条　申请注册的人员必须同时具备以下条件：

（一）遵纪守法，恪守职业道德和从业规范；

（二）取得注册城乡规划师职业资格证书；

（三）受聘于一家城乡规划编制机构；

（四）注册管理机构规定的其他条件。

第十四条　经批准注册的申请人，由中国城市规划协会核发该协会用印的《中华人民共和国注册城乡规划师注册证书》。

第十五条　以不正当手段取得注册证书的，由发证机构撤销其注册证书，3年内不予重新注册；构成犯罪的，依法追究刑事责任。

出租出借注册证书的，由发证机构撤销其注册证书，不再予以重新注册；构成犯罪的，依法追究刑事责任。

第十六条　注册证书的每一注册有效期为3年。注册证书在有效期内是注册城乡规划师的执业凭证，由注册城乡规划师本人保管、使用。

第十七条　申请初始注册的，应当自取得注册城乡规划师职业资格证书之日起3年内提出申请。逾期申请初始注册的，应符合继续教育有关要求。

第十八条　中国城市规划协会应当及时向社会公告注册城乡规划师注册有关情况，并于每年年底将注册人员信息报住房城乡建设部备案。

第十九条　继续教育是注册城乡规划师延续注册、重新注册和逾期初始注册的必备条件。在每个注册有效期内，注册城乡规划师应当按照规定完成相应的继续教育。

第二十条　注册城乡规划师初始注册、延续注册、变更注册、重新注册、注销注册和不予注册等注册管理，以及继续教育的具体办法，由中国城市规划协会另行制定，并报住房城乡建设部备案。

第二十一条 住房城乡建设部及地方各级城乡规划行政主管部门发现注册城乡规划师违法违规行为的，或发现不能履行注册城乡规划师职责情形的，应通知中国城市规划协会，协会须依据有关规定进行处理，并将处理结果报住房城乡建设部备案。

第四章 执 业

第二十二条 住房城乡建设部及地方各级城乡规划行政主管部门依法对注册城乡规划师执业活动实施监管。中国城市规划协会受住房城乡建设部委托，在职责范围内承担相关工作。

第二十三条 住房城乡建设部及地方各级城乡规划行政主管部门在注册城乡规划师执业活动监管工作中，可按权限查询、调取注册城乡规划师注册管理信息系统的相关数据，中国城市规划协会应予支持和配合。

第二十四条 注册城乡规划师的执业范围：

（一）城乡规划编制；

（二）城乡规划技术政策研究与咨询；

（三）城乡规划技术分析；

（四）住房城乡建设部规定的其他工作。

第二十五条 注册城乡规划师的执业能力：

（一）熟悉相关法律、法规及规章；

（二）熟悉我国城乡规划相关技术标准与规范体系，并能熟练运用；

（三）具有良好的与社会公众、相关管理部门沟通协调的能力；

（四）具有较强的科研和技术创新能力；

（五）了解国际相关标准和技术规范，及时掌握技术前沿发展动态。

第二十六条　《中华人民共和国城乡规划法》要求编制的城镇体系规划、城市规划、镇规划、乡规划和村庄规划的成果应有注册城乡规划师签字。

第二十七条　注册城乡规划师在执业活动中，须对所签字的城乡规划编制成果中的图件、文本的图文一致、标准规范的落实等负责，并承担相应责任。

第五章　权利和义务

第二十八条　注册城乡规划师享有下列权利：

（一）使用注册城乡规划师称谓；

（二）对违反相关法律、法规和技术规范的要求及决定提出劝告，并可在拒绝执行的同时向注册管理机构或者上级城乡规划主管部门报告；

（三）接受继续教育；

（四）获得与执业责任相应的劳动报酬；

（五）对侵犯本人权利的行为进行申诉；

（六）其他法定权利。

第二十九条　注册城乡规划师履行下列义务：

（一）遵守法律、法规和有关管理规定，恪守职业道德和从业规范；

（二）执行城乡规划相关法律、法规、规章及技术标准、规范；

（三）履行岗位职责，保证执业活动质量，并承担相应责任；

（四）不得同时受聘于两个或两个以上单位执业，不得允许他人以本人名义执业，严禁“证书挂靠”；

（五）不断更新专业知识，提高技术能力；

（六）保守在工作中知悉的国家秘密和聘用单位的商业、技术秘密；

（七）协助城乡规划主管部门及注册管理机构开展相关工作。

第六章　附　则

第三十条　对通过考试取得注册城乡规划师职业资格证书，且符合《工程技术人员职务试行条例》规定的工程师职务任职条件的人员，用人单位可根据工作需要聘任工程师技术职务。

第三十一条　城乡规划编制单位配备注册城乡规划师的数量、注册城乡规划师签字的文件种类、执业活动等的具体要求和管理办法，由住房城乡建设部另行规定。

第三十二条　本规定施行前，依据《人事部建设部关于印发〈注册城市规划师执业资格制度暂行规定〉及〈注册城市规划师执业资格认定办法〉的通知》（人发〔1999〕39号）等有关规定，取得的注册城市规划师执业资格证书，与按照本规定要求取得的注册城乡规划师职业资格证书的效用等同。

第三十三条　本规定自发布之日起施行。

注册城乡规划师职业资格考试实施办法

第一条　人力资源社会保障部、住房城乡建设部共同委托人力资源和社会保障部人事考试中心、住房和城乡建设部执业资格注册中心，承担注册城乡规划师职业资格考试考务等具体工作。

各省、自治区、直辖市人力资源社会保障行政主管部门和城乡规划行政主管部门共同负责本地区的考试工作，具体职责分工由各地协商确定。

第二条　受住房城乡建设部委托，住房和城乡建设部执业资格注册中心会同中国城市规划协会成立注册城乡规划师职业资格考试专家委员会，负责注册城乡规划师职业资格考试大纲编写、命题等工作。考试专家委员会章程报住房城乡建设部备案。

第三条 注册城乡规划师职业资格考试设《城乡规划原理》、《城乡规划管理与法规》《城乡规划相关知识》和《城乡规划实务》4个科目。

第四条 注册城乡规划师职业资格考试分4个半天进行。《城乡规划实务》科目的考试时间为3小时，其他科目的考试时间均为2.5小时。

考试成绩实行4年为一个周期的滚动管理办法，在连续的4个考试年度内参加应试科目的考试并合格，方可取得注册城乡规划师资格证书。

第五条 通过全国统一考试取得一级注册建筑师资格证书并符合《注册城乡规划师职业资格制度规定》（以下简称《规定》）中注册城乡规划师职业资格考试报名条件的，可免试《城乡规划原理》和《城乡规划相关知识》科目，只参加《城乡规划管理与法规》和《城乡规划实务》2个科目的考试。

在连续的2个考试年度内参加上述科目考试并合格，可取得注册城乡规划师职业资格证书。

第六条 符合《规定》第八条第（五）项报名条件的，可免试《城乡规划原理》科目，只参加《城乡规划管理与法规》《城乡规划相关知识》和《城乡规划实务》3个科目的考试。

在连续的3个考试年度内参加上述科目考试并合格，可取得注册城乡规划师职业资格证书。

第七条 在教育部颁布《普通高等学校本科专业目录（2012年）》之前，高等学校颁发的“城市规划”专业大学本科学历或学位，与《规定》第八条的“城乡规划”专业大学本科学历或学位等同。

在国务院学位委员会、教育部颁布《学位授予和人才培养学科目录（2011年）》之前，高等学校颁发的“城市规划”或“城市规划与设计”专业的硕士、博士层次相应学位，与《规定》第八条的“城乡规划”专业的硕士、博士层次相应学位等同。

第八条　《规定》第八条的“建筑学学士学位（专业学位）”和“建筑学硕士学位（专业学位）”，是指根据国务院学位委员会颁布的《建筑学专业学位设置方案》，由国务院学位委员会授权的高等学校，在授权期内颁发的建筑学专业相应层次的专业学位，包括“建筑学学士”和“建筑学硕士”两个层次，不包括建筑学专业的工学学士学位、工学硕士学位以及“建筑与土木工程领域”的工程硕士学位。

“城市规划硕士学位（专业学位）”是指由国务院学位委员会授权的高等学校，在授权期内颁发的“城市规划硕士”专业学位。

第九条　符合注册城乡规划师职业资格报考条件的报考人员，按照当地人事考试机构规定的程序和要求完成报名，携带相关证件和材料到指定地点进行报名资格审查。审查合格后，核发准考证。参加考试人员凭准考证和有效证件在指定的日期、时间和地点参加考试。

中央和国务院各部门及所属单位、中央管理企业的人员按属地原则报名参加考试。

第十条　考点原则上设在直辖市和省会城市的大、中专院校或者高考定点学校。考试日期原则上为每年第四季度。

第十一条　坚持考试与培训分开的原则。凡参与考试工作（包括命题、审题与组织管理等）的人员，不得参加考试，也不得参加或者举办与考试内容相关的培训工作。应考人员参加培训坚持自愿原则。

第十二条　考试实施机构及其工作人员，应当严格执行国家人事考试工作人员纪律规定和考试工作的各项规章制度，遵守考试工作纪律，切实做好试卷命制、印刷、发送和保管等各环节的安全保密工作，严防泄密。

第十三条　对违反考试工作纪律和有关规定的人员，按照国家专业技术人员资格考试违纪违规行为处理规定处理。

人力资源和社会保障部 财政部关于修订印发《资产评估师职业资格制度暂行规定》和《资产评估师职业资格考试实施办法》的通知

(2017 年 5 月 23 日 人社部规〔2017〕7 号)

各省、自治区、直辖市及新疆生产建设兵团人力资源社会保障厅(局)、财政厅(局),国务院各部委、各直属机构人事部门,中央管理的企业:

根据《中华人民共和国资产评估法》要求,为加强资产评估专业人员队伍建设,适应资产评估行业发展,在总结资产评估师职业资格制度实施情况的基础上,人力资源社会保障部、财政部修订了《资产评估师职业资格制度暂行规定》和《资产评估师职业资格考试实施办法》,现印发给你们,请遵照执行。

自本通知施行之日起,《人力资源社会保障部 财政部关于印发资产评估师职业资格制度暂行规定和资产评估师职业资格考试实施办法的通知》(人社部发〔2015〕43 号)同时废止。

资产评估师职业资格制度暂行规定

第一章 总 则

第一条 为加强资产评估专业人员队伍建设,提高资产评估专业人员素质,规范资产评估行业管理,根据《中华人民共和国资产评估法》和国家职业资格证书制度的有关规定,制定本规定。

第二条 本规定适用于从事资产评估业务的专业人员。

第三条 国家设立资产评估师水平评价类职业资格制度，面向全社会提供资产评估师能力水平评价服务，纳入全国专业技术人员职业资格证书制度统一规划。

第四条 资产评估师职业资格实行考试的评价方式。

资产评估师英文为：Public Valuer（简称PV）。

第五条 通过资产评估师职业资格考试并取得职业资格证书的人员，表明其已达到承办法定评估业务的要求和水平。

第六条 人力资源社会保障部、财政部共同负责资产评估师职业资格制度的政策制定，并按职责分工对资产评估师职业资格制度的实施进行指导、监督和检查。中国资产评估协会具体承担资产评估师职业资格的评价与管理工作。

第二章　考　试

第七条 资产评估师职业资格增设珠宝评估专业，其资格名称为资产评估师（珠宝）。资产评估师（含珠宝评估专业）职业资格（以下统称资产评估师职业资格）实行全国统一大纲、统一命题、统一组织的考试制度。

第八条 中国资产评估协会负责资产评估师职业资格考试的组织和实施工作。组织成立资产评估师职业资格考试专家委员会，研究制定资产评估师职业资格考试科目、考试大纲、考试试题和考试合格标准。

第九条 人力资源社会保障部、财政部对中国资产评估协会实施的考试工作进行监督和检查，指导中国资产评估协会确定资产评估师职业资格考试科目、考试大纲、考试试题和考试合格标准。

第十条 具有高等院校专科以上学历的公民，可以参加资产评估师职业资格考试。

第十一条 资产评估师职业资格考试合格，由中国资产评估协会颁发人力资源社会保障部、财政部监制，中国资产评估协会用印的《中华人民共和国资产评估师职业资格证书》（以下简称资产评估师职业资格证书）。该证书在全国范围有效。

中国资产评估协会应当在其网站上公布资产评估师名单，并实时更新。

第十二条 对以不正当手段取得资产评估师职业资格证书的，按照国家专业技术人员资格考试违纪违规行为处理规定处理。

第三章 职业能力

第十三条 取得资产评估师职业资格证书的人员，应当遵守国家法律、法规及资产评估行业相关制度准则，恪守职业道德，秉承客观公正原则，维护国家和社会公共利益。

第十四条 取得资产评估师职业资格证书的人员，应当具备的职业能力：

（一）熟悉资产评估行业相关法律、法规和行业制度、准则；

（二）跟踪国内外评估技术方法和评估市场的发展趋势，具有较强的开拓创新能力；

（三）运用评估专业理论与方法，较好完成资产评估业务；

（四）独立解决资产评估业务中的疑难问题。

第十五条 取得资产评估师职业资格证书的人员，应当按照国家专业技术人员继续教育以及资产评估行业管理的有关规定，参加继续教育，不断更新专业知识，提高职业素质和业务能力。

第四章 附 则

第十六条 通过考试取得资产评估师职业资格证书的，用人单位可根据工作需要按照经济系列相应级别职称择优聘任。

第十七条 本规定施行前，按照国家有关规定取得的注册资产评估师执业资格证书和资产评估师职业资格证书继续有效。

第十八条 本规定自发布之日起施行。

资产评估师职业资格考试实施办法

第一条 人力资源社会保障部、财政部按照职责分工负责指导、监督和检查资产评估师职业资格考试的实施工作。

第二条 中国资产评估协会具体负责资产评估师职业资格考试的实施工作。

第三条 资产评估师职业资格考试设《资产评估基础》《资产评估相关知识》《资产评估实务（一）》和《资产评估实务（二）》4个科目。每个科目的考试时间为3小时。资产评估师职业资格考试原则上每年举行1次。

第四条 资产评估师（珠宝）职业资格考试设《资产评估基础》《资产评估相关知识》《珠宝鉴定与评估》《珠宝评估实务》4个科目。其中《资产评估基础》和《资产评估相关知识》2个科目纳入资产评估师职业资格统一考试；《珠宝鉴定与评估》和《珠宝评估实务》科目考试原则上每2年举行1次。

《珠宝评估鉴定与评估》和《珠宝评估实务》每个科目的考试时间为3小时。

第五条 资产评估师（含珠宝评估专业）职业资格考试成绩实行4年为1个周期的滚动管理办法。在连续4年内，参加全部（4个）科目的考试并合格，可取得相应资产评估师职业资格证书。

第六条 符合《资产评估师职业资格制度暂行规定》（以下简称《暂行规定》）第十条考试报名条件的人员，可申请参加资产评估师（含珠宝评估专业）职业资格考试。

第七条 符合《暂行规定》第十条考试报名条件，并具备下列一项条件的人员，可免试相应科目。

（一）按照国家有关规定取得高级会计师、高级审计师、高级经济师职称，或者通过全国统一考试取得注册会计师证书，可免试资产评估师职业资格《资产评估相关知识》科目，只参加

《资产评估基础》《资产评估实务（一）》《资产评估实务（二）》3 个科目的考试。

（二）按照国家有关规定取得资产评估专业副教授及以上职称，可免试资产评估师职业资格《资产评估基础》科目，只参加《资产评估相关知识》《资产评估实务（一）》《资产评估实务（二）》3 个科目的考试。

（三）通过全国统一考试取得资产评估师职业资格证书，可免试资产评估师（珠宝）职业资格《资产评估基础》《资产评估相关知识》2 个科目，只参加《珠宝鉴定与评估》和《珠宝评估实务》2 个科目的考试。

免试部分科目的人员在报名时，应当提供相应证明。

第八条 免试部分科目人员的考试成绩，以应试科目数量确定其合格成绩管理滚动有效期限。参加 3 个科目考试其合格成绩以 3 年为 1 个滚动管理周期；参加 2 个科目考试其合格成绩以 2 年为 1 个滚动管理周期。免试部分科目的人员，必须在连续 3 年或者 2 年内取得应试科目的合格成绩，方可取得相应资产评估师职业资格证书。

第九条 为保证资产评估师考试科目名称调整的平稳过渡，在 2017 年度考试报名时，应按如下要求进行：

（一）在 2017 年以前，已按照原《资产评估师职业资格考试实施办法》取得部分考试科目合格成绩的人员，可按照以下两种情况报考：

1. 2017 年度继续按照原考试科目要求参加剩余科目的考试，考试结束后仍未取得资产评估师职业资格证书的人员，有效成绩按照以下对应关系转换至新的科目，并按照 4 年为 1 个滚动周期的办法管理；

2. 2017 年度申请参加新科目考试，有效成绩按照以下对应关系转换至新的科目，并按照 4 年为 1 个滚动周期的办法管理。

原考试科目　　　　　　　　　《资产评估》

《资产评估基础》	《资产评估基础》
《资产评估实务（二）》	《资产评估实务（一）》
《资产评估》	《资产评估实务（二）》
《机电设备评估》	《财务会计》
《建筑工程评估》	《经济法》
现考试科目	《资产评估相关知识》

（二）其他人员应当按照本办法规定的科目报名参加考试。

自 2018 年起，资产评估师职业资格考试报名均应按照本办法规定的科目和要求进行。

第十条 参加考试由本人提出申请，按考试管理机构有关考试报名的规定办理手续。考试管理机构按照规定的程序和报名条件审核合格后，核发准考证。参加考试人员凭准考证和有效证件在指定的日期、时间和地点参加考试。

中央和国务院各部门及所属单位、中央管理企业的人员按属地原则报名参加考试。

第十一条 资产评估师（含珠宝评估专业）职业资格考试的考点，原则上设在直辖市和省会城市的中、高等学校或者高考定点学校。如确需在其他城市设置考点，须经中国资产评估协会批准。考试日期原则上在每年的第三季度。

第十二条 坚持考试与培训分开的原则。凡参与考试工作（包括命题、审题与组织管理等）的人员，不得参加考试，也不得参加或者举办与考试内容相关的培训工作。应考人员参加培训坚持自愿原则。

第十三条 考试实施机构及其工作人员，应当严格执行《人事考试工作人员纪律规定》（人社部发〔2013〕36 号）和考试工作的各项规章制度，遵守考试工作纪律，切实做好从考试试题的命制到使用等各环节的安全保密工作，严防泄密。

第十四条 对违反考试工作纪律和有关规定的人员，按照国家专业技术人员资格考试违纪违规行为处理规定处理。

山东省人事厅关于专业技术人员计算机应用能力考试有关问题的通知

（2002年3月22日　鲁人发〔2002〕9号）

各市人事局，省直各部门（单位），各大企业，各高等院校：

为引导广大专业技术人员学习掌握计算机知识，提高计算机的应用能力，根据《人事部关于全国专业技术人员计算机应用能力考试的通知》（人发〔2001〕124号）要求，决定从今年开始，推行由人事部统一组织的全国专业技术人员计算机应用能力考试。现将有关问题通知如下：

一、专业技术人员计算机应用能力考试，主要是测试参考人员在计算机与网络方面的基本应用能力，考试成绩作为评审专业技术职务资格和聘任专业技术职务的条件之一。

二、专业技术人员计算机应用能力考试，采用人事部统一设计暂定的13类科目（模块，见附件）和上机操作的方式，每一科目（模块）单独考试，考试合格的人员，由省人事厅颁发人事部统一印制的全国专业技术人员计算机应用能力考试科目（模块）合格证。

三、评聘中、高级专业技术职务的人员，暂须参加以下科目（模块）的考试并取得合格证：

评聘中级专业技术职务者，须在“中文Windows 98操作系统、Word 97中文字处理、Excel 97中文电子表格、计算机网络应用基础和WPS Office办公组合中文字处理”5类科目（模块）中任选3类参加考试并取得合格证。

评聘高级专业技术职务（包括正高级和副高级）者，须在

"中文 Windows 98 操作系统、Word 97 中文字处理、Excel 97 中文电子表格、计算机网络应用基础和 WPS Office 办公组合中文字处理" 5 类科目（模块）中任选 3 类，另外还应根据各自岗位和从事专业工作的特点，在其他 8 类科目（模块）中任选 1 类参加考试并取得合格证。

四、我省专业技术人员计算机应用能力考试实施工作，由省人事厅统一组织和管理，具体考务工作由省人事考试中心负责。各市的考务管理工作，可由各市人事局根据当地的实际情况研究确定。

五、考前培训工作由各级人事（职称管理）部门负责组织，要选择具备场地、设备、师资及管理经验的单位作为培训点。应试人员根据自愿原则参加培训。

六、专业技术人员计算机应用能力考试，要本着"实事求是，区别对待，逐步提高"的原则进行。经济发达地区和具备条件的单位，应要求所有评聘专业技术职务的人员都参加计算机应用能力考试。对尚不具备条件的地区和单位，下列人员可暂不参加考试：

1. 现仍在乡镇（不含街道办事处）直属及其以下单位工作的；

2. 评聘小学（含幼儿园）教师、体育教练和艺术系列中的演员、演奏员职务的；

3. 评聘初级专业技术职务的；

4. 50 岁以上的。

七、符合下列条件者，可不参加考试或只考部分科目（模块）：

1. 参加人事部统一组织的计算机软件专业技术资格和水平考试，获得程序员及以上级别证书的；

2. 参加国家认可的其他机构组织的计算机应用能力考试合格者，可根据其所考内容和级别，确定考试"中文 Windows 98

操作系统、Word 97 中文字处理、Excel 97 中文电子表格、计算机网络应用基础和 WPS Office 办公组合中文字处理”5 类科目（模块）中的 1 至 2 类（至少应考 1 类）。

专业技术人员计算机应用能力考试，是提高专业技术人员队伍整体素质的一项重要措施。考试组织工作难度大，涉及面广，各地、各部门要高度重视，加强领导，精心组织，并根据实际情况和上述原则，提出切实有效的实施办法，经省人事厅同意后实施。对不参加考试的人员，由各市人事局或省直主管部门出具证明。鉴于这项工作任务繁重、时间紧迫、工作量大，今年可仍作为评审专业技术职务资格的参考条件，从 2003 年起正式实行。

附件：

全国专业技术人员计算机应用能力考试科目（模块）类别

1. 中文 Windows 98 操作系统
2. Word 97 中文字处理
3. Excel 97 中文电子表格
4. PowerPoint 97 中文演示文稿
5. 计算机网络应用基础
6. Visual FoxPro 5.0 数据库管理系统
7. CAD 制图软件
8. PhotoShop 6.0 图像处理
9. WPS Office 办公组合中文字处理
10. Access 2000 数据库管理系统
11. Project 2000 项目管理
12. FrontPage 2000 网页制作
13. 用友财务软件

山东省人事厅关于印发《山东省专业技术职务评审委员会组织办法（试行）》和《山东省专业技术职务任职资格评审办法（试行）》的通知

（2002年6月21日　鲁人发〔2002〕26号）

各市人事局，省直各部门（单位），各大企业，各高等院校：

现将《山东省专业技术职务评审委员会组织办法（试行）》和《山东省专业技术职务任职资格评审办法（试行）》印发给你们，请在评审专业技术职务任职资格工作中认真试行。试行中有什么问题和意见，请及时反馈给省人事厅专业技术人员管理处。

山东省专业技术职务评审委员会组织办法（试行）

第一章　总　则

第一条　为了规范全省专业技术职务评审委员会组织建设，根据国务院《关于实行专业技术职务聘任制度的规定》以及国家和省关于深化专业技术职称改革的有关规定，结合我省实际，制定本办法。

第二条　本办法所称专业技术职务评审委员会（以下简称评委会），是负责评价专业技术人员是否具备相应专业技术职务任职资格的组织。

第三条 本办法适用于需要通过评审取得专业技术职务任职资格的单位、系列和专业。

第四条 评委会的组织建设应遵循下列原则：

（一）专业技术职称工作实行统一管理；

（二）评委会组建层级与权限相统一；

（三）公正、平等、合理、择优和德才兼备；

（四）维护用人单位和专业技术人员的合法权益。

第二章 评委会的组建

第五条 根据评审各级专业技术职务任职资格的实际需要，评委会分别设高、中、初三级。各级评委会之间没有上下级领导关系。

第六条 高、中、初级评委会的组建部门及其权限分别为：

（一）省政府人事部门负责组建高级评委会；根据实际评审需要，省政府人事部门可授权具备条件的设区的市政府人事部门或省直部门（单位）组建评审副高级专业技术 职务任职资格的评委会。

（二）经省政府人事部门同意，设区的市政府人事部门和省直部门负责组建中级评委会。

（三）经设区的市政府人事部门同意，县（市、区）政府人事部门和设区的市直部门负责组建初级评委会；省直部门和具有人事管理权的处级以上法人单位可以组建初级评委会。

第七条 评委会一般每3年调整一次。如因特殊情况，可以临时组建，也可随时调 整或撤销。组建评委会必须具备下列条件：

（一）具有足够数量的符合评委会成员条件的专业技术人员；

（二）评审范围内的专业技术人员队伍达到一定规模，有一定的评审工作量；

（三）组建部门有能力实施对评委会的组织管理工作。

第八条 评委会原则上按专业技术职务系列组建。行业或专业较多的系列，可按行 业或专业组建，也可按相近专业合并组建。

不得跨专业技术职务系列组建评委会。

第九条 评委会的日常事务工作，

应由组建部门委托给社会中介服务机构承担。中介机构尚不健全或不具备条件的，可委托相应专业或行业主管部门承担。

受委托承担评委会日常事务工作的机构或部门（以下称为评委会办事机构）必须具备下列条件：

（一）具有承担评委会日常工作的工作条件；

（二）有专人（含兼职）负责具体工作，并有较高的政策水平，熟悉各项规定，组织能力强，工作认真负责，人员保持相对稳定；

（三）严格执行国家和省的有关规定，按规定时间和要求完成评审任务。

第三章 评委会人员组成

第十条 评委会成员由备选委员和执行委员共同组成。

出席评审会议的称为执行委员，一般为 7 至 35 人（不等于 3 的倍数），设主任委员 1 人、副主任委员 1 至 3 人。

高、中、初级评委会执行委员分别不得少于下列人数：

（一）按专业技术职务系列组建的高级评委会，执行委员一般不少于 17 人；按行业或相近专业合并组建的高级评委会，执行委员不得少于 13 人；按专业组建的高级评 委会，执行委员不得少于 11 人。

（二）中级评委会的执行委员不得少于 10 人。

（三）初级评委会的执行委员不得少于 7 人。

第十一条 评委会组建部门应建立健全评委会成员信息库。

信息库成员应达到足够调整的数量，并根据人才成长、评审需要等因素随时增减。收入信息库的评委会成员应在民主推荐、协商的基础上遴选产生。

第十二条 遴选各级评委会成员的基本条件：

（一）政治思想好，职业道德高尚；

（二）专业技术水平较高，业务工作能力较强，是本单位或本部门、本系统、本行业的专业技术骨干；

（三）作风正派，办事公道，坚持原则，不徇私情；

（四）组织纪律性强；

（五）身体健康，能坚持正常工作。

第十三条 各级评委会执行委员应分别符合下列条件：

（一）高级评委会执行委员必须具有本系列、专业（或相近系列、专业，下同）高级专业技术职务（评审正高级职务任职资格的评委会执行委员必须具有正高级专业技术职务），其中中青年（55岁以下）专业技术骨干要占评委执行委员的二分之一以上。

（二）中级评委会执行委员原则上应具有高级专业技术职务，根据实际需要，可吸收适量（应少于三分之一）具有中级专业技术职务的业务骨干参加。

山东省专业技术职务任职资格评审办法（试行）

第一章 总 则

第一条 为了客观、公正、准确地评审专业技术职务任职资格，根据国家和省有关规定，结合我省实际，制定本办法。

第二条 专业技术职务任职资格是专业技术人员学术技术水平的标志，是用人单位聘任和专业技术人员应聘专业技术职务的重要依据之一。申报、评审专业技术职务任职资格应依据下列标准条件：

（一）国家颁发的专业技术职务条例（含试行条例）或等级

标准中规定的任职条件；

（二）国家人事部会同有关部门制定颁发的工程、农业等系列中、高级专业技术资格申报、评审条件；

（三）省政府人事部门以及会同有关部门制定的专业技术职务任职资格评审条件、破格申报评审条件；

（四）国家和省另行规定的有关标准条件。

第三条 专业技术职务任职资格评审工作按人事隶属关系和任职资格等级实行分级管理，管理权限分别为：

（一）省政府人事部门负责管理全省高级专业技术职务任职资格的评审工作；

（二）设区的市政府人事部门、省直部门、省政府直属事业单位和经济组织，负责管理所辖范围内中级专业技术职务任职资格的评审工作；

（三）县（市、区）政府人事部门、省直部门（单位）、设区的市直部门、市政府直属事业单位和经济组织，分别负责管理所辖范围内初级专业技术职务任职资格的评审工作。

第四条 本办法适用于其人事关系属山东省地方管理的申报评审专业技术职务任职资格的人员。

第五条 按照本办法通过相应专业技术职务评审委员会（以下简称"评委会"）评审获取的专业技术职务任职资格，由相应核准公布部门颁发任职资格证书，作为用人单位聘任专业技术职务的依据之一。

第六条 各级政府人事部门是综合管理专业技术职务任职资格评审工作的职能部门。

第二章 申 报

第七条 申报评审专业技术职务任职资格者，必须遵守中华人民共和国宪法和法律，具有良好的职业道德和敬业精神，符合规定的申报条件。

第八条 申报评审专业技术职务任职资格，实行个人申报、民主评议推荐、单位审查、主管部门审核的办法，基本程序和要求：

（一）用人单位公布申报评议方案；

（二）专业技术人员提出申报；

（三）用人单位在一定范围内公开进行民主评议并张榜公布评议结果及申报人员的年度、任期考核情况；

（四）用人单位组织整理填报有关评审材料，被推荐者提供有关证件；

（五）公示申报人的申报材料及有关情况；

（六）用人单位对申报材料进行认真核实（重点审查其申报材料、证书和证明等是否真实、齐全，内容格式等方面是否符合规定要求），并组织填写《“六公开”监督卡》；

（七）主管部门审查；

第九条 符合申报条件的材料，主管部门签署意见并加盖印鉴，负责人签字后，及时送呈报部门。

第三章 呈 报

第十条 申报材料必须经呈报部门审查同意并签署呈报意见后，评委会方可受理。按照分级管理的要求，呈报部门及其权限为：

（一）申报评审初级专业技术职务任职资格，县（市、区）以下单位的，由其主管部门呈报；设区的市以上单位的，由申报人所在单位呈报。

（二）申报评审中级专业技术职务任职资格，县以下单位的，由县（市、区）人事局会同有关业务主管部门呈报；设区的市直单位的，由市直主管部门呈报；省直单位的，由省直主管部门人事（干部）处呈报。

（三）申报评审高级专业技术职务任职资格，设区的市以下单位的，由市人事局会同有关业务主管部门呈报；省直单位的，由省直主管部门呈报（其中省属高等院校的由省政府教育行政部门呈报）。

授权有关省直部门和设区的市人事局组建的高级评委会评审的高级专业技术职务任职资格，其呈报权限按省高级评委会的呈报原则相应降低一级管理。

第十一条 应呈报的有关材料和要求：

呈报评审材料的类别和数量：

1.《专业技术职称评审表》1份（原件）；

2.《专业技术职称评审简表》一式3份（原件）；

3.《评审专业技术职称人员情况一览表》一式20份左右（其中原件2份，其他可为复印件，具体份数由各评委会根据实际需要确定）；

4. 任现职以来各年度及任期考核情况登记表各1份（原件）；

5. 反映本人任现职以来专业技术水平、能力、业绩的业务工作总结1份，其他代表性著作、论文、作品等（原件）；

6. 学历证书、成果及奖励证书（原件）；

7. 现专业技术职务任职资格证书、单位公布聘任的文件（原件）；

8. 有效期内的外语、计算机考试成绩等证明原件1份；

9. “六公开”监督卡1份。

破格申报评审专业技术职务任职资格，须由单位和有关主管部门出具破格推荐报告，并由呈报部门核准签署意见、加盖印鉴，上报一式3份。

改系列评审专业技术职务任职资格（指同级别的），须呈报《改系列评审专业技术职称呈报表》一式4份，原《专业技术职称评审表》（或《专业技术职务呈报表》）1份（原件），并报送反映其工作变动后业务水平、业绩情况等证明材料。

呈报的评审材料必须手续完备，内容齐全，填写打印正规、整洁，字迹工整、清晰，不得涂改、漏页、缺页。应提供原件的不得以复印件代替。

第十二条 呈报部门应对评审材料进行认真审查，严格把关，确实无异议的，在《专业技术职称评审表》及《评审简表》的“呈报部门意见”栏内签署呈报意见并加盖印鉴，负责人签字后，连同其他有关评审材料按时呈报到相应的评委会。

第十三条 经审查认为不符合申报条件或有问题的评审材料，呈报部门有权决定“不予呈报”。

第四章 评 审

第十四条 评审工作的基本程序：

（一）评委会办事机构受理评审材料，进行分类整理，做好评审前的有关准备工作。

（二）对申报人员组织进行综合素质测评。

（三）专业（学科）评议组成员或评委会执行委员分组审阅评审材料，按规定进行量化赋分，集体评议讨论，提出初步评议意见。

（四）专业（学科）评议组向评委会汇报评议情况。

（五）评委会全体执行委员按规定程序审议，进行综合评价，最后以无记名投票方式表决。

第十五条 评委会办事机构受理评审材料应建立严格的审查把关制度。评审之前，应组织专人（须有一定数量的同行专家）逐一进行认真细致的审查核实，符合规定要求后，再提交评委会评审。

不符合要求的材料一律不予受理。

第十六条 评审工作必须严格坚持规范化的评审程序和量化赋分、测试答辩等办法。贯彻公开（评委会内部公开）、公正、公平、合理、准确和综合评价原则，坚持标准，严格评审，确保质量。

第十七条 对经评委会评审通过的人员实行异议期公示制度。评委会办事机构将评审通过人员名单，反馈到原呈报部门和申报人员所在单位，在广大专业技术人员中公示，进一步征求意见，重点是核实这些拟晋升专业技术职务的人员，是否符合国家和省规定的专业技术职务任职条件和标准，所填报的成果业绩是否真实，推荐、呈报等程序是否符合规定要求。异议期为15天。

公示期间发现问题或出现争议的，应认真组织调查核实和甄别，视具体情况作出处理决定。

第十八条　评委会办事机构应认真总结评审工作，写出工作总结、会议纪要等，并按要求整理好有关评审材料，待异议期结束后及时报送核准。

第五章　核准公布

第十九条　经评审通过又经公示无异议的，必须经该评委会的组建部门核准并正式行文公布后方可生效。授权组建的评委会的评审结果，应报授权部门备案同意后，方可核准公布。

虽经评委会评审通过，但未经核准公布的，其评审结果一律无效。

第二十条　报送核准公布应提供的有关材料：

（一）评委会办事机构应向评委会组建部门报送核准公布的有关材料及数量：

1. 评审会议纪要、总结、异议期公示情况报告各一式2份。

2. 评审通过人员的《专业技术职称评审表》1份、《专业技术职称评审简表》一式3份。

3. 评审通过人员有效期内的外语、计算机证明。

4.《评审委员会评审情况汇总表》一式2份。

5.《评审通过人员名单》及《评审未通过人员名单》各一式2份。

（二）授权组建的评委会办事机构应向授权部门报送备案的有关材料及数量：

1. 评审会议纪要、总结等各一式2份；

2.《评审委员会评审情况汇总表》一式2份；

3.《评审通过人员名单》与《评审未通过人员名单》各一式2份。

第二十一条 评委会组建部门应对评委会评审通过的专业技术职务任职资格进行认真审查，主要是看有关程序是否齐全、符合要求，是否有外语证明，是否存在弄虚作假、营私舞弊等现象。核准工作要特别重视信访中反映出的问题。审查发现有问题的，应暂缓公布，待调查清楚后视情况决定。

第二十二条 经核准无问题的，应在《专业技术职称评审表》及《评审简表》的相关栏目中签署核准意见、加盖印鉴，并及时行文公布，颁发任职资格证书。《专业技术职称评审表》应存入本人档案。

第六章 委托评审

第二十三条 不具备组建评委会条件，或因工作性质特殊而在规定范围内的评委会不能评审的，应委托相应的评委会代为评审。委托部门及其权限分别为：

（一）评审高级专业技术职务任职资格的，由省人事厅出具委托函，委托国家有关部门或外省组建的高级评委会代为评审。

（二）评审中级专业技术职务任职资格的，由设区的市人事局或省直部门出具委托函，委托其他市或省直部门组建的中级评委会代为评审。

（三）评审初级专业技术职务任职资格的，由县（市、区）人事局或市直部门或省直部门人事（干部）处出具委托函，委托相应的初级评委会代为评审。

第二十四条 委托代评通过人员，由出具委托函的部门按规定进行公示并核准公布。

第七章　附　则

第二十五条　个体、私营企业等无主管部门单位的人员申报评审专业技术职务任职资格工作，按照人事代理的有关规定，由各级政府人事部门所属的人才服务机构，组织进行相应的评议推荐、呈报以及核准公布等工作。

第二十六条　评审会议结束以后，凡经评审委员会评审表决未通过的人员，当年度一律不得再重新召开会议对其进行复议，也不得再改报其他评审委员会评审。

第二十七条　本办法所称破格申报评审专业技术职务任职资格，是指分别突破相应专业技术职务条例（含试行条例）或等级标准规定的学历、资历和越级申报评审专业技术职务任职资格的，或突破其中任意两项，或三者皆被突破。

山东省人事厅关于印发《山东省人事考试考务工作规则》的通知

（2002 年 8 月 8 日　鲁人发〔2002〕38 号）

各市人事局：

为加强对人事考试考务工作的管理，保证人事考试的客观性、公正性，根据人事部办公厅印发的《专业技术人员资格考试考务工作规程（试行）》（人办发〔2000〕71 号）和人事部人事考试中心印发的《专业技术资格考试考务操作办法（试行）》（人考中心函〔2001〕40 号），我们在总结多年来人事考试工作情况和广泛征求意见的基础上，对《山东省人事考试考务工作规则》进行了认真修改和补充，现印发给你们，请认真贯彻执行。

山东省人事考试考务工作规则

第一章　总　则

第一条　为加强对人事考试考务工作的制度化、规范化、科学化管理，保证人事考试的客观性、公正性，根据人事部对人事考试工作的要求和我省人事考试工作的实际，制定本规则。

第二条　本规则适用于各级人事考试中心组织或参与组织的各类人事考试考务管理工作。

第三条　人事考试工作在各级政府人事部门统一领导下，由其考试中心负责，按照不同考试的具体要求，统一组织实施或分级组织实施。

第二章　组织管理

第四条　各级人事考试中心必须严格按年度工作计划和有关考务文件的要求，加强领导，统筹安排，认真组织。

第五条　在实施人事考试工作中，各级人事考试中心要区分不同考试，积极协调有关专业主管部门，密切配合。

第六条　人事考试考务工作实行计算机管理。考试的信息管理工作统一由省人事考试中心下发信息管理系统，并按有关文件的要求进行操作和管理。

第七条　各市在考试期间，必须指定专人值班，设立值班电话。各市考试值班电话应于考试前报省人事考试中心。

第八条　各考区在考试组织过程中，出现失密、泄密以及其它重大非正常情况时，应立即向省人事考试中心报告，并采取有效措施，控制扩散，尽快查清原因和失密范围，等候处理意见。

第九条　各级人事考试中心应严格执行财政、物价部门核准审批的收费标准，按照有关规定严格收支管理。

第三章　报　名

第十条　各市人事考试中心应在规定的报名日期前10天下发考试通知或发布考试公告。通知或公告的内容应包括：考试名称、考试科目设置、考试时间及报名日期、地点、报名条件及报名组织方式等。

第十一条　负责报名的单位应做好相应的准备工作：按有关规定对报考人员的资格进行严格审查；为报考人员提供相关的报考资料；公布与报名工作有关的信息编码，以及与本次考试有关的其它事宜。

第十二条　报考人员须携带身份证、工作证（或工作单位证明）、毕业证和各类考试政策规定要求的其它有关材料，到指定地点报名。经审查同意后，填写报名登记表，并按有关规定交费。

第十三条 报名结束后，各市应按“资格考试信息管理系统”的要求，对报名信息进行处理，及时统计上报报考人员情况、有关订单及数据。

第十四条 根据考点设置情况，准考证分别由省、省辖市人事考试中心打印核发。

第十五条 负责报名的单位应及时、明确地向报考人员公布领发准考证的方式、时间、地点及考试成绩查询、颁发合格证等有关事宜。

第四章 考点、考场设置

第十六条 省人事考试中心根据有关规定和考试报名情况设置考区或考点。考点要设在环境安静、设施较好、交通便利的学校。非经省人事考试中心批准，不得在县（市）以下设考点。

第十七条 考点门口应有“全国考试考区考点”标识，并公布考场规则、考场安排表（考场编号、各考场准考证起止号）、考场分布示意图和考试科目、时间安排表等。

第十八条 各考点设主考 1 人，副主考 1—2 人。每个考场设监考 2 人，一般应 1 男 1 女。各考点应配备试卷保管、后勤、保卫、医务等工作人员。

第十九条 每个标准考场安排 30 名考生。考场内座位须单人、单桌、单行排列，间距 80 厘米以上，桌屉朝前放置，考生的准考证号贴在课桌右上角。

第二十条 考点、考场布置完毕，考试组织部门在考前要进行检查验收，合格的即行封闭，等待考试；不合格的，要责成有关单位立即改正。

第五章 考场规则

第二十一条 应考人员在考试前 15 分钟，凭准考证和身份证进入考场，对号入座，将准考证、身份证放在桌面右上角，并在考场清单上签名。

第二十二条 开始考试30分钟后，不得入场；至少开考60分钟后方可退场。

第二十三条 应考人员只准带黑色、蓝色钢笔或圆珠笔或明确规定准许使用的电子计算器（无声、无编辑功能）、字词典、采用答题卡作答时可带2B铅笔、橡皮、铅笔刀进入考场。开考后应考人员不得传递任何物品。对于特殊科目的考试，根据其具体要求，另行规定应试工具。

第二十四条 不得携带电子记事本、寻呼机、移动电话等进入考场，否则，按违纪处理。

第二十五条 考试开始时，应考人员必须首先在试卷或答题纸、答题卡规定的位置上准确填写（填涂）本人所在地区、单位、姓名或准考证号、科目代码，但不得超过装订线，不得做任何标记；否则，按违纪处理。

第二十六条 不得要求监考人员解释试题，如遇试卷分发错误，页码序号不对、字迹模糊或答题卡有折皱、污点等问题，应举手询问。

第二十七条 考试规定须在答题纸上作答的，一律用蓝、黑色钢笔或圆珠笔作答；作答字迹要清楚、工整。在答题卡上填涂作答的，须用2B铅笔填涂。未按规定用笔作答的，按零分处理。

第二十八条 考场内必须保持安静，禁止交头接耳、窥视他人试题答案或交换试卷。

第二十九条 提前交卷的应考人员，必须离场，并不得再次进入考场或在附近停留、大声喧哗。

第三十条 考试结束铃响，立即停止答卷，并将试卷反面向上放在桌面上，经监考人员允许后，方可离开考场。不得将试卷、答题卡、答题纸和草稿纸带出考场。

第三十一条　服从考试工作人员管理，接受监考人员的监督和检查。对无理取闹及辱骂、威胁、报复考试工作人员，作弊或违反考试规定者，按有关纪律和规定处理。

第六章　试卷的运送、交接与保管

第三十二条　试卷必须由专人负责运送、交接、保管。试卷在运送、交接、保管过程中，任何情况下试卷现场不得少于2人。

第三十三条　在交接中，如发现试卷种类、数量有误，包装、密封破损或更换过密封签，应立即报告当地人事考试中心，同时做好记录，迅速查明原因，及时采取补救措施。

第三十四条　试卷接收后应立即存入保密室。保密室须有严格的防火、防盗、防潮等措施。试卷存放库（室）须持专门证件方可进出，无证者一律不得进入试卷存放场地。

第三十五条　考前各市保存试卷的时间不得超过2天（特殊情况除外），考点领取试卷的时间为考前1小时。考场监考人员领取试卷的时间为考前30分钟。考试结束，各考场试卷由监考人员立即送交指定人员验收。各考区在考试结束2天之内派专人、专车将试卷送达省人事考试中心指定地点。

第三十六条　试卷评阅完毕前，试卷存放现场应有2人以上，实施24小时值班保管试卷。

第三十七条　试卷评阅完毕后，属省评阅的试卷，由省人事考试中心集中保存。负责集中保存试卷的人员不得擅自复印试卷；不得擅自将试卷、标答和考试成绩外传；不得向外泄露与考试有关的信息和事项；不得擅自复评试卷。考试结束后六个月，由省人事考试中心按国家有关规定对试卷进行监督销毁。

第七章　评卷与登分

第三十八条　评卷、登分工作由省人事考试中心或会同有关专业管理部门统一组织进行。在评卷工作中，应成立评卷工作领导小组，负责评卷的组织管理。

第三十九条 评卷必须由与所评试卷相关专业的，有丰富教学和实际工作经验、责任心强的人员组成。各科目的评卷任务必须在规定的时间内完成。

第四十条 评卷工作必须严格执行统一制定的标准答案和评分标准，任何人不得擅自更改。如有异议，应由评卷领导小组与考试主管部门联系，按规定的工作程序处理。

第四十一条 要选择环境良好、外界干扰少的场所进行评卷，并严格执行保密措施，明确评卷（机读）各个岗位职责和人员。评卷场所要设立试卷保管室，并配值班人员，每班不得少于 2 人，无关人员不得入内。

第四十二条 在机器评卷和录入考试成绩时，必须 2 人一组，录入 2 遍校核，以确保无误。考试成绩的存储必须采取技术手段加密，防止人为改动。同时要加强磁盘的使用管理，防止计算机病毒和其他人为破坏。

第四十三条 涉及评卷的计算机工作室必须采取保密措施，录入人员不得携带软盘进出工作室。与评卷无关人员不得进入工作室。

第四十四条 人工评卷

1. 人工评卷时应按题型分为若干小组，采取流水作业方式进行，专人评专题，严禁一人评阅全卷。

2. 各题型评卷组要在正确理解试题、标准答案和评分标准的基础上，经过试评并制定具体的评卷办法和步骤后，方可进行正式评卷。

3. 评卷人员一律使用红色墨水钢笔或红色圆珠笔评卷。记分数字和签名必须清楚，不得涂抹；如需改动时，应经评卷组长或有关负责人签字后方可改动。

4. 人工评卷时须指定专人负责领送试卷，领送双方要严格履行签字手续。试卷保管人员应根据评卷进度，对试卷袋统一拆封，并编写保密号。

5. 评卷中，一律采用给分制，即各题均应标记采分点得分数，不标记扣除分数。每评完一大题，应在该题得分栏内记入得分数，并签署评卷人姓名。

6. 全卷评完合分时，首先应对各题型得分进行复核，确认无误后，将各题型得分填入卷首相应栏目内，然后合计卷首各题型得分，按实际分数填入“总分”栏内，并在“合分人”栏目内签署姓名。合分人不得自行更改分数。如发现题目计分有误时，应与原评卷人联合签名改正分数。

7. 各评卷组应安排专人做好复查工作（复查试卷不应少于试卷总数的20%），如发现有错评、漏评、计分错误或评分不当需要作更改的答卷，应与原评卷人取得一致意见后进行修正，并共同在修正处签名。若意见不能统一，应由评卷领导小组处理或授权处理。

8. 评卷时，评卷人员要注意对异常试卷进行鉴别，根据异常试卷认定的规定进行认定，并将违纪试卷情况如实填入评卷登记表内，同时向评卷组长报告。

9. 评卷组长要在评卷工作结束前，组织专人对异常试卷进行复核，提出明确的处理意见，并将处理意见填入评卷登记表内。

10. 评卷中不得揭封、撬看试卷姓名和考号。如发现有倒装、密封不严等特殊情况，应及时向有关领导报告，不得擅自处理。

11. 评卷人员要严守纪律，不得泄露评卷情况；不得涂改答卷和分数；不得将标准答案、评分标准和试卷带出评卷场所。

第四十五条　计算机评卷

1. 计算机评卷前，应设立机读监督员对计算机评卷全过程进行监督；要做好计算机、光电阅读器等设备的调试和计算机病毒防范工作，并对评卷软件试运行后，方可正式开始评卷。拆封答题卡袋时应与机读监督员共同进行，认真核对每个考场的答题卡数量，然后再对答题卡进行机读。

2. 在计算机评卷过程中，要按考场认真检查读入信息是否与答题卡袋记录相符（包括缺考考生信息），并须对答题卡进行复读，以核准所读成绩和防止漏读。

3. 任何人不得擅自修改答题卡的内容。机房的铅笔、橡皮应有专人保管。对影响计算机评卷的答题卡进行技术处理或复制无法阅读的答题卡时，须经评卷负责人签字批准，并应有2人以上在场进行处理。答题卡复制后应注明“已复制”字样，并留存备查。

4. 对评卷软件、存储的标准答案、评分标准和输入的答题情况应采取技术手段加密。如发现评卷软件或存储的标准答案、评分标准有问题，应及时向上级考试中心或专业主管部门反映，未经同意不得擅自修改、拷贝数据文件。

5. 计算机评卷组应及时填写工作记录，每天做好数据资料备份，并按规定妥善保管。评卷完毕后应将成绩存入磁盘，并制作备份盘，密封后，交由专人保管。

第四十六条 登分

1. 登分与评卷工作必须在人员和场地上严格分开，并指定专人组成登分组。

2. 登分工作要遵循如实登录，准确无误的原则，按照卷面原始分和统一的要求、程序进行登录，录入人员不得改动卷面分数。

3. 登分前，登分组工作人员要对试卷各题得分和试卷总分进行核对，并对全袋试卷数量、考场情况记录单及考场编号核对无误（如发现评卷、计分或合分有错误，应送评卷组长按规定程序修改、签字）后，才能拆除装订线，逐袋登分。

4. 如既有客观性试题也有主观性试题，其主观性试题部分的评卷及登分工作按“人工评卷”及登分要求进行，分数合成（客观性试题与主观性试题分数的合成）工作按具体操作要求进行。

5. 登分人员应将各考场应考人员姓名和分数如实填入成绩登记表相应栏目内。对有考场违纪记录和认定违纪的试卷应认真核对考场情况记录单或评卷登记表的记录，并按“成绩无效”登入“违纪处理成绩”栏内。

6. 实行机读的，对违纪考生要在其答题卡“违纪标识”栏目进行填涂，登录分数和记录字迹要清楚、工整。

7. 建立登分复核制度。登分无误，应由复核人在登分表复核人栏目中签署姓名；发现不符的，应由复核人立即更正，并由复核人和登分组长共同签字。

8. 计算机录入考试成绩必须有 2 名工作人员同时在场，并实行异人异机复录校核制度，发现不符的，应由登分组长组织人员及时纠正。每天的录入结果都应备份并打印出来，标明日期，由登分组长签字，与工作记录一并保存。如对有关内容修改，应在计算机和机读工作记录中详细记载修改前后的内容，由修改人与登分组长共同签字。

9. 每袋试卷分数登录完毕，应随时将答题卷（答题卡或答题纸）放入原袋。试卷袋、答题卡袋、答题纸袋、考场情况记录单、评卷登记表和信息软盘、计算机工作记录由省人事考试中心保存。

10. 登分组要有专人领送保管试卷、答题卡、考场情况记录单、评卷登记表和信息软盘，并对其安全、保密负责，不得损坏和丢失。

第八章　查　卷

第四十七条　查卷工作由省人事考试中心负责统一集中办理。

第四十八条　应考人员如对本人考试成绩有疑问时，可在成绩公布后 30 天内申请查卷。应考人员申请查卷，须持本人准考证、身份证，到指定地点填写《查卷申请表》，并交纳查卷费后方可查卷。各市所汇总的《查卷申请表》，必须在考试成绩公布后40天内送达省人事考试中心。

第四十九条　查卷是指对查卷申请人在答题卡或答题纸上所作的答案有无漏评，计分、登分是否准确，是否有违纪记录或其它异常情况等进行复查；对主观题评分标准掌握上的分歧不属于查卷受理范围，不得作为变更成绩的依据。

第五十条　查卷中如发现确因评卷、登分过程中的失误造成考试成绩错误的，经报请上级部门批准后，将原成绩予以更正，并及时通知有关部门和查卷申请人，同时退还考生查卷费。

第五十一条　查卷申请人不得以任何形式向查卷工作人员索取试卷和评卷标准。

第五十二条　查卷工作结束后，查卷工作人员须将查卷结果填写在查卷申请表上。

第五十三条　省人事考试中心负责评阅的试卷，对查卷申请须自成绩公布之日起60天内给予明确答复。

第九章　证书发放与管理

第五十四条　证书发放程序

1. 各市考试机构和省直各部门根据合格人员名单文件通知，到省人事考试中心领取证书。

2. 办理资格证书时，须携带合格人员准考证、与准考证上同底版的照片、专业技术考试登记表，经审核无误后，证书加盖钢印，专业技术考试登记表加盖红章（存入个人档案）。

第五十五条　证书管理办法

1. 证书由人事部统一印制，根据人事部规定和我省办理证书的实际需要，办理证书时，须交纳证书工本费。

2. 如证书丢失、申请补发，应向原发证单位提交以下资料：刊登“遗失声明”的市级（设区的市）以上报纸、存档的专业技术资格考试登记表、个人补发证书申请、单位证明。省人事考试中心核实后，集中报人事部申请补发。补发证书要交纳证书工本费和手续费。

第十章　考务工作人员职责

第五十六条　主考职责

1. 领导并负责组织所在考点考试的全面工作，选聘考点工作人员，组织抽签确定各考场监考人员，落实考试工作制度和岗位职责。

2. 主持接收、发送试卷，检查试卷保管、考场布置和考前准备等情况。

3. 考前组织监考人员和工作人员学习考试工作有关规定和监考要求，负责组织考务操作培训。

4. 汇总该考点考试的情况；掌握考试时间，发出考试预备、开始和终止的命令。

5. 处理考试期间发生的重大问题，督促监考人员执行考试纪律。对违反纪律的监考人员及考点工作人员有权进行撤换，并提出处理意见。有权按有关规定处理违反考场规则，寻衅闹事的应考人员。对考试期间发生的难以处理的问题，及时向考区主任直至省人事考试中心报告。

6. 批准调剂或替换因出现缺损、错装或有质量等问题的试卷、答题卡或答题纸，并与有关考场监考人员在考场情况记录单上注明原因、签字后，向负责该考区考试的考试中心报告。

7. 督促检查监考人员做好试卷装订、回收工作，防止错装、漏装试卷，不得将试卷与答题纸混装、错装。

8. 考试期间，要坚守岗位，认真履行职责，对玩忽职守，造成重大意外事件者，要追究责任。

副主考协助主考做好上述工作。

第五十七条　监考人员职责

1. 监考人员在监考时必须配戴监考标志。在领取试卷时，须认真检查，如发现试卷袋密封签破损，有拆封痕迹或不是原印厂的封签等情况时，应经主考人员签字证明无泄密情况后方可领取，并应及时将有关情况记入考场情况记录单。

2. 监考人员应于考试前 15 分钟组织应考人员进入考场。宣读考场规则。使用答题卡作答的，应讲解答题卡填涂注意事项。考前 5 分钟，当众拆封试卷袋，在检查本考场考试的专业、科目或级别、试卷份数是否正确后分发试卷。

3. 发卷后，监考人员必须提醒应考人员在试卷指定位置填写准考证号、姓名和单位。开考后监考人员应根据准考证存根逐一核对应考人员的准考证、照片、身份证与应考人员及其试卷填写的考生信息是否一致。开考 30 分钟后，回收缺考人员试卷（答题卡、答题纸），按要求填写考场情况记录单、考生座位序号排列表并在试卷（答题卡、答题纸）相应的位置上填写缺考人员的姓名和准考证号。

4. 监考人员不得宣读试卷（题），对试题内容不得作任何解释。在应考人员对试卷文字印刷不清提出询问时，监考人员应当众回答，但不得解答试题或暗示题意，也不得与应考人员私下交谈。

5. 监考人员发现应考人员有违犯考场纪律行为时，必须严格执行考试有关纪律规定，将情况如实、详细地记入考场情况记录单并签字。对影响他人考试者，应立即终止其考试，并劝其退场。对难以处理的问题应及时向主考报告。

6. 监考人员必须坚守岗位，并应在考场内巡视，不得固定站在应考人员的座位旁，不得在考场内吸烟、阅读书报、谈笑，不得抄题、答题或将试卷传出考场。

7. 发现应考人员生病或因其他情况不能坚持考试时，应及时与有关人员联系，妥善处理。

8. 有权制止与考试无关的人员进入考场。

9. 考试结束前 20 分钟，应提醒应考人员注意时间。考试结束时，即宣布停止答卷。

10. 有权制止任何人将本考场试卷（答题纸、答题卡）或抄写的试题带出场外，确保本考场试卷（答题纸、答题卡）无丢失。

11. 考试完毕后，监考人员应对本考场试卷进行清点，在检查无误后，将全部已答和未答试卷（答题纸）按准考证号顺序编排、装订，空白试卷附在其后，与考场情况记录单（监考人共同签名后）一并放入试卷袋内。使用答题卡的，将本考场全部答题卡（含缺考人员答题卡）按准考证号顺序排好，与考场情况记录单（监考人共同签名后）一并装入答题卡袋内。如同时使用答题纸和答题卡的考试，考场情况记录应分别装封或装入答题卡袋内。

12. 试卷（答题纸或答题卡）经有关人员验收后，方可密封。

第五十八条　巡视人员职责

1. 巡视人员在巡视时，必须配戴巡视标志。

2. 认真学习和掌握考试的各项规定，并督促巡考地区严格贯彻执行。

3. 忠于职守，坚持原则，对所巡视地区考试工作的组织管理、工作人员执行纪律情况以及考场布置、试卷保管、交接、保密和考试实施等环节进行检查。

4. 重点检查考试工作人员执行考试纪律情况，监考人员履行职责情况。发现监考人员或其他工作人员监考不严、工作不负责任，应当场批评。对违反考试纪律情节严重者，应提请主考处理。

5. 巡视人员如发现应考人员替考、作弊等违纪情况，应当场制止，并通知监考人员如实记录。

6. 当主考对考试中发生的问题处理不当时，巡视人员可以根据有关规定提出意见，并报考试主管部门。

7. 巡视人员对考试中发生的重大问题和突发事件，应及时向委派单位报告。

8. 巡视人员应了解所巡视考区的整个考试情况，并对抽查的考点、考场情况作如实记录。

9. 巡视人员应忠于职守，坚持原则。工作结束后，要及时将巡视的全面情况如实向委派单位汇报。

第五十九条 考试值班人员

1. 值班人员必须严格执行国家、有关部门和本单位的保密、防火、防盗等有关规章、制度，履行值班职责。

2. 值班人员必须熟悉考务工作的有关规定，熟悉考试业务，熟悉考试值班所涉及的考试专业的具体操作情况和要求。

3. 考试值班应从考试前1天19时起至考试结束后1小时止。

4. 在值班时，值班人员应保证2人以上，并实施24小时不间断值班。

5. 值班人员不得随意将无关人员带入值班场所。

6. 考试值班必须建立值班记录，值班人员应严格填写值班记录，并履行交接班手续。

7. 遇重大问题或上级下达重要指示时，值班人员不得擅自处理，必须立即向主管领导报告，按领导意见妥善处理。

第十一章 应考人员违纪处理规定

第六十条 应考人员有下列情形之一者，该科试卷按零分处理。

1. 携带规定以外与考试有关的物品进入考场，且未按规定位置存放的；

2. 考试信号发出前答题，考试终了信号发出后继续答题的；

3. 在试卷（答题卡）规定的地方之外填写姓名、准考证号、工作单位的；

4. 未在规定的考场和座位号上参加考试的；

5. 在考场内喧哗或有其他影响考场秩序行为的。

第六十一条 应考人员有下列情形之一者，取消当年人事考试资格。

1. 证件不全、且不听劝阻进入考场参加考试的；

2. 交头接耳，打暗号、手势，不听监考人员警告的；

3. 携带、传递答案、交换试卷，偷看他人答案或有意将自己的答卷（答题卡）让他人抄袭的；

4. 在评卷过程中被认定为雷同卷的；

5. 有其他舞弊行为的。

第六十二条 应考人员有下列情形之一者，除取消当年人事考试资格外，由当地人事考试机构备案，通知本人所在单位，在考区范围内予以通报，三年内不准参加人事考试。

1. 伪造证件、证明、档案取得考试资格的；

2. 请人替考或代人考试的；

3. 偷换试卷的；

4. 利用移动电话、传呼机等通信工具作弊的；

5. 考试期间撕毁试卷（答题卡）或将试卷（答题卡）带出考场的。

第六十三条 对无理取闹、扰乱考场秩序、辱骂监考人员和应考人员、威胁他人人身安全的，除取消其当年考试资格及三年不准报考外，还要由主管部门严肃处理。情节严重者，由公安部门处理。

第十二章 命题规则

第六十四条 命题工作属于保密工作，参与命题的人员要履行保密职责，签署保密保证书。

第六十五条 命题人员的身份、工作地点对外保密。命题人员入闱工作期间，不准请假，不准会客，不准与外界通信联系。确需联系时，须经批准并有两人以上在场。

第六十六条 入闱期间活动均须两人以上集体行动，离开工作室应向领导报告，未经允许任何人不得随便离开。任何人不得以任何形式向外界泄露命题的有关事宜。

第六十七条 工作中必须严肃认真，在规定时间内完成所承担的工作任务。

第六十八条 命题期间参加命题工作人员要服从带队领导，遵守入闱工作纪律，对违反工作纪律及有关保密规定的人员，将按有关规定严肃处理，直至追究法律责任。

第十三章 保密要求

第六十九条 根据人事部、国家保密局有关规定，人事考试工作密级范围划分如下：

绝密级事项：启用前的考试试题（含题库）、试卷（含备用卷）、标准（参考）答案、评分标准。

机密级事项：尚未进行的考试命题方案、计划、已考完但尚未评阅的试卷等。

秘密级事项：命题、评卷、登分、录入工作的情况，人员名单、工作地点；尚未公布的合格标准、参考人员的考试成绩及统计分析报告；已评阅完毕的试卷。

各级考务工作人员应根据上述密级范围，落实相应的保密措施，严禁泄密。

第七十条 考试信息软盘和考试成绩登记册由省人事考试中心存档。

第七十一条 对违反保密规定的人员，按照《中华人民共和国保守国家秘密法》的有关规定进行处理。

第十四章 附 则

第七十二条 各市人事局可依据本规则，结合自身实际，制定实施细则。

第七十三条 本规则由山东省人事考试中心负责解释。

第七十四条 本规则自印发之日起实行。